"十三五"国家重点出版物出版规划项目

汉语主题词表
CHINESE THESAURUS

自然科学卷

第Ⅱ册 力学、物理学、晶体学

中国科学技术信息研究所 编

科学技术文献出版社
SCIENTIFIC AND TECHNICAL DOCUMENTATION PRESS
·北京·

图书在版编目(CIP)数据

汉语主题词表. 自然科学卷. 第Ⅱ册，力学、物理学、晶体学/ 中国科学技术信息研究所编. —北京：科学技术文献出版社，2018.3
ISBN 978-7-5189-3575-8

Ⅰ. ①汉… Ⅱ. ①中… Ⅲ. ①《汉语主题词表》 ②力学－《汉语主题词表》 ③物理学－《汉语主题词表》 ④晶体学－《汉语主题词表》 Ⅳ. ① G254.242

中国版本图书馆 CIP 数据核字（2017）第 276632 号

汉语主题词表（自然科学卷）　第Ⅱ册　力学、物理学、晶体学

策划编辑：	周国臻　张　丹　责任编辑：王瑞瑞　宋红梅　责任校对：文　浩　责任出版：张志平
出 版 者	科学技术文献出版社
地　　址	北京市复兴路 15 号　邮编 100038
编 务 部	（010）58882938，58882087（传真）
发 行 部	（010）58882868，58882874（传真）
邮 购 部	（010）58882873
网　　址	www.stdp.com.cn
发 行 者	科学技术文献出版社发行　全国各地新华书店经销
印 刷 者	北京时尚印佳彩色印刷有限公司
版　　次	2018 年 3 月第 1 版　2018 年 3 月第 1 次印刷
开　　本	880×1230　1/16
字　　数	1676 千
印　　张	57.5
书　　号	ISBN 978-7-5189-3575-8
定　　价	288.00 元

版权所有　违法必究

购买本社图书，凡字迹不清、缺页、倒页、脱页者，本社发行部负责调换

《汉语主题词表(自然科学卷)》编委会

主　任　戴国强　中国科学技术信息研究所

副主任　曾建勋　中国科学技术信息研究所

委　员　（按姓氏笔画排序）

　　　　王敏芳　南京理工大学图书馆

　　　　史　静　中国地质图书馆

　　　　李　贺　吉林大学管理学院

　　　　杨志维　国家工业信息安全发展研究中心

　　　　何雪松　华东理工大学科技信息研究所

　　　　张魁清　航空工业信息中心

　　　　周　琪　中国测绘科学研究院

顾　问　（按姓氏笔画排序）

　　　　卜书庆　国家图书馆

　　　　马张华　北京大学信息管理系

　　　　王启慎　中国科学技术信息研究所

　　　　王剑雄　中国科学技术信息研究所

　　　　司　莉　武汉大学信息管理学院

　　　　关家麟　中国科学技术信息研究所

　　　　苏新宁　南京大学信息管理学院

　　　　邱祖斌　中国航空工业发展研究中心

　　　　汪东波　国家图书馆

　　　　陈树年　华东理工大学科技信息研究所

赵建华　军事科学院战争理论和战略研究部
赵建国　军事科学院系统工程研究院军用标准研究中心
侯汉清　南京农业大学信息管理系
贾君枝　山西大学经济与管理学院
钱起霖　中国科学技术信息研究所
曹树金　中山大学资讯管理学院
龚昌明　中国国防科技信息中心
曾新红　深圳大学图书馆
鲍绵福　工业和信息化部电子科学技术情报研究所

《汉语主题词表(自然科学卷)》
编制人员及编制单位名单

主　　编　戴国强
副 主 编　曾建勋

编制人员（按姓氏笔画排序）

丁道劲	马　捷	马　然	王　欢	王　星	王　鑫	王敏芳	王晞巍	王景兰	王耀华
丹　英	方丛蕙	史　静	史庆和	冯　昊	朱连花	伍莹乐	刘　丹	刘　伟	刘　华
刘　佳	刘洪光	刘素芳	刘振锋	刘惠敏	苏振礼	杜文娟	李　丹	李　亮	李　贺
李青华	杨代庆	杨秋红	吴　霞	吴雯娜	余　楠	汪　琛	沈　颖	张　娜	张　鹏
张向先	张英杰	张洁雪	张海涛	张逸群	陈树年	青　珊	范增杰	周　琪	周敏华
周蓓蓓	赵　捷	赵俊红	徐　益	高英军	黄　微	常　春	覃　艳	曾建勋	曾卿卿
曾雅萍	鲍　静	魏清华							

编制单位及人员

中国科学技术信息研究所（曾建勋　吴雯娜　常　春　张逸群　覃　艳　吴　霞　刘　伟　王　星　赵　捷　杨代庆　张　鹏　刘　华　丹　英　丁道劲）

吉林大学管理学院（李　贺　刘　佳　马　捷　王晞巍　张向先　张海涛　黄　微）

航空工业信息中心（曾雅萍　李　亮　魏清华　李　丹　高英军　王景兰　冯　昊　汪　琛）

国家工业信息安全发展研究中心（范增杰　鲍　静　伍莹乐　张洁雪）

南京理工大学图书馆（王敏芳　刘　丹　余　楠　周蓓蓓　曾卿卿　周敏华　青　珊　杜文娟　方丛蕙）

华东理工大学科技信息研究所（李青华　陈树年　马　然　刘惠敏　朱连花）

中国测绘科学研究院（周　琪　苏振礼　张英杰　王耀华　赵俊红　杨秋红　张　娜　沈　颖　徐　益　史庆和）

中国地质图书馆（史　静　刘素芳　王　欢　刘洪光　刘振锋　王　鑫）

审核人员

吴雯娜（中国科学技术信息研究所）

刘　佳（吉林大学管理学院）

曾雅萍（航空工业信息中心）

范增杰（国家工业信息安全发展研究中心）

刘　丹（南京理工大学图书馆）

陈树年（华东理工大学科技信息研究所）

苏振礼（中国测绘科学研究院）

史　静（中国地质图书馆）

危　红（同济大学图书馆）

软件设计人员

刘　伟　王　星　赵　捷　刘敏健　高　岩（中国科学技术信息研究所）

前　言

　　《汉语主题词表》是我国第一部大型综合性叙词表，由中国科学技术情报研究所（现中国科学技术信息研究所）和北京图书馆（现国家图书馆）主持编制，505个单位参与，1980年6月由科学技术文献出版社出版，包括自然科学和社会科学领域，共收词汇108 568条。《汉语主题词表》是我国情报界与图书馆界20世纪70年代集体协作的智慧结晶。由于它覆盖各个学科专业，收词量大，编制体例规范，主题标引规则通用性强，推动了我国主题标引工作的开展，在促进计算机文献数据库的建立，以及专业叙词表的编制、发展与完善方面，都发挥了极为重要的作用，于1985年获得国家科学技术进步奖二等奖。1991年5月，中国科学技术信息研究所对自然科学部分进行了修订与增补，出版了《汉语主题词表（自然科学增订本）》。增订后主表共收录主题词81 198条，其中正式主题词68 823条，非正式主题词12 375条。

　　从20世纪90年代末开始，信息网络技术在世界范围内得到普及和应用，以谷歌、百度为代表的网络搜索引擎，逐渐发展成为网络时代主流的信息检索方式。随着数字信息资源的快速增加，网络检索面临严重的检全和检准问题，很多目标信息被淹没在海量信息之中，很多知识被隐藏于数据冗余之间。解决这些问题需要有大型叙词表作为基础工具来强化知识系统建设，深化数据处理和挖掘，推进知识的组织与服务。

　　鉴于《汉语主题词表》对我国情报检索语言发展的历史贡献，以及图书情报界对网络环境下新型《汉语主题词表》的期待，中国科学技术信息研究所于2009年启动了《汉语主题词表》的重新编制工作。《汉语主题词表》的重编工作分4个阶段逐步开展，依次为工程技术卷、自然科学卷、生命科学卷和社会科学卷。工程技术卷已于2014年9月完成，该卷共13册，收录概念19.6万个，词汇36万条，在国家工程技术图书馆进行了示范应用。考虑到生物学与医学、农业有较大的交叉渗透，将生物学从自然科学卷中分离出来，与医学、农业合编为生命科学卷，放在第三阶段统一编制。目前的自然科学卷主要包括数学、物理学、化学、天文学、地球科学等学科领域，编制工作已于2017年完成。生命科学卷的编制也将在2018年启动，最后将编制社会科学卷。

　　为配合《汉语主题词表》的编制工作，我们收集并加工了包括文献关键词、用户检索词、百科全书、专业术语、叙词表等词汇资源，建立了收词量达500万条的中文基础词库；研究词汇分类特征，构建了既满足词汇分类又满足文献分类的分类体系；开发了适用于网络环境协同工作的叙词表编制与管理平台；在广泛征求意见并充分论证叙词表机器应用模式的基础上，面向数字信息资源组织，制定了《汉语主题词表》编制规则。

自然科学卷的编制工作于 2015 年启动，仍沿用工程技术卷的编制方法和组织模式，由中国科学技术信息研究所联合国内 7 家单位协同编制。在大家共同努力下，《汉语主题词表（自然科学卷）》历经 3 年完成，如期出版。《汉语主题词表（自然科学卷）》共收录优选词 6.5 万条，非优选词 5.9 万条，等同率为 0.91，属分参照度为 2.09，相关参照度为 0.87。《汉语主题词表（自然科学卷）》覆盖多个学科领域，词量庞大，正确地建立复杂的概念关系绝非易事，相关细节之争论或缺陷尚有待于不断交流、完善和持续更新。

本次《汉语主题词表》的重新编制是新时期我国图书情报界全国性大协作工程的成果，是网络在线编制叙词表的协同示范。在此谨向参加编制工作的所有单位和个人及参与论证和指导的研究单位和个人表示感谢。

叙词表具有深厚的理论基础和广阔的应用前景，网络环境下《汉语主题词表》既可以应用于资源组织与知识关联，又可以应用于支撑知识展示与数据服务。通过嵌入信息系统，实现基于《汉语主题词表》的机器标注和语义关联，直接应用到主题标引、智能检索、自动聚类、热点追踪、知识链接、术语服务、科研关系网络构建等多个方面。为促进《汉语主题词表》的应用和发展，我们开发了《汉语主题词表》网络服务系统，提供概念检索服务，通过可视化技术展示各类概念关系，同时提供基于《汉语主题词表》的辅助标引服务。

我们期待着与业界同行继续推进《汉语主题词表》的基础建设和维护更新，期盼社会各界全面推进网络环境下《汉语主题词表》的应用实践，促进知识资源的有序组织和知识服务的深层发展，服务于学术界和社会大众。

《汉语主题词表（自然科学卷）》编委会

2017 年 12 月

目 录

编制说明	**1**
主　　表	**11**
分类简表	**893**
分类详表	**901**
O3　力学	901
O4　物理学	903
O7　晶体学	906

目 录

编制说明

一、编制目的与过程

1. 目的与功能

1980年，中国科学技术情报研究所（现中国科学技术信息研究所）和北京图书馆（现国家图书馆）主编的《汉语主题词表》（以下简称《汉表》），由科学技术文献出版社出版，是国内第一部综合性大型叙词表。1991年，中国科学技术情报研究所对《汉表》自然科学部分进行修订后出版。经过20多年的发展，叙词表作为重要的知识组织工具，无论是编制方式还是使用方法都发生了巨大变化，同时，网络环境下数字信息资源的指数增长，大数据时代数据分析挖掘技术日臻完善，更加凸现对大型叙词表的应用需求。中国科学技术信息研究所于2009年立项，专门成立《汉表》项目组，开始分阶段重新编制《汉语主题词表》。《汉语主题词表（工程技术卷）》于2014年出版，2015年启动《汉语主题词表（自然科学卷）》（以下简称《汉表（自然科学卷）》）的编制工作，并于2017年完成。《汉表（自然科学卷）》收录了新概念、新术语，及时反映了科学技术的最新变化，既继承了传统叙词表的优势，又适应了网络时代的发展，能够满足数字科研环境下对海量文本进行数据挖掘和知识组织的需求。

2. 编制过程

从2009年开始，《汉表》项目组采集加工各种词汇资源，构建了500余万条术语的中文基础词库，包括多种中文叙词表、规范科技语表、术语标准、专业词典、在线百科、文献作者关键词、网络用户检索词等。按照学科分类遴选出自然科学领域的科技术语20万条，形成候选词汇集。《汉表》项目组基于国家标准GB/T 13190.1—2015《信息与文献　叙词表及与其他词表的互操作　第1部分：用于信息检索的叙词表》制定了《汉表》编制规则，并基于《中国图书资料分类法》（第4版）[以下简称《资料法》（第4版）]建立了《汉表》词汇分类表。

2015年，中国科学技术信息研究所组织7个单位参加《汉表（自然科学卷）》的编制工作，这些单位是吉林大学管理学院、航空工业信息中心、国家工业信息安全发展研究中心、南京理工大学图书馆、华东理工大学科技信息研究所、中国测绘科学研究院、中国地质图书馆。各单位在统一的编表平台上，依据编制规则，对候选词库进行词汇遴选、同义词归并及词汇分类工作，并以概念为单位，构建概念间的等级关系和相关关系。2017年，对叙词表词汇的关系进行全面审核，对优选词进行英文翻译，对优选词分类进行逐一核查，全面完成《汉表（自然科学卷）》的最后审定并正式出版。

3. 主要参数与特点

《汉表（自然科学卷）》共收录优选词6.5万条，非优选词5.9万条，总词量12.4万条，其中约2万条词汇来源于《汉表（自然科学增订本）》。与《汉表（自然科学增订本）》相比，《汉表（自然科学卷）》结构更趋合理，相关指标有较大改善，等同率为0.91（非优选词数/优选词数）；属分参照度为2.09[（属项词数+分项词数）/优选词总数]；相关参照度为0.87（参项词数/优选词总数）；无关联比为0（无关联优选词数/优选词总数）。词族约2500个，平均每个词族含有26个概念，词族层级主要分为2～5层。为了实现跨语言应用，每个优选词都配备英文译名。

《汉表（自然科学卷）》的主要特点有：①充分考虑网络环境下叙词表的编制和应用特征，词量大、等同率高。②基于文献数据库进行词汇筛选，叙词表与文献用词有较高重合度，贯彻文献保障原则，兼顾术语规范性。③基于语义计算、共现聚类等技术，促进词间关系的建立，语义关联更为紧密。④基于《中国图书资料分类法》的词汇分类表在优选词和分类法类目间建立关联，叙词表基本具备分类主题一体化应用功能。

二、编制方法

1. 选词原则与范围

《汉表（自然科学卷）》在遵循叙词表基本选词原则基础上，强化了以下两条原则：①词频相关度原则。具有较高词频的专业词汇是叙词表的首要候选词，综合考虑词语规范性、用户使用偏好等信息，共同确定候选词。②专业相关度原则。以自然科学相关领域为主，词汇按专业相关度从高到低进行筛选，凡与本专业密切相关的、科研生产中迫切需要的重要词汇概念入选本专业领域词汇。

依照汉语词类的特点，《汉表（自然科学卷）》选词以名词和名词性词组为主，主要是文献主题中用来表示相关事物及事物特征的各学科领域名词术语。另外，对主题概念起修饰作用的形容词也适当选入。主要有下列类型：

1）表示物质、物体、地理实体、设备等的词汇。例如：
化合物、地下水、天体、量子器件、岩石、湖泊等。

2）表示事物状态、现象、过程等的词汇。例如：
非平衡态、泥石流、表面张力、X射线、波浪、光催化、地震、化学反应等。

3）表示技术、工艺、方法、流程等的词汇。例如：
测绘、层析成像、发射光谱分析、傅里叶变换、地震勘探等。

4）表示学科、理论、定律、规律等的词汇。例如：
地球动力学、原子物理学、对策论、马尔可夫链、费马原理、热力学定律等。

5）表示事物的属性、特征等的词汇。例如：
波长、碘值、方位角、埋藏深度、热稳定性、渗透率等。

6）表示时间、空间、结构、部位、形状等的词汇。例如：
丰水期、喀斯特地区、大气层、晶体结构、地球内部、河口、立方体等。

7）表示通用文献类型、信息载体的词汇。例如：
历书、测绘档案、空间数据库等。

2. 等同关系建立方法

在自然语言词汇或众多的关键词中，有许多词形不同而含义完全相同或非常接近的情况，例如，"冰川"与"冰河"，"火成岩"与"岩浆岩"等。《汉表》将同义词群中的一个词频较高的规范化词汇选作优选词，其他词作为非优选词纳入词表，与优选词建立等同关系，提供由非优选词到对应的优选词的途径。在叙词表中，优选词与非优选词是一对一或一对多的同义词组或准同义词组，《汉表》使用"Y""D"等同关系指引符号，Y指向优选词，D指向非优选词。

（1）等同关系类型

1）完全同义词。例如：

火成岩
    D 岩浆岩

2）准同义词或近义词。例如：

比色法
    D 光度法

3）部分反义词。例如：

稳定性
    D 不稳定性

4）部分相关词。例如：

催化剂失活
    D 催化剂中毒

5）专指词与泛指词。例如：

超新星遗迹
    D 实心超新星遗迹

（2）优选词的选定

优选词选定遵循下列基本原则：①依据叙词表所欲覆盖的学科范围、专业范围，结合被标引文献的特点、检索系统类型及信息用户的需求进行选定。②依据科学性、实用性和时效性原则进行选词。选定的优选词应是各个学科领域内经常出现的、通用的、能准确表达科学概念、具有主题聚类功能的词汇。③选定的优选词，必须是概念明确、一词一义、词形简练。不得选用概念容易混淆、词义不清的词语作为优选词。当某优选词在不同学科领域有不同的内涵时，应采取各种措施加以区分、限定。④选定的优选词应具有广泛的通用性，并具有规范的表达形式。当一个主题概念有多种表述形式时，应选择其中较通用、较规范的作为优选词。⑤选定的优选词应符合汉语的构词特点。在词形上符合作为词汇标识的要求，并尽量选用便于字面成族的词。⑥选定的优选词应尽量同国内外叙词表相兼容。

（3）优选词选择方法举例

1）选择学科领域内较为通用的词作优选词。例如：

地表水 （词频较高）
    D 地面水 （词频较低）

2）一般选全称作优选词。但当简称更为通行且含义清晰时，也可选简称作优选词。例如：

高分子聚合物 （全称）
    D 高聚物 （简称）

3）一般选新称作优选词。例如：

催化剂 （新称）
    D 触媒 （旧称）

4）不同译名之间，选择较通用或意译名作优选词；外来语音译名已通用或被公认者，也可作优选词；包含有外文译名的词取通行的惯用译名作优选词。例如：

激光 （意译名）
    D 莱塞 （音译名）

5）俗称与学名之间，选择学名作优选词。例如：

丙三醇 （学名）
　　D 甘油 （俗称）

6）当一个汉字有简体、繁体、异体等字体形式时，应选择通行的标准字体作优选词；如汉字有多种写法时，应选择使用较广泛或有权威性规定的写法作优选词。例如：

储罐 （规范写法）
　　D 贮罐 （不规范写法）

7）某些专指词与泛指词之间，用泛指词代替专指词作优选词。例如：

聚能效应 （泛指词）
　　D 破甲效应 （专指词）

3. 等级关系建立方法

等级关系，是指上位优选词和下位优选词之间的关系，亦称属分关系。其反映词间等级关系的结构形式，是叙词表与一般词汇表或词典的主要区别之一。建立等级关系的目的是为文献标引与信息检索提供族性检索的需要。汉语叙词表中，词间的等级关系符号有："S（属）""F（分）"和"Z（族）"。

"S"是上位优选词的指引符，用在下位优选词之上，指出它的上位优选词；

"F"是下位优选词的指引符，用在上位优选词之下，指出它的下位优选词；

"Z"是族首词的指引符，用在依等级关系构成一族的、除族首词及族首词的直接下位词之外的其他优选词下，指出它所属词族的族首词。

（1）等级关系类型

等级关系主要类型为属种关系，也包含少量整体与部分关系、概念与实例关系。属种关系是叙词表内反映词间等级关系的主要类型。两个概念的外延具有包含关系，是建立属种关系的基础。判断两个概念的外延是否真正存在包含关系的判别式如下：

上述判别式自下而上是"全部是……"，自上而下是"部分是……"。符合这个判别式的两个优选词的外延，具有包含关系，可以构成属种关系。因此，"平原"和"冲积平原"之间可以构成属种关系。

凡是不符合这个判别式的两个优选词，其外延不具有包含关系，不能构成等级关系。例如：

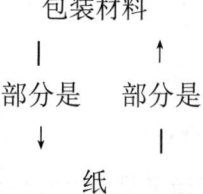

此例中，自下而上是"有些纸是包装材料"，自上而下为"有些包装材料是纸"，不符合上述判别式。因此，"包装材料"与"纸"不能构成等级关系。如果是"包装纸"，则与"包装材料"可以构成等级关系。

事物的整体与部分之间，在概念的外延上不存在包含关系，因而一般不构成等级关系。例如，"发动机"与"汽车"是两个不同概念，它们的外延不具有包含关系，不能构成等级关系。但在某些特殊情况下，为满足族性检索的需要，特定的整体与部分关系可以作为等级关系处理，这种情况主要表现在学科及其分支学科之间。例如：

  天文学
    F　天体物理学

（2）族首词选定规则与参照关系

族首词是一族词中能概括该词族的最上位词，即只有分项没有属项。在具有等级关系的一群优选词中，一般可根据检索系统需要，选定具有实际族性检索意义的词作为族首词。族首词可以是某一学科专业内能形成独立专题，或是某专题中主要研究对象、研究方法及设备仪器的类称词。一个词族的大小，应根据实际检索需要而定。选定的族首词，不能在其他优选词的分项中出现。

每条优选词的族首词用指引符"Z"指引。例如：

  古地磁场
    S　地磁场
    Z　磁场

4. 相关关系建立方法

相关关系，是指优选词之间除等级关系之外彼此关联的关系。相关关系的显示是双向的，用"C（参）"表示相关关系。一般来说，一个优选词可以与一个或多个优选词建立相关参照。但是，一个优选词一般只与具有等级关系的两个或多个优选词中的一个建立相关关系。相关关系主要表现为因果关系、应用关系、部分重合关系、对立关系、矛盾关系和没有建立等级关系的事物的整体与部分关系等。

1）相互渗透的学科概念之间。例如：

  信息论
    C　信息系统

2）类似的概念之间。例如：

  大气波动
    C　大气扰动

3）对立、矛盾或并列概念之间。例如：

  大陆性气团
    C　海洋性气团

4）事物与其属性之间。例如：

  磁场
    C　磁场强度

5）属性与数量之间。例如：

  导电性
    C　电导率

6）因果概念之间。例如：

  海啸
    C　风暴潮

7）学科与其研究对象之间。例如：

大气电学
  C 大气电场

8）事物与其原理之间。例如：

概率统计
  C 概率论

9）仪器设备与其应用之间。例如：

气象仪器
  C 大气探测

10）没有建立等级关系的事物整体与部分之间。例如：

河流
  C 河段

5. 分类表编制规则

（1）分类表功能与编制原则

在《汉表（自然科学卷）》中，分类表主要用于从学科、专业领域对优选词进行分类显示，提供按学科、按专业查找优选词的途径，便于通过对同类优选词进行比较，准确选词，也是对文献进行分类标引的工具。在《汉表》的编制过程中，可用来控制选词的范围和深度。

《汉表》分类表以《资料法》（第4版）为基础进行编制，保持《资料法》（第4版）结构体系和标记体系的完整性，与我国各信息机构的标引系统/检索系统、已建文献数据库相关标识相兼容。由于将一部具有分类标引功能的分类法作为叙词表的分类显示体系，使叙词表和分类表有机地结合起来，兼顾优选词分类和文献分类的需求，从而具备"分类主题一体化"的应用功能。当优选词和类目使用相同的分类号连接起来后，即实现优选词和类目的基本对应，为自动标引特别是自动分类奠定了基础。

（2）分类表编制依据与修改重点

《汉表》分类表基本沿用《资料法》（第4版）的类目体系和标记制度，考虑了类目的文献统计频次、优选词/关键词的统计频次，并参考了《中国图书馆分类法》（第5版）。

《汉表》分类表相对于《资料法》（第4版），编制的重点为：细分与粗分的程度不同，在保持类目体系完整的前提下，基本采用自然科学和工程技术类目相对细分、社会科学类目相对粗分的原则。使用含义完整的类名，为了准确表达类目的含义，放弃了下位类省略上位类已经表达含义的做法，采用含义完整的类名。根据文献分类和优选词分类的需要，完善类目注释。类目注释包括类目含义注释和类目（类号）使用方法注释两种基本类型。删除专用复分表、设置"某某概论"类目，相关内容归入该类中的"概论"。由于总论信息、控制、实验、测量、检测、导航等概念（或作为构词元素）通用性高，现有各类均无法容纳，故增设或修改了若干类目。增设的类目包括：

1）"自然科学总论"大类增设：
  N95 信息科学、信息技术
  N96 控制论、控制技术

2）"工程技术总论"大类增设：
  TB461 试验技术、试验设备
  TB462 测量技术、测量设备
  TB463 检测技术、检测设备
  TB465 导航技术、导航设备

3）增设"通用概念"大类：

通用概念在优选词分类时较难处理。因此，将"通用概念"从原来的"总论复分表"中抽出，增设为独立的一级大类（借用 ZT 的号码），专门用于优选词分类。

上述新增设的类目，均通过设置交替类目或类目注释，说明与相关类的关系。

（3）优选词分类规则

1）优选词应按其表达概念的本质属性归入相应的类目。例如：

"高分子化合物"应归入"O63 高分子化学"，不归入"TQ31 高分子化合物工业"；"地层"应归入"P53 地史学、地层学"，不归入"TD163 矿井地质"；"流体力学"应归入"O35 流体力学"，不归入"U661.1 船舶流体力学"。

2）凡是能归入下位类的优选词，不归入上位类。例如：

"轻子"，应归入"O572.32 轻子"，不归入"O572.3 粒子"。

3）凡具有多重学科属性的概念，可分别归入几个不同学科的类目，以增加概念的分类检索入口。例如：

"石蜡"可归入"O623.11 饱和脂烃"，还可以再归入"TE626.88 石蜡、地蜡"。

4）交替类目的使用

交替类目是分类表中的非正式类目，每个交替类目都有对应的正式类目。在分类表中，交替类目用中括号标识，例如，[P24] 测绘仪器。凡是归入交替类目下的优选词，可通过计算机自动映射到所对应的正式类目下。因此，在正式类目和交替类目下均有该优选词。

5）"ZT* 通用概念" 类目的使用

各学科都使用的没有明确学科属性的优选词为通用概念，归入"ZT* 通用概念"下的相应类目。

三、编排结构

1. 印刷版结构

《汉表（自然科学卷）》印刷版由以下部分构成：前言，对叙词表的编制目的、适用范围作全面概括介绍；编制说明，对叙词表的编制原则、体系结构和使用说明，以范例形式详加阐述；主表，由款目词组成，款目序列按汉语拼音字顺规定的同音同调同形排列，主表是主题标引和检索查询的主要工具；分类表，是使用叙词表的辅助工具，是词汇分类的依据。

（1）参照项的种类、作用和符号

《汉表（自然科学卷）》中使用下列汉语拼音字符作词间关系的指引符号：

- Y　优选词指引符。只在非优选词下使用，其后所列的词是与对应非优选词等同的优选词。
- D　非优选词指引符。只在优选词下使用，其后所列的词是该优选词所对应的非优选词。
- S　上位优选词指引符。其后所列优选词是本条优选词的上位优选词。
- F　下位优选词指引符。其后所列优选词是本条优选词的下位优选词。
- C　相关优选词指引符。其后所列优选词是本条优选词的相关优选词。
- Z　族首词指引符。其后所列优选词是本条优选词所属的族首词。

（2）款目结构

主表是叙词表的正文部分，包括优选词和非优选词，其款目格式为：

1）优选词在上，其下依次为：英文翻译、分类号、代项 D、属项 S、分项 F、参项 C、族项 Z。

2）优选词为族首词时，在款目词后加"*"标记。

3）优选词的属项"S"为族首词时，在其后加"*"标记，不再重复出现相应的族项"Z"。

4）优选词的参项"C"对应的优选词不在该册中时，在其后加"→"，后跟该优选词所属册的编号。

5）非优选词的款目只有用项"Y"。

例如：

大气电流
electric current of atmosphere
O441.1；P352；P427.3
  D 地空电流
    空地传导电流
  S 自然电流
  F 闪电电流
  C 大气电场 →(4)
    大气电现象 →(4)
  Z 电流

空地传导电流
  Y 大气电流

层析成像*
tomography
P315
  D CT 成像
    CT 技术
    层析成像技术
    层析摄影
    计算机断层扫描技术
  F 光学层析成像
  C 色谱法 →(3)

次生地质灾害
secondary geological hazard
P694
  D 次生灾害
  S 地质灾害*
  F 次生山地灾害
    地震次生灾害
  C 地震

（3）分类表结构与显示

分类表包括两个部分：分类简表和分类详表。分类简表覆盖全部学科，除"N 自然科学总论"展示全部类目外，其他学科展示到一级或二级类目。分类详表展示该分册涉及的一个或多个学科的全部类目。二级及以上的类目显示时加"."表示类目等级。分类详表中交替类目加"[ ]"进行标记。类号后加"*"表示该类目是新增类目，不是《资料法》（第 4 版）原有类目。

（4）出版分册与专业构成

为了方便自然科学领域不同专业机构和用户的使用，《汉表（自然科学卷）》按专业分 5 册出版，每册单独进行字顺排版。考虑到对《汉表（自然科学卷）》整体字顺排序使用的需求，可以经申请提供单独按需印制服务。各册与专业的对照表如下：

分　　册	词　量
第Ⅰ册　数学	18 586
第Ⅱ册　力学、物理学、晶体学	33 045
第Ⅲ册　化学	29 627
第Ⅳ册　天文学、测绘学、大气科学、海洋学、自然地理学	35 612
第Ⅴ册　地球物理学、地质学	21 389

2. 服务系统

《汉表（自然科学卷）》将通过《汉表》网络服务系统提供服务，具备术语检索、分类导航、机器辅助标引、概念可视化等功能。

（1）分类导航

分类导航按照分类层级体系自上而下逐层显示专业术语及其术语信息，展示某分类所属族首词和术语列表。

（2）术语检索

通过"模糊匹配""精确匹配""前方一致""后方一致"可以检索术语，检索结果以列表方式显示所检索术语的"分类""族首词"等属性，浏览该术语的详细属性。

（3）术语详细信息浏览

通过术语检索或分类导航，可以查看命中优选词层级结构、词间关系、释义、英文翻译等信息。

（4）知识地图

"知识地图"对注册用户进行开放，以可视化方式显示术语之间的"属/分""用/代""参"等关系，地图上最多会展示3个级别深度的优选词节点。

（5）机器辅助标引

对文献进行受控标引是叙词表的主要功能之一。系统基于《汉表》具有自动标引功能，当输入领域相关文献标题和摘要时，可以输出代表性高的优选词作为标引词，还可以赋予文献合适的分类号。

除此之外，《汉表》服务系统还提供"热词排行""相关文献""百科搜索"和"意见建议"等功能；提供针对相关术语的"相关文献"检索服务；可以将当前术语链接到"百度百科"或"互动百科"进行检索。还可以对相应的术语提出相关意见建议；具体使用可以网上浏览"《汉表》服务系统使用说明"。

3. 应用领域

《汉表》自1980年诞生以来，作为信息组织与检索的重要基础工具，在我国图书情报界和信息文献领域发挥了其应有的作用。基于网络环境而重新编制的《汉表（自然科学卷）》，应用领域除信息标引与检索之外，还包括学科分类导航、机器翻译、跨语言检索、主题可视化服务、语义计算、文本处理等方面，也与标准数据协议、映射或互操作、主题图、向本体转化等多种重要信息技术密切相关。

（1）知识学习

经过向分类、概念关系细化、定义注释等多个方向发展，《汉表（自然科学卷）》可以具备网络百科的功能，成为用户的网络参考知识工具。对知识管理机构来说，可以利用可视化等多种信息技术，将《汉表（自然科学卷）》用于研制开发具备知识节点网络的相关产品。从汉语规范化角度出发，《汉表（自然科学卷）》也是用户查找和检索规范专业术语、基础词汇和通用词汇的常用工具，兼具词典的功能。

（2）学科导航与智能检索

《汉表（自然科学卷）》具备主题分类一体化应用功能。从学科分类入口浏览查询，可以获得所需类目及相应信息；也可以浏览《汉表（自然科学卷）》词族知识概念体系。《汉表（自然科学卷）》同时具备分类表、叙词表和本体的共同属性，能够实现不同颗粒度的智能查询与检索功能，可以是分类层级类目的批量文献信息获取，也可以是主题概念级别的扩检与缩检，结合其他词表映射融合等多种不同方法，可以实现不同目的和条件下的智能检索。

（3）文本信息处理

《汉表（自然科学卷）》由一系列词库组成，可根据不同目的，用于切词、信息抽取、聚类、词频统计、情感分析等文本处理基础工作。通过《汉表（自然科学卷）》的英汉双语对照，可实现英汉双语检索功能等，利用其中英汉对应词库及词间关系，可以为英汉机器翻译系统的开发提供基础语料。同时，利用《汉表（自然科学卷）》词汇、术语、概念等语料词汇系统，可以开展研究热点领域监测、专业知识挖掘、领域知识聚类等相关的系列应用。

主 表

"门罗"效应
　　Y 聚能效应

Σ 超子
sigma hyperon
O572.344
　　D Σ 负
　　　Σ 粒子
　　　Σ 零
　　　Σ 正
　　S 超子
　　Z 粒子

Σ 介子
sigma-meson
O572.33
　　S 矢量介子
　　Z 粒子

1/2 亚谐共振
1/2 subharmonic resonance
O321
　　S 亚谐共振
　　Z 共振

1/f 噪声
　　Y 闪烁噪声

13C NMR 谱
　　Y 碳 13 核磁共振谱法

13C-NMR
　　Y ^{13}C 核磁共振

^{13}C 核磁共振
carbon-13 nuclear magnetic resonance
O482.53
　　D 13C-NMR
　　　13C-核磁共振
　　　13 碳核磁共振
　　　碳 13 核磁共振
　　　碳-13 核磁共振
　　　碳核磁共振
　　S 核磁共振
　　C 碳 13 核磁共振谱法
　　Z 磁共振
　　　共振

13C-核磁共振
　　Y ^{13}C 核磁共振

13 碳核磁共振
　　Y ^{13}C 核磁共振

1H NMR 技术
　　Y ^{1}H 核磁共振

1H-NMR
　　Y ^{1}H 核磁共振

^{1}H 核磁共振
^{1}H nuclear magnetic resonance
O482.53
　　D 1H NMR 技术
　　　1H-NMR
　　S 核磁共振
　　Z 磁共振
　　　共振

Ⅰ-Ⅱ 复合型裂纹
Ⅰ-Ⅱ mixed mode crack
O346.1
　　S 复合型裂纹
　　Z 裂纹

Ⅰ 类超导体
　　Y 第一类超导体

Ⅰ 型断裂
mode Ⅰ fracture
O346.1
　　S 脆性断裂
　　Z 断裂

Ⅰ 型裂纹
mode Ⅰ crack
O346.1
　　D Ⅰ 型裂纹
　　S 裂纹*

2D NMR 技术
　　Y 二维核磁共振波谱技术

2D-NMR
　　Y 二维核磁共振

2D 晶体
　　Y 二维晶体

Ⅱ 类超导体
　　Y 第二类超导体

Ⅱ 型断裂
mode Ⅱ fracture
O346.1
　　S 韧性断裂
　　Z 断裂

Ⅱ 型裂纹
type Ⅱ crack
O346.1
　　S 裂纹*

31P-NMR
　　Y ^{31}P 核磁共振

^{31}P 核磁共振
^{31}P NMR
O482.53
　　D 31P-NMR
　　S 核磁共振
　　Z 磁共振
　　　共振

3-D
　　Y 三维

3j 系数
　　Y C-G 系数

3 次超谐共振
three times superharmonic resonance
O321
　　S 超谐共振
　　Z 共振

3 维空间
three-dimensional space
O175.29；O343.2
　　D 三维问题
　　S 空间(数学)*
　　C 弹性力学
　　　三维数学模型　→(1)

Ⅲ 型断裂
mode Ⅲ fracture
O346.12
　　S 韧性断裂
　　Z 断裂

Ⅲ 型裂纹
type Ⅲ crack
O346.1
　　S 裂纹*

4f 系统
4f system
TH74
　　S 光学系统*

4H-SiC 单晶
　　Y 4H 碳化硅单晶

4H-SiC 单晶材料
　　Y 4H 碳化硅单晶

4H-SiC 单晶体
　　Y 4H 碳化硅单晶

4H-SiC 单晶体材料
 Y 4H 碳化硅单晶

4H 碳化硅单晶
4H-SiC monocrystalline
O738
 D 4H-SiC 单晶
  4H-SiC 单晶材料
  4H-SiC 单晶体
  4H-SiC 单晶体材料
  4H 碳化硅单晶材料
  4H 碳化硅单晶体
  4H 碳化硅单晶体材料
 S 碳化硅单晶
 Z 晶体

4H 碳化硅单晶材料
 Y 4H 碳化硅单晶

4H 碳化硅单晶体
 Y 4H 碳化硅单晶

4H 碳化硅单晶体材料
 Y 4H 碳化硅单晶

6-12 势
 Y Lennard-Jones 势

6H-SiC 单晶
 Y 6H 碳化硅单晶

6H-SiC 单晶材料
 Y 6H 碳化硅单晶

6H-SiC 单晶体
 Y 6H 碳化硅单晶

6H-SiC 单晶体材料
 Y 6H 碳化硅单晶

6H 碳化硅单晶
6H-SiC monocrystalline
O738
 D 6H-SiC 单晶
  6H-SiC 单晶材料
  6H-SiC 单晶体
  6H-SiC 单晶体材料
  6H 碳化硅单晶材料
  6H 碳化硅单晶体
  6H 碳化硅单晶体材料
 S 碳化硅单晶
 Z 晶体

6H 碳化硅单晶材料
 Y 6H 碳化硅单晶

6H 碳化硅单晶体
 Y 6H 碳化硅单晶

6H 碳化硅单晶体材料
 Y 6H 碳化硅单晶

6 自由度
 Y 六自由度

VIA 族化合物*
group VIA compounds
O613.5
 D VIA 族化合物
  氧族元素化合物
 F 超导氧化物
  透明导电氧化物

95Zr
 Y 锆-95

a&N 曲线
 Y a-N 曲线

A_2B 模型
A_2B model
O32
 S 力学模型*
 C 振型

Abel 逆变换
Abel inverse transformation
O411
 D 阿贝尔逆变换
 S 积分变换*

A-B 效应
A-B effect
O413.1
 D Aharonov-Bohm 效应
 S 量子力学效应
 Z 量子效应

a-C:F 薄膜
 Y 氟化非晶碳薄膜

a-C:F 膜
 Y 氟化非晶碳薄膜

a-C:H 薄膜
 Y 含氢非晶碳膜

a-C:H 膜
 Y 含氢非晶碳膜

ADP 晶体
 Y 磷酸二氢铵晶体

AE 模型
 Y 附着能模型

$AgGaS_2$ 晶体
 Y 硫镓银晶体

$AgGaSe_2$ 晶体
 Y 硒镓银晶体

Aharonov-Bohm 效应
 Y A-B 效应

AlB 晶须
 Y 硼酸铝晶须

ALE 法
 Y ALE 方法

ALE 方程
ALE equation
O35
 S 力学方程*
 C ALE 有限元

ALE 方法
ALE method
O33
 D ALE 法
 S 力学方法*
 C ALE 有限元

ALE 有限元
ALE finite element
O241.82；O35
 D ALE 有限元法
  ALE 有限元方法
 S 有限元*
 C ALE 方程
  ALE 方法

ALE 有限元法
 Y ALE 有限元

ALE 有限元方法
 Y ALE 有限元

Alfven mach 数
Alfven mach number
O354
 D Alfven 马赫数
  Alfven 数
 S 马赫数
 C 阿尔文激波
 Z 无量纲数

Alfven 马赫数
 Y Alfven mach 数

Alfven 数
 Y Alfven mach 数

Al 等离子体
 Y 铝等离子体

Al 晶界
 Y 铝晶界

Anderson 模型
Anderson model
O482.5
 D 安德森模型
 S 物理模型*

a-N 曲线
a-N curves
O346.1；O346.2
 D a&N 曲线
  aN 试验曲线
 S 曲线*

aN 试验曲线
 Y a-N 曲线

Appell 方程
Appell equation
O302
 D 阿佩尔方程
 S 力学方程*

Ar 等离子体
 Y 氩等离子体

a-Si:H 薄膜
 Y 氢化非晶硅薄膜

a-Si:H 膜
 Y 氢化非晶硅薄膜

Aspect 实验
Aspect's experiment
O4-33
 S 物理实验

主 表 13

Z 科学实验

ATM 力
 Y 范德华力

Au 团簇
 Y 金团簇

Avrami 方程
Avrami equation
O482
 D Avrami 公式
  阿夫拉米方程
  阿夫拉米公式
  阿弗拉密方程
  阿弗拉密公式
 S 唯象方程
 Z 物理方程

Avrami 公式
 Y Avrami 方程

A 型三能级原子
A-type three-level atom
O571
 S 三能级原子
 Z 原子

A 型显示器
 Y 显示器

BaF_2 晶体
 Y 氟化钡晶体

Bardeen-Cooper-Schrieffer 理论
 Y 巴丁-库珀-施里弗理论

Barkhausen 跳跃
 Y 巴克豪森效应

Barkhausen 突变
 Y 巴克豪森效应

Barkhausen 效应
 Y 巴克豪森效应

Basset 力
 Y 巴塞特力

$BaTiO_3$ 单晶
 Y 钛酸钡单晶

$BaTiO_3$ 单晶材料
 Y 钛酸钡单晶

$BaTiO_3$ 单晶体
 Y 钛酸钡单晶

$BaTiO_3$ 单晶体材料
 Y 钛酸钡单晶

$BaTiO_3$ 晶体
 Y 钛酸钡晶体

$BaWO_4$ 晶体
 Y 钨酸钡晶体

BBO 晶体
 Y 偏硼酸钡晶体

BCC 结构
 Y 体心立方结构

BCS 理论
 Y 巴丁-库珀-施里弗理论

Bean 模型
 Y 临界态模型

Bell 不等式
 Y 贝尔不等式

Bell 测量
 Y Bell 基测量

Bell 基测量
Bell-state measurement
O413
 D Bell 测量
  Bell 基联合测量
  Bell 态测量
  贝尔测量
 S 物理测量*
 C Bell 数 →(1)
  贝尔不等式

Bell 基联合测量
 Y Bell 基测量

Bell 态测量
 Y Bell 基测量

Benioff 应变
Benioff strain
O344.3
 S 应变*

BEPC
 Y 北京正负电子对撞机

Berry 相
 Y Berry 相位

Berry 相位
Berry phase
O441.1
 D Berry 相
 S 相位*

Bessel 光束
 Y 贝塞尔光束

BGK 模型
 Y 格子 Boltzmann 模型

BGO 晶体
 Y 锗酸铋晶体

B-G 波
 Y 电声波

BH 积
 Y 磁能积

BiB_3O_6 晶体
 Y 三硼酸铋晶体

BIBO 晶体
 Y 三硼酸铋晶体

Biot 波动方程
Biot's wave equation
TU4
 D Biot 动力方程
 S 波动方程
 Z 方程(数学)

Biot 动力方程
 Y Biot 波动方程

Birkhoff 动力学
Birkhoff dynamics
O313
 S 相对论动力学
 Z 理论力学
  力学

Birkhoff 系统
Birkhoff system
O313
 S 力学系统*
 F 广义 Birkhoff 系统

Birstow 法
 Y 因子分解法

Bjerknes 力
Bjerknes force
O351.2
 S 力*

Bloch 方程
Bloch equations
O435
 D Bloch 公式
  布洛赫方程
  布洛赫公式
  光学 Bloch 方程
  光学布洛赫方程
 S 物理方程*
 F 麦克斯韦-布洛赫方程
 C Bloch 常数 →(1)
  Bloch 函数 →(1)
  Bloch 空间 →(1)

Bloch 公式
 Y Bloch 方程

BLT 方程
BLT equation
O441
 D BLT 方程式
  BLT 方程组
  BLT 方程组式
  BLT 公式
 S 电磁场方程
 Z 物理方程

BLT 方程式
 Y BLT 方程

BLT 方程组
 Y BLT 方程

BLT 方程组式
 Y BLT 方程

BLT 公式
 Y BLT 方程

boltzmann 方程
 Y 玻耳兹曼方程

Boltzmann 方程公式
 Y 玻耳兹曼方程

Boltzmann 方程组
 Y 玻耳兹曼方程

Boltzmann 方程组式
　　Y 玻耳兹曼方程

Boltzmann 公式
　　Y 玻耳兹曼方程

Boltzmann 关系
　　Y 玻耳兹曼方程

Boltzmann 关系式
　　Y 玻耳兹曼方程

Boltzmann 模型
Boltzmann model
O35
　　D 波尔兹曼模型
　　S 流体力学模型
　　F 格子 Boltzmann 模型
　　C 流体力学方程
　　Z 力学模型

Boltzmann 模型方程
Boltzmann model equation
O354
　　S 流动方程
　　Z 力学方程

Bond 数
　　Y 粘滞系数

Bose-Einstein 凝聚
　　Y 玻色-爱因斯坦凝聚

Box 维数
　　Y 盒维数

Bragg 波长
　　Y 布喇格波长

Bragg 方程
　　Y 布拉格方程

Bragg 方程公式
　　Y 布拉格方程

Bragg 方程式
　　Y 布拉格方程

Bragg 方程组
　　Y 布拉格方程

Bragg 方程组式
　　Y 布拉格方程

Bragg 公式
　　Y 布拉格方程

Bragg 关系式
　　Y 布拉格方程

Bragg 角
　　Y 布拉格角

Bragg 衍射
　　Y 布拉格衍射

bra-ket 符号
　　Y 狄拉克符号

Bravais 点阵
　　Y 布拉菲点阵

Bridgman 法
　　Y 布里奇曼法

Brinkman 方程
Brinkman equation
O302
　　S 流动方程
　　Z 力学方程

Brownian 运动
　　Y 布朗运动

Brown 运动
　　Y 布朗运动

BSO 晶体
　　Y 硅酸铋晶体

B-S 法
　　Y 布里奇曼法

B-S 方程
　　Y 贝特-沙耳皮特方程

Buckingham 势
Buckingham potential
O562.4
　　D 白金汉势
　　　白金汉势(6-指数)
　　S 原子间相互作用势
　　Z 相互作用势

Budiansky-Roth 准则
Budiansky-Roth motion criterion
O342
　　S 力学准则*

B-V 色指数
　　Y 色指数

B 介子
B mesons
O572.33
　　S 矢量介子
　　Z 粒子

B 介子衰变
B meson decays
O571.3
　　S 介子衰变
　　Z 核反应

b 夸克
b-quark
O572.3
　　D 底夸克
　　　美夸克
　　S 夸克
　　Z 粒子

B 显示器
　　Y 显示器

CaCO₃ 晶须
　　Y 碳酸钙晶须

Carlo 方法
Carlo method
O4-3
　　S 数学物理方法
　　Z 物理法

Carreau 流体
Carreau fluid
O373
　　D 卡罗流体
　　S 流体*

Casimir 力
Casimir force
O314
　　S 力*

Casimir 能
　　Y Casimir 能量

Casimir 能量
Casimir energy
O441.4
　　D Casimir 能
　　S 能量*

Casimir 效应
Casimir effect
O46
　　D 卡西米尔效应
　　S 电磁效应
　　Z 电场效应

CaSO₄ 晶须
　　Y 硫酸钙晶须

CBE
　　Y 化学束外延

CCD 光学多道分析器
CCD optical multi channel analyzer
TN29
　　S 光学多道分析器
　　Z 分析仪器

CdSe/ZnS 量子点
CdSe/ZnS quantum dots
O47
　　S 量子点
　　Z 势阱

CdSe 单晶
　　Y 硒化镉单晶

CdSe 单晶材料
　　Y 硒化镉单晶

CdSe 单晶体
　　Y 硒化镉单晶

CdSe 单晶体材料
　　Y 硒化镉单晶

CdSe 量子点
　　Y 硒化镉量子点

CdSe 纳米晶
　　Y 硒化镉纳米晶

CdS 量子点
　　Y 硫化镉量子点

CdS 纳米晶
　　Y 硫化镉纳米晶

CdTe/CdS 量子点
CdTe/CdS quantum dots
O47
　　S 量子点
　　Z 势阱

CdTe 多晶薄膜
　　Y 碲化镉多晶薄膜

CdTe 量子点
　　Y 碲化镉量子点

CdTe 纳米晶
　　Y 碲化镉纳米晶

CdZnTe 晶体
　　Y 碲锌镉晶体

CE/SE 方法
CE/SE method
O35；O381
　　S 计算流体力学方法
　　C 计算流体力学
　　Z 流体力学法

Ce:KNSBN 晶体
　　Y 掺铈钾钠铌酸锶钡晶体

CERN
　　Y 欧洲粒子物理研究所

CESR
　　Y 导电电子自旋共振

cfd 技术
　　Y 计算流体力学

CFL 条件
　　Y Courant-Friedrich-Lewy 条件

CFT 理论
　　Y 晶体场理论

C-G 系数
Clebsch-Gordon coefficient
O413
　　D 3j 系数
　　S 系数*

Chen 混沌系统
Chen chaotic system
O415.5
　　D Chen 系统
　　　　超混沌 Chen 系统
　　S 混沌系统*

Chen 系统
　　Y Chen 混沌系统

Chern-Simons 理论
Chern-Simons theory
O413.4
　　S 规范场论
　　Z 物理理论

Christoffel 方程
　　Y 克里斯托夫方程

Christoffel 方程公式
　　Y 克里斯托夫方程

Christoffel 方程式
　　Y 克里斯托夫方程

Christoffel 方程组
　　Y 克里斯托夫方程

Christoffel 方程组式
　　Y 克里斯托夫方程

christoffel 公式
　　Y 克里斯托夫方程

Christoffel 关系式
　　Y 克里斯托夫方程

CIDEP
　　Y 化学诱导动态电子极化

CIEH 计算
　　Y 扩展休克尔理论计算

CIEM 计算
　　Y 扩展休克尔理论计算

CLBO 晶体
　　Y 硼酸铯锂晶体

cluster 态
cluster state
O413.1
　　S 量子纠缠态
　　Z 能态

CNDO 计算
　　Y 全略微分重叠计算

CO₂ 分压
CO_2 partial pressure
O414.1
　　S 分压
　　Z 压力

CO₂ 流体
CO_2 fluid
O362
　　D 二氧化碳流体
　　　　富 CO_2 流体
　　S 流体*

Co-B 非晶合金
　　Y 钴-硼非晶态合金

Co-B 非晶合金材料
　　Y 钴-硼非晶态合金

Co-B 非晶态合金
　　Y 钴-硼非晶态合金

Co-B 非晶态合金材料
　　Y 钴-硼非晶态合金

Co-B 非晶质合金
　　Y 钴-硼非晶态合金

Co-B 非晶质合金材料
　　Y 钴-硼非晶态合金

Cole-Cole 模型
Cole-Cole model
O581
　　S 物理模型*

Collins 方程
　　Y 柯林斯公式

Collins 方程公式
　　Y 柯林斯公式

Collins 方程式
　　Y 柯林斯公式

Collins 方程组
　　Y 柯林斯公式

Collins 方程组式
　　Y 柯林斯公式

Collins 公式
　　Y 柯林斯公式

Collins 关系式
　　Y 柯林斯公式

Compton 散射
　　Y 康普顿效应

Cooper 对
　　Y 库珀对

Coriolis 力
　　Y 科里奥利力

Coriolis 效应
　　Y 科氏效应

Cosserat 理论
Cosserat theory
O33
　　S 力学理论*
　　C 连续介质力学

Cosserat 模型
Cosserat model
O342
　　S 结构模型
　　Z 力学模型

Couette 流
　　Y 科特流

Couette 流动
　　Y 科特流

Coulomb 对数
　　Y 库仑对数

Courant-Friedrich-Lewy 条件
CFL condition
O35
　　D CFL 条件
　　S 力学条件*

CPT 不变性
CPT invariance
O41
　　S 不变性*
　　F CP 不变性
　　　　T-不变性
　　C CPT 定理

CPT 定理
CPT theorem
O572.23
　　S 物理定理*
　　F CP 破坏
　　C CPT 不变性

CP 不变性
CP invariance
O41
　　D CP-不变性
　　　　CP 不变性定理
　　　　CP 不变性原理
　　　　电荷共轭和宇称不变性

电荷共轭和宇称不变性定理
　　　电荷共轭和宇称不变性定律
　　　电荷共轭和宇称不变性原理
　　S CPT 不变性
　　F C 不变性
　　C Cp 准则 →(1)
　　　电荷共轭宇称
　　Z 不变性

CP-不变性
　　Y CP 不变性

CP 不变性定理
　　Y CP 不变性

CP 不变性原理
　　Y CP 不变性

CP 破坏
CP violation
O572.23
　　S CPT 定理
　　Z 物理定理

Cr^{4+}:YAG 晶体
　　Y 掺铬钇铝石榴石晶体

Cr^{4+}∶YAG 晶体
　　Y 掺铬钇铝石榴石晶体

Crotti-Engesser 定理
　　Y 卡氏第二定理

CsI(Tl)晶体
　　Y 掺铊碘化铯晶体

CsI 晶体
　　Y 碘化铯晶体

CsLiB$_6$O$_{10}$ 晶体
　　Y 硼酸铯锂晶体

CSL 晶界
　　Y 重位点阵晶界

CT 成象
　　Y 层析成像

CT 技术
　　Y 层析成像

CT 试样
　　Y 紧凑拉伸试样

Cu:KNSBN 晶体
　　Y 掺铜钾钠铌酸锶钡晶体

Cu-H$_2$O 纳米流体
Cu-H$_2$O nanofluids
O357
　　S 流体*
　　C 分子动力学 →(3)

Curie 温度
　　Y 居里温度

Cu 基非晶
　　Y 铜基非晶

Cu 团簇
　　Y 铜团簇

CVD 外延生长
　　Y 汽相外延生长

CVT 法
　　Y 化学气相传输

Czochralski 法
　　Y 提拉法

CZT 晶体
　　Y 碲锌镉晶体

CZ 法
　　Y 提拉法

C 不变性
C invariance
O412.3
　　D C-不变性
　　　C 不变性定理
　　　C 不变性定律
　　　C 不变性原理
　　　电荷共轭不变性
　　　电荷共轭不变性定理
　　　电荷共轭不变性定律
　　　电荷共轭不变性原理
　　　正反共轭不变性
　　　正反共轭不变性定理
　　　正反共轭不变性定律
　　　正反共轭不变性原理
　　S CP 不变性
　　Z 不变性

C-不变性
　　Y C 不变性

C 不变性定理
　　Y C 不变性

C 不变性定律
　　Y C 不变性

C 不变性原理
　　Y C 不变性

c 夸克
　　Y 粲夸克

C 宇称
　　Y 电荷共轭宇称

c 轴取向
c-axis orientation
O78
　　S 晶体取向
　　Z 晶体性质

D'Alembert-Lagrange 原理
D'Alembert-Lagrange principle
O316
　　S 力学定理*

d'Alembert 原理
　　Y 达朗伯原理

Dammann 光栅
　　Y 达曼光栅

Darcy 定律
　　Y 达西定律

DBD 等离子体
　　Y 介质阻挡放电等离子体

d-d 跃迁
d-d transition
O572
　　S 电子跃迁
　　Z 跃迁

Dean 涡
Dean vortex
O357.1
　　D 迪恩涡
　　S 涡旋*
　　C 二次流

Debye-Scherrer 环
　　Y 粉末图

Debye-Waller 因子
　　Y 德拜-沃勒因子

Debye 模型
　　Y 德拜模型

Debye 图
　　Y 粉末图

Debye 温度
　　Y 特征温度

DFT 方法
　　Y 密度泛函理论

DFT 计算
　　Y 密度泛函理论

DF 法
　　Y 密度泛函理论

Dirac 粒子
Dirac particles
O572.3
　　D 狄拉克费米子
　　　狄拉克粒子
　　S 费米子
　　C Dirac 场 →(4)
　　Z 粒子

Dirichlet 边界条件
　　Y 本质边界条件

DKDP 晶体
　　Y 磷酸二氘钾晶体

DLA 模型
　　Y 扩散限制凝聚模型

DLC 薄膜
　　Y 类金刚石薄膜

DLC 膜
　　Y 类金刚石薄膜

DMRL
　　Y 离散递减平均剩余寿命

DM 相互作用
　　Y Dzyaloshinskii-Moriya 相互作用

D-M 相互作用
　　Y Dzyaloshinskii-Moriya 相互作用

Doppler 效应
　　Y 多普勒效应

主　表　17

DPIV
　　Y　数字式粒子图像测速

DPM 模型
DPM model
O35
　　S　流体力学模型
　　Z　力学模型

DQ 法
　　Y　微分求积法

Drell-Yan 过程
Drell-Yan process
O571.2
　　D　核 Drell-Yan 过程
　　S　物理过程*

Drucker 公设
Drucker postulate
O344.1
　　D　德鲁克公设
　　S　公理*

DSC 法
　　Y　差示扫描量热法

DSC 方法
　　Y　差示扫描量热法

DSC 技术
　　Y　差示扫描量热法

DT 中子
　　Y　D-T 中子

D-T 中子
D-T neutron
O572.342
　　D　DT 中子
　　S　中子
　　Z　粒子

Duffing-van der Pol 系统
Duffing-van der Pol system
O32
　　S　Duffing 系统
　　　　van der Pol 系统
　　Z　力学系统

Duffing 系统
Duffing system
O32
　　D　杜芬系统
　　S　力学系统*
　　F　Duffing-van der Pol 系统

Dugdale 模型
Dugdale model
O34
　　D　达格代尔模型
　　S　断裂模型
　　Z　力学模型

Dzyaloshinskii-Moriya 相互作用
Dzyaloshinskii-Moriya interaction
O413
　　D　DM 相互作用
　　　　D-M 相互作用
　　S　相互作用*

d 波超导体
d-wave superconductors
TM26
　　S　超导体
　　Z　导体

D 介子
D mesons
O572.33
　　S　矢量介子
　　Z　粒子

d 夸克
d-quark
O572.3
　　D　下夸克
　　S　夸克
　　Z　粒子

EAM 势
　　Y　嵌入原子势

EAS
　　Y　广延大气簇射

EBG 结构
　　Y　电磁带隙结构

EBIC
　　Y　电子束感生电流

ECPSSR 理论
ECPSSR theory
O41
　　S　原子理论
　　Z　物理理论

ECR 等离子体
　　Y　电子回旋共振等离子体

EELS
　　Y　电子能量损失谱

EFG 法
　　Y　导模法

EHD
　　Y　电流体动力学

EHT 计算
　　Y　扩展休克尔理论计算

Eikonal 方程
　　Y　程函方程

Einstein-Maxwell 方程
　　Y　爱因斯坦-麦克斯韦方程

Einstein-Maxwell 方程公式
　　Y　爱因斯坦-麦克斯韦方程

Einstein-Maxwell 方程式
　　Y　爱因斯坦-麦克斯韦方程

Einstein-Maxwell 公式
　　Y　爱因斯坦-麦克斯韦方程

Einstein-Maxwell 关系式
　　Y　爱因斯坦-麦克斯韦方程

Einstein 场方程
　　Y　爱因斯坦场方程

Einstein 场方程公式
　　Y　爱因斯坦场方程

Einstein 场方程式
　　Y　爱因斯坦场方程

Einstein 场方程组
　　Y　爱因斯坦场方程

Einstein 场方程组式
　　Y　爱因斯坦场方程

Einstein 场公式
　　Y　爱因斯坦场方程

Einstein 场关系式
　　Y　爱因斯坦场方程

Einstein 方程
　　Y　爱因斯坦方程

Einstein 方程式
　　Y　爱因斯坦方程

Einstein 方程组
　　Y　爱因斯坦方程

Einstein 方程组式
　　Y　爱因斯坦方程

Einstein 公式
　　Y　爱因斯坦方程

Einstein 光电方程
　　Y　爱因斯坦光电方程

Einstein 光电方程公式
　　Y　爱因斯坦光电方程

Einstein 光电方程式
　　Y　爱因斯坦光电方程

Einstein 光电方程组
　　Y　爱因斯坦光电方程

Einstein 光电方程组式
　　Y　爱因斯坦光电方程

Einstein 光电公式
　　Y　爱因斯坦光电方程

Einstein 光电关系式
　　Y　爱因斯坦光电方程

Einstein 光电效应方程
　　Y　爱因斯坦光电方程

Einstein 光电效应方程公式
　　Y　爱因斯坦光电方程

Einstein 光电效应方程式
　　Y　爱因斯坦光电方程

Einstein 光电效应方程组
　　Y　爱因斯坦光电方程

Einstein 光电效应方程组式
　　Y　爱因斯坦光电方程

Einstein 光电效应公式
　　Y　爱因斯坦光电方程

Einstein 光电效应关系式
　　Y　爱因斯坦光电方程

Einstein 引力场方程
　　Y 爱因斯坦场方程

Einstein 引力场方程公式
　　Y 爱因斯坦场方程

Einstein 引力场方程式
　　Y 爱因斯坦场方程

Einstein 引力场方程组
　　Y 爱因斯坦场方程

Einstein 引力场方程组式
　　Y 爱因斯坦场方程

Einstein 引力场公式
　　Y 爱因斯坦场方程

Einstein 引力场关系式
　　Y 爱因斯坦场方程

Einstein 引力理论
　　Y 广义相对论

Ekman 层
　　Y 过渡层

EL2 能级
EL 2 energy level
O562.1
　　D EL2 深能级
　　S 能级*

EL2 深能级
　　Y EL2 能级

ELDOR
　　Y 电子-电子双共振

ELMO 皱褶环（磁镜装置）
　　Y 磁场位形

EMC 效应
EMC effect
O571.21
　　S 核效应
　　Z 物理效应

EMP
　　Y 电磁脉冲

EM 波
　　Y 电磁波

ENDOR
　　Y 电子核双共振

ENO 插值
ENO interpolation
O174.42；O35
　　S 插值*

EPR 悖论
　　Y EPR 佯谬

EPR 参量
　　Y 电子顺磁共振参量

EPR 谱
　　Y 电子顺磁共振谱

EPR 实验
EPR experiment
O4-33
　　S 物理实验
　　C EPR 态
　　　 EPR 佯谬
　　Z 科学实验

EPR 态
EPR state
O413
　　S 量子态
　　C EPR 实验
　　　 EPR 佯谬
　　Z 能态

EPR 佯谬
EPR paradox
O413.1
　　D EPR 悖论
　　S 佯谬*
　　C EPR 实验
　　　 EPR 态

ESCA
　　Y 化学分析用电子能谱

ESG
　　Y 静电陀螺仪

ESR
　　Y 电子自旋共振

Eu³⁺ 纳米晶
　　Y 铕纳米晶

Eulerian 模型
Eulerian model
O359
　　S 流体力学模型
　　C Euler 数
　　Z 力学模型

Euler-Lagrange 方程
　　Y 欧拉-拉格朗日方程

Euler 方程
　　Y 欧拉方程

Euler 方程组
　　Y 欧拉方程组

Euler 数
Euler number
O189；O303
　　D 欧拉数
　　S 数*
　　C Eulerian 模型
　　　 Euler 不等式 →(1)
　　　 恒等式
　　　 几何不变量 →(1)
　　　 欧拉方程组

Euler 有向图
　　Y 有向图

Euler 运动方程
　　Y 欧拉运动方程

EXAFS
　　Y 扩展 X 射线吸收精细结构

e 光
　　Y 非常光

F2 心
　　Y F 心

F3 心
　　Y F 心

Fabry-Perot 腔
　　Y 法布里-珀罗谐振腔

Fabry-Perot 谐振器
　　Y 法布里-珀罗谐振腔

Fabry-Perot 谐振腔
　　Y 法布里-珀罗谐振腔

Fano 共振
Fano resonance
O321；O484
　　S 共振*

Fano 因子
　　Y 法诺因子

FA 心
　　Y F 心

fcc 结构
　　Y 面心立方结构

FCC 晶格
　　Y 面心立方晶格

Fe₃O₄ 磁流体
Fe₃O₄ magnetic fluid
TM271
　　S 磁流体
　　Z 流体

FEM 模型
　　Y 有限元模型

Fermat 原理
　　Y 费马原理

Fermion-Spin 理论
　　Y 费米子自旋理论

Fermi 能级
　　Y 费米能级

Feshbach 共振
Feshbach resonances
O56
　　D 费希巴赫共振
　　　 原子共振态
　　S 共振*
　　C 分子激发态

Fe 基非晶
　　Y 铁基非晶

Fe 基纳米晶
　　Y 铁基纳米晶

Fe 基纳米晶合金
　　Y 铁基纳米晶合金

FFT 谱
FFT spectrum
O433.5
　　D 快速傅里叶变换谱
　　S 傅里叶变换光谱
　　Z 光谱

主 表 19

F-H 实验
 Y 弗兰克-赫兹实验

FMR
 Y 铁磁共振

Fourier 变换红外光谱
 Y 傅里叶变换红外光谱

Fourier 定理
 Y 傅立叶定律

Fourier 频谱分析
 Y 傅里叶频谱分析

Fourier 谱
 Y 傅里叶频谱

Fourier 展开
 Y 傅里叶展开

Fourier 综合
 Y 傅里叶综合法

F-P 干涉
 Y 法布里-珀罗干涉

F-P 光学谐振腔
 Y 法布里-珀罗谐振腔

F-P 腔
 Y 法布里-珀罗谐振腔

Frank-Read 源
 Y 弗兰克-里德源

Frank 分位错
 Y 弗兰克不全位错

Franz-Keldysh 效应
 Y 弗朗兹-凯尔迪什效应

Fraunhofer 衍射
 Y 夫琅和费衍射

Frenkel 激子
 Y 弗伦克尔激子

Frenkel 缺陷
 Y 弗仑克尔缺陷

Friedel 定律
 Y 弗里德尔定律

Froude 数
 Y 弗劳德数

FTIR 谱
 Y 傅里叶变换红外光谱

Fz 法
 Y 区熔法

F 格子
 Y 面心点阵

f 数
 Y 光圈

F 心
F-centers
O773
 D F2 心
  F3 心

FA 心
 S 俘获电子中心
 Z 晶体缺陷

f 值
 Y 振子强度

g-2 因数
 Y 朗德 g 因子

GaAs/AlAs 异质结
GaAs/AlAs heterojunction
O472
 S 异质结
 Z 半导体结

GaAs 单晶
 Y 砷化镓单晶

GaAs 单晶材料
 Y 砷化镓单晶

GaAs 单晶体
 Y 砷化镓单晶

GaAs 单晶体材料
 Y 砷化镓单晶

GaAs 晶体
 Y 砷化镓晶体

Galerkin 边界元法
 Y 边界元法

Galerkin 截断
 Y Galerkin 截断法

Galerkin 截断法
Galerkin truncation method
O346.1
 D Galerkin 截断
 S 力学方法*

Galerkin 原理
Galerkin principle
O322
 D 伽辽金原理
 S 力学原理*
 C Galerkin 有限元 →(1)

Galileo 系统
 Y 伽利略卫星导航系统

Gamma 射线
 Y γ射线

GaN 光电阴极
GaN photocathode
TN103
 S 光电阴极
 Z 电极

GaN 晶体膜
 Y 氮化镓晶体膜

GaSe 晶体
 Y 硒化镓晶体

Gaussian 模型
 Y 高斯模型

Gauss 白噪声
Gaussian white noise
TN911.4
 D 高斯白噪声
 S 白噪声
 F 热噪声
 Z 随机噪声

Gauss 定理
 Y 高斯公式

Gauss 公式
 Y 高斯公式

Gauss 函数
 Y 高斯函数

Gauss 模型
 Y 高斯模型

GdCOB 晶体
 Y 硼酸钙氧钆晶体

GdVO$_4$ 晶体
 Y 钒酸钆晶体

Ge/Si 多层膜
 Y 锗/硅多层膜

Genesio 混沌系统
Genesio chaotic system
O415.5
 D Genesio 系统
 S 混沌系统*

Genesio 系统
 Y Genesio 混沌系统

Ge 量子点
Ge quantum dots
O47
 S 量子点
 Z 势阱

Ge 纳米晶
 Y 锗纳米晶

ghost fluid 方法
 Y 虚拟流体方法

Giaever 隧道效应
Giaever tunnelling effect
O511.2
 D 电子隧道效应
  准粒子隧道效应
 S 约瑟夫森效应
 Z 量子效应

Gibbs 分布
 Y 玻尔兹曼分布

Ginzburg-Landau 理论
 Y 金茨堡-朗道理论

GISAXS
 Y 掠入射小角 X 射线散射

GLAG 理论
 Y 金茨堡-朗道理论

Glauber 理论
Glauber theory
O571
 D 格劳伯理论
 S 原子核理论

Z 物理理论

Glauber 模型
Glauber model
O57
　S 核模型
　Z 物理模型

GLONASS
　Y 格洛纳斯卫星导航系统

GLONASS 系统
　Y 格洛纳斯卫星导航系统

GL 理论
　Y 金茨堡-朗道理论

GMI 效应
　Y 巨磁电阻效应

GMR 效应
　Y 巨磁电阻效应

GNSS
　Y 全球导航卫星系统

Godunov 方法
Godunov method
O35
　S 力学方法*

GPS/DR 组合导航
GPS/DR integrated navigation
TN967.2
　S 导航*
　C 组合定位 →(4)

GPS/INS
　Y GPS/INS 组合导航

GPS/INS 组合
　Y GPS/INS 组合导航

GPS/INS 组合导航
GPS/INS integrated navigation
TN967.2
　D GPS/INS
　　GPS/INS 组合
　S 导航*
　C 组合定位 →(4)

GPS/INS 组合导航系统
　Y 组合导航系统

GPS 误差
GPS error
TN96
　S 测量误差*
　　导航误差
　C 伪随机噪声 →(4)
　　延迟估计 →(4)
　Z 误差

Griffith 裂纹
Griffith crack
O346.1
　S 裂纹*

GTEM 室
　Y 吉赫兹横电磁室

GURSON 本构方程

Gurson constitutive equation
O344.3；O346.5
　S 本构方程
　Z 力学方程

Gurson 模型
Gurson model
O346.1
　S 断裂模型
　C 三轴应力
　Z 力学模型

Gurtin 变分原理
Gurtin variational principle
O316
　S 力学变分原理
　C 初值问题 →(1)
　Z 力学原理

GVB 计算
　Y 价键计算

G-W-S 模型
G-W-S model
O59
　S 物理模型*

g 因数
　Y 朗德 g 因子

g 因子
　Y 朗德 g 因子

g-因子
　Y 朗德 g 因子

G 宇称
G parity
O572.21
　S 宇称
　Z 量子数

H_2S 分压
partial pressure of H_2S
O414.1
　S 分压
　Z 压力

Hadamard 变换
　Y 哈达玛变换

Hall 效应
　Y 霍尔效应

Hamilton-Jacobin 方程
　Y Hamilton-Jacobi 方程

Hamilton-Jacobi 方程
Hamilton-Jacobi equation
O175.29；O316
　D Hamilton-Jacobin 方程
　　哈密顿-雅可比方程
　S 法方程
　C 粘性解 →(1)
　Z 方程(数学)

Hamilton 变分原理
　Y Hamilton 原理

Hamilton 方程
　Y 法方程

Hamilton 函数
　Y 哈密顿函数

Hamilton 力学
Hamiltonian mechanics
O316
　D 哈密顿力学
　　哈密尔顿力学
　S 分析力学
　C Hamilton 系统 →(1)
　　拉格朗日函数
　　黎曼流形 →(1)
　Z 理论力学

Hamilton 原理
Hamilton principle
O316；O343
　D Hamilton 变分原理
　　Hellinger-Reissner 变分原理
　　H-R 变分原理
　　哈密顿原理
　S 力学变分原理
　F 非传统 Hamilton 型变分原理
　C 变分法
　　振动模态局部化
　Z 力学原理

Hamilton 正则方程
Hamilton canonical equation
O316
　D 哈密顿正则方程
　S 方程(化学)*
　C KAM 理论 →(1)(4)

hcp 结构
　Y 密排六方结构

HEED
　Y 高能电子衍射

Heisenberg 模型
　Y 海森堡模型

Hellinger-Reissner 变分原理
　Y Hamilton 原理

Helmholtz 不稳定性
　Y Kelvin-Helmholtz 不稳定性

Hénon 混沌系统
Hénon chaotic system
O415.5
　D Henon 系统
　S 混沌系统*

Henon 系统
　Y Hénon 混沌系统

Herschel-Bulkley 模型
Herschel-Bulkley model
O35
　S 流体力学模型
　C 磁流体
　Z 力学模型

Hertz 接触
Hertzian contact
O343.3
　D 赫兹接触
　S 弹性接触

C 滚动接触疲劳
　　接触应力
　　纳米摩擦
Z 接触

hertz 接触理论
Y 赫兹理论

hertz 理论
Y 赫兹理论

Hertz 模型
Hertz model
O313
S 动力学模型
Z 力学模型

hilbert 空间
Y 希尔伯特空间

Hill 屈服准则
Hill's yield criterion
O344.3
S 屈服准则
F 广义 hill 屈服准则
Z 力学准则

HMO 计算
Y 休克尔分子轨道计算

HMO 理论
HMO theory
O561；O6-0；O641.122
D 休克尔分子轨道法
　　休克尔规则
S 分子轨道理论
Z 化学理论

HOE
Y 全息光学元件

Hojman 守恒量
Hojman conserved quantity
O312.2；O313；O413.1
D 非 Noether 守恒量
S 守恒量*

HOMO-LUMO 能隙
HOMO-LUMO energy gap
O481.1
D 前线轨道能隙
S 带隙*

Hopkinson 压杆
Y 霍布金生杆

HRR 场
Hutchinson-Rice-Rosengren field
O34
S 应力场
Z 场（力学）

H-R 变分原理
Y Hamilton 原理

Hubbard 模型
Y 哈巴德模型

Hugoniot 曲线
Hugoniot curve
O381
D Hugoniot 线
S 曲线*

Hugoniot 线
Y Hugoniot 曲线

HVDC
Y 高压直流电

H 定理
H-theorem
O552.3
D 玻尔兹曼 H 定理
　　玻耳兹曼 H 定理
S 物理定理*

H 心
Y 色心

ICF 等离子体
Y 惯性约束聚变等离子体

ICP
Y 电感耦合等离子体

ICP-AES
Y 电感耦合等离子体原子发射光谱法

ICP-AES 光谱法
Y 等离子体原子发射光谱法

ICP 光谱
Y 电感耦合等离子体发射光谱法

InAs/GaAs 量子点
InAs/GaAs quantum dot
TN304.0
S InAs 量子点
Z 势阱

InAs 量子点
InAs quantum dot
O47
S 量子点
F InAs/GaAs 量子点
C 光致发光
Z 势阱

InGaN/GaN 多量子阱
InGaN/GaN multiple quantum wells
TN3
S 多量子阱
Z 势阱

IR 光谱
Y 红外光谱

IR 光谱学
Y 红外光谱

Ising 模型
Ising model
O441.2
D 横场伊辛模型
S 电磁模型
Z 物理模型

I-V 特性曲线
I-V characteristics curve
O471
S 曲线*

I 格子
Y 体心点阵

I 型裂纹
Y Ⅰ型裂纹

J/ψ 粒子
J/ψ particle
O572.3
S 粒子*

J/ψ 衰变
J/ψ decay
O571.3
S 衰变
Z 核反应

Jacobi 场
Jacobi field
O192；O412.3
D 雅可比场
　　雅可比向量场
　　雅克比向量场
S 向量场
C 李群 →(1)
Z 物理场

Jahn-Teller 效应
Y 姜-泰勒效应

Jaynes-Cummings 模型
Jaynes-Cummings model
O572.31
D JC 模型
　　J-C 模型
S 光学模型
F 非线性 J-C 模型
　　双光子 Jaynes-Cummings 模型
Z 物理模型

JC 模型
Y Jaynes-Cummings 模型

J-C 模型
Y Jaynes-Cummings 模型

JJ 耦合
Y 自旋-轨道相互作用

j-j 耦合
Y 自旋-轨道相互作用

Johnson-Cook 本构模型
Johnson-Cook constitutive model
O342
S 本构模型
Z 力学模型

Johnson-Segalman 流体
Johnson-Segalman fluid
O357.2
S 流体*
C 剪切流

Jones 矩阵
Y 琼斯矩阵

Josephson 结
Y 约瑟夫森结

Josephson 效应

Y 约瑟夫森效应

Joukowski 变换法
    Y 儒可夫斯基变换

Jourdain 原理
Jourdain principle
O313
    S 力学原理*

J-O 理论
    Y Judd-Ofelt 理论

JR 阻力曲线
JR resistance curve
O346.12
    S 阻力曲线
    Z 受力曲线

Judd-Ofelt 理论
Judd-Ofelt theory
O433.4
    D J-O 理论
    S 光学理论*

JWL 状态方程
JWL equation of state
O381
    S 力学方程*

J 积分
J-integral
O344.3；O346.1
    D J-积分
    S 积分*
    F 动态 J 积分
       循环 J 积分
    C 有限元逼近 →(1)

J-积分
    Y J 积分

J 粒子
    Y ψ 介子

$K_2Al_2B_2O_7$ 晶体
    Y 硼铝酸钾晶体

$K_2Ti_6O_{13}$ 晶须
    Y 六钛酸钾晶须

KABO 晶体
    Y 硼铝酸钾晶体

Kaluza-Klein 理论
Kaluza-Klein theory
O412.2
    D 卡鲁扎-克莱因理论
    S 相对论
    Z 物理理论

Kane 动力学方程
    Y Kane 方程

Kane 方程
Kane's equation
O313
    D Kane 动力学方程
       凯恩方程
    S 动力学方程
    C 动力刚化

Z 力学方程

KBBF 晶体
    Y 氟代硼铍酸钾晶体

KCl 溶液
    Y 溶液

KDP 晶体
    Y 磷酸二氢钾晶体

Kelvin-Helmholtz 不稳定性
Kelvin-Helmholtz instability
O351.2；O534；P433
    D Helmholtz 不稳定性
       K-H 不稳定性
       亥姆霍兹不稳定
       亥姆霍兹不稳定性
       赫姆霍兹不稳定
       开尔文-亥姆霍兹不稳定
       开尔文-亥姆霍兹不稳定性
       切变不稳定
    S 流体稳定性
    Z 力学稳定性

Kelvin-Voigt 模型
Kelvin-Voigt model
O34；O6-04
    D Voigt 模型
       开尔文模型
       沃伊特固体
       沃伊特假说
       沃伊特-开尔文模型
       沃伊特模型
    S 流变模型
       数学模型*
    C 粘度
    Z 力学模型

Kerr 度规
Kerr metric
O412.1
    D 克尔度规
       克尔真空
    S 度规*

Kerr 介质
    Y 克尔介质

Kerr 效应
    Y 克尔效应

k-g 方程
    Y Klein-Gordon 方程

K-H 不稳定性
    Y Kelvin-Helmholtz 不稳定性

Kirchhoff 动力学比拟
Kirchhoff's kinetic analogy
O313
    S 动力学方法
    Z 力学方法

Kirchhoff 理论
Kirchhoff theory
O342；O343
    S 板壳理论
    Z 力学理论

Klein-Gorden 方程

Y Klein-Gordon 方程

Klein-Gordon 方程
Klein-Gordon equation
O175.24；O431
    D k-g 方程
       Klein-Gorden 方程
       克莱因-戈登方程
       克莱因-戈尔登方程
       克莱茵-戈登方程
       克莱茵-哥登方程
    S 数理方程
    C tortoise 坐标 →(4)
       矢势
    Z 方程（数学）

$KNbO_3$ 晶体
    Y 铌酸钾晶体

KNSBN 晶体
    Y 钾钠铌酸锶钡晶体

Knudsen 数
Knudsen number
O303
    D 克努森数
       努森数
       努珊数
    S 无量纲数*
    C 过渡区 →(1)
       克努曾流
       气流
       微通道流动
       粘性流

KN 晶体
    Y 铌酸钾晶体

K-N 相互作用
    Y K 介子-核子相互作用

Kondo 效应
    Y 近藤效应

KTA 晶体
    Y 砷酸钛氧钾晶体

$KTiOAsO_4$ 晶体
    Y 砷酸钛氧钾晶体

KTP 晶体
    Y 磷酸钛氧钾晶体

Kubo 方程
    Y 久保公式

Kubo 方程公式
    Y 久保公式

Kubo 方程式
    Y 久保公式

Kubo 公式
    Y 久保公式

Kubo 关系式
    Y 久保公式

Kubo 计算法
    Y 久保公式

Kubo 计算方法

主 表 23

　　Y 久保公式
Kubo 计算公式
　　Y 久保公式
KY 法
　　Y 凯罗泡洛斯法
k-ε 方程
k-ε equation
O357.5
　　S 力学方程*
k-ε 双方程模型
k-ε double equation model
O357.5
　　D κ-ε 双方程模型
　　　　非线性三方程模型
　　S k-ε 湍流模型
　　Z 力学模型
k-ε 湍流模型
k-ε turbulent model
O357.5
　　D κ-ε 湍流模型
　　S 湍流模型
　　F k-ε 双方程模型
　　　　Realizable k-ε 模型
　　　　RNG k-ε 湍流模型
　　　　标准 k-ε 模型
　　Z 力学模型
K 参数
　　Y K 精度参数
K 负
　　Y K 介子
K 介子
K mesons
O572.33
　　D K 负
　　　　K 零
　　　　K 正
　　　　κ 负
　　　　κ 介子
　　　　κ 零
　　　　κ 正
　　　　长寿命 K 零
　　　　长寿命 κ 零
　　　　短寿命 K 零
　　　　短寿命 κ 零
　　S 赝标介子
　　F 反 K 介子
　　C K 介子散射
　　　　K 介子衰变
　　Z 粒子
K 介子-超子散射
Kaon-hyperon scattering
O571.425
　　S K 介子散射
　　C K 介子-超子相互作用
　　Z 粒子散射
K 介子-超子相互作用
Kaon-hyperon interactions
O572.24
　　S K 介子-重子相互作用
　　C K 介子-超子散射

　　Z 粒子相互作用
K 介子-核子散射
　　Y K 介子-重子散射
K 介子-核子相互作用
Kaon-nucleon interactions
O572.24
　　D K-N 相互作用
　　S K 介子-重子相互作用
　　F K 介子-质子相互作用
　　C K 介子散射
　　Z 粒子相互作用
K 介子轻子散射
Kaon leptonic decay
O572.2
　　S K 介子散射
　　Z 粒子散射
K 介子散射
Kaon scattering
O571.425
　　D K 介子-原子核散射
　　S 介子散射
　　F K 介子-超子散射
　　　　K 介子轻子散射
　　　　K 介子-质子散射
　　　　K 介子-重子散射
　　C K 介子
　　　　K 介子-核子散射
　　Z 粒子散射
K 介子衰变
Kaon decay
O571.3
　　S 介子衰变
　　C K 介子
　　Z 核反应
K 介子相互作用
　　Y 介子相互作用
K 介子-原子核反应
　　Y 介子-原子核反应
K 介子-原子核散射
　　Y K 介子散射
K 介子-质子散射
Kaon-proton scattering
O571.425
　　S K 介子散射
　　C K 介子-质子相互作用
　　Z 粒子散射
K 介子-质子相互作用
Kaon-proton interactions
O572.24
　　S K 介子-核子相互作用
　　C K 介子-质子散射
　　Z 粒子相互作用
K 介子-重子散射
Kaon-baryon scattering
O571.425
　　D K 介子-核子散射
　　S K 介子散射
　　C K 介子-重子相互作用
　　Z 粒子散射

K 介子-重子相互作用
Kaon-baryon interactions
O572.24
　　S 介子-重子相互作用
　　F K 介子-超子相互作用
　　　　K 介子-核子相互作用
　　C K 介子-重子散射
　　Z 粒子相互作用
K 精度参数
K precision parameter
O511
　　D K 参数
　　S 物理参数*
K 零
　　Y K 介子
K 正
　　Y K 介子
La₃Ga₅SiO₁₄ 晶体
　　Y 硅酸镓镧晶体
LaB₆ 阴极
LaB₆ cathode
O462
　　D 六硼化镧阴极
　　S 阴极
　　Z 电极
Lagrange-Jacobi 方程
　　Y 拉格朗日方程
Lagrange 动力学方程
　　Y 拉格朗日运动方程
Lagrange 方程
　　Y 拉格朗日方程
Lagrange 方法
　　Y 拉格朗日法
Lagrange 分析
　　Y 拉格朗日分析
Lagrange 函数
　　Y 拉格朗日函数
Lagrange 力学
　　Y 拉格朗日力学
Landau 理论
　　Y 朗道相变理论
Landau 吸收
　　Y 朗道阻尼
Landau 阻尼
　　Y 朗道阻尼
Landou 吸收
　　Y 反常等离子体电阻
Landou 阻尼
　　Y 反常等离子体电阻
Langevin 方程
　　Y 朗之万方程
Lang-muic 波
　　Y 朗缪尔波

Lang-muic 振荡
　　Y 朗缪尔振荡

Langmuir-Blodgett(LB)膜
　　Y Langmuir-Blodgett 膜

Langmuir-Blodgett 膜
Langmuir-Blodgett films
TB43
　　D Langmuir-Blodgett(LB)膜
　　　Langmuir 膜
　　　LB 膜
　　　L-B 膜
　　　朗缪尔-布洛杰特膜
　　　朗缪尔膜
　　　朗穆尔-布洛杰特膜
　　S 光学薄膜*
　　C 单层膜
　　　单分子膜
　　　吸附层 →(3)

Langmuir 波
　　Y 朗缪尔波

Langmuir 膜
　　Y Langmuir-Blodgett 膜

Langmuir 频率
　　Y 等离子体频率

Langmuir 探针
Langmuir probe
TH703.2
　　D 朗谬尔探针
　　　朗缪尔双探针
　　　朗缪尔探针
　　S 等离子体探针
　　Z 探针

Langmuir 振荡
　　Y 朗缪尔振荡

Larmor 进动
　　Y 拉莫尔进动

Lattice Boltzmann 方法
　　Y 格子 Boltzmann 方法

Lattice-Boltzmann 方法
　　Y 格子 Boltzmann 方法

Laue 法
　　Y 劳厄法

Laue 方程
　　Y 劳厄方程

Laue 方程公式
　　Y 劳厄方程

Laue 方程式
　　Y 劳厄方程

Laue 方程组
　　Y 劳厄方程

Laue 方程组式
　　Y 劳厄方程

Laue 公式
　　Y 劳厄方程

Laue 关系式
　　Y 劳厄方程

Laue 图
Laue patterns
O723
　　D Laue 星芒
　　S 衍射图
　　Z 图像

Laue 星芒
　　Y Laue 图

LBO
　　Y 三硼酸锂晶体

LBO 晶体
　　Y 三硼酸锂晶体

LB 膜
　　Y Langmuir-Blodgett 膜

L-B 膜
　　Y Langmuir-Blodgett 膜

LC 共振
LC resonance
O321
　　S 共振*

LDI-TOF-MS
　　Y 激光解吸电离飞行时间质谱

LDV 测量
　　Y 激光多普勒测速仪

LEC 法
　　Y 液封直拉法

LEC 生长
　　Y 熔体生长

LEED
　　Y 低能电子衍射

Lennard-Jones 势
Lennard-Jones potential
O562.4
　　D 6-12 势
　　　Lennard-Jones 势能
　　　LJ 势
　　　L-J 势
　　　伦纳德-琼斯势
　　S 原子间相互作用势
　　Z 相互作用势

Lennard-Jones 势能
　　Y Lennard-Jones 势

LFMCW
　　Y 线性调频连续波

LGS 晶体
　　Y 硅酸镓镧晶体

LH 模型
　　Y Longuet-Higgins 模型

LiBr 溶液
　　Y 溶液

LIBS
　　Y 激光诱导击穿光谱

Lie 导数
　　Y 李导数

Lie 对称
　　Y 李对称

Lie 对称性
　　Y 李对称

LiNbO$_3$:Fe:Cu 晶体
　　Y 铜铁双掺铌酸锂晶体

LiNbO$_3$:Fe 晶体
　　Y 掺铁铌酸锂晶体

LiNbO$_3$ 晶体
　　Y 铌酸锂晶体

LiTaO$_3$ 晶体
　　Y 钽酸锂晶体

Liu 混沌系统
Liu chaotic system
O415.5
　　D Liu 系统
　　　超混沌 Liu 系统
　　S 混沌系统*

Liu 系统
　　Y Liu 混沌系统

Li-Yorke 混沌
　　Y 李-约克混沌

LJ 势
　　Y Lennard-Jones 势

L-J 势
　　Y Lennard-Jones 势

LN 晶体
　　Y 铌酸锂晶体

Lode 角
Lode angle
O34
　　S 角*

Longuet-Higgins 模型
Longuet-Higgins model
O411
　　D LH 模型
　　S 物理模型*

Lorentz 变换
　　Y 洛伦兹变换

Lorentz 力
　　Y 洛仑兹力

Lorenz 吸引子
Lorenz attractor
O41
　　S 吸引子*

Lorenz 系统
Lorenz system
O415.5
　　D 超混沌 Lorenz 系统
　　　洛伦兹系统
　　S 混沌系统*
　　C 洛仑兹规范

Love 波
Love waves
O347.41
    D Q 波
       拉夫波
       乐甫波
       勒夫波
       洛夫波
    S 表面波
    Z 弹性波

LPE
    Y 液相外延

LSO 晶体
    Y 硅酸镥晶体

L-S 广义热弹性理论
    Y 广义热弹性理论

LS 耦合
    Y 罗素-桑德斯耦合

L-S 耦合
    Y 罗素-桑德斯耦合

Lutzky 守恒量
Lutzky conserved quantity
O312.2；O413.1
    S 守恒量*

Lü 混沌系统
Lü chaotic system
O415.5
    D Lü 系统
       超混沌 Lü 系统
    S 混沌系统*

Lü 系统
    Y Lü 混沌系统

Lyapunov 指数图
Lyapunov exponent diagram
O313
    S 图表*

LYSO 晶体
    Y 硅酸钇镥晶体

MacCormack 格式
MacCormack scheme
O241；O35
    D 麦科马克格式
    S 差分格式*

Madelung 常数
    Y 马德隆常数

Madelung 能量
    Y 马德隆能

Maggi 方程
Maggi equation
O311
    S 运动方程
    C 非完整约束 →(1)
    Z 力学方程

Magnus 力
Magnus force
O351.3
    S 力*

Magnus 效应
    Y 马格努斯效应

Marangoni 对流
    Y 热毛细对流

Markov 随机场
    Y 马尔可夫随机场

Mathieu 方程
Mathieu equation
O175.1；O302
    D 马蒂厄方程
       马丢方程
    S 方程（数学）*

Maxwell-bloch 方程
    Y 麦克斯韦-布洛赫方程

Maxwell-bloch 方程公式
    Y 麦克斯韦-布洛赫方程

Maxwell-bloch 方程式
    Y 麦克斯韦-布洛赫方程

Maxwell-bloch 方程组
    Y 麦克斯韦-布洛赫方程

Maxwell-bloch 方程组式
    Y 麦克斯韦-布洛赫方程

Maxwell-bloch 公式
    Y 麦克斯韦-布洛赫方程

Maxwell-bloch 关系式
    Y 麦克斯韦-布洛赫方程

Maxwell-Stefan 方程
    Y MS 方程

Maxwell-Stefan 方程式
    Y MS 方程

Maxwell-Stefan 公式
    Y MS 方程

Maxwell 本构方程
constitutive equation of Maxwell
O441
    D Maxwell 本构方程式
       麦克斯韦本构方程
       麦克斯韦本构方程式
       上随体 Maxwell 本构方程
       上随体 Maxwell 本构方程式
    S 麦克斯韦方程
    Z 方程（数学）
       物理方程

Maxwell 本构方程式
    Y Maxwell 本构方程

Maxwell 方程
    Y 麦克斯韦方程

Maxwell 方程式
    Y 麦克斯韦方程

Maxwell 方程组
    Y 麦克斯韦方程组

Maxwell 方程组式
    Y 麦克斯韦方程组

Maxwell 公式
    Y 麦克斯韦方程

Maxwell 关系
    Y 麦克斯韦关系式

Maxwell 关系计算法
    Y 麦克斯韦关系式

Maxwell 关系计算方法
    Y 麦克斯韦关系式

Maxwell 关系计算式
    Y 麦克斯韦关系式

Maxwell 关系式
    Y 麦克斯韦关系式

Maxwell 流体
Maxwell fluid
O357
    D 麦克斯韦流体
    S 流体*
    F 上随体 Maxwell 流体
    C 非定常流

Maxwell 模型
Maxwell model
O37
    D 麦克斯韦尔模型
       麦克斯韦尔体
       麦克斯韦模型
    S 流变模型
    F 广义麦克斯韦尔体
    Z 力学模型

Ma 数
    Y 马赫数

MBE
    Y 分子束外延

MC-ICPMS
    Y 多接收器等离子体质谱

MC-ICP-MS
    Y 多接收器等离子体质谱

MCT 晶体
    Y 碲镉汞晶体

MCZ 法
    Y 磁场直拉法

MD 法
    Y 分子动力学方法

Mei 对称性
Mei symmetry
O313
    S 对称*

Mei 守恒量
Mei conserved quantity
O312.2；O316；O413.1
    S 守恒量*

MgB_2 超导体
    Y 二硼化镁超导体

$MgO:LiNbO_3$ 晶体

MgO 晶须
 Y 掺镁铌酸锂晶体

MgO 晶须
 Y 氧化镁晶须

Mg 基大块非晶
 Y 镁基大块非晶

Mg 基大块非晶材料
 Y 镁基大块非晶

Mg 基块体非晶
 Y 镁基大块非晶

Mg 基块体非晶材料
 Y 镁基大块非晶

Mg 基块状非晶
 Y 镁基大块非晶

Mg 基块状非晶材料
 Y 镁基大块非晶

MHD 方程
MHD equation
O361
 S 力学方程*

MHD 流动
 Y 等离子流

MIDP
 Y 微波感生缓发磷光

MIEHM 计算
 Y 扩展休克尔理论计算

Mie 理论
 Y 米氏散射理论

Mie 散射理论
 Y 米氏散射理论

Miller 指数
 Y 密勒指数

Mindlin 板理论
 Y 一阶剪切变形理论

Mindlin 理论
Mindlin theory
O342；O343
 S 应力理论
 C 声传输特性
 Z 力学理论

Minkowski 空间
Minkowski space
O412.1
 D Minkowski 时空
   闵可夫斯基空间
 S 空间*
 C 闵可夫斯基泛函 →(1)

Minkowski 时空
 Y Minkowski 空间

Mises 屈服条件
Mises yield condition
O344.3
 S 屈服条件
 C 线性荷载
 Z 力学条件

Mises 屈服准则
Mises yield criterion
O344.3
 D Mises 准则
 S 屈服准则
 Z 力学准则

Mises 准则
 Y Mises 屈服准则

mixture 模型
mixture model
O359
 S 流体力学模型
 Z 力学模型

mm
 Y 毫米

Mo/Si 多层膜
 Y 钼/硅多层膜

Mohr 圆
 Y 应力圆

Moire 条纹
 Y 莫尔条纹

Morison 方程
Morison equation
O342；P75
 D Morison 公式
   莫里森方程
   莫里森公式
 S 力学方程*

Morison 公式
 Y Morison 方程

Mori-Tanaka 方法
Mori-Tanaka method
O344.3
 S 力学方法*
 C 等效模量
   夹杂物 →(3)

Morse 势
Morse potential
O562.4
 D 莫尔斯势
 S 原子间相互作用势
 C Morse 势阱
 Z 相互作用势

Morse 势阱
Morse quantum well
O56
 S 势阱*
 C Morse 势

Mott 绝缘相
 Y 莫特绝缘相

MO 法
 Y 分子轨道理论

MO 理论
 Y 分子轨道理论

MPS 方法
MPS method

O351.2
 D 运动粒子半隐式法
 S 无网格方法
 Z 力学方法

MRTD
 Y 最小可分辨温差

MS 方程
MS equation
O441
 D Maxwell-Stefan 方程
   Maxwell-Stefan 方程式
   Maxwell-Stefan 公式
   MS 方程式
   MS 公式
 S 麦克斯韦方程
 Z 方程（数学）
   物理方程

MS 方程式
 Y MS 方程

MS 公式
 Y MS 方程

MTF（光学）
 Y 光学传递函数

Mueller 矩阵
Mueller matrix
O411；O431
 D Muller 矩阵
   米勒矩阵
   密勒矩阵
   缪勒矩阵
   穆勒计算法
   穆勒矩阵
 S 矩阵*
 C 分层

Muller 矩阵
 Y Mueller 矩阵

Murrell-Sorbie 函数
Murrell-Sorbie function
O4
 S 函数（物理）*

MUSCL 格式
MUSCL scheme
O302；O35
 D 二阶 Godunov 格式
 S 差分格式*

M 理论
M theory
O412.2
 S 相对论
 F 超弦/M 理论
 Z 物理理论

M 数
 Y 马赫数

M 数效应
 Y 压缩性效应

Na₂SO₄ 溶液
 Y 溶液

主表 27

NaCl 晶体
 Y 氯化钠晶体

Navier-Stocks 方程
 Y Navier-Stokes 方程

Navier-Stokes
 Y Navier-Stokes 方程

Navier-Stokes 方程
 Y Navier-Stokes 方程

Navier-Stokes 方程
Navier-Stokes equation
O351.2
 D Navier-Stocks 方程
  Navier-Stokes
  Navier-Stokes 方程
  N-S 方程
  拉非尔-斯托克斯方程
  纳维埃-斯托克斯方程
  纳维尔斯托克斯方程
  纳维尔-斯托克斯方程
  纳维-斯托克斯方程
 S 流体运动方程
 F 不可压 N-S 方程
  可压缩 Navier-Stokes 方程
 C 计算流体力学
  运动方程
  粘性流
 Z 力学方程

Navier-Stokes 方程组
Navier-Stokes equations
O175.2；O351.2
 S 方程组*

NaY(WO$_4$)$_2$ 晶体
 Y 钨酸钇钠晶体

Nb:kTP 晶体
 Y 掺铌磷酸钛氧钾晶体

NBW 晶体
 Y 钨酸铋钠晶体

Nd:GdVO$_4$
 Y 掺钕钒酸钆晶体

Nd:GdVO$_4$ 晶体
 Y 掺钕钒酸钆晶体

Nd:GGG
 Y 掺钕钆镓石榴石晶体

Nd:GGG 晶体
 Y 掺钕钆镓石榴石晶体

Nd:KGW 晶体
 Y 掺钕钨酸钆钾晶体

Nd:LuVO$_4$ 晶体
 Y 掺钕钒酸镥晶体

Nd:YAG 晶体
 Y 掺钕钇铝石榴石

Nd:YVO$_4$
 Y 掺钕钒酸钇晶体

Nd:YVO$_4$ 晶体
 Y 掺钕钒酸钇晶体

Nd:GdVO$_4$ 晶体
 Y 掺钕钒酸钆晶体

Nd^{3+}:YVO$_4$
 Y 掺钕钒酸钇晶体

NETD
 Y 噪声等效温差

Neuber 准则
Neuber criteria
O344.3
 S 力学准则*

Newton 公式
 Y 牛顿公式

Newton 恒等式
 Y 牛顿恒等式

Newton 流体
 Y 牛顿流体

N-H 最小测不准态
N-H minimum uncertainty state
O413.1
 S 最小测不准态
 Z 状态

Ni-B 非晶合金
 Y 镍-硼非晶态合金

Ni-B 非晶合金材料
 Y 镍-硼非晶态合金

NiB 非晶态合金
 Y 镍-硼非晶态合金

Ni-B 非晶态合金
 Y 镍-硼非晶态合金

Ni-B 非晶态合金材料
 Y 镍-硼非晶态合金

Ni-B 非晶质合金
 Y 镍-硼非晶态合金

Ni-B 非晶质合金材料
 Y 镍-硼非晶态合金

Nielsen 方程
Nielsen equations
O316
 S 力学方程*

nipi 超晶格
 Y 掺杂超晶格

Ni-P 非晶
 Y 镍-磷非晶态合金

Ni-P 非晶合金
 Y 镍-磷非晶态合金

Ni-P 非晶合金材料
 Y 镍-磷非晶态合金

Ni-P 非晶态合金
 Y 镍-磷非晶态合金

Ni-P 非晶态合金材料
 Y 镍-磷非晶态合金

Ni-P 非晶质合金
 Y 镍-磷非晶态合金

Ni-P 非晶质合金材料
 Y 镍-磷非晶态合金

Ni 团簇
 Y 镍团簇

NLS 方程
 Y 非线性薛定谔方程

nm
 Y 纳米

NMR 成像(生物医学)
 Y 生物医学核磁共振

NMR 谱线宽度
 Y 核磁共振谱线宽度

NMR 自旋回波
 Y 核磁共振自旋回波

Noether 定理
Noether theorem
O316
 D 诺特定理
 S 力学定理*
 C Noether 对称性
  Noether 理论

Noether 对称性
Noether symmetry
O316
 S 对称*
 C Noether 定理
  Noether 理论
  确定方程 →(1)

Noether 理论
Noether theory
O316
 S 力学理论*
 C Noether 定理
  Noether 对称性
  Noether 守恒量
  连续介质力学

Noether 逆定理
Noether's inverse theorem
O316
 S 力学定理*

Noether 守恒量
Noether conserved quantity
O312.2；O316；O413.1
 S 守恒量*
 C Noether 理论

NPL
 Y 英国物理研究所

N-S 方程
 Y Navier-Stokes 方程

NYW 晶体
 Y 钨酸钇钠晶体

N-Y 最小测不准态
N-Y minimum uncertainty state
O413.1
 S 最小测不准态

Z 状态

Oldroyd-B 流体
Oldroyd-B fluid
O357
  S 流体*
  C 格子 Boltzmann 方法
    收敛流动

Ostrovski-Gauss 公式
  Y 高斯公式

O 光
  Y 寻常光

O 群
  Y 全序群

Pauli 矩阵
Pauli matrix
O151.21；O41
  D 泡利矩阵
  S 矩阵*
  C 对称

Pauli 顺磁性
  Y 泡利顺磁性

Paul 阱
Paul trap
O47
  S 势阱*

PbS 纳米晶
  Y 硫化铅纳米晶

PbWO$_4$ 晶体
  Y 钨酸铅晶体

PDSC
  Y 差示扫描量热法

Pd 团簇
Pd cluster
O56
  S 金属团簇
  Z 团簇

Peano-Baker 级数
Peano-Baker series
O302
  S 级数（数学）*

Peierls 相变
  Y 派尔斯相变

Peltier 效应
  Y 珀尔帖效应

PEM 效应
  Y 光磁电效应

Penning 阱
  Y Penning 离子阱

Penning 离子阱
Penning ion trap
O46
  D Penning 阱
  S 离子阱
  Z 陷阱

PIV 测试
  Y 粒子图像测速

PIV 实验
PIV experiment
O351
  S 力学实验
  Z 科学实验

PIXE 分析
  Y 质子激发 X 射线荧光分析

Planck 方程
  Y 普朗克公式

Planck 方程公式
  Y 普朗克公式

Planck 方程式
  Y 普朗克公式

Planck 方程组
  Y 普朗克公式

Planck 方程组式
  Y 普朗克公式

Planck 公式
  Y 普朗克公式

Planck 计算法
  Y 普朗克公式

Planck 计算方法
  Y 普朗克公式

Planck 计算公式
  Y 普朗克公式

Planck 计算式
  Y 普朗克公式

PLC 效应
PLC effect
O344.3
  D porrevin-le chatelier 效应
    Portevin-Le Chatelier 效应
    波特文-勒夏特利埃效应
  S 力学效应*

PL 光谱
  Y 光致发光光谱

PMN-PT 单晶
  Y 铌镁酸铅-钛酸铅单晶

PMN-PT 单晶材料
  Y 铌镁酸铅-钛酸铅单晶

PMN-PT 单晶体
  Y 铌镁酸铅-钛酸铅单晶

PMN-PT 单晶体材料
  Y 铌镁酸铅-钛酸铅单晶

PMNT 单晶
  Y 铌镁钛酸铅单晶

PMNT 单晶材料
  Y 铌镁钛酸铅单晶

PMNT 单晶体
  Y 铌镁钛酸铅单晶

PMNT 单晶体材料
  Y 铌镁钛酸铅单晶

PMR 成像（生物医学）
  Y 生物医学核磁共振

PM 晶体
  Y 钼酸铅晶体

PN 结
P-N junction
O475
  D P-N 结
  S 半导体结*
  F P-N 同质结
    P-N 异质结
    耗尽层
    缓变结
    突变结

P-N 结
  Y PN 结

P-N 同质结
P-N homojunctions
O475
  S PN 结
    同质结
  Z 半导体结

P-N 异质结
P-N heterojunction
O475
  S PN 结
    异质结
  Z 半导体结

Pockels 效应
  Y 泡克尔斯效应

Poincare 截面
  Y 庞加莱截面

Poincaré 截面
  Y 庞加莱截面

Poiseuille 流
  Y 层流

Poiseuille 流动
  Y 层流

Poisson 括号
  Y 泊松括号

porrevin-le chatelier 效应
  Y PLC 效应

Portevin-Le Chatelier 效应
  Y PLC 效应

Potts 模型
Potts model
O469
  D 波茨模型
  S 物理模型*

PPKTP 晶体
  Y 周期性极化磷酸氧钛钾晶体

PPMgLN 晶体
  Y 周期极化掺镁铌酸锂晶体

Prandtl-Meyer 流

Y 普朗特-迈耶尔流

Prony 级数
Prony series
O345
S 级数(数学)*

Pr 基块体非晶
Y 锆基块体非晶

Pr 基块体非晶材料
Y 锆基块体非晶

Pr 基块状非晶
Y 锆基块体非晶

Pr 基块状非晶材料
Y 锆基块体非晶

PSN 曲线
Y P-S-N 曲线

P-S-N 曲线
P-S-N curve
O346.2
D PSN 曲线
  概率-疲劳应力-寿命曲线
S S-N 曲线
C 疲劳方程
  疲劳极限
  疲劳裂纹
  疲劳试验
  疲劳寿命
  应力测量
  载荷谱
Z 曲线

PST 晶体
Y 多孪晶合成晶体

PVT 法
Y 物理气相传输法

PWM 波
PWM wave
TN781
S 脉冲波
F SPWM 波
Z 波

P 波
Y 纵波

p 波超导体
p-wave superconductor
TM26
S 超导体
Z 导体

P 不变性
Y 宇称守恒

P-不变性
Y 宇称守恒

P 不变性定理
Y 宇称守恒

P 不变性定律
Y 宇称守恒

P 不变性原理
Y 宇称守恒

P 宇称守恒

p 型有限元
p-version finite element
O302
S 有限元*
C 升阶法 →(1)

QND 测量
Y 量子非破坏性测量

q 变形
q-deformation
O344.3
S 变形*

Q 波
Y Love 波

q-形变谐振子
q-deformed harmonic oscillator
O413
S 谐振子*

Q 值
Y 品质因数

R(o)ssler 混沌系统
Y Rossler 混沌系统

R(o)ssler 系统
Y Rossler 混沌系统

Rabi 振荡
Rabi oscillation
TN751.3
D 拉比振荡
S 激光振荡
Z 振荡

Raitzin 正则方程
Raitzin's canonical equation
O316
S 力学方程*

Raman 光谱
Y 拉曼光谱

Raman 谱
Y 拉曼光谱

Raman 散射
Y 拉曼散射

Raman 散射光谱
Y 拉曼光谱

Raman 相互作用
Y 拉曼相互作用

Rashba 效应
Rashba effect
O471
D 自旋轨道耦合效应
S 电场效应*

Rashba 自旋轨道耦合
Rashba spin-orbit interaction
O571.22
S 自旋-轨道相互作用
C δ 势垒
Z 相互作用

Rayleigh-Benard 对流
Rayleigh-Benard convection
O354; P401
D Rayleigh-Bénard 对流
  贝纳对流
  贝纳尔对流
  细胞对流
  细胞环流
  细胞型对流
S 自然对流
C 贝纳涡胞 →(4)
  对流单体 →(4)
Z 对流

Rayleigh-Bénard 对流
Y Rayleigh-Benard 对流

Rayleigh-Ritz 法
Y 瑞利-里兹法

Rayleigh-Taylar 不稳定性
Y 瑞利-泰勒不稳定性

Rayleigh-Taylor 不稳定性
Y 瑞利-泰勒不稳定性

Rayleigh 波
Y 瑞利波

rayleigh 法
Y 瑞利-里兹法

Rayleigh 面波
Y 瑞利波

Rayleigh 散射
Y 瑞利散射

Rayleigh 数
Y 瑞利数

RbTiOAsO₄ 晶体
Y 砷酸钛氧铷晶体

RCNDO 计算
Y 全略微分重叠计算

Realizable k-ε 模型
Realizable k-ε model
O357.5
S k-ε 湍流模型
Z 力学模型

Ree-Eyring 流体
Ree-Eyring fluid
O357
S 流体*

Reissner-Mindlin 板
Y Reissner 理论

Reissner 板
Y Reissner 理论

Reissner 理论
Reissner theory
O343
D Reissner-Mindlin 板
  Reissner 板
S 板壳理论
Z 力学理论

Reynolds 定律
　　Y 雷诺定律

Reynolds 方程
　　Y 雷诺方程

Reynolds 数
　　Y 雷诺数

Reynolds 应力
　　Y 雷诺应力

Re 数
　　Y 雷诺数

RF 谱
　　Y 无线电频谱

RHEED
　　Y 反射式高能电子衍射

Riccati 传递矩阵
Riccati transfer matrix
O313
　　D Riccati 传递矩阵法
　　S 传递矩阵
　　Z 矩阵

Riccati 传递矩阵法
　　Y Riccati 传递矩阵

Richtmyer-Meshkov 不稳定性
Richtmyer-Meshkov instability
O351.2
　　S 流体稳定性
　　Z 力学稳定性

Rietveld 法
　　Y 里特沃尔德全谱图拟合法

Rietveld 法结构精修
　　Y Rietveld 精修

Rietveld 方法
　　Y 里特沃尔德全谱图拟合法

Rietveld 结构精修
　　Y Rietveld 精修

Rietveld 精修
Rietveld refinement
O723.5
　　D Rietveld 法结构精修
　　　Rietveld 结构精修
　　S 结构精修
　　Z 晶体分析

Rietveld 全谱拟合
Rietveld full spectrum fitting
O7
　　S 全谱拟合
　　Z 拟合

Rietveld 全谱拟合法
　　Y 里特沃尔德全谱图拟合法

Rietveld 全谱图拟合法
　　Y 里特沃尔德全谱图拟合法

Ritz 法
Ritz method
O32
　　S 变分法

　　C 变分原理 →(1)
　　Z 数学方法

RLW 方程
　　Y 正则长波方程

RNG k-ε 湍流模型
RNG k-ε turbulence model
O357.5
　　D RNGk-ε 湍流模型
　　S k-ε 湍流模型
　　Z 力学模型

RNGk-ε 湍流模型
　　Y RNG k-ε 湍流模型

Robin 边界条件
Robin boundary condition
O175；O35
　　S 边界条件*
　　C 区域分解法 →(1)

Rossler 混沌系统
Rossler chaotic system
O415.5
　　D R(o)ssler 混沌系统
　　　R(o)ssler 系统
　　　Rossler 系统
　　S 混沌系统*

Rossler 系统
　　Y Rossler 混沌系统

RSJ 模型
Resistively Shunted Junction model
O59
　　S 超导模型
　　Z 物理模型

RSM 湍流模型
RSM turbulent model
O357.5
　　S 湍流模型
　　Z 力学模型

RTA 晶体
　　Y 砷酸钛氧铷晶体

RTP 晶体
　　Y 磷酸钛氧铷晶体

RT 不稳定性
　　Y 瑞利-泰勒不稳定性

R-T 不稳定性
　　Y 瑞利-泰勒不稳定性

Runge-Kutta 法
　　Y 龙格-库塔法

Runge-Kutta 方法
　　Y 龙格-库塔法

Runge-Kutta 算法
　　Y 龙格-库塔法

Runge-Lenz 矢量
Runge-Lenz vector
O31
　　S 向量*

Rydberg 态

　　Y 里德堡态

Rydberg 系列
　　Y 里德堡能级

Rydberg 系列能级
　　Y 里德堡能级

Rydberg 原子
　　Y 里德伯原子

R 波
　　Y 瑞利波

r 过程
　　Y r-过程

r-过程
r-process
O571
　　D r 过程
　　　快中子捕获过程
　　S 中子俘获
　　C 超新星 →(4)
　　Z 俘获(物理学)

r 矩心
　　Y 分子振动

S_1 流面
S_1 stream surface
O354
　　S 流面*

S_2 流面
S_2 stream surface
O354
　　S 流面*
　　C 流线曲率法

Saint-venant 弯曲
Saint-venant bending
O344.1
　　S 弯曲*
　　C 弯曲中心

Sauter 平均直径
Sauter mean diameter
O35
　　D 索特平均直径
　　S 直径*

SAXS
　　Y 小角 X 射线散射

SBN：Cr 晶体
　　Y 掺铬铌酸锶钡晶体

SBN 晶体
　　Y 铌酸锶钡晶体

Schottky 缺陷
　　Y 肖特基缺陷

Schottky 势垒
　　Y 肖特基势垒

Schrodinger 方程
　　Y 薛定谔方程

Schrodinger 方程公式
　　Y 薛定谔方程

Schrodinger 方程式
 Y 薛定谔方程

Schrodinger 方程组
 Y 薛定谔方程

Schrodinger 方程组式
 Y 薛定谔方程

Schrodinger 公式
 Y 薛定谔方程

Schrodinger 关系式
 Y 薛定谔方程

Schrodinger 计算法
 Y 薛定谔方程

Schrodinger 计算方法
 Y 薛定谔方程

Schrodinger 计算式
 Y 薛定谔方程

Schrodinger 猫态
 Y 薛定谔猫态

Schwarzschild 引力场
 Y 引力场

SD 效应
SD effect
O34
 S 力学效应*

Seebeck 系数
 Y 塞贝克系数

Seebeck 效应
 Y 塞贝克效应

Selberg 迹公式
 Y 迹公式

Sellmeier 方程
Sellmeier equation
O439
 D Sellmeier 方程公式
  Sellmeier 方程式
  Sellmeier 方程组
  Sellmeier 方程组式
  Sellmeier 公式
  Sellmeier 关系式
  泽尔迈尔方程
  泽尔迈尔方程公式
  泽尔迈尔方程式
  泽尔迈尔方程组
  泽尔迈尔方程组式
  泽尔迈尔公式
  泽尔迈尔关系式
 S 物理方程*

Sellmeier 方程公式
 Y Sellmeier 方程

Sellmeier 方程式
 Y Sellmeier 方程

Sellmeier 方程组
 Y Sellmeier 方程

Sellmeier 方程组式
 Y Sellmeier 方程

Sellmeier 公式
 Y Sellmeier 方程

Sellmeier 关系式
 Y Sellmeier 方程

SEM 特征
 Y SEM 形貌

SEM 形貌
SEM morphology
O485
 D SEM 特征
  扫描电镜特征
 S 形貌*

SERS
 Y 表面增强拉曼散射

SERS 光谱
 Y 表面增强拉曼光谱

Sfoner-wohlfarth 模型
 Y 一致转动

SFTS
 Y 标准时频

Shockley 分位错
 Y 肖克莱不全位错

Shockley 态
 Y 表面态

SHPB
 Y 分离式 Hopkinson 压杆

SHPB 技术
 Y SHPB 试验

SHPB 实验
 Y SHPB 试验

SHPB 实验技术
 Y SHPB 试验

SHPB 试验
SHPB test
O342；O344.3
 D SHPB 技术
  SHPB 实验
  SHPB 实验技术
  SHPB 系统
  分离式霍普金森压杆实验技术
 S 力学实验
 Z 科学实验

SHPB 系统
 Y SHPB 试验

Shubnikov-dehaas 效应
 Y 磁电阻

SH 波
SH-waves
O347.41；P315.3
 D 简谐波
 S 横波
 Z 弹性波
  地震波

SH 波散射
SH-wave scattering
O326
 S 波散射
 Z 散射

Si^{4+}
 Y 硅离子

SiC 单晶
 Y 碳化硅单晶

SiC 单晶材料
 Y 碳化硅单晶

SiC 单晶片
SiC monocrystal chip
O799
 S 晶片
 Z 晶体学应用

SiC 单晶体
 Y 碳化硅单晶

SiC 单晶体材料
 Y 碳化硅单晶

SiC 反射镜
SiC reflector
TH74
 S 光学元件*

SiC 晶体
 Y 碳化硅晶体

SiC 晶须
 Y 碳化硅晶须

SIMPLE 方法
SIMPLE algorithm
O351.3
 S 力学方法*

Sine-Gordon 方程
Sine-Gorden equations
O41
 D 赛因-戈登方程
 S 物理方程*

SINS/GPS
 Y 组合导航系统

Si 薄膜
 Y 硅薄膜

Si 基发光
 Y 硅发光

Smagorinsky 模型
Smagorinsky model
O357.5
 S 湍流模型
 Z 力学模型

Snell 定律
 Y 折射定律

SnO_2 纳米晶
 Y 氧化锡纳米晶

Sn 晶须
 Y 锡晶须

SN 曲线
 Y S-N 曲线

S-N 曲线
S-N curve
O346.2
  D SN 曲线
    S—N 曲线
    S-N 图
    σ-N 曲线
    概率 S-N 曲线
    疲劳曲线
    疲劳设计曲线
    应力-寿命曲线
  S 曲线*
  F P-S-N 曲线
  C 超高周疲劳
    内部裂纹
    疲劳断裂
    疲劳极限
    疲劳裂纹扩展
    疲劳寿命
    应力分析
    应力严重系数法

S—N 曲线
  Y S-N 曲线

S-N 图
  Y S-N 曲线

Sommerfeld 积分
Sommerfeld integral
O411
  S 积分*
  C 格林函数 →(1)

Soret 效应
Soret effect
O35
  S 力学效应*
  C 局部行进波

SPH
  Y 光滑粒子流体动力学方法

SPH 法
  Y 光滑粒子流体动力学方法

SPH 方法
  Y 光滑粒子流体动力学方法

SPH 算法
SPH algorithm
O351.2
  D 光滑粒子流体动力学算法
  S 算法*

SPR 成像
  Y 表面等离子体共振成像

SPWM 波
SPWM wave
TM91
  S PWM 波
  Z 波

SRLW 方程
  Y 对称正则长波方程

SSeS 超导结
SSeS superconducting junctions
O511.4
  S 超导结*

Stark 加宽
  Y 斯塔克效应

Stark 位移
Stark shift
O56
  S 位移*

Stark 效应
  Y 斯塔克效应

Steven 试验
Steven test
O313.4
  S 力学实验
  Z 科学实验

stiff 稳定性
  Y 刚性稳定性

STN
  Y 超扭曲向列相

Stokes 波
Stokes waves
O353.1；P731.2
  D 斯托克斯波
  S 振动波
  C Stokes 参量
    Stokes 流
  Z 波

Stokes 参量
Stokes parameters
O436.3
  D Stokes 矢量
    斯托克斯参量
    斯托克斯参数
  S 偏振参量
  C Stokes 波
  Z 光学参数

Stokes 流
Stokes flow
O357
  D Stokes 流动
    低雷诺数流动
    零雷诺数流
    斯托克斯流
    斯托克斯流动
  S 粘性流
  C Stokes 波
    滑移边界条件
    前缘涡
    微极流体
  Z 流体流

Stokes 流动
  Y Stokes 流

Stokes 矢量
  Y Stokes 参量

Stokes 数
Stokes number
O351
  D 斯托克斯数
    斯托克斯准数
  S 无量纲数*
  C 大涡模拟
    流场
    直接数值模拟 →(1)

Stokes 问题
Stokes problem
O241；O43
  D 斯托克斯问题
  S 数学问题*
  C Inf-Sup 条件 →(1)
    Wilson 元 →(1)

Stoner-Wohlfarth 模型
  Y 一致转动

Strehl 比
  Y 斯特列尔比

Strehl 强度
  Y 斯特列尔比

Stroh 公式
Stroh's formalism
O325；O343.8
  S 力学公式*
  C 弹性力学
    多自由度振动系统

Stroh 理论
Stroh theory
O325；O343.8
  S 弹性理论
  Z 力学理论

SV 波
SV wave
O347.41；P315.31；P631.41
  S 横波
  C 纵波
  Z 弹性波
    地震波

S 波
  Y 横波

S 参数
  Y 散射参数

S 过程
  Y s-过程

s-过程
s-process
O571
  D s 过程
    s-过程核合成
    慢速中子捕获过程
  S 中子俘获
  Z 俘获(物理学)

s-过程核合成
  Y s-过程

s 夸克
s-quark
O572.3
  D 奇异夸克
  S 夸克
  Z 粒子

主　表　33

Talbot 效应
　　Y 塔尔博特效应

Tamm 态
　　Y 表面态

Tavis-Cummings 模型
Tavis-Cummings model
O572.31
　　D T-C 模型
　　S 粒子模型
　　Z 物理模型

Taylor-Couette 流
Taylor-Couette flow
O351.2
　　S 科特流
　　Z 流体流

Taylor 气泡
Taylor bubble
O351.2
　　S 气泡*
　　C 段塞流

Taylor 涡
Taylor flow
O351.3
　　D 泰勒涡
　　　　泰勒涡流
　　S 涡旋*

Taylor 撞击
Taylor impact
O313.4
　　S 力学碰撞*

TC2 模型
　　Y 顶色辅助的人工色模型

T-C 模型
　　Y Tavis-Cummings 模型

Teager 能量算子
Teager energy operator
TN91
　　S 算子*

TEM 波
　　Y 横电磁波

TeO₂ 晶体
　　Y 二氧化碲晶体

TE 波
　　Y 横电波

TF 模型
　　Y 托马斯-费米模型

THM 法
　　Y 移动加热器法

THM 生长
　　Y 移动加热器法生长

Thomson 散射
　　Y 汤姆逊散射

THz 波
　　Y 太赫兹波

THz 成像
　　Y 太赫兹成像

THz 辐射
　　Y 太赫兹辐射

THz 光谱
　　Y 太赫兹光谱

THz 射线
　　Y 太赫兹波

THz 时域光谱
　　Y 太赫兹时域光谱

TiB 晶须
　　Y 硼化钛晶须

TiC 晶须
　　Y 碳化钛晶须

TiO₂ 晶型
　　Y 二氧化钛晶型

TiO₂ 晶须
　　Y 二氧化钛晶须

TiO₂ 纳米晶
　　Y 二氧化钛纳米晶

Ti 基大块非晶
　　Y 钛基大块非晶

Ti 基大块非晶材料
　　Y 钛基大块非晶

Ti 基块体非晶
　　Y 钛基大块非晶

Ti 基块体非晶材料
　　Y 钛基大块非晶

Ti 基块状非晶
　　Y 钛基大块非晶

Ti 基块状非晶材料
　　Y 钛基大块非晶

t-J 模型
t-J model
O511
　　S 超导模型
　　Z 物理模型

Tl-2212 超导薄膜
Tl-2212 superconducting thin film
TB43；TM26
　　S 超导薄膜
　　Z 电工薄膜

TLD
　　Y 热释光剂量计

TLM 位形
　　Y 磁场位形

Tm:YAP 晶体
　　Y 掺铥铝酸钇晶体

TM 波
　　Y 横磁波

TNT 当量
TNT equivalent
O381

　　S 爆炸当量
　　C 超压
　　Z 当量

TOF-SIMS
　　Y 飞行时间二次离子质谱

Tokamak 等离子体
　　Y 托卡马克等离子体

tortoise 变换
　　Y 乌龟坐标变换

tortoise 坐标变换
　　Y 乌龟坐标变换

Tresca 屈服准则
Tresca yield criterion
O344.3
　　S 屈服准则
　　Z 力学准则

TSSG 法
　　Y 顶部籽晶提拉法

T-S 波
T-S wave
O353.2
　　S 波*

Tzénoff 方程
Tzénoff equation
O316
　　S 力学方程*

T-ZnO 晶须
　　Y 四针状氧化锌晶须

T 不变性
　　Y T-不变性

T-不变性
T-invariance
O412.3
　　D T 不变性
　　　　T 不变性定理
　　　　T 不变性定律
　　　　T 不变性原理
　　　　时间反演不变性
　　　　时间反演不变性定理
　　　　时间反演不变性定律
　　　　时间反演不变性原理
　　　　时间反演对称性
　　S CPT 不变性
　　C 时间反演
　　Z 不变性

T 不变性定理
　　Y T-不变性

T 不变性定律
　　Y T-不变性

T 不变性原理
　　Y T-不变性

t 夸克
t-quark
O572.3
　　D 顶夸克
　　S 夸克

Z 粒子

T 应力
T-stress
O343.4
　　S 应力*

U-B 色指数
　　Y 色指数

ULF 波
　　Y 超长波

UV-Vis 光谱法
　　Y 紫外-可见光谱法

UV-Vis 吸收光谱
　　Y 紫外-可见吸收光谱法

UV 辐照
　　Y 紫外辐射

UV 光谱
　　Y 紫外光谱

UV 光谱法
　　Y 紫外光谱分析

UV 光谱学
　　Y 紫外光谱

U 过程
　　Y 倒逆过程

U 心
　　Y 色心

Vakonomic 模型
Vakonomic model
O313
　　S 动力学模型
　　Z 力学模型

van der Pol 系统
van der Pol system
O32
　　S 力学系统*
　　F Duffing-van der Pol 系统

V-A 理论
　　Y 普适弱作用理论

VB 计算
　　Y 价键计算

Verdet 常数
　　Y 费尔德常数

VGF 法
　　Y 垂直梯度凝固法

VH 心
　　Y 色心

VIA 族化合物
　　Y VIA 族化合物

Vickers 硬度
　　Y 维氏硬度

Villari 效应
　　Y 磁弹效应

V-I 色指数
　　Y 色指数

VK 心
　　Y 色心

Vlasov 等离子体
　　Y 无碰撞等离子体

VLS 生长机制
VLS growth mechanism
O78
　　S 机理*

Voigt 模型
　　Y Kelvin-Voigt 模型

Volterra 位错理论
　　Y 伏特拉位错理论

VPE 生长
　　Y 汽相外延生长

V-R 色指数
　　Y 色指数

V 心
　　Y 色心

V 形低压
　　Y 低气压

V 型三能级原子
V-type three-level atom
O562
　　S 三能级原子
　　Z 原子

Wannier 激子
Wannier exciton
O469
　　D 万尼尔激子
　　S 激子
　　Z 准粒子

Wavelet 变换
　　Y 小波变换

Weibel 不稳定性
Weibel instability
O53；O56
　　S 稳定性*

WENO
　　Y 加权本质无振荡

Wiener 过程
　　Y 布朗运动

Wigner 晶格
　　Y 维格纳晶格

Wilson-θ 法
Wilson-θ method
O342
　　D 威尔逊 θ 法
　　S 力学方法*

W 纠缠态
　　Y 纠缠 W 态

W 态
　　Y 纠缠 W 态

X 射线衍射
　　Y X 射线衍射

XANES
　　Y 近边 X 射线吸收精细结构

X-ray 衍射
　　Y X 射线衍射

XRD 谱
　　Y X 射线衍射谱

XRD 谱图
　　Y X 射线衍射谱

XRD 衍射
　　Y X 射线衍射

XRF
　　Y X 射线荧光光谱法

XRF 法
　　Y X 射线荧光光谱法

XRF 光谱
　　Y X 射线荧光光谱法

XY 模型
XY model
O48
　　D X-Y 模型
　　S 电磁模型
　　Z 物理模型

X-Y 模型
　　Y XY 模型

X 辐射
　　Y X 射线辐射

X 光
　　Y X 射线

X 光电子能谱
　　Y X 射线能谱

X 光粉晶衍射
　　Y X 射线粉末衍射

X 光透镜
X-ray lens
TH74
　　S 透镜
　　Z 光学元件

X 光衍射
　　Y X 射线衍射

X 射线
X-ray
O434.1
　　D X 光
　　　伦琴射线
　　S 射线*
　　F 高能 X 射线
　　　脉冲 X 射线
　　　软 x 射线
　　　闪光 X 射线
　　　特征 X 射线
　　　同步辐射 X 射线
　　　硬 X 射线
　　　宇宙 X 射线

C X 射线分析
  X 射线辐射
  X 射线散射
  X 射线仪 →(3)

X 射线测角仪
X-ray goniometer
TH712
  S 光学测角仪
  Z 测量仪器

X 射线测量
X-ray measurement
O434
  S 光学测量*

X 射线超反射镜
X-ray supermirror
TH74
  S 光学元件*

X 射线次级发射光谱分析
  Y X 射线荧光光谱法

X 射线单晶衍射
  Y 单晶 X 射线衍射

X-射线单晶衍射
  Y 单晶 X 射线衍射

X 射线单晶衍射法
  Y 单晶 X 射线衍射法

X 射线单色器
  Y X 射线单色仪

X 射线单色仪
X-ray monochromator
TH74
  D X 射线单色器
  S 单色仪*

X 射线电子能谱
  Y X 射线能谱

X 射线断层摄影
  Y 层析 X 射线摄影

X 射线多晶衍射
  Y 多晶 X 射线衍射

X 射线发光
  Y 辐射发光

X 射线发射分析
  Y X 射线分析

X 射线发射光谱法
  Y X 射线光谱分析

X 射线法
  Y X 射线分析

X 射线分光晶体
X-ray analyzing crystal
O72
  S 分光晶体
  Z 光学晶体

X 射线分析*
X-ray analysis
O657.34；O657.4
  D X 射线发射分析

X 射线法
X-射线分析
X 射线辐射分析
X 射线化学分析
F X 射线光谱分析
单晶 X 射线衍射分析
C X 射线
  X 射线辐射
  X 射线光谱
  X 射线仪 →(3)
离子微探针分析 →(3)

X-射线分析
  Y X 射线分析

X 射线粉晶衍射
  Y X 射线粉末衍射

X 射线粉晶衍射法
  Y 粉末法

X 射线粉末衍射
X-ray powder diffraction
O722
  D X 光粉晶衍射
    X 射线粉晶衍射
    粉晶 X 射线衍射
  S X 射线晶体衍射
    粉末衍射
  Z 晶体衍射

X 射线粉末衍射法
  Y 粉末法

X 射线粉末衍射术
  Y 粉末法

X 射线粉末衍射仪
  Y 粉末衍射仪

X 射线辐射
X radiation
O432；O434.1
  D X 辐射
    X-射线辐射
    X 射线辐照
    X 线辐射
    伦琴辐射
    弥漫 X 射线辐射
  S 光辐射
  C X 射线
    X 射线分析
    X 射线检测
    X 射线探测
  Z 辐射

X-射线辐射
  Y X 射线辐射

X 射线辐射分析
  Y X 射线分析

X 射线辐射谱
  Y X 射线光谱

X 射线辐照
  Y X 射线辐射

X 射线光电子能谱
  Y X 射线能谱

X 射线光电子能谱学
  Y X 射线能谱

X 射线光电子谱
  Y X 射线能谱

X 射线光谱
X-ray spectrum
O433.5；O434.1
  D X 射线辐射谱
    X 射线光谱学
    X 射线谱
    X 射线摄谱学
  S 光谱*
  F X 射线吸收光谱
    X 射线衍射谱
  C X 射线分析
    X 射线光谱分析
    X 射线晶体学
    二维光谱

X 射线光谱分析
X-ray spectral analysis
O434.1；O657.34
  D X 射线发射光谱法
  S X 射线分析*
  F X 射线荧光光谱法
  C X 射线光谱
    X 射线光谱仪 →(4)
    吸收光谱

X 射线光谱学
  Y X 射线光谱

X 射线光学
X-ray optics
O434.1
  S 射线光学
  C X 射线全息术
    X 射线望远镜 →(4)
  Z 光学

X 射线化学分析
  Y X 射线分析

X 射线检测
X-ray detection
O434.1
  S 检测*
  C X 射线辐射

X 射线结晶学
  Y X 射线晶体学

X 射线近吸收边精细结构
  Y 近边 X 射线吸收精细结构

X 射线晶体学
X-ray crystallography
O72
  D X 射线结晶学
    射电晶体学
  S 晶体学*
  C X 射线光谱
    X 射线晶体衍射
    德拜-沃勒因子
    晶体原子结构

X 射线晶体学仪器
X-ray crystallography apparatus

O722
S 晶体学仪器*
F X 射线衍射仪

X 射线晶体衍射
crystal X-ray diffraction
O721
D 晶体 X 射线衍射
S 晶体衍射*
F X 射线粉末衍射
X 射线双晶衍射
变温 X 射线衍射
单晶 X 射线衍射
多晶 X 射线衍射
高分辨 X 射线衍射
高压 X 射线衍射
掠入射 X 射线衍射
能量色散 X 射线衍射
三轴晶模式衍射
同步辐射 X 射线衍射
小角 X 射线衍射
C X 射线晶体学

X 射线漫散射
X-ray diffuse scattering
O722.6
S X 射线散射
Z 光散射

X 射线貌相术
Y X 射线形貌术

X 射线能谱
X-ray energy spectrum
O434.1；O582
D X 光电子能谱
X 射线电子能谱
X 射线光电子能谱
X 射线光电子能谱学
X 射线光电子谱
S 能谱*
F 软 X 光能谱

X 射线谱
Y X 射线光谱

X 射线强度
Y 射线强度

X 射线全息术
X-ray holography
O438.1
S 光学全息
F X 射线荧光全息术
C X 射线光学
Z 全息术

X 射线三轴晶衍射
Y 三轴晶模式衍射

X 射线散射
X-ray scattering
O434.1；O436.2
S 光散射*
F X 射线漫散射
小角 X 射线散射
C X 射线

X 射线摄谱学
Y X 射线光谱

X 射线摄影
X-ray photography
O434.1
D X 射线照相术
伦琴射线照相术
S 摄影*
F 层析 X 射线摄影

X 射线输运
Y 光子输运

X 射线双晶衍射
double crystal X-ray diffraction
O722
D 双晶 X 射线衍射
S X 射线晶体衍射
双晶衍射
Z 晶体衍射

X 射线探测
X-ray detection
O434.1
S 射线探测
F 软 X 射线探测
C X 射线辐射
Z 探测

X 射线特征温度
Y 特征温度

X 射线图象
Y X 射线图像

X 射线图像
X-ray image
O434.1
D X 射线图象
S 光学图像*

X 射线吸收光谱
X-ray absorption spectrum
O433.4；O434.1；O657.34
D X 射线吸收光谱法
X 射线吸收光谱分析
X 射线吸收
S X 射线光谱
吸收光谱*
F 扩展 x 射线吸收精细结构谱
C 吸收光谱
Z 光谱

X 射线吸收光谱法
Y X 射线吸收光谱

X 射线吸收光谱分析
Y X 射线吸收光谱

X 射线吸收近边结构
Y 近边 X 射线吸收精细结构

X 射线吸收精细结构
X-ray absorption fine structure
O722.8
S 光谱精细结构
F 近边 X 射线吸收精细结构
扩展 X 射线吸收精细结构
Z 光谱结构

X 射线吸收谱
Y X 射线吸收光谱

X 射线小角散射
Y 小角 X 射线散射

X 射线效应
Y 辐射效应

X 射线形貌术
X-ray topography
O72
D X 射线貌相术
X 射线衍射形貌术
S 形貌测量
F 同步辐射白光形貌术
Z 测量

X 射线衍射
X-ray diffraction
O434.1；O436.1
D X 射线衍射
X-ray 衍射
XRD 衍射
X 光衍射
X-射线衍射
S 光衍射
F 掠入射衍射
C X 射线衍射分析 →(3)
X 射线衍射强度
X 射线衍射图
X 射线衍射仪
布拉格方程
摄谱仪 →(4)
Z 衍射

X-射线衍射
Y X 射线衍射

X 射线衍射测量
X-ray diffractometry
O434.1
D X 射线衍射测量术
S 衍射测量
Z 光学测量

X 射线衍射测量术
Y X 射线衍射测量

X 射线衍射法
X-ray diffraction method
O721
D X 射线衍射技术
S 晶体结构分析方法*
F X 射线衍射仪法
变温 X 射线衍射技术
单晶 X 射线衍射法
多晶 X 射线衍射法
粉末法
高分辨 X 射线衍射技术
劳厄法
掠入射 X 射线衍射法
双晶衍射法
同步辐射 X 射线衍射技术
小角度 X 射线衍射法
旋进法

X 射线衍射光谱
Y X 射线衍射谱

X 射线衍射技术
Y X 射线衍射法

主　表　37

X 射线衍射谱
X-ray diffraction spectrum
O434.1；O721
　D　XRD 谱
　　　XRD 谱图
　　　X 射线衍射光谱
　　　X 射线衍射谱图
　　　X 射线衍射图谱
　S　X 射线光谱
　　　衍射光谱
　Z　光谱

X 射线衍射谱图
　Y　X 射线衍射谱

X 射线衍射强度
X-ray diffraction intensity
O721
　S　射线强度
　　　衍射强度
　C　X 射线衍射
　Z　晶体学参数
　　　物理参数

X 射线衍射实验
X-ray diffraction experiment
O722
　S　衍射实验
　Z　科学实验

X 射线衍射图
X-ray diffraction pattern
O434.1
　D　X 射线衍射图形
　S　图表*
　C　X 射线衍射
　　　X 射线衍射分析　→(3)

X 射线衍射图谱
　Y　X 射线衍射谱

X 射线衍射图形
　Y　X 射线衍射图

X 射线衍射形貌术
　Y　X 射线形貌术

X 射线衍射仪
X-ray diffractometer
O722
　D　X-射线衍射仪
　S　X 射线晶体学仪器
　　　衍射仪
　F　单晶衍射仪
　　　粉末衍射仪
　　　双晶衍射仪
　C　X 射线衍射
　　　X 射线衍射分析　→(3)
　Z　测量仪器
　　　晶体学仪器

X-射线衍射仪
　Y　X 射线衍射仪

X 射线衍射仪法
X-ray diffractometer method
O722
　D　衍射仪法
　S　X 射线衍射法
　Z　晶体结构分析方法

X 射线摇摆曲线
X-ray rocking curve
O723
　S　摇摆曲线
　Z　晶体学参数

X 射线应力测定
　Y　X 射线应力分析

X 射线应力测定法
　Y　X 射线应力分析

X 射线应力分析
X-ray stress analysis
O348；O434.1
　D　X 射线应力测定
　　　X 射线应力测定法
　S　应力分析
　C　X 射线应力分析仪　→(3)
　Z　力学分析

X 射线荧光
X-ray fluorescence
O434.1
　D　X-射线荧光
　　　X 荧光
　S　荧光*
　F　能量色散 X 射线荧光
　　　同步辐射 X 射线荧光
　　　质子激发 X 荧光
　C　X 荧光光谱法
　　　X 射线荧光光谱仪　→(4)
　　　X 射线荧光全息术

X-射线荧光
　Y　X 射线荧光

X 射线荧光测量
　Y　X 射线荧光光谱法

X 射线荧光法
　Y　X 射线荧光光谱法

X 射线荧光分析
　Y　X 射线荧光光谱法

X 射线荧光分析法
　Y　X 射线荧光光谱法

X 射线荧光光谱
　Y　X 射线荧光光谱法

X 射线荧光光谱法
X-ray fluorescence spectrometry
O434.1；O657.34；O657.4
　D　XRF
　　　XRF 法
　　　XRF 光谱
　　　X 射线次级发射光谱分析
　　　X 射线荧光测量
　　　X 射线荧光法
　　　X 射线荧光分析
　　　X 射线荧光分析法
　　　X 射线荧光光谱
　　　X-射线荧光光谱法
　　　X 射线荧光光谱分析
　　　X 射线荧光技术
　　　X 射线荧光谱
　　　X 荧光测量
　　　X 荧光分析
　　　X 荧光光谱法
　　　X 荧光光谱分析
　S　X 射线光谱分析
　　　光化学分析法*
　F　波长色散 X 射线荧光光谱法
　　　能量色散 X 射线荧光光谱法
　　　同步辐射 X 荧光分析
　　　质子激发 X 射线荧光分析
　C　X 射线荧光
　　　X 射线荧光光谱仪　→(4)
　　　荧光光谱
　Z　X 射线分析

X-射线荧光光谱法
　Y　X 射线荧光光谱法

X 射线荧光光谱分析
　Y　X 射线荧光光谱法

X 射线荧光技术
　Y　X 射线荧光光谱法

X 射线荧光谱
　Y　X 射线荧光光谱法

X 射线荧光全息术
X-ray fluorescence holography
O438.1
　S　X 射线全息术
　C　X 射线荧光
　Z　全息术

X 射线照相法
X-ray photography
O722
　S　晶体结构分析方法*
　F　德拜法

X 射线照相术
　Y　X 射线摄影

X 射线诊断
X-ray diagnostics
O434.1
　S　光学诊断
　F　软 X 射线诊断
　Z　光学应用

X 线辐射
　Y　X 射线辐射

X-型二维液晶基元
X-shaped two-demensional mesogenic unit
O753.2
　S　液晶基元
　Z　基元

X 荧光
　Y　X 射线荧光

X 荧光测量
　Y　X 射线荧光光谱法

X 荧光分析
　Y　X 射线荧光光谱法

X 荧光光谱法
　Y　X 射线荧光光谱法

X 荧光光谱分析
　Y　X 射线荧光光谱法

YAG
   Y 钇铝石榴石

YAG 晶体
   Y 钇铝石榴石

Yang-Mills 场
   Y 杨-米尔斯场

Yb:YAG 晶体
   Y 掺镱钇铝石榴石晶体

Yb：YAG 晶体
   Y 掺镱钇铝石榴石晶体

YBCO 超导体
   Y 钇钡铜氧超导体

YCOB 晶体
   Y 硼酸钙氧钇晶体

YIG
   Y 钇铁石榴石

YIG 石榴石
   Y 钇铁石榴石

YLF 晶体
   Y 氟化钇锂晶体

Young-Laplace 方程
Young-Laplace equation
O316
   D 杨-拉普拉斯方程
   S 力学方程*

Young's 模量
   Y 弹性模量

Yukawa 势
   Y 汤川势

YVO_4 晶体
   Y 钒酸钇晶体

y 粒子分布
   Y 粒子分布

y 粒子数分布
   Y 粒子分布

Zeeman 效应
   Y 塞曼效应

Zernike 多项式拟合
Zernike polynomial fitting
O43
   S 数学拟合*
   C Zernike 像差

Zernike 像差
Zernike aberration
O435.2；P111.3
   D 泽尼克像差
   S 像差*
   C Zernike 多项式拟合

Zeta 电势
   Y ζ 电位

Zeta 电位
   Y ζ 电位

ZGP 晶体
   Y 磷锗锌晶体

$ZnGeP_2$ 晶体
   Y 磷锗锌晶体

ZnO 单晶
   Y 氧化锌单晶

ZnO 单晶材料
   Y 氧化锌单晶

ZnO 单晶体
   Y 氧化锌单晶

ZnO 单晶体材料
   Y 氧化锌单晶

ZnO 晶体
   Y 氧化锌晶体

ZnO 晶须
   Y 氧化锌晶须

ZnO 纳米晶
   Y 氧化锌纳米晶

ZnSe 单晶
   Y 硒化锌单晶

ZnSe 单晶材料
   Y 硒化锌单晶

ZnSe 单晶体
   Y 硒化锌单晶

ZnSe 单晶体材料
   Y 硒化锌单晶

ZnSe 晶体
   Y 硒化锌晶体

Zr-95
   Y 锆-95

Zr 基大块非晶
   Y 锆基块体非晶

Zr 基块状非晶
   Y 锆基块体非晶

Zr 基块状非晶材料
   Y 锆基块体非晶

ZTS 晶体
   Y 硫脲硫酸锌晶体

Z 箍缩等离子
   Y Z 箍缩等离子体

Z 箍缩等离子体
Z-pinch plasma
O531
   D Z 箍缩等离子
   S 等离子体*

α-Fe_2O_3 纳米晶
   Y α-氧化铁纳米晶

α 放射性
alpha radioactivity
O571.32
   S 放射性*

α 辐射
alpha radiation
O571.321
   S 粒子辐射
   Z 辐射

α 晶型
α-crystalline form
O76
   S 多晶型
   Z 晶型

α 粒子
   Y α 射线

α 粒子模型
alpha-particle model
O572.3
   D σ 模型
   S 粒子模型
   Z 物理模型

α 粒子谱
   Y α 谱

α 粒子散射
alpha-particle scattering
O571.422
   D α 粒子-原子核散射
   S 粒子散射*
   F 卢瑟福散射
   C α 粒子散射实验

α 粒子散射实验
α-particle scattering experiment
O571.1
   D 金箔实验
      卢瑟福 α 散射实验
      卢瑟福实验
   S 散射实验
   C α 粒子散射
      粒子散射理论
      卢瑟福散射
   Z 科学实验

α 粒子束
   Y α 射线

α 粒子衰减
   Y α 粒子吸收

α 粒子吸收
alpha-particle absorption
O7
   D α 粒子衰减
   S 吸收*
   C α 射线

α 粒子-原子核散射
   Y α 粒子散射

α 谱
alpha spectrum
O571.32
   D α 粒子谱
      α 射线谱
   S 粒子谱*
   C α 谱仪 →(3)
      α 射线
      α 衰变

α 射线
alpha-ray
O571.321
　　D α 粒子
　　　　α 粒子束
　　　　阿尔法粒子
　　　　阿尔法射线
　　　　甲种射线
　　S 射线*
　　C α 粒子吸收
　　　　α 谱
　　　　α 谱仪　→(3)
　　　　α 衰变

α 射线光谱学
　　Y 核辐射光谱学

α 射线谱
　　Y α 谱

α 衰变
alpha decay
O571.3
　　S 衰变
　　C α 谱
　　　　α 射线
　　Z 核反应

α 衰变能
alpha disintegration energy
O571.3
　　S 衰变能
　　Z 能量

α 探测
　　Y 带电粒子探测

α-氧化铁纳米晶
α-Fe$_2$O$_3$ nanocrystal
O799
　　D α-Fe$_2$O$_3$ 纳米晶
　　S 铁基纳米晶
　　Z 晶体
　　　　纳米材料

β-BaB$_2$O$_4$ 晶体
　　Y 偏硼酸钡晶体

β-BBO 薄膜
　　Y β-偏硼酸钡薄膜

β 成核
β nucleation
O78
　　S 晶体成核
　　Z 晶体形成

β 放射性
beta radioactivity
O571.32
　　S 放射性*
　　C β 衰变

β 辐射
beta radiation
O571.322
　　S 粒子辐射
　　Z 辐射

β 缓发质子衰变

β-delayed proton decay
O571.3
　　S β 衰变
　　Z 核反应

β 晶型
β crystalline form
O76
　　D β-晶型
　　S 多晶型
　　Z 晶型

β-晶型
　　Y β 晶型

β 粒子
　　Y β 射线

β 硼酸钡晶体
　　Y 偏硼酸钡晶体

β-偏硼酸钡薄膜
β-BBO film
O799
　　D β-BBO 薄膜
　　　　β-偏硼酸钡晶体薄膜
　　　　β 相偏硼酸钡薄膜
　　S 晶体薄膜*

β-偏硼酸钡晶体薄膜
　　Y β-偏硼酸钡薄膜

β 谱
beta spectrum
O571.3
　　D β 射线谱
　　S 粒子谱*
　　C β 谱仪　→(3)
　　　　β 射线

β 射线
beta rays
O571.322
　　D β 粒子
　　S 射线*
　　C β 谱
　　　　β 谱仪　→(3)
　　　　β 衰变

β 射线光谱学
　　Y 核辐射光谱学

β 射线谱
　　Y β 谱

β 射线效应
　　Y 辐射效应

β 衰变
beta decay
O571.3
　　S 衰变
　　F β 缓发质子衰变
　　　　负 β 衰变
　　　　双 β 衰变
　　C β 放射性
　　　　β 射线
　　　　β 射线衰减法　→(3)
　　Z 核反应

β 探测

　　Y 带电粒子探测

β 相偏硼酸钡薄膜
　　Y β-偏硼酸钡薄膜

β 振动
β-vibration
O32
　　S 振动*

β 值
beta value
O1-0；O57
　　S 压力比
　　Z 比率

γ 放射性
gamma radioactivity
O571.32
　　S 放射性*

γ 放射源
　　Y γ 射线源

γ 辐射
gamma radiation
O571.323
　　D γ-辐射
　　　　γ 射线辐射
　　　　γ-射线辐射
　　　　γ 射线谱线辐射
　　　　伽马辐射
　　　　缓发 γ 辐射
　　　　迅发 γ 辐射
　　S 粒子辐射
　　C γ 射线散射
　　　　γ 射线源
　　Z 辐射

γ-辐射
　　Y γ 辐射

γ 光子数
gamma photon number
O572.31
　　S 光子数*

γ 晶型
γ-modification
O76
　　D γ-晶型
　　S 多晶型
　　Z 晶型

γ-晶型
　　Y γ 晶型

Γ 空间
　　Y 相空间

γ 裂变反应
　　Y 光致蜕变

γ 谱
gamma spectra
O571.32
　　D γ 射线能谱
　　　　γ 射线谱
　　S 粒子谱*
　　C γ 谱仪　→(3)
　　　　γ 射线

核能级跃迁
扰动角关联

γ射线
gamma rays
O571.323
- D Gamma 射线
  丙种射线
  伽马射线
- S 射线*
- F γ射线源
  低能 γ 射线
  脉冲 γ 射线
  特征 γ 射线
- C γ谱
  γ 谱仪 →(3)
  γ 射线散射
  核辐射光谱学
  穆斯堡尔效应

γ射线暴源
- Y γ射线源

γ射线变源
- Y γ射线源

γ射线产生
- Y γ射线源

γ射线辐射
- Y γ辐射

γ-射线辐射
- Y γ辐射

γ射线共振吸收
- Y 穆斯堡尔效应

γ射线光谱学
- Y 核辐射光谱学

γ射线能谱
- Y γ谱

γ射线谱
- Y γ谱

γ射线谱线辐射
- Y γ辐射

γ射线散射
gamma-ray scattering
O436.2
- S 光散射*
- C γ辐射
  γ射线

γ射线输运
- Y 光子输运

γ射线透射法
γ ray transmission method
O571.323
- S 物理法*

γ射线效应
- Y 辐射效应

γ射线衍射仪
- Y 衍射仪

γ射线源

gamma-ray sources
O571.323；P141
- D γ放射源
  γ射线暴源
  γ射线变源
  γ射线产生
  γ射线展源
  γ源
  伽马射线暴源
  伽马射线源
  河外 γ 射线源
  经典 γ 射线暴源
  偶现 γ 射线源
  软 γ 暴复现源
  软 γ 射线复现源
  软 γ 射线源
  软 γ 射线暂现源
  天文 γ 射线源
  宇宙 γ 射线源
  暂现 γ 射线源
- S γ射线
- F 穆斯堡尔源
- C γ辐射
  γ射线暴 →(4)
  γ射线天文学 →(4)
- Z 射线

γ射线展源
- Y γ射线源

γ衰变
gamma decay
O571.3
- D γ跃迁
- S 衰变
- F 光致蜕变
- Z 核反应

γ源
- Y γ射线源

γ跃迁
- Y γ衰变

γ振动
γ-vibration
O32
- S 振动*

δ-冲击模型
δ-shock model
O313
- S 冲击模型
- Z 力学模型

δ电子
delta electron
O562.1
- S 电子*

δ函数
delta function
O174.6；O41
- D δ-函数
- S 函数*
- C 拉普拉斯变换法 →(1)
  弱非线性 →(1)
  摄动解 →(1)

δ-函数
- Y δ函数

δ晶型
δ crystal form
O76
- D δ-晶型
- S 多晶型
- Z 晶型

δ-晶型
- Y δ晶型

δ势垒
delta barrier
O47
- S 势垒*
- C Rashba 自旋轨道耦合

ζ电势
- Y ζ电位

ζ电位
zeta potential
O441.1
- D Zeta 电势
  Zeta 电位
  ζ电势
  电动电势
  电动电位
  动电电势
  动电电位
  动电位
- S 电位*
- C 双电层 →(3)
  双电层效应 →(3)

η介子
eta meson
O572.33
- S 赝标介子
- Z 粒子

κ-ε 双方程模型
- Y k-ε 双方程模型

κ-ε 湍流模型
- Y k-ε 湍流模型

κ负
- Y K介子

κ介子
- Y K介子

κ零
- Y K介子

κ正
- Y K介子

λ/4 波片
- Y 四分之一波片

λ超子
lambda hyperon
O572.343
- D λ粒子
- S 超子
- Z 粒子

λ 粒子
　　Y λ超子

Λ型三能级原子
Λ-type three-level atom
O57
　　S 三能级原子
　　Z 原子

μm
　　Y 微米

μ反中微子
　　Y 反中微子

μ介分子
mu-meisc molecule
O563
　　S 介分子
　　Z 分子

μ介原子
mu-mesic atom
O564
　　D μ介子原子
　　S 介子原子
　　C 介子原子
　　Z 原子

μ介子
mu-meson
O572.33
　　S 赝标介子
　　Z 粒子

μ介子探测
　　Y 带电粒子探测

μ介子原子
　　Y μ介原子

μ轻子
mu-lepton
O572.32
　　D μ子
　　S 轻子
　　F 宇宙线μ子
　　C μ子散射
　　Z 粒子

μ中微子
muon neutrino
O572.321
　　D μ子型中微子
　　S 中微子
　　Z 粒子

μ子
　　Y μ轻子

μ子俘获
muon capture
O571.4
　　D 核μ子俘获
　　　　渺子俘获
　　S 核俘获
　　Z 俘获（物理学）

μ子-核子散射
　　Y μ子散射

μ子散射
muon scattering
O572.323
　　D μ子-核子散射
　　　　μ子-原子核散射
　　S 粒子散射*
　　C μ轻子
　　　　μ子-原子核反应

μ子型中微子
　　Y μ中微子

μ子-原子核反应
muon-nucleus reactions
O571.4
　　D 渺子-原子核反应
　　S 核反应*
　　C μ子散射

μ子-原子核散射
　　Y μ子散射

Ξ型三能级原子
three-level ladder-type atom
O57
　　S 三能级原子
　　Z 原子

π电子
pi-electron
O562.1
　　S 电子*
　　C π键 →(3)

π定理
pi theorem
O35
　　S 力学定理*
　　C 量纲分析

π负
　　Y π介子

π介子
pi-meson
O572.33
　　D π负
　　　　π零
　　　　π正
　　S 赝标介子
　　C π介子散射
　　　　π介子衰变
　　Z 粒子

π介子-π介子散射
pion-pion scattering
O571.425
　　S π介子散射
　　C π介子-π介子相互作用
　　Z 粒子散射

π介子-π介子相互作用
pion-pion interactions
O572.24
　　S 介子-介子相互作用
　　C π介子-π介子散射
　　Z 粒子相互作用

π介子-超子散射
pion-hyperon scattering
O571.425
　　S π介子散射
　　C π介子-超子相互作用
　　Z 粒子散射

π介子-超子相互作用
pion-hyperon interactions
O572.24
　　S π介子-重子相互作用
　　C π介子-超子散射
　　Z 粒子相互作用

π介子-核子散射
pion-nucleon scattering
O571.425
　　S π介子散射
　　C π介子-核子相互作用
　　Z 粒子散射

π介子-核子相互作用
pion-nucleon interactions
O572.24
　　S π介子-重子相互作用
　　F π介子-质子相互作用
　　C π介子-核子散射
　　Z 粒子相互作用

π介子散射
pion scattering
O571.425
　　D π介子-原子核散射
　　S 介子散射
　　F π介子-π介子散射
　　　　π介子-超子散射
　　　　π介子-核子散射
　　C π介子
　　　　π介子衰变
　　Z 粒子散射

π介子衰变
pion decay
O571.3
　　S 介子衰变
　　C π介子
　　　　π介子散射
　　Z 核反应

π介子相互作用
　　Y 介子相互作用

π介子-原子核反应
　　Y 介子-原子核反应

π介子-原子核散射
　　Y π介子散射

π介子-质子单举相互作用
pion-proton inclusive interactions
O572.24
　　S π介子-质子相互作用
　　　　基本粒子单举相互作用
　　Z 粒子相互作用

π介子-质子相互作用
pion-proton interactions
O572.24
　　S π介子-核子相互作用
　　F π介子-质子单举相互作用
　　Z 粒子相互作用

π 介子-重子相互作用
pion-baryon interactions
O572.24
　　S 介子-重子相互作用
　　F π 介子-超子相互作用
　　　 π 介子-核子相互作用
　　Z 粒子相互作用

π 零
　　Y π 介子

π 正
　　Y π 介子

ρ 介子
ρ meson
O572.33
　　S 矢量介子
　　Z 粒子

σ-N 曲线
　　Y S-N 曲线

Σ 负
　　Y Σ 超子

Σ 粒子
　　Y Σ 超子

Σ 零
　　Y Σ 超子

σ 模型
　　Y α 粒子模型

Σ 正
　　Y Σ 超子

τ 轻子
tau lepton
O572.32
　　D τ 子
　　S 轻子
　　Z 粒子

τ 中微子
　　Y τ 子型中微子

τ 子
　　Y τ 轻子

τ 子型中微子
tau neutrino
O572.321
　　D τ 中微子
　　S 中微子
　　Z 粒子

Φ 介子
phi meson
O572.33
　　S 矢量介子
　　Z 粒子

ψ 介子
Ψ meson
O572.33
　　D J 粒子
　　S 矢量介子
　　Z 粒子

ω 角动量
　　Y 角动量

ω 介子
omega mesons
O572.33
　　S 矢量介子
　　Z 粒子

阿贝成象理论
　　Y 阿贝成像原理

阿贝成像原理
Abbe theory of image formation
O435.2
　　D 阿贝成象理论
　　S 成像原理
　　Z 光学理论

阿贝尔逆变换
　　Y Abel 逆变换

阿贝聚光镜
　　Y 聚光镜

阿达马变换
　　Y 哈达玛变换

阿达玛变换
　　Y 哈达玛变换

阿尔伯特·爱因斯坦
　　Y 爱因斯坦

阿尔法粒子
　　Y α 射线

阿尔法射线
　　Y α 射线

阿尔芬波
Alfven waves
O361；O53；P14
　　D 阿尔文波
　　　 剪切阿尔文波
　　S 磁流体波
　　C 电子-空穴等离子体
　　Z 弹性波

阿尔曼西应变
Almansis strain
O344.3
　　S 应变*

阿尔文波
　　Y 阿尔芬波

阿尔文激波
Alfven shock waves
O354.5
　　S 磁流体力学激波
　　C Alfven mach 数
　　Z 激波

阿佛加德罗常量
　　Y 阿伏伽德罗常数

阿佛加德罗常数
　　Y 阿伏伽德罗常数

阿夫拉米方程
　　Y Avrami 方程

阿夫拉米公式
　　Y Avrami 方程

阿弗拉密方程
　　Y Avrami 方程

阿弗拉密公式
　　Y Avrami 方程

阿伏伽德罗常量
　　Y 阿伏伽德罗常数

阿伏伽德罗常数
Avogadro constant
O552.3
　　D 阿佛加德罗常量
　　　 阿佛加德罗常数
　　　 阿伏伽德罗常量
　　　 阿伏伽德罗数
　　　 洛喜密脱数
　　S 气体常数
　　Z 物理常数

阿伏伽德罗定律
Avogadro law
O552.3
　　D 阿伏伽德罗定律及推论
　　　 阿伏加德罗定律
　　　 阿伏加德罗定律及推论
　　S 热力学定律
　　Z 物理定律

阿伏伽德罗定律及推论
　　Y 阿伏伽德罗定律

阿伏伽德罗数
　　Y 阿伏伽德罗常数

阿伏加德罗定律
　　Y 阿伏伽德罗定律

阿伏加德罗定律及推论
　　Y 阿伏伽德罗定律

阿基米德原理
Archimedes principle
O351.1
　　S 力学原理*
　　C 浮力

阿克西尔罗德-泰勒-莫托力
　　Y 范德华力

阿秒
attosecond
TB939
　　D 阿托秒
　　S 时间单位*

阿秒脉冲
attosecond pulse
TN78
　　D 孤立阿秒脉冲
　　S 超短激光脉冲
　　Z 脉冲

阿佩尔方程
　　Y Appell 方程

阿特午德机
　　Y 阿特伍德机

阿特午机

主　表　43

　　Y 阿特伍德机

阿特伍德机
Atwood machine
O4-33
　　D 阿特午德机
　　　阿特午机
　　S 试验设备
　　Z 测试设备

阿托秒
　　Y 阿秒

埃尔温·薛定谔
　　Y 薛定谔

埃克曼边界层
　　Y 过渡层

埃克曼层
　　Y 过渡层

埃克曼尺度高度
　　Y 过渡层

埃克曼数
　　Y 过渡层

埃克特数
Eckert number
O303
　　S 无量纲数*

艾森型流体
　　Y 非牛顿流体

艾托克生循环
　　Y 热力学循环

爱丁顿光度
Eddington luminosity
O432.2；P14；P161
　　D 爱丁顿极限
　　S 光度
　　Z 光学参数

爱丁顿极限
　　Y 爱丁顿光度

爱因斯坦
Albert Einstein
O4-09；O41
　　D 阿尔伯特·爱因斯坦
　　S 物理学家*
　　C 相对论

爱因斯坦场方程
Einstein field equation
O41
　　D Einstein 场方程
　　　Einstein 场方程公式
　　　Einstein 场方程式
　　　Einstein 场方程组
　　　Einstein 场方程组式
　　　Einstein 场公式
　　　Einstein 场关系式
　　　Einstein 引力场方程
　　　Einstein 引力场方程公式
　　　Einstein 引力场方程式
　　　Einstein 引力场方程组
　　　Einstein 引力场方程组式

　　　Einstein 引力场公式
　　　Einstein 引力场关系式
　　　爱因斯坦场方程公式
　　　爱因斯坦场方程式
　　　爱因斯坦场方程组
　　　爱因斯坦场方程组式
　　　爱因斯坦场公式
　　　爱因斯坦场关系式
　　　爱因斯坦引力场方程
　　　爱因斯坦引力场方程公式
　　　爱因斯坦引力场方程式
　　　爱因斯坦引力场方程组
　　　爱因斯坦引力场方程组式
　　　爱因斯坦引力场公式
　　　爱因斯坦引力场关系式
　　　引力场方程
　　　引力场方程公式
　　　引力场方程式
　　　引力场方程组
　　　引力场方程组式
　　　引力场公式
　　　引力场关系式
　　S 爱因斯坦方程
　　　场方程
　　C 史瓦西度规　→(4)
　　　统一场论
　　　引力场
　　Z 物理方程

爱因斯坦场方程公式
　　Y 爱因斯坦场方程

爱因斯坦场方程式
　　Y 爱因斯坦场方程

爱因斯坦场方程组
　　Y 爱因斯坦场方程

爱因斯坦场方程组式
　　Y 爱因斯坦场方程

爱因斯坦场公式
　　Y 爱因斯坦场方程

爱因斯坦场关系式
　　Y 爱因斯坦场方程

爱因斯坦方程
Einstein equation
O41
　　D Einstein 方程
　　　Einstein 方程式
　　　Einstein 方程组
　　　Einstein 方程组式
　　　Einstein 公式
　　　爱因斯坦方程公式
　　　爱因斯坦方程式
　　　爱因斯坦方程组
　　　爱因斯坦方程组式
　　　爱因斯坦公式
　　　爱因斯坦关系式
　　　质能方程
　　　质能方程公式
　　　质能方程式
　　　质能方程组
　　　质能方程组式
　　　质能公式
　　　质能关系方程
　　　质能关系方程式

　　　质能关系公式
　　　质能关系式
　　S 物理方程*
　　F 爱因斯坦方程
　　　爱因斯坦光电方程
　　　爱因斯坦-麦克斯韦方程
　　　德布罗意方程
　　C 广义相对论
　　　总能量守恒

爱因斯坦方程公式
　　Y 爱因斯坦方程

爱因斯坦方程式
　　Y 爱因斯坦方程

爱因斯坦方程组
　　Y 爱因斯坦方程

爱因斯坦方程组式
　　Y 爱因斯坦方程

爱因斯坦公式
　　Y 爱因斯坦方程

爱因斯坦关系
Einstein relation
O412.1
　　S 质能关系
　　Z 物理理论

爱因斯坦关系式
　　Y 爱因斯坦方程

爱因斯坦光电方程
Einstein photoelectric equation
O41
　　D Einstein 光电方程
　　　Einstein 光电方程公式
　　　Einstein 光电方程式
　　　Einstein 光电方程组
　　　Einstein 光电方程组式
　　　Einstein 光电公式
　　　Einstein 光电关系式
　　　Einstein 光电效应方程
　　　Einstein 光电效应方程公式
　　　Einstein 光电效应方程式
　　　Einstein 光电效应方程组
　　　Einstein 光电效应方程组式
　　　Einstein 光电效应公式
　　　Einstein 光电效应关系式
　　　爱因斯坦光电方程公式
　　　爱因斯坦光电方程式
　　　爱因斯坦光电公式
　　　爱因斯坦光电关系式
　　　爱因斯坦光电效应方程
　　　爱因斯坦光电效应方程公式
　　　爱因斯坦光电效应方程式
　　　爱因斯坦光电效应公式
　　　爱因斯坦光电效应关系式
　　S 爱因斯坦方程
　　Z 物理方程

爱因斯坦光电方程公式
　　Y 爱因斯坦光电方程

爱因斯坦光电方程式
　　Y 爱因斯坦光电方程

爱因斯坦光电公式

Y 爱因斯坦光电方程

爱因斯坦光电关系式
Y 爱因斯坦光电方程

爱因斯坦光电效应方程
Y 爱因斯坦光电方程

爱因斯坦光电效应方程公式
Y 爱因斯坦光电方程

爱因斯坦光电效应方程式
Y 爱因斯坦光电方程

爱因斯坦光电效应公式
Y 爱因斯坦光电方程

爱因斯坦光电效应关系式
Y 爱因斯坦光电方程

爱因斯坦空间
Einstein space
O412.1
  S 空间*
  C 全脐超曲面 →(1)

爱因斯坦-麦克斯韦方程
Einstein-Maxwell equation
O441
  D Einstein-Maxwell 方程
    Einstein-Maxwell 方程公式
    Einstein-Maxwell 方程式
    Einstein-Maxwell 公式
    Einstein-Maxwell 关系式
    爱因斯坦-麦克斯韦方程公式
    爱因斯坦-麦克斯韦方程式
    爱因斯坦-麦克斯韦公式
    爱因斯坦-麦克斯韦关系式
  S 爱因斯坦方程
    麦克斯韦方程
  Z 方程(数学)
    物理方程

爱因斯坦-麦克斯韦方程公式
Y 爱因斯坦-麦克斯韦方程

爱因斯坦-麦克斯韦方程式
Y 爱因斯坦-麦克斯韦方程

爱因斯坦-麦克斯韦公式
Y 爱因斯坦-麦克斯韦方程

爱因斯坦-麦克斯韦关系式
Y 爱因斯坦-麦克斯韦方程

爱因斯坦凝聚
Einstein condensation
O469
  S 凝聚*
  F 玻色-爱因斯坦凝聚

爱因斯坦系数
Einstein cofficient
O432
  S 辐射系数
  Z 辐射参数

爱因斯坦相对论
Y 相对论

爱因斯坦-薛定谔理论
Y 统一场论

爱因斯坦延缓
Y 时间膨胀

爱因斯坦引力场方程
Y 爱因斯坦场方程

爱因斯坦引力场方程公式
Y 爱因斯坦场方程

爱因斯坦引力场方程式
Y 爱因斯坦场方程

爱因斯坦引力场方程组
Y 爱因斯坦场方程

爱因斯坦引力场方程组式
Y 爱因斯坦场方程

爱因斯坦引力场公式
Y 爱因斯坦场方程

爱因斯坦引力场关系式
Y 爱因斯坦场方程

爱因斯坦引力理论
Y 广义相对论

安德森定域
Y 安德森定域化

安德森定域化
Anderson localization
O73
  D 安德森定域
  S 定域化*

安德森模型
Y Anderson 模型

安定理论
Y 安定性理论

安定性
Y 稳定性

安定性分析
Y 稳定性分析

安定性理论
shake-down theory
O344.1
  D 安定理论
  S 塑性形变理论
  Z 力学理论

安定状态
Y 稳定

安培
Ampere
O441.1
  S 计量单位*

安培电流
Y 分子电流

安培定律
Y 右手螺旋定则

安培定则
Y 右手螺旋定则

安培环路定理
Ampere circuital theorem
O441
  D 安培环路定律
  S 环路定理
  Z 物理定理

安培环路定律
Y 安培环路定理

安培力
Ampere force
O441.1
  S 力*

安培力做功
the work of ampere force
O31
  S 功*

安全工作压力
Y 设计压力

安全工作应力
Y 许用应力

安全流变
safety rheology
O37
  S 流变*

安全容许应力
Y 许用应力

安全许用应力
Y 许用应力

氨热法
ammonothermal method
O78
  S 熔体生长法
  Z 晶体生长方法

氨水团簇
ammonia-water clusters
O561
  S 团簇*

暗场
Y 暗视场

暗场成像
dark-field imaging
O46
  S 成像*

暗电导
dark conductivity
O47
  S 电导
  Z 导纳

暗电导率
dark conductivity
O441.1
  S 电导率
  Z 物理参数

暗电流
dark current
O441.1; O482.7
  S 光电流
  Z 电流

暗孤子
dark solitons
O415
　　S 孤子*

暗色指数
　　Y 色指数

暗视场
dark field
O435；P111.3
　　D 暗场
　　S 视场*

暗态
dark-state
O469
　　S 状态*

暗中空光束
　　Y 空心光束

凹镜
　　Y 凹面镜

凹面光栅单色仪
concave grating monochromaters
TH74
　　S 光栅单色仪
　　Z 单色仪

凹面镜
concave mirror
TH74
　　D 凹镜
　　S 光学元件*
　　C 球面镜

凹缺效应
　　Y 应力集中效应

凹透镜
concave lens
TH74
　　D 负透镜
　　S 透镜
　　F 平凹透镜
　　　　双凹透镜
　　Z 光学元件

凹陷
　　F 半圆形凹陷
　　　　局部凹陷

奥-高公式
　　Y 高斯公式

奥氏体晶界
austenite grain boundary
O763
　　S 晶界*

奥氏体再结晶
austenite recrystallization
O783
　　D 奥氏体再结晶模型
　　S 再结晶
　　Z 结晶

奥氏体再结晶模型
　　Y 奥氏体再结晶

奥托循环
　　Y 热力学循环

奥辛流
Oseen flow
O351.2
　　S 流体流*

奥伊洛特模型
Oldroyd model
O35
　　S 流体力学模型
　　Z 力学模型

奥拟高公式
　　Y 高斯公式

八极振动
octupole vibration
O571.21
　　S 振动*

八面体
octahedron
O71
　　S 几何体*

八面体剪应变
　　Y 剪应变

八面体剪应力
octahedral shear stress
O343.4
　　S 八面体应力
　　　　剪应力
　　Z 应力

八面体剪应力塑性条件
octahedral shearing-stress plasticity conditions
O344.1
　　D 米赛西-汉基屈服条件
　　S 塑性条件
　　Z 力学条件

八面体空隙
octahedral interstice
O742
　　S 空隙*

八面体应变
　　Y 剪应变

八面体应力
octahedral stress
O343.4
　　S 应力*
　　F 八面体剪应力

巴比涅理论
　　Y 巴比涅原理

巴比涅原理
Babinet principle
O436.1
　　D 巴比涅理论
　　　　巴俾涅理论
　　　　巴俾涅原理
　　S 光学理论*

巴俾涅理论
　　Y 巴比涅原理

巴俾涅原理
　　Y 巴比涅原理

巴丁-赫林位错源
　　Y 巴丁-赫林源

巴丁-赫林源
Bardeen-Herring dislocation source
O772
　　D 巴丁-赫林位错源
　　S 位错源*

巴丁-库珀-施里弗理论
BCS theory
O511.2
　　D Bardeen-cooper-schrieffer 理论
　　　　BCS 理论
　　S 超导理论*
　　C 超导性
　　　　库珀对

巴克豪森效应
Barkhausen effect
O737
　　D Barkhausen 跳跃
　　　　Barkhausen 突变
　　　　Barkhausen 效应
　　　　巴克好森效应
　　S 磁场效应*
　　C 电介质极化

巴克好森效应
　　Y 巴克豪森效应

巴涅曼不稳定性
　　Y 等离子体不稳定性

巴塞特力
Basset force
O351.2
　　D Basset 力
　　S 力*

巴西实验
　　Y 劈裂试验

巴西试验
　　Y 劈裂试验

巴西圆盘
Brazilian disk
O34
　　C 动态劈裂试验

拔长
　　Y 延伸

靶场测量
range measurement
O315
　　D 靶场测试
　　S 弹道测量*
　　F 下靶场测量

靶场测试
　　Y 靶场测量

靶场控制
　　Y 弹道控制

靶核

target nucleus
O571.21
 S 原子核*

白宝石单晶
 Y 白宝石晶体

白宝石单晶体
 Y 白宝石晶体

白宝石晶体
white gemstone crystal
O71
 D 白宝石单晶
  白宝石单晶体
 S 宝石晶体
 Z 晶体

白脆
white brittleness
O344.3
 S 脆性
 Z 材料性能

白度
whiteness
O432.3
 S 色度
 Z 光学参数

白度计
whiteness meter
TH74
 S 颜色测量仪器
 Z 测量仪器

白光
white light
O431.1；O432.3
 S 单色光
 C 白光光源
  白光信息处理
 Z 光

白光发射
white light emission
O432.1
 S 光发射
 Z 发射

白光干涉
white light interferometry
O436.1
 D 白光干涉术
 S 光学干涉*

白光干涉术
 Y 白光干涉

白光光源
white-light source
O432.1
 D 白色光源
 S 冷光源
 C 白光
 Z 光源

白光全息术
white-light holography
O438.1
 D 体积全息
  体全息
 S 光学全息
 C 白光全息图
 Z 全息术

白光全息图
white-light hologram
O438.1
 D 体积全息图
  体全息图
 S 全息图*
 C 白光全息术

白光散斑
white light speckle
O432.12
 S 散斑*

白光散斑法
white-light speckle method
O348.1；O436.1
 S 散斑干涉术
 Z 光学测量

白光信息处理
white-light information processing
O438
 S 光学信息处理
 C 白光
 Z 信息处理

白金汉势
 Y Buckingham 势

白金汉势（6-指数）
 Y Buckingham 势

白色发光
white luminescence
O432.1
 S 发光*

白色光源
 Y 白光光源

白色有机电致发光
white organic electroluminescence
O436.4
 S 有机电致发光
 Z 发光

白色噪音
 Y 白噪声

白托明循环
 Y 热力学循环

白噪声
white noise
TN911.4
 D 白色噪音
  白噪音
 S 随机噪声*
 F Gauss 白噪声
  加性白噪声
  散粒噪声
 C 有色噪声 →(4)

白噪音
 Y 白噪声

百度温标
 Y 摄氏温标

百分标
 Y 摄氏温标

百分度温标
 Y 摄氏温标

百分温标
 Y 摄氏温标

百分温标刻度
 Y 摄氏温标

柏氏矢量
Burgers vector
O772
 D 伯格斯矢
  伯格斯矢量
  伯氏矢量
  布格向量
 S 向量*
 C 螺旋位错
  位错

摆*
pendulum
O314
 F 补偿摆
  冲击摆
  垂直摆
  单摆
  弹簧摆
  倒摆
  等时摆
  复摆
  傅科摆
  混沌摆
  扭摆
  耦合摆
  球面摆
  三线摆
  石英摆
  双摆
  水平摆
  陀螺摆
  椭圆摆
  圆锥摆
  运动摆
  重力摆
 C 振荡

摆长
pendulum length
O318
 S 长度*
 F 等值摆长

摆动
swing
O311
 D 摆动现象
  相位摆动
  摇摆运动
 S 运动*
 C 倒摆

摆动理论（外弹道学）

Y 刚体弹道学

摆动力偶
　　Y 力偶

摆动体
　　Y 刚体

摆动现象
　　Y 摆动

摆动振幅
　　Y 振幅

摆动周期
swing period
O311
　　S 运动周期
　　Z 周期

摆动阻尼
　　Y 减振

摆幅
　　Y 振幅

摆式陀螺
　　Y 陀螺摆

摆式陀螺仪
　　Y 陀螺摆

摆振
shimmy
O327
　　S 结构振动
　　C 挥舞
　　Z 振动

斑点成像
speckle imaging
O4
　　S 成像*

斑点干涉测量
　　Y 散斑干涉术

斑纹
　　Y 散斑

斑纹干涉
　　Y 散斑干涉术

坂田模型
Sakata model
O572.31
　　S 粒子模型
　　Z 物理模型

板波
plate wave
O429
　　D 声板波
　　S 声波*
　　F 兰姆波

板极
　　Y 阳极

板晶
　　Y 板状晶体

板料回弹

　　Y 弹性

板壳理论
plate shell theory
O342；O343
　　D 平板理论
　　S 壳体理论
　　F Kirchhoff 理论
　　　 Reissner 理论
　　　 弹性薄板理论
　　C 结构力学
　　　 拟壳法
　　　 平板壳单元
　　　 平板模型
　　Z 力学理论

板屈曲
plate buckling
O343.9
　　S 屈曲*

板弯曲
plate bending
O344.1
　　S 弯曲*
　　F 薄板弯曲
　　　 平板弯曲

板振动
plate vibration
O32
　　S 结构振动
　　F 圆板振动
　　Z 振动

板状晶体
tabular crystals
O76
　　D 板晶
　　　 片状晶体
　　S 晶体*
　　F 单晶

办法
　　Y 方法

半波带
half-wave zone
O43

半波电位
half-wave potential
O441.1
　　S 电位*

半波电压
half-wave voltage
TM933.2
　　S 电压*

半波宽度
half wave width
ZT2
　　S 宽度*

半波损失
half-wave loss
O436.1
　　S 光学损耗
　　Z 能量损耗

半磁半导体
　　Y 稀磁半导体

半磁性半导体
　　Y 稀磁半导体

半导体表面
semiconductor surfaces
O47；O485
　　S 表面*
　　F 硅表面

半导体薄膜*
semiconductor thin films
O47；O484
　　D 半导体膜
　　F 硅薄膜
　　　 酞菁铜薄膜
　　　 锗硅薄膜
　　C 光伏效应

半导体超点阵
　　Y 半导体超晶格

半导体超晶格
semiconductor superlattice
O47；O712
　　D 半导体超点阵
　　S 超晶格
　　C 多量子阱
　　　 量子霍尔效应
　　Z 晶格

半导体单晶
monocrystalline semiconductor
O738
　　D 半导体单晶材料
　　　 单晶半导体
　　　 单晶半导体材料
　　S 单晶
　　F 单晶硅
　　　 砷化镓单晶
　　　 碳化硅单晶
　　　 硒化镉单晶
　　　 硒化锌单晶
　　　 锗单晶
　　C 非晶半导体
　　Z 晶体

半导体单晶材料
　　Y 半导体单晶

半导体等离子体
　　Y 电子-空穴等离子体

半导体电子学
semiconductor electronics
O471
　　S 固体电子学
　　F 半导体自旋电子学
　　Z 电子学

半导体激光吸收光谱
diode laser absorption spectroscopy
O433.51
　　S 激光吸收光谱
　　F 可调谐半导体激光吸收光谱
　　Z 光谱

半导体结*

semiconductor junctions
O475
　F　PN 结
　　　隧道结
　　　同质结
　　　异质结
　C　半导体物理学

半导体界面
semiconductor interface
O47
　S　固体界面*
　F　反型层

半导体-金属界面
semiconductor-metal boundaries
O472
　D　金属-半导体边界
　S　固-固界面
　C　肖特基势垒
　Z　相界面

半导体-金属转变
　Y　金属-半导体转变

半导体晶片
semiconductor wafer
O799
　S　晶片
　Z　晶体学应用

半导体晶体
semiconductor crystal
O738
　D　晶体半导体
　S　晶体*
　F　半导体纳米晶
　　　碲镉汞晶体
　　　碲锌镉晶体
　　　硅晶体
　　　砷化镓晶体
　　　碳化硅晶体
　　　硒化锌晶体
　　　锗晶体

半导体-绝缘体界面
semiconductor-insulator boundaries
O472
　D　绝缘体-半导体界面
　S　固-固界面
　Z　相界面

半导体科学
　Y　半导体物理学

半导体量子点
semiconductor quantum dots
O413.2
　S　量子点
　Z　势阱

半导体量子阱
　Y　量子阱

半导体膜
　Y　半导体薄膜

半导体纳米材料
semiconductor nanomaterial
TB383；TN304

　D　半导体纳米颗粒
　　　半导体纳米粒子
　　　纳米半导体
　S　纳米材料*
　F　半导体纳米晶
　C　金属纳米材料 →(3)
　　　纳米硅 →(3)

半导体纳米晶
semiconductor nanocrystals
O799
　D　半导体纳米晶体
　S　半导体晶体
　　　半导体纳米材料
　　　纳米晶
　F　纳米晶硅
　Z　晶体
　　　纳米材料

半导体纳米晶体
　Y　半导体纳米晶

半导体纳米颗粒
　Y　半导体纳米材料

半导体纳米粒子
　Y　半导体纳米材料

半导体缺陷
semiconductor defects
O771
　S　晶体缺陷*
　F　复合中心
　　　深能级缺陷
　　　受主
　　　肖特基缺陷
　C　半导体陷阱

半导体同质结
　Y　同质结

半导体物理
　Y　半导体物理学

半导体物理学
semiconductor physics
O47
　D　半导体科学
　　　半导体物理
　S　固体物理学
　C　半导体结
　　　半导体陷阱
　　　低维纳米材料 →(3)
　Z　物理学

半导体陷阱
semiconductor trap
O471
　S　陷阱*
　F　电子陷阱
　　　界面陷阱
　　　空穴陷阱
　　　深能级陷阱
　C　半导体缺陷
　　　半导体物理学

半导体异质结
　Y　异质结

半导体应变计

semiconductor strain gage
TH823.3
　S　应变计
　Z　测量仪器

半导体自旋电子学
semiconductor spintronics
O471
　S　半导体电子学
　Z　电子学

半俄歇过程
　Y　俄歇效应

半高宽
full width at half maximum
ZT3
　S　宽度*

半功率带宽法
half-power bandwidth method
O32
　S　振动分析方法
　Z　力学方法

半共格界面
semi-coherent interface
O763
　S　共格晶界
　Z　晶界

半固态
semi-solid state
O482
　S　固态
　Z　物态

半解析法
semi-analytical method
O342
　S　数学方法*
　C　解析解 →(1)

半经典法
　Y　半经典方法

半经典方法
semiclassical approach
O414.2
　D　半经典法
　　　半经典极限
　　　半经典计算
　S　物理法*

半经典极限
　Y　半经典方法

半经典计算
　Y　半经典方法

半经典理论
semiclassical theory
O432.12
　S　激光理论
　Z　光学理论

半经验理论
semi-empirical theory
ZT0
　S　理论*

半径*
radius
O182
　F　初始半径
　　　回转半径
　　　曲率半径

半径测量
　Y　直径测量

半径光度
radius-luminosity relation
O432.2；P141
　D　光径关系
　S　光度
　Z　光学参数

半空间
half space
TU4
　D　半空间分析
　　　半空间问题
　　　半宇
　S　空间*
　F　半无限空间
　　　饱和半空间
　C　半平面　→(1)
　　　刚体
　　　逆散射问题

半空间分析
　Y　半空间

半空间问题
　Y　半空间

半流体
　Y　准流体

半流质
　Y　准流体

半模型
half model
O354
　D　半锥体
　S　气动模型
　Z　力学模型

半逆解法
semi-inverse method
O342
　S　力学方法*

半抛物量子阱
semi-parabolic quantum well
O413.2
　S　量子阱
　Z　势阱

半频振动
half frequency vibration
O32
　S　振动*
　C　油膜振荡

半实物仿真
　Y　半物理仿真

半实物仿真法
　Y　半物理仿真

半实物仿真方法
　Y　半物理仿真

半实物仿真过程
　Y　半物理仿真

半实物仿真实验
　Y　半物理仿真

半实物仿真实验法
　Y　半物理仿真

半实物仿真实验方法
　Y　半物理仿真

半实物仿真实验过程
　Y　半物理仿真

半实物模拟
　Y　半物理仿真

半实物模拟法
　Y　半物理仿真

半实物模拟方法
　Y　半物理仿真

半实物模拟过程
　Y　半物理仿真

半实物模拟实验法
　Y　半物理仿真

半实物模拟实验方法
　Y　半物理仿真

半实物模拟实验过程
　Y　半物理仿真

半衰期
half-life
O571
　D　半衰期($t_{1/2}$)
　　　放射性有效半减期
　S　周期*
　C　寿命

半衰期($t_{1/2}$)
　Y　半衰期

半透明流体
semi-transparent fluid
O351
　S　流体*

半椭圆表面裂纹
semi-elliptical surface crack
O346.1
　S　表面裂纹
　Z　裂纹

半无限空间
semi-infinite space
O342
　S　半空间
　Z　空间

半无限裂纹
semi-infinite crack
O346.1
　S　裂纹*

半无限弹性体
　Y　半无限体

半无限体
semi-infinite body
O326
　D　半无限弹性体
　　　弹性半无限体
　S　物体*

半物理仿真
semi-physical simulation
O411.3
　D　半实物仿真
　　　半实物仿真法
　　　半实物仿真方法
　　　半实物仿真过程
　　　半实物仿真实验
　　　半实物仿真实验法
　　　半实物仿真实验方法
　　　半实物仿真实验过程
　　　半实物模拟
　　　半实物模拟法
　　　半实物模拟方法
　　　半实物模拟过程
　　　半实物模拟实验法
　　　半实物模拟实验方法
　　　半实物模拟实验过程
　　　半物理仿真法
　　　半物理仿真方法
　　　半物理仿真过程
　　　半物理仿真实验
　　　半物理仿真实验法
　　　半物理仿真实验方法
　　　半物理仿真实验过程
　　　半物理模拟
　　　半物理模拟法
　　　半物理模拟方法
　　　半物理模拟过程
　　　半物理模拟实验
　　　半物理模拟实验法
　　　半物理模拟实验方法
　　　半物理模拟实验过程
　　　物理数学仿真
　S　物理模拟*

半物理仿真法
　Y　半物理仿真

半物理仿真方法
　Y　半物理仿真

半物理仿真过程
　Y　半物理仿真

半物理仿真实验
　Y　半物理仿真

半物理仿真实验法
　Y　半物理仿真

半物理仿真实验方法
　Y　半物理仿真

半物理仿真实验过程
　Y　半物理仿真

半物理仿真试验
　Y　半物理模拟试验

半物理模拟

半物理仿真
    Y 半物理仿真

半物理模拟法
    Y 半物理仿真

半物理模拟方法
    Y 半物理仿真

半物理模拟过程
    Y 半物理仿真

半物理模拟实验
    Y 半物理仿真

半物理模拟实验法
    Y 半物理仿真

半物理模拟实验方法
    Y 半物理仿真

半物理模拟实验过程
    Y 半物理仿真

半物理模拟试验
semi-physical simulation experiment
O4-33
    D 半物理仿真试验
    S 物理模拟试验
    Z 科学实验
       试验

半限制射流
    Y 有界射流

半液态
    Y 准流体

半影成像
penumbral imaging
O4
    S 成像*
    F 中子半影成像

半永久性低压
    Y 低气压

半宇
    Y 半空间

半圆形凹陷
semi circular depression
O346
    S 凹陷*

半正弦脉冲
half-sine pulse
O32
    S 脉冲（力学）*

半直线
    Y 射线

半主动振动控制
semi-active vibration control
O328
    S 振动控制
    Z 控制

半锥体
    Y 半模型

伴流场
stern flow field
O353.3
    S 流场*

伴生力
    Y 随从力

伴随变量方法
adjoint variable method
O313
    S 力学方法*
    C 多体系统动力学

伴线
satellite line
O433.3
    D 伴线结构
       光栅伴线
       卫线
    S 谱线*
    F 双电子伴线

伴线结构
    Y 伴线

棒晶
rod-like crystal
O799
    D 晶棒
    S 晶体材料*

棒透镜
rod lens
TH74
    S 自聚焦透镜
    Z 光学元件

棒形分子液晶
    Y 棒状液晶

棒形液晶
    Y 棒状液晶

棒状液晶
rodic liquid crystal
O753.2
    D 棒形分子液晶
       棒形液晶
    S 液晶*

包晶
peritectic
O79
    D 包晶体
    S 晶体*
    C 包晶相变

包晶反应
    Y 包晶相变

包晶体
    Y 包晶

包晶相变
peritectic transformation
O792
    D 包晶反应
       包晶转变
    S 等温相变
    C 包晶
    Z 晶体相变

包晶转变
    Y 包晶相变

包氏效应
    Y 包辛格效应

包辛格效应
Bauschinger effect
O344
    D 包氏效应
    S 力学效应*
    C 残余应力
       抗压强度
       裂纹
       内应力
       疲劳

胞格尺寸
cell size
O381
    S 尺寸*

胞格结构
    Y 胞状结构

胞晶
cellular crystal
O78
    D 胞状晶
    S 晶体*

胞状构造
    Y 胞状结构

胞状结构
cellular structure
O76
    D 胞格结构
       胞状构造
       晶胞构造
       晶胞结构
       晶胞状构造
       晶胞状结构
       晶体胞状构造
       晶体胞状结构
    S 晶体结构*

胞状晶
    Y 胞晶

胞状生长
cellular growth
O78
    D 分格生长
    S 晶体生长*

薄板弯曲
thin plate bending
O344.1
    S 板弯曲
    Z 弯曲

薄层厚度
thin-layer thickness
TB92
    S 厚度*

薄膜*
thin film
O484

主　表　51

　　　D 薄膜材料
　　　　　膜
　　　F 超薄薄膜
　　　　　磁性颗粒膜
　　　　　单层膜
　　　　　单分子膜
　　　　　弹性薄膜
　　　　　等离子体聚合膜
　　　　　低辐射薄膜
　　　　　电聚合膜
　　　　　多层薄膜
　　　　　分光膜
　　　　　复合膜
　　　　　固体薄膜
　　　　　混合膜
　　　　　摩擦膜
　　　　　腔面膜
　　　　　双极膜
　　　　　透明导电薄膜
　　　　　外延薄膜
　　　　　相变薄膜
　　　　　硬质薄膜
　　　　　阵列膜
　　　　　自支撑薄膜
　　　C 薄膜测量
　　　　　薄膜物理学
　　　　　外延层

薄膜表面
film surface
O484
　　　S 固体表面
　　　Z 表面

薄膜材料
　　　Y 薄膜

薄膜参数
thin film parameters
O484.5
　　　S 参数*
　　　C 薄膜厚度

薄膜参数测量
　　　Y 薄膜测量

薄膜测量
film measurement
O484.5
　　　D 薄膜参数测量
　　　S 物理测量*
　　　F 膜厚测量
　　　C 薄膜
　　　　　薄膜分析
　　　　　薄膜结构

薄膜成分
film component
O484
　　　S 组分*

薄膜电位
　　　Y 膜电位

薄膜电致发光
thin film electroluminescence
O436.4
　　　S 电致发光
　　　F 厚膜介质电致发光

　　　　　有机薄膜电致发光
　　　Z 发光

薄膜沸腾
film boiling
O484
　　　S 沸腾*

薄膜分析
film analysis
O484.5
　　　S 物理分析*
　　　C 薄膜测量
　　　　　薄膜物理学

薄膜干涉
film interference
O484.4
　　　S 光学干涉*
　　　F 等厚干涉
　　　　　等倾干涉
　　　　　牛顿环

薄膜光学
thin film optics
O436；O484.4
　　　S 光学*

薄膜厚度
film thickness
O484.5
　　　D 膜厚
　　　　　膜厚度
　　　S 厚度*
　　　C 薄膜参数
　　　　　薄膜生长
　　　　　膜厚测量

薄膜厚度测量
　　　Y 膜厚测量

薄膜厚度均匀性
　　　Y 膜厚均匀性

薄膜-基底结构
film-basement structure
O484.1
　　　S 薄膜结构
　　　Z 固体结构

薄膜结构
film structure
O484.1
　　　D 膜系结构
　　　S 固体结构*
　　　F 薄膜-基底结构
　　　　　多层膜结构
　　　　　膜层
　　　C 薄膜测量
　　　　　薄膜生长

薄膜晶体
film crystal
O731
　　　S 晶体*

薄膜均匀性
film uniformity
O484.5
　　　S 薄膜性质

　　　　　特性*
　　　F 膜厚均匀性
　　　Z 物理性质

薄膜理论
film theory
O484
　　　S 物理理论*
　　　C 薄膜物理学
　　　　　结构分析

薄膜力
　　　Y 膜力

薄膜流动
film flow
O351.2；O357
　　　D 液体薄膜流动
　　　S 流动*

薄膜缺陷*
film defect
O484.4
　　　F 节瘤缺陷
　　　　　晶点

薄膜生长*
thin film growth
O484.1
　　　D 薄膜生长法
　　　　　薄膜生长方法
　　　F 薄膜外延生长
　　　　　超薄膜生长
　　　　　岛状生长
　　　　　低温生长
　　　　　分形生长
　　　C 薄膜厚度
　　　　　薄膜结构
　　　　　薄膜性质

薄膜生长法
　　　Y 薄膜生长

薄膜生长方法
　　　Y 薄膜生长

薄膜特性
　　　Y 薄膜性质

薄膜外延
thin film epitaxy
O484.1
　　　S 外延*
　　　F 固相外延
　　　　　热壁外延
　　　　　原子层外延

薄膜外延生长
thin film epitaxy growth
O484.1；O782
　　　S 薄膜生长*
　　　　　外延生长
　　　F 离子束外延法
　　　　　热壁外延生长
　　　Z 晶体生长方法

薄膜物理学
thin film physics
O484
　　　S 固体物理学

C 薄膜
　　薄膜分析
　　薄膜理论
Z 物理学

薄膜性质
film characteristics
O484.4
D 薄膜特性
S 物理性质*
F 薄膜均匀性
C 薄膜生长

薄膜应力
membrane stress
O343；O484.5
S 应力*
C 膜力

薄透镜
thin lens
TH74
S 透镜
F 薄凸透镜
C 折射式光学系统
Z 光学元件

薄凸透镜
thin convex lens
TH74
S 薄透镜
Z 光学元件

饱和半空间
saturated half space
TU4
S 半空间
C 饱和群系 →(1)
Z 空间

饱和磁化强度
saturation magnetization
O482.51
D 磁饱和度
　　自发磁化强度
S 磁化强度
F 高饱和磁化强度
Z 磁参数

饱和磁矩
saturation magnetic moment
O441.2
S 磁矩*

饱和磁通密度
saturation flux density
O441
S 磁感应强度
C 剩余磁通密度
Z 磁参数

饱和电流
saturation currents
O441.1
S 电流*
F 反向饱和电流

饱和电压
saturation voltage
TM933.2

S 电压*

饱和度*
degree of saturation
ZT72
D 饱和指数
　　不饱和度
　　平衡饱和度
　　平均饱和度
F 过饱和度
　　色彩饱和度
C 饱和 →(3)
　　两相系统

饱和多孔介质
saturated porous media
O357.3
S 多孔介质
F 流体饱和多孔介质
Z 力学介质

饱和非线性
saturation nonlinearity
O411
S 数学性质*

饱和极化强度
saturated polarization
O48
S 极化强度
Z 电磁参量

饱和绝热过程
Y 绝热过程

饱和气体
saturated gas
O354；O642
S 气体*

饱和渗流
saturated flow
O357.3
D 不饱和渗流
S 渗流
C 饱和带 →(4)
　　过渡带 →(1)
Z 流体流

饱和吸收
saturated absorption
O436.2
S 非线性吸收
C 光谱烧孔
Z 光吸收

饱和吸收光谱
saturated absorption spectroscopy
O433.51
S 吸收光谱*

饱和吸收光谱法
Y 吸收光谱分析

饱和效应
saturation effect
O552.4
S 化学性质*

饱和压力

saturation pressure
O351
D 泡点压力
　　起泡压力
　　蒸汽饱和压力
S 压力*
C 逸度

饱和增益
saturated gain
O431.1
S 光增益
Z 增益

饱和蒸气压
saturated vapor pressure
TH4
D 过饱和蒸气压
S 蒸汽压力
Z 压力

饱和蒸汽压
Y 蒸汽压力

饱和指数
Y 饱和度

宝光
Y 佛光

宝光环
Y 佛光

宝石*
gem
P578
D 宝石材料
　　宝石矿物
　　宝石资源
　　天然宝石
F 天然水晶
　　烟晶
　　紫晶
C 宝石学 →(5)

宝石材料
Y 宝石

宝石晶体
gem crystal
O71
S 晶体*
F 白宝石晶体
　　红宝石晶体
　　金刚石晶体
　　蓝宝石晶体
　　钛宝石晶体

宝石矿物
Y 宝石

宝石资源
Y 宝石

保护电极
Y 屏蔽电极

保角变换
conformal transformation
O174.51；O41
D 保形变换

主 表 53

  共形变换
  正形变换
 S 数学变换*
 C 共形不变量 →(1)
  微分流形 →(1)

保守力
conservative force
O311.1
 S 力*
 F 惯性力
  中心力

保形变换
 Y 保角变换

保形几何
 Y 分形几何

保真度*
fidelity
TN91
 F 光谱保真度
  量子态保真度
  相位共轭保真度
 C 谐波畸变

保证强度
 Y 屈服强度

抱合力
 Y 粘聚力

爆高
 Y 爆炸高度

爆轰*
detonation
O381
 D 爆轰学
  爆震
 F 爆燃转爆轰
  不稳定爆轰
  超压爆轰
  冲击爆震
  定容爆轰
  非理想爆轰
  过爆轰
  滑移爆轰
  理想爆震
  两相爆轰
  气体爆轰
  强爆轰
  弱爆轰
  稳定爆轰
  殉爆
  云雾爆轰
 C 爆轰物理学
  爆燃 →(3)
  爆炸化学 →(3)
  爆炸抛撒
  查普曼-朱格特条件
  气相爆轰波

爆轰波
detonation wave
O382
 D 爆燃波
  爆炸波

  爆震波
 S 冲击波*
 F 气相爆轰波
  斜爆轰波
 C 爆轰物理学
  爆破地震 →(5)
  爆炸力学
  气体爆轰
  气体爆炸

爆轰波参数
 Y 爆轰参数

爆轰波传播
detonation wave propagation
O382
 S 波传播
 C 爆轰物理学
 Z 能量转移

爆轰波对碰
detonation wave collision
O382
 S 对撞
 Z 力学碰撞

爆轰波形
detonation waveform
O382
 S 波形*

爆轰参数
detonation parameters
O381
 D 爆轰波参数
  爆破参数
  爆炸参数
  爆震参数
  爆震压力
  引爆参数
 S 力学参数*
 C 爆速
  控制爆破

爆轰产物
detonation products
O381
 S 反应产物*

爆轰传播
 Y 殉爆

爆轰传递
 Y 殉爆

爆轰机理
 Y 爆轰理论

爆轰理论
detonation theory
O381
 D 爆轰机理
 S 力学理论*
 C 爆轰物理学

爆轰驱动
detonation driving
O389
 S 驱动*

爆轰实验
detonation experiment
O381
 S 力学实验
 C 爆轰物理学
 Z 科学实验

爆轰速度
 Y 爆速

爆轰温度
detonation temperature
O381
 D 爆震温度
 S 爆温
 C 爆速
 Z 温度

爆轰稳定性
detonation stability
O381
 S 动稳定性
 C 爆轰物理学
 Z 力学稳定性

爆轰物理
 Y 爆轰物理学

爆轰物理学
detonation physics
O381；O52
 D 爆轰物理
  爆炸物理学
 S 物理学*
 C 爆轰
  爆轰波
  爆轰波传播
  爆轰理论
  爆轰实验
  爆轰稳定性

爆轰学
 Y 爆轰

爆轰压
 Y 爆炸压力

爆轰压力
 Y 爆炸压力

爆力
 Y 爆炸力

爆裂耐力
 Y 爆裂强度

爆裂强度
bursting strength
O383
 D 爆裂耐力
  破裂耐力
 S 力学强度*

爆裂压力
 Y 爆炸压力

爆破*
blasting
P633.2
 D 放炮
 F 减震爆破

接触爆破
　　　控制爆破
　　　裸露爆破
　　　周边爆破
　　　组合爆破
　C 爆破试验
　　　爆炸
　　　爆炸效应
　　　掘进 →(5)

爆破参数
　Y 爆轰参数

爆破冲击波
blasting shock wave
O347.5
　S 冲击波*
　F 空气冲击波

爆破荷载
　Y 爆炸载荷

爆破机理
blast mechanism
TB41
　S 机理*
　C 人工爆破 →(5)

爆破控制
　Y 控制爆破

爆破力
　Y 爆炸效应

爆破能量
　Y 爆炸能量

爆破抛掷
blast throwing
O383
　S 爆破效应
　Z 爆炸效应

爆破强度
　Y 爆炸强度

爆破试验
blast testing
O381
　D 爆炸实验
　S 力学实验
　C 爆破
　　　爆炸时间 →(5)
　　　终点弹道学
　Z 科学实验

爆破效果
　Y 爆破效应

爆破效应
demolition effect
O383
　D 爆破效果
　　　爆破作用
　　　爆炸破坏效应
　　　爆炸破坏作用
　S 爆炸效应*
　F 爆破抛掷

爆破应力波
　Y 爆炸应力波

爆破载荷
　Y 爆炸载荷

爆破振动
blasting vibration
O382
　D 爆破震动
　　　爆炸振动
　　　爆炸震动
　S 振动*
　C 减震爆破
　　　结构响应
　　　时频特征
　　　振动速度
　　　质点峰值振动速度

爆破震动
　Y 爆破振动

爆破作用
　Y 爆破效应

爆腔
blasting cavity
O381
　C 爆炸冲击

爆燃波
　Y 爆轰波

爆燃到爆轰转变
　Y 爆燃转爆轰

爆燃转爆轰
deflagration-to-detonation transition
O381
　D 爆燃到爆轰转变
　S 爆轰*

爆生气体
　Y 爆炸气体

爆速
detonation velocity
O381
　D 爆轰速度
　　　爆炸速度
　　　爆震速度
　S 化学反应速度*
　F 定态爆速
　C 爆轰参数
　　　爆轰温度
　　　爆燃 →(3)
　　　爆温
　　　爆炸压力

爆温
explosion temperature
O381
　S 温度*
　F 爆轰温度
　C 爆速

爆压
　Y 爆炸压力

爆炸*
explosion
O38；O643.22
　D 爆炸反应
　　　爆炸分析
　F 地面爆炸
　　　地下爆炸
　　　点爆炸
　　　二次爆炸
　　　空中爆炸
　　　气体爆炸
　　　侵彻爆炸
　　　水下爆炸
　　　物理爆炸
　C 爆破
　　　爆炸力学
　　　爆炸效应
　　　爆炸性能 →(3)
　　　强冲击波
　　　自燃 →(3)

爆炸波
　Y 爆轰波

爆炸波效应
　Y 冲击波效应

爆炸参数
　Y 爆轰参数

爆炸产物
explosion product
O383
　S 反应产物*

爆炸场
explosion field
O38
　S 场（力学）*

爆炸冲击
explosion impact
O383
　D 爆炸与冲击
　S 冲击*
　F 爆炸分离冲击
　C 爆腔
　　　爆炸效应

爆炸冲击波
explosive blast
O347.5；O382
　S 冲击波*
　F 核爆炸冲击波

爆炸冲击荷载
　Y 爆炸冲击载荷

爆炸冲击载荷
explosive impact loading
O383
　D 爆炸冲击荷载
　S 爆炸载荷
　Z 荷载

爆炸穿孔
blast perforating
O383
　S 穿甲*
　C 抗侵彻

爆炸当量
explosion equivalent
O381

主 表 55

S 当量*
F TNT 当量

爆炸地震效应
  Y 地下核爆炸效应

爆炸动力学
  Y 爆炸力学

爆炸反应
  Y 爆炸

爆炸分离冲击
pyroshock
O383
  S 爆炸冲击
  Z 冲击

爆炸分析
  Y 爆炸

爆炸高度
burst height
O381
  D 爆高
    炸高
  S 高度*

爆炸合成法
shock-synthesis technique
O782
  S 物理法*

爆炸荷载
  Y 爆炸载荷

爆炸加载
  Y 爆炸载荷

爆炸减压
  Y 迅速减压

爆炸近区
explosive near zone
O38
  S 区域*

爆炸空腔
explosive cavity
O38
  S 空隙*

爆炸理论
explosion theory
O381
  S 力学理论*
  F 热爆炸理论

爆炸力
explosive force
O381
  D 爆力
    爆炸威力
  S 耗散力
  Z 力

爆炸力学
explosion mechanics
O38
  D 爆炸动力学
    爆炸气体动力学

  S 力学*
  F 计算爆炸力学
  C 爆轰波
    爆炸
    爆炸效应
    冲击波
    穿甲力学
    侵彻爆炸

爆炸流场
explosive flow field
O38
  S 流场*

爆炸模拟
explosion modeling
O38
  D 爆炸模型
    炸药模拟物
  S 力学模拟*

爆炸模型
  Y 爆炸模拟

爆炸能
  Y 爆炸能量

爆炸能量
explosion energy
O381
  D 爆破能量
    爆炸能
    炸药能量
  S 能量*
  F 临界起爆能量

爆炸抛撒
explosive dispersal
O383
  C 爆轰

爆炸破坏效应
  Y 爆破效应

爆炸破坏作用
  Y 爆破效应

爆炸气浪
  Y 热浪

爆炸气泡
explosion bubble
O351.2；O383；P733
  S 气泡*
  F 水下爆炸气泡

爆炸气体
explosive gas
O38；O643.22
  D 爆生气体
    爆炸性气体
    可爆气体
  S 化学气体*

爆炸气体动力学
  Y 爆炸力学

爆炸强度
explosion intensity
O346；O383
  D 爆破强度

    炸药威力
  S 力学强度*
  C 爆炸效应

爆炸杀伤效果
  Y 爆炸效应

爆炸杀伤效应
  Y 爆炸效应

爆炸实验
  Y 爆破试验

爆炸速度
  Y 爆速

爆炸威力
  Y 爆炸力

爆炸物理学
  Y 爆轰物理学

爆炸效果
  Y 爆炸效应

爆炸效应*
explosion effect
O383
  D 爆破力
    爆炸杀伤效果
    爆炸杀伤效应
    爆炸效果
    爆炸作用
  F 爆破效应
    冲击波效应
    核爆炸效应
    空腔效应
    烟火效应
  C 爆破
    爆炸
    爆炸冲击
    爆炸力学
    爆炸强度
    激波
    气球 →(4)
    振动

爆炸性气体
  Y 爆炸气体

爆炸压力
explosion pressure
O38；O643.22
  D 爆轰压
    爆轰压力
    爆裂压力
    爆压
  S 压力*
  C 爆速
    燃烧速度 →(3)
    压力重叠

爆炸抑制
explosion suppression
O38

爆炸应力波
explosion stress wave
O347.4
  D 爆破应力波

爆炸与冲击
　　Y 爆炸冲击

爆炸载荷
blast load
O38
　　D 爆破荷载
　　　爆破载荷
　　　爆炸荷载
　　　爆炸加载
　　　爆震载荷
　　S 动载荷
　　F 爆炸冲击载荷
　　C 动焦散线
　　　动压
　　　激波
　　　空中爆炸
　　　压力脉冲
　　Z 荷载

爆炸振动
　　Y 爆破振动

爆炸震动
　　Y 爆破振动

爆炸作用
　　Y 爆炸效应

爆震
　　Y 爆轰

爆震波
　　Y 爆轰波

爆震波前结构
structure of detonation waves front
O381
　　S 波结构*

爆震参数
　　Y 爆轰参数

爆震速度
　　Y 爆速

爆震条件
detonation conditions
O381
　　S 力学条件*

爆震温度
　　Y 爆轰温度

爆震压力
　　Y 爆轰参数

爆震载荷
　　Y 爆炸载荷

北斗导航定位系统
Beidou navigation and positioning system
TN967.1
　　D 北斗导航系统
　　　北斗二代
　　　北斗二代卫星导航系统
　　　北斗卫星导航
　　　北斗卫星系统
　　　北斗系统

S 应力波*

　　　北斗一号
　　S 导航定位系统
　　　卫星系统*
　　C 地球同步卫星 →(4)
　　Z 导航设备

北斗导航系统
　　Y 北斗导航定位系统

北斗二代
　　Y 北斗导航定位系统

北斗二代卫星导航系统
　　Y 北斗导航定位系统

北斗卫星导航
Beidou satellite navigation
TB465；TN96
　　S 导航*

北斗卫星导航系统
　　Y 北斗导航定位系统

北斗卫星系统
　　Y 北斗导航定位系统

北斗系统
　　Y 北斗导航定位系统

北斗一号
　　Y 北斗导航定位系统

北京正负电子对撞机
Beijing electron-positron collider
O572.214
　　D BEPC
　　S 正负电子对撞机
　　Z 对撞机

北美低压
　　Y 低气压

贝蒂定理
Betti theorem
O34
　　S 力学定理*

贝尔不等式
Bell's inequality
O4
　　D Bell 不等式
　　S 不等式*
　　C Bell 基测量
　　　Lipschitz 条件 →(1)
　　　量子力学

贝尔测量
　　Y Bell 基测量

贝尔塔拉密强度理论
　　Y 最大剪应力理论

贝纳对流
　　Y Rayleigh-Benard 对流

贝纳尔对流
　　Y Rayleigh-Benard 对流

贝塞尔-高斯光束
Bessel-Gauss beam
O432.12
　　D 贝塞耳-高斯光束

　　　高斯-贝塞耳光束
　　S 贝塞尔光束
　　　高斯光束
　　Z 光束

贝塞尔光
　　Y 贝塞尔光束

贝塞尔光束
Bessel beam
O436.1
　　D Bessel 光束
　　　贝塞尔光
　　S 光束*
　　F 贝塞尔-高斯光束
　　　无衍射贝塞尔光束
　　C 贝塞尔方程 →(1)
　　　球差

贝塞耳-高斯光束
　　Y 贝塞尔-高斯光束

贝特-沙耳皮特方程
Bethe-Salpeter equation
O41
　　D B-S 方程
　　S 物理方程*

背反射
　　Y 逆反射

背风低压
　　Y 低气压

背风坡低压
　　Y 低气压

背光亮度
backlight brightness
O432.2
　　S 亮度*

背景等离子体
　　Y 本底等离子体

背景干扰
background interference
TN2
　　S 干扰*

背景亮度
background brightness
O432.2
　　S 亮度*

背景能量
　　Y 真空能

背景图像
background image
TN911.73
　　S 图像*

背散射
　　Y 后向散射

背散射电子衍射
　　Y 电子背散射衍射

背散射光
backscattered light
O436.2

D 后向散射光
S 散射光
Z 光

背散射系数
Y 后向散射系数

背洗流
Y 洗流

背向反射
Y 逆反射

背向瑞利散射
back rayleigh scattering
O436.2
S 后向散射
瑞利散射
Z 电磁波散射
光散射

背向散射
Y 后向散射

背压
Y 反压

背压力
Y 反压

背应力
back stress
O343.4
D 反应力
S 应力*

倍化分岔
doubling bifurcation
O325
S 分岔*

倍率系数
Y 放大系数

倍频晶体
frequency doubling crystal
O734
S 非线性光学晶体
F 自倍频晶体
Z 光学晶体
晶体

倍频转换效率
double frequency conversion efficiency
O734
S 效率*

倍增常数
Y 放大系数

倍增因子
Y 放大系数

倍周期
period doubling
TL8
S 周期*

倍周期分岔
period doubling bifurcation
O415.5
S 分岔*

被动标量
passive scalar
O357.5
S 标量
Z 物理量

被动采样器
passive sampler
TH764
D 被动式采样器
S 采样器*

被动隔振
passive vibration isolation
O328
D 被动消振
被动振动隔绝
S 隔振
F 动力吸振
Z 减振

被动式采样器
Y 被动采样器

被动消振
Y 被动隔振

被动振动隔绝
Y 被动隔振

被动振动控制
passive vibration control
O328
S 振动控制
Z 控制

焙烧强度
Y 干强度

本底等离子体
background plasma
O531
D 背景等离子体
S 等离子体*

本构
Y 本构方程

本构参数
constitutive parameters
O34
S 力学参数*

本构方程
constitutive equation
O33；O344.3；O37
D 本构
本构关系
本构理论
材料本构
余本构关系
S 力学方程*
F GURSON 本构方程
弹塑性本构关系
动态本构方程
非线性本构关系
热粘塑性本构关系
蠕变本构方程
软化本构关系
损伤本构方程

C 泊松曲线 →(1)
弹塑性
非线性有限元 →(1)
内时理论
三维本构模型
状态方程

本构关系
Y 本构方程

本构建模
constitutive modeling
O34
S 建模*

本构矩阵
constitutive matrix
O302
S 矩阵*

本构理论
Y 本构方程

本构模型
constitutive models
O34
S 力学模型*
F Johnson-Cook 本构模型
动态本构模型
三维本构模型
统一本构模型
粘弹性本构模型
C 损伤力学
土力学 →(5)
岩石力学 →(5)

本征表面态
Y 表面态

本征磁化
Y 自发磁化

本征磁致伸缩
spontaneous magnetostriction
O482.52
S 磁致伸缩
Z 磁性

本征电致发光
Y 电致发光

本征函数
eigen function
O175.8；O41
S 函数*
C Liouville 方程 →(1)
量子力学
期望值 →(1)
投影算符 →(1)

本征解
eigensolution
O302
S 解*
C 椭圆型偏微分方程 →(1)

本征模
eigenmode
O43

本征模态

Y 特征模态

本征粘度
intrinsic viscosity
O357
　S　粘度*

本征缺陷
native defects
O771
　S　点缺陷
　F　间隙缺陷
　　　空位缺陷
　Z　晶体缺陷

本征态
eigenstate
O413.1
　S　量子态
　F　共同本征态
　　　光子数态
　C　本征态聚苯胺　→(3)
　　　核能级
　Z　能态

本征应变
eigenstrain
O344.3
　S　应变*

本征应力
intrinsic stress
O343.4
　S　应力*

本征振荡
eigen oscillation
TN751.3
　S　光振荡
　Z　振荡

本征振动
eigenvibration
O32
　S　振动*

本质边界条件
essential boundary condition
O241；O242；O35
　D　Dirichlet 边界条件
　　　狄里克雷边界条件
　S　边界条件*
　C　Dirichlet 积分　→(1)
　　　多项式基函数　→(1)

本质晶粒度
austenite grain size
O764
　S　晶粒度
　Z　晶体学参数
　　　颗粒特征

泵浦*
pumping
O572
　D　泵浦源
　　　抽运
　　　抽运源
　F　电泵浦
　　　电子束泵浦
　　　二极管泵浦
　　　非相干泵浦
　　　共振抽运
　　　光泵浦
　　　核泵浦
　　　化学泵浦
　　　双抽运
　　　同步泵浦
　C　泵浦光束

泵浦光
　Y　泵浦光束

泵浦光束
pump beam
O432.12
　D　泵浦光
　S　光束*
　C　泵浦

泵浦源
　Y　泵浦

比
　Y　比率

比测
　Y　比较测量

比测分析
　Y　比较测量

比测试验
　Y　比较测量

比电阻
specific resistivity
TM934.1
　D　高比电阻
　S　电阻*

比辐射
　Y　辐射率

比辐射率
　Y　辐射率

比焓
specific enthalpy
O551；O642.1
　S　焓*

比荷
　Y　荷质比

比较测角仪
comparison goniometer
TH712
　S　测角仪
　Z　测量仪器

比较测量
comparison measurement
TB462.1
　D　比测
　　　比测分析
　　　比测试验
　　　比较测量[法]
　　　比较测量法
　　　对比测量
　　　对比测量法
　S　测量*

比较测量[法]
　Y　比较测量

比较测量法
　Y　比较测量

比较晶体化学
comparative crystal chemistry
O74
　S　晶体化学
　Z　化学
　　　晶体学

比较式测量仪器
　Y　比较仪

比较仪
comparator
TH7
　D　比较式测量仪器
　S　测量仪器*

比力
specific force
O31
　S　力*

比例*
proportion
O121；O123.3
　F　电子荷质比

比例极限
proportional limit
O346
　D　比例弹性极限
　　　比例界限
　S　弹道极限
　　　力学性质*
　C　临界荷载
　　　应力-应变曲线
　Z　极限

比例加载
proportional loading
O347.1
　S　加载
　F　多轴非比例加载
　　　非比例加载
　C　多轴低周疲劳
　Z　荷载

比例界限
　Y　比例极限

比例距离
scaled distance
O382
　S　距离*

比例模型
　Y　缩尺模型

比例试验
ratio test
O346.4
　S　力学实验
　Z　科学实验

比例弹性极限
　　Y 比例极限

比例应变
proportional strain
O344.3
　　S 应变*

比流量
　　Y 流量比

比率*
ratio
ZT3
　　D 比
　　　　比值
　　F 长细比
　　　　成核率
　　　　充液比
　　　　弹性恢复率
　　　　点源透过率
　　　　断面收缩率
　　　　对数衰减率
　　　　反照率
　　　　隔振率
　　　　荷质比
　　　　滑速比
　　　　环径比
　　　　间隙比
　　　　截面含气率
　　　　局部相含率
　　　　空洞率
　　　　流度比
　　　　流量比
　　　　流速比
　　　　能量比值
　　　　能量释放率
　　　　漂移率
　　　　频率比
　　　　扰动增长率
　　　　渗透率
　　　　升阻比
　　　　收缩率
　　　　衰变率
　　　　速度比
　　　　探测率
　　　　稳定比
　　　　涡流比
　　　　线性增长率
　　　　信背比
　　　　压力比
　　　　延伸率
　　　　应变率
　　　　应力比
　　　　展弦比
　　　　振幅比
　　　　纵横比
　　　　阻塞比
　　C 标度
　　　　同位素比值　→(5)
　　　　效率

比密度
　　Y 相对密度

比内曼-法利不稳定性
　　Y 等离子体不稳定性

比能
　　Y 能量密度

比粘度
　　Y 相对粘度

比浓粘度
reduced viscosity
O374；O631
　　D 比浓黏度
　　S 粘度*

比浓黏度
　　Y 比浓粘度

比强度
specific strength
O346
　　S 力学强度*

比热
specific heat
O551.1
　　D 比热容
　　　　定容比热
　　S 热容
　　F 低温比热
　　　　定压比热
　　　　固体比热
　　　　气体比热
　　　　液体比热
　　Z 热量

比热容
　　Y 比热

比色高温计
colorimetric pyrometer
TH811
　　S 高温计
　　Z 测量仪器

比色计
　　Y 色度计

比渗透率
　　Y 相对渗透率

比吸光系数
　　Y 消光系数

比吸收系数
　　Y 吸收系数

比压
　　Y 压强

比值
　　Y 比率

比重
　　Y 相对密度

比重测定
　　Y 密度测量

比重测量
　　Y 密度测量

比重计
　　Y 密度计

比重瓶
pycnometer
TH715.2
　　S 测量器具*
　　C 密度测量
　　　　密度计

币形裂纹
　　Y 环形裂纹

币状裂纹
　　Y 钱币状裂纹

毕奥-萨伐尔定律
Biot-Savart law
O44
　　D 毕-萨定律
　　S 物理定律*

毕-萨定律
　　Y 毕奥-萨伐尔定律

闭合磁捕集器
　　Y 磁场位形

闭合轨道理论
closed-orbits theory
O561；O641.122
　　S 轨道理论
　　C 闭合轨道　→(1)(4)
　　Z 化学理论

闭合回路弹弹道
　　Y 试验弹道

闭合裂纹
closed crack
O346.1；O483
　　S 裂纹*
　　C 光弹性

闭合位形
　　Y 磁场位形

闭壳层
closed shell
O562.1
　　D 闭壳层组态
　　S 电子构型
　　Z 原子结构

闭壳层组态
　　Y 闭壳层

闭锁*
locking
ZT5
　　D 闭锁现象
　　F 剪切闭锁
　　　　剪切自锁

闭锁现象
　　Y 闭锁

铋系超导体
Bi-system superconductor
TM26
　　S 化合物超导体
　　Z 导体

壁*
wall

O34
 F 刚性壁面
   固壁
   柔性壁

壁板颤动
 Y 壁板颤振

壁板颤振
panel flutter
O354
 D 壁板颤动
 S 颤振
 C 气动弹性
 Z 振动

壁电荷
wall charge
O441.1
 S 电荷*

壁剪切速度
 Y 摩擦速度

壁剪应力
 Y 壁面剪应力

壁流
wall flow
O351
 D 壁面流
   管壁流
   沿壁流
 S 流体流*
 C 二维流动

壁面边界条件
 Y 外边界条件

壁面函数
wall functions
O357.5
 S 函数(力学)*
 C 湍流模型

壁面函数法
wall function method
O302
 S 力学方法*

壁面滑移
wall slip
O311.1
 S 滑移
 C 滑移速度
 Z 运动

壁面剪应力
wall shear stress
O343.4
 D 壁剪应力
 S 剪应力
 Z 应力

壁面流
 Y 壁流

壁面摩擦力
wall friction
O313.5
 S 表面摩擦力

 Z 力

壁面射流
 Y 附壁射流

壁面线
wall line
O351
 S 流线
 Z 线

壁面效应
wall effect
V211
 D 壁效应
 S 效应*

壁面压力
wall pressure
O31；O351
 D 壁压
   侧壁压力
   侧压力
   旁压
 S 压力*
 C 壁面压强
   边界层
   散体力学

壁面压力脉动
wall pressure fluctuations
O31；O354
 D 脉动壁压
 S 压力脉动
 Z 脉动
   压力变化

壁面压强
wall pressure
O31；O351
 S 压强*
 C 壁面压力

壁射流
 Y 附壁射流

壁湍流
wall turbulence
O357.5
 S 湍流
 Z 流体流

壁效应
 Y 壁面效应

壁压
 Y 壁面压力

避雷网
lightning-protection net
TU895
 D 防雷地网
 S 防雷设施
 C 雷电 →(4)
 Z 设施

避雷针
lightning rod
TU895
 S 防雷设施

 C 雷电 →(4)
 Z 设施

边带不稳定性
sideband instability
TN01
 S 稳定性*

边端效应
 Y 端部效应

边荷载
 Y 边缘载荷

边节点
side node
TU3
 D 边缘接头
   边缘连接
   端接接头
 S 节点*
 C 势问题

边界*
boundary
ZT74
 D 边界参数
   边缘
 F 出流边界
   动边界
   复杂边界
   刚性边界
   混沌边缘
   混合边界
   力边界
   奇异边界
   时变边界
   视界
   透射边界
   无反射边界
   虚拟边界

边界(晶粒)
 Y 晶界

边界波
 Y 边界衍射波

边界参数
 Y 边界

边界层
boundary layer
O357.4；P404；P421.3
 D 边界层模式
   边界层特征
   磁边界层
   粗边界层
   电极边界层
   多孔表面边界层
   附面层
   高超音速边界层
   界面层
   整体边界层
 S 流体层*
 F 不可压缩边界层
   层流边界层
   超音速边界层
   大气边界层

等离子体边界层
　　二维边界层
　　非定常边界层
　　海底边界层
　　可压缩边界层
　　内边界层
　　浓度边界层
　　平板边界层
　　三维边界层
　　生态边界层
　　速度边界层
　　湍流边界层
　　温度边界层
　　稳定边界层
　　斜压边界层
　C 壁面压力
　　边界摩擦
　　磁流体力学流动
　　大气物理学 →(4)
　　流体界面
　　内尺度律
　　普朗特数
　　奇异摄动问题 →(1)
　　涡旋

边界层壁面处理
boundary layer casing treatment
　S 边界层吸入
　Z 力学理论

边界层抽吸
　Y 边界层吸入

边界层吹除
　Y 边界层吸入

边界层等离子体
　Y 边缘等离子体

边界层方程
boundary layer equation
O357.4
　D 附面层方程
　S 力学方程*
　C 边界函数 →(1)
　　流动理论

边界层分层
　Y 大气边界层结构

边界层分离
boundary layer separation
O351.2；O357.4
　D 分离流动
　　附面层分离
　　流动分离
　　脱流
　S 层流分离
　F 湍流边界层分离
　C 边界层流动
　　边界层稳定性
　　超临界流体
　　低雷诺数
　　钝度效应
　　空化
　　气动失速
　　旋转失速
　Z 分离

边界层分析
boundary layer analysis
O357.4
　S 力学分析*

边界层厚度
boundary layer thickness
O357.4
　S 厚度*
　F 动量厚度
　C 边界层高度 →(4)
　　边界层流动

边界层加厚
　Y 边界层增厚

边界层控制
boundary layer control
O357.4
　D 层流控制
　S 控制*
　F 边界反馈控制
　　多孔边界层控制
　C 边界层增厚
　　减阻

边界层理论
boundary layer theory
O357.4
　D 附面层理论
　S 流动理论
　F 边界层吸入
　C 大气物理学 →(4)
　Z 力学理论

边界层流
　Y 边界层流动

边界层流动
boundary layer flow
O357.4；O37
　D 边界层流
　　流动再附
　　再附着流
　　再附着流动
　S 粘性流
　F 二次流
　　分离流
　C 边界层分离
　　边界层厚度
　　雷诺数
　　马格努斯效应
　　平板边界层
　　压力分布
　Z 流体流

边界层乱流
　Y 湍流边界层

边界层模式
　Y 边界层

边界层摩擦阻力
　Y 边界摩擦

边界层特征
　Y 边界层

边界层湍流
　Y 湍流边界层

边界层稳定性
boundary layer stability
O357.4
　S 力学稳定性*
　C 边界层分离
　　界面稳定性

边界层吸除
　Y 边界层吸入

边界层吸附
　Y 吸附

边界层吸入
boundary layer ingestion
O357.4
　D 边界层抽吸
　　边界层吹除
　　边界层吸除
　　边界层泄除
　　附面层抽吸
　　附面层吹除
　　附面层吸除
　S 边界层理论
　F 边界层壁面处理
　　边界层注射
　Z 力学理论

边界层效应
boundary layer effects
O357.4
　S 力学效应*

边界层泄除
　Y 边界层吸入

边界层增厚
boundary-layer growth
O357.4
　D 边界层加厚
　　附面层增厚
　C 边界层控制

边界层注射
injection of boundary layer
O357.4
　S 边界层吸入
　Z 力学理论

边界层转变
　Y 边界层转捩

边界层转捩
boundary layer transition
O357.4
　D 边界层转变
　　附面层转捩
　C 雷诺数
　　转捩层

边界磁耦合
　Y 磁耦合

边界单元
　Y 边界元

边界单元法
　Y 边界元法

边界点法
boundary node method

O302
　S 力学方法*
　F 杂交边界点法

边界反馈控制
boundary feedback control
O357.4
　S 边界层控制
　Z 控制

边界方程
boundary equation
O302
　D 边界条件方程
　S 力学方程*
　F 边界积分方程
　C 散体单元法 →(1)
　　 条件概率 →(1)

边界非线性
boundary nonlinear
O151.2；O302
　S 数学性质*

边界荷载
　Y 边缘载荷

边界滑移
boundary slip
O348
　S 滑移
　C 受限液体
　Z 运动

边界积分
boundary integral
O302
　S 积分*
　C 误差估计 →(1)

边界积分法
　Y 边界元法

边界积分方程
boundary integral equation
O302
　S 边界方程
　　 方程(数学)*
　F 等价的边界积分方程
　　 局部边界积分方程
　C 体位势
　Z 力学方程

边界积分方程法
　Y 边界元法

边界积分方法
　Y 边界元法

边界积分公式
boundary integral formula
O302
　S 力学公式*

边界节点法
　Y 边界元法

边界面法
　Y 临界平面法

边界摩擦
boundary friction
O313.5
　D 边界层摩擦阻力
　　 边界润滑
　S 摩擦*
　C 边界层
　　 弹塑性变形
　　 摩擦系数
　　 耐磨性

边界耦合
boundary coupling
O357
　S 耦合(力学)*

边界配置法
boundary collocation method
O302
　S 力学方法*

边界润滑
　Y 边界摩擦

边界条件*
boundary conditions
ZT84
　D 边值条件
　　 地面边界条件
　　 数学边界条件
　F Robin 边界条件
　　 本质边界条件
　　 第三类边界条件
　　 反射边界条件
　　 非周期性边界条件
　　 渐近边界条件
　　 特征边界条件
　　 位移边界条件
　　 吸收边界条件
　　 压力边界条件
　　 应力边界条件
　　 周期边界条件
　　 自然边界条件
　　 自由边界条件
　　 阻尼边界条件
　C 边值问题 →(1)(4)
　　 表面层 →(3)(4)

边界条件方程
　Y 边界方程

边界位移法
　Y 位移边界

边界无单元法
boundary element-free method
O302
　S 无单元法
　Z 力学方法

边界衍射波
boundary diffraction wave
O436.1
　D 边界波
　S 衍射波
　Z 电磁波

边界应力
boundary stress
O343.4
　S 应力*
　C 偏心加载

边界元
boundary element
O241.82；O302
　D 边界单元
　S 元*
　F 时域边界元
　C 精确积分 →(1)
　　 有限域 →(1)

边界元法
boundary element method
O175.5；O177；O241.82；O302
　D Galerkin 边界元法
　　 边界单元法
　　 边界积分法
　　 边界积分方程法
　　 边界积分方法
　　 边界节点法
　　 边界元方法
　　 边界元分析
　S 数学方法*
　F 多极边界元法
　　 间接边界元法
　　 虚边界元法
　　 自然边界元法
　C Galerkin 有限元 →(1)
　　 结构分析
　　 解析积分 →(1)
　　 流体动力特性
　　 三次样条 →(1)
　　 时域边界元
　　 位势理论 →(1)
　　 有限元分析 →(1)
　Z 力学方法

边界元方法
　Y 边界元法

边界元分析
　Y 边界元法

边界元素
　Y 界面单元

边界载荷
　Y 边缘载荷

边裂纹
edge crack
O346.1
　S 裂纹*
　F 单边裂纹
　　 孔边裂纹

边缘
　Y 边

边缘等离子体
boundary layer plasma
O531
　D 边界层等离子体
　S 等离子体*

边缘接头
　Y 边节点

边缘连接

主　表　63

　　Y 边节点

边缘位错
　　Y 刃型位错

边缘限定薄膜供料提拉生长技术
　　Y 导模法

边缘载荷
edge loading
O347.1
　　D 边荷载
　　　 边界荷载
　　　 边界载荷
　　　 边载
　　　 边载荷
　　S 荷载*

边载
　　Y 边缘载荷

边载荷
　　Y 边缘载荷

边值条件
　　Y 边界条件

编码尺
coded scale
TH74
　　D 码尺
　　S 分划元件
　　Z 光学元件

编码度盘
coded circle
TH74
　　D 码盘
　　S 分划元件
　　Z 光学元件

鞭状运动
whipping motion
O311
　　S 运动*

变斑晶结构
　　Y 变晶结构

变倍系统
　　Y 变焦距系统

变步长随机共振
step-changed stochastic resonance
O321
　　S 随机共振
　　Z 共振

变程跳跃
　　Y 跳跃电导

变动
　　Y 变化

变动载荷
　　Y 交变载荷

变分伴随方法
variational adjoint method
O302
　　S 变分法
　　C 磁共振谱法 →(3)

　　Z 数学方法

变分法
variational method
O302
　　D 变分方法
　　　 变分计算
　　　 变分计算法
　　　 变分学
　　S 数学方法*
　　F Ritz 法
　　　 变分伴随方法
　　　 局部 Petrov-Galerkin 法
　　C Hamilton 原理
　　　 变分分析 →(1)
　　　 二阶 Hamilton 系统 →(1)
　　　 函数极限 →(1)
　　　 应变能
　　　 优选法 →(1)
　　　 最速降线 →(1)
　　　 最优控制问题 →(1)

变分方法
　　Y 变分法

变分计算
　　Y 变分法

变分计算法
　　Y 变分法

变分学
　　Y 变分法

变幅载荷
variable amplitude loading
O347.1
　　S 荷载*
　　C 疲劳寿命预测

变更
　　Y 变化

变化*
variation
ZT5
　　D 变动
　　　 变更
　　　 变化特性
　　　 变化特征
　　　 动态变化特征
　　　 改变
　　　 更改
　　　 特征变化
　　　 要素变化
　　F 强化
　　　 时空变化
　　　 随机变化
　　　 损伤软化
　　　 物质转化
　　　 形貌变化
　　　 循环软化
　　　 应变软化
　　C 变化检测 →(4)
　　　 可变性 →(1)
　　　 异常

变化监测
　　Y 监测

变化特性
　　Y 变化

变化特征
　　Y 变化

变换
　　Y 转换

变加速运动
variable accelerated motion
O311
　　S 加速运动
　　Z 运动

变间距光栅
　　Y 变线距光栅

变焦
　　Y 变焦距

变焦光学系统
　　Y 变焦距系统

变焦距
varifocal
TB8
　　D 变焦
　　S 焦距
　　C 变焦距系统
　　　 光学系统
　　Z 光学参数

变焦距透镜
　　Y 变焦透镜

变焦距物镜
zoom lens
TB851；TH744
　　S 物镜
　　F 自聚焦物镜
　　Z 光学元件

变焦距系统
zoom system
TH74
　　D 变倍系统
　　　 变焦光学系统
　　　 调焦光学系统
　　　 调焦系统
　　　 聚焦系统
　　S 光学系统*
　　C 变焦距

变焦透镜
multifocal lens
TH74
　　D 变焦距透镜
　　　 调焦镜
　　S 透镜
　　Z 光学元件

变角振动
　　Y 横向振动

变晶结构
crystalloblastic texture
O76；P583
　　D 变斑晶结构
　　S 岩石结构*

变矩
  Y 扭矩

变量*
variation
ZT3
  F 混合变量
    内变量
    损伤变量
    正则变量
  C 参数

变流
  Y 非定常流

变流量
variable flow
O351.2；P332.4
  S 流量*
  C 流量观测 →(4)(5)

变粘度流体
  Y 塑性流体

变频
  Y 频率变换

变迁
  Y 演变

变翘
  Y 翘曲

变色*
discoloration
O43
  D 褪色
  F 热致变色
  C 氧化 →(3)(5)

变速运动
non-uniform motion
O311
  S 运动*
  F 加速运动
    减速运动
    落体运动

变湍能量
  Y 湍流能量

变推力
  Y 可变推力

变位
  Y 位移

变位法
  Y 位移法

变位量
  Y 位移

变温 X 射线衍射
variable temperature X-ray diffraction
O721
  S X 射线晶体衍射
  Z 晶体衍射

变温 X 射线衍射法
  Y 变温 X 射线衍射技术

变温 X 射线衍射技术
variable temperature X-ray diffraction
O721
  D 变温 X 射线衍射法
  S X 射线衍射法
  Z 晶体结构分析方法

变温结晶过程
  Y 变温晶化

变温结晶化
  Y 变温晶化

变温结晶化过程
  Y 变温晶化

变温晶化
non-isothermal crystallization
O794
  D 变温结晶过程
    变温结晶化
    变温结晶化过程
    变温晶化过程
  S 晶化*

变温晶化过程
  Y 变温晶化

变系数对流扩散方程
coefficient varied convection diffusion equation
O35
  S 对流扩散方程
  C 变系数 →(1)
  Z 方程(数学)
    力学方程

变线距光栅
variable line spacing grating
O437.4；P111.3
  D 变间距光栅
    变栅距光栅
  S 光栅*

变形*
deformation
O347
  D 变形方式
    变形类型
    变形模式
    变形特征
    变形行为
    变形状态
    形变
    形变模式
    形变特征
    形状畸变
    走样
  F q 变形
    垂直变形
    大变形
    弹性变形
    等温变形
    递进变形
    叠加变形
    动态变形
    断裂变形
    反变形
    非均匀变形
    非连续变形
    非线性变形
    焊接变形
    核变形
    恒等变形
    棘轮行为
    几何变形
    剪切变形
    结构变形
    界面变形
    均匀变形
    拉伸变形
    冷变形
    离心变形
    连续变形
    面内变形
    内部变形
    挠屈
    扭转
    耦合变形
    平衡形变
    破坏变形
    翘曲
    切削变形
    倾倒变形
    倾斜变形
    热变形
    韧性变形
    伸展变形
    深部变形
    时相关变形
    塑性变形
    外部变形
    旋转变形
    循环变形
    压力变形
    压缩变形
    延伸
    有限变形
    重力变形
    轴对称变形
    轴向变形
    组合变形
  C 尺寸稳定性
    力学性质
    流变学
    名义应变
    体积模量
    形变分析 →(4)(5)
    应变
    应力测量

变形波
deformed wave
O347.4
  D 变形纵波
  S 应力波*

变形测量
deformation measurement
TB22
  D 变形检测
  S 几何量测量*
  C 形变测量 →(4)

变形场
deformation field
O351.2；P458

主　表　65

　　S 速度场
　　Z 场（力学）
变形反分析
　　Y 变形分析
变形反射镜
anamorphotic mirror
TH74
　　S 光学元件*
变形反演
　　Y 变形分析
变形方式
　　Y 变形
变形仿真
　　Y 变形模拟
变形仿真法
　　Y 变形模拟
变形仿真方法
　　Y 变形模拟
变形仿真过程
　　Y 变形模拟
变形仿真实验
　　Y 变形模拟
变形仿真实验法
　　Y 变形模拟
变形仿真实验方法
　　Y 变形模拟
变形仿真实验过程
　　Y 变形模拟
变形分析
deformation analysis
O344.1；O347
　　D 变形反分析
　　　 变形反演
　　　 变形验算
　　S 塑性分析
　　F 不连续变形分析
　　　 大变形分析
　　C 变形监测 →(4)
　　　 负摩擦力
　　　 结构力学
　　　 应变分析
　　Z 力学分析
变形功
　　Y 应变能
变形核
　　Y 形变核
变形检测
　　Y 变形测量
变形镜
anamorphic mirrors
O43
　　D 柱面镜
　　S 光学元件*
变形矩阵
deformation matrix

O347
　　S 矩阵*
变形抗力
　　Y 形变应力
变形类型
　　Y 变形
变形理论
deformation theory
O344.3；O347
　　D 形变理论
　　S 力学理论*
　　F 赫兹理论
　　　 剪切变形理论
　　　 塑性形变理论
　　　 最大变形能理论
　　C 大变形
变形力学
deformation mechanics
O347
　　S 固体力学*
变形量
　　Y 变形模量
变形率
　　Y 变形速度
变形孪晶
　　Y 形变孪晶
变形模量
deformation modulus
O344.3
　　D 变形量
　　　 变形值
　　S 模量*
　　C 变形速度
　　　 变形温度
　　　 承载力
　　　 应力比
　　　 载荷试验
变形模拟
deformation simulation
O4-33
　　D 变形仿真
　　　 变形仿真法
　　　 变形仿真方法
　　　 变形仿真过程
　　　 变形仿真实验
　　　 变形仿真实验法
　　　 变形仿真实验方法
　　　 变形仿真实验过程
　　　 变形模拟法
　　　 变形模拟方法
　　　 变形模拟过程
　　　 变形模拟实验
　　　 变形模拟实验法
　　　 变形模拟实验方法
　　　 变形模拟实验过程
　　　 形变仿真
　　　 形变仿真法
　　　 形变仿真方法
　　　 形变仿真过程
　　　 形变仿真实验

　　　 形变仿真实验法
　　　 形变仿真实验方法
　　　 形变仿真实验过程
　　　 形变模拟
　　　 形变模拟法
　　　 形变模拟方法
　　　 形变模拟过程
　　　 形变模拟实验
　　　 形变模拟实验法
　　　 形变模拟实验方法
　　　 形变模拟实验过程
　　S 物理模拟*
变形模拟法
　　Y 变形模拟
变形模拟方法
　　Y 变形模拟
变形模拟过程
　　Y 变形模拟
变形模拟实验
　　Y 变形模拟
变形模拟实验法
　　Y 变形模拟
变形模拟实验方法
　　Y 变形模拟
变形模拟实验过程
　　Y 变形模拟
变形模式
　　Y 变形
变形能
　　Y 应变能
变形能法
　　Y 应变能法
变形能量
　　Y 应变能
变形耦合
deformation coupling
O344；P542
　　S 耦合（力学）*
　　C 裂隙渗流
变形曲线
deformation curve
O347
　　D 变形特性曲线
　　　 变形梯形曲线
　　　 逆变形曲线
　　S 曲线*
变形时效
　　Y 应变时效
变形速度
deformation speed
O347
　　D 变形率
　　　 变形速率
　　　 形变率
　　　 形变速率
　　S 速度*

C 变形模量
　　　变形温度
　　　差分法 →(1)(4)
　　　等温变形
　　　形变应力
　　　应变率
　　　应力-应变曲线

变形速率
　Y 变形速度

变形特性曲线
　Y 变形曲线

变形特征
　Y 变形

变形梯度
deformation gradient
O347
　S 梯度分布*

变形梯形曲线
　Y 变形曲线

变形体
plasmodium
O343
　S 物体*

变形体力学
　Y 连续介质力学

变形椭球
　Y 应变椭球

变形温度
deformation temperature
O34
　S 温度*
　C 变形模量
　　变形速度
　　流动应力
　　应变率

变形效应
　Y 等效应变

变形行为
　Y 变形

变形验算
　Y 变形分析

变形应力
　Y 形变应力

变形硬化
　Y 应变硬化

变形振动
　Y 横向振动

变形织构
deformation texture
O76
　D 形变织构
　S 晶体织构
　Z 织构

变形值
　Y 变形模量

变形状态
　Y 变形

变形纵波
　Y 变形波

变压器偏磁
transformer magnetic bias
TM4
　S 偏磁*
　F 变压器直流偏磁

变压器直流偏磁
transformer DC bias
TM4
　S 变压器偏磁
　　直流偏磁
　Z 偏磁

变载荷
　Y 交变载荷

变栅距光栅
　Y 变线距光栅

变质动力学
　Y 变质量动力学

变质量动力学
variable-mass dynamics
O313.6
　D 变质动力学
　S 动力学
　C 变质地质学 →(5)
　Z 理论力学

变质量系
variable mass system
O313.6
　D 变质量系统
　S 力系*
　C 时变边界

变质量系统
　Y 变质量系

变质量运动
variable mass motion
O311
　S 运动*

变质量质点
changeable mass particle
O313.1
　S 质点*

便士形裂纹
　Y 环形裂纹

遍举过程
exclusive processes
O413.1
　S 物理过程*

遍举相互作用
　Y 末态相互作用

辨识
　Y 识别

标称输出功率
　Y 输出功率

标尺光栅
　Y 长光栅

标定*
calibration
TB9
　D 定标
　　定标方法
　F 红外辐射定标
　　压力标定
　C 标定值 →(1)
　　定标系数 →(4)

标定压力
　Y 压力校正

标度*
scale
TH701
　F 动力学标度
　C 比率
　　指数

标度不变
　Y 标度不变性

标度不变性
scale invariance
O411
　D 标度不变
　　标度不变性定理
　　标度不变性定律
　　标度不变性原理
　　标度不变性质
　　尺度不变
　　尺度不变性
　　尺度不变性定理
　　尺度不变性定律
　　尺度不变性原理
　　尺度不变性质
　　定标不变
　　定标不变性
　　定标不变性定理
　　定标不变性定律
　　定标不变性原理
　　定标不变性质
　　定标现象
　S 不变性*
　C 基本粒子理论
　　重整化

标度不变性定理
　Y 标度不变性

标度不变性定律
　Y 标度不变性

标度不变性原理
　Y 标度不变性

标度不变性质
　Y 标度不变性

标度律
scaling law
O48

标度特性
scaling property
O414.2

D 标度性
S 物理特性*

标度行为
scaling behavior
O411
　　C 真空波函数

标度性
　　Y 标度特性

标贯试验锤击数
　　Y 标准贯入试验

标量
scalar
O411
　　D 无向量
　　S 物理量*
　　F 被动标量
　　C 归一化
　　　张量

标量波动方程
scalar wave equation
O302
　　S 波动方程
　　Z 方程(数学)

标量场
scalar quantity field
O41
　　S 物理场*

标量磁位
　　Y 磁位

标量粒子
scalar particles
O572.3；P145.3
　　D 标量引力粒子
　　S 粒子*
　　C 超新星 →(4)

标量势
scalar potential
O441.4
　　S 势*

标量弹性波
　　Y 弹性波

标量衍射理论
scalar diffraction theory
O436.1
　　S 衍射理论
　　Z 光学理论

标量引力粒子
　　Y 标量粒子

标势
scalar potential
O441.5
　　S 电磁势
　　Z 电磁参量

标准
　　Y 标准规范

标准 k-ε 模型

standard k-ε model
O357.5
　　D 标准 k-ε 湍流模型
　　S k-ε 湍流模型
　　C 淹没射流
　　Z 力学模型

标准 k-ε 湍流模型
　　Y 标准 k-ε 模型

标准弹道
standard trajectory
O315
　　S 外弹道
　　Z 弹道

标准电极电位
standard electrode potential
O441.1
　　D 标准电位
　　S 电极电位
　　Z 电位

标准电位
　　Y 标准电极电位

标准电阻
standard resistance
TM934.1
　　S 电阻*

标准贯入试验
standard penetration test
P62；TU413
　　D 标贯试验锤击数
　　　土壤贯入试验
　　S 地质勘探*
　　　试验*

标准规范*
standard specification
ZT82
　　D 标准
　　　规范
　　F 测量标准
　　　计量标准
　　　声学标准
　　　物性标准
　　　噪音标准
　　C 标准化 →(1)(4)
　　　测绘标准 →(1)(4)
　　　常数
　　　计量单位
　　　可靠性
　　　校准
　　　压力校正
　　　准则

标准晶体
standard crystal
O76
　　S 晶体*

标准模型
standard model
O354
　　D 自然模型
　　S 气动模型
　　C 基本粒子电磁相互作用

　　　基本粒子弱相互作用
　　　量子色动力学
　　　统一场论
　　Z 力学模型

标准频率
standard frequency
TB939
　　S 频率*
　　F 标准时频

标准升温曲线
standard fire curve
TB302
　　S 曲线*
　　　升温曲线

标准时频
standard time frequency
TB939
　　D SFTS
　　　时间频率标准
　　S 标准频率
　　Z 频率

标准探测器
standard detector
TN4
　　S 探测器*

标准线性体
standard linear body
O343
　　S 粘弹性体
　　Z 物体

标准正弦波
standard sine wave
TN7
　　S 正弦波
　　Z 波

标准重力
　　Y 重力

表层混合层
　　Y 混合层

表层温度
　　Y 表面温度

表观多孔性
　　Y 多孔性

表观剪切黏度
apparent shear viscosity
O357
　　S 表观粘度
　　Z 粘度

表观理论
　　Y 唯象理论

表观密度
　　Y 体积密度

表观粘度
apparent viscosity
O373
　　D 视粘度
　　S 粘度*

F 表观剪切黏度
C 流变性
　流体流

表观粘聚力
apparent cohesion
O312.1
　S 粘聚力
　Z 力

表观温度
　Y 表面温度

表界面张力
　Y 表面张力

表面*
surface
O485
　F 半导体表面
　　超疏水表面
　　导体表面
　　分形表面
　　分子表面
　　高比表面
　　固体表面
　　脊状表面
　　接触面
　　朗伯表面
　　裂纹面
　　清洁表面
　　随机表面
　　台阶表面
　　液面
　　重构表面
　　自由表面

表面 S 波
　Y 横波

表面波
surface wave
O347.41
　D 界面波
　　面波
　　液体表面波
　S 弹性波*
　F Love 波
　　表面张力波
　　超声导波
　　电声波
　　涟波
　　脉动波
　　瑞利波
　　周向导波
　　自由表面波
　　纵向导波
　C 简正振型 →(5)
　　两层流体
　　面波频散
　　水动力学 →(5)
　　液面
　　液体动力学

表面波传播
surface wave propagation
TN011.4
　S 电磁波传播
　C 波数谱 →(5)

Z 能量转移

表面波等离子体
　Y 表面等离子体

表面参数*
surface parameter
O485
　F 表面粗糙度
　　表面电位
　　表面电阻
　　表面反射率
　　表面复合速度
　　表面光电压
　　表面摩擦因数
　　表面态密度

表面超声波
　Y 超声表面波

表面成分
　Y 表面结构

表面弛豫
surface relaxation
O485；O647.1
　D 表面弛豫
　S 表面现象*
　　松弛*

表面弛豫
　Y 表面弛豫

表面磁
　Y 表面磁性

表面磁极化子
surface magnetic polaron
O441
　S 表面极化子
　Z 极化子

表面磁性
surface magnetism
O482.52
　D 表面磁
　　磁表面现象
　S 磁性*

表面粗糙度
surface roughness
TG84
　D 表面粗糙率
　　表面光洁度
　S 表面参数*
　C 表面性质 →(3)
　　静电阻力

表面粗糙率
　Y 表面粗糙度

表面带电
　Y 静电起电

表面导电性
　Y 导电性

表面等离激元
　Y 表面等离子体激元

表面等离激元共振

surface plasmon resonance
O53
　S 等离激元共振
　Z 共振

表面等离极化激元
surface plasmon polariton
O531
　D 表面等离子极化激元
　　表面等离子体极化激元
　S 表面等离子体激元
　　极化激元
　Z 量子

表面等离子
　Y 表面等离子体

表面等离子波
　Y 表面等离子体波

表面等离子共振技术
　Y 表面等离子体共振

表面等离子共振吸收
　Y 表面等离子体共振吸收

表面等离子激元
　Y 表面等离子体激元

表面等离子极化激元
　Y 表面等离极化激元

表面等离子体
surface plasmon
O531
　D 表面波等离子体
　　表面等离子
　S 等离子体*

表面等离子体波
surface plasma wave
O534
　D 表面等离子波
　　等离子体表面波
　S 等离子体波*
　C 表面等离子体激元

表面等离子体波共振
　Y 表面等离子体共振

表面等离子体共振
surface plasma resonance
O539
　D 表面等离子共振技术
　　表面等离子体波共振
　　表面等离子体谐振
　S 等离子体共振
　F 表面等离子体激元共振
　　局域表面等离子体共振
　Z 共振

表面等离子体共振成像
surface plasmon resonance imaging
O539
　D SPR 成像
　S 成像*
　　等离子体应用*

表面等离子体共振吸收
surface plasma absorption
O531

D 表面等离子共振吸收
S 等离子体共振吸收
Z 等离子体现象

表面等离子体激元
surface plasmon
O531
D 表面等离激元
  表面等离子激元
S 等离激元
F 表面等离极化激元
  局域表面等离激元
C 表面等离子体波
Z 量子

表面等离子体激元共振
surface plasmon resonance
O534
S 表面等离子体共振
  等离激元共振
Z 共振

表面等离子体极化激元
Y 表面等离极化激元

表面等离子体谐振
Y 表面等离子体共振

表面电场
surface electric field
O441.1
S 电场*

表面电磁耦合振荡
Y 电磁振荡

表面电导
surface conductance
O482.4；O485
S 电导
Z 导纳

表面电荷
surface charge
O441.1
D 面电荷
S 电荷*

表面电荷分布
surface charge distribution
O441.1
D 表面电荷分布计算
  表面电荷分布量
  表面电荷分布数
  表面电荷分布数量
S 电荷分布
Z 分布(物理学)

表面电荷分布计算
Y 表面电荷分布

表面电荷分布量
Y 表面电荷分布

表面电荷分布数
Y 表面电荷分布

表面电荷分布数量
Y 表面电荷分布

表面电荷密度
surface charge density
O441.1
D 电荷面密度
  面电荷密度
S 电荷密度
Z 物理参数

表面电流密度
Y 面电流密度

表面电势
Y 表面电位

表面电位
surface potential
O441.1
D 表面电势
S 表面参数*
  电位*

表面电子结构
surface electronic structure
O485
S 表面微结构
Z 固体结构
  物质微观结构

表面电子态
surface electronic state
O485
S 电子态
C 表面能 →(3)
  电子态密度
  反型层
Z 能态

表面电阻
surface resistance
O441.1
S 表面参数*

表面反射
surface reflection
O485
S 表面现象*

表面反射率
surface reflectivity
TN14
S 表面参数*
  反射率*

表面反应
Y 表面相互作用

表面放电
surface discharge
O461.2
S 表面现象*
C 绝缘
  闪络

表面辐射
surface radiation
O451
S 辐射*

表面复合
surface recombination
O47
S 表面现象*

表面复合速度
surface recombination velocity
O47
S 表面参数*

表面各向异性
surface anisotropy
O482.52
S 磁各向异性
Z 磁性

表面光电压
surface photovoltage
O485
S 表面参数*

表面光洁度
Y 表面粗糙度

表面光学
surface optics
O485
S 光学*
C 表面现象

表面回弹
Y 弹性

表面击穿
surface breakdown
TM215
S 表面现象*

表面积累层
surface accumulation layer
O485
S 分层*

表面极化子
surface polaron
O76
D 二维极化子
S 极化子*
F 表面磁极化子

表面接触疲劳磨损
Y 疲劳磨损

表面结构
surface structure
O485
D 表面成分
S 固体结构*
F 表面微结构
C 比表面积 →(3)
  表面现象
  表面性质 →(3)
  固体表面

表面结构分析
surface structure analysis
O342
S 结构分析
Z 力学分析

表面结晶过程
Y 表面晶化

表面结晶化

Y 表面晶化

表面结晶化过程
　　Y 表面晶化

表面晶化
surface crystallization
O795
　　D 表面结晶过程
　　　 表面结晶化
　　　 表面结晶化过程
　　　 表面晶化过程
　　S 晶化*
　　F 表面纳米晶化
　　　 表面微晶化

表面晶化过程
　　Y 表面晶化

表面晶粒
surface grain
O764
　　S 晶粒*

表面晶体学
surface crystallography
O793
　　S 晶体学*

表面净化
surface cleaning
O4
　　S 净化*

表面科学*
surface science
O485；O647
　　D 表面研究
　　F 表面物理
　　　 表面形貌学
　　C 表面现象

表面扩散
surface diffusion
O552.2
　　S 扩散*

表面扩展X射线吸收精细结构
SEXAFS
O722.8
　　S 扩展X射线吸收精细结构
　　Z 光谱结构

表面冷却
surface cooling
TB6；TM307
　　S 冷却*

表面力
surface force
O31；O35
　　S 力*

表面力学
　　Y 界面力学

表面亮度
surface brightness
O432.2
　　S 亮度*

表面裂纹
surface crack
O346.1
　　S 裂纹*
　　F 半椭圆表面裂纹
　　C 拉拔断裂
　　　 裂纹形貌
　　　 疲劳寿命

表面裂纹法
surface crack method
O346.1
　　S 力学方法*

表面流速
surface velocity
O351.2；P332.4
　　S 流速*
　　C 河流流量 →(5)

表面络合物
　　Y 配合物

表面摩擦
skin friction
O313.5
　　S 摩擦*
　　C 摩擦系数
　　　 摩擦因子

表面摩擦力
skin-friction force
O313.5
　　S 摩擦力
　　F 壁面摩擦力
　　　 齿面摩擦力
　　Z 力

表面摩擦因数
surface friction factor
O313.5
　　S 表面参数*

表面摩擦阻力
　　Y 摩擦阻力

表面纳米结构
surface nanostructure
O485
　　S 表面微结构
　　Z 固体结构
　　　 物质微观结构

表面纳米结晶过程
　　Y 表面纳米晶化

表面纳米结晶化
　　Y 表面纳米晶化

表面纳米结晶化过程
　　Y 表面纳米晶化

表面纳米晶化
surface nanocrystallization
O79
　　D 表面纳米结晶过程
　　　 表面纳米结晶化
　　　 表面纳米结晶化过程
　　　 表面纳米晶化过程
　　S 表面晶化
　　　 纳米晶化
　　Z 晶化

表面纳米晶化过程
　　Y 表面纳米晶化

表面偏析
surface segregation
O552.4
　　S 表面现象*

表面平直度检查器
　　Y 平直度测量仪器

表面扰动层
　　Y 混合层

表面热力学
surface thermodynamics
O48
　　S 热力学*

表面热透镜
surface thermal lens
TH74
　　S 透镜
　　Z 光学元件

表面散射
surface scattering
O485
　　S 表面现象*

表面声波
　　Y 声表面波

表面声道
surface sound channel
O421；P733.2
　　S 海洋声道
　　Z 水层

表面声子
surface phonons
O731
　　S 声子
　　Z 准粒子

表面势
surface potential
O485
　　S 势*
　　C 表面能 →(3)
　　　 表面性质 →(3)

表面势垒
surface barrier
O41
　　S 势垒*

表面态
surface state
O485；O793
　　D Shockley态
　　　 Tamm态
　　　 本征表面态
　　　 磁表面态
　　　 感生表面态
　　S 状态*
　　C 界面态
　　　 局域态密度

主　表　71

表面态密度
surface density of states
O481
　S 表面参数*

表面通量
　Y 通量

表面微结构
surface microstructures
O485
　S 表面结构
　　物质微观结构*
　F 表面电子结构
　　表面纳米结构
　Z 固体结构

表面微结晶
　Y 表面微晶化

表面微结晶过程
　Y 表面微晶化

表面微结晶化
　Y 表面微晶化

表面微结晶化过程
　Y 表面微晶化

表面微晶化
surface micro-crystallization
O79
　D 表面微结晶
　　表面微结晶过程
　　表面微结晶化过程
　　表面微结晶化过程
　S 表面晶化
　　微晶化
　Z 晶化

表面微晶化过程
　Y 表面微晶化

表面位移
　Y 位移边界

表面温差
surface temperature difference
O551.2；P412.11
　S 温差*
　C 表面温度

表面温度
surface temperature
O551.2；P412.11；P423.7；P731.11
　D 表层温度
　　表观温度
　S 温度*
　C 表面温差
　　海温 →(4)

表面涡方法
　Y 涡方法

表面物理
surface physics
O485
　D 表面物理学
　S 表面科学*
　　物理学*

表面物理学
　Y 表面物理

表面析晶
surface crystallization
O79
　S 析晶
　Z 结晶现象

表面现象*
surface phenomena
O485
　F 表面弛豫
　　表面反射
　　表面放电
　　表面复合
　　表面击穿
　　表面偏析
　　表面散射
　C 表面光学
　　表面结构
　　表面科学
　　表面现象(化学)

表面现象(化学)*
surface phenomenon (chemistry)
O647
　D 界面现象
　F 裂纹钝化
　C 表面现象
　　界面结构

表面相
surface phase
TG11
　S 相*

表面相互作用
surface interactions
O485
　D 表面反应
　S 相互作用*

表面形貌学
surface topography
O7
　S 表面科学*

表面压
　Y 表面压力

表面压力
surface pressure
O31；O351
　D 表面压
　S 压力*

表面研究
　Y 表面科学

表面应力
surface stress
O343.4
　S 应力*

表面硬化
surface hardening
O344.1
　D 渗氮
　　渗铬
　　渗硼
　　渗碳
　　碳氮共渗
　S 硬化*
　C 耐磨性
　　显微硬度
　　相变

表面增强拉曼光谱
surface-enhanced Raman spectroscopy
O433.54
　D SERS 光谱
　　表面增强喇曼光谱
　S 拉曼光谱
　C 表面增强拉曼散射
　Z 光谱

表面增强拉曼散射
surface enhanced Raman scattering
O432.12；O436.2
　D SERS
　　表面增强喇曼散射
　S 受激拉曼散射
　C 表面增强拉曼光谱
　Z 光散射

表面增强喇曼光谱
　Y 表面增强拉曼光谱

表面增强喇曼散射
　Y 表面增强拉曼散射

表面张力
surface tension
O552.4；O647.1
　D 表界面张力
　　界面张力
　　马朗戈尼流
　　面张力
　　张力(表面)
　S 化学性质*
　F 超低界面张力
　　动态表面张力
　　固体表面张力
　　临界表面张力
　　平衡表面张力
　　液体表面张力
　C 表面活性 →(3)
　　表面活性剂 →(3)
　　表面能 →(3)
　　毛细现象 →(3)
　　润湿 →(3)
　　润湿性 →(3)
　　液体缔合
　　液-液界面

表面张力波
surface tension wave
O347.41
　D 毛细波
　　毛细管波
　S 表面波
　C 毛细现象 →(3)
　Z 弹性波

表面张力对流
surface tension convection
O353.4
　S 对流*

F 热毛细对流

表面振动
surface vibration
O32
　S 振动*

表面织构
surface texture
O485
　S 织构*

表面中心晶格
face centered lattice
O76
　S 晶格*

表面阻力
surface resistance
O313.5
　S 阻力*
　C 摩擦力

表色系统
　Y 色度坐标

表生作用
　Y 外力作用

表现力
　Y 离心力

表现应力
　Y 视应力

表象
　Y 表象理论

表象变换
representation transformation
O413
　S 转换*
　C 表象理论

表象理论
representation theory
O413.1
　D 表象
　S 量子力学理论
　F 动量表象
　　纠缠态表象
　　能量表象
　　耦合表象
　　相干态表象
　　坐标表象
　C 表象变换
　　表象群 →(1)
　Z 物理理论

宾厄姆流体
　Y 塑性流体

宾厄姆模型
Bingham model
O34；O35
　S 黏塑性模型
　Z 力学模型

宾厄姆塑性流
　Y 塑性流动

宾汉流体
Bingham fluid
O357.2
　D 宾汉姆流体
　S 流体*

宾汉模型
　Y 宾汉体

宾汉姆流体
　Y 宾汉流体

宾汉塑性流体
　Y 塑性流体

宾汉体
Bingham body
O37
　D 宾汉模型
　S 流变模型
　Z 力学模型

冰晶体
ice crystal
O76
　D 冰式晶
　　冰式晶体
　S 晶体*
　C 水冰 →(4)(5)

冰式晶
　Y 冰晶体

冰式晶体
　Y 冰晶体

冰洲石晶体
iceland spar crystal
O76
　S 矿物晶体
　Z 晶体

丙种射线
　Y γ射线

并发流
　Y 平行流动

并联
parallel connection
TM13
　S 联接*

并联磁路
parallel circuits
TM14
　S 磁路*

并联谐振
parallel resonance
O441
　S 电流谐振
　Z 共振

并流
　Y 平行流动

并矢
dyad
O15；O316
　S 向量*

并向流
　Y 平行流动

并协性原理
　Y 互补原理

并协原理
　Y 互补原理

波*
wave
O353.2；O42；O43；O44
　D 波系
　F T-S波
　　波包
　　波群
　　不规则波
　　长峰波
　　长周期波
　　低杂波
　　短周期波
　　多向波
　　格波
　　规则波
　　回卷波
　　混合波
　　基波
　　间隙波
　　简单波
　　简正波
　　锯齿波
　　空隙率波
　　力波
　　脉冲波
　　破坏波
　　热流体波
　　失效波
　　势波
　　瞬态波
　　椭圆余弦波
　　温度波
　　纹波
　　物质波
　　陷波
　　斜向波
　　行进波
　　亚谐波
　　有效波
　　余摆线波
　　运动波
　　振动波
　　正弦波
　　周期波
　　驻波
　　自旋波
　　组合波
　C 波传播
　　波动
　　波浪
　　波形
　　强迫波
　　显式有限元法 →(1)
　　振荡

波(驻波)
　Y 驻波

波包

wave packet
O41
　S 波*
　F 含时波包
　C 波包传播
　　波传播
　　局域性 →(1)

波包传播
wave packet propagation
O413.1；P731.22
　D 波包传播诊断
　S 波传播
　C 波包
　Z 能量转移

波包传播诊断
　Y 波包传播

波-波互作用
　Y 波-波相互作用

波-波相互作用
wave-wave interaction
O353.2；P461.2；P732.6
　D 波-波作用
　　波相互作用
　S 力学作用*
　　相互作用*
　C 波-粒子相互作用
　　波流相互作用
　　电声波

波参数
wave parameter
O422；O43；O441.4
　S 参数*
　F 截止波数

波差
wave difference
O347.4
　S 差值*
　F 波长差
　　波程差

波长*
wavelength
O422；O43；O441.4
　D 全波长
　F 布喇格波长
　　长波长
　　单波长
　　德布罗意波长
　　短波长
　　发射波长
　　反射波长
　　辐射波长
　　光波波长
　　激发波长
　　截止波长
　　临界波长
　　零色散波长
　　平均波长
　　闪耀波长
　　双波长
　　谐振波长
　　亚波长
　　有效波长

　　跃迁波长
　　中心波长
　　主波长
　C 波长差
　　波长指数 →(4)
　　波数 →(3)
　　波周期

波长测量
　Y 光波长测量

波长差
wavelength difference
O347.4
　S 波差
　C 波长
　Z 差值

波长校正
wavelength calibration
TH707
　S 校正*

波长色散
wavelength dispersion
O436.3
　S 色散*
　C 波长色散 X 射线荧光光谱法

波长色散 X 射线荧光光谱法
wavelength dispersion X-ray fluorescence spectrometry
O433.4；O657.34；O657.4
　S X 射线荧光光谱法
　C 波长色散
　Z X 射线分析
　　光化学分析法

波程差
wave-path difference
O347.4
　S 波差
　Z 差值

波传播
wave propagation
O353.2；O4-0
　D 波传播法
　　波传播方法
　　波的传播
　　波动传递
　S 能量转移*
　F 爆轰波传播
　　波包传播
　　冲击波传播
　　弹性波传播
　　地波传播
　　电磁波传播
　　光传播
　　激波传播
　　声传播
　　水下传播
　　微波传播
　　应力波传播
　C 波
　　波包
　　反射
　　方向性 →(1)
　　衍射

　　折射
　　振幅

波传播法
　Y 波传播

波传播方法
　Y 波传播

波茨模型
　Y Potts 模型

波带板
　Y 波带片

波带片
zone plate
TH74
　D 波带板
　　菲涅耳带板
　S 光学元件*
　F 全息波带板
　C 光衍射

波导不变量
waveguide invariant
TN01
　S 不变量*

波导光学
waveguide optical
O43
　S 光学*
　C 光波导理论

波导基片
waveguide substrate
O799
　S 晶片
　Z 晶体学应用

波导色散
waveguide dispersion
O436.3
　D 结构色散
　S 色散*

波的传播
　Y 波传播

波的叠加
superposition of waves
O423
　D 波叠加法
　C 机械噪声

波叠加法
　Y 波的叠加

波动*
fluctuation
O353.1；O353.2；P432；P731.22
　D 波动变化
　　波动过程
　　波动现象
　F 非线性波动
　　压差波动
　C 波
　　波动方程
　　波动力学
　　波动性

波幅 →(4)
　　波浪
　　波力 →(4)
　　内孤立波
　　浅水波

波动变化
　Y 波动

波动传递
　Y 波传播

波动方程
wave equation
O175.2；O441
　D 波动方程式
　　波动公式
　　波方程
　　波方程式
　　波公式
　S 方程（数学）*
　F Biot 波动方程
　　标量波动方程
　　弹性波方程
　　电磁波传播方程
　　非线性波动方程
　　声波方程
　　行波方程
　C 波动
　　波动方程反演 →(5)
　　波动方程偏移 →(5)
　　波动方程正演 →(5)
　　波动性
　　波动周期
　　生命区间 →(1)

波动方程式
　Y 波动方程

波动方程组
wave equations
O175.2；O441
　D 波动方程组式
　　波方程组
　　波方程组式
　S 方程组*

波动方程组式
　Y 波动方程组

波动负荷
　Y 交变载荷

波动公式
　Y 波动方程

波动光学
wave optics
O432.1
　S 物理光学
　Z 光学

波动光栅效应
　Y 云纹效应

波动过程
　Y 波动

波动理论
wave theory
O431
　D 波动说
　　光波动理论
　S 光学理论*
　C 固定边界

波动力学
wave mechanics
O413.1
　S 量子力学
　C n 体问题 →(4)
　　波动
　　波动方程反演 →(5)
　　波动方程偏移 →(5)
　Z 物理学

波动流动
　Y 旋转流动

波动流体
　Y 旋转流体

波动声学
　Y 物理声学

波动说
　Y 波动理论

波动问题
wave problems
O353.1
　S 力学问题*

波动现象
　Y 波动

波动性
undulatory property
O41
　S 物理性质*
　C 波动
　　波动方程
　　异方差性 →(1)

波动载荷
　Y 交变载荷

波动周期
fluctuating period
O422；O43；O441.4
　S 周期*
　C 波动方程
　　趋势方程 →(1)

波尔兹曼常数
　Y 玻尔兹曼常数

波尔兹曼方程
　Y 玻耳兹曼方程

波尔兹曼模型
　Y Boltzmann 模型

波反射
　Y 反射

波方程
　Y 波动方程

波方程式
　Y 波动方程

波方程组
　Y 波动方程组

波方程组式
　Y 波动方程组

波峰
wave crest
ZT2
　D 波脊
　S 波形*
　C 波谷

波锋
　Y 波前

波腹
antinode
O329
　C 波节
　　驻波
　　驻波比

波公式
　Y 波动方程

波构造
　Y 波结构

波谷
wave trough
ZT2
　S 波形*
　C 波峰

波惯性力
　Y 惯性力

波函数展开法
wave function expansion method
O343.1
　S 展开（数学）*

波激振动
wave-excited vibration
O323
　S 激振
　Z 振动

波极化
　Y 线性极化

波脊
　Y 波峰

波节
wave node
O329
　C 波腹
　　驻波

波结构*
wave structure
O347.4；O347.5；O382
　D 波构造
　F 爆震波前结构
　　冲击波结构
　　多波结构
　　激波结构
　　慢波结构
　C 超声检测

波解*
wave solutions
O175.29；O241.8
　　F 类孤立波解

波浪
wave
O353.2；P731.22
　　D 浪
　　C 波
　　　波动
　　　波浪场 →(4)
　　　波浪传播 →(4)
　　　波浪理论
　　　波浪要素
　　　波压
　　　海浪观测 →(4)
　　　势波
　　　水表面波
　　　液体晃动

波浪参数
　　Y 波浪要素

波浪冲击
wave impact
O353.2；P731.22
　　D 水上撞击
　　S 波浪运动*
　　　水锤
　　Z 冲击

波浪荷载
　　Y 波浪载荷

波浪基部
　　Y 波浪结构

波浪基面
　　Y 波浪结构

波浪计算
wave calculation
O353.2；P731.22
　　D 波浪推算
　　S 流体力学计算
　　Z 力学计算

波浪结构*
wave structure
P731.22
　　D 波浪基部
　　　波浪基面
　　　基浪
　　F 波浪曲面
　　C 波浪要素

波浪理论
wave theory
O353.2；P731.22
　　S 力学理论*
　　F 线性波理论
　　　小振幅波理论
　　C 波浪

波浪力
wave force
[P933.9]；O353.2
　　D 海流力
　　　浪压力

　　S 波浪要素*
　　C 斜向波

波浪模式
　　Y 波浪模型

波浪模型*
wave model
P731.22
　　D 波浪模式
　　　浪模型
　　F 波浪数学模型
　　C 波浪模拟 →(4)
　　　缓坡方程 →(4)

波浪曲面
wave surface
O353.2；P731.22
　　S 波浪结构*

波浪试验
wave test
O353.2；P731.22
　　D 波浪特性
　　S 流体实验
　　C 波浪运动
　　Z 科学实验

波浪数学模型
wave mathematical model
O353；P731.22
　　D 数值波浪模型
　　S 波浪模型*
　　C 潮流 →(4)

波浪速度
　　Y 波速

波浪特性
　　Y 波浪试验

波浪推算
　　Y 波浪计算

波浪显式非线性弥散关系
　　Y 显式非线性弥散关系

波浪要素*
wave elements
[P933.9]；O353；P731.22
　　D 波浪参数
　　　波浪因子
　　F 波浪力
　　　波压
　　C 波浪
　　　波浪结构
　　　波速

波浪因子
　　Y 波浪要素

波浪运动*
billow wave
O353.2；P731.22
　　D 波浪运动学
　　F 波浪冲击
　　C 波浪补偿器 →(4)
　　　波浪试验
　　　波浪效应 →(4)
　　　波流相互作用

　　　风能 →(4)
　　　风区 →(4)

波浪运动学
　　Y 波浪运动

波浪载荷
wave loads
O353.2；P731.22
　　D 波浪荷载
　　S 流体荷载
　　　瞬变载荷
　　C 浮式生产储油系统 →(4)
　　Z 荷载

波浪阻力
　　Y 兴波阻力

波粒二重性
　　Y 波粒二象性

波粒二象性
wave-particle duality
O431.2
　　D 波粒二重性
　　　二象性
　　S 粒子性质*

波粒子
　　Y 光子

波-粒子相互作用
wave-particle interaction
O53
　　S 粒子相互作用*
　　C 波-波相互作用
　　　非线性波

波流共同作用
　　Y 波流相互作用

波流联合作用
　　Y 波流相互作用

波流相互作用
wave-current interaction
O353.2；P432；P731.22
　　D 波流共同作用
　　　波流联合作用
　　　波-流相互作用
　　　波流作用
　　S 相互作用*
　　C 波-波相互作用
　　　波浪运动
　　　波浪作用 →(4)
　　　波流 →(4)
　　　海气相互作用 →(4)
　　　谱摄动 →(1)(4)
　　　引潮力-重力波相互作用 →(4)

波-流相互作用
　　Y 波流相互作用

波流作用
　　Y 波流相互作用

波马定律
　　Y 玻意耳定律

波面
　　Y 波前

波面拟合
wave surface fitting
O411
　　S　波形拟合
　　Z　波形处理

波面象差
　　Y　波像差

波能通量
　　Y　通量

波谱*
wave spectrum
O581
　　F　地物波谱
　　　　反射波谱
　　　　方向波谱
　　　　高次谐波谱
　　　　红外波谱
　　　　自旋波谱
　　C　波谱性质　→(3)
　　　　波谱学
　　　　波谱仪　→(3)

波谱分辨率
　　Y　光谱分辨率

波谱分析
wave spectrum analysis
O581；O657.61
　　S　化学分析*
　　C　波谱学
　　　　波形特征　→(5)
　　　　光谱分辨率
　　　　光谱分析

波谱学
spectroscopy
O581
　　S　电磁学*
　　F　磁共振波谱学
　　C　波谱
　　　　波谱分析
　　　　波谱性质　→(3)

波前*
wave front
O353.2；O451
　　D　波锋
　　　　波面
　　　　波阵面
　　F　冲击波前
　　　　冲击波阵面
　　C　波前测量
　　　　射线路径　→(5)

波前测量
wavefront measurement
TB462；TB96
　　D　波前法
　　　　波前检测
　　　　波前探测
　　　　波前诊断
　　S　光学测量*
　　C　波前
　　　　自适应光学

波前重构
　　Y　波前再现

波前重建
wavefront reconstruction
O451
　　S　建模*

波前法
　　Y　波前测量

波前复原
　　Y　波前再现

波前畸变
wavefront distortion
TN24
　　S　畸变*

波前检测
　　Y　波前测量

波前探测
　　Y　波前测量

波前探测器
wavefront detector
TH7
　　S　探测器*

波前校正
wavefront correction
TN929.1
　　S　校正*

波前相因子
wavefront phase factor
TN01
　　S　因子*

波前象差
　　Y　波像差

波前再现
wavefront reconstruction
O43
　　D　波前复原
　　　　波前重构
　　　　波阵面再现
　　　　波振面再现
　　S　图像重建
　　Z　图像处理

波前诊断
　　Y　波前测量

波群
wave group
O353.2；P731.22；P733
　　S　波*

波散射
wave scattering
O4-0
　　S　散射*
　　F　SH波散射
　　　　弹性波散射

波色-爱因斯坦凝聚
　　Y　玻色-爱因斯坦凝聚

波射线
wave ray
O7
　　S　射线*

波矢
wave vector
O353.2
　　D　波矢量
　　　　传播矢量
　　S　向量*

波矢空间
　　Y　波矢群

波矢量
　　Y　波矢

波矢群
wave vector group
O738
　　D　波矢空间
　　S　空间群
　　Z　晶体群

波束*
wave beam
O441.4
　　F　雷达波束

波束误差
beam pointing error
TN95；TN96
　　D　波束指向误差
　　S　测向误差
　　Z　测量误差

波束指向误差
　　Y　波束误差

波衰减
wave attenuation
O44
　　S　衰减*
　　F　冲击波衰减
　　　　电磁波衰减
　　　　反射衰减
　　　　辐射衰减
　　　　激波衰减
　　　　绕射衰减
　　　　应力波衰减

波速
wave velocity
O451；P315.31；P731.22
　　D　波浪速度
　　　　波速变化
　　　　原地波速
　　S　传播速度*
　　F　峰速
　　　　光速
　　　　剪切波速
　　　　相速度
　　C　波浪要素
　　　　波向　→(4)
　　　　水锤

波速变化
　　Y　波速

波速测量
wave velocity testing

TB52
  D 波速测试
    波速试验
  S 速度测量*
  F 光速测量
    声速测量

波速测试
  Y 波速测量

波速各向异性
wave velocity anisotropy
TU452
  S 各向异性*

波速试验
  Y 波速测量

波特文-勒蔡特莱厄效应
  Y 锯齿形屈服

波特文-勒夏特利埃效应
  Y PLC 效应

波纹图形
  Y 云纹图

波系
  Y 波

波相互作用
  Y 波-波相互作用

波象差
  Y 波像差

波像差
wave aberration
O435.2；P111.3
  D 波面象差
    波前象差
    波象差
  S 像差*

波形*
waveform
O32；O42；O43；O441
  D 波形分类
    波形数据
    波型
  F 爆轰波形
    波峰
    波谷
    畸形波
    加载波形
  C 波
    波形反演 →(5)
    波形曲线 →(1)
    波形相关 →(1)
    波形异常 →(1)
    兴波阻力

波形处理*
waveform processing
TN911.7
  F 波形合成
    波形拟合

波形分类
  Y 波形

波形合成
waveform synthesis
TN911.7
  S 波形处理*

波形拟合
waveform modeling
O423；P315
  D 波形拟合法
  S 波形处理*
  F 波面拟合
    正弦波拟合
  C Pnl 波 →(5)
    声波测量

波形拟合法
  Y 波形拟合

波形数据
  Y 波形

波型
  Y 波形

波压
wave pressure
[P933.9]；O353.2；P731.22
  D 波压力
  S 波浪要素*
    压力*
  F 冲击波压力
  C 波浪

波压力
  Y 波压

波衍射
  Y 衍射

波漾
  Y 驻波

波义耳定律
  Y 玻意耳定律

波源
wave source
O441.4；P315.3
  C 声源
    震源 →(5)

波阵面
  Y 波前

波阵面再现
  Y 波前再现

波振面再现
  Y 波前再现

波周期
wave period
O353；P731.22
  S 周期*
  C 波长
    波浪能 →(4)
    波频 →(4)

波阻
  Y 兴波阻力

波阻力
  Y 兴波阻力

玻尔
Bohr
O4-09；O413.1
  D 尼尔斯·玻尔
    尼尔斯·亨利克·戴维·玻尔
  S 物理学家*

玻尔半径
Bohr radius
O562
  S 原子半径
  Z 原子参数

玻尔磁元
  Y 玻尔磁子

玻尔磁子
Bohr magneton
O441.2
  D 玻尔磁元
  S 磁参数*

玻尔理论
Bohr theory
O562
  D 玻尔-索末菲量子论
  S 原子理论
  C 电子跃迁
  Z 物理理论

玻尔-索末菲量子论
  Y 玻尔理论

玻尔原子模型
  Y 行星式原子模型

玻尔兹曼 H 定理
  Y H 定理

玻尔兹曼常量
  Y 玻尔兹曼常数

玻尔兹曼常数
Boltzmann constant
O552.3；P43
  D 玻尔兹曼常数
    玻尔兹曼常量
    玻耳兹曼常量
    玻耳兹曼常数
    斯特藩-玻尔兹曼常数
  S 气象参数*
    热力学常数
  C 玻耳兹曼方程
  Z 物理常数

玻尔兹曼分布
Boltzmann distribution
O552.3
  D Gibbs 分布
    玻尔兹曼分布律
    玻尔兹曼统计法
    玻耳兹曼分布
    玻耳兹曼分布律
    玻耳兹曼统计法
    吉伯斯分布
    吉布斯分布
    麦克斯韦-玻耳兹曼分布
  S 概率分布*

C Gibbs 随机场 →(1)
玻耳兹曼方程
吉布斯效应 →(1)

玻尔兹曼分布律
Y 玻尔兹曼分布

玻尔兹曼公式
Y 玻耳兹曼方程

玻尔兹曼关系
Y 玻耳兹曼方程

玻尔兹曼关系式
Y 玻耳兹曼方程

玻尔兹曼输运方程
Y 玻耳兹曼方程

玻尔兹曼输运方程公式
Y 玻耳兹曼方程

玻尔兹曼输运方程式
Y 玻耳兹曼方程

玻尔兹曼输运方程组
Y 玻耳兹曼方程

玻尔兹曼输运方程组式
Y 玻耳兹曼方程

玻尔兹曼输运公式
Y 玻耳兹曼方程

玻尔兹曼输运关系式
Y 玻耳兹曼方程

玻尔兹曼统计法
Y 玻尔兹曼分布

玻耳兹曼
Boltzmann
O4-09；O414
D 路德维希·玻尔兹曼
S 物理学家*
C 玻耳兹曼方程

玻耳兹曼 H 定理
Y H 定理

玻耳兹曼常量
Y 玻尔兹曼常数

玻耳兹曼常数
Y 玻尔兹曼常数

玻耳兹曼方程
Boltzmann equation
O552
D boltzmann 方程
Boltzmann 方程公式
Boltzmann 方程组
Boltzmann 方程组式
Boltzmann 公式
Boltzmann 关系
Boltzmann 关系式
波尔兹曼方程
玻尔兹曼公式
玻尔兹曼关系
玻尔兹曼关系式
玻尔兹曼输运方程
玻尔兹曼输运方程公式
玻尔兹曼输运方程式
玻尔兹曼输运方程组
玻尔兹曼输运方程组式
玻尔兹曼输运公式
玻尔兹曼输运关系式
玻耳兹曼方程组
玻耳兹曼方程组式
玻耳兹曼关系
玻耳兹曼关系式
玻耳兹曼积分微分方程
玻耳兹曼积分微分公式
玻耳兹曼积分微分关系式
S 物理方程*
C 玻尔兹曼常数
玻尔兹曼分布
玻耳兹曼

玻耳兹曼方程组
Y 玻耳兹曼方程

玻耳兹曼方程组式
Y 玻耳兹曼方程

玻耳兹曼分布
Y 玻尔兹曼分布

玻耳兹曼分布律
Y 玻尔兹曼分布

玻耳兹曼关系
Y 玻耳兹曼方程

玻耳兹曼关系式
Y 玻耳兹曼方程

玻耳兹曼积分微分方程
Y 玻耳兹曼方程

玻耳兹曼积分微分公式
Y 玻耳兹曼方程

玻耳兹曼积分微分关系式
Y 玻耳兹曼方程

玻耳兹曼统计法
Y 玻尔兹曼分布

玻璃半导体
Y 非晶半导体

玻璃化温度
Y 玻璃化转变温度

玻璃化转变温度
glass transition temperature
O4；O631
D 玻璃化温度
S 转变温度
Z 温度

玻璃基质
glass matrix
O754

玻璃结构
glass structure
O751
D 金属玻璃结构
S 非晶结构
Z 固体结构

玻璃结晶过程
Y 玻璃晶化

玻璃结晶化
Y 玻璃晶化

玻璃结晶化过程
Y 玻璃晶化

玻璃晶化
glass crystallization
O794
D 玻璃结晶过程
玻璃结晶化
玻璃结晶化过程
玻璃晶化过程
S 晶化*

玻璃晶化过程
Y 玻璃晶化

玻璃态
glassy state
O631；O754
D 琉璃态
S 固态
Z 物态

玻璃态固体电子能态
Y 电子态

玻璃态合金
Y 非晶态合金

玻璃态金属
Y 非晶态合金

玻璃析晶
glass devitrification
O794
S 析晶
Z 结晶现象

玻姆理论
Bohm theory
O413.1
D 玻姆判据
S 量子力学理论
F 隐变量理论
Z 物理理论

玻姆判据
Y 玻姆理论

玻色-爱因斯坦冷凝物
Y 玻色-爱因斯坦凝聚体

玻色爱因斯坦凝聚
Y 玻色-爱因斯坦凝聚

玻色-爱因斯坦凝聚
Bose-Einstein condensation
O469
D Bose-Einstein 凝聚
波色-爱因斯坦凝聚
玻色爱因斯坦凝聚
玻色凝聚
S 爱因斯坦凝聚
C 玻色子
超流动性
Z 凝聚

主　表　79

玻色-爱因斯坦凝聚体
Bose-Einstein condensate
O469
　　D　玻色-爱因斯坦冷凝物
　　S　凝聚态物质
　　C　自俘获
　　Z　物质

玻色凝聚
　　Y　玻色-爱因斯坦凝聚

玻色凝聚气体
Bose-condensed gas
O469
　　S　凝聚态物质
　　Z　物质

玻色气体
Bose gas
O414.2
　　D　玻色子流体
　　　　玻色子系统
　　S　量子气体
　　C　玻色子
　　Z　流体

玻色子
boson
O572.31
　　S　基本粒子
　　F　规范玻色子
　　　　矢量玻色子
　　　　引力子
　　　　中间玻色子
　　　　准玻色子
　　C　玻色-爱因斯坦凝聚
　　　　玻色气体
　　　　超引力
　　　　量子统计力学
　　Z　粒子

玻色子流体
　　Y　玻色气体

玻色子系统
　　Y　玻色气体

玻义耳定律
　　Y　玻意耳定律

玻意耳定律
Boyle's law
O552.3
　　D　波马定律
　　　　波义耳定律
　　　　玻义耳定律
　　S　热力学定律
　　Z　物理定律

剥离腐蚀
　　Y　应力腐蚀

剥离强度
peel strength
O346
　　S　力学强度*
　　C　持粘力

伯格斯模型
　　Y　伯格斯体

伯格斯矢
　　Y　柏氏矢量

伯格斯矢量
　　Y　柏氏矢量

伯格斯体
Burgers body
O37
　　D　伯格斯模型
　　S　流变模型
　　Z　力学模型

伯朗运动
　　Y　布朗运动

伯努利定理
Bernoulli's theorem
O351.2
　　S　力学定理*
　　C　不可压缩流体
　　　　流动理论

伯努利欧拉方程
　　Y　弹性理论

伯努利欧拉理论
　　Y　弹性理论

伯努利原理
Bernoulli principle
O351.3
　　S　力学原理*

伯奇反应
　　Y　还原

伯奇还原
　　Y　还原

伯氏矢量
　　Y　柏氏矢量

伯谬叶流
　　Y　层流

泊桑比
　　Y　泊松比

泊松比
Poisson's ratio
O34
　　D　泊桑比
　　C　侧压力系数　→(5)
　　　　弹性介质
　　　　弹性模量
　　　　胡克定律
　　　　剪切模量
　　　　应力-应变曲线
　　Z　力学常数

泊松括号
Poisson bracket
O175.2；O316
　　D　Poisson 括号
　　S　符号（数学）*
　　C　亚泊松分布　→(1)

泊松亮斑
Poisson spot
O436.1

泊松系数
Poisson coefficient
TU311
　　S　系数*
　　C　力系数

泊肃叶定律
Poiseuille's law
O357.1
　　S　力学定律*

泊肃叶公式
Poiseuille's formula
O357.1
　　S　力学公式*

泊肃叶-哈特曼流
　　Y　层流

泊肃叶流
　　Y　层流

泊肃叶流动
　　Y　层流

泊萧流
　　Y　层流

泊萧叶流
　　Y　层流

泊肖叶流
　　Y　层流

博奕
　　Y　博弈

博弈*
game playing
O221.2；O225
　　D　博奕
　　F　量子博弈
　　C　策略（数学）　→(1)

渤海低压
　　Y　低气压

卟啉液晶
porphyrin liquid crystal
O753.2
　　S　液晶*

补偿*
compensation
ZT5
　　F　电荷补偿
　　　　体积补偿

补偿摆
compensated pendulum
O314
　　S　摆*

补偿测量
compensation measurement
TB462.1
　　D　补偿测量法
　　S　测量*
　　C　力学测量

补偿测量法
　　Y　补偿测量

补偿定理
compensation theorem
TM13
  D 补偿原理
  S 电路理论*

补偿对消法
  Y 补偿法

补偿法
penalty method
O302
  D 补偿对消法
  S 方法*
  C 误差补偿

补偿检验
compensation testing
TB463.1
  S 检测*

补偿气流
  Y 气流

补偿原理
  Y 补偿定理

补充加压
  Y 加压

不饱和度
  Y 饱和度

不饱和渗流
  Y 饱和渗流

不变本征算符
invariant intrinsic operator
O413.1
  S 算符*

不变量*
invariant
O174
  F 波导不变量
    积分不变量
    绝热不变量
    拉格朗日不变量
    洛伦兹不变量
  C 二次曲面 →(1)

不变量方法
invariant theory
O59
  D 不变量理论
  S 数学物理方法
  Z 物理法

不变量理论
  Y 不变量方法

不变性*
invariance
O412
  D 不变性定理
    不变性定律
    不变性原理
    不变性质
  F CPT 不变性
    标度不变性
    共形不变性
    规范不变性
    绝热不变性
    洛伦兹不变性
    相位不变性
    形状不变性
    旋转不变性
  C 守恒定律
    狭义相对论
    协变性

不变性定理
  Y 不变性

不变性定律
  Y 不变性

不变性原理
  Y 不变性

不变性质
  Y 不变性

不变质量
  Y 静止质量

不等精度
unequal precision
TB9
  D 非等精度
  S 数学精度*

不等精度测量
  Y 等精度测量

不等式*
inequality
O122.3；O178
  D 不等式问题
    不等式性质
    不等式证明
    数学不等式
  F 贝尔不等式
    克劳修斯不等式
  C Hermite 正定矩阵 →(1)
    凹凸函数 →(1)
    不等式组 →(1)
    次亚正定矩阵 →(1)
    等式 →(1)
    复正定矩阵 →(1)
    恒等式
    矩阵乘积 →(1)
    齐次 Morrey-Herz 空间 →(1)
    凸性 →(1)

不等式问题
  Y 不等式

不等式性质
  Y 不等式

不等式证明
  Y 不等式

不定常
  Y 时间相关

不定常法
  Y 时间相关法

不定常方法
  Y 时间相关法

不定常流
  Y 非定常流

不定常流动
  Y 非定常流

不定系统
  Y 不确定系统

不对称裂变
  Y 对称裂变

不对称陀螺
asymmetric top
O318
  S 陀螺仪*

不规则波
irregular wave
O353.2；P731.22
  D 随机波
  S 波*
  F 多向不规则波
  C 规则波
    斜向波

不规则荷载
  Y 异常荷载

不规则晶格
random lattice
O712
  S 晶格*

不规则曲线
irregular curve
V23
  S 曲线*

不恒定流
  Y 非定常流

不互溶流体
  Y 单相流体

不互渗流体
  Y 单相流体

不滑动环
  Y 位错环

不滑动位错
sessile dislocation
O772
  S 滑动位错
  Z 晶体缺陷

不混溶液体
  Y 单相流体

不均衡
  Y 不平衡

不均匀磁场
non-uniform magnetic fields
O441.4
  S 磁场*
  C 地磁异常 →(5)
    力线

不均匀等离子体
  Y 非均匀等离子体

不均匀流
 Y 非均匀流
不均匀流场
non-uniform flow field
O354.7
 S 流场*
不均匀流动
 Y 非均匀流
不可淬相
 Y 可淬相
不可分解
 Y 分解反应
不可见度
 Y 能见度
不可逆变形
 Y 残余变形
不可逆过程热力学
 Y 非平衡态热力学
不可逆绝热过程
irreversible adiabatic process
O414.1
 D 假绝热过程
 S 可逆绝热过程
 Z 热力学过程
不可逆热力学
 Y 非平衡态热力学
不可逆相变
 Y 可逆相变
不可逆压缩
 Y 可逆压缩
不可渗阻流层
 Y 流层
不可压 N-S 方程
incompressible navier-stokes equations
O351.2
 D 不可压缩 N-S 方程
 S Navier-Stokes 方程
 Z 方程(数学)
  力学方程
不可压流
 Y 不可压缩流
不可压流动
 Y 不可压缩流
不可压流体
 Y 不可压缩流体
不可压缩 N-S 方程
 Y 不可压 N-S 方程
不可压缩边界层
incompressible boundary layer
O357.4; P404
 S 边界层
 Z 流体层
不可压缩非粘滞性流体
 Y 不可压缩流体

不可压缩流
incompressible flow
O351.3
 D 不可压流
  不可压流动
  不可压缩流动
 S 流体流*
 C 分离旋涡
  空气动力学
  流函数
不可压缩流动
 Y 不可压缩流
不可压缩流体
incompressible fluid
O357.1
 D 不可压流体
  不可压缩非粘滞性流体
  不可压缩粘滞性流体
  刚性流体
 S 非粘滞性流体
 C 伯努利定理
  复势
  可压缩流体
  帕斯卡定律
 Z 流体
不可压缩粘性流
incompressible viscous flow
O357.1
 S 粘性流
 Z 流体流
不可压缩粘滞性流体
 Y 不可压缩流体
不可压缩射流
incompressible jet
O358
 S 射流*
 C LBB 条件 →(1)
不可压缩系数
modulus of incopmpressibility
O369
 S 压缩系数
 C LBB 条件 →(1)
  核物质
 Z 系数
不可压缩性
 Y 压缩性能
不可约分数
 Y 分数
不可约模
 Y 单横模
不可约张量
irreducible tensor
O331
 S 张量*
 C 不可约表示 →(1)
不利因子
 Y 损耗因子
不连续变形分析

discontinuous deformation analysis
O348
 S 变形分析
 Z 力学分析
不连续介质力学
 Y 连续介质力学
不连续应力
 Y 应力间断
不良导体
poor conductor
O441.1
 S 导体*
不平衡
imbalance
O414.14
 D 不均衡
  不平衡状态
  非平衡
  非平衡定态
  非平衡态
  非平衡状态
 S 平衡*
 F 突加不平衡
不平衡力矩
unbalanced moment
O31
 S 力矩*
 C 卫星 →(4)(5)
不平衡力偶
 Y 力偶
不平衡量
unbalance
O312.2
 S 力学量*
不平衡流
 Y 非平衡流
不平衡推力
unbalance thrust force
O312.2
 S 推力*
 C 稳定性分析
不平衡质量
unbalance mass
TH11
 D 平衡质量
 S 质量*
不平衡状态
 Y 不平衡
不全位错
partial dislocation
O772
 D 部分位错
 S 位错
 F 分位错
  弗兰克不全位错
  肖克莱不全位错
 Z 晶体缺陷
不确定度关系

Y 不确定理论

不确定关系
　Y 不确定理论

不确定理论
uncertainty principle
O41；P142
　D 不确定度关系
　　不确定关系
　　不确定性原理
　　不确定原理
　　测不准关系
　　测不准原理
　　海森伯原理
　S 量子力学理论
　F 广义不确定关系
　C 量子噪声
　Z 物理理论

不确定系统
uncertain systems
O231；O342
　D 不定系统
　　不确定性系统
　　非确定系统
　　非确定性系统
　　系统不确定性
　S 系统*
　C 渐近稳定性

不确定性系统
　Y 不确定系统

不确定性原理
　Y 不确定理论

不确定原理
　Y 不确定理论

不衰减振动
　Y 无阻尼振荡

不同模量
different modulus
O343
　S 模量*

不同弹性模量
different elastic modulus
O343
　S 弹性模量
　Z 模量

不透明度
opacity
O436
　D 不透明性
　　混浊性
　　阻光度
　S 透明性
　C 恒星大气 →(4)
　　悬浊液 →(3)
　Z 光学性质

不透明性
　Y 不透明度

不完全立波
　Y 驻波

不完整晶体
　Y 缺陷晶体

不稳定
　Y 稳定

不稳定爆轰
non-steady detonation
O381
　S 爆轰*

不稳定度
instability
O317；O347.2
　S 稳定度*

不稳定流
　Y 非定常流

不稳定流场
　Y 非定常流场

不稳定流动
　Y 非定常流

不稳定平衡
　Y 稳定平衡

不稳定渗流
unsteady-state flow
O357.3
　D 非恒定渗流
　　非稳定流动
　S 渗流
　C 启动压力梯度
　Z 流体流

不稳定性
　Y 稳定性

不稳定运动
　Y 暂态运动

不稳定振荡
unstable oscillation
O35
　S 振荡*
　F 驰豫振荡

不稳定状态
　Y 稳定

不稳流
　Y 非定常流

不稳型重力仪
unstable-type gravimeter
TH761.5
　S 物探仪器*

不相关
　Y 相关

不相关的
　Y 相关

不相容原理
　Y 泡利不相容原理

布格向量
　Y 柏氏矢量

布格重力
Bouguer gravity
O314
　S 重力
　Z 力

布居
population
O562.1
　D 原子布居
　S 电子分布
　F 振动布居
　Z 分布（物理学）

布居几率
atomic population
O43
　S 概率*

布居数
population
O562
　D 原子布居数
　S 原子参数*

布居数反转
　Y 粒子数反转

布克莱-列维莱特模式
Buckley-Leverett model
O357.3
　S 渗流模型
　Z 力学模型

布拉伐格子
　Y 布拉菲点阵

布拉菲点阵
Bravais lattice
O712
　D Bravais 点阵
　　布拉伐格子
　　布拉菲格子
　　布拉维格
　　布拉维格子
　　布拉维晶格
　　布喇菲点阵
　　布喇菲空间点阵
　S 空间点阵
　F 底心点阵
　　立方点阵
　　面心点阵
　　四方点阵
　　体心点阵
　　正方点阵
　Z 点阵

布拉菲格子
　Y 布拉菲点阵

布拉格波长
　Y 布喇格波长

布拉格定律
Bragg's law
O71
　S 晶体学理论*

布拉格发射
　Y 布拉格反射

布拉格反射
Bragg reflection
O435.1
  D 布拉格发射
  S 光学反射
  F 分布布拉格反射
  Z 反射

布拉格方程
Bragg equation
O436.1；O721
  D Bragg 方程
    Bragg 方程公式
    Bragg 方程式
    Bragg 方程组
    Bragg 方程组式
    Bragg 公式
    Bragg 关系式
    布拉格方程公式
    布拉格方程式
    布拉格方程组
    布拉格方程组式
    布拉格公式
    布拉格关系式
  S 物理方程*
  C X 射线衍射

布拉格方程公式
  Y 布拉格方程

布拉格方程式
  Y 布拉格方程

布拉格方程组
  Y 布拉格方程

布拉格方程组式
  Y 布拉格方程

布拉格公式
  Y 布拉格方程

布拉格关系式
  Y 布拉格方程

布拉格角
Bragg angle
O73
  D Bragg 角
    布喇格角
    掠射角
  S 晶体学参数*

布拉格散射
Bragg scattering
O436.2
  S 光散射*

布拉格衍射
Bragg diffraction
O436.1
  D Bragg 衍射
    布喇格衍射
  S 声光衍射
  Z 衍射

布拉维法则
Bravais rule
O71
  S 晶体学理论*

布拉维格
  Y 布拉菲点阵

布拉维格子
  Y 布拉菲点阵

布拉维晶格
  Y 布拉菲点阵

布喇菲点阵
  Y 布拉菲点阵

布喇菲空间点阵
  Y 布拉菲点阵

布喇格波长
Bragg wavelength
TN011
  D Bragg 波长
    布拉格波长
  S 波长*

布喇格角
  Y 布拉格角

布喇格偏转器
  Y 声光偏转器

布喇格衍射
  Y 布拉格衍射

布朗动力学
Brownian dynamics
O313
  S 动力学
  Z 理论力学

布朗动力学模拟
Brownian dynamics simulation
O313
  S 动力学模拟
  Z 力学模拟

布朗扩散
Brownian diffusion
O552.1
  S 分子扩散
  C 布朗粒子
  Z 扩散

布朗粒子
Brownian particles
O572.3
  S 粒子*
  C 布朗扩散
    布朗运动

布朗运动
Brownian motion
O211.6；O552.1
  D Brownian 运动
    Brown 运动
    Wiener 过程
    伯朗运动
    广义 Wiener 过程
    维纳过程
  S 随机过程*
  C 布朗粒子
    大偏差定理 →(1)
    等价鞅测度 →(1)
    分散体系
    分子碰撞
    混沌分解 →(1)
    气体分子运动论

布劳肯虹
  Y 佛光

布劳肯幽灵
  Y 佛光

布里涅耳试验
  Y 硬度试验

布里奇曼法
Bridgman method
O782
  D Bridgman 法
    B-S 法
    布里奇曼晶体生长法
    布里奇曼-斯托克巴杰法
    布里支曼法
    坩埚下降法
    晶体生长坩埚下降法
  S 熔体生长法
  F 垂直布里奇曼法
  Z 晶体生长方法

布里奇曼晶体生长法
  Y 布里奇曼法

布里奇曼-斯托克巴杰法
  Y 布里奇曼法

布里渊放大
Brillouin amplification
O437.2
  S 光放大
  C 布里渊散射
  Z 光学技术

布里渊光谱
Brillouin spectroscopy
O437.2
  S 光谱*
  C 布里渊散射
    布里渊效应

布里渊频移
Brillouin shift
O43
  S 偏移*

布里渊区
Brillouin zone
O481.1
  S 能带结构*
  F 第一布里渊区
  C 费米分布 →(3)
    费米能级
    晶格

布里渊散射
Brillouin scattering
O436.2
  D 曼德尔斯坦-布里渊散射
  S 光散射*
  F 受激布里渊散射
  C 布里渊放大
    布里渊光谱
    布里渊效应

二维光谱

布里渊效应
Brillouin effect
O431
- S 喇曼效应
- C 布里渊光谱
  布里渊散射
- Z 光学效应

布里渊增强四波混频
Brillouin enhanced four wave mixing
TN74
- S 四波混频
- Z 光学变换

布里支曼法
- Y 布里奇曼法

布龙剪切波谱模型
- Y 地震模型

布龙模型
- Y 地震模型

布洛赫方程
- Y Bloch 方程

布洛赫公式
- Y Bloch 方程

布洛赫矢量
Bloch vector
O411
- S 向量*
- C 绝热条件

布洛赫线
Bloch line
O482.5
- S 磁畴壁
- F 垂直布洛赫线
- Z 畴结构
  电磁结构

布儒斯特定律
Brewster's law
O435.1
- S 光学定律
- C 光偏振
- Z 物理定律

布儒斯特角
Brewster angle
O435.1
- D 偏振角
  起偏角
- S 光学角*
- C 光偏振

布氏硬度
Brinell hardness
O34；O631
- S 硬度
- Z 力学性质

步降应力
step-down-stress
O343.4
- S 应力*

步冷曲线
- Y 冷却曲线

部分放电
- Y 局部放电

部分极化
partial polarization
O44
- D 极化不足
- S 极化*

部分偏振
partial polarization
O441.4
- S 偏振*

部分偏振光
partial polarized light
O436.3
- S 偏振光
- Z 光

部分位错
- Y 不全位错

部分相干
partial coherence
O441.4
- D 部分相干效应
- S 相干性*
- C 部分相干光束

部分相干电磁光束
partially coherent electromagnetic beam
O441.3
- S 部分相干光束
- Z 光束

部分相干光
- Y 部分相干光束

部分相干光束
partially coherent beam
O436.1
- D 部分相干光
- S 相干光束
- F 部分相干电磁光束
  部分相干平顶光束
  部分相干涡旋光束
- C 部分相干
- Z 光束

部分相干平顶高斯光束
partially coherent flat-topped Gaussian beam
O432.12
- S 部分相干平顶光束
  平顶高斯光束
- Z 光束

部分相干平顶光束
partially coherent flat-topped beam
O436.1
- S 部分相干光束
  平顶光束
- F 部分相干平顶高斯光束
- Z 光束

部分相干涡旋光束
partially coherent vortex beam
O436.1
- S 部分相干光束
  涡旋光束
- Z 光束

部分相干效应
- Y 部分相干

部分压力
- Y 分压

部分有序
partial order
O74
- S 状态*

部分预应力
- Y 预加应力

部分转置矩阵负本征值
negative eigenvalues of the partial transposition matrix
O431.2
- S 数值*

部分子
parton
O572.3
- S 基本粒子
- Z 粒子

部件空气动力学
- Y 空气动力学

擦边分岔
grazing bifurcation
O347.3
- S 分岔*

材料本构
- Y 本构方程

材料非线性
material nonlinearity
TU311
- S 材料性能*

材料辐照效应
- Y 辐射效应

材料疲劳
material fatigue
O346.2
- D 疲劳（材料）
- S 疲劳*
- F 金属疲劳
  扭转疲劳
  缺口疲劳

材料色散
material dispersion
O436.3
- S 色散*

材料损伤
material damage
O346.5
- S 损伤（力学）*

材料性能*
material property

TB30
　　D 材料性质
　　F 材料非线性
　　　脆化
　　　脆性
　　　多孔性
　　　可变形性
　　　可成形性
　　　易碎性
　　C 零重力实验

材料性质
　　Y 材料性能

材料硬化
material hardening
O344.1
　　S 硬化*

采集*
acquisition
ZT5
　　D 采收
　　　获取
　　　收集
　　F 信号采集
　　C 采样

采集精度
acquisition accuracy
O43；P25
　　D 读数精度
　　S 精度*
　　C 数字化误差 →(4)

采收
　　Y 采集

采样*
sampling
C8；N31；N32
　　D 采样法
　　　采样技术
　　　采样条件
　　　抽样
　　　抽样法
　　　抽样技术
　　　抽样理论
　　　取样
　　　取样方法
　　　取样技术
　　　样本理论
　　F 电光采样
　　　非均匀采样
　　　非同步取样
　　　高频采样
　　　过采样
　　　交错采样
　　　均匀采样
　　　频率采样
　　　欠采样
　　　同时采样
　　　细分采样
　　　相关双采样
　　　正交采样
　　　中频采样
　　C 采集
　　　采样器

　　　测量
　　　监测
　　　取样位置 →(5)
　　　样品 →(1)(3)(4)(5)
　　　样品处理 →(3)

采样法
　　Y 采样

采样技术
　　Y 采样

采样器*
sampler
P414；P715
　　D 多级采样器
　　　进样器
　　　取样机
　　　取样器
　　　箱式取样器
　　　撞击采样器
　　F 被动采样器
　　C 采样
　　　底拖网 →(4)
　　　海底取样 →(4)

采样条件
　　Y 采样

彩度
　　Y 色彩饱和度

彩光
　　Y 佛光

彩红色象片
　　Y 彩色像片

彩红外像片
　　Y 彩色像片

彩虹光栅
rainbow gratings
O437.4；P111.3
　　D 彩色光栅
　　S 光栅*

彩虹全息
　　Y 彩虹全息术

彩虹全息术
rainbow holography
O438.1
　　D 彩虹全息
　　　虹全息术
　　S 光学全息
　　C 彩虹全息图
　　Z 全息术

彩虹全息图
rainbow holograms
O438.1
　　D 虹全息图
　　S 全息图*
　　C 彩虹全息术

彩色编码
color coding
TN919.81
　　S 图像编码
　　F 假彩色编码

　　Z 图像处理

彩色光栅
　　Y 彩虹光栅

彩色合成
color composite
O432.3
　　D 多软片法
　　S 图像处理*

彩色还原
color reproduction
O432.3
　　D 彩色再现
　　　色复现
　　S 光学处理
　　Z 光学技术

彩色校正
color correction
O432.3
　　S 光学处理
　　Z 光学技术

彩色滤光膜
color filter film
TB43；TH74
　　S 滤光膜
　　Z 光学薄膜

彩色全息术
color holography
O438.1
　　D 多色全息术
　　S 光学全息
　　F 彩色数字全息
　　C 彩色全息图
　　Z 全息术

彩色全息图
color hologram
O438.1
　　D 真彩色全息图
　　S 全息图*
　　C 彩色全息术

彩色数字全息
color digital hologram
O438.1
　　S 彩色全息术
　　Z 全息术

彩色相片
　　Y 彩色像片

彩色相片图
　　Y 彩色像片

彩色象片
　　Y 彩色像片

彩色像片
color picture
TB8
　　D 彩红色象片
　　　彩红外像片
　　　彩色相片
　　　彩色相片图
　　　彩色象片

假彩色像片
  S 像片*

彩色再现
  Y 彩色还原

参变激发
  Y 参量激发

参变量
  Y 参数

参变量变分原理
parametric variational principle
O316；O343
  S 力学变分原理
  Z 力学原理

参变下转换
  Y 参量下转换

参激振动
parameter excited vibration
O323
  D 参量激励振动
    参量振动
    参数激振
  S 振动*

参考面单元
reference surface element
O327
  S 单元*

参考系
  Y 参照系

参考栅
  Y 光栅

参考坐标
  Y 坐标

参量
  Y 参数

参量共振
  Y 参数共振

参量激发
parametric excitation
O53
  D 参变激发
  S 激发*

参量激励振动
  Y 参激振动

参量下转换
parametric downconversion
O439
  D 参变下转换
    自发参量下转换
  S 下转换
  Z 转换

参量振荡
  Y 光参量振荡

参量振动
  Y 参激振动

参数*

parameter
ZT3
  D 参变量
    参量
  F 波参数
    薄膜参数
    初参数
    点阵参数
    混合参数
    雷达参数
    仪器参数
  C Hilbert 积分不等式 →(1)
    变量
    向量值连分式 →(1)
    转换参数 →(4)

参数变换
parameter transformation
O186；O241.6；O302
  D 非参数变换
  S 数学变换*
  C 参数解 →(1)
    参数曲线 →(1)

参数测量
parameter measurement
TB462.1
  S 测量*

参数二次规划法
parametric quadratic programming method
O302；O342
  S 数学规划*

参数共振
parametric resonance
O321；O323
  D 参量共振
  S 共振*
  F 主参激共振
    主参数共振

参数化*
parameterize
ZT3
  F 物理过程参数化
  C 可分组设计 →(1)
    拟凸域 →(1)
    天气方程组 →(4)

参数激励
parametric excitation
O323
  S 激励*

参数激励系统
parametrically excited system
O323
  S 振动系统
  C 参数振动
  Z 力学系统

参数激振
  Y 参激振动

参数解耦
parameter decoupling
TN0
  S 解耦*

  F 电压解耦
    功率解耦
    时间解耦

参数振动
parametric vibration
O323
  S 非线性振动
  C 参数激励系统
  Z 振动

参照系*
reference system
O311；P128；P22
  D 参考系
    基本参考系
  F 动系
    固有参考系
    质心系
  C 参考框架 →(4)
    坐标

参振质量
vibration mass
O323
  S 质量*

残磁
  Y 剩磁

残磁性
  Y 剩磁

残留变形
  Y 残余变形

残留强度
  Y 剩余强度

残留效应
  Y 记忆效应

残留形变
  Y 残余变形

残留应变
  Y 残余应变

残留应力
  Y 残余应力

残余变形
residual set
O344.1；O347
  D 不可逆变形
    残留变形
    残留形变
    拉伸永久变形
    剩余变形
    永久变形
    永久定形
    永久性变形
  S 塑性变形
  F 压缩永久变形
  C 残余应力
    动态模量
    蠕变强度
  Z 变形

残余磁性
  Y 剩磁

残余焊接应力
    Y 焊接应力
残余抗剪强度
residual shear strength
O346
    S 抗剪强度
    Z 力学强度
残余力向量
residual force vector
O343.4
    S 向量*
    C 残余熵
残余强度
    Y 剩余强度
残余热应力
residual thermal stress
O343.6
    S 残余应力
      热应力
    Z 应力
残余熵
residual entropy
O414.1
    D 剩余熵
    S 熵*
    C 残余力向量
残余速度
    Y 剩余速度
残余塑性应变
residual plastic strain
O344.1
    S 塑性应变
    C 应力解除法
    Z 应变
残余压缩变形
    Y 压缩永久变形
残余应变
residual strain
O344.1
    D 残留应变
      超限应变
      附加应变
      永久应变
    S 塑性应变
    C 残余应力
      弹塑性
    Z 应变
残余应力
residual stress
O343.4
    D 残留应力
      剩余应力
    S 内应力
    F 残余热应力
      固化残余应力
    C 包辛格效应
      残余变形
      残余应变
      内应变
      疲劳极限

疲劳性能
塑性应变
应变硬化
应力松弛
    Z 应力
残余应力场
    Y 应力场
残余振动
O32
    S 机械振动
    Z 振动
残余重力
residual gravity
O314
    D 剩余重力
    S 重力
    Z 力
残余阻力
    Y 剩余阻力
粲介子
charmed mesons
O572.33
    S 粲粒子
      介子
    Z 粒子
粲夸克
charmed quark
O572.3
    D c 夸克
    S 夸克
    C 粲粒子物理学
    Z 粒子
粲夸克偶素
    Y 粲偶素
粲粒子
charmed particles
O572.3
    S 基本粒子
    F 粲介子
      粲重子
    C 粲粒子物理学
    Z 粒子
粲粒子物理
    Y 粲粒子物理学
粲粒子物理学
charm physics
O572.2
    D 粲粒子物理
    S 高能物理学
    C 粲夸克
      粲粒子
    Z 物理学
粲偶素
charmonium
O565
    D 粲夸克偶素
    S 电子偶素*

粲重子
charmed baryons
O572.34
    S 粲粒子
      重子
    Z 粒子
操作条件*
operating conditions
ZT84
    F 常温常压
      低温
      高温
      恒温
      加压
槽道流
channel flow
O351.2
    D 槽道流动
      渠道流
      渠道流动
    S 管流
    F 明槽流
    C 大涡模拟
      渠道测量 →(5)
    Z 流体流
槽道流动
    Y 槽道流
槽道湍流
turbulent channel flow
O357.5
    S 湍流
    Z 流体流
槽流
    Y 管流
侧壁压力
    Y 壁面压力
侧壁载荷
    Y 水平荷载
侧滚
    Y 滚动
侧力
    Y 侧向力
侧链型液晶
    Y 侧链液晶
侧链液晶
side-chain liquid crystal
O753.2
    D 侧链型液晶
    S 高分子液晶
    Z 液晶
侧面碰撞
    Y 侧向撞击
侧面受撞
    Y 侧向撞击
侧倾力矩
    Y 倾覆力矩

侧倾力偶
 Y 力偶

侧推力
 Y 侧向推力

侧洗流
 Y 洗流

侧向冲击
lateral impact
O347.5
 S 冲击*

侧向负荷
 Y 水平荷载

侧向刚度
lateral stiffness
O343
 S 刚度
 Z 力学性质

侧向荷载
 Y 水平荷载

侧向加速度
 Y 横向加速度

侧向抗力
lateral resistance
TU311
 S 抗力
 Z 力

侧向力
lateral force
O31
 D 侧力
  侧向压力
  横漂力
  横向力
  横向压力
  径向力
  径向推力
 S 力*
 F 直接侧向力
 C 非对称流
  径向应力
  限制速度

侧向挠曲
 Y 横向弯曲

侧向碰撞
 Y 侧向撞击

侧向偏移
 Y 横向偏移

侧向屈曲
lateral buckling
O344.7
 S 屈曲*

侧向散射
lateral scattering
O436.2
 D 大角散射
 S 光散射*

侧向推力
side thrust
O313
 D 侧推力
  横向推力
 S 推力*

侧向外延
lateral epitaxy
O782
 S 外延*

侧向位移
lateral displacement
TU311
 D 侧移
 S 位移*
 F 层间位移
 C 测斜仪 →(4)(5)
  孔隙水压力 →(5)

侧向压力
 Y 侧向力

侧向应力
 Y 横向应力

侧向载荷
 Y 水平荷载

侧向振动
 Y 横向振动

侧向振动特性
 Y 横向振动特性

侧向撞击
side impact
O313.4
 D 侧面碰撞
  侧面受撞
  侧向碰撞
 S 力学碰撞*
 C 局部凹陷

侧压力
 Y 壁面压力

侧移
 Y 侧向位移

侧应力
 Y 横向应力

测不准关系
 Y 不确定理论

测不准原理
 Y 不确定理论

测长
 Y 长度测量

测长仪
metroscope
TH711
 D 长度测量仪器
 S 测量仪器*
 F 光栅测长仪
  激光测厚仪
  万能测长仪

测磁仪器
 Y 地磁仪器

测定
 Y 检测

测定(化学)
 Y 化学测定

测定法
 Y 检测

测定方法研究
 Y 检测

测定条件
 Y 测量条件

测度*
measure
P595
 F 发散度
  取向度
  束流强度

测高
 Y 高程测量

测光表
exposure meter
TH74
 D 测光轴计
  测轴计
  哈佛恒星测光表
  哈佛恒星测光表修订版
 S 测光系统
 Z 光学系统

测光数据系统
 Y 测光系统

测光系统
photometric system
TH74
 D 测光数据系统
  光电测光系统
  日内瓦测光
  日内瓦测光系统
 S 光学系统*
 F 测光表
 C 测光参数 →(4)
  天体测光 →(4)

测光轴计
 Y 测光表

测绘计算器具
 Y 测量器具

测绘科学
 Y 测绘学

测绘类专业
 Y 测绘学

测绘系统*
mapping and surveying system
P205
 F 测距系统
 C 测绘仪器
  测量系统

测绘学*
surveying and mapping
P2
- D 测绘科学
  测绘类专业
  测绘学科
- F 色度学
- C 测绘 →(4)(5)
  测绘教学 →(4)
  地球科学 →(5)

测绘学科
- Y 测绘学

测绘仪器*
surveying and mapping instrument
P204
- F 光学测距仪
  雷达测距仪
  罗经
- C 测绘系统
  光学仪器
  天文仪器 →(4)

测角计
- Y 测角仪

测角精度
angle measurement accuracy
TB92
- S 测量精度
- C 测角中误差 →(1)(4)
- Z 精度

测角误差
angle measurement error
TB92
- D 角度测量误差
- S 测量误差*
- F 角度误差
- C 导线精度 →(4)
  观测误差 →(1)(4)

测角仪
goniometer
TH712
- D 测角计
  角度测量仪器
  角度量仪
- S 测量仪器*
- F 比较测角仪
  光学测角仪
  晶体测角仪
  手持测角仪

测井参数*
logging parameter
P631.81
- F 声波时差
- C 地球物理测井 →(5)

测距*
ranging
P215
- D 距离测定
  距离测量
  距离度量
  距离量算
- F 红外测距

- C 测距仪 →(4)
  测量
  长度测量
  距离判别 →(1)
  平面控制测量 →(4)

测距系统
range-finding optical system
TH74
- S 测绘系统*

测力
- Y 功率计

测力计
- Y 功率计

测量*
measurement
TB462.1
- D 测量方法
  测量工作
  测量技术
  测量模式
  测量问题
  测量作业
  常规测量
  量测
  量算
  现代测量技术
- F 比较测量
  补偿测量
  参数测量
  等精度测量
  动态测量
  二维测量
  符合测量
  辐射测量
  轨迹测量
  间接测量
  精密测量
  静态测量
  绝对测量
  颗粒测量
  快速测量
  连续测量
  流体测量
  强度测量
  三维测量
  深度测量
  时间测量
  实时测量
  实验测量
  损耗测量
  同时测定
  投影测量
  误差测量
  现场测量
  相对测量
  形貌测量
  原位测量
  在线测量
  直接测量
  自动测量
  组合测量
- C 采样
  测距

  测量规范 →(4)
  测量理论 →(4)
  测量学 →(4)
  测量仪器
  计量单位
  检测
  勘探 →(5)
  仪器仪表

测量标准
survey standards
TB9
- S 标准规范*
- C 测量规范 →(4)
  物理测量
  校准
  原子钟 →(4)

测量程序
measurement procedure
TB462
- S 流程*

测量单位
- Y 计量单位

测量电阻
measuring resistance
TM934.1
- S 电阻*

测量方法
- Y 测量

测量工具
- Y 测量仪器

测量工作
- Y 测量

测量机
- Y 测量仪器

测量技术
- Y 测量

测量精度
measuring accuracy
O43；P122；P207
- S 精度*
- F 测角精度
  跟踪精度
  面积精度
  速度精度
- C 测量误差
  精度可靠性
  物理测量

测量模式
- Y 测量

测量偏差
- Y 测量误差

测量器具*
simple measurement tool
P204
- D 测绘计算器具
- F 比重瓶
  米尺

测量设备
measuring equipment
TB462
    S 测试设备*
    C 三线摆

测量条件
measurement conditions
TB462
    D 测定条件
    S 检测条件
    C 条件概率 →(1)
    Z 条件

测量问题
    Y 测量

测量误差*
measurement error
P207
    D 测量偏差
       度量误差
    F GPS 误差
       测角误差
       测速误差
       测温误差
       测向误差
       动态测量误差
       读数误差
       非视距误差
       高度误差
       厚度误差
       瞄准误差
       平面度误差
       时基误差
       时延误差
       延迟误差
    C 测量精度
       测量平差 →(4)
       粗差剔除 →(4)
       工程测量 →(4)(5)
       精度评估 →(1)
       控制测量 →(4)
       外推法 →(1)
       误差

测量系统*
measuring system
P171；P204
    F 光电测量系统
    C 测绘系统
       观测系统 →(4)(5)

测量相位算符
measured phase operator
O414.14
    D 位相算符
    S 算符*

测量仪
    Y 测量仪器

测量仪表
    Y 测量仪器

测量仪器*
measuring instrument
TH7
    D 测量工具

       测量机
       测量仪
       测量仪表
       测量装置
       测试仪表
       测试仪器
    F 比较仪
       测长仪
       测角仪
       反射计
       方位仪
       高温计
       光学测量仪器
       恒电位仪
       回声仪
       计时仪器
       检流计
       力学测量仪器
       粒度仪
       流变仪
       密度计
       浓度测量仪器
       曲率测量仪器
       热电偶
       热量计
       热释光剂量计
       数字式温度计
       天平
       延伸计
       颜色测量仪器
       应力测量仪器
       噪声剂量计
       粘度计
       张力计
       阻抗计
    C 测量
       地震检波器 →(5)
       地震仪 →(5)
       荷载
       试验设备
       探测器

测量原理
principle of measurement
TB462
    S 原理*
    C 累积误差 →(1)

测量周期
measurement period
TB462.1
    S 周期*

测量装置
    Y 测量仪器

测量作业
    Y 测量

测量坐标
survey coordinate
TB462
    S 坐标*

测粘法
    Y 粘度测量

测时
    Y 时间测量

测时学
    Y 时间测量

测时仪
    Y 计时仪器

测时仪器
    Y 计时仪器

测试
    Y 检测

测试方法
    Y 检测

测试负载
    Y 载荷试验

测试函数
    Y 试探函数

测试设备*
test equipment
TB462.8
    F 测量设备
       试验设备

测试温度
test temperature
O551.2；P412.11；P423
    S 温度*

测试仪表
    Y 测量仪器

测试仪器
    Y 测量仪器

测速试验
    Y 内弹道试验

测速误差
velocity measurement error
TB934
    S 测量误差*
    F 幅度误差
       幅相误差
       速度误差

测速仪
velocimeter
TH824
    D 速度测量仪表
       速度计
    S 力学测量仪器
    F 光纤测速仪
       激光测速仪
       粒子图像测速仪
       频闪测速计
       热线风速仪
       转速表
       转子式流速仪
    Z 测量仪器

测听室
audiometric room
TB4；TB52
    S 声学实验室
    Z 实验室

测微显微镜

主　表　91

micrometer microscope
TH742
　　S　光学测量仪器
　　Z　测量仪器

测温
　　Y　温度测量

测温法
　　Y　温度测量

测温误差
temperature measurement error
TH811
　　S　测量误差*

测温学
Thermometry
O551.2
　　S　热学
　　Z　物理学

测向
direction finding
TN953；TN965；TN97
　　D　方向测量
　　S　几何量测量*
　　C　方位角　→(4)(5)
　　　　角度测量　→(4)

测向误差
direction-finding error
TN965
　　D　磁罗盘误差
　　S　测量误差*
　　F　波束误差

测验方法
　　Y　检测

测验技术
　　Y　检测

测验误差
　　Y　实验误差

测振计
　　Y　测振仪

测振仪
vibrometer
TH82
　　D　测振计
　　　　测震计
　　　　振动测量仪
　　　　振动测量仪表
　　　　振动测量仪器
　　　　振动测试仪
　　　　振动测试仪器
　　　　振动计
　　　　震动计
　　S　力学测量仪器
　　F　激光振动计
　　C　地震台网　→(5)
　　　　数字地震台网　→(5)
　　　　振动测量
　　Z　测量仪器

测震计
　　Y　测振仪

测重
　　Y　称重

测轴计
　　Y　测光表

策动力
driving force
O313
　　S　外力
　　Z　力

层错
stacking fault
O771
　　D　堆垛层错
　　S　面缺陷
　　Z　晶体缺陷

层错能
stacking fault energy
O771
　　D　堆垛层错能
　　　　堆垛位错能
　　S　晶体学参数*

层带*
layer-belt
O369
　　F　遏流带
　　　　弥散带
　　　　稳定带
　　　　阻尼带

层电荷
layer charge
O441.1
　　S　电荷*

层间断裂
interlaminar fracture
O346.1
　　S　断裂*
　　F　脱层

层间剪力
interlaminar shear
O342
　　D　层间剪切
　　S　剪切力
　　Z　力

层间剪切
　　Y　层间剪力

层间流
interflow
O357
　　S　流体流*

层间流动
　　Y　层流

层间摩擦力
　　Y　界面摩擦力

层间偏移
　　Y　层间位移

层间位移
interstory displacement
TU311.3
　　D　层间偏移
　　S　侧向位移
　　C　动态响应
　　　　绝对加速度
　　Z　位移

层间应力
interlaminar stresses
O343.4
　　S　应力*
　　C　热载荷

层离
　　Y　脱层

层裂
slabbing
O346.1
　　S　破裂
　　C　激波效应
　　Z　断裂

层裂模型
spall model
O346.1
　　S　断裂模型
　　C　层裂强度
　　Z　力学模型

层裂强度
spall strength
O346
　　S　断裂强度
　　C　层裂模型
　　　　临界损伤
　　Z　力学强度

层裂效应
spallation effect
O346.1
　　S　力学效应*

层裂准则
spallation criterion
O346.1
　　S　断裂准则
　　Z　力学准则

层流
laminar flow
O357.1
　　D　Poiseuille 流
　　　　Poiseuille 流动
　　　　伯谡叶流
　　　　泊肃叶-哈特曼流
　　　　泊肃叶流
　　　　泊肃叶流动
　　　　泊萧流
　　　　泊萧叶流
　　　　泊肖叶流
　　　　层间流动
　　　　层流化
　　　　层流流动
　　　　成层流
　　　　次表层流
　　　　分层流
　　　　分层流动
　　　　哈根-泊肃叶流

片流
　　再层流化
　S　流体流*
　F　蠕流
　C　层结　→(4)
　　层流边界层
　　达西定律
　　过渡层
　　小瀑布　→(5)
　　蒸汽流动

层流边界层
laminar boundary layer
O357.4；P404；P421.3
　D　层流附面层
　S　边界层
　C　层流
　Z　流体层

层流传热
laminar heat transfer
TK124；V231.1
　S　传热
　Z　能量转移

层流次层
　Y　粘性层

层流等离子体射流
laminar plasma jet
O358
　S　等离子体射流
　C　热流密度　→(4)(5)
　Z　射流

层流分离
laminar separation
O351.3
　S　分离*
　F　边界层分离

层流分离泡
laminar separation bubble
O351.3
　S　尾流气泡
　Z　气泡

层流附面层
　Y　层流边界层

层流化
　Y　层流

层流混合
laminar mixing
O351.3；P43；P731.2
　S　混合*

层流控制
　Y　边界层控制

层流流动
　Y　层流

层流射流
laminar jet
O358
　S　射流*

层流尾流
　Y　尾流

层流转变湍流
laminar to turbulent transitions
O357.5
　S　湍流
　Z　流体流

层析 X 射线摄影
X-ray tomography
O434.1
　D　X 射线断层摄影
　　　层析 X 射线照相术
　　　计算机层析 X 射线照相术
　S　X 射线摄影
　C　三维破裂　→(5)
　Z　摄影

层析 X 射线照相术
　Y　层析 X 射线摄影

层析成象
　Y　层析成像

层析成象技术
　Y　层析成像

层析成像*
tomography
P315
　D　CT 成象
　　　CT 技术
　　　层析成象
　　　层析成象技术
　　　层析成像技术
　　　层析摄影
　　　计算机断层扫描技术
　F　光学层析成像
　C　色谱法　→(3)

层析成像技术
　Y　层析成像

层析摄影
　Y　层析成像

层应变
layer strain
O344.3
　S　应变*

层状多孔介质
　Y　多孔介质

层状结构晶体
　Y　层状晶体

层状晶体
layered crystals
O76
　D　层状结构晶体
　S　晶体*

层状流
stratified flow
O351.3
　S　流体流*

层状生长
lamellar growth
O782
　D　叠片状生长
　S　晶体生长*

层状相
　Y　近晶相

层状液晶
lamellar liquid crystal
O753.2
　S　液晶*

差
　Y　差值

差错校正
　Y　校正

差动干涉测量法
　Y　干涉测量

差分*
difference
O241
　D　差分系统
　F　拉格朗日有限差分
　C　对流扩散　→(4)
　　　高阶等差数列　→(1)
　　　函数插值　→(1)
　　　玫瑰线　→(1)
　　　全局吸引子　→(1)
　　　双曲型方程组　→(1)
　　　通量分裂　→(1)

差分反射光谱
differential reflectance spectrum
O433
　S　反射光谱
　Z　光谱

差分格式*
difference scheme
O241；P43
　F　MacCormack 格式
　　　MUSCL 格式
　　　高分辨率格式
　　　高阶紧致差分格式
　　　高精度差分格式
　　　紧致差分格式
　　　辛差分格式
　C　能量估计　→(1)
　　　平衡分布函数　→(1)
　　　双曲型守恒律　→(1)
　　　最大模　→(1)

差分光学吸收光谱
　Y　差分吸收光谱

差分光学吸收光谱法
　Y　差分吸收光谱

差分离散
difference discrete
O241.8；O316
　S　离散*
　C　数值计算　→(1)

差分流线扩散法
difference streamline diffusion method
O302；O351
　D　差分-流线扩散法
　S　力学方法*

差分-流线扩散法

Y 差分流线扩散法

差分吸收
　　Y 差分吸收光谱

差分吸收法
　　Y 差分吸收光谱

差分吸收光谱
differential absorption spectrum
O433.51；O657.32
　　D 差分光学吸收光谱
　　　差分光学吸收光谱法
　　　差分吸收
　　　差分吸收法
　　　差分吸收光谱法
　　　差分吸收光谱技术
　　　差分吸收光谱学
　　S 吸收光谱*
　　C 差示分光光度法　→(3)

差分吸收光谱法
　　Y 差分吸收光谱

差分吸收光谱技术
　　Y 差分吸收光谱

差分吸收光谱学
　　Y 差分吸收光谱

差分系统
　　Y 差分

差拍频率
　　Y 拍频

差排
　　Y 位错

差频
difference frequency
O329
　　S 频率*

差热分析
differential thermal analysis
O551.1；O657.7
　　S 化学分析法*
　　C DTA 曲线　→(3)
　　　热重分析　→(3)
　　　岩矿分析　→(5)
　　　粘土矿物　→(5)

差热扫描量热法
　　Y 差示扫描量热法

差示扫描量热法
differential scanning calorimetry
O551.1；O642.3
　　D DSC 法
　　　DSC 方法
　　　DSC 技术
　　　PDSC
　　　差热扫描量热法
　　　差示扫描量热技术
　　　调制式差示扫描量热法
　　　高压差示扫描量热
　　　高压差示扫描量热法
　　　示差扫描量热
　　　示差扫描量热法
　　S 化学分析法*

　　C 热量平衡

差示扫描量热技术
　　Y 差示扫描量热法

差压
　　Y 压差

差异应力
　　Y 差应力

差应力
differential stress
O343.4
　　D 差异应力
　　　第二法向应力差
　　　应力差
　　S 应力*
　　F 第一法向应力差

差值*
difference
ZT
　　D 差
　　F 波差
　　　能量差
　　C 减法　→(1)

差紫外光谱法
ultraviolet differential spectrometry
O433.4；O657.3
　　S 紫外光谱分析
　　Z 光谱分析

插值*
interpolation
O241
　　D 插值性
　　　插值运算
　　F ENO 插值
　　　动量插值
　　　几何插值
　　C Bezout 定理　→(1)
　　　Lebesgue 常数　→(1)
　　　饱和阶　→(1)
　　　次 Hermite 矩阵　→(1)
　　　多项式方程　→(1)
　　　非张量积　→(1)
　　　分形几何
　　　矩形域　→(1)
　　　求和因子　→(1)
　　　三进制　→(1)

插值函数
interpolating function
O241；O302
　　D 插值形函数
　　S 函数*
　　C B 样条　→(1)
　　　插值定理　→(1)
　　　调节参数　→(1)
　　　无单元法
　　　再生核 Hilbert 空间　→(1)

插值摄动法
interpolation perturbation method
O302
　　S 振动分析方法
　　Z 力学方法

插值形函数
　　Y 插值函数

插值性
　　Y 插值

插值运算
　　Y 插值

查理定律
Charles law
O552.3
　　S 热力学定律
　　Z 物理定律

查普曼-朱格特点
　　Y 查普曼-朱格特条件

查普曼-朱格特条件
Chapmann-Jouguet conditions
O381
　　D 查普曼-朱格特点
　　　查普曼-朱格特温度
　　　查普曼-朱格特压力
　　S 力学条件*
　　C 爆轰
　　　稳定性

查普曼-朱格特温度
　　Y 查普曼-朱格特条件

查普曼-朱格特压力
　　Y 查普曼-朱格特条件

查验
　　Y 检测

查证
　　Y 检测

茶晶
　　Y 烟晶

舰板罗盘仪
　　Y 罗经

舰孔罗盘仪
　　Y 罗经

掺氮类金刚石薄膜
nitrogen doped amorphous carbon film
O484；O753
　　D 掺氮类金刚石膜
　　S 类金刚石薄膜
　　Z 非晶薄膜

掺氮类金刚石膜
　　Y 掺氮类金刚石薄膜

掺铥铝酸钇晶体
Tm:YAP crystal
O734.1
　　D Tm:YAP 晶体
　　S 掺杂晶体
　　　无机非线性光学晶体
　　Z 光学晶体
　　　晶体

掺铒超荧光光纤光源
erbium doped super fluorescent fiber light source
TN253

S 掺铒光纤光源
　　超荧光光纤光源
Z 光源

掺铒光纤光源
erbium doped fiber light source
TN253
　　S 光纤光源
　　F 掺铒超荧光光纤光源
　　Z 光源

掺铬晶体
Cr-doped crystal
O775
　　S 掺杂晶体
　　F 掺铬镁橄榄石晶体
　　　掺铬铌酸锶钡晶体
　　　掺铬钇铝石榴石晶体
　　Z 晶体

掺铬镁橄榄石晶体
chromising forsterite crystal
O734.1
　　S 掺铬晶体
　　Z 晶体

掺铬铌酸锶钡晶体
Cr-doped SBN crystal
O734
　　D SBN:Cr 晶体
　　S 掺铬晶体
　　　铌酸锶钡晶体
　　Z 光学晶体
　　　晶体

掺铬钇铝石榴石晶体
Cr-doped YAG crystal
O734.1
　　D Cr^{4+}:YAG 晶体
　　　Cr^{4+}：YAG 晶体
　　S 掺铬晶体
　　Z 晶体

掺合
　　Y 混合

掺合物
　　Y 混合物

掺混流场
mixed flow field
V211
　　S 流场*

掺镁铌酸锂晶体
Mg-doped lithium niobate crystal
O734
　　D $MgO:LiNbO_3$ 晶体
　　　掺氧化镁铌酸锂晶体
　　S 掺杂铌酸锂晶体
　　F 周期极化掺镁铌酸锂晶体
　　Z 光学晶体
　　　晶体

掺铌 KTP 晶体
　　Y 掺铌磷酸钛氧钾晶体

掺铌磷酸钛氧钾晶体
O734
　　D Nb:kTP 晶体

掺铌 KTP 晶体
　　S 掺杂晶体
　　　磷酸钛氧钾晶体
　　Z 光学晶体
　　　晶体

掺钕钒酸钆晶体
Nd-doped $GdVO_4$ crystal
O734
　　D $Nd:GdVO_4$
　　　$Nd:GdVO_4$ 晶体
　　　Nd：$GdVO_4$ 晶体
　　S 掺钕晶体
　　　钒酸钆晶体
　　Z 光学晶体
　　　晶体

掺钕钒酸镥晶体
$Nd:LuVO_4$ crystal
O734
　　D $Nd:LuVO_4$ 晶体
　　S 钒酸盐晶体
　　Z 光学晶体
　　　晶体

掺钕钒酸钇
　　Y 掺钕钒酸钇晶体

掺钕钒酸钇晶体
neodymium-doped yttrium vanadate
O734
　　D $Nd:YVO_4$
　　　$Nd:YVO_4$ 晶体
　　　$Nd^{3+}:YVO_4$
　　　掺钕钒酸钇
　　S 掺钕晶体
　　　钒酸钇晶体
　　Z 光学晶体
　　　晶体

掺钕钆镓石榴石晶体
Nd-doped gadolinium gallium garnet crystal
O734
　　D Nd:GGG
　　　Nd:GGG 晶体
　　S 掺钕晶体
　　Z 晶体

掺钕晶体
Nd-doped crystal
O775
　　S 掺杂晶体
　　F 掺钕钒酸钆晶体
　　　掺钕钒酸钇晶体
　　　掺钕钆镓石榴石晶体
　　　掺钕钇铝石榴石
　　Z 晶体

掺钕钨酸钆钾晶体
Nd:KGW crystal
O734
　　D Nd:KGW 晶体
　　S 钨酸盐晶体
　　Z 光学晶体
　　　晶体

掺钕钇铝石榴石
Nd-doped yttrium aluminum garnet
O775

D Nd:YAG 晶体
　　掺钕钇铝石榴石晶体
S 掺钕晶体
　　钇铝石榴石
Z 光学晶体
　　晶体

掺钕钇铝石榴石晶体
　　Y 掺钕钇铝石榴石

掺气流
aerated flow
O359
　　S 流体流*

掺铈钾钠铌酸锶钡晶体
Ce-doped KNSBN crystal
O734
　　D Ce:KNSBN 晶体
　　　掺铈铌酸钾钠锶钡晶体
　　S 掺杂晶体
　　　钾钠铌酸锶钡晶体
　　Z 光学晶体
　　　晶体

掺铈铌酸钾钠锶钡晶体
　　Y 掺铈钾钠铌酸锶钡晶体

掺铊碘化铯晶体
CsI(Tl) crystal
O734
　　D CsI(Tl)晶体
　　S 掺杂晶体
　　　碘化铯晶体
　　Z 光学晶体
　　　晶体

掺钛蓝宝石
　　Y 钛宝石晶体

掺钛蓝宝石晶体
　　Y 钛宝石晶体

掺铁铌酸锂晶体
Fe-doped lithium niobate crystal
O734
　　D $LiNbO_3:Fe$ 晶体
　　S 掺杂铌酸锂晶体
　　Z 光学晶体
　　　晶体

掺铜钾钠铌酸锶钡晶体
Cu-doped KNSBN crystal
O734
　　D Cu:KNSBN 晶体
　　S 掺杂晶体
　　　钾钠铌酸锶钡晶体
　　Z 光学晶体
　　　晶体

掺氧化镁铌酸锂晶体
　　Y 掺镁铌酸锂晶体

掺氧化镁周期极化铌酸锂晶体
　　Y 周期极化掺镁铌酸锂晶体

掺氧化镁周期性极化铌酸锂晶体
　　Y 周期极化掺镁铌酸锂晶体

掺镱钇铝石榴石晶体
Yb-doped yttrium aluminum garnet

O734
 D Yb:YAG 晶体
  Yb∶YAG 晶体
 S 掺杂晶体
  钇铝石榴石
 Z 光学晶体
  晶体

掺杂 LN 晶体
 Y 掺杂铌酸锂晶体

掺杂超晶格
doping superlattice
O712
 D nipi 超晶格
 S 超晶格
 Z 晶格

掺杂光子晶体
doped photonic crystal
O734
 S 光子晶体
 Z 晶体

掺杂晶体
doped crystal
O73
 D 掺质晶体
 S 晶体*
 F 掺铥铝酸钇晶体
  掺铬晶体
  掺铌磷酸钛氧钾晶体
  掺钕晶体
  掺铈钾钠铌酸锶钡晶体
  掺铊碘化铯晶体
  掺铜钾钠铌酸锶钡晶体
  掺镱钇铝石榴石晶体
  掺杂铌酸锂晶体

掺杂铌酸锂晶体
doped lithium niobate crystal
O734
 D 掺杂 LN 晶体
 S 掺杂晶体
  铌酸锂晶体
 F 掺镁铌酸锂晶体
  掺铁铌酸锂晶体
  铜铁双掺铌酸锂晶体
 Z 光学晶体
  晶体

掺质晶体
 Y 掺杂晶体

产生裂纹
 Y 裂纹形成

颤动
 Y 颤振

颤动不稳定效应
 Y 纵向耦合振动效应

颤动不稳定性效应
 Y 纵向耦合振动效应

颤振
flutter
O354
 D 颤动

  飞机颤振
 S 结构振动
 F 壁板颤振
  超音速颤振
  跨音速颤振
  热颤振
  水翼颤振
  亚音速颤振
 C 挥舞
 Z 振动

颤振分析
flutter analysis
O34
 S 结构分析
 Z 力学分析

颤振载荷
flutter load
V211
 S 动载荷
 Z 荷载

长波
long wave
O451
 D 长波(电磁波)
 S 无线电波
 F 超长波
  甚长波
 C 低频
 Z 电磁波

长波(电磁波)
 Y 长波

长波长
long wavelength
O422；P315.31
 S 波长*
 C 短波长

长波辐射
long-wave radiation
O451
 S 电磁辐射
 F 射出长波辐射
 C 短波辐射
 Z 辐射

长波红外
 Y 远红外线

长波红外光
 Y 远红外线

长波红外光束
 Y 远红外线

长波红外线
 Y 远红外线

长程电子传递
long-range electron transfer
O572.2；O621.254
 S 电子转移
 Z 运动(物理)

长程关联
long-range correlation

O415.5
 S 混沌性质*
 C 混沌运动

长程力
long-range forces
O314
 S 力*

长程相互作用
long-range interaction
O571
 S 相互作用*

长程序
 Y 长程有序

长程有序
long-range order
O481；O74
 D 长程序
 S 状态*
 C 短程有序
  液体结构

长度*
length
ZT2
 F 摆长
  粗糙长度
  沟道长度
  固有长度
  关联长度
  滑移长度
  局域长度
  扩散长度
  裂纹长度
  临界长度
  脉冲长度
  射流长度
  塑性区长度
  相干长度
  谐振长度
  液塞长度
  最佳晶体长度
 C 高度
  距离

长度标准
length standard
TB91
 S 计量标准
 Z 标准规范

长度测定
 Y 长度测量

长度测量
length measurement
TB921；TH711
 D 测长
  长度测定
  长度计量
  长度量算
  微小长度测量
 S 几何量测量*
 C 测距
  地图量算 →(4)

长度测量仪器
　　Y 测长仪

长度单位
length unit
TB921
　　S 计量单位*
　　F 毫米
　　　纳米
　　　微米
　　　微微米

长度计量
　　Y 长度测量

长度量算
　　Y 长度测量

长度收缩
length contraction
O41
　　S 收缩*

长短波方程
long-short equation
O441.4
　　D 长短波方程式
　　　长短波方程式组
　　　长短波方程组
　　　长短波公式
　　S 电磁波传播方程
　　F 正则长波方程
　　Z 方程(数学)

长短波方程式
　　Y 长短波方程

长短波方程式组
　　Y 长短波方程

长短波方程组
　　Y 长短波方程

长短波公式
　　Y 长短波方程

长方晶格
rectangular lattice
O712
　　S 晶格*

长峰波
long-crested wave
O353.2；P731.22
　　S 波*
　　C 短峰波 →(4)

长光程
long light path
O435
　　S 光程
　　Z 光学参数

长光栅
long gratings
O437.4；P111.3
　　D 标尺光栅
　　　光栅尺
　　S 计量光栅
　　Z 光栅

长晶炉
　　Y 晶体生长炉

长晶设备
　　Y 晶体生长设备

长疲劳裂纹
　　Y 疲劳长裂纹

长平晶
long optical flat
O754
　　S 平晶
　　Z 晶体学应用

长期共振
secular resonance
O321
　　S 共振*

长期平衡
　　Y 放射性平衡

长期稳定度
long-term stability
O317；O347.2
　　D 长期稳定性
　　S 稳定度*

长期稳定性
　　Y 长期稳定度

长寿命 K 零
　　Y K 介子

长寿命 κ 零
　　Y K 介子

长细比
slenderness ratio
O342
　　D 长细比例
　　　细长比
　　S 比率*

长细比例
　　Y 长细比

长余辉
long afterglow
O432.1
　　D 长余辉发光
　　S 余辉
　　F 红色长余辉
　　Z 发光

长余辉发光
　　Y 长余辉

长重力波
long gravity wave
O353.1；P433；P731.22
　　S 重力波
　　C 近岸 →(4)
　　Z 大气波动

长周期波
long-period waves
O347.41；P315.3
　　S 波*
　　　弹性波*
　　　应力波*
　　C 短周期波

长周期运动
　　Y 起伏运动

常规测量
　　Y 测量

常规试验弹道
　　Y 试验弹道

常数*
constants
O122
　　D 恒量
　　　基本常数
　　F 光栅常数
　　　仪器常数
　　C 标准规范

常温常压
normal temperature and pressure
N33
　　S 操作条件*

常压等离子
　　Y 常压等离子体

常压等离子体
atmospheric pressure plasma
O531
　　D 常压等离子
　　　大气压等离子体
　　S 等离子体*
　　F 常压空气等离子体
　　　常压室温等离子体

常压辉光放电
atmospheric pressure glow discharge
O461.21
　　S 辉光放电
　　Z 放电

常压空气等离子体
atmospheric pressure air plasma
O531
　　D 大气压空气等离子体
　　S 常压等离子体
　　　空气等离子体
　　Z 等离子体

常压室温等离子体
atmospheric room temperature plasma
O531
　　D 大气压室温等离子体
　　S 常压等离子体
　　Z 等离子体

场(力学)*
field(mechanics)
O3
　　D 力学场
　　F 爆炸场
　　　弹性场
　　　冻凝场(力学)
　　　混合场(力学)
　　　裂纹尖端场
　　　势能场(力学)
　　　速度场

损伤场
维持场（力学）
无力场
应变场
应力场
运动容许场
  C 力场
    引力场

场（引力）
  Y 引力场

场点
field point
O412.3
  S 位置*

场电离
field ionization
O462.4
  D 场致电离
  S 电离*

场电子发射
  Y 场发射

场发射
field emission
O572.2
  D 场电子发射
    场致电子发射
    场致发射
    电子场发射
  S 电子发射
  C 场发射特性
    电子能谱
    隧道效应
  Z 发射

场发射特性
field emission characteristics
O462
  S 发射特性
  C 场发射
  Z 物理特性

场方程
field equations
O412.3
  D 场方程公式
    场方程式
    场方程组
    场方程组式
    场公式
    场关系式
  S 物理方程*
  F 爱因斯坦场方程
    电磁场方程
  C 场论

场方程公式
  Y 场方程

场方程式
  Y 场方程

场方程组
  Y 场方程

场方程组式
  Y 场方程

场分布
field distribution
O412.3
  S 分布（物理学）*
  F 场强分布
    磁场分布
    光场分布
    声场分布

场公式
  Y 场方程

场关系式
  Y 场方程

场畸变
field distortion
TM51；TM8
  S 畸变*
  F 磁场畸变

场镜
  Y 场透镜

场离子发射
field ion emission
O463.2
  S 离子发射
  Z 发射

场论
field theory
O412.3
  S 物理理论*
  F 非定域场论
    经典场论
  C 场方程

场论模型
field theoretical models
O412.3
  S 物理模型*
  F 电弱模型
    相对论平均场模型

场模结构
field model structure
O41
  D 模场结构
  S 模结构
  Z 结构

场强*
field strength
O44
  D 电场强度
  F 垂直电场强度
    电磁场强度
    击穿场强
    极化场强
    引力场强
  C 场强分布
    场强计 →(4)
    电场
    电场变化
    电场测量
    电场特性
    迁移率

场强测量
field strength measurement
TB462；TB971
  D 场强度测量
  S 电学量测量*
  F 电场测量
  C 场强分布

场强叠加原理
superposition principle of electric field strength
O441.1
  S 叠加原理
  Z 物理理论

场强度测量
  Y 场强测量

场强度因子
field intensity factors
O346
  S 强度因子
  F 电场强度因子
    应力场强度因子
  Z 力学因子

场强分布
field intensity distribution
O441.1
  S 场分布
  C 场强
    场强测量
    场强计 →(4)
  Z 分布（物理学）

场曲
field curvature
O435.2；P111.3
  D 像场弯曲
  S 赛德尔像差
  C 像平面 →(4)
  Z 像差

场熵
field entropy
O412.3
  S 熵*

场熵演化
evolution of field entropy
O431.2
  S 演变*

场透镜
field lens
O435.2
  D 场镜
  S 透镜
  Z 光学元件

场向电流
field aligned currents
O441.1；P35
  S 电流*
  C 磁层 →(4)(5)

场效应迁移率
field effect mobility
O473
  S 迁移率*
  C 场效应 →(3)

场增强因子
field-enhancement factor
O441；O46
　　S 因子*

场致电离
　　Y 场电离

场致电子发射
　　Y 场发射

场致发光
　　Y 电致发光

场致发射
　　Y 场发射

场致发射阴极
field emission cathodes
O462
　　S 冷阴极
　　Z 电极

超薄薄膜
ultrathin film
O484
　　D 超薄膜
　　S 薄膜*

超薄膜
　　Y 超薄薄膜

超薄膜生长
ultra thin film growth
O484.1
　　S 薄膜生长*

超长波
ultralong wave
O451
　　D ULF 波
　　　超长波（电磁波）
　　　超低频电磁波
　　S 长波
　　Z 电磁波

超长波（电磁波）
　　Y 超长波

超长寿命疲劳
extra-long life fatigue
O346.2
　　S 疲劳*
　　C 内部裂纹

超常介质
　　Y 电磁超材料

超常物理场
extraordinary physical field
O412.3
　　S 物理场*

超重态
　　Y 多重态

超氚核
　　Y 氚核

超磁致伸缩
giant magnetostriction
O482.52
　　S 磁致伸缩
　　Z 磁性

超磁致伸缩薄膜
giant magnetostrictive film
O482.54；O484
　　S 磁致伸缩薄膜
　　C 磁致伸缩系数
　　Z 电工薄膜

超大磁电阻效应
　　Y 巨磁电阻效应

超导
superconducting
O511.2
　　D 超导电
　　　超导现象
　　S 导电*
　　F 低温超导
　　　高温超导
　　　射频超导
　　　铁基超导
　　C 超导磁力仪 →(5)
　　　超导理论
　　　超导态
　　　超导体
　　　超导性
　　　超导转变

超导半导体
superconducting semiconductors
O47；O511
　　D 超导半导体材料
　　　超导性半导体
　　S 超导体
　　Z 导体

超导半导体材料
　　Y 超导半导体

超导薄膜
superconducting thin films
TB43；TM26
　　D 超导膜
　　S 导电薄膜
　　F Tl-2212 超导薄膜
　　　高温超导薄膜
　　C 超导体
　　　隧道结
　　Z 电工薄膜

超导材料
　　Y 超导体

超导磁浮
　　Y 磁悬浮

超导磁流体
　　Y 磁流体

超导磁屏蔽
superconducting magnetic shielding
O441.4
　　S 电磁屏蔽
　　C 超导磁体
　　　磁悬浮
　　Z 屏蔽

超导磁体
superconducting magnet
TM26
　　S 磁体*
　　F 高温超导磁体
　　C 超导磁屏蔽

超导电
　　Y 超导

超导电流
superconducting current
O511.2
　　D 零电压电流
　　S 电流*
　　F 临界电流

超导电性
　　Y 超导性

超导电性理论
　　Y 超导理论

超导电子学
superconducting electronics
O511.2
　　S 低温电子学
　　F 超导量子电子学
　　C 超导理论
　　　超导性
　　Z 电子学

超导合金
　　Y 合金超导体

超导核磁共振
superconducting nuclear magnetic resonance
O482.53
　　S 核磁共振
　　Z 磁共振
　　　共振

超导化合物
　　Y 化合物超导体

超导机制
superconducting mechanism
O511.2
　　S 物理机制*

超导结*
superconducting junction
O511.2
　　F SSeS 超导结
　　　超导隧道结
　　　双晶结
　　　台阶结
　　C 超导理论
　　　超导体
　　　超导性

超导晶体
superconducting crystals
O738
　　D 超导体晶体
　　S 超导体
　　　功能晶体
　　Z 导体
　　　晶体

超导理论*

superconductivity theory
O511.2
  D 超导电性理论
  F 巴丁-库珀-施里弗理论
     金茨堡-朗道理论
     伦敦理论
     强耦合理论
  C 超导
     超导电子学
     超导结
     超导模型
     超导态
     超导性
     超导转变

超导量子比特
superconducting quantum bit
O455
  S 量子比特
  C 超导量子电子学
  Z 计量单位

超导量子电子学
superconducting quantum electronics
O413.2；O511.2
  S 超导电子学
     量子电子学
  C 超导量子比特
  Z 电子学

超导临界场
  Y 临界磁场

超导临界电流
  Y 临界电流

超导临界温度
  Y 超导转变温度

超导模型
superconducting model
O511.2
  S 导电模型
  F RSJ 模型
     t-J 模型
     二流体模型
     临界态模型
  C 超导理论
  Z 物理模型

超导膜
  Y 超导薄膜

超导能隙
superconducting energy gap
O511.2
  S 带隙*

超导鞘临界场
  Y 第三临界场

超导鞘临界磁场
  Y 第三临界场

超导隧道结
superconducting tunneling junctions
O511.4
  S 超导结*
  F 约瑟夫森结

超导隧道效应
  Y 约瑟夫森效应

超导态
superconducting state
O511
  D 超导相
  S 凝聚态
  C 超导
     超导理论
     超导性
     超导转变
  Z 物态

超导特性
  Y 超导性

超导体
superconductor
O511
  D 超导材料
     超导体材料
  S 导体*
  F d 波超导体
     p 波超导体
     超导半导体
     超导晶体
     磁性超导体
     低温超导体
     第二类超导体
     第一类超导体
     电子型超导体
     高温超导体
     合金超导体
     化合物超导体
     颗粒超导体
     铁基超导体
  C 超导
     超导薄膜
     超导结
     超导性
     电导体
     约瑟夫森效应

超导体材料
  Y 超导体

超导体晶体
  Y 超导晶体

超导透镜
  Y 磁透镜

超导现象
  Y 超导

超导相
  Y 超导态

超导相变
  Y 超导转变

超导性
superconductivity
O511
  D 超导电性
     超导特性
  S 物理特性*
  F 高温超导性
  C 巴丁-库珀-施里弗理论
     超导
     超导电子学
     超导结
     超导理论
     超导态
     超导体
     超导转变
     声子软化

超导性半导体
  Y 超导半导体

超导氧化物
superconducting oxides
TM26
  S VIA 族化合物*

超导转变
superconducting transition
O511.2
  D 超导相变
  S 相变*
  F 失超
  C 超导
     超导理论
     超导态
     超导性

超导转变温度
superconducting transition temperature
O414；O511
  D 超导临界温度
  S 转变温度
  Z 温度

超低界面张力
ultra-low interfacial tension
O552.4；O647.1
  S 表面张力
  Z 化学性质

超低频电磁波
  Y 超长波

超低温
ultra-low temperature
O51；O551.2；P412.11
  D 甚低温
  S 低温
  Z 操作条件

超低温测量方法
  Y 低温测量

超低周疲劳
extremely low cycle fatigue
O346.2
  S 低周疲劳
  Z 疲劳

超电势
  Y 过电位

超电位
  Y 过电位

超电压
  Y 过电压

超短波
supershort wave

O452
　　D 米波
　　　甚高频电波
　　S 短波
　　C 甚高频
　　Z 电磁波

超短超强激光脉冲
ultra-short and ultra-intense laser pulse
TN24；TN78
　　D 超短强激光脉冲
　　S 超短激光脉冲
　　　超强激光脉冲
　　Z 脉冲

超短光脉冲
　　Y 超短激光脉冲

超短光脉冲技术
　　Y 高速光学技术

超短激光脉冲
ultrashort laser pulse
TN24；TN78
　　D 超短光脉冲
　　　超短脉冲
　　S 激光脉冲
　　F 阿秒脉冲
　　　超短超强激光脉冲
　　　飞秒脉冲
　　　纳秒脉冲
　　　皮秒脉冲
　　　微秒脉冲
　　　亚纳秒脉冲
　　C 光孤子
　　Z 脉冲

超短脉冲
　　Y 超短激光脉冲

超短脉冲高斯光束
ultrashort pulsed gaussian beam
O432.12
　　S 超短脉冲光束
　　　高斯光束
　　Z 光束

超短脉冲光束
ultrashort pulsed beams
O435.1
　　S 脉冲光束
　　F 超短脉冲高斯光束
　　Z 光束

超短强激光脉冲
　　Y 超短超强激光脉冲

超对称
supersymmetry
O572.23
　　D 超对称性
　　　自发对称性破缺
　　S 基本粒子对称性
　　C 超对称粒子
　　　超引力
　　　弦理论
　　Z 粒子性质

超对称粒子
supersymmetric particles

O572.3
　　S 粒子*
　　C 超对称
　　　超对称量子力学

超对称量子力学
supersymmetric quantum mechanics
O413.1
　　S 量子力学
　　C 超对称粒子
　　Z 物理学

超对称性
　　Y 超对称

超额自由能
excess free energy
O414.1
　　S 自由能
　　Z 能量

超分辨率
super-resolution
TN911
　　S 分辨率*
　　C 正则性 →(1)

超分子液晶
supermolecular liquid crystal
O753.2
　　S 液晶*

超辐射
superradiation
O562
　　D 相干自发辐射
　　S 自发辐射
　　Z 辐射

超负荷
　　Y 过载

超负载
　　Y 过载

超高分子量
super high molecular weight
O561.1；O631.61
　　D 超高分子质量
　　　超高摩尔质量
　　　超高相对分子质量
　　S 分子量*
　　C 聚合物分子量 →(3)

超高分子质量
　　Y 超高分子量

超高亮度
ultra-high brightness
O432.2
　　S 亮度*

超高摩尔质量
　　Y 超高分子量

超高能
ultra-high energy
O572
　　S 高能
　　Z 能量

超高频
super high frequency
O452
　　S 高频
　　Z 无线电频率

超高斯光束
super-gaussian beam
O432.12
　　S 高斯光束
　　C 正态分布 →(1)
　　Z 光束

超高速流
hypervelocity flow
O354.3
　　S 流体流*

超高速碰撞
　　Y 超高速撞击

超高速撞击
hypervelocity impact
O313.4；O385
　　D 超高速碰撞
　　S 高速撞击
　　C 高速冲击
　　Z 力学碰撞

超高温
ultra-high temperature
O522
　　D 甚高温
　　S 高温
　　Z 操作条件

超高相对分子质量
　　Y 超高分子量

超高压
ultra-high pressure
O52
　　S 高压
　　C 撞击流
　　Z 压力

超高压技术
superhigh pressure technique
O347.5
　　D 动态超高压技术
　　S 高压技术*

超高周疲劳
very high cycle fatigue
O346.2
　　S 高周疲劳
　　C S-N 曲线
　　　疲劳极限
　　Z 疲劳

超光谱探测
hyperspectral detection
O439
　　S 电光探测
　　Z 探测

超光速
superluminal
O412
　　S 光速

主　表　101

　　Z 传播速度

超光速粒子
　　Y 快子

超光速运动
super-light-velocity motion
O311；P137
　　S 天体运动*

超荷载
　　Y 过载

超环面光栅
toroidal grating
O437.4；P111.3
　　S 光栅*

超混沌
hyperchaos
O415.5
　　S 混沌*

超混沌 Chen 系统
　　Y Chen 混沌系统

超混沌 Liu 系统
　　Y Liu 混沌系统

超混沌 Lorenz 系统
　　Y Lorenz 系统

超混沌 Lü 系统
　　Y Lü 混沌系统

超混沌同步
hyper chaos synchronization
O415.5
　　S 混沌同步
　　Z 同步

超混沌吸引子
hyperchaotic attractor
O415.5
　　S 混沌吸引子
　　Z 吸引子

超极高频
　　Y 极高频

超交换作用
superexchange interaction
O572.24
　　S 交换作用
　　Z 粒子相互作用

超焦点距离
hyperfocal distance
TB8

超结构
　　Y 超晶格

超晶胞
supercell
O76；O771
　　S 晶胞*

超晶格
superlattice
O712；O76
　　D 超结构

　　S 晶格*
　　F 半导体超晶格
　　　掺杂超晶格
　　　光学超晶格
　　　金属超晶格
　　　应变超晶格
　　C 几何变形
　　　有序-无序相变

超晶格薄膜
super lattice films
O799
　　S 晶体薄膜*

超晶格结构
superlattice structure
O712
　　D 超晶格系统
　　S 晶格结构
　　Z 晶体结构

超晶格系统
　　Y 超晶格结构

超晶化
　　Y 超细晶化

超晶化过程
　　Y 超细晶化

超精细场
hyperfine field
O571
　　S 物理场*

超精细结构
　　Y 精细结构

超静定
statically indeterminate
O312
　　S 静定*

超静定次数
static indeterminacy
O34
　　S 力学常数*

超静定结构
statically indeterminate structure
O342
　　D 静不定结构
　　S 静定结构
　　Z 结构

超静定问题
　　Y 静不定问题

超巨磁电阻
colossal magnetoresistance
O441.6
　　D 超巨磁阻
　　S 磁电阻*

超巨磁阻
　　Y 超巨磁电阻

超空化
supercavitation
O359
　　D 超空泡

　　S 空化*
　　F 通气超空泡
　　　自然超空泡
　　C 滑行力
　　　空化器
　　　空化数
　　　细长体理论

超空化流
supercavitating flow
O359
　　D 超空泡流
　　　超空泡流动
　　　超气蚀
　　　超气蚀流
　　S 空泡流
　　Z 流体流

超空泡
　　Y 超空化

超空泡流
　　Y 超空化流

超空泡流动
　　Y 超空化流

超快电子衍射
ultrafast electron diffraction
O722.7
　　S 电子衍射
　　Z 衍射

超快动力学
ultrafast dynamics
O313
　　S 动力学
　　Z 理论力学

超快光谱
ultrafast spectroscopy
O433.51
　　D 超快光谱学
　　S 光谱*

超快光谱学
　　Y 超快光谱

超快光学
ultrafast optics
O43
　　S 光学*

超快光学技术
　　Y 高速光学技术

超快过程
ultrafast process
O437
　　S 物理过程*

超宽带发光
super broadband luminescence
O432.1
　　S 发光*

超棱镜效应
superprism effect
O734.2
　　S 折射效应
　　Z 光学效应

超冷分子
ultracold molecule
O561
　　S 分子*

超冷原子
ultra-cold atom
O562
　　S 冷原子
　　Z 原子

超冷中子
ultracold neutrons
O572.342
　　S 冷中子
　　Z 粒子

超离子传导材料
　　Y 固体电解质

超离子导电材料
　　Y 固体电解质

超离子导体
　　Y 固体电解质

超粒子
　　Y 超微粒子

超连续光谱
supercontinuum
O433.5
　　S 光谱*

超临界
supercritical
O57
　　D 超临界状态
　　S 状态*
　　C 超临界条件 →(1)
　　　单值化 →(1)
　　　临界图 →(1)
　　　临界压力
　　　临界指数
　　　亚临界

超临界氦
supercritical helium
TB6
　　S 形态*

超临界流
supercritical flow
O351.2
　　D 超临界流动
　　S 临界流
　　C 蒸汽流动
　　Z 流体流

超临界流动
　　Y 超临界流

超临界流动状态
　　Y 高流态

超临界流体
supercritical fluid
O359
　　D 超临界溶液
　　S 流体*
　　C 边界层分离

流体力学

超临界溶液
　　Y 超临界流体

超临界压力
supercritical pressure
O359；O369
　　S 临界压力
　　Z 压力

超临界状态
　　Y 超临界

超灵敏跃迁
hypersensitive transition
O413.1
　　S 跃迁*

超流
　　Y 超流理论

超流动性
superfluidity
O512
　　D 超流性
　　S 物理性质*
　　C n 体问题 →(4)
　　　玻色-爱因斯坦凝聚
　　　超流态
　　　量子流体
　　　液氦
　　　粘度

超流理论
superfluidity theory
O512
　　D 超流
　　　超流溶液理论
　　S 物理理论*
　　F 朗道液氦理论

超流溶液理论
　　Y 超流理论

超流态
superfluidity
O359
　　S 流态*
　　C 超流动性

超流体
superfluid
O512
　　S 流体*

超流性
　　Y 超流动性

超密等离子体
　　Y 稠密等离子体

超扭曲向列
　　Y 超扭曲向列相

超扭曲向列相
super twisted nematic
O753.2
　　D STN
　　　超扭曲向列
　　S 扭曲向列相

　　Z 晶相

超平坦色散
ultra-flattened dispersion
O436.3
　　S 平坦色散
　　Z 色散

超气蚀
　　Y 超空化流

超气蚀流
　　Y 超空化流

超前离解
　　Y 预离解

超强磁场
ultrastrong magnetic field
O441.2
　　S 强磁场
　　Z 磁场

超强激光场
ultra intense laser fields
O432.12
　　S 强激光场
　　Z 光场

超强激光脉冲
ultra-intense laser pulse
TN24；TN78
　　S 激光脉冲
　　F 超短超强激光脉冲
　　Z 脉冲

超强相互作用
superstrong interaction
O572.24
　　S 强相互作用
　　Z 相互作用

超热电子
superthermal electron
O572.322
　　D 过热电子
　　S 热电子
　　Z 电子

超热离子
　　Y 尾离子

超热中子
epithermal neutron
O572.342
　　S 热中子
　　Z 粒子

超软 X 射线源
　　Y 软 x 射线

超声
ultrasound
O426
　　S 声音*
　　F 双频超声
　　C 超声波
　　　超声测量
　　　超声场
　　　超声成像
　　　超声传播

主　表　103

超声背散射
ultrasonic backscattered signal
O422.5；P422.3
　　S　后向散射
　　Z　电磁波散射

超声表面波
ultrasonic surface waves
O426.2
　　D　表面超声波
　　S　超声波
　　　　声表面波
　　Z　声波

超声波
ultrasonic wave
O426
　　S　声波*
　　F　超声表面波
　　　　超声导波
　　　　超声驻波
　　　　电磁超声波
　　　　激光超声波
　　　　声束
　　C　超声
　　　　超声波速
　　　　超声传播
　　　　超声学
　　　　超声振动　→(5)

超声波冲击
ultrasonic percussion
O347
　　S　冲击*
　　C　疲劳强度

超声波传播
　　Y　超声传播

超声波发射
　　Y　超声发射

超声波法
ultrasonic method
O429；P631.52
　　D　超声波勘探
　　　　超声勘探
　　S　地球物理勘探*
　　　　声学方法*
　　F　脉冲反射法
　　C　超声成像测井　→(5)
　　　　井下电视　→(5)

超声波分析
　　Y　超声分析

超声波分析法
　　Y　超声分析

超声波辐射
　　Y　超声辐射

超声波净化
　　Y　超声清洗

超声波勘探
　　Y　超声波法

超声波脉冲反射法
　　Y　脉冲反射法

超声波频率
　　Y　超音频

超声波试验
　　Y　超声实验

超声波速
ultrasonic velocity
O422.1；O426.2；P631.4
　　D　超声波速度
　　S　声速
　　C　超声波
　　　　超声波速测量
　　Z　声学参数

超声波速测量
ultrasonic velocity measurement
TB52
　　S　超声测量
　　　　声速测量
　　C　超声波速
　　Z　声学测量
　　　　速度测量

超声波速度
　　Y　超声波速

超声波学
　　Y　超声学

超声波震荡
　　Y　超声振荡

超声测量
ultrasonic measurement
TB52
　　S　声学测量*
　　F　超声波速测量
　　C　超声

超声场
ultrasonic field
O426.2
　　S　声场*
　　F　超声空化场
　　C　超声

超声成象
　　Y　超声成像

超声成像
ultrasonic imaging
O426
　　D　超声成象
　　　　超声显象
　　　　超声造影
　　S　声成像
　　C　超声
　　　　超声测井　→(5)
　　　　超声成像测井　→(5)
　　Z　成像

超声传播
ultrasonic propagation
O426
　　D　超声波传播
　　S　声传播
　　C　超声
　　　　超声波
　　　　超声反射

超声散射
超声衍射
Z　能量转移

超声导波
ultrasonic guided waves
O426
　　S　表面波
　　　　超声波
　　Z　弹性波
　　　　声波

超声多普勒效应
ultrasonic Doppler effect
O426
　　S　超声效应
　　　　多普勒效应
　　Z　声学效应
　　　　物理效应

超声发射
ultrasonic emission
O426.2
　　D　超声波发射
　　S　声发射
　　F　超声激发声发射
　　Z　声学现象

超声反射
ultrasonic reflection
O426
　　S　声反射
　　F　多重反射
　　C　超声传播
　　Z　声学现象

超声分析
ultrasonic analysis
TB551
　　D　超声波分析
　　　　超声波分析法
　　S　声学分析
　　Z　分析

超声分子束
supersonic molecular beam
O561
　　S　分子束
　　Z　粒子束

超声辐射
ultrasonic radiation
O426.4
　　D　超声波辐射
　　S　声辐射
　　Z　辐射

超声辐射力
ultrasonic radiation force
O369
　　S　力*

超声光栅
ultrasonic grating
O437.4；P111.3
　　S　光栅*

超声焊接
ultrasonic welding
TB559

D 超声搪锡
S 超声应用*

超声回弹
ultrasonic rebound
O426
D 超声-回弹
S 弹性
Z 力学性质

超声-回弹
Y 超声回弹

超声活化
ultrasonic activation
TB559
S 超声应用*

超声激发声发射
ultrasound-stimulated acoustic emission
O426.2
S 超声发射
Z 声学现象

超声技术
ultrasonic technique
TB55
S 声学技术*
F 电磁超声
  电弧超声
  激光超声

超声加工
ultrasonic machining
TB559
S 超声应用*

超声检测
ultrasonic testing
TB551
S 声检测
F 超声探测
C 波结构
Z 检测

超声勘探
Y 超声波法

超声空化
ultrasonic cavitation
O426
D 声空化
S 空化*
C 超声空化场
  超声空化效应

超声空化场
ultrasonic cavitation field
O426.2
S 超声场
C 超声空化
Z 声场

超声空化效应
ultrasound cavitation effect
O426
S 超声效应
C 超声空化
Z 声学效应

超声脉冲
ultrasonic pulse
O426
S 声脉冲
Z 脉冲

超声喷雾
Y 超声雾化

超声清洗
ultrasonic cleaning
TB559
D 超声波净化
S 超声应用*

超声全息术
ultrasonic holography
O426.4
S 声全息术
Z 全息术

超声乳化
ultrasonic emulsification
TB559
S 超声应用*

超声散斑
ultrasonic speckle
O426
S 散斑*

超声散射
ultrasonic scattering
O422.5
S 声散射
C 超声传播
Z 声学现象

超声实验
ultrasonic experiments
O4-33
D 超声波试验
S 物理实验
Z 科学实验

超声衰减
ultrasonic attenuation
O426
S 声衰减
Z 声学现象

超声衰减系数
ultrasonic attenuation coefficient
O426.4
S 声衰减系数
Z 声学参数

超声顺磁共振
Y 声电子自旋共振

超声速
Y 超音速

超声速飞行空气动力学
Y 超音速空气动力学

超声速混合
supersonic mixing
O354
S 混合*

超声速流
Y 超声速流动

超声速流场
Y 超音速流场

超声速流动
supersonic flow
O354
D 超声速流
  超音速流
  超音速流动
S 流动*
F 高超声速流动
  锥形流动
C 超音速空气动力学
  冲击波
  可压缩流
  马赫数
  膨胀波
  斜激波
  压缩性效应

超声速尾流
Y 尾流

超声速阻力
Y 超声阻力

超声探测
supersonic sounding
TB553；TH878.2
S 超声检测
F 超声探伤
Z 检测

超声探伤
ultrasonic flaw detection
TB553；TH878.2
S 超声探测
  超声应用*
Z 检测

超声搪锡
Y 超声焊接

超声调制
ultrasonic modulation
TB559
S 超声应用*

超声雾化
ultrasonic atomization
TB559
D 超声喷雾
S 超声应用*

超声吸收
ultrasonic absorption
O426
S 声吸收
Z 声学现象

超声显象
Y 超声成像

超声效应
ultrasonic effects
O426
S 声学效应*

主　表

　　F 超声多普勒效应
　　　　超声空化效应
　　C 超声应用
　　　　触变性

超声悬浮
　　Y 声悬浮

超声学
ultrasonics
O426
　　D 超声波学
　　　　超声学研究
　　S 声学*
　　F 量子声学
　　C 超声波
　　　　超声应用

超声学研究
　　Y 超声学

超声衍射
ultrasonic diffraction
O422.5；O426
　　S 声衍射
　　C 超声传播
　　Z 衍射

超声应用*
ultrasonic applications
O429
　　F 超声调制
　　　　超声焊接
　　　　超声活化
　　　　超声加工
　　　　超声清洗
　　　　超声乳化
　　　　超声探伤
　　　　超声雾化
　　C 超声效应
　　　　超声学

超声造影
　　Y 超声成像

超声振荡
ultrasonic oscillation
O426.4
　　D 超声波震荡
　　S 声振荡
　　Z 声学现象

超声振动系统
ultrasonic vibration system
O32
　　S 振动系统
　　C 局部共振
　　Z 力学系统

超声驻波
ultrasonic standing wave
O426
　　S 超声波
　　　　驻波
　　Z 波
　　　　声波

超声阻力
supersonic drag
O354.3

　　D 超声速阻力
　　S 阻力*

超疏水表面
superhydrophobic surface
O485
　　S 表面*

超顺磁
　　Y 超顺磁性

超顺磁性
superparamagnetism
O482.52
　　D 超顺磁
　　S 顺磁性
　　C 磁流体
　　Z 磁性

超塑性
superplasticity
O344；O469
　　S 塑性
　　Z 力学性质

超塑性变形
superplastic deformation
O344.3
　　S 塑性变形
　　C 晶界扩散
　　　　应力状态
　　Z 变形

超塑性流变
superplastic rheological
O37
　　S 塑性流变
　　Z 流变

超弹性
superelasticity
O343
　　S 弹性
　　F 相变超弹性
　　Z 力学性质

超透镜
superlens
TH74
　　S 透镜
　　Z 光学元件

超突变结
hyperabrupt junction
O475
　　S 突变结
　　Z 半导体结

超微晶
ultracrystallite
O753.1
　　D 超微晶体
　　S 微晶
　　Z 类晶体

超微晶体
　　Y 超微晶

超微粒子
ultrafine particles

O572.3
　　D 超粒子
　　S 微粒子
　　Z 粒子

超微弱光子辐射
ultra-weak photon emission
O432.1
　　S 光辐射
　　Z 辐射

超维里定理
hypervirial theorem
O413
　　S 物理定理*

超细结晶过程
　　Y 超细晶化

超细结晶化
　　Y 超细晶化

超细结晶化过程
　　Y 超细晶化

超细晶
ultrafine grain
O76
　　D 超细晶体
　　S 晶体*

超细晶化
superfine-graining
O795
　　D 超晶化
　　　　超晶化过程
　　　　超细结晶过程
　　　　超细结晶化
　　　　超细结晶化过程
　　　　超晶化过程
　　S 细晶化
　　Z 晶化

超细晶化过程
　　Y 超细晶化

超细晶体
　　Y 超细晶

超细粒子
micro-size particles
O572.3
　　S 粒子*

超弦
　　Y 超弦理论

超弦/M 理论
superstring/M theory
O41
　　S M 理论
　　　　超弦理论
　　C 圈量子引力
　　Z 物理理论

超弦理论
superstring theory
O41
　　D 超弦
　　S 弦理论
　　F 超弦/M 理论

超引力
    Z 物理理论

超限应变
    Y 残余应变

超相对论
    Y 极端相对论

超谐波共振
    Y 超谐共振

超谐共振
ultraharmonic resonance
O321
    D 超谐波共振
    S 谐波共振
    F 3 次超谐共振
    C 非线性运动
        互联系统 →(1)
    Z 共振

超选择定律
    Y 选择定则

超选择定则
    Y 选择定则

超压
overpressure
O382
    D 异常地层压力
    S 压力*
    F 冲击波超压
    C TNT 当量
        超压盆地 →(4)
        井喷 →(5)
        空中爆炸

超压爆轰
overpressure detonation
O381
    S 爆轰*

超压传递
overpressure transference
O521
    S 压力传递
    Z 能量转移

超压峰值
peak overpressure
O347.5
    D 峰值超压
    S 数值*

超音频
ultrasonic frequency
O422
    D 超声波频率
    S 声频
    Z 声学参数

超音频偏磁
supersonic bias
TN912
    S 偏磁*
    F 交流偏磁

超音速
supersonic

O354；O422.1
    D 超声速
    S 声速
    F 高超声速
    Z 声学参数

超音速边界层
supersonic boundary layer
O357.4；P404；P421.3
    D 超音速附面层
        高超音速附面层
    S 边界层
    Z 流体层

超音速颤动
    Y 超音速颤振

超音速颤振
supersonic flutter
O354
    D 超音速颤动
    S 颤振
    C 超音速空气动力学
        导弹振动
    Z 振动

超音速分离
supersonic separation
O358
    S 物质分离*
    C 分离射流

超音速附面层
    Y 超音速边界层

超音速剪切层
    Y 剪切层

超音速空气动力学
supersonic aerodynamics
O354
    D 超声速飞行空气动力学
    S 高速空气动力学
    F 高超音速空气动力学
    C 超声速流动
        超音速颤振
    Z 空气动力学

超音速流
    Y 超声速流动

超音速流场
supersonic flow field
O354.3
    D 超声速流场
    S 高速流场
    Z 流场

超音速流动
    Y 超声速流动

超音速气流
supersonic speed airflow
O354
    S 气流*

超音速射流
supersonic jet
O358
    S 射流*

    C 喷管气流
        湍流模型

超音速特性
    Y 气动特性

超音速尾流
    Y 尾流

超音速阻力
    Y 气动阻力

超引力
supergravity
O41
    S 超弦理论
    C 玻色子
        超对称
        基本粒子引力相互作用
    Z 物理理论

超荧光光纤光源
super-fluorescent fiber source
TN253
    S 光纤光源
    F 掺铒超荧光光纤光源
    Z 光源

超硬薄膜
ultra-hard film
O484.4
    D 超硬膜
    S 硬质薄膜
    Z 薄膜

超硬晶体
superhard crystal
O731
    S 晶体*
    C 高压晶体生长

超硬膜
    Y 超硬薄膜

超原胞
super primitive cell
O76
    S 原胞
    Z 晶胞

超越空气动力学
    Y 稀薄气体动力学

超载
    Y 过载

超载荷
    Y 过载

超载应力
    Y 荷载应力

超重核
superheavy nucleus
O571.22
    S 重核
    C 核合成 →(4)
    Z 原子核

超子
hyperon

O572.343
　　S 重子
　　F Σ超子
　　　　λ超子
　　C 超子吸收
　　Z 粒子

超子-氘核散射
hyperon-deuteron scattering
O571.425
　　S 氘核散射
　　Z 粒子散射

超子-核子散射
hyperon-nucleon scattering
O571.425
　　S 核子散射
　　Z 粒子散射

超子吸收
hyperon absorption
O571.2；O571.4
　　S 吸收*
　　C 超子

超子质量
　　Y 重子质量

潮动力
　　Y 潮流能

潮高比
　　Y 潮汐要素

潮痕
　　Y 潮汐要素

潮阶
　　Y 潮汐要素

潮棱体
　　Y 潮汐要素

潮力
　　Y 潮流能

潮龄
　　Y 潮汐要素

潮流动力
　　Y 潮流能

潮流能
tidal energy
[O352]；P731.23；P743；P962
　　D 潮动力
　　　　潮力
　　　　潮流动力
　　　　潮汐动力
　　　　潮汐能
　　　　潮汐能量
　　　　潮汐能源
　　　　海流能
　　S 水能
　　C 潮流速 →(4)
　　　　潮汐动力学 →(4)
　　　　潮汐发电 →(4)
　　　　潮汐摄动 →(4)
　　　　潮汐应力 →(4)(5)
　　　　潮汐周期 →(4)
　　　　引潮力 →(4)

　　　　Z 能量

潮能
　　Y 潮汐要素

潮期
　　Y 潮汐要素

潮日
　　Y 潮汐要素

潮汐带
　　Y 潮汐要素

潮汐动力
　　Y 潮流能

潮汐间隙
　　Y 潮汐要素

潮汐裂隙
　　Y 潮汐要素

潮汐能
　　Y 潮流能

潮汐能量
　　Y 潮流能

潮汐能源
　　Y 潮流能

潮汐频谱
　　Y 潮汐要素

潮汐特征
　　Y 潮汐要素

潮汐性质
　　Y 潮汐要素

潮汐要素*
tidal element
P433；P731.23
　　D 潮高比
　　　　潮痕
　　　　潮阶
　　　　潮棱体
　　　　潮龄
　　　　潮能
　　　　潮期
　　　　潮日
　　　　潮汐带
　　　　潮汐间隙
　　　　潮汐裂隙
　　　　潮汐频谱
　　　　潮汐特征
　　　　潮汐性质
　　　　低潮间隙
　　　　低潮时滞
　　　　分潮日
　　　　高潮间隙
　　　　高潮时滞
　　　　月潮低潮间隙
　　　　月潮高潮间隙
　　　　月潮间隙
　　　　月潮流间隙
　　F 潮汐重力
　　C 潮流 →(4)
　　　　潮汐理论 →(4)
　　　　潮汐模型 →(4)

　　　　海浪频谱 →(4)

潮汐重力
tidal gravity
O314；P731.23
　　D 潮汐重力改正
　　S 潮汐要素*
　　　　重力
　　Z 力

潮汐重力改正
　　Y 潮汐重力

车轮外流场
outer flow-field around wheel
U461.1
　　S 汽车流场
　　　　外流场
　　Z 流场

车身外流场
outer flow-field around a car body
U461.1
　　S 汽车流场
　　　　外流场
　　Z 流场

扯断强度
　　Y 断裂强度

尘埃等离子体
dusty plasma
O531
　　D 复杂等离子体
　　S 等离子体*

尘埃声波
dust acoustic waves
O534
　　S 等离子体声波
　　F 尘埃声孤波
　　Z 等离子体波

尘埃声孤波
dust acoustic solitary waves
O534
　　S 尘埃声波
　　Z 等离子体波

沉贯阻力
　　Y 贯入阻力

沉积结构
　　Y 岩石结构

沉积气压
deposition pressure
O354
　　D 沉积压力
　　S 气体压力
　　Z 压力

沉积剩磁
depositional remanence
O482.52；P318.1
　　D 沉积剩余磁化
　　S 剩磁*
　　C 热剩磁

沉积剩余磁化
　　Y 沉积剩磁

沉积物-水界面
sediment-water interface
O552.5
　　S 固液界面
　　C 水岩作用 →(5)
　　Z 相界面

沉积压力
　　Y 沉积气压

沉降流
　　Y 气流

沉降系数
sedimentation coefficient
TU4
　　S 系数*

晨噪
　　Y 大气噪声

衬比
　　Y 对比度

衬比度
　　Y 对比度

衬底热空穴
substrate hot hole
O473
　　S 热空穴
　　Z 载流子

称量
　　Y 称重

称重
weighing
TB932
　　D 测重
　　　 称量
　　　 重量测量
　　S 质量测量
　　C 砝码
　　　 天平
　　　 压强
　　　 重量分析法 →(3)
　　Z 力学测量

成比例的模型
　　Y 几何相似模型

成藏动力学系统
O313
　　S 动态系统
　　C 成藏动力学 →(5)
　　Z 力学系统

成层流
　　Y 层流

成层流体
　　Y 分层流体

成洞
　　Y 空化

成分
　　Y 组分

成分特征
　　Y 组分

成分自由度
compositional degree of freedom
O48
　　S 自由度*

成份
　　Y 组分

成核*
nucleation
O552.6；O78
　　D 成核过程
　　　 成核机理
　　　 成核机制
　　　 成核现象
　　　 核化
　　　 核型
　　　 形核
　　　 形核过程
　　　 形核机理
　　　 形核机制
　　F 动力形核
　　　 胶束成核
　　　 空洞形核
　　　 粒子激发形核
　　　 裂纹形核
　　　 马氏体形核
　　　 气泡成核
　　　 相变形核
　　　 液相成核
　　　 异质核化
　　C 成核密度
　　　 金属团簇
　　　 冷凝 →(3)
　　　 凝并
　　　 凝结

成核场
nucleation fields
O441.4
　　S 磁场*
　　C 磁场强度

成核过程
　　Y 成核

成核机理
　　Y 成核

成核机制
　　Y 成核

成核率
nucleation rate
O641.1；O78
　　S 比率*
　　C 成核密度

成核密度
nucleation density
O641.1；O78；P426.3
　　S 密度*
　　C 成核
　　　 成核率

成核生长
nucleation growth
O78
　　S 晶体生长*

成核现象
　　Y 成核

成核诱导期
induction period of nucleation
O78；P426.3
　　S 时期*

成极
　　Y 电介质极化

成键
　　Y 化学键合

成象
　　Y 成像

成象技术
　　Y 成像

成象理论
　　Y 成像原理

成象原理
　　Y 成像原理

成像*
imaging
O435
　　D 成象
　　　 成象技术
　　　 成像规律
　　　 成像过程
　　　 成像技术
　　　 成像特性
　　F 暗场成像
　　　 斑点成像
　　　 半影成像
　　　 表面等离子体共振成像
　　　 磁光成像
　　　 二次成像
　　　 反演成像
　　　 分频成像
　　　 干涉成像
　　　 共焦成像
　　　 关联成像
　　　 光电成像
　　　 鬼成像
　　　 近场成像
　　　 粒子成像
　　　 量子成像
　　　 偏振成像
　　　 热波成像
　　　 三维成像
　　　 散射成像
　　　 生物医学核磁共振
　　　 声成像
　　　 衰减成像
　　　 太赫兹成像
　　　 透射成像
　　　 卫星成像
　　　 相干成像
　　　 相位成像
　　　 亚波长成像
　　　 衍射成像
　　　 直接成像
　　　 自成像
　　C 成像光学
　　　 成像畸变

极限分辨率

成像光学
imaging optics
O435
  S 光学*
  F 非成像光学
    几何光学
  C 成像
    成像精度 →(4)
    成像原理

成像规律
  Y 成像

成像过程
  Y 成像

成像畸变
image distortion
O435.2
  D 图像畸变
  S 赛德尔像差
  F 几何畸变
    切向畸变
  C 成像
    大气校正 →(4)
    图像校正 →(4)
  Z 像差

成像技术
  Y 成像

成像特性
  Y 成像

成像条件
imaging condition
O435
  S 物理条件
  Z 条件

成像仪
imager
TH74
  S 光学仪器
  F 多角度成像仪
    三维成像仪
    闪电成像仪
    微波成像仪
  Z 仪器仪表

成像原理
image-forming principle
O435.2
  D 成象理论
    成象原理
  S 光学理论*
  F 阿贝成像原理
    瑞利判据
  C 成像光学

成型条件
  Y 塑性条件

成穴
  Y 空化

承受力
  Y 支承力

承压力
  Y 承载力

承压流
  Y 管流

承压强度
  Y 支承强度

承压应力
  Y 支承应力

承载力
bearing force
O346
  D 承压力
    承重能力
    最大承载力
  S 屈服强度
  F 地基承载力
    极限承载力
    允许承载力
    桩柱承载能力
  C 变形模量
    端阻力
    荷载传递
    抗压强度
    全截面 →(1)
    载荷试验
    最大载荷
  Z 力学强度

承载强度
  Y 支承强度

承载试验
  Y 载荷试验

承载压力
  Y 支承力

承载因子
bearing factor
O347.1
  S 力学因子*
  C 应力路径

承重能力
  Y 承载力

乘性色噪声
multiplicative colored noise
O42
  S 随机噪声*

程函方程
eikonal equation
O175.29；O435
  D Eikonal 方程
    短时距方程
    几何光学方程
  S 方程（数学）*
  C 有限差分模拟 →(1)

程式
  Y 模式

橙光
orange light
O431.1；O432.3
  S 可见光

Z 光

秤
  Y 天平

弛豫
  Y 松弛

弛豫过程
  Y 松弛

弛豫模量
  Y 松弛模量

弛豫谱
relaxation spectrum
O37
  D 松弛谱
    松弛时间谱
    推迟时间谱
  S 谱*
  C 弛豫时间

弛豫时间
relaxation time
O482.53
  D 弛豫速率
    驰豫时间
    松弛时间
  S 事件时间*
  F 横向弛豫时间
    介电弛豫时间
    热松弛时间
    自旋-晶格弛豫时间
  C 弛豫谱
    松弛变量 →(1)
    松弛效应 →(3)

弛豫速率
  Y 弛豫时间

弛豫铁电单晶
relaxor ferroelectric single crystal
O738
  D 弛豫铁电单晶材料
    弛豫铁电单晶体
    弛豫铁电单晶体材料
  S 铁电单晶
    铁电晶体
  Z 晶体

弛豫铁电单晶材料
  Y 弛豫铁电单晶

弛豫铁电单晶体
  Y 弛豫铁电单晶

弛豫铁电单晶体材料
  Y 弛豫铁电单晶

弛豫现象
  Y 松弛

弛豫效应
  Y 松弛

驰豫
  Y 松弛

驰豫时间
  Y 弛豫时间

驰豫速率
　　Y 松弛

驰豫振荡
relaxation oscillations
TN241
　　S 不稳定振荡
　　　 激光振荡
　　Z 振荡

驰振
galloping
O327
　　S 结构振动
　　Z 振动

迟发辐射效应
　　Y 辐射效应

迟后曲线
　　Y 滞回曲线

迟后弹性模量
　　Y 弹性模量

迟滞共振
retarded resonance
O321
　　S 共振*

迟滞环
　　Y 滞回曲线

迟滞回线
　　Y 滞回曲线

迟滞现象
　　Y 滞后

迟滞性曲线
　　Y 滞回曲线

持恒电流
　　Y 持续电流

持久
　　Y 疲劳

持久电流
　　Y 持续电流

持久极限
　　Y 疲劳强度

持久强度
　　Y 疲劳强度

持久强度极限
　　Y 疲劳强度

持久限
　　Y 疲劳强度

持久载荷
　　Y 连续载荷

持粘力
permanent adhesion
O31
　　S 粘附力
　　C 剥离强度
　　Z 力

持续变形
　　Y 连续变形

持续电流
persistent current
O441.1
　　D 持恒电流
　　　 持久电流
　　　 连续电流
　　S 电流*

持续极限
　　Y 疲劳极限

持续加荷
　　Y 连续载荷

持续性加速度
　　Y 加速度

持续载荷
　　Y 连续载荷

持续振荡
　　Y 无阻尼振动

尺寸*
size
ZT2
　　F 胞格尺寸
　　　 塑性区尺寸
　　C 公差　→(1)
　　　 厚度

尺寸测量
　　Y 几何量测量

尺寸模型
　　Y 缩尺模型

尺寸稳定性
dimensional stability
O317；O342
　　S 静态稳定性
　　C 变形
　　Z 力学稳定性

尺寸效应
size effect
O441
　　S 电磁效应
　　C 尺度效应　→(4)
　　　 共振
　　　 应变梯度
　　Z 电场效应

尺度*
scale
ZT2
　　D 特征尺度
　　F 积分尺度
　　　 内禀尺度
　　C 尺度分析　→(1)(4)
　　　 尺度结构　→(1)(4)
　　　 时空尺度
　　　 天气尺度　→(4)

尺度不变
　　Y 标度不变性

尺度不变性
　　Y 标度不变性

尺度不变性定理
　　Y 标度不变性

尺度不变性定律
　　Y 标度不变性

尺度不变性原理
　　Y 标度不变性

尺度不变性质
　　Y 标度不变性

齿面摩擦力
gear tooth friction force
O313.5
　　S 表面摩擦力
　　Z 力

斥力
　　Y 排斥力

赤道低压
　　Y 低气压

冲波
　　Y 激波

冲波边界层干扰
　　Y 激波边界层干扰

冲波干扰
　　Y 激波干扰

冲波衰减
　　Y 激波衰减

冲波效应
　　Y 冲击波效应

冲波阻力
　　Y 流动阻力

冲荡振动
whipping vibration
O322
　　S 结构振动
　　Z 振动

冲击*
impact
O313.4；O347.1
　　D 冲击过程
　　F 爆炸冲击
　　　 侧向冲击
　　　 超声波冲击
　　　 冲震
　　　 次冲击
　　　 弹道冲击
　　　 低冲击
　　　 地冲击
　　　 动力冲击
　　　 高速冲击
　　　 横向冲击
　　　 机械冲击
　　　 激光冲击
　　　 喷射冲击
　　　 砰击
　　　 强冲击
　　　 热冲击

主　表　111

　　水锤
　　应力过冲
　　轴向冲击
　　主冲击
　C 冲击加速度
　　冲击时间
　　冲击压力
　　碰撞
　　射弹冲击载荷
　　压应力
　　振动

冲击（力学）
　Y 机械冲击

冲击（热）
　Y 热冲击

冲击摆
impact pendulum
O314
　D 弹道摆
　S 摆*

冲击爆震
impact detonation
O381
　S 爆轰*

冲击波*
shock wave
O347.5；O382
　D 冲击波场
　　击波
　F 爆轰波
　　爆破冲击波
　　爆炸冲击波
　　弹塑性冲击波
　　等离子体冲击波
　　辐射冲击波
　　激光冲击波
　　聚爆冲击波
　　炮口冲击波
　　炮尾冲击波
　　平面冲击波
　　强冲击波
　　热击波
　　弱冲击波
　　水中冲击波
　　相对论性冲击波
　　斜冲击波
　C 爆炸力学
　　超声速流动
　　冲击波物理
　　辐射潮　→(4)
　　光辐射
　　激波
　　马赫反射
　　马赫数
　　应力波

冲击波参数
shock wave parameter
O347.5；O382
　S 力学参数*
　C 冲击波物理

冲击波测试
　Y 冲击波检测

冲击波场
　Y 冲击波

冲击波超压
shock wave overpressure
O347.5
　S 超压
　Z 压力

冲击波传播
shock wave propagation
O347.5；O353.2；P315.31
　D 冲击波传导
　S 波传播
　C 冲击波物理
　　冲击时间
　Z 能量转移

冲击波传导
　Y 冲击波传播

冲击波合成法
shock wave synthesis
O347.5；O782
　S 物理法*

冲击波检测
shock wave measurement
O347.5
　D 冲击波测试
　S 检测*

冲击波结构
shock wave structure
O347.5
　S 波结构*
　C 冲击波阵面

冲击波解
shock wave solutions
O357
　S 解*

冲击波能
shock wave energy
O347.5
　S 能量*

冲击波前
shock front
O347.5
　D 击波前
　S 波前*

冲击波强度
　Y 激波强度

冲击波衰减
shock wave attenuation
O347.5；O382
　S 波衰减
　Z 衰减

冲击波物理
shock wave physics
O59
　D 冲击波物理学
　S 物理学*
　C 冲击波
　　冲击波参数

冲击波传播
冲击波效应

冲击波物理学
　Y 冲击波物理

冲击波效应
blast effects
O347.5
　D 爆炸波效应
　　冲波效应
　　冲击波影响
　　环流作用
　　绕流作用
　S 爆炸效应*
　C 冲击波物理

冲击波压力
shock wave pressure
[P933.9]；O354.5；P731.22
　S 波压
　Z 波浪要素
　　压力

冲击波影响
　Y 冲击波效应

冲击波硬化
　Y 应变硬化

冲击波阵面
shock front
O347.5；O354.5
　D 激波波阵面
　　激波阵面
　S 波前*
　C 冲击波结构

冲击测量
shock measurement
TB462；TB93
　S 力学测量*
　C 冲击法测磁装置　→(5)

冲击动力响应
impact dynamic response
O313
　S 冲击响应
　Z 响应

冲击动力学
impact dynamics
O313；O342
　S 冲击力学
　　结构力学
　Z 固体力学

冲击断裂
impact fracture
O346.11
　S 断裂*

冲击负荷
　Y 冲击载荷

冲击负载
　Y 冲击载荷

冲击杆*
impact bar
O347.3；O385

F 霍布金生杆
C 高速撞击
　塑性波
　一维弹塑性波传播

冲击刚度
shock stiffness
O343；O347
　S 刚度
　Z 力学性质

冲击过程
　Y 冲击

冲击荷载
　Y 冲击载荷

冲击加速度
shock acceleration
O311.1；O313.4
　D 弹射加速度
　　撞击加速度
　S 加速度*
　C 冲击

冲击加载
impact loading
O347.1
　S 加载
　Z 荷载

冲击角
impact angle
O313
　D 冲击角度
　S 角*

冲击角度
　Y 冲击角

冲击接触
shock contact
O343.3
　S 接触*

冲击拉伸
impact tension
O344.3；O347.3
　S 拉伸*
　C 应变率
　　应变率相关

冲击力
impact force
O313.4
　D 冲力
　S 外力
　F 入水冲击力
　　射流冲击力
　Z 力

冲击力学
impact mechanics
O34
　S 固体力学*
　F 冲击动力学

冲击力学性能
　Y 冲击性能

冲击流场

impingement flow field
O353.4
　S 流场*

冲击模型
shock model
O313
　S 动力学模型
　F δ-冲击模型
　C 对数分布 →(1)
　Z 力学模型

冲击磨损
impact wear
O347.3
　S 磨损*
　C 磨损机理
　　应变硬化

冲击耐力
　Y 冲击强度

冲击疲劳
impact fatigue
O346
　S 疲劳*
　C 接触疲劳
　　蠕变疲劳
　　振动疲劳

冲击破坏
　Y 冲击损伤

冲击谱
shock spectrum
O347.5；O369；P315.3
　S 谱*
　F 三维冲击谱
　C 地震反应谱 →(5)
　　力学碰撞
　　振动谱

冲击强度
impact strength
O346
　D 冲击耐力
　　冲击强力
　　耐冲击强度
　　耐撞性
　　强度(冲击)
　　撞击强度
　S 切口强度
　F 切口冲击强度
　C 冲击试验
　　冲击性能
　　冲击载荷
　　力学碰撞
　　弯曲模量
　　应力集中
　Z 力学强度

冲击强力
　Y 冲击强度

冲击屈曲
impact buckling
O344.7
　S 屈曲*

冲击韧度

　Y 冲击韧性

冲击韧性
impact toughness
O346
　D 冲击韧度
　　冲击值
　　抗冲击性
　　撞击韧性
　S 韧性
　C 冲击性能
　　冲击载荷
　　抗拉强度
　　应力集中
　Z 力学性质

冲击熔化
shock melting
O552.6
　S 熔化
　Z 物态变化

冲击射流
impinging jet
O358
　D 碰撞射流
　　撞击射流
　S 射流*

冲击时间
attack time
O342
　S 事件时间*
　C 冲击
　　冲击波传播
　　冲击试验
　　冲击响应
　　冲击载荷

冲击实验
　Y 冲击试验

冲击试验
impact test
O348
　D 冲击实验
　　碰撞实验
　　碰撞试验
　　撞击实验
　S 力学实验
　F 小冲孔试验
　　仪器化冲击试验
　C 冲击强度
　　冲击时间
　　力学碰撞
　　碰撞时间
　　碰撞系统
　Z 科学实验

冲击速度
　Y 撞击速度

冲击损坏
　Y 冲击损伤

冲击损伤
impact damage
O346.5
　D 冲击破坏

冲击损坏
　　　打伤
　　　碰撞损伤
　　　碰撞损失
　　S 损伤(力学)＊
　　C 喷出物 →(4)
　　　剩余强度
　　　损耗因子

冲击弹性
striking elasticity
O347.3
　　S 弹性
　　Z 力学性质

冲击弹性模量
　　Y 弹性模量

冲击弯曲试验
　　Y 抗冲击强度

冲击系统
　　Y 碰撞系统

冲击相变
shock phase transition
O552.6
　　S 相变＊

冲击响应
shock response
O313
　　S 动态响应
　　F 冲击动力响应
　　C 冲击时间
　　　跃变
　　Z 响应

冲击性能
impact properties
O34
　　D 冲击力学性能
　　S 力学性质＊
　　C 冲击强度
　　　冲击韧性
　　　张力特性

冲击压
　　Y 冲击压力

冲击压力
impact pressure
O313；O315；O347.1
　　D 冲击压
　　　碰撞压力
　　　压力冲击
　　S 动压
　　C 冲击
　　　旋涡空化
　　Z 压力

冲击压缩
shock compression
O385
　　S 压缩＊

冲击因数
　　Y 冲击因子

冲击因子

impact factor
O313.4
　　D 冲击因数
　　　撞击因子
　　S 力学因子＊

冲击应力
　　Y 振动应力

冲击应力波
impact stress wave
O347.4
　　S 应力波＊

冲击载荷
impact load
O315；O347.1
　　D 冲击负荷
　　　冲击负载
　　　冲击荷载
　　　突加载荷
　　　振动负荷
　　　振动荷载
　　　振动载荷
　　　震动荷载
　　　震动载荷
　　　撞击荷载
　　　撞击载荷
　　S 瞬变载荷
　　F 流固冲击载荷
　　　射弹冲击载荷
　　　着陆载荷
　　C 冲击强度
　　　冲击韧性
　　　冲击时间
　　　激波
　　　三维冲击谱
　　Z 荷载

冲击振动
　　Y 碰撞振动

冲击振动系统
　　Y 碰撞振动系统

冲击值
　　Y 冲击韧性

冲击阻尼
　　Y 碰撞阻尼

冲激波
　　Y 激波

冲角效应
　　Y 迎角效应

冲力
　　Y 冲击力

冲量
impulse
O313
　　S 力学量＊
　　F 喷射冲量
　　C 动量

冲量定理
　　Y 动量定理

冲流电压

streaming potential
TM933.2
　　S 电压＊

冲蚀磨损
　　Y 腐蚀磨损

冲刷磨损
　　Y 腐蚀磨损

冲震
bumping
O347.1
　　D 震动(冲击)
　　S 冲击＊
　　C 噪声
　　　振动

充电电流
charging current
O441.1
　　D 电容电流
　　S 电流＊

充气流体
　　Y 泡沫流体

充气压力
inflation pressure
O351
　　S 压力＊

充液比
fill ratio
O359
　　S 比率＊

重叠因子
overlap factor
TN7；TN95
　　S 因子＊

重复载荷
　　Y 重复加载

重复荷载
　　Y 交变载荷

重复加载
repeated loading
O347.1
　　D 反复加载
　　　重复载荷
　　S 加载
　　Z 荷载

重复脉冲
　　Y 周期脉冲

重复频率
repetition frequency
O411
　　S 频率＊

重复载荷
　　Y 交变载荷

重构表面
reconstructed surface
O485
　　D 重建表面

S 表面*

重构核粒子法
reproducing kernel particle method
O302
　　S 力学方法*

重构型相变
reconstructive transformation
O792
　　D 重建型相变
　　　 重建性相变
　　S 结构相变
　　Z 晶体相变

重合位置点阵晶界
　　Y 重位点阵晶界

重碱结晶
crystallization of sodium bicarbonate
O79
　　S 工业结晶
　　Z 结晶

重建表面
　　Y 重构表面

重建型相变
　　Y 重构型相变

重建性相变
　　Y 重构型相变

重结晶
　　Y 再结晶

重结晶法
　　Y 再结晶

重结晶工艺
　　Y 再结晶

重入超导体
　　Y 磁性超导体

重散射
　　Y 多重散射

重数
multiplication
O156；O572.3
　　D 多重数
　　S 数*
　　C 最大特征向量 →(1)

重位点阵晶界
coincidence site lattice boundary
O763
　　D CSL 晶界
　　　 重合位置点阵晶界
　　S 晶界*
　　F 低 Σ 重位点阵晶界

重整化*
renormalization
O413.2
　　D 电荷重整化
　　　 电荷重正化
　　　 相乘性重整化
　　　 相乘性重整化处理法
　　　 相乘性重整化处理方法
　　　 相乘性重整化法
　　　 相乘性重整化方法
　　　 相加性重整化
　　　 相加性重整化处理法
　　　 相加性重整化处理方法
　　　 相加性重整化法
　　　 相加性重整化方法
　　　 相加性重正化处理法
　　　 相加性重正化处理方法
　　　 相加性重正化法
　　　 相加性重正化方法
　　　 重整化处理法
　　　 重整化处理方法
　　　 重整化法
　　　 重整化方法
　　　 重整化群计算法
　　　 重整化群计算方法
　　　 重正化
　　　 重正化处理法
　　　 重正化处理方法
　　　 重正化法
　　　 重正化方法
　　　 重正化群计算法
　　　 重正化群计算方法
　　F 动量重整化
　　C 标度不变性
　　　 规范场论
　　　 临界 →(1)

重整化处理法
　　Y 重整化

重整化处理方法
　　Y 重整化

重整化法
　　Y 重整化

重整化方法
　　Y 重整化

重整化群
renormalization group
O152；O411
　　D 重整化群方法
　　　 重正化群
　　S 群(数学)*

重整化群方法
　　Y 重整化群

重整化群计算法
　　Y 重整化

重整化群计算方法
　　Y 重整化

重正化
　　Y 重整化

重正化处理法
　　Y 重整化

重正化处理方法
　　Y 重整化

重正化法
　　Y 重整化

重正化方法
　　Y 重整化

重正化群
　　Y 重整化群

重正化群计算法
　　Y 重整化

重正化群计算方法
　　Y 重整化

抽力
draft
O354.7
　　D 吸力
　　S 气体压力
　　Z 压力

抽伸
　　Y 延伸

抽样
　　Y 采样

抽样法
　　Y 采样

抽样函数
sample function
O212.2；O43；P413
　　D 取样函数
　　　 样本函数
　　S 函数*

抽样技术
　　Y 采样

抽样理论
　　Y 采样

抽运
　　Y 泵浦

抽运功率
pump power
TN241/244
　　S 功率*

抽运源
　　Y 泵浦

畴*
domain
O74
　　D 畴(物理)
　　F 磁畴
　　　 单畴
　　　 晶畴

畴(物理)
　　Y 畴

畴壁
domain wall
O482.51
　　S 畴结构*
　　F 磁畴壁
　　　 双层壁
　　　 铁电畴壁
　　C 畴壁位移
　　　 磁畴
　　　 晶畴

畴壁钉扎

domain wall pinning
O737
　S 钉扎效应
　Z 物理效应

畴壁位移
wall displacement
O482.5；O482.51
　S 位移*
　C 畴壁

畴边界
　Y 畴界

畴结构*
domain structure
O482.51；O76
　F 畴壁
　　磁畴结构
　　电畴结构
　　晶畴结构

畴界
domain boundary
O76
　D 畴边界
　S 晶畴结构
　F 反相畴界
　C 晶畴
　Z 畴结构

稠度
　Y 粘度

稠度指数
　Y 粘度指数

稠密等离子体
dense plasma
O531
　D 超密等离子体
　　高密度等离子体
　S 等离子体*

稠密气固两相流
　Y 稠密气固流动

稠密气固两相流动
　Y 稠密气固流动

稠密气固流动
dense gas-solid flow
O359
　D 稠密气固两相流
　　稠密气固两相流动
　S 气固两相流
　Z 流体流

稠密相
　Y 高压相

稠密形态
　Y 高压相

出口流场
exit flow field
O351
　D 出口流场(流体力学)
　S 流场*

出口流场(流体力学)
　Y 出口流场

出口速度
exit velocity
O351.2
　S 流速*

出口压力
outlet pressure
O351.2
　D 排出压力
　S 压力*

出流边界
outflow boundary
O351.2；P404
　S 边界*

出射角
emergence angle
O435.1
　S 光学角*

出射粒子
outgoing particle
O572.3
　S 粒子*

初波
　Y 纵波

初参数
initial conditions
O342
　S 参数*

初次结晶
　Y 一次结晶

初次结晶过程
　Y 一次结晶

初次结晶化
　Y 一次结晶

初次结晶化过程
　Y 一次结晶

初次晶化过程
　Y 一次结晶

初次再结晶
　Y 开始再结晶

初基点阵
primitive lattice
O712
　D 简单点阵
　S 点阵*

初基晶胞
　Y 素晶胞

初基原胞
　Y 原胞

初级成核
primary nucleation
O78
　D 初级形核
　S 晶体成核
　C 诱导期 →(3)

　Z 晶体形成

初级结晶
　Y 一次结晶

初级粒子
primary particle
O572.3
　D 初始反冲粒子
　　一次粒子
　　原级粒子
　S 粒子*
　C 初级宇宙线
　　天顶角 →(4)

初级球差
primary spherical aberration
O435.2
　S 球差
　Z 像差

初级像差
　Y 赛德尔像差

初级形核
　Y 初级成核

初级宇宙辐射
　Y 初级宇宙线

初级宇宙线
primary cosmic rays
O572.1；P141
　D 初级宇宙辐射
　　原初宇宙线
　S 宇宙线
　C 初级粒子
　Z 粒子

初级再结晶
　Y 一次再结晶

初晶化
primary crystallization
O795
　D 初晶化过程
　　初晶晶化
　　初晶晶化过程
　　初晶型晶化
　S 晶化*

初晶化过程
　Y 初晶化

初晶晶化
　Y 初晶化

初晶晶化过程
　Y 初晶化

初晶型晶化
　Y 初晶化

初粘强度
　Y 湿强度

初生空穴
incipient cavitation
O351
　S 空化*

初始半径

initial radius
O342
　　S 半径*

初始波
　　Y 纵波

初始磁化
　　Y 磁化

初始弹道
initial trajectory
O315
　　S 飞行弹道
　　C 下洗流场
　　Z 弹道

初始反冲粒子
　　Y 初级粒子

初始碰撞
initial collision
O313.4
　　S 力学碰撞*

初始屈服面
　　Y 屈服面

初始扰动
initial disturbance
O354；P433
　　D 初值扰动
　　　 起始扰动
　　S 力学扰动
　　Z 扰动

初始损伤
initial damage
O346.5
　　S 损伤*

初始位移
initial displacement
O311
　　S 位移*

初始温差
initial temperature difference
O551.2；P412.11；P423
　　D 初温差
　　S 温差*

初速
　　Y 初速度

初速度
initial velocity
O311.1
　　D 初速
　　S 速度*
　　C 膛压

初温差
　　Y 初始温差

初相位
initial phase
O441.1
　　S 相位*

初应变

initial strain
O344.3
　　S 应变*

初应力
initial stress
O343.4
　　S 应力*
　　C 初始条件 →(1)(4)
　　　 弹塑性分析

初值扰动
　　Y 初始扰动

初至波
　　Y 纵波

雏晶
crystallite
O73
　　S 晶体*

杵体
slug
O38
　　S 物体*
　　C 金属射流

储存模量
　　Y 储能模量

储存柔软度
　　Y 柔性

储能模量
storage modulus
O34；O37
　　D 储存模量
　　　 储能柔量
　　　 存储模量
　　　 贮藏模量
　　　 贮能模量
　　S 动态模量
　　C 损耗因子
　　Z 模量

储能柔量
　　Y 储能模量

触变流体
　　Y 触变性流体

触变性
thixotropy
O37
　　D 触变性能
　　　 土壤触变性
　　　 摇溶性
　　　 粘土触变性
　　S 力学性质*
　　C 超声效应
　　　 动态特性
　　　 非牛顿流体
　　　 胶体 →(3)
　　　 流变学
　　　 凝胶强度
　　　 运动粘度
　　　 粘度

触变性流体

thixotropic fluid
O357
　　D 触变流体
　　S 非牛顿流体
　　Z 流体

触变性能
　　Y 触变性

触稠流体
rheopectic fluid
O357
　　S 流体*

触点负载
　　Y 接触载荷

触点力
　　Y 接触力

触点压力
　　Y 接触力

触发作用
　　Y 激发

氚核
triton
O572.352
　　D 超氚核
　　S 轻核
　　C 氚核散射
　　Z 原子核

氚核反应
triton reactions
O571.42
　　D 氚核相互作用
　　　 氚核-原子核反应
　　S 氚氚反应
　　C 氚核散射
　　Z 核反应

氚核散射
triton scattering
O571.422
　　D 氚核-原子核散射
　　S 粒子散射*
　　C 氚核
　　　 氚核反应

氚核相互作用
　　Y 氚核反应

氚核-原子核反应
　　Y 氚核反应

氚核-原子核散射
　　Y 氚核散射

穿甲*
armour piercing
O385
　　F 爆炸穿孔
　　C 高速撞击
　　　 浸彻(射流)
　　　 聚能射流
　　　 侵彻深度

穿甲弹道学
　　Y 终点弹道学

主　表　117

穿甲力学
penetration mechanics
O385
　S 力学*
　C 爆炸力学
　　弹道学

穿晶断口
　Y 晶间断裂

穿晶断裂
transcrystalline fracture
O346.11
　S 脆性断裂
　Z 断裂

穿晶裂纹
　Y 晶间裂纹

穿通势垒
punchthrough barrier
O47
　D 莫特势垒
　S 势垒*
　C 隧道效应

穿透法
transmission method
TH878.2
　S 声学方法*

穿透裂纹
through-wall crack
O346.11
　D 贯穿裂纹
　S 裂纹*
　F 中心穿透裂纹

穿透深度
penetration depth
O43；O441
　D 贯穿深度
　S 深度*
　F 光穿透深度
　　伦敦穿透深度

穿透位错
threading dislocation
O772
　S 位错
　Z 晶体缺陷

穿越时空
through time and space
O412.1；P159
　D 时空穿越
　　时空旅行
　S 时空理论*
　C 虫洞 →(4)
　　时间标准 →(4)
　　时空隧道
　　弯曲时空

传爆
　Y 殉爆

传播波方程
　Y 电磁波传播方程

传播波方程式

　Y 电磁波传播方程

传播波方程组
　Y 电磁波传播方程

传播波方程组式
　Y 电磁波传播方程

传播波公式
　Y 电磁波传播方程

传播常量
　Y 传输常数

传播方向
propagation direction
O422；O43；O451
　S 方向*
　C 声线 →(4)

传播矩阵
　Y 传递矩阵

传播矢量
　Y 波矢

传播速度*
propagation velocity
ZT4
　F 波速
　　失超传播速度
　C 地震波速度 →(5)

传播算子
propagate operators
TN911
　S 算子*

传播损失
　Y 传声损失

传导电流
conduction current
O441.1；P352；P427.3
　S 电流*
　C 外电场

传导电子顺磁性
　Y 泡利顺磁性

传导发射
conducted emission
O441
　S 电磁发射
　Z 发射

传导率
conductivity
O4-0
　S 物理参数*
　F 电导率
　　热导率
　C 传导性

传导系数
conductivity coefficient
ZT3
　S 系数*
　F 热传导系数
　C 力系数
　　输运系数 →(4)

传导系数(流体)
conductivity coefficient (fluid)
O351
　D 热传导系数(流体)
　　湍流传导性系数
　　涡传导性系数
　　涡流传导性系数
　　质量传导系数
　S 输运系数(流体力学)*

传导性
conductibility
O41
　S 物理性质*
　C 传导率
　　地温梯度 →(4)(5)

传导性媒质
　Y 导体

传递函数法
transfer function method
O302
　D 传递函数方法
　S 力学方法*
　C 指数拟合 →(1)

传递函数方法
　Y 传递函数法

传递矩阵
transfer matrix
O302；O411
　D 传播矩阵
　　传递矩阵法
　　传递矩阵方法
　　传输矩阵
　　传输矩阵法
　　传输矩阵方法
　　矩阵传递法
　S 矩阵*
　F Riccati 传递矩阵
　　整体传递矩阵法
　C 反序律 →(1)
　　精细积分
　　临界转速
　　龙格-库塔法
　　振动特性

传递矩阵法
　Y 传递矩阵

传递矩阵方法
　Y 传递矩阵

传递特性
　Y 传输特性

传递特征
　Y 传输特性

传递系数(流体)
transfer coefficient (fluid)
O35
　S 输运系数(流体力学)*
　F 质量传递系数

传动
　Y 驱动

传力方式
　　Y 应力路径

传力路径
　　Y 应力路径

传力模式
　　Y 应力路径

传力途径
　　Y 应力路径

传能线密度
linear energy transfer
TK124
　　D 线性能量传递
　　　　有限线碰撞阻止本领
　　S 能量密度*

传热
heat transfer
O551；P314
　　D 导热
　　　　导热传热
　　　　换热
　　　　热传导
　　　　热传递
　　　　热传输
　　　　热交换
　　　　热量传递
　　　　热量交换
　　　　热量输送
　　　　热量运移
　　　　热输送
　　　　热输运
　　S 能量转移*
　　F 层流传热
　　　　对流传热
　　　　放热
　　　　非傅立叶导热
　　　　辐射传热
　　　　水平传热
　　　　瞬态热传导
　　　　湍流传热
　　　　稳态热传导
　　　　相变热传导
　　C 傅里叶数
　　　　努赛尔数
　　　　热导率
　　　　热辐射
　　　　热扩散率

传热端差
terminal temperature difference
TB6；TK1；TK2
　　D 端差
　　　　换热温差
　　　　换热温度差
　　　　热端温差
　　　　热端温度差
　　S 温差*
　　C 传热温差

传热方程
　　Y 热传导方程

传热方程式
　　Y 热传导方程

传热方程组
　　Y 热传导方程

传热方程组式
　　Y 热传导方程

传热公式
　　Y 热传导方程

传热介质
heat transfer medium
O55
　　D 热介质
　　S 介质*
　　C 传热试验
　　　　热传导方程

传热流体
heat transfer fluid
O354.7
　　D 导热流体
　　　　调温流体
　　　　加热流体
　　S 流体*

传热实验
　　Y 传热试验

传热试验
heat transfer experiment
TK12
　　D 传热实验
　　S 试验*
　　C 传热介质

传热温差
heat transfer temperature difference
O551.2
　　S 温差*
　　C 传热端差
　　　　热导率

传热系数
　　Y 热导率

传热总系数
　　Y 热导率

传声介质
　　Y 声介质

传声损失
sound transmission loss
O422.4
　　D 传播损失
　　　　隔声量
　　　　声传播损失
　　　　声传输损失
　　S 传输损耗
　　C 声传播
　　　　声介质
　　Z 能量损耗

传输
　　Y 转移

传输常数
propagation constant
O451
　　D 传播常量
　　S 物理常数*
　　F 衰减常数
　　　　相位常数

传输动力学
transport dynamics
O313
　　S 动力学
　　Z 理论力学

传输方式
　　Y 转移

传输光谱
transmission spectrum
O433.5
　　D 传输谱
　　S 光谱*

传输光学
transmission optics
O436
　　S 光学*

传输矩阵
　　Y 传递矩阵

传输矩阵法
　　Y 传递矩阵

传输矩阵方法
　　Y 传递矩阵

传输路径
transmission path
O35
　　S 路径*

传输谱
　　Y 传输光谱

传输衰耗
　　Y 传输损耗

传输衰减
　　Y 传输损耗

传输速度
transmission rate
O311；O44
　　D 传输速率
　　S 运动速度*

传输速率
　　Y 传输速度

传输损耗
transmission loss
O451
　　D 传输衰耗
　　　　传输衰减
　　S 能量损耗*
　　F 传声损失
　　　　吸收损耗
　　C 传输效率

传输特性
transmission characteristics
TN25；TN911
　　D 传递特性
　　　　传递特征
　　　　输送特性

           S 特性*
           C 电磁波
             光子晶体

传输效率
transmission efficiency
ZT84
           S 效率*
           C 传输损耗

传送
           Y 转移

传压介质
pressure transmitting medium
O521
           D 高压介质
             加压介质
             压力介质
             液压介质
           S 力学介质*

传质
           Y 物质迁移

传质系数
           Y 质量传递系数

传质阻力
mass transfer resistance
O313.1；O65
           S 阻力*

船舶粘性流场
ship viscous flow field
U661.1
           D 舰船空气流场
           S 黏性流场
           Z 流场

船舶系缆力
           Y 系泊力

船舶阻力
ship resistance
U66
           S 阻力*

船尾型后体
           Y 收缩式后体

喘振
surge
O32
           D 压气机喘振
             压缩器喘振
           S 振动*
           C 回流
             旋转失速

串并联谐振
series-parallel resonant
TN751.2
           S 谐振
           Z 振动

串晶
           Y 串晶结构

串晶构造
           Y 串晶结构

           串晶互锁
               Y 串晶结构
           串晶互锁构造
               Y 串晶结构
           串晶互锁结构
               Y 串晶结构

串晶结构
shish-kebab structure
O76
           D 串晶
             串晶构造
             串晶互锁
             串晶互锁构造
             串晶互锁结构
             串状晶体构造
             串状晶体结构
           S 晶体结构*

串联
series connection
TM13
           S 联接*

串联磁路
serial magnetic circuit
TM14
           D 串联磁路结构
           S 磁路*

串联磁路结构
           Y 串联磁路

串联共振
           Y 串联谐振

串联谐振
series resonance
TN751.2
           D 串联共振
           S 电流谐振
           Z 共振

串状晶体构造
           Y 串晶结构

串状晶体结构
           Y 串晶结构

创伤弹道学
wound ballistics
O315
           S 终点弹道学
           Z 弹道学

垂摆
           Y 垂直摆

垂荡运动
heaving motion
O311.1；P731.2
           S 运动*

垂向荷载
           Y 水平荷载

垂向力
           Y 轴向力

垂向流动

           Y 垂直流

垂向速度
           Y 垂直速度

垂向稳定度
           Y 稳定度

垂向运动
           Y 垂直运动

垂向载荷
           Y 水平荷载

垂直 Bridgman 法
           Y 垂直布里奇曼法

垂直摆
vertical pendulum
O314
           D 垂摆
           S 摆*
           C 测斜仪 →(4)(5)

垂直变形
vertical deformation
O344.3
           S 变形*

垂直布里奇曼法
vertical bridgman method
O78
           D 垂直 Bridgman 法
           S 布里奇曼法
           Z 晶体生长方法

垂直布洛赫线
vertical Bloch line
O482.5
           S 布洛赫线
           Z 畴结构
             电磁结构

垂直磁场
vertical magnetic field
O441.2
           S 磁场*

垂直磁各向异性
perpendicular magnetic anisotropy
O441
           S 垂直各向异性
           Z 各向异性

垂直磁记录
vertical magnetic recording
O441
           S 磁记录*

垂直电场强度
vertical electric field strength
O441.4
           S 场强*

垂直电偶极子
vertical electric dipole
O441.1
           S 电偶极子
           Z 偶极子

垂直度测量

squareness measurement
　　TB92
　　S 几何量测量*
　　C 有效直径 →(1)

垂直方向速度
　　Y 垂直速度

垂直分力
　　Y 轴向力

垂直负荷
　　Y 水平荷载

垂直负载
　　Y 水平荷载

垂直各向异性
perpendicular anisotropy
　　O4-34
　　S 各向异性*
　　F 垂直磁各向异性

垂直管流
vertical pipe flow
　　O359
　　S 垂直流
　　Z 流体流

垂直荷载
　　Y 水平荷载

垂直极化
vertical polarization
　　O441.1；P319
　　S 电磁波极化
　　C 水平极化
　　Z 极化

垂直加速度
vertical acceleration
　　O311；P223.4
　　S 加速度*

垂直力
　　Y 轴向力

垂直裂缝
vertical fracture
　　O346.1
　　S 裂缝*
　　C 压力变化
　　　 压裂

垂直流
vertical flow
　　O351.2
　　D 垂向流动
　　　 垂直流动
　　　 纵向流动
　　S 流体流*
　　F 垂直管流

垂直流动
　　Y 垂直流

垂直面照度
　　Y 垂直照度

垂直气流
　　Y 空气对流

垂直气压梯度力
　　Y 气压梯度力

垂直强迫振动
vertically forced oscillation
　　O32
　　S 垂直振动
　　Z 振动

垂直区熔法
vertical zone-melting technique
　　O782
　　D 立式区熔法
　　S 区熔法
　　Z 晶体生长方法

垂直取向
vertical orientation
　　O753.2
　　S 液晶取向
　　Z 液晶性能

垂直入射
vertical incidence
　　O435.1
　　S 入射
　　Z 光学现象

垂直射流
　　Y 竖直射流

垂直速度
vertical velocity
　　O311
　　D 垂向速度
　　　 垂直方向速度
　　　 起升速度
　　　 升降速度
　　　 提升速度
　　　 下潜速度
　　　 纵向速度
　　S 速度*
　　C 纵向加速度

垂直速度场
vertical velocity field
　　O351.2；P42；P458
　　S 气象场*
　　　 速度场
　　Z 场（力学）

垂直梯度凝固
vertical gradient freeze
　　O552.6
　　S 固化
　　Z 物态变化

垂直梯度凝固法
vertical gradient freeze method
　　O782
　　D VGF法
　　S 梯度凝固法
　　Z 晶体生长方法

垂直位移
vertical displacement
　　O311.1
　　S 位移*
　　C 变形观测 →(4)
　　　 外部变形

垂直稳定度
　　Y 稳定度

垂直压力
　　Y 正压

垂直应力
　　Y 正应力

垂直有效应力
vertical effective stress
　　O343.4
　　S 真应力
　　C 地层孔隙压力 →(5)
　　Z 应力

垂直运动
vertical movement
　　O311.1；P315.3
　　D 垂向运动
　　　 铅直运动
　　　 竖向支承运动
　　S 运动*
　　F 弹跳运动
　　　 径向运动
　　　 上升运动
　　　 纵向运动
　　C 沉降 →(5)
　　　 新构造运动 →(5)
　　　 重力平衡

垂直载荷
　　Y 水平荷载

垂直照度
vertical illuminance
　　O432.2
　　D 垂直面照度
　　S 照度*

垂直折光差
　　Y 折光差

垂直阵
vertical array
　　O429
　　S 阵列*

垂直振荡
vertical oscillation
　　O32
　　S 振荡*

垂直振动
vertical vibration
　　O32
　　D 竖向振动
　　S 振动*
　　F 垂直强迫振动
　　C 相容质量矩阵
　　　 一致刚度矩阵

垂直轴定理
perpendicular axis theorem
　　O313.3
　　S 转动定理
　　Z 力学定理

纯滚动
pure rolling

O311
　　S　滚动
　　Z　运动
纯剪
　　Y　纯剪切
纯剪切
pure shear
O344.1
　　D　纯剪
　　S　剪切*
　　C　三轴应力
纯剪切流场
pure shear flow field
O357.5
　　S　剪切流场
　　Z　流场
纯态
pure state
O41
　　S　状态*
纯弯曲
pure bending
O344.1
　　S　弯曲*
纯音
pure tone
O423
　　S　声音*
磁
　　Y　磁性
磁饱和度
　　Y　饱和磁化强度
磁边界层
　　Y　边界层
磁变
　　Y　地磁变化
磁变温效应
　　Y　磁热效应
磁标势
magnetic scalar potential
O441.2
　　S　磁势
　　Z　磁参数
磁表面态
　　Y　表面态
磁表面现象
　　Y　表面磁性
磁参数*
magnetic parameter
O441.2
　　D　磁性参数
　　　　磁学量
　　F　玻尔磁子
　　　　磁场强度
　　　　磁感应强度
　　　　磁刚度

　　　　磁荷
　　　　磁化率
　　　　磁化强度
　　　　磁化曲线
　　　　磁螺度
　　　　磁能
　　　　磁能密度
　　　　磁偏转
　　　　磁谱
　　　　磁熵变
　　　　磁通
　　　　磁位
　　　　磁性指数
　　　　磁压
　　　　磁致伸缩系数
　　C　磁测量
　　　　磁学
磁测量
magnetic measurement
O441.2
　　D　磁学测量
　　　　磁学量测量
　　S　物理测量*
　　F　磁场测量
　　　　磁导率测量
　　　　磁矩测量
　　　　磁性测量
　　　　反磁测量
　　C　磁参数
　　　　磁化强度
　　　　磁通计　→(5)
　　　　磁学
　　　　地磁仪器
　　　　正常重力场校正　→(4)(5)
磁层质子密度
　　Y　质子密度
磁常量
　　Y　真空磁导率
磁场*
magnetic field
O441.2；O441.4；P144.7；P318.1
　　D　磁场模式
　　　　人造磁场
　　F　不均匀磁场
　　　　成核场
　　　　垂直磁场
　　　　磁镜场
　　　　调制磁场
　　　　非均匀磁场
　　　　干扰磁场
　　　　各向异性场
　　　　勾形磁场
　　　　固定磁场
　　　　环境磁场
　　　　会切磁场
　　　　极向磁场
　　　　剪切磁场
　　　　交换偏置场
　　　　角向磁场
　　　　静磁场
　　　　均匀磁场
　　　　临界磁场
　　　　零磁场

　　　　螺旋磁场
　　　　面内场
　　　　偏置磁场
　　　　强磁场
　　　　驱动磁场
　　　　扰动磁场
　　　　弱磁场
　　　　时变磁场
　　　　矢量磁场
　　　　水平磁场
　　　　梯度磁场
　　　　外磁场
　　　　稳恒磁场
　　　　旋转磁场
　　　　自生磁场
　　C　磁场测量
　　　　磁场分析　→(5)
　　　　磁场强度
　　　　磁场效应
　　　　磁路
　　　　磁学
磁场测量
magnetic field measurement
O441.2
　　S　磁测量
　　C　磁场
　　　　磁场分布
　　　　磁场分析　→(5)
　　　　磁场能量
　　　　磁场强度
　　Z　物理测量
磁场电效应
　　Y　磁电效应
磁场方向
magnetic aspect
O441.2
　　S　方向*
磁场仿真
magnetic field simulation
O411.3
　　D　磁场仿真法
　　　　磁场仿真方法
　　　　磁场仿真过程
　　　　磁场仿真实验
　　　　磁场仿真实验法
　　　　磁场仿真实验方法
　　　　磁场仿真实验过程
　　　　磁场模拟
　　　　磁场模拟法
　　　　磁场模拟方法
　　　　磁场模拟过程
　　　　磁场模拟实验
　　　　磁场模拟实验法
　　　　磁场模拟实验方法
　　　　磁场模拟实验过程
　　　　恒定磁场仿真
　　　　恒定磁场仿真法
　　　　恒定磁场仿真方法
　　　　恒定磁场仿真过程
　　　　恒定磁场仿真实验
　　　　恒定磁场仿真实验法
　　　　恒定磁场仿真实验方法
　　　　恒定磁场仿真实验过程

恒定磁场模拟
恒定磁场模拟法
恒定磁场模拟方法
恒定磁场模拟过程
恒定磁场模拟实验
恒定磁场模拟实验法
恒定磁场模拟实验方法
恒定磁场模拟实验过程
 S 物理模拟*
 F 微磁学模拟

磁场仿真法
 Y 磁场仿真

磁场仿真方法
 Y 磁场仿真

磁场仿真过程
 Y 磁场仿真

磁场仿真实验
 Y 磁场仿真

磁场仿真实验法
 Y 磁场仿真

磁场仿真实验方法
 Y 磁场仿真

磁场仿真实验过程
 Y 磁场仿真

磁场分布
magnetic field distribution
O441.2
 S 场分布
 F 空间磁场分布
 C H 线 →(4)
   磁场测量
   磁场均匀性
   磁场效应
 Z 分布(物理学)

磁场感应强度
 Y 磁感应强度

磁场畸变
magnetic field abnormality
O441.4
 S 场畸变
 Z 畸变

磁场结构
magnetic field structure
O482.51
 S 磁结构
 F 磁岛
 Z 电磁结构

磁场均匀性
field homogeneity
O441.2
 C 磁场分布

磁场力
 Y 磁场强度

磁场模拟
 Y 磁场仿真

磁场模拟法

 Y 磁场仿真

磁场模拟方法
 Y 磁场仿真

磁场模拟过程
 Y 磁场仿真

磁场模拟实验
 Y 磁场仿真

磁场模拟实验法
 Y 磁场仿真

磁场模拟实验方法
 Y 磁场仿真

磁场模拟实验过程
 Y 磁场仿真

磁场模式
 Y 磁场

磁场能
 Y 磁场能量

磁场能量
energy of magnetic field
O441.2
 D 磁场能
 S 电磁场能量
 C 磁场测量
 Z 能量

磁场强度
magnetic field intensity
O441.2
 D 磁场力
  磁化力
 S 磁参数*
 F 剩磁比
 C 成核场
  磁层 →(4)(5)
  磁场
  磁场测量
  磁场分析 →(5)
  磁场效应
  磁化强度
  矫顽力

磁场切克劳斯基法
 Y 磁场直拉法

磁场生物效应
biological effects of magnetic fields
Q6
 S 磁场效应*
 C 生物磁学

磁场梯度
magnetic field gradient
O441.2
 D 磁梯度
 S 能量梯度
 Z 梯度分布

磁场位形
magnetic field configuration
O441.2; O532
 D ELMO 皱褶环(磁镜装置)
  TLM 位形

  闭合磁捕集器
  闭合位形
  磁俘获器
  磁阱
  磁镜位形
  磁篱
  多极磁镜位形
  多极位形
  环连结磁镜位形
  环形磁镜链位形
  会切
  会切几何
  开端位形
  垒球缝位形
  梅耶-斯密特位形
  平均磁阱
  最小磁场位形
  最小平均磁场位形
 S 位形空间
 C 磁约束
 Z 空间

磁场线
 Y 磁力线

磁场效应*
magnetic field effects
O482.52
 D 磁效应
 F 巴克豪森效应
  磁场生物效应
  磁电效应
  磁感应效应
  磁机械效应
  磁卡效应
  磁力
  磁热效应
 C 磁场
  磁场分布
  磁场分析 →(5)
  磁场强度

磁场压缩
 Y 磁压缩

磁场诱导
magnetic field induction
O441.2
 C 电场诱导

磁场直拉法
magnetic field Czochralski method
O782
 D MCZ 法
  磁场切克劳斯基法
 S 提拉法
 Z 晶体生长方法

磁场作用
influence of magnetic field
O441.2
 S 作用*
 F 磁相互作用

磁超导体
 Y 磁性超导体

磁弛豫
magnetic relaxation

O482.53
  D 磁驰豫
    磁性弛豫
    磁张弛
  S 磁性*
  F 自旋弛豫
  C 磁共振
    磁双共振

磁驰豫
  Y 磁弛豫

磁畴
magnetic domain
O441.2
  S 畴*
  F 磁泡
    硬磁畴
  C 畴壁
    磁畴壁
    磁畴结构
    磁矩
    磁性
    力线

磁畴壁
magnetic domain walls
O441.2
  S 畴壁
    磁畴结构
  F 布洛赫线
  C 磁畴
    磁化反转
  Z 畴结构
    电磁结构

磁畴结构
magnetic domain structure
O482.51
  S 畴结构*
    磁结构
  F 磁畴壁
  C 磁畴
  Z 电磁结构

磁带记录
magnetic tape recording
O441
  S 磁记录*

磁单极
magnetic monopole
O441;P318
  S 磁极*
  C 磁单极子

磁单极粒子
  Y 磁单极子

磁单极子
magnetic monopoles
O572.2
  D 磁单极粒子
  S 粒子*
  C 磁单极
    规范场论
    麦克斯韦方程

磁导
permeance
O482.5
  S 物理量*
  C 磁导率

磁导率*
magnetic permeability
O441.2
  F 等效磁导率
    负磁导率
    复磁导率
    微波磁导率
    相对磁导率
    有效磁导率
    真空磁导率
  C 磁导
    磁导计 →(5)
    磁导率测量

磁导率测量
magnetic permeability measurement
O441.2
  S 磁测量
  C 磁导率
  Z 物理测量

磁导率减落
  Y 磁后效

磁岛
magnetic islands
O482.51
  S 磁场结构
  Z 电磁结构

磁道
  Y 磁路

磁等离子
  Y 磁等离子体

磁等离子体
magnetoplasma
O532.11
  D 磁等离子
  S 等离子体*
  F 磁化等离子体
    磁约束等离子体

磁电材料
magnetoelectric materials
O441.6;O482.54
  S 磁性材料*
  F 磁电弹性材料
    磁电复合材料
    巨磁电阻材料
    铁磁电材料
  C 磁学

磁电复合材料
magnetoelectric composites
O441.6;O482.54
  S 磁电材料
  Z 磁性材料

磁电耦合
magnetoelectric
O441
  D 电磁耦合
  S 电磁相互作用
  F 电磁热弹耦合
  Z 相互作用

磁电耦合效应
magnetoelectric effect
O441
  S 磁电效应
  Z 磁场效应

磁电弹材料
  Y 磁电弹性材料

磁电弹性材料
elastic magnetoelectric materials
O441.6;O482.54
  D 磁电弹材料
  S 磁电材料
  Z 磁性材料

磁电特性
  Y 磁电效应

磁电效应
magnetoelectric effect
O441.3
  D 磁场电效应
    磁电特性
  S 磁场效应*
  F 磁电耦合效应
    磁电阻效应
  C 磁性
    电磁学

磁电性质
  Y 电磁特性

磁电子学
magneto electronics
TN4
  D 自旋电子学
  S 纳米电子学
  Z 电子学

磁电阻*
magnetoresistance
O441.6
  D Shubnikov-dehaas 效应
    磁致电阻
    磁阻
  F 超巨磁电阻
    低场磁电阻
    各向异性磁电阻
    巨磁电阻
    庞磁电阻
    室温磁电阻
    隧穿磁电阻
    正磁电阻
  C 磁路

磁电阻率
magnetoresistance ratio
O441
  S 电阻率*

磁电阻效应
magnetoresistance effect
O441.6
  D 磁致电阻效应
    磁阻效应
  S 磁电效应

  F 低场磁电阻效应
   负微分电阻效应
   各向异性磁电阻效应
   巨磁电阻效应
   隧道磁电阻效应
  C 可变磁阻地震检波器 →(5)
  Z 磁场效应

磁动势
  Y 磁势

磁对称
magnetic symmetry
O71
  D 磁对称性
   黑白对称
  S 对称*
  C 色对称

磁对称性
  Y 磁对称

磁分离
magnetic separation
O441.2；O65
  D 均匀磁分离
  S 物质分离*

磁分析器
magnetic analyzer
TM936
  S 分析仪器*

磁俘获器
  Y 磁场位形

磁浮陀螺
  Y 磁悬浮陀螺

磁浮陀螺仪
  Y 磁悬浮陀螺

磁感强度
  Y 磁感应强度

磁感线
  Y 磁力线

磁感应
  Y 磁感应效应

磁感应强度
magnetic induction
O441.3；P318
  D 磁场感应强度
   磁感强度
   磁密
   磁通量密度
   磁通密度
   地磁场矢量
   地磁总强度
   电磁感应强度
  S 磁参数*
  F 饱和磁通密度
   气隙磁密
   剩余磁通密度
  C 磁感应效应
   磁化强度
   地磁感应
   滞后回线

磁感应探针
  Y 磁探针

磁感应线
  Y 磁力线

磁感应效应
magnetic induction
O482.52
  D 磁感应
   感应磁
  S 磁场效应*
  C 磁感应强度
   磁力线
   磁探针

磁刚度
magnetic rigidity
O441.2
  S 磁参数*

磁各向异性
magnetic anisotropy
O482.52
  D 磁性各向异性
  S 磁性*
  F 表面各向异性
   磁化率各向异性
   感生各向异性
   交换各向异性
   形状各向异性
  C 磁化方向 →(5)
   易磁化轴

磁共振*
magnetic resonance
O482.53
  D 磁共振现象
  F 磁双共振
   核磁共振
   回旋共振
   铁磁共振
   质子磁共振
   自旋共振
  C 磁弛豫
   磁共振波谱学
   磁共振分光计 →(4)
   磁共振谱法 →(3)
   磁矩
   磁性
   核自旋
   化学位移

磁共振波谱学
magnetic resonance spectroscopy
O581
  D 核磁共振波谱学
  S 波谱学
  C 磁共振
   磁共振分光计 →(4)
   磁共振谱法 →(3)
  Z 电磁学

磁共振现象
  Y 磁共振

磁共振中心频率
  Y 拉莫尔频率

磁固耦合
  Y 磁耦合

磁光
  Y 磁光效应

磁光 Kerr 效应
  Y 磁光克尔效应

磁光薄膜
magneto-optical films
O482.5
  D 磁光记录薄膜
  S 磁性薄膜
   光学薄膜*
  C 磁光材料
   静磁波
  Z 电工薄膜

磁光材料
magneto-optical materials
O482.54
  S 磁性材料*
  F 磁光存储材料
  C 磁光薄膜
   磁光效应

磁光成像
magnetooptical imaging
TN2
  S 成像*

磁光存储材料
magneto-optical memory material
TB34；TP333.3
  S 磁光材料
  Z 磁性材料

磁光记录
magneto-optical recording
O482.55
  S 磁记录*

磁光记录薄膜
  Y 磁光薄膜

磁光晶体
magneto-optical crystals
O737
  S 磁晶
   光存储晶体
  Z 光学晶体
   晶体

磁光阱
magnetic optical trap
TN20
  S 光阱
  C 冷原子
  Z 陷阱

磁光克尔效应
magneto-optic Kerr effect
O482.55
  D 磁光 Kerr 效应
   克尔磁光效应
  S 磁光效应
  Z 光学效应

磁光盘存储

magnato-optical disc storage
O438
  S 光盘存储
  Z 光存储

磁光偏转器
magneto-optical deflectors
TN15；TN65；TP212
  S 光偏转器
  Z 光学元件

磁光效应
magneto-optical effects
O482.55
  D 磁光
    光磁效应
    逆磁光效应
  S 光学效应*
  F 磁光克尔效应
    磁致旋光效应
    法拉第磁光效应
    塞曼效应
  C 磁光材料
    磁性
    电光效应
    极化

磁光性能
magneto-optical properties
O482.55
  S 光学性能*

磁光学
magneto-optics
O436.4
  S 物理光学
  C 法拉第磁光效应
    偏振
  Z 光学

磁光子晶体
  Y 磁性光子晶体

磁荷
magnetic charge
O441
  S 磁参数*
  F 等效磁荷
  C 偶极子

磁后效
magnetic aftereffect
O482.52
  D 磁导率减落
    磁粘滞性
  S 磁性*

磁化
magnetization
O441.2；P318
  D 初始磁化
    磁化过程
    磁化机理
    磁化特性
    磁化性能
    磁化状态
    磁化作用
    次生磁化
    等温磁化
    感生磁化
    感应磁化
    化石磁化
    回转磁化
    技术磁化
    热磁化
    循环磁化
    原生磁化
  S 磁性*
  F 磁化反转
    磁滞
    自发磁化
  C 古地磁测量 →(5)
    朗道能级
    重磁化 →(5)

磁化等离体
  Y 磁化等离子体

磁化等离子体
magnetized plasma
O532.11
  D 磁化等离体
  S 磁等离子体
  F 非磁化等离子体
  Z 等离子体

磁化等离子体光子晶体
magnetized plasma photonic crystal
O734
  S 等离子体光子晶体
  Z 晶体

磁化电流
magnetization current
O441.1
  S 电流*

磁化反转
magnetisation reversal
O482.5
  S 磁化
  C 磁畴壁
  Z 磁性

磁化过程
  Y 磁化

磁化机理
  Y 磁化

磁化力
  Y 磁场强度

磁化率
magnetic susceptibility
O441.2；O482.5
  D 体积磁化率
  S 磁参数*
  F 分子磁化率
    交流磁化率
    视磁化率
    顺磁磁化率
  C 磁化率计 →(5)
    磁天平
    磁性
    居里-外斯定律
    居里温度

磁化率各向异性
anisotropy of magnetic susceptibility
O482.52
  S 磁各向异性
  Z 磁性

磁化强度
magnetization
O441.2
  D 磁极化强度
  S 磁参数*
  F 饱和磁化强度
    磁化矢量
    内禀磁化强度
  C 磁测量
    磁场强度
    磁弹效应
    磁感应强度
    剩磁
    滞后回线

磁化强度矢量
  Y 磁化矢量

磁化曲线
magnetization curve
O441.2；O482.5
  D 磁曲线
  S 磁参数*
  F 磁力线
    动态磁化曲线
    励磁曲线
    热磁曲线
    退磁曲线

磁化矢量
magnetization vector
O441.2
  D 磁化强度矢量
  S 磁化强度
  Z 磁参数

磁化试验
magnetizing test
TM306
  S 试验*

磁化特性
  Y 磁化

磁化性能
  Y 磁化

磁化状态
  Y 磁化

磁化作用
  Y 磁化

磁机械效应
magnetomechanical effects
O441.2
  D 磁-力效应
    磁体效应
  S 磁场效应*
  F 磁弹效应
    压磁效应
  C 磁性
    力学性质
    应力效应

磁极*
poles
O441.2；P318；P941.6
- D 磁倾极
- F 磁单极
- C 磁偶极子
    磁学
    极地 →(4)

磁极化
magnetic polarization
O441.2
- S 极化*

磁极化强度
- Y 磁化强度

磁极化子
- Y 极化子

磁记录*
magnetic recording
O441
- F 垂直磁记录
    磁带记录
    磁光记录
    微波辅助磁记录
- C 磁记录介质 →(3)
    磁性材料

磁结构
magnetic structure
O482.51
- D 磁结构(序磁性)
    磁性结构
    磁有序结构
- S 电磁结构*
- F 磁场结构
    磁畴结构
    磁聚焦结构
- C 磁有序

磁结构(序磁性)
- Y 磁结构

磁介质
magnetic medium
O482.5
- S 磁性材料*
- C 力学介质

磁晶
magnetocrystalline
O737
- D 磁性晶体
- S 晶体*
- F 磁光晶体
    磁性光子晶体
    磁振子晶体
    铁磁晶体
- C 易磁化轴

磁晶各向异性
magnetocrystalline anisotropy
O732
- D 磁晶各向异性能
- S 晶体各向异性
- F 单轴各向异性
- C 磁晶各向异性场
    单晶
    反铁磁质
    顺磁体
- Z 晶体性质

磁晶各向异性常数
magnetocrystalline anisotropy constant
O732
- S 晶体常数
- Z 晶体学参数

磁晶各向异性场
magnetocrystalline anisotropy field
O732
- S 各向异性场
- C 磁晶各向异性
- Z 磁场

磁晶各向异性能
- Y 磁晶各向异性

磁阱
- Y 磁场位形

磁静力学
- Y 静力学

磁镜场
magnetic-mirror field
O441
- S 磁场*

磁镜位形
- Y 磁场位形

磁矩*
magnetic moment
O441.2；P318
- D 磁距
    磁力矩
- F 饱和磁矩
    磁偶极矩
    分子磁矩
    抗磁矩
    原子磁矩
- C 磁畴
    磁共振
    磁矩测量
    磁性
    分子矩

磁矩测量
magnetic moment measurement
O441.2
- D 磁偶极矩测量
- S 磁测量
- C 磁矩
- Z 物理测量

磁距
- Y 磁矩

磁聚焦
magnetic focusing
O463
- S 聚焦*

磁聚焦结构
magnetic focusing structure
O441

- S 磁结构
- Z 电磁结构

磁卡效应
magnetocaloric effect
O441
- S 磁场效应*

磁空间群
magnetic space group
O482.52
- D 磁小群
- S 磁性*

磁空气动力学
- Y 磁流体动力学

磁控制
magnetic control
O441
- D 磁铁控制
- S 控制*

磁雷诺数
- Y 雷诺数

磁冷却
- Y 绝热去磁

磁篱
- Y 磁场位形

磁力
magnetic force
O369；O441
- S 磁场效应*
- F 矫顽力
    洛仑兹力

磁力矩
- Y 磁矩

磁力线
magnetic induction line
O441.2
- D 磁场线
    磁感线
    磁感应线
- S 磁化曲线
- C 磁场重联 →(4)(5)
    磁感应效应
    磁路
    地磁南极 →(4)(5)
- Z 磁参数

磁-力效应
- Y 磁机械效应

磁力学
magnetics
O369；O441.2
- D 电磁力学
- S 力学*
- C 磁性
    经典场论

磁链*
magnetic linkage
O441.2
- F 反铁磁链
    铁磁链

磁量子
  Y 自旋波

磁量子数
magnetic quantum number
O413.1
  S 轨道量子数
  Z 量子数

磁流
magnetic current
O361
  D 磁流量
     浮现磁流
  S 电磁流
  F 等效磁流
  Z 流体流

磁流变
magneto-rheological
O361
  D 电磁流变结构
  S 流变*
  C 磁流体

磁流变材料
magnetic rheological materials
O482.54
  S 磁性材料*

磁流变流体
  Y 磁流体

磁流变弹性体
magnetorheological elastomers
O361
  S 弹性体
  Z 物体

磁流变效应
magnetorheological effect
O361
  S 力学效应*

磁流变液
  Y 磁流体

磁流变阻尼
magnetorheological damping
O328；O361
  S 磁阻尼
  Z 阻尼

磁流力学
  Y 磁流体力学

磁流量
  Y 磁流

磁流体
magnetic fluid
O44
  D 超导磁流体
     磁流变流体
     磁流变液
     磁流体理论
     磁性流体
     磁性液体
     磁液
     理想磁流体
  S 流体*
  F Fe_3O_4 磁流体
     氮化铁磁流体
     硅油基磁流体
     水基磁流体
     铁磁流体
  C Herschel-Bulkley 模型
     超顺磁性
     磁流变
     磁流体发电
     界面稳定性
     流变性
     悬浊液 →(3)

磁流体波
hydromagnetic waves
O361；P318
  D 磁流体动力波
     磁流体动力学波
     磁流体力学波
  S 弹性波*
  F 阿尔芬波
     磁声波
     回旋波
  C 磁流体动力学

磁流体不稳定性
  Y 磁流体动力稳定性

磁流体动力波
  Y 磁流体波

磁流体动力流
  Y 等离子流

磁流体动力稳定性
magnetohydrodynamic stability
O361
  D 磁流体不稳定性
     磁流体力学不稳定性
     磁流体力学稳定性
     磁流体稳定性
  S 流体动力稳定性
  F 交换模
  C 磁流体动力学
  Z 力学稳定性

磁流体动力学
magnetohydrodynamics
O361
  D 磁空气动力学
     磁气体动力学
     电磁流体动力学
     铁磁流体动力学
  S 磁流体力学
     流体动力学
  F 热电磁流体动力学
  C 磁流体波
     磁流体动力稳定性
     电流体动力学
     哈特曼数
     霍尔效应
     铁磁流体
     无量纲数
  Z 流体力学

磁流体动力学波
  Y 磁流体波

磁流体动力学流动
  Y 磁流体力学流动

磁流体动力学模型
MHD model
O361
  S 动力学模型
     流体力学模型
  Z 力学模型

磁流体发电
MHD power generation
O361
  S 发电*
  C 磁流体

磁流体静力学
  Y 流体静力学

磁流体理论
  Y 磁流体

磁流体力学
hydromagnetism
O361
  D 磁流力学
  S 电磁流体力学
  F 磁流体动力学
  C 磁声波
  Z 流体力学

磁流体力学波
  Y 磁流体波

磁流体力学不稳定性
  Y 磁流体动力稳定性

磁流体力学方程
magnetohydrodynamic equations
O361
  S 流体力学方程
  Z 力学方程

磁流体力学激波
MHD shocks
O354.5
  S 激波*
  F 阿尔文激波
     慢激波
     无碰撞激波
     相对论激波

磁流体力学间断
magnetohydrodynamic discontinuity
O361
  D 切向间断
     旋转间断
  S 间断*
  F 接触间断

磁流体力学流动
magnetic fluid flow
O361
  D 磁流体动力学流动
     哈特曼流动
  S 流动*
  C 边界层
     可压缩流

磁流体力学湍流

magnetohydrodynamic turbulence
O357.5
    D 离子声湍流
    S 湍流
    F 等离子流
    C 非线性理论
    Z 流体流

磁流体力学稳定性
    Y 磁流体动力稳定性

磁流体流
    Y 等离子流

磁流体稳定性
    Y 磁流体动力稳定性

磁漏
    Y 磁损失

磁路*
magnetic circuit
TM14
    D 磁道
        磁路结构
    F 并联磁路
        串联磁路
    C 磁场
        磁电阻
        磁力线
        磁势
        磁体
        磁通

磁路定律
magnetic circuit law
O441
    S 物理定律*

磁路结构
    Y 磁路

磁罗盘误差
    Y 测向误差

磁螺度
magnetic helicity
O44
    S 磁参数*

磁密
    Y 磁感应强度

磁膜
    Y 磁性薄膜

磁纳米粒子
    Y 磁性纳米材料

磁能
magnetic energy
O441.2
    S 磁参数*
    F 磁能积

磁能积
magnetic energy product
O441.2
    D BH 积
        最大磁能积
    S 磁能

    C 矫顽力
    Z 磁参数

磁能密度
magnetic energy density
O441.2
    S 磁参数*

磁粘滞性
    Y 磁后效

磁偶极
    Y 磁偶极子

磁偶极矩
magnetic dipole moment
O441.2
    S 磁矩*

磁偶极矩测量
    Y 磁矩测量

磁偶极子
magnetic dipole
O441.4
    D 磁偶极
    S 偶极子*
    C 磁极
        地球基本磁场 →(5)

磁偶极子模型
magnetic dipole model
O441.2
    S 偶极子模型
    Z 物理模型

磁耦合
magnetic coupling
O441
    D 边界磁耦合
        磁固耦合
    S 磁相互作用
    C 电耦合
    Z 相互作用
        作用

磁泡
magnetic bubble
O76
    S 磁畴
    Z 畴

磁偏转
magnetic deflection
O441.2
    S 磁参数*

磁屏
    Y 电磁屏蔽

磁屏蔽
    Y 电磁屏蔽

磁谱
magnetic spectrum
O441.2
    S 磁参数*

磁气体动力学
    Y 磁流体动力学

磁倾极
    Y 磁极

磁曲线
    Y 磁化曲线

磁驱动
magnetic driving
O441
    S 驱动*

磁热效应
magnetocaloric effect
O482.6
    D 磁变温效应
        磁学中热效应
        磁致变温效应
        磁致热效应
        电热磁效应
        厄廷好森效应
        里纪-勒杜克效应
        马奇-里纪-勒杜克效应
        能斯脱-厄廷好森效应
        能斯脱效应
        热磁效应
        热激磁效应
    S 磁场效应*
    C 磁性
        磁致冷
        热退磁
        热物理性质

磁韧致辐射
    Y 同步加速辐射

磁韧致辐射
    Y 同步加速辐射

磁熵
magnetic entropy
O51
    S 熵*

磁熵变
magnetic entropy change
O441.2
    S 磁参数*
    C 磁致冷

磁声波
magnetosonic waves
O441.2；O534；P318
    S 磁流体波
    C 磁流体力学
    Z 弹性波

磁声发射
magnetoacoustic emission
O441.2
    S 发射*

磁矢势
magnetic vector potential
O441.2
    D 磁向量势
    S 磁势
    Z 磁参数

磁势
magnetic potential

主表 129

O441.2
  D 磁动势
     磁通势
  S 磁通
  F 磁标势
     磁矢势
  C 磁路
  Z 磁参数

磁输运
magnetic transport
O441
  S 能量转移*
  C 霍尔测量

磁双共振
magnetic double resonance
O482.53
  D 电子-核双共振
     光频双磁共振
  S 磁共振*
     双共振
  F 光磁共振
  C 磁弛豫
     核极化
     化学诱导动态电子极化
  Z 共振

磁隧道结
  Y 磁性隧道结

磁损失
magnetic losses
O441.2
  D 磁漏
  S 能量损耗*
  F 磁滞损耗
     剩余损失
     涡流损失

磁弹效应
magnetoelastic effect
O482.5
  D Villari 效应
     磁弹性效应
     磁致弹性效应
     倒 Wiedemann 效应
  S 磁机械效应
  C 磁化强度
     磁致伸缩
  Z 磁场效应

磁弹性
  Y 磁致伸缩

磁弹性效应
  Y 磁弹效应

磁探测器
magnetic detectors
TH76
  S 探测器*
  C 磁探针

磁探针
magnetic probe
O441.5；O536
  D 磁感应探针
     探磁针

  S 等离子体探针
  C 磁感应效应
     磁力仪 →(5)
     磁探测器
  Z 探针

磁特性
  Y 磁性

磁梯度
  Y 磁场梯度

磁体*
magnet
O482.54
  D 磁铁
  F 超导磁体
     电磁体
     反铁磁质
     分子磁体
     顺磁体
     铁磁体
     稀土永磁体
     永磁体
     有机磁体
  C 磁路
     磁性

磁体失超
magnet quenching
O482.5
  S 失效*

磁体效应
  Y 磁机械效应

磁天平
magnetic balance
TB93；TB97；TH715.11
  S 地磁仪器*
  C 磁化率

磁铁
  Y 磁体

磁铁控制
  Y 磁控制

磁通
magnetic flux
O441.2
  D 磁通量
  S 磁参数*
  F 磁势
     横向磁通
     零磁通
     漏磁通
     主磁通
  C 磁路

磁通钉扎
flux pinning
O511
  D 磁涡旋钉扎
     通量钉扎
     涡流点阵钉扎
  S 钉扎效应
  C 临界电流
  Z 物理效应

磁通量
  Y 磁通

磁通量密度
  Y 磁感应强度

磁通量跃变
  Y 完全抗磁性

磁通量子
magnetic flux quantum
O441.2
  D 准磁通量子
  S 量子*

磁通量子化
flux quantization
O413.2
  S 量子化*

磁通密度
  Y 磁感应强度

磁通蠕变
flux creep
O344.6；O4；O511
  S 蠕变*

磁通蠕动
magetic flux creep
O441.2
  C 高温超导体

磁通势
  Y 磁势

磁通运动
flux motion
O442
  D 磁涡旋运动
  S 运动(物理)*

磁透镜
magnetic lens
TH74
  D 超导透镜
     磁性粒子透镜
     电磁透镜
  S 电子透镜
  C 等离子体枪
     电子气
     四极透镜
  Z 光学元件

磁位
magnetic potential
O441
  D 标量磁位
  S 磁参数*

磁涡旋钉扎
  Y 磁通钉扎

磁涡旋运动
  Y 磁通运动

磁相变
magnetic phase transition
O482.5
  D 磁性相变
  S 相变*

  F 莫林相变
   铁磁相变

磁相干长度
magnetic coherence length
O4
  S 相干长度
  Z 长度

磁相互作用
magnetic interaction
O441
  S 磁场作用
   相互作用*
  F 磁耦合
  C 分子磁体
  Z 作用

磁相互作用数
Magnetic interaction number
O303；O361
  S 无量纲数*

磁向量势
  Y 磁矢势

磁小群
  Y 磁空间群

磁效应
  Y 磁场效应

磁芯损耗
core loss
TM4
  D 芯损耗
  S 质量损失
  Z 损耗

磁性*
magnetism
O482.52
  D 磁
   磁特性
   磁性能
   磁性性质
   磁性质
   磁学特性
   磁学性能
   物质磁性
  F 表面磁性
   磁弛豫
   磁各向异性
   磁后效
   磁化
   磁空间群
   磁致伸缩
   导磁性
   非磁性
   高频磁性
   交流磁性
   矫顽磁性
   静磁性
   抗磁性
   内禀磁性
   纳米磁性
   强磁性
   热磁性
   软磁性
   弱磁性
   室温磁性
   顺磁性
   铁磁性
   消磁
   硬磁性
   永磁性
  C 磁畴
   磁电效应
   磁共振
   磁光效应
   磁化率
   磁机械效应
   磁矩
   磁力学
   磁热效应
   磁体
   磁性材料
   磁性测量

磁性半导体
magnetic semiconductors
TN304
  D 磁性半导体材料
  S 磁性材料*
  F 铁磁半导体
   稀磁半导体

磁性半导体材料
  Y 磁性半导体

磁性薄膜
magnetic films
O482.54；O484
  D 磁膜
   磁性膜
  S 电工薄膜*
  F 磁光薄膜
   磁多层膜
   磁性复合膜
   磁性颗粒膜
   磁致伸缩薄膜
   软磁薄膜
   铁磁薄膜
  C 磁性材料

磁性材料*
magnetic materials
O482.54
  F 磁电材料
   磁光材料
   磁介质
   磁流变材料
   磁性半导体
   磁性金属
   电磁材料
   非晶磁性材料
   负磁导率材料
   软磁材料
   铁磁材料
   旋磁材料
   压磁材料
   永磁材料
  C 磁记录
   磁性
   磁性薄膜
   磁性测量
   磁致伸缩
   永磁体

磁性参数
  Y 磁参数

磁性测量
magnetic property measurement
O441.2
  S 磁测量
  C 磁性
   磁性材料
   磁性分离　→(3)
  Z 物理测量

磁性超导体
magnetic superconductors
TM26
  D 磁超导体
   共存超导体
   铁磁超导体
   重入超导体
  S 超导体
  C 第二类超导体
  Z 导体

磁性弛豫
  Y 磁弛豫

磁性多层膜
magnetic multilayer
O484
  S 磁性薄膜
   多层薄膜
  F 铁磁/反铁磁双层膜
  Z 薄膜
   电工薄膜

磁性复合粒子
magnetic composite particles
O572.3
  S 复合粒子
  Z 粒子

磁性复合膜
magnetic composite films
TB43；TM27；TQ153
  S 磁性薄膜
   复合膜
  Z 薄膜
   电工薄膜

磁性各向异性
  Y 磁各向异性

磁性光子晶体
magneto-photonic crystal
O737
  D 磁光子晶体
  S 磁晶
   光子晶体
  Z 晶体

磁性结构
  Y 磁结构

磁性金属
magnetic metal
O482.5
  S 磁性材料*

金属*

磁性晶体
　　Y 磁晶

磁性颗粒膜
magnetic granular films
O484
　　S 薄膜*
　　　 磁性薄膜
　　Z 电工薄膜

磁性粒子透镜
　　Y 磁透镜

磁性流体
　　Y 磁流体

磁性膜
　　Y 磁性薄膜

磁性纳米材料
magnetic nanomaterials
O482.54
　　D 磁纳米粒子
　　　 磁性纳米颗粒
　　　 磁性纳米粒子
　　　 纳米磁颗粒
　　　 纳米磁性材料
　　　 纳米磁性颗粒
　　S 纳米材料*
　　F 磁性纳米复合材料

磁性纳米复合材料
magnetic composite nanomaterials
O482.54
　　S 磁性纳米材料
　　　 纳米材料*

磁性纳米颗粒
　　Y 磁性纳米材料

磁性纳米粒子
　　Y 磁性纳米材料

磁性能
　　Y 磁性

磁性隧道结
magnetic tunnel junction
O472
　　D 磁隧道结
　　S 隧道结
　　Z 半导体结

磁性相变
　　Y 磁相变

磁性性质
　　Y 磁性

磁性液体
　　Y 磁流体

磁性指数
magnetic index
O441.2
　　S 磁参数*

磁性质
　　Y 磁性

磁悬浮
magnetic suspension
O441.2
　　D 超导磁浮
　　S 悬浮*
　　C 超导磁屏蔽
　　　 微机械陀螺

磁悬浮陀螺
magnetic suspension gyroscope
O318
　　D 磁浮陀螺
　　　 磁浮陀螺仪
　　S 陀螺仪*

磁学
magnetism
O441.2
　　S 电磁学*
　　F 分子磁学
　　　 环境磁学
　　　 静磁学
　　　 生物磁学
　　　 微波磁学
　　　 微磁学
　　C 磁参数
　　　 磁测量
　　　 磁场
　　　 磁电材料
　　　 磁极

磁学测量
　　Y 磁测量

磁学量
　　Y 磁参数

磁学量测量
　　Y 磁测量

磁学特性
　　Y 磁性

磁学性能
　　Y 磁性

磁学中热效应
　　Y 磁热效应

磁压
magnetic pressure
O441.2
　　S 磁参数*

磁压力
magnetic pressure
O361；O521
　　S 动压
　　Z 压力

磁压缩
magnetic compression
O44
　　D 磁场压缩
　　S 压缩*

磁液
　　Y 磁流体

磁有序
magnetic order
O482.5
　　S 状态*
　　C 磁结构

磁有序结构
　　Y 磁结构

磁约束
magnetic confinement
O532
　　S 等离子体约束
　　C 磁场位形
　　Z 约束

磁约束等离子
　　Y 磁约束等离子体

磁约束等离子体
magnetically confined plasma
O532.11
　　D 磁约束等离子
　　S 磁等离子体
　　Z 等离子体

磁约束聚变
magnetic confinement fusion
O571.44
　　S 受控聚变
　　Z 核反应

磁张弛
　　Y 磁弛豫

磁振子
magnon
O482.53
　　S 准粒子*
　　C 磁振子谱线增宽 →(3)(4)
　　　 声子-磁振子相互作用
　　　 自旋波

磁振子晶体
magnonic crystal
O737
　　S 磁晶
　　Z 晶体

磁振子软化
magnetic oscillator softening
O441.2
　　C 磁振子谱线增宽 →(3)(4)
　　　 铁磁体

磁振子-声子相互作用
　　Y 声子-磁振子相互作用

磁致变温效应
　　Y 磁热效应

磁致电阻
　　Y 磁电阻

磁致电阻效应
　　Y 磁电阻效应

磁致冷
magnetic refrigeration
O441.6
　　C 磁热效应
　　　 磁熵变

磁致冷却
　Y 绝热去磁

磁致频移
magnetic frequency shift
O441
　S 偏移*

磁致热效应
　Y 磁热效应

磁致伸缩
magnetostriction
O482.52
　D 磁弹性
　　磁致伸缩效应
　　磁致振动
　　电磁紧缩
　　电磁伸缩
　S 磁性*
　F 本征磁致伸缩
　　超磁致伸缩
　　巨磁致伸缩
　　逆磁致伸缩
　C 磁弹效应
　　磁性材料
　　外磁场
　　压磁材料
　　压磁效应

磁致伸缩薄膜
magnetostrictive film
O482.54；O484
　S 磁性薄膜
　F 超磁致伸缩薄膜
　C 挠度
　Z 电工薄膜

磁致伸缩材料
　Y 压磁材料

磁致伸缩力
　Y 磁致伸缩系数

磁致伸缩系数
magnetostriction coefficient
O482.52
　D 磁致伸缩力
　S 磁参数*
　C 超磁致伸缩薄膜

磁致伸缩效应
　Y 磁致伸缩

磁致弹性效应
　Y 磁弹效应

磁致旋光
magnetic rotation
O436.3
　S 旋光
　Z 光学现象

磁致旋光效应
magnetic rotation effect
O482.55
　S 磁光效应
　Z 光学效应

磁致应变

magnetic strain
O344.3
　S 应变*

磁致振动
　Y 磁致伸缩

磁滞
magnetic hysteresis
O482.52
　D 磁滞现象
　S 磁化
　C 滞后回线
　Z 磁性

磁滞回线
magnetic hysteresis loop
O482.52
　S 铁磁性
　Z 磁性

磁滞损耗
hysteresis loss
O482.53
　D 磁滞损失
　　滞后损失
　S 磁损失
　C 滞后回线
　Z 能量损耗

磁滞损失
　Y 磁滞损耗

磁滞现象
　Y 磁滞

磁转变温度
magnetic transition temperature
O441；O482.5；P318
　S 转变温度
　F 居里温度
　　奈尔温度
　C 相变温度
　Z 温度

磁转动
magnetic rotation
O441
　S 旋转
　Z 运动

磁阻
　Y 磁电阻

磁阻尼
magnetic braking
O328
　S 阻尼*
　F 磁流变阻尼
　　电磁阻尼
　C 阻尼振动

磁阻效应
　Y 磁电阻效应

次表层流
　Y 层流

次波
　Y 横波

次层
　Y 粘性层

次冲击
secondary shocks
O347.5
　S 冲击*
　F 消除次冲击

次级电子
secondary electron
O572.322
　S 电子*
　C 次级发射

次级电子发射
　Y 二次电子发射

次级发射
secondary emission
O572.2
　D 二次发射
　S 电子发射
　F 二次电子发射
　C 次级电子
　Z 发射

次级辐射
secondary radiation
O451
　S 电离辐射
　C 次级宇宙线
　Z 辐射

次级共振
secondary resonance
O321
　S 共振*

次级光电效应
　Y 俄歇效应

次级粒子
　Y 次级宇宙线

次级粒子分布
　Y 粒子分布

次级粒子数分布
　Y 粒子分布

次级宇宙线
secondary cosmic rays
O572.1；P141
　D 次级粒子
　　地面宇宙线
　S 宇宙线
　C 次级辐射
　　大气簇射
　Z 粒子

次级中子
secondary neutron
O572.342
　S 中子
　Z 粒子

次临界
　Y 亚临界

次临界系统

次亚临界
　Y 亚临界

次临界状态
　Y 亚临界

次生边界层
　Y 内边界层

次生磁化
　Y 磁化

次生低压
　Y 低气压

次生剩磁
secondary remanent magnetization
O482.52；P318.4
　S 剩磁*
　C 天然剩磁

次声
infrasound
O425
　S 声音*
　C 次声波

次声波
infrasonic waves
O425
　S 声波*
　C 次声
　　次声检测

次声检测
infrasonic detection
TB52
　S 声检测
　C 次声波
　Z 检测

次同步谐振
subsynchronous resonance
TM31；TM7
　D 次同步振荡
　S 谐振
　Z 振动

次同步振荡
　Y 次同步谐振

次涡旋
　Y 涡核

次谐波
　Y 亚谐波

次谐波共振
　Y 亚谐共振

次谐分岔
subharmonic bifurcation
O325
　S 分岔*

次谐共振
　Y 亚谐共振

次应力
secondary stress
O343.4
　S 应力*

次原子粒子
　Y 亚原子粒子

从头计算
ab initio calculations
O56
　S 计算*
　C 分子能级计算

辏力
　Y 有心力

辏力场
　Y 有心力场

粗边界层
　Y 边界层

粗糙长度
roughness length
O354
　S 长度*

粗糙度系数
　Y 粗糙系数

粗糙界面
rough interface
O485
　S 固体界面*

粗糙界面散射
　Y 粗糙面散射

粗糙面散射
rough surface scattering
O451
　D 粗糙界面散射
　S 电磁波散射*

粗糙系数
roughness coefficient
TB303
　D 粗糙度系数
　S 系数*

粗糙元
roughness element
O354
　S 元*

粗晶化退火
　Y 退火晶化

粗粒子
coarse particle
O572.3
　S 粒子*

猝变动力学
jerky dynamics
O313
　S 动力学
　Z 理论力学

猝量
jumpulse
O313
　S 力学量*

猝灭*
quenching
O482.3
　D 猝灭机理
　　猝熄
　　发光猝灭
　　光猝灭
　F 浓度猝灭
　　温度猝灭
　　氧猝灭
　　荧光猝灭
　C 猝灭常数 →(3)

猝灭机理
　Y 猝灭

猝灭浓度
　Y 浓度猝灭

猝熄
　Y 猝灭

簇射*
shower
O572.131；P172；P35
　F 大气簇射
　　电磁簇射
　C 宇宙线

簇态
cluster state
O413
　S 状态*

催化电流
catalytic current
O441.1；O646
　S 电流*

脆变
　Y 脆化

脆度
　Y 脆性

脆断
　Y 脆性断裂

脆化
embrittlement
O34
　D 脆变
　S 材料性能*
　F 镉脆
　　氢脆
　　氢脆变
　C 脆性
　　断裂
　　延性-脆性转变

脆裂
　Y 脆性断裂

脆韧转变
　Y 延性-脆性转变

脆-韧转变
　Y 延性-脆性转变

脆塑性
brittle plastic
O344
　S 力学性质*

C 应力脆性跌落系数

脆性
brittleness
O344.3
　　D 脆度
　　S 材料性能*
　　F 白脆
　　　　低温脆性
　　　　蓝脆性
　　　　冷脆性
　　　　酸脆
　　　　氧脆
　　C 脆化
　　　　脆性变形　→(5)
　　　　脆性断裂
　　　　刚度
　　　　氢脆变
　　　　易碎性
　　　　硬度

脆性断口
　　Y 脆性断裂

脆性断裂
brittle fracture
O346.11
　　D 脆断
　　　　脆裂
　　　　脆性断口
　　　　脆性断裂面
　　　　脆性开裂
　　　　脆性裂缝
　　　　脆性裂纹
　　　　脆性破断
　　　　脆性破裂
　　　　脆性损伤
　　S 断裂*
　　F Ⅰ型断裂
　　　　穿晶断裂
　　　　解理断裂
　　　　晶间断裂
　　C 脆性
　　　　断裂力学
　　　　拉伸破坏
　　　　延性-脆性转变

脆性断裂面
　　Y 脆性断裂

脆性开裂
　　Y 脆性断裂

脆性裂缝
　　Y 脆性断裂

脆性裂纹
　　Y 脆性断裂

脆性破断
　　Y 脆性断裂

脆性破坏
brittle failure
O346.5
　　S 破坏(力学)*
　　C 延性破裂

脆性破裂

　　Y 脆性断裂

脆性-韧性转变
　　Y 延性-脆性转变

脆性损伤
　　Y 脆性断裂

脆性-延性转变
　　Y 延性-脆性转变

脆-延转变
　　Y 延性-脆性转变

萃取结晶
extractive crystallization
O799
　　D 萃取结晶法
　　　　萃取结晶过程
　　　　萃取结晶化
　　　　萃取结晶化过程
　　S 工业结晶
　　Z 结晶

萃取结晶法
　　Y 萃取结晶

萃取结晶过程
　　Y 萃取结晶

萃取结晶化
　　Y 萃取结晶

萃取结晶化过程
　　Y 萃取结晶

淬火冷却应力
　　Y 淬火应力

淬火应力
quenching stress
O343.4
　　D 淬火冷却应力
　　S 内应力
　　Z 应力

存储晶体
storage crystal
O799
　　S 功能晶体
　　F 光存储晶体
　　Z 晶体

存储模量
　　Y 储能模量

错配位错
　　Y 失配位错

错位散斑
dislocation speckle
O432.12
　　S 散斑*

达芬方程
Duffing equation
O313.5
　　S 力学方程*

达福数
　　Y 热扩散

达福效应

　　Y 热扩散

达格代尔模型
　　Y Dugdale 模型

达朗贝尔惯性力
　　Y 惯性力

达朗贝尔原理
　　Y 达朗伯原理

达朗伯原理
D'Alembert's principle
O301
　　D d'Alembert 原理
　　　　达朗贝尔原理
　　S 力学原理*
　　C 惯性力

达曼光栅
Dammann Gratings
O437.4；P111.3
　　D Dammann 光栅
　　S 光栅*

达西定律
Darcy's law
O357.3
　　D Darcy 定律
　　　　线性渗透定律
　　S 力学定律*
　　C 层流
　　　　地下水运动　→(5)
　　　　非达西流
　　　　渗透速度　→(5)

达西渗流
Darcy flow
O357.3
　　D 非 Darcy 渗流
　　　　非达西渗流
　　　　非线性渗流
　　S 渗流
　　C 动边界问题　→(1)
　　　　流固耦合
　　　　压力梯度
　　Z 流体流

打击点
　　Y 弹着点

打击速度
　　Y 撞击速度

打伤
　　Y 冲击损伤

大变形
large deformation
O344.3
　　S 变形*
　　F 弹塑性大变形
　　　　非线性大变形
　　　　塑性大变形
　　C 变形理论
　　　　大应变
　　　　大转动

大变形分析
large deformation analysis

O344.3
  S 变形分析
  C 数值流形 →(1)
  Z 力学分析

大尺度环流形势
large scale circulation situation
O35；P434.1；P731.27
  S 大气环流形势
  C 大尺度环流 →(4)
  Z 环流形势

大冲击形核
  Y 动力形核

大单晶
large single crystal
O73
  D 大单晶材料
    大单晶体
    大单晶体材料
  S 单晶
  Z 晶体

大单晶材料
  Y 大单晶

大单晶体
  Y 大单晶

大单晶体材料
  Y 大单晶

大地电磁噪声
magnetotelluric noise
O422.8；P318.1
  S 电磁噪声
    自然噪声
  Z 噪声

大地电流
  Y 地电流

大地电位
  Y 地电位

大地电阻率
  Y 地电阻率

大地热流量
  Y 热流量

大范围分析
  Y 整体分析

大范围运动
large overall motion
O311
  S 运动*
  C 耦合变形

大分子光谱
  Y 分子光谱

大分子晶体学
  Y 生物大分子晶体学

大幅晃动
large amplitude sloshing
O313
  S 晃动
  C 液体晃动

  Z 运动

大功率微波
  Y 高功率微波

大角度晶界
large-angle grain boundary
O763
  D 大角晶界
    高角度晶界
  S 晶界*

大角晶界
  Y 大角度晶界

大角散射
  Y 侧向散射

大晶粒
large grain
O763
  S 晶粒*

大空气簇射
  Y 大气簇射

大孔隙渗流
  Y 渗流

大块非晶
  Y 块状非晶

大挠度
large deflection
O34
  S 挠度
  C 小挠度
    样条配点法
  Z 力学性质

大黏度流体
  Y 高粘流体

大气边界
  Y 大气边界层

大气边界层
atmospheric boundary layer
O357.4；P404；P421.3
  D 大气边界
    大气上界
    地球边界层
    摩擦层
    行星边界层
    粘滞副层
  S 边界层
    大气层*
  F 底边界层
    对流边界层
    过渡层
    海洋大气边界层
  C 大气边界层结构
    大气层
    大气物理学 →(4)
    摩擦速度
    气象塔 →(4)
    热源强迫 →(4)
    湍流边界层
    温度跃变
    雾 →(4)

  Z 流体层

大气边界层结构
boundary layer stratification
O357.4；P404；P421.3
  D 边界层分层
  S 大气结构*
  C 大气边界层

大气波动*
atmospheric wave
P433；P731.2
  D 大气振动
  F 瞬态波
    涡旋 Rossby 波
    重力波
    准定常行星波
  C 大气扰动 →(4)
    大气噪声
    大气阻力摄动 →(4)
    低压槽 →(4)
    电离层行扰 →(4)
    季节内振荡 →(4)

大气层*
atmospheric layer
P421.3
  D 大气分层
    地球大气层
  F 大气边界层
  C 大气 →(4)(5)
    大气边界层
    大气层结 →(4)
    大气结构
    大气圈 →(4)
    大气散射 →(4)
    非均匀层 →(4)
    辐射带 →(4)(5)
    高层大气 →(4)(5)
    高空气象观测 →(4)
    均质土滑坡 →(5)

大气层结构
  Y 大气结构

大气成分*
atmospheric composition
P402
  F 大气等离子体
  C 大气化学 →(4)
    大气性质 →(4)
    二氧化碳气体 →(3)(4)
    空气负离子 →(4)
    气体组分 →(5)
    水汽凝结 →(3)(4)
    原子氧 →(3)

大气簇射
air shower
O572.131；P35；P401
  D 大空气簇射
    空气簇射
  S 簇射*
  F 广延大气簇射
  C 次级宇宙线
    大气散射 →(4)

大气等离子体
atmospheric plasma

O531；P401
  D 大气离子
  S 大气成分*

大气电离
atmospheric ionization
O461
  S 气体电离
  F 极光电离
  C 大气电学 →(4)
    电离层扰动 →(4)
    闪电 →(4)
  Z 电离

大气电流
electric current of atmosphere
O441.1；P352；P427.3
  D 地空电流
    空地传导电流
  S 自然电流
  F 闪电电流
  C 大气电场 →(4)
    大气电现象 →(4)
  Z 电流

大气分层
  Y 大气层

大气环流背景
  Y 环流背景

大气环流系统
  Y 环流系统

大气环流形势
general circulation situation
O35；P434.1；P731.27
  S 环流形势*
  F 大尺度环流形势
    高空环流形势

大气环流形势特征
  Y 环流形势特征

大气环状模式
  Y 环状模型

大气环状模型
  Y 环状模型

大气活动
  Y 大气运动

大气结构*
atmospheric structure
P421.3
  D 大气层结构
    气压堆
  F 大气边界层结构
  C 大气 →(4)(5)
    大气层
    大气层结 →(4)
    中尺度高压 →(4)

大气静力学
  Y 流体静力学

大气离子
  Y 大气等离子体

大气流
  Y 气流

大气摩擦力
  Y 摩擦力

大气粘性力
  Y 摩擦力

大气粘性应力
  Y 摩擦力

大气气流
  Y 气流

大气强迫*
atmospheric forcing
P432
  D 摩擦强迫
    强迫作用
    随机强迫
  F 强迫波
  C 强迫对流

大气强迫波
  Y 强迫波

大气上界
  Y 大气边界层

大气体电荷
  Y 空间电荷

大气湍流粘性力
  Y 摩擦力

大气湍流运动方程
  Y 湍流运动方程

大气物理量*
atmosphere physical quantity
P401；P416
  F 大气阻力
    坡印亭矢量
  C 大气参数 →(4)
    大气压
    气压变化 →(4)
    气压特性 →(4)

大气系统*
atmospheric system
P433
  F 环流系统
  C 混沌动力系统 →(1)
    气象系统 →(4)
    天气系统 →(4)

大气现象*
atmospheric phenomena
P427
  D 气象现象
  F 佛光
    闪络
  C 大气 →(4)(5)
    风切变 →(4)
    光衍射
    平衡
    气象效应 →(4)(5)
    水蒸气 →(4)
    天象 →(4)(5)

大气消光
atmospheric extinction
O436.2；P422.3
  S 消光*
  C 大气衰减 →(4)

大气压*
atmospheric pressure
P424；P447
  D 大气压力
    大气压强
    高层大气压力
    空气压力
  F 低气压
  C 大气模型 →(4)
    大气物理量
    大气运动
    等压面 →(4)
    反气旋 →(4)
    气压表 →(4)
    气压场 →(4)
    气压特性 →(4)
    气压系数
    位温 →(4)
    行星波 →(4)

大气压等离子体
  Y 常压等离子体

大气压等离子体射流
atmospheric pressure plasma jet
O358；O531
  S 等离子体射流
  Z 射流

大气压空气等离子体
  Y 常压空气等离子体

大气压力
  Y 大气压

大气压强
  Y 大气压

大气压室温等离子体
  Y 常压室温等离子体

大气运动*
atmospheric movements
P432
  D 大气活动
  F 空气对流
    湿气扩散
  C 大气 →(4)(5)
    大气热力学 →(4)
    大气压
    风暴 →(4)
    流体运动
    气流

大气噪声
atmospheric noise
O422.8；P427.4
  D 晨噪
    气象噪声
    气象噪音
  S 自然噪声
  C 大气波动
    大气声波 →(4)
    雷电辐射 →(4)

Z 噪声

大气折光差
　　Y 折光差

大气振动
　　Y 大气波动

大气正压
　　Y 正压

大气阻力
atmospheric drag
O354；P401；P432
　　D 空气阻力
　　S 大气物理量*
　　　阻力*
　　C 航天器　→(4)

大强度
　　Y 高强度

大失谐
large detuning
TN7
　　S 失谐*

大视场
large field of view
O435；P111.3
　　S 视场*
　　C 大视场望远镜　→(4)

大双筒望远镜
　　Y 双筒望远镜

大统一
　　Y 统一场论

大统一理论
　　Y 统一场论

大推力
high thrust
O313
　　S 推力*

大位移
large displacement
TU311.3
　　S 位移*

大温差
large temperature difference
O551.2；P412.11；P423
　　D 高温差
　　S 温差*
　　C 小温差

大涡结构
large eddy structure
O342
　　S 涡结构
　　C 大涡模拟
　　Z 流体结构

大涡模拟
large eddy simulation
O351.2
　　D 大涡模型
　　S 流动模拟

　　C Stokes 数
　　　槽道流
　　　大涡结构
　　　两相湍流
　　　平面射流
　　　涡方法
　　　亚格子模型
　　Z 力学模拟

大涡模型
　　Y 大涡模拟

大相对孔径
high relative aperture
O435；P111.3
　　S 孔径*

大型强子对撞机
large hardron collider
O572.214
　　S 强子对撞机
　　Z 对撞机

大型压裂
massive fracturing
O346.1
　　D 巨型压裂
　　S 压裂
　　Z 断裂

大洋环流背景
　　Y 环流背景

大洋环流形势特征
　　Y 环流形势特征

大洋流
　　Y 海流

大洋声道
　　Y 海洋声道

大应变
large strain
O344.3
　　S 应变*
　　C 大变形

大迎角空气动力学
high angle of attack aerodynamics
O354
　　S 空气动力学*
　　C 非对称涡

大振幅振动
large amplitude vibration
O32
　　S 振动*

大转动
large rotation
O313.3
　　S 旋转
　　C 大变形
　　Z 运动

大姿态复合运动
big attitude combined motion
O311
　　S 姿态运动
　　Z 运动

代表体元法
representative volume element method
O302
　　S 力学方法*

代号
　　Y 符号

代换定理
　　Y 替换定理

代数*
algebra
O15
　　D 代数学
　　　对代数
　　　经典代数
　　F 空间算子代数
　　C 几何
　　　量子群　→(1)

代数动力学
algebraic dynamics
O313；O413
　　S 动力学
　　Z 理论力学

代数学
　　Y 代数

带波流动
　　Y 气液两相流

带电导体球
　　Y 导体球

带电粒子
charged particle
O572.3
　　D 荷电粒子
　　S 粒子*
　　F 反冲粒子
　　　高能粒子
　　　空间带电粒子
　　　轻带电粒子
　　C 带电粒子核谱学
　　　带电粒子运动
　　　电离

带电粒子核谱学
charged particle nuclear spectroscopy
O582
　　D 带电粒子能谱学
　　S 核谱学
　　C 带电粒子
　　　带电粒子运动
　　Z 物理学

带电粒子能谱学
　　Y 带电粒子核谱学

带电粒子输运
　　Y 带电粒子运动

带电粒子输运理论
　　Y 带电粒子运动

带电粒子束
charged particle beam
O572.3
　　S 粒子束*

带电粒子探测
charged particle detection
O572.21
    D　α探测
        β探测
        μ介子探测
        电子探测
        质子探测
    S　粒子探测
    Z　探测

带电粒子运动
charged particle transport
O572.2
    D　带电粒子输运
        带电粒子输运理论
        载流子输运
    S　粒子运动
    F　电荷转移
        离子迁移
    C　带电粒子
        带电粒子核谱学
        载流子迁移率
    Z　运动(物理)

带电量
    Y　电量

带电射流
charged jet
O358
    S　射流*
    C　电流体动力学

带电体*
charged body
O441.1
    F　旋转带电体

带电谐振子
charged harmonic oscillator
TN751.2
    S　谐振子*

带间跃迁
band-to-band transition
O432.12
    S　激光跃迁
    F　子带间跃迁
    Z　跃迁

带结构
    Y　能带结构

带泡流动
    Y　气液两相流

带隙*
band gap
O481.1
    D　禁隙
        能带隙
        能量带隙
        能隙
    F　HOMO-LUMO能隙
        超导能隙
        光学带隙
        声子带隙
        赝能隙

带隙结构
    Y　电磁带隙结构

带隙宽度
    Y　禁带宽度

带隙特性
band gap characteristics
O731
    S　晶体性质*

带噪图像
    Y　噪声图像

带自由面渗流
    Y　无压渗流

袋模型
    Y　口袋模型

戴维南定理
Thevenin's theorem
TM133
    D　戴维宁[等效发生器]定理
        戴维宁定理
        等效电压源定律
        亥姆霍兹-戴维南定理
    S　电路理论*
    C　诺顿定理
        替换定理

戴维宁[等效发生器]定理
    Y　戴维南定理

戴维宁定理
    Y　戴维南定理

单摆
simple pendulum
O314
    D　数学摆
    S　摆*
    F　非线性单摆
        无阻尼单摆

单摆运动
simple pendulum motion
O311.1
    S　运动*

单摆周期
simple pendulum cycle
O314
    S　运动周期
    Z　周期

单边裂纹
single edge crack
O346.1
    S　边裂纹
    Z　裂纹

单边缺口试件
single edge notched specimen
O34
    S　力学试件*

单变型液晶
    Y　单变液晶

单变液晶
monotropic liquid crystal
O753.2
    D　单变型液晶
    S　液晶*

单波长
single wavelength
ZT2
    S　波长*
    C　双波长

单侧断裂
    Y　断裂

单层
monolayer
O484.1
    S　膜层
    Z　固体结构

单层膜
monolayer film
O484
    S　薄膜*
    C　Langmuir-Blodgett膜
        多层薄膜

单畴
single domain
O482.5；O753.2
    D　单磁畴
    S　畴*

单磁畴
    Y　单畴

单次逆向散射
    Y　单次散射

单次散射
single scattering
O436.2
    D　单次逆向散射
        单散射
    S　光散射*
    C　米氏散射　→(4)

单次散射模型
single scattering model
O436.2；P422.3
    S　散射模型
    C　大气散射　→(4)
    Z　物理模型

单电子
single electron
O572.322
    S　电子*

单电子隧穿
single electron tunneling
O413.2
    S　电子隧穿
    Z　隧穿

单电子转移
single electron transfer
O572.2；O621.25
    S　电子转移
    Z　运动(物理)

单调加载
monotonic loading
O347.1
　　S 加载
　　Z 荷载

单度体系
　　Y 单自由度系统

单方向
　　Y 单自由度

单分子
monomolecular
O561
　　S 分子*
　　F 单原子分子

单分子层
　　Y 单分子膜

单分子膜
monomolecular film
O484；O647
　　D 单分子层
　　　 分子膜
　　S 薄膜*
　　F 有序分子膜
　　C Langmuir-Blodgett 膜
　　　 表面化学 →(3)
　　　 化学吸附层 →(3)

单分子探测
single-molecule detection
O571.1
　　S 粒子探测
　　C 单分子检测 →(3)
　　Z 探测

单缝夫琅和费衍射
　　Y 夫琅和费衍射

单缝衍射
single slit diffraction
O436.1
　　S 光衍射
　　Z 衍射

单个粒子
individual particle
O572.3
　　S 粒子*

单个气泡
single isolated bubbles
O351；P733
　　S 气泡*
　　C 气液两相流

单光束
single beam
O435.1
　　S 光束*
　　C 分光光度计 →(4)

单光子计数
single photon counting
O431.2
　　S 光子计数*
　　F 时间相关单光子计数

　　C 八元数 →(1)

单光子技术
single photon technology
O431.2
　　S 光学技术*

单光子探测
single-photon detection
O439
　　S 电光探测
　　C 单光子荧光
　　Z 探测

单光子探测器
single photon detector
TN29
　　S 单探测器
　　Z 探测器

单光子吸收
single photon absorption
O436.2
　　S 光子吸收
　　C 单光子荧光
　　Z 光吸收

单光子荧光
single photon fluorescence
O436.2
　　S 激发荧光
　　C 单光子探测
　　　 单光子吸收
　　　 单光子源
　　Z 荧光

单光子源
single photon sources
O432.12
　　S 光源*
　　C 八元数 →(1)
　　　 单光子荧光

单横模
single transverse mode
TN241/244
　　D 不可约模
　　　 单模
　　S 横模
　　Z 激光模

单极子源
monopole source
O422.6
　　D 简单声源
　　S 声源*

单晶
single crystal
O76
　　D 单晶材料
　　　 单晶体
　　　 单晶系
　　　 片状单晶
　　S 板状晶体
　　F 半导体单晶
　　　 大单晶
　　　 化合物单晶
　　　 金刚石单晶

　　　 金属单晶
　　　 体单晶
　　　 铁电单晶
　　　 无位错单晶
　　　 压电单晶
　　C 磁晶各向异性
　　　 单晶结构
　　Z 晶体

单晶 Si
　　Y 单晶硅

单晶 X 射线衍射
single crystal X-ray diffraction
O722
　　D X 射线单晶衍射
　　　 X-射线单晶衍射
　　　 单晶 X-射线衍射
　　S X 射线晶体衍射
　　　 单晶衍射
　　Z 晶体衍射

单晶 X-射线衍射
　　Y 单晶 X 射线衍射

单晶 X 射线衍射法
single crystal X-ray diffraction method
O722
　　D X 射线单晶衍射法
　　　 单晶衍射法
　　S X 射线衍射法
　　Z 晶体结构分析方法

单晶 X 射线衍射分析
single crystal X-ray diffraction analysis
O723
　　S X 射线分析*
　　　 光化学分析法*
　　　 晶体衍射分析
　　Z 晶体分析

单晶半导体
　　Y 半导体单晶

单晶半导体材料
　　Y 半导体单晶

单晶薄膜
single crystal films
O613.72；O799
　　S 晶体薄膜*
　　F 单晶硅薄膜
　　C 单晶结构

单晶材料
　　Y 单晶

单晶法
single-crystal method
O78
　　D 单晶生长方法
　　　 单晶制备法
　　　 单晶制备方法
　　S 晶体生长方法*
　　C 粉末法

单晶硅
single crystal silicon
O738
　　D 单晶 Si

单晶硅材料
　　　硅单晶
　　　硅单晶材料
　　　硅单晶体
　　S 半导体单晶
　　　硅晶体
　　F 直拉单晶硅
　　Z 晶体

单晶硅表面
monocrystalline silicon surface
O485；O7
　　S 硅表面
　　Z 表面

单晶硅薄膜
monocrystalline silicon films
O613.72；O799
　　S 单晶薄膜
　　　硅薄膜
　　Z 半导体薄膜
　　　晶体薄膜

单晶硅材料
　　Y 单晶硅

单晶硅炉
monocrystalline silicon furnace
O782
　　D 单晶硅生长炉
　　S 单晶炉
　　Z 晶体生长设备

单晶硅生长炉
　　Y 单晶硅炉

单晶结构
single crystal structure
O76
　　S 晶体结构*
　　C 单晶
　　　单晶薄膜
　　　单晶生长

单晶拉制
crystal pulling
O782
　　D 拉晶
　　S 晶体生长工艺*

单晶蓝宝石
　　Y 蓝宝石晶体

单晶炉
monocrystal furnace
O782
　　D 单晶生长炉
　　S 晶体生长炉
　　F 单晶硅炉
　　Z 晶体生长设备

单晶铝
aluminum single crystal
O71
　　D 单晶铝材料
　　　铝单晶
　　　铝单晶材料
　　　铝单晶体
　　　铝单晶体材料
　　S 金属单晶

　　Z 晶体

单晶铝材料
　　Y 单晶铝

单晶生长
single crystal growth
O78
　　S 晶体生长*
　　C 单晶结构

单晶生长方法
　　Y 单晶法

单晶生长炉
　　Y 单晶炉

单晶体
　　Y 单晶

单晶铜
copper single crystal
O71
　　D 单晶铜材料
　　　铜单晶
　　　铜单晶材料
　　　铜单晶体
　　　铜单晶体材料
　　S 金属单晶
　　Z 晶体

单晶铜材料
　　Y 单晶铜

单晶系
　　Y 单晶

单晶纤维
　　Y 晶须形貌

单晶衍射
single-crystal diffraction
O722
　　S 晶体衍射*
　　F 单晶X射线衍射

单晶衍射法
　　Y 单晶X射线衍射法

单晶衍射仪
single-crystal diffractometer
O722
　　S X射线衍射仪
　　Z 测量仪器
　　　晶体学仪器

单晶锗
　　Y 锗单晶

单晶锗材料
　　Y 锗单晶

单晶制备
single crystal preparation
O782
　　S 晶体制备
　　C 温度场 →(4)
　　Z 晶体生长工艺

单晶制备法
　　Y 单晶法

单晶制备方法
　　Y 单晶法

单举过程
inclusive process
O413.1
　　S 物理过程*

单举相互作用
　　Y 末态相互作用

单空位
monovacancy
TN01
　　S 空位
　　Z 晶体缺陷

单粒子模型
　　Y 独立粒子模型

单粒子能级
single-particle level
O562.1
　　S 能级*
　　C 超几何方程 →(1)
　　　单粒子态

单粒子态
single particle states
O572.2
　　S 纠缠态
　　C 单粒子能级
　　　单粒子效应
　　　单粒子运动
　　　独立粒子模型
　　Z 能态

单粒子效应
single event effect
O41
　　D 单事件效应
　　S 电场效应*
　　C 单粒子态
　　　辐射硬化 →(3)

单粒子运动
single particle motion
O572.2
　　S 粒子运动
　　C 单粒子态
　　Z 运动(物理)

单量子阱
single quantum well
O471
　　S 量子阱
　　Z 势阱

单流体
　　Y 单相流体

单面约束
unilateral constraint
O302
　　D 单向约束
　　S 约束*
　　C 双面约束

单模
　　Y 单横模

单模辐射场
single mode radiation field
O432.1；O441.4；O57；P162；P422
　　S　辐射场*

单模光场
single mode light field
O431.2
　　S　模场
　　C　双模光场
　　Z　光场

单模激光 Lorenz 系统
single mode laser Lorenz system
TH74
　　S　激光光学系统
　　Z　光学系统

单模聚焦微波辐射
single mode focused microwave radiation
O451
　　S　聚焦微波辐射
　　Z　辐射

单模腔场
single mode cavity field
O413.3
　　S　腔场
　　Z　物理场

单模式
　　Y　单模态

单模态
single mode
O32
　　D　单模式
　　S　模态*
　　C　非线性自由振动
　　　　耦合模态

单模真空场
single mode vacuum field
O413.3
　　S　真空场
　　Z　物理场

单泡声致发光
single bubble sonoluminescence
O426.3
　　S　声致发光
　　Z　发光

单散射
　　Y　单次散射

单色辐射
monochromatic radiation
O451
　　S　电磁辐射
　　F　复合辐射
　　Z　辐射

单色辐射出射度
　　Y　辐射出射度

单色光
monochromatic light
O432.3
　　S　光*
　　F　白光
　　　　非单色光
　　　　准单色光
　　C　相干光束

单色光源
monochromatic source
O432.1
　　S　光源*

单色滤光器
monochromatic filter
TB851.7；TH74
　　S　滤光器
　　Z　光学元件

单色器
　　Y　单色仪

单色性
monochromaticity
O43；O644.1
　　S　光学性质*

单色仪*
monochromator
TH74
　　D　单色器
　　　　光学单色器
　　F　X 射线单色仪
　　　　光栅单色仪
　　　　棱镜单色仪
　　　　强光单色仪
　　　　扫描单色仪
　　　　声光单色仪
　　　　双单色仪
　　C　光学元件

单事件效应
　　Y　单粒子效应

单探测器
single detector
TP23
　　S　探测器*
　　F　单光子探测器

单体液晶
single liquid crystal
O753.2
　　D　液晶单体
　　S　液晶*

单位荷载法
　　Y　单位载荷法

单位挤压力
　　Y　挤压力

单位阶跃响应
unit step response
O302
　　S　响应*

单位晶胞
　　Y　晶胞

单位力偶
　　Y　力偶

单位伸长
unit elongation
O344.3
　　D　单位伸长度
　　S　延伸
　　Z　变形

单位伸长度
　　Y　单位伸长

单位位错
　　Y　全位错

单位位移
unit displacement method
O311
　　S　位移*
　　C　能量法

单位位移法
　　Y　能量法

单位虚力
unit virtual force
O342
　　S　力*

单位应力
　　Y　应力强度

单位载荷法
dummy-load method
O342
　　D　单位荷载法
　　　　单位-载荷法
　　　　傀载法
　　　　傀载荷法
　　　　虚功法
　　S　能量法
　　C　两相流场
　　　　柔度法
　　Z　力学方法

单位-载荷法
　　Y　单位载荷法

单位制*
system of units
TB9
　　F　国际单位制
　　　　自然单位制
　　C　计量单位

单相流
single-phase flow
O351.2
　　D　单相流动
　　　　单组分流动
　　　　一相流
　　S　流体流*
　　C　非等温流动

单相流场
single phase flow field
O351
　　S　流场*

单相流动
　　Y　单相流

单相流体
single phase fluid

O357
  D 不互溶流体
    不互渗流体
    不混溶液体
    单流体
    非混相流体
  S 流体*
  C 多相流体
    两相流体
    三相流体
    油包水乳状液 →(3)

单相凝固
  Y 定向凝固

单向解耦
one-way decouple
TK3
  S 解耦*

单向流
  Y 线性流

单向流动
unidirectional flow
O351.2
  S 流动*
  C 单向 S-粗集 →(1)

单向凝固
  Y 定向凝固

单向压力
  Y 单轴压力

单向压缩
  Y 轴向压缩

单向约束
  Y 单面约束

单斜晶体
monoclinic crystal
O71
  D 单斜晶系晶体
  S 晶体*

单斜晶系
monoclinic system
O711.4
  S 晶系*

单斜晶系晶体
  Y 单斜晶体

单斜晶型
monoclinic crystal form
O76
  S 晶型*

单斜相
monoclinic phase
O76
  S 晶相*

单形（晶体学）
simple Form
O71
  S 晶体形态
  F 几何单形(晶体学)
    结晶单形

    菱面体
  Z 晶体形貌

单一载荷
  Y 集中荷载

单一指向性
single directivity
TN64；TN912
  S 指向特性
  Z 声学特性

单元*
cell
ZT2
  F 参考面单元
    刚性单元
    广义有限单元
    过渡单元
    界面单元
    裂尖单元
    流形单元
    六面体单元
    平板壳单元
    平面梁单元
  C 单位 →(1)

单元(有限元)
  Y 有限元

单元刚度矩阵
element stiffness matrix
O34
  S 刚度矩阵
  C 整体刚度矩阵
  Z 矩阵

单元模态应变能
element modal strain energy
O342
  S 应变能
  Z 能量

单原子
monatomic
O562
  S 原子*

单原子分子
monoatomic molecule
O561；O611
  S 单分子
  Z 分子

单原子链
monatomic chain
O562；O73
  S 原子链*
  F 一维单原子链

单振型分析
  Y 振型分析

单振型技术
  Y 振型分析

单轴磁晶各向异性
  Y 单轴各向异性

单轴各向异性
uniaxial anisotropy

O732
  D 单轴磁晶各向异性
  S 磁晶各向异性
  Z 晶体性质

单轴加载
uniaxial loading
O347.1
  S 轴向加载
  C 单轴压缩试验 →(5)
    棘轮行为
  Z 荷载

单轴晶体
uniaxial crystal
O734
  D 光学单轴晶体
    一轴晶
  S 双折射晶体
  F 负晶体
    正晶体
  Z 光学晶体

单轴抗压强度
uniaxial compressive strength
O346
  D 单轴压缩强度
  S 抗压强度
  C 单轴压缩试验 →(5)
    三轴压缩试验 →(5)
  Z 力学强度

单轴压力
uniaxial pressure
O31
  D 单向压力
  S 压力*

单轴压缩强度
  Y 单轴抗压强度

单轴应力
uniaxial stress
O343.4
  S 轴向应力
  C 紧束缚近似 →(1)
  Z 应力

单桩承载力
pile capacity
TU4
  S 桩柱承载能力
  Z 力学强度

单自由度
single degree of freedom
O31
  D 单方向
    定向的
  S 自由度*
  C 振动系统

单自由度结构
  Y 单自由度系统

单自由度体系
  Y 单自由度系统

单自由度系统
single-degree-of-freedom system

O325
　　D 单度体系
　　　　单自由度结构
　　　　单自由度体系
　　S 力学系统*

单自由度振动系统
single-freedom vibration system
O325
　　S 振动系统
　　C 低阶模态
　　Z 力学系统

单纵模
single longitudinal modes
TN241/244
　　S 纵模
　　Z 激光模

单组分等离体
　　Y 单组分等离子体

单组分等离子体
one-component plasma
O531
　　D 单组分等离体
　　　　单组份等离子体
　　S 等离子体*

单组分流动
　　Y 单相流

单组份等离子体
　　Y 单组分等离子体

单组份流
single-component flow
O351
　　S 流体流*

胆甾醇型液晶
　　Y 胆甾相液晶

胆甾相
cholesteric phase
O753.2
　　S 液晶相
　　Z 晶相

胆甾相液晶
cholesteric liquid crystal
O753.2
　　D 胆甾醇型液晶
　　　　胆甾型液晶
　　　　胆甾液晶
　　S 热致液晶
　　F 聚合物稳定胆甾相液晶
　　Z 液晶

胆甾型液晶
　　Y 胆甾相液晶

胆甾液晶
　　Y 胆甾相液晶

弹带挤进阻力
　　Y 摩擦阻力

弹道*
trajectory
O315
　　D 弹道轨迹
　　F 导弹弹道
　　　　火箭弹道
　　　　截击弹道
　　　　理论弹道
　　　　六自由度弹道
　　　　内弹道
　　　　上升弹道
　　　　射弹弹道
　　　　试验弹道
　　　　双曲线弹道
　　　　水下弹道
　　　　外弹道
　　　　下降弹道
　　　　亚轨道弹道
　　　　鱼雷弹道
　　　　炸弹弹道
　　　　制导弹道
　　　　最优滑翔弹道
　　C 轨道
　　　　运动方程

弹道摆
　　Y 冲击摆

弹道参数
ballistic parameter
O315
　　D 弹道特性
　　　　弹道性能
　　S 力学参数*
　　F 内弹道参数
　　C 弹道曲线
　　　　内弹道参数测试

弹道测量*
trajectory measurement
O315
　　D 弹路测量
　　F 靶场测量
　　　　弹道电子测量
　　　　弹丸飞行参数测试
　　　　内弹道参数测试
　　　　外弹道参数测试
　　C 轨迹测量

弹道测试
　　Y 试验弹道

弹道冲击
ballistic impact
O347
　　D 弹着撞击
　　S 冲击*

弹道导弹
　　Y 导弹弹道

弹道电子测量
ballistic electronic measurement
O315
　　S 弹道测量*
　　C 雷达分辨率 →(4)

弹道方程
ballistic equation
O315
　　D 弹道方程组
　　S 力学方程*
　　F 弹道极限方程
　　　　内弹道方程

弹道方程组
　　Y 弹道方程

弹道飞行
　　Y 飞行弹道

弹道分析
trajectory analysis
O315
　　S 力学分析*
　　C 弹道学

弹道轨迹
　　Y 弹道

弹道极限
ballistic limit
O315
　　S 极限*
　　F 比例极限
　　C 弹道学

弹道极限方程
trajectory limited equation
O315
　　S 弹道方程
　　Z 力学方程

弹道极限速度
ballistic limit velocity
O311
　　S 运动速度*

弹道计算
trajectory calculation
O315
　　D 弹道解法
　　S 力学计算*
　　F 内弹道计算
　　　　外弹道计算
　　C 轨道计算 →(4)

弹道解法
　　Y 弹道计算

弹道控制
trajectory control
O315
　　D 靶场控制
　　　　路径控制
　　S 控制*
　　C 弹道最优化

弹道落点
　　Y 弹着点

弹道曲线
ballistic curve
O315
　　S 轨迹曲线
　　C 弹道参数
　　Z 曲线

弹道扰动
trajectory disturbance
O313
　　S 力学扰动
　　C 受摄轨道 →(4)

Z 扰动

弹道实验
  Y 弹道试验

弹道式导弹
  Y 导弹弹道

弹道试验
ballistic testing
O315
  D 弹道实验
  S 试验*
  F 内弹道试验
    外弹道试验
  C 弹道学
    实验弹道学

弹道输运
ballistic transport
O572.2；O572.322
  S 电子转移
  Z 运动(物理)

弹道特性
  Y 弹道参数

弹道性能
  Y 弹道参数

弹道学*
ballistics
O315
  F 导弹弹道学
    航空弹道学
    流体弹道学
    内弹道学
    实用弹道学
    外弹道学
    中间弹道学
    终点弹道学
  C 穿甲力学
    弹道分析
    弹道极限
    弹道试验
    轨迹
    理论力学
    力学碰撞
    抛射角
    抛物体
    曲射弹道

弹道一致性试验
  Y 外弹道试验

弹道优化
  Y 弹道最优化

弹道最佳化
  Y 弹道最优化

弹道最优化
trajectory optimization
O315
  D 弹道优化
    弹道最佳化
    轨道优化
    轨道最优化
    轨迹优化
    轨迹最优化

  最佳弹道
  S 优化*
  C 弹道控制

弹道坐标测量
  Y 外弹道参数测试

弹道坐标测试
  Y 外弹道参数测试

弹光系数
elasto-optic coefficient
O436
  D 光弹性系数
    压力光学系数
  S 光学系数*

弹光效应
  Y 光弹效应

弹路测量
  Y 弹道测量

弹落点
  Y 弹着点

弹器分离弹道
  Y 飞行弹道

弹射加速度
  Y 冲击加速度

弹体
  Y 弹性体

弹体-弹翼干扰
body-wing interference
V211
  D 弹翼-尾翼干扰
    尾翼-弹体-弹翼干扰
  S 气动力干扰*

弹丸飞行参数测试
projectile flight parameter measurement
O315
  S 弹道测量*

弹丸气动特性
  Y 气动特性

弹翼-尾翼干扰
  Y 弹体-弹翼干扰

弹状流
  Y 段塞流

弹状气泡
slug bubble
O354
  S 气泡*

弹着点
impact point
O315
  D 打击点
    弹道落点
    弹落点
    命中点
    碰撞点
  S 作用点
  Z 位置

弹着撞击
  Y 弹道冲击

蛋白晶体
  Y 蛋白质晶体

蛋白晶体学
  Y 蛋白质晶体学

蛋白质晶体
protein crystal
O799
  D 蛋白晶体
  S 有机晶体
  C 蛋白质测定 →(3)
  Z 晶体

蛋白质晶体结构
protein crystal structure
O76
  S 有机物晶体结构
  Z 晶体结构

蛋白质晶体学
protein crystallography
O799
  D 蛋白晶体学
  S 生物大分子晶体学
  Z 晶体学

氮 14 反应
  Y 重离子反应

氮等离子体
nitrogen plasma
O531
  D 氮气等离子体
  S 气体等离子体
  Z 等离子体

氮化镓晶体膜
gallium nitride crystal membrane
O799
  D GaN 晶体膜
  S 晶体薄膜*

氮化铁磁流体
ferric nitride magnetic fluid
TM271
  D 氮化铁磁性流体
  S 磁流体
  Z 流体

氮化铁磁性流体
  Y 氮化铁磁流体

氮化物抛物量子阱
nitride parabolic quantum well
O413.2
  S 抛物量子阱
  Z 势阱

氮气等离子体
  Y 氮等离子体

氮气分压
nitrogen partial pressure
O414.1
  S 分压
  Z 压力

氮气流量
nitrogen gas flow
O354
　　S 气体流量
　　Z 流量

氮直流辉光放电
nitrogen direct current glow discharge
O461.21
　　S 直流辉光放电
　　Z 放电

当地马赫数
local Mach number
O303；O354
　　S 马赫数
　　Z 无量纲数

当量*
equivalent weight
O6-0
　　F 爆炸当量
　　　 热功当量

当量流量
equivalent flow
O351
　　S 流量*

当量摩擦系数
equivalent coefficient of friction
TH11；TH13
　　S 摩擦系数
　　Z 系数

当量温差
　　Y 等效温差

当量应力
equivalent stress
O343.4
　　S 应力*

刀口检验
　　Y 刀口检验法

刀口检验法
knife-edge method
O439
　　D 刀口检验
　　　 检影法
　　　 阴影法
　　　 阴影检验
　　S 光学检验
　　Z 检验

刀刃型位错
　　Y 刃型位错

氘氚反应
deuterium-tritium reaction
O57
　　S 核反应*
　　F 氘核反应
　　　 氚核反应

氘核
deuteron
O572.351
　　S 轻核

　　C 氘核散射
　　　 光致蜕变
　　Z 原子核

氘核反应
deuteron reactions
O571.42
　　D 氘核相互作用
　　　 氘核-原子核反应
　　S 氘氚反应
　　C 氘核散射
　　Z 核反应

氘核俘获
deuteron capture
O571
　　S 核俘获
　　Z 俘获（物理学）

氘核光致分裂
　　Y 光致蜕变

氘核截面
deuteron cross section
O571.21
　　S 核截面*

氘核谱
deuteron spectrum
O571
　　S 粒子谱*

氘核散射
deuteron scattering
O571.422
　　D 氘核-原子核散射
　　S 粒子散射*
　　F 超子-氘核散射
　　　 光子-氘核散射
　　　 介子-氘核散射
　　C 氘核
　　　 氘核反应

氘核相互作用
　　Y 氘核反应

氘核-原子核反应
　　Y 氘核反应

氘核-原子核散射
　　Y 氘核散射

氘化
deuteration
O571.42；O621.255；O643.1
　　S 有机反应*
　　C 加氢　→(3)
　　　 脱氢　→(3)

导波光学
guided wave optics
O436.4
　　S 物理光学
　　Z 光学

导磁
　　Y 导磁性

导磁材料
　　Y 软磁材料

导磁性
magnetic conductivity
O482.52
　　D 导磁
　　　 导磁性能
　　S 磁性*
　　C 导磁率计　→(5)

导磁性能
　　Y 导磁性

导带
conduction band
O481.1
　　D 导带（物理学）
　　S 电子能带
　　C 价电子
　　　 价电子结构
　　Z 能带

导带（物理学）
　　Y 导带

导弹弹道
missile trajectory
O315
　　D 弹道导弹
　　　 弹道式导弹
　　　 导弹轨迹
　　　 末段弹道
　　　 终点弹道
　　　 最终段弹道
　　S 弹道*
　　F 飞行弹道
　　　 中段弹道
　　C 导弹弹道学

导弹弹道学
missile ballistics
O315
　　S 弹道学*
　　C 导弹弹道

导弹飞行力学
　　Y 外弹道学

导弹轨迹
　　Y 导弹弹道

导弹振动
missile vibration
O327
　　S 结构振动
　　C 超音速颤振
　　Z 振动

导电*
electric conduction
O441.1
　　D 导电过程
　　　 电传导
　　　 电传导过程
　　F 超导
　　　 电子导电
　　　 透明导电
　　C 导电性
　　　 导体
　　　 电导率
　　　 电流

导电薄膜
conductive thin film
TB43；TM24
    D 导电膜
    S 电工薄膜*
    F 超导薄膜
       导电复合膜
       透明导电薄膜

导电电子顺磁共振
    Y 导电电子自旋共振

导电电子自旋共振
conduction electron spin resonance
O482.53
    D CESR
       导电电子顺磁共振
    S 电子自旋共振
    Z 磁共振

导电复合膜
conductive composite film
TB43
    S 导电薄膜
       复合膜
    Z 薄膜
       电工薄膜

导电过程
    Y 导电

导电机制
electric conducting mechanism
TN01
    S 机理*
    C 导电性

导电流体
conducting fluid
O361
    S 流体*
    C 导电液体

导电率
    Y 电导率

导电模型
conduction model
O441.1；O48
    S 电磁模型
    F 超导模型
    Z 物理模型

导电膜
    Y 导电薄膜

导电特性
    Y 导电性

导电性
electrical conductivity
O441.6
    D 表面导电性
       导电特性
       等离子体导电性
       低电导性
       电导特性
       电介导电性
       空间电荷导电性
    S 电学性质*

    F 导电性转变
       绝缘
       跳跃电导性
       质子导电性
    C 导电
       导电机制
       电导率
       电阻率

导电性转变
electrical conductivity transitions
O469
    D 开关转换
    S 导电性
    C 金属-半导体转变
    Z 电学性质

导电液体
conductive liquid
TH117.2
    S 液体*
    C 导电流体
       电解质

导电纸模型
conducting paper model
O357.3
    S 渗流模型
    Z 力学模型

导航*
navigation
TN96；U666；V249
    F GPS/DR 组合导航
       GPS/INS 组合导航
       北斗卫星导航

导航定位
navigational fixing
TB465；TN96
    D 导航定位技术
       海面导航定位
    S 定位*
    F 匹配场定位
    C 地磁匹配 →(5)

导航定位技术
    Y 导航定位

导航定位系统
navigation positioning system
TN967.1
    S 导航设备*
    F 北斗导航定位系统
       卫星导航系统

导航精度
navigation precision
TN96
    S 精度*

导航设备*
    F 导航定位系统
       导航仪
       多普勒导航系统
       罗经
       组合导航系统
    C GNSS 设备 →(4)
       助航设施 →(4)

导航数据
navigation data
TN96；V249
    S 数据*
    C 定位数据 →(4)

导航卫星系统
    Y 卫星导航系统

导航误差
navigation error
TN96
    S 误差*
    F GPS 误差
       对准误差
       跟瞄误差
    C 定位误差 →(4)

导航仪
navigator
U666.15；V249.32
    S 导航设备*
    F 罗兰导航仪
       组合导航仪

导模法
guided mode method
O782
    D EFG 法
       边缘限定薄膜供料提拉生长技术
       熔体导模法
    S 晶体生长方法*

导模共振
guided-mode resonance
TN20
    S 共振*

导纳*
admittance
TB971；TM933
    D 电导纳
       输入导纳
    F 电导
       电纳
       加速度导纳
       声导纳
       速度导纳
       位移导纳

导纳谱
admittance spectroscopy
O47
    S 谱*

导热
    Y 传热

导热(性)
    Y 热导

导热传热
    Y 传热

导热方程
    Y 热传导方程

导热方程式
    Y 热传导方程

导热方程组

Y 热传导方程

导热方程组式
Y 热传导方程

导热公式
Y 热传导方程

导热流体
Y 传热流体

导热率
Y 热导率

导热能力
Y 热导

导热系数
Y 热导率

导热性
thermal conductivity
O551.3
D 导热性能
  热导系数
  热导性
S 热物理性质
Z 热性能

导热性能
Y 导热性

导数*
derivative
O172.1
D 导数定义
  数学导数
  微商
F 李导数
  气动导数
  协变导数
  压力导数
  阻尼导数
C H 布尔函数 →(1)
  n 阶 →(1)
  单位球 →(1)
  导函数 →(1)
  积分

导数定义
Y 导数

导数光谱
Y 导数光谱法

导数光谱法
derivative spectrometry
O433.4
D 导数光谱
S 光谱分析*
F 导数光声光谱
  一阶导数光谱法
  紫外导数光谱法
C 导数分光光度法 →(3)

导数光声光谱
derivative photoacoustic spectroscopy
O433.4
S 导数光谱法
  光声光谱
Z 光谱

光谱分析

导体*
conductor
O441.1
D 传导性媒质
F 不良导体
  超导体
  导体球
  电导体
  孤立导体
  绝缘导体
  理想导体
  良导体
  圆柱导体
  载流导体
C 导电

导体表面
conductor surface
O485
S 表面*
F 金表面
  铜表面

导体球
conducting sphere
O441.1
D 带电导体球
S 导体*

导体损耗
conductor loss
TN8
S 质量损失
Z 损耗

导体椭球
conductor ellipsoid
O441.1
S 椭球体
Z 球体

导温系数
Y 热导率

导引弹道
Y 制导弹道

岛状生长
island growth
O484.1
S 薄膜生长*

倒 Wiedwmann 效应
Y 磁弹效应

倒格矢
reciprocal lattice vector
O48; O73
S 向量*

倒格子
Y 倒易点阵

倒虹吸
inverted siphon
O351.2
D 倒虹吸涵洞
  倒虹吸结构

反吸
S 虹吸*
C 模型试验 →(5)
  水压试验 →(5)

倒虹吸涵洞
Y 倒虹吸

倒虹吸结构
Y 倒虹吸

倒频谱
cepstrum
O456
S 功率谱
Z 频谱

倒谱均值归一化
cepstrum mean normalization
TN911
S 归一化*

倒易点阵
reciprocal lattice
O712
D 倒格子
  倒易格子
  倒易空间
S 点阵*
F 加权倒易点阵
C 晶格

倒易定理
reciprocity theorem
O442
D 格林倒易定理
S 物理定理*

倒易格子
Y 倒易点阵

倒易空间
Y 倒易点阵

倒摆
inverted pendulum
O314；P131
S 摆*
F 可倒摆
C 摆动

倒逆过程
umklapp process
O73
D U 过程
S 过程*
C 电子-声子相互作用
  声子之间相互作用

倒像
inverted image
O435.2
S 光学图像*

到达时间
time of arrival
TN92
D 到达时刻
S 事件时间*

到达时刻

Y 到达时间

道尔顿定律
Dalton's law
O552.3
　D 道尔顿分压定律
　　　分压律
　S 热力学定律
　C 分压
　Z 物理定律

道尔顿分压定律
　Y 道尔顿定律

德拜半径
Debye length
O536
　D 德拜长度
　S 等离子体参数*

德拜长度
　Y 德拜半径

德拜弛豫
Debye relaxation
O487
　S 介电弛豫
　C 德拜理论
　　　德拜模型
　Z 电学性质

德拜法
Debye method
O723
　D 德拜照相法
　S X 射线照相法
　C 多晶
　　　晶体分析
　Z 晶体结构分析方法

德拜理论
Debye theory
O71
　S 晶体学理论*
　C 德拜弛豫

德拜模型
Debye model
O48
　D Debye 模型
　S 物理模型*
　C 德拜弛豫
　　　汽化热

德拜频率
Debye frequency
O48
　S 频率*

德拜-瓦勒因子
　Y 德拜-沃勒因子

德拜温度
　Y 特征温度

德拜-沃勒因子
Debye-Waller factor
O72
　D Debye-Waller 因子
　　　德拜-瓦勒因子

　S 晶体学参数*
　C X 射线晶体学
　　　电子晶体学
　　　晶格动力学

德拜照相法
　Y 德拜法

德布罗意波
　Y 物质波

德布罗意波长
de Broglie wavelength
O41
　S 波长*
　C 量子阱

德布罗意方程
de Broglie relation
O413
　D 德布罗意方程式
　　　德布罗意方程组
　　　德布罗意方程组式
　　　德布罗意公式
　　　德布罗意关系
　　　德布罗意关系式
　　　德布罗意推导方程
　　　德布罗意推导方程公式
　　　德布罗意推导方程式
　　　德布罗意推导公式
　　　德布罗意推导关系式
　S 爱因斯坦方程
　Z 物理方程

德布罗意方程式
　Y 德布罗意方程

德布罗意方程组
　Y 德布罗意方程

德布罗意方程组式
　Y 德布罗意方程

德布罗意公式
　Y 德布罗意方程

德布罗意关系
　Y 德布罗意方程

德布罗意关系式
　Y 德布罗意方程

德布罗意推导方程
　Y 德布罗意方程

德布罗意推导方程公式
　Y 德布罗意方程

德布罗意推导方程式
　Y 德布罗意方程

德布罗意推导公式
　Y 德布罗意方程

德布罗意推导关系式
　Y 德布罗意方程

德鲁克公设
　Y Drucker 公设

灯光能见距离
　Y 视距

等差线
isochromatic
O348
　D 等色线
　S 线*
　C 等差数列 →(1)
　　　等和线
　　　等倾线
　　　光弹性

等电点结晶
　Y 等电结晶

等电结晶
isoelectric point crystallization
O799
　D 等电点结晶
　　　等电结晶法
　　　等电结晶过程
　　　等电结晶化
　　　等电结晶化过程
　S 电结晶
　Z 结晶

等电结晶法
　Y 等电结晶

等电结晶过程
　Y 等电结晶

等电结晶化
　Y 等电结晶

等电结晶化过程
　Y 等电结晶

等电子体
isoelectronic sequence
O56
　D 等电子系列
　　　等电子序
　C 离子
　　　原子结构

等电子系列
　Y 等电子体

等电子陷阱
isoelectron trap
O471
　D 等电子中心
　S 电子陷阱
　Z 陷阱

等电子序
　Y 等电子体

等电子原子
isoelectronic atoms
O562
　S 原子*

等电子中心
　Y 等电子陷阱

等幅摆动
　Y 无阻尼振荡

等幅振荡
　Y 无阻尼振动

主 表 149

等幅振动
　Y 无阻尼振动

等高平面位置显示器
　Y 显示器

等光程面
　Y 齐明面

等和线
isopachic
O348
　D 等厚线
　S 线*
　C 等差线
　　光弹性

等厚干涉
equal thickness interference
O484.4
　S 薄膜干涉
　Z 光学干涉

等厚干涉条纹
equal-thickness interference fringe
O436.1
　S 干涉条纹*

等厚线
　Y 等和线

等价的边界积分方程
equivalent boundary integral equations
O302；O343
　S 边界积分方程
　Z 方程(数学)
　　力学方程

等价电子
　Y 等效电子

等价理论
equivalence principle
O412.1
　D 等价原理
　S 狭义相对论
　Z 物理理论

等价原理
　Y 等价理论

等阶 N 次方 H 压缩
equal order N-th power H squeezing
TN2
　D 等幂次 N 次方 H 压缩
　S 压缩*

等阶 N 次方 Y 压缩
equal order N-th power Y squeezing
TN2
　D 等幂次 N 次方 Y 压缩
　S 压缩*

等精度测量
equal precision measurement
TB462.1
　D 不等精度测量
　　非等精度测量
　S 测量*

等静压力

　　isostatic pressure
　　O312
　　　S 静压
　　　Z 压力

等离激元
plasmon
O53
　D 等离子体激元
　S 量子*
　F 表面等离子体激元
　C 等离子体振荡

等离激元共振
plasmon resonance
O539
　S 等离子体共振
　F 表面等离激元共振
　　表面等离子体激元共振
　Z 共振

等离体
　Y 等离子体

等离体波
　Y 等离子体波

等离体参量
　Y 等离子体参数

等离体动力学
　Y 等离子体动力学

等离体辐射
　Y 等离子体辐射

等离体焦点
　Y 等离子体焦点

等离体炬
　Y 等离子体炬

等离体理论
　Y 等离子体理论

等离体频率
　Y 等离子体频率

等离体枪
　Y 等离子体枪

等离体输运
plasma transport
O53
　D 等离子体输运
　　等离子体输运过程
　S 等离子体现象*
　C 等离子流

等离体湍动
　Y 等离子流

等离体团
　Y 等离子体团

等离体物理学
　Y 等离子体物理学

等离体羽
　Y 等离子体羽

等离体诊断
　Y 等离子体诊断

等离体振荡
　Y 等离子体振荡

等离子
　Y 等离子体

等离子电弧喷涂
plasma arc spraying
O539
　D 等离子喷涂
　S 等离子体喷涂
　Z 等离子体应用

等离子发射光谱
　Y 等离子体发射光谱法

等离子发射光谱法
　Y 等离子体发射光谱法

等离子仿真
　Y 等离子体模拟

等离子仿真方法
　Y 等离子体模拟

等离子仿真过程
　Y 等离子体模拟

等离子仿真实验
　Y 等离子体模拟

等离子仿真实验方法
　Y 等离子体模拟

等离子仿真实验过程
　Y 等离子体模拟

等离子光谱
　Y 等离子体发射光谱法

等离子光谱学
　Y 等离子体光谱学

等离子光子晶体
　Y 等离子体光子晶体

等离子弧
　Y 等离子流

等离子炬
　Y 等离子体炬

等离子流
plasma turbulence
O361；O533
　D MHD 流动
　　磁流体动力流
　　磁流体流
　　等离体湍动
　　等离子弧
　　等离子体流
　　等离子体湍动
　　等离子体湍流
　　等离子体涡旋
　　等离子体旋转
　S 磁流体力学湍流
　C 等离体输运
　　等离子体冲击波
　　脉动
　Z 流体流

等离子模拟

Y 等离子体模拟

等离子模拟方法
　　Y 等离子体模拟

等离子模拟过程
　　Y 等离子体模拟

等离子模拟实验
　　Y 等离子体模拟

等离子模拟实验方法
　　Y 等离子体模拟

等离子模拟实验过程
　　Y 等离子体模拟

等离子喷涂
　　Y 等离子电弧喷涂

等离子喷注
　　Y 等离子体射流

等离子频率
　　Y 等离子体频率

等离子热喷涂
plasma hot spraying
O539
　　S 等离子体喷涂
　　Z 等离子体应用

等离子射流
　　Y 等离子体射流

等离子态
plasma state
O53
　　S 物态*

等离子体*
plasma
O531
　　D 等离体
　　　等离子
　　　电浆
　　F Z箍缩等离子体
　　　本底等离子体
　　　边缘等离子体
　　　表面等离子体
　　　常压等离子体
　　　尘埃等离子体
　　　稠密等离子体
　　　磁等离子体
　　　单组分等离子体
　　　低温等离子体
　　　低压等离子体
　　　电感耦合等离子体
　　　电子等离子体
　　　放电等离子体
　　　非均匀等离子体
　　　非平衡等离子体
　　　非圆截面等离子体
　　　非中性等离子体
　　　高温等离子体
　　　各向异性等离子体
　　　固体等离子体
　　　激光等离子体
　　　简并等离子体
　　　聚变等离子体
　　　空间等离子体
　　　夸克胶子等离子体
　　　螺旋波等离子体
　　　脉冲等离子体
　　　内爆等离子体
　　　碰撞等离子体
　　　气体等离子体
　　　热等离子体
　　　弱电离等离子体
　　　射流等离子体
　　　射频等离子体
　　　手征等离子体
　　　微波等离子体
　　　微等离子体
　　　稀薄等离子体
　　　相对论等离子体
　　C 等离子体波
　　　等离子体参数
　　　等离子体科学
　　　等离子体密度
　　　等离子体模拟
　　　等离子体特性
　　　等离子体应用
　　　等离子体杂质

等离子体保持
　　Y 等离子体控制

等离子体边界层
plasma boundary layers
O357.4；P404；P43
　　S 边界层
　　Z 流体层

等离子体表面波
　　Y 表面等离子体波

等离子体波*
plasma waves
O534
　　D 等离体波
　　F 表面等离子体波
　　　等离子体声波
　　　电子等离子体波
　　　静电波
　　　朗缪尔波
　　C 等离子体
　　　等离子体参数
　　　等离子体振荡
　　　朗道阻尼

等离子体不稳定性
plasma instability
O534
　　D 巴涅曼不稳定性
　　　比内曼-法利不稳定性
　　　等离子体槽纹不稳定性
　　　等离子体模
　　　等离子体稳定性
　　　低混杂漂移不稳定性(等离子体)
　　　宏观不稳定性
　　　怀布尔型不稳定性
　　　微观不稳定性
　　S 流体稳定性
　　F 腊肠不稳定性
　　　螺旋不稳定性
　　　扭曲不稳定性
　　　漂移不稳定性
　　　破裂不稳定性
　　　瑞利-泰勒不稳定性
　　　双流不稳定性
　　C 等离子体控制
　　　等离子体振荡
　　Z 力学稳定性

等离子体参量
　　Y 等离子体参数

等离子体参数*
plasma parameter
O536
　　D 等离体参量
　　　等离子体参量
　　F 德拜半径
　　　等离子体密度
　　　等离子体频率
　　　等离子体位形
　　　等离子体温度
　　C 等离子体
　　　等离子体波
　　　等离子体科学
　　　等离子体模拟
　　　等离子体特性
　　　等离子体物理学
　　　等离子体效应

等离子体槽纹不稳定性
　　Y 等离子体不稳定性

等离子体测量技术
　　Y 等离子体诊断

等离子体产生
　　Y 等离子源

等离子体冲击波
plasma shock waves
O347.5；O534
　　D 等离子体激波
　　S 冲击波*
　　C 等离子流
　　　等离子体控制
　　　行星际激波

等离子体处理
plasma treatment
O539
　　D 等离子体加工
　　S 等离子体应用*

等离子体导电性
　　Y 导电性

等离子体电弧
plasma arc
O539
　　S 等离子体应用*

等离子体电流
plasma current
O441.1
　　S 电流*

等离子体电子密度
plasma electron density
O536
　　S 等离子体密度
　　Z 等离子体参数

主　表　151

等离子体动力学
plasma dynamics
O53
　D　等离体动力学
　　　等离子体动力学理论
　　　等离子体力学
　S　等离子体科学*
　C　碰撞激波

等离子体动力学理论
　Y　等离子体动力学

等离子体对流
plasma convection
O53
　S　对流*
　C　颗粒沉降　→(4)

等离子体发射光谱
　Y　等离子体发射光谱法

等离子体发射光谱法
plasma emission spectrum
O433.4；O536
　D　等离子发射光谱
　　　等离子发射光谱法
　　　等离子光谱法
　　　等离子体发射光谱
　　　等离子体光谱
　S　发射光谱分析
　F　等离子体原子发射光谱法
　　　电感耦合等离子体发射光谱法
　C　等离子体光谱仪　→(4)
　Z　光谱分析

等离子体发生器
plasma generator
O531
　S　等离子体装置*
　F　等离子源
　C　等离子体射流

等离子体仿真
　Y　等离子体模拟

等离子体仿真方法
　Y　等离子体模拟

等离子体仿真过程
　Y　等离子体模拟

等离子体仿真实验
　Y　等离子体模拟

等离子体仿真实验方法
　Y　等离子体模拟

等离子体仿真实验过程
　Y　等离子体模拟

等离子体放电
plasma discharge
O53
　S　等离子体现象*

等离子体辐射
plasma radiation
O536
　D　等离体辐射
　S　辐射*

等离子体辅助分子束外延
plasma assisted molecular beam epitaxy
O782
　S　分子束外延
　Z　外延

等离子体共振
plasma resonance
O534
　S　共振*
　F　表面等离子体共振
　　　等离激元共振

等离子体共振吸收
plasmon resonance absorption
O539
　S　等离子体吸收
　F　表面等离子体共振吸收
　Z　等离子体现象

等离子体光谱
　Y　等离子体发射光谱法

等离子体光谱学
plasma spectroscopy
O433
　D　等离子光谱学
　S　等离子体物理学
　　　光谱学*
　C　等离子体光谱仪　→(4)
　　　激光诱导等离子体光谱
　Z　等离子体科学
　　　物理学

等离子体光源
plasma light source
O531
　S　光源*
　F　激光等离子体光源

等离子体光子晶体
plasma photonic crystal
O734
　D　等离子光子晶体
　S　光子晶体
　F　磁化等离子体光子晶体
　　　非磁化等离子体光子晶体
　Z　晶体

等离子体互作用
　Y　等离子体相互作用

等离子体激波
　Y　等离子体冲击波

等离子体激励
plasma excitation
O53
　S　等离子体应用*
　F　等离子体气动激励

等离子体激元
　Y　等离激元

等离子体加工
　Y　等离子体处理

等离子体焦点
plasma focus
O435
　D　等离体焦点
　S　焦点*

等离子体浸没离子注入
plasma immersion ion implantation
O539
　S　等离子体离子注入
　Z　等离子体应用

等离子体炬
plasma torch
O531
　D　等离子体炬
　　　等离子炬
　　　太阳器
　S　等离子体装置*
　C　等离子体控制
　　　等离子体应用
　　　漂浮器
　　　日光层　→(4)

等离子体聚合膜
plasma polymerized film
TB43
　S　薄膜*
　C　等离子体聚合物　→(3)

等离子体开关
plasma switches
O539
　S　等离子体装置*

等离子体科学*
plasma science
O53
　F　等离子体动力学
　　　等离子体物理学
　C　等离子体
　　　等离子体参数
　　　等离子体现象

等离子体刻蚀
plasma etching
O539
　S　等离子体应用*
　F　电感耦合等离子体刻蚀

等离子体控制
plasma control
O532
　D　等离子体保持
　S　控制*
　C　等离子体不稳定性
　　　等离子体冲击波
　　　等离子体炬
　　　等离子体鞘层　→(4)(5)
　　　等离子体杂质
　　　等离子体振荡

等离子体扩散
plasma diffusion
O533
　D　等离子体膨胀
　S　扩散*
　F　双极扩散
　C　等离子体密度
　　　输运方程　→(1)

等离子体朗缪尔波

  Y 朗缪尔波

等离子体离子注入
plasma ion implantation
O539
  S 等离子体应用*
  F 等离子体浸没离子注入
    等离子体源离子注入

等离子体理论
plasma theory
O53
  D 等离体理论
  S 物理理论*
  C 等离子体现象

等离子体力学
  Y 等离子体动力学

等离子体-粒子互作用
plasma-particle interaction
O572.24
  S 等离子体相互作用
    粒子相互作用*
  F 电子束-等离子体互作用
  C 电子等离子体
  Z 相互作用

等离子体流
  Y 等离子流

等离子体密度
plasma density
O53
  S 等离子体参数*
  F 等离子体电子密度
  C 等离子体
    等离子体扩散
    电子密度

等离子体模
  Y 等离子体不稳定性

等离子体模拟
plasma simulation
O539
  D 等离子仿真
    等离子仿真方法
    等离子仿真过程
    等离子仿真实验
    等离子仿真实验方法
    等离子仿真实验过程
    等离子模拟
    等离子模拟方法
    等离子模拟过程
    等离子模拟实验
    等离子模拟实验方法
    等离子模拟实验过程
    等离子体仿真
    等离子体仿真方法
    等离子体仿真过程
    等离子体仿真实验
    等离子体仿真实验方法
    等离子体仿真实验过程
    等离子体模拟方法
    等离子体模拟过程
    等离子体模拟实验
    等离子体模拟实验方法
    等离子体模拟实验过程

  S 物理模拟*
  C 等离子体
    等离子体参数
    等离子体特性
    等离子体物理学
    等离子体现象
    等离子体应用

等离子体模拟方法
  Y 等离子体模拟

等离子体模拟过程
  Y 等离子体模拟

等离子体模拟实验
  Y 等离子体模拟

等离子体模拟实验方法
  Y 等离子体模拟

等离子体模拟实验过程
  Y 等离子体模拟

等离子体喷流
  Y 等离子体射流

等离子体喷涂
plasma spraying
O539
  S 等离子体应用*
  F 等离子电弧喷涂
    等离子热喷涂

等离子体喷注
  Y 等离子体射流

等离子体膨胀
  Y 等离子体扩散

等离子体碰撞频率
  Y 等离子体频率

等离子体频率
plasma frequency
O534
  D Langmuir 频率
    等离体频率
    等离子频率
    等离子体碰撞频率
    朗缪尔频率
  S 等离子体参数*

等离子体平衡
plasma equilibrium
O53；O646.1
  S 化学平衡*

等离子体屏蔽
plasma shielding
O53
  S 屏蔽*

等离子体气动激励
plasma aerodynamic actuation
O539
  S 等离子体激励
  Z 等离子体应用

等离子体枪
plasma gun
O539

  D 等离体枪
  S 等离子体装置*
  C 磁透镜
    电子气

等离子体清洗
plasma cleaning
O539
  S 等离子体应用*

等离子体哨声波
  Y 哨声波

等离子体射流
plasma jet
O358；O532
  D 等离子喷注
    等离子射流
    等离子体喷流
    等离子体喷注
  S 射流*
  F 层流等离子体射流
    大气压等离子体射流
  C 等离子体发生器

等离子体摄动
  Y 等离子体振荡

等离子体声波
plasma sound wave
O534
  S 等离子体波*
  F 尘埃声波
    激光等离子体声波
    离子声波
    哨声波

等离子体输运
  Y 等离体输运

等离子体输运过程
  Y 等离体输运

等离子体束相互作用
  Y 等离子体相互作用

等离子体探针
plasma probes
O539
  S 探针*
  F Langmuir 探针
    磁探针

等离子体特性
plasma characteristics
O53
  S 物理特性*
  C 等离子体
    等离子体参数
    等离子体模拟

等离子体填充
filled with plasma
O539
  S 等离子体应用*

等离子体通道
plasma channel
O53
  S 等离子体现象*

主　表　153

等离子体湍动
　Y　等离子流

等离子体湍流
　Y　等离子流

等离子体团
plasmoid
O53
　D　等离体团
　S　等离子体现象*

等离子体微扰
　Y　等离子体振荡

等离子体位形
plasma configuration
O536
　S　等离子体参数*

等离子体温度
plasma temperature
O536
　S　等离子体参数*

等离子体稳定性
　Y　等离子体不稳定性

等离子体涡旋
　Y　等离子流

等离子体物理
　Y　等离子体物理学

等离子体物理学
plasma physics
O53
　D　等离体物理学
　　　等离子体物理
　S　等离子体科学*
　　　物理学*
　F　等离子体光谱学
　C　等离子体参数
　　　等离子体模拟

等离子体吸收
plasma absorption
O539
　S　等离子体现象*
　F　等离子体共振吸收

等离子体现象*
plasma phenomena
O53
　F　等离体输运
　　　等离子体放电
　　　等离子体通道
　　　等离子体团
　　　等离子体吸收
　　　等离子体羽
　　　等离子体云
　C　等离子体科学
　　　等离子体理论
　　　等离子体模拟

等离子体相互作用
plasma interactions
O534
　D　等离子体互作用
　　　等离子体束相互作用

　S　相互作用*
　F　等离子体-粒子互作用
　　　激光等离子体相互作用
　C　激光效应
　　　原子束

等离子体效应
plasma effect
O53
　S　物理效应*
　F　箍缩效应
　C　等离子体参数

等离子体旋转
　Y　等离子流

等离子体隐身
plasma stealth
O53
　S　等离子体应用*

等离子体应用*
plasma applications
O539
　F　表面等离子体共振成像
　　　等离子体处理
　　　等离子体电弧
　　　等离子体激励
　　　等离子体刻蚀
　　　等离子体离子注入
　　　等离子体喷涂
　　　等离子体清洗
　　　等离子体填充
　　　等离子体隐身
　　　等离子体增强
　　　等离子体诊断
　C　等离子体
　　　等离子体炬
　　　等离子体模拟

等离子体羽
plasma plume
O531
　D　等离体羽
　　　等离子体羽辉
　S　等离子体现象*

等离子体羽辉
　Y　等离子体羽

等离子体原子发射光谱法
plasma atomic emission spectrometry
O433.4；O536；O657.31
　D　ICP-AES 光谱法
　S　等离子体发射光谱法
　　　原子发射光谱分析
　F　电感耦合等离子体原子发射光谱法
　　　微波等离子体炬原子发射光谱法
　Z　光谱分析

等离子体源
　Y　等离子源

等离子体源离子注入
plasma source ion implantation
O539
　S　等离子体离子注入
　Z　等离子体应用

等离子体约束

plasma confinement
O532
　S　约束*
　F　磁约束
　　　惯性约束

等离子体云
plasma cloud
O53
　S　等离子体现象*
　C　H 分量 →(4)

等离子体杂质
plasma impurities
O53
　S　物质*
　C　等离子体
　　　等离子体控制

等离子体增强
plasma enhancement
O539
　S　等离子体应用*

等离子体诊断
plasma diagnostics
O539
　D　等离体诊断
　　　等离子体测量技术
　　　等离子体诊断技术
　S　等离子体应用*
　F　激光等离子体诊断
　　　探针诊断
　　　微波诊断
　　　中性束诊断

等离子体诊断技术
　Y　等离子体诊断

等离子体振荡
plasma oscillations
O534
　D　等离体振荡
　　　等离子体摄动
　　　等离子体微扰
　　　离子振荡
　　　米尔塔夫振荡
　S　光振荡
　F　局域表面等离子共振
　　　朗缪尔振荡
　C　等离激元
　　　等离子体波
　　　等离子体不稳定性
　　　等离子体控制
　Z　振荡

等离子体装置*
plasma devices
O531
　F　等离子体发生器
　　　等离子体炬
　　　等离子体开关
　　　等离子体枪
　　　仿星器
　　　偏滤器
　　　漂浮器
　　　托卡马克装置

等离子源

plasma sources
O531
　　D 等离子体产生
　　　 等离子体源
　　S 等离子体发生器
　　F 双等离子体离子源
　　　 微波等离子体源
　　Z 等离子体装置

等幂次 N 次方 H 压缩
　　Y 等阶 N 次方 H 压缩

等幂次 N 次方 Y 压缩
　　Y 等阶 N 次方 Y 压缩

等倾干涉
equal inclination interference
O484.4
　　S 薄膜干涉
　　Z 光学干涉

等倾干涉条纹
equal inclination interference fringes
O436.1
　　S 干涉条纹*

等倾线
isoclines
O348
　　S 线*
　　C 等差线

等容
　　Y 等容过程

等容过程
isochoric process
O414.1
　　D 等容
　　　 定容过程
　　S 物理过程*

等容线
isometric line
O41
　　S 等值线*

等色线
　　Y 等差线

等熵分析
isentropic analysis
O414.1；P458
　　D 等熵过程
　　　 等熵面分析
　　S 分析*
　　C 等熵面 →(4)
　　　 天气过程
　　　 天气过程分析 →(4)

等熵过程
　　Y 等熵分析

等熵流
　　Y 匀熵流

等熵流动
　　Y 匀熵流

等熵面分析
　　Y 等熵分析

等熵压缩
isentropic compression
O354；O521
　　S 熵压缩
　　Z 压缩

等渗压
　　Y 渗透压

等时摆
isochronous pendulum
O314
　　S 摆*

等势线簇图形
equipotential line maps
TN01
　　S 图表*

等位移线
contour of equal displacement
O34
　　S 作用线
　　Z 线

等温
isothermal
O551.2；P412.11；P423
　　S 温度参数*

等温变化
isothermal transformations
O552
　　S 温度变化*

等温变形
isothermal deformation
O344.1
　　S 变形*
　　C 变形速度
　　　 刚塑性有限元法

等温磁化
　　Y 磁化

等温滴定量热
　　Y 滴定量热法

等温滴定量热法
　　Y 滴定量热法

等温滴定微量热法
　　Y 滴定微量热法

等温过程
isothermal process
O55
　　S 物理过程*

等温霍尔效应
isothermal Hall effect
O441
　　S 霍尔效应
　　Z 电场效应

等温结晶
　　Y 等温晶化

等温结晶动力学
isothermal crystallization kinetics
O795

　　S 结晶动力学
　　Z 晶体学

等温结晶过程
　　Y 等温晶化

等温结晶化
　　Y 等温晶化

等温结晶化过程
　　Y 等温晶化

等温截面
isothermal section
O411
　　S 截面*

等温晶化
isothermal crystallization
O799
　　D 等温结晶
　　　 等温结晶过程
　　　 等温结晶化
　　　 等温结晶化过程
　　　 等温晶化过程
　　S 晶化*
　　F 非等温晶化

等温晶化过程
　　Y 等温晶化

等温流
isothermal flow
O351.2
　　D 等温流动
　　S 流体流*
　　C 温度分布

等温流动
　　Y 等温流

等温区
isothermal region
O551.2；P412.11
　　S 温区*
　　C 等温面 →(4)

等温剩磁
isothermal remanence
O482.52；P318.1
　　D 等温剩余磁化
　　S 剩磁*
　　C 热剩磁

等温剩余磁化
　　Y 等温剩磁

等温体积弹性模量
isothermal bulk modulus
O343
　　S 体积弹性模量
　　Z 模量

等温相变
isothermal phase change
O792
　　S 晶体相变*
　　F 包晶相变
　　　 共晶转变
　　　 共析转变
　　　 偏晶转变

等温压缩
isothermal compression
O521
　S 压缩*

等效背景照度
　Y 等照度

等效边缘电磁流
equivalent edge currents
O361
　S 等效电磁流
　Z 流体流

等效波长
　Y 有效波长

等效磁导率
equivalent permeability
O441.2
　S 磁导率*

等效磁荷
equivalent magnetic change
O441
　S 磁荷
　Z 磁参数

等效磁流
equivalent magnetic current
O361
　S 磁流
　Z 流体流

等效地球半径
equivalent earth radius
O451；P183.2
　S 地球参数*

等效电磁流
equivalent currents
O361
　S 电磁流
　F 等效边缘电磁流
　Z 流体流

等效电荷
equivalent charge
O441.1
　S 电荷*

等效电路模型(声)
　Y 电-力-声类比

等效电压源定律
　Y 戴维南定理

等效电子
equivalent electron
O572.322
　D 等价电子
　S 电子*

等效电阻
equivalent resistance
TM934.1
　S 电阻*
　C 普适规律 →(1)

等效电阻率
equivalent resistivity
TM934.1
　S 电阻率*

等效断裂韧度
equivalent fracture toughness
O346.1
　S 断裂韧性
　C 剪滞理论
　　虚拟裂缝模型
　Z 力学性质

等效辐射照度
noise equivalent irradiance
O432；P422
　D 噪声等效辐射照度
　　噪声等效照度
　S 辐射照度
　Z 辐射参数

等效光学系统
equivalent optical system
TH74
　S 光学系统*

等效剪切模量
effective shear modulus
O343
　S 剪切模量
　Z 模量

等效节点力
equivalent nodal force
O316
　D 等效结点力
　S 结点力
　Z 力

等效结点力
　Y 等效节点力

等效截面法
equivalent section method
O302
　S 力学方法*

等效介电常数
equivalent dielectric constant
O487
　S 介电常数
　F 等效相对介电常数
　Z 物理常数

等效介质模型
equivalent medium model
O33；O35
　S 介质模型
　Z 模型

等效静荷载
　Y 等效静载

等效静力荷载
　Y 等效静载

等效静载
equivalent static load
O342
　D 等效静荷载
　　等效静力荷载
　S 静载荷
　Z 荷载

等效力系
equivalent force system
O316
　S 力系*

等效力学模型
equivalent mechanical model
O3
　S 力学模型*
　F 等效线性模型

等效连续介质
equivalent continuum media
O33
　S 连续介质
　Z 力学介质

等效模量
effective moduli
O34
　S 模量*
　C Mori-Tanaka 方法
　　细观力学

等效球照度
　Y 等照度

等效热传导系数
effective thermal expansion coefficient
TN01
　S 热传导系数
　Z 系数

等效弹性参数
equivalent elastic parameters
O343
　S 力学参数*

等效弹性常数
equivalent elastic constant
O343
　S 弹性常数
　Z 力学常数

等效弹性模量
equivalent elastic modulus
O343
　S 弹性模量
　Z 模量

等效弹性系数
equivalent elastic coefficients
O343
　S 力系数
　Z 系数

等效位置
　Y 真位置

等效温差
equivalent temperature difference
O551.2；P412.11；P423
　D 当量温差
　S 温差*
　F 噪声等效温差
　C 等效温度 →(4)

等效线性法
　Y 等效线性化法

等效线性化法
equivalent linear method
O302
 D 等效线性法
 S 力学方法*

等效线性模型
equivalent linear model
O342
 S 等效力学模型
 C 震陷 →(5)
 Z 力学模型

等效相对介电常数
equivalent relative dielectric constant
O487
 S 等效介电常数
  相对介电常数
 Z 物理常数

等效旋转矢量
equivalent rotation vector
O302
 D 等效旋转矢量法
  等效旋转矢量算法
  等效转动矢量
 S 旋转矢量
 Z 向量

等效旋转矢量法
 Y 等效旋转矢量

等效旋转矢量算法
 Y 等效旋转矢量

等效应变
equivalent strain
O344.3
 D 变形效应
  相当应变
  应变强度
  应变效应
  有效变形
  有效应变
  真实应变
  真应变
 S 应变*
 C 应变增量
  真应力

等效应力
 Y 真应力

等效应力强度因子
equivalent stress intensity factor
O343.4；O346.1
 S 应力强度因子
 Z 力学因子

等效原理
equivalence principle
O412.1
 S 广义相对论
 F 强等效原理
  弱等效原理
  时间-温度-应力等效原理
 Z 物理理论

等效载荷
 equivalent load

O347
 S 荷载*
 C 固有应变

等效噪声温差
 Y 噪声等效温差

等效折射率
equivalent refractive index
O435.1
 S 折射率*

等效质量
equivalent mass
O31
 D 简化质量
  约化质量
  折合质量
  折算质量
 S 质量*

等效转动矢量
 Y 等效旋转矢量

等压过程
isobaric process
O55；O64
 S 过程*

等压热容
heat capacity at constant pressure
O551.1
 S 热容
 Z 热量

等照度
equal illumination
O432.2
 D 等效背景照度
  等效球照度
 S 照度*

等照度线
isolux line
O432.2
 S 等值线*

等值摆长
equivalent length of pendulum
O318
 S 摆长
 C 回转半径
 Z 长度

等值宽度
equivalent width
O433.1；P144.1
 S 光谱带宽
 Z 光谱参数

等值线*
isopleth
ZT3
 F 等容线
  等照度线
 C 回波强度 →(4)

等轴晶
equiaxed crystal
O76

 D 等轴晶体
 S 晶体*
 F 中心等轴晶

等轴晶粒
equiaxed grain
O764
 S 晶粒*

等轴晶体
 Y 等轴晶

等轴晶系
 Y 立方晶系

等轴枝晶
equiaxed grain
O76
 S 枝晶
 Z 晶体

低Σ重位点阵晶界
low Σ coincidence site lattice boundary
O763
 S 重位点阵晶界
 Z 晶界

低爆速
 Y 非理想爆轰

低倍放大摄影
 Y 显微摄影

低场磁电阻
low field magnetoresistance
O441.6
 S 磁电阻*

低场磁电阻效应
low field magneto-resistance
O441.6
 S 磁电阻效应
 Z 磁场效应

低场核磁共振
low field NMR
O482.53
 S 核磁共振
 F 低场脉冲核磁共振
 Z 磁共振
  共振

低场脉冲核磁共振
low field pulse nuclear magnetic resonance
O482.53
 S 低场核磁共振
  脉冲核磁共振
 Z 磁共振
  共振

低潮间隙
 Y 潮汐要素

低潮时滞
 Y 潮汐要素

低冲击
low impact
O347
 S 冲击*

低电导性
　Y 导电性

低分辨率
low resolution
O435；P23
　S 分辨率*

低分子量聚合物
　Y 低聚物

低辐射薄膜
low radiation film
O484.4
　S 薄膜*

低混杂漂移不稳定性(等离子体)
　Y 等离子体不稳定性

低激发态
low-lying excited state
O561.4；O641.3
　S 激发态
　F 低位激发态
　Z 能态

低级晶族
lower category
O711
　S 晶族
　Z 晶体要素

低架干扰
　Y 支架干扰

低阶模态
low order mode
O32
　D 低阶振型
　S 模态*
　C 单自由度振动系统
　　高阶振型

低阶振型
　Y 低阶模态

低介电常数
low dielectric constant
O487
　S 介电常数
　Z 物理常数

低聚体
　Y 低聚物

低聚物*
oligomer
O63
　D 低分子量聚合物
　　低聚体
　　非齐聚物
　　寡聚物
　　齐聚物
　F 液晶二聚体
　C 低分子化合物 →(3)
　　高聚物 →(3)
　　齐聚 →(3)

低雷诺数
low Reynolds number
O303；P12

　　S 雷诺数
　　C 边界层分离
　　　翼尖涡
　　Z 数
　　　无量纲数

低雷诺数流动
　Y Stokes 流

低流量
low flow
O351
　S 流量*
　C 小流量 →(5)

低密度流
　Y 稀薄气流

低密度流场
low density flow field
O351
　S 流场*

低密度气体
　Y 稀薄气体

低摩擦系数
low friction coefficient
O313.5
　S 摩擦系数
　C 高摩擦系数
　Z 系数

低能 γ 射线
low energy γ ray
O571.323
　S γ 射线
　Z 射线

低能电子
low energy electron
O572.322
　S 电子*

低能电子衍射
low energy electron diffraction
O722.7
　D LEED
　S 电子衍射
　Z 衍射

低能核反应
low-energy nuclear reaction
O571.4
　S 核反应*

低能阴极射线发光
low energy cathodoluminescence
O462.3
　S 阴极发光
　Z 发光

低浓度
　Y 浓度

低频
low frequency
O451
　S 无线电频率*
　F 甚低频
　C 长波

低频电场
low frequency electric field
O441.1
　S 电场*
　F 极低频电场

低频方波
low-frequency square-wave
TM92
　S 方波
　Z 波

低频隔振
low-frequency vibration isolation
O328
　S 隔振
　C 准零刚度
　Z 减振

低频共振
low frequency resonance
O321
　D 低频谐振
　S 低频振动
　　共振*
　Z 振动

低频谐振
　Y 低频共振

低频振荡
　Y 低频振动

低频振动
low-frequency vibration
O32
　D 低频振荡
　S 振动*
　F 低频共振
　C 负阻尼

低气压
low pressure
O351；P433；P447
　D V 形低压
　　半永久性低压
　　北美低压
　　背风低压
　　背风坡低压
　　渤海低压
　　赤道低压
　　次生低压
　　低压(气象)
　　地方性气旋
　　地形低压
　　动力低压
　　动力性低压
　　冷低压
　　冷性气旋
　　浅低压
　　热成低压
　　拖曳低压
　　尾低压
　　尾流低压
　　永久低压
　　永久性低压
　S 大气压*
　C 变质作用 →(5)
　　大气扰动 →(4)

反气旋 →(4)
高气压 →(4)
陆龙卷 →(4)
气压梯度 →(4)
天气系统 →(4)

低气压 Ar-Hg 放电
low pressure Ar-Hg discharge
O461
 S 低气压放电
 Z 放电

低气压等离子体
 Y 低压等离子体

低气压放电
low-pressure discharge
O461
 D 低压放电
 S 气体放电
 F 低气压 Ar-Hg 放电
  辉光放电
 Z 放电

低强度
low-intensity
O346
 D 苛刻度
 S 力学强度*

低热值燃料
 Y 乏燃料

低熔点
 Y 共晶温度

低伸弹道
 Y 外弹道

低松弛
underrelaxation
O344
 D 亚松弛
 S 松弛*

低速爆轰
 Y 非理想爆轰

低速冲击损伤
low-velocity impact damage
O346.5
 S 动态损伤
 Z 损伤（力学）

低速流
 Y 低速流动

低速流动
low-speed flow
O351.2
 D 低速流
 S 流动*

低速气动特性
low speed aerodynamic characteristic
O354
 D 低速特性
 S 气动特性
 Z 动态特性

低速特性
 Y 低速气动特性

低弹性
low elasticity
O343
 S 弹性
 C 高弹性
 Z 力学性质

低位激发态
low-lying states
O561.4；O641.3
 S 低激发态
 Z 能态

低温
low temperature
O51；O551.2；P412.11；P423
 D 低温技术
  低温温度
 S 操作条件*
 F 超低温
 C 冰川温度 →(4)(5)
  低温物理学
  温度相关

低温比热
low temperature specific heat
O551.1
 S 比热
 Z 热量

低温测量
low temperature measurement
O551.2；P412.11
 D 超低温测量方法
  低温测量方法
  低温测试
  低温观测
  低温观察
  低温考察
 S 温度测量*

低温测量方法
 Y 低温测量

低温测试
 Y 低温测量

低温超导
low temperature superconducting
O511.2
 S 超导
 Z 导电

低温超导体
low temperature superconductor
TM26
 S 超导体
 Z 导体

低温脆性
low temperature brittleness
TB301
 S 脆性
 Z 材料性能

低温大气压等离子体
 Y 低温空气等离子体

低温等离体
 Y 低温等离子体

低温等离子体
low-temperature plasma
O531
 D 低温等离体
 S 等离子体*
 F 低温空气等离子体
  低温氧等离子体
  冷等离子体
 C 稀薄等离子体

低温电子学
cryoelectronics
O51
 S 电子学*
 F 超导电子学
 C 低温物理学

低温电阻
low temperature resistance
TM934.1
 S 电阻*

低温多效蒸发
low temperature multi effect evaporation
O552.6；P332.2
 S 多效蒸发
 C 低温多效蒸馏 →(3)
 Z 蒸发

低温反应
 Y 化学反应

低温观测
 Y 低温测量

低温观察
 Y 低温测量

低温技术
 Y 低温

低温结晶过程
 Y 低温晶化

低温结晶化
 Y 低温晶化

低温结晶化过程
 Y 低温晶化

低温晶化
low-temperature crystallization
O79
 D 低温结晶过程
  低温结晶化
  低温结晶化过程
  低温晶化过程
 S 晶化*

低温晶化过程
 Y 低温晶化

低温考察
 Y 低温测量

低温空气等离子体
low temperature air plasma
O531

主　表　159

　　D 低温大气压等离子体
　　S 低温等离子体
　　Z 等离子体

低温流动
low temperature flow
O351.2
　　S 流动*

低温流体
cryogenic fluid
O351；O643.6
　　D 冷流体
　　S 流体*
　　C 液化气

低温疲劳
low-temperature fatigue
O346.2
　　S 疲劳*
　　C 热疲劳

低温热导率
low temperature heat conductivity
O51
　　S 热导率
　　Z 物理参数

低温生长
low-temperature growth
O484.1
　　S 薄膜生长*

低温声学
low temperature acoustics
O42
　　S 声学*

低温试验
low temperature test
TB461.1
　　D 寒冷试验
　　S 温度试验
　　Z 气象试验
　　　试验

低温弹性
low temperature elasticity
O343
　　S 弹性
　　Z 力学性质

低温外延
low temperature epitaxy
O782
　　S 外延*

低温温度
　　Y 低温

低温物理
　　Y 低温物理学

低温物理学
low temperature physics
O51
　　D 低温物理
　　　低温学
　　S 物理学*
　　C 冰冻　→(4)

　　　低温
　　　低温电子学
　　　低温化学　→(3)
　　　低温物性

低温物性
low-temperature physical characteristics
O513
　　S 温度特性*
　　C 低温物理学

低温相变
low temperature phase change
O513
　　S 相变*

低温学
　　Y 低温物理学

低温氧等离子
　　Y 低温氧等离子体

低温氧等离子体
low temperature oxygen plasma
O531
　　D 低温氧等离子
　　S 低温等离子体
　　　氧等离子体
　　Z 等离子体

低温真空
low temperature vacuum
O51
　　S 真空*

低相干动态光散射
low coherence dynamic light scattering
O436.2
　　S 动态光散射
　　　相干散射
　　Z 光散射

低循环疲劳
　　Y 低周疲劳

低循环疲劳寿命
low cycle fatigue life
O346.2
　　S 疲劳寿命
　　C 最大应力应变循环
　　Z 寿命

低压
low pressure
O31
　　D 低压力
　　S 压力*
　　C 气旋　→(4)
　　　气压系统　→(4)

低压(气象)
　　Y 低气压

低压差
low pressure difference
TN4
　　S 电压差*

低压等离子体
low pressure plasma
O531

　　D 低气压等离子体
　　S 等离子体*

低压放电
　　Y 低气压放电

低压力
　　Y 低压

低氧分压
low oxygen partial pressure
O414.1
　　S 分压
　　Z 压力

低应变曲线
low strain curve
O344.3
　　S 应变曲线
　　Z 应力-应变曲线

低杂波
low noise
TL6
　　S 波*

低照度
low illumination
O432.2
　　D 最低照度
　　　最高照度
　　S 照度*

低指数晶面
　　Y 低指数面

低指数面
low index surface
O76
　　D 低指数晶面
　　S 晶面*

低重力
　　Y 微重力

低周疲劳
low cycle fatigue
O346.2
　　D 低循环疲劳
　　S 循环疲劳
　　F 超低周疲劳
　　　多轴低周疲劳
　　C 寿命预测
　　　循环变形
　　　循环软化
　　　循环硬化
　　　应变幅
　　　应变疲劳
　　　应力控制
　　Z 疲劳

低自旋态
low-spin state
O738
　　S 自旋态
　　Z 能态

滴定量热法
titration calorimetry
O551.1；O642.3

- D 等温滴定量热
  - 等温滴定量热法
- S 化学分析法*
- F 滴定微量量热法

滴定微量量热法
titration microcalorimetric method
O551.1；O642.3
- D 等温滴定微量热法
- S 滴定量热法
  - 微量热法
- Z 化学分析法

滴经分布
- Y 质点大小分布

滴径分布
- Y 质点大小分布

滴流
trickle flow
O351
- S 流体流*

滴珠
- Y 液滴

滴状流
- Y 雾状流

狄拉克表达式
- Y 相互作用绘景

狄拉克费米子
- Y Dirac 粒子

狄拉克符号
dirac notation
O413.1
- D bra-ket 符号
- S 符号*
- F 右矢
  - 左矢
- C 张量表示 →(1)

狄拉克绘景
- Y 相互作用绘景

狄拉克粒子
- Y Dirac 粒子

狄拉克旋量
- Y 旋量

狄里克雷边界条件
- Y 本质边界条件

狄塞尔循环
- Y 热力学循环

迪恩涡
- Y Dean 涡

抵抗力
- Y 抗力

底埃克曼层
- Y 过渡层

底边界层
bottom boundary layer
O357.4；P404；P421.3
- D 地面边界层

- S 大气边界层
- Z 大气层
  - 流体层

底部流
- Y 底部流动

底部流动
trailing edge flow
O351.2
- D 底部流
  - 后缘流动
- S 流动*
- C 尾流

底部压力
base pressure
O31；O351
- D 底面压力
  - 底压
- S 压力*
- C 底阻
  - 气动阻力

底部阻力
- Y 底阻

底夸克
- Y b 夸克

底面压力
- Y 底部压力

底摩擦层
- Y 过渡层

底心点阵
base-centered lattice
O712
- D 底心格
  - 底心格子
- S 布拉菲点阵
- Z 点阵

底心格
- Y 底心点阵

底心格子
- Y 底心点阵

底压
- Y 底部压力

底阻
base drag
O354
- D 底部阻力
- S 气动阻力
- C 底部压力
- Z 阻力

地表比辐射率
land surface emissivity
O432.1；P162；P422
- S 辐射率
- Z 辐射参数

地表反射率
- Y 地表反照率

地表反照率
surface albedo
O43；P401；P422
- D 地表反射率
  - 下垫面反照率
- S 反照率
- C 地表辐射 →(4)
- Z 比率

地表效应
- Y 地面效应

地表振动
- Y 地面振动

地表震动
- Y 地面振动

地波
ground wave
O451
- S 无线电波
- C 地波传播
- Z 电磁波

地波传播
ground wave propagation
O451
- S 波传播
- F 地壳波导传播
- C 地波
- Z 能量转移

地冲击
ground shock
O313.4；O347.1
- D 地面冲击
- S 冲击*

地磁变化*
geomagnetic variation
P318.21
- D 磁变
  - 地磁波动
  - 地磁场变化
- F 地磁感应
- C 地磁场 →(5)
  - 地磁学 →(5)
  - 地电变化 →(5)
  - 地电平静变化 →(5)
  - 地电日变化 →(5)
  - 地球变化磁场 →(5)
  - 电离层扰动 →(4)
  - 高频地电变化 →(5)
  - 宇宙辐射 →(4)

地磁波动
- Y 地磁变化

地磁场变化
- Y 地磁变化

地磁场矢量
- Y 磁感应强度

地磁感应
geomagnetic induction
O44；P318.24
- D 地球内部电磁感应
- S 地磁变化*
  - 感应*

主　表　161

　　C 磁感应强度

地磁仪器*
geomagnetic instrument
P318.6
　　D 测磁仪器
　　　　自动磁性测量仪
　　F 磁天平
　　C 磁测量

地磁总强度
　　Y 磁感应强度

地电
　　Y 地电流

地电参数
　　Y 地电流

地电流
ground current
O441.1；P319
　　D 大地电流
　　　　地电
　　　　地电参数
　　S 自然电流
　　C 地电变化　→(5)
　　　　地电场　→(5)
　　　　地电学　→(5)
　　Z 电流

地电位
earth potential
O441.1
　　D 大地电位
　　S 电位*

地电阻
ground resistance
TM934.1
　　S 电阻*

地电阻率
earth resistivity
TM934.1
　　D 大地电阻率
　　　　地球电阻率
　　S 电阻率*
　　C 地电阻率异常　→(5)
　　　　地震荷载　→(5)
　　　　多极距观测　→(5)

地动噪声
ground motion noise
O422.8；P315.4
　　S 自然噪声
　　F 地脉动噪声
　　C 地震噪声
　　Z 噪声

地方性气旋
　　Y 低气压

地滚波
　　Y 瑞利波

地基承载力
foundation bearing capacity
TU4
　　D 地基承载能力

　　S 承载力
　　C 平板载荷试验　→(5)
　　　　深覆盖层　→(5)
　　　　土力学　→(5)
　　　　支承力
　　Z 力学强度

地基承载能力
　　Y 地基承载力

地基回弹
　　Y 基坑回弹

地基稳定性
foundation stability
TU4
　　S 稳定性（工程地质）*
　　C 地基沉降　→(5)
　　　　支承力

地激波
　　Y 激波

地静应力
　　Y 静应力

地空电流
　　Y 大气电流

地理环境应力
　　Y 环境应力

地理视距
　　Y 视距

地脉动噪声
ground impulsive noise
O422.8；P315.78；P541
　　S 地动噪声
　　C 地脉动　→(4)(5)
　　Z 噪声

地面爆炸
surface explosion
O38
　　S 爆炸*
　　C 地下爆炸

地面边界层
　　Y 底边界层

地面边界条件
　　Y 边界条件

地面冲击
　　Y 地冲击

地面共摄
　　Y 地面共振

地面共振
ground resonance
O321
　　D 地面共摄
　　　　直升机地面共振
　　S 共振*

地面共振试验
　　Y 共振试验

地面散射
ground scattering

O45
　　S 电磁波散射*

地面稳定性
ground stability
TU4
　　S 稳定性*

地面物探
　　Y 地球物理勘探

地面响应
　　Y 地面效应

地面效应
ground effect
V211
　　D 地表效应
　　　　地面响应
　　　　翼地效应
　　　　翼面效应
　　S 气动效应*
　　C 喷流干扰
　　　　切向射流
　　　　下洗流

地面宇宙线
　　Y 次级宇宙线

地面载荷
ground load
O347.1
　　S 荷载*

地面照度
illuminance of ground
O432.2；P23
　　S 照度*

地面振动
ground vibration
O32
　　D 地表振动
　　　　地表震动
　　　　地振动
　　S 振动*

地壳波导传播
crust waveguide propagation
TN01
　　S 地波传播
　　C 多台法　→(5)
　　Z 能量转移

地球边界层
　　Y 大气边界层

地球参数*
parameters of the earth
P183.2；P223.0
　　D 地球系数
　　　　地球指数
　　F 等效地球半径
　　C 地球参考框架　→(4)
　　　　地球参考系　→(4)

地球大气层
　　Y 大气层

地球电阻率
　　Y 地电阻率

地球空间重力场
　　Y 重力场

地球内部电磁感应
　　Y 地磁感应

地球内部重力场
　　Y 重力场

地球物理测量
　　Y 地球物理勘探

地球物理场*
geophysical fields
P3
　　F 重力场
　　C 地震场　→(4)(5)
　　　 地质异常　→(5)

地球物理调查
　　Y 地球物理勘探

地球物理法
　　Y 地球物理勘探

地球物理方法
　　Y 地球物理勘探

地球物理技术
　　Y 地球物理勘探

地球物理勘测
　　Y 地球物理勘探

地球物理勘查
　　Y 地球物理勘探

地球物理勘察
　　Y 地球物理勘探

地球物理勘探*
geophysical prospecting
P631
　　D 地面物探
　　　 地球物理测量
　　　 地球物理调查
　　　 地球物理法
　　　 地球物理方法
　　　 地球物理技术
　　　 地球物理勘测
　　　 地球物理勘查
　　　 地球物理勘察
　　　 地球物理勘探方法
　　　 地球物理勘探技术
　　　 地球物理考察
　　　 地球物理探测
　　　 地球物理找矿
　　　 勘查地球物理
　　　 勘探地球物理
　　　 勘探地球物理学
　　　 物理勘探
　　　 物探
　　　 物探测量
　　　 物探方法
　　　 物探技术
　　　 物探勘查
　　　 应用地球物理
　　　 应用地球物理学
　　F 超声波法
　　　 声纳法

　　C 地球物理勘探图　→(5)
　　　 地球物理剖面　→(5)
　　　 地质物探　→(5)

地球物理勘探方法
　　Y 地球物理勘探

地球物理勘探技术
　　Y 地球物理勘探

地球物理勘探设备
　　Y 物探仪器

地球物理勘探仪器
　　Y 物探仪器

地球物理考察
　　Y 地球物理勘探

地球物理探测
　　Y 地球物理勘探

地球物理仪器
　　Y 物探仪器

地球物理异常*
geophysical anomaly
P3；P631
　　D 物探异常
　　F 电磁波异常
　　C 物化探异常　→(5)

地球物理找矿
　　Y 地球物理勘探

地球系数
　　Y 地球参数

地球引力位
　　Y 引力势

地球指数
　　Y 地球参数

地球重力
earth gravity
O314
　　S 重力
　　C 超重力场　→(5)
　　　 重力场
　　Z 力

地球重力场
　　Y 重力场

地球自由振荡
　　Y 地球自由振动

地球自由振动
earth free oscillation
O32
　　D 地球自由振荡
　　S 自由振动
　　C 地球摄动　→(4)(5)
　　　 地球自转参数　→(4)(5)
　　　 环型振荡　→(5)
　　Z 振动

地球自转偏向力
　　Y 科里奥利力

地热应力
　　Y 热应力

地物波谱
object spectrum
O581
　　S 波谱*
　　C 地物光谱

地物反射光谱
object reflective spectrum
O433
　　S 地物光谱
　　　 反射光谱
　　Z 光谱

地物光谱
ground spectra
O433
　　S 光谱*
　　F 地物反射光谱
　　C 地物波谱

地下爆炸
underground explosion
O38
　　S 爆炸*
　　C 地面爆炸
　　　 地下爆破　→(5)
　　　 地运动
　　　 人工地震测深　→(5)
　　　 水下爆炸

地下电性结构
　　Y 电性结构

地下核爆炸效应
underground nuclear explosion effect
TL91
　　D 爆炸地震效应
　　S 核爆炸效应
　　C 地运动
　　Z 爆炸效应

地下弥散
　　Y 弥散

地下渗流
　　Y 渗流

地下渗流力学
　　Y 地下水渗流力学

地下水渗流力学
ground water permeation fluid mechanics
O357.3；P641.2
　　D 地下渗流力学
　　　 潜水渗流
　　S 渗流力学
　　Z 流体力学

地形低压
　　Y 低气压

地压强
geostatic pressure
O312
　　S 压强*

地运动
ground motion
O38
　　S 运动*

主表

C 地下爆炸
  地下核爆炸效应
  地震动 →(5)

地振动
  Y 地面振动

地震背景噪声
seismic background noise
O422.8；P315.6；P631.4
  S 地震噪声
  C 地震背景 →(5)
  Z 噪声

地震波*
seismic wave
P315.3；P631.41
  F 横波
    纵波
  C Pn 波速度 →(5)
    沉积谷地 →(4)(5)
    地震波参数 →(5)
    地震波记录 →(5)
    地震波形 →(5)
    地震各向异性 →(5)
    湖泊波浪 →(4)(5)

地震模式
  Y 地震模型

地震模型*
earthquake model
P315
  D 布龙剪切波谱模型
    布龙模型
    地震模式
    地震模型学
  F 位错模型
  C 地震过程 →(5)

地震模型学
  Y 地震模型

地震噪声
seismic noise
O422.8；P315.6；P631.4
  S 自然噪声
  F 地震背景噪声
  C 采集脚印 →(5)
    地动噪声
  Z 噪声

地质断裂
  Y 断裂构造

地质过程
  Y 地质作用

地质勘测
  Y 地质勘探

地质勘查
  Y 地质勘探

地质勘察
  Y 地质勘探

地质勘探*
geological exploration
P624
  D 地质勘测
    地质勘查
    地质勘察
    地质探测
  F 标准贯入试验
  C 地质勘探工程测量 →(5)
    摄影地质学 →(5)

地质探测
  Y 地质勘探

地质小构造
  Y 小型构造

地质作用*
geological function
P51
  D 地质过程
    地质作用过程
  F 外力作用
  C 地质演化 →(4)(5)
    构造运动 →(4)(5)

地质作用过程
  Y 地质作用

地转惯性不稳定
  Y 惯性不稳定

地转偏向力
  Y 科里奥利力

地转曳力
  Y 科里奥利力

递归分析
recursive analysis
O141.3；O572.11
  S 数学分析*

递进变形
progressive deformation
O344.3
  D 渐进变形
  S 变形*

递推随机有限元
  Y 随机有限元

递推随机有限元方法
  Y 随机有限元

第Ⅰ类超导体
  Y 第一类超导体

第二定律
  Y 牛顿第二定律

第二法向应力差
  Y 差应力

第二阶段蠕变
  Y 稳态蠕变

第二类超导体
type Ⅱ superconductor
TM26
  D Ⅱ类超导体
    硬超导体
  S 超导体
  C 磁性超导体
    有机超导体
  Z 导体

第二强度理论
  Y 强度理论

第零代光源
  Y 同步辐射光源

第三类边界
  Y 混合边界

第三类边界条件
third boundary condition
O551
  S 边界条件*

第三临界场
third critical field
O511.4
  D 超导鞘临界场
    超导鞘临界磁场
    第三临界磁场
  S 临界磁场
  Z 磁场

第三临界磁场
  Y 第三临界场

第三强度理论
  Y 最大剪应力理论

第四强度理论
  Y 最大变形能理论

第五强度理论
  Y 最大变形能理论

第五声
  Y 温度波

第一布里渊区
first brillouin zone
O481.1
  S 布里渊区
  Z 能带结构

第一定律
  Y 牛顿第一定律

第一法向应力差
first normal stress difference
O343.4
  S 差应力
  Z 应力

第一激发电位
first excitated voltage
O441.1
  S 激发电位
  Z 电位

第一类超导体
type Ⅰ superconductor
TM26
  D Ⅰ类超导体
    第Ⅰ类超导体
    软超导体
  S 超导体
  Z 导体

第一强度理论
  Y 强度理论

第一热电效应

Y 塞贝克效应

第一性原理
first principle
O571
　S 原子理论
　C 能量泛函 →(1)
　　虚部 →(1)
　Z 物理理论

第一性原理方法
first principle method
O59
　D 第一原理方法
　S 数学物理方法
　Z 物理法

第一原理方法
　Y 第一性原理方法

第一振型
　Y 主振型

缔合因素(液体)
　Y 液体缔合

碲镉汞晶体
mercury cadmium telluride crystal
O738
　D MCT 晶体
　S 半导体晶体
　　无机非线性光学晶体
　Z 光学晶体
　　晶体

碲化镉多晶薄膜
cadmium telluride polycrystalline films
O613.53；O614.242；O799
　D CdTe 多晶薄膜
　S 多晶薄膜
　Z 晶体薄膜

碲化镉量子点
CdTe quantum dots
O47
　D CdTe 量子点
　S 量子点
　Z 势阱

碲化镉纳米晶
CdTe nanocrystal
O799
　D CdTe 纳米晶
　S 无机纳米晶
　Z 晶体
　　纳米材料

碲锌镉晶体
cadmium zinc telluride crystal
O738
　D CdZnTe 晶体
　　CZT 晶体
　S 半导体晶体
　　无机非线性光学晶体
　Z 光学晶体
　　晶体

颠覆力矩
　Y 倾覆力矩

典型断面
typical section
O34
　S 剖面*

点(数学)*
point(mathematics)
O182
　F 相位奇点
　　应力奇点

点爆炸
point explosion
O38
　S 爆炸*

点电荷
point charge
O441.1
　S 电荷*
　C 镜象法

点荷载
　Y 集中荷载

点火温度
ignition temperature
O551.2
　S 温度*
　C 着火温度 →(3)

点接触
point contact
O441.1
　S 电接触*
　C 晶须

点结构光
point structured light
O432.12
　S 结构光
　Z 光

点粒子
point particle
O572.3
　D 类点粒子
　S 粒子*

点列图
spot diagram
O43
　S 图表*

点配置法
　Y 配点法

点缺陷
point defects
O771
　D 零维缺陷
　　有序点缺陷
　S 晶体缺陷*
　F 本征缺陷
　　电子缺陷
　　复合点缺陷
　　密集缺陷
　　杂质缺陷
　C 位错

点群
point group
O711.2
　S 对称元素*
　C 点群对称
　　分子构象
　　结构化学 →(3)
　　晶格常数
　　晶格动力学

点群对称
point group symmetry
O711.2
　D 点群对称性
　S 晶体对称性
　C 点群
　Z 晶体性质

点群对称性
　Y 点群对称

点散射模型
scattering point model
O436.2；P422.3
　S 散射模型
　C 雷达影像 →(4)
　Z 物理模型

点衍射
point diffraction
O436.1
　S 光衍射
　Z 衍射

点源透过率
point source transmittance
TN97
　S 比率*

点载荷
　Y 集中荷载

点阵*
lattice
O712
　D 晶体点阵
　F 初基点阵
　　倒易点阵
　　空间点阵
　　平面点阵
　　平移点阵
　　三维点阵
　　亚点阵
　　正点阵
　C 点阵参数
　　晶体结构分析

点阵参数
lattice parameter
O712
　S 参数*
　C 点阵
　　晶格
　　晶格常数

点阵常数
　Y 晶格常数

点阵点
　Y 晶格点

主 表 165

点阵动力学
　Y 晶格动力学

点阵规范理论
　Y 格点规范理论

点阵局域模
lattice localised modes
O7
　D 晶体局域模
　S 局域模
　C 夹杂物 →(3)
　Z 晶格振动波模式

点阵空位
lattice vacancy
O771
　S 空位
　Z 晶体缺陷

点阵扩散
　Y 体扩散

点阵理论
　Y 临界态理论

点阵力学
　Y 晶格动力学

点阵能
　Y 晶格能

点阵平面
lattice plane
O712
　S 晶体主平面
　Z 晶体要素

点阵全息图
dot matrix hologram
O438.1
　S 全息图*

点阵缺陷
　Y 晶格缺陷

点阵图形
lattice graph
O711
　S 图表*

点阵液晶
dot matrix liquid crystal
O753.2
　S 液晶*

点阵振动
　Y 晶格振动

点状籽晶
point seed
O78
　S 籽晶
　Z 晶体

碘化铯晶体
CsI crystal
O734
　D CsI 晶体
　S 无机闪烁晶体
　F 掺铊碘化铯晶体

　Z 光学晶体
　　晶体

碘酸锂晶体
lithium iodate crystals
O734
　S 碘酸盐晶体
　Z 光学晶体
　　晶体

碘酸盐晶体
iodate crystals
O734
　S 无机非线性光学晶体
　F 碘酸锂晶体
　Z 光学晶体
　　晶体

电
　Y 电能

电爆炸
electrical explosion
TJ4
　S 物理爆炸
　Z 爆炸

电泵浦
electrical pumping
O432.12
　D 电抽运
　S 泵浦*

电变量测量
　Y 电学量测量

电变流体
　Y 电流变流体

电波
　Y 无线电波

电波传播
　Y 电磁波传播

电波极化
　Y 电磁波极化

电波散射
　Y 电磁波散射

电波折射
　Y 电磁波折射

电场*
electric field
O441.1
　F 表面电场
　　低频电场
　　电流场
　　电偶极场
　　对流电场
　　非均匀电场
　　峰值电场
　　感应电场
　　高压电场
　　恒定电场
　　横向电场
　　霍尔电场
　　极化电场
　　矫顽电场

　　径向电场
　　静电场
　　局域场
　　均匀电场
　　开启电场
　　空间电场
　　库仑场
　　临界电场
　　内建电场
　　外电场
　　涡旋电场
　　阈值电场
　　直流偏场
　C 场强
　　场强计 →(4)
　　电场测量
　　电场力
　　电场模拟
　　电场能量
　　电场特性
　　电场效应
　　介电常数

电场变化
electric field change
O441.1
　S 物理变化*
　C 场强

电场测量
electric field measurement
TB462；TB971
　D 电场强度测量
　S 场强测量
　C 场强
　　电场
　　迁移率
　Z 电学量测量

电场发光
　Y 电致发光

电场方向
electric field direction
O441.4
　S 方向*

电场仿真
　Y 电场模拟

电场仿真方法
　Y 电场模拟

电场仿真过程
　Y 电场模拟

电场仿真实验
　Y 电场模拟

电场仿真实验方法
　Y 电场模拟

电场仿真实验过程
　Y 电场模拟

电场光学
　Y 电光学

电场环境仿真
　Y 电场模拟

电场环境仿真方法
  Y 电场模拟

电场环境仿真过程
  Y 电场模拟

电场环境仿真实验
  Y 电场模拟

电场环境仿真实验方法
  Y 电场模拟

电场环境仿真实验过程
  Y 电场模拟

电场环境模拟
  Y 电场模拟

电场环境模拟方法
  Y 电场模拟

电场环境模拟过程
  Y 电场模拟

电场环境模拟实验
  Y 电场模拟

电场环境模拟实验方法
  Y 电场模拟

电场环境模拟实验过程
  Y 电场模拟

电场极化
electric field polarization
O441.1
  S 电极化
  F 电场-温度场极化
    电晕极化
  Z 极化

电场力*
electric field force
O441.1
  F 电场增强
    电泳力
    静电力
  C 电场
    电荷

电场力增强
  Y 电场增强

电场模拟
electric field simulation
O441
  D 电场仿真
    电场仿真方法
    电场仿真过程
    电场仿真实验
    电场仿真实验方法
    电场仿真实验过程
    电场环境仿真
    电场环境仿真方法
    电场环境仿真过程
    电场环境仿真实验
    电场环境仿真实验方法
    电场环境仿真实验过程
    电场环境模拟
    电场环境模拟方法
    电场环境模拟过程

    电场环境模拟实验
    电场环境模拟实验方法
    电场环境模拟实验过程
    电场模拟方法
    电场模拟过程
    电场模拟实验
    电场模拟实验方法
    电场模拟实验过程
  S 物理模拟*
  C 电场

电场模拟方法
  Y 电场模拟

电场模拟过程
  Y 电场模拟

电场模拟实验
  Y 电场模拟

电场模拟实验方法
  Y 电场模拟

电场模拟实验过程
  Y 电场模拟

电场能
  Y 电场能量

电场能量
energy of electrical field
O441.4
  D 电场能
  S 电磁场能量
  F 静电场能量
  C 电场
  Z 能量

电场强度
  Y 场强

电场强度测量
  Y 电场测量

电场强度因子
electric field intensity factor
TM15
  S 场强度因子
  C 时域有限元 →(1)
  Z 力学因子

电场探测
electric field detection
TM93
  S 探测*

电场特性
electric field characteristic
O441.4
  S 电学性质*
  C 场强
    电场

电场梯度
electric field gradient
O441.4
  S 能量梯度
  Z 梯度分布

电场-温度场极化
electric field-temperature field polarization
O441.1
  S 电场极化
  Z 极化

电场效应*
electric field effects
O441.1
  F Rashba 效应
    单粒子效应
    电磁效应
    电致伸缩效应
    空间电荷效应
    库仑阻塞效应
    挠曲电效应
    能斯特效应
    强场效应
    趋肤效应
    斯塔克效应
    推迟效应
  C 电场
    电化学 →(3)
    电泳 →(3)

电场诱导
electric field induce
O441.4
  S 电场作用
  C 磁场诱导
  Z 作用

电场增强
electric field enhancement
O441.4
  D 电场力增强
    电场增强力
    电磁场增强
  S 电场力*
  F 局域场增强

电场增强力
  Y 电场增强

电场作用
electric field effect
O441.4
  S 作用*
  F 电场诱导
    静电相互作用

电抽运
  Y 电泵浦

电畴
electric domains
O76
  S 晶畴
  F 宏畴
    铁电畴
    微畴
  Z 畴

电畴结构
ferroelectric domain structure
O738
  D 铁电畴结构
  S 畴结构*
  F 铁电畴壁

电传导

主　表　167

　　Y 导电

电传导过程
　　Y 导电

电磁
　　Y 电磁能

电磁波*
electromagnetic wave
O441.4
　　D EM 波
　　F 非均匀电磁波
　　　 光波
　　　 横电磁波
　　　 红外线
　　　 极化波
　　　 静磁波
　　　 空间电荷波
　　　 快波
　　　 螺旋波
　　　 慢波
　　　 耦合波
　　　 平面电磁波
　　　 入射波
　　　 倏逝波
　　　 天波
　　　 无线电波
　　　 中波
　　　 紫外线
　　C 传输特性
　　　 导波 →(5)
　　　 电磁传播
　　　 电磁波散射
　　　 电磁波吸收
　　　 电磁波异常
　　　 电磁波折射
　　　 电磁学

电磁波传播
electromagnetic wave propagation
O451
　　D 电波传播
　　　 电磁传输
　　　 电磁传播
　　　 无线电波传播
　　S 波传播
　　F 表面波传播
　　　 电离层电磁波传播
　　　 短波传播
　　　 甚长波传播
　　C 电磁波
　　　 电磁波反射
　　　 电磁波散射
　　　 电磁波吸收
　　　 电磁波折射
　　　 电磁场理论
　　　 回波
　　　 天顶总延迟 →(4)
　　Z 能量转移

电磁波传播方程
electromagnetic wave propagation equation
O441.4
　　D 传播波方程
　　　 传播波方程式
　　　 传播波方程组
　　　 传播波方程组式
　　　 传播波公式
　　　 电磁波传播方程式
　　　 电磁波传播方程组
　　　 电磁波传播方程组式
　　　 电磁波传播公式
　　S 波动方程
　　F 长短波方程
　　　 二维波动方程
　　　 三维波动方程
　　　 一维波动方程
　　Z 方程(数学)

电磁波传播方程式
　　Y 电磁波传播方程

电磁波传播方程组
　　Y 电磁波传播方程

电磁波传播方程组式
　　Y 电磁波传播方程

电磁波传播公式
　　Y 电磁波传播方程

电磁波传输
　　Y 电磁波传播

电磁波反射
electromagnetic wave reflection
O451
　　S 反射*
　　F 时域反射
　　　 微波反射
　　C 电磁波传播
　　　 电磁波透射
　　　 电磁波折射

电磁波干扰
　　Y 电磁噪声

电磁波极化
electromagnetic wave polarisation
O441.4
　　D 电波极化
　　　 电磁极化
　　S 极化*
　　F 垂直极化
　　　 交叉极化
　　　 全极化
　　　 双极化
　　　 水平极化
　　　 瞬态极化
　　　 天线极化
　　　 椭圆极化
　　　 线性极化

电磁波扩散
　　Y 电磁波散射

电磁波频谱
　　Y 电磁频谱

电磁波谱
　　Y 电磁频谱

电磁波散射*
electromagnetic scattering
O451
　　D 电波散射
　　　 电磁波扩散
　　　 电磁散射
　　F 粗糙面散射
　　　 地面散射
　　　 二次散射
　　　 复合散射
　　　 后向散射
　　　 雷达波散射
　　　 目标散射
　　　 前向散射
　　　 三维电磁散射
　　　 瞬态电磁散射
　　　 汤姆逊散射
　　　 体散射
　　　 微波散射
　　C 大气衰减 →(4)
　　　 电磁波
　　　 电磁波传播
　　　 电磁波衰减
　　　 电磁波透射
　　　 电磁波折射
　　　 降水回波 →(4)(5)

电磁波衰减
electromagnetic wave attenuation
O441.4
　　S 波衰减
　　F 光衰减
　　　 微波衰减
　　C 电磁波散射
　　　 电磁波透射
　　　 电磁波吸收
　　Z 衰减

电磁波透射
electromagnetic wave transmission
O441.4
　　S 透射*
　　C 电磁波反射
　　　 电磁波散射
　　　 电磁波衰减
　　　 电磁波吸收
　　　 电磁波折射

电磁波吸收
electromagnetic absorption
O441.4
　　D 电磁吸收
　　S 能量吸收
　　C 电磁波
　　　 电磁波传播
　　　 电磁波衰减
　　　 电磁波透射
　　Z 能量特性

电磁波异常
electromagnetic wave anomaly
O441.4
　　D 电磁辐射异常
　　S 地球物理异常*
　　C 电磁波
　　　 映震机理 →(5)

电磁波折射
electromagnetic wave refraction
O441.4
　　D 电波折射
　　　 无线电波折射
　　S 折射*

C 电磁波
电磁波传播
电磁波反射
电磁波散射
电磁波透射

电磁不稳定性
electromagnetic instability
O53
S 稳定性*

电磁材料
electromagnetic materials
O441；O482.54
S 磁性材料*
F 电磁超材料
电磁弹性材料
电磁介质
人工电磁材料
C 电磁特性
电磁学

电磁参量*
electromagnetic parameters
O441.5
D 电磁参数
F 电磁场张量
电磁动量
电磁刚度
电磁量
电磁能
电磁强度
电磁势
电磁体积力
电磁应力
电磁质量
极化强度
C 电磁辐射
电磁感应
电磁介质
电磁理论

电磁参数
Y 电磁参量

电磁场*
electromagnetic field
O441.4
D 电流磁场
F 辐射电磁场
高频电磁场
交变电磁场
近场
时变电磁场
瞬变电磁场
微波场
消逝场
旋转电磁场
远场
总场
C 电磁场方程
电磁场理论
电磁场能量
电磁场强度
电磁辐射
电磁屏蔽

电磁场方程
electromagnetic field equation
O441.4
D 电磁场方程公式
电磁场方程式
电磁场方程组
电磁场方程组式
电磁场公式
电磁场关系式
电磁场基本方程
电磁场基本方程公式
电磁场基本方程式
电磁场基本方程组
电磁场基本方程组式
电磁场基本公式
电磁场基本关系式
S 场方程
F BLT 方程
库仑规范
麦克斯韦方程
C 电磁场
电磁场能量
Z 物理方程

电磁场方程公式
Y 电磁场方程

电磁场方程式
Y 电磁场方程

电磁场方程组
Y 电磁场方程

电磁场方程组式
Y 电磁场方程

电磁场辐射
Y 电磁辐射

电磁场公式
Y 电磁场方程

电磁场关系式
Y 电磁场方程

电磁场基本方程
Y 电磁场方程

电磁场基本方程公式
Y 电磁场方程

电磁场基本方程式
Y 电磁场方程

电磁场基本方程组
Y 电磁场方程

电磁场基本方程组式
Y 电磁场方程

电磁场基本公式
Y 电磁场方程

电磁场基本关系式
Y 电磁场方程

电磁场理论
electromagnetic field theory
O441.4
S 电磁理论
F 线性响应理论
C 电磁波传播
电磁场
电磁场能量
电磁辐射
Z 物理理论

电磁场能
Y 电磁场能量

电磁场能量
energy of electromagnetic field
O441.4
D 电磁场能
S 能量*
F 磁场能量
电场能量
C 电磁场
电磁场方程
电磁场理论
电磁场强度
电磁场张量
电磁屏蔽

电磁场强度
electromagnetic field intensity
O441.4
S 场强*
C 电磁场
电磁场能量
电磁屏蔽

电磁场应力张量
electromagnetic stress tensor
O441.4
D 电磁应力张量
S 电磁场张量
Z 电磁参量

电磁场增强
Y 电场增强

电磁场张量
electromagnetic field tensor
O441.4
S 电磁参量*
F 电磁场应力张量
C 电磁场能量

电磁超材料
extraordinary electromagnetic materials
O482.54
D 超常介质
S 电磁材料
Z 磁性材料

电磁超声
electromagnetic ultrasound
TB559
D 电磁超声技术
S 超声技术
Z 声学技术

电磁超声波
electromagnetic ultrasonic waves
O426.1
S 超声波
Z 声波

电磁超声技术
Y 电磁超声

电磁传播
　　Y 电磁波传播
电磁簇射
electromagnetic shower
O572.131；P172；P35
　　D 电磁级联簇射
　　　核级联簇射
　　　级联簇射
　　S 簇射*
　　C 高能电子
电磁带隙结构
electromagnetic band-gap structure
O441
　　D EBG 结构
　　　带隙结构
　　S 电磁结构*
电磁动量
electromagnetic momentum
O441.5
　　S 电磁参量*
电磁对偶
electromagnetic duality
O441
　　D 电磁对偶性
　　S 对偶*
　　C 麦克斯韦方程
电磁对偶性
　　Y 电磁对偶
电磁发射
electromagnetic emission
O441
　　S 发射*
　　F 传导发射
　　　定向发射
　　　辐射发射
电磁仿真
　　Y 电磁模拟
电磁仿真方法
　　Y 电磁模拟
电磁仿真过程
　　Y 电磁模拟
电磁仿真实验
　　Y 电磁模拟
电磁仿真实验方法
　　Y 电磁模拟
电磁仿真实验过程
　　Y 电磁模拟
电磁非热效应
　　Y 电热效应
电磁幅射
　　Y 电磁辐射
电磁辐射
electromagnetic radiation
O441
　　D 电磁场辐射
　　　电磁幅射

　　S 辐射*
　　F 长波辐射
　　　单色辐射
　　　电离辐射
　　　电偶极辐射
　　　定向辐射
　　　短波辐射
　　　高能辐射
　　　黑体辐射
　　　级联辐射
　　　入射辐射
　　　太赫兹辐射
　　　同步辐射
　　　微波辐射
　　　谐波辐射
　　　远场辐射
　　C 电磁参量
　　　电磁场
　　　电磁场理论
　　　电磁脉冲
　　　电磁屏蔽
　　　电磁特性
　　　电磁学
电磁辐射场
　　Y 辐射电磁场
电磁辐射异常
　　Y 电磁波异常
电磁干扰
　　Y 电磁噪声
电磁感应*
electromagnetic induction
O441.3
　　D 电磁感应问题
　　　电磁感应现象
　　F 电磁感应透明
　　　电感应
　　　互感
　　　自感
　　C 电磁参量
　　　电磁地震仪　→(5)
　　　电磁能
　　　电磁特性
　　　电磁学
　　　感生电动势
　　　感应电流
　　　振动样品磁强计　→(5)
电磁感应定律
law of electromagnetic induction
O441.1
　　D 法拉第电磁感应定律
　　S 物理定律*
　　F 右手定则
　　　左手定则
电磁感应光透明
　　Y 电磁感应透明
电磁感应强度
　　Y 磁感应强度
电磁感应透明
electromagnetically induced transparency
O441.3
　　D 电磁感应光透明

　　　电磁诱导透明
　　S 电磁感应*
电磁感应问题
　　Y 电磁感应
电磁感应现象
　　Y 电磁感应
电磁刚度
electromagnetic stiffness
O441.5
　　S 电磁参量*
电磁工程
　　Y 工程电磁学
电磁环境仿真
　　Y 电磁模拟
电磁环境仿真方法
　　Y 电磁模拟
电磁环境仿真过程
　　Y 电磁模拟
电磁环境仿真实验
　　Y 电磁模拟
电磁环境仿真实验方法
　　Y 电磁模拟
电磁环境仿真实验过程
　　Y 电磁模拟
电磁环境模拟
　　Y 电磁模拟
电磁环境模拟方法
　　Y 电磁模拟
电磁环境模拟过程
　　Y 电磁模拟
电磁环境模拟实验
　　Y 电磁模拟
电磁环境模拟实验方法
　　Y 电磁模拟
电磁环境模拟实验过程
　　Y 电磁模拟
电磁级联簇射
　　Y 电磁簇射
电磁极化
　　Y 电磁波极化
电磁结构*
electromagnetic structures
O441
　　F 磁结构
　　　电磁带隙结构
　　　电结构
电磁介质
electromagnetic medium
O441.6
　　S 电磁材料
　　F 左手介质
　　C 电磁参量
　　Z 磁性材料

电磁紧缩
    Y 磁致伸缩

电磁理论
electro-magnetic theory
O441
    S 物理理论*
    F 电磁场理论
        电弱统一理论
        耦合波理论
        相关有效场理论
        自旋波理论
    C 电磁参量
        电磁特性
        电磁学

电磁力学
    Y 磁力学

电磁量
electromagnetic momentum
O441.5
    S 电磁参量*

电磁流
electromagnetic currents
O572.2
    S 流体流*
    F 磁流
        等效电磁流

电磁流变结构
    Y 磁流变

电磁流体
electromagnetic fluid
O361；O441
    S 电流体
    C 热电磁流体动力学
    Z 流体

电磁流体动力学
    Y 磁流体动力学

电磁流体力学
electromagnetic hydrodynamics
O361
    S 流体力学*
    F 磁流体力学
        电流体力学
    C 流体控制

电磁脉冲*
electromagnetic pulse
O441.4
    D EMP
        核爆电磁脉冲
        核电磁脉冲
    F 方波电磁脉冲
        高空电磁脉冲
        强电磁脉冲
        瞬态电磁脉冲
        系统电磁脉冲
    C 电磁辐射

电磁敏感度
    Y 电磁敏感性

电磁敏感性
electromagnetic susceptibility
O441.6；O621.23
    D 电磁敏感度
    S 环境敏感性*

电磁模拟
electromagnetic simulation
O441
    D 电磁仿真
        电磁仿真方法
        电磁仿真过程
        电磁仿真实验
        电磁仿真实验方法
        电磁仿真实验过程
        电磁环境仿真
        电磁环境仿真方法
        电磁环境仿真过程
        电磁环境仿真实验
        电磁环境仿真实验方法
        电磁环境仿真实验过程
        电磁环境模拟
        电磁环境模拟方法
        电磁环境模拟过程
        电磁环境模拟实验
        电磁环境模拟实验方法
        电磁环境模拟实验过程
        电磁模拟方法
        电磁模拟过程
        电磁模拟实验
        电磁模拟实验方法
        电磁模拟实验过程
    S 物理模拟*

电磁模拟方法
    Y 电磁模拟

电磁模拟过程
    Y 电磁模拟

电磁模拟实验
    Y 电磁模拟

电磁模拟实验方法
    Y 电磁模拟

电磁模拟实验过程
    Y 电磁模拟

电磁模型
electromagnetic model
O441；P631.3
    S 物理模型*
    F Ising 模型
        XY 模型
        导电模型

电磁能
electromagnetic energy
O441.5
    D 电磁
        电磁能量
    S 电磁参量*
    C 电磁感应
        电磁学

电磁能量
    Y 电磁能

电磁耦合
    Y 磁电耦合

电磁耦合波子
polariton
O441
    D 电磁耦子

电磁耦子
    Y 电磁耦合波子

电磁频谱
electromagnetic spectrum
O451；O581
    D 电磁波频谱
        电磁波谱
        电磁谱
    S 频谱*
    F 无线电频谱

电磁屏蔽
electromagnetic shielding
O441.4
    D 磁屏
        磁屏蔽
        防磁
        抗电磁辐射
        顺磁屏蔽
    S 屏蔽*
    F 超导磁屏蔽
    C 电磁场
        电磁场能量
        电磁场强度
        电磁辐射

电磁谱
    Y 电磁频谱

电磁强度
electromagnetic intensity
O441.5
    S 电磁参量*

电磁扰动
    Y 电磁噪声

电磁热弹耦合
electromagnetic thermo elastic coupling
O441
    S 磁电耦合
    Z 相互作用

电磁热效应
    Y 电热效应

电磁散射
    Y 电磁波散射

电磁散射特性
electromagnetic scattering characteristics
O441.4
    S 散射特性
    F 远场特性
    Z 物理特性

电磁伸缩
    Y 磁致伸缩

电磁势
electromagnetic potential
O441.5
    S 电磁参量*
    F 标势

矢势

电磁衰变
electromagnetic decays
O571.3
　S 粒子衰变
　Z 核反应

电磁弹性材料
elastic electromagnetic materials
O441；O482.54
　S 电磁材料
　Z 磁性材料

电磁弹性固体
electromagnetic elastic solid
O361
　S 弹性固体
　Z 固体

电磁特性
electromagnetic characteristics
O441.6
　D 磁电性质
　　电磁性
　　电磁性质
　S 物理性质*
　F 微波电磁特性
　C 电磁材料
　　电磁辐射
　　电磁感应
　　电磁理论

电磁体
electromagnet
O482.54
　D 电磁铁
　　高场磁体
　S 磁体*
　C 电磁学

电磁体积力
electromagnetic volume force
O441.5
　S 电磁参量*

电磁铁
　Y 电磁体

电磁透镜
　Y 磁透镜

电磁吸收
　Y 电磁波吸收

电磁现象
　Y 电磁效应

电磁相互作用
electromagnetic interaction
O441.2
　S 相互作用*
　F 磁电耦合
　C 量子力学

电磁效应
electromagnetic effect
O441
　D 电磁现象
　S 电场效应*

　F Casimir 效应
　　尺寸效应
　　霍尔效应

电磁谐振
electromagnetic resonance
TM7
　S 电共振
　Z 共振

电磁性
　Y 电磁特性

电磁性质
　Y 电磁特性

电磁学*
electromagnetics
O441
　F 波谱学
　　磁学
　　电学
　　工程电磁学
　　计算电磁学
　　图形电磁学
　C 磁电效应
　　电磁波
　　电磁材料
　　电磁辐射
　　电磁感应
　　电磁理论
　　电磁能
　　电磁体

电磁应力
electromagnetic stress
O44
　S 电磁参量*

电磁应力张量
　Y 电磁场应力张量

电磁诱导透明
　Y 电磁感应透明

电磁跃迁
electromagnetic transitions
O441
　S 跃迁*

电磁杂波
　Y 电磁噪声

电磁噪波
　Y 电磁噪声

电磁噪声
electromagnetic noise
O422.8；O441.4
　D 电磁波干扰
　　电磁干扰
　　电磁扰动
　　电磁杂波
　　电磁噪波
　S 噪声*
　F 大地电磁噪声
　　电离层噪声

电磁振荡
electromagnetic oscillations

O441.4
　D 表面电磁耦合振荡
　　反向波振荡
　S 振荡*
　F 电振荡

电磁质量
electromagnetic mass
O441.5
　S 电磁参量*

电磁转换
electromagnetic transduction
O441
　S 直接能量转换
　Z 能量转换

电磁阻尼
electromagnetic damping
O441.1
　S 磁阻尼
　Z 阻尼

电导
conductance
O441.6
　S 导纳*
　F 暗电导
　　表面电导
　　负微分电导
　　光电导
　　离子电导
　　平衡电导
　　隧穿电导
　　跳跃电导
　　微分电导
　　氧离子电导
　C 电导率

电导测量
conductance measurements
O441.5
　D 电导检测
　S 电学量测量*
　F 高频电导检测
　　抑制电导检测
　C 电导检测器 →(3)
　　海水淡化 →(4)

电导检测
　Y 电导测量

电导率
electric conductivity
O441.1
　D 导电率
　S 传导率
　F 暗电导率
　　电子电导率
　　霍尔电导率
　　柯林电导率
　　气体电导率
　　有效电导率
　　直接电导率
　　直流电导率
　C 导电
　　导电性
　　电导
　　电导率测量

渗透
盐度 →(4)
盐度测量 →(4)
盐度效应 →(4)
Z 物理参数

电导率测定
Y 电导率测量

电导率测量
conductivity measurement
O441.5
D 电导率测定
S 高频电导检测
C 电导率
Z 电学量测量

电导纳
Y 导纳

电导探针
conductivity probe
TH703.2
S 电探针
F 双头电导探针
C 气液两相流
Z 探针

电导特性
Y 导电性

电导体
electric conductors
O441.1
S 导体*
F 光电导体
C 超导体
导电聚合物 →(3)
电极
电接触
趋肤效应

电动电势
Y ζ电位

电动电位
Y ζ电位

电动力
Y 电能

电动力学
electrodynamics
O442
S 理论物理学
F 经典电动力学
量子电动力学
C 电动势
电动效应 →(3)
电能
电子束
有质动力
Z 物理学

电动势*
electromotive force
O442
F 动生电动势
反电动势
感生电动势
光生电动势
热电动势
温差电动势
C 电动力学
电动效应 →(3)
电子运动
电阻

电洞
Y 空穴

电多极矩
Y 多极矩

电反中微子
Y 反中微子

电浮陀螺
Y 静电陀螺仪

电浮陀螺仪
Y 静电陀螺仪

电感
inductance
O441.1
S 物理量*

电感测量
inductance measurement
TB462；TB971
S 电学量测量*

电感量
inductance magnitude
O441.1
S 物理量*

电感耦合等离子发射光谱法
Y 电感耦合等离子体发射光谱法

电感耦合等离子光谱
Y 电感耦合等离子体发射光谱法

电感耦合等离子光谱法
Y 电感耦合等离子体发射光谱法

电感耦合等离子体
inductively coupled plasma
O531
D ICP
电感耦合型等离子体
感应耦合等离子
感应耦合等离子体
感应耦合等离子体法
S 等离子体*
C 电感耦合等离子体发射光谱法
电感耦合等离子体质谱法 →(3)
原子发射光谱

电感耦合等离子体发射光谱法
inductively coupled plasma emission spectrometry
O433.4；O536
D ICP 光谱
电感耦合等离子发射光谱法
电感耦合等离子光谱
电感耦合等离子光谱法
电感耦合等离子体-发射光谱法
电感耦合等离子体光谱法
感耦等离子体发射光谱
S 等离子体发射光谱法
F 电感耦合等离子体原子发射光谱法
C 电感耦合等离子体
电感耦合等离子体质谱法 →(3)
Z 光谱分析

电感耦合等离子体-发射光谱法
Y 电感耦合等离子体发射光谱法

电感耦合等离子体光谱法
Y 电感耦合等离子体发射光谱法

电感耦合等离子体刻蚀
inductively coupled plasma etching
O539
S 等离子体刻蚀
Z 等离子体应用

电感耦合等离子体原子发射光谱法
inductively coupled plasma atomic emission spectrometry
O433.4；O536；O657.31
D ICP-AES
电感耦合等离子体-原子发射光谱法
电感耦合等离子原子发射光谱法
S 等离子体原子发射光谱法
电感耦合等离子体发射光谱法
Z 光谱分析

电感耦合等离子体-原子发射光谱法
Y 电感耦合等离子体原子发射光谱法

电感耦合等离子原子发射光谱法
Y 电感耦合等离子体原子发射光谱法

电感耦合型等离子体
Y 电感耦合等离子体

电感应
electric induction
O441.1
S 电磁感应*
F 静电感应

电感应变计
inductance gage
TH823.3
S 应变计
Z 测量仪器

电工薄膜*
films for electrical purposes
O484
F 磁性薄膜
导电薄膜
电热膜
介电薄膜
绝缘薄膜

电功率
electric power
O441.1
S 功率*
F 输出功率
无功功率
有功功率
C 电能

电功率测量
electric power measurement
TB462；TB971；TM93

主 表 173

  S 功率测量
  Z 电学量测量

电功率计
  Y 功率计

电共振
electric resonance
O482.4；O571
  D 分子束电共振
    原子束电共振
  S 共振*
  F 电磁谐振
    电流谐振
  C 原子束

电光变换
  Y 电光转换

电光采样
electro-optic sampling
TN2
  D 电光取样
  S 采样*

电光晶体
electro-optic crystal
O734.1
  S 光学晶体*
  C 电光特性

电光偏转器
electro-optical deflectors
TN15；TN65；TP212
  S 光偏转器
  C 声光偏转器
  Z 光学元件

电光取样
  Y 电光采样

电光双折射
  Y 克尔效应

电光探测
electrooptical detection
O439
  S 探测*
  F 超光谱探测
    单光子探测
    光谱探测

电光特性
electro-optical characteristics
O436.4；O734.1
  D 电光性能
    电光性质
  S 光学性质*
  C 电光晶体
    液晶

电光望远镜
  Y 电子望远镜

电光系数
electrooptic coefficient
O436.4
  S 光学系数*

电光效应
electro-optic effect
O436.4
  D 二次电光效应
  S 光学效应*
  F 电致变色
    弗朗兹-凯尔迪什效应
    克尔效应
    泡克尔斯效应
    线性电光效应
  C 磁光效应
    电致发光
    光折变效应

电光性能
  Y 电光特性

电光性质
  Y 电光特性

电光学
electrooptics
O436.4
  D 电场光学
  S 物理光学
  Z 光学

电光转换
electro-optical switching
O43
  D 电光变换
  S 直接能量转换
  C 光电转换
    转换效率 →(3)
  Z 能量转换

电荷*
electric charge
O441.1
  F 壁电荷
    表面电荷
    层电荷
    等效电荷
    点电荷
    分数电荷
    负电荷
    感应电荷
    核电荷
    极化电荷
    净电荷
    静电荷
    空间电荷
    离子电荷
    束缚电荷
    拓扑电荷
    线电荷
    陷阱电荷
    像电荷
    原子电荷
    运动电荷
    正电荷
    自由电荷
  C 电场力
    电荷测量
    电荷守恒定律
    电势能
    偶极子

电荷半径
charge radius
O571.2
  S 原子半径
  Z 原子参数

电荷补偿
charge compensation
O48；O79
  S 补偿*
  C 晶体场相互作用

电荷不变定理
  Y 电荷守恒定律

电荷不变定律
  Y 电荷守恒定律

电荷测量
charge measurement
TB462；TB971；TM933
  S 电学量测量*
  C 电荷
    电荷平衡 →(3)

电荷重整化
  Y 重整化

电荷重正化
  Y 重整化

电荷传递
  Y 电荷转移

电荷传输
  Y 电荷转移

电荷叠代扩展休克尔计算
  Y 扩展休克尔理论计算

电荷分布
charge distribution
O441.1
  D 电荷分布计算
    电荷分布量
    电荷分布数
    电荷分布数量
  S 分布（物理学）*
  F 表面电荷分布
    空间电荷分布

电荷分布计算
  Y 电荷分布

电荷分布量
  Y 电荷分布

电荷分布数
  Y 电荷分布

电荷分布数量
  Y 电荷分布

电荷分离
charge separation
O44；O53
  S 分离*

电荷共轭不变性
  Y C 不变性

电荷共轭不变性定理
  Y C 不变性

电荷共轭不变性定律

电荷共轭不变性
Y C 不变性

电荷共轭不变性原理
Y C 不变性

电荷共轭和宇称不变性
Y CP 不变性

电荷共轭和宇称不变性定理
Y CP 不变性

电荷共轭和宇称不变性定律
Y CP 不变性

电荷共轭和宇称不变性原理
Y CP 不变性

电荷共轭宇称
charge conjugation parity
O572.21
    D C 字称
       正反共轭字称
    S 字称
    C CP 不变性
    Z 量子数

电荷交换
Y 电荷转移

电荷结构
structure of electric charge
O441.1
    S 电结构
    Z 电磁结构

电荷量
Y 电量

电荷量子比特
charge qubit
O455
    S 量子比特
    Z 计量单位

电荷量子化
charge quantization
O413.2
    S 量子化*

电荷密度
charge density
O441.1
    S 物理参数*
    F 表面电荷密度
    C 麦克斯韦方程

电荷密度波
charge density wave
O451
    S 空间电荷波
    Z 电磁波

电荷面密度
Y 表面电荷密度

电荷屏蔽
charge shielding
O441.4
    S 屏蔽*
    F 静电屏蔽
       内屏蔽

电荷守恒
Y 电荷守恒定律

电荷守恒定理
Y 电荷守恒定律

电荷守恒定律
law of conservation of charge
O441.1
    D 电荷不变定理
       电荷不变定律
       电荷守恒
       电荷守恒定理
       守恒(电荷)
    S 守恒定律
    C 电荷
       电荷转移
    Z 物理定律

电荷衰减
charge decay
O441.1
    S 衰减*

电荷稳定性
charge stability
TN01
    S 稳定性*
    C 电荷转移

电荷有序
charge ordering
O482.52
    S 状态*

电荷转移
charge transfer
O441.1
    D 电荷传递
       电荷传输
       电荷交换
       电荷转移过程
    S 带电粒子运动
    C 电荷守恒定律
       电荷稳定性
       电荷转移态
    Z 运动(物理)

电荷转移过程
Y 电荷转移

电荷转移态
charge transfer state
O413.1
    D 电荷转移跃迁
    S 电子激发态
    C 电荷转移
       分子激发态
    Z 能态

电荷转移跃迁
Y 电荷转移态

电弧
electric arc
O461.2
    D 电弧放电
       发生电弧
    S 自持放电
    F 断弧
       飞弧
       滑动弧放电
       脉冲电弧放电
       碳弧
       真空电弧
       直流电弧放电
    C 电击穿
       电离
       电晕
       绝缘
       闪络
    Z 放电

电弧超声
arc-ultrasonic
TB559
    D 电弧超声技术
    S 超声技术
    Z 声学技术

电弧超声技术
Y 电弧超声

电弧等离体
Y 电弧等离子体

电弧等离子体
arc plasma
O531
    D 电弧等离体
       电弧放电等离子体
       弧光放电等离子体
    S 放电等离子体
    F 阳极弧等离子体
       直流电弧等离子体
    Z 等离子体

电弧放电
Y 电弧

电弧放电等离子体
Y 电弧等离子体

电弧光谱
arc spectrum
O562.3；O657
    D 弧光谱
    S 光谱*

电花谱
Y 离子光谱

电化学电极
Y 电极

电化学反射光谱
Y 反射光谱

电化学极化*
electrochemical polarization
O646
    D 电化学极化法
    F 动电位极化
       浓差极化
       阴极极化

电化学极化法
Y 电化学极化

电化学生长
electrochemical growth

O646；O78
　S 晶体生长*
　F 电解生长

电化学石英晶体微天平
electrochemical quartz crystal microbalance
O799
　S 石英晶体微天平
　Z 晶体学应用

电化学探针
electrochemical probe
TH703.2；TH832
　S 探针*

电化学阳极
　Y 电极

电化学阴极
　Y 电极

电化学自然电位
electrochemical SP
O441.1
　S 自然电位
　Z 电位

电辉光
　Y 电晕

电击穿*
electric breakdown
O46
　F 介电击穿
　　齐纳击穿
　　雪崩击穿
　C 电弧
　　电晕
　　放电
　　闪络

电激发光
　Y 电致发光

电极*
electrode
O646.54
　D 电化学电极
　　电化学阳极
　　电化学阴极
　　电渗析电极
　　供电电极
　　监视电极
　　探针电极
　F 电晕电极
　　均匀场电极
　　屏蔽电极
　　阳极
　　阴极
　C 电沉积 →(3)
　　电导法 →(3)
　　电导体
　　电化学 →(3)
　　电极保护 →(4)
　　电极极化 →(3)(5)
　　电解 →(3)
　　电解沉积 →(3)
　　电位测量
　　离子选择电极法 →(3)

电极边界层
　Y 边界层

电极电势
　Y 电极电位

电极电位
electrode potential
O441.1
　D 电极电势
　S 电位*
　F 标准电极电位
　　过电位
　　零电位
　　自然电位

电极化
electric polarization
O487
　S 极化*
　F 电场极化
　　电介质极化

电极化率
electric susceptibility
O441.1
　S 极化率*
　C 电极极化 →(3)(5)

电极化强度
　Y 极化强度

电极距离
electrode distance
O441.1
　S 距离*

电浆
　Y 等离子体

电接触*
electrical contact
O441.1
　F 点接触
　　欧姆接触
　C 电导体
　　接触电势
　　接触电阻

电结构
electric structure
O441.1
　S 电磁结构*
　F 电荷结构
　　电性结构
　　压电结构

电结晶
electrocrystallization
O799
　D 电结晶法
　　电结晶方法
　　电结晶过程
　　电结晶化过程
　S 工业结晶
　F 等电结晶
　Z 结晶

电结晶法
　Y 电结晶

电结晶方法
　Y 电结晶

电结晶过程
　Y 电结晶

电结晶化过程
　Y 电结晶

电解槽模型
electrolytic tank model
O357.3
　S 渗流模型
　Z 力学模型

电解模型
electrolytic model
O357.3
　S 渗流模型
　Z 力学模型

电解生长
electrolytic growth
O78
　S 电化学生长
　Z 晶体生长

电解物
　Y 电解质

电解质*
electrolyte
O646.1
　D 电解物
　　电解质材料
　　电离质
　　非电解质
　F 固体电解质
　C 导电液体
　　电化学 →(3)
　　电解 →(3)
　　电解沉积 →(3)
　　电解液 →(3)
　　电解质稳定性 →(3)
　　离子
　　离子交换 →(3)(5)
　　盐 →(3)

电解质材料
　Y 电解质

电介弛豫
　Y 介电弛豫

电介导电性
　Y 导电性

电介各向异性
　Y 介电各向异性

电介击穿
　Y 介电击穿

电介色散
　Y 介电色散

电介质薄膜
　Y 介电薄膜

电介质测量
　Y 介电测量

电介质击穿
　Y 介电击穿

电介质极化
dielectric polarization
O487
　D 成极
　　介电极化
　S 电极化
　F 电介质退极化
　　界面极化
　　均匀极化
　　取向极化
　　剩余极化
　　位移极化
　　压电极化
　　自发极化
　C 巴克豪森效应
　Z 极化

电介质晶体
　Y 介电晶体

电介质膜
　Y 介电薄膜

电介质强度
　Y 介电强度

电介质损耗角正切
　Y 介电损耗

电介质退极化
dielectric depolarisation
O487
　S 电介质极化
　Z 极化

电介质物理学
　Y 介电物理

电聚合膜
electropolymerized film
TB43
　S 薄膜*
　C 电化学聚合 →(3)

电绝缘
　Y 绝缘

电抗测量
reactance measurement
TB462；TB971
　S 电学量测量*

电控光致发光
　Y 电致发光

电控光致荧光
　Y 电致发光

电控双折射
electrically controlled birefringence
O435.1
　S 双折射
　Z 折射

电缆
electric cables
TM2

电离*
ionization
O572；O657.13
　F 场电离
　　多光子电离
　　共振电离
　　潘宁电离
　　碰撞电离
　　气体电离
　　双电离
　　隧道电离
　　预电离
　　原子电离
　　增强电离
　　转移电离
　C 带电粒子
　　电弧
　　电离平衡 →(3)
　　电离势 →(3)
　　电晕
　　化学电离
　　解离 →(3)

电离层传播
　Y 电离层电磁波传播

电离层电磁波传播
ionospheric electromagnetic wave propagation
O441.4
　D 电离层传播
　　极盖吸收
　S 电磁波传播
　C 大气电现象 →(4)
　Z 能量转移

电离层干扰
　Y 电离层噪声

电离层共振
ionospheric resonance
V419
　S 共振*

电离层噪声
ionospheric noise
O422.8；P421.34
　D 电离层干扰
　S 电磁噪声
　　自然噪声
　Z 噪声

电离电流
ionization current
O53
　S 电流*

电离电位
ionization potential
O441.1
　S 电位*
　C 电负性 →(3)

电离放电
ionization discharge
O461.2
　S 气体放电
　F 强电离放电
　C 输运性质
　Z 放电

电离辐射
ionizing radiation
O536
　D 电离辐照
　　离子辐射
　　离子辐照
　　离子型辐射
　S 电磁辐射
　F 次级辐射
　　粒子辐射
　C 电离干扰 →(3)
　　电离效应 →(4)
　Z 辐射

电离辐照
　Y 电离辐射

电离截面
ionization cross section
O572
　S 截面*
　F 光电离截面

电离碰撞
　Y 碰撞电离

电离频率
ionization frequency
O53
　S 频率*

电离气体
ionized gas
O52；O53
　D 离解气体
　　离子气体
　S 气体*

电离质
　Y 电解质

电-力耦合
　Y 力电耦合

电-力-声类比
acousto-electro-mechanical analog
O42
　D 等效电路模型（声）
　S 方法*

电量
quantity of electricity
O441.1
　D 带电量
　　电荷量
　S 物理量*
　C 电势能
　　电位

电量测量
electrical measurement
TB462；TB971；TM933
　S 电学量测量*

电流*
electric current
O441.1
　D 电流量
　　电流强度
　　电流数

主　表　177

　　　电流数量
　F　饱和电流
　　　场向电流
　　　超导电流
　　　持续电流
　　　充电电流
　　　传导电流
　　　磁化电流
　　　催化电流
　　　等离子体电流
　　　电离电流
　　　调制电流
　　　法拉第电流
　　　方波电流
　　　分子电流
　　　峰电流
　　　腐蚀电流
　　　感应电流
　　　光电流
　　　恒定电流
　　　环电流
　　　激励电流
　　　极化电流
　　　极限电流
　　　交换电流
　　　交流
　　　接地电流
　　　空间电流
　　　扩散电流
　　　离子电流
　　　量子电流
　　　漏电流
　　　脉冲电流
　　　面电流
　　　耦合电流
　　　迁移电流
　　　热激电流
　　　声电电流
　　　束流
　　　隧道电流
　　　外加电流
　　　位移电流
　　　涡电流
　　　无功电流
　　　阳极电流
　　　阴极电流
　　　有功电流
　　　运流电流
　　　杂散电流
　　　直流
　　　自举电流
　　　自然电流
　　　自旋电流
　C　导电
　　　电流测量
　　　电流密度
　　　电能
　　　电压
　　　电阻

电流变
electrorheological
O37
　D　电流变技术
　S　流变*

电流变技术

　Y　电流变

电流变流体
electrorheological fluid
O361
　D　电变流体
　S　电流体
　Z　流体

电流变性能
ER performance
O361
　S　流变性
　Z　力学性质

电流变液
　Y　电流变液体

电流变液体
electrorheological fluid
O361
　D　电流变液
　S　液体*

电流测量
current measurement
TB462；TB971
　S　电学量测量*
　F　弱电流测量
　C　电流
　　　检流计

电流场
current field
O441.1
　S　电场*
　F　恒定电流场
　　　稳恒电流场

电流磁场
　Y　电磁场

电流-电压特性
　Y　伏安特性

电流反馈
current feedback
TM3；TN7
　S　反馈*

电流分布
current distribution
O441.1
　S　分布(物理学)*

电流畸变
current distortion
TM4
　S　畸变*

电流量
　Y　电流

电流密度
current density
O441.1
　S　物理参数*
　F　发射电流密度
　　　交换电流密度
　　　临界电流密度
　　　漏电流密度
　　　面电流密度
　C　电流
　　　麦克斯韦方程

电流频谱
current spectrum
O456
　D　电流谱
　S　频谱*

电流谱
　Y　电流频谱

电流强度
　Y　电流

电流数
　Y　电流

电流数量
　Y　电流

电流特性
current characteristic
O441.1
　S　电学性质*
　F　整流特性

电流体
electrofluid
TN10
　S　流体*
　F　电磁流体
　　　电流变流体

电流体动力
　Y　电流体动力学

电流体动力学
electro-hydro dynamics
O361；O441.1
　D　EHD
　　　电流体动力
　　　电气体动力学
　S　流体动力学
　C　磁流体动力学
　　　带电射流
　Z　流体力学

电流体力学
electrohydrodynamics
O361
　S　电磁流体力学
　Z　流体力学

电流纹波
current ripple
O442
　D　纹波电流
　S　纹波
　Z　波

电流谐振
current resonance
TM71
　S　电共振
　F　并联谐振
　　　串联谐振
　Z　共振

电流行波

current traveling wave
TM7
    S 行进波
    F 暂态电流行波
    Z 波

电路理论*
circuit theory
TM133
    F 补偿定理
       戴维南定理
       叠加定理
       互易定理
       基尔霍夫定律
       诺顿定理
       欧姆定律
       特勒根定理
       替换定理

电路振荡
circuit oscillations
TN751.3
    S 电振荡
    Z 振荡

电脉冲
electric pulse
TN78
    D 放电脉冲
    S 脉冲*

电纳
susceptance
TB971
    S 导纳*

电能
electric energy
O442
    D 电
       电动力
    S 能量*
    F 静电能
    C 电动力学
       电功 →(3)
       电功率
       电流
       发电

电偶极
    Y 偶极子

电偶极场
dipole electric field
O441.1
    S 电场*
    C 电偶极跃迁

电偶极辐射
electric dipole radiation
O572
    D 偶极辐射
    S 电磁辐射
    Z 辐射

电偶极跃迁
electric dipole transition
O572
    S 电子跃迁

    C 电偶极场
       电偶极子
       偶极子
    Z 跃迁

电偶极子
electric dipole
O441.1
    S 偶极子*
    F 垂直电偶极子
    C 电偶极跃迁

电耦合
electric coupling
TM531.3；TN751.1
    S 耦合*
    F 电声耦合
       力电耦合
    C 磁耦合

电疲劳
electric fatigue
O346.2
    S 疲劳*

电气体动力学
    Y 电流体动力学

电迁移率
    Y 电子迁移率

电热磁效应
    Y 磁热效应

电热发射
    Y 热电子发射

电热膜
electrothermal film
TB43；TU832
    S 电工薄膜*
    C 电热特性

电热特性
electric-thermal characteristic
O441.1
    S 电学性质*
    F 邻近效应
    C 电热膜

电热效应
electrocaloric effect
O482.6
    D 电磁非热效应
       电磁热效应
       电致热效应
    S 热效应*

电热原子吸收法
    Y 电热原子吸收光谱法

电热原子吸收光谱法
electrothermal atomic absorption spectrometry
O433.4；O657.31
    D 电热原子吸收法
    S 原子吸收光谱法
    Z 光谱分析

电容测量
capacitance measurement
TB462；TB971；TM93

    D 电容计
       电容率测量
       微法拉计
    S 电学量测量*
    C 介电测量
       介电常数

电容电流
    Y 充电电流

电容电压特性
capacitance-voltage characteristics
O441.1
    D 电容-电压特性
    S 电压特性
    Z 电学性质

电容-电压特性
    Y 电容电压特性

电容计
    Y 电容测量

电容率
    Y 介电常数

电容率测量
    Y 电容测量

电容耦合非接触电导检测
capacitance coupled contactless conductivity detection
O441.5
    S 非接触式电导检测
    Z 电学量测量

电容应变计
capacitance strain gage
TH71
    S 应变计
    Z 测量仪器

电弱对称性破缺
electroweak symmetry breaking
O413.2
    S 对称性破缺*

电弱模型
electroweak model
O412.2
    S 场论模型
    Z 物理模型

电弱统一理论
electro weak unified theory
O441.1
    S 电磁理论
    Z 物理理论

电弱相互作用
electro weak interaction
O441.1
    D 电弱作用
    S 相互作用*

电弱作用
    Y 电弱相互作用

电渗析电极
    Y 电极

主　表　179

电生
　Y 电子产生

电声波
electroacoustic waves
O422
　D B-G 波
　S 表面波
　　声表面波
　C 波-波相互作用
　Z 弹性波
　　声波

电声测量
electroacoustic measurement
TB52
　S 声学测量*
　C 声学标准

电声耦合
electro-acoustical coupling
TN64
　D 电声子耦合
　　电-声子耦合
　S 电耦合
　Z 耦合

电声相互作用
　Y 电子-声子相互作用

电声效应
　Y 声电效应

电声学
electroacoustics
TN912.1
　D 信号声学
　S 应用声学
　C 声学测量
　Z 声学

电声子耦合
　Y 电声耦合

电-声子耦合
　Y 电声耦合

电声子相互作用
　Y 电子-声子相互作用

电势
　Y 电位

电势差
　Y 电压

电势叠加原理
superposition principle of electric potential
O441.1
　S 叠加原理
　Z 物理理论

电势分布
potential distribution
O343.1
　D 电势分布量
　　电势分布数
　　电势分布数量
　S 分布(物理学)*
　C 电位

电势分布量
　Y 电势分布

电势分布数
　Y 电势分布

电势分布数量
　Y 电势分布

电势降
　Y 电势降落

电势降落
potential drop
O441.1
　D 电势降
　S 电学性质*

电势能
electric potential energy
O442
　S 势能
　C 电荷
　　电量
　　电位
　Z 能量

电视侦察
　Y 光电探测

电输运特性
　Y 电输运性质

电输运性能
　Y 电输运性质

电输运性质
electrical transport properties
TN01
　D 电输运特性
　　电输运性能
　S 电学性质*

电双稳态
electric bistable state
TN701
　S 双稳态
　Z 稳定

电双折射
　Y 克尔效应

电四极矩
　Y 四极矩

电损耗
electric loss
O442
　S 能量损耗*
　F 交流损耗
　　介电损耗

电弹场
electromechanical field
O343.4
　S 物理场*

电探针
electric probe
TH703.2
　S 探针*

　F 电导探针
　　静电探针

电特性
　Y 电学性质

电通量
electric flux
O441.1
　S 能量通量
　Z 通量

电位*
electric potential
O441.1
　D 电势
　　静电电位
　　静电势
　F ζ电位
　　半波电位
　　表面电位
　　地电位
　　电极电位
　　电离电位
　　峰电位
　　还原电位
　　霍尔电势
　　激发电位
　　接触电势
　　开路电势
　　流动电势
　　膜电位
　　平衡电位
　　矢量电位
　　外部电势
　　晚电位
　　氧化电位
　C 电量
　　电势分布
　　电势能
　　电位法　→(3)
　　电位梯度　→(3)(5)
　　电压

电位测量
electric potential measurement
O442；P319
　S 电学量测量*
　C 电极
　　电极极化　→(3)(5)

电位差
　Y 电压

电位移强度因子
electric displacement intensity factor
O346
　S 强度因子
　Z 力学因子

电物理学
　Y 电学

电相位角
　Y 介质损耗角

电象法
　Y 镜象法

电效应

Y 电学性质

电信号特性测量
electrical signal feature measurement
TB462；TB97；TM93
　　S 电学量测量*
　　F 脉冲测量
　　　 频率测量
　　　 衰减测量
　　　 微波测量
　　　 相位测量
　　　 增益测量

电性
　　Y 电学性质

电性各向异性
electrical anisotropy
O441
　　S 各向异性*
　　F 电阻率各向异性
　　　 介电各向异性

电性结构
electrical structure
O441.1
　　D 地下电性结构
　　S 电结构
　　C 电学性质
　　Z 电磁结构

电性特征
　　Y 电学性质

电性质
　　Y 电学性质

电学
electricity
O441.1
　　D 电物理学
　　S 电磁学*
　　F 静电学
　　C 电学量测量
　　　 电学性质

电学量测量*
electric parameter measurement
TB462；TB971
　　D 电变量测量
　　F 场强测量
　　　 电导测量
　　　 电感测量
　　　 电荷测量
　　　 电抗测量
　　　 电量测量
　　　 电流测量
　　　 电容测量
　　　 电位测量
　　　 电信号特性测量
　　　 电压测量
　　　 电阻测量
　　　 功率测量
　　　 霍尔测量
　　　 介电测量
　　C 电学
　　　 电学性质

电学特性
　　Y 电学性质

电学性质*
electrical property
O441.1
　　D 电特性
　　　 电效应
　　　 电性
　　　 电性特征
　　　 电性质
　　　 电学特性
　　F 导电性
　　　 电场特性
　　　 电流特性
　　　 电热特性
　　　 电势降落
　　　 电输运性质
　　　 电压特性
　　　 电中性
　　　 电阻特性
　　　 伏秒特性
　　　 光电性质
　　　 介电性质
　　　 铁电性
　　C 电性结构
　　　 电学
　　　 电学量测量

电寻址液晶
electrically addressed liquid crystal
O753.2
　　S 液晶*

电压*
voltage
O441.1
　　D 电势差
　　　 电位差
　　　 电压降
　　　 电压量
　　　 电源电压
　　　 伏数
　　　 伏特数
　　F 半波电压
　　　 饱和电压
　　　 冲流电压
　　　 端电压
　　　 额定电压
　　　 遏止电压
　　　 负效放电消失电压
　　　 光生电压
　　　 过电压
　　　 恒电压
　　　 互感电压
　　　 霍尔电压
　　　 击穿电压
　　　 激光感生电压
　　　 极间电压
　　　 加速电压
　　　 接触电势差
　　　 截止电压
　　　 静电压
　　　 路端电压
　　　 耦合电压
　　　 偏置电压
　　　 平带电压
　　　 平衡电压
　　　 扫描电压
　　　 外加电压
　　　 吸合电压
　　　 线电压
　　　 相电压
　　　 斜坡电压
　　　 正向阻断峰值电压
　　C 电流
　　　 电位

电压测量
voltage measurement
TM933
　　S 电学量测量*
　　F 驻波比

电压差*
voltage difference
O441.1
　　F 低压差
　　　 高压差
　　C 压差

电压畸变
voltage distortion
TM4
　　S 畸变*

电压降
　　Y 电压

电压解耦
voltage decouple
TM3
　　S 参数解耦
　　Z 解耦

电压量
　　Y 电压

电压-时间特性
　　Y 伏秒特性

电压特性
voltage characteristic
O441.1
　　S 电学性质*
　　F 电容电压特性
　　　 伏安特性

电压纹波
voltage ripple
TN7
　　S 纹波
　　Z 波

电压行波
voltage traveling wave
TM7
　　S 行进波
　　Z 波

电压驻波比
　　Y 驻波比

电应变规
　　Y 应变计

电泳力
electrophoretic force
O441.4

S 电场力*
　　C 电泳 →(3)

电源
power supply
O441.1
　　D 电源设备
　　　电源系统
　　S 设备*
　　C 环电流

电源电压
　　Y 电压

电源设备
　　Y 电源

电源系统
　　Y 电源

电晕
electric corona
O43；O461
　　D 电辉光
　　S 晕*
　　C 电弧
　　　电击穿
　　　电离
　　　辉光放电
　　　绝缘
　　　闪络

电晕电极
discharge electrode
O462
　　S 电极*

电晕放电
corona discharge
O461
　　S 自持放电
　　F 负电晕放电
　　　尖端放电
　　　介质阻挡放电
　　　脉冲流光电晕放电
　　　雾化电晕放电
　　　直流电晕放电
　　Z 放电

电晕放电等离子
　　Y 电晕放电等离子体

电晕放电等离子体
corona discharge plasma
O531
　　D 电晕放电等离子
　　S 放电等离子体
　　Z 等离子体

电晕极化
corona poling
O441.1
　　S 电场极化
　　Z 极化

电振荡
electronic osillation
O441.1
　　S 电磁振荡
　　F 电路振荡
　　　电子振荡
　　Z 振荡

电致变色
electrochromism
O436.4
　　S 电光效应
　　C 电化学 →(3)
　　Z 光学效应

电致产生
　　Y 电子产生

电致发光
electroluminescence
O436.4
　　D 本征电致发光
　　　场致发光
　　　电场发光
　　　电激发光
　　　电控光致发光
　　　电控光致荧光
　　　电致荧光
　　　注入式电致发光
　　S 发光*
　　F 薄膜电致发光
　　　交流电致发光
　　　聚合物电致发光
　　　蓝色电致发光
　　　无机电致发光
　　　有机电致发光
　　　直流电致发光
　　C 电光效应

电致发光光谱
electroluminescence spectrum
O433.5
　　D 电致发光谱
　　S 发光光谱
　　Z 光谱

电致发光谱
　　Y 电致发光光谱

电致磷光
electro phosphorescence
O462.3
　　S 磷光
　　F 有机电致磷光
　　Z 发光

电致热效应
　　Y 电热效应

电致伸缩
　　Y 电致伸缩效应

电致伸缩效应
electrostriction
O482.41
　　D 电致伸缩
　　S 电场效应*

电致荧光
　　Y 电致发光

电滞回线
　　Y 铁电滞回线

电中微子
electron neutrinos
O572.321
　　D 电子型中微子
　　S 中微子
　　Z 粒子

电中性
electroneutrality
O441.1
　　S 电学性质*

电子*
electron
O572.322
　　F δ电子
　　　π电子
　　　次级电子
　　　单电子
　　　等效电子
　　　低能电子
　　　电子对
　　　电子云
　　　俄歇电子
　　　二次电子
　　　非热电子
　　　高能电子
　　　光电子
　　　极化电子
　　　价电子
　　　康普顿电子
　　　快电子
　　　慢电子
　　　内转换电子
　　　热电子
　　　溶剂化电子
　　　束缚电子
　　　水合电子
　　　逃逸电子
　　　同科电子
　　　相对论电子
　　　巡游电子
　　　正电子
　　　准电子
　　　自旋电子
　　　自由电子
　　C 电子产生
　　　电子构型
　　　电子论
　　　电子性质
　　　粒子
　　　原子
　　　中子

电子背散射
electron back scattering
O572.322
　　S 电子散射
　　C 电子背散射衍射
　　　后向散射系数
　　Z 粒子散射

电子背散射衍射
electron backscatter diffraction
O722.7
　　D 背散射电子衍射
　　　电子背散射衍射技术
　　S 电子衍射

电子背散射衍射技术
    C 电子背散射
    Z 衍射

电子背散射衍射技术
    Y 电子背散射衍射

电子比荷
    Y 电子荷质比

电子波
    Y 电子辐射

电子捕获
    Y 电子俘获

电子捕获检测
electron capture detection
TB463
    S 检测*

电子产生
electron production
O572.24
    D 电生
       电致产生
       电子对产生
    S 粒子产生*
    C 电子
       电子偶素

电子场发射
    Y 场发射

电子传递
    Y 电子转移

电子传递反应
    Y 化学发光反应

电子传输
    Y 电子转移

电子导电
electron conduction
O441.1
    S 导电*

电子等离子
    Y 电子等离子体

电子等离子体
electron plasma
O531
    D 电子等离子
    S 等离子体*
    F 电子回旋共振等离子体
    C 等离子体-粒子互作用
       金属等离子体

电子等离子体波
electron plasma wave
O534
    S 等离子体波*

电子电导率
electronic conductivity
O441.1
    S 电导率
    Z 物理参数

电子-电子碰撞
electron-electron collisions
O572.322
    S 电子碰撞
    C 电子对撞机
    Z 碰撞

电子-电子双共振
electron-electron double resonance
O436；O482.53
    D ELDOR
    S 双共振
    Z 共振

电子-电子相互作用
electron-electron interactions
O572.24
    S 电子相互作用
    F 电子-正电子相互作用
    Z 粒子相互作用

电子动量谱
electron momentum profiles
O582
    S 电子能谱
    Z 能谱

电子对
electron pairs
O572.322
    S 电子*
    F 库珀对
    C 电子对效应
       电子对湮灭

电子对(超导)
    Y 库珀对

电子对产生
    Y 电子产生

电子对效应
electron pair effect
O562
    S 电子效应
    C 电子对
    Z 物理效应

电子对湮灭
electron-positron inclusive interactions
O572.24
    D 电子湮灭
       正电子湮灭
    S 湮灭
    C 电子对
    Z 粒子相互作用

电子对撞机
electron collidor
O572.214
    S 对撞机*
    F 正负电子对撞机
    C 北京谱仪 →(3)
       电子-电子碰撞

电子发射
electron emission
O572.2
    S 粒子发射
    F 场发射
       次级发射
       脉冲发射
       热电子发射
       阴极发射
    C 电子激发
       电子激发态
       电子散射
       电子束
       阴极
    Z 发射

电子发射体
    Y 阴极

电子分布
electron distribution
O562.1
    D 电子排布
       核外电子分布
       核外电子排布
    S 粒子分布
    F 布居
    C 电子构型
    Z 分布(物理学)

电子-分子碰撞
electron-molecule collisions
O561.5
    S 电子碰撞
       分子碰撞
    Z 碰撞

电子俘获
electron capture
O571
    D 电子捕获
       轨道电子俘获
    S 载流子俘获
    C 电子捕获检测器 →(3)
       电子荷质比
    Z 俘获(物理学)

电子辐射
electron radiation
O572
    D 电子波
    S 粒子辐射
    F 高能电子辐照
       沟道辐射
       韧致辐射
    Z 辐射

电子复合
electron recombination
O57
    S 电子相互作用
    Z 粒子相互作用

电子构型
electronic configuration
O562.1
    D 电子结构
       电子组态
    S 原子结构*
    F 闭壳层
       发光层
       价电子结构
       精细结构
       开壳层
       内壳层
    C 电子

电子分布

电子关联效应
  Y 电子相关效应

电子光谱
electronic spectrum
O433.5
  S 光谱*
  F 电子顺磁共振光谱

电子轨迹
electron trajectory
O56
  S 粒子轨迹
  Z 轨迹

电子核双共振
electron nuclear double resonance
O482.4；O482.53；O571.41
  D ENDOR
  S 双共振
  Z 共振

电子-核双共振
  Y 磁双共振

电子-核子散射
electron-nucleon scattering
O572.322
  D 电子-原子核散射
  S 电子散射
  Z 粒子散射

电子-核子相互作用
electron-nucleon interactions
O572.24
  S 电子相互作用
  F 电子-质子相互作用
  Z 粒子相互作用

电子荷质比
electron charge-mass ratio
O441.5
  D 电子比荷
  S 比例*
  C 电子俘获

电子轰击
electron bombardment
O46
  S 轰击*

电子轰击离子源
  Y 离子轰击

电子回旋波
electron cyclotron wave
O53
  S 静电波
  Z 等离子体波

电子回旋共振
electron cyclotron resonace
O482.4
  S 回旋共振
  F 微波电子回旋共振
  Z 磁共振

电子回旋共振等离子体
electron cyclotron resonance plasma
O531
  D ECR 等离子体
  S 电子等离子体
  Z 等离子体

电子回旋脉塞
electron cyclotron maser
O572.21
  S 脉泽*

电子霍耳迁移率
  Y 霍尔迁移率

电子激发
electron excitation
O572
  S 激发*
  F 电子碰撞激发
    共振激发
  C 电子发射
    电子激发态

电子激发态
excited electronic state
O56
  S 电子态
    激发态
  F 电荷转移态
  C 电子发射
    电子激发
  Z 能态

电子激发温度
electron excitation temperature
O432.12；P14
  S 激发温度
  Z 温度

电子极化
electronic polarization
O572.322
  S 极化*
  F 电子位移极化
    电子自旋极化
    化学诱导动态电子极化

电子加速
electron acceleration
O571
  S 粒子加速*

电子加速度
electron acceleration
O57
  S 加速度*

电子剪切散斑
electronic shear speckle
O348.1；O432.12
  S 电子散斑
    剪切散斑
  Z 散斑

电子结构
  Y 电子构型

电子结构矢模型
  Y 电子模型

电子-介子相互作用
electron-meson interactions
O572
  S 电子相互作用
  Z 粒子相互作用

电子晶体学
electron crystallography
O722.7
  D 电子衍射晶体学
  S 晶体学*
  C 德拜-沃勒因子
    电子衍射

电子阱
  Y 电子陷阱

电子静止能量
  Y 电子能量

电子局域态
electronic localized states
O481
  S 局域态
  Z 能态

电子聚焦
  Y 电子束聚焦

电子-空穴等离子体
electron-hole plasma
O469；O53
  D 半导体等离子体
  S 固体等离子体
  C 阿尔芬波
    螺旋振子
  Z 等离子体

电子-空穴对
electron-hole pair
O473
  S 空穴
  F 光生载流子
  Z 载流子

电子夸克互作用
electron-quark interaction
O572.24
  S 电子相互作用
  Z 粒子相互作用

电子冷却
electronic cooling
TL5
  S 冷却*

电子流
  Y 电子束

电子论
electron theory
O572.2
  S 基本粒子理论
  F 经验电子理论
    久保理论
  C Dirac 方程 →(1)
    电子
  Z 物理理论

电子密度
electron density

O572.322
 D 电子浓度
  电子数密度
 S 粒子密度
 F 电子面密度
  电子态密度
  局域电子密度
  自由电子密度
 C 等离子体密度
  电子学
 Z 粒子参数

电子面密度
electron surface density
O572.322
 S 电子密度
 Z 粒子参数

电子模型
electronic model
O562.1
 D 电子结构矢模型
  集体电子模型
  巡回电子模型
 S 物理模型*
 F 最弱受约束电子势模型

电子能带
electron energy band
O481.1
 S 能带*
 F 导带
  价带
 C 电子能级
  电子态
  电子态密度

电子能带结构
 Y 能带结构

电子能级
electron energy levels
O56
 S 能级*
 C 电子能带
  电子能量
  转动能级

电子能量
electron energy
O572
 D 电子静止能量
 S 粒子能量
 F 电子束能量
  相关能
 C 电子能级
  电子能谱
  电子能损效应
 Z 能量

电子能量损失能谱
 Y 电子能量损失谱

电子能量损失谱
electron energy loss spectroscopy
O582
 D EELS
  电子能量损失谱
  能量损失谱

 S 电子能谱
 Z 能谱

电子能谱
electron spectroscopy
O582
 D 电子谱
 S 能谱*
 F 电子动量谱
  电子能量损失谱
  电子顺磁共振谱
  非弹性电子隧穿谱
  光电子能谱
  化学分析用电子能谱
  正电子寿命谱
 C 场发射
  电子能量
  电子碰撞
  电子散射
  电子相互作用
  光电子光谱
  化学分析用电子能谱
  化学位移

电子能损效应
electronic energy loss effect
O562
 S 电子效应
 C 电子能量
 Z 物理效应

电子能态
 Y 电子态

电子浓度
 Y 电子密度

电子偶素*
positronium
O565
 D 偶素
 F 粲偶素
  夸克偶素
  仲电子偶素
 C 电子产生
  正电子

电子排布
 Y 电子分布

电子碰撞
electron collisions
O572.322
 D 电子束碰撞
 S 粒子碰撞
 F 电子-电子碰撞
  电子-分子碰撞
  正电子碰撞
 C 电子能谱
  电子束
 Z 碰撞

电子碰撞电离
electron impact ionization
O56
 S 碰撞电离
 F 分子电子碰撞电离
  原子电子碰撞电离
 Z 电离

电子碰撞激发
electron-impact excitation
O572
 S 电子激发
  碰撞激发
 Z 激发

电子谱
 Y 电子能谱

电子气
electron gas
O441.1；O47；O48；O53
 S 费米子系统
 F 二维电子气
 C 磁透镜
  等离子体枪
  电子束
  电子透镜
  费米气体
  介电函数
  朗道能级
  托马斯-费米模型
  自旋密度波
 Z 流体

电子器件*
electronic devices
TN1；TN303；TN6
 F 显示器

电子迁移率
electron mobility
O441.1
 D 电迁移率
 S 载流子迁移率
 F 高电子迁移率
  霍尔迁移率
 Z 迁移率

电子亲合势
 Y 电子亲和势

电子亲和能
 Y 电子亲和势

电子亲和势
electron affinity
O472
 D 电子亲合势
  电子亲和能
 S 势*
 C 电负性 →(3)
  电离势 →(3)
  化学键 →(3)

电子缺陷
electronic defects
O771
 S 点缺陷
 Z 晶体缺陷

电子热容
electronic heat capacity
O482.2
 S 热容
 Z 热量

电子热压力
 Y 热压力

电子散斑
electronic speckle pattern
O348.1；O432.12
- S 散斑*
- F 电子剪切散斑

电子散斑干涉
- Y 电子散斑干涉术

电子散斑干涉法
- Y 电子散斑干涉术

电子散斑干涉技术
- Y 电子散斑干涉术

电子散斑干涉术
electronic speckle pattern interferometry
O348.1；O436.1
- D 电子散斑干涉
  电子散斑干涉法
  电子散斑干涉技术
- S 散斑干涉术
- C 离面位移
- Z 光学测量

电子散射
electron scattering
O572.322
- S 粒子散射*
- F 电子背散射
  电子-核子散射
  反常散射
  非弹性电子散射
  正电子散射
  自旋相关散射
- C 电子发射
  电子能谱
  电子衍射

电子射线
electron rays
O571.32
- S 射线*

电子声子互作用
- Y 电子-声子相互作用

电子声子相互作用
- Y 电子-声子相互作用

电子-声子相互作用
electron-phonon interactions
O572.24
- D 电声相互作用
  电声子相互作用
  电子声子互作用
  电子声子相互作用
  声子-电子相互作用
- S 电子相互作用
- C 倒逆过程
  声电效应
- Z 粒子相互作用

电子寿命(半导体)
- Y 载流子寿命

电子输运
- Y 电子转移

电子输运性质

- Y 电子转移

电子束*
electron beam
TN14
- D 电子流
  电子注
  空间电荷流
- F 慢正电子束
  相对论电子束
- C 电动力学
  电子发射
  电子碰撞
  电子气
  电子探针
  电子透镜
  电子衍射
  阴极发光

电子束泵浦
electron beam pumping
O432.12
- S 泵浦*

电子束-等离子体互作用
electron beam-plasma interaction
O572.24
- S 等离子体-粒子互作用
  电子相互作用
- Z 粒子相互作用
  相互作用

电子束感生传导率
- Y 电子束感生电流

电子束感生电流
electron beam induced current
O441.1；O7
- D EBIC
  电子束感生传导率
- S 感应电流
- Z 电流

电子束聚焦
electron beam focusing
O46
- D 电子聚焦
  束流聚焦
- S 聚焦*
- C 电子束能量
  束流光学

电子束离子阱
electron beam ion trap
O46
- S 离子阱
- Z 陷阱

电子束能
- Y 电子束能量

电子束能量
electron beam energy
O572
- D 电子束能
- S 电子能量
- C 电子束聚焦
- Z 能量

电子束碰撞
- Y 电子碰撞

电子束强度
- Y 束流强度

电子束吸收
- Y 电子吸收

电子束衍射
- Y 电子衍射

电子束致发光
- Y 阴极发光

电子数密度
- Y 电子密度

电子衰变率
- Y 衰变率

电子顺磁共振
- Y 电子自旋共振

电子顺磁共振参量
EPR parameters
O737
- D EPR 参量
- S 晶体学参数*
- C 电子自旋共振

电子顺磁共振光谱
electron paramagnetic resonance spectrometry
O433.5
- S 电子光谱
- Z 光谱

电子顺磁共振谱
electron paramagnetic resonance spectra
O582
- D EPR 谱
- S 电子能谱
- C 电子自旋共振
  完全对角化
- Z 能谱

电子速度
electron velocity
O56
- S 粒子速度
- Z 速度

电子隧穿
electron tunneling
O413.2
- S 隧穿*
- F 单电子隧穿

电子隧道效应
- Y Giaever 隧道效应

电子态
electronic states
O56
- D 玻璃态固体电子能态
  电子能态
  电子状态
  非晶态固体电子密度
  非晶态固体电子能态
  淮态金属电子能态
  缺陷电子能态
  液态半导体电子能态

液态半导体电子态密度
正电子态
S 能态*
F 表面电子态
电子激发态
定域态
界面电子态
局域态
C 电子能带
电子陷阱

电子态密度
electronic density of states
O572.322
S 电子密度
态密度
C 表面电子态
电子能带
电子陷阱
费米能级
Z 粒子参数
物理参数

电子探测
Y 带电粒子探测

电子探针
electron probe
TH703.2
D 电子探针分析器
电子探针显微术
电子微探针
电子微探针分析器
电子显微探针
S 微探针
C 电子束
离子探针
Z 探针

电子探针分析器
Y 电子探针

电子探针显微术
Y 电子探针

电子特性
Y 电子性质

电子天平
electronic balance
TH715.11
S 天平
Z 测量仪器

电子通量
electron flux
O57；P353
S 粒子通量
C 地球同步轨道 →(4)
Z 通量

电子透镜
electron lens
TH74
S 透镜
F 磁透镜
静电透镜
C 电子气
电子束

四极透镜
Z 光学元件

电子望远镜
electron telescope
TH743
D 电光望远镜
S 望远镜*

电子微探针
Y 电子探针

电子微探针分析器
Y 电子探针

电子位移极化
electronic displacement polarization
O572.322
S 电子极化
Z 极化

电子温度
electron temperature
O46
S 温度*

电子物理学
Y 电子学

电子吸收
electron absorption
O57
D 电子束吸收
S 能量吸收
Z 能量特性

电子吸收光谱
electronic absorption spectra
O433.51
S 吸收光谱*

电子显微探针
Y 电子探针

电子陷阱
electron trap
O471
D 电子阱
固体中电子俘获
S 半导体陷阱
F 等电子陷阱
C 电子态
电子态密度
俘获理论 →(4)
Z 陷阱

电子相关效应
electron correlation effect
O562
D 电子关联效应
S 电子效应
Z 物理效应

电子相互作用
electron interactions
O572.322
S 粒子相互作用*
F 电子-电子相互作用
电子复合
电子-核子相互作用

电子-介子相互作用
电子夸克互作用
电子-声子相互作用
电子束-等离子体作用
电子-中子相互作用
光子-电子相互作用
湮灭
C 电子能谱

电子效应
electronic effect
O562
S 物理效应*
F 电子对效应
电子能损效应
电子相关效应
共轭效应
姜-泰勒效应

电子型超导体
electron-doped superconductor
TM26
S 超导体
Z 导体

电子型中微子
Y 电中微子

电子性能
Y 电子性质

电子性质
electronic properties
O572.322
D 电子特性
电子性能
S 粒子性质*
F 电子自旋
C 电子
电子学

电子学*
electronics
O572
D 电子物理学
F 低温电子学
分子电子学
固体电子学
核电子学
量子电子学
微电子学
无线电电子学
阴极电子学
有机电子学
真空电子学
C 电子密度
电子性质

电子雪崩
Y 雪崩击穿

电子雪崩电离
avalanche ionization
O56
D 雪崩电离
S 碰撞电离
Z 电离

电子湮灭

主　表　187

　　Y 电子对湮灭

电子衍射
electron diffraction
O722.7
　　D 电子束衍射
　　S 衍射*
　　F 超快电子衍射
　　　低能电子衍射
　　　电子背散射衍射
　　　高能电子衍射
　　　会聚束电子衍射
　　　选区电子衍射
　　C 电子晶体学
　　　电子散射
　　　电子束

电子衍射法
electron diffraction method
O722.7
　　S 晶体结构分析方法*
　　C 电子衍射谱

电子衍射晶体学
　　Y 电子晶体学

电子衍射谱
electron diffraction spectrum
O722.7
　　S 衍射光谱
　　C 电子衍射法
　　Z 光谱

电子衍射实验
electron diffraction experiment
O722.7
　　S 衍射实验
　　Z 科学实验

电子衍射仪
electron diffractometer
TH7
　　S 衍射仪
　　Z 测量仪器

电子-原子核散射
　　Y 电子-核子散射

电子-原子碰撞
electron-atom collisions
O562.5
　　S 原子碰撞
　　C 韧致辐射
　　　原子电子碰撞电离
　　Z 碰撞

电子跃迁
electron transition
O572
　　S 原子跃迁
　　F d-d 跃迁
　　　电偶极跃迁
　　　辐射跃迁
　　　能级跃迁
　　C 玻尔理论
　　　电子转移
　　Z 跃迁

电子云
electron cloud
O562.1
　　D 电子云分布
　　　电子云密度
　　S 电子*
　　C 二维电子气

电子云分布
　　Y 电子云

电子云密度
　　Y 电子云

电子运动
electronic motion
O572
　　S 粒子运动
　　F 电子转移
　　　自由程
　　C 电动势
　　Z 运动（物理）

电子振荡
electron oscillation
TN751.3
　　S 电振荡
　　C 回旋共振
　　Z 振荡

电子振动光谱
　　Y 振动光谱

电子振转光谱
　　Y 振动光谱

电子-正电子单举相互作用
electron-positron inclusive interactions
O572.24
　　S 电子-正电子相互作用
　　Z 粒子相互作用

电子-正电子散射
　　Y 正电子散射

电子-正电子相互作用
electron-positron interactions
O572.24
　　S 电子-电子相互作用
　　F 电子-正电子单举相互作用
　　C 正电子散射
　　Z 粒子相互作用

电子质量
electron mass
O572.322
　　S 粒子质量
　　Z 粒子参数

电子-质子相互作用
electron-proton interactions
O572.24
　　S 电子-核子相互作用
　　Z 粒子相互作用

电子-中子相互作用
electron-neutron interactions
O572
　　S 电子相互作用
　　Z 粒子相互作用

电子注
　　Y 电子束

电子转移
electron transfer
O572.322
　　D 电子传递
　　　电子传输
　　　电子输运
　　　电子输运性质
　　S 电子运动
　　F 长程电子传递
　　　单电子转移
　　　弹道输运
　　　多电子转移
　　　高频电子输运
　　　束流输运
　　　直接电子传递
　　　自旋输运
　　C 电子跃迁
　　　非平衡格林函数 →(1)
　　Z 运动（物理）

电子转移效应
　　Y 耿氏效应

电子状态
　　Y 电子态

电子自旋
electron spin
O572.322
　　S 电子性质
　　F 自旋涨落性质
　　C 电子自旋极化
　　　自旋电子
　　　自旋轨道
　　Z 粒子性质

电子自旋共振
electron spin resonance
O482.53
　　D ESR
　　　电子顺磁共振
　　　电子自转共振
　　　顺磁共振
　　S 自旋共振
　　F 导电电子自旋共振
　　　声电子自旋共振
　　C 电子顺磁共振量
　　　电子顺磁共振谱
　　　电子自旋共振谱法 →(3)
　　　自旋电子
　　Z 磁共振

电子自旋极化
electron spin polarisation
O572.322
　　D 电子自旋极化现象
　　S 电子极化
　　　自旋极化
　　C 电子自旋
　　Z 极化

电子自旋极化现象
　　Y 电子自旋极化

电子自旋起伏
　　Y 自旋涨落性质

电子自旋起伏性质
　　Y 自旋涨落性质

电子自旋涨落
　　Y 自旋涨落性质

电子自旋涨落性质
　　Y 自旋涨落性质

电子自转共振
　　Y 电子自旋共振

电子组态
　　Y 电子构型

电阻*
electric resistance
O441.1
　　F 比电阻
　　　标准电阻
　　　测量电阻
　　　等效电阻
　　　低温电阻
　　　地电阻
　　　反常电阻
　　　方块电阻
　　　放电电阻
　　　分压电阻
　　　辐射电阻
　　　负电阻
　　　接触电阻
　　　接头电阻
　　　理想电阻
　　　临界阻尼电阻
　　　漏电阻
　　　内电阻
　　　热电阻
　　　热敏电阻
　　　剩余电阻
　　　视电阻
　　　四端电阻
　　　损耗电阻
　　　贴片电阻
　　　湍流电阻
　　　外电阻
　　　微波表面电阻
　　　中值电阻
　　C 电动势
　　　电流
　　　检流计
　　　介电常数

电阻变化
resistance change
O441.1
　　S 物理变化*

电阻测量
resistance measurement
TB462；TB971
　　D 电阻率测量
　　S 电学量测量*
　　C 电阻率曲线　→(5)

电阻定律
law of resistance
TM934.1
　　S 物理定律*

电阻率*
resistivity
O441.1
　　F 磁电阻率
　　　等效电阻率
　　　地电阻率
　　　视电阻率
　　　体电阻率
　　　直流电阻率
　　C 导电性

电阻率测量
　　Y 电阻测量

电阻率各向异性
resistivity anisotropy
O441
　　S 电性各向异性
　　Z 各向异性

电阻特性
resistance characteristics
O441.1
　　S 电学性质*
　　F 负阻特性

电阻温度特性
　　Y 阻温特性

电阻温度系数
resistance temperature coefficient
TN37
　　S 系数*

电阻应变计
resistance strain gauge
TH823.3
　　S 应变计
　　Z 测量仪器

电阻噪声
　　Y 热噪声

电阻转变
resistive transition
TM934.1
　　S 转变*

淀粉纳米晶
starch nanocrystal
O799
　　S 纳米晶
　　Z 晶体
　　　纳米材料

迭代程序
　　Y 迭代法

迭代法*
iterative methods
O224；O241.6；O241.82
　　D 迭代程序
　　　迭代方法
　　　迭代格式
　　　迭代过程
　　　迭代计算
　　　迭代计算方法
　　　迭代解法
　　　迭代式
　　　迭代算法
　　　迭代原理
　　　叠代法
　　　逐次逼近法
　　　逐次逼近算法
　　F 交替方向迭代法
　　　龙格-库塔法
　　　修正迭代法
　　　有限步长迭代法
　　C H-单调算子　→(1)
　　　半紧性　→(1)
　　　次正定矩阵　→(1)
　　　反序律　→(1)
　　　非对称线性方程组　→(1)
　　　弱条件　→(1)
　　　收敛阶　→(1)
　　　收敛因子　→(1)
　　　误差项　→(1)

迭代方法
　　Y 迭代法

迭代格式
　　Y 迭代法

迭代过程
　　Y 迭代法

迭代计算
　　Y 迭代法

迭代计算方法
　　Y 迭代法

迭代解法
　　Y 迭代法

迭代式
　　Y 迭代法

迭代算法
　　Y 迭代法

迭代物理光学
iterative physical optics
O436
　　S 物理光学
　　Z 光学

迭代物理光学法
iterative physical optical method
O436
　　D 物理光学迭代法
　　S 光学方法*

迭代原理
　　Y 迭代法

迭加态
　　Y 叠加态

迭加原理
principle of superposition
O353.1
　　S 力学原理*

叠代法
　　Y 迭代法

叠合
　　Y 聚合

叠合度
　　Y 聚合

叠加变形

superimposed deformation
O347
　S 变形*

叠加定理
superposition theorem
TM131
　S 电路理论*

叠加模型
superposed model
O59
　S 物理模型*

叠加态
superposition state
O413.1
　D 迭加态
　　量子叠加态
　S 量子态
　F 多模叠加态
　　纠缠态
　　相干叠加态
　Z 能态

叠加态原理
　Y 态叠加原理

叠加相干态
　Y 相干叠加态

叠加性质
　Y 叠加原理

叠加原理
superposition principle
O411
　D 叠加性质
　S 物理理论*
　F 场强叠加原理
　　电势叠加原理
　　态叠加原理
　C 复势理论
　　压剪裂纹
　　组合应力

叠片状生长
　Y 层状生长

叠象测距仪
　Y 光学测距仪

叠栅条纹
　Y 莫尔条纹

叠栅云纹
　Y 莫尔条纹

叠栅云纹法
　Y 影栅云纹法

钉扎
　Y 钉扎效应

钉扎场
pinning field
O482.5；O511
　S 物理场*

钉扎位错开裂
　Y 位错阻尼

钉扎效应
pinning effect
O474
　D 钉扎
　　钉扎作用
　S 物理效应*
　F 畴壁钉扎
　　磁通钉扎
　　位错钉扎
　C 费米能级

钉扎作用
　Y 钉扎效应

顶板回弹
　Y 弹性

顶部籽晶法
top-seeding method
O78
　D 顶部籽晶方法
　S 籽晶法
　F 顶部籽晶提拉法
　Z 晶体生长方法

顶部籽晶方法
　Y 顶部籽晶法

顶部籽晶溶液法
　Y 顶部籽晶提拉法

顶部籽晶提拉法
top seeded solvent growth method
O782
　D TSSG 法
　　顶部籽晶溶液法
　S 顶部籽晶法
　　提拉法
　Z 晶体生长方法

顶盖驱动流
lid driven flow
O351
　S 流体流*

顶夸克
　Y t 夸克

顶色辅助的人工色模型
TC2 model
O572.31
　D TC2 模型
　S 粒子模型
　Z 物理模型

订正
　Y 校正

订正因子
　Y 气象因子

定标
　Y 标定

定标不变
　Y 标度不变性

定标不变性
　Y 标度不变性

定标不变性定理
　Y 标度不变性

定标不变性定律
　Y 标度不变性

定标不变性原理
　Y 标度不变性

定标不变性质
　Y 标度不变性

定标方法
　Y 标定

定标现象
　Y 标度不变性

定常裂纹扩展
　Y 稳定裂纹扩展

定常流
　Y 稳定流

定常流动
　Y 稳定流

定常蠕变
　Y 稳态蠕变

定常射流
steady jet
O358
　S 射流*

定常态
　Y 稳定

定常运动
steady motion
O351
　S 运动*

定点运动
fixed-point motion
O311.1
　S 运动*
　F 刚体定点运动
　C 定点转动

定点转动
rotation around a fixed point
O313.3
　S 旋转
　C 定点运动
　　定轴转动
　Z 运动

定量颗粒荧光
　Y 定量荧光

定量荧光
quantitative fluorescence
O436.2
　D 定量颗粒荧光
　S 荧光*

定律(数学)*
law (mathematics)
O1-0；O14
　F 雷诺定律
　C 数学定理

定期检定

定倾中心
 Y 周期检验

定倾中心
 Y 浮心

定容爆轰
constant volume detonation
O381
 S 爆轰*

定容比热
 Y 比热

定容过程
 Y 等容过程

定伸强度
elongation strength
O346
 S 力学强度*

定伸应力
 Y 拉应力

定时加速
 Y 加速时间

定时误差
 Y 时间误差

定瞬心迹
fixed centrode
O311.1
 D 空间瞬心迹
 S 瞬心迹
 C 动瞬心迹
 Z 轨迹

定态
 Y 稳定

定态爆速
steady-state detonation velocity
O311；O38
 S 爆速
 Z 化学反应速度

定态带
 Y 稳定带

定态薛定谔方程
stationary Schrodinger equation
O413.1
 S 薛定谔方程
 C 定态几率分布函数 →(1)
 Z 物理方程

定位*
localization
P21；P228.1
 D 定位方法
  定位规律
  定位技术
 F 导航定位
  水声定位
 C 定位精度 →(4)

定位方法
 Y 定位

定位规律
 Y 定位

定位技术
 Y 定位

定向*
orientation
P20
 F 晶体定向
 C 方位 →(1)

定向爆破
directional blasting
TB41；TD235；TU751
 S 控制爆破
 Z 爆破

定向的
 Y 单自由度

定向断裂
directional fracture
O346.1
 S 断裂*

定向发光
directional luminescence
O432.1
 S 发光*

定向发射
directional emission
O441
 S 电磁发射
 C 定向辐射
 Z 发射

定向反射
 Y 镜面反射

定向辐射
directional radiation
O451
 S 电磁辐射
 C 定向发射
 Z 辐射

定向光栅
 Y 闪耀光栅

定向结晶
oriented crystallization
O79
 D 定向结晶过程
  定向结晶化
  定向结晶化过程
 S 结晶*

定向结晶过程
 Y 定向结晶

定向结晶化
 Y 定向结晶

定向结晶化过程
 Y 定向结晶

定向流
directional flow
O351
 S 流体流*

定向凝固
directional solidification
O552.6
 D 单相凝固
  单向凝固
 S 固化
 C 共晶结构
  界面稳定性
  焰熔法
 Z 物态变化

定向析晶
oriented crystallization
O78
 S 析晶
 Z 结晶现象

定向形核
oriented nucleation
O78
 S 晶体成核
 Z 晶体形成

定向运动
directional movement
O311.1
 S 运动*
 C 定向图 →(1)

定压比热
specific heat at constant pressure
O551.1
 S 比热
 Z 热量

定压热容
heat capacity at constant pressure
O551.1
 S 热容
 Z 热量

定域
localization
O413
 S 域*

定域化*
localization
O48
 F 安德森定域化
  光子定域化

定域模
 Y 局部模态

定域态
localized state
O73
 S 电子态
 Z 能态

定域性
locality
O413
 S 量子特性
 F 量子非定域性
 Z 物理特性

定振波
 Y 驻波

定轴转动
fixed-axis rotation
O313.3
　S 旋转
　F 刚体定轴转动
　C 定点转动
　Z 运动

动安定性
　Y 动稳定性

动边界
moving boundary
O311；O351
　D 活动边界
　　 运动边界
　S 边界*
　F 移动边界

动边界模型
moving boundary model
O351.2；O647
　S 流体力学模型
　Z 力学模型

动不平衡
　Y 动平衡

动不平衡度
　Y 动平衡

动参考系
　Y 动系

动导数
dynamic derivative
O354
　D 稳定性导数
　S 气动导数
　C 静导数
　　 气动稳定性
　Z 导数

动点轨迹
track of moving point kinematics
O311.1
　S 轨迹*

动电电势
　Y ζ电位

动电电位
　Y ζ电位

动电位
　Y ζ电位

动电位极化
potentiodynamic polarization
O441.4
　S 电化学极化*

动反力
　Y 动压

动负荷
　Y 动载荷

动刚度
dynamic stiffness
O326；O343
　D 动态刚度
　S 刚度
　C 动态变形
　Z 力学性质

动高压
dynamic high-pressure
O385
　D 动高压技术
　S 高压技术*

动高压技术
　Y 动高压

动荷载
　Y 动载荷

动焦散线
dynamic caustics
O348
　S 焦散线
　C 爆炸载荷
　Z 线

动接触
travelling contact
O343.3
　S 接触*
　F 滚动接触
　　 滑动接触

动静法
method of dynamic equilibrium
O302
　S 力学方法*

动静耦合
dynamo-static coupling
O351
　S 耦合（力学）*
　C 非定常流

动理学
　Y 动力学

动力*
dynamic force
O313
　F 构造动力
　　 内动力
　　 外营力
　　 有质动力
　　 蒸汽动力
　　 主动力
　C 动量传递
　　 发电

动力不稳定
dynamic instability
O347.2；P433
　S 稳定*
　C 动力可靠性 →(1)

动力不稳定性
　Y 动稳定性

动力场
dynamic field
O313；P43
　S 力场*

动力冲击
dynamic impact
O347
　S 冲击*

动力低压
　Y 低气压

动力反应
　Y 动态响应

动力方程
　Y 动力学方程

动力方法
　Y 动力学方法

动力非线性分析
　Y 非线性动力分析

动力分析
　Y 动力学分析

动力分析法
　Y 动力学分析

动力负荷
　Y 动载荷

动力刚度矩阵
　Y 刚度矩阵

动力刚化
dynamic stiffening
O311.2；O34
　C Kane 方程

动力过程
dynamical process
O313；P43
　S 天气过程*

动力荷载
　Y 动载荷

动力环境
　Y 动力学条件

动力加载
dynamic loading
O347.1
　D 岩体动力法
　S 加载
　C 动力触探 →(5)
　　 动三轴试验 →(5)
　　 动态模量
　　 载荷试验
　Z 荷载

动力模型
　Y 动力学模型

动力粘度
dynamic viscosity
O357；O631
　D 动力黏度
　　 动力粘性
　　 动力粘滞度
　　 动态黏度
　　 动态粘度
　　 动粘度
　　 绝对粘度

S 粘度*

动力粘度系数
　　Y 动力粘性系数

动力粘性
　　Y 动力粘度

动力粘性系数
dynamic viscosity coefficient
O357；P433
　　D 动力黏性系数
　　　动力粘度系数
　　S 粘滞系数
　　Z 输运系数（流体力学）

动力粘滞度
　　Y 动力粘度

动力黏度
　　Y 动力粘度

动力黏性系数
　　Y 动力粘性系数

动力凝聚
dynamic condensation
O469
　　S 凝聚*

动力平衡
　　Y 动平衡

动力曲线
power curve
O313
　　D 动态特性曲线
　　S 受力曲线*

动力屈曲
dynamic buckling
O344.7
　　D 动力失稳
　　S 屈曲*
　　F 塑性动力屈曲

动力失稳
　　Y 动力屈曲

动力试验
dynamic test
O39
　　D 动力性能试验
　　　动力性试验
　　　动力学试验
　　　动态力学试验
　　　动态实验
　　　动态试验
　　　夏比试验
　　S 力学实验
　　F 拟动力实验
　　C 动载荷
　　　环境振动
　　　旋转稳定性
　　Z 科学实验

动力缩聚
dynamic condensation
O313
　　S 聚合*

动力抬升
dynamic rise
O354.7；P433
　　S 烟羽抬升*
　　C 锋面气旋 →(4)
　　　暖湿气流 →(4)

动力弹性模量
　　Y 动态模量

动力特性
　　Y 动态特性

动力特征
　　Y 动态特性

动力体系
　　Y 动态响应

动力条件
　　Y 动力学条件

动力调谐陀螺
　　Y 动力陀螺仪

动力陀螺仪
dynamic gyro
O318
　　D 动力调谐陀螺
　　　挠性陀螺仪
　　S 陀螺仪*
　　C 陀螺动力学

动力稳定
　　Y 动稳定性

动力稳定度
　　Y 稳定度

动力稳定性
　　Y 动稳定性

动力吸振
dynamic absorber
O328
　　S 被动隔振
　　　吸振
　　Z 减振

动力系统*
dynamical system
N941.3
　　F 流体动力系统
　　C 参数匹配 →(1)
　　　单峰映射 →(1)
　　　混沌集 →(1)
　　　模态参数
　　　拓扑不变性 →(1)

动力系统（数学）*
dynamical systems(mathematics)
O19
　　F 非光滑动力系统
　　　非线性动力系统
　　　离散动力系统
　　　时滞动力系统

动力系统方法
dynamical-system approach
O313
　　S 动力学方法

　　C 动力系统理论
　　Z 力学方法

动力系统理论
dynamic system theory
O313
　　S 系统论*
　　C 动力系统方法

动力显式有限元
　　Y 显式动力有限元

动力显式有限元法
　　Y 显式动力有限元

动力响应
　　Y 动态响应

动力响应特性
dynamic respond characteristics
O313
　　S 动态力学特性
　　C 响应分析
　　Z 力学性质

动力效应
　　Y 动态响应

动力行为
　　Y 动态响应

动力形核
dynamic nucleation
O78
　　D 大冲击形核
　　S 成核*

动力性
　　Y 动态特性

动力性低压
　　Y 低气压

动力性能
　　Y 动态特性

动力性能试验
　　Y 动力试验

动力性试验
　　Y 动力试验

动力性质
　　Y 动态特性

动力学
dynamics
O313
　　D 动理学
　　　动力学行为
　　　动力学研究
　　S 理论力学*
　　F 变质量动力学
　　　布朗动力学
　　　超快动力学
　　　传输动力学
　　　猝变动力学
　　　代数动力学
　　　弹性动力学
　　　多体动力学
　　　多体系统动力学

非线性动力学
分析动力学
分形动力学
刚柔耦合动力学
刚体动力学
工程动力学
固体动力学
混沌动力学
几何动力学
结构动力学
经典动力学
纠缠动力学
拉格朗日动力学
碰撞动力学
柔体动力学
塑性动力学
随机动力学
梯度动力学
统计动力学
陀螺动力学
完整系统动力学
微观动力学
相对论动力学
质点动力学
质点系动力学
转子动力学
子动力学
自旋动力学
C 地球动力学 →(4)(5)
刚体
运动学
质点

动力学变量
　　Y 力学量

动力学标度
kinetic scaling
O313
　　S 标度*
　　F 自由流阻尼标度
　　C 动力学分析

动力学参考系
　　Y 动系

动力学参数
kinetic parameter
O313；O643
　　S 力学参数*
　　C 动系

动力学测定
　　Y 动力学分析

动力学对称性
dynamical symmetry
O313
　　S 动态力学特性
　　Z 力学性质

动力学方程
kinetic equation
O313
　　D 动力方程
　　F Kane 方程
　　　　多尺度动力方程
　　　　反应动力学方程
　　　　非线性动力学方程

结构动力方程
联合动力学方程
拟动力方程
通用动力学方程
一级动力学方程
　　C 动力学方法
　　　　动力学理论
　　Z 力学方程

动力学方法
kinetic method
O313；P43
　　D 动力方法
　　S 力学方法*
　　F Kirchhoff 动力学比拟
　　　　动力系统方法
　　　　分子动力学方法
　　　　光滑粒子流体动力学方法
　　　　局部 Petrov-Galerkin 法
　　　　凯恩方法
　　C 动力学方程

动力学分析
kinetic analysis
O313；O643.1
　　D 动力分析
　　　　动力分析法
　　　　动力学测定
　　　　动力学分析法
　　　　动力学过程
　　　　动力学检测
　　S 力学分析*
　　F 非线性动力分析
　　　　结构动力分析
　　　　结构动力学分析
　　　　流体动力分析
　　　　瞬态动力学分析
　　　　有限元动力分析
　　　　运动弹性动力分析
　　C 动力学标度
　　　　动力学模型
　　　　多体动力学
　　　　工程动力学
　　　　力多边形
　　　　排斥子
　　　　线形沙丘 →(4)

动力学分析法
　　Y 动力学分析

动力学过程
　　Y 动力学分析

动力学检测
　　Y 动力学分析

动力学建模
　　Y 动力学模型

动力学理论
kinetic theory
O313
　　S 力学理论*
　　F 流体动力理论
　　C 动力学方程

动力学模拟
kinetic modeling
O313

　　S 力学模拟*
　　F 布朗动力学模拟
　　　　流体动力学模拟

动力学模式
　　Y 动力学模型

动力学模型
kinetic model
O313
　　D 动力模型
　　　　动力学建模
　　　　动力学模式
　　S 力学模型*
　　F Hertz 模型
　　　　Vakonomic 模型
　　　　冲击模型
　　　　磁流体动力学模型
　　　　多刚体模型
　　　　非线性动力模型
　　　　分子动力学模型
　　　　刚度模型
　　　　库仑干摩擦模型
　　　　流体动力学模型
　　　　有限元动力学模型
　　　　质点模型
　　　　转动-振动模型
　　C 动力学分析
　　　　相似定理

动力学逆问题
inverse problem of dynamics
O313
　　S 力学问题*

动力学平衡
　　Y 动平衡

动力学起伏
dynamics fluctuation
O57
　　C 高能碰撞
　　　　自仿射分形 →(1)

动力学扰动
　　Y 力学扰动

动力学试验
　　Y 动力试验

动力学条件
dynamic conditions
O313；O643；P43
　　D 动力环境
　　　　动力条件
　　S 条件*
　　C 动力催化 →(4)
　　　　热力条件 →(4)

动力学系数
kinetic coefficient
O313
　　S 力系数
　　Z 系数

动力学系统
　　Y 动态系统

动力学响应
　　Y 动态响应

动力学行为
　　Y 动力学

动力学研究
　　Y 动力学

动力因子
dynamic factor
O313；P43
　　S 力学因子*
　　C 可能最大降水 →(4)

动力优化
dynamic optimization
O313；O316
　　S 优化*

动力有限元分析
　　Y 有限元动力分析

动力载荷
　　Y 动载荷

动力作用
dynamic action
O313；P43
　　S 力的作用*
　　C 动能转换 →(4)

动量
momentum
O313.2
　　D 线动量
　　S 力学量*
　　F 费米动量
　　　 广义动量
　　　 横动量
　　　 角动量
　　　 晶体动量
　　　 正则动量
　　　 纵向动量
　　C 冲量
　　　 动量厚度
　　　 角动量定律
　　　 力矩
　　　 运动

动量(纵向)
　　Y 纵向动量

动量表象
momentum representation
O41
　　S 表象理论
　　F 晶体动量表象
　　Z 物理理论

动量插值
momentum interpolation
O313.2
　　S 插值*

动量重整化
moment renormalization
O313.2
　　S 重整化*

动量传递
momentum transfer
O313.2

　　D 动量转移
　　S 能量转移*
　　F 动量交换
　　C 动力
　　　 格拉斯霍夫数

动量定理
theorem of momentum
O313.2
　　D 冲量定理
　　S 力学定理*
　　F 动量矩定理
　　C 动量方程
　　　 转移

动量方程
momentum equation
O35
　　S 力学方程*
　　C 动量定理

动量分布
momentum distribution
O56
　　S 分布*

动量厚度
momentum thickness
O313.2
　　S 边界层厚度
　　C 动量
　　Z 厚度

动量交换
momentum transfer
O313.2
　　D 转移(动量)
　　S 动量传递
　　F 动量下传
　　C 动量交换系数
　　　 偏向射流
　　Z 能量转移

动量交换系数
momentum exchange coefficient
O313.2
　　S 输运系数(流体力学)*
　　C 动量交换

动量矩
　　Y 角动量

动量矩定理
theorem of moment of momentum
O313.2
　　D 角动量定理
　　S 动量定理
　　C 动量矩定律
　　Z 力学定理

动量矩定律
law of moment of momentum
O313.2
　　S 力学定律*
　　C 动量矩定理

动量矩平衡
　　Y 动量平衡

动量矩守恒

conservation of moment of momentum
O313.2
　　S 动量守恒*
　　C 角动量守恒定律

动量矩守恒定律
　　Y 角动量守恒定律

动量空间
momentum space
O4
　　S 空间*
　　C 空间(数学)

动量流密度
momentum flow density
O441
　　S 动量密度
　　Z 能量密度

动量密度
momentum density
O313；O441.1
　　D 动能密度
　　S 能量密度*
　　F 动量流密度

动量耦合系数
momentum coupling efficiency
TN01
　　S 动量系数
　　Z 系数

动量平衡
momentum balance
O312.2；O317
　　D 动量矩平衡
　　　 角动量平衡
　　S 力平衡*
　　C 动量守恒

动量熵
momentum entropy
O572.2
　　S 熵*

动量守恒*
momentum conservation
O313.2
　　F 动量矩守恒
　　　 角动量守恒
　　C 动量平衡
　　　 动量守恒定律
　　　 追击问题 →(1)

动量守恒定律
law of conservation of momentum
O313.2
　　S 守恒定律*
　　F 角动量守恒定律
　　C 动量守恒
　　　 牛顿定律
　　Z 物理定律

动量算符
momentum operator
O313.2
　　S 算符*
　　F 角动量算符

动量通量
momentum flux
O35
    D 对流动量通量
       粘性动量通量
    S 力学量*
       能量通量
    Z 通量

动量系数
momentum coefficient
O313.2
    S 系数*
    F 动量耦合系数

动量下传
downward momentum transport
O313.2
    S 动量交换
    Z 能量转移

动量相关作用
momentum dependence interaction
O31；O41
    S 力学作用*

动量原理
momentum theory
O313.2
    S 力学原理*
    C 守恒定律

动量转移
    Y 动量传递

动模量
    Y 动态模量

动摩擦
dynamic friction
O313.5
    S 库仑摩擦
    F 滚动摩擦
       滑动摩擦
    Z 摩擦

动摩擦角
dynamic friction angle
O313.5
    S 摩擦角
    Z 角

动摩擦力
dynamic friction force
O313.5
    D 动态摩擦力
       平均动摩擦力
    S 摩擦力
    F 滚动摩擦力
       滑动摩擦力
    Z 力

动摩擦系数
dynamic friction coefficient
O313.5
    D 动态摩擦系数
       滑动摩擦系数
    S 摩擦系数
    Z 系数

动能
kinetic energy
O313；O41
    S 能量*
    F 分子动能
       离子动能
       平动动能
       平均动能
       湍动动能
       振动动能
       转动动能
       最小动能
    C 动能定理
       角动量

动能定理
theorem of kinetic energy
O313
    S 力学定理*
    C 动能

动能分布
kinetic energy distribution
O31
    S 能量分布
    Z 分布(物理学)

动能密度
    Y 动量密度

动粘度
    Y 动力粘度

动平衡
dynamic balance
O312.2；O317
    D 动不平衡
       动不平衡度
       动力平衡
       动力学平衡
       动态不平衡
       动态不平衡力
       可动平衡
       驱动平衡
    S 力平衡*
    C 惯性力
       静平衡
       临界转速
       驱动
       瞬心

动平衡方程
dynamic balance equation
O312.2；O313
    S 流体力学方程
    F 动谱平衡方程
    Z 力学方程

动谱方程
    Y 动谱平衡方程

动谱平衡方程
action balance equation
O353
    D 动谱方程
    S 动平衡方程
    Z 力学方程

动强度

dynamic strength
O346
    S 力学强度*
    C 动三轴试验 →(5)
       动态模量

动生电动势
motional electromotive force
O442
    S 电动势*

动水絮凝
    Y 絮凝动力学

动水压力
    Y 流体动力荷载

动瞬心迹
moving centrode
O311.1
    S 瞬心迹
    C 定瞬心迹
    Z 轨迹

动丝测微计
filar micrometer
TH711
    S 光学测量仪器
    Z 测量仪器

动态 J 积分
dynamic J integral
O346.1
    S J 积分
    C 守恒条件
    Z 积分

动态本构
    Y 动态本构方程

动态本构方程
dynamic constitutive equation
O344.3
    D 动态本构
       动态本构关系
    S 本构方程
    C 动态本构模型
    Z 力学方程

动态本构关系
    Y 动态本构方程

动态本构模型
dynamic constitutive model
O313
    S 本构模型
    C 动态本构方程
    Z 力学模型

动态变化特征
    Y 变化

动态变形
dynamic deformation
O344.3
    D 动态弯曲
       动态形变
    S 变形*
    C 粗差识别 →(4)
       动刚度

动态异常 →(1)
动态阻尼

动态表面张力
dynamic surface tension
O552.4；O647.1
　　S　表面张力
　　Z　化学性质

动态不平衡
　　Y　动平衡

动态不平衡力
　　Y　动平衡

动态测量
dynamic measurement
TB462.1
　　S　测量*
　　F　移动测量
　　C　动态测量系统 →(4)
　　　　静态测量

动态测量误差
dynamic measurement error
TH7
　　S　测量误差*
　　C　动态测量系统 →(4)

动态超高压技术
　　Y　超高压技术

动态重结晶
　　Y　动态再结晶

动态磁化曲线
dynamic magnetization curve
O441.2
　　S　磁化曲线
　　Z　磁参数

动态猝灭
dynamic quenching
O482.3
　　S　荧光猝灭
　　Z　猝灭

动态断裂
dynamic fracture
O346.1
　　S　断裂*
　　F　动态劈裂
　　　　复合型动态断裂

动态断裂力学
　　Y　断裂动力学

动态断裂韧度
　　Y　动态断裂韧性

动态断裂韧性
dynamic fracture toughness
O346.12
　　D　动态断裂韧度
　　S　断裂韧性
　　C　裂纹扩展速率
　　Z　力学性质

动态反应
　　Y　动态响应

动态方程
dynamic equation
O302
　　D　动态规划最优化方程
　　S　力学方程*
　　C　矩阵博弈 →(1)
　　　　全序集 →(1)

动态负荷
　　Y　动载荷

动态负载
　　Y　动载荷

动态刚度
　　Y　动刚度

动态刚度矩阵
dynamic stiffness matrix
O34
　　S　刚度矩阵
　　Z　矩阵

动态共振
dynamic resonance
O321
　　S　共振*

动态光谱法
dynamic spectral analysis
O433.4；O657.3
　　S　光谱分析*

动态光散射
dynamic light scattering
O436.2
　　S　光散射*
　　F　低相干动态光散射

动态光弹性
dynamic photoelasticity
O343
　　S　光弹性
　　Z　力学性质

动态光学
dynamic optics
O436
　　S　光学*

动态规划最优化方程
　　Y　动态方程

动态畸变
dynamic distortion
O435.2；P111.3
　　D　进气道动态畸变
　　S　流场畸变
　　Z　畸变

动态极化
dynamic polarization
O441
　　S　极化*

动态剪切
dynamic shear
O344.1
　　S　剪切*

动态剪切流变

dynamic shear rheology
O37
　　S　动态流变
　　　　剪切流变
　　Z　流变

动态剪切模量
dynamic shear modulus
O343
　　S　剪切模量
　　Z　模量

动态校准
dynamic calibration
TH7
　　S　校准*

动态结构
　　Y　结构动力学

动态结晶过程
　　Y　动态晶化

动态结晶化
　　Y　动态晶化

动态结晶化过程
　　Y　动态晶化

动态晶化
dynamic crystallization
O79
　　D　动态结晶过程
　　　　动态结晶化
　　　　动态结晶化过程
　　　　动态晶化过程
　　S　晶化*

动态晶化过程
　　Y　动态晶化

动态抗压强度
dynamic compressive strength
O346
　　D　动态压缩强度
　　S　抗压强度
　　Z　力学强度

动态扩展
dynamic extension
O311
　　S　扩展*
　　C　裂纹尖端场
　　　　准静态扩展

动态拉伸强度
dynamic tensile strength
O346
　　S　抗拉强度
　　Z　力学强度

动态力学热分析
dynamic mechanical thermal analysis
O313；O316
　　S　力学分析*

动态力学试验
　　Y　动力试验

动态力学特性
dynamic mechanical behaviour

O313
　S 力学性质*
　F 动力响应特性
　　动力学对称性
　　非线性动力学特性

动态力学响应
　Y 动态响应

动态力学行为
　Y 动态特性

动态力学性能
　Y 动态特性

动态力学性质
　Y 动态特性

动态裂纹
dynamic crack
O346.11
　S 裂纹*

动态流变
dynamic rheology
O37
　D 动态流变特性
　S 流变*
　F 动态剪切流变
　C 动态流变学

动态流变特性
　Y 动态流变

动态流变学
dynamic rheology
O37
　S 流变学*
　C 动态流变

动态密度泛函理论
　Y 密度泛函理论

动态模量
dynamic modulus
O343；O37
　D 动弹性模量
　　动力弹性模量
　　动模量
　　复弹性模量
　　复合模量
　　复模量
　　复数模量
　　加载模量
　　有效模量
　S 模量*
　F 储能模量
　　损耗模量
　　卸载模量
　C 残余变形
　　动力加载
　　动强度
　　动态特性
　　荷载传递
　　细观力学

动态摩擦力
　Y 动摩擦力

动态摩擦系数
　Y 动摩擦系数

动态粘度
　Y 动力粘度

动态粘弹性
dynamic viscoelasticity
O343；O345；O631.2
　D 动态黏弹性
　S 粘弹性
　Z 力学性质

动态黏度
　Y 动力粘度

动态黏弹性
　Y 动态粘弹性

动态劈裂
dynamic split
O346.11
　S 动态断裂
　Z 断裂

动态劈裂试验
dynamic splitting test
O346.4
　S 劈裂试验
　C 巴西圆盘
　Z 科学实验

动态屈服强度
dynamic yield strength
O346
　S 屈服强度
　C 动态蠕变
　　应变率
　Z 力学强度

动态屈曲
dynamic buckling
O344.7
　S 屈曲*

动态热应力
dynamic thermal stresses
O343.6
　S 热应力
　Z 应力

动态蠕变
dynamic creep
O344.6；O469
　S 蠕变*
　C 动态屈服强度

动态散斑
dynamic speckle
O432.12
　S 散斑*

动态色散
dynamic chromatic dispersion
O436.3
　S 色散*

动态失效
dynamic failure
O346.5
　S 失效*

动态时空
dynamic space-time
O412.1；P159
　S 时空*

动态实验
　Y 动力试验

动态试验
　Y 动力试验

动态双稳
dynamic bistable
O41
　S 双稳性
　Z 稳定性

动态斯塔克分裂
　Y 斯塔克效应

动态松弛法
dynamic relaxation method
O313；O32
　S 力学方法*

动态损伤
dynamic damage
O346.5
　S 损伤(力学)*
　F 低速冲击损伤

动态弹性
dynamic elasticity
O343
　S 弹性
　C 静态弹性
　Z 力学性质

动态弹性模量
dynamic modulus of elasticity
O343
　S 弹性模量
　Z 模量

动态特性*
dynamic characteristics
O313
　D 动力特性
　　动力特征
　　动力性
　　动力性能
　　动力性质
　　动态力学行为
　　动态力学性能
　　动态力学性质
　　动态特征
　　动态性
　　动态性能
　　动态性质
　F 流动特性
　　速度特性
　　振动性
　C 触变性
　　动态模量
　　动稳定性
　　非线性动力学
　　空气阻尼
　　柔性
　　斜裂纹

旋转稳定性
压缩性能

动态特性建模
dynamic characteristic modeling
O316
　S 建模*

动态特性曲线
　Y 动力曲线

动态特征
　Y 动态特性

动态弯矩因子
dynamic bending moment factor
O313.3
　S 力学因子*
　C 非定常气动系数

动态弯曲
　Y 动态变形

动态位移
dynamic displacement
O311
　S 位移*

动态温差
dynamic temperature difference
O551.2；P412.11；P423
　S 温差*

动态稳定度
　Y 动稳定性

动态稳定性
　Y 动稳定性

动态系统
dynamic system
O313
　D 动力学系统
　S 力学系统*
　F 成藏动力学系统
　　多刚体系统
　　非惯性系统
　　碰撞系统

动态相变
dynamic phase transition
O552.6
　S 相变*

动态响应
dynamic response
O313
　D 动力反应
　　动力体系
　　动力响应
　　动力效应
　　动力行为
　　动力学响应
　　动态反应
　　动态力学响应
　　动响应
　S 响应*
　F 冲击响应
　　弹塑性动力响应
　　反直观动力响应

非线性动力响应
瞬态响应
塑性动力响应
随机动态响应
振动响应
撞击响应
　C 层间位移
　　动稳定性
　　阶跃函数 →(1)(4)
　　模态响应

动态卸载
dynamic unloading
O347.1
　S 卸载
　Z 荷载

动态形变
　Y 动态变形

动态性
　Y 动态特性

动态性能
　Y 动态特性

动态性质
　Y 动态特性

动态压力
　Y 动压

动态压缩
dynamic compression
O521
　S 压缩*

动态压缩强度
　Y 动态抗压强度

动态杨氏模量
dynamic Young's modulus
O343
　S 弹性模量
　Z 模量

动态应变
　Y 动应变

动态应力场
dynamic stress field
O343.4；P313
　D 动应力场
　S 应力场*
　C 动应变
　Z 场（力学）

动态应力强度因子
dynamic stress intensity factor
O343.4；O346.1
　D 动应力强度因子
　S 应力强度因子*
　Z 力学因子

动态应力应变关系
dynamic stress-strain relationship
O344.3
　S 应力-应变曲线*
　C 霍布金生杆

动态硬度

dynamic hardness
O346
　S 硬度
　Z 力学性质

动态载荷
　Y 动载荷

动态载荷识别
　Y 移动荷载识别

动态再结晶
dynamic recrystallization
O783
　D 动态重结晶
　S 再结晶
　F 亚动态再结晶
　C 高温变形
　　临界应变
　　流变应力
　　热变形
　　热压缩变形
　Z 结晶

动态子结构法
dynamic substructure method
O302
　D 动态子结构方法
　S 力学方法*

动态子结构方法
　Y 动态子结构法

动态阻尼
dynamic damp
O328
　S 阻尼*
　C 动态变形

动弹性模量
　Y 动态模量

动土压
　Y 动压

动位错源
moving dislocation source
O772
　S 位错源*

动稳定度
　Y 动稳定性

动稳定性
dynamic stability
O347.2；P43
　D 动安定性
　　动力不稳定性
　　动力稳定
　　动力稳定性
　　动态稳定度
　　动态稳定性
　　动稳定度
　　动稳性
　　瞬态稳定性
　S 力学稳定性*
　F 爆轰稳定性
　　非线性动力稳定性
　　惯性不稳定
　　运动稳定性

C Floquet 理论 →(1)
　　　动态特性
　　　动态响应
　　　静态稳定性
　　　纵向共振

动稳性
　　Y 动稳定性

动系
moving reference system
O313；P12
　　D 动参考系
　　　动力学参考系
　　　运动学参考系
　　S 参照系*
　　F 转动参照系
　　C 动力学参数
　　　合成运动
　　　力学量
　　　牵连运动

动响应
　　Y 动态响应

动压
dynamic pressure
O313
　　D 动反力
　　　动态压力
　　　动土压
　　　动压力
　　S 压力*
　　F 冲击压力
　　　磁压力
　　　流体动压力
　　　脉动压力
　　C 爆炸载荷

动压力
　　Y 动压

动压强
dynamic pressure
O351
　　S 压强*

动应变
dynamic strain
O344.3
　　D 动态应变
　　S 应变*
　　C 动态应力场

动应力
dynamic stress
O343.4
　　D 涡动应力
　　S 应力*
　　F 流动应力
　　　振动应力
　　C 动应力分析
　　　微塑性变形
　　　振动时效

动应力场
　　Y 动态应力场

动应力分析
dynamic stress analysis
O343.4；O348
　　S 应力分析
　　C 动应力
　　Z 力学分析

动应力集中
dynamic stress concentration
O343.4
　　D 动应力集中系数
　　　动应力集中因子
　　S 应力集中
　　Z 力学分布

动应力集中系数
　　Y 动应力集中

动应力集中因子
　　Y 动应力集中

动应力强度因子
　　Y 动态应力强度因子

动载
　　Y 动载荷

动载荷
dynamic load
O347.1；O469
　　D 动负荷
　　　动荷载
　　　动力负荷
　　　动力荷载
　　　动力载荷
　　　动态负荷
　　　动态负载
　　　动态载荷
　　　动载
　　　运动载荷
　　　载荷(动态)
　　S 荷载*
　　F 爆炸载荷
　　　颤振载荷
　　　飞行载荷
　　　分布动载荷
　　　活荷载
　　　交变载荷
　　　接触载荷
　　　气动载荷
　　　瞬变载荷
　　　推力载荷
　　　翼载荷
　　C 动力试验
　　　机械振动

动载荷识别
　　Y 移动荷载识别

冻胶强度
　　Y 凝胶强度

冻结流
frozen flow
O351
　　S 流体流*

冻凝场(力学)
frozen-in fields
O361
　　S 场(力学)*

冻融灾害
freezing-thawing hazard
TU752；X43
　　D 冻土危害
　　S 自然灾害*
　　C 冻融侵蚀 →(4)

冻土粘塑性
　　Y 粘塑性

冻土危害
　　Y 冻融灾害

洞壁干扰
wind tunnel wall interference
V211
　　D 洞壁干扰修正
　　S 气动力干扰*

洞壁干扰修正
　　Y 洞壁干扰

抖振
buffeting
O32
　　D 飞机抖振
　　S 结构振动
　　C 气动稳定性
　　　振动试验
　　Z 振动

独立回路弹弹道
　　Y 试验弹道

独立空间孤子对
separate spatial soliton pair
O437
　　S 空间孤子对
　　Z 光学参数

独立控制网
independent control network
P21
　　S 控制网*

独立粒子模型
independent-particle model
O572.3
　　D 单粒子模型
　　S 粒子模型
　　C 单粒子态
　　　核壳层模型
　　Z 物理模型

读数精度
　　Y 采集精度

读数误差
reading error
O43
　　S 测量误差*

堵塞比
　　Y 阻塞比

堵塞效应
blockage effect
O351
　　S 力学效应*
　　C 山崩湖 →(4)(5)

杜芬系统
　　Y　Duffing 系统

度规*
metric tensor
O183；O186.12；O41
　　D　度规张量
　　　　度量张量
　　F　Kerr 度规
　　C　度量
　　　　度量空间　→(1)

度规张量
　　Y　度规

度量
metric
TB9
　　D　量度
　　C　度规

度量误差
　　Y　测量误差

度量张量
　　Y　度规

渡越辐射
transition radiation
O432.1
　　D　光学渡越辐射
　　S　光辐射
　　F　相干渡越辐射
　　C　渡越时间
　　Z　辐射

渡越时间
transit time
O46
　　S　事件时间*
　　C　渡越辐射

端部电磁效应
　　Y　端部效应

端部涡
　　Y　尾流

端部效应
end effect
O361
　　D　边端效应
　　　　端部电磁效应
　　S　效应*

端差
　　Y　传热端差

端电压
terminal voltage
TM933.2
　　D　端压
　　S　电压*

端接接头
　　Y　边节点

端面摩擦效应
end frictional effect
O313.5
　　S　力学效应*

端面压力
　　Y　轴向压力

端压
　　Y　端电压

端阻力
tip resistance
O31
　　D　桩端阻力
　　S　阻力*
　　C　承载力
　　　　极限摩擦力

短波
short wave
O451
　　S　无线电波
　　F　超短波
　　C　短波传播
　　　　短波辐射
　　Z　电磁波

短波长
short wavelength
O43；O441.4
　　S　波长*
　　C　长波长

短波传播
short wave propagation
TN92
　　S　电磁波传播
　　C　短波
　　Z　能量转移

短波辐射
shortwave radiation
O451
　　D　高频辐射
　　S　电磁辐射
　　C　长波辐射
　　　　短波
　　Z　辐射

短程透镜
geodesic lens
TH74
　　S　透镜
　　Z　光学元件

短程序
　　Y　短程有序

短程有序
short-range order
O48；O74
　　D　短程序
　　　　近程有序
　　S　状态*
　　C　长程有序

短焦距
short focal length
TB8
　　S　焦距
　　Z　光学参数

短裂纹
short crack

O346.1
　　S　裂纹*

短路流场
short circuit flow field
O361
　　S　流场*
　　C　环形紊流射流

短脉冲
short pulse
O32
　　S　脉冲（力学）*

短疲劳裂纹
　　Y　疲劳短裂纹

短期负荷
　　Y　短期载荷

短期荷载
　　Y　短期载荷

短期载荷
short-term load
O347.1
　　D　短期负荷
　　　　短期荷载
　　　　短时负载
　　　　临时载荷
　　S　荷载*

短时负载
　　Y　短期载荷

短时间加速度
　　Y　加速度

短时距方程
　　Y　程函方程

短寿命 K 零
　　Y　K 介子

短寿命 k 零
　　Y　K 介子

短周期波
short-period wave
O347.41；P315.3
　　S　波*
　　　　弹性波*
　　C　长周期波

段塞流
slug flow
O359
　　D　弹状流
　　　　柱塞流动
　　S　流体流*
　　F　强烈段塞流
　　　　严重段塞流
　　C　Taylor 气泡
　　　　流量瞬变

断弧
current interruption
O461.2
　　S　电弧
　　Z　放电

断键
bond breaking
O56；O641.1；O641.2
　C 化学键 →(3)
　　价键理论 →(3)

断开
　Y 断裂

断口*
fracture
O346.5
　D 切口
　F 宏观断口
　　韧性断口
　　微观断口
　C 断裂力学
　　拉伸试件
　　应力强度因子

断口晶粒度
fracture grain size
O764
　S 晶粒度
　Z 晶体学参数
　　颗粒特征

断裂*
fracture
O346.1
　D 单侧断裂
　　断开
　　断裂(缺陷)
　　断裂过程
　　断裂类型
　　破断
　F 层间断裂
　　冲击断裂
　　脆性断裂
　　定向断裂
　　动态断裂
　　反平面断裂
　　腐蚀断裂
　　复合型断裂
　　共轭断裂
　　龟裂断裂
　　剪断
　　开裂
　　拉拔断裂
　　拉伸断裂
　　链断裂
　　扭性断裂
　　膨胀断裂
　　疲劳断裂
　　破裂
　　韧性断裂
　　射流断裂
　　生长断裂
　　损伤与断裂
　　弯曲断裂
　　纤维断裂
　　线弹性断裂
　　压裂
　　应力断裂
　　杂质断裂
　　张性断裂
　　折裂

　C 脆化
　　断层 →(5)
　　断裂带 →(5)
　　结晶切变
　　裂纹扩展
　　破损
　　全面屈服断裂力学

断裂(地质)
　Y 断裂构造

断裂(缺陷)
　Y 断裂

断裂变形
fracture deformation
O344
　S 变形*

断裂参数
fracture parameter
O346.1
　D 裂缝参数
　　碎裂参数
　　压裂参数
　S 力学参数*
　C 剪滞理论
　　虚拟裂缝模型

断裂动力学
fracture dynamics
O346.1
　D 动态断裂力学
　S 断裂力学
　Z 固体力学

断裂负荷
　Y 断裂载荷

断裂构造*
fracture structure
P542.3
　D 地质断裂
　　断裂(地质)
　F 共轭断裂
　　张性断裂

断裂过程
　Y 断裂

断裂过程区
fracture process zone
O346.1
　S 区域*
　F 裂尖过程区
　C 断裂韧性
　　压剪裂纹

断裂荷载
　Y 断裂载荷

断裂活动性
fracture activity
O346.1；P5
　S 断裂性能
　C 断裂滑动速率 →(5)
　Z 力学性质

断裂机理
fracture mechanism

O346.1
　D 断裂机制
　　破断机理
　　破裂机理
　　破裂机制
　S 机理*
　F 解理机理
　　韧窝机理
　C 断裂理论
　　断裂时间
　　裂纹尖端
　　裂纹扩展速率
　　裂纹形成
　　应力比

断裂机制
　Y 断裂机理

断裂极限强度
　Y 断裂强度

断裂控制
fracture control
O346.1；P553
　S 控制*

断裂类型
　Y 断裂

断裂理论
fracture theory
O346.1
　S 强度理论
　F 统计断裂理论
　C 断裂机理
　　裂纹扩展模拟
　　三维裂纹扩展
　　循环 J 积分
　Z 力学理论

断裂力学
fracture mechanics
O346.1；P54；P642
　D 破裂力学
　S 固体力学*
　F 弹塑性断裂力学
　　断裂动力学
　　概率断裂力学
　　界面断裂力学
　　全面屈服断裂力学
　　线弹性断裂力学
　C 脆性断裂
　　断口
　　断裂时间
　　非局部理论
　　工程力学
　　裂纹扩展
　　疲劳力学
　　破坏分析
　　损伤力学
　　岩石力学 →(5)

断裂力学理论
fracture mechanics theory
O346.1；P54；P642
　S 力学理论*

断裂模量
　Y 弯曲模量

断裂模数
  Y 弯曲模量

断裂模型
fracture model
O346.1
  D 二维破裂模式
    破裂模式
  S 强度模型
  F Dugdale 模型
    Gurson 模型
    层裂模型
    裂纹扩展模型
    双 K 断裂模型
    虚拟裂缝模型
  C 破裂特征
  Z 力学模型

断裂判据
  Y 断裂准则

断裂评定
  Y 断裂识别

断裂破坏
fracture and failure
O346.5
  S 破坏(力学)*

断裂破坏准则
fracture failure criterion
O346.1
  S 断裂准则
    力学准则*
  C 裂纹贯通

断裂强度
  Y 断裂强度

断裂强度
fracture strength
O346
  D 扯断强度
    断裂极限强度
    断裂强度
    横向断裂强度
    抗断裂强度
    抗断强度
    抗裂能力
    抗裂强度
    拉断强度
    劈裂强度
    破断强度
    破裂强度
    强度(断裂)
    压裂强度
  S 力学强度*
  F 层裂强度
    湿强度
  C 弹性极限
    断裂韧性试验
    裂纹扩展
    切口强度
    韧性变形

断裂强度试验
  Y 断裂韧性试验

断裂韧度

  Y 断裂韧性

断裂韧性
fracture toughness
O346.12
  D 断裂韧度
    破断韧性
  S 韧性
  F 等效断裂韧度
    动态断裂韧性
    延性断裂韧度
  C 断裂过程区
    断裂韧性试验
    抗弯强度
    裂纹扩展速率
    疲劳裂纹扩展
    疲劳裂纹扩展率
    三点弯
    损伤容限
    阻力曲线
  Z 力学性质

断裂韧性试验
fracture toughness testing
O346.12
  D 断裂强度试验
  S 断裂试验
  C 断裂强度
    断裂韧性
  Z 科学实验

断裂伸长
elongation at break
O346.1
  D 峰值断裂伸长
    极限伸长
    裂断伸长
  S 延伸
  Z 变形

断裂时间
breaking time
O346.1
  D 开断时间
  S 事件时间*
  C 断裂机理
    断裂力学
    断裂试验

断裂识别
fracture assessment
O346.1；P54
  D 断裂评定
  S 识别*

断裂试验
fracture test
O346.1
  S 强度试验
  F 断裂韧性试验
  C 断裂时间
  Z 科学实验

断裂特性
  Y 断裂性能

断裂问题
fracture problems
O346

  S 力学问题*

断裂系数
  Y 弯曲模量

断裂性能
fracture properties
O346.1；P54
  D 断裂特性
  S 强度性质
  F 断裂活动性
  C 失效
  Z 力学性质

断裂应变
breaking strain
O344.1；O346.1；P542.3
  S 应变*
  C 断裂应力
    应力积累

断裂应力
fracture stress
O343.4
  S 应力*
  C 断裂应变
    应力积累

断裂约束
fracture constraint
O346.1
  S 约束*

断裂载荷
fracture load
O346.1；O347
  D 断裂负荷
    断裂荷载
    破断载荷
    压溃载荷
  S 荷载*

断裂准则
fracture criterion
O346.1
  D 断裂判据
    破裂准则
  S 力学准则*
  F 层裂准则
    断裂破坏准则
    裂纹扩展准则
  C 裂纹扩展力
    裂纹张开位移
    破裂判据
    应力强度因子

断裂作用
rifting
O346.1
  S 力学作用*

断面畸变
  Y 截面畸变

断面模量
  Y 截面模量

断面收缩率
reduction of area
O346.1；O346.3

S 比率*

断面温差
　　Y 截面温差

断续
　　Y 间断

断续流动
intermittent flow
O351.2
　　S 流动*

堆垛层错
　　Y 层错

堆垛层错能
　　Y 层错能

堆垛位错能
　　Y 层错能

堆垛无序
stacking disorder
O77
　　S 面缺陷
　　Z 晶体缺陷

堆石流变
surrounding rock rheological deformation
O37
　　S 流变*

对比测量
　　Y 比较测量

对比测量法
　　Y 比较测量

对比度
contrast ratio
ZT3
　　D 衬比
　　　　衬比度
　　　　反差
　　　　反衬度
　　S 光学参数*
　　C 分辨率
　　　　图像分析

对比性实验
contrast experiment
O4-33
　　S 物理实验
　　Z 科学实验

对比状态
　　Y 对应态

对称*
symmetry
ZT5
　　D 对称化
　　　　对称性
　　　　对称性质
　　　　对称属性
　　F Mei 对称性
　　　　Noether 对称性
　　　　磁对称
　　　　交换对称性
　　　　空间对称

　　　　李对称
　　　　色对称
　　　　统一对称性
　　　　隐对称
　　　　置换对称
　　　　中心对称
　　C Pauli 矩阵
　　　　对偶互补
　　　　消失矩 →(1)
　　　　约束 Hamilton 系统 →(1)

对称化
　　Y 对称

对称裂变
symmetrical fission
O571.43
　　D 不对称裂变
　　S 核裂变
　　Z 核反应

对称面
plane of symmetry
O621；O711
　　S 对称元素*

对称陀螺
symmetric top
O318
　　S 陀螺仪*

对称心
　　Y 对称中心

对称性
　　Y 对称

对称性理论
symmetry theory
O711
　　S 晶体学理论*

对称性破缺*
symmetry breaking
O413.3
　　F 电弱对称性破缺
　　　　对称性自发破缺

对称性原理
symmetry principle
O1-0；O711.1
　　D 对称原理
　　S 数学原理*
　　C 解析函数 →(1)
　　　　离散分数阶傅里叶变换 →(1)

对称性质
　　Y 对称

对称性自发破缺
spontaneous symmetry breaking
O413.3
　　D 对称自发破缺
　　S 对称性破缺*

对称要素
　　Y 对称元素

对称元素*
symmetry elements
O711

　　D 对称要素
　　F 点群
　　　　对称面
　　　　对称中心

对称原理
　　Y 对称性原理

对称载荷
symmetrical load
O347
　　S 荷载*

对称正则长波方程
symmetric regularized long wave equation
O175.29；O441.4
　　D SRLW 方程
　　　　对称正则长波方程式
　　　　对称正则长波公式
　　S 方程(数学)*
　　　　正则长波方程
　　F 广义对称正则长波方程
　　C 广义对称矩阵 →(1)

对称正则长波方程式
　　Y 对称正则长波方程

对称正则长波公式
　　Y 对称正则长波方程

对称中心
symmetric center
O171；O621；O711
　　D 对称心
　　S 对称元素*

对称属性
　　Y 对称

对称自发破缺
　　Y 对称性自发破缺

对代数
　　Y 代数

对地速度
　　Y 下落速度

对角和
　　Y 轨迹

对力
pairing force
O312
　　S 力*

对流*
convection
O35；P421.31；P433
　　D 对流活动
　　　　对流流动
　　　　对流运动
　　　　流体对流
　　F 表面张力对流
　　　　等离子体对流
　　　　浮力对流
　　　　强迫对流
　　　　熔体对流
　　　　湍流对流
　　　　自然对流
　　C 大气圈 →(4)

格拉斯霍夫数
环流 →(4)
流体动力学
物质迁移

对流边界层
convective boundary layer
O357.4；P421.3
　　S 大气边界层
　　Z 大气层
　　　流体层

对流不稳定性
　　Y 对流流动稳定性

对流传热
convective heat transfer
TK124
　　S 传热
　　F 自然对流传热
　　C 对流过程 →(4)
　　　强迫对流
　　　瑞利数
　　Z 能量转移

对流电场
convection electric field
O441
　　S 电场*

对流动量通量
　　Y 动量通量

对流方程
convection equation
O354
　　S 流体力学方程
　　F 对流扩散方程
　　　对流弥散方程
　　C 对流参数 →(4)
　　　对流模式 →(4)
　　Z 力学方程

对流活动
　　Y 对流

对流扩散方程
convection-diffusion equation
O354
　　D 对流-扩散方程
　　S 对流方程
　　　方程（数学）*
　　F 变系数对流扩散方程
　　　对流占优扩散方程
　　　二维对流扩散方程
　　　非线性对流扩散方程
　　　三维对流扩散方程
　　　一维对流扩散方程
　　C 高阶紧致差分格式
　　　特征差分法 →(1)
　　　迎风格式 →(1)(4)
　　Z 力学方程

对流-扩散方程
　　Y 对流扩散方程

对流扩散模型
convection diffusion model
O35
　　S 流体力学模型

Z 力学模型

对流流动
　　Y 对流

对流流动稳定性
convective flow stability
O351.2；O53
　　D 对流不稳定性
　　S 流动稳定性
　　Z 力学稳定性

对流弥散方程
convection dispersion equation
O354
　　S 对流方程
　　Z 力学方程

对流热流
　　Y 自然对流

对流涡胞
convective cell
O354
　　S 涡胞*

对流运动
　　Y 对流

对流占优扩散方程
convection-dominated diffusion equation
O35
　　S 对流扩散方程
　　C 数值解 →(1)
　　Z 力学方程

对流作用
convection effects
O354；P433
　　S 力学作用*

对偶*
dual
O153；O177
　　D 对偶问题
　　　对偶形式
　　F 电磁对偶
　　C 自反模 →(1)

对偶方程
the dual equation
O361
　　S 力学方程*
　　F 对偶积分方程

对偶互补
dual complementarity
O302
　　S 互补*
　　C 对称
　　　限制变分

对偶积分方程
dual integral equations
O302
　　S 对偶方程
　　Z 力学方程

对偶矢量
　　Y 对偶向量

对偶问题
　　Y 对偶

对偶向量
dual vector
O186；O572
　　D 对偶矢量
　　S 向量*
　　C 正交关系 →(1)

对偶形式
　　Y 对偶

对偶性和对偶模型
　　Y 弦模型

对偶张量
dual tensor
O441.4
　　S 张量*

对势
pair potentials
O562.4
　　S 原子间相互作用势
　　Z 相互作用势

对数*
logarithm
O122.6
　　F 库仑对数
　　C 经验似然 →(1)

对数级
logarithmic degree
TP312
　　S 算法*
　　C 导函数 →(1)

对数平均温差
logarithmic mean temperature difference
O551.2；P412.11；P423
　　D 对数平均温度差
　　S 平均温差
　　Z 温差

对数平均温度差
　　Y 对数平均温差

对数衰减率
logarithmic decrement
O32
　　S 比率*

对数应变
logarithmic strain
O344.3
　　S 应变*

对头碰撞
　　Y 对撞

对位黄碲矿晶体
para-tellurite crystal
O76
　　D 聚合亚碲酸晶体
　　S 矿物晶体
　　Z 晶体

对相干态
pair coherent state

O413.1
S 相干态
Z 能态

对向流
countercurrent flow
O351
S 流体流*

对向射流
opposed jet
O358
D 逆向射流
S 射流*

对象特性
Y 特性

对心碰撞
Y 对撞

对应态
corresponding state
O369；O64
D 对比状态
  对应状态
S 状态*

对应性原理
principle of correspondence
O311
S 力学原理*
C 时变力学系统

对应原理
correspondence principle
O413
S 量子论
Z 物理理论

对应状态
Y 对应态

对撞
head-on collision
O313.4
D 对头碰撞
  对心碰撞
  正冲
  正面碰撞
  正碰
  正向冲击
  直接碰撞
S 力学碰撞*
F 爆轰波对碰

对撞机*
collider
O572.214
F 电子对撞机
  强子对撞机
  直线对撞机

对准误差
pointing errors
TN96
S 导航误差
C 对准精度 →(4)
Z 误差

钝度效应
bluntness effect
V211
S 气动效应*
C 边界层分离

钝化线
blunting line
O346.1
S 作用线
Z 线

钝裂纹
blunt crack
O346.1
S 裂纹*

钝体
bluff body
O351.3
S 物体*

钝体绕流
flow round a blunt body
O351.3
S 绕流
Z 流体流

多胞固体
cellular solid
O34
S 物体*

多波长光谱
multi wavelength spectrum
O433.5
S 光谱*

多波长光源
multi-wavelength optical source
O432.1
S 多光源
Z 光源

多波结构
multiple wave structure
O34
S 波结构*

多彩模型
Y 颜色模型

多参考组态相互作用
multi reference configuration interaction
O57
S 组态相互作用
Z 相互作用

多层
Y 分层

多层薄膜
multilayer film
O484
D 多层膜
  复合薄膜
S 薄膜*
F 磁性多层膜
  多层介电膜
  聚电解质多层膜
  钼/硅多层膜
  软 X 射线多层膜
  三层膜
  三明治薄膜
  双层膜
  锗/硅多层膜
C 单层膜

多层介电膜
multilayer dielectric film
O484
D 多层介质薄膜
  多层介质膜
S 多层薄膜
  介电薄膜
C 光栅
Z 薄膜
  电工薄膜

多层介质薄膜
Y 多层介电膜

多层介质膜
Y 多层介电膜

多层介质膜光栅
multilayer gratings
O437.4；P111.3
D 多层膜光栅
S 光栅*

多层膜
Y 多层薄膜

多层膜反射镜
multilayer mirrors
TB851；TH74
S 光学元件*

多层膜光栅
Y 多层介质膜光栅

多层膜结构
multilayer film structure
O484.1
S 薄膜结构
Z 固体结构

多层吸附
Y 吸附

多层衍射光学元件
multi-layer diffractive optical element
TN209
S 衍射光学元件
Z 光学元件

多尺度动力方程
multi-scale dynamic equation
TU3；TU4
S 动力学方程
Z 力学方程

多尺度法
multi-scale approach
O302
D 多尺度方法
S 力学方法*

多尺度方法
Y 多尺度法

多尺度力学
multi-scale mechanics
O39
　　S 力学*

多冲碰撞
repeated impact
O313.4
　　S 力学碰撞*

多重产生
multiple production
O572.24
　　S 粒子产生*

多重成象
　　Y 二次成像

多重反射
multiple reflection
O426
　　S 超声反射
　　Z 声学现象

多重分裂结构
　　Y 精细结构

多重分形谱
multifractal spectrum
O582
　　S 谱*

多重共振
multiple resonance
O321
　　S 共振*

多重激波
multiple shock wave
O354.5
　　S 激波*

多重介质
multiple media
O33；O357
　　S 力学介质*
　　F 双重介质

多重破裂
　　Y 破裂

多重全息存储
multiplexed holographic storage
O438.1
　　S 全息存储
　　Z 光存储

多重全息图
multiplex hologram
O438.1
　　S 全息图*

多重散射
multiple scattering
O436.2
　　D 多重散射法
　　　 重散射
　　S 光散射*

多重散射法
　　Y 多重散射

多重数
　　Y 重数

多重数分布
multiplicity distribution
O562
　　S 粒子分布
　　C 非弹性碰撞
　　Z 分布(物理学)

多重碎裂
multi-fragmentation
O346.13
　　S 破碎*

多重态
multiplet
O572.21；O641.3
　　D 超重态
　　S 激发态
　　F 粒子多重态
　　　 三重态
　　Z 能态

多重衍射
multiple diffraction
O722
　　S 晶体衍射*

多畴结构
polydomain structure
O753.2；O76
　　S 晶畴结构
　　Z 畴结构

多次碰撞
multiple impacts
O313.4
　　S 力学碰撞*
　　C 弹塑性变形

多次曝光全息术
multiple-exposure holography
O438.1
　　D 二次曝光全息术
　　　 两次曝光全息术
　　　 双曝光全息术
　　S 光学全息
　　Z 全息术

多点碰撞
multipoint collision
O313.4
　　S 力学碰撞*

多电子原子
many electron atom
O562
　　S 原子*

多电子转移
multielectron transfer
O572.2；O621.25
　　S 电子转移
　　Z 运动(物理)

多方过程
polytropic process
O55
　　S 物理过程*

多方向不规则波
　　Y 多向不规则波

多方指数
polytropic exponent
O551
　　S 指数*

多缝干涉
multislit interference
O436.1
　　S 光学干涉*
　　F 双缝干涉

多刚体
multi-rigid body
O313.3
　　S 物体*

多刚体模型
multi-body model
O313.3
　　S 动力学模型
　　Z 力学模型

多刚体系统
multi-rigid-body system
O313.3
　　S 动态系统
　　Z 力学系统

多刚体系统动力学
rigid multibody system dynamics
O313.7
　　S 多体系统动力学
　　　 刚体动力学
　　Z 理论力学

多个体系统
　　Y 多体系统

多股流
　　Y 多相流

多光谱测温
multi-spectral thermometry
O551.2；P412.11
　　S 温度测量*

多光谱图象
　　Y 多光谱图像

多光谱图像
multispectral images
O433.1
　　D 多光谱图象
　　S 光谱图像
　　Z 光学图像

多光束
multiple beam
O435.1
　　S 光束*
　　C 多光束干涉
　　　 多光束干涉仪 →(4)
　　　 全息术

多光束干涉
multiple-beam interference
O436.1
　　S 光学干涉*

主　表　207

　　F　双光束干涉
　　C　多光束

多光源
multiple light sources
O432.1
　　S　光源*
　　F　多波长光源

多光子
multiphoton
O572.31
　　S　光子
　　C　多光子激发
　　Z　粒子

多光子电离
multiphoton ionisation
O463
　　S　电离*
　　F　多光子电离解离
　　　　共振多光子电离

多光子电离解离
multiphoton dissociation and ionization
O463
　　D　多光子解离电离
　　S　多光子电离
　　Z　电离

多光子光谱
multiphoton spectra
O433.5
　　D　多光子光谱学
　　　　三光子光谱
　　　　双光子光谱
　　　　双光子光谱学
　　S　光子相关光谱
　　C　二维光谱
　　　　光泵浦
　　　　激光测量
　　Z　光谱

多光子光谱学
　　Y　多光子光谱

多光子过程
multiphoton process
O436
　　S　物理过程*
　　F　双光子过程
　　C　多光子激发

多光子激发
multiphoton excitation
O572.31
　　S　光致激发
　　F　双光子激发
　　C　多光子
　　　　多光子过程
　　　　多光子吸收
　　　　多光子跃迁
　　Z　激发

多光子解离电离
　　Y　多光子电离解离

多光子吸收
multiphoton absorption
O436.2

　　　　S　光子吸收
　　　　F　三光子吸收
　　　　　　双光子吸收
　　　　C　多光子激发
　　　　Z　光吸收

多光子相互作用
multi photon interaction
O431.2
　　S　光子-光子相互作用
　　Z　粒子相互作用

多光子跃迁
multiphoton transitions
O431.2
　　S　光子跃迁
　　F　双光子跃迁
　　C　多光子激发
　　Z　跃迁

多横模
multitransverse modes
TN241/244
　　D　多模
　　S　横模
　　C　S 模　→(1)
　　Z　激光模

多级采样器
　　Y　采样器

多级孔结构
　　Y　孔结构

多级微反射镜
micro-multi-step mirrors
TB851；TH74
　　S　光学元件*

多级压缩
multistage compression
O521
　　D　级联压缩
　　S　压缩*

多极边界元法
multipole boundary element method
O302
　　S　边界元法
　　F　快速多极边界元法
　　C　接触应力
　　Z　力学方法
　　　　数学方法

多极磁镜位形
　　Y　磁场位形

多极方法
fast multipole methods
O59
　　S　数学物理方法
　　Z　物理法

多极矩*
multipole moment
O441.1
　　D　电多极矩
　　F　偶极矩
　　　　四极矩

多极位形
　　Y　磁场位形

多极性
multipolarity
O571.22
　　S　极性*

多极子阵列声波
multipole array acoustic wave
O429
　　S　阵列声波
　　Z　声波

多碱光电阴极
multialkali photocathode
TN103
　　S　光电阴极
　　Z　电极

多碱阴极
multi-alkali cathod
O462
　　S　阴极
　　Z　电极

多角度成像仪
multi-angle imager
TH74
　　S　成像仪
　　Z　仪器仪表

多阶光存储
multi-level optical storage
O438
　　S　光存储*

多接收器等离子体质谱
multi-collector plasma mass spectrometry
O539；O657.63
　　D　MC-ICPMS
　　　　MC-ICP-MS
　　S　质谱法*

多结晶
polycrystalline
O799
　　D　多晶型结晶
　　　　多晶型结晶过程
　　　　多晶型结晶化
　　　　多晶型结晶化过程
　　　　多晶型晶化
　　　　多晶型晶化过程
　　　　多形型晶化
　　S　工业结晶
　　C　多形性
　　Z　结晶

多介质流
multi component flow
O359
　　S　流体流*
　　C　界面追踪

多介质流体
multicomponent fluid
O359
　　S　流体*
　　C　Level Set 方法　→(1)
　　　　移动网格方法　→(1)

多晶
polycrystal
O76
  D 多晶体
  S 晶体*
  F 多晶硅
    金刚石多晶
  C 德拜法
    多晶冰 →(4)(5)

多晶 X 射线衍射
polycrystal X-ray diffraction
O722
  D X 射线多晶衍射
  S X 射线晶体衍射
    多晶衍射
  Z 晶体衍射

多晶 X 射线衍射法
polycrystal X-ray diffraction method
O722
  S X 射线衍射法
  Z 晶体结构分析方法

多晶薄膜
polycrystalline thin films
O799
  S 晶体薄膜*
  F 碲化镉多晶薄膜

多晶材料
polycrystalline material
O799
  S 晶体材料*
  F 多晶硅材料

多晶硅
polysilicon
O738
  D 硅多晶
  S 多晶
    硅晶体
  Z 晶体

多晶硅薄膜
polycrystalline silicon thin films
O484；O613.72
  S 硅薄膜
  F 多晶硅纳米薄膜
  C 多晶硅材料
  Z 半导体薄膜

多晶硅材料
polycrystalline silicon materials
O613.72；O799
  S 多晶材料
  C 多晶硅薄膜
  Z 晶体材料

多晶硅纳米薄膜
nanometer polycrystalline silicon film
O613.72；O799
  D 纳米多晶硅薄膜
  S 多晶硅薄膜
    纳米晶硅薄膜
  Z 半导体薄膜
    晶体薄膜
    纳米薄膜

多晶硅生长
polysilicon growth
O78
  S 晶体生长*

多晶硅铸锭炉
polysilicon ingot furnace
O782
  S 晶体生长炉
  Z 晶体生长设备

多晶合成
polycrystal synthesis
O782
  S 晶体合成
  C 多孪晶合成晶体
  Z 晶体生长工艺

多晶结构
polycrystalline structure
O76
  D 多晶体结构
  S 晶体结构*

多晶粒
multiple grains
O764
  S 晶粒*

多晶莫来石晶须
  Y 莫来石晶须

多晶态
polycrystalline state
O71
  S 晶态
  Z 物态

多晶体
  Y 多晶

多晶体级联
  Y 晶体级联

多晶体结构
  Y 多晶结构

多晶图
  Y 粉末图

多晶形转变
polymorphic transformation
O792
  D 多形性晶体相变
    多形性转变
  S 晶体相变*
  C 多形性

多晶型
polymorphic form
O742
  S 晶型*
  F α 晶型
    β 晶型
    γ 晶型
    δ 晶型
  C 同晶型
    同质多晶

多晶型结晶
  Y 多结晶

多晶型结晶过程
  Y 多结晶

多晶型结晶化
  Y 多结晶

多晶型结晶化过程
  Y 多结晶

多晶型晶化
  Y 多结晶

多晶型晶化过程
  Y 多结晶

多晶衍射
polycrystal diffraction
O722
  S 晶体衍射*
  F 多晶 X 射线衍射
    双晶衍射

多孔边界层控制
porous boundary layer control
O357.4
  S 边界层控制
  C 物质迁移
  Z 控制

多孔表面边界层
  Y 边界层

多孔薄膜*
porous membrane
TB43；TQ17
  D 多孔膜
  F 介孔薄膜
    有序多孔膜

多孔材料
  Y 多孔介质

多孔介质
porous media
O357
  D 层状多孔介质
    多孔材料
    多孔性材料
    胶固多孔介质
    孔隙介质
    松散多孔介质
  S 力学介质*
  F 饱和多孔介质
    可变形多孔介质
  C BISQ 模型 →(5)
    Wolff 法则 →(1)
    孔隙水 →(5)
    孔隙水压力 →(5)
    两相系统
    渗流结构
    渗流力学

多孔介质模型
porous medium model
O33；O35；P631
  S 介质模型
  Z 模型

多孔膜
  Y 多孔薄膜

多孔弹性
porous elasticity
O343
　　S 弹性
　　Z 力学性质

多孔性
poriness
TB303.1
　　D 表观多孔性
　　S 材料性能*
　　C 毛细现象 →(3)
　　　 物质密度
　　　 压缩性能

多孔性材料
　　Y 多孔介质

多粒子
multi-particle
O572.3
　　S 粒子*

多量子阱
multiple quantum well
O47
　　S 量子阱
　　F InGaN/GaN 多量子阱
　　　 耦合量子阱
　　　 双量子阱
　　　 应变多量子阱
　　C 半导体超晶格
　　Z 势阱

多量子相干
multiple-quantum coherence
O413.2
　　S 量子相干性
　　F 分子间多量子相干
　　Z 相干性

多量子跃迁
multiple quantum transition
O413.1
　　S 量子跃迁
　　Z 跃迁

多裂纹
multiple cracks
O346.1
　　D 裂纹群
　　S 裂纹*
　　C 裂纹面

多流体模型
multi-fluid model
O351.1
　　S 流体力学模型
　　C 气固两相流
　　Z 力学模型

多孪晶合成晶体
polysynthetically twinned crystals
O762
　　D PST 晶体
　　S 孪晶
　　C 多晶合成
　　Z 晶体

多模

　　Y 多横模

多模叠加态
multimode superposition states
O41
　　S 叠加态
　　F 多模泛函叠加态
　　Z 能态

多模叠加态光场
multi mode superposition state light field
O431.2
　　S 光场*

多模泛函叠加态
multimode functional superposition state
O41
　　S 多模叠加态
　　Z 能态

多模泛函相干态
multimode functional coherent state
O413.1
　　S 多模相干态
　　F 多模复共轭泛函相干态
　　Z 能态

多模非经典光场
multi mode nonclassical light field
O431.2
　　S 非经典光场
　　Z 光场

多模复共轭泛函相干态
multimode complex conjugate functional coherent states
O413.1
　　S 多模泛函相干态
　　Z 能态

多模光束
multimode beam
O435
　　S 光束*

多模奇相干态
multi-mode odd coherent state
O413.1
　　S 多模相干态
　　Z 能态

多模纠缠态
multimode entangled state
O413.1
　　S 纠缠态
　　Z 能态

多模相干态
multi-mode coherent state
O413.1
　　S 相干态
　　F 多模泛函相干态
　　　 多模奇相干态
　　　 多模虚偶相干态
　　　 多模虚奇相干态
　　Z 能态

多模虚奇相干态
multi-mode imaginary odd coherent state
O413.1

　　S 多模相干态
　　Z 能态

多模虚偶相干态
multi mode imaginary even coherent state
O413.1
　　S 多模相干态
　　Z 能态

多模压缩态
multi mode squeezed state
O431.2
　　S 压缩态
　　Z 能态

多模真空态
multimode vacuum state
O41
　　S 真空*
　　F 双模压缩真空态

多能级
multienergy levels
O56
　　D 多能级系统
　　S 能级*
　　F 二能级
　　　 三能级
　　　 四能级

多能级系统
　　Y 多能级

多频激励
multifrequency excitation
O323
　　S 激励*
　　C 滞后非线性

多普勒变宽
　　Y 多普勒效应

多普勒导航系统
Doppler navigation system
TN96
　　S 导航设备*

多普勒加宽
　　Y 多普勒效应

多普勒频移
Doppler shift
O451
　　S 偏移*
　　C 卫星多普勒测量 →(4)

多普勒效应
Doppler effect
O4-0；O42；O43
　　D Doppler 效应
　　　 多普勒变宽
　　　 多普勒加宽
　　　 多普勒移动
　　　 多谱勒效应
　　S 物理效应*
　　F 超声多普勒效应
　　C 多普勒测距 →(4)
　　　 多普勒定位 →(4)
　　　 多普勒雷达 →(4)
　　　 谱线位移

轴向速度

多普勒移动
- Y 多普勒效应

多普勒运动
- Y 开普勒定律

多普勒展宽谱
Doppler broadening spectrum
O456
- S 宽频谱
- Z 频谱

多谱勒效应
- Y 多普勒效应

多群扩散
- Y 中子扩散

多柔体动力学
- Y 柔性多体动力学

多柔体系统
- Y 柔性多体系统

多柔体系统动力学
dynamics of flexible multi-body system
O313.7
- S 多体系统动力学
  柔性多体动力学
- Z 理论力学

多软片法
- Y 彩色合成

多色灯
- Y 多色光

多色光
polychromatic light
O432.3
- D 多色灯
- S 光*

多色光度学
- Y 光度学

多色全息术
- Y 彩色全息术

多色性
pleochroism
O43
- S 光学性质*
- F 二向色性
- C 晶体学

多声子过程
- Y 声子之间相互作用

多声子散射
- Y 声子散射

多数载流子
majority carrier
O473
- D 多子
- S 载流子*

多体动力学
multi-body dynamics
O313.7
- S 动力学
- F 多体系统动力学
  柔性多体动力学
- C 动力学分析
  接触碰撞
- Z 理论力学

多体系统
multibody system
O313.7
- D 多个体系统
- S 力学系统*
- F 柔性多体系统

多体系统动力学
multi-body system dynamics
O313.7
- S 动力学
  多体动力学
- F 多刚体系统动力学
  多柔体系统动力学
- C 伴随变量方法
  空间算子代数
- Z 理论力学

多通道量子亏损理论
multichannel quantum defect theory
O413
- D 多通道量子数亏损理论
- S 量子亏损理论
- Z 物理理论

多通道量子数亏损理论
- Y 多通道量子亏损理论

多维分析
- Y 三维分析

多维时空
multidimensional space-time
O412.1；P159
- S 时空*
- C 多维空间 →(1)
  多维系统 →(1)

多位置损伤
multiple damage
O346.5
- S 损伤*

多稳态
multistable
O317
- S 稳定*

多涡卷混沌吸引子
multi-scroll chaotic attractor
O415.5
- S 混沌吸引子
- Z 吸引子

多相管流
- Y 多相流

多相介质
multiphase medium
O55
- S 介质*
- F 双相介质

多相介质相互作用
interaction of multiphase medium
O369
- S 力学作用*
- F 固态相互作用
  激波/边界层相互作用
  流体-固体互作用
  气体-表面互作用
  气体-气体相互作用
  气体-液体相互作用

多相流
multiphase flow
O359
- D 多股流
  多相管流
  多相流动
  多组分流动
  混合流
  混合流动
  混合气流
  混流
- S 流体流*
- F 两相流
  喷射混合流
  气液固多相流
  三相流
  完全混合流
  油气水多相流
- C 多组分混合物 →(3)
  贾敏效应
  压力梯度
  油气运移 →(4)
  蒸汽流动

多相流动
- Y 多相流

多相流体
multiphase fluid
O359
- D 混相流体
- S 流体*
- F 三相流体
- C 单相流体
  多组分混合物 →(3)

多相流体力学
multiphase hydrodynamics
O359
- S 流体力学*

多向波
multidirectional wave
O353.2；P731.22
- S 波*
- F 多向不规则波

多向不规则波
multidirectional irregular wave
O353.2；P731.22
- D 多方向不规则波
- S 不规则波
  多向波
- Z 波

多项式混沌
polynomial chaos
O415.5

主 表 211

　　S 混沌*
多效蒸发
multiple-effect evaporation
O552.6；P332.2
　　S 蒸发*
　　F 低温多效蒸发
　　C 抑制蒸发

多形型晶化
　　Y 多结晶

多形性
polymorphism
O76
　　S 晶体性质*
　　C 多结晶
　　　多晶形转变
　　　晶体结构

多形性晶体相变
　　Y 多晶形转变

多形性转变
　　Y 多晶形转变

多型变体
　　Y 同质多晶

多余约束
redundant constraint
O241；O302
　　D 冗余约束
　　S 约束(数学)*

多原子半无限晶体
polyatomic semi-infinite crystal
O73
　　S 多原子晶体
　　Z 晶体

多原子分子
polyatomic molecule
O561；O611
　　S 分子*
　　F 三原子分子

多原子极性晶体
polyatomic polar crystals
O73
　　S 多原子晶体
　　　极性晶体
　　Z 晶体

多原子晶体
polyatomic crystal
O74
　　S 原子晶体
　　F 多原子半无限晶体
　　　多原子极性晶体
　　Z 晶体

多原子无机分子 UV 光谱
　　Y 多原子无机分子紫外光谱

多原子无机分子光谱
spectra of polyatomic inorganic molecules
O561.3
　　D 双原子无机分子光谱
　　S 分子光谱
　　F 多原子无机分子可见光谱
　　　多原子无机分子喇曼光谱
　　　多原子无机分子紫外光谱
　　Z 光谱

多原子无机分子可见光谱
visible spectra of polyatomic inorganic molecules
O561.3
　　D 双原子无机分子可见光谱
　　S 多原子无机分子光谱
　　Z 光谱

多原子无机分子喇曼光谱
Raman spectra of polyatomic inorganic molecules
O433.54
　　D 双原子无机分子喇曼光谱
　　S 多原子无机分子光谱
　　　拉曼光谱
　　Z 光谱

多原子无机分子紫外光谱
ultraviolet spectra of polyatomic inorganic molecules
O561.3
　　D 多原子无机分子 UV 光谱
　　　双原子无机分子 UV 光谱
　　　双原子无机分子紫外光谱
　　S 多原子无机分子光谱
　　　分子紫外光谱
　　Z 光谱

多源理想气体模型
multi-source ideal gas model
O354
　　S 流体力学模型
　　Z 力学模型

多轴差分吸收光谱技术
multi-axis differential absorption spectrum technology
O433.4；O657.3
　　S 吸收光谱分析
　　Z 光谱分析

多轴低周疲劳
multiaxial low-cycle fatigue
O346.2
　　S 低周疲劳
　　C 比例加载
　　　非比例加载
　　Z 疲劳

多轴非比例加载
multi-axial non-proportional loading
O347.1
　　S 比例加载
　　Z 荷载

多轴加载
multi-axial loading
O347.1
　　S 轴向加载
　　Z 荷载

多轴疲劳
multi-axial fatigue
O346.2
　　S 疲劳*

多轴蠕变
multi-axial creep
O344.6
　　S 蠕变*

多轴向
multiaxial
O343
　　S 方向*

多轴应力
multiaxial stress
O343.4
　　S 轴向应力
　　F 三轴应力
　　　双轴应力
　　Z 应力

多轴应力状态
multiaxial stress state
O343.4
　　S 应力状态
　　Z 状态

多子
　　Y 多数载流子

多自由度
multiple degrees of freedom
O31；O35
　　S 自由度*
　　C 质点振动

多自由度分析
　　Y 结构分析

多自由度结构
　　Y 多自由度系统

多自由度体系
　　Y 多自由度系统

多自由度系统
multi-degree of freedom systems
O325
　　D 多自由度结构
　　　多自由度体系
　　S 力学系统*
　　F 多自由度振动系统

多自由度振动系统
multi-dof system
O32
　　S 多自由度系统
　　　振动系统
　　C Stroh 公式
　　　高阶振型
　　Z 力学系统

多纵模
multilongitudinal modes
TN241/244
　　S 纵模
　　Z 激光模

多组分流动
　　Y 多相流

多组分流体
multi-component fluid
O359
　　S 流体*
　　F 含杂质流体

C 渗流

多组分气体
multicomponent gas
O354
    S 气体*

多组分渗流
    Y 渗流

多组态 Dirac-Fock 方法
multi configuration Dirac-Fock method
O59
    S 数学物理方法
    Z 物理法

多组态自洽场
multiconfiguration self-consistent field
O41
    D 多组态自洽场理论
    S 自洽场
    Z 物理场

多组态自洽场理论
    Y 多组态自洽场

惰性气体晶体
inert gas crystal
O76
    S 晶体*

惰性阳极
    Y 阳极

俄罗斯全球导航卫星系统
    Y 格洛纳斯卫星导航系统

俄罗斯全球轨道导航卫星系统
    Y 格洛纳斯卫星导航系统

俄歇电子
Auger electron
O562.1
    S 电子*
    C 俄歇效应

俄歇发射
    Y 俄歇效应

俄歇过程
    Y 俄歇效应

俄歇去激发
    Y 潘宁电离

俄歇效应
auger effect
O571
    D 半俄歇过程
        次级光电效应
        俄歇发射
        俄歇过程
        原子内转换
    S 物理效应*
    C 俄歇电子
        俄歇电子谱法 →(3)
        光电子能谱
        自电离

峨眉宝光
    Y 佛光

峨嵋宝光
    Y 佛光

额定电压
rated voltage
TM933.2
    S 电压*

额定速度
    Y 限制速度

厄米-高斯光束
Hermite-Gaussian beam
O432.12
    S 高斯光束
    F 厄米-余弦-高斯光束
    C 厄米性
    Z 光束

厄米-双曲余弦-高斯光束
    Y 厄米-余弦-高斯光束

厄米性
hermiticity
O41
    S 物理性质*
    C 厄米-高斯光束

厄米-余弦-高斯光束
Hermite-cosine-Gaussian beams
O432.12
    D 厄米-双曲余弦-高斯光束
    S 厄米-高斯光束
    Z 光束

厄廷好森效应
    Y 磁热效应

遏流带
stagnant zone
O357.3
    S 层带*
    C 力学分布

遏止电压
stopping voltage
TM933.2
    S 电压*

二波混频
    Y 双波混频

二波耦合
two-wave coupling
TN911.6
    D 两波耦合
    S 耦合*
    C 光折变晶体
        光折变效应

二步激励
    Y 激励

二次爆炸
secondary explosion
O38
    S 爆炸*

二次成核
secondary nucleation
O78
    D 二次形核
    S 晶体成核
    Z 晶体形成

二次成像
secondary imaging
O438
    D 多重成象
    S 成像*

二次电光效应
    Y 电光效应

二次电子
secondary electrons
O562.1
    S 电子*

二次电子发射
secondary electron emission
O572.2
    D 次级电子发射
        马耳特效应
    S 次级发射
    Z 发射

二次电子发射系数
secondary electron emission coefficient
O462
    S 发射系数
    Z 系数

二次发射
    Y 次级发射

二次反射
secondary reflection
O435.1
    S 反射*

二次分岔屈曲
secondary bifurcation buckling
O344.7
    S 屈曲*

二次结晶
    Y 二次再结晶

二次结晶过程
    Y 二次再结晶

二次结晶化
    Y 二次再结晶

二次结晶化过程
    Y 二次再结晶

二次离子发射
secondary ion emission
O463.2
    S 离子发射
    Z 发射

二次量子化
second quantization
O413.1
    S 量子化*

二次流
secondary flow
O376

D 二次流动
S 边界层流动
C Dean 涡
　内边界层
Z 流体流

二次流动
Y 二次流

二次流体
secondary fluid
O351；O37
D 二次水
S 流体*

二次抛射弹道
secondary ejection trajectory
O315
S 外弹道
Z 弹道

二次曝光全息术
Y 多次曝光全息术

二次散射
secondary scattering
O451
S 电磁波散射*

二次失稳
secondary instability
O317
S 失稳*

二次水
Y 二次流体

二次涡
secondary vortices
O357.1
S 涡旋*

二次相位因子
secondary phase factor
O41；P127
S 相位因子
Z 因子

二次谐波产生
second harmonic generation
TN011
D 二次谐波发生
S 谐波发生
C 非线性光学
Z 分析

二次谐波发生
Y 二次谐波产生

二次谐波检测
second harmonic detection
TB463
S 检测*

二次谐波振荡
second harmonic generation
TN751.3
S 谐波振荡
Z 振荡

二次谐波转换
second harmonic conversion
TN74
S 谐波转换
Z 转换

二次形核
Y 二次成核

二次再结晶
secondary recrystallization
O783
D 二次结晶
　二次结晶过程
　二次结晶化
　二次结晶化过程
S 再结晶
Z 结晶

二分量模型
two-component model
O59
S 物理模型*

二分量中微子理论
two-component neutrino theory
O572.32
S 基本粒子理论
Z 物理理论

二分裂变
Y 核裂变

二级光学极化率
Y 二阶非线性极化率

二级相变
second-order phase transition
O414.13
S 相变*

二极管泵浦
diode pumping
O432.12
S 泵浦*

二阶 Godunov 格式
Y MUSCL 格式

二阶导数红外光谱
second derivative infrared spectra
O433.5；O434.3
S 红外光谱*

二阶非线性光学
second-order nonlinear optical
O437
S 非线性光学
Z 光学

二阶非线性光学极化率
Y 二阶非线性极化率

二阶非线性光学效应
second-order nonlinear optical effect
O437
S 非线性效应
Z 光学效应

二阶非线性极化率
second-order nonlinear polarizability
O437
D 二级光学极化率
　二阶非线性光学极化率
S 二阶极化率
　非线性极化率
Z 极化率

二阶光学非线性
second-order optical nonlinearity
O437
S 光学非线性
Z 光学性质

二阶极化率
second-order polarizability
O441
S 极化率*
F 二阶非线性极化率

二阶矩模型
second-order moment model
O302
S 流体力学模型
C 两相流
　两相湍流
Z 力学模型

二阶流体
second-order fluid
O376
S 流体*
F 广义二阶流体
C 小参数法 →(1)

二阶偏振模色散
second order polarization mode dispersion
O436.3
S 二阶色散
　偏振模色散
Z 色散

二阶色散
second-order dispersion
O436.3
S 色散*
F 二阶偏振模色散

二阶摄动方法
second order perturbation method
O302
S 振动分析方法
C 弯曲裂纹
Z 力学方法

二阶相关函数
second-order correlation function
O174；O411
S 函数*

二粒子集团理论
two-particle cluster theory
O753.2
S 晶体学理论*

二流方程
two-flow equation
O351；P733
D 双流方程
S 流体力学方程
Z 力学方程

二流体模型
two-fluid model
O511
 S 超导模型
 Z 物理模型

二能级
two energy levels
O562.1
 D 二能级体系
  二能级系统
  双能级
  双能级系统
 S 多能级
 Z 能级

二能级体系
 Y 二能级

二能级系统
 Y 二能级

二能级原子
two-level atom
O562
 D 两能级原子
 S 原子*
 F 耦合二能级原子
  运动二能级原子

二硼化镁超导体
MgB_2 superconductor
TM26
 D MgB_2 超导体
 S 化合物超导体
 Z 导体

二期蠕变
 Y 稳态蠕变

二色镜
 Y 二向色镜

二色性
 Y 二向色性

二十面体
icosahedron
O184；O753.3
 S 几何体*
 F 正二十面体

二十面体相
 Y 二十面体准晶相

二十面体准晶
icosahedral quasicrystal
O753.3
 D 二十面体准晶体
 S 准晶
 Z 类晶体

二十面体准晶体
 Y 二十面体准晶

二十面体准晶相
icosahedral phase
O753.3
 D 二十面体相
 S 准晶相
 Z 晶相

二体碰撞
 Y 两体碰撞

二维 NMR
 Y 二维核磁共振

二维边界层
two-dimensional layer
O357.4；P404
 S 边界层
 Z 流体层

二维波动方程
two-dimensional wave equation
O441.4
 D 二维波动方程式
  二维波动方程组
  二维波动方程组式
  二维波动公式
  二维波方程式
  二维波方程组
  二维波方程组式
  二维波公式
 S 电磁波传播方程
 Z 方程(数学)

二维波动方程式
 Y 二维波动方程

二维波动方程组
 Y 二维波动方程

二维波动方程组式
 Y 二维波动方程

二维波动公式
 Y 二维波动方程

二维波方程式
 Y 二维波动方程

二维波方程组
 Y 二维波动方程

二维波方程组式
 Y 二维波动方程

二维波公式
 Y 二维波动方程

二维测量
two-dimensional measurement
TB462.1
 S 测量*

二维点阵
 Y 平面点阵

二维电子气
two-dimensional electron gas
O441.1；O47；O48；O53
 S 电子气
 C 电子云
  分子束外延
  异质结
 Z 流体

二维对流扩散方程
two-dimensional convection-diffusion equation
O35
 S 对流扩散方程

Z 力学方程

二维分析
two dimensional analysis
O342
 S 结构分析
 C 二维曲线 →(1)
 Z 力学分析

二维光谱
two-dimensional spectroscopy
O433
 D 二维光谱学
 S 光谱*
 C X 射线光谱
  布里渊散射
  多光子光谱

二维光谱学
 Y 二维光谱

二维光栅
 Y 交叉光栅

二维光子晶体
two-dimensional photonic crystal
O734
 S 二维晶体
  光子晶体
 Z 晶体

二维规则波
 Y 规则波

二维核磁共振
two-dimensional NMR
O482.53
 D 2D-NMR
  二维 NMR
 S 核磁共振
 C 二维核磁共振波谱技术
 Z 磁共振
  共振

二维核磁共振波谱技术
2D NMR spectroscopy
O482.53；O657.2
 D 2D NMR 技术
 S 化学分析法*
 C 二维核磁共振

二维红外光谱
two-dimensional infrared spectroscopy
O433.5；O434.3
 S 红外光谱*

二维极化子
 Y 表面极化子

二维结构
two-dimensional structure
TU208
 S 结构*

二维晶体
two-dimensional crystal
O799
 D 2D 晶体
 S 晶体*
 F 二维光子晶体

二维声子晶体
二维径向流
　Y　平面径向流
二维颗粒流
two-dimensional granular flow
O351
　S　颗粒流
　Z　流体流
二维空间群
　Y　平面群
二维流
　Y　二维流动
二维流场
two-dimensional flow field
O351
　D　平面二维流场
　S　流场*
二维流动
two-dimensional flow
O351
　D　二维流
　　　二元流
　　　二元流动
　　　平面流
　　　平面流动
　　　轴对称流动
　S　流动*
　F　准二维流动
　C　壁流
　　　流函数
　　　平面射流
二维破裂模式
　Y　断裂模型
二维射流
　Y　平面射流
二维声子晶体
two-dimensional phononic crystals
O735
　S　二维晶体
　　　声子晶体
　Z　晶体
二维收敛流
　Y　收敛流动
二维弹性
two-dimensional elastic
O343
　S　弹性
　Z　力学性质
二维图象
two-dimensional image
O435
　D　平面图象
　　　平面图像
　S　图像*
二维湍流
two-dimensional turbulence
O357.5
　S　湍流

　Z　流体流
二维问题
two-dimensional problem
O343.1
　S　力学问题*
　C　弹性力学
二维效应
two-dimensional effect
O343.1
　S　效应*
二维谐振子
two-dimensional harmonic oscillator
O413
　S　谐振子*
二维应变
　Y　平面应变
二维应力
　Y　平面应力
二维运动
　Y　平面运动
二维准晶
two-dimensional quasicrystal
O753.3
　D　二维准晶体
　S　准晶
　Z　类晶体
二维准晶体
　Y　二维准晶
二相流
　Y　两相流
二相流动
　Y　两相流
二相流体
　Y　两相流体
二相湍流射流
　Y　两相射流
二向色反射镜
　Y　二向色镜
二向色镜
dichroic mirror
TH74
　D　二色镜
　　　二向色反射镜
　　　分色镜
　S　光学元件*
二向色性
dichroism
O734
　D　二色性
　　　光学二向色性
　　　光致二向色性
　S　多色性
　C　点滴试验　→(3)
　　　光弹性
　Z　光学性质
二向色性模型

dichroic models
O561.2
　D　双振子模型
　S　物理模型*
二项式光场
binomial light field
O431.2
　S　光场*
二象性
　Y　波粒二象性
二氧化碲晶体
tellurium dioxide crystal
O74
　D　TeO_2 晶体
　S　氧化物晶体
　Z　晶体
二氧化钛晶型
TiO_2 crystal form
O76
　D　TiO_2 晶型
　S　晶型*
二氧化钛晶须
titanium dioxide whisker
O784
　D　TiO_2 晶须
　S　无机盐晶须
　Z　晶须
二氧化钛纳米晶
nanocrystalline titania
O799
　D　TiO_2 纳米晶
　　　纳晶 TiO_2
　　　纳米晶 TiO_2
　S　无机纳米晶
　Z　晶体
　　　纳米材料
二氧化碳流体
　Y　CO_2 流体
二野蠕变
　Y　稳态蠕变
二元 π 相位板
binary π-phase plate
TH74
　S　相位板
　Z　光学元件
二元冰
binary ice
TB6
　S　溶液*
二元光学
binary optics
O436
　S　光学*
二元光学元件
binary optical element
TN209
　S　光学元件*
二元光栅

binary grating
O437.4；P111.3
 S 光栅*

二元合金相图
binary alloy phase diagram
TG13
 S 二元相图
 Z 相图

二元径向流
 Y 平面径向流

二元流
 Y 二维流动

二元流动
 Y 二维流动

二元流体
binary fluid
O351
 S 流体*
 C 气体混合物 →(3)

二元相图
binary phase diagram
TG13
 S 相图*
 F 二元合金相图

二元循环
 Y 热力学循环

二轴晶
 Y 双轴晶体

二轴应力
 Y 双轴应力

二自由度结构
 Y 二自由度系统

二自由度体系
 Y 二自由度系统

二自由度系统
two degree of freedom system
TU208；TU35
 D 二自由度结构
  二自由度体系
  双自由度体系
 S 力学系统*

二组分流动
 Y 两相流

二组份流
two-component flow
O351
 S 流体流*

发电*
power generation
TM61
 F 磁流体发电
  风力发电
 C 电能
  动力
  直接能量转换

发动机负荷
 Y 发动机载荷

发动机载荷
engine load
O347.1
 D 发动机负荷
 S 荷载*

发光*
luminescence
O432.1
 D 发光过程
  发光现象
 F 白色发光
  超宽带发光
  电致发光
  定向发光
  辐射发光
  复合发光
  固体发光
  光致发光
  硅发光
  合作发光
  红色发光
  激子发光
  聚集诱导发光
  蓝色发光
  绿色发光
  敏化发光
  摩擦发光
  气体发光
  缺陷发光
  热释光
  生物发光
  声致发光
  微弱发光
  稀土发光
  阴极发光
  余辉
  自发光
 C 发光机制
  发光学
  光强
  亮度
  磷光体

发光波长
light wavelength
O432.1
 S 光波波长
 Z 波长

发光薄膜
luminescent films
O484
 S 光学薄膜*
 F 荧光薄膜

发光层
emitting layer
O431.2
 S 电子构型
 Z 原子结构

发光淬灭
 Y 淬灭

发光带
luminous zone
O432.1
 S 发光体
 Z 光源

发光度
 Y 亮度

发光功率
luminous power
O43
 S 功率*

发光光谱
luminescent spectra
O433.5
 D 发光谱
  光学发射谱
 S 发射谱
 F 电致发光光谱
  光致发光光谱
  荧光发射谱
 Z 光谱

发光过程
 Y 发光

发光机制
luminous mechanism
O432.1
 S 物理机制*
 C 发光
  发光特性

发光晶体
luminescent crystals
O734.3
 S 光学晶体*

发光均匀性
luminescence uniformity
O73
 S 光学均匀性
 Z 光学性质

发光亮度
 Y 亮度

发光谱
 Y 发光光谱

发光强度
 Y 光强

发光衰减
luminescence decay
O436
 S 光衰减
 Z 衰减

发光特性
luminescence properties
O482.3
 S 光学性质*
 F 光致发光特性
 C 发光机制
  光强

发光体
luminophor
O436
 S 光源*

F 发光带
　　　发光中心
　　　磷光体
　　　闪烁体
　　C 光强
　　　亮度

发光现象
　　Y 发光

发光效率
luminous efficiency
O432.1
　　S 光学效率*

发光性能
luminescence property
O432.1
　　S 光学性能*
　　F 光致发光性能

发光学
luminescence
O436
　　S 光学*
　　C 发光

发光中心
luminescence center
O432；O482.3
　　D 分立发光中心
　　　复合发光中心
　　　激光中心
　　　荧光中心
　　S 发光体
　　Z 光源

发卡涡
hairpin vortex
O357.1
　　S 涡旋*

发散度
divergence
O436
　　S 测度*
　　C 相容 →(1)

发散角
angle of divergence
O435.1
　　S 光学角*
　　F 光束发散角

发射*
launch
O4-0
　　F 磁声发射
　　　电磁发射
　　　光发射
　　　粒子发射
　　　位错发射
　　C 发射干扰 →(3)
　　　发射率
　　　发射强度
　　　发射特性
　　　发射性能

发射波长
emission wavelength

O462
　　S 波长*

发射电流
emission currents
O46
　　S 阴极电流
　　Z 电流

发射电流密度
emission current density
O441.1
　　S 电流密度
　　Z 物理参数

发射光谱
　　Y 发射光谱分析

发射光谱法
　　Y 发射光谱分析

发射光谱分析
emission spectrum
O433.4；O657.31
　　D 发射光谱
　　　发射光谱法
　　　光发射谱
　　S 光谱分析*
　　F 等离子体发射光谱法
　　　火焰发射光谱
　　　原子发射光谱分析
　　C 发射光谱仪 →(3)
　　　发射光谱诊断

发射光谱诊断
emission spectroscopic diagnostics
O433.1
　　S 光谱诊断
　　C 发射光谱分析
　　Z 光学应用

发射截面
emission cross section
O462.2
　　S 截面*
　　F 受激发射截面

发射率
emissivity
O441
　　S 物理参数*
　　F 光谱发射率
　　　有效发射率
　　C 大气辐射 →(4)
　　　发射
　　　辐射
　　　辐射通量

发射谱
emission spectra
O433.5
　　S 光谱*
　　F 发光光谱
　　　激光微区发射光谱
　　　原子发射光谱

发射谱线
emission lines
O433.3；P162
　　D 发射线

　　S 谱线*
　　F 氢原子发射谱线
　　C 吸收谱线

发射强度
emissive power
O462
　　S 辐射功率
　　C 发射
　　Z 辐射参数

发射特性
emission characteristic
O462
　　S 物理特性*
　　F 场发射特性
　　C 发射

发射系数
emissivity
O462
　　S 系数*
　　F 二次电子发射系数

发射线
　　Y 发射谱线

发射性能
emission behavior
O462
　　S 物理性质*
　　C 发射

发生电弧
　　Y 电弧

发声机制
acoustic mechanism
O421
　　S 物理机制*

发展流动
developing flow
O351.2
　　S 流动*

乏核燃料
　　Y 乏燃料

乏燃料
spent fuel
TL2
　　D 低热值燃料
　　　乏核燃料
　　　辐照过的核燃料
　　　辐照过的燃料
　　　烧过的核燃料
　　S 核燃料*

伐里农定理
Varignon theorem
O313
　　S 力学定理*
　　C 力矩

法不里-珀罗腔
　　Y 法布里-珀罗谐振腔

法布里-珀罗干涉
Fabry-Perot interference
O436.1

         D F-P 干涉
         S 光学干涉*

法布里-珀罗腔
      Y 法布里-珀罗谐振腔

法布里-珀罗微腔
      Y 法布里-珀罗谐振腔

法布里-珀罗谐振腔
Fabry-Perot resonator
TN29
      D Fabry-Perot 腔
         Fabry-Perot 谐振器
         Fabry-Perot 谐振腔
         F-P 光学谐振腔
         F-P 腔
         法不里-珀罗腔
         法布里-珀罗腔
         法布里-珀罗微腔
      S 光学谐振腔
      Z 光学元件

法方程
normal equation
O151.21；O178；O316
      D Hamilton 方程
         法方程式
         法方程组
         哈密顿方程
         正则方程
      S 方程(数学)*
      F Hamilton-Jacobi 方程
      C 变分不等式 →(1)
         正则函数向量 →(1)

法方程式
      Y 法方程

法方程组
      Y 法方程

法拉第
faraday
O441.1
      S 计量单位*

法拉第常数
faraday constant
O441.1
      S 基本物理常数
      Z 物理常数

法拉第磁光效应
Faraday magneto-optical effect
O482.55
      D 法拉第效应
         法拉第旋光效应
         法拉第旋转
         法拉第旋转效应
      S 磁光效应
      C 磁光学
         法拉第屏蔽
         光传播
         光偏振
      Z 光学效应

法拉第电磁感应定律
      Y 电磁感应定律

法拉第电流
faradaic current
O441.1；O657.1
      S 电流*

法拉第屏蔽
faraday shield
O441.4
      S 静电屏蔽
      C 法拉第磁光效应
      Z 屏蔽

法拉第效应
      Y 法拉第磁光效应

法拉第旋光效应
      Y 法拉第磁光效应

法拉第旋转
      Y 法拉第磁光效应

法拉第旋转角
faraday rotation angle
O441
      S 角*

法拉第旋转效应
      Y 法拉第磁光效应

法诺因子
Fano factor
O469
      D Fano 因子
      S 因子*

法向荷载
      Y 水平荷载

法向加速度
      Y 向心加速度

法向力
      Y 轴向力

法向速度
normal velocity
O311.1
      S 速度*

法向压力
      Y 正压

法向应变
      Y 正应变

法向应力
      Y 正应力

砝码
weights
TH715.11
      C 称重
         天平

砝码质量
counterbalance mass
TB932
      S 质量*

翻滚
tumbling
O311
      D 翻滚运动
         滚翻运动
         滚流运动
      S 滚动
      C 角运动
      Z 运动

翻滚运动
      Y 翻滚

翻倾力矩
      Y 倾覆力矩

翻转力矩
      Y 倾覆力矩

钒酸钆晶体
GdVO$_4$ crystal
O734
      D GdVO$_4$ 晶体
      S 钒酸盐晶体
      F 掺钕钒酸钆晶体
      Z 光学晶体
         晶体

钒酸盐晶体
vanadate crystal
O734
      S 无机非线性光学晶体
      F 掺钕钒酸镥晶体
         钒酸钆晶体
         钒酸钇晶体
      Z 光学晶体
         晶体

钒酸钇晶体
yttrium vanadate crystal
O734
      D YVO$_4$ 晶体
      S 钒酸盐晶体
      F 掺钕钒酸钇晶体
      Z 光学晶体
         晶体

反 K 介子
antikaon
O572.33
      S K 介子
         反粒子
      Z 粒子

反 Stokes 荧光
      Y 反斯托克斯光

反变形
reversible deformation
O344.3
      D 反向变形
         预变形
      S 变形*
      C 固有应变
         焊接应力

反差
      Y 对比度

反常磁矩
anomalous magnetic moment
O571.2
      S 原子磁矩

Z 磁矩

反常等离子体电导率
    Y 反常等离子体电阻

反常等离子体电阻
anomalous plasma resistance
TM934.1
    D Landou 吸收
        Landou 阻尼
        反常等离子体电导率
    S 反常电阻
    Z 电阻

反常电阻
anomalous resistance
TM934.1
    S 电阻*
    F 反常等离子体电阻

反常霍尔效应
anomalous Hall effect
O441
    S 霍尔效应
    Z 电场效应

反常扩散
anomalous diffusion
O552.1
    S 扩散*

反常趋肤效应
    Y 趋肤效应

反常热膨胀
anomalous thermal expansion
O551.3
    S 热膨胀
    Z 膨胀

反常塞曼效应
anomalous Zeeman effect
O433.4
    S 塞曼效应
    Z 光学效应

反常散射
anomalous scattering
O572.322
    S 电子散射
    Z 粒子散射

反常色散
anomalous dispersion
O436.3
    S 色散*

反常输运
anomalous transport
O53
    S 转移*

反常吸收
anomalous absorption
O53
    D 先驱效应
    S 吸收*

反常性
    Y 异常

反衬度
    Y 对比度

反冲电子
    Y 康普顿电子

反冲核
recoil nucleus
O57
    S 原子核*

反冲粒子
recoil particle
O572.3
    S 带电粒子
    Z 粒子

反磁测量
antimagnetic measurement
O441.2
    S 磁测量
    C 消磁
    Z 物理测量

反磁化
    Y 消磁

反磁化机制
    Y 消磁

反蛋白石结构
inverse opal
O76
    S 光子晶体结构
    Z 晶体结构

反倒力矩
    Y 倾覆力矩

反电动势
back electromotive force
O442
    D 反电势
    S 电动势*

反电势
    Y 反电动势

反电子
    Y 正电子

反浮选-冷结晶
counter floatation-cool crystallization
O799
    D 反浮选-冷结晶法
        反浮选-冷结晶过程
        反浮选-冷结晶化过程
    S 冷结晶
    Z 结晶

反浮选-冷结晶法
    Y 反浮选-冷结晶

反浮选-冷结晶过程
    Y 反浮选-冷结晶

反浮选-冷结晶化过程
    Y 反浮选-冷结晶

反复荷载
    Y 交变载荷

反复加载
    Y 重复加载

反复弯曲试验
    Y 弯曲疲劳试验

反复应力
    Y 循环应力

反复载荷
    Y 交变载荷

反钙钛矿结构
    Y 钙钛矿型结构

反共振
antiresonance
O321
    S 共振*
    F 原点反共振
    C 弹性振动

反共振频率
    Y 共振频率

反光
reflective
O435.1
    D 反光现象
    S 光学现象*
    C 逆反射

反光膜
reflecting film
TB43；TH74
    D 反射膜
        增反膜
    S 光学薄膜*
    F 高反射膜
    C 逆反射

反光现象
    Y 反光

反光性
negative phototropism
O435.1
    S 光学性质*
    C 反射光
        逆反射

反核子
antinucleon
O572.35
    S 反粒子
        核子
    Z 粒子

反极化
    Y 反向极化

反聚束
    Y 反聚束效应

反聚束效应
antibunching effect
O431.2
    D 反聚束
    S 聚束效应
    F 高阶反聚束效应
        光子反聚束效应

Z 光学效应

反夸克
antiquark
O572.3
  S 反粒子
    夸克
  Z 粒子

反馈*
feedback
ZT5
  F 电流反馈
    非线性反馈
    光电反馈
    光反馈
    耦合反馈
    延迟反馈
  C 控制理论 →(1)

反馈解耦
  Y 前馈解耦

反馈同步
feedback synchronization
O411.1
  S 同步*
  F 线性反馈同步

反馈线性化方法
feedback linearization method
O59
  S 数学物理方法
  Z 物理法

反馈效应
feedback effect
O511
  S 物理效应*

反馈增益
feedback gain
O415
  S 增益*

反扩散
  Y 反向扩散

反类质同晶
anti-isomorphism
O78
  D 反类质同象
  S 同晶现象
  Z 结晶现象

反类质同象
  Y 反类质同晶

反力
reaction
O312
  D 赘余反力
  S 力*

反粒子
antiparticle
O572.3
  S 基本粒子
  F 反K介子
    反核子

    反夸克
    反质子
    反中微子
    反中子
    反重子
  C 反物质
  Z 粒子

反粒子束
  Y 粒子束

反流
  Y 回流

反平方定律
  Y 反平方律

反平方律
inverse square law
O424
  D 反平方定律
    逆平方律
    平方反比定律
  S 物理定律*

反平面
anti-plane
O343.1
  S 平面*

反平面断裂
anti-plane fracture
O346.1
  S 断裂*

反平面剪切
antiplane shear
O344.1
  S 剪切*
  C 反平面裂纹

反平面剪切裂纹
  Y 反平面裂纹

反平面裂纹
anti-plane crack
O346.1
  D 反平面剪切裂纹
    剪切裂纹
  S 裂纹*
  C 反平面剪切

反平面弹性
antiplane elasticity
O343.1
  S 弹性
  Z 力学性质

反平面问题
anti-plane problem
O343.1
  S 力学问题*
  C 界面应力

反散射
  Y 后向散射

反射*
reflex
O4-0
  D 波反射

    反射(物理学)
    反射强度
    反射现象
  F 电磁波反射
    二次反射
    光学反射
    激波反射
    马赫反射
    脉冲反射
    太阳热反射
    信号反射
    中子反射
  C 波传播
    波向 →(4)
    反射率
    散射
    吸收
    折射

反射(物理学)
  Y 反射

反射比
  Y 反射率

反射边界条件
reflective boundary condition
O175；O241；O357；O411
  D 无反射边界条件
  S 边界条件*

反射波
  Y 回波

反射波长
reflection wavelength
TN011
  S 波长*
  C 反射率

反射波谱
reflectance spectrum
O581
  S 波谱*

反射波形
  Y 回波

反射测量术
reflectometry
TB96
  S 光学测量*
  C 反射线

反射定理
  Y 反射原理

反射定律
reflection law
O435.1
  S 光学定律
  C 反射率
  Z 物理定律

反射方程
reflection equation
O435.1
  D 反射方程公式
    反射方程式
    反射方程组

反射方程组式
　　反射公式
　　反射关系式
　S 物理方程*
　C 反射率

反射方程公式
　Y 反射方程

反射方程式
　Y 反射方程

反射方程组
　Y 反射方程

反射方程组式
　Y 反射方程

反射辐射
reflected radiation
O432；P422
　S 辐射*
　C 反射率

反射高能电子衍射
　Y 反射式高能电子衍射

反射公式
　Y 反射方程

反射关系式
　Y 反射方程

反射光
reflected light
O435.1
　D 反射光束
　S 光*
　F 漫射光
　C 反光性
　　反射光谱
　　光反射率
　　光学反射

反射光谱
reflection spectrum
O433.5
　D 电化学反射光谱
　　反射光谱法
　　反射光谱学
　　反射谱
　S 光谱*
　F 差分反射光谱
　　地物反射光谱
　　红外反射光谱
　　漫反射光谱
　C 反射光
　　反射光谱仪 →(4)
　　光谱反射
　　光谱反射特性
　　谱

反射光谱法
　Y 反射光谱

反射光谱特征
　Y 光谱反射特性

反射光谱学
　Y 反射光谱

反射光束
　Y 反射光

反射光线
　Y 反射线

反射光学系统
reflection optical system
TH74
　S 光学系统*
　F 离轴三反系统
　　全反射光学系统
　C 光学反射

反射光栅
reflection grating
O437.4；P111.3
　S 光栅*

反射激波
reflected shock wave
O354.5
　S 激波*

反射计
reflectometer
TH741
　D 反射率测定仪
　　微波反射计
　S 测量仪器*
　C 反射率
　　光学仪器

反射角
reflection angle
O435.1
　S 光学角*
　F 全内反射角

反射矩阵
reflection matrix
O4；P31
　S 矩阵*
　C 变换矩阵 →(1)

反射率*
reflectivity
O435.1；P401
　D 反射比
　F 表面反射率
　　光反射率
　　能量反射率
　　剩余反射率
　C 反射
　　反射波长
　　反射定律
　　反射方程
　　反射辐射
　　反射计
　　反射率测量
　　反射率因子 →(4)
　　反射线
　　反射原理

反射率测定仪
　Y 反射计

反射率测量
reflectivity measurement
TB462；TB96
　S 光学参数测量
　C 反射率
　Z 光学测量

反射面*
reflecting surface
O435
　F 主动反射面

反射膜
　Y 反光膜

反射谱
　Y 反射光谱

反射强度
　Y 反射

反射全息图
reflection hologram
O438.1
　D 李普曼全息图
　S 全息图*

反射声
reflected sound
O422.3
　D 反射音
　S 声音*
　F 回声

反射式高能电子衍射
reflection high energy electron diffraction
O722.7
　D RHEED
　　反射高能电子衍射
　S 高能电子衍射
　Z 衍射

反射衰减
echo attenuation
TN011
　S 波衰减
　Z 衰减

反射吸收红外光谱
reflection-absorption infrared spectra
O433.51；O434.3
　S 红外吸收光谱
　Z 红外光谱
　　吸收光谱

反射现象
　Y 反射

反射线
reflected ray
O435.1
　D 反射光线
　S 光线*
　C 反射测量术
　　反射率

反射音
　Y 反射声

反射原理
reflection principle
O174；O435.1
　D 反射定理
　S 数学原理*

C 反射率
联合分布函数 →(1)

反射照度
reflected illumination
O432.2
 S 照度*

反射折射光学系统
 Y 折反射式光学系统

反射中子
reflected neutron
O572.342
 S 中子
 Z 粒子

反世界
 Y 反物质

反斯托克斯波
 Y 反斯托克斯光

反斯托克斯发光
 Y 上转换发光

反斯托克斯光
anti-stokes light
O436.2
 D 反 Stokes 荧光
  反斯托克斯波
  反斯托克斯散射光
  反斯托克斯线
  反斯托克斯荧光
 S 斯托克斯光
 Z 光

反斯托克斯散射光
 Y 反斯托克斯光

反斯托克斯线
 Y 反斯托克斯光

反斯托克斯荧光
 Y 反斯托克斯光

反弹性应力松弛
 Y 应力松弛

反梯度热通量
 Y 热通量

反铁磁
antiferromagnetic
O482.52
 D 反铁磁性
  反铁磁序
  物质反铁磁性
 S 铁磁性
 C 反铁磁晶体
  反铁磁链
  反铁磁质
 Z 磁性

反铁磁晶体
antiferromagnetic crystal
O737
 D 反铁磁性晶体
 S 铁磁晶体
 C 反铁磁
 Z 晶体

反铁磁链
antiferromagnetic chain
O441.2
 S 磁链*
 C 反铁磁

反铁磁体
 Y 反铁磁质

反铁磁相互作用
 Y 铁磁相互作用

反铁磁性
 Y 反铁磁

反铁磁性晶体
 Y 反铁磁晶体

反铁磁序
 Y 反铁磁

反铁磁质
antiferromagnetics
TM271.6
 D 反铁磁体
 S 磁体*
 C 磁晶各向异性
  反铁磁

反铁电-铁电相变
 Y 铁电-反铁电相变

反弯点法
 Y 拐点法

反位缺陷
antisite defects
O641.4；O771
 S 晶体缺陷*

反物质
antimatter
O572.2；P142
 D 反世界
  反物质世界
 S 物质*
 C 反粒子

反物质世界
 Y 反物质

反吸
 Y 倒虹吸

反相
antiphase
O441.1
 D 反相位
 S 相位*

反相边界
 Y 反相畴界

反相畴
antiphase domain
O76
 D 反向畴
 S 晶畴
 C 反相畴界
 Z 畴

反相畴界
antiphase domain boundary
O771
 D 反相边界
 S 畴界
  面缺陷
 C 反相畴
 Z 畴结构
  晶体缺陷

反相位
 Y 反相

反向饱和电流
reverse saturation current
TN1；TN3
 S 饱和电流
 Z 电流

反向变形
 Y 反变形

反向波
 Y 回波

反向波振荡
 Y 电磁振荡

反向畴
 Y 反相畴

反向磁化
 Y 消磁

反向极化
reverse polarization
O441
 D 反极化
  极化反转
 S 极化*

反向加速度
backward acceleration
TH11
 S 加速度*

反向扩散
back diffusion
O552.2
 D 反扩散
 S 扩散*

反向流
 Y 回流

反向流动
 Y 回流

反向热剩余磁化
 Y 热剩磁

反向散射
 Y 后向散射

反向弯曲试验
 Y 弯曲疲劳试验

反向行波
returning wave
TM
 S 行进波
 Z 波

反向压力
　Y 反压

反向压力梯度
　Y 逆压梯度

反型层
inversion layer
O47
　S 半导体界面
　C 表面电子态
　　反型层迁移率
　Z 固体界面

反型层迁移率
inversion layer mobility
O473
　S 迁移率*
　C 反型层

反压
pressure reversal
O31
　D 背压
　　背压力
　　反向压力
　　反压力
　S 压力*
　C 减载

反压力
　Y 反压

反压梯度
　Y 逆压梯度

反演*
inversion
O174.51；O177.6
　D 反演变换
　　反演法
　　反演方法
　　反演计算
　　反演技术
　　反演理论
　　反演算法
　F 空间反演
　　线性相位反演
　C 目标函数 →(1)
　　逆变换 →(1)
　　神经网络 →(1)

反演变换
　Y 反演

反演成像
inversion imaging
TN911.73；TN941.1
　S 成像*

反演法
　Y 反演

反演方法
　Y 反演

反演计算
　Y 反演

反演技术
　Y 反演

反演理论
　Y 反演

反演算法
　Y 反演

反演轴
inversion axis
O71
　S 轴*

反应产物*
reaction product
O64
　D 反应物
　F 爆轰产物
　　爆炸产物
　　活化产物
　　聚变产物
　　裂变产物
　C 化学反应

反应动力学方程
kinetic equation
O313；O643
　S 动力学方程
　C 反应级数 →(3)
　Z 力学方程

反应堆物理
　Y 反应堆物理学

反应堆物理学
reactor physics
TL32
　D 反应堆物理
　S 原子核物理学
　C 放射化学 →(3)
　Z 物理学

反应工艺
　Y 化学反应

反应机理*
reaction mechanism
O643.12
　D 反应历程
　F 链转移

反应技术
　Y 化学反应

反应结晶
reactive crystallization
O79
　D 反应结晶法
　　反应结晶方法
　　反应结晶过程
　　反应结晶化过程
　　反应析晶
　　晶化反应
　S 工业结晶
　Z 结晶

反应结晶法
　Y 反应结晶

反应结晶方法
　Y 反应结晶

反应结晶过程
　Y 反应结晶

反应结晶化过程
　Y 反应结晶

反应截面
　Y 核反应截面

反应扩散
　Y 反应扩散系统

反应扩散系统
reaction diffusion system
O792
　D 反应扩散
　S 扩散系统
　C 阶段结构 →(1)
　Z 系统

反应力
　Y 背应力

反应历程
　Y 反应机理

反应散射
reactive scattering
O57
　D 反应性散射
　S 粒子散射*

反应物
　Y 反应产物

反应析晶
　Y 反应结晶

反应性熔盐法
reactive flux method
O782
　S 熔盐法
　Z 晶体生长方法

反应性散射
　Y 反应散射

反应总截面
　Y 核反应截面

反照率
albedo
O43；P401；P422
　S 比率*
　F 地表反照率
　C 地照 →(4)
　　天文常数
　　下垫面 →(4)

反折系统
　Y 折反射式光学系统

反直观动力响应
anomalous response
O313
　S 动态响应
　Z 响应

反质子
antiproton
O572.341
　S 反粒子
　　质子

224 汉语主题词表（自然科学卷） 第Ⅱ册 力学、物理学、晶体学

Z 粒子

反质子束
　　Y 质子束

反中微子
antineutrino
O572.321
　　D μ反中微子
　　　电反中微子
　　S 反粒子
　　　中微子
　　Z 粒子

反中子
antineutron
O572.342
　　S 反粒子
　　　中子
　　Z 粒子

反中子反应
　　Y 中子反应

反重子
antibaryon
O572.34
　　S 反粒子
　　　重子
　　Z 粒子

反转粒子数
　　Y 粒子数反转

反转温度
inversion temperature
O551
　　S 温度*

反作用力
　　Y 作用力

返波
　　Y 回波

泛定方程
universal equation
O411
　　D 泛定方程公式
　　　泛定方程式
　　　泛定方程组
　　　泛定方程组式
　　　泛定公式
　　　泛定关系式
　　　泛定计算方法
　　　泛定计算式
　　S 物理方程*

泛定方程公式
　　Y 泛定方程

泛定方程式
　　Y 泛定方程

泛定方程组
　　Y 泛定方程

泛定方程组式
　　Y 泛定方程

泛定公式

　　Y 泛定方程

泛定关系式
　　Y 泛定方程

泛定计算方法
　　Y 泛定方程

泛定计算式
　　Y 泛定方程

泛音
overtone
O424
　　S 声音*

范伯格-佩斯理论
Feinberg-Pais theory
O572
　　S 基本粒子理论
　　Z 物理理论

范德华半径
van der Waals radius
O73
　　S 原子半径
　　Z 原子参数

范德华方程
　　Y 范德瓦尔斯方程

范德华方程式
　　Y 范德瓦尔斯方程

范德华公式
　　Y 范德瓦尔斯方程

范德华计算法
　　Y 范德瓦尔斯方程

范德华计算方法
　　Y 范德瓦尔斯方程

范德华计算式
　　Y 范德瓦尔斯方程

范德华键
　　Y 范德华力

范德华力
van der Waals force
O561.4；O641.3
　　D ATM力
　　　阿克西尔罗德-泰勒-莫托力
　　　范德华键
　　　范德瓦尔斯力
　　　范德瓦耳斯力
　　　分子键
　　S 分子力*
　　F 感应力
　　　偶极力
　　C 缔合 →(3)
　　　分子团簇
　　　气体分子运动论
　　　势能函数 →(1)
　　　相互作用势
　　　液体缔合
　　　液体结构
　　　预离解

范德瓦尔方程

　　Y 范德瓦尔斯方程

范德瓦尔斯方程
van der Waals equation
O552.3
　　D 范德华方程
　　　范德华方程式
　　　范德华公式
　　　范德华计算法
　　　范德华计算方法
　　　范德华计算式
　　　范德瓦尔方程
　　　范德瓦尔斯方程式
　　　范德瓦尔斯公式
　　　范德瓦尔斯计算法
　　　范德瓦尔斯计算方法
　　　范德瓦尔斯计算式
　　　范德瓦耳斯方程
　　　范氏方程
　　　范氏方程式
　　　范氏公式
　　　范氏计算法
　　　范氏计算方法
　　　范氏计算式
　　S 理想气体方程
　　C 范德瓦耳斯气体
　　　正则分布 →(1)
　　Z 热力学方程

范德瓦尔斯方程式
　　Y 范德瓦尔斯方程

范德瓦尔斯公式
　　Y 范德瓦尔斯方程

范德瓦尔斯计算法
　　Y 范德瓦尔斯方程

范德瓦尔斯计算方法
　　Y 范德瓦尔斯方程

范德瓦尔斯计算式
　　Y 范德瓦尔斯方程

范德瓦尔斯力
　　Y 范德华力

范德瓦尔斯气体
　　Y 范德瓦耳斯气体

范德瓦耳斯方程
　　Y 范德瓦尔斯方程

范德瓦耳斯力
　　Y 范德华力

范德瓦耳斯气体
van der Waals gas
O55
　　D 范德瓦尔斯气体
　　　范氏气体
　　S 理想气体
　　C 范德瓦尔斯方程
　　Z 气体

范氏方程
　　Y 范德瓦尔斯方程

范氏方程式
　　Y 范德瓦尔斯方程

范氏公式
  Y 范德瓦尔斯方程
范氏计算法
  Y 范德瓦尔斯方程
范氏计算方法
  Y 范德瓦尔斯方程
范氏计算式
  Y 范德瓦尔斯方程
范氏气态方程
Van's gas equation
V211
  S 气体状态方程
  Z 力学方程
范氏气体
  Y 范德瓦耳斯气体
范围*
range
ZT72
  F 检测极限
范西泰特-策尼克定理
Van Cittert Zernike theorem
O431.2
  S 光学理论*
范性
  Y 塑性
范性大形变
  Y 塑性大变形
范性形变
  Y 塑性变形
方波
square-wave
O32
  D 矩形波
  S 脉冲波
  F 低频方波
  Z 波
方波电磁脉冲
square wave electromagnetic pulse
O441.4
  S 电磁脉冲*
方波电流
rectangular wave current
O441.1
  S 电流*
方波脉冲
square wave pulse
TN78
  D 矩形脉冲
  S 脉冲*
方程*
equation
O122.2
  D 方程式
  F 赫姆霍兹方程
    声呐方程
    状态方程

  C 方程解 →(1)
    方程组
    物理方程
方程(化学)*
equation(chemistry)
O6-041
  F Hamilton 正则方程
  C 物理方程
方程(数学)*
equation (mathematics)
O175
  D 方程思想
  F Mathieu 方程
    边界积分方程
    波动方程
    程函方程
    对称正则长波方程
    对流扩散方程
    法方程
    朗之万方程
    麦克斯韦方程
    抛物化稳定性方程
    平衡微分方程
    数理方程
    体积分方程
    预解方程
    主方程
    自然边界积分方程
  C 解
方程式
  Y 方程
方程思想
  Y 方程(数学)
方程组*
equations
O122.2
  D 联立方程
  F Navier-Stokes 方程组
    波动方程组
    麦克斯韦方程组
    守恒律方程组
  C 等式 →(1)
    方程
方法*
method
ZT0
  D 办法
  F 补偿法
    电-力-声类比
    拐点法
    光电法
    膜板比拟
    拟壳法
    配点法
    声电类比
    条带法
方解石晶体
calcite crystal
O76
  S 矿物晶体
  Z 晶体

方阱流体
square well fluid
O354
  S 流体*
方均位移
  Y 均方位移
方块电阻
square resistance
TM934.1
  S 电阻*
方腔流
  Y 空泡流
方腔流动
  Y 空泡流
方腔驱动流
  Y 空泡流
方式分析
  Y 振型分析
方势垒
square barrier
O47
  S 势垒*
方位各向异性
azimuthal anisotropy
O732；P31
  S 各向异性*
  C 裂缝检测
方位仪
direction finder
TH761
  S 测量仪器*
方位影响
  Y 旋转效应
方向*
direction
ZT74
  D 空间方向
  F 传播方向
    磁场方向
    电场方向
    多轴向
    非弹性主方向
    极化方向
    扩展方向
    难磁化方向
    生长方向
    位移方向
    易磁化方向
    运动方向
    振动方向
  C 方位角 →(4)(5)
方向波谱
directional wave spectrum
O581
  S 波谱*
方向测量
  Y 测向

方向力矩
  Y 偏航力矩

方向性弹性模量
  Y 弹性模量

方形射流
rectangular jet
O358
  D 矩形射流
  S 射流*

方柱绕流
flow around square cylinder
O351.3
  S 绕流
  Z 流体流

防磁
  Y 电磁屏蔽

防护*
protection
X9
  F 防静电
     辐射防护

防静电
antistatic
O441
  D 防静电措施
     静电防护
     抗静电
     抗静电技术
     预防静电
  S 防护*
  C 防雷 →(4)
     静电荷
     静电屏蔽

防静电措施
  Y 防静电

防雷产品
  Y 防雷设施

防雷地网
  Y 避雷网

防雷设施
lightning protect utility
TU895
  D 防雷产品
  S 设施*
  F 避雷网
     避雷针
  C 防雷 →(4)

防热
  Y 绝热过程

防振
  Y 振动控制

仿射空间
affine space
O186.11；O41
  S 空间（数学）*
  C 超二次曲面 →(1)

仿射投影
affine projection
O435
  S 投影*

仿星器
stellarator
O539
  S 等离子体装置*
  C 箍缩效应

放大倍数
  Y 放大系数

放大镜
magnifier
TH74
  S 透镜
  Z 光学元件

放大率
  Y 放大系数

放大系数
amplification factor
O435
  D 倍率系数
     倍增常数
     倍增因子
     放大倍数
     放大率
     放大因数
     放大因子
  S 系数*
  F 纵向放大率

放大因数
  Y 放大系数

放大因子
  Y 放大系数

放大自发发射
amplified spontaneous emission
O572.2
  S 自发发射
  Z 发射

放电*
discharge
O461.2
  D 放电现象
  F 恒电流放电
     局部放电
     均匀放电
     流光放电
     脉冲放电
     气体放电
     热刺激放电
     射频放电
     条纹放电
     微放电
     无电极放电
     阴极放电
  C 电击穿
     放电参数
     放电电阻
     绝缘
     起电
     闪电放电 →(4)

     闪电特征 →(4)

放电参数
discharge parameters
O441
  S 物理参数*
  C 放电

放电等离体
  Y 放电等离子体

放电等离子体
discharge plasma
O531
  D 放电等离体
     气体放电等离子
     气体放电等离子体
  S 等离子体*
  F 电弧等离子体
     电晕放电等离子体
     辉光放电等离子体
     介质阻挡放电等离子体
     脉冲放电等离子体

放电电阻
discharge resistance
TM934.1
  S 电阻*
  C 放电

放电脉冲
  Y 电脉冲

放电现象
  Y 放电

放肩
shouldering
O782
  S 晶体生长工艺*
  C 引上法晶体生长

放宽静安定性
  Y 放宽静稳定性

放宽静稳定度
  Y 放宽静稳定性

放宽静稳定性
relaxed static stability
O317
  D 放宽静安定性
     放宽静稳定度
  S 静态稳定性
  Z 力学稳定性

放炮
  Y 爆破

放气振动
breathing vibration
O32
  D 脉动振动
  S 结构振动
  Z 振动

放热
heat release
O551；O642.1
  S 传热
  C 反应热 →(3)

主　表　227

　　吸热
　　Z 能量转移
放热强度
　　Y 热强度
放热系数
exothermic coefficient
O551.1
　　D 散热系数
　　S 热力学参数
　　Z 物理参数
放射损伤
　　Y 辐射损伤
放射线
　　Y 射线
放射线发光
　　Y 辐射发光
放射效应
　　Y 辐射效应
放射性*
radioactivity
O571.3；O615
　　D 放射性强度
　　F α放射性
　　　β放射性
　　　γ放射性
　　　感生放射性
　　　人工放射性
　　　天然放射性
　　C 放射化学 →(3)
　　　放射性元素 →(3)
　　　衰变率
放射性防护
　　Y 辐射防护
放射性辐射
　　Y 核辐射
放射性胶体
radioactive colloid
O571；O648.1
　　S 分散体系*
放射性平衡
radioactive equilibrium
O57；O615.1
　　D 长期平衡
　　　永久平衡
　　S 化学平衡*
　　　能量平衡*
　　C 放射性物质 →(3)
放射性强度
　　Y 放射性
放射性衰变
　　Y 衰变
放射性同位素分离
　　Y 同位素分离
放射性有效半减期
　　Y 半衰期
放松应力

　　Y 应力松弛
放压
　　Y 压力释放
飞弧
arc-over
O461.2
　　D 飞弧现象
　　S 电弧
　　Z 放电
飞弧现象
　　Y 飞弧
飞机颤振
　　Y 颤振
飞机抖振
　　Y 抖振
飞机废气尾迹
　　Y 飞机尾流
飞机俯仰
　　Y 俯仰
飞机降落速度
　　Y 下落速度
飞机拉烟
　　Y 飞机尾流
飞机尾迹
　　Y 飞机尾流
飞机尾流
aircraft wake
O351.3
　　D 飞机废气尾迹
　　　飞机拉烟
　　　飞机尾迹
　　　飞机蒸发尾迹
　　　废气尾迹
　　　废气蒸发尾迹
　　　机尾云
　　　拉烟
　　　尾迹云
　　　尾云
　　S 尾流
　　Z 流体流
飞机云
　　Y 尾流
飞机蒸发尾迹
　　Y 飞机尾流
飞机着陆速度
　　Y 着陆速度
飞溅阻力
　　Y 水流阻力
飞秒孤子
femtosecond soliton
O437
　　S 光孤子
　　Z 孤子
飞秒光脉冲
　　Y 飞秒脉冲

飞秒光谱
femtosecond spectroscopy
O433.5
　　S 光谱*
飞秒激光等离体
　　Y 飞秒激光等离子体
飞秒激光等离子体
femtosecond laser plasma
O433.54；O53
　　D 飞秒激光等离体
　　S 激光等离子体
　　Z 等离子体
飞秒激光脉冲
　　Y 飞秒脉冲
飞秒近场光谱学
femtosecond near-field spectroscopy
O433
　　S 光谱学*
飞秒脉冲
femtosecond pulse
TN24；TN78
　　D 飞秒光脉冲
　　　飞秒激光脉冲
　　　毫微微秒脉冲
　　S 超短激光脉冲
　　Z 脉冲
飞秒脉冲测量
femtosecond pulse measurement
TN78
　　S 脉冲测量
　　Z 电学量测量
飞秒时间分辨
femtosecond time resolution
O412
　　S 时间分辨
　　Z 分辨
飞片速度
flying plate velocity
O311
　　S 运动速度*
飞散速度
　　Y 扩散速度
飞行弹道
flight trajectory
O315
　　D 弹道飞行
　　　弹器分离弹道
　　　借力飞行弹道
　　　空中弹道
　　　自由飞行弹道
　　S 导弹弹道
　　F 初始弹道
　　Z 弹道
飞行光学
flying optics
O439
　　S 应用光学
　　Z 光学

飞行轨迹
flight trajectory
V212
　D　飞行路线
　S　运动轨迹
　C　凝结尾迹　→(4)
　Z　轨迹

飞行路线
　Y　飞行轨迹

飞行时间
flight time
TL8；V212；V32
　S　事件时间*
　C　飞行时间谱
　　　飞行时间探测器

飞行时间二次离子质谱
time-of-flight secondary ion massspectrometry
O582；O657.63
　D　TOF-SIMS
　S　质谱法*

飞行时间谱
time of flight spectra
O56；O657.63
　S　时间谱
　C　飞行时间
　Z　谱

飞行时间探测器
time of flight counter
O57
　S　探测器*
　C　飞行时间

飞行载荷
flight load
O315；O347.1
　S　动载荷
　Z　荷载

飞逸转速
runaway speed
O311.1
　D　起跑速度
　S　转速
　Z　运动速度

非 Darcy 流
　Y　非达西流

非 Darcy 渗流
　Y　达西渗流

非 Newton 流动
　Y　非牛顿流

非 Newton 流体
　Y　非牛顿流体

非 Newton 流体力学
　Y　非牛顿流体力学

非 Newton 系统
　Y　非牛顿系统

非 Noether 守恒量
　Y　Hojman 守恒量

非阿贝尔规范场
non-Abelian gauge fields
O413.3
　D　非亚贝尔规范场
　S　规范场
　Z　物理场

非傍轴
　Y　非傍轴光束

非傍轴标量光束
non-paraxial scalar beam
O432.12
　S　非傍轴光束
　C　光子带隙结构
　Z　光束

非傍轴高斯光束
non-paraxial gaussian beam
O432.12
　S　非傍轴光束
　　　高斯光束
　C　高斯物镜
　Z　光束

非傍轴光束
non-paraxial beam
O432.12
　D　非傍轴
　S　光束*
　F　非傍轴标量光束
　　　非傍轴高斯光束

非保守荷载
neoconservative loading
O347.1
　S　荷载*

非保守力
non-conservative force
O312
　D　非耗散力
　S　力*
　F　非保守内力
　　　耗散力
　C　功能原理

非保守内力
nonconservative internal force
O312
　S　非保守力
　　　内力
　Z　力

非保守位错运动
　Y　位错攀移

非比例加载
non-proportional loading
O347.1
　S　比例加载
　C　多轴低周疲劳
　Z　荷载

非比例载荷
non-proportional loadings
O347
　S　荷载*

非参数变换
　Y　参数变换

非参数统计
nonparametric statistics
O212.1；O212.7；O411
　D　非参数统计方法
　　　非参统计
　S　统计*
　　　统计分析*
　C　最小距离估计　→(1)

非参数统计方法
　Y　非参数统计

非参统计
　Y　非参数统计

非常光
extraordinary light
O436.3；O734.2
　D　e 光
　　　非寻常光
　S　偏振光
　Z　光

非常光线
extraordinary ray
O435.1
　S　折射光线
　Z　光线

非常荷载
　Y　异常荷载

非成象光学
　Y　非成像光学

非成像光学
nonimaging optics
O435
　D　非成象光学
　S　成像光学
　Z　光学

非传统 Hamilton 型变分原理
unconventional hamilton-type variational principle
O316
　S　Hamilton 原理
　C　初边值问题　→(1)
　Z　力学原理

非磁
　Y　非磁性

非磁化等离子
　Y　非磁化等离子体

非磁化等离子体
unmagnetized plasma
O531
　D　非磁化等离子
　S　磁化等离子体
　Z　等离子体

非磁化等离子体光子晶体
unmagnetized plasma photonic crystal
O734
　S　等离子体光子晶体
　Z　晶体

非磁性
non-magnetic
O482.52
    D 非磁
       无磁性
    S 磁性*

非达西
    Y 非达西流

非达西流
non-Darcy flow
O357.1；O357.3
    D 非 Darcy 流
       非达西
       非达西流动
       非达西现象
       非线性流
       非线性流动
    S 流体流*
    C 达西定律
       渗流速度
       压力梯度

非达西流动
    Y 非达西流

非达西渗流
    Y 达西渗流

非达西现象
    Y 非达西流

非单色光
nonmonochromatic light
O432.3
    S 单色光
    Z 光

非等精度
    Y 不等精度

非等精度测量
    Y 等精度测量

非等熵流动
    Y 周期流动

非等温结晶
    Y 非等温晶化

非等温结晶动力学
nonisothermal crystallization kinetics
O795
    S 结晶动力学
    Z 晶体学

非等温结晶过程
    Y 非等温晶化

非等温结晶化
    Y 非等温晶化

非等温结晶化过程
    Y 非等温晶化

非等温结晶行为
    Y 非等温晶化

非等温晶化
nonisothermal crystallization
O79
    D 非等温结晶
       非等温结晶过程
       非等温结晶化
       非等温结晶化过程
       非等温结晶行为
       非等温晶化过程
    S 等温晶化
    Z 晶化

非等温晶化过程
    Y 非等温晶化

非等温流动
non-isothermal flow
O351.2
    S 流动*
    C 单相流
       温度梯度 →(4)

非电解质
    Y 电解质

非定常
    Y 稳定性

非定常边界层
unsteady boundary layer
O357.4；P404
    D 依赖于时间的边界层
    S 边界层
    C 非定常流
       非定常射流
    Z 流体层

非定常不稳定
unsteady and unstable
O357.1
    S 稳定*

非定常对流扩散方程
unsteady convection diffusion equation
O357
    S 力学方程*

非定常流
unsteady flow
O351.2；O357.1
    D 变流
       不定常流
       不定常流动
       不恒定流
       不稳定流
       不稳定流动
       不稳流
       非定常流动
       非恒定流
       非稳定流
       非稳态流
       非稳态流动
       缓变流
       渐变流
       脉冲流动
       脉动流
       脉动流动
       瞬变流
       瞬变流动
       瞬态流
       暂态流
       振荡流
       振荡流动
    S 流体流*
    F 非定常自由流
       急变流
    C Maxwell 流体
       动静耦合
       非定常边界层
       流场
       斯特劳哈尔数
       压力脉动
       蒸汽流动

非定常流场
unsteady flow field
O357.1
    D 不稳定流场
    S 流场*
    C 气流噪声
       压力脉动

非定常流动
    Y 非定常流

非定常模式
unsteady model
O357.3
    S 渗流模型
    Z 力学模型

非定常气动系数
unsteady aerodynamic coefficient
O354
    S 气动力系数
    C 动态弯矩因子
       加速度因子
       位移因子
    Z 系数

非定常蠕变
transient creep
O344.6
    D 瞬态蠕变
       暂态蠕变
    S 蠕变*

非定常射流
non-steady jet
O358
    S 射流*
    F 附壁射流
    C 非定常边界层

非定常特性
unsteady characteristic
O357.1
    S 力学性质*

非定常运动
    Y 暂态运动

非定常自由流
unsteady free stream
O351.3
    S 非定常流
    Z 流体流

非定态
    Y 稳定

非定域场论

nonlocal field theory
O412
　　S 场论
　　Z 物理理论

非定域干涉
non-localized interference
O436.1
　　S 光学干涉*

非定域势
non-local potential
O571.22
　　S 势*

非对称背涡
　　Y 非对称涡

非对称量子点
asymmetric quantum dot
O413.2
　　S 量子点
　　C 线性组合算符
　　Z 势阱

非对称量子阱
asymmetric quantum well
O47
　　S 量子阱
　　Z 势阱

非对称流
asymmetric drift
O351
　　S 流体流*
　　C 侧向力

非对称势垒
asymmetric barrier
O47
　　S 势垒*

非对称弯曲
　　Y 斜弯曲

非对称涡
asymmetric vortices
O351
　　D 非对称背涡
　　S 涡旋*
　　C 大迎角空气动力学
　　　　流动非对称性
　　　　细长体
　　　　压力脉动

非对称循环
non-symmetrical cycle
O343
　　S 循环*

非对称循环载荷
asymmetrical cyclic load
O347.1
　　S 非对称载荷
　　　　疲劳载荷
　　Z 荷载

非对称载荷
asymmetric loading
O347

　　S 荷载*
　　F 非对称循环载荷

非对易量子力学
non commutative quantum mechanics
O413.1
　　S 量子力学
　　Z 物理学

非辐射跃迁
　　Y 无辐射跃迁

非傅里叶热传导
　　Y 非傅立叶导热

非傅立叶导热
non-fourier conduction
O551.3
　　D 非傅里叶热传导
　　　　非傅立叶热传导
　　S 传热
　　Z 能量转移

非傅立叶热传导
　　Y 非傅立叶导热

非刚性
　　Y 柔性

非各向同性
non-isotropy
TN01
　　S 各向同性*

非各向同性湍流
　　Y 各向同性湍流

非共格Σ3晶界
non-coherent Σ3 boundary
O763
　　S 非共格界面
　　Z 晶界

非共格界面
incoherent interface
O763
　　D 非共格晶界
　　S 共格晶界
　　F 非共格Σ3晶界
　　Z 晶界

非共格晶界
　　Y 非共格界面

非共格孪晶界
non-coherent twin boundary
O763
　　S 共格孪晶界
　　Z 晶界

非共线相位匹配
noncolinear phase matching
O437
　　S 相位匹配
　　Z 匹配

非共振相互作用
nonresonant interaction
O471
　　S 共振相互作用
　　Z 力学作用

　　　　相互作用

非共轴光学系统
non-coaxial optical system
TH74
　　D 偏心光学系统
　　S 光学系统*
　　C 共轴光学系统

非惯性系
noninertial system
O31
　　S 力系*
　　C 惯性参考系 →(4)
　　　　惯性力

非惯性系统
noninertial system
O313
　　S 动态系统
　　Z 力学系统

非惯性坐标系
noninertial coordinate system
O31
　　S 坐标系*

非光滑动力系统
non smooth dynamical system
O19；O313
　　S 动力系统（数学）*

非光滑分岔
non-smooth bifurcation
O32；O4
　　S 分岔*

非广延统计力学
nonextensive statistical mechanics
O3
　　S 统计力学
　　Z 力学

非耗散力
　　Y 非保守力

非恒定流
　　Y 非定常流

非恒定渗流
　　Y 不稳定渗流

非挥发全息记录
nonvolatile holographic storage
O438.1
　　S 全息存储
　　Z 光存储

非混相流体
　　Y 单相流体

非活塞式渗流
　　Y 渗流

非极性
　　Y 极性

非极性晶体
nonpolar crystal
O74
　　S 晶体*

主　表　231

非极性流体
nonpolar fluids
O351
　　S 流体*
　　C 极性流体

非简并
　　Y 简并态

非简谐效应
anharmonic effects
O562
　　S 物理效应*
　　C 非简谐性

非简谐性
anharmonicity
O562
　　D 非谐性
　　S 物理性质*
　　C 非简谐效应

非简谐振动
anharmonic vibration
O322
　　D 非谐振动
　　S 振动*

非简谐振子
　　Y 简谐振子

非接触爆炸
　　Y 殉爆

非接触电导检测
　　Y 非接触式电导检测

非接触式电导检测
contactless conductivity detection
O441.5
　　D 非接触电导检测
　　S 高频电导检测
　　F 电容耦合非接触电导检测
　　C 电导检测器 →(3)
　　Z 电学量测量

非近轴光线
non-adaxial beam
O435.2
　　S 近轴光线
　　C 二次曲面 →(1)
　　Z 光线

非经典光场
non-classical light field
O431.2
　　S 光场*
　　F 多模非经典光场

非经典特性
non-classical properties
O431.2
　　D 非经典性
　　　非经典性质
　　S 量子特性
　　Z 物理特性

非经典效应
nonclassical effects
O413

　　S 物理效应*

非经典性
　　Y 非经典特性

非经典性质
　　Y 非经典特性

非晶半导体
amorphous semiconductors
O756
　　D 玻璃半导体
　　　非晶半导体材料
　　　非晶态半导体
　　　磷酸钒半导体玻璃
　　　磷酸铁半导体玻璃
　　S 非晶体
　　C 半导体单晶
　　Z 固体

非晶半导体材料
　　Y 非晶半导体

非晶玻璃
amorphous glass
O751
　　D 非晶态玻璃
　　S 非晶质*

非晶薄带
amorphous ribbons
O756
　　D 非晶带
　　S 非晶材料*

非晶薄膜*
amorphous thin films
O484.4；O751
　　D 非晶膜
　　　非晶态薄膜
　　　非晶态膜
　　　无定形薄膜
　　　无定形膜
　　F 非晶硅薄膜
　　　非晶态合金膜
　　　非晶碳薄膜

非晶材料*
amorphous materials
O756
　　D 非晶态材料
　　　非晶体材料
　　F 非晶薄带
　　　非晶磁性材料
　　　非晶丝
　　　块状非晶
　　C 非晶化
　　　非晶结构
　　　非晶态
　　　非晶体
　　　晶体材料

非晶磁性材料
amorphous magnetic materials
O482.54；O756
　　D 非晶态磁性材料
　　　非晶体磁性材料
　　S 磁性材料*
　　　非晶材料*

非晶带
　　Y 非晶薄带

非晶孵化层
　　Y 孵化层

非晶固体
　　Y 非晶体

非晶硅
amorphous silicon
O751
　　D 非晶硅材料
　　　非晶态硅
　　　非晶态硅材料
　　S 非晶质*
　　F 纳米非晶硅
　　　氢化非晶硅
　　C 非晶硅薄膜

非晶硅薄膜
amorphous silicon film
O484；O751
　　D 非晶硅膜
　　S 非晶薄膜*
　　　硅薄膜
　　F 氢化非晶硅薄膜
　　C 非晶硅
　　Z 半导体薄膜

非晶硅材料
　　Y 非晶硅

非晶硅膜
　　Y 非晶硅薄膜

非晶合金
　　Y 非晶态合金

非晶合金材料
　　Y 非晶态合金

非晶合金纳米结晶过程
　　Y 非晶合金纳米晶化

非晶合金纳米结晶化
　　Y 非晶合金纳米晶化

非晶合金纳米结晶化过程
　　Y 非晶合金纳米晶化

非晶合金纳米晶化
nanocrystallization of amorphous alloy
O79
　　D 非晶合金纳米结晶过程
　　　非晶合金纳米结晶化
　　　非晶合金纳米结晶化过程
　　　非晶合金纳米晶化过程
　　　非晶态合金纳米晶化
　　S 纳米晶化
　　Z 晶化

非晶合金纳米晶化过程
　　Y 非晶合金纳米晶化

非晶化
amorphisation
O756
　　D 非晶晶化
　　　非晶态晶化
　　　非晶质化

  S 晶化*
  F 固态反应非晶化
   激光非晶化
  C 非晶材料
   非晶态

非晶结构
amorphous structure
O751
  D 非晶态结构
  S 固体结构*
  F 玻璃结构
  C 非晶材料
   非晶态

非晶金刚石
amorphous diamond
O751
  D 非晶态金刚石
   非晶质金刚石
  S 非晶碳
  Z 非晶质

非晶金刚石薄膜
amorphous diamond films
O484；O751
  D 非晶金刚石膜
   金刚石非晶薄膜
   金刚石非晶膜
  S 非晶碳薄膜
  Z 非晶薄膜

非晶金刚石膜
  Y 非晶金刚石薄膜

非晶金属
  Y 非晶态合金

非晶金属材料
  Y 非晶态合金

非晶晶化
  Y 非晶化

非晶-晶态转变
amorphous-crystalline transformations
O792
  S 晶体相变*

非晶膜
  Y 非晶薄膜

非晶纳米硅
  Y 纳米非晶硅

非晶纳米硅材料
  Y 纳米非晶硅

非晶纳米晶
  Y 纳米非晶

非晶-纳米晶
  Y 纳米非晶

非晶氢氧化镍
  Y 非晶态氢氧化镍

非晶区
amorphous region
O76
  S 区域*

非晶取向
amorphous orientation
O751
  S 晶体取向
  Z 晶体性质

非晶丝
amorphous wires
O751
  D 非晶丝材料
  S 非晶材料*
  F 钴基非晶丝

非晶丝材料
  Y 非晶丝

非晶态
amorphous state
O631；O751
  D 非晶状态
  S 晶态
  C 非晶材料
   非晶化
   非晶结构
   悬挂键 →(3)
  Z 物态

非晶态 NiB 合金
  Y 镍-硼非晶态合金

非晶态半导体
  Y 非晶半导体

非晶态玻璃
  Y 非晶玻璃

非晶态薄膜
  Y 非晶薄膜

非晶态材料
  Y 非晶材料

非晶态磁性材料
  Y 非晶磁性材料

非晶态固体
  Y 非晶体

非晶态固体电子密度
  Y 电子态

非晶态固体电子能态
  Y 电子态

非晶态硅
  Y 非晶硅

非晶态硅材料
  Y 非晶硅

非晶态合金
amorphous alloy
O751
  D 玻璃态合金
   玻璃态金属
   非晶合金
   非晶合金材料
   非晶金属
   非晶金属材料
   非晶态合金材料
   非晶态金属

   非晶态金属材料
   非晶质合金
   非晶质合金材料
   金属玻璃
   无定形合金
   无定形合金材料
  S 非晶质*
  F 钴-硼非晶态合金
   镍-磷非晶态合金
   镍-硼非晶态合金
   铁基非晶
   铜基非晶
  C 应力阻抗效应

非晶态合金薄膜
  Y 非晶态合金膜

非晶态合金材料
  Y 非晶态合金

非晶态合金膜
amorphous alloy film
O484；O751
  D 非晶态合金薄膜
  S 非晶薄膜*

非晶态合金纳米晶化
  Y 非晶合金纳米晶化

非晶态结构
  Y 非晶结构

非晶态金刚石
  Y 非晶金刚石

非晶态金属
  Y 非晶态合金

非晶态金属材料
  Y 非晶态合金

非晶态晶化
  Y 非晶化

非晶态聚合物
amorphous polymers
O631.13；O751
  D 无定形聚合物
  S 聚合物*
  C 半结晶聚合物 →(3)
   结晶聚合物 →(3)

非晶态膜
  Y 非晶薄膜

非晶态纳米硅材料
  Y 纳米非晶硅

非晶态氢氧化镍
amorphous nickel hydroxide
O751
  D 非晶氢氧化镍
   非晶质氢氧化镍
  S 非晶质*

非晶态物质
  Y 非晶质

非晶碳
amorphous carbon
O751

S 非晶质*
F 非晶金刚石
　 四面体非晶碳

非晶碳薄膜
amorphous carbon thin films
O484；O751
D 非晶碳膜
S 非晶薄膜*
F 非晶金刚石薄膜
　 氟化非晶碳薄膜
　 含氢非晶碳膜
　 类金刚石薄膜

非晶碳膜
Y 非晶碳薄膜

非晶体
amorphous solid
O751
D 非晶固体
　 非晶态固体
　 非晶质体
S 固体*
F 非晶半导体
C 非晶材料

非晶体材料
Y 非晶材料

非晶体磁性材料
Y 非晶磁性材料

非晶体学对称
Y 非晶体学对称性

非晶体学对称性
non-crystallographic symmetry
O711
D 非晶体学对称
S 晶体对称性
Z 晶体性质

非晶物质
Y 非晶质

非晶相
amorphous phase
O631；O751
D 无定形相
S 相*

非晶形
amorphous form
O751
S 晶体形态
Z 晶体形貌

非晶质*
noncrystalline
O751
D 非晶态物质
　 非晶物质
F 非晶玻璃
　 非晶硅
　 非晶态合金
　 非晶态氢氧化镍
　 非晶碳
　 纳米非晶

非晶质合金
Y 非晶态合金

非晶质合金材料
Y 非晶态合金

非晶质化
Y 非晶化

非晶质金刚石
Y 非晶金刚石

非晶质氢氧化镍
Y 非晶态氢氧化镍

非晶质体
Y 非晶体

非晶状态
Y 非晶态

非静电力
non-electrostatic force
O441.1
S 静电力
Z 电场力

非静力
non-hydrostatic
O312
S 力*

非镜面反射
nonspecular reflection
O435.1
S 镜面反射
Z 反射

非局部理论
nonlocal theory
O33
S 力学理论*
F 非局部弹性理论
C 弹性动力学
　 弹性静力学
　 断裂力学

非局部弹性理论
nonlocal elasticity theory
O343
S 弹性理论
　 非局部理论
C 弹性动力学
　 弹性静力学
Z 力学理论

非局域非线性薛定谔方程
nonlocal nonlinear Schrodinger equation
O413.1
S 非线性薛定谔方程
C 行波解 →(1)
Z 物理方程

非绝热
Y 非绝热过程

非绝热不变量
Y 绝热不变量

非绝热动力学
nonadiabatic dynamics
O551.3；O643.1
S 化学*

非绝热过程
diabatic process
O414.1
D 非绝热
　 非绝热冷却
S 绝热过程
Z 热力学过程

非绝热冷却
Y 非绝热过程

非绝热流
diabatic flow
O351
S 流体流*

非均态成核
Y 非均匀形核

非均相成核
Y 异相成核

非均匀变形
inhomogeneous deformation
O344.3
S 变形*

非均匀采样
irregular sampling
TN911；TP391
S 采样*
F 周期非均匀采样
C 陷波

非均匀磁场
non-uniform magnetic field
O441.2
S 磁场*

非均匀等离子体
inhomogeneous plasma
O531
D 不均匀等离子体
S 等离子体*

非均匀电场
non-uniform electric field
O441.1
S 电场*

非均匀电磁波
inhomogeneous electromagnetic wave
O441.4
S 电磁波*

非均匀介质
heterogeneous media
ZT81
D 非均匀媒质
　 非均质介质
S 介质*
C 连续介质

非均匀流
nonuniform flow
O351
D 不均匀流
　 不均匀流动

非均匀流动
　　非均质流动
　　非匀均流
　　非匀质流动
　S 流体流*
　C 蒸汽流动

非均匀流动
　Y 非均匀流

非均匀媒质
　Y 非均匀介质

非均匀内热源
nonuniform internal generation
O551.3
　S 热源*

非均匀平面波
inhomogeneous plane wave
O441.4
　S 均匀平面波
　Z 电磁波

非均匀湍流
　Y 均匀湍流

非均匀形核
heterogeneous nucleation
O78
　D 非均态成核
　S 晶体成核
　F 异相成核
　　异质形核
　Z 晶体形成

非均匀应变
heterogeneous strain
O344.3
　S 应变*

非均质介质
　Y 非均匀介质

非均质晶核
　Y 异质晶核

非均质流动
　Y 非均匀流

非均质流体
　Y 均质流体

非均质随机渗流场
　Y 稳定渗流场

非均质形核
　Y 异质形核

非理想爆轰
non-ideal detonation
O381
　D 低爆速
　　低速爆轰
　　非理想爆震
　S 爆轰*
　C 爆炸性能 →(3)

非理想爆震
　Y 非理想爆轰

非理想界面
imperfect interface
O343
　S 界面*

非理想气体
imperfect gas
O354；O552.3
　D 实际气体
　　真实气体
　S 气体*
　C 理想气体
　　真实气体效应

非理想溶液
　Y 溶液

非连续变形
discontinuous deformation
O344.3
　S 变形*

非连续介质
discontinuous medium
O33
　S 连续介质
　C 裂隙岩体 →(5)
　Z 力学介质

非邻近忽略微分重叠计算
　Y 忽略微分重叠计算

非流体静力学
　Y 流体静力学

非粘性流
　Y 无粘流

非粘滞性流体
inviscid fluids
O357
　S 流体*
　F 不可压缩流体

非牛顿介质
non-Newtonian medium
O373
　S 力学介质*

非牛顿流
non-Newtonian flows
O373
　D 非 Newton 流动
　　非牛顿流动
　S 流体流*
　F 粘塑性流
　C 拟塑性流体

非牛顿流动
　Y 非牛顿流

非牛顿流体
non-Newtonian fluid
O373
　D 艾森型流体
　　非 Newton 流体
　　非牛顿型流体
　　非牛顿液体
　　卡森流体
　　斯托克斯流体
　S 流体*

　F 触变性流体
　　幂律流体
　　塑性流体
　　粘弹性流体
　C 触变性
　　胶体 →(3)
　　流变学
　　牛顿流体
　　溶胶 →(3)
　　蠕变理论
　　运动粘度
　　自然对流

非牛顿流体力学
non-Newtonian fluid mechanics
O373
　D 非 Newton 流体力学
　　非线性流体力学
　S 流体力学*

非牛顿幂律流体
　Y 幂律流体

非牛顿幂率流体
　Y 幂律流体

非牛顿系统
non-Newtonian system
O373
　D 非 Newton 系统
　S 力学系统*

非牛顿型流体
　Y 非牛顿流体

非牛顿液体
　Y 非牛顿流体

非偏振光
unpolarized light
O436.3
　S 偏振光
　Z 光

非平衡
　Y 不平衡

非平衡等离子
　Y 非平衡等离子体

非平衡等离子体
non-equilibrium plasma
O531
　D 非平衡等离子
　　非平衡态等离子体
　S 等离子体*

非平衡定态
　Y 不平衡

非平衡结晶过程
　Y 非平衡晶化

非平衡结晶化
　Y 非平衡晶化

非平衡结晶化过程
　Y 非平衡晶化

非平衡晶化
non-equilibrium crystallization

O795
　　D 非平衡结晶过程
　　　 非平衡结晶化
　　　 非平衡结晶化过程
　　　 非平衡晶化过程
　　S 晶化*

非平衡晶化过程
　　Y 非平衡晶化

非平衡流
non-equilibrium flow
O354；P433
　　D 不平衡流
　　　 非平衡流动
　　S 气流*
　　C 流动稳定性
　　　 平衡流

非平衡流动
　　Y 非平衡流

非平衡热力学
　　Y 非平衡态热力学

非平衡态
　　Y 不平衡

非平衡态等离子体
　　Y 非平衡等离子体

非平衡态热力学
nonequilibrium thermodynamics
O414.1
　　D 不可逆过程热力学
　　　 不可逆热力学
　　　 非平衡热力学
　　S 热力学*
　　F 线性非平衡热力学
　　C 黑洞热力学 →(4)

非平衡统计理论
non-equilibrium statical theory
O414.21
　　S 物理理论*

非平衡统计力学
nonequilibrium statistical mechanics
O3
　　S 统计力学
　　Z 力学

非平衡相变
nonequilibrium phase transition
O792
　　S 有序-无序相变
　　Z 晶体相变

非平衡载流子
non-equilibrium carrier
O473
　　S 载流子*

非平衡状态
　　Y 不平衡

非平稳随机激励
non-stationary random excitation
O322
　　S 随机激励
　　Z 激励

非平稳随机响应
non-stationary random response
O342
　　S 响应*
　　C 随机振动

非平稳随机振动
non-stationary random vibration
O324
　　S 随机振动
　　Z 振动

非平稳振动
non-stationary vibration
O324
　　S 振动*

非齐聚物
　　Y 低聚物

非轻子衰变
nonleptonic decays
O571.3
　　S 轻子衰变
　　Z 核反应

非球面
　　Y 球面

非球面反光镜
　　Y 非球面镜

非球面反射镜
　　Y 非球面镜

非球面干涉术
　　Y 干涉测量

非球面光学
aspherics
O435.1
　　S 几何光学
　　C 球面空间 →(1)
　　Z 光学

非球面光栅
　　Y 光栅

非球面检测
aspheric testing
TB463
　　S 光学测量*
　　C 球面空间 →(1)

非球面镜
aspherical mirror
TH74
　　D 非球面反光镜
　　　 非球面反射镜
　　S 光学元件*
　　F 双曲面镜
　　　 椭球面反射镜
　　C 球面空间 →(1)

非球面透镜
aspherical lens
TH74
　　S 透镜
　　C 球面空间 →(1)
　　　 无衍射贝塞尔光束
　　Z 光学元件

非球形颗粒
non-spherical particle
ZT81
　　S 颗粒*

非球形粒子
non-spherical particles
O572.3
　　S 球形粒子
　　Z 粒子

非确定系统
　　Y 不确定系统

非确定性系统
　　Y 不确定系统

非热电子
nonthermal electron
O572.322
　　S 电子*

非热辐射
nonthermal radiation
O432；O53；O572；P142；P162
　　S 辐射*
　　C 活动星系 →(4)

非润湿流体
non-wetting fluid
O357
　　D 润湿性流体
　　S 流体*

非色散介质
　　Y 色散介质

非色散离子波
　　Y 离子声波

非视距误差
non-line-of-sight error
TN92
　　S 测量误差*

非弹性
　　Y 弹性

非弹性电子散射
inelastic electron scattering
O572.322
　　S 电子散射
　　Z 粒子散射

非弹性电子隧穿谱
inelastic electron tunneling spectroscopy
O582
　　S 电子能谱
　　Z 能谱

非弹性范围屈曲
inelastic buckling
O344.7
　　D 非弹性屈曲
　　S 屈曲*

非弹性碰撞
inelastic collision
O313.4；O56；O571
　　D 非弹性散射
　　　 深度非弹性碰撞

```
    S 力学碰撞*
    F 非完全弹性碰撞
      完全非弹性碰撞
    C 多重数分布

非弹性屈曲
    Y 非弹性范围屈曲

非弹性散射
    Y 非弹性碰撞

非弹性散射截面
inelastic scattering cross section
O561.5
    D 去弹截面
      去弹性散射截面
    S 弹性散射截面
    Z 截面

非弹性弯曲
    Y 弯曲

非弹性应力
inelastic stress
O343.4
    S 应力*

非弹性主方向
non-principal elasticity directions
O343.5
    S 方向*

非同步取样
asynchronous sampling
TN911
    S 采样*

非完全弹性碰撞
imperfect elastic collision
O313.4
    S 非弹性碰撞
    Z 力学碰撞

非完整力学
non holonomic mechanical
O313
    D 非完整力学系统
    S 分析力学
    Z 理论力学

非完整力学系统
    Y 非完整力学

非微扰 QCD
non-perturbative QCD
O413.1
    S 微扰 QCD
    Z 物理学

非稳定
    Y 稳定性

非稳定流
    Y 非定常流

非稳定流动
    Y 不稳定渗流

非稳定渗流场
    Y 稳定渗流场

非稳定状态
```

```
    Y 稳定

非稳态
    Y 稳定性

非稳态流
    Y 非定常流

非稳态流动
    Y 非定常流

非稳态油膜力
unsteady oil-film force
O313
    S 膜力
    Z 力

非线弹性
    Y 非线性弹性

非线性 J-C 模型
nonlinear Jaynes-Cummings model
O572.31
    S Jaynes-Cummings 模型
    Z 物理模型

非线性 Landau 阻尼
    Y 非线性阻尼

非线性 Schrodinger 方程
    Y 非线性薛定谔方程

非线性本构
    Y 非线性本构关系

非线性本构关系
non-linear constitutive relation
O344.3
    D 非线性本构
    S 本构方程
    F 非线性粘弹性本构关系
    C 多目标非线性规划 →(1)
    Z 力学方程

非线性变换
    Y 线性变换

非线性变形
nonlinear deformation
O344.3
    S 变形*
    F 非线性大变形

非线性波
nonlinear waves
O347.4
    S 应力波*
    F 非线性内波
      非线性驻波
    C 波-粒子相互作用
      孤子

非线性波动
non linear wave
O353.1
    S 波动*

非线性波动方程
nonlinear wave equation
O441
    D 非线性波动方程式
```

```
      非线性波动方程组
      非线性波动方程组式
      非线性波动公式
      非线性波方程
      非线性波方程式
      非线性波方程组
      非线性波方程组式
      非线性波公式
    S 波动方程
    C 分离变量法 →(1)
      稳定集 →(1)
    Z 方程(数学)

非线性波动方程式
    Y 非线性波动方程

非线性波动方程组
    Y 非线性波动方程

非线性波动方程组式
    Y 非线性波动方程

非线性波动公式
    Y 非线性波动方程

非线性波方程
    Y 非线性波动方程

非线性波方程式
    Y 非线性波动方程

非线性波方程组
    Y 非线性波动方程

非线性波方程组式
    Y 非线性波动方程

非线性波公式
    Y 非线性波动方程

非线性不稳定
    Y 非线性稳定

非线性不稳定性
    Y 非线性稳定

非线性大变形
nonlinear large deformation
O344.3
    S 大变形
      非线性变形
    Z 变形

非线性单摆
nonlinear pendulum
O314
    S 单摆
    Z 摆

非线性动力反应分析
    Y 非线性动力分析

非线性动力方程
    Y 非线性动力学方程

非线性动力分析
nonlinear dynamic analysis
O313
    D 动力非线性分析
      非线性动力反应分析
      非线性动力时程分析
      非线性动力学分析
```

S 动力学分析
　　C 非线性动力学
　　　非线性静力分析
　　　显式有限元 →(1)
　　　转迁集
　　Z 力学分析

非线性动力模型
nonlinear dynamic model
O313
　　S 动力学模型
　　Z 力学模型

非线性动力时程分析
　　Y 非线性动力分析

非线性动力特性
　　Y 非线性动力学特性

非线性动力稳定性
non-linear dynamic stability
O317
　　S 动稳定性
　　Z 力学稳定性

非线性动力系统
nonlinear dynamical systems
O19；O313
　　D 非线性动力学系统
　　　强非线性动力系统
　　S 动力系统(数学)*
　　C 相对转动
　　Z 力学系统

非线性动力响应
nonlinear dynamic response
O313
　　S 动态响应
　　Z 响应

非线性动力学
nonlinear dynamics
O313
　　D 非线性动力学行为
　　S 动力学
　　　非线性力学
　　C 遍历定理 →(1)
　　　动态特性
　　　非线性动力分析
　　　非线性物理
　　　碰摩
　　　气流激振力
　　　双 Hopf 分岔
　　Z 理论力学
　　　力学

非线性动力学方程
nonlinear dynamic equations
O313
　　D 非线性动力方程
　　S 动力学方程
　　Z 力学方程

非线性动力学分析
　　Y 非线性动力分析

非线性动力学特性
nonlinear dynamics characteristics
O313
　　D 非线性动力特性

　　S 动态力学特性
　　Z 力学性质

非线性动力学系统
　　Y 非线性动力系统

非线性动力学行为
　　Y 非线性动力学

非线性动态特性
nonlinear dynamic characteristics
O313
　　S 力学性质*
　　C 液固耦合

非线性对流扩散方程
nonlinear convection diffusion equation
O175.29；O35
　　S 对流扩散方程
　　C 三角不等式 →(1)
　　Z 力学方程

非线性反馈
nonlinear feedback
O231；O411.1
　　D 线性反馈
　　S 反馈*

非线性反射
nonliner reflection
O435.1
　　S 光学反射
　　Z 反射

非线性反应分析
　　Y 弹塑性反应分析

非线性伏安特性
nonlinear volt-ampere characteristics
O441.1
　　S 伏安特性
　　Z 电学性质

非线性刚度
non-linear stiffness
O343
　　S 刚度
　　Z 力学性质

非线性隔振
nonlinear vibration isolation
O322
　　S 隔振
　　Z 减振

非线性共振
nonlinear resonance
O321
　　S 共振*

非线性光谱
nonlinear spectra
O433.5
　　D 非线性光谱学
　　S 光谱*
　　C 光学非线性

非线性光谱学
　　Y 非线性光谱

非线性光纤光学

nonlinear fiber optics
O439
　　S 非线性光学
　　　光纤光学
　　Z 光学

非线性光学
nonlinear optics
O437
　　S 线性光学
　　F 二阶非线性光学
　　　非线性光纤光学
　　　光折变非线性光学
　　C 二次谐波产生
　　　非线性物理
　　　光学非线性
　　　光学双稳态
　　Z 光学

非线性光学极化率
　　Y 非线性极化率

非线性光学晶体
nonlinear optical crystals
O734.1
　　D 非线性光学效应晶体
　　　非线性激光晶体
　　S 非线性晶体
　　　光学晶体*
　　F 倍频晶体
　　　红外非线性光学晶体
　　　无机非线性光学晶体
　　　有机非线性光学晶体
　　Z 晶体

非线性光学特性
　　Y 光学非线性

非线性光学无机晶体
　　Y 无机非线性光学晶体

非线性光学系统
nonlinear optical systems
TH74
　　S 光学系统*

非线性光学相位共轭
　　Y 光学相位共轭

非线性光学效应
　　Y 非线性效应

非线性光学效应晶体
　　Y 非线性光学晶体

非线性光学有机晶体
　　Y 有机非线性光学晶体

非线性光子晶体
nonlinear photonic crystal
O734
　　S 非线性晶体
　　　光子晶体
　　Z 晶体

非线性红外光学晶体
　　Y 红外非线性光学晶体

非线性晃动
nonlinear sloshing
O322

S 晃动
C 液固耦合系统
Z 运动

非线性混沌系统
nonlinear chaotic system
O175；O415.5
S 混沌系统*
系统*

非线性激光晶体
Y 非线性光学晶体

非线性极化
nonlinear polarization
O437
S 线性极化
Z 极化

非线性极化率
nonlinear susceptibility
O43
D 非线性光学极化率
S 极化率*
F 二阶非线性极化率
三阶非线性极化率

非线性结构分析
nonlinear structural analysis
O342
S 结构分析
C 结构力学
Z 力学分析

非线性晶格
nonlinear lattice
O76
S 晶格*

非线性晶体
nonlinear crystal
O734
S 晶体*
F 非线性光学晶体
非线性光子晶体

非线性静力分析
nonlinear static analysis
O312
D 静力非线性分析
S 静力分析
C 非线性动力分析
抗震性能
Z 力学分析

非线性理论
nonlinear theory
O31
S 流动理论
C 磁流体力学湍流
非线性物理
Z 力学理论

非线性力学
non-linear mechanics
O322；O39
S 力学*
F 非线性动力学
非线性连续介质力学
C 非线性物理

非线性连续介质
nonlinenr continuum
O33
S 连续介质
Z 力学介质

非线性连续介质力学
non-linear continuum mechanics
O33
S 非线性力学
连续介质力学
Z 力学

非线性流
Y 非达西流

非线性流变
nonlinear rheology
O37
S 流变*
C 流变模型

非线性流动
Y 非达西流

非线性流体力学
Y 非牛顿流体力学

非线性模态
nonlinear normal modes
O322
S 模态*

非线性摩擦力
nonlinear friction force
O313.5
S 摩擦力
Z 力

非线性内波
nonlinear internal waves
O347.4
S 非线性波
内波
Z 应力波

非线性粘弹性
non-linear viscoelasticity
O343.5；O345
D 非线性黏弹性
S 粘弹性
Z 力学性质

非线性粘弹性本构关系
nonlinear viscoelastic constitutive relation
O343.5
S 非线性本构关系
C 弹性回复对应原理
Z 力学方程

非线性粘性阻尼
Y 非线性阻尼

非线性黏弹性
Y 非线性粘弹性

非线性气动弹性
nonlinear aeroelasticity
V211.4
S 非线性弹性
气动弹性

Z 力学性质

非线性强迫振动
nonlinear forced vibration
O322
S 非线性振动
强迫振动
Z 振动

非线性屈曲
inelastic buckling
O344.7
S 屈曲*

非线性热力学
nonlinear thermodynamics
O414.1
S 热力学*

非线性蠕变理论
Y 蠕变理论

非线性三方程模型
Y k-ε 双方程模型

非线性散射
nonlinear scattering
O436.2
S 光散射*

非线性色散
nonlinear dispersion
O436.3
S 色散*

非线性渗流
Y 达西渗流

非线性声参量
acoustic nonlinearity parameter
O42
D 非线性声参量 B/A
S 声学参数*

非线性声参量 B/A
Y 非线性声参量

非线性声学
nonlinear acoustics
O422.7
S 声学*

非线性瞬态响应
nonlinear transient response
O313
S 瞬态响应
C 流固冲击载荷
Z 响应

非线性随机振动
nonlinear random vibration
O324
S 非线性振动
随机振动
Z 振动

非线性弹性
non-linear elastic
O343.5
D 非线弹性
S 弹性

    F 非线性气动弹性
    Z 力学性质

非线性弹性力学
non-linear elasticity mechanics
O343.5
    S 弹性静力学
    Z 固体力学
        理论力学

非线性弹性学
nonlinear elasticity
O343.5
    S 弹性学
    Z 固体力学

非线性弯曲
non linear bending
O343
    S 弯曲*
    C 弹性特征

非线性稳定
non-linear stability
O317；O347.2；P433
    D 非线性不稳定
        非线性不稳定性
    S 稳定*
    C 样条配点法

非线性无机光学晶体
    Y 无机非线性光学晶体

非线性物理
nonlinear physics
O41
    D 非线性物理学
    S 物理学*
    C 非线性动力学
        非线性分析 →(1)
        非线性光学
        非线性化学 →(3)
        非线性科学 →(1)
        非线性理论
        非线性力学

非线性物理学
    Y 非线性物理

非线性吸收
nonlinear absorption
O436.2
    S 光吸收*
    F 饱和吸收

非线性弦振动方程
nonlinear vibrating string equation
O322
    S 非线性振动方程
        弦振动方程
    C 周期孤立波解 →(1)
    Z 力学方程

非线性相干共振
    Y 光学共振

非线性相干共振现象
    Y 光学共振

非线性相干态
nonlinear coherent states
O413.1
    S 相干态
    Z 能态

非线性相互作用
nonlinear interaction
O4-0
    S 相互作用*

非线性效应
nonlinear effect
O437
    D 非线性光学效应
    S 光学效应*
    F 二阶非线性光学效应
        高阶非线性效应
        光整流效应
        离散效应
        三阶非线性效应
        相干效应
        自陡峭效应

非线性谐振子
non-linear harmonic oscillator
O413
    S 线性谐振子
    Z 谐振子

非线性薛定谔方程
nonlinear Schrodinger equation
O413.1
    D NLS 方程
        非线性 Schrodinger 方程
        非线性薛定鄂方程
    S 薛定谔方程
    F 非局域非线性薛定谔方程
        高阶非线性薛定谔方程
        耦合非线性薛定谔方程
    C 孤波解 →(1)
    Z 物理方程

非线性薛定鄂方程
    Y 非线性薛定谔方程

非线性压电效应
nonlinear piezoelectric effect
O482.41
    S 压电性
    Z 电学性质

非线性荧光光谱
nonlinear fluorescence spectrum
O433.5
    S 荧光光谱
    Z 光谱

非线性元激发
nonlinear elementary excitation
O552.6
    S 激发*

非线性运动
nonlinear motion
O311
    D 受迫运动
    S 运动*
    F 自由运动
    C 超谐共振

非线性折射
nonlinear refraction
O435.1
    S 光折射
    Z 折射

非线性折射率
nonlinear refractive index
O435.1
    S 折射率*

非线性振荡
nonlinear oscillation
O322
    S 振荡*
    C 极限环 →(1)
        周期解 →(1)

非线性振动
nonlinear vibration
O322
    S 振动*
    F 参数振动
        非线性强迫振动
        非线性随机振动
        非线性周期振动
        非线性自由振动
        强非线性振动
        松弛振动
    C Edgeworth 展开 →(1)
        密频内共振
        摄动法 →(4)
        塑性分析

非线性振动方程
nonlinear oscillation equation
O322
    S 振动方程
    F 非线性弦振动方程
    Z 力学方程

非线性振动系统
nonlinear vibration systems
O322
    S 振动系统
    Z 力学系统

非线性振子
nonlinear oscillators
O32
    S 振子*
    C 混沌振动

非线性周期振动
nonlinear periodic vibration
O322
    S 非线性振动
        周期振动
    Z 振动

非线性驻波
nonlinear standing wave
O347.4
    S 非线性波
        驻波
    Z 波
        应力波

非线性转子系统

nonlinear rotor system
O313
    S 力学系统*

非线性自由振动
nonlinear free oscillation
O322
    S 非线性振动
       自由振动
    C 单模态
    Z 振动

非线性阻尼
nonlinear damping
O322
    D 非线性 Landau 阻尼
       非线性粘性阻尼
    S 阻尼*

非相对论
non-relativity
O412.1
    S 相对论
    Z 物理理论

非相干
incoherent
O431.1
    D 非相干性
    S 相干性*

非相干泵浦
incoherent pumping
O432.12
    S 泵浦*

非相干成象
incoherent imaging
TN911.73；TN941.1
    S 相干成像
    Z 成像

非相干光
incoherent light
O435.1
    D 非相干光束
    S 相干光束
    Z 光束

非相干光束
    Y 非相干光

非相干光学
    Y 相干光学

非相干光源
incoherent light source
O436.1
    S 相干光源
    Z 光源

非相干散射
incoherent scattering
O436.2
    S 相干散射
    Z 光散射

非相干性
    Y 非相干

非谐晶体
anharmonic crystals
O71
    S 晶体*

非谐力
anharmonic force
O48
    S 力*

非谐相互作用
anharmonic interactions
O731
    S 相互作用*
    C 声子软化

非谐性
    Y 非简谐性

非谐振动
    Y 非简谐振动

非谐振子
    Y 谐振子

非选择性激发
    Y 非选择性热激发

非选择性热激发
nonselective thermal excitation
O561.4
    D 非选择性激发
    S 热激发
    Z 激发

非寻常光
    Y 非常光

非亚贝尔规范场
    Y 非阿贝尔规范场

非圆等离体
    Y 非圆截面等离子体

非圆截面等离体
    Y 非圆截面等离子体

非圆截面等离子体
non-circular toroidal plasma
O531
    D 非圆等离体
       非圆截面等离体
    S 等离子体*

非匀均流
    Y 非均匀流

非匀相成核
    Y 异相成核

非匀质流动
    Y 非均匀流

非振动
non-oscillation
O32
    S 振动*

非正弦波
non-sinusoidal wave
O411
    D 非正弦波形
    S 正弦波

Z 波

非正弦波形
    Y 非正弦波

非中心对称
    Y 中心对称

非中性等离体
    Y 非中性等离子体

非中性等离子体
nonneutral plasma
O53
    D 非中性等离体
    S 等离子体*

非周期性边界条件
nonperiodic boundary condition
O411
    S 边界条件*

非自发成核
    Y 非自发形核

非自发晶核
    Y 异质晶核

非自发形核
non-spontaneous nucleation
O78
    D 非自发成核
    S 自发成核
    Z 晶体形成

非自治混沌系统
non autonomous chaotic system
O415.5
    S 系统*
       自治混沌系统
    Z 混沌系统

非最大纠缠态
non maximally entangled states
O413.1
    S 最大纠缠态
    Z 能态

菲克定律
Fick's law
O551
    S 热力学定律
    Z 物理定律

菲涅尔反射
    Y 菲涅耳衍射

菲涅尔方程
    Y 菲涅耳公式

菲涅尔方程式
    Y 菲涅耳公式

菲涅尔公式
    Y 菲涅耳公式

菲涅尔全息
    Y 菲涅耳全息术

菲涅尔透镜
Fresnel lens
TH74

D 菲涅耳透镜
　　　 费涅尔透镜
　　　 阶梯透镜
　　　 螺纹透镜
　　S 透镜
　　Z 光学元件
菲涅尔衍射
　　Y 菲涅耳衍射
菲涅耳带板
　　Y 波带片
菲涅耳反射
　　Y 菲涅耳衍射
菲涅耳方程
　　Y 菲涅耳公式
菲涅耳方程式
　　Y 菲涅耳公式
菲涅耳公式
Fresnel formula
O436
　　D 菲涅尔方程
　　　 菲涅尔方程式
　　　 菲涅尔公式
　　　 菲涅耳方程
　　　 菲涅耳方程式
　　S 物理方程*
　　C 菲涅耳积分 →(1)
　　　 菲涅耳全息术
　　　 菲涅耳衍射
菲涅耳全息
　　Y 菲涅耳全息术
菲涅耳全息术
Fresnel holography
O438.1
　　D 菲涅尔全息
　　　 菲涅耳全息
　　S 光学全息
　　C 菲涅耳公式
　　　 菲涅耳全息图
　　　 菲涅耳衍射
　　Z 全息术
菲涅耳全息图
Fresnel hologram
O438.1
　　S 全息图*
　　C 菲涅耳全息术
　　　 菲涅耳衍射
菲涅耳双面反射镜
　　Y 双面反射镜
菲涅耳透镜
　　Y 菲涅尔透镜
菲涅耳衍射
Fresnel diffraction
O436.1
　　D 菲涅尔反射
　　　 菲涅尔衍射
　　　 菲涅耳反射
　　　 近场衍射
　　S 光衍射

　　C 菲涅耳公式
　　　 菲涅耳全息术
　　　 菲涅耳全息图
　　Z 衍射
菲佐实验
Fizeau experiment
O4-33
　　S 物理实验
　　Z 科学实验
废气尾迹
　　Y 飞机尾流
废气蒸发尾迹
　　Y 飞机尾流
沸点
boiling point
O551；O552.6
　　D 硫沸点
　　　 水沸点
　　　 氧沸点
　　S 转变温度
　　C 沸腾
　　　 共沸物 →(3)
　　　 气压平衡
　　　 汽化热
　　　 蒸汽压力
　　Z 温度
沸石结晶过程
　　Y 沸石晶化
沸石结晶化
　　Y 沸石晶化
沸石结晶化过程
　　Y 沸石晶化
沸石晶化
zeolite crystallization
O79
　　D 沸石结晶过程
　　　 沸石结晶化
　　　 沸石结晶化过程
　　　 沸石晶化过程
　　S 晶化*
沸石晶化过程
　　Y 沸石晶化
沸石晶体
zeolite crystals
O76
　　S 矿物晶体
　　Z 晶体
沸腾*
boiling
O552
　　D 沸腾现象
　　F 薄膜沸腾
　　　 过冷沸腾
　　　 核沸腾
　　C 沸点
　　　 汽化
　　　 蒸馏 →(3)(4)
沸腾现象

　　Y 沸腾
费尔德常量
　　Y 费尔德常数
费尔德常数
Verdet constant
O482.55
　　D Verdet 常数
　　　 费尔德常量
　　　 维尔德常量
　　　 维尔德常数
　　S 光学常数
　　Z 物理常数
费尔循环
　　Y 热力学循环
费根鲍姆数
Feigenbaum number
O303
　　S 无量纲数*
费马原理
Fermat's principle
O435
　　D Fermat 原理
　　　 极端光程律
　　S 光学理论*
费曼规则
Feynman rule
O413
　　S 量子场论
　　Z 物理理论
费曼图
Feynman diagrams
O413.3
　　S 图表*
费米-狄喇克气体
　　Y 费米气体
费米-狄喇克统计法
　　Y 费米统计
费米动量
Fermi momentum
O572.24
　　S 动量
　　Z 力学量
费米共振
Fermi resonance
O43
　　S 分子振动
　　　 共振*
　　C 分子激发态
　　Z 振动
费米积分
Fermi integral
O411
　　D 费米积分计算
　　S 积分*
　　C 焦耳-汤姆逊系数 →(3)
费米积分计算
　　Y 费米积分

费米流体
  Y 费米气体

费米面
  Y 费米能级

费米能
  Y 费米能级

费米能级
Fermi level
O562.1
  D Fermi 能级
    费米面
    费米能
    准费米能级
  S 能级*
  C 布里渊区
    电子态密度
    钉扎效应
    回旋共振

费米气
  Y 费米子系统

费米气体
Fermi gas
O414.2
  D 费米-狄喇克气体
    费米流体
  S 量子气体
  C 电子气
  Z 流体

费米气体模型
Fermi gas model
O571.21
  S 核模型
  Z 物理模型

费米弱理论
  Y 普适弱作用理论

费米统计
Fermi statistics
O414.2
  D 费米-狄喇克统计法
  S 统计*

费米-托马斯模型
  Y 托马斯-费米模型

费米温度
Fermi temperature
O551
  S 温度*

费米相互作用
Fermi interaction
O572.24
  S 弱相互作用
  Z 相互作用

费米液体
Fermi liquid
O414.2
  S 量子液体
  Z 流体

费米子
fermions
O572.3
  S 基本粒子
  F Dirac 粒子
    轻子
    重费米子
  C 费米子系统
  Z 粒子

费米子系统
fermion systems
O572.3
  D 费米气
  S 量子流体
  F 电子气
    重费米子系统
  C 费米子
    量子统计力学
  Z 流体

费米子自旋理论
Fermion-Spin theory
O413.2
  D Fermion-Spin 理论
  S 量子论
  Z 物理理论

费涅尔透镜
  Y 菲涅尔透镜

费希巴赫共振
  Y Feshbach 共振

分贝
decibel
TB91
  S 计量单位*

分辨*
discrimination
ZT5
  F 光学超分辨
    角分辨
    三维超分辨
    时空分辨

分辨本领
  Y 分辨率

分辨极限
  Y 极限分辨率

分辨力
  Y 分辨率

分辨率*
resolution
TB8；TH74；TP75
  D 分辨本领
    分辨力
    分辨能力
    分辨系数
    鉴别率
    明锐度
    清晰度
  F 超分辨率
    低分辨率
    高分辨率
    光刻分辨率
    极限分辨率
    质量分辨率
  C 大气视宁度 →(4)
    对比度
    数值孔径
    望远镜
    像素

分辨率测量
resolution measurement
TB8
  S 光学参数测量
  Z 光学测量

分辨率极限
  Y 极限分辨率

分辨能力
  Y 分辨率

分辨系数
  Y 分辨率

分辨限
  Y 极限分辨率

分辨像元
  Y 像素

分波分析
partial-wave analysis
O572
  S 物理分析*

分波截面
partial wave cross section
O561.5
  S 截面*

分布*
distribution
ZT72
  D 分布规律
    分布模式
  F 动量分布
    功率分布
    角分布
    径向分布
    快度分布
    密度分布
    膜厚分布
    浓度分布
    缺陷分布
    声速分布
    声压分布
    相态分布
    相位分布
    杂质分布
    噪声分布
    增益分布
    折射率分布
  C 高斯函数
    梯度分布
    物理场

分布(物理学)*
distribution (physics)
O4-0
  F 场分布
    电荷分布
    电流分布
    电势分布

粒子分布
能量分布
位错分布
质量分布

分布布拉格反射
distributed bragg reflection
O435.1
- D 分布布喇格反射
    分布式 Bragg 反射
    分布式布拉格反射
- S 布拉格反射
- Z 反射

分布布喇格反射
- Y 分布布拉格反射

分布布喇格反射镜
distributed Bragg reflector
TH74
- S 光学元件*

分布动载荷
distributed dynamic load
O347.1
- S 动载荷
- Z 荷载

分布负载
- Y 载荷分布

分布规律
- Y 分布

分布荷载
- Y 载荷分布

分布力
distributed force
O312
- S 力*

分布力矩
- Y 力矩分配

分布列
- Y 概率分布

分布模式
- Y 分布

分布式 Bragg 反射
- Y 分布布拉格反射

分布式布拉格反射
- Y 分布布拉格反射

分布式测温
distributed temperature measurement
O551.2；P412.11
- S 温度测量*

分布温度
distribution temperature
O432
- S 温度*

分布问题
- Y 概率分布

分布载荷
distributed load

O347
- D 均布载荷
    均匀载荷
- S 荷载*
- F 线性分布荷载

分步傅里叶
- Y 分步傅里叶方法

分步傅里叶方法
split-step fourier
O438.2
- D 分步傅里叶
- S 光学方法*

分步激发
stepwise excitation
O41
- S 激发*

分步结晶
fractional crystallization
O799
- D 分步结晶法
    分步结晶方法
    分步结晶过程
    分步结晶化过程
    分级结晶
- S 工业结晶
- Z 结晶

分步结晶法
- Y 分步结晶

分步结晶方法
- Y 分步结晶

分步结晶过程
- Y 分步结晶

分步结晶化过程
- Y 分步结晶

分层*
lamination
ZT6
- D 多层
- F 表面积累层
    孵化层
    偶极层
    缺陷层
    死层
    约束层
- C Mueller 矩阵
    垂直结构 →(4)
    多震层 →(5)

分层裂纹
delamination crack
O346.1
- S 裂纹*

分层流
- Y 层流

分层流动
- Y 层流

分层流体
stratified fluid
O357.1；P731.21

- D 成层流体
    分层液体
- S 流体*

分层湍流
stratified turbulence
O357.5
- S 湍流
- Z 流体流

分层液体
- Y 分层流体

分叉裂纹
branching cracks
O346.1
- S 裂纹*

分岔*
bifurcation
O3
- F 倍化分岔
    倍周期分岔
    擦边分岔
    次谐分岔
    非光滑分岔
    环面分岔
    静态分岔
    空穴分岔
    跨临界分岔
    切分岔
    全局分岔
    双 Hopf 分岔
    随机分岔
    退化 Hopf 分岔
    余维二分岔
- C 余维数 →(1)

分潮日
- Y 潮汐要素

分度值
scale division
TH71
- S 数值*

分段中和
- Y 中和

分格生长
- Y 胞状生长

分隔距离
- Y 距离

分光*
light splitting
O436.3
- D 分光技术
- F 红外分光
    偏振分光
    紫外分光
- C 测光 →(4)
    分光辐射
    分光计

分光辐射
spectral radiation
O432.1
- S 光辐射

分光
C 分光
Z 辐射

分光光度温度
Y 色温

分光光度学
Y 光度学

分光光学系统
Y 分光计

分光计*
spectrometer
TH74
　D 分光光学系统
　　分光系统
　　分光仪
　F 干涉分光计
　　色散分光计
　　紫外分光计
　C 分光
　　傅里叶变换光谱
　　光度计 →(4)
　　光谱仪 →(3)(4)
　　光栅
　　谱

分光技术
Y 分光

分光晶体
analyzer crystal
O734
　S 光学晶体*
　F X 射线分光晶体

分光镜
Y 分束器

分光膜
beam splitter films
TB43；TH74；TN24
　D 分色膜
　　分束膜
　S 薄膜*

分光系统
Y 分光计

分光仪
Y 分光计

分划板
reticle
TH74
　S 分划元件
　Z 光学元件

分划元件
optical graduation element
TH74
　D 光学刻度盘
　S 光学元件*
　F 编码尺
　　编码度盘
　　分划板

分级结晶
Y 分步结晶

分解(化学)
Y 分解反应

分解反应*
decomposition reaction
O621.25
　D 不可分解
　　分解(化学)
　　分解规律
　　化学分解
　　可分解
　　直接分解
　　逐级分解
　　自分解
　F 亚稳分解

分解规律
Y 分解反应

分解压
Y 分解压力

分解压力
disjoining pressure
O31；O351；O642
　D 分解压
　　分离压
　　离解压力
　　商解压
　S 压力*
　C 解离 →(3)
　　离解平衡 →(3)

分解原理
Y 数学分解

分解原则
Y 数学分解

分界面
Y 界面

分界能级
demarcation level
O481
　S 能级*

分离*
separation
ZT5
　D 分离过程
　　高效分离
　　快速分离
　F 层流分离
　　电荷分离
　　相分离
　　主应力分离
　C 破乳 →(3)
　　提纯 →(3)
　　脱氧 →(3)

分离法
Y 物质分离

分离过程
Y 分离

分离角
separation angle
O435.1

分离结晶
fractional crystallization
O799
　D 分离结晶过程
　　分离结晶化
　　分离结晶化过程
　S 结晶*
　C 分离结晶作用 →(5)
　　化学分离 →(3)
　　岩浆分异作用 →(5)

分离结晶过程
Y 分离结晶

分离结晶化
Y 分离结晶

分离结晶化过程
Y 分离结晶

分离流
separated flow
O351
　D 气流分离
　S 边界层流动
　C 弹性振动
　　空气动力学
　　气动弹性
　　失速
　　旋涡脱落频率
　Z 流体流

分离流场
separated flow field
O351
　S 流场*

分离流动
Y 边界层分离

分离扰动弹道
Y 外弹道

分离射流
separation jet
O358
　S 射流*
　C 超音速分离

分离式 Hopkinson 压杆
split Hopkinson pressure bar
TU32
　D SHPB
　　分离式霍普金森压杆
　S 霍布金生杆
　Z 冲击杆

分离式霍普金森压杆
Y 分离式 Hopkinson 压杆

分离式霍普金森压杆实验技术
Y SHPB 试验

分离涡模拟
separation vortex simulation
O357
　S 流动模拟
　Z 力学模拟

主　表　245

分离旋涡
seperation vortex
O351.3
　S　涡旋*
　C　不可压缩流
　　　势流

分离压
　Y　分解压力

分力
component force
O312.1
　S　力*

分立对称性
discrete symmetries
O41
　S　基本粒子对称性
　Z　粒子性质

分立发光中心
　Y　发光中心

分量*
component
ZT3
　F　位移分量
　　　应变分量
　　　应力分量
　　　转动分量

分量式钻孔应变
component borehole strain
O344.3
　S　钻孔应变
　Z　应变

分裂因子
splitting factor
O346.1
　S　力学因子*

分流
shunt
O351；P43
　D　分相流动
　S　流体流*

分流分相法
extracting and separating method
O359
　S　流体力学法*

分米波
decimeter wave
O452
　S　微波
　C　特高频
　Z　电磁波

分凝
segregation
O552.6
　S　物质分离*
　F　溶质分凝
　　　杂质分凝

分凝系数
segregation coefficient
O781
　S　晶体学参数*
　F　有效分凝系数
　　　杂质分凝系数

分配力矩
　Y　力矩分配

分片试验
fragmentation test
O302
　S　力学实验
　Z　科学实验

分频成像
frequency division imaging
TN911.73；TN941.1
　S　成像*

分散胶体
　Y　分散体系

分散介质
disperse medium
O55
　S　介质*

分散体
　Y　分散体系

分散体系*
disperse systems
O648
　D　分散胶体
　　　分散体
　F　放射性胶体
　　　高分子网络凝胶
　C　布朗运动
　　　粉尘　→(4)
　　　粉末　→(3)
　　　混合物
　　　颗粒物粒度　→(4)
　　　流体

分散性失稳
diffusion instability
O317
　S　失稳*

分色镜
　Y　二向色镜

分色棱镜
dichroic prism
TH74
　S　光学棱镜
　Z　光学元件

分色膜
　Y　分光膜

分束比
splitting ratio
O435
　S　光束参数
　Z　光学参数

分束角
splitting angle
O435.1
　S　光学角*

分束镜
　Y　分束器

分束膜
　Y　分光膜

分束器
beam splitter
TH74
　D　分光镜
　　　分束镜
　　　光束分离器
　　　折光镜
　S　光学元件*

分数
fraction
O121；O359
　D　不可约分数
　　　简分数
　　　空隙分数
　S　复数*
　C　通分　→(1)
　　　有理性　→(1)

分数电荷
fractional charge
O441.1；O572.21
　S　电荷*

分数傅里叶变换全息图
fractional Fourier transform hologram
O438.1
　S　傅里叶变换全息图
　Z　全息图

分数阶超混沌系统
　Y　分数阶混沌系统

分数阶混沌系统
fractional-order chaotic system
O415.5
　D　分数阶超混沌系统
　S　混沌系统*

分数量子霍尔效应
fractional quantum Hall effect
O441
　S　量子霍尔效应
　Z　电场效应

分数统计
fractional statistics
O413
　S　统计*

分数维
fractal dimension
O151；O189.3；O415.5
　S　维数*

分速度
component velocity
O311
　S　速度*

分维
　Y　分形维数

分维数
　Y　分形维数

分位错
fractional dislocations
O772
　　S　不全位错
　　Z　晶体缺陷
分析*
analysis
ZT5
　　D　分析学
　　F　等熵分析
　　　　机动分析
　　　　机理分析
　　　　理论分析
　　　　模态分析
　　　　频率分析
　　　　色度分析
　　　　声学分析
　　　　时程分析
　　　　时频分析
　　　　图解分析
　　　　污染分析
　　　　相似分析
　　　　响应分析
　　　　谐波发生
　　　　性能分析
　　C　分析方法
分析动力学
analytical dynamics
O313；O316
　　S　动力学
　　　　分析力学
　　Z　理论力学
分析法(数学)*
analysis method(mathematic)
O171
　　D　分析技巧
　　F　位移法
　　C　标准曲线　→(3)
分析方法*
analytical methods
O652
　　D　分析技术
　　F　回路分析法
　　　　显微分析
　　C　沉积物分析　→(5)
　　　　分析
　　　　化学分析
　　　　水质分析　→(3)
　　　　脱氮　→(3)
　　　　脱气　→(3)
分析计算方法
　　Y　计算
分析技巧
　　Y　分析法(数学)
分析技术
　　Y　分析方法
分析结构力学
analytical structural mechanics
O316；O342
　　S　结构力学
　　Z　固体力学

分析静力学
analytic statics
O312；O316
　　S　分析力学
　　　　静力学
　　Z　理论力学
分析力学
analytical mechanics
O316
　　D　解析力学
　　S　理论力学*
　　F　Hamilton 力学
　　　　非完整力学
　　　　分析动力学
　　　　分析静力学
　　　　拉格朗日力学
　　C　量子统计力学
分析天平
chemical balance
TH715.11
　　S　天平
　　C　实验仪器
　　Z　测量仪器
分析线
analytical line
O433.4；O652
　　S　原子光谱分析
　　Z　光谱分析
分析学
　　Y　分析
分析仪
　　Y　分析仪器
分析仪器*
analyzer
TH83
　　D　分析仪
　　F　磁分析器
　　　　光学分析仪器
　　　　静电分析器
　　C　化学分析
　　　　仪器分析法　→(3)
分相结构
phase separation structure
O7
　　D　相分离结构
　　S　相结构*
分相流动
　　Y　分流
分相流模型
separated flow model
O351
　　S　流体力学模型
　　C　三相流
　　　　压力损失
　　Z　力学模型
分相模型
separated model
O351
　　S　力学模型*

分谐波
　　Y　亚谐波
分形
fractal
O151；O189.3；O415.5
　　D　分形处理
　　　　分形理论
　　　　分形论
　　　　分形研究
　　C　芒德布罗集　→(1)
　　　　运筹学　→(1)
分形表面
fractal surfaces
O485
　　S　表面*
　　C　分形海面
分形处理
　　Y　分形
分形动力学
fractal dynamics
O415.5
　　S　动力学
　　C　地质系统　→(4)(5)
　　　　双扩散对流
　　Z　理论力学
分形分析
fractal analysis
O151；O189.3；O415.5
　　S　数学分析*
分形海面
fractal sea surface
O441.4
　　S　水面*
　　C　分形表面
分形盒维数
　　Y　盒维数
分形几何
fractal geometry
O187；O189.3；O415.5
　　D　保形几何
　　　　分形几何学
　　　　分形学
　　　　共形几何
　　S　几何*
　　C　插值
分形几何学
　　Y　分形几何
分形结晶过程
　　Y　分形晶化
分形结晶化
　　Y　分形晶化
分形结晶化过程
　　Y　分形晶化
分形介质
fractal media
TN01
　　S　介质*

主　表　247

分形晶化
fractal crystallization
O484.1；O795
　　D　分形结晶过程
　　　　分形结晶化
　　　　分形结晶化过程
　　　　分形晶化过程
　　S　晶化*

分形晶化过程
　　Y　分形晶化

分形理论
　　Y　分形

分形论
　　Y　分形

分形生长
fractal growth
O484.1
　　S　薄膜生长*

分形维
　　Y　分形维数

分形维数
fractal dimension
O175.29；O415.5
　　D　分维
　　　　分维数
　　　　分形维
　　S　维数*
　　F　关联维数
　　　　广义分形维数
　　　　盒维数
　　C　广义对称正则长波方程

分形学
　　Y　分形几何

分形研究
　　Y　分形

分压
partial pressure
O31；O351；O354
　　D　部分压力
　　　　分压力
　　　　局部压力
　　S　压力*
　　F　CO_2 分压
　　　　H_2S 分压
　　　　氮气分压
　　　　低氧分压
　　　　氯分压
　　　　氢分压
　　C　道尔顿定律
　　　　溶解气体 →(5)
　　　　逸度

分压电阻
divider resistance
TM934.1
　　S　电阻*

分压力
　　Y　分压

分压律
　　Y　道尔顿定律

分因子
　　Y　临界态理论

分应力
　　Y　应力分量

分支比
branching ratio
O571.3
　　D　衰变分支比
　　S　衰变率
　　Z　比率

分支链锁爆炸
　　Y　气体爆炸

分子*
molecule
O561
　　F　超冷分子
　　　　单分子
　　　　多原子分子
　　　　极性分子
　　　　介分子
　　　　气体分子
　　　　无极分子
　　　　吸附分子
　　C　分子理论
　　　　分子量
　　　　分子束
　　　　分子物理学
　　　　分子性质
　　　　离子
　　　　原子
　　　　准分子

分子 UV 光谱
　　Y　分子紫外光谱

分子 π 介子散射
　　Y　分子非弹性碰撞

分子表面
molecular surface
O485
　　S　表面*

分子常数
molecular constant
O561
　　S　物理常数*
　　F　分子力常数

分子场
molecular field
O561
　　S　物理场*
　　C　分子能量

分子场理论
molecular field theory
O48
　　S　唯象理论
　　F　两格点分子场理论
　　Z　物理理论

分子磁化率
molecular magnetic susceptibility
O441.2
　　S　磁化率
　　C　分子磁性
　　　　分子磁学
　　Z　磁参数

分子磁矩
molecular magnetic moment
O441.2
　　S　磁矩*
　　C　分子磁性
　　　　分子磁学

分子磁体
molecular magnet
O482.54
　　S　磁体*
　　C　磁相互作用
　　　　分子磁性
　　　　分子磁学

分子磁性
molecular magnetism
O561.2
　　S　分子性质
　　C　分子磁化率
　　　　分子磁矩
　　　　分子磁体
　　　　分子磁学
　　Z　粒子性质

分子磁学
molecular magnetism
O441.2
　　S　磁学
　　C　分子磁化率
　　　　分子磁矩
　　　　分子磁体
　　　　分子磁性
　　Z　电磁学

分子簇
　　Y　分子团簇

分子大小
　　Y　分子量

分子氮络合物
　　Y　分子配合物

分子电流
molecular current
O441.1；O56
　　D　安培电流
　　　　圆电流
　　S　电流*
　　C　分子电子学

分子电子碰撞电离
molecular electron impact ionisation
O56
　　S　电子碰撞电离
　　Z　电离

分子电子学
molectronics
O561
　　S　电子学*
　　C　分子电流

分子动力学法
  Y 分子动力学方法

分子动力学方法
molecular dynamics method
O313；O561.1
  D MD 法
    分子动力学法
  S 动力学方法
  C 几何构型 →(3)
  Z 力学方法

分子动力学模型
molecular dynamics model
O561
  S 动力学模型
  F 量子分子动力学模型
  Z 力学模型

分子动能
molecular kinetic energy
O561
  S 动能
    分子能量
  C 分子运动论
  Z 能量

分子对称性
molecular symmetry
O561.1；O561.2
  S 分子性质
  Z 粒子性质

分子仿真
  Y 分子模拟

分子仿真方法
  Y 分子模拟

分子仿真过程
  Y 分子模拟

分子仿真实验
  Y 分子模拟

分子仿真实验方法
  Y 分子模拟

分子仿真实验过程
  Y 分子模拟

分子非弹性碰撞
molecular inelastic collisions
O561.5
  D 分子π介子散射
    分子能转移碰撞
  S 分子碰撞
  F 原子-分子碰撞
  Z 碰撞

分子共振态
  Y 分子激发态

分子构象
molecular conformation
O56；O63；O641.6
  D 分子组态
  S 化学结构*
  C 点群
    分子轨道计算
    构象稳定性

    化学键 →(3)
    结构化学 →(3)
    氢键

分子光谱
molecular spectrum
O561.3
  D 大分子光谱
    分子光谱法
    分子谱
  S 光谱*
  F 多原子无机分子光谱
    分子荧光光谱
    分子振动光谱
    分子紫外光谱
  C 分子激发
    分子能级
    分子射线
    分子振动
    分子转动

分子光谱法
  Y 分子光谱

分子光谱学
molecular spectroscopy
O561.3
  S 光谱学*

分子光学
molecular optics
O436
  S 物理光学
  Z 光学

分子光子学
molecular photonics
O439；O572.31
  S 光子学
  Z 光学

分子轨道
  Y 分子轨道(化学)

分子轨道(化学)*
molecular orbital
O641.122
  D 分子轨道
  F 自旋轨道
  C 分子轨道计算
    分子轨道能级

分子轨道法
  Y 分子轨道理论

分子轨道计算
molecular orbitals calculations
O561
  D 广义价力场计算
    模拟分子轨道从头计算
    杂原子方法计算
  S 分子能级计算*
  F 忽略微分重叠计算
    扩展休克尔理论计算
    休克尔分子轨道计算
  C 分子构象
    分子轨道(化学)
    分子轨道理论
    分子轨道能级

分子轨道理论
molecular orbital theory
O561；O641.122
  D MO 法
    MO 理论
    分子轨道法
  S 轨道理论
  F HMO 理论
  C 分子轨道计算
    分子轨道能级
    休克尔分子轨道 →(3)
    自洽场
  Z 化学理论

分子轨道能
  Y 分子轨道能级

分子轨道能级
molecular orbital energy level
O561
  D 分子轨道能
    分子轨道能量
  S 分子能级
  C 分子轨道(化学)
    分子轨道计算
    分子轨道理论
    能带
  Z 能级

分子轨道能量
  Y 分子轨道能级

分子核四极矩
  Y 分子矩

分子激发
molecular excitation
O561.4
  S 激发*
  C 分子光谱
    分子能量
    分子荧光
    分子振动

分子激发态
molecular excited states
O56；O641.3
  D 分子共振态
    分子亚稳态
  S 激发态
  C Feshbach 共振
    电荷转移态
    费米共振
  Z 能态

分子极化
molecular polarisability
O56
  S 极化*
  C 分子矩

分子极化率
molecular polarizability
O561
  S 极化率*

分子极性
molecular polarity
O561.2

S 分子性质
　　Z 粒子性质
分子价连接性指数
　　Y 分子连接性
分子间多量子相干
intermolecular multiple quantum coherences
O413.2
　　S 多量子相干
　　Z 相干性
分子间力
　　Y 分子力
分子间氢键
intermolecular hydrogen bond
O561.4；O641.3
　　S 氢键
　　Z 化学反应
分子间势
intermolecular potential
O561.4
　　D 分子间相互作用势
　　　 分子势
　　S 相互作用势*
分子间相互作用力
　　Y 分子力
分子间相互作用势
　　Y 分子间势
分子间作用力
　　Y 分子力
分子键
　　Y 范德华力
分子晶体点阵动力学
lattice dynamics of molecular crystals
O795
　　S 晶格动力学
　　Z 晶体学
分子静力学
molecular statics
O312
　　S 分子力学*
　　F 原子分子反应静力学
分子矩
molecular moments
O56
　　D 分子核四极矩
　　　 分子偶极距
　　　 分子四极矩
　　S 分子性质
　　C 磁矩
　　　 分子极化
　　　 四极矩
　　Z 粒子性质
分子空间构型
molecular spatial configuration
O561；O621.13；O641.6
　　S 化学结构*
分子扩散
molecular diffusion
O552
　　D 分子扩散性
　　S 粒子扩散
　　F 布朗扩散
　　　 热扩散
　　C 扩散系数
　　Z 扩散
分子扩散性
　　Y 分子扩散
分子离解
molecular dissociation
O561.4；O643.1
　　D 库仑爆炸
　　S 化学反应*
　　F 预离解
　　C 分解热 →(3)
分子理论
molecular theory
O56
　　S 物理理论*
　　F 分子运动论
　　C 分子
　　　 分子结构 →(3)
　　　 分子能量
分子力*
molecular force
O561.4；O641.3
　　D 分子间力
　　　 分子间相互作用力
　　　 分子间作用力
　　F 范德华力
　　　 环张力
　　　 色散力
　　C 分子力常数
　　　 化学键 →(3)
分子力常数
molecular force constants
O56
　　D 分子力场
　　S 分子常数
　　C 分子力
　　　 分子振动
　　　 分子转动
　　　 势能函数 →(1)
　　Z 物理常数
分子力场
　　Y 分子力常数
分子力学*
molecular mechanics
O64
　　F 分子静力学
　　C 力学
分子力学模拟
molecular mechanics simulation
O411.3
　　S 力学模拟*
分子连接性
molecular connectivity
O561.1；O561.2
　　D 分子价连接性指数
　　　 分子连接性指数
　　S 分子性质
　　Z 粒子性质
分子连接性指数
　　Y 分子连接性
分子量*
molecular weight
O6-04
　　D 分子大小
　　　 分子质量
　　　 摩尔质量
　　　 相对分子量
　　　 相对分子质量
　　F 超高分子量
　　C 分子
　　　 分子量测定
　　　 分子量分布 →(3)
　　　 分子能量
　　　 聚合
　　　 重量
分子量测定
molecular weight determination
O56
　　S 化学测定*
　　C 分子量
　　　 水汽凝结测量仪 →(4)
　　　 质谱法
分子络合物
　　Y 分子配合物
分子模拟
molecular simulation
O411.3
　　D 分子仿真
　　　 分子仿真方法
　　　 分子仿真过程
　　　 分子仿真实验
　　　 分子仿真实验方法
　　　 分子仿真实验过程
　　　 分子模拟方法
　　　 分子模拟过程
　　　 分子模拟实验
　　　 分子模拟实验方法
　　　 分子模拟实验过程
　　　 分子行为仿真
　　　 分子行为仿真方法
　　　 分子行为仿真过程
　　　 分子行为仿真实验
　　　 分子行为仿真实验方法
　　　 分子行为仿真实验过程
　　　 分子行为模拟
　　　 分子行为模拟方法
　　　 分子行为模拟过程
　　　 分子行为模拟实验
　　　 分子行为模拟实验方法
　　　 分子行为模拟实验过程
　　　 分子运动仿真
　　　 分子运动仿真方法
　　　 分子运动仿真过程
　　　 分子运动仿真实验
　　　 分子运动仿真实验方法
　　　 分子运动仿真实验过程
　　　 分子运动模拟
　　　 分子运动模拟方法

　　　　分子运动模拟过程
　　　　分子运动模拟实验
　　　　分子运动模拟实验方法
　　　　分子运动模拟实验过程
　　S 物理模拟*

分子模拟方法
　　Y 分子模拟

分子模拟过程
　　Y 分子模拟

分子模拟实验
　　Y 分子模拟

分子模拟实验方法
　　Y 分子模拟

分子模拟实验过程
　　Y 分子模拟

分子膜
　　Y 单分子膜

分子摩擦学
molecular tribology
O313.5；O485
　　S 摩擦学*

分子内氢键
intramolecular hydrogen bond
O561.4；O641.3
　　S 氢键
　　Z 化学反应

分子内振动
　　Y 分子振动

分子内转动
intramolecular rotation
O561.3
　　S 分子转动
　　Z 运动

分子能
　　Y 分子能量

分子能级
molecular energy levels
O561
　　S 能级*
　　F 分子轨道能级
　　C 分子光谱
　　　配位场理论 →(3)

分子能级计算*
molecular energy level calculations
O561
　　F 分子轨道计算
　　　价键计算
　　C n 体问题 →(4)
　　　从头计算

分子能量
molecular energy
O552
　　D 分子能
　　S 能量*
　　F 分子动能
　　　内部能量
　　C 分子参数 →(3)

　　　　分子场
　　　　分子激发
　　　　分子结构 →(3)
　　　　分子理论
　　　　分子量

分子能转移碰撞
　　Y 分子非弹性碰撞

分子偶极距
　　Y 分子矩

分子排列
　　Y 分子取向

分子配合物
molecular complex
O641.4；O74
　　D 分子氮络合物
　　　分子络合物
　　S 配合物*

分子碰撞
molecular collisions
O561.5
　　S 粒子碰撞
　　F 电子-分子碰撞
　　　分子非弹性碰撞
　　C 布朗运动
　　Z 碰撞

分子谱
　　Y 分子光谱

分子谱线
　　Y 分子线

分子取向
molecular orientation
O753.2
　　D 分子排列
　　S 液晶取向
　　C 取向稳定性
　　　液晶
　　Z 液晶性能

分子热运动
heat motion
O552
　　S 分子运动
　　　热运动
　　Z 运动(物理)

分子散射
　　Y 瑞利散射

分子射线
molecular ray
O561
　　S 射线*
　　C 分子光谱

分子生物物理学
molecular biophysics
Q615
　　D 生命分子
　　S 分子物理学
　　　生物物理学
　　C 脱氧核糖核酸 →(3)
　　Z 物理学

分子式
　　Y 化学式

分子势
　　Y 分子间势

分子手性
　　Y 手性

分子束
molecular beam
O561
　　S 粒子束*
　　F 超声分子束
　　　交叉分子束
　　　脉冲分子束
　　C 分子
　　　分子-分子反应 →(3)

分子束电共振
　　Y 电共振

分子束外延
molecular beam epitaxy
O782
　　D MBE
　　S 外延*
　　F 等离子体辅助分子束外延
　　　固源分子束外延
　　　激光分子束外延
　　C 二维电子气
　　　量子线

分子束外延法
　　Y 分子束外延生长法

分子束外延生长
　　Y 分子束外延生长法

分子束外延生长法
molecular beam epitaxial growth
O782
　　D 分子束外延法
　　　分子束外延生长
　　　有机金属分子束外延生长
　　S 外延生长
　　Z 晶体生长方法

分子数密度
number density of molecules
O561
　　S 数密度
　　Z 密度

分子四极矩
　　Y 分子矩

分子体积
　　Y 摩尔体积

分子团
　　Y 分子团簇

分子团簇
molecular clusters
O561
　　D 分子簇
　　　分子团
　　S 团簇*
　　C 缔合 →(3)
　　　范德华力

主　表　251

分子物理
　　Y 分子物理学

分子物理学
molecular physics
O561
　　D 分子物理
　　S 物理学*
　　F 分子生物物理学
　　　 原子分子物理学
　　C 分子
　　　 分子结构 →(3)
　　　 分子性质

分子吸收光谱
molecular absorption spectrum
O433.51
　　S 吸收光谱*
　　C 分子吸收 →(3)

分子线
molecular wire
O561；P141
　　D 分子谱线
　　S 谱线*

分子行为仿真
　　Y 分子模拟

分子行为仿真方法
　　Y 分子模拟

分子行为仿真过程
　　Y 分子模拟

分子行为仿真实验
　　Y 分子模拟

分子行为仿真实验方法
　　Y 分子模拟

分子行为仿真实验过程
　　Y 分子模拟

分子行为模拟
　　Y 分子模拟

分子行为模拟方法
　　Y 分子模拟

分子行为模拟过程
　　Y 分子模拟

分子行为模拟实验
　　Y 分子模拟

分子行为模拟实验方法
　　Y 分子模拟

分子行为模拟实验过程
　　Y 分子模拟

分子形貌
molecular morphology
O561；O641
　　S 形貌*

分子性质
molecular properties
O561.2
　　S 粒子性质*
　　F 分子磁性

分子对称性
分子极性
分子矩
分子连接性
构象稳定性
立构规整性
链刚性
取向稳定性
手性
旋光活性
　　C 分子
　　　 分子结构 →(3)
　　　 分子物理学
　　　 化学选择性 →(3)

分子亚稳态
　　Y 分子激发态

分子荧光
molecular fluorescence
O436
　　S 荧光*
　　C 分子激发
　　　 分子荧光光谱

分子荧光光谱
molecular fluorescence spectra
O561.3
　　S 分子光谱
　　　 荧光光谱
　　C 分子荧光
　　Z 光谱

分子-原子碰撞
　　Y 原子-分子碰撞

分子运动
molecular motion
O561
　　S 粒子运动
　　F 分子热运动
　　Z 运动(物理)

分子运动仿真
　　Y 分子模拟

分子运动仿真方法
　　Y 分子模拟

分子运动仿真过程
　　Y 分子模拟

分子运动仿真实验
　　Y 分子模拟

分子运动仿真实验方法
　　Y 分子模拟

分子运动仿真实验过程
　　Y 分子模拟

分子运动论
molecular kinetic theory
O552
　　S 分子理论
　　F 气体分子运动论
　　C 分子动力学 →(3)
　　　 分子动能
　　　 克努曾流
　　Z 物理理论

分子运动模拟
　　Y 分子模拟

分子运动模拟方法
　　Y 分子模拟

分子运动模拟过程
　　Y 分子模拟

分子运动模拟实验
　　Y 分子模拟

分子运动模拟实验方法
　　Y 分子模拟

分子运动模拟实验过程
　　Y 分子模拟

分子振动
molecular vibration
O32；O56
　　D r 矩心
　　　 分子内振动
　　S 振动*
　　F 费米共振
　　C 分子光谱
　　　 分子激发
　　　 分子力常数
　　　 分子转动
　　　 拉曼光谱
　　　 势能函数 →(1)

分子振动光谱
molecular vibration spectrum
O561.3
　　S 分子光谱
　　　 振动光谱
　　Z 光谱

分子振动温度
molecular vibrational temperature
O552
　　S 振动温度
　　Z 温度

分子质量
　　Y 分子量

分子置换法
molecular replacement method
O723
　　D 卷积分子法
　　　 平移函数法
　　　 旋转函数法
　　S 晶体结构分析方法*

分子中子衍射
molecular neutron diffraction
O571.56
　　S 中子衍射
　　Z 衍射

分子转动
molecular rotation
O56
　　D 分子转动态
　　S 旋转
　　F 分子内转动
　　C 分子光谱
　　　 分子力常数

　　　　分子振动
　　　　拉曼光谱
　　　　预离解
　　Z 运动

分子转动态
　　Y 分子转动

分子状态
molecular state
O56
　　S 状态*

分子紫外光谱
ultraviolet spectra of molecules
O561.3
　　D 分子 UV 光谱
　　S 分子光谱
　　　　紫外光谱
　　F 多原子无机分子紫外光谱
　　Z 光谱

分子组态
　　Y 分子构象

粉红噪声
pink noise
O42
　　S 随机噪声*

粉晶 X 射线衍射
　　Y X 射线粉末衍射

粉晶法
　　Y 粉末法

粉晶衍射
　　Y 粉末衍射

粉末法
powder method
O722.4
　　D X 射线粉晶衍射法
　　　　X 射线粉末衍射法
　　　　X 射线粉末衍射术
　　　　粉晶法
　　　　粉末衍射法
　　S X 射线衍射法
　　C 单晶法
　　Z 晶体结构分析方法

粉末图
powder patterns
O722
　　D Debye-scherrer 环
　　　　Debye 图
　　　　多晶图
　　S 衍射图
　　Z 图像

粉末衍射
powder diffraction
O722
　　D 粉晶衍射
　　S 晶体衍射*
　　F X 射线粉末衍射
　　　　中子粉末衍射

粉末衍射法
　　Y 粉末法

粉末衍射仪
powder diffractometer
O72
　　D X 射线粉末衍射仪
　　S X 射线衍射仪
　　Z 测量仪器
　　　　晶体学仪器

粉体力学
powder mechanics
O347.7
　　S 散体力学
　　Z 固体力学

粉体阻尼
powder damping
O328
　　S 阻尼*

丰中子核
neutron-rich nuclei
O571.5
　　S 原子核*
　　C 丰中子核素 →(3)

风道流场
duct flow field
V211
　　S 风流流场
　　Z 流场

风洞流场
wind tunnel flow field
V211.7
　　S 流场*

风洞模拟
wind tunnel simulation
O354；O411.3
　　S 物理模拟*
　　C 气动模型

风洞模型
　　Y 气动模型

风洞天平
wind tunnel balance
TH715.11；V211
　　D 空气动力天平
　　　　空气动力学天平
　　　　气动力天平
　　S 天平
　　F 旋转天平
　　Z 测量仪器

风荷载
wind load
O347.1；P425.1
　　D 风载
　　　　风载荷
　　S 荷载*
　　F 阵风载荷
　　C 风速 →(4)
　　　　风压 →(4)

风激振动
aeolian vibration
O323
　　S 激振
　　Z 振动

风力发电
wind power generation
TM61
　　S 发电*
　　C 海洋风能 →(4)
　　　　恒定性资源 →(4)

风流场
　　Y 风流流场

风流流场
flow field of airflow
V211
　　D 风流场
　　S 气流流场
　　F 风道流场
　　　　风速流场
　　Z 流场

风沙动力学
aeolian dynamics
O39；P425.61；P425.64
　　D 风沙工程学
　　　　风沙物理
　　　　风沙物理学
　　S 应用力学
　　C 风沙电场 →(4)
　　　　风沙天气 →(4)
　　　　泥沙通量 →(4)
　　　　平均风速 →(4)
　　Z 力学

风沙工程学
　　Y 风沙动力学

风沙两相流
wind-sand two-phase flow
O359；P425.64
　　S 两相流
　　　　气流*
　　Z 流体流

风沙物理
　　Y 风沙动力学

风沙物理学
　　Y 风沙动力学

风沙跃移运动
wind-blown sand saltation
O311
　　S 跃移
　　C 输沙势 →(4)
　　Z 运动

风生海洋噪声
　　Y 风噪声

风生噪声
　　Y 风噪声

风速场
　　Y 流速场

风速管
　　Y 皮托管

风速流场
wind velocity flow field
V211
　　S 风流流场

主 表 253

　　Z 流场

风载
　　Y 风荷载

风载荷
　　Y 风荷载

风噪声
wind noise
O422.8；P425.66
　　D 风生海洋噪声
　　　 风生噪声
　　S 气流噪声
　　Z 噪声

风阻力
wind drag
O31
　　S 阻力*
　　C 大气影响 →(4)

封闭循环
　　Y 热力学循环

峰电流
peak current
O441.1；O657.1
　　S 电流*

峰电位
peak potential
O441.1
　　D 峰值电势
　　S 电位*

峰荷
　　Y 最大载荷

峰速
wave crest velocity
O353；P731.22
　　S 波速
　　Z 传播速度

峰应力
　　Y 平台应力

峰值超压
　　Y 超压峰值

峰值电场
peak electric field
O441.1
　　S 电场*

峰值电势
　　Y 峰电位

峰值断裂伸长
　　Y 断裂伸长

峰值负荷
　　Y 最大载荷

峰值光强
peak intensity
O432.1
　　S 光强*

峰值荷载
　　Y 最大载荷

峰值抗剪强度
　　Y 峰值强度

峰值流量
　　Y 最大流量

峰值能
　　Y 峰值能量

峰值能量
peak energy
O432.12
　　D 峰值能
　　S 脉冲能量
　　Z 能量

峰值强度
peak strength
O346
　　D 峰值抗剪强度
　　S 力学强度*
　　C 剪断
　　　 正应力

峰值压力
peak pressure
O31；O351
　　D 极限压力
　　　 压力峰
　　　 压力峰值
　　　 最大压力
　　　 最高爆发压力
　　　 最高压力
　　S 压力*
　　C 环形裂纹
　　　 渗透性

峰值应变
peak strain
O344.3
　　D 应变峰值
　　S 应变*
　　C 弹性模量
　　　 峰值应力
　　　 弯曲抗拉强度
　　　 应力-应变曲线

峰值应力
peak stress
O343.4
　　S 应力*
　　C 峰值应变

峰值载荷
　　Y 最大载荷

峰值振幅
　　Y 最大振幅

峰值质点速度
　　Y 质点峰值振动速度

缝隙长度
　　Y 裂纹长度

缝隙宽度
　　Y 裂缝宽度

缝隙流动
slit flow
O351.2

　　S 流动*

缝隙效应
gap effect
O354
　　S 气动效应*

佛光
heiligenschein
O43；P427.1
　　D 宝光
　　　 宝光环
　　　 布劳肯虹
　　　 布劳肯幽灵
　　　 彩光
　　　 峨眉宝光
　　　 峨嵋宝光
　　　 露面宝光
　　S 大气现象*

佛劳德数
　　Y 弗劳德数

孵化层
incubation layer
O47
　　D 非晶孵化层
　　S 分层*

夫兰克-赫兹实验
　　Y 弗兰克-赫兹实验

夫兰克-里德源
　　Y 弗兰克-里德源

夫兰克位错
　　Y 弗兰克不全位错

夫琅禾费衍射
　　Y 夫琅和费衍射

夫琅和费衍射
Fraunhofer diffraction
O436.1
　　D Fraunhofer 衍射
　　　 单缝夫琅和费衍射
　　　 夫琅禾费衍射
　　　 夫朗和费衍射
　　　 扶朗和费衍射
　　　 远场衍射
　　S 光衍射
　　Z 衍射

夫朗和费衍射
　　Y 夫琅和费衍射

夫伦克耳缺陷
　　Y 弗仑克尔缺陷

弗兰克不全位错
Frank partial dislocation
O772
　　D Frank 分位错
　　　 夫兰克位错
　　　 弗兰克分位错
　　S 不全位错
　　Z 晶体缺陷

弗兰克分位错
　　Y 弗兰克不全位错

弗兰克-赫兹实验
Franck-Hertz experiment
O4-33
  D F-H 实验
    夫兰克-赫兹实验
    弗兰克—赫兹实验
  S 物理实验
  Z 科学实验

弗兰克—赫兹实验
  Y 弗兰克-赫兹实验

弗兰克-里德位错源
  Y 弗兰克-里德源

弗兰克-里德源
Frank-Read source
O772
  D Frank-Read 源
    夫兰克-里德源
    弗兰克-里德位错源
  S 位错源*
  C 位错
    位错增殖

弗朗兹-凯尔迪什效应
Franz-Keldysh effect
O436.4
  D Franz-Keldysh 效应
  S 电光效应
  Z 光学效应

弗劳德数
Froude number
O303；P12
  D Froude 数
    佛劳德数
  S 无量纲数*
  C 流体流

弗里德尔定律
Friedel's law
O723
  D Friedel 定律
    弗里德尔反射定律
  S 晶体学理论*

弗里德尔反射定律
  Y 弗里德尔定律

弗里德尔-克拉夫茨反应
  Y 取代反应

弗仑克尔缺陷
Frenkel defect
O641.4；O771
  D Frenkel 缺陷
    夫伦克耳缺陷
    弗仑克尔缺陷
    间隙空位缺陷
  S 空位缺陷
    热缺陷
  Z 晶体缺陷

弗伦克尔激子
Frenkel excitons
O469
  D Frenkel 激子
  S 激子
  Z 准粒子

弗伦克尔缺陷
  Y 弗仑克尔缺陷

伏安测定
  Y 伏安检测

伏安检测
voltammetric determination
TB462.1
  D 伏安测定
  S 检测*
  C 伏安法 →(3)
    伏安特性
    伏安特性曲线

伏安特性
volt-ampere characteristic
O441.1
  D 电流-电压特性
    伏-安特性
  S 电压特性
  F 非线性伏安特性
  C 伏安检测
    伏安特性曲线
  Z 电学性质

伏-安特性
  Y 伏安特性

伏安特性曲线
volt-ampere characteristics
O441.1
  S 物理参数*
  C 伏安检测
    伏安特性

伏秒特性
volt-time characteristics
TM83
  D 电压-时间特性
  S 电学性质*

伏数
  Y 电压

伏特
volt
TB97
  S 计量单位*

伏特拉位错理论
Volterra dislocation theory
O772
  D Volterra 位错理论
  S 位错理论
  Z 晶体学理论

伏特数
  Y 电压

扶朗和费衍射
  Y 夫琅和费衍射

氟 19 反应
  Y 重离子反应

氟代硼铍酸钾晶体
KBBF crystal
O734
  D KBBF 晶体
  S 无机非线性光学晶体
  Z 光学晶体
    晶体

氟化钡晶体
barium fluoride crystal
O734
  D BaF_2 晶体
  S 氟化物晶体
  Z 光学晶体
    晶体

氟化非晶碳薄膜
fluorinated amorphous carbon films
O484；O751
  D a-C:F 薄膜
    a-C:F 膜
    氟化非晶碳膜
  S 非晶碳薄膜
  Z 非晶薄膜

氟化非晶碳膜
  Y 氟化非晶碳薄膜

氟化钙晶体
calcium fluoride crystal
O734
  S 氟化物晶体
  Z 光学晶体
    晶体

氟化类金刚石薄膜
fluorinated diamond-like carbon films
O484；O753
  D 氟化类金刚石膜
  S 类金刚石薄膜
  Z 非晶薄膜

氟化类金刚石膜
  Y 氟化类金刚石薄膜

氟化物晶体
fluoride crystals
O734
  S 无机非线性光学晶体
  F 氟化钡晶体
    氟化钙晶体
    氟化钇锂晶体
  Z 光学晶体
    晶体

氟化钇锂晶体
yttrium lithium fluoride crystal
O734
  D YLF 晶体
  S 氟化物晶体
  Z 光学晶体
    晶体

氟碳高分子膜
polymer fluorocarbon films
O484；O63
  S 聚合物膜*

俘获（物理学）*
capture(physics)
O4-0
  F 光俘获
    核俘获
    相干捕获
    载流子俘获

自俘获

俘获波
　Y 陷波

俘获电子中心
trapped electron centers
O773
　S 色心
　F F心
　Z 晶体缺陷

俘获截面
capture cross-section
O47
　S 截面*

俘能波
　Y 陷波

浮雕全息图
embossed holograms
O438.1
　S 全息图*

浮伐隔振
　Y 浮筏隔振系统

浮筏隔振
floating raft isolation
O328
　S 隔振
　Z 减振

浮筏隔振系统
floating raft isolation system
O328
　D 浮伐隔振
　S 振动系统
　Z 力学系统

浮环实验
suspended ring experiment
O4-33；O441
　S 物理实验
　Z 科学实验

浮力
buoyancy
O351
　D 浮升
　　浮升力
　　上浮力
　　上托力
　S 外力
　C 阿基米德原理
　　静水力曲线
　Z 力

浮力对流
buoyancy convection
O552
　S 对流*

浮力流
buoyant flow
O351
　S 流体流*

浮力射流
buoyant jets

O358
　S 射流*
　F 负浮力射流
　C 稀释 →(3)

浮力效应
buoyancy effect
O35；P733
　S 海洋效应*

浮力羽流
buoyant plume
O351
　S 羽流
　Z 流体流

浮力振荡
buoyancy oscillation
O322
　S 机械振荡
　C 布伦特-维赛拉频率 →(4)
　Z 振荡

浮区法
　Y 区熔法

浮区法（晶体生长）
　Y 浮区法生长

浮区法生长
floating zone technique growth
O782
　D 浮区法（晶体生长）
　S 熔体生长
　Z 晶体生长

浮升
　Y 浮力

浮升力
　Y 浮力

浮生
overgrowth
O78
　S 规则连生
　Z 结晶现象

浮托力
　Y 升力

浮现磁流
　Y 磁流

浮心
center of buoyancy
O35
　D 定倾中心
　　横稳心
　　稳心
　S 力心*
　C 极限承载力
　　静水力曲线

浮烟
　Y 羽烟

符号*
symbol
TP391
　D 代号

　　符号信息
　　符号属性
　F 狄拉克符号

符号（数学）*
symbol(mathematics)
O141；O231
　D 符号规则
　F 泊松括号
　C 统计学

符号规则
　Y 符号（数学）

符号信息
　Y 符号

符号属性
　Y 符号

符合测量
coincidence measurement
O571
　S 测量*

幅度误差
amplitude error
TN95
　S 测速误差
　Z 测量误差

幅亮度
　Y 辐射亮度

幅相误差
amplitude-phase error
TN95
　S 测速误差
　Z 测量误差

幅照度
　Y 辐射照度

辐（射）照度
　Y 辐射照度

辐出度
　Y 辐射出射度

辐角分布
　Y 辐射角分布

辐亮度
　Y 辐射亮度

辐射*
radiation
O451；P162；P422
　D 辐射过程
　　辐射机理
　　辐射机制
　　辐射模式
　　辐射模型
　　辐射型
　　辐照
　F 表面辐射
　　等离子体辐射
　　电磁辐射
　　反射辐射
　　非热辐射
　　光辐射

尖峰辐射
　　近红外辐射
　　连续辐射
　　脉冲辐射
　　逆辐射
　　热辐射
　　声辐射
　　天空辐射
　　预辐射
　　远红外辐射
　　直接辐射
　C 发射率
　　辐射潮 →(4)
　　辐射聚合 →(3)
　　辐射效应
　　辐射照度
　　光
　　声源

辐射波长
radiation wavelength
O432.1
　S 波长*

辐射不透明度
radio-opacity
O432.1；O571；P162；P422
　S 辐射参数*

辐射参数*
radiation parameter
O432.1；P162；P422
　D 辐射指数
　F 辐射不透明度
　　辐射长度
　　辐射出射度
　　辐射功率
　　辐射流量
　　辐射率
　　辐射敏感度
　　辐射能
　　辐射强度
　　辐射寿命
　　辐射通量
　　辐射系数
　　辐射压强
　　辐射跃迁几率
　　辐射照度
　C 辐射测量
　　辐射分辨率 →(4)
　　辐射剂量 →(3)
　　辐射亮度
　　辐射温差 →(4)
　　辐射效应

辐射测量
radiometry
O57；P412
　D 辐射度测量
　　辐射功率测量
　　辐射监测
　　辐射监测器
　　辐射强度测量
　　辐射探测
　　辐射探测和测量
　　辐射特性测量
　　辐射照度测量

　　高分辨率红外辐射探测
　　人员监测
　S 测量*
　F 脉冲辐射探测
　　束流监测
　C 辐射参数
　　辐射防护
　　辐射计 →(4)
　　辐射效应
　　光度计 →(4)
　　剂量 →(3)
　　微波测量

辐射测温
colormetric thermometry
O551.2；P412.11
　S 温度测量*

辐射长度
radiation length
O432.1；O571；P162；P422
　S 辐射参数*

辐射常数
　Y 辐射系数

辐射场*
radiation field
O432.1；O441.4；O57；P162；P422
　D 辐射分布
　F 单模辐射场
　　辐射电磁场
　C 辐射潮 →(4)
　　辐射带 →(4)(5)
　　辐射功率

辐射冲击波
radiation blast wave
O347.5；O38
　S 冲击波*

辐射出射度
radiant exitance
O432.1；O571；P162；P422
　D 单色辐射出射度
　　辐出度
　S 辐射参数*
　F 瞬时辐出度

辐射传递
　Y 辐射传输

辐射传递仿真
　Y 辐射模拟

辐射传递仿真方法
　Y 辐射模拟

辐射传递仿真过程
　Y 辐射模拟

辐射传递仿真实验
　Y 辐射模拟

辐射传递仿真实验方法
　Y 辐射模拟

辐射传递仿真实验过程
　Y 辐射模拟

辐射传递模拟

　Y 辐射模拟

辐射传递模拟方法
　Y 辐射模拟

辐射传递模拟过程
　Y 辐射模拟

辐射传递模拟实验
　Y 辐射模拟

辐射传递模拟实验方法
　Y 辐射模拟

辐射传递模拟实验过程
　Y 辐射模拟

辐射传递系数
radiation transfer coefficient
O432.1；P162；P414.5；P422
　S 辐射系数
　Z 辐射参数

辐射传热
radiative heat transfer
TK124
　D 辐射热传递
　　辐射热交换
　S 传热
　　辐射传输
　Z 能量转移

辐射传输
radiative transfer
O57；O644.2；P162；P422
　D 辐射传递
　　辐射传输理论
　　辐射传输模式
　　辐射传输模型
　　辐射输运
　　辐射转移
　S 能量转移*
　F 辐射传热
　C 辐射效应
　　恒星大气 →(4)

辐射传输理论
　Y 辐射传输

辐射传输模式
　Y 辐射传输

辐射传输模型
　Y 辐射传输

辐射电磁场
radiant electromagnetic field
O441.4；P162；P422
　D 电磁辐射场
　S 电磁场*
　　辐射场*
　C 辐射发射

辐射电阻
radiation resistance
TM934.1
　S 电阻*

辐射定律
radiation law
O441；P422

主　表　257

　　S 物理定律*
　　F 黑体辐射定律
　　　 普朗克定律
　　　 维恩位移定律
辐射度
　　Y 辐射功率
辐射度测量
　　Y 辐射测量
辐射发光
radioluminescence
O432.1；O482.3
　　D X 射线发光
　　　 放射线发光
　　　 辐射热致发光
　　　 辐射致发光
　　　 高能粒子发光
　　S 发光*
辐射发射
radiated emission
O441
　　S 电磁发射
　　C 辐射电磁场
　　　 辐射跃迁
　　Z 发射
辐射防护
radiation protection
R81；TJ91；TL7；X591
　　D 放射性防护
　　S 防护*
　　C 辐射测量
　　　 辐射剂量 →(3)
辐射仿真
　　Y 辐射模拟
辐射仿真方法
　　Y 辐射模拟
辐射仿真过程
　　Y 辐射模拟
辐射仿真实验
　　Y 辐射模拟
辐射仿真实验方法
　　Y 辐射模拟
辐射仿真实验过程
　　Y 辐射模拟
辐射分布
　　Y 辐射场
辐射公式
radiation formula
O55
　　S 公式*
　　F 瑞利-金斯公式
辐射功率
radiation power
O432.1；O571；P162；P422
　　D 辐射度
　　S 辐射参数*
　　F 发射强度
　　C 辐射场

　　　 辐射潮 →(4)
　　　 辐射照度
辐射功率测量
　　Y 辐射测量
辐射光
radiation light
O432.1
　　S 光*
辐射光谱
radiation spectra
O433.5
　　D 辐射光谱学
　　　 太阳辐射光谱
　　S 光谱*
辐射光谱学
　　Y 辐射光谱
辐射光栅
　　Y 光栅
辐射过程
　　Y 辐射
辐射机理
　　Y 辐射
辐射机制
　　Y 辐射
辐射监测
　　Y 辐射测量
辐射监测器
　　Y 辐射测量
辐射角分布
radiation angular distribution
O44
　　D 辐角分布
　　S 角分布
　　Z 分布
辐射亮度
radiant brightness
O432.1；P162；P422
　　D 幅亮度
　　　 辐亮度
　　S 亮度*
　　C 辐射参数
辐射量
　　Y 辐射通量
辐射量热法
radiation calorimetry
O551.1
　　S 化学分析法*
辐射流量
radiation flux
O432.1；O571；P162；P422
　　S 辐射参数*
辐射流体力学
radiation hydrodynamics
O361
　　S 流体力学*

辐射率
radiance
O432.1；P162；P422
　　D 比辐射
　　　 比辐射率
　　S 辐射参数*
　　F 地表比辐射率
　　　 自发辐射率
辐射敏感度
radiosensitivity
O571；P162；P422
　　S 辐射参数*
辐射模拟
radiation simulation
O411.3
　　D 辐射传递仿真
　　　 辐射传递仿真方法
　　　 辐射传递仿真过程
　　　 辐射传递仿真实验
　　　 辐射传递仿真实验方法
　　　 辐射传递仿真实验过程
　　　 辐射传递模拟
　　　 辐射传递模拟方法
　　　 辐射传递模拟过程
　　　 辐射传递模拟实验
　　　 辐射传递模拟实验方法
　　　 辐射传递模拟实验过程
　　　 辐射仿真
　　　 辐射仿真方法
　　　 辐射仿真过程
　　　 辐射仿真实验
　　　 辐射仿真实验方法
　　　 辐射仿真实验过程
　　　 辐射模拟方法
　　　 辐射模拟过程
　　　 辐射模拟实验
　　　 辐射模拟实验方法
　　　 辐射模拟实验过程
　　S 物理模拟*
辐射模拟方法
　　Y 辐射模拟
辐射模拟过程
　　Y 辐射模拟
辐射模拟实验
　　Y 辐射模拟
辐射模拟实验方法
　　Y 辐射模拟
辐射模拟实验过程
　　Y 辐射模拟
辐射模式
　　Y 辐射
辐射模型
　　Y 辐射
辐射能
radiation energy
O432.1；O571；P162；P422
　　D 辐射能量
　　S 辐射参数*
　　F 辐射能流
　　C 辐射剂量 →(3)

　　　　基尔霍夫定律

辐射能量
　　Y 辐射能

辐射能流
radiant energy fluence
O432.1；O571；P162；P422
　　S 辐射能
　　Z 辐射参数

辐射能通量
　　Y 辐射通量

辐射频谱
radiation frequency spectrum
O456
　　S 频谱*

辐射平均自由程
　　Y 平均自由程

辐射强度
radiation intensity
O432.1；O571；P162；P422
　　D 面辐射强度
　　S 辐射参数*
　　F 太阳辐射强度
　　　 紫外线辐射强度
　　C 辐射通量
　　　 辐射通量密度
　　　 透射函数

辐射强度测量
　　Y 辐射测量

辐射驱动激波
　　Y 激波

辐射热传递
　　Y 辐射传热

辐射热交换
　　Y 辐射传热

辐射热致发光
　　Y 辐射发光

辐射伤害
　　Y 辐射损伤

辐射声场
radiated sound field
O422.2
　　S 声场*

辐射声压
sound radiation pressure
O421
　　S 声压
　　Z 声学参数

辐射寿命
radiative lifetime
O432
　　S 辐射参数*
　　F 自发辐射寿命

辐射输运
　　Y 辐射传输

辐射衰变

radiative decay
O571.3
　　S 粒子衰变
　　C 核能级跃迁
　　Z 核反应

辐射衰减
radiation damping
TL7
　　S 波衰减
　　Z 衰减

辐射衰减系数
　　Y 辐射系数

辐射损伤
radiation damage
O346.5
　　D 放射损伤
　　　 辐射伤害
　　　 辐射危害
　　　 辐照损伤
　　S 损伤*
　　C 辐射效应
　　　 辐照稳定性 →(3)

辐射探测
　　Y 辐射测量

辐射探测和测量
　　Y 辐射测量

辐射特性
radiative properties
O432.1；P162；P422
　　D 辐射特征
　　　 辐射性质
　　S 光学性质*

辐射特性测量
　　Y 辐射测量

辐射特征
　　Y 辐射特性

辐射通量
radiation flux
O432；O57；P162；P422
　　D 辐射量
　　　 辐射能通量
　　　 通量(辐射)
　　S 辐射参数*
　　　 能量通量
　　F 光通量
　　C 发射率
　　　 辐射强度
　　　 辐射强迫 →(4)
　　　 辐射通量密度
　　　 辐射系数
　　　 朗伯余弦定律
　　　 太阳能资源 →(4)
　　Z 通量

辐射通量密度
radiant flux density
O441；P422
　　S 通量密度
　　C 辐射强度
　　　 辐射通量
　　　 辐射照度

　　Z 物理参数

辐射危害
　　Y 辐射损伤

辐射温度
radiation temperature
O551.2；P142；P422
　　S 温度*
　　C 亮度温度 →(4)

辐射误差
radiation error
TL81
　　S 误差*

辐射系数
radiation coefficient
O432.1；P162；P414.5；P422
　　D 辐射常数
　　　 辐射衰减系数
　　　 质量辐射系数
　　S 辐射参数*
　　F 爱因斯坦系数
　　　 辐射传递系数
　　C 辐射通量

辐射线
　　Y 射线

辐射效率
radiation efficiency
TN8
　　S 光学效率*
　　F 模态辐射效率

辐射效应
radiation effects
O432.1；P162；P422
　　D X 射线效应
　　　 β 射线效应
　　　 γ 射线效应
　　　 材料辐照效应
　　　 迟发辐射效应
　　　 放射效应
　　　 辐照效应
　　　 慢性辐射效应
　　S 光学效应*
　　C 辐射
　　　 辐射参数
　　　 辐射测量
　　　 辐射传输
　　　 辐射计 →(4)
　　　 辐射损伤
　　　 链断裂

辐射型
　　Y 辐射

辐射性质
　　Y 辐射特性

辐射修正
radiative corrections
O413.3
　　S 粒子相互作用*

辐射压
　　Y 辐射压力

辐射压力
radiation pressure
O361；P142
　D　辐射压
　　　压力(辐射)
　S　压力*
　C　声流
　　　太阳风　→(4)

辐射压强
radiation pressure
O432.1；O571；P162；P422
　S　辐射参数*
　　　压强*

辐射跃迁
radiative transition
O562
　S　电子跃迁
　F　无辐射跃迁
　C　辐射发射
　Z　跃迁

辐射跃迁几率
radiative transition probabilities
O432.1；P162；P422
　S　辐射参数*

辐射噪声
radiated noise
O422.8
　S　噪声*

辐射照度
irradiance
O432；P162；P422
　D　幅照度
　　　辐(射)照度
　　　辐照度
　　　谱辐照度
　S　辐射参数*
　F　等效辐射照度
　　　光辐照度
　　　下行辐照度
　C　辐射
　　　辐射功率
　　　辐射通量密度
　　　辐照量　→(4)

辐射照度测量
　Y　辐射测量

辐射指数
　Y　辐射参数

辐射致发光
　Y　辐射发光

辐射转移
　Y　辐射传输

辐射阻尼
radiation damping
O441；P162
　S　阻尼*

辐照
　Y　辐射

辐照度
　Y　辐射照度

辐照过的核燃料
　Y　乏燃料

辐照过的燃料
　Y　乏燃料

辐照缺陷
radiation defects
O644.2；O771
　S　晶体缺陷*
　F　空位簇缺陷

辐照损伤
　Y　辐射损伤

辐照效应
　Y　辐射效应

辐照硬度
radiation hardness
O734
　S　晶体学参数*

福布什下降
Forbush decrease
O572；P35
　D　福布什效应
　S　宇宙线变化*
　C　磁暴　→(5)

福布什效应
　Y　福布什下降

俯仰
pitch
V212
　D　飞机俯仰
　　　俯仰运动
　S　运动*
　C　俯仰力矩
　　　滚动

俯仰力矩
pitching moment
V212
　S　气动力矩
　C　俯仰
　　　升力
　Z　力矩

俯仰运动
　Y　俯仰

腐蚀*
corrosion
O647
　F　应力腐蚀
　C　表面性质　→(3)
　　　防腐　→(3)
　　　侵蚀
　　　阳极保护　→(4)

腐蚀电流
corrosion current
O441.1；O646.54
　S　电流*

腐蚀动力学
corrosion kinetics
O346.2；O643.12
　D　腐蚀动力学规律
　S　化学*

腐蚀动力学规律
　Y　腐蚀动力学

腐蚀断裂
corrosion cracking
O346.12
　S　断裂*
　F　应力腐蚀断裂
　C　结构可靠性

腐蚀开裂
　Y　应力腐蚀开裂

腐蚀坑
etch pit
O77
　S　晶体缺陷*

腐蚀裂纹
　Y　应力腐蚀开裂

腐蚀磨损
erosion wear
O346.5；O469
　D　冲蚀磨损
　　　冲刷磨损
　　　腐蚀损坏
　　　腐蚀性磨损
　　　化学磨损
　　　浸蚀磨损
　　　磨耗腐蚀
　　　磨损腐蚀
　　　侵蚀腐蚀
　　　侵蚀磨损
　　　蚀损
　S　磨损*

腐蚀疲乏
　Y　腐蚀疲劳

腐蚀疲劳
corrosion fatigue
O346.2
　D　腐蚀疲乏
　S　疲劳*
　C　腐蚀试验　→(3)
　　　裂纹扩展速率
　　　疲劳裂纹扩展率
　　　疲劳寿命
　　　疲劳载荷
　　　应力腐蚀
　　　应力腐蚀断裂

腐蚀破坏
　Y　应力腐蚀开裂

腐蚀损坏
　Y　腐蚀磨损

腐蚀性磨损
　Y　腐蚀磨损

付科摆
　Y　傅科摆

负β衰变
beta-minus decay

O571.3
  S β衰变
  Z 核反应

负磁导率
negative effective permeability material
O441.2
  S 磁导率*

负磁导率材料
negative permeability material
O482.54
  S 磁性材料*

负电荷
negative charge
O441.1
  S 电荷*

负电晕放电
negative corona discharge
O461
  S 电晕放电
  Z 放电

负电子亲和势光电阴极
negative electron affinity photocathode
TN103
  S 光电阴极
  Z 电极

负电阻
negative resistance
TM934.1
  S 电阻*
  F 负微分电阻

负浮力射流
negatively buoyant jets
O358
  S 浮力射流
  Z 射流

负高压
negative high-voltage
O521
  S 高压技术*

负荷
  Y 荷载

负荷(应力)
  Y 荷载应力

负荷变形曲线
  Y 应力-应变曲线

负荷点
  Y 集中荷载

负荷分布
  Y 载荷分布

负荷分析
  Y 载荷分析

负荷计算
  Y 载荷计算

负荷控制
  Y 载荷控制

负荷频率
  Y 加载频率

负荷谱
  Y 载荷谱

负荷伸长曲线
  Y 拉伸曲线

负荷-伸长曲线
  Y 拉伸曲线

负荷试验
  Y 载荷试验

负荷系数
  Y 载荷系数

负荷效应
loading effect
O342
  S 效应*
  C 结构力学

负极
  Y 阴极

负极板
  Y 阴极

负加速度
  Y 加速度

负介电常数
negative permittivity
O487
  S 介电常数
  Z 物理常数

负介电各向异性
negative dielectric anisotropy
O487
  S 介电各向异性
  Z 各向异性

负晶体
negative crystal
O734
  S 单轴晶体
  Z 光学晶体

负绝对温度
  Y 负温度

负离子
  Y 阴离子

负离子配位多面体
coordination polyhedron of anion
O7
  S 配位多面体
  C 生长基元
  Z 几何体

负离子配位多面体生长基元
anionic coordination polyhedron growth unit
O643.12；O78
  S 生长基元
  Z 基元

负离子束
  Y 阴离子

负脉冲
negative pulse
TN78
  S 脉冲*

负摩擦力
negative skin friction
O313.5
  D 负向摩擦力
  S 摩擦力
  C 变形分析
  Z 力

负能态
negative energy states
O571.41
  S 能态*

负强化
  Y 强化

负热容
negative heat capacity
O551.1
  S 热容
  Z 热量

负三阶色散
negative third order dispersion
O436.3
  S 负色散
    三阶色散
  Z 色散

负色散
negative dispersion
O436.3
  S 色散*
  F 负三阶色散

负透镜
  Y 凹透镜

负推力
  Y 制动推力

负微分电导
negative differential conductivity
O47
  S 电导
  C 负微分迁移率
  Z 导纳

负微分电阻
negative differential resistance
TM934.1
  S 负电阻
  C 负微分迁移率
  Z 电阻

负微分电阻效应
negative differential resistance effect
O441.6
  S 磁电阻效应
  C 负微分迁移率
  Z 磁场效应

负微分迁移率
negative differential mobility
O473

负
- S 迁移率*
- C 负微分电导
  - 负微分电阻
  - 负微分电阻效应

负尾迹
- Y 尾流

负温度
negative temperature
O551；P423
- D 负绝对温度
- S 温度*

负温度系数
negative temperature coefficient
O551.2；P412.11；P423
- S 温度系数
- C 正温度系数
- Z 温度参数

负吸附
negative adsorption
O357.4；O647.3
- S 吸附*

负向摩擦力
- Y 负摩擦力

负效放电消失电压
back discharge extinguishing voltage
TM933.2
- S 电压*

负性液晶
negative liquid crystal
O753.2
- S 液晶*

负压
negative pressure
O31
- D 负压力
- S 压力*

负压差
negative pressure gradient
O354
- S 压差*

负压力
- Y 负压

负有效应力
- Y 真应力

负载
- Y 荷载

负载测试
- Y 载荷试验

负载点
- Y 集中荷载

负载分布
- Y 载荷分布

负载分配
- Y 载荷分布

负载力

负载力
- Y 加载力

负载力矩
- Y 加载力矩

负载试验
- Y 载荷试验

负载特性
- Y 荷载

负载系数
- Y 载荷系数

负载压力
- Y 压缩载荷

负折射介质
- Y 负折射率介质

负折射率
negative refractive index
O435.1；P427.1
- S 折射率*

负折射率介质
negative refractive index material
O43
- D 负折射介质
  - 负折射率媒质
- S 光学介质*

负折射率媒质
- Y 负折射率介质

负质量
negative mass
O572.21
- S 质量*

负阻尼
negative damping
O32
- S 阻尼*
- C 低频振动
  - 自激振动

负阻特性
negative resistance characteristics
O441.1
- D 负阻现象
  - 负阻效应
- S 电阻特性
- Z 电学性质

负阻现象
- Y 负阻特性

负阻效应
- Y 负阻特性

附伴激波
- Y 斜激波

附壁射流
wall jet
O358
- D 壁面射流
  - 壁射流
  - 附着射流
  - 面射流
  - 射流附着

  湍流柯安达射流
- S 非定常射流
- Z 射流

附壁效应
Coanda effect
O351
- D 附壁作用
  - 康达效应
  - 柯安达效应
  - 柯恩达效应
- S 力学效应*

附壁作用
- Y 附壁效应

附加光程差
additional optical path difference
O435
- S 光程差
- Z 光学参数

附加加速度
- Y 科氏加速度

附加摩擦力
additional friction force
O313.5
- D 附加摩擦力界
- S 摩擦力
- Z 力

附加摩擦力界
- Y 附加摩擦力

附加压差
- Y 附加压力差

附加压力
additional pressure
O363.2
- D 有附加压力
- S 压力*
- C 毛细水 →(5)

附加压力差
difference of extra pressure
O351
- D 附加压差
- S 压差*

附加压强
additional pressure
O351
- S 压强*

附加应变
- Y 残余应变

附加质量
added mass
O311；O351.2
- S 质量*

附聚
agglomeration
O552
- D 附聚作用
- S 聚集*

附聚作用

Y 附聚

附面层
　　Y 边界层

附面层抽吸
　　Y 边界层吸入

附面层吹除
　　Y 边界层吸入

附面层方程
　　Y 边界层方程

附面层分离
　　Y 边界层分离

附面层理论
　　Y 边界层理论

附面层吸除
　　Y 边界层吸入

附面层增厚
　　Y 边界层增厚

附面层转捩
　　Y 边界层转捩

附生结晶
epitaxial crystallization
O79
　　D 附生结晶过程
　　　　附生结晶化
　　　　附生结晶化过程
　　S 结晶*

附生结晶过程
　　Y 附生结晶

附生结晶化
　　Y 附生结晶

附生结晶化过程
　　Y 附生结晶

附生晶体生长
epitaxial growth
O631.1；O78
　　D 外延晶体生长
　　S 晶体生长*

附体激波
　　Y 激波

附体阻力
appendage resistance
O312
　　S 阻力*

附着*
adhesion
O647.3
　　F 再附着
　　C 吸附

附着力
　　Y 粘附力

附着能模型
attachment energy model
O76
　　D AE 模型

　　S 晶体模型*

附着射流
　　Y 附壁射流

附着涡
attached vortex
O357
　　S 涡旋*

复摆
compound pendulum
O314
　　D 物理摆
　　S 摆*

复变方法
complex variable method
O343
　　S 力学方法*
　　F 平面弹性复变方法

复波
　　Y 组合波

复磁导率
complex permeability
O441.2
　　S 磁导率*

复高斯函数展开
complex Gaussian function expension
O175.27；O435
　　S 展开（数学）*

复合变形
　　Y 组合变形

复合波
　　Y 组合波

复合薄膜
　　Y 多层薄膜

复合弹道
　　Y 制导弹道

复合点缺陷
point defect complexes
O771
　　S 点缺陷
　　F 挤列
　　Z 晶体缺陷

复合发光
recombination luminescence
O432.1
　　S 发光*

复合发光中心
　　Y 发光中心

复合辐射
recombination radiation
O451
　　S 单色辐射
　　Z 辐射

复合功能晶体
multi-functional crystal
O799
　　S 复合晶体

　　　　功能晶体
　　Z 晶体

复合光栅
composite grating
O437.4；P111.3
　　S 光栅*

复合光子晶体
composite photonic crystal
O734
　　D 复合型光子晶体
　　S 复合晶体
　　　　光子晶体
　　Z 晶体

复合过程
recombination processes
O482.3
　　S 物理过程*

复合核反应
compound nucleus reaction
O571.4
　　S 核反应*

复合核理论
compound nuclei theory
O571
　　D 豪赛-费希巴赫理论
　　S 原子核理论
　　Z 物理理论

复合激光晶体
composite laser crystal
O734
　　S 复合晶体
　　　　激光晶体
　　Z 光学晶体
　　　　晶体

复合加载
　　Y 复杂载荷

复合截面
recombination cross section
O53
　　S 截面*

复合晶体
composite crystal
O799
　　S 晶体*
　　F 复合功能晶体
　　　　复合光子晶体
　　　　复合激光晶体

复合粒子
composite particle
O572.2
　　S 粒子*
　　F 磁性复合粒子
　　　　复合微粒子
　　　　核壳复合粒子

复合裂纹
　　Y 复合型裂纹

复合流场
composite flow field

主　表　263

V211
　S 流场*

复合流态
compound flow regime
O351
　S 流态*
　F 双流态

复合模量
　Y 动态模量

复合膜
composite membrane
TB43
　S 薄膜*
　F 磁性复合膜
　　 导电复合膜

复合纳米晶
composite nanocrystal
O799
　S 纳米晶
　Z 晶体
　　 纳米材料

复合散射
composite scattering
O451
　S 电磁波散射*

复合探针
combination probe
TH703.2
　S 探针*

复合透镜
　Y 透镜组

复合微粒子
composite microparticles
O572.3
　S 复合粒子
　　 微粒子
　Z 粒子

复合型动态断裂
composite dynamic fracture
O346.1
　S 动态断裂
　　 复合型断裂
　Z 断裂

复合型断裂
mixed mode fracture
O346.1
　S 断裂*
　F 复合型动态断裂
　C 起裂角

复合型光子晶体
　Y 复合光子晶体

复合型裂纹
mixed mode crack
O346.1
　D 复合裂纹
　　 混合型裂纹
　S 裂纹*
　F Ⅰ-Ⅱ复合型裂纹

　　 应力腐蚀裂纹
　C 复合型沙丘　→(4)

复合循环
　Y 热力学循环

复合应力
　Y 组合应力

复合运动
complex motion
O311
　S 运动*

复合载荷
　Y 复杂载荷

复合中心
recombination center
O47
　S 半导体缺陷
　Z 晶体缺陷

复介电常量
　Y 复数介电常数

复模量
　Y 动态模量

复模态分析
complex modal analysis
O32
　S 模态分析
　Z 分析

复柔软度
　Y 柔性

复式晶格
compound lattice
O76
　S 晶格*

复势
complex potential
O35
　S 势*
　C 不可压缩流体

复势理论
complex potential theory
O35
　S 力学理论*
　C 叠加原理
　　 流体力学
　　 势流

复数*
complex number
O174
　F 分数
　C 简单数　→(1)

复数介电常数
complex dielectric constant
O487
　D 复介电常量
　S 介电常数
　Z 物理常数

复数模量
　Y 动态模量

复数粘度
complex viscosity
O357；O63
　D 复数黏度
　　 复态粘度
　S 粘度*

复数黏度
　Y 复数粘度

复态粘度
　Y 复数粘度

复弹性模量
　Y 动态模量

复位力
　Y 恢复力

复消色差
apochromatism
O435.2
　S 消色差
　Z 像差

复眼透镜
fly's eye lens
TH74
　D 蝇眼透镜
　S 透镜
　Z 光学元件

复应力函数
complex stress functions
O302；O343.4
　S 力函数
　Z 函数(力学)

复原力矩
　Y 稳定力矩

复杂边界
complex boundary
O357.4
　S 边界*

复杂等离子体
　Y 尘埃等离子体

复杂光场
complex optic field
O431.2
　S 光场*

复杂加载
complex loading
O347.1
　S 加载
　Z 荷载

复杂流场
complex flow field
V211
　S 流场*

复杂流道
complex channels
O351
　S 流道

Z 通道

复杂流动
complex flow
O351.2
S 流动*

复杂流体
complex fluids
O351
S 流体*

复杂载荷
combined loads
O347.1
D 复合加载
复合载荷
合成负载
荷载组合
联合载荷
载荷组合
综合负荷
组合荷载
组合载荷
S 荷载*

复折射率
complex index of refraction
O435.1
D 光纳
S 折射率*

复振幅
complex amplitude
O32；O43
S 振幅*

复振型
complex vibration mode
O327
S 振型*

复制光栅
replica grating
O437.4；P111.3
S 光栅*

复阻尼
complex damping
O328；P315
S 阻尼*
C 粘性阻尼

副法向加速度
Y 向心加速度

副光轴
secondary optical axis
O435
D 副轴
S 光轴*

副轴
Y 副光轴

傅科摆
foucault pendulum
O314；P131
D 付科摆
S 摆*

傅科电流
Y 涡电流

傅里叶变换光谱
Fourier transform spectroscopy
O433.5
D 傅里叶变换光谱学
傅里叶变换谱
傅里叶光谱学
S 光谱*
F FFT 谱
C 分光计
傅里叶光学
干涉光谱

傅里叶变换光谱学
Y 傅里叶变换光谱

傅里叶变换光学
Y 傅里叶光学

傅里叶变换红外
Fourier transform infrared
O438.2
D 傅立叶红外
S 红外线
C 傅里叶变换红外光谱
傅里叶光学
Z 电磁波

傅里叶变换红外光谱
Fourier transform infrared spectroscopy
O433.5；O434.3
D Fourier 变换红外光谱
FTIR 谱
傅里叶变换红外光谱学
傅里叶变换红外吸收光谱
傅里叶转换红外光谱
傅立叶变换红外光谱
傅立叶转换红外光谱
傅利叶变换红外光谱
快速扫描傅立叶变换红外光谱
衰减全反射-傅立叶变换红外光谱
S 傅里叶红外光谱
F 傅里叶变换近红外光谱
C 傅里叶变换红外
傅立叶变换红外光谱法 →(3)
Z 红外光谱

傅里叶变换红外光谱学
Y 傅里叶变换红外光谱

傅里叶变换红外吸收光谱
Y 傅里叶变换红外光谱

傅里叶变换近红外光谱
Fourier transform near infrared spectroscopy
O433.5
S 傅里叶变换红外光谱
近红外光谱
Z 红外光谱

傅里叶变换谱
Y 傅里叶变换光谱

傅里叶变换全息图
Fourier transform hologram
O438.1
D 傅里叶全息图
准傅里叶变换全息图
S 全息图*
F 分数傅里叶变换全息图
C 傅里叶光学

傅里叶定律
Y 傅立叶定律

傅里叶光谱学
Y 傅里叶变换光谱

傅里叶光学
Fourier optics
O438.2
D 傅里叶变换光学
傅立叶光学
S 信息光学
C 傅里叶变换光谱
傅里叶变换红外
傅里叶变换全息图
Z 光学

傅里叶红外光谱
Fourier infrared spectroscopy
O433.5
D 傅立叶红外光谱
S 红外光谱*
F 傅里叶变换红外光谱

傅里叶级数展开
Y 傅里叶展开

傅里叶频谱
Fourier spectrum
O456
D Fourier 谱
傅里叶谱
傅里叶振幅谱
傅立叶频谱
S 频谱*

傅里叶频谱分析
Fourier spectrum analysis
O174.2；O438.2
D Fourier 频谱分析
S 数学分析*

傅里叶谱
Y 傅里叶频谱

傅里叶全息图
Y 傅里叶变换全息图

傅里叶数
Fourier numbers
O303
S 无量纲数*
C 传热

傅里叶展开
Fourier expansion
O174.21；O438.2
D Fourier 展开
傅里叶级数展开
傅立叶展开
S 展开(数学)*
C Fourier 系数 →(1)

傅里叶振幅谱
Y 傅里叶频谱

傅里叶转换红外光谱

主　表　265

Y 傅里叶变换红外光谱

傅里叶综合
  Y 傅里叶综合法

傅里叶综合法
Fourier synthesis
O723.3
  D Fourier 综合
    傅里叶综合
    傅立叶综合
  S 晶体结构分析方法*

傅立叶变换红外光谱
  Y 傅里叶变换红外光谱

傅立叶定律
Fourier's law
O414.11
  D Fourier 定理
    傅里叶定律
  S 热力学定律
  Z 物理定律

傅立叶光学
  Y 傅里叶光学

傅立叶红外
  Y 傅里叶变换红外

傅立叶红外光谱
  Y 傅里叶红外光谱

傅立叶频谱
  Y 傅里叶频谱

傅立叶展开
  Y 傅里叶展开

傅立叶转换红外光谱
  Y 傅里叶变换红外光谱

傅立叶综合
  Y 傅里叶综合法

傅利叶变换红外光谱
  Y 傅里叶变换红外光谱

富 CO_2 流体
  Y CO_2 流体

富集系数
enrichment factor
TL27；X5
  D 浓集系数
  S 系数*

覆盖层厚度
cover thickness
TU4
  S 厚度*

伽马辐射
  Y γ 辐射

伽马射线
  Y γ 射线

伽马射线暴源
  Y γ 射线源

伽马射线源
  Y γ 射线源

伽莫夫-特勒定则
  Y 伽莫夫-特勒理论

伽莫夫-特勒理论
Gamow-Teller theory
O571
  D 伽莫夫-特勒定则
    伽莫夫-特勒衰变
  S 原子核理论
  Z 物理理论

伽莫夫-特勒衰变
  Y 伽莫夫-特勒理论

改变
  Y 变化

改化重力
  Y 微重力

改进部分忽略微分重叠计算
  Y 忽略微分重叠计算

改进迭代扩展休克尔方法计算
  Y 扩展休克尔理论计算

改进哈密顿
  Y 改进哈密顿量

改进哈密顿量
improved hamiltonian
O413.1
  D 改进哈密顿
    改进哈密顿算符
  S 哈密顿量
  Z 算符

改进哈密顿算符
  Y 改进哈密顿量

改正透镜
  Y 校正透镜

钙钛矿型结构
perovskite structure
O76
  D 反钙钛矿结构
  S 矿物晶体结构
  Z 晶体结构

盖尔曼理论
  Y 盖耳曼理论

盖耳曼理论
Gell-Mann theory
O571
  D 盖尔曼理论
  S 基本粒子理论
  Z 物理理论

概率*
probability
O211
  D 概率思想
    概率特征
    概率性质
    概率知识
    或然率
    几率
  F 布居几率
    跃迁几率
  C 对策论 →(1)
    极值理论 →(1)
    可靠性
    能量随机分析 →(1)
    数学法 →(1)(5)
    随机函数 →(1)
    统计估计 →(1)

概率 S-N 曲线
  Y S-N 曲线

概率断裂力学
probabilistic fracture mechanics
O346.1
  S 断裂力学
  Z 固体力学

概率分布*
probability distribution
O211.1；O302
  D 分布列
    分布问题
    几率分布
  F 玻尔兹曼分布
    稳态概率分布
    最概然分布
  C 分布拟合检验 →(1)
    皮尔逊Ⅲ型分布 →(5)
    随机和 →(1)
    随机模型 →(1)
    原点矩 →(1)

概率极限状态设计法
probabilistic limit state design method
O342
  D 可靠度设计法
  S 极限状态设计
  C 状态概率 →(1)
  Z 设计

概率密度演化方法
probability density evolution method
O342
  S 密度演化方法
  Z 力学方法

概率-疲劳应力-寿命曲线
  Y P-S-N 曲线

概率思想
  Y 概率

概率特征
  Y 概率

概率性质
  Y 概率

概率隐形传输
  Y 概率隐形传送

概率隐形传送
probabilistic teleportation
O455
  D 概率隐形传输
    概率隐形传态
  S 量子隐形传送
  Z 量子现象

概率隐形传态

概率隐形传送
　　Y 概率隐形传送

概率有限元法
　　Y 随机有限元

概率知识
　　Y 概率

概周期运动
quasi-periodic motion
O311
　　S 周期运动
　　Z 运动

干绝热
　　Y 干绝热过程

干绝热过程
dry adiabatic process
O414.1
　　D 干绝热
　　S 绝热过程
　　Z 热力学过程

干摩擦
dry friction
O313.5
　　D 干磨擦
　　　固体摩擦
　　　接触摩擦
　　　外摩擦
　　S 摩擦*
　　C 干摩擦力
　　　摩阻系数
　　　内摩擦
　　　叶片振动
　　　自激振动

干摩擦力
dry friction
O313.5
　　S 摩擦力
　　C 干摩擦
　　Z 力

干摩擦阻尼
　　Y 摩擦阻尼

干磨擦
　　Y 干摩擦

干强度
dry strength
O346
　　D 焙烧强度
　　　干燥强度
　　　烘干强度
　　S 力学强度*

干扰*
interference
ZT5
　　D 干扰特征
　　F 背景干扰
　　　光谱干扰
　　　流动干扰
　　　线性干扰
　　　噪声干扰
　　C 干扰异常 →(5)

干扰磁场
disturbing magnetic field
O441
　　S 磁场*

干扰弹道
　　Y 外弹道

干扰力
　　Y 扰动力

干扰力矩
　　Y 扰动力矩

干扰流场
interfering flow field
O35
　　S 流场*

干扰频率
　　Y 扰动频率

干扰升力
　　Y 升力

干扰特征
　　Y 干扰

干扰阻力
interference drag
O351
　　D 抗干扰
　　S 压阻
　　C 螺旋桨滑流
　　　气动力干扰
　　Z 阻力

干热试验
　　Y 高温试验

干涉测量
interferometry
TB96；TN972
　　D 差动干涉测量法
　　　非球面干涉术
　　　干涉测量法
　　　干涉测量术
　　　干涉法
　　　干涉量度学
　　　干涉术
　　　光倍增干涉测量法
　　　强度干涉测量
　　　球面干涉术
　　　扫描干涉测量法
　　　扫描干涉术
　　　实时干涉测量
　　　纤维干涉测量法
　　　纤维干涉术
　　　相关干涉测量法
　　　相关干涉术
　　S 光学测量*
　　F 激光干涉测量法
　　　马赫-曾德尔干涉术
　　　偏振干涉术
　　　全息干涉术
　　　散斑干涉术
　　　显微干涉术
　　C 干涉仪
　　　全息术
　　　数字散斑相关

纹影仪

干涉测量法
　　Y 干涉测量

干涉测量术
　　Y 干涉测量

干涉场
interference fields
O436.1
　　S 物理场*

干涉成像
interferometric imaging
O436.1
　　S 成像*

干涉成像光谱
interference imaging spectroscopy
O433.5
　　D 干涉成像光谱技术
　　S 干涉光谱
　　Z 光谱

干涉成像光谱技术
　　Y 干涉成像光谱

干涉法
　　Y 干涉测量

干涉分光计
interference spectrometers
TH74
　　D 干涉分光系统
　　S 分光计*

干涉分光系统
　　Y 干涉分光计

干涉光谱
interference spectrum
O433.5；O436.1
　　D 干涉光谱学
　　　干涉谱
　　S 光谱*
　　F 干涉成像光谱
　　C 傅里叶变换光谱

干涉光谱学
　　Y 干涉光谱

干涉光栅
interference gratings
O437.4；P111.3
　　S 光谱光栅
　　Z 光栅

干涉环
interference ring
O436.1
　　S 干涉条纹*

干涉机理
　　Y 干涉理论

干涉级
　　Y 干涉级次

干涉级次
order of interference
TH74

D 干涉级

干涉计量
interference metrology
TB96
S 光学计量
Z 计量

干涉角
interference angle
O435.1
S 光学角*
F 微分干涉角

干涉理论
interfere theory
O436.1
D 干涉机理
　干涉原理
S 光学理论*

干涉量度学
Y 干涉测量

干涉偏振滤光器
polarization interference filter
TB851.7；TH74
S 滤光器
Z 光学元件

干涉谱
Y 干涉光谱

干涉实验
Y 杨氏双缝实验

干涉术
Y 干涉测量

干涉条件
interference condition
O436.1
S 条件*

干涉条纹*
interference fringe
O436.1
F 等厚干涉条纹
　等倾干涉条纹
　干涉环
　激光干涉条纹
　莫尔条纹
　杨氏条纹
C 干涉条纹图
　干涉仪
　光程差

干涉条纹图
interference fringe pattern
O348；O436.1
D 干涉纹图
　干涉纹图集
　应力光图
S 干涉图
C 干涉条纹
　干涉条纹显示
Z 光学图像

干涉条纹显示
interference fringe visualization

O354；O43
S 流动显示*
C 干涉条纹图

干涉图
interferogram
O436.1；O734
D 干涉图象
　干涉图形
　干涉图样
S 光学图像*
F 干涉条纹图
　干涉相位图
　全息干涉图
　锥光干涉图
C 光谱

干涉图处理
interferogram processing
O436.1
S 图像处理*

干涉图象
Y 干涉图

干涉图形
Y 干涉图

干涉图样
Y 干涉图

干涉纹图
Y 干涉条纹图

干涉纹图集
Y 干涉条纹图

干涉相位图
interferometric phase image
O436.1
S 干涉图
Z 光学图像

干涉效应
interference effect
O436.1
D 干涉作用
S 光学效应*

干涉旋光仪
interferometric polarimeters
TH741
S 旋光仪
Z 测量仪器

干涉仪*
interferometer
P111.4
F 原子干涉仪
C 干涉测量
　干涉条纹
　衍射仪

干涉原理
Y 干涉理论

干涉噪声
interference noise
O422.5
D 声波干涉噪声
S 随机噪声*

干涉诊断
interference diagnostics
O439
S 光学诊断
Z 光学应用

干涉自相关
interferometric autocorrelation
O436.1
S 相关*

干涉作用
Y 干涉效应

干燥强度
Y 干强度

干燥实验
drying experiment
O4-33
S 物理实验
Z 科学实验

干燥因子
Y 气象因子

干重
dry weight
TB932
S 重量*

干阻尼
Y 摩擦阻尼

杆单元
Y 杆元

杆元
bar element
O34
D 杆单元
　条元
S 元*

坩埚下降法
Y 布里奇曼法

感光度
photosensitivity
O438；P231
D 感光灵敏度
　光敏度
　照相感光度
S 光学灵敏度
Z 光学参数

感光灵敏度
Y 感光度

感耦等离子体发射光谱
Y 电感耦合等离子体发射光谱法

感生表面态
Y 表面态

感生磁各向异性
Y 感生各向异性

感生磁化
Y 磁化

感生磁矩

Y 抗磁矩

感生电场
　　Y 感应电场

感生电动势
induced electromotive force
O441.3；O442
　　D 感应电动势
　　S 电动势*
　　F 自感电动势
　　C 电磁感应

感生电荷
　　Y 感应电荷

感生电流
　　Y 感应电流

感生放射性
induced radioactivity
O571.3；O644.2
　　S 放射性*

感生各向异性
induced anisotropy
O482.52
　　D 感生磁各向异性
　　　　感生各向异性（磁）
　　S 磁各向异性
　　Z 磁性

感生各向异性（磁）
　　Y 感生各向异性

感生裂变
　　Y 诱发裂变

感生偶极矩
induced dipole moments
O561.2
　　D 诱导偶极矩
　　S 偶极矩
　　C 感应力
　　Z 多极矩

感应*
induction
O441
　　F 地磁感应

感应爆轰
　　Y 殉爆

感应磁
　　Y 磁感应效应

感应磁化
　　Y 磁化

感应电场
induced electric field
O441.1
　　D 感生电场
　　S 电场*

感应电动势
　　Y 感生电动势

感应电荷
induced charge
O441.1
　　D 感生电荷
　　　　感应荷电
　　S 电荷*

感应电流
induced current
O441.1
　　D 感生电流
　　　　应电流
　　　　诱导电流
　　S 电流*
　　F 电子束感生电流
　　C 电磁感应

感应荷电
　　Y 感应电荷

感应力
induction force
O561.4；O641.3
　　S 范德华力
　　C 感生偶极矩
　　Z 分子力

感应耦合等离子
　　Y 电感耦合等离子体

感应耦合等离子体
　　Y 电感耦合等离子体

感应耦合等离子体法
　　Y 电感耦合等离子体

感应涡流
inductive loop
TN01
　　S 涡流
　　Z 流体流

感应阻力
　　Y 诱导阻力

刚度
stiffness
O343
　　D 刚性
　　S 力学性质*
　　F 侧向刚度
　　　　冲击刚度
　　　　动刚度
　　　　非线性刚度
　　　　角刚度
　　　　抗弯刚度
　　　　扭转刚度
　　　　耦合刚度
　　　　碰撞刚度
　　　　准零刚度
　　C 脆性
　　　　弹性力学
　　　　刚度系数
　　　　剪切模量
　　　　裂缝宽度
　　　　摩擦力矩
　　　　内力

刚度法
　　Y 位移法

刚度矩阵
stiffness matrix
O34
　　D 动力刚度矩阵
　　　　刚度阵
　　S 矩阵*
　　F 单元刚度矩阵
　　　　动态刚度矩阵
　　　　切线刚度矩阵
　　　　一致刚度矩阵
　　　　整体刚度矩阵
　　C 剪切变形
　　　　矩阵位移法
　　　　数值流形方法

刚度模型
stiffness model
O31
　　D 刚性模型
　　S 动力学模型
　　Z 力学模型

刚度系数
stiffness coefficient
O343
　　D 劲度
　　　　劲度模量
　　　　劲度系数
　　　　劲性
　　　　倔强系数
　　　　抗扭劲度
　　S 系数*
　　C 弹性曲线
　　　　刚度
　　　　结构稳定性

刚度阵
　　Y 刚度矩阵

刚度中心
rigidity center
O313.3
　　S 力心*

刚-柔耦合
rigid-flexible coupling
O31
　　D 刚-弹耦合
　　S 耦合（力学）*
　　C 有心力场

刚柔耦合动力学
rigid-flexible coupling dynamics
O313
　　D 刚-柔耦合动力学
　　S 动力学
　　Z 理论力学

刚-柔耦合动力学
　　Y 刚柔耦合动力学

刚柔耦合系统
rigid-flexible coupled system
O313
　　D 刚-柔耦合系统
　　S 力学系统*

刚-柔耦合系统
　　Y 刚柔耦合系统

刚塑性有限元法
rigid-plastic finite element method

O344.1
　S 力学方法*
　C 等温变形

刚-弹耦合
　Y 刚-柔耦合

刚体
rigid body
O311.2
　D 摆动体
　　滑动体
　S 物体*
　C 半空间
　　动力学

刚体弹道
rigid-body trajectory
O315
　S 外弹道
　Z 弹道

刚体弹道学
rigid body ballistics
O315
　D 摆动理论(外弹道学)
　　旋转理论(外弹道学)
　S 外弹道学
　Z 弹道学

刚体定点运动
motion of rigid-body with a fixed point
O311.2
　S 定点运动
　　刚体运动
　Z 运动

刚体定轴转动
rigid body rotation around a fixed axis
O313.3
　S 定轴转动
　　刚体转动
　Z 运动

刚体动力学
rigid-body dynamics
O313.3
　S 动力学
　F 多刚体系统动力学
　C 平行轴定理
　　切线刚度矩阵
　Z 理论力学

刚体力学
　Y 理论力学

刚体平面运动
plane motion of rigid body
O311.2
　S 刚体运动
　　平面运动
　C 共面力
　Z 运动

刚体位移
rigid body displacement
O311.2
　S 位移*

刚体运动

rigid motion
O311.2
　S 运动*
　F 刚体定点运动
　　刚体平面运动

刚体运动学
rigid body kinematics
O311.2
　S 运动学
　Z 理论力学

刚体转动
rigid body rotation
O313.3
　S 旋转
　F 刚体定轴转动
　C 欧拉角
　Z 运动

刚体转动惯量
solid moment of inertia
O311.2
　S 力学量*

刚体自由运动
　Y 自由运动

刚性
　Y 刚度

刚性壁面
rigid wall
O351
　S 壁*

刚性边界
rigid boundary
O342
　S 边界*

刚性单元
rigid elements
O313.3
　S 单元*

刚性流体
　Y 不可压缩流体

刚性模量
　Y 剪切模量

刚性模型
　Y 刚度模型

刚性稳定性
stiff stability
O317
　D stiff 稳定性
　S 力学稳定性*

刚性系数
　Y 剪切弹性模量

刚性线夹杂
rigid line inclusion
O34
　S 物质*
　C 双周期 →(4)
　　应力奇异因子

杠杆定理
　Y 杠杆定律

杠杆定律
lever rule
O79
　D 杠杆定理
　　杠杆规则
　S 化学定律*

杠杆规则
　Y 杠杆定律

高
　Y 高度

高 Q
　Y 高 Q 值

高 Q 值
high Q
O487
　D 高 Q
　S 品质因数
　Z 数值

高 Tc 超导体
　Y 高温超导体

高饱和磁化强度
high saturation magnetization
O441.2
　S 饱和磁化强度
　Z 磁参数

高比表面
high specific surface
O485；O647.11
　S 表面*

高比电阻
　Y 比电阻

高层大气压力
　Y 大气压

高差压
　Y 高压差

高场磁体
　Y 电磁体

高超声速
hypersonic
O354；O422.1
　D 高超音速
　S 超音速
　C 高频脉动 →(5)
　　滚转力矩
　　气动弹性
　　自由飞模型
　Z 声学参数

高超声速流
　Y 高超声速流动

高超声速流动
hypersonic flow
O354.4
　D 高超声速流
　　高超音速流

高超音速流动
高超音速气流
特超音速流
 S 超声速流动
 C 高超音速空气动力学
  激波
  刘易斯数
  马赫数
 Z 流动

高超音速
 Y 高超声速

高超音速边界层
 Y 边界层

高超音速附面层
 Y 超音速边界层

高超音速空气动力学
hypersonic aerodynamics
O354
 D 特超音速动力学
  再入空气动力学
 S 超音速空气动力学
 C 高超声速流动
  再入轨道 →(4)
  再入速度 →(4)
 Z 空气动力学

高超音速流
 Y 高超声速流动

高超音速流场
hypersonic flow fields
O354.4
 S 高速流场
 C 刘易斯数
 Z 流场

高超音速流动
 Y 高超声速流动

高超音速气流
 Y 高超声速流动

高超音速特性
 Y 气动特性

高超音速尾流
 Y 尾流

高潮间隙
 Y 潮汐要素

高潮时滞
 Y 潮汐要素

高程测量*
height measurement
P216
 D 测高
  高度测量
 F 激光测高
 C 测高法 →(4)
  测高仪 →(4)
  高程模型 →(4)
  高程系统 →(4)
  高程异常 →(4)
  水准测量 →(4)(5)
  水准仪 →(4)

高次谐波产生
high-order harmonic generation
TN011
 S 谐波发生
 Z 分析

高次谐波辐射
high order harmonic generation
O451
 S 谐波辐射
 Z 辐射

高次谐波谱
harmonic spectrum
O581
 S 波谱*

高导磁材料
 Y 软磁材料

高低温试验
 Y 温度试验

高电场
 Y 高压电场

高电子迁移率
high electron mobility
O441.1
 S 电子迁移率
 Z 迁移率

高度*
height
ZT74
 D 高
 F 爆炸高度
  毛细水上升高度
 C 长度

高度测量
 Y 高程测量

高度方位距离位置显示器
 Y 显示器

高度误差
altitude error
TN95
 S 测量误差*
 C 雷达测高仪 →(4)

高反膜
 Y 高反射膜

高反射
high reflection
O435.1
 S 光学反射
 Z 反射

高反射镜
high reflection mirror
TB851；TH74
 S 光学元件*

高反射率膜
 Y 高反射膜

高反射膜
high-reflecting film
O484
 D 高反膜
  高反射率膜
 S 反光膜
 C 激光损伤
 Z 光学薄膜

高分辨 X 射线衍射
high-resolution X-ray diffraction
O721
 S X 射线晶体衍射
 Z 晶体衍射

高分辨 X 射线衍射法
 Y 高分辨 X 射线衍射技术

高分辨 X 射线衍射技术
high-resolution X-ray diffraction
O721
 D 高分辨 X 射线衍射法
 S X 射线衍射法
 Z 晶体结构分析方法

高分辨力
 Y 高分辨率

高分辨连续光源石墨炉原子吸收光谱法
 Y 石墨炉原子吸收光谱法

高分辨率
high resolution
O435；O72
 D 高分辨力
  高分辨像
 S 分辨率*
 C 层序地层学 →(5)

高分辨率格式
high resolution scheme
O302；O35
 S 差分格式*
 F 高阶 Godunov 格式

高分辨率光谱
high-resolution spectra
O433.59
 D 时间分辨光谱
  微微秒光谱
 S 光谱*

高分辨率红外辐射探测
 Y 辐射测量

高分辨率图象
 Y 高分辨率图像

高分辨率图像
high-resolution images
TN941
 D 高分辨率图象
 S 图像*

高分辨像
 Y 高分辨率

高分子薄膜
 Y 聚合物膜

高分子结晶
 Y 聚合物结晶

高分子结晶学
　Y 高分子晶体学

高分子晶粒
polymer crystal grain
O631.2；O763
　S 晶粒*
　F 纳米晶粒

高分子晶体学
polymer crystallography
O7
　D 高分子结晶学
　S 晶体学*

高分子膜
　Y 聚合物膜

高分子网络凝胶
polyacrylamide-gel
O469；O648.17
　S 分散体系*

高分子液晶
high molecular ilquid crystal
O753.2
　S 液晶*
　F 侧链液晶
　　 聚合物液晶
　　 主链液晶

高峰负荷
　Y 最大载荷

高峰流量
　Y 最大流量

高峰载荷
　Y 最大载荷

高功率微波
high power microwave
O452
　D 大功率微波
　S 微波
　C 高功率微波脉冲
　Z 电磁波

高功率微波脉冲
high power microwave pulse
TN78
　S 脉冲*
　C 高功率微波

高光谱散射图像
hyperspectral scattering image
O433.1
　S 光谱图像
　Z 光学图像

高回弹
　Y 高弹性

高激发态
highly excited state
O561.4；O641.3
　S 激发态
　Z 能态

高级晶族
higher category
O711
　S 晶族
　Z 晶体要素

高角度晶界
　Y 大角度晶界

高阶 Godunov 格式
high-order Godunov scheme
O302
　S 高分辨率格式
　Z 差分格式

高阶反聚束效应
higher-order antibunching effect
O431.2
　S 反聚束效应
　Z 光学效应

高阶非线性效应
high order nonlinear effects
O437
　S 非线性效应
　　 高阶效应
　Z 光学效应

高阶非线性薛定谔方程
higher-order nonlinear Schrodinger equation
O413.1
　S 非线性薛定谔方程
　C 周期波解 →(1)
　Z 物理方程

高阶孤子
high order soliton
O415
　S 孤子*

高阶剪切变形理论
higher-order shear deformation theory
O344.3
　S 剪切变形理论
　C 几何非线性 →(1)
　Z 力学理论

高阶紧致差分格式
high-order compact-difference scheme
O175；O241；O35；P43
　D 高阶紧致格式
　S 差分格式*
　　 紧致差分格式
　C 差分法 →(1)(4)
　　 对流扩散方程

高阶紧致格式
　Y 高阶紧致差分格式

高阶精度
high order accuracy
O241.8；O302
　S 数学精度*

高阶模态
　Y 高阶振型

高阶偏振模色散
　Y 高阶色散

高阶色散
higher-order dispersion
O436.3
　D 高阶偏振模色散
　S 色散*
　F 三阶色散
　　 四阶色散

高阶摄动
high class perturbation
O7
　D 高阶微扰
　　 高阶微扰法
　S 摄动*

高阶椭圆高斯光束
high-order elliptical gaussian beams
O432.12
　S 椭圆高斯光束
　Z 光束

高阶微扰
　Y 高阶摄动

高阶微扰法
　Y 高阶摄动

高阶效应
higher-order effects
O431.2
　S 光学效应*
　F 高阶非线性效应

高阶振型
higher order mode
O32
　D 高阶模态
　　 高振型
　S 振型*
　C 低阶模态
　　 多自由度振动系统

高结晶度
high crystallinity
O79
　S 结晶度
　Z 晶体学参数

高介电常数
high dielectric constant
O487
　S 介电常数
　Z 物理常数

高精度差分格式
high accuracy difference schemes
O241.3；O302
　S 差分格式*
　C 抛物型方程 →(1)

高精度计算
high precision computation
TP391
　S 计算*

高精度重力
high-precision gravity
O314
　S 重力
　Z 力

高空爆炸
　Y 空中爆炸

高空电磁脉冲
high-altitude electromagnetic pulse
O441.4
 D 高空核爆电磁脉冲
   高空核电磁脉冲
 S 电磁脉冲*

高空核爆电磁脉冲
 Y 高空电磁脉冲

高空核电磁脉冲
 Y 高空电磁脉冲

高空环流形势
high circulation situation
O35；P434.1；P731.27
 S 大气环流形势
 Z 环流形势

高宽比
 Y 展弦比

高雷诺数
high Reynolds number
O303；P12
 S 雷诺数
 Z 数
   无量纲数

高离化态
high-ionized state
TN01
 S 状态*

高亮度
high brightness
O432.2
 S 亮度*

高临界温度超导体
 Y 高温超导体

高流动
 Y 高流态

高流态
upper flow regime
O368
 D 超临界流动状态
   高流动
   上部水流动态
 S 流态*

高密度等离子体
 Y 稠密等离子体

高密度光存储
high density optical storage
O438
 S 光存储*

高密度全息存储
high density holographic storage
O438.1
 S 全息存储
 Z 光存储

高摩擦系数
high friction
O313.5
 S 摩擦系数

 C 低摩擦系数
 Z 系数

高能
high energy
O572
 S 能量*
 F 超高能
   甚高能

高能 X 射线
high energy X-ray
O434.1
 S X 射线
 Z 射线

高能带电粒子
energetic charged particles
O572.3
 S 高能粒子
 C 库仑对数
 Z 粒子

高能电子
high-energy electron
O562.1
 S 电子*
 C 电磁簇射

高能电子辐照
high energy electron irradiation
O572
 S 电子辐射
 Z 辐射

高能电子衍射
high energy electron diffraction
O722.7
 D HEED
 S 电子衍射
 F 反射式高能电子衍射
 Z 衍射

高能辐射
high-energy radiation
O572
 S 电磁辐射
 C 范艾伦辐射带 →(4)(5)
 Z 辐射

高能核反应
high-energy nuclear reaction
O571.4
 S 核反应*

高能核物理
 Y 高能核物理学

高能核物理学
high-energy nuclear physics
O57
 D 高能核物理
 S 高能物理学
   原子核物理学
 Z 物理学

高能离子
 Y 尾离子

高能粒子

energetic particle
O572.3
 S 带电粒子
 F 高能带电粒子
   太阳高能粒子
 Z 粒子

高能粒子发光
 Y 辐射发光

高能碰撞
energetic encounter
O572
 S 碰撞*
 C 动力学起伏

高能物理
 Y 高能物理学

高能物理学
high energy physics
O572
 D 高能物理
   基本粒子物理学
   粒子物理
   粒子物理学
 S 物理学*
 F 粲粒子物理学
   高能核物理学
   微观物理学
   中微子物理
 C 粒子分析
   粒子辐射
   粒子结构

高能质子
high-energy particle
O572.341
 S 质子
 Z 粒子

高能中子
high-energy neutron
O572.342
 S 中子
 Z 粒子

高能重离子
high-energy heavy ions
O571.6
 S 重离子
 Z 离子

高能重离子碰撞
high energy heavy ion collision
O571.6
 S 重离子碰撞
 Z 碰撞

高粘度流体
 Y 高粘流体

高粘流体
highly viscous fluid
O357
 D 大黏度流体
   高黏度流体
   高粘度流体
   高粘性流体
 S 粘性流体

主　表　273

　Z　流体

高粘性流体
　Y　高粘流体

高黏度流体
　Y　高粘流体

高频
high frequency
O452
　S　无线电频率*
　F　超高频
　　　极高频
　　　甚高频
　　　特高频
　C　振动频率

高频采样
high frequency sampling
TN4；TN7
　S　采样*

高频磁
　Y　高频磁性

高频磁性
high-frequency magnetic properties
O482.52
　D　高频磁
　S　磁性*

高频等离子体
　Y　射频等离子体

高频电磁场
high frequency electromagnetic field
O441.4
　S　电磁场*
　C　高频引力波

高频电导检测
high frequency conductivity detection
O441.5
　S　电导测量
　F　电导率测量
　　　非接触式电导检测
　C　电导滴定法　→(3)
　Z　电学量测量

高频电子输运
high-frequency electronic transport
O572.2；O572.322
　S　电子转移
　Z　运动(物理)

高频放电
high-frequency discharges
O461
　S　气体放电
　Z　放电

高频辐射
　Y　短波辐射

高频光栅
high frequency grating
O437.4；P111.3
　S　光栅*

高频引力波
high frequency gravitational waves
O314；P131；P142
　S　重力波
　C　高频电磁场
　Z　大气波动

高频噪音
high frequency noise
O422.8
　S　噪音
　Z　声音

高频振动
high-frequency vibration
O32
　S　振动*
　C　高速转动

高强度
high strength
O346
　D　大强度
　S　力学强度*
　C　拉伸试件

高热稳定性
high thermal-stability
O414.1；O642.3
　S　热稳定性
　Z　化学性质

高散射介质
highly scattering media
O43
　S　散射介质
　Z　光学介质

高升力
high lift
O354
　S　升力
　Z　力

高声强
high sound intensity
O422
　S　声强
　Z　声学参数

高数值孔径
high numerical aperture
O435；P111.3
　S　数值孔径
　Z　孔径

高双折射
high birefringence
O435.1
　S　双折射
　Z　折射

高水基流体
high water base fluid
O35
　S　流体*
　C　流体介质

高斯白噪声
　Y　Gauss 白噪声

高斯-贝塞耳光束
　Y　贝塞尔-高斯光束

高斯定理
　Y　高斯公式

高斯公式
Gauss formula
O171；O172.2；O441.1
　D　Gauss 定理
　　　Gauss 公式
　　　Ostrovski-Gauss 公式
　　　奥-高公式
　　　奥拟高公式
　　　高斯定理
　　　高斯-勒让德求积公式
　　　高斯散度定理
　　　散度定理
　S　公式(数学)*
　C　闭曲线　→(1)
　　　等参变换　→(1)
　　　麦克斯韦方程
　　　齐次函数　→(1)
　　　散度　→(4)

高斯光
　Y　高斯光束

高斯光脉冲
Gaussian light pulse
TN78
　S　光脉冲
　F　高斯激光脉冲
　C　高斯光束
　Z　脉冲

高斯光束
gaussian beam
O432.12
　D　高斯光
　　　激光高斯光束
　S　光束*
　F　贝塞尔-高斯光束
　　　超短脉冲高斯光束
　　　超高斯光束
　　　厄米-高斯光束
　　　非傍轴高斯光束
　　　高斯-谢尔模型光束
　　　基模高斯光束
　　　聚焦高斯光束
　　　空心高斯光束
　　　拉盖尔-高斯光束
　　　类高斯光束
　　　离轴高斯光束
　　　偏心高斯光束
　　　平顶高斯光束
　　　椭圆高斯光束
　　　余弦高斯光束
　C　高斯光脉冲
　　　高斯光学

高斯光学
Gaussian optics
O435
　D　近轴光学
　S　几何光学
　C　高斯光束
　　　理想光学系统

旋转抛物面 →(1)
　　Z 光学

高斯函数
Gaussian function
O174.6；O43
　　D Gauss 函数
　　　 整数部分函数
　　S 函数*
　　C 分布
　　　 高斯过程 →(1)
　　　 统计学
　　　 整体解 →(1)

高斯激光脉冲
Gaussian laser pulse
TN24；TN78
　　S 高斯光脉冲
　　　 激光脉冲
　　Z 脉冲

高斯-勒让德求积公式
　　Y 高斯公式

高斯模型
Gauss model
O411.1
　　D Gaussian 模型
　　　 Gauss 模型
　　S 数学模型*
　　F 高斯-谢尔模型

高斯散度定理
　　Y 高斯公式

高斯物镜
Gauss objectives
TB851；TH744
　　S 物镜
　　F 双高斯物镜
　　C 非傍轴高斯光束
　　Z 光学元件

高斯谢尔光束
　　Y 高斯-谢尔模型光束

高斯-谢尔光束
　　Y 高斯-谢尔模型光束

高斯-谢尔模型
Gaussian-Schell model
O431
　　S 高斯模型
　　Z 数学模型

高斯-谢尔模型光束
Gaussian-Schell model beams
O432.12
　　D 高斯谢尔光束
　　　 高斯-谢尔光束
　　S 高斯光束
　　Z 光束

高斯引力常数
　　Y 引力常数

高速爆轰
　　Y 理想爆震

高速冲击
hypervelocity impact
O347
　　S 冲击*
　　C 超高速撞击
　　　 无网格法 →(1)

高速光学技术
high-speed optical techniques
TN2
　　D 超短光脉冲技术
　　　 超快光学技术
　　S 光学技术*

高速空气动力学
high-speed aerodynamics
O354
　　S 空气动力学*
　　F 超音速空气动力学
　　　 跨音速空气动力学
　　　 亚音速空气动力学

高速粒子侵蚀试验
high-speed particles erosion tests
O354
　　S 气动力试验
　　Z 科学实验

高速流
high current
O351
　　S 流体流*

高速流场
high speed flow field
O35
　　S 流场*
　　F 超音速流场
　　　 高超音速流场
　　　 跨声速流场

高速碰撞
　　Y 高速撞击

高速运动
high speed motion
O311
　　S 运动*

高速转动
high-speed rotation
O313.1
　　S 旋转
　　C 高频振动
　　Z 运动

高速撞击
high-speed impact
O313.4；O347；O521
　　D 高速碰撞
　　S 力学碰撞*
　　F 超高速撞击
　　C 冲击杆
　　　 穿甲
　　　 应力波

高弹态
　　Y 高弹性

高弹体
　　Y 弹性体

高弹性
high elasticity
O343；O631.13
　　D 高弹态
　　　 高回弹
　　S 弹性
　　C 低弹性
　　Z 力学性质

高梯度磁场
high gradient magnetic field
O441.2
　　S 梯度磁场
　　Z 磁场

高铁酸盐溶液
　　Y 溶液

高维混沌
high-dimensional chaos
O415.5
　　S 混沌*

高温
high temperature
O522；P423
　　D 高温(物理学)
　　S 操作条件*
　　F 超高温
　　C 高温计

高温(物理学)
　　Y 高温

高温变形
high temperature deformation
O344.3；O522
　　S 热变形
　　C 动态再结晶
　　Z 变形

高温测量
high temperature measurement
O551.2
　　S 温度测量*

高温差
　　Y 大温差

高温超导
high temperature superconductivity
O511.2
　　S 超导
　　C 约瑟夫森结阵列
　　Z 导电

高温超导薄膜
high temperature superconducting film
O522
　　S 超导薄膜
　　C 微波表面电阻
　　Z 电工薄膜

高温超导磁体
high temperature superconducting magnet
TM26
　　S 超导磁体
　　Z 磁体

高温超导电性

Y 高温超导性

高温超导体
high-temperature superconductors
TM26
　　D 高 Tc 超导体
　　　　高临界温度超导体
　　　　陶瓷超导体
　　S 超导体
　　C 磁通蠕动
　　　　交流损耗
　　　　转变温度
　　Z 导体

高温超导性
high-temperature superconductivity
O511
　　D 高温超导电性
　　S 超导性
　　Z 物理特性

高温等离体
　　Y 高温等离子体

高温等离子体
high-temperature plasmas
O531
　　D 高温等离体
　　S 等离子体*

高温高压流变性
　　Y 高温流变

高温光谱
high temperature spectroscopy
O433.5
　　S 光谱*
　　F 高温拉曼光谱

高温黑体
high temperature blackbody
O482
　　S 黑体
　　Z 物体

高温化学反应
　　Y 化学反应

高温计
pyrometer
TH811
　　S 测量仪器*
　　F 比色高温计
　　　　光电高温计
　　　　光学高温计
　　C 电阻温度计 →(4)
　　　　高温
　　　　热电偶
　　　　温度测量

高温结晶
high-temperature crystallization
O799
　　D 高温结晶法
　　　　高温结晶方法
　　　　高温结晶过程
　　　　高温结晶化过程
　　S 工业结晶
　　Z 结晶

高温结晶法
　　Y 高温结晶

高温结晶方法
　　Y 高温结晶

高温结晶过程
　　Y 高温结晶

高温结晶化过程
　　Y 高温结晶

高温浸润强度
　　Y 热强度

高温拉曼光谱
high temperature raman spectroscopy
O433.54
　　S 高温光谱
　　　　拉曼光谱
　　Z 光谱

高温拉伸强度
high temperature tensile strength
O344.3
　　S 抗拉强度
　　Z 力学强度

高温拉伸蠕变
high temperature tensile creep
O344.6
　　S 拉伸蠕变
　　Z 蠕变

高温流变
high temperature rheology
O37
　　D 高温高压流变性
　　　　高温流变性
　　S 流变*
　　C 大陆地壳 →(4)(5)

高温流变性
　　Y 高温流变

高温流体
high temperature fluid
O35
　　S 流体*

高温摩擦学
high-temperature tribology
O313.5；O485
　　S 摩擦学*

高温疲劳
　　Y 热疲劳

高温气体
high temperature gas
O354
　　S 气体*
　　C 高温空气 →(4)
　　　　燃烧产物 →(3)

高温强度
　　Y 热强度

高温热浪
　　Y 热浪

高温溶液法
high temperature solution method
O645；O782
　　S 化学制备方法*
　　　　溶液生长法
　　Z 晶体生长方法

高温蠕变
high-temperature creep
O344.6
　　D 热蠕变
　　S 蠕变*
　　C 热强度

高温实验
　　Y 高温试验

高温试验
high temperature test
TB461.1
　　D 干热试验
　　　　高温实验
　　S 温度试验
　　C 热稳定性
　　Z 气象试验
　　　　试验

高温塑性变形
high temperature deformation
O344.1
　　S 塑性变形
　　C 流变失稳
　　Z 变形

高温物理学
high-temperature physics
O522
　　S 物理学*

高温应变
high temperature strain
O344.3
　　S 热应变
　　Z 应变

高线加速度
high linear acceleration
TH11
　　S 线加速度
　　Z 加速度

高效分离
　　Y 分离

高循环疲劳
　　Y 高周疲劳

高压
high pressure
O31
　　S 压力*
　　F 超高压
　　C 反气旋 →(4)
　　　　气压系统 →(4)

高压 X 射线衍射
high pressure X-ray diffraction
O721
　　D 高压 X 射线衍射技术
　　S X 射线晶体衍射
　　Z 晶体衍射

高压 X 射线衍射技术
　　Y 高压 X 射线衍射

高压变态
　　Y 高压相

高压差
high differential pressure
O521
　　D 高差压
　　S 电压差*

高压差示扫描量热
　　Y 差示扫描量热法

高压差示扫描量热法
　　Y 差示扫描量热法

高压电场
high-voltage field
TM8
　　D 高电场
　　S 电场*

高压放电
high-pressure discharge
O441.1
　　S 气体放电
　　Z 放电

高压技术*
high-pressure techniques
O521
　　F 超高压技术
　　　 动高压
　　　 负高压
　　　 静态高压技术

高压结晶
high pressure crystallization
O799
　　D 高压结晶法
　　　 高压结晶方法
　　　 高压结晶过程
　　　 高压结晶化过程
　　S 工业结晶
　　Z 结晶

高压结晶法
　　Y 高压结晶

高压结晶方法
　　Y 高压结晶

高压结晶过程
　　Y 高压结晶

高压结晶化过程
　　Y 高压结晶

高压介质
　　Y 传压介质

高压晶体生长
high pressure crystal growth
O78
　　S 晶体生长*
　　C 超硬晶体

高压流体
high-pressure fluid

O35
　　S 流体*

高压气体
high-pressure gas
O354
　　S 气体*
　　C 低压空气 →(4)

高压渗透
high pressure permeability
O552.2；P747.6
　　S 渗透*

高压声速
high-pressure sound velocity
O422.1
　　S 声速
　　Z 声学参数

高压试验
high-pressure experiment
TB461.1
　　S 试验*

高压水射流
high-pressure water jet
O358
　　S 液体射流
　　Z 射流

高压物理
　　Y 高压物理学

高压物理学
high pressure physics
O521
　　D 高压物理
　　S 物理学*

高压相
high-pressure phase
O521；O64
　　D 稠密相
　　　 稠密形态
　　　 高压变态
　　　 高压形态
　　S 相*
　　C 高压相变
　　　 金属氢

高压相变
high-pressure phase transition
O521
　　D 压致相变
　　S 相变*
　　C 高压相

高压效应
high pressure effects
O521
　　S 压力效应
　　C 记忆效应
　　　 压力系数
　　Z 力学效应

高压形态
　　Y 高压相

高压直流电

high voltage direct current
O441.1
　　D HVDC
　　S 直流
　　Z 电流

高压状态方程
high pressure state equation
O521
　　S 状态方程
　　Z 方程

高应变率
high strain rates
O344.3
　　S 应变率
　　Z 比率

高振型
　　Y 高阶振型

高指数晶面
　　Y 高指数面

高指数面
high index surfaces
O76
　　D 高指数晶面
　　S 晶面*

高周疲劳
high cycle fatigue
O346.2
　　D 高循环疲劳
　　S 循环疲劳
　　F 超高周疲劳
　　C 疲劳断裂
　　　 疲劳寿命
　　　 循环变形
　　　 循环应力响应
　　　 循环硬化
　　　 应变控制
　　　 应变-寿命曲线
　　　 应力疲劳
　　Z 疲劳

高自旋态
high spin states
O738
　　S 自旋态
　　Z 能态

锆 95
　　Y 锆-95

锆-95
zirconium 95
O562.6；O614.412；P597
　　D 95Zr
　　　 Zr-95
　　　 锆 95
　　S 锆同位素
　　Z 同位素

锆基块体非晶
Zr-based bulk amorphous
O756
　　D Zr 基大块非晶
　　　 Zr 基块状非晶
　　　 Zr 基块状非晶材料

锆基块体非晶材料
  锆基块状非晶
  锆基块状非晶材料
 S 块状非晶
 Z 非晶材料

锆基块体非晶材料
 Y 锆基块体非晶

锆基块状非晶
 Y 锆基块状非晶

锆基块状非晶材料
 Y 锆基块体非晶

锆同位素
zirconium isotopes
O562.6；O614.412；P597
 S 同位素*
 F 锆-95
 C 锆 →(3)

哥里奥利力
 Y 科里奥利力

哥氏加速度
 Y 科氏加速度

哥氏效应
 Y 科氏效应

割线刚度矩阵
 Y 切线刚度矩阵

格波
lattice waves
O73
 D 晶格波
  晶格振动波
 S 波*
 F 光学波
  声学波
 C 光学模
  晶格振动

格点 QCD
lattice QCD
O413.1
 S 量子色动力学
 Z 物理学

格点规范理论
lattice gauge theory
O413.4
 D 点阵规范理论
 S 规范场论
 Z 物理理论

格拉纳多-吕克理论
 Y 位错阻尼

格拉斯霍夫数
Grashof number
O35
 D 格拉晓夫数
  格拉肖夫数
 S 无量纲数*
 C 动量传递
  对流
  瑞利数
  自然对流

格拉晓夫数
 Y 格拉斯霍夫数

格拉肖夫数
 Y 格拉斯霍夫数

格劳伯理论
 Y Glauber 理论

格林倒易定理
 Y 倒易定理

格林互易定理
Green's reciprocation theorem
TM133
 S 互易定理
 Z 电路理论

格林应变
Green strain
O344.3
 S 应变*

格洛纳斯导航卫星系统
 Y 格洛纳斯卫星导航系统

格洛纳斯卫星导航系统
GLONASS satellite navigation system
TN967.1
 D GLONASS
  GLONASS 系统
  俄罗斯全球导航卫星系统
  俄罗斯全球轨道导航卫星系统
  格洛纳斯导航卫星系统
 S 卫星导航系统
 Z 导航设备
  卫星系统

格面
 Y 晶格面

格形标准振型
cellular normal mode
TU311
 S 振型*

格栅生成湍流
 Y 各向同性湍流

格子
 Y 元

格子 Boltzmann
 Y 格子 Boltzmann 方法

格子-Boltzmann
 Y 格子 Boltzmann 方法

格子 Boltzmann 方法
lattice Boltzmann method
O351
 D Lattice Boltzmann 方法
  Lattice-Boltzmann 方法
  格子 Boltzmann
  格子-Boltzmann
  格子-boltzmann 方法
  格子波尔兹曼方法
  格子玻尔兹曼方法
  晶格玻尔兹曼方法
 S 计算流体力学方法
 C Oldroyd-B 流体

 Z 流体力学法

格子-boltzmann 方法
 Y 格子 Boltzmann 方法

格子 Boltzmann 模型
lattice Boltzmann model
O35
 D BGK 模型
 S Boltzmann 模型
 C 多重尺度法 →(1)(4)
 Z 力学模型

格子波尔兹曼方法
 Y 格子 Boltzmann 方法

格子玻尔兹曼方法
 Y 格子 Boltzmann 方法

格子间隙
 Y 晶格间隙

隔热
 Y 绝热过程

隔声
sound insulation
O328；O422.4
 D 隔音
  声绝缘
  声屏蔽
 S 噪声降低*

隔声材料
 Y 噪声降低

隔声测量
sound insulation measurement
TB52
 S 声学测量*

隔声量
 Y 传声损失

隔音
 Y 隔声

隔振
vibration isolation
O328
 S 减振*
 F 被动隔振
  低频隔振
  非线性隔振
  浮筏隔振
  基底隔振
  主动隔振
 C 隔振参数
  结构动力学

隔振参数
vibration isolation parameters
O328
 S 力学参数*
 F 振动传递率
  阻尼系数
 C 隔振
  隔振率

隔振率
vibration isolation rate

O328
 D 隔震率
 S 比率*
 C 隔振参数

隔震率
 Y 隔振率

镉脆
cadmium embrittlement
O346.11
 S 脆化
 Z 材料性能

葛庭燧扭摆
 Y 扭摆

各向同性*
isotropy
O731
 D 各向同性现象
 F 非各向同性
  横观各向同性
 C 各向同性介质 →(5)
  各向异性

各向同性强化
 Y 各向同性硬化

各向同性弹性
isotropic elasticity
O343
 S 弹性
 C 线弹性断裂力学
 Z 力学性质

各向同性湍流
isotropic turbulence
O357.5；P425.2
 D 非各向同性湍流
  格栅生成湍流
 S 湍流
 F 局地各向同性湍流
  均匀各向同性湍流
 Z 流体流

各向同性现象
 Y 各向同性

各向同性谐振子
isotropic harmonic oscillator
O413
 S 谐振子*
 F 三维各向同性谐振子

各向同性硬化
isotropic hardening
O344.1
 D 各向同性强化
 S 硬化*

各向异性*
anisotropy
O4-34
 F 波速各向异性
  垂直各向异性
  弹性各向异性
  电性各向异性
  方位各向异性
  光学各向异性
  厚向异性
  极化度各向异性
  介质各向异性
  塑性各向异性
  应力诱导各向异性
  正交各向异性
 C 各向同性
  各向异性场
  横波分裂 →(5)
  全离散格式 →(1)
  旋转方向法 →(1)
  应变幅
  轴对称 →(1)

各向异性场
anisotropy field
O482.51
 S 磁场*
 F 磁晶各向异性场
 C 各向异性
  各向异性介质 →(5)

各向异性磁电阻
anisotropic magnetoresistance
O441.6
 S 磁电阻*

各向异性磁电阻效应
anisotropic magnetoresistance effect
O441.6
 S 磁电阻效应
 Z 磁场效应

各向异性等离体
 Y 各向异性等离子体

各向异性等离子体
anisotropic plasma
O531
 D 各向异性等离体
 S 等离子体*
 C 球矢量波函数 →(1)

各向异性晶体
anisotropic crystal
O732
 S 晶体*

各向异性流体
anisotropic fluid
O37
 S 流体*
 C 各向异性介质 →(5)

各向异性弹性
anisotropic elasticity
O343.8
 S 弹性
 Z 力学性质

各向异性弹性波
anisotropic elastic waves
O347.41
 S 弹性波*

各向异性衍射
anisotropic diffraction
O722
 S 晶体衍射*
 F 各向异性自衍射

各向异性应力
anisotropic stress
O343.8
 S 应力*

各向异性自衍射
anisotropic self-diffraction
O722
 S 各向异性衍射
 Z 晶体衍射

根团复合
 Y 化学发光反应

跟瞄误差
pointing error
TN92
 S 导航误差
 Z 误差

跟踪精度
track precision
O43
 S 测量精度
 Z 精度

更改
 Y 变化

耿氏效应
Gunn effect
O469
 D 电子转移效应
  转移电子效应
 S 强场效应
 Z 电场效应

工程地质试验
 Y 土工试验

工程地质特性
 Y 工程地质性质

工程地质性质*
engineering property
P642
 D 工程地质特性
 F 渗透性

工程电磁学
engineering electromagnetics
O441
 D 电磁工程
 S 电磁学*

工程动力学
engineering dynamics
TB12
 S 动力学
  工程力学
 C 动力学分析
 Z 理论力学
  力学

工程光学
engineering optics
O439
 S 应用光学
 Z 光学

工程结构力学

engineering structural mechanics
O342
　S 工程力学
　　结构力学
　Z 固体力学
　　力学

工程静力学
　Y 静力学

工程力学
engineering mechanics
TB12
　S 应用力学
　F 工程动力学
　　工程结构力学
　　工程流体力学
　　工程塑性力学
　C 断裂力学
　　机动分析
　　结构分析
　　力学理论
　　扭转定理　→(1)
　　散体力学
　Z 力学

工程流体力学
engineering fluid mechanics
TB126
　S 工程力学
　　流体力学*
　Z 力学

工程塑性力学
engineering plastic mechanics
TB125
　S 工程力学
　　塑性力学
　C 理想塑性力学
　Z 固体力学
　　力学

工程弹性力学
engineering elastic mechanics
TB12
　S 弹性力学
　Z 固体力学

工程应变
engineering strain
O344.3
　S 应变*

工件软化
　Y 应变软化

工业结晶
industrial crystallization
O799
　D 工业结晶法
　S 结晶*
　F 萃取结晶
　　电结晶
　　多结晶
　　反应结晶
　　分步结晶
　　高温结晶
　　高压结晶
　　共沸结晶

　　间歇结晶
　　冷冻结晶
　　连续结晶
　　流动诱导结晶
　　硫铵结晶
　　膜结晶
　　浓缩结晶
　　溶析结晶
　　乳化结晶
　　受限结晶
　　梯度结晶
　　悬浮结晶
　　选择结晶
　　盐结晶
　　蔗糖结晶
　　真空结晶
　　重碱结晶

工业结晶法
　Y 工业结晶

工业摩擦学
industrial tribology
O313.5；O485
　S 摩擦学*

工质
　Y 工作介质

工作基准
working standard
TB91；TH71
　S 计量基准
　Z 基准

工作介质
working medium
ZT81
　D 工质
　S 介质*

工作频率
operating frequency
TN7
　S 频率*

工作物质
working substance
TB4
　S 物质*

工作压强
working pressure
O31
　S 压强*

工作应力
　Y 荷载应力

弓形波
　Y 激波

弓形激波
bow shock
O354.5
　S 激波*

公称应变
　Y 名义应变

公称应力

　Y 名义应力

公理*
axiom
O1-0
　D 公理化
　　公理化定义
　　公理化思想
　　公设
　F Drucker 公设
　C 定理　→(1)

公理化
　Y 公理

公理化定义
　Y 公理

公理化思想
　Y 公理

公设
　Y 公理

公式*
formula
O1
　F 辐射公式
　　微扰公式

公式(数学)*
formula(mathematics)
O1-0
　D 数学公式
　F 高斯公式
　　迹公式
　　牛顿公式

功*
work
O31
　F 安培力做功
　　机械功
　　可逆功
　　离心收缩功
　　内力功
　　输出功
　　输入功
　　外力功
　　虚功
　　有效功
　　余功
　　最大功
　　作功
　C 功率

功的互等定理
work reciprocal theorem
O31
　S 互等定理
　Z 力学定理

功的互等法
reciprocal theorem method
O31
　S 力学方法*

功函数
work function
O441；O462

D 逸出功
　　S 函数*
　　C 电离势 →(3)
　　　光电发射
　　　接触电势

功率*
power
O4-0
　　F 抽运功率
　　　电功率
　　　发光功率
　　　耗散功率
　　　临界功率
　　　摩擦功率
　　　热功率
　　　散射功率
　　　声功率
　　　视在功率
　　　吸收功率
　　C 功
　　　功率测量
　　　功率分布
　　　功率计
　　　功率谱
　　　功率损耗
　　　功率因子
　　　马力

功率测量
power measurement
TB462；TB97；TM93
　　S 电学量测量*
　　F 电功率测量
　　　功率因数测量
　　　输出功率测量
　　　微波功率测量
　　C 功率
　　　激光变量测量
　　　扭矩仪

功率单位
power unit
TB91
　　S 计量单位*
　　F 马力

功率分布
power distribution
O43
　　S 分布*
　　C 功率
　　　功率谱

功率计
dynamometer
TH71；TM933.3
　　D 测力
　　　测力计
　　　电功率计
　　S 力学测量仪器
　　F 光功率计
　　C 功率
　　　扭矩测量
　　Z 测量仪器

功率解耦
power decouple
TM3；TM4
　　S 参数解耦
　　Z 解耦

功率密度
power density
TM911
　　S 密度*
　　F 激光功率密度

功率频谱
　　Y 功率谱

功率谱
power spectrum
O456
　　D 功率频谱
　　　功率谱方法
　　S 频谱*
　　F 倒频谱
　　　互功率谱
　　　角度功率谱
　　　联合功率谱
　　　小波功率谱
　　　信号功率谱
　　C 功率
　　　功率分布
　　　功率谱估计
　　　功率谱密度

功率谱方法
　　Y 功率谱

功率谱估计
power spectrum estimation
TN911
　　S 谱估计
　　C 功率谱
　　Z 估计(数学)

功率谱密度
power spectral density
O45
　　S 谱密度*
　　F 自功率谱密度
　　C 功率谱
　　　均方根 →(1)

功率射流
power jets
O358
　　S 射流*

功率衰减
　　Y 功率损耗

功率损耗
power loss
TM933.3
　　D 功率衰减
　　　功率下降
　　S 能量损耗*
　　C 功率

功率特性曲线
power characteristic curve
TM11
　　S 曲线*

功率下降
　　Y 功率损耗

功率因数
　　Y 功率因子

功率因数测量
power factor measurement
TB462；TB971；TM93
　　D 功率因数计
　　S 功率测量
　　Z 电学量测量

功率因数计
　　Y 功率因数测量

功率因素
　　Y 功率因子

功率因子
power factor
O44
　　D 功率因数
　　　功率因素
　　S 因子*
　　C 功率

功能晶体
functional crystals
O799
　　S 晶体*
　　F 超导晶体
　　　存储晶体
　　　复合功能晶体
　　　光子晶体
　　　介电晶体
　　　热释电晶体
　　　声子晶体
　　　铁磁晶体
　　　铁电晶体
　　　压电晶体

功能配合物
　　Y 配合物

功能梯度压电压磁材料
functionally gradient piezoelectric & piezo-magnetic materials
O482.54
　　S 压磁材料
　　Z 磁性材料

功能原理
principle of work and energy
O31
　　S 力学原理*
　　C 非保守力
　　　耗散力

攻角
　　Y 迎角

攻角效应
　　Y 迎角效应

供电电极
　　Y 电极

供应系数
　　Y 适应系数

拱圈振动

ring vibration
TU311.3
　　S 结构振动
　　Z 振动
共变导数
　　Y 协变导数
共存超导体
　　Y 磁性超导体
共点力
concurrent force
O312
　　D 汇交力
　　S 力*
共点力系
system of concurrent forces
O312
　　S 力系*
　　C 力偶系
共轭*
conjugate
O43；O621.13
　　D 共轭关系
　　F 物像共轭
　　　相位共轭
共轭波
conjugate wave
O431.1；O436
　　S 光波
　　F 相位共轭波
　　C 共轭复数 →(1)
　　Z 电磁波
共轭点
　　Y 共轭焦点
共轭断裂
conjugate fracture
O346.1；P542.3
　　S 断裂*
　　　断裂构造*
共轭关系
　　Y 共轭
共轭剪破裂
　　Y 剪切破裂
共轭焦点
conjugate points
O435；P111.3
　　D 共轭点
　　S 焦点*
　　C ricci 曲率 →(1)
　　　共轭距
共轭距
conjugate distance
O435.2
　　D 共轭距离
　　S 光学参数*
　　C 共轭焦点
共轭距离
　　Y 共轭距

共轭位移
conjugate displacement
O342
　　S 位移*
共轭相
　　Y 相位共轭
共轭像
conjugate image
O435.2
　　S 光学图像*
共轭效应
conjugate effect
O562
　　D 离域效应
　　S 电子效应
　　C 共轭复数 →(1)
　　Z 物理效应
共沸结晶
azeotropic crystalization
O799
　　D 共沸结晶法
　　　共沸结晶方法
　　　共沸结晶过程
　　　共沸结晶化过程
　　S 工业结晶
　　Z 结晶
共沸结晶法
　　Y 共沸结晶
共沸结晶方法
　　Y 共沸结晶
共沸结晶过程
　　Y 共沸结晶
共沸结晶化过程
　　Y 共沸结晶
共格界面
　　Y 共格晶界
共格晶界
coherent grain boundary
O763
　　D 共格界面
　　S 晶界*
　　F 半共格界面
　　　非共格界面
　　　共格孪晶界
共格孪晶界
coherent twin boundary
O763
　　S 共格晶界
　　　孪晶界
　　F 非共格孪晶界
　　Z 晶界
共混薄膜
　　Y 混合膜
共价半径
covalent radius
O562.1；O641.1
　　S 原子半径
　　Z 原子参数

共价键合
covalent bonding
O56；O641.2
　　S 键合*
　　C 共价键 →(3)
共价晶体
　　Y 原子晶体
共价晶体点阵动力学
lattice dynamics of covalent crystals
O795
　　S 晶格动力学
　　Z 晶体学
共焦成像
confocal imaging
TN2
　　S 成像*
共节点分离式模型
common node separate model
O342
　　S 力学模型*
共结晶
cocrystallization
O645.5；O799
　　S 结晶*
共晶
eutectic
O73
　　D 共晶现象
　　S 结晶现象*
　　C 共晶转变
共晶点
　　Y 共晶温度
共晶化
eutecticum
O795
　　D 共晶化过程
　　　共晶型结晶过程
　　　共晶型结晶化
　　　共晶型结晶化过程
　　　共晶型晶化
　　　共晶型晶化过程
　　S 晶化*
　　F 渗硼共晶化
共晶化过程
　　Y 共晶化
共晶结构
eutectic structure
O76
　　S 晶体结构*
　　C 定向凝固
　　　共晶转变
共晶生长
eutectic growth
O78
　　S 晶体生长*
共晶体
eutectic crystal
O73

　　　　S 晶体*
　　　　C 混合物

共晶温度
eutectic temperature
O792
　　　　D 低熔点
　　　　　 共晶点
　　　　S 温度*

共晶现象
　　　　Y 共晶

共晶型结晶过程
　　　　Y 共晶化

共晶型结晶化
　　　　Y 共晶化

共晶型结晶化过程
　　　　Y 共晶化

共晶型晶化
　　　　Y 共晶化

共晶型晶化过程
　　　　Y 共晶化

共晶转变
eutectic transformation
O792
　　　　S 等温相变
　　　　C 共晶
　　　　　 共晶结构
　　　　Z 晶体相变

共聚弹性体
　　　　Y 弹性体

共聚物同晶型
copolymer isomorphism
O76
　　　　D 共聚物同晶型现象
　　　　S 同晶型
　　　　Z 晶型

共聚物同晶型现象
　　　　Y 共聚物同晶型

共面力
coplanar force
O312
　　　　S 力*
　　　　C 刚体平面运动
　　　　　 共面力系

共面力系
system of coplanar forces
O312
　　　　D 平面力系
　　　　S 力系*
　　　　C 共面力

共面运动
coplanar motion
O311；O313.3
　　　　S 运动*

共面转换
plane-switching
O753.2

　　　　S 转换*

共同本征态
common eigen state
O413.1
　　　　S 本征态
　　　　Z 能态

共析转变
eutectoid transformation
O792
　　　　S 等温相变
　　　　Z 晶体相变

共线裂纹
collinear cracks
O346.1
　　　　S 裂纹*

共形变换
　　　　Y 保角变换

共形不变性
conformal invariance
O41
　　　　S 不变性*

共形光学
conformal optics
O436
　　　　S 光学*

共形几何
　　　　Y 分形几何

共振*
resonance
O321
　　　　D 共振现象
　　　　　 内部共振
　　　　　 内共振
　　　　　 耦合共振
　　　　F Fano 共振
　　　　　 Feshbach 共振
　　　　　 LC 共振
　　　　　 参数共振
　　　　　 长期共振
　　　　　 迟滞共振
　　　　　 次级共振
　　　　　 导模共振
　　　　　 等离子体共振
　　　　　 低频共振
　　　　　 地面共振
　　　　　 电共振
　　　　　 电离层共振
　　　　　 动态共振
　　　　　 多重共振
　　　　　 反共振
　　　　　 非线性共振
　　　　　 费米共振
　　　　　 管路共振
　　　　　 光学共振
　　　　　 滚转共振
　　　　　 核共振
　　　　　 横向共振
　　　　　 轿厢共振
　　　　　 近共振
　　　　　 局部共振
　　　　　 巨共振

　　　　　 拉伸共振
　　　　　 密频内共振
　　　　　 平运动共振
　　　　　 气柱共振
　　　　　 强共振
　　　　　 敲击共振
　　　　　 声共振
　　　　　 势形共振
　　　　　 双共振
　　　　　 速度共振
　　　　　 随机共振
　　　　　 位移共振
　　　　　 相干共振
　　　　　 相位共振
　　　　　 谐波共振
　　　　　 形貌共振
　　　　　 亚共振
　　　　　 诱导共振
　　　　　 振动共振
　　　　　 主共振
　　　　　 自然共振
　　　　　 纵扭共振
　　　　　 纵向共振
　　　　　 组合共振
　　　　C 尺寸效应
　　　　　 共振频率
　　　　　 内谐振
　　　　　 谐运动
　　　　　 振荡
　　　　　 自然频率

共振波长
　　　　Y 谐振波长

共振抽运
resonance pumping
O432.12
　　　　S 泵浦*

共振电离
resonant ionization
O463
　　　　S 电离*
　　　　F 共振多光子电离

共振多光子电离
resonant multiphoton ionization
O463
　　　　D 共振增强多光子电离
　　　　S 多光子电离
　　　　　 共振电离
　　　　Z 电离

共振法
resonance method
O422.6
　　　　S 声学方法*

共振分析
resonance analysis
O321
　　　　S 振动分析
　　　　C 强共振
　　　　Z 力学分析

共振辐射
resonance radiation
O432.1
　　　　S 光辐射

C 斯托克斯定律
　　Z 辐射

共振光散射
resonance light scattering
O57；O657.3
　　D 共振散射
　　S 光散射*
　　C 共振散射光谱法
　　　核酸 →(3)

共振光散射光谱法
　　Y 共振散射光谱法

共振光声光谱
resonant photoacoustic spectrometry
O433.5
　　S 光声光谱
　　Z 光谱

共振激发
resonance excitation
O572
　　S 电子激发
　　C 共振吸收
　　　共振跃迁
　　Z 激发

共振角
resonance angle
O471
　　S 角*

共振校核
resonance vibration check
O321
　　S 检测*

共振结构
resonance structure
O471
　　S 振动结构
　　Z 结构

共振宽度
resonance width
O321
　　S 宽度*

共振拉曼
　　Y 共振拉曼散射

共振拉曼散射
resonance Raman scattering
O432.12
　　D 共振拉曼
　　S 拉曼散射
　　Z 光散射

共振理论
resonance theory
O321
　　S 振动理论
　　C 大气潮汐 →(4)
　　　大气涛动 →(4)
　　Z 力学理论

共振粒子
　　Y 共振态

共振模态

resonant mode
O321
　　D 谐振模式
　　　谐振器模式
　　S 模态*

共振能
resonance energy
O321；O621.1
　　D 共振能量
　　S 振动能
　　C 共振能量传递
　　Z 能量

共振能量
　　Y 共振能

共振能量传递
resonance energy transfer
O321
　　S 能量转移*
　　C 共振能

共振耦合
　　Y 共振相互作用

共振疲劳
　　Y 振动疲劳

共振频率
resonant frequency
O321
　　D 反共振频率
　　S 振动频率
　　C 共振
　　　共振试验
　　　振动分析
　　Z 频率

共振谱线
resonance line
O433.3；P162
　　S 谱线*

共振区
resonance region
O321；O471
　　D 共振区域
　　S 区域*

共振区域
　　Y 共振区

共振瑞利散射光谱法
resonance Rayleigh scattering spectrometry
O433.4；O657.3
　　S 共振散射光谱法
　　Z 光散射法

共振散射
　　Y 共振光散射

共振散射光谱法
resonance scattering spectrometry
O433.4；O657.3
　　D 共振光散射光谱法
　　S 光散射法*
　　F 共振瑞利散射光谱法
　　C 共振光散射

共振试验

resonance test
O321
　　D 地面共振试验
　　　谐振试验
　　　正弦共振驻留试验
　　S 力学性能试验
　　　振动试验
　　C 弹性阻尼
　　　共振频率
　　　结构稳定性
　　Z 科学实验

共振隧穿
resonant-tunneling
O471
　　S 隧穿*

共振隧道效应
　　Y 隧道效应

共振态
resonance state
O572.3
　　D 共振粒子
　　　粒子共振态
　　S 强子
　　Z 粒子

共振特性
resonance characteristics
O321
　　S 振动特性
　　Z 力学性质

共振条件
resonance condition
O471
　　S 振荡条件
　　Z 条件

共振透射
resonance transmission
O471
　　S 透射*

共振退极化
resonant depolarization
O441
　　S 退极化
　　Z 极化

共振稳定性
　　Y 振动稳定性

共振问题
resonance problem
O175；O413
　　S 数学问题*
　　C 渐近线性 →(1)

共振吸收
resonance absorption
O436.2
　　S 光吸收*
　　C 共振激发

共振现象
　　Y 共振

共振线

resonance line
O433.3
　　S 作用线
　　Z 线

共振相互作用
resonance interaction
O321；O471
　　D 共振耦合
　　S 力学作用*
　　　相互作用*
　　F 非共振相互作用

共振效应
resonance effect
O321
　　S 力学效应*

共振荧光
resonance fluorescence
O562.3
　　S 原子荧光
　　Z 荧光

共振跃迁
resonance transitions
O432.12
　　S 激光跃迁
　　C 共振激发
　　Z 跃迁

共振增强多光子电离
　　Y 共振多光子电离

共轴光学系统
coaxial optical systems
TH74
　　S 光学系统*
　　C 非共轴光学系统

共轴流
　　Y 同轴流

共轴碰撞
　　Y 同轴碰撞

共轴全息图
　　Y 同轴全息图

共轴射流
　　Y 同轴射流

共轴正碰撞
normal collinear impact
O313.4
　　S 力学碰撞*

勾形磁场
cusp magnetic field
O441.4
　　S 磁场*

沟槽面
groove surface
O351

沟道长度
channel length
O47
　　S 长度*

沟道辐射
channeling radiation
O572
　　S 电子辐射
　　C 沟道迁移率
　　　沟道效应
　　Z 辐射

沟道迁移率
channel mobility
O473
　　S 迁移率*
　　C 沟道辐射
　　　沟道效应

沟道效应
channeling effect
O731
　　D 离子阻塞效应
　　　去沟道效应
　　S 晶体性质*
　　C 沟道辐射
　　　沟道迁移率

钩曲
　　Y 弯曲

构象稳定性
conformational stability
O561.1；O561.2
　　S 分子性质
　　C 分子构象
　　Z 粒子性质

构形分析
　　Y 结构分析

构型熵
configurational entropy
O552.6
　　S 熵*

构造
　　Y 结构

构造动力
tectonic dynamic
O313
　　S 动力*

构造附加静水压力
tectonic additional hydrostatic pressure
O351.1
　　S 流体静压力
　　Z 压力

构造力学
　　Y 结构力学

构造形式
　　Y 结构

构造张量
structure tensor
O342
　　S 张量*
　　C Wolff 法则 →(1)

估计（数学）*
estimate(mathematics)
O211.67；O212.1；O241
　　D 估计式
　　　预估
　　　预估式
　　F 谱估计
　　　噪声方差估计
　　C 有界解 →(1)

估计理论
estimation theory
O211.1；O411
　　S 数学理论*
　　C 估计方程 →(1)

估计式
　　Y 估计（数学）

孤波子
　　Y 孤子

孤对电子
lone-pair electron
O562.1
　　S 价电子
　　Z 电子

孤立阿秒脉冲
　　Y 阿秒脉冲

孤立波
　　Y 孤子

孤立导体
isolated conductor
O441.1
　　S 导体*

孤立内波
　　Y 内孤立波

孤立子
　　Y 孤子

孤立子波
　　Y 孤子

孤立子模型
solition madels
O572.25
　　S 粒子模型
　　Z 物理模型

孤立子内波
　　Y 内孤立波

孤子*
solitons
O415
　　D 孤波子
　　　孤立波
　　　孤立子
　　　孤立子波
　　F 暗孤子
　　　高阶孤子
　　　光孤子
　　　空间孤子
　　　类孤子
　　　内孤立波
　　　扭结孤子
　　　矢量孤子
　　　损耗孤子
　　　隙孤子

主 表 285

　　自孤子
　C 非线性波
　　孤子对
　　孤子方程 →(1)
　　孤子激发
　　孤子相互作用
　　准粒子

孤子对
soliton pair
O437
　S 光学参数*
　F 空间孤子对
　C 孤子

孤子光源
soliton optical source
O432.1
　D 光孤子源
　S 光源*
　C 孤子激发
　　光孤子

孤子激发
soliton excitation
O437
　S 激发*
　C 孤子
　　孤子光源

孤子相互作用
soliton interaction
O572.24
　S 粒子相互作用*
　C 孤子

箍缩效应
pinch effect
O532
　S 等离子体效应
　C 仿星器
　　漂浮器
　Z 物理效应

古艾特流
　Y 科特流

古艾特流动
　Y 科特流

古代科技史
　Y 科技史

古斯-汉森位移
　Y 古斯-汉欣位移

古斯-汉欣位移
Goos-Hanchen shift
O734
　D 古斯-汉森位移
　S 位移*

钴基非晶丝
co-based amorphous wire
O756
　D 钴基非晶丝材料
　S 非晶丝
　Z 非晶材料

钴基非晶丝材料
　Y 钴基非晶丝

钴硼非晶合金
　Y 钴-硼非晶态合金

钴-硼非晶合金
　Y 钴-硼非晶态合金

钴-硼非晶合金材料
　Y 钴-硼非晶态合金

钴硼非晶态合金
　Y 钴-硼非晶态合金

钴-硼非晶态合金
Co-B amorphous alloy
O751
　D Co-B 非晶合金
　　Co-B 非晶合金材料
　　Co-B 非晶态合金
　　Co-B 非晶态合金材料
　　Co-B 非晶质合金
　　Co-B 非晶质合金材料
　　钴硼非晶合金
　　钴-硼非晶合金
　　钴硼非晶合金材料
　　钴-硼非晶合金材料
　　钴硼非晶态合金
　　钴-硼非晶态合金材料
　　钴硼非晶质合金
　　钴-硼非晶质合金
　　钴-硼非晶质合金材料
　S 非晶态合金
　Z 非晶质

钴-硼非晶态合金材料
　Y 钴-硼非晶态合金

钴硼非晶质合金
　Y 钴-硼非晶态合金

钴-硼非晶质合金
　Y 钴-硼非晶态合金

钴-硼非晶质合金材料
　Y 钴-硼非晶态合金

固壁
solid wall
O342
　S 壁*

固定边界
fixed boundary
O343
　S 位移边界
　C 波动理论
　　覆盖函数 →(1)
　Z 边界

固定参考系
　Y 固有参考系

固定磁场
fixed magnetic field
O441.2
　S 磁场*

固端弯矩
fixed-end moment
O313.3
　S 弯矩

　Z 力矩

固-固界面
solid-solid interface
O552.5
　D 固体-固体界面
　S 相界面*
　F 半导体-金属界面
　　半导体-绝缘体界面

固-固相变
solid-solid phase transitions
O552.6
　S 固态相变
　C 沉淀 →(3)(5)
　Z 相变

固化
solidification
O552.6
　D 凝固
　　凝固相变
　　液-固转变
　S 物态变化*
　F 垂直梯度凝固
　　定向凝固
　　快速凝固
　C 结晶
　　凝固理论
　　凝固时间
　　凝固温度
　　凝固相
　　凝固压力
　　硬化

固化残余应力
curing residual stress
O343.4
　S 残余应力
　Z 应力

固气两相流
　Y 气固两相流

固汽转变
　Y 升华

固溶态
solid solution state
O414.12
　D 熔融形态
　　熔透状态
　S 液态
　C 固溶度 →(3)
　　固溶体结构 →(3)
　　固溶硬化
　Z 物态

固溶硬化
solid solution hardening
O344.1
　S 硬化*
　C 固溶态

固态
solid state
O482
　D 固态结构
　S 物态*

F 半固态
　　　 玻璃态
　　　 晶态
　　C 固态相变
　　　 固相 →(3)

固态等离体
　　Y 固体等离子体

固态等离子体
　　Y 固体等离子体

固态反应非晶化
amorphization by solidstate reaction
O795
　　S 非晶化
　　Z 晶化

固态核磁共振
　　Y 固体核磁共振

固态结构
　　Y 固态

固态晶体生长
solid state crystal growth
O78
　　S 晶体生长*
　　F 金刚石生长

固态扩散
solid-state diffusion
O48
　　D 固体中扩散
　　S 扩散*
　　F 晶界扩散
　　　 晶内扩散
　　C 夹杂物 →(3)

固态塑性流动
　　Y 塑性流动

固态物理
　　Y 固体物理学

固态物理学
　　Y 固体物理学

固态相变
solid phase transformation
O552.6
　　S 相变*
　　F 固-固相变
　　　 铁电相变
　　C 固态

固态相互作用
solid state interaction
O369；O643.12
　　S 多相介质相互作用
　　Z 力学作用

固态阴极射线发光
solid state cathodoluminescence
O462.3
　　S 阴极发光
　　Z 发光

固体*
solid
O481
　　F 弹性固体
　　　 非晶体
　　　 纳米固体
　　　 有机固体
　　C 固体比热
　　　 固体结构
　　　 固体理论
　　　 固体密度
　　　 固相 →(3)
　　　 晶体

固体 NMR
　　Y 固体核磁共振

固体比热
specific heat of solids
O551.1
　　D 固体比热容
　　S 比热
　　C 固体
　　Z 热量

固体比热容
　　Y 固体比热

固体表面
solid surface
O485
　　S 表面*
　　F 薄膜表面
　　　 石英表面
　　C 表面结构

固体表面张力
solid surface tension
O552.4；O647.1
　　S 表面张力
　　Z 化学性质

固体薄膜
solid film
O484
　　S 薄膜*
　　C 液体薄膜 →(3)

固体等离子体
solid state plasma
O469；O53
　　D 固态等离体
　　　 固态等离子体
　　S 等离子体*
　　F 电子-空穴等离子体
　　　 金属等离子体

固体电解质
solid electrolyte
O469；O646.1
　　D 超离子传导材料
　　　 超离子导电材料
　　　 超离子导体
　　　 快离子导体
　　S 电解质*
　　C 固体电解质相界面膜 →(3)

固体电子学
solid state electronics
O48
　　S 电子学*
　　F 半导体电子学

　　C 固体物理学

固体动力学
solid dynamics
O313；O34
　　S 动力学
　　　 固体力学*
　　Z 理论力学

固体发光
solid luminescence
O482.3
　　S 发光*

固体-固体界面
　　Y 固-固界面

固体核磁共振
solid-state NMR
O482.53
　　D 固态核磁共振
　　　 固体 NMR
　　S 核磁共振
　　C 固体核磁共振谱 →(3)
　　Z 磁共振
　　　 共振

固体结构*
solid state structure
O48
　　F 表面结构
　　　 薄膜结构
　　　 非晶结构
　　　 固体微结构
　　C 固体
　　　 固体理论

固体界面*
solid interface
O485
　　F 半导体界面
　　　 粗糙界面
　　　 弹性界面
　　　 位错界面
　　　 异质界面

固体浸没透镜
solid immersion lens
TH74
　　S 透镜
　　Z 光学元件

固体颗粒
solid particles
O359
　　S 颗粒*

固体理论
solid state theory
O481
　　S 物理理论*
　　C 固体
　　　 固体结构
　　　 固体密度
　　　 固体物理学

固体力学*
solid mechanics
O34
　　F 变形力学

主　表　287

　　冲击力学
　　弹性力学
　　弹性学
　　断裂力学
　　固体动力学
　　计算固体力学
　　接触力学
　　结构力学
　　界面力学
　　连续固体力学
　　疲劳力学
　　散体力学
　　塑性力学
　　损伤力学
　　细观力学
　C 实验应力分析
　　岩土力学　→(5)

固体力学性质
solid mechanical property
O34
　S 物质力学性质
　F 膨胀性
　Z 力学性质

固体粒子
solid particle
O572.3
　S 粒子*

固体流动
　Y 固体流量

固体流量
solid flow
O359
　D 固体流动
　S 流量*

固体密度
solid density
O482
　S 物质密度
　C 固体
　　固体理论
　Z 物理参数

固体摩擦
　Y 干摩擦

固体能带理论
　Y 能带理论

固体热力学
thermodynamics of solids
O414.1
　S 连续固体力学
　　热力学*
　Z 固体力学

固体微观力学
　Y 细观力学

固体微结构
solid microstructure
O481
　S 固体结构*

固体物理
　Y 固体物理学

固体物理学
solid state physics
O48
　D 固态物理
　　固态物理学
　　固体物理
　S 物理学*
　F 半导体物理学
　　薄膜物理学
　　介电物理
　　金属物理学
　　纳米物理学
　　凝聚态物理学
　C 固体电子学
　　固体理论
　　热学

固体-液体相互作用
　Y 流体-固体互作用

固体荧光
solid-state fluorescence
O482.3
　S 荧光*

固体振动
solid jarring motion
O32
　S 振动*

固体中电子俘获
　Y 电子陷阱

固体中扩散
　Y 固态扩散

固体状态方程
　Y 状态方程

固相反应合成法
　Y 固相合成法

固相合成法
solid phase synthesis
O78
　D 固相反应合成法
　S 物理法*

固相结晶过程
　Y 固相晶化

固相结晶化
　Y 固相晶化

固相结晶化过程
　Y 固相晶化

固相晶化
solid-phase crystallization
O482；O79
　D 固相结晶过程
　　固相结晶化
　　固相结晶化过程
　　固相晶化过程
　S 晶化*

固相晶化过程
　Y 固相晶化

固相外延
solid phase epitaxy

O484.1
　S 薄膜外延
　C 再结晶
　Z 外延

固相外延生长
solid phase epitaxial growth
O782
　S 外延生长
　Z 晶体生长方法

固液交界面
　Y 固液界面

固液界面
solid-liquid interface
O552.5
　D 固液交界面
　　固-液界面
　S 相界面*
　F 沉积物-水界面
　C 界面稳定性

固-液界面
　Y 固液界面

固液两相流
liquid-solid flow
O359
　D 固-液两相流
　　固液两相流动
　　固液耦合
　　盐析两相流
　　液固两相流
　　液-固两相流
　　液固两相流动
　　液-固流
　　液体-固体流动
　S 两相流
　C 固液平衡　→(3)
　　滑移速度
　　临界流速
　　双相介质
　　水锤
　Z 流体流

固-液两相流
　Y 固液两相流

固液两相流动
　Y 固液两相流

固液两相流体
　Y 液固二相流体

固液耦合
　Y 固液两相流

固-液相变
solid-liquid transition
O552.6
　D 固-液转变
　S 物态变化*
　F 熔化

固液相互作用
　Y 流体-固体互作用

固-液转变
　Y 固-液相变

固有参考系
fixed reference system
O31
　D 固定参考系
　S 参照系*

固有长度
proper length
O41
　S 长度*

固有共振
　Y 自然共振

固有模态
natural mode
O32
　D 固有振动方式
　　固有振动模态
　　固有振型
　S 模态*
　C 三维振动
　　自然频率

固有偶极矩
　Y 永偶极矩

固有频带
　Y 自然频率

固有频率
　Y 自然频率

固有频率方程
　Y 频率方程

固有频率方程公式
　Y 频率方程

固有频率方程式
　Y 频率方程

固有频率方程组
　Y 频率方程

固有频率方程组式
　Y 频率方程

固有频率公式
　Y 频率方程

固有频率计算法
　Y 频率方程

固有频率计算方程
　Y 频率方程

固有频率计算方法
　Y 频率方程

固有频率计算公式
　Y 频率方程

固有频率向量
natural frequency vector
O32
　S 向量*

固有时
proper time
O41
　D 原时
　S 时间*

固有稳定性
　Y 自稳定性

固有应变
inherent strain
O344.3
　S 应变*
　C 等效载荷
　　反变形
　　焊接变形
　　焊接应力

固有振荡
　Y 振荡

固有振动
natural vibration
O32
　S 振动*

固有振动方式
　Y 固有模态

固有振动模态
　Y 固有模态

固有振型
　Y 固有模态

固有属性
intrinsic property
ZT4
　D 内在属性
　S 特性*

固源分子束外延
solid-source molecular beam epitaxy
O782
　S 分子束外延
　Z 外延

寡聚物
　Y 低聚物

拐点法
bathmometry
O302
　D 反弯点法
　S 方法*

拐角流
corner flow
O35
　D 拐角流动
　S 流体流*

拐角流动
　Y 拐角流

关键属性
　Y 特性

关联
　Y 相关

关联长度
correlation length
O48
　S 长度*

关联成像
correlated imaging
TN2
　S 成像*
　F 强度关联成像

关联能
　Y 相关能

关联时间
correlation time
O412.1
　S 事件时间*
　F 光强关联时间

关联维
　Y 关联维数

关联维数
correlation dimension
O223；O415.5
　D 关联维
　S 分形维数
　C 关联积分 →(1)
　Z 维数

关联噪声
correlated noises
O422.6
　S 随机噪声*
　F 交叉关联噪声

关系*
relationship
ZT99
　F 位相关系
　　显式非线性弥散关系

观控相对论
theory of observe-controlled relativity
O412
　S 相对论
　Z 物理理论

管壁流
　Y 壁流

管道共振
　Y 管路共振

管道流
　Y 管流

管道流动
　Y 管流

管道流流场
　Y 内流场

管道流流道
　Y 内流道

管道流试验
　Y 内流试验

管道流速分布
　Y 流速分布

管道水流
　Y 管流

管道压力
pipeline pressure
O31

主　表　289

　　S 压力*
管道应力
　　Y 管子应力
管道振动
pipe vibration
TE93；TH4
　　S 结构振动
　　Z 振动
管流
pipe flow
O351.2
　　D 槽流
　　　　承压流
　　　　管道流
　　　　管道流动
　　　　管道水流
　　　　管内流动
　　　　管状流
　　　　哈根流
　　　　扩散管流
　　　　扩散管流动
　　　　内流
　　　　压力流
　　　　压力流量
　　　　有压流
　　　　圆管流动
　　S 约束流
　　F 槽道流
　　　　克努曾流
　　　　喷管流
　　　　弯管流
　　　　有压管道流
　　　　圆管流
　　C 内流道
　　　　内流试验
　　　　内流特征
　　　　内外流场
　　　　旋涡脱落
　　Z 流体流
管路共振
piping resonance
O321
　　D 管道共振
　　　　谐振管
　　S 共振*
管内流动
　　Y 管流
管状流
　　Y 管流
管子应力
pipe stress
O343.4
　　D 管道应力
　　S 应力*
贯穿裂纹
　　Y 穿透裂纹
贯穿深度
　　Y 穿透深度
贯穿效应
penetration effect

O38
　　S 力学效应*
贯入机理
　　Y 侵彻力学
贯入阻力
penetration resistance
O31
　　D 沉贯阻力
　　　　侵彻阻力
　　S 阻力*
　　C 沉贯 →(4)
惯矩
　　Y 惯性矩
惯距
　　Y 惯性矩
惯量
　　Y 惯性力
惯量积
inertia product
O313.3
　　D 惯性积(质量)
　　S 积*
　　C 定量分析 →(3)
　　　　惯性系数 →(1)
　　　　直角坐标系 →(1)(4)
惯量耦合
　　Y 惯性耦合
惯量椭球
ellipsoid of inertia
O177；O313.3
　　S 椭球体
　　Z 球体
惯量张量
inertia tensor
O313.3
　　D 惯性张量
　　S 张量*
惯析面
　　Y 惯习面
惯习面
habit plane
O76
　　D 惯析面
　　S 晶面*
惯性
　　Y 惯性力
惯性半径
　　Y 回转半径
惯性不稳定
inertial instability
O347.2；P433
　　D 地转惯性不稳定
　　S 动稳定性
　　Z 力学稳定性
惯性定律
　　Y 牛顿第一定律

惯性积(质量)
　　Y 惯量积
惯性交感
　　Y 惯性耦合
惯性矩
moment of inertia
O313.3
　　D 惯矩
　　　　惯距
　　　　惯性矩(转动惯量)
　　　　惯性力矩
　　　　惯性力偶矩
　　　　惯性转矩
　　　　截面惯性矩
　　　　质量惯性矩
　　　　转动惯量
　　　　转动惯性
　　S 力矩*
　　F 极惯性矩
　　　　主惯性矩
　　C 惯性力
　　　　惯性力场
　　　　角动量
　　　　截面模量
　　　　抗弯刚度
　　　　三线摆
惯性矩(转动惯量)
　　Y 惯性矩
惯性矩阵
inertia matrix
O311
　　S 矩阵*
惯性聚变
　　Y 惯性约束聚变
惯性离心力
　　Y 离心力
惯性力
inertial force
O31
　　D 波惯性力
　　　　达朗贝尔惯性力
　　　　惯量
　　　　惯性
　　S 保守力
　　　　内力
　　F 科氏惯性力
　　　　离心惯性力
　　　　牵连惯性力
　　C 达朗伯原理
　　　　动平衡
　　　　非惯性系
　　　　惯性矩
　　　　惯性力场
　　　　惯性原理
　　　　惯性重力测量 →(5)
　　　　离心力
　　　　相对运动
　　Z 力
惯性力场
inertial force field
O31

　　　　S 力场*
　　　　C 惯性矩
　　　　　惯性力

惯性力矩
　　　　Y 惯性矩

惯性力偶矩
　　　　Y 惯性矩

惯性力系
inertial force system
O31
　　　　S 力系*

惯性耦合
inertial coupling
O35
　　　　D 惯量耦合
　　　　　惯性交感
　　　　　惯性耦联
　　　　　耦合惯量
　　　　S 耦合*
　　　　C 力学性质

惯性耦联
　　　　Y 惯性耦合

惯性平台
　　　　Y 陀螺仪

惯性稳定度
　　　　Y 稳定度

惯性原理
inertial principle
O31
　　　　S 力学原理*
　　　　C 惯性力

惯性约束
inertial confinement
O532
　　　　S 等离子体约束
　　　　Z 约束

惯性约束等离子体
　　　　Y 惯性约束聚变等离子体

惯性约束核聚变
　　　　Y 惯性约束聚变

惯性约束聚变
inertial confinement fusion
O571.44
　　　　D 惯性聚变
　　　　　惯性约束核聚变
　　　　S 受控聚变
　　　　F 激光惯性约束聚变
　　　　Z 核反应

惯性约束聚变等离子体
inertial-confined plasma
O531
　　　　D ICF 等离子体
　　　　　惯性约束等离子体
　　　　S 聚变等离子体
　　　　Z 等离子体

惯性运动
inertial motion
O311；P43
　　　　S 运动*

惯性张量
　　　　Y 惯量张量

惯性振动
　　　　Y 惯性震动

惯性震动
inertial oscillation
O32
　　　　D 惯性振动
　　　　S 振动*

惯性质量
inertial mass
O31
　　　　S 质量*

惯性重力波
inertial gravity wave
O353.1；P433；P732
　　　　D 海洋惯性重力波
　　　　　重力惯性波
　　　　S 重力波
　　　　Z 大气波动

惯性转矩
　　　　Y 惯性矩

惯性子区
inertial subrange
O348
　　　　S 区域*

惯性阻力
inertia resistance
O31
　　　　D 加速阻力
　　　　S 阻力*

光*
light
O431；P422.1
　　　　D 光照
　　　　F 单色光
　　　　　多色光
　　　　　反射光
　　　　　辐射光
　　　　　混合光
　　　　　结构光
　　　　　可见光
　　　　　冷光
　　　　　慢光
　　　　　偏振光
　　　　　球面参考光
　　　　　热光
　　　　　弱光
　　　　　散射光
　　　　　斯托克斯光
　　　　　透射光
　　　　　杂散光
　　　　　自然光
　　　　C 辐射
　　　　　光传播
　　　　　光能资源 →(4)
　　　　　光速
　　　　　光学
　　　　　光源
　　　　　照度

光班
　　　　Y 光斑

光斑*
faculae
O43；P182.4
　　　　D 光班
　　　　　光斑(太阳)
　　　　　太阳光斑
　　　　F 衍射光斑
　　　　C 色球活动 →(4)
　　　　　太阳光球 →(4)
　　　　　太阳活动 →(4)

光斑(太阳)
　　　　Y 光斑

光饱和
optical saturation
O432.1
　　　　D 光饱和效应
　　　　　光学饱和
　　　　S 光学性质*

光饱和效应
　　　　Y 光饱和

光倍增干涉测量法
　　　　Y 干涉测量

光本性
light essence
O431
　　　　S 光学性质*

光泵
　　　　Y 光泵浦

光泵磁共振
optical pumped magnetic resonance
O482.53；O581
　　　　S 光磁共振
　　　　Z 磁共振
　　　　　共振

光泵浦
optical pumping
O432.12
　　　　D 光泵
　　　　　光抽运
　　　　S 泵浦*
　　　　F 激光泵浦
　　　　C 多光子光谱

光变
　　　　Y 亮度变化

光变图像
optical variable image
TN20
　　　　S 光学图像*

光波
light wave
O431.1
　　　　S 电磁波*
　　　　F 共轭波
　　　　　平面光波

色散波
　　衰减波
　　物光波
　　衍射波
　C 光波波长
　　光传播
　　可见光
　　可见光谱

光波波长
optical wavelength
O431
　S 波长*
　F 发光波长
　　激光波长
　　入射光波长
　C 光波

光波测距仪
　Y 光学测距仪

光波长测量
optical wavelength measurement
TB462；TB96
　D 波长测量
　S 光学参数测量
　Z 光学测量

光波长转换
optical wavelength conversion
O431
　S 转换*

光波传播
　Y 光传播

光波导薄膜
optical waveguide film
TB43；TN2
　S 光学薄膜*

光波导理论
optical waveguide theory
TN252；TN814.6
　S 光学理论*
　C 波导光学

光波导损失
　Y 光学损耗

光波动理论
　Y 波动理论

光波干涉
　Y 光学干涉

光波频率
　Y 光频

光波前反演
　Y 光学相位共轭

光波散射
　Y 光散射

光捕获
　Y 光俘获

光参变放大
　Y 光参量放大

光参变振荡
　Y 光参量振荡

光参量产生
　Y 光参量放大

光参量放大
optical parametric amplification
O437.4
　D 光参变放大
　　光参量产生
　　光学参变放大
　　光学参量放大
　S 光放大
　F 光参量啁啾脉冲放大
　Z 光学技术

光参量啁啾脉冲放大
optical parametric chirped pulse amplification
O437.4
　D 光学参量啁啾脉冲放大
　S 光参量放大
　Z 光学技术

光参量振荡
optical parametric oscillation
O436
　D 参量振荡
　　光参变振荡
　　光学参变振荡
　　光学参量振荡
　S 光振荡
　Z 振荡

光测弹道
　Y 外弹道

光测法
　Y 光学测量

光测高温计
　Y 光学高温计

光测力学
photomechanics
O348.1
　D 光力学
　S 力学*
　C 光学测量

光测弹性术
photoelastometry
O439
　D 光弹性测量
　S 光学测量*

光测弹性仪
photoelasticimeter
TH741
　S 偏振计
　F 全息光测弹性仪
　Z 测量仪器

光场*
light field
O431.2
　F 多模叠加态光场
　　二项式光场
　　非经典光场
　　复杂光场
　　激光场
　　结构光场
　　模场
　　双色场
　　相干态光场
　　虚光场
　　压缩态光场
　　衍射场
　C 光场测量
　　光场分布
　　光传播

光场测量
optical field measurement
TB462；TB96
　S 光学参数测量
　C 光场
　　光场分布
　Z 光学测量

光场分布
optical field distribution
O431.2
　S 场分布
　C 光场
　　光场测量
　Z 分布(物理学)

光场克尔效应
　Y 克尔效应

光场熵压缩
field entropy squeeze
O431.2
　S 光场压缩
　Z 光学技术

光场斯塔克效应
　Y 斯塔克效应

光场压缩
light squeezing
O431.2
　S 光学处理
　F 光场熵压缩
　Z 光学技术

光场致发射
photo-field emission
O432.1
　S 光发射
　Z 发射

光程
optical path
O435
　S 光学参数*
　F 长光程
　　光程差
　C 光传播
　　光线
　　光线轨迹

光程差
optical path difference
O435
　S 光程
　F 附加光程差
　　零光程差
　C 干涉条纹

相干光束
　Z 光学参数

光抽运
　Y 光泵浦

光穿透深度
optical penetration depth
O436
　S 穿透深度
　　光学深度
　Z 深度

光传播
light propagation
O431
　D 光波传播
　　光的传播
　S 波传播
　F 光束传播
　　掠射
　C 法拉第磁光效应
　　光
　　光波
　　光场
　　光程
　Z 能量转移

光窗
　Y 光学元件

光磁电效应
photoelectromagnetic effect
O482.55
　D PEM 效应
　　光磁致电效应
　　光电磁效应
　S 光电效应
　Z 光学效应

光磁共振
optical-magnetic resonance
O482.53；O581
　S 磁双共振
　　光学共振
　F 光泵磁共振
　　激光磁共振
　Z 磁共振
　　共振

光磁效应
　Y 磁光效应

光磁致电效应
　Y 光磁电效应

光猝灭
　Y 猝灭

光存储*
optical storage
O438
　D 光学存储
　F 多阶光存储
　　高密度光存储
　　光盘存储
　　光信息存储
　　近场光存储
　　全息存储
　C 光存储晶体

光存储晶体
optical memory crystal
O799
　S 存储晶体
　　光学晶体*
　F 磁光晶体
　　光电导晶体
　　热光晶体
　C 光存储
　Z 晶体

光带隙
　Y 光学带隙

光的传播
　Y 光传播

光的偏振
　Y 光偏振

光的衍射
　Y 光衍射

光电比色计
photoelectric colorimeter
TH74
　S 色度计
　Z 测量仪器

光电薄膜
photoelectric films
TB43
　S 光学薄膜*

光电参量
　Y 光电参数

光电参数
photoelectric parameter
O482.7
　D 光电参量
　　光电性能参数
　S 物理参数*
　F 光电效率
　C 光电效应
　　光电性质
　　光电应用

光电测光系统
　Y 测光系统

光电测量
　Y 光电检测

光电测量系统
photo-electrical measuring system
TN2
　S 测量系统*
　C 光电检测

光电成象
　Y 光电成像

光电成像
photoelectronic imaging
TN2
　D 光电成象
　　光电子成像
　S 成像*

光电磁效应

　Y 光磁电效应

光电导
photoconductivity
O482.3；O482.4
　D 光电导率
　　光电导性
　S 电导
　C 光电导体
　　光电流
　Z 导纳

光电导材料
　Y 光电导体

光电导晶体
photoconductive crystal
O799
　S 光存储晶体
　Z 光学晶体
　　晶体

光电导率
　Y 光电导

光电导谱
photoconductivity spectra
O582
　S 光电子能谱
　Z 能谱

光电导体
photoconductor
O441.1
　D 光电导材料
　S 电导体
　C 光电导
　　光敏性 →(3)
　Z 导体

光电导效应
photo-conductive effect
O482.7
　D 内光电效应
　S 光电效应
　Z 光学效应

光电导性
　Y 光电导

光电电子发射
　Y 光电发射

光电发射
photoelectric emission
O482.7
　D 光电电子发射
　　光电子发射
　S 光发射
　C 功函数
　　光电流
　　光电效应
　　光电子
　　光电子光谱
　　光电子能谱
　Z 发射

光电发射光谱
　Y 光电子光谱

光电发射能谱
　　Y 光电子能谱

光电法
photoelectric method
O348
　　S 方法*

光电反馈
optoelectronic feedback
O436.4
　　S 反馈*

光电高温计
photoelectric pyrometers
TH811
　　S 高温计
　　Z 测量仪器

光电光谱
photoelectric spectrometer
O433.5
　　S 光谱*
　　F 光电流光谱
　　　 光电子光谱
　　C 光电光谱法

光电光谱法
photoelectric spectrum analysis
O433.4
　　S 光谱分析*
　　F 光电直读光谱法
　　C 光电光谱
　　　 光电光谱仪 →(4)

光电光谱学
　　Y 光电子光谱

光电积分法
photoelectric integral method
O411
　　S 光学方法*

光电计数
　　Y 光子计数

光电检测
photodetection
TN2
　　D 光电测量
　　S 光学测量*
　　C 光电测量系统

光电控制
photoelectric control
O43
　　S 光控制
　　Z 控制

光电离
photoionization
O461；O644.1；O657.13
　　D 光化电离
　　　 光致电离
　　　 离解光致电离
　　　 气体光致电离
　　　 原子光致电离
　　S 光化学反应*
　　　 化学电离*
　　C 光化学 →(3)(4)

光电离截面
photoionization cross section
O436.4
　　S 电离截面
　　Z 截面

光电流
photocurrent
O482.7
　　S 电流*
　　F 暗电流
　　　 瞬态光电流
　　C 光电导
　　　 光电发射
　　　 光电效应

光电流光谱
optogalvanic spectra
O433.5
　　S 光电光谱
　　Z 光谱

光电流光谱学
　　Y 光电子光谱

光电流谱
optogalvanic spectrum
O436.4
　　S 光电子能谱
　　Z 能谱

光电流效应
　　Y 光电效应

光电密度计
photoelectric densitometer
TH715.2；TH741
　　S 密度计
　　Z 测量仪器

光电谱
　　Y 光伏谱

光电色度计
photoelectric colorimeter
TH74
　　S 色度计
　　Z 测量仪器

光电探测
photoelectric detection
TN29
　　D 电视侦察
　　　 光探测
　　　 光学探测
　　　 光学侦察
　　S 探测*
　　F 光声探测
　　　 光子探测
　　　 激光探测
　　　 零拍探测
　　　 拍频探测
　　　 弱信号探测
　　　 射线探测
　　　 外差探测
　　　 污染探测
　　　 相关探测
　　　 荧光探测
　　　 紫外探测
　　　 自适应探测

光电特性
　　Y 光电性质

光电现象
　　Y 光电效应

光电效率
photoelectric efficiency
TN201
　　S 光电参数
　　Z 物理参数

光电效应
photoelectric effect
O482.7
　　D 光电流效应
　　　 光电现象
　　　 光致电流效应
　　S 光学效应*
　　F 光磁电效应
　　　 光电导效应
　　　 光伏效应
　　　 外光电效应
　　C 光电参数
　　　 光电发射
　　　 光电流
　　　 光电子
　　　 光学元件

光电性
　　Y 光电性质

光电性能
photoelectric property
O482
　　S 光学性能*

光电性能参数
　　Y 光电参数

光电性质
optoelectronic properties
O482.7
　　D 光电特性
　　　 光电性
　　　 光电学性质
　　S 电学性质*
　　C 光电参数

光电旋光仪
photoelectric polarimeters
TH741
　　S 旋光仪
　　Z 测量仪器

光电学性质
　　Y 光电性质

光电烟色表
photocell type smokemeters
TH74；TH83
　　S 光学分析仪器
　　Z 分析仪器

光电阴极
photocathode
O462.3
　　D 光阴极

        S 阴极
        F GaN 光电阴极
          多碱光电阴极
          负电子亲和势光电阴极
          紫外光电阴极
        Z 电极

光电应用
optoelectronic application
TN2
        S 光学应用*
        C 光电参数

光电直读光谱
        Y 光电直读光谱法

光电直读光谱法
photoelectric direct reading spectrometry
O433.4
        D 光电直读光谱
          光电直读光谱分析
        S 光电光谱法
          直读光谱法
        C 光电直读光谱仪 →(4)
        Z 光谱分析

光电直读光谱分析
        Y 光电直读光谱法

光电转换
photo-electric conversion
O43
        S 直接能量转换
        C 电光转换
          转换效率 →(3)
        Z 能量转换

光电子
photoelectron
O436.4
        S 电子*
        C 光电发射
          光电效应

光电子成像
        Y 光电成像

光电子发射
        Y 光电发射

光电子光谱
photoelectron spectra
O433.5
        D 光电发射光谱
          光电光谱学
          光电流光谱学
          光电子光谱学
          光电子谱学
        S 光电光谱
        C 电子能谱
          光电发射
          光电子能谱
          光子相关光谱
        Z 光谱

光电子光谱学
        Y 光电子光谱

光电子能谱
photoelectron spectroscopy
O582
        D 光电发射能谱
          光电子谱
        S 电子能谱
        F 光电导谱
          光电流谱
          光伏谱
          角分辨光电子能谱
          同步辐射光电子能谱
          紫外光电子能谱
        C 俄歇效应
          光电发射
          光电子光谱
        Z 能谱

光电子谱
        Y 光电子能谱

光电子谱学
        Y 光电子光谱

光电子衰减
photoelectron decay
O482.7
        S 光衰减
        Z 衰减

光电自准直平行光管
        Y 光电自准直仪

光电自准直仪
photoelectric autocollimator
TH74
        D 光电自准直平行光管
        S 自准直仪
        Z 测量仪器

光度
luminosity
O432.2；P14
        S 光学参数*
        F 爱丁顿光度
          半径光度
          原子吸收分光光度
        C 光度学

光度变化
        Y 亮度变化

光度测定
        Y 光度测量

光度测量
photometric measurement
O432.2；P141
        D 光度测定
          光度级
          光度距离
          光度曲线
          光度型
          光度演化
        S 光学参数测量
        C 光度法
          光度计 →(4)
          光度学
          光学方法
          红移 →(4)
          天体测量仪器 →(4)
        Z 光学测量

光度法
photometric method
O432.2；O657.3
        D 光度法测定
        S 光化学分析法*
        F 红外分光光度法
          火焰光度法
        C 度条件 →(1)
          光度测量
          光度学
          痕量 →(3)

光度法测定
        Y 光度法

光度级
        Y 光度测量

光度距离
        Y 光度测量

光度曲线
        Y 光度测量

光度型
        Y 光度测量

光度学
photometry
O432.2
        D 多色光度学
          分光光度学
          视觉光度学
          天文光度学
          星体光度学
        S 光学*
        C 光度
          光度测量
          光度法
          光度计 →(4)
          亮度

光度演化
        Y 光度测量

光多稳态
        Y 光学双稳态

光发射
light emission
O432.1
        S 发射*
        F 白光发射
          光场致发射
          光电发射
          光谱发射
          红外发射
          激光发射
          可见光发射
          荧光发射
          紫外发射
        C 光辐射

光发射谱
        Y 发射光谱分析

光反馈
light feedback
O43
        D 光学反馈

主　表　295

　　S　反馈*
光反馈自混合干涉
optical feedback self-mixing interference
O436.1
　　S　光学干涉*
光反射
　　Y　光学反射
光反射率
light reflectivity
O435.1
　　S　反射率*
　　　　光学参数*
　　F　漫反射率
　　C　反射光
光反应
　　Y　光化学反应
光放大
light amplification
O439
　　S　光学处理
　　F　布里渊放大
　　　　光参量放大
　　Z　光学技术
光分辨率
　　Y　光谱分辨率
光分束器
　　Y　光学元件
光伏
　　Y　光伏效应
光伏孤子
photovoltaic soliton
O437
　　S　光孤子
　　F　光伏空间孤子
　　Z　孤子
光伏空间孤子
photovoltaic spatial solitons
O437
　　S　光伏孤子
　　　　空间光孤子
　　Z　孤子
光伏谱
photovoltaic spectrum
O436
　　D　光电谱
　　S　光电子能谱
　　C　光伏效应
　　Z　能谱
光伏效应
photovoltaic effect
O482.7
　　D　光伏
　　　　光生伏打效应
　　S　光电效应
　　C　半导体薄膜
　　　　光伏谱
　　Z　光学效应
光俘获

light capture
O436
　　D　光捕获
　　　　光学捕获
　　S　俘获(物理学)*
　　F　激光捕获
　　　　荧光俘获
　　C　光学变换
　　　　吸积　→(4)
光辐射
optical radiation
O432.1
　　D　光辐照
　　S　辐射*
　　F　X射线辐射
　　　　超微弱光子辐射
　　　　渡越辐射
　　　　分光辐射
　　　　共振辐射
　　　　光合辐射
　　　　光化辐射
　　　　光谱辐射
　　　　红外辐射
　　　　激光辐射
　　　　均匀辐射
　　　　相干辐射
　　　　紫外辐射
　　C　冲击波
　　　　光发射
　　　　光源
光辐射照度
　　Y　光辐照度
光辐照
　　Y　光辐射
光辐照度
light irradiance
O432.1；P422.1
　　D　光辐射照度
　　　　光子辐射照度
　　S　辐射照度
　　F　光谱辐照度
　　　　紫外辐照度
　　Z　辐射参数
光赋色效应
photochromic effect
O432.3
　　D　光色效应
　　S　光学效应*
光干涉
　　Y　光学干涉
光杆载荷
　　Y　悬点载荷
光功率计
optical power meter
TH741
　　D　光能测定仪
　　　　光能量计
　　　　光栅能量测试仪
　　　　露光计
　　S　功率计
　　　　光学测量仪器

　　F　激光能量计
　　C　光能
　　Z　测量仪器
光孤子
optical solitons
O437
　　D　光弧波
　　　　光孤子
　　　　光粒子
　　S　孤子*
　　F　飞秒孤子
　　　　光伏孤子
　　　　空间光孤子
　　　　亮孤子
　　C　超短激光脉冲
　　　　孤子光源
光孤子源
　　Y　孤子光源
光合辐射
photosynthetically radiation
O432.1
　　D　光辐射
　　S　光合有效辐射
　　Z　辐射
光合有效辐射
photosynthetically active radiation
O432.1；P422.1
　　D　可见光辐射
　　S　光合辐射
　　Z　辐射
光核反应
photonuclear reaction
O571.42
　　D　光致核反应
　　　　光子-原子核反应
　　　　核光电效应
　　S　核反应*
　　C　光子-核子相互作用
　　　　光子-原子核散射
光核散射
　　Y　光子-原子核散射
光弧波
　　Y　光孤子
光弧子
　　Y　光孤子
光滑粒子动力学
　　Y　光滑粒子流体动力学方法
光滑粒子动力学方法
　　Y　光滑粒子流体动力学方法
光滑粒子法
　　Y　光滑粒子流体动力学方法
光滑粒子流体动力学
　　Y　光滑粒子流体动力学方法
光滑粒子流体动力学方法
smoothed particle hydrodynamics
O351.2
　　D　SPH
　　　　SPH法

SPH 方法
光滑粒子动力学
光滑粒子动力学方法
光滑粒子法
光滑粒子流体动力学
光滑质点流体动力学
平滑粒子流体动力学
　S 动力学方法
　　无网格方法
　C 自由表面流
　Z 力学方法

光滑粒子流体动力学算法
　Y SPH 算法

光滑算法
path-following algorithm
O302
　S 算法*

光滑质点流体动力学
　Y 光滑粒子流体动力学方法

光化电离
　Y 光电离

光化反应
　Y 光化学反应

光化辐射
actinic radiation
O432.1
　S 光辐射
　Z 辐射

光化学反应*
photochemical reaction
O644.1；P402
　D 光反应
　　光化反应
　　光化作用
　　光色互变
　　光亚硝基化
　F 光电离
　　光还原
　　线性偏振光聚合
　C 光化学 →(3)(4)
　　光化学分析法
　　光化学性质 →(3)
　　光化学制备 →(3)

光化学分析
　Y 光化学分析法

光化学分析法*
photochemical analysis method
O657.3
　D 光化学分析
　　光学分析
　　光学分析法
　　光学分析方法
　F X 射线荧光光谱法
　　单晶 X 射线衍射分析
　　光度法
　　磷光分析
　　三维荧光光谱法
　　同步荧光光谱法
　　严格耦合波分析
　　原子荧光光谱分析

　C 光化学 →(3)(4)
　　光化学反应
　　光化学合成 →(3)
　　光化学性质 →(3)
　　仪器分析法 →(3)

光化学平衡
　Y 化学平衡

光化作用
　Y 光化学反应

光还原
photoreduction
O43；O644.1
　S 光化学反应*

光畸变
　Y 光学畸变

光激励发光
　Y 光致发光

光激中子
　Y 光中子

光计算
optical computing
O439
　D 光学计算
　　光学逻辑运算
　S 光学应用*
　F 光线追迹
　　光学矩阵运算
　　光学微分

光焦度
focal power
O435.2
　D 光力
　　焦度
　S 光学参数*

光晶格
　Y 光学晶格

光阱
light trap
O43
　D 光陷阱
　S 陷阱*
　F 磁光阱

光阱刚度
optical trap stiffness
O432.12
　S 光学参数*

光阱力
optical trap force
O31
　S 力*

光径关系
　Y 半径光度

光具组
optical system
TH74
　S 光学元件*

光克尔效应
　Y 克尔效应

光刻分辨率
lithographic resolution
TN405.7
　S 分辨率*

光刻精度
photoetching accuracy
TN405.7
　S 加工精度
　Z 精度

光刻投影物镜
projection lithography objective
TB851；TH744
　D 投影光刻物镜
　S 光刻物镜
　Z 光学元件

光刻物镜
lithography objective
TB851；TH744
　S 物镜
　F 光刻投影物镜
　Z 光学元件

光孔
　Y 孔径

光控取向
photo controlled orientation
O753.2
　S 液晶取向
　Z 液晶性能

光控制
optical control
O439
　D 光束调节
　　光束控制
　S 控制*
　F 光电控制
　　激光控制

光阑衍射
diffraction by aperture
O436.1
　S 光衍射
　Z 衍射

光力
　Y 光焦度

光力学
　Y 光测力学

光粒子
　Y 光孤子

光亮度
　Y 亮度

光亮度分布
　Y 亮度分布

光亮度分布计算
　Y 亮度分布

光亮度分布曲线

Y 亮度分布

光亮度分布值
　　Y 亮度分布

光量
　　Y 光能

光量子
　　Y 光子

光量子假说
photon hypothesis
O431.2
　　S 假说*

光量子阱
　　Y 光子晶体量子阱

光量子噪声
　　Y 光子噪声

光路*
light path
O435
　　F 集成光路
　　　 开放光路
　　　 远心光路

光路调整
optical path adjustment
O435.2
　　S 光学调整*

光路分析
optical path analysis
O439
　　S 光学应用*
　　F 光学多道分析

光路系统
light path system
TH74
　　S 光学系统*

光路追迹
　　Y 光线追迹

光率体
indicatrix
O734.2
　　D 光性指示体

光脉冲
light pulse
TN78
　　D 脉冲光源
　　S 脉冲*
　　F 高斯光脉冲
　　　 红外脉冲
　　　 激光脉冲
　　　 自脉冲
　　C 脉冲光束

光脉冲传输
optical pulse propagation
O437
　　S 能量转移*

光脉冲压缩
light pulse compression

O439
　　S 光学处理
　　Z 光学技术

光脉动
light fluctuation
O439
　　S 脉动*

光漫射
　　Y 光散射

光密度
optical density
O435
　　D 光学密度
　　S 光学参数*

光密介质
optically denser medium
O43
　　S 光学介质*

光敏度
　　Y 感光度

光敏微晶
light-sensitive microcrystal
O756
　　S 微晶材料
　　Z 晶体学应用

光纳
　　Y 复折射率

光能
luminous energy
O432.1
　　D 光量
　　　 光能量
　　　 光能总量
　　S 能量*
　　F 激光能量
　　　 入射能量
　　　 散射能量
　　C 光功率计
　　　 光能利用　→(4)
　　　 光能利用率　→(4)
　　　 光能转化率　→(4)
　　　 光能资源　→(4)

光能测定仪
　　Y 光功率计

光能量
　　Y 光能

光能量计
　　Y 光功率计

光能损失
　　Y 光学损耗

光能隙
　　Y 光学带隙

光能总量
　　Y 光能

光粘弹性
photoviscoelasticity

O343；O345
　　S 光弹性
　　　 粘弹性
　　Z 力学性质

光镊技术
optical tweezers technique
O439
　　S 光学技术*

光耦合
optical coupling
TN25；TN751.1
　　S 耦合*
　　F 模耦合
　　　 依赖强度耦合

光耦合损失
　　Y 光学损耗

光盘存储
optical disc storage
O438
　　S 光存储*
　　F 磁光盘存储

光偏振
light polarization
O436.3
　　D 光的偏振
　　　 光偏振态
　　　 光偏振现象
　　　 光学偏振
　　　 光学偏振现象
　　S 偏振*
　　F 色偏振
　　　 线偏振
　　　 消偏振
　　　 圆偏振
　　C 布儒斯特定律
　　　 布儒斯特角
　　　 法拉第磁光效应
　　　 光弹性
　　　 光偏振特性
　　　 光纤干涉仪　→(4)
　　　 光学棱镜
　　　 光学偏振镜
　　　 马赫-曾德尔干涉仪　→(4)
　　　 偏振光
　　　 偏振计
　　　 旋光率

光偏振态
　　Y 光偏振

光偏振特性
polarization optics
O436.3
　　D 偏光特性
　　　 偏光性
　　　 偏振特性
　　　 偏振性
　　S 光学性质*
　　C 光偏振
　　　 偏振干涉术
　　　 偏振光
　　　 偏振光谱

光偏振现象

Y 光偏振

光偏转法
optical deflection method
O435.1
　S 光学方法*

光偏转器
optical deflector
TN15；TN65；TP212
　D 光偏转装置
　S 光学元件*
　F 磁光偏转器
　　 电光偏转器
　　 光束偏转器
　　 光学偏振镜
　　 激光偏转器
　　 全息偏转器
　　 声光偏转器
　C 光学系统
　　 光栅
　　 衍射光栅

光偏转装置
　Y 光偏转器

光频
optical frequency
O439
　D 光波频率
　　 光频率
　S 光学参数*
　F 激光频率

光频测量
optical frequency measurement
TB462；TB96
　S 光学参数测量
　Z 光学测量

光频率
　Y 光频

光频声子
　Y 光学声子

光频双磁共振
　Y 磁双共振

光频移
optical frequency shift
TN20
　S 偏移*

光频支
optical branch
O73

光频转换
　Y 光学频率变换

光谱*
spectrum
O433.5；P114.1
　D 光谱分类
　　 光谱图
　　 光学光谱
　F X射线光谱
　　 布里渊光谱
　　 超快光谱

超连续光谱
传输光谱
地物光谱
电弧光谱
电子光谱
调制光谱
多波长光谱
二维光谱
发射谱
反射光谱
飞秒光谱
非线性光谱
分子光谱
辐射光谱
傅里叶变换光谱
干涉光谱
高分辨率光谱
高温光谱
光电光谱
光热光谱
光声光谱
光纤光谱
光栅光谱
光子相关光谱
核磁共振光谱
混合光谱
激发光谱
激光光谱
晶体光谱
可见光谱
宽光谱
拉曼光谱
离子光谱
穆斯堡尔光谱
偏振光谱
热释光谱
时域光谱
输出光谱
衰荡光谱
双光谱
水体光谱
瞬态光谱
太赫兹光谱
特征光谱
透射光谱
响应光谱
消光光谱
衍射光谱
荧光光谱
原子光谱
振动光谱
直读光谱
紫外光谱
　C 干涉图
　　 光谱参数
　　 光谱测量
　　 光谱常数
　　 光谱分布
　　 光谱分析
　　 光谱技术
　　 光谱特性
　　 光谱学
　　 吸收光谱

光谱半定量分析
　Y 光谱定量分析

光谱保真度
spectral fidelity
O433
　S 保真度*

光谱变化
spectral changes
O433
　S 物理变化*
　C 光谱模拟

光谱表征
　Y 光谱特性

光谱参量
　Y 光谱参数

光谱参数*
spectral parameter
O433；P144.1；P401
　D 光谱参量
　　 谱参数
　F 光谱范围
　　 光谱分辨率
　　 光谱分布
　　 光谱宽度
　　 光谱强度
　　 光谱曲线
　C 光谱
　　 光谱测量
　　 光谱分析
　　 光谱辐射
　　 光谱模拟
　　 光谱特性

光谱测定
　Y 光谱测量

光谱测定法
　Y 光谱分析

光谱测量
spectral measurement
O433.1
　D 光谱测定
　　 光谱检测
　S 光学测量*
　F 红外光谱测量
　C 光谱
　　 光谱参数
　　 光谱处理
　　 光谱特性
　　 光谱学
　　 时间分辨测量

光谱差减
spectrum subtraction
O433.4
　S 光谱技术
　Z 光学技术

光谱常数
spectral constants
O433.1
　S 光学常数
　C 光谱
　Z 物理常数

光谱重建
spectral reconstruction

O433
  D 光谱复原
  S 光谱术*
  F 光谱反射率重建

光谱处理
spectral processing
O433.4
  D 光谱处理技术
  S 光谱技术
  C 光谱测量
  Z 光学技术

光谱处理技术
  Y 光谱处理

光谱带
spectral band
O433.1
  D 谱带
  S 光谱结构*
  F 吸收带

光谱带宽
spectral bandwidth
O433.1；P144.1
  S 光谱宽度
  F 等值宽度
    通带
  Z 光谱参数

光谱定标
  Y 光谱校正

光谱定量分析
quantitative spectrometric analysis
O433.4
  D 光谱半定量分析
  S 光谱分析*
  C 内标物质 →(3)

光谱定性分析
qualitative spectrometric analysis
O433.4；O657.3
  S 光谱分析*

光谱发射
spectral emission
O433.2
  S 光发射
  Z 发射

光谱发射率
spectral emissivity
O433
  S 发射率
  Z 物理参数

光谱法
  Y 光谱分析

光谱反射
spectral reflectance
O433.2
  S 光学反射
  C 反射光谱
    反射光谱仪 →(4)
    光谱反射特性
  Z 反射

光谱反射率重建
spectral reflectance recovery
O433
  S 光谱重建
  Z 光谱术

光谱反射曲线
spectral reflectance curve
O433
  S 光谱曲线
  Z 光谱参数

光谱反射特性
spectral reflection characteristic
O433.5；O657.3
  D 反射光谱特征
  S 光谱特性
  C 反射光谱
    光谱反射
  Z 光学性质

光谱范围
spectral range
O433.1
  S 光谱参数*
  F 自由光谱范围

光谱方法
  Y 光谱分析

光谱仿真
  Y 光谱模拟

光谱仿真方法
  Y 光谱模拟

光谱仿真过程
  Y 光谱模拟

光谱仿真实验
  Y 光谱模拟

光谱仿真实验方法
  Y 光谱模拟

光谱仿真实验过程
  Y 光谱模拟

光谱分辨力
  Y 光谱分辨率

光谱分辨率
spectral resolution
O433.1
  D 波谱分辨率
    光分辨率
    光谱分辨力
    谱分辨率
    色谱分辨率
  S 光谱参数*
  C 波谱分析
    光学检验

光谱分布
spectral distribution
O433
  D 光谱强度分布
  S 光谱参数*
  F 光谱功率分布
    光谱能量分布
  C 光谱

光谱分类
  Y 光谱

光谱分离
spectral separation
O433
  S 光谱术*

光谱分析*
spectral analysis
O433.4；O657.3
  D 光谱测定法
    光谱法
    光谱方法
    光谱分析法
    光谱分析技术
    光谱化学分析
    光谱学方法
  F 导数光谱法
    动态光谱法
    发射光谱分析
    光电光谱法
    光谱定量分析
    光谱定性分析
    核磁共振光谱法
    辉光放电光谱法
    激光光谱分析
    三波长-光谱法
    椭偏光谱法
    吸收光谱分析
    原子光谱分析
    褶合光谱法
    直读光谱法
    紫外光谱分析
  C 波谱分析
    光谱
    光谱参数
    光谱干扰
    光谱模拟
    光谱曲线
    光谱特性
    光谱学
    光谱仪 →(3)(4)
    色谱法 →(3)
    质谱法

光谱分析法
  Y 光谱分析

光谱分析技术
  Y 光谱分析

光谱辐亮度
  Y 光谱辐照度

光谱辐射
spectral radiation
O433
  S 光辐射
  C 光谱参数
    光谱学
  Z 辐射

光谱辐射亮度
  Y 光谱辐照度

光谱辐射特性
spectral radiant characteristic
O433.5；O657.3

S 光谱特性
Z 光学性质

光谱辐射照度
　Y 光谱辐照度

光谱辐照度
spectral irradiance
O433.2；P422.1
　D 光谱辐亮度
　　光谱辐射亮度
　　光谱辐射照度
　S 光辐照度
　F 下行光谱辐照度
　Z 辐射参数

光谱复原
　Y 光谱重建

光谱干扰
spectral interference
O43；O657.3
　S 干扰*
　C 光谱分析
　　光谱术

光谱感光度
　Y 光谱灵敏度

光谱功率分布
spectral power distribution
O433
　S 光谱分布
　Z 光谱参数

光谱估计
spectral estimation
O433.1
　S 光谱术*

光谱光视效率
spectral luminous efficiency
O439
　D 视见函数
　S 光学效率*

光谱光学
　Y 光谱学

光谱光源
spectroscopic light sources
O433.5
　S 光源*
　C 光谱线

光谱光栅
spectroscopic gratings
O437.4；P111.3
　S 光栅*
　F 干涉光栅
　　闪耀光栅
　　双频光栅
　　衍射光栅

光谱化学分析
　Y 光谱分析

光谱技术
spectroscopic techniques
O433.4
　S 光学技术*

F 光谱差减
　光谱处理
　光谱校正
C 光谱
　光谱学

光谱检测
　Y 光谱测量

光谱校正
spectral correction
O433.4
　D 光谱定标
　　光谱修正
　S 光谱技术
　Z 光学技术

光谱结构*
spectrum structure
O433
　F 光谱带
　　光谱精细结构
　C 光谱学

光谱精细结构
spectral fine structure
O562
　S 光谱结构*
　F X射线吸收精细结构

光谱开关
spectral switch
O439
　S 光学元件*

光谱宽度
spectral width
O433.1
　D 谱宽度
　S 光谱参数*
　F 光谱带宽
　　谱线宽度
　　狭缝宽度

光谱灵敏度
spectral sensitivity
O433.1；P23
　D 光谱感光度
　S 光学灵敏度
　C 光谱遥感 →(4)(5)
　Z 光学参数

光谱模拟
spectrum simulation
O433
　D 光谱仿真
　　光谱仿真方法
　　光谱仿真过程
　　光谱仿真实验
　　光谱仿真实验方法
　　光谱仿真实验过程
　　光谱模拟方法
　　光谱模拟过程
　　光谱模拟实验
　　光谱模拟实验方法
　　光谱模拟实验过程
　　全光谱仿真
　　全光谱仿真方法
　　全光谱仿真过程

　　全光谱仿真实验
　　全光谱仿真实验方法
　　全光谱仿真实验过程
　　全光谱模拟
　　全光谱模拟方法
　　全光谱模拟过程
　　全光谱模拟实验
　　全光谱模拟实验方法
　　全光谱模拟实验过程
　S 光学模拟
　C 光谱变化
　　光谱参数
　　光谱分析
　Z 物理模拟

光谱模拟方法
　Y 光谱模拟

光谱模拟过程
　Y 光谱模拟

光谱模拟实验
　Y 光谱模拟

光谱模拟实验方法
　Y 光谱模拟

光谱模拟实验过程
　Y 光谱模拟

光谱能量分布
spectral energy distribution
O433
　D 能谱分布
　　谱能分布
　S 光谱分布
　　能量分布
　Z 分布(物理学)
　　光谱参数

光谱拟合
spectral fitting
O433
　S 拟合*
　F 全谱拟合

光谱谱线
　Y 光谱线

光谱强度
spectral intensity
O433.1
　S 光谱参数*
　F 谱线强度
　C 谱
　　谱线宽度
　　谱线位移

光谱强度分布
　Y 光谱分布

光谱曲线
spectral curves
O433
　S 光谱参数*
　F 光谱反射曲线
　C 光谱分析

光谱烧孔
spectral hole burning

O433
　S 光谱术*
　C 饱和吸收

光谱术*
spectroscopy
O433.1
　F 光谱分离
　　光谱估计
　　光谱烧孔
　　光谱整形
　　光谱重建
　C 光谱干扰

光谱数据
spectral data
O433.1
　D 光谱资料
　S 数据*

光谱数据处理
spectral data processing
O433；O438
　S 光学信息处理
　Z 信息处理

光谱探测
spectrographic detection
O439
　S 电光探测
　Z 探测

光谱特性
spectral characteristics
O433.5；O657.3
　D 光谱表征
　　光谱特征
　　光谱性
　　光谱性能
　　光谱性质
　　光谱学特性
　　光谱学性质
　S 光学性质*
　F 光谱反射特性
　　光谱辐射特性
　　红外光谱特性
　C 光谱
　　光谱参数
　　光谱测量
　　光谱分析
　　光谱效应
　　光谱学

光谱特征
　Y 光谱特性

光谱透过率
　Y 光谱透射率

光谱透射率
spectral transmittance
O433
　D 光谱透过率
　S 透光率
　Z 光学参数

光谱图
　Y 光谱

光谱图像

spectral image
O433.1
　S 光学图像*
　F 多光谱图像
　　高光谱散射图像

光谱位移
　Y 光谱移动

光谱吸收
spectral absorption
O433；O436.2
　S 光吸收*
　C 吸收光谱
　　吸收光谱分析
　　吸收光谱仪 →(4)

光谱狭缝宽度
　Y 狭缝宽度

光谱线
spectral line
O433.3
　D 光谱谱线
　　线光谱
　S 谱线*
　F 激光谱线
　C 巴耳末系 →(4)
　　光谱光源

光谱相干
spectral interferometry
O433
　D 光谱相干度
　S 相干性*

光谱相干度
　Y 光谱相干

光谱项
spectral term
O572.2
　D 谱项
　S 能态*

光谱效应
spectral effect
O433
　S 光学效应*
　C 光谱特性

光谱性
　Y 光谱特性

光谱性能
　Y 光谱特性

光谱性质
　Y 光谱特性

光谱修正
　Y 光谱校正

光谱学*
spectroscopy
O433
　D 光谱光学
　　光谱研究
　　光学光谱学
　F 等离子体光谱学
　　飞秒近场光谱学

　　分子光谱学
　　核辐射光谱学
　　激光光谱学
　　近红外光谱学
　　拉曼光谱学
　　束-箔光谱学
　　原子光谱学
　C 光谱
　　光谱测量
　　光谱分析
　　光谱辐射
　　光谱技术
　　光谱结构
　　光谱特性
　　光谱仪 →(3)(4)

光谱学方法
　Y 光谱分析

光谱学特性
　Y 光谱特性

光谱学性质
　Y 光谱特性

光谱研究
　Y 光谱学

光谱移动
optical shift
O433
　D 光谱位移
　S 移动
　Z 运动

光谱诊断
spectroscopic diagnostics
O433.1
　S 光学诊断
　F 发射光谱诊断
　Z 光学应用

光谱整形
spectrum shaping
O433
　S 光谱术*

光谱资料
　Y 光谱数据

光腔
　Y 光学腔

光腔衰荡光谱
cavity ring-down spectroscopy
O433.4；O657.3
　D 腔衰荡光谱
　　腔衰荡光谱技术
　S 衰荡光谱
　Z 光谱

光腔振荡模式
　Y 激光模

光强*
light intensity
O432.1；P422.1
　D 发光强度
　　光强度
　F 峰值光强

辉度
激光强度
入射光强
散射光强
透射光强
相对光强
荧光强度
轴上光强
C 发光
发光特性
发光体
光强比
光强度测量
光强分布
光强闪烁 →(4)

光强比
intensity ratio
O432.2
　　S 光学参数*
　　F 光强分束比
　　　光强透射比
　　　斯特列尔比
　　　荧光强度比
　　C 光强

光强测量
　　Y 光强度测量

光强度
　　Y 光强

光强度测量
luminous intensity measurement
TB462；TB96
　　D 光强测量
　　S 光学参数测量
　　C 辐射计 →(4)
　　　光强
　　　光学厚度 →(4)
　　Z 光学测量

光强度单位
light intensity unit
TB96
　　S 计量单位*
　　F 瑞利

光强度分布
　　Y 光强分布

光强度分布计算
　　Y 光强分布

光强度分布曲线
　　Y 光强分布

光强度分布数
　　Y 光强分布

光强度分布值
　　Y 光强分布

光强分布
light intensity distribution
O432.2
　　D 光强度分布
　　　光强度分布计算
　　　光强度分布曲线
　　　光强度分布数

　　　光强度分布值
　　　光强分布计算
　　　光强分布曲线
　　　光强分布数
　　　光强分布值
　　　最小光强分布
　　　最小光强分布计算
　　　最小光强分布曲线
　　　最小光强分布值
　　S 光学参数*
　　F 亮度分布
　　C 光强

光强分布计算
　　Y 光强分布

光强分布曲线
　　Y 光强分布

光强分布数
　　Y 光强分布

光强分布值
　　Y 光强分布

光强分束比
intensity splitting ratio
O432.2
　　S 光强比
　　Z 光学参数

光强关联时间
intensity correlation time
O432.2
　　S 关联时间
　　Z 事件时间

光强透射比
light intensity transmission
O432.2
　　S 光强比
　　Z 光学参数

光切法
light-section method
O485
　　S 光学测量*

光圈
aperture
O435
　　D f 数
　　C 相对孔径 →(4)

光全息
　　Y 光学全息

光全息存储
　　Y 全息存储

光全息术
　　Y 光学全息

光绕射
　　Y 光衍射

光热电离光谱
photothermal ionization spectroscopy
O433
　　D 光热电离谱
　　S 光热光谱

　　Z 光谱

光热电离谱
　　Y 光热电离光谱

光热光谱
photothermal spectroscopy
O433.5
　　D 光热光谱学
　　S 光谱*
　　F 光热电离光谱
　　　光热偏转光谱
　　C 光声光谱
　　　热光效应

光热光谱学
　　Y 光热光谱

光热技术
photothermal techniques
TK02
　　S 光学技术*

光热偏转光谱
Photothermal deflection spectral
O482
　　S 光热光谱
　　Z 光谱

光热偏转技术
photo-thermal deflection technique
O43
　　S 光学测量*

光热效应
photothermal effects
O55
　　S 光学效应*

光热转换
photothermal conversion
O43
　　S 直接能量转换
　　Z 能量转换

光散射*
light scattering
O436.2
　　D 光波散射
　　　光漫射
　　　光致散射
　　F X 射线散射
　　　γ 射线散射
　　　布拉格散射
　　　布里渊散射
　　　侧向散射
　　　单次散射
　　　动态光散射
　　　多重散射
　　　非线性散射
　　　共振光散射
　　　红外散射
　　　后向光散射
　　　激光散射
　　　漫散射
　　　受激散射
　　　斯托克斯散射
　　　相干散射
　　　小角光散射

荧光散射
　　C 光散射法
　　　光散射特性
　　　光衰减
　　　光透射
　　　光吸收
　　　光折射
　　　散射效率

光散射法*
light scattering method
O657.3
　　D 光散射光谱法
　　　散射法
　　　散射光谱
　　　散射谱
　　F 共振散射光谱法
　　C 光散射
　　　光散射特性
　　　光散射系数
　　　散射计 →(4)

光散射光谱法
　　Y 光散射法

光散射轮廓
　　Y 光散射特性

光散射特性
light-scattering property
O436.2；P422.3
　　D 光散射轮廓
　　S 光学性质*
　　C 光散射
　　　光散射法
　　　光散射系数
　　　散射光
　　　散射光强

光散射系数
light-scattering coefficient
O436.2
　　S 光学系数*
　　F 后向散射系数
　　C 光散射法
　　　光散射特性

光色
light color
O432.3
　　S 色彩*

光色互变
　　Y 光化学反应

光色散
　　Y 色散

光色效应
　　Y 光赋色效应

光扇效应
beam fanning effect
O734
　　S 光学效应*

光生电动势
photo induced electromotive force
O442
　　S 电动势*

光生电压
photovoltage
TM933.2
　　S 电压*

光生伏打效应
　　Y 光伏效应

光生载流子
photocarrier
O473
　　S 电子-空穴对
　　Z 载流子

光声
photoacoustics
O424
　　S 声音*

光声层析成像
　　Y 光学层析成像

光声池
photoacoustic cell
O433.1
　　D 光声腔
　　S 光学腔
　　Z 光学元件

光声光谱
photoacoustic spectroscopy
O433
　　D 光声光谱法
　　　光声光谱技术
　　　光声光谱学
　　　光声谱法
　　S 光谱*
　　F 导数光声光谱
　　　共振光声光谱
　　C 光热光谱
　　　光声光谱仪 →(4)
　　　光声效应
　　　声谱

光声光谱法
　　Y 光声光谱

光声光谱技术
　　Y 光声光谱

光声光谱学
　　Y 光声光谱

光声技术
photoacoustic technique
TN2
　　S 光学技术*

光声检测
photoacoustic detection
TB52
　　S 光学测量*

光声谱法
　　Y 光声光谱

光声腔
　　Y 光声池

光声探测
photoacoustic detection
TN29
　　S 光电探测
　　Z 探测

光声效应
photoacoustic effect
O422.6；O432.1
　　S 声学效应*
　　C 光声光谱
　　　热光效应

光释光
　　Y 光致发光

光疏介质
optically thinner medium
O43
　　S 光学介质*

光束*
light beam
O435
　　D 光束线
　　　光线束
　　F 贝塞尔光束
　　　泵浦光束
　　　单光束
　　　多光束
　　　多模光束
　　　非傍轴光束
　　　高斯光束
　　　环形光束
　　　矩形光束
　　　聚焦光束
　　　空心光束
　　　宽光束
　　　孪生光束
　　　洛伦兹光束
　　　脉冲光束
　　　平顶光束
　　　平行光束
　　　三光束
　　　矢量光束
　　　输出光束
　　　双光束
　　　双曲正割光束
　　　位相畸变光束
　　　涡旋光束
　　　物光束
　　　相干光束
　　　像散光束
　　　衍射光束
　　　自陷光束
　　C 光束参数
　　　光束传播
　　　光束漂移

光束斑
beam spot
O435
　　D 束斑
　　S 光束参数
　　Z 光学参数

光束半径
beam radius
O435
　　D 束半径

S 光束参数
Z 光学参数

光束变换
light beam transformation
O435
　　S 光学变换*

光束参量
　　Y 光束参数

光束参数
beam parameters
O435
　　D 光束参量
　　S 光学参数*
　　F 分束比
　　　光束斑
　　　光束半径
　　　光束宽度
　　　光束腰
　　C 光束

光束传播
beam propagation
O435
　　D 束传播方法
　　S 光传播
　　C 光束
　　Z 能量转移

光束传输因子
beam propagation factor
O435
　　S 因子*

光束调节
　　Y 光控制

光束发散角
beam divergence angle
O435.1
　　D 束发散角
　　S 发散角
　　Z 光学角

光束分离器
　　Y 分束器

光束聚焦
beam focusing
O436
　　S 聚焦*
　　F 激光束聚焦
　　　线聚焦
　　　诱导光束聚焦
　　　自聚焦
　　C 聚焦光束

光束控制
　　Y 光控制

光束控制系统
beam control system
TH74
　　S 光学系统*

光束宽度
beam width
O435

D 光束束宽
　束宽
　束宽度
S 光束参数
Z 光学参数

光束偏离角
beam deflection angle
O435.1
　　S 光学角*

光束偏转器
light beam deflector
TN15；TN65；TP212
　　S 光偏转器
　　Z 光学元件

光束漂移
beam shift
O43
　　S 漂移*
　　C 光束

光束平移
beam translation
O435
　　S 水平位移
　　Z 位移

光束束宽
　　Y 光束宽度

光束特性
　　Y 光学性质

光束线
　　Y 光束

光束腰
beam waist
O435
　　D 束腰
　　S 光束参数
　　F 光束腰半径
　　Z 光学参数

光束腰半径
waist radius
O435
　　D 束腰半径
　　S 光束腰
　　Z 光学参数

光束折射
　　Y 光折射

光衰
luminous decay
O436
　　S 光学性质*

光衰减
light attenuation
O436
　　S 电磁波衰减
　　F 发光衰减
　　　光电子衰减
　　　激光衰减
　　　透射衰减
　　　荧光衰减

C 光散射
　光透射
Z 衰减

光衰减系数
optical attenuation coefficient
O436.2
　　D 光学衰减系数
　　S 光学系数*

光双共振
　　Y 光学双共振

光双稳
optical bistability
O43
　　D 光双稳性
　　　光学双稳性
　　S 光学稳定性
　　　双稳性
　　F 激子光双稳
　　Z 稳定性

光双稳态
　　Y 光学双稳态

光双稳性
　　Y 光双稳

光速
light speed
O431.1
　　S 波速
　　F 超光速
　　　慢光速
　　C 光
　　　光速不变原理
　　　光速测量
　　　光速可变
　　Z 传播速度

光速不变
　　Y 光速不变原理

光速不变原理
principle of constancy of light velocity
O412.1；O431.1
　　D 光速不变
　　S 光学理论*
　　F 光速可变
　　C 光速
　　　狭义相对论

光速测量
light velocity measurement
TB462；TB96
　　S 波速测量
　　　光学参数测量
　　C 光速
　　Z 光学测量
　　　速度测量

光速可变
variable velocity of light
O431.1
　　S 光速不变原理
　　C 光速
　　Z 光学理论

光塑性

photoplasticity
O348.1；O469
　S 塑性
　Z 力学性质

光损耗
　Y 光学损耗

光损伤
optical damage
O346.5；O4
　S 损伤*
　F 激光损伤

光损伤阈值
optical damage threshold
O7
　S 阈值*
　F 激光损伤阈值

光损失
　Y 光学损耗

光弹技术
photoelastic technique
O72
　S 光学技术*

光弹模型
photoelastic model
O348
　D 光弹性模型
　S 力学模型*
　C 模型试验 →(5)

光弹效应
photoelastic effect
O343；O734.1
　D 弹光效应
　　光弹性效应
　S 光学效应*
　C 光弹性
　　应力双折射

光弹性
photoelasticity
O343；O348；O43
　D 光弹性研究
　S 弹性
　F 动态光弹性
　　光粘弹性
　C 闭合裂纹
　　等差线
　　等和线
　　二向色性
　　光弹效应
　　光弹性法
　　光偏振
　　应力双折射
　Z 力学性质

光弹性测量
　Y 光测弹性术

光弹性法
photoelastic method
O348；O43
　D 光弹性分析
　　光弹性夹片法
　S 弹性分析

　　结构分析方法
　　应力分析法
　F 光弹性贴片法
　　全息光弹性法
　C 光弹性
　Z 力学方法
　　力学分析

光弹性分析
　Y 光弹性法

光弹性夹片法
　Y 光弹性法

光弹性模型
　Y 光弹模型

光弹性实验
photoelastic experiment
O4-33
　D 光弹性试验
　S 光学实验
　C 应变分析
　Z 科学实验

光弹性试验
　Y 光弹性实验

光弹性贴片法
photoelastic coating method
O348.1
　S 光弹性法
　Z 力学方法
　　力学分析

光弹性系数
　Y 弹光系数

光弹性效应
　Y 光弹效应

光弹性研究
　Y 光弹性

光探测
　Y 光电探测

光探针
　Y 光纤探针

光特性
　Y 光学性质

光调制晶体
optical modulated crystals
O799
　S 激光晶体
　F 调 Q 晶体
　Z 光学晶体

光通量
luminous flux
O432.2
　S 辐射通量
　F 光子通量
　　有效光通量
　　总光通量
　Z 辐射参数
　　通量

光通量测量

luminous flux measurement
TB462；TB96
　S 光学参数测量
　Z 光学测量

光通量密度
luminous flux density
O432.1
　D 光通密度
　S 通量密度
　Z 物理参数

光通密度
　Y 光通量密度

光瞳
pupil
R77；TH74
　S 光学元件*
　F 入射光瞳

光透过率
　Y 透光率

光透射
optical transmission
O435
　S 透射*
　F 红外透射
　　异常透射
　C 光散射
　　光衰减
　　光学损耗

光透射率
　Y 透光率

光稳定性
　Y 光学稳定性

光物理过程
photophysical process
O436
　S 物理过程*

光吸收*
light absorption
O436.2
　D 光学吸收
　F 非线性吸收
　　共振吸收
　　光谱吸收
　　光致吸收
　　光子吸收
　　红外吸收
　　激光吸收
　　选择吸收
　　紫外吸收
　　自吸收
　C 光散射
　　光吸收率
　　光吸收特性
　　光吸收系数
　　滤光片
　　吸收光谱

光吸收边
　Y 吸收光谱

光吸收率

optical absorptivity
O436.2
　　S 光学参数*
　　C 光吸收

光吸收谱
　　Y 吸收光谱

光吸收特性
light absorption characteristics
O436.2
　　D 光吸收性能
　　　 光学吸收特性
　　　 吸光特性
　　　 吸光性
　　　 吸光性能
　　S 光学性质*
　　F 红外吸收特性
　　　 紫外吸收性能
　　C 光吸收
　　　 消光

光吸收系数
optical absorption coefficient
O436.2
　　D 光学吸收系数
　　S 光学系数*
　　C 光吸收

光吸收性能
　　Y 光吸收特性

光纤测速仪
optical fiber velocimeter
TH741
　　S 测速仪
　　Z 测量仪器

光纤共振
　　Y 光学共振

光纤光谱
fiber spectrum
O433.5
　　S 光谱*

光纤光学
fiber optics
O439
　　D 纤维光学
　　S 应用光学
　　F 非线性光纤光学
　　C 光学元件
　　Z 光学

光纤光源
fiber sources
TN253
　　S 光源*
　　F 掺铒光纤光源
　　　 超荧光光纤光源

光纤环形腔
fiber ring cavity
TN24
　　D 光纤环形谐振腔
　　　 光纤谐振腔
　　S 光学腔
　　Z 光学元件

光纤环形谐振腔
　　Y 光纤环形腔

光纤检测
optical fibre testing
TB463
　　D 光纤检验法
　　S 光学测量*

光纤检验法
　　Y 光纤检测

光纤潜望镜
　　Y 潜望镜

光纤双折射
fiber birefringence
TN25
　　S 双折射
　　Z 折射

光纤损耗
optical fibre losses
TN25
　　S 损耗*
　　F 耦合损耗
　　　 散射损耗
　　　 弯曲损耗

光纤损失
　　Y 光学损耗

光纤探头
　　Y 光纤探针

光纤探针
optical fiber probe
TH703.2
　　D 光探针
　　　 光纤探头
　　S 光学探针
　　Z 探针

光纤透镜
optical fiber lens
TH74
　　D 光纤微透镜
　　S 透镜
　　Z 光学元件

光纤陀螺
　　Y 光纤陀螺仪

光纤陀螺仪
fibre optic gyroscopes
O318
　　D 光纤陀螺
　　　 纤维光学陀螺
　　　 纤维光学陀螺仪
　　S 光学陀螺
　　Z 陀螺仪

光纤微透镜
　　Y 光纤透镜

光纤谐振腔
　　Y 光纤环形腔

光纤延迟线
optical fiber delay lines
TN81

　　D 光延迟线
　　S 光学纤维元件
　　Z 光学元件

光纤折射率
fiber index
TN81
　　S 折射率*

光线*
light ray
O435
　　F 反射线
　　　 近轴光线
　　　 平行光线
　　　 入射光线
　　　 折射光线
　　　 主光线
　　C 光程

光线方程
equations of light ray
O435
　　D 光线方程公式
　　　 光线方程式
　　　 光线方程组
　　　 光线方程组式
　　　 光线公式
　　　 光线关系式
　　S 物理方程*

光线方程公式
　　Y 光线方程

光线方程式
　　Y 光线方程

光线方程组
　　Y 光线方程

光线方程组式
　　Y 光线方程

光线公式
　　Y 光线方程

光线关系式
　　Y 光线方程

光线轨迹
ray trajectory
O43
　　S 轨迹*
　　C 光程

光线亮度
　　Y 亮度

光线束
　　Y 光束

光线追迹
ray tracing
O439
　　D 光路追迹
　　S 光计算
　　C 几何光学
　　Z 光学应用

光限幅
　　Y 光限幅效应

光限幅特性
optical limiting properties
O432.1
　D 光限幅性能
　S 光学性质*
　C 光限幅效应

光限幅效应
optical limiting effect
TN241/244
　D 光限幅
　S 光学效应*
　C 光限幅特性

光限幅性能
　Y 光限幅特性

光陷阱
　Y 光阱

光效应
　Y 光学效应

光楔
wedge
TH74
　D 楔镜
　S 光学棱镜
　Z 光学元件

光谐振腔
　Y 光学谐振腔

光心
optical center
O435.2
　S 光学参数*

光信息
optical information
O438
　S 信息*

光信息处理
　Y 光学信息处理

光信息存储
optical information storage
O438
　S 光存储*

光性指示体
　Y 光率体

光学*
optics
O43
　F 表面光学
　　波导光学
　　薄膜光学
　　超快光学
　　成像光学
　　传输光学
　　动态光学
　　二元光学
　　发光学
　　共形光学
　　光度学
　　光子学
　　环境光学
　　集成光学
　　近场光学
　　矩阵光学
　　奇点光学
　　物理光学
　　线性光学
　　信息光学
　　虚拟光学
　　应用光学
　　主动光学
　　准光学
　　自适应光学
　C 光
　　光学定律
　　光学技术
　　光学理论
　　光学系统
　　光学现象
　　光学性质
　　光学仪器

光学 Bloch 方程
　Y Bloch 方程

光学饱和
　Y 光饱和

光学倍频
optical frequency doubling
O439
　S 光学频率变换
　F 腔内倍频
　　腔外倍频
　Z 光学变换

光学变换*
optical transform
O435
　F 光束变换
　　光学傅里叶变换
　　光学频率变换
　　光学小波变换
　C 光俘获

光学变量测量
　Y 光学参数测量

光学波
optical wave
O73
　S 格波
　C 晶格振动
　　离子晶体
　Z 波

光学薄膜*
optical films
O439；O484
　D 光学膜层
　F Langmuir-Blodgett 膜
　　磁光薄膜
　　发光薄膜
　　反光膜
　　光波导薄膜
　　光电薄膜
　　红外减反射膜
　　宽带增透膜
　　滤光膜
　　偏振膜

光学捕获
　Y 光俘获

光学布洛赫方程
　Y Bloch 方程

光学部件
　Y 光学元件

光学参变放大
　Y 光参量放大

光学参变振荡
　Y 光参量振荡

光学参量
　Y 光学参数

光学参量放大
　Y 光参量放大

光学参量啁啾脉冲放大
　Y 光参量啁啾脉冲放大

光学参量振荡
　Y 光参量振荡

光学参数*
optical parameters
O436
　D 光学参量
　F 对比度
　　共轭距
　　孤子对
　　光程
　　光度
　　光反射率
　　光焦度
　　光阱刚度
　　光密度
　　光频
　　光强比
　　光强分布
　　光束参数
　　光吸收率
　　光心
　　光学畸变
　　光学禁带宽度
　　光学灵敏度
　　光学模型势
　　光学平行差
　　光压
　　光泽度
　　光栅参数
　　焦距
　　聚焦参数
　　偏振参量
　　屈光度
　　锐度
　　散射率
　　色度
　　透光率
　　旋光率
　　荧光寿命
　　折射率调制度
　　组织光学参数
　C 光学参数测量
　　光学常数
　　光学实验

光学系数
光学效应
光学性能
光学性质
光学应用

光学参数测量
optical parameters measurement
TB462；TB96
- D 光学变量测量
- S 光学测量*
- F 反射率测量
  - 分辨率测量
  - 光波长测量
  - 光场测量
  - 光度测量
  - 光频测量
  - 光强度测量
  - 光速测量
  - 光通量测量
  - 光压测量
  - 光泽度测量
  - 光照度测量
  - 畸变测量
  - 焦距测量
  - 孔径测量
  - 亮度测量
  - 色散测量
  - 色温测量
  - 色坐标测量
  - 透射率测量
  - 颜色测量
  - 折射率测量
- C 光学参数
  - 光学检验
  - 光学仪器

光学测角计
- Y 光学测角仪

光学测角仪
optical goniometer
TH712
- D 光学测角计
- S 测角仪
  - 光学测量仪器
- F X 射线测角仪
  - 光栅测角仪
  - 红外测角仪
  - 激光测角仪
- Z 测量仪器

光学测距仪
optical range finder
O439；P204
- D 叠象测距仪
  - 光波测距仪
  - 棱镜测距仪
  - 双像测距仪
  - 双像符合测距仪
- S 测绘仪器*
- C 光电经纬仪 →(4)

光学测量*
optical measurement
TB462；TB96
- D 光测法
  - 光学测量法

光学测量技术
光学检测
- F X 射线测量
  - 波前测量
  - 反射测量术
  - 非球面检测
  - 干涉测量
  - 光测弹性术
  - 光电检测
  - 光谱测量
  - 光切法
  - 光热偏转技术
  - 光声检测
  - 光纤检测
  - 光学参数测量
  - 光学三维测量
  - 光学坐标测量
  - 红外测量
  - 激光测量
  - 莫尔测量法
  - 偏振检测
  - 全息测量
  - 色温计算方法
  - 时间分辨测量
  - 椭偏测量
  - 相衬法
  - 相移法
  - 衍射测量
  - 荧光寿命测量
  - 自准直法
- C 测光 →(4)
  - 光测力学
  - 光学常数
  - 光学系数

光学测量法
- Y 光学测量

光学测量技术
- Y 光学测量

光学测量仪器
optical measuring instrument
TH741
- D 光学计量仪器
- S 测量仪器*
- F 测微显微镜
  - 动丝测微计
  - 光功率计
  - 光学测角仪
  - 光学密度计
  - 光栅测长仪
  - 红外地平仪
  - 激光测量仪器
  - 激光分光光度计
  - 激光粒度仪
  - 激光应变仪
  - 焦点检查仪
  - 偏振计
  - 平直度测量仪器
  - 热释光剂量计
  - 色度计
  - 椭圆偏振仪
  - 纹影仪
  - 旋光仪
  - 衍射仪
  - 折射仪

- C 风速仪 →(4)
  - 光学仪器
  - 激光测量
  - 激光测速

光学测试
optical testing
O439
- S 光学应用*
- C 光学传递函数

光学层析
- Y 光学层析成像

光学层析成像
optical computerized tomography
O438
- D 光声层析成像
  - 光学层析
  - 光学计算机层析
- S 层析成像*
- F 光学相干层析成像

光学常量
- Y 光学常数

光学常数
optical constants
O436
- D 光学常量
- S 物理常数*
- F 费尔德常数
  - 光谱常数
  - 棱镜常数
- C 光学参数
  - 光学测量
  - 光学定律
  - 光学理论
  - 光学系数
  - 光学性质

光学超分辨
optical super resolution
O436
- S 分辨*
- F 横向超分辨

光学超晶格
optical superlattice
O76
- S 超晶格
  - 光学晶格
- Z 晶格

光学处理
optical processing
O439
- D 光学处理技术
- S 光学技术*
- F 彩色还原
  - 彩色校正
  - 光场压缩
  - 光放大
  - 光脉冲压缩
  - 像差校正

光学处理技术
- Y 光学处理

光学传递函数

主　表　309

optical transfer function
O174；O43
　D　MTF(光学)
　　　光学转移函数
　S　函数(物理)*
　C　光学测试
　　　光学检验
　　　光学信息处理

光学传输特性
optical transmission property
O734
　S　光学性质*

光学存储
　Y　光存储

光学带隙
optical band gap
O432.12；O481.1
　D　光带隙
　　　光能隙
　　　光学能隙
　S　带隙*
　F　光子带隙

光学单色器
　Y　单色仪

光学单轴晶体
　Y　单轴晶体

光学定律
optical laws
O43
　S　物理定律*
　F　布儒斯特定律
　　　反射定律
　　　朗伯余弦定律
　　　棱镜转动定理
　　　马吕斯定律
　　　应力光学定律
　　　张量ABCD定律
　　　折射定律
　C　光学
　　　光学常数
　　　光学理论
　　　光学系数
　　　光学性质

光学渡越辐射
　Y　渡越辐射

光学多道分析
optical multichannel analysis
O439
　S　光路分析
　Z　光学应用

光学多道分析器
optical multichannel analyzer
TN29
　S　光学分析仪器
　F　CCD光学多道分析器
　Z　分析仪器*

光学多稳态
　Y　光学双稳态

光学二向色性

　Y　二向色性

光学发射谱
　Y　发光光谱

光学法
　Y　光学方法

光学反馈
　Y　光反馈

光学反射
optical reflection
O435.1
　D　光反射
　S　反射*
　F　布拉格反射
　　　非线性反射
　　　高反射
　　　光谱反射
　　　规则反射
　　　红外反射
　　　激光反射
　　　减反射
　　　镜面反射
　　　临界反射
　　　漫反射
　　　内反射
　　　逆反射
　　　偏振反射
　　　全反射
　　　选择反射
　　　紫外反射
　C　反射光
　　　反射光学系统

光学方法*
optical methods
O436
　D　光学法
　F　迭代物理光学法
　　　分步傅里叶方法
　　　光电积分法
　　　光偏转法
　　　光学相关法
　　　光学再现
　　　惠更斯作图法
　　　加色法
　　　减色法
　　　角谱法
　　　矩阵光学方法
　　　扩展边界条件法
　　　掠入射法
　　　频率分辨光学开关法
　　　切趾法
　　　透射法
　　　预修正快速傅里叶变换方法
　C　光度测量
　　　折射延迟

光学仿真
　Y　光学模拟

光学仿真方法
　Y　光学模拟

光学仿真过程
　Y　光学模拟

光学仿真实验
　Y　光学模拟

光学仿真实验方法
　Y　光学模拟

光学仿真实验过程
　Y　光学模拟

光学非线性
optical nonlinearity
O437
　D　非线性光学特性
　S　光学性质*
　F　二阶光学非线性
　　　三阶光学非线性
　C　非线性光谱
　　　非线性光学

光学分析
　Y　光化学分析法

光学分析法
　Y　光化学分析法

光学分析方法
　Y　光化学分析法

光学分析仪器
optical analyzers
TH74；TH83
　S　分析仪器*
　F　光电烟色表
　　　光学多道分析器

光学浮区法
optical floating-zone method
O782
　S　区熔法
　Z　晶体生长方法

光学傅里叶变换
optical fourier transform
O439
　S　光学变换*
　C　自相似分形　→(1)

光学干涉*
optical interference
O436.1
　D　光波干涉
　　　光干涉
　　　光学干涉现象
　F　白光干涉
　　　薄膜干涉
　　　多缝干涉
　　　多光束干涉
　　　法布里-珀罗干涉
　　　非定域干涉
　　　光反馈自混合干涉
　　　迈克尔逊干涉
　　　劈尖干涉
　　　衍射干涉
　　　云纹干涉
　C　光干涉测量　→(4)
　　　光学干涉仪　→(4)

光学干涉现象
　Y　光学干涉

光学高温计
optical pyrometer
TH811
　　D　光测高温计
　　S　高温计
　　Z　测量仪器

光学格子
　　Y　光子晶格

光学各向异性
optical anisotropy
O482.3；O732
　　S　各向异性*
　　F　光致各向异性
　　　　荧光各向异性

光学共振
optical resonance
O43
　　D　非线性相干共振
　　　　非线性相干共振现象
　　　　光纤共振
　　　　光学谐振
　　S　共振*
　　F　光磁共振
　　　　光学双共振
　　　　双光子共振

光学共振腔
　　Y　光学谐振腔

光学光谱
　　Y　光谱

光学光谱学
　　Y　光谱学

光学合成孔径
optical synthetic aperture
O435；P111.3
　　D　光学综合孔径
　　S　孔径*

光学混频
optical mixing
O439
　　S　光学频率变换
　　F　三波混频
　　　　双波混频
　　　　四波混频
　　Z　光学变换

光学击穿
optical breakdown
O439
　　S　光学现象*

光学畸变
optical distortion
O435.2
　　D　光畸变
　　S　光学参数*

光学计量
optical metrology
O439
　　S　计量*
　　F　干涉计量

光学计量仪器
　　Y　光学测量仪器

光学计算
　　Y　光计算

光学计算机层析
　　Y　光学层析成像

光学技术*
optical technique
O439
　　F　单光子技术
　　　　高速光学技术
　　　　光弹技术
　　　　光镊技术
　　　　光谱技术
　　　　光热技术
　　　　光声技术
　　　　光学处理
　　　　自适应光学技术
　　C　光学
　　　　光学理论
　　　　光学性质

光学监控
optical monitoring
O439
　　S　光学应用*
　　F　光学膜厚监控

光学检测
　　Y　光学测量

光学检验
optical testing
O439
　　D　光学仪器检验
　　　　光学仪器试验
　　S　检验*
　　F　刀口检验法
　　　　哈德曼检验法
　　　　郎奇检验法
　　　　星点检验
　　C　光谱分辨率
　　　　光学参数测量
　　　　光学传递函数
　　　　光学调整
　　　　光学仪器
　　　　像差

光学角*
optical angle
O435.1
　　F　布儒斯特角
　　　　出射角
　　　　发散角
　　　　反射角
　　　　分离角
　　　　分束角
　　　　干涉角
　　　　光束偏离角
　　　　光轴角
　　　　接收角
　　　　克尔旋转角
　　　　临界角
　　　　匹配角
　　　　偏向角
　　　　偏轴角
　　　　偏转角
　　　　入射角
　　　　闪耀角
　　　　衍射角
　　　　折射角

光学截面
optical cross section
O435
　　S　截面*
　　F　消光截面

光学介质*
optical medium
O43
　　D　光折射介质
　　F　负折射率介质
　　　　光密介质
　　　　光疏介质
　　　　混浊介质
　　　　克尔介质
　　　　类透镜介质
　　　　强非局域介质
　　　　弱非局域介质
　　　　散射介质
　　　　色散介质
　　　　透明介质
　　　　自散焦介质

光学禁带
optical forbidden band
O481.1
　　S　禁带
　　Z　能带

光学禁带宽度
optical forbidden band gap
O436
　　S　光学参数*
　　　　禁带宽度
　　Z　物理参数

光学晶格
optical lattices
O431.2；O76
　　D　光晶格
　　　　原子光学晶格
　　S　晶格*
　　F　光学超晶格
　　　　光子晶格

光学晶体*
optical crystals
O734
　　F　电光晶体
　　　　发光晶体
　　　　非线性光学晶体
　　　　分光晶体
　　　　光存储晶体
　　　　光折变晶体
　　　　红外晶体
　　　　激光晶体
　　　　色心晶体
　　　　闪烁晶体
　　　　声光晶体
　　　　双折射晶体
　　　　旋光晶体
　　C　晶体

主　表　311

　　　晶体光学
　　　晶体光学性质

光学矩阵运算
optical array arithmetics
O439
　S　光计算
　Z　光学应用

光学均匀性
optical homogeneity
O436
　S　光学性质*
　F　发光均匀性
　　　激光辐照均匀性
　　　照明均匀性

光学克尔效应
　Y　克尔效应

光学刻度盘
　Y　分划元件

光学快门
　Y　光学元件

光学棱镜
optical prisms
TH74
　S　光学元件*
　F　分色棱镜
　　　光楔
　　　偏光棱镜
　　　色散棱镜
　　　五角棱镜
　　　消色差棱镜
　C　光偏振

光学理论*
optical theory
O431
　F　Judd-Ofelt 理论
　　　巴比涅原理
　　　波动理论
　　　成像原理
　　　范西泰特-策尼克定理
　　　费马原理
　　　干涉理论
　　　光波导理论
　　　光速不变原理
　　　惠更斯原理
　　　激光理论
　　　全息原理
　　　射线理论
　　　物理绕射理论
　　　像差理论
　　　衍射理论
　C　光学
　　　光学常数
　　　光学定律
　　　光学技术
　　　光学模型
　　　光学实验
　　　光学系数
　　　光学现象
　　　光学性能
　　　光学性质

光学灵敏度

optical sensitivity
O439
　S　光学参数*
　F　感光度
　　　光谱灵敏度
　　　红外灵敏度
　　　折射率灵敏度

光学零件
　Y　光学元件

光学逻辑
　Y　光学逻辑门

光学逻辑门
optical logic gates
TH74
　D　光学逻辑
　S　光学元件*

光学逻辑运算
　Y　光计算

光学密度
　Y　光密度

光学密度计
optical densitometers
TH715.2；TH741
　S　光学测量仪器
　　　密度计
　Z　测量仪器

光学模
optical mode
O734
　S　晶格振动波模式*
　C　格波

光学模拟
optical simulation
O411.3
　D　光学仿真
　　　光学仿真方法
　　　光学仿真过程
　　　光学仿真实验
　　　光学仿真实验方法
　　　光学仿真实验过程
　　　光学模拟方法
　　　光学模拟过程
　　　光学模拟实验
　　　光学模拟实验方法
　　　光学模拟实验过程
　S　物理模拟*
　F　光谱模拟

光学模拟方法
　Y　光学模拟

光学模拟过程
　Y　光学模拟

光学模拟实验
　Y　光学模拟

光学模拟实验方法
　Y　光学模拟

光学模拟实验过程
　Y　光学模拟

光学模型
optical model
O431
　S　物理模型*
　F　Jaynes-Cummings 模型
　　　散射模型
　　　色散模型
　　　颜色模型
　C　光学理论

光学模型势
optical potential
O431.2
　D　光学模型势参数
　　　光学势
　S　光学参数*

光学模型势参数
　Y　光学模型势

光学膜层
　Y　光学薄膜

光学膜厚监控
optical thickness monitoring
O439
　S　光学监控
　Z　光学应用

光学能隙
　Y　光学带隙

光学偶极阱
optical dipole trap
O439
　S　势阱*

光学碰撞
optical collision
O436
　S　碰撞*

光学偏振
　Y　光偏振

光学偏振镜
optical polarisers
TH74
　S　光偏转器
　C　光偏振
　　　旋光法　→(3)
　Z　光学元件

光学偏振现象
　Y　光偏振

光学拼接
optical butting
O439
　S　光学应用*

光学频率变换
optical frequency conversion
O439
　D　光频转换
　S　光学变换*
　F　光学倍频
　　　光学混频
　　　红外上变频

光学平晶

Y 平面平晶

光学平面
   Y 平晶

光学平行差
optical parallelism error
O436
   S 光学参数*

光学器件
   Y 光学元件

光学腔
optical cavity
TN209
   D 光腔
   S 光学元件*
   F 光声池
      光纤环形腔
      光学微腔
      光学谐振腔
      光子晶体微腔
      聚光腔
      准光腔

光学全息
optical holography
O438.1
   D 光全息
      光全息术
      光学全息术
   S 全息术*
   F X射线全息术
      白光全息术
      彩虹全息术
      彩色全息术
      多次曝光全息术
      菲涅耳全息术
      激光全息
      全息谱分析技术

光学全息术
   Y 光学全息

光学三维测量
optical three dimensional measurement
TB462；TB96
   S 光学测量*

光学深度
optical depth
O43
   S 深度*
   F 光穿透深度
      透射深度
   C 光学厚度 →(4)

光学声子
optical phonon
O731
   D 光频声子
   S 声子
   Z 准粒子

光学声子平均数
average number of optical phonons
O73
   S 平均声子数
   Z 晶体学参数

光学实验
optical experiments
O4-33
   D 光学试验
   S 物理实验
   F 光弹性实验
      迈克尔逊-莫雷实验
      牛顿环实验
      散射实验
      衍射实验
      杨氏双缝实验
   C 光学参数
      光学理论
      光学性质
   Z 科学实验

光学势
   Y 光学模型势

光学试验
   Y 光学实验

光学数据处理
   Y 光学信息处理

光学衰减系数
   Y 光衰减系数

光学双共振
optical double resonance
O436；O482.53
   D 光双共振
      红外-红外双共振
      碰撞感生光双共振
   S 光学共振
   Z 共振

光学双稳
   Y 光学双稳态

光学双稳态
optical bistability
O43
   D 光多稳态
      光双稳态
      光学多稳态
      光学双稳
      光学双稳系统
   S 双稳态
   C 非线性光学
   Z 稳定

光学双稳系统
   Y 光学双稳态

光学双稳性
   Y 光双稳

光学双轴晶体
   Y 双轴晶体

光学斯塔克效应
   Y 斯塔克效应

光学损耗
optical losses
O431.1
   D 光波导损失
      光能损失
      光耦合损失
      光损耗
      光损失
      光纤损失
   S 能量损耗*
   F 半波损失
      透射损失
   C 光透射

光学探测
   Y 光电探测

光学探针
optical probe
TH703.2
   S 探针*
   F 光纤探针
      激光探针

光学特性
   Y 光学性质

光学调整*
optical adjustment
O439
   F 调焦
      光路调整
      视差调整
   C 光学检验

光学投影
   Y 投影

光学透过率
   Y 透光率

光学透镜
   Y 透镜

光学透明介质
   Y 透明介质

光学透明性
   Y 透明性

光学透射率
   Y 透光率

光学图像*
optical images
O438
   D 光学象
      光学像
   F X射线图像
      倒像
      干涉图
      共轭像
      光变图像
      光谱图像
      红外图像
      离焦像
      零级像
      实像
      虚像
      正像
   C 光学图像处理 →(4)
      图像分析
      像差

光学陀螺
optical gyroscope

主　表　313

O318
　D 光学陀螺仪
　S 陀螺仪*
　F 光纤陀螺仪
　　激光陀螺

光学陀螺仪
　Y 光学陀螺

光学望远镜
optical telescope
TH743
　D 广角望远镜
　　激光对准望远镜
　　目视望远镜
　　紫外望远镜
　S 望远镜*
　F 微光望远镜

光学微分
optical differentiation
O439
　S 光计算
　Z 光学应用

光学微腔
optical microcavity
TN29
　S 光学腔
　Z 光学元件

光学稳定性
photostability
O436
　D 光稳定性
　　耐光性
　　耐晒性
　S 稳定性*
　F 光双稳
　　光源稳定性
　C 力学稳定性

光学吸收
　Y 光吸收

光学吸收边
　Y 吸收光谱

光学吸收谱
　Y 吸收光谱

光学吸收特性
　Y 光吸收特性

光学吸收系数
　Y 光吸收系数

光学系数*
optical coefficient
O43
　F 弹光系数
　　电光系数
　　光散射系数
　　光衰减系数
　　光吸收系数
　　热光系数
　　色散系数
　　象差系数
　　杂光系数
　C 光学参数

　　光学测量
　　光学常数
　　光学定律
　　光学理论

光学系统*
optical system
TH74
　F 4f 系统
　　变焦距系统
　　测光系统
　　等效光学系统
　　调光系统
　　反射光学系统
　　非共轴光学系统
　　非线性光学系统
　　共轴光学系统
　　光路系统
　　光束控制系统
　　红外系统
　　激光光学系统
　　空间光学系统
　　扩束系统
　　理想光学系统
　　全息系统
　　色散光学系统
　　失调光学系统
　　透射式光学系统
　　线性光学系统
　　消像散系统
　　折反射光学系统
　　折射式光学系统
　　自适应光学系统
　C 变焦距
　　光偏转器
　　光学
　　光学仪器

光学纤维元件
fibre optic elements
TH74；TN209
　D 纤维光学器件
　S 光学元件*
　F 光纤延迟线

光学现象*
optical phenomenon
O436
　F 反光
　　光学击穿
　　入射
　　透光
　　旋光
　C 光学
　　光学理论
　　光学性能
　　光学性质

光学限幅
optical limitation
O439
　S 光学应用*

光学相干层析成像
optical coherence tomography
O438
　D 光学相干层析术
　S 光学层析成像

　　相干成像
　Z 层析成像
　　成像

光学相干层析术
　Y 光学相干层析成像

光学相关
　Y 光学相关法

光学相关法
optical correlation
O439；P237
　D 光学相关
　S 光学方法*
　C 二维相关 →(4)
　　光子相关光谱

光学相位共轭
optical phase conjugation
O431.2
　D 非线性光学相位共轭
　　光波前反演
　S 相位共轭
　C 光学信息处理
　　自适应光学
　Z 共轭

光学象
　Y 光学图像

光学像
　Y 光学图像

光学像差
　Y 像差

光学小波变换
optical wavelet transform
O435
　D 光学子波变换
　S 光学变换*

光学效率*
optical efficiency
O43
　F 发光效率
　　辐射效率
　　光谱光视效率
　　激光效率
　　量子效率
　　散射效率
　　衍射效率
　　荧光效率

光学效应*
optical effects
O431
　D 光效应
　F 磁光效应
　　电光效应
　　非线性效应
　　辐射效应
　　干涉效应
　　高阶效应
　　光弹效应
　　光电效应
　　光赋色效应
　　光谱效应
　　光热效应

光扇效应
光限幅效应
光诱导效应
聚束效应
气动光学效应
热光效应
散射效应
透镜效应
微腔效应
虚光场效应
旋光效应
衍射效应
荧光效应
云纹效应
折射效应
C 光学参数
光学性能
光学性质

光学谐振
Y 光学共振

光学谐振腔
optical cavity
TN24；TN929.1
D 光谐振腔
光学共振腔
S 光学腔
F 法布里-珀罗谐振腔
激光谐振腔
C 失谐量
Z 光学元件

光学信息处理
optical information processing
O438
D 光信息处理
光学数据处理
光学信息加工
S 信息处理*
F 白光信息处理
光谱数据处理
C 光学传递函数
光学相位共轭
信息光学

光学信息加工
Y 光学信息处理

光学性能*
optical performance
O439
F 磁光性能
发光性能
光电性能
光折变性能
红外性能
激光性能
聚焦性能
闪烁性能
透光性能
消光性能
紫外性能
C 光学参数
光学理论
光学现象
光学效应
光学性质

光学应用

光学性质*
optical properties
O431
D 光束特性
光特性
光学特性
F 单色性
电光特性
多色性
发光特性
反光性
辐射特性
光饱和
光本性
光偏振特性
光谱特性
光散射特性
光衰
光吸收特性
光限幅特性
光学传输特性
光学非线性
光学均匀性
光泽
红外特性
聚焦特性
偏色
色散性质
视觉特性
透明性
透射特性
显色性
旋光性
颜色特性
衍射特性
荧光特性
C 光学
光学参数
光学常数
光学定律
光学技术
光学理论
光学实验
光学现象
光学效应
光学性能
光学应用

光学衍射
Y 光衍射

光学仪器
optical instrument
TH74
S 仪器仪表*
F 成像仪
C 测绘仪器
反射计
光学
光学参数测量
光学测量仪器
光学检验
光学系统

光学仪器检验

Y 光学检验

光学仪器试验
Y 光学检验

光学应用*
optical application
O439
F 光电应用
光计算
光路分析
光学测试
光学监控
光学拼接
光学限幅
光学诊断
光学整流
C 光学参数
光学性能
光学性质

光学元件*
optical elements
TH74；TN209
D 光窗
光分束器
光学部件
光学快门
光学零件
光学器件
F SiC 反射镜
X 射线超反射镜
凹面镜
变形反射镜
变形镜
波带片
多层膜反射镜
多级微反射镜
二向色镜
二元光学元件
非球面镜
分布布喇格反射镜
分划元件
分束器
高反射镜
光具组
光偏转器
光谱开关
光瞳
光学棱镜
光学逻辑门
光学腔
光学纤维元件
激光反射镜
聚光器
扩束器
冷屏
离轴三反射镜
滤光片
滤光器
洛埃镜
漫射器
目镜
抛物面镜
偏光镜
平面镜
倾斜镜

球面镜
　　曲面镜
　　全反射镜
　　全方位反射镜
　　全息光学元件
　　散射板
　　双面反射镜
　　透镜
　　凸面镜
　　物镜
　　相位板
　　消偏器
　　衍射光学元件
　　衍射元件
　　斩光器
　　转镜
　C 单色仪
　　光电效应
　　光纤光学
　　光栅

光学再现
optical reconstruction
O439
　D 光学再现方法
　S 光学方法*

光学再现方法
　Y 光学再现

光学噪声
　Y 光噪声

光学增益
　Y 光增益

光学侦察
　Y 光电探测

光学诊断
optical diagnostics
O439
　S 光学应用*
　F X 射线诊断
　　干涉诊断
　　光谱诊断
　　红外诊断
　　激光诊断

光学振子强度
optical oscillator strength
O436
　S 振子强度
　Z 物理参数

光学整流
optical rectification
O439
　D 光整流
　S 光学应用*

光学证认
optical identification
O432.2；P141
　S 证认*

光学转换
optical transition
O436
　S 能量转换*

光学转移函数
　Y 光学传递函数

光学子波变换
　Y 光学小波变换

光学自感应透明度
　Y 透明性

光学综合孔径
　Y 光学合成孔径

光学坐标测量
optical coordinate measurement
TB462；TH74
　S 光学测量*

光压
light pressure
O431
　S 光学参数*

光压测量
light pressure measurement
TB462；TB96
　S 光学参数测量
　Z 光学测量

光亚硝基化
　Y 光化学反应

光延迟线
　Y 光纤延迟线

光衍射
optical diffraction
O436.1
　D 光的衍射
　　光绕射
　　光学衍射
　S 衍射*
　F X 射线衍射
　　单缝衍射
　　点衍射
　　菲涅耳衍射
　　夫琅和费衍射
　　光阑衍射
　　光栅衍射
　　激光衍射
　　矩孔衍射
　　瑞利-索末菲衍射
　　声光衍射
　　矢量衍射
　　双缝衍射
　　小孔衍射
　　圆孔衍射
　　直边衍射
　　自衍射
　C 爱里斑 →(4)
　　波带片
　　大气现象
　　光栅
　　虹 →(4)
　　华 →(4)
　　衍射光栅
　　衍射特性
　　衍射仪

光阴极
　Y 光电阴极

光应力
photostress
O343.4
　S 应力*

光荧光
　Y 荧光

光荧光谱
　Y 光致荧光谱

光诱导效应
photo induced effect
O734
　S 光学效应*

光与物质相互作用
light-substance interactions
O436
　S 相互作用*
　F 激光与物质相互作用

光源*
light source
O431
　F 单光子源
　　单色光源
　　等离子体光源
　　多光源
　　发光体
　　孤子光源
　　光谱光源
　　光纤光源
　　激发光源
　　激光光源
　　扩展光源
　　冷光源
　　强光源
　　热光源
　　散射体
　　相干光源
　　虚光源
　　紫外光源
　C 光
　　光辐射
　　光源色
　　光源稳定性
　　照度

光源色
light source color
O436
　S 色彩*
　C 光源

光源稳定性
light source stability
TN20
　S 光学稳定性
　C 光源
　Z 稳定性

光晕
halation
O43；P427.1
　S 晕*

光噪声
optical noises

O437
　D 光学噪声
　S 随机噪声*

光泽
gloss
ZT5
　S 光学性质*

光泽度
glossiness
O435.1
　S 光学参数*

光泽度测量
glossiness measurement
TH73
　S 光学参数测量
　Z 光学测量

光增益
optical gain
O431.1
　D 光学增益
　S 增益*
　F 饱和增益
　　喇曼增益
　　透射增益
　　无反转增益

光栅*
grating
TH741.6
　D 参考栅
　　非球面光栅
　　辐射光栅
　　棱栅
　　伦奇光栅
　　闪烁光栅
　　声光栅
　　物端光栅
　F 变线距光栅
　　彩虹光栅
　　超环面光栅
　　超声光栅
　　达曼光栅
　　多层介质膜光栅
　　二元光栅
　　反射光栅
　　复合光栅
　　复制光栅
　　高频光栅
　　光谱光栅
　　光折变光栅
　　红外光栅
　　环形光栅
　　计量光栅
　　交叉光栅
　　阶梯光栅
　　金属光栅
　　矩形光栅
　　刻划光栅
　　龙基光栅
　　母光栅
　　纳米光栅
　　拼接光栅
　　全息光栅
　　三色光栅

　　三维光栅
　　色分离光栅
　　数字光栅
　　双光栅
　　同心圆光栅
　　投影光栅
　　线光栅
　　相位光栅
　　亚波长光栅
　　亚微米光栅
　　余弦光栅
　　折射率光栅
　　正交光栅
　　正弦光栅
　C 多层介电膜
　　分光计
　　光敏性 →(3)
　　光偏转器
　　光学元件
　　光衍射
　　光栅方程

光栅伴线
　Y 伴线

光栅参数
grating parameters
TH741.6
　S 光学参数*
　C 光栅方程

光栅测长仪
grating length meter
TH711；TH741.1
　S 测长仪
　　光学测量仪器
　Z 测量仪器

光栅测角仪
grating goniometer
TH712
　S 光学测角仪
　Z 测量仪器

光栅常量
　Y 光栅常数

光栅常数
grating constant
TH741.6
　D 光栅常量
　S 常数*
　C 光栅方程

光栅尺
　Y 长光栅

光栅单色仪
grating monochromator
TH74
　S 单色仪*
　F 凹面光栅单色仪
　　平面光栅单色仪
　　全息光栅单色仪
　　双光栅单色仪
　C 光栅光谱仪 →(4)

光栅方程
grating equation

O435
　D 光栅方程公式
　　光栅方程式
　　光栅方程组
　　光栅方程组式
　　光栅公式
　　光栅关系式
　S 物理方程*
　C 光栅
　　光栅参数
　　光栅常数

光栅方程公式
　Y 光栅方程

光栅方程式
　Y 光栅方程

光栅方程组
　Y 光栅方程

光栅方程组式
　Y 光栅方程

光栅公式
　Y 光栅方程

光栅关系式
　Y 光栅方程

光栅光谱
grating spectral
O433.5
　S 光谱*

光栅莫尔条纹
　Y 莫尔条纹

光栅能量测试仪
　Y 光功率计

光栅衍射
grating diffraction
O436.1
　S 光衍射
　Z 衍射

光照
　Y 光

光照度
　Y 照度

光照度测量
illuminance measurement
TB462；TB96
　D 照度测量
　S 光学参数测量
　C 照度
　Z 光学测量

光照强度
　Y 照度

光折变
　Y 光折变效应

光折变非线性光学
photorefractive non-linear optics
O437
　S 非线性光学
　Z 光学

主 表 317

光折变光栅
photorefractive grating
O437.4；P111.3
　　S 光栅*

光折变晶体
photorefractive crystals
O734
　　S 光学晶体*
　　C 二波耦合
　　　指数增益系数

光折变空间孤子
photorefractive spatial solitons
O437
　　S 空间光孤子
　　Z 孤子

光折变效应
photorefractive effect
O435.1
　　D 光折变
　　　光致折变
　　　光致折变效应
　　S 折射效应
　　F 取向光折变效应
　　　双光子光折变效应
　　C 电光效应
　　　二波耦合
　　　折射率
　　　指数增益系数
　　Z 光学效应

光折变性能
photorefractive properties
O734
　　S 光学性能*
　　C 指数增益系数

光折射
light refraction
O435.1
　　D 光束折射
　　S 折射*
　　F 非线性折射
　　　双折射
　　C 光散射
　　　虹 →(4)
　　　霓 →(4)
　　　日晕 →(4)
　　　色散

光折射介质
　　Y 光学介质

光折射效应
　　Y 折射效应

光振荡
optical oscillations
O436
　　S 振荡*
　　F 本征振荡
　　　等离子体振荡
　　　光参量振荡
　　　激光振荡

光整流
　　Y 光学整流

光整流效应
optical rectification effects
O437
　　S 非线性效应
　　Z 光学效应

光质子
　　Y 质子

光致等离子体
　　Y 激光等离子体

光致电离
　　Y 光电离

光致电流效应
　　Y 光电效应

光致二向色性
　　Y 二向色性

光致发光
photoluminescence
O462.3
　　D 光激励发光
　　　光释光
　　　激发光
　　　受激发光
　　S 发光*
　　F 红外光致发光
　　　磷光
　　　上转换发光
　　　下转换发光
　　　紫外光致发光
　　C InAs 量子点
　　　荧光

光致发光光谱
photoluminescence spectrum
O433.5
　　D PL 光谱
　　　光致发光谱
　　　光致发射光谱
　　S 发光光谱
　　F 时间分辨光致发光谱
　　Z 光谱

光致发光谱
　　Y 光致发光光谱

光致发光特性
photoluminescence properties
O432.1
　　D 光致发光性质
　　S 发光特性
　　Z 光学性质

光致发光性能
photoluminescent properties
O432.1
　　S 发光性能
　　Z 光学性能

光致发光性质
　　Y 光致发光特性

光致发射光谱
　　Y 光致发光光谱

光致各向异性
photoinduced anisotropy
O482.3；O732
　　S 光学各向异性
　　Z 各向异性

光致核反应
　　Y 光核反应

光致激发
photoexcitation
O432.12
　　S 激发*
　　F 多光子激发
　　　激光激发
　　　可见光激发
　　　选择激发
　　　紫外激发

光致裂变
　　Y 光致蜕变

光致散射
　　Y 光散射

光致双折射
photo-induced birefringence
O435.1
　　S 双折射
　　Z 折射

光致蜕变
photodisintegration
O571.3
　　D γ裂变反应
　　　氘核光致分裂
　　　光致裂变
　　S γ衰变
　　C 氘核
　　Z 核反应

光致吸收
photoinduced absorption
O436.2
　　S 光吸收*

光致荧光
　　Y 荧光

光致荧光光谱
　　Y 光致荧光谱

光致荧光谱
photoluminencence spectroscopy
O433.59
　　D 光荧光谱
　　　光致荧光光谱
　　S 荧光光谱
　　Z 光谱

光致折变
　　Y 光折变效应

光致折变效应
　　Y 光折变效应

光致折射率变化
photoinduced refractive index change
O435.1
　　S 折射率变化
　　Z 物理变化

光中子

photoneutron
O572.342
 D 光激中子
 S 中子
 Z 粒子

光轴*
optical axis
O435
 F 副光轴
  晶体光轴
  主光轴

光轴角
optic axial angle
O71
 S 光学角*

光轴角色散
 Y 角色散

光轴拟合
optical axis fitting
O435
 S 拟合*

光注入
light injection
O43
 S 注入*

光子
photon
O572.31
 D 波粒子
  光量子
 S 规范玻色子
 F 多光子
  纠缠光子
  双光子
  虚光子
  直接光子
 C 光子产生
  光子能量
  光子碰撞
  光子散射
  光子数
  光子相互作用
  光子学
  光子质量
 Z 粒子

光子产生
photon production
O572.24
 S 粒子产生*
 C 光子
  光子能量
  光子学

光子-超子相互作用
photon-hyperon interaction
O572.24
 S 光子-重子相互作用
 Z 粒子相互作用

光子带隙
photonic band gap
O481.1；O572.31

 D 光子能隙
 S 光学带隙
 F 绝对带隙
  完全带隙
 C 光子禁带
  光子晶体
 Z 带隙

光子带隙结构
PBG structure
O572.31
 S 光子晶体结构
 C 非傍轴标量光束
  光子禁带
 Z 晶体结构

光子-氘核散射
photon-deuteron scattering
O571.424
 S 氘核散射
  光子散射
 C 光子-氘核相互作用
 Z 粒子散射

光子-氘核相互作用
photon-deuteron interaction
O572.24
 S 光子-核子相互作用
 C 光子-氘核散射
 Z 粒子相互作用

光子电子互作用
 Y 光子-电子相互作用

光子-电子相互作用
photon-electron interaction
O572.24
 D 光子电子互作用
 S 电子相互作用
  光子-轻子相互作用
 Z 粒子相互作用

光子定域化
photonic localization
O572.31
 S 定域化*

光子发射
photon emission
O572.2
 S 粒子发射
 Z 发射

光子反聚束
 Y 光子反聚束效应

光子反聚束效应
photon antibunching effects
O431.2
 D 光子反聚束
 S 反聚束效应
  光子聚束效应
 Z 光学效应

光子分布
 Y 光子数分布

光子分布函数
 Y 光子数分布

光子-分子相互作用
photon-molecule interactions
O572.24
 S 光子相互作用
 Z 粒子相互作用

光子辐射照度
 Y 光辐照度

光子概率分布
 Y 光子数分布

光子关联光谱学
 Y 光子相关光谱

光子光子互作用
 Y 光子-光子相互作用

光子-光子散射
photon-photon scattering
O571.424
 S 光子散射
 C 光子-光子相互作用
 Z 粒子散射

光子-光子相互作用
photon-photon interaction
O572.24
 D 光子光子互作用
 S 光子相互作用
 F 多光子相互作用
 C 光子-光子散射
 Z 粒子相互作用

光子-核子散射
 Y 光子-原子核散射

光子-核子相互作用
photon-nucleon interactions
O572.24
 S 光子相互作用
 F 光子-氘核相互作用
 C 光核反应
 Z 粒子相互作用

光子轰击
photon bombardment
O572
 S 轰击*

光子回波
photon echo
O437
 D 光子回波效应
 S 回波*
 C 谱

光子回波效应
 Y 光子回波

光子计数*
photon counting
O431.2
 D 光电计数
 F 单光子计数
 C 光子相关光谱

光子禁带
photonic forbidden band
O481.1
 S 禁带

C 光子带隙
　　　　光子带隙结构
　　Z 能带

光子晶格
photonic lattices
O431.2；O734
　　D 光学格子
　　S 光学晶格
　　Z 晶格

光子晶体
photonic crystal
O734
　　S 功能晶体
　　F 掺杂光子晶体
　　　　磁性光子晶体
　　　　等离子体光子晶体
　　　　二维光子晶体
　　　　非线性光子晶体
　　　　复合光子晶体
　　　　函数光子晶体
　　　　胶体光子晶体
　　　　金属光子晶体
　　　　可调光子晶体
　　　　平板光子晶体
　　　　三维光子晶体
　　　　一维光子晶体
　　C 传输特性
　　　　光子带隙
　　　　平面波展开法
　　　　全反射隧穿
　　　　隧穿模
　　　　虚部 →(1)
　　　　自准直 →(4)
　　Z 晶体

光子晶体结构
photonic crystal structure
O734
　　S 晶体结构*
　　F 反蛋白石结构
　　　　光子带隙结构

光子晶体量子阱
photonic crystal quantum well
O73
　　D 光量子阱
　　S 量子阱
　　Z 势阱

光子晶体缺陷模
　　Y 缺陷模

光子晶体微腔
photonic crystal microcavity
O572.31；O799
　　S 光学腔
　　Z 光学元件

光子静质量
photon rest mass
O572.31
　　S 光子质量
　　Z 粒子参数

光子局域
　　Y 光子局域化

光子局域化
photonic localization
O73
　　D 光子局域
　　C 无序介质

光子聚束
　　Y 光子聚束效应

光子聚束效应
photon bunching effects
O431.2
　　D 光子聚束
　　S 聚束效应
　　F 光子反聚束效应
　　Z 光学效应

光子能
　　Y 光子能量

光子能带
photonic energy gap
O734
　　S 能带*
　　C 光子能量

光子能带结构
photonic band structure
O481.1；O572.31
　　S 能带结构*

光子能量
photon energy
O572.31
　　D 光子能
　　S 粒子能量
　　C 光子
　　　　光子产生
　　　　光子能带
　　　　光子质量
　　Z 能量

光子能隙
　　Y 光子带隙

光子碰撞
photon collisions
O572.31
　　S 粒子碰撞
　　C 光子
　　Z 碰撞

光子气体
photon gas
O572.31
　　S 气体*

光子迁移
　　Y 光子输运

光子强子互作用
　　Y 光子-强子相互作用

光子-强子相互作用
photon-hadron interactions
O572.24
　　D 光子强子互作用
　　S 光子相互作用
　　Z 粒子相互作用

光子-轻子相互作用

photon-lepton interactions
O572.24
　　S 光子相互作用
　　F 光子-电子相互作用
　　Z 粒子相互作用

光子散射
photon scattering
O571.424
　　S 粒子散射*
　　F 光子-氘核散射
　　　　光子-光子散射
　　　　光子-原子核散射
　　C 光子

光子输运
photon transport
O572.2
　　D X 射线输运
　　　　γ 射线输运
　　　　光子迁移
　　　　光子输运理论
　　S 中性粒子输运
　　Z 运动(物理)

光子输运理论
　　Y 光子输运

光子束
photon beams
O572.31
　　S 粒子束*

光子数*
photon number
O572.31
　　F γ 光子数
　　　　回波光子数
　　　　平均光子数
　　C 光子
　　　　光子数分布
　　　　光子数态
　　　　光子学

光子数分布
photon distribution
O572.31
　　D 光子分布
　　　　光子分布函数
　　　　光子概率分布
　　　　光子数分布函数
　　　　光子数概率分布
　　　　光子数统计分布
　　　　光子统计分布
　　　　平均光子分布
　　　　平均光子数分布
　　S 粒子分布
　　C 光子数
　　Z 分布(物理学)

光子数分布函数
　　Y 光子数分布

光子数概率分布
　　Y 光子数分布

光子数态
number state
O431.2

D 数态
　　S 本征态
　　F 光子数压缩态
　　C 光子数
　　Z 能态

光子数统计分布
　　Y 光子数分布

光子数压缩态
photon number squeezed state
O431.2
　　S 光子数态
　　　 压缩态
　　Z 能态

光子探测
photon detection
TN29
　　S 光电探测
　　Z 探测

光子通量
photon flux
O572.31
　　S 光通量
　　Z 辐射参数
　　　 通量

光子统计
photon statistics
O572.31
　　S 统计*

光子统计分布
　　Y 光子数分布

光子统计性质
photon statistics properties
O572.31
　　S 粒子性质*

光子统计学
photon statistics
O439；O572.31
　　S 光子学
　　　 统计学*
　　Z 光学

光子吸收
photon absorption
O436.2
　　S 光吸收*
　　F 单光子吸收
　　　 多光子吸收
　　　 激子吸收
　　　 杂质吸收

光子相关光谱
photon correlation spectroscopy
O433.5；O572.31
　　D 光子关联光谱学
　　　 光子相关光谱学
　　　 光子相关谱
　　S 光谱*
　　F 多光子光谱
　　C 光电子光谱
　　　 光学相关法
　　　 光子计数
　　　 相关方法 →(1)

光子相关光谱学
　　Y 光子相关光谱

光子相关谱
　　Y 光子相关光谱

光子相互作用
photon interaction
O572.24
　　S 粒子相互作用*
　　F 光子-分子相互作用
　　　 光子-光子相互作用
　　　 光子-核子相互作用
　　　 光子-强子相互作用
　　　 光子-轻子相互作用
　　　 光子-原子相互作用
　　　 光子-质子相互作用
　　　 光子-中子相互作用
　　　 光子-重子相互作用
　　C 光子

光子学
photonics
O439；O572.31
　　S 光学*
　　F 分子光子学
　　　 光子统计学
　　　 纳米光子学
　　　 生物光子学
　　　 微波光子学
　　C 光子
　　　 光子产生
　　　 光子数

光子-原子核反应
　　Y 光核反应

光子-原子核散射
photon-nucleus scattering
O571.424
　　D 光核散射
　　　 光子-核子散射
　　S 光子散射
　　C 光核反应
　　Z 粒子散射

光子-原子碰撞
　　Y 光子-原子相互作用

光子-原子相互作用
photon-atom interactions
O572.24
　　D 光子-原子碰撞
　　S 光子相互作用
　　Z 粒子相互作用

光子跃迁
photon transitions
O431.2
　　S 跃迁*
　　F 多光子跃迁

光子噪声
photon noise
O431.2
　　D 光量子噪声

光子质量
photon mass
O572.31
　　S 粒子质量
　　F 光子静质量
　　C 光子
　　　 光子能量
　　Z 粒子参数

光子-质子相互作用
photon-proton interactions
O572.24
　　S 光子相互作用
　　Z 粒子相互作用

光子-中子相互作用
photon-neutron interactions
O572.24
　　S 光子相互作用
　　Z 粒子相互作用

光子-重子相互作用
photon baryon interaction
O572.24
　　S 光子相互作用
　　F 光子-超子相互作用
　　Z 粒子相互作用

光自聚焦
　　Y 自聚焦

光自旋霍尔效应
　　Y 自旋霍尔效应

广角望远镜
　　Y 光学望远镜

广延大气簇射
extensive air showers
O572.131；P172；P401
　　D EAS
　　　 广延空气簇射
　　　 广延相干簇射
　　　 水平大气簇射
　　　 水平空气簇射
　　S 大气簇射
　　C 横向分布 →(1)
　　Z 簇射

广延空气簇射
　　Y 广延大气簇射

广延量
extensive quantity
O55
　　S 数量*

广延相干簇射
　　Y 广延大气簇射

广义 Birkhoff 系统
generalized Birkhoff systems
O39
　　S Birkhoff 系统
　　Z 力学系统

广义 Hamilton 系统
generalized Hamilton system
O19；O313
　　D 广义哈密顿系统
　　S 数学系统*

广义 hill 屈服准则
generalized hill failure criteria

O344.3
　S　Hill 屈服准则
　Z　力学准则

广义 Melnikov 方法
extended Melnikov method
O302
　S　力学方法*

广义 Wiener 过程
　Y　布朗运动

广义变分
　Y　广义变分原理

广义变分原理
generalized variational principle
O316；O34
　D　广义变分
　S　力学变分原理
　Z　力学原理

广义不确定关系
generalized uncertainty principle
O412.1；P142
　D　广义测不准关系
　S　不确定理论
　Z　物理理论

广义测不准关系
　Y　广义不确定关系

广义动量
generalized momentum
O313.2
　S　动量
　Z　力学量

广义对称正则长波方程
generalized symmetric regularized long wave equation
O175.29；O441.4
　S　对称正则长波方程
　C　分形维数
　　　指数吸引子　→(1)
　Z　方程(数学)

广义二阶流体
generalized second grade fluid
O351
　S　二阶流体
　Z　流体

广义分形维数
generalized dimension function
O175.29；O415.5
　S　分形维数
　C　配分函数　→(1)(3)
　Z　维数

广义哈密顿系统
　Y　广义 Hamilton 系统

广义含时谐振子
generalized time dependent harmonic oscillator
O413
　S　含时谐振子
　Z　谐振子

广义胡克定律
generalized Hooke law
O343
　S　胡克定律
　Z　力学定律

广义互补问题
　Y　互补

广义混沌同步
generalized chaotic synchronization
O415.5
　S　广义同步
　　　混沌同步
　Z　同步

广义极小残值法
generalized minimal residual
O39
　S　数学方法*
　C　虚边界元法

广义加速度
generalized acceleration
O311
　S　加速度*

广义价键计算
　Y　价键计算

广义价力场计算
　Y　分子轨道计算

广义剪应变
generalized shear strain
O344.3
　S　剪应变
　C　有效偏应力比
　　　中主应力系数
　　　主应力方向
　Z　应变

广义经典力学
generalized classical mechanics
O31
　S　广义力学
　Z　力学

广义凯尔文模型
generalized Kelvin model
O37
　D　广义凯尔文体
　S　弹塑性模型
　Z　力学模型

广义凯尔文体
　Y　广义凯尔文模型

广义朗之万方程
　Y　朗之万方程

广义雷诺数
generalized Reynolds number
O303；P12
　S　雷诺数
　Z　数
　　　无量纲数

广义力
generalized force
O31
　S　力*
　C　拟变分原理

广义力学
generalized mechanics
O3
　S　力学*
　F　广义经典力学

广义力学系统
generalized mechanical system
O316
　S　力学系统*

广义洛伦兹磁力
generalized Lorenz magnetic force
O441.2
　S　洛仑兹力
　Z　磁场效应

广义麦可斯韦尔模型
　Y　广义麦克斯韦尔体

广义麦克斯韦尔模型
　Y　广义麦克斯韦尔体

广义麦克斯韦尔体
Generalized Maxwell body
O37
　D　广义麦可斯韦尔模型
　　　广义麦克斯韦尔模型
　S　Maxwell 模型
　Z　力学模型

广义能
　Y　广义能量

广义能量
generalized energy
O41
　D　广义能
　S　能量*

广义能量积分
generalized energy integral
O316
　S　积分*
　C　拉格朗日方程

广义牛顿流体
　Y　牛顿流体

广义欧姆定律
generalized Ohm's law
O361
　S　欧姆定律
　Z　电路理论

广义强度准则
generalized strength criterion
O346
　S　力学准则*

广义热弹性
generalized thermoelasticity
O343
　S　热弹性
　Z　力学性质

广义热弹性理论
generalized thermoelastic theory
O343.6
　D　L-S 广义热弹性理论
　S　热弹性理论

Z 力学理论

广义势
generalized potential
O31
　S 势*

广义塑性
　Y 广义塑性力学

广义塑性力学
generalized plastic mechanics
O344
　D 广义塑性
　S 塑性力学
　C 屈服面
　　塑性势
　　循环塑性模型
　Z 固体力学

广义同步
generalized synchronization
ZT5
　S 同步*
　F 广义混沌同步
　　广义投影同步

广义投影同步
generalized projective synchronization
O415.5
　S 广义同步
　Z 同步

广义微分求积法
　Y 微分求积法

广义维数
　Y 维数

广义位移
generalized displacement
O311
　S 位移*

广义相对论
general relativity
O412.1
　D Einstein 引力理论
　　爱因斯坦引力理论
　S 相对论
　F 等效原理
　C 爱因斯坦方程
　　广义相对性原理
　　量子力学
　　天体物理学 →(4)
　　万有引力定律
　　协变性
　　引力场
　　引力理论
　　宇宙物理学 →(4)
　Z 物理理论

广义相对性原理
general relativity principle
O31
　S 力学相对性原理
　C 广义相对论
　Z 力学原理

广义相干态

generalized coherent state
O413.1
　S 相干态
　Z 能态

广义应变
generalized strain
O344.3
　S 应变*

广义应力
generalized stress
O343.4
　S 应力*

广义应力强度因子
generalized stress intensity factor
O343.4；O346.1
　S 应力强度因子
　C 杂交元法
　Z 力学因子

广义有限单元
generalized finite elements
O3
　S 单元*

广义有限元
　Y 有限元

广义酉矩阵
　Y 酉矩阵

广义载荷
generalized load
O347.1
　S 荷载*

广义质量
generalized mass
O313.6
　S 质量*

广义主方程
　Y 主方程

广义自由度
generalized degree of freedom
O31
　S 自由度*

广义最小二乘
　Y 最小二乘法

广义最小二乘法
　Y 最小二乘法

归化重力
　Y 微重力

归一化*
normalization
O143
　D 归一化法
　　规一化
　　量纲归一化
　F 倒谱均值归一化
　　坐标归一化
　C 标量
　　归一化标准差 →(1)
　　归一化函数 →(1)

量纲分析

归一化法
　Y 归一化

归一化条件
normalization condition
O41
　D 归一条件
　S 条件*
　C 速率分布函数 →(1)
　　最可几速率

归一化因子
normalization factor
O41
　D 归一因子
　S 因子*

归一条件
　Y 归一化条件

归一因子
　Y 归一化因子

龟裂
　Y 裂纹

龟裂断裂
polygonal fracture
O346.1
　S 断裂*

规定熵
conventional entropy
O6-04；O74
　S 熵*

规范
　Y 标准规范

规范变换
gauge transformation
O413.1
　S 量子变换
　C 规范不变性
　　规范场
　Z 物理变换

规范玻色子
gauge boson
O572.31
　D 规范粒子
　S 玻色子
　F 光子
　Z 粒子

规范不变
　Y 规范不变性

规范不变性
gauge invariance
O413.1
　D 规范不变
　　规范不变性定理
　　规范不变性定律
　　规范不变性原理
　　规范不变性质
　S 不变性*
　C 规范变换
　　规范场论

主　表　323

　　　拉格朗日不变量
　　　拉格朗日运动方程

规范不变性定理
　Y 规范不变性

规范不变性定律
　Y 规范不变性

规范不变性原理
　Y 规范不变性

规范不变性质
　Y 规范不变性

规范场
gauge field
O413.4
　S 物理场*
　F 非阿贝尔规范场
　　 杨-米尔斯场
　C 规范变换
　　 规范场论

规范场论
gauge field theory
O413.4
　D 规范理论
　S 量子场论
　F Chern-Simons 理论
　　 格点规范理论
　　 统一场论
　　 杨-米尔斯理论
　C 磁单极子
　　 规范不变性
　　 规范场
　　 重整化
　Z 物理理论

规范理论
　Y 规范场论

规范粒子
　Y 规范玻色子

规范势
gauge potential
O57
　S 位势*

规划方法
　Y 设计

规律*
law
ZT0
　D 特征规律
　F 流动规律
　　 相律
　C 命题　→(1)
　　 准则

规律波
　Y 规则波

规律性条干不匀
　Y 规则波

规一化
　Y 归一化

规则波
regular wave
O353；P733
　D 二维规则波
　　 规律波
　　 规律性条干不匀
　　 规则波浪
　　 坦谷波
　S 波*
　C 不规则波
　　 浪涌　→(4)
　　 斜向波

规则波浪
　Y 规则波

规则反射
regular reflection
O435.1
　S 光学反射
　Z 反射

规则进动
regular precession
O311；P137
　D 规则旋进
　S 进动*

规则连生
regular grouping
O78
　S 结晶现象*
　F 浮生
　　 交生
　　 面衍生
　　 平行连生
　　 体衍生
　　 拓扑衍生
　　 线衍生

规则旋进
　Y 规则进动

硅表面
silicon surfaces
O47；O485
　S 半导体表面
　F 单晶硅表面
　Z 表面

硅薄膜
silicon film
O484；O613.72
　D Si 薄膜
　　 硅膜
　S 半导体薄膜*
　F 单晶硅薄膜
　　 多晶硅薄膜
　　 非晶硅薄膜
　　 纳米晶硅薄膜
　　 微晶硅薄膜

硅单晶
　Y 单晶硅

硅单晶材料
　Y 单晶硅

硅单晶体
　Y 单晶硅

硅多晶
　Y 多晶硅

硅发光
silicon luminescence
O48
　D Si 基发光
　　 硅基发光
　S 发光*

硅基发光
　Y 硅发光

硅胶吸附
silica-gel adsorption
O357.4；O647.3
　S 吸附*

硅晶体
silicon crystals
O738
　D 晶体硅
　S 半导体晶体
　F 单晶硅
　　 多晶硅
　Z 晶体

硅离子
silicon ions
O47；O646
　D Si^{4+}
　S 阳离子
　Z 离子

硅量子点
silicon quantum dots
O413
　S 量子点
　Z 势阱

硅膜
　Y 硅薄膜

硅纳米结构
　Y 纳米硅镶嵌结构

硅纳米晶
　Y 纳米晶硅

硅纳米晶粒
　Y 纳米硅晶粒

硅酸铋晶体
bismuth silicate crystal
O74
　D BSO 晶体
　S 硅酸盐晶体
　Z 晶体

硅酸镓镧晶体
LGS crystal
O74
　D $La_3Ga_5SiO_{14}$ 晶体
　　 LGS 晶体
　S 硅酸盐晶体
　Z 晶体

硅酸镥晶体
LSO crystal
O74
　D LSO 晶体

硅酸镥闪烁晶体
　　S 硅酸盐晶体
　　F 硅酸钇镥晶体
　　Z 晶体

硅酸镥闪烁晶体
　　Y 硅酸镥晶体

硅酸钠溶液
　　Y 溶液

硅酸盐结构
silicate structure
O76
　　S 矿物晶体结构
　　Z 晶体结构

硅酸盐晶体
silicate crystal
O74
　　S 无机晶体
　　F 硅酸铋晶体
　　　 硅酸镓镧晶体
　　　 硅酸镥晶体
　　Z 晶体

硅酸盐矿物*
silicate mineral
P578.94
　　F 天然水晶
　　　 烟晶
　　　 紫晶
　　C 硅酸钇　→(3)
　　　 硅酸铀　→(3)
　　　 韭闪石　→(5)
　　　 土壤矿物　→(5)
　　　 造岩矿物　→(5)

硅酸钇镥晶体
LYSO crystal
O74
　　D LYSO 晶体
　　S 硅酸镥晶体
　　Z 晶体

硅外延
silicon epitaxy
O782
　　D 硅外延生长
　　S 外延*

硅外延生长
　　Y 硅外延

硅烷法
silane thermal decomposition processes
O782
　　D 硅烷热解法
　　S 晶体生长方法*

硅烷热解法
　　Y 硅烷法

硅油基磁流体
silicon-oil-based magnetic fluid
TM271
　　S 磁流体
　　Z 流体

轨道*
orbit
O189；P135
　　F 混沌轨道
　　C 弹道
　　　 轨迹
　　　 航天器轨道　→(4)

轨道磁矩
orbital magnetic moment
O571.2
　　S 原子磁矩
　　Z 磁矩

轨道电子俘获
　　Y 电子俘获

轨道方程
orbit equation
O31；P135
　　D 轨道力学
　　S 力学方程*
　　C 地球轨道　→(4)
　　　 积分常数　→(1)

轨道角动量
orbital angular momentum
O41；O562；O641.13
　　S 角动量
　　C 罗素-桑德斯耦合
　　Z 力学量

轨道理论
orbital theory
O561；O641.122
　　S 化学理论*
　　F 闭合轨道理论
　　　 分子轨道理论
　　　 杂化轨道理论
　　C 轨道能

轨道力学
　　Y 轨道方程

轨道量子数
orbital quantum number
O413.1
　　S 量子数*
　　F 磁量子数
　　　 角量子数
　　　 主量子数
　　　 自旋量子数

轨道能
orbital energies
O562
　　D 轨道能量
　　　 原子轨道能
　　S 原子能量
　　C 轨道积分　→(1)
　　　 轨道计算　→(4)
　　　 轨道理论
　　　 原子轨道
　　Z 能量

轨道能量
　　Y 轨道能

轨道衰减
orbital decay
V212
　　S 衰减*

轨道相互作用
orbit interaction
O562.1
　　S 力学作用*

轨道优化
　　Y 弹道最优化

轨道杂化
　　Y 杂化轨道理论

轨道转移
orbital transfer
O315
　　S 转移*
　　C 小推力
　　　 转移轨道　→(4)

轨道最优化
　　Y 弹道最优化

轨迹*
trace
ZT2
　　D 对角和
　　　 轨线
　　　 迹
　　　 迹线
　　　 径迹
　　　 迫迹
　　F 动点轨迹
　　　 光线轨迹
　　　 颗粒轨迹
　　　 雷吉轨迹
　　　 粒子轨迹
　　　 坡密朗丘克极点和轨迹
　　　 射流轨迹
　　　 瞬心迹
　　　 相轨迹
　　　 运动轨迹
　　C 弹道学
　　　 轨道
　　　 特征值　→(1)
　　　 运动

轨迹测量
trace measurement
O315
　　S 测量*
　　C 弹道测量

轨迹曲线
track curve
TH11
　　S 曲线*
　　F 弹道曲线

轨迹优化
　　Y 弹道最优化

轨迹最优化
　　Y 弹道最优化

轨态
　　Y 原子轨道

轨线
　　Y 轨迹

主　表　325

鬼成像
ghost imaging
O43
　S 成像*

鬼线
ghost line
O433.3
　D 伪线
　S 谱线*

鬼象
　Y 鬼像

鬼像
ghost image
O435.2；P111.3
　D 鬼象
　　寄生象
　　伪象
　S 图像*
　C 光栅摄谱仪 →(4)

滚动
rolling
O311
　D 侧滚
　S 运动*
　F 纯滚动
　　翻滚
　　横滚
　　无滑滚动
　C 俯仰
　　旋转

滚动共振
　Y 滚转共振

滚动接触
rolling contact
O343.3
　S 动接触
　C 轮轨摩擦
　　蠕滑力
　Z 接触

滚动接触疲劳
rolling contact fatigue
O346.2
　S 接触疲劳
　C Hertz 接触
　Z 疲劳

滚动接触载荷
　Y 接触载荷

滚动力矩
　Y 滚转力矩

滚动摩擦
rolling friction
O313.5
　D 滚滑摩擦
　S 动摩擦
　C 耐磨性
　Z 摩擦

滚动摩擦力
rolling friction force
O313.5
　S 动摩擦力
　Z 力

滚动摩擦系数
coefficient of rolling friction
O313.5
　S 摩擦系数
　F 滚动摩阻系数
　Z 系数

滚动摩阻系数
coefficient of rolling friction
TH13
　S 滚动摩擦系数
　　摩阻系数
　Z 系数

滚翻运动
　Y 翻滚

滚滑摩擦
　Y 滚动摩擦

滚流运动
　Y 翻滚

滚轴涡旋
　Y 涡旋

滚转共振
rolling resonance
V421
　D 滚动共振
　S 共振*

滚转力矩
rolling moment
O313.3
　D 滚动力矩
　　横滚力矩
　S 气动力矩
　C 高超声速
　　横滚
　Z 力矩

滚转特性
rolling characteristics
V211
　S 气动特性
　Z 动态特性

国标重力加速度
　Y 重力加速度

国际标准重力加速度
　Y 重力加速度

国际单位系统
　Y 国际单位制

国际单位制
international system of units
TB91
　D 国际单位系统
　S 单位制*

国际实用温标
　Y 温标

过饱和度
degree of supersaturation
O78；P426
　S 饱和度*
　C 过饱和 →(3)
　　晶体生长速率

过饱和蒸气压
　Y 饱和蒸气压

过爆轰
overdriven detonation
O381
　S 爆轰*

过采样
oversampling
TN7；TN911
　D 过采样技术
　　过抽样
　　过取样
　S 采样*

过采样技术
　Y 过采样

过程*
process
ZT
　F 倒逆过程
　　等压过程

过程量
process amount
O4-0
　S 物理量*

过抽样
　Y 过采样

过电位
overpotential
O441.1
　D 超电势
　　超电位
　S 电极电位
　F 氢过电位
　C 退极化
　Z 电位

过电压
overvoltage
TM933.2
　D 超电压
　S 电压*
　F 瞬间过电压

过渡层
transition layer
O357.4；P404
　D Ekman 层
　　埃克曼边界层
　　埃克曼层
　　埃克曼尺度高度
　　埃克曼数
　　底埃克曼层
　　底摩擦层
　　摩擦上层
　　转移层
　S 大气边界层
　C Ekman 抽吸 →(4)
　　埃克曼流 →(4)

层流
底摩擦 →(4)
风速廓线 →(4)
湍流
Z 大气层
  流体层

过渡单元
transition element
O342
  S 单元*

过渡核
transition nucleus
O571.21
  S 原子核*

过渡金属团簇
transition-metal cluster
O56
  S 金属团簇
  Z 团簇

过渡流
transition flow
O354；P433
  D 转捩流
  S 气流*
  C 混合层
    克奴曾层
    自由分子流

过渡气流
  Y 气流

过负荷
  Y 过载

过负载
  Y 过载

过荷
  Y 过载

过冷
supercooling
O51
  D 过冷现象
    过冷状态
  S 冷却*
  F 组分过冷
  C 过冷水 →(4)

过冷沸腾
subcooled boiling
O552.4
  S 沸腾*

过冷熔体
undercooled melt
O552.6
  S 熔体*

过冷现象
  Y 过冷

过冷状态
  Y 过冷

过流
  Y 溢流

过流截面
flow channel section
O351
  S 截面*

过滤方程
equation of filtration
O351
  S 流动方程
  Z 力学方程

过滤压差
filtering pressure difference
O31
  S 压差*

过滤中和
  Y 中和

过滤阻力
filtration resistance
O31
  S 阻力*

过屈曲
post buckling
O344.7
  S 屈曲*

过取样
  Y 过采样

过热
overheat
O551
  D 过热现象
  S 状态*
  C 蒸汽

过热点
  Y 过热温度

过热电子
  Y 超热电子

过热流体
  Y 热流体

过热水蒸汽
superheated steam
TK2
  S 蒸汽
  Z 气体

过热温度
hotspot
O551
  D 过热点
  S 温度*

过热现象
  Y 过热

过弯反回弹
  Y 弯曲回弹

过应力
over-stress
O343.4
  S 荷载应力
  Z 应力

过载
overload
O34
  D 超负荷
    超负载
    超荷载
    超载
    超载荷
    过负荷
    过负载
    过荷
    过载荷
    纵向过载
  S 荷载*

过载荷
  Y 过载

过载特性
overload characteristics
O347.1
  S 特性*

过载效应
overloading effect
O347.1
  S 力学效应*

过阻尼
overdamping
O328
  S 阻尼*

哈巴德模型
Hubbard model
O413.1
  D Hubbard 模型
  S 物理模型*

哈伯德模型
Hubbard model
O48
  S 能带理论模型
  Z 物理模型

哈达马变换
  Y 哈达玛变换

哈达玛变换
Hadamard transformation
O151；O43；P237
  D Hadamard 变换
    阿达马变换
    阿达玛变换
    哈达马变换
    哈达码变换
    哈德码变换
    快速阿达玛变换
  S 图像处理*
    线性变换
  C 正交矩阵 →(1)
  Z 数学变换

哈达码变换
  Y 哈达玛变换

哈得曼检验法
  Y 哈德曼检验法

哈德码变换

主　表　327

　　Y 哈达玛变换

哈德曼检验法
Hartmann test
O435；O439
　　D 哈得曼检验法
　　　哈特曼检验
　　　哈脱曼检验
　　S 光学检验
　　Z 检验

哈佛恒星测光表
　　Y 测光表

哈佛恒星测光表修订版
　　Y 测光表

哈根-泊肃叶流
　　Y 层流

哈根流
　　Y 管流

哈雷
Edmund Halley
O4-09；P1-09
　　S 天文学家*

哈密顿
　　Y 哈密顿量

哈密顿方程
　　Y 法方程

哈密顿函数
Hamiltonian function
O174；O316
　　D Hamilton 函数
　　　汉密尔顿函数
　　S 函数*
　　C Hamilton 系统 →(1)
　　　笛卡尔坐标系 →(1)(4)
　　　哈密顿量
　　　运动方程

哈密顿力学
　　Y Hamilton 力学

哈密顿量
Hamiltonian
O413.1
　　D 哈密顿
　　　哈密顿算符
　　S 能量算符
　　F 改进哈密顿量
　　　有效哈密顿量
　　　自旋哈密顿参量
　　C 泛函积分 →(1)
　　　哈密顿函数
　　Z 算符

哈密顿算符
　　Y 哈密顿量

哈密顿-雅可比方程
　　Y Hamilton-Jacobi 方程

哈密顿原理
　　Y Hamilton 原理

哈密顿正则方程

　　Y Hamilton 正则方程

哈密尔顿力学
　　Y Hamilton 力学

哈斯克位错模型
　　Y 位错模型

哈特曼检验
　　Y 哈德曼检验法

哈特曼流动
　　Y 磁流体力学流动

哈特曼数
Hartmann number
O303；P12
　　S 无量纲数*
　　C 磁流体动力学
　　　流体流
　　　粘度

哈脱曼检验
　　Y 哈德曼检验法

骸晶
skeleton crystal
O78
　　S 矿物晶体
　　Z 晶体

海底边界层
submarine boundary layer
O357.4；P731
　　S 边界层
　　Z 流体层

海夸克
sea quark
O572.3
　　S 夸克
　　Z 粒子

海兰测距系统
　　Y 雷达测距仪

海流*
ocean current
[P933.9]；P731.21
　　D 大洋流
　　　海洋流
　　　洋流
　　F 异重流
　　C 辐合带 →(4)
　　　海浪 →(4)
　　　海洋水文预报 →(4)
　　　流向
　　　热盐环流 →(4)
　　　水流

海流力
　　Y 波浪力

海流能
　　Y 潮流能

海绵阴极
sponge cathode
O462
　　D 模孔阴极
　　S 氧化物阴极

　　Z 电极

海面导航定位
　　Y 导航定位

海气边界层
　　Y 海洋大气边界层

海森堡表达式
　　Y 海森堡绘景

海森堡绘景
Heisenberg picture
O413.1
　　D 海森堡表达式
　　C 量子噪声

海森堡链
　　Y 海森堡自旋链

海森堡模型
Heisenberg model
O482.51
　　D Heisenberg 模型
　　　海森伯模型
　　S 物理模型*
　　C Heisenberg 代数 →(1)

海森堡自旋链
Heisenberg spin chain
O413.2
　　D 海森堡链
　　S 自旋链
　　Z 量子系统

海森伯模型
　　Y 海森堡模型

海森伯原理
　　Y 不确定理论

海水状态方程
　　Y 状态方程

海特勒-伦敦理论
Heitler-London theory
O571
　　S 基本粒子理论
　　Z 物理理论

海洋大气边界层
marine atmospheric boundary layer
O357.4；P404；P421.3
　　D 海气边界层
　　S 大气边界层
　　Z 大气层
　　　流体层

海洋电磁噪声
　　Y 海洋环境噪声

海洋惯性重力波
　　Y 惯性重力波

海洋环境噪声
ambient sea noise
O422.8；P733.2
　　D 海洋电磁噪声
　　　海洋生物噪声
　　　海洋噪声
　　　红噪声

　　　　水中生物噪声
　　　S 环境噪声
　　　C 海水声吸收 →(4)
　　　　水声学
　　　　水下噪声
　　　Z 噪声

海洋流
　　　Y 海流

海洋内波
ocean internal wave
O353.2；P731.22
　　　S 水波*
　　　C 海水密度 →(4)
　　　　密度跃层 →(4)(5)

海洋生物噪声
　　　Y 海洋环境噪声

海洋声场
ocean acoustic field
O422.2；P733.2
　　　D 水声场
　　　S 声场*
　　　F 浅海声场

海洋声道
sound channel in the ocean
O421；P733.2
　　　D 大洋声道
　　　S 水层*
　　　F 表面声道
　　　　浅海声道
　　　　深海声道
　　　C 海洋层结 →(4)
　　　　海洋传播 →(4)

海洋效应*
sea effects
P73
　　　F 浮力效应

海洋仪器*
oceanographic instruments
P716
　　　F 热线风速仪
　　　　转子式流速仪
　　　C 海洋技术 →(4)
　　　　海洋设备 →(4)(5)
　　　　海洋水文观测 →(4)(5)
　　　　水文仪器

海洋噪声
　　　Y 海洋环境噪声

亥姆霍兹不稳定
　　　Y Kelvin-Helmholtz 不稳定性

亥姆霍兹不稳定性
　　　Y Kelvin-Helmholtz 不稳定性

亥姆霍兹-戴维南定理
　　　Y 戴维南定理

亥姆霍兹定理
Helmholtz theorem
O351.3
　　　S 力学定理*
　　　C 涡管

　　　　涡线
　　　　涡旋
　　　　向量

亥姆霍兹自由能
Helmholtz free energy
O414.1
　　　S 自由能
　　　Z 能量

氦3反应
　　　Y 氦3-原子核反应

氦3核反应
　　　Y 氦3-原子核反应

氦3散射
helium-3 scattering
O571.4
　　　D 氦3-原子核散射
　　　S 粒子散射*
　　　C 氦-3 →(3)(5)
　　　　氦3-原子核反应

氦-3相互作用
　　　Y 氦3-原子核反应

氦3-原子核反应
helium 3-nucleus reactions
O571.42
　　　D 氦3反应
　　　　氦3核反应
　　　　氦-3相互作用
　　　S 核反应*
　　　C 氦3散射

氦3-原子核散射
　　　Y 氦3散射

氦等离子体
helium plasma
O531
　　　D 氦气等离子体
　　　S 气体等离子体*
　　　Z 等离子体

氦核
helium nuclei
O572.354
　　　S 轻核
　　　Z 原子核

氦气等离子体
　　　Y 氦等离子体

含氟液晶
fluorinated liquid crystal
O753.2
　　　S 液晶*

含氢非晶碳薄膜
　　　Y 含氢非晶碳膜

含氢非晶碳膜
hydrogenated amorphous carbon films
O484；O751
　　　D a-C:H 薄膜
　　　　a-C:H 膜
　　　　含氢非晶碳薄膜
　　　　氢化非晶碳薄膜
　　　　氢化非晶碳膜

　　　S 非晶碳薄膜
　　　Z 非晶薄膜

含砂流体
　　　Y 浆体

含时波包
time dependent wave packet method
O41
　　　D 含时波包法
　　　　含时波包方法
　　　S 波包
　　　C 含时薛定谔方程
　　　Z 波

含时波包法
　　　Y 含时波包

含时波包方法
　　　Y 含时波包

含时微扰
time-dependent perturbation
O41
　　　S 摄动*

含时谐振子
time-dependent harmonic oscillator
O32；O413
　　　S 谐振子*
　　　F 广义含时谐振子

含时薛定谔方程
time-dependent Schrodinger equation
O413.1
　　　S 薛定谔方程
　　　C 含时波包
　　　Z 物理方程

含水层参数
　　　Y 水文地质参数

含水晶体
hydrated crystal
O74
　　　S 晶体*

含杂质流体
fluid with impurity
O359
　　　S 多组分流体
　　　Z 流体

含噪图像
　　　Y 噪声图像

函道比
　　　Y 流量比

函数*
function
O174
　　　D 函数类
　　　　数学函数
　　　F δ 函数
　　　　本征函数
　　　　插值函数
　　　　抽样函数
　　　　二阶相关函数
　　　　高斯函数
　　　　功函数

哈密顿函数
　　　耗散函数
　　　结构函数
　　　空间相关函数
　　　拉格朗日函数
　　　流函数
　　　强度函数
　　　蠕变函数
　　　熵函数
　　　试探函数
　　　似然函数
　　　损伤函数
　　　响应函数
　　　原子轨道
　　　真空波函数
　　C 奇异性 →(1)
　　　增长性 →(1)

函数(力学)*
function (mechanics)
O302
　　F 壁面函数
　　　加载函数
　　　力函数
　　　流体体积函数
　　　模态函数
　　　翘曲函数
　　　屈服函数
　　　松弛函数
　　　速度结构函数
　　　位错分布函数
　　　位错密度函数
　　　位移函数
　　　涡量-流函数
　　　赝势函数
　　　移动最小二乘近似函数
　　　应变能函数
　　　自适应函数
　　　自相似函数

函数(物理)*
function (physics)
O174；O411
　　F Murrell-Sorbie 函数
　　　光学传递函数
　　　绝热指数
　　　空域格林函数
　　　夸克传播子
　　　条形传递函数
　　　透射函数
　　　温度函数
　　　相函数
　　　张量格林函数
　　C 函数(地球物理学) →(5)

函数光子晶体
function photonic crystal
O734
　　S 光子晶体
　　Z 晶体

函数类
　　Y 函数

焓*
enthalpy
O551；O642.1
　　D 热函
　　　热焓
　　F 比焓
　　　自由焓
　　C 热力学
　　　熵

涵道比
　　Y 流量比

寒冷试验
　　Y 低温试验

汉密尔顿函数
　　Y 哈密顿函数

焊接变形
welding deformation
O344.3
　　D 焊接残余变形
　　　绕组变形
　　S 变形*
　　C 固有应变
　　　焊接应力

焊接残余变形
　　Y 焊接变形

焊接残余应力
　　Y 焊接应力

焊接式应变计
weldable strain gage
TH7
　　S 应变计
　　Z 测量仪器

焊接应力
welding stress
O343.4
　　D 残余焊接应力
　　　焊接残余应力
　　S 内应力
　　C 反变形
　　　固有应变
　　　焊接变形
　　　疲劳性能
　　　应力腐蚀
　　　再热裂纹
　　Z 应力

焊接再热裂纹
　　Y 再热裂纹

夯实系数
　　Y 压缩系数

航弹弹道
　　Y 炸弹弹道

航弹弹道学
　　Y 航空弹道学

航空弹道学
aeroballistics
O315
　　D 航弹弹道学
　　　航空炸弹弹道学
　　S 弹道学*

航空器着陆荷载
　　Y 着陆载荷

航空声学
aeroacoustics
O351.2；O368
　　D 流动声学
　　S 应用声学
　　C 噪声
　　Z 声学

航空炸弹弹道学
　　Y 航空弹道学

毫米
millimeter
TB91
　　D mm
　　S 长度单位
　　Z 计量单位

毫米波
millimeter wave
O452
　　S 微波
　　F 亚毫米波
　　C 极高频
　　Z 电磁波

毫微米
　　Y 纳米

毫微米材料
　　Y 纳米材料

毫微秒脉冲
　　Y 纳秒脉冲

毫微微秒脉冲
　　Y 飞秒脉冲

豪赛-费希巴赫理论
　　Y 复合核理论

耗尽层
depletion layer
O475
　　D 空间电荷层
　　　空间电荷区
　　　势垒区
　　　阻挡层
　　S PN 结
　　Z 半导体结

耗散*
dissipation
O415.3
　　D 耗散行为
　　　耗散性
　　F 量子耗散
　　　热耗散
　　　韧性耗散
　　　粘性耗散
　　C 扩散

耗散功率
dissipated power
O471
　　S 功率*

耗散函数
dissipation function
O174；O31；O415.3

S 函数*

耗散颗粒动力学
    Y 耗散颗粒动力学模拟

耗散颗粒动力学模拟
dissipative particle dynamics simulation
O363
    D 耗散颗粒动力学
        耗散粒子动力学
        耗散粒子动力学模拟
    S 流体动力学模拟
    C 介观模拟
        界面态密度
    Z 力学模拟

耗散力
dissipative force
O31
    S 非保守力
    F 爆炸力
        摩擦力
    C 功能原理
    Z 力

耗散粒子动力学
    Y 耗散颗粒动力学模拟

耗散粒子动力学模拟
    Y 耗散颗粒动力学模拟

耗散模型
dissipation model
O342
    S 力学模型*

耗散效应
dissipative effect
O55
    S 热效应*

耗散行为
    Y 耗散

耗散性
    Y 耗散

耗散因子
    Y 损耗因子

合并循环
    Y 热力学循环

合成波
    Y 组合波

合成动力学
synthesis kinetics
O313；O643.12
    S 化学*

合成负载
    Y 复杂载荷

合成全息图
integral hologram
O438.1
    S 全息图*

合成溶质扩散法
solvent synthesizing diffusion method
O78
    D 溶质合成扩散法
    S 溶液生长法
    Z 晶体生长方法

合成图象
    Y 合成图像

合成图像
composite images
TN941
    D 合成图象
    S 图像*

合成运动
resultant motion
O311
    S 运动*
    C 动系

合金超导体
alloy superconductor
TG13；TM26
    D 超导合金
    S 超导体
    Z 导体

合金晶体结构
crystal structure of alloy
O76
    S 金属晶体结构
    F 金属间化合物结构
        维德曼司特顿结构
    Z 晶体结构

合金热力学
    Y 热力学

合金团簇
alloy clusters
O56
    S 金属团簇
    F 金纳米团簇
    Z 团簇

合力
resultant force
O312.1
    S 力*

合力偶
    Y 力偶

合作发光
cooperative luminescence
O734.3
    S 发光*

合作上转换
cooperation on conversion
O7
    S 上转换
    Z 转换

河口水流
    Y 水流

河水流动
    Y 流体运动

河水运动
    Y 流体运动

河外γ射线源
    Y γ射线源

核 Drell-Yan 过程
    Y Drell-Yan 过程

核 μ 子俘获
    Y μ 子俘获

核半径
nuclear radius
O571.2
    D 核大小
    S 原子半径
    C 原子核
    Z 原子参数

核爆冲击波
    Y 核爆炸冲击波

核爆电磁脉冲
    Y 电磁脉冲

核爆炸冲击波
nuclear explosion shock wave
O347.5；O38
    D 核爆冲击波
    S 爆炸冲击波
    Z 冲击波

核爆炸火球
    Y 核爆炸效应

核爆炸效应
nuclear explosion effect
TJ91；TL91
    D 核爆炸火球
        核回落
        核火球
        核武器毁伤效应
        核武器杀伤破坏效应
        核武器效应
        后风
        火球
        火球（核）
    S 爆炸效应*
    F 地下核爆炸效应

核泵浦
nuclear pumping
O432.12；O571
    D 核抽运
    S 泵浦*

核变形
deformed nuclei
O57
    D 核形变
    S 变形*
    F 原子核三轴形变
    C 核共振
        核能级
        原子核

核参数
nuclear parameter
O57
    S 物理参数*
    F 裂变率

核抽运
  Y 核泵浦

核磁共振
nuclear magnetic resonance
O482.53
  D 双核磁共振
  S 磁共振*
    核共振
  F ^{13}C 核磁共振
    ^{1}H 核磁共振
    ^{31}P 核磁共振
    超导核磁共振
    低场核磁共振
    二维核磁共振
    固体核磁共振
    脉冲核磁共振
    质子核磁共振
  C 核磁共振成像 →(3)
    核磁共振光谱
    核磁共振谱仪 →(3)
    核磁共振自旋回波
  Z 共振

核磁共振波谱学
  Y 磁共振波谱学

核磁共振成像（生物医学）
  Y 生物医学核磁共振

核磁共振光谱
nuclear magnetic resonance spectra
O433.5
  D 核磁共振光谱学
    核磁共振谱学
  S 光谱*
  C 磁共振分光计 →(4)
    核磁共振
    生物医学核磁共振

核磁共振光谱法
NMR spectroscopy
O433.4；O657.2
  S 光谱分析*

核磁共振光谱学
  Y 核磁共振光谱

核磁共振谱线宽度
nuclear magnetic resonance line breadth
O482.53
  D NMR 谱线宽度
  S 谱线宽度
  Z 光谱参数

核磁共振谱学
  Y 核磁共振光谱

核磁共振自旋回波
nuclear magnetic resonance spin echo
O482.53
  D NMR 自旋回波
    核自旋回波
  S 自旋回波
  C 核磁共振
  Z 回波

核磁矩
nuclear magnetic moment
O571.2
  S 原子磁矩
  C 朗德 g 因子
  Z 磁矩

核大小
  Y 核半径

核电
nuclear power
TM613
  D 核电能
    原子能发电
  S 核能
  C 核能资源 →(4)
  Z 能量

核电磁脉冲
  Y 电磁脉冲

核电磁跃迁
  Y 核能级跃迁

核电荷
nuclear charge
O571.2
  D 核电荷数
  S 电荷*
  F 有效电荷
    有效核电荷
    元电荷

核电荷数
  Y 核电荷

核电能
  Y 核电

核电子学
nuclear electronics
O571
  S 电子学*
  C 原子核物理学

核动力
  Y 核能

核反应*
nuclear reaction
O571.4
  F μ子-原子核反应
    氚氚反应
    低能核反应
    复合核反应
    高能核反应
    光核反应
    氦 3-原子核反应
    核聚变
    核裂变
    核子反应
    介子-原子核反应
    衰变
    直接反应
    中能核反应
    重离子反应
  C 核反应动力学
    核谱学
    原子核

核反应动力学
nuclear reaction kinetics
O571.4；O643.12
  S 化学*
  C 核反应

核反应截面
nuclear reaction cross-section
O571.21；O571.4
  D 反应截面
    反应总截面
  S 核截面*
  F 活化截面
    有效截面

核反应能谱学
  Y 核谱学

核反应阈能
  Y 阈能

核沸腾
nuclear boiling
O552.4
  S 沸腾*
  F 泡核沸腾

核俘获
nuclear capture
O571
  S 俘获(物理学)*
  F μ子俘获
    氘核俘获
    介子俘获
    质子俘获
    中子俘获

核辐射
nuclear radiation
O57
  D 放射性辐射
  S 粒子辐射
  C 核辐射光谱学
    核谱学
  Z 辐射

核辐射光谱学
nuclear radiation spectroscopy
O433
  D α射线光谱学
    β射线光谱学
    γ射线光谱学
  S 光谱学*
  F 在束γ谱学
  C γ谱仪 →(3)
    γ射线
    放射化学分析 →(3)
    核辐射

核辐射能谱学
  Y 核谱学

核共振
nuclear resonance
O571.4
  S 共振*
  F 核磁共振
    核四极矩共振
  C 核变形

核光电效应
  Y 光核反应

核-核碰撞
nucleus-nucleus collision
O571.4
　S 撞击反应
　Z 核反应

核化
　Y 成核

核化时间
nucleation time
O781
　S 事件时间*

核回落
　Y 核爆炸效应

核火球
　Y 核爆炸效应

核级联簇射
　Y 电磁簇射

核极化
nuclear polarisation
O571.4
　D 核排列
　　 核取向
　S 极化*
　C 磁双共振

核集团模型
　Y 集团模型

核间距
nuclear separation
O571.2
　S 原子参数*

核结构
　Y 原子核结构

核结合能
nuclear binding energy
O571.22
　D 原子核结合能
　S 核能
　　 结合能
　Z 能量

核结团模型
　Y 集团模型

核截面*
nuclear cross section
O571.21
　F 氘核截面
　　 核反应截面
　　 核子-核子碰撞截面
　　 宏观截面
　　 介子截面
　　 裂变截面
　　 中子截面

核径迹
nuclear track
O57
　S 粒子轨迹
　Z 轨迹

核矩阵

nuclear matrix
O57
　S 矩阵*

核聚变
nuclear fusion
O571.44
　D 核聚变反应
　　 核融合
　　 聚变
　　 聚变反应
　　 热核反应
　　 热核聚变
　　 原子核聚变
　　 原子聚变
　S 核反应*
　F 激光核聚变
　　 冷聚变
　　 受控聚变
　C 聚变产物
　　 聚变中子

核聚变等离子体
　Y 聚变等离子体

核聚变反应
　Y 核聚变

核理论
　Y 原子核理论

核力
nuclear forces
O571.25
　S 力*
　F 罗森菲尔德力
　　 三体核力
　C 核子
　　 原子核

核裂变
nuclear fission
O571.43
　D 二分裂变
　　 快裂变
　　 裂变
　　 裂变反应
　　 裂变行为
　　 热裂变
　　 三分裂变
　　 四分裂变
　S 核反应*
　F 对称裂变
　　 链式反应
　　 散裂反应
　　 铀裂变
　　 诱发裂变
　　 重核裂变
　　 准裂变
　　 自发裂变
　C 核裂变能

核裂变产物
　Y 裂变产物

核裂变链式反应
　Y 链式反应

核裂变能

nuclear fission energy
O571.43
　D 裂变能
　S 核能
　C 核裂变
　Z 能量

核密度
nuclear density
O571.2
　S 原子参数*
　F 能级密度

核面反射波
　Y 弹性波

核模型
nuclear model
O571.21
　S 物理模型*
　F Glauber 模型
　　 费米气体模型
　　 激子模型
　　 集团模型
　　 壳模型
　　 球模型
　　 统一模型
　　 液滴模型
　　 折叠模型
　　 蒸发模型
　C 原子核

核内转换
　Y 内转换

核能
nuclear energy
O571.4
　D 核动力
　　 原子动力
　　 原子能
　S 能量*
　F 核电
　　 核结合能
　　 核裂变能
　　 衰变能
　　 阈能

核能级
nuclear energy levels
O57
　S 能级*
　C 本征态
　　 核变形
　　 核能级跃迁

核能级跃迁
nuclear energy level transitions
O562
　D 核电磁跃迁
　　 核跃迁几率
　S 能级跃迁
　C γ谱
　　 辐射衰变
　　 核能级
　Z 跃迁

核排列
　Y 核极化

核谱学
nuclear spectroscopy
O571.23
  D 核反应能谱学
    核辐射能谱学
  S 原子核物理学
  F 带电粒子核谱学
  C 核反应
    核辐射
  Z 物理学

核壳层模型
nuclear shell model
O571.21
  D 原子核壳模型
  S 壳模型
  C 独立粒子模型
    自旋-轨道相互作用
  Z 物理模型

核壳复合粒子
core-shell composite particles
O572.3
  D 核-壳粒子
  S 复合粒子
  Z 粒子

核-壳粒子
  Y 核壳复合粒子

核壳量子点
core-shell quantum dot
O47
  S 量子点
  Z 势阱

核取向
  Y 核极化

核燃料*
nuclear fuel
TL2
  F 乏燃料
  C 钚 →(3)
    钍 →(3)
    铀 →(3)

核融合
  Y 核聚变

核嬗变*
nuclear transmutation
O57；O615
  F 原子嬗变
    中子嬗变

核势
nuclear potential
O571.22；O571.4
  S 相互作用势*
  F 核子-核子势
    汤川势

核衰变
  Y 衰变

核衰变能
  Y 衰变能

核四极共振
  Y 核四极矩共振

核四极矩共振
nuclear quadrupole resonance
O482.53
  D 核四极共振
  S 核共振
  C 能级
    四极矩
  Z 共振

核素图
nuclide chart
O571；O615
  S 图表*
  F 正方形核素图

核同位旋相似态
  Y 同位旋相似态

核外电子分布
  Y 电子分布

核外电子排布
  Y 电子分布

核微探针
nuclear microprobe
TH703.2
  S 微探针
  Z 探针

核温度
nuclear temperature
O571.4
  S 温度*
  C 原子核

核武器毁伤效应
  Y 核爆炸效应

核武器杀伤破坏效应
  Y 核爆炸效应

核武器效应
  Y 核爆炸效应

核物理
  Y 原子核物理学

核物理实验
experiment of nuclear physics
O571.1
  S 物理实验
  C 原子核物理学
  Z 科学实验

核物理学
  Y 原子核物理学

核物质
nuclear matter
O571
  D 夸克物质
    中子物质
  S 物质*
  F 奇异夸克物质
  C 不可压缩系数

核效应
nuclear effect
O571.2
  S 物理效应*
  F EMC 效应
    核遮蔽效应
    穆斯堡尔效应

核芯
  Y 原子核

核形变
  Y 核变形

核型
  Y 成核

核性质
nuclear properties
O571.22
  S 物理性质*
  C 原子核理论

核跃迁几率
  Y 核能级跃迁

核晕*
nuclear halos
O571.21
  D 晕核
  F 质子晕
    中子晕

核遮蔽效应
nuclear shadowing
O571.2
  S 核效应
  Z 物理效应

核质量
nuclear mass
O571.2
  S 质量*
  C 原子核
    原子质量

核子
nucleon
O572.35
  S 重子
  F 反核子
    价核子
    质子
    中子
  C 核力
    核子反应
    核子散射
    核子数
  Z 粒子

核子反应
nucleon reaction
O571.42
  S 核反应*
  F 中子反应
  C 核子

核子-核子碰撞截面
nucleon nucleon cross sections
O571.21
  S 核截面*
  C 核子-核子散射

核子-核子散射
nucleon-nucleon scattering
O571.423
 S 核子散射
 C 核子-核子碰撞截面
  核子-核子势
 Z 粒子散射

核子-核子势
nuclear-nuclear potential
O571.22；O571.4
 S 核势
 C 核子-核子散射
 Z 相互作用势

核子散射
nucleon scattering
O571.423
 D 核子-原子核散射
 S 粒子散射*
 F 超子-核子散射
  核子-核子散射
  中子散射
 C 核子

核子数
nucleon number
O571
 D 质量数
 S 原子参数*
 F 质子数
  中子数
 C 核子
  基本粒子

核子-原子核散射
 Y 核子散射

核自旋
nuclear spin
O571.2
 S 自旋
 C 磁共振
 Z 运动

核自旋回波
 Y 核磁共振自旋回波

核自旋-自旋弛豫
 Y 自旋-自旋弛豫

荷
 Y 荷载

荷电粒子
 Y 带电粒子

荷电位错
 Y 位错偶极子

荷载*
load
O347.1
 D 负荷
  负载
  负载特性
  荷
  载荷
 F 边缘载荷
  变幅载荷

  等效载荷
  地面载荷
  动载荷
  短期载荷
  断裂载荷
  对称载荷
  发动机载荷
  非保守荷载
  非比例载荷
  非对称载荷
  分布载荷
  风荷载
  复杂载荷
  广义载荷
  过载
  机械载荷
  集中荷载
  加载
  阶跃载荷
  结构载荷
  静载荷
  快速重载
  连续载荷
  临界荷载
  流体荷载
  脉冲载荷
  疲劳载荷
  偏心负载
  平面内荷载
  起裂荷载
  屈曲荷载
  热载荷
  水平荷载
  死载荷
  随机载荷
  突变载荷
  拓扑荷
  温度载荷
  线性荷载
  卸载
  异常荷载
  应力波载荷
  有效载荷
  中性变载
  轴向受载
  轴向载荷
  最大载荷
 C 测量仪器
  力分布
  内力
  应力

荷载-变形关系
 Y 应力-应变曲线

荷载—变形关系
 Y 荷载-位移曲线

荷载-变形关系曲线
 Y 应力-应变曲线

荷载-变形曲线
 Y 应力-应变曲线

荷载测试
 Y 载荷试验

荷载传递

load transfer
O347.1
 D 载荷传递
 S 力传递
 C 承载力
  动态模量
  载荷试验
 Z 能量转移

荷载分布
 Y 载荷分布

荷载分配
 Y 载荷分布

荷载分析
 Y 载荷分析

荷载-滑移曲线
 Y 荷载-位移曲线

荷载计算
 Y 载荷计算

荷载-挠度关系
 Y 荷载-位移曲线

荷载-挠度曲线
 Y 应力-应变曲线

荷载偏心
 Y 偏心加载

荷载谱
 Y 载荷谱

荷载强度
load intensity
O346
 S 力学强度*

荷载识别
 Y 载荷识别

荷载试验
 Y 载荷试验

荷载-位移
 Y 荷载-位移曲线

荷载位移曲线
 Y 荷载-位移曲线

荷载-位移曲线
load-displacement curve
O347
 D 荷载—变形关系
  荷载-滑移曲线
  荷载-挠度关系
  荷载-位移
  荷载位移曲线
  荷载-位移滞回曲线
  力-位移曲线
  载荷-位移曲线
 S 曲线*
 C 屈服力

荷载-位移滞回曲线
 Y 荷载-位移曲线

荷载系数
 Y 载荷系数

荷载压力
  Y 压缩载荷

荷载-应变曲线
  Y 拉伸曲线

荷载应力
load stress
O343.4
  D 超载应力
    负荷(应力)
    工作应力
    外加应力
    外应力
  S 应力*
  F 过应力
  C 弹性中心法

荷载增量法
load increasing method
O347
  S 力学方法*

荷载组合
  Y 复杂载荷

荷质比
specific charge
O441.1
  D 比荷
  S 比率*

荷重分布
  Y 载荷分布

盒厚
box thickness
O753.2
  S 液晶性能*

盒维数
box dimension
O189；O302
  D Box 维数
    分形盒维数
  S 分形维数
  Z 维数

赫
  Y 赫兹

赫巴流体
Herschell-Bulkley fluid
O35
  D 赫-巴流体
  S 流体*

赫-巴流体
  Y 赫巴流体

赫尔-肖流
Hele-Shaw flow
O351
  S 流体流*
  C 微流动

赫勒-萧氏模型
  Y 平行板缝模型

赫姆霍兹不稳定
  Y Kelvin-Helmholtz 不稳定性

赫姆霍兹方程
Helmholtz equation
O441.4
  S 方程*

赫兹
Hertz
TB91
  D 赫
  S 计量单位*

赫兹接触
  Y Hertz 接触

赫兹接触理论
  Y 赫兹理论

赫兹理论
Hertz theory
O343.3
  D hertz 接触理论
    hertz 理论
    赫兹弹性接触理论
    赫兹接触理论
  S 变形理论
  C 接触应力
  Z 力学理论

赫兹弹性接触理论
  Y 赫兹理论

黑白对称
  Y 磁对称

黑白相片
  Y 黑白像片

黑白象片
  Y 黑白像片

黑白像片
black-and-white picture
TB8
  D 黑白相片
    黑白象片
  S 像片*

黑度
blackness
O432.1
  S 色度
  Z 光学参数

黑体
blackbody
O53；P162；P422
  D 绝对黑体
  S 理想物体
    物体*
  F 高温黑体
    灰体
  C 白体 →(4)
    黑体辐射
    维恩位移定律

黑体辐射
blackbody radiation
O451
  S 电磁辐射
  C 黑体

  黑体辐射定律
    普朗克公式
    特殊天体 →(4)
  Z 辐射

黑体辐射定律
blackbody radiation law
O432.1；O48
  S 辐射定律
  C 黑体辐射
  Z 物理定律

黑体辐射方程
  Y 普朗克公式

黑体辐射方程公式
  Y 普朗克公式

黑体辐射方程式
  Y 普朗克公式

黑体辐射方程组
  Y 普朗克公式

黑体辐射方程组式
  Y 普朗克公式

黑体辐射公式
  Y 普朗克公式

黑体辐射计算法
  Y 普朗克公式

黑体辐射计算方法
  Y 普朗克公式

黑体辐射计算公式
  Y 普朗克公式

黑体辐射计算式
  Y 普朗克公式

亨基应力方程
  Y 应力方程

恒等
  Y 恒等式

恒等变形
identical deformation
O344.3
  S 变形*
  C 换元法 →(1)
    算术根 →(1)
    消元法 →(1)

恒等式*
identity
O177
  D 恒等
  F 牛顿恒等式
  C Euler 数
    q 模拟 →(1)
    不等式
    李善兰 →(4)

恒电流放电
constant current discharging
O461.2
  S 放电*

恒电位仪

potentiostat
TH7
　S 测量仪器*
　C 滴定法 →(3)

恒电压
constant voltage
TM933.2
　S 电压*

恒定磁场仿真
　Y 磁场仿真

恒定磁场仿真法
　Y 磁场仿真

恒定磁场仿真方法
　Y 磁场仿真

恒定磁场仿真过程
　Y 磁场仿真

恒定磁场仿真实验
　Y 磁场仿真

恒定磁场仿真实验法
　Y 磁场仿真

恒定磁场仿真实验方法
　Y 磁场仿真

恒定磁场仿真实验过程
　Y 磁场仿真

恒定磁场模拟
　Y 磁场仿真

恒定磁场模拟法
　Y 磁场仿真

恒定磁场模拟方法
　Y 磁场仿真

恒定磁场模拟过程
　Y 磁场仿真

恒定磁场模拟实验
　Y 磁场仿真

恒定磁场模拟实验法
　Y 磁场仿真

恒定磁场模拟实验方法
　Y 磁场仿真

恒定磁场模拟实验过程
　Y 磁场仿真

恒定电场
steady electric field
O441.1
　D 稳恒电场
　S 电场*

恒定电流
constant current
O441.1
　D 稳恒电流
　S 电流*

恒定电流场
constant current field
O441.1
　S 电流场
　Z 电场

恒定流
　Y 稳定流

恒定温度
　Y 恒温

恒定应力
constant stress
O343.4
　S 应力*

恒力
constant force
O31
　S 力*

恒量
　Y 常数

恒速蠕变
　Y 稳态蠕变

恒弹性
constant elasticity
O343
　S 弹性
　Z 力学性质

恒温
constant temperature
ZT84
　D 恒定温度
　　恒温法
　S 操作条件*

恒温差
constant temperature difference
O551.2；P412.11；P423
　S 温差*

恒温法
　Y 恒温

恒温区
constant temperature zone
O551.2；P412.11
　S 温区*
　C 恒温层 →(4)(5)

恒应变率
constant strain rate
O344.3
　S 应变率
　Z 比率

恒载
　Y 静载荷

横摆力矩
　Y 偏航力矩

横波
transverse wave
O347.41；P315.31；P631.4
　D S 波
　　表面 S 波
　　次波
　　剪力波
　　剪切波
　　切变波
　　旋转波
　S 弹性波*
　　地震波*
　F SH 波
　　SV 波
　C 横波分裂 →(5)

横场
transverse field
O441.1
　S 物理场*

横场伊辛模型
　Y Ising 模型

横磁波
transverse magnetic wave
O451
　D TM 波
　S 横电磁波
　Z 电磁波

横电波
transverse electric wave
O451
　D TE 波
　S 横电磁波
　Z 电磁波

横电磁波
transverse electromagnetic wave
O451
　D TEM 波
　　横平面电磁波
　　横向电磁波
　S 电磁波*
　F 横磁波
　　横电波

横动量
transverse momentum
O313
　D 横向动量
　S 动量
　Z 力学量

横风共振
　Y 横风向共振

横风向共振
across-wind resonance
TU31
　D 横风共振
　S 横风共振
　Z 共振

横观各向同性
transverse isotropy
O369
　S 各向同性*

横滚
transverse roll
V212
　S 滚动
　C 滚转力矩
　Z 运动

横滚力矩
　Y 滚转力矩

横截面畸变
　Y 截面畸变

横流
cross flow
O35
　D 横向环流
　　横向交流
　　横向流
　　横向流动
　　斜流
　　斜向流
　S 流体流*

横流驻波
cross flow standing wave
O353.2
　S 驻波
　Z 波

横模
transverse mode
TN241/244
　S 激光模*
　F 单横模
　　多横模
　C 纵模

横漂力
　Y 侧向力

横平面电磁波
　Y 横电磁波

横强度
　Y 横向强度

横弯曲
　Y 横向弯曲

横稳心
　Y 浮心

横向不均匀性
lateral heterogeneity
O369
　S 特性*

横向超分辨
transverse superresolution
O435
　S 光学超分辨
　Z 分辨

横向弛豫
　Y 自旋-自旋弛豫

横向弛豫时间
transverse relaxation time
O482.53
　D 退定相时间
　　退相时间
　S 弛豫时间
　Z 事件时间

横向冲击
lateral impact
O347
　S 冲击*

横向磁通
cross-flux
O441.2
　S 磁通
　Z 磁参数

横向电场
transverse-electric
O441.1
　S 电场*

横向电磁波
　Y 横电磁波

横向动量
　Y 横动量

横向断裂强度
　Y 断裂强度

横向负载
　Y 水平荷载

横向复原力矩
　Y 稳定力矩

横向共振
transverse resonance
O321
　D 横向谐振
　S 共振*
　F 横风向共振

横向荷载
　Y 水平荷载

横向环流
　Y 横流

横向加速度
transverse acceleration
O311
　D 侧向加速度
　S 加速度*

横向剪切
transverse shear
O344.1
　S 剪切*

横向剪切变形
transverse shear deformation
O344.3
　S 剪切变形
　Z 变形

横向剪切模量
　Y 剪切模量

横向交流
　Y 横流

横向力
　Y 侧向力

横向流
　Y 横流

横向流动
　Y 横流

横向偏差
　Y 横向偏移

横向偏移
lateral deviation
O311.1
　D 侧向偏移
　　横向偏差
　　横移
　S 横向移动
　Z 运动

横向强度
transverse strength
O346
　D 横强度
　　纬向强度
　S 力学强度*

横向色差
lateral chromatic aberration
O435.2
　S 色像差
　Z 像差

横向射流
jet in crossflow
O358
　S 射流*
　C 流速比

横向受激布里渊散射
transverse stimulated brillouin scattering
O432.12；O436.2
　S 受激布里渊散射
　Z 光散射

横向速度
transverse velocity
O311
　S 速度*

横向推力
　Y 侧向推力

横向弯矩
transverse bending moment
O313.3
　S 弯矩
　Z 力矩

横向弯曲
lateral bending
O344.1
　D 侧向挠曲
　　横弯曲
　S 弯曲*

横向位移
　Y 水平位移

横向温差
transverse temperature difference
O551.2；P412.11；P423
　S 温差*

横向谐振
　Y 横向共振

横向压力
　Y 侧向力

横向移动
lateral movement
O311.1
  S 移动
  F 横向偏移
  Z 运动

横向应变
  Y 弯曲应变

横向应力
transverse stresses
O343.4
  D 侧向应力
    侧应力
  S 内应力
  C 破坏准则 →(5)
  Z 应力

横向运动
lateral movement
O311.1
  D 横移运动
  S 运动*
  F 轴向运动

横向载荷
  Y 水平荷载

横向振荡
transverse oscillation
TN75
  S 振荡*
  C 径向振荡 →(5)

横向振动
transverse vibration
O32
  D 变角振动
    变形振动
    侧向振动
    横振
    横振动
    挠性振动
    水平振动
    弯曲振动
  S 结构振动
  F 弯扭振动
  C 抗弯强度
  Z 振动

横向振动特性
lateral oscillatory characteristic
O32
  D 侧向振动特性
  S 振动特性
  Z 力学性质

横移
  Y 横向偏移

横移运动
  Y 横向运动

横应变
  Y 弯曲应变

横振
  Y 横向振动

横振动
  Y 横向振动

轰击*
bombardment
O4-0
  F 电子轰击
    光子轰击
    离子轰击
    质子轰击

轰炸弹道
  Y 炸弹弹道

烘干强度
  Y 干强度

红宝石晶体
ruby crystal
O71
  S 宝石晶体
  Z 晶体

红光
red light
O431.1；O432.3
  S 可见光
  Z 光

红光发射
  Y 红色发光

红色长余辉
red long afterglow
O432.1
  S 长余辉
  Z 发光

红色发光
red luminescence
O432.1
  D 红光发射
  S 发光*

红色荧光
red fluorescence
O462.3
  S 可见荧光
  Z 荧光

红外
  Y 红外线

红外波谱
infrared spectrum
O434.3；O581
  S 波谱*

红外测角仪
infrared goniometer
TH712
  D 红外定位仪
  S 光学测角仪
  Z 测量仪器

红外测距
infrared ranging
O43；P225
  S 测距*
  C 光电测距 →(4)
    红外测距仪 →(4)

红外测量
  激光测距 →(4)

红外测量
infrared measurement
TB96；TN21
  S 光学测量*
  F 红外测湿
    红外测温
    红外光谱测量
    红外检测
  C 红外测距

红外测湿
infrared humidity measurement
TN215
  S 红外测量
  Z 光学测量

红外测温
infrared temperature measurement
O551.2
  S 红外测量
    温度测量*
  Z 光学测量

红外地平仪
infrared horizon sensor
TP73；U666；V44
  S 光学测量仪器
  Z 测量仪器

红外定标
  Y 红外辐射定标

红外定位仪
  Y 红外测角仪

红外发光
  Y 红外发射

红外发射
infrared emission
O432.1；O434.3
  D 红外发光
    红外线发射
  S 光发射
  F 近红外发射
  C 红外线
  Z 发射

红外反射
infrared reflection
O434.3；O435.1
  S 光学反射
  F 红外漫反射
    近红外反射
  Z 反射

红外反射光谱
infrared reflection spectrum
O433.5；O434.3
  S 反射光谱
    红外光谱*
  F 漫反射红外光谱
    衰减全反射红外光谱
  Z 光谱

红外非线性光学晶体
infrared nonlinear optical crystal

O734
　　D 非线性红外光学晶体
　　S 非线性光学晶体
　　　红外晶体
　　F 磷锗锌晶体
　　　硫镓银晶体
　　　硒化镓晶体
　　　硒镓银晶体
　　Z 光学晶体
　　　晶体

红外分光
infrared spectroscopy
O434.3；O436.3
　　S 分光*

红外分光光度法
infrared spectrophotometry
O433.4；O657.33
　　D 红外吸收法
　　　红外吸收光谱法
　　S 光度法
　　C 红外吸收光谱
　　Z 光化学分析法

红外辐射
infrared radiation
O434.3
　　D 红外辐照
　　　红外线辐射
　　S 光辐射
　　F 热红外辐射
　　C 红外物理学
　　　红外线
　　　空间目标
　　Z 辐射

红外辐射定标
infrared radiometric calibration
TN211
　　D 红外定标
　　S 标定*

红外辐射吸收
　　Y 红外吸收

红外辐照
　　Y 红外辐射

红外光
　　Y 红外线

红外光谱*
infrared spectrum
O433.5；O434.3
　　D IR 光谱
　　　IR 光谱学
　　　红外光谱图
　　　红外光谱学
　　　红外谱
　　　红外谱图
　　　红外图谱
　　F 二阶导数红外光谱
　　　二维红外光谱
　　　傅里叶红外光谱
　　　红外反射光谱
　　　红外透射光谱
　　　红外吸收光谱
　　　红外振动光谱

　　　近红外光谱
　　　偏振红外光谱
　　　时间分辨红外光谱
　　　显微红外光谱
　　　原位红外光谱
　　　远红外光谱
　　　中红外光谱
　　C 红外光谱测量
　　　红外光谱法 →(3)
　　　红外光谱特性
　　　红外光谱仪 →(4)
　　　红外天文学 →(4)
　　　红外线

红外光谱测量
infrared spectrometry
O433.1
　　S 光谱测量
　　　红外测量
　　C 红外光谱
　　Z 光学测量

红外光谱特性
infrared spectrum characteristic
O433.5；O434.3；O657.3
　　D 红外光谱特征
　　S 光谱特性
　　　红外特性
　　C 红外光谱
　　Z 光学性质

红外光谱特征
　　Y 红外光谱特性

红外光谱图
　　Y 红外光谱

红外光谱学
　　Y 红外光谱

红外光束
　　Y 红外线

红外光线
　　Y 红外线

红外光学
infrared optics
O434.3
　　S 物理光学
　　C 红外物理学
　　Z 光学

红外光学晶体
　　Y 红外晶体

红外光学系统
　　Y 红外系统

红外光学性能
　　Y 红外性能

红外光学性质
　　Y 红外特性

红外光栅
echelette
O437.4；P111.3
　　S 光栅*

红外光致发光

infrared photoluminescence
O434.3；O462.3
　　S 光致发光
　　F 近红外发光
　　Z 发光

红外-红外双共振
　　Y 光学双共振

红外减反射膜
infrared anti-reflective films
O484
　　D 红外增透膜
　　S 光学薄膜*

红外检测
infrared detection
TN215
　　D 红外探测
　　　红外探伤
　　　红外侦察
　　S 红外测量
　　C 红外目标
　　　红外物理学
　　　相对温差
　　Z 光学测量

红外晶体
infrared crystals
O734
　　D 红外光学晶体
　　S 光学晶体*
　　F 红外非线性光学晶体

红外灵敏度
infrared sensitivity
TN21
　　S 光学灵敏度
　　Z 光学参数

红外脉冲
infrared pulse
TN215；TN78
　　S 光脉冲
　　Z 脉冲

红外漫反射
infrared diffuse reflectance
O434.3；O435.1
　　S 红外反射
　　　漫反射
　　F 近红外漫反射
　　Z 反射

红外目标
infrared targets
TN215
　　S 目标*
　　C 红外检测

红外谱
　　Y 红外光谱

红外谱图
　　Y 红外光谱

红外前视系统
forward looking infrared system
TH74
　　D 热象仪

S 红外系统
　　　Z 光学系统
红外热波
　　　Y 热红外
红外散射
　infra-red scattering
　O434.3；O436.2
　　　S 光散射*
红外上变频
　infrared up-conversion
　O434.3
　　　D 红外上转换
　　　S 光学频率变换
　　　Z 光学变换
红外上转换
　　　Y 红外上变频
红外探测
　　　Y 红外检测
红外探伤
　　　Y 红外检测
红外特性
　infrared characteristics
　O434.3
　　　D 红外光学性质
　　　　红外特征
　　　S 光学性质*
　　　F 红外光谱特性
　　　　红外吸收特性
　　　C 红外线
红外特征
　　　Y 红外特性
红外透过率
　IR transmission
　O734
　　　D 红外透射比
　　　　红外透射率
　　　S 透光率
　　　C 红外透射
　　　Z 光学参数
红外透镜
　infrared lens
　TH74
　　　S 透镜
　　　Z 光学元件
红外透射
　infrared transmission
　O434.3
　　　S 光透射
　　　F 近红外透射
　　　C 红外透过率
　　　　红外透射光谱
　　　Z 透射
红外透射比
　　　Y 红外透过率
红外透射光谱
　infrared transmission spectra
　O433.5；O434.3
　　　D 红外透射谱

　　　S 红外光谱*
　　　　透射光谱
　　　F 近红外透射光谱
　　　C 红外透射
　　　Z 光谱
红外透射率
　　　Y 红外透过率
红外透射谱
　　　Y 红外透射光谱
红外图谱
　　　Y 红外光谱
红外图象
　　　Y 红外图像
红外图像
　infrared image
　O434.3
　　　D 红外图象
　　　S 光学图像*
　　　F 热红外图像
红外椭圆偏振光谱
　infrared spectroscopic ellipsometry
　O433.5；O434.3
　　　S 偏振红外光谱
　　　　椭圆偏振光谱
　　　Z 光谱
　　　　红外光谱
红外物理学
　infrared physics
　O434.3
　　　S 应用物理学
　　　C 红外辐射
　　　　红外光学
　　　　红外检测
　　　　红外遥感 →(4)(5)
　　　Z 物理学
红外吸收
　infrared absorption
　O436.2
　　　D 红外辐射吸收
　　　　红外线吸收
　　　S 光吸收*
　　　C 红外线
红外吸收法
　　　Y 红外分光光度法
红外吸收光谱
　infrared absorption spectrum
　O433.51；O434.3
　　　D 红外吸收光谱学
　　　　红外吸收谱
　　　S 红外光谱*
　　　　吸收光谱*
　　　F 反射吸收红外光谱
　　　　近红外吸收光谱
　　　C 红外分光光度法
红外吸收光谱法
　　　Y 红外分光光度法
红外吸收光谱学
　　　Y 红外吸收光谱

红外吸收谱
　　　Y 红外吸收光谱
红外吸收特性
　infrared absorbing characteristics
　O434.3
　　　S 光吸收特性
　　　　红外特性
　　　Z 光学性质
红外系统
　infrared systems
　TH74
　　　D 红外光学系统
　　　S 光学系统*
　　　F 红外前视系统
红外线
　infrared
　O434.3
　　　D 红外
　　　　红外光
　　　　红外光束
　　　　红外光线
　　　S 电磁波*
　　　F 傅里叶变换红外
　　　　近红外线
　　　　热红外
　　　　远红外线
　　　　中红外
　　　C 红外发射
　　　　红外辐射
　　　　红外光度计 →(4)
　　　　红外光谱
　　　　红外特性
　　　　红外吸收
　　　　红外线测量 →(5)
红外线发射
　　　Y 红外发射
红外线辐射
　　　Y 红外辐射
红外线吸收
　　　Y 红外吸收
红外性能
　infrared property
　O434.3
　　　D 红外光学性能
　　　S 光学性能*
红外荧光
　infrared fluorescence
　O434.3
　　　S 荧光*
　　　F 近红外荧光
红外增透膜
　　　Y 红外减反射膜
红外侦察
　　　Y 红外检测
红外诊断
　infrared diagnostics
　O434.3
　　　S 光学诊断
　　　Z 光学应用

红外振动光谱
infrared vibrational spectra
O433.5；O434.3
　　S 红外光谱*
　　　 振动光谱
　　Z 光谱

红移氢键
red shifting hydrogen bonding
O561.4；O641.3
　　S 氢键
　　Z 化学反应

红噪声
　　Y 海洋环境噪声

宏畴
macro domain
O76
　　S 电畴
　　Z 畴

宏观
macroscopic
O4-0
　　S 物理体系
　　Z 物理理论

宏观不稳定性
　　Y 等离子体不稳定性

宏观断口
macrofractures
O346.5
　　S 断口*

宏观截面
macroscopic cross section
O571.21
　　S 核截面*

宏观力学
macromechanics
O3
　　S 力学*

宏观量子现象
macroscopic quantum phenomena
O413
　　S 量子现象*
　　C 约瑟夫森器件

宏观流变
macrorheology
O37
　　S 流变*

宏观摩擦
macro friction
O313.5
　　S 摩擦*

宏观粘滞度
　　Y 粘度

宏观偏应力
　　Y 宏观应力

宏观缺陷
macroscopic defects
O771

　　S 晶体缺陷*

宏观损伤
macroscopic damage
O346.5
　　S 损伤(力学)*

宏观态
macroscopic state
O551
　　S 状态*
　　C 微观态

宏观弹性模量
　　Y 弹性模量

宏观应力
macrostress
O343.4
　　D 宏观偏应力
　　S 内应力
　　Z 应力

宏晶
　　Y 宏晶体

宏晶体
macrocrystal
O76
　　D 宏晶
　　S 晶体*

虹全息术
　　Y 彩虹全息术

虹全息图
　　Y 彩虹全息图

虹吸*
siphon
O351.2
　　D 虹吸法
　　F 倒虹吸
　　　 热虹吸

虹吸法
　　Y 虹吸

洪峰流量
　　Y 最大流量

洪水波
flood wave
O353；P339
　　S 水波*
　　C 洪水 →(4)(5)
　　　 洪水传播时间 →(5)

后部
　　Y 后体

后风
　　Y 核爆炸效应

后峰锯齿波
final peak saw-tooth wave
TH7
　　S 锯齿波
　　C 油阻尼
　　Z 波

后化学发光反应

　　Y 化学发光反应

后继屈服面
subsequent yield surface
O344.7
　　S 屈服面
　　Z 曲面

后掠效应
sweepback effect
V211
　　S 气动效应*
　　C 气动载荷
　　　 翼载荷

后脉冲
post pulse
TN78
　　S 脉冲*

后屈曲
post-buckling
O344.7
　　S 屈曲*

后屈曲分析
post-buckling analysis
O344.7
　　S 塑性分析
　　Z 力学分析

后身
　　Y 后体

后台阶流
backward facing step flow
O35
　　D 后台阶流动
　　　 后向台阶流
　　S 流体流*

后台阶流动
　　Y 后台阶流

后体
afterbody
O354
　　D 后部
　　　 后身
　　S 物体*
　　F 裙形后体
　　　 收缩式后体

后体阻力
afterbody drag
O31；O354
　　S 阻力*

后洗流
　　Y 洗流

后向反射
　　Y 逆反射

后向光散射
backward light scattering
O436.2
　　S 光散射*
　　F 激光后向散射

后向散射

backscattering
O451
　D 背散射
　　背向散射
　　反散射
　　反向散射
　　向后散射
　S 电磁波散射*
　F 背向瑞利散射
　　超声背散射
　C 臭氧层 →(4)
　　臭氧分布 →(4)
　　后向散射系数
　　气象观测仪器 →(4)

后向散射比
　Y 后向散射率

后向散射光
　Y 背散射光

后向散射截面
backscattering cross section
O436.2
　S 散射截面
　Z 截面

后向散射率
back-scattering ratio
O436.2；P422.3
　D 后向散射比
　　后向散射效率
　S 散射率
　Z 光学参数

后向散射系数
backscattering coefficient
O436.2；P422.3
　D 背散射系数
　　后向散射指数
　S 光散射系数
　C 电子背散射
　　后向散射
　Z 光学系数

后向散射消光比
　Y 消光后向散射

后向散射效率
　Y 后向散射率

后向散射指数
　Y 后向散射系数

后向台阶流
　Y 后台阶流

后续渗流
　Y 渗流

后缘流动
　Y 底部流动

厚板元
thick plate element
O302
　S 力学方法*
　C 剪应变

厚度*
thickness

ZT2
　F 边界层厚度
　　薄层厚度
　　薄膜厚度
　　覆盖层厚度
　　介质厚度
　　临界厚度
　　死层厚度
　　中子皮厚度
　C 尺寸
　　厚层地下冰 →(4)(5)

厚度测定
　Y 厚度测量

厚度测量
thickness measurement
TB92；TH711
　D 厚度测定
　S 几何量测量*
　C 天文观测 →(4)

厚度误差
thickness variation
TH711
　S 测量误差*

厚度效应
thickness effect
O342
　S 效应*
　C 高度效应 →(5)

厚膜介质电致发光
thick-film dielectric electroluminescence
O436.4
　S 薄膜电致发光
　Z 发光

厚透镜
thick lens
TH74
　S 透镜
　Z 光学元件

厚向异性
normal anisotropy
O302
　S 各向异性*

呼吸子
breather
O48
　S 周期振动
　Z 振动

忽略微分重叠计算
ignoring differential overlap computation
O561
　D 非邻近忽略微分重叠计算
　　改进部分忽略微分重叠计算
　　可变保留双原子微分重叠计算
　　双原子部分保留微分重叠计算
　　双原子改进忽略微分重叠计算
　　双原子忽略微分重叠计算
　S 分子轨道计算
　F 全略微分重叠计算
　Z 分子能级计算

弧光放电

arc discharge
O461.22
　S 自持放电
　Z 放电

弧光放电等离子体
　Y 电弧等离子体

弧光谱
　Y 电弧光谱

胡克定律
Hooke's law
O343
　D 虎克定律
　S 力学定律*
　F 广义胡克定律
　C 泊松比
　　弹性常数
　　弹性极限
　　弹性力学
　　弹性模量
　　弹性特征
　　弹性应变

蝴蝶效应
butterfly effect
O415.5
　S 混沌现象
　Z 混沌性质

虎克定律
　Y 胡克定律

互泵浦相位共轭
mutually pumped phase conjugation
O432.12
　S 相位共轭
　Z 共轭

互变型液晶
　Y 互变液晶

互变液晶
enantiotropic liquid crystal
O753.2
　D 互变型液晶
　S 液晶*

互补*
complementarity
O159；O221；O224
　D 广义互补问题
　　互补问题
　　互补性
　　互补性问题
　F 对偶互补
　C Jacobi 迭代法 →(1)
　　补函数 →(1)
　　磨光函数 →(1)
　　替代性 →(1)
　　误差界 →(1)
　　优化 →(1)

互补问题
　Y 互补

互补性
　Y 互补

互补性问题
　Y 互补

互补性原理
　Y 互补原理

互补原理
complementary principle
O413.1
　D 并协性原理
　　　并协原理
　　　互补性原理
　S 量子力学理论
　Z 物理理论

互等定理
reciprocal theorem
O343
　S 力学定理*
　F 功的互等定理

互感
mutual inductance
O441.3
　D 互感现象
　S 电磁感应*
　F 零序互感

互感电压
mutual voltage
TM933.2
　S 电压*

互感系数
mutual inductance
O441.1
　S 系数*

互感现象
　Y 互感

互功率谱
cross-power spectrum
O456
　S 功率谱
　Z 频谱

互扩散
interdiffusion
O552.2
　S 扩散*

互能
mutual energy
O441.1
　S 静电能
　Z 能量

互耦力
cross force
O31
　S 力*

互谱密度
cross-spectral density
O45
　D 交叉谱密度
　S 谱密度*

互溶流体
miscible fluid

O35
　S 流体*

互溶液渗流
　Y 渗流

互易定理
reciprocity theorem
TM133
　D 互易性定理
　S 电路理论*
　F 格林互易定理

互易性定理
　Y 互易定理

互组跃迁
intercombination transition
O413.1
　S 跃迁*

互作用
　Y 相互作用

互作用绘景
　Y 相互作用绘景

互作用能
　Y 相互作用能

华氏度
Fahrenheit
TB942
　S 温度单位
　Z 计量单位

华氏温标
　Y 温标

滑动
slip
O311
　S 运动*
　F 弹性滑动
　C 静摩擦
　　　剩余下滑力
　　　粘滑振动

滑动弧放电
gliding arc discharge
O461.2
　S 电弧
　Z 放电

滑动接触
sliding contact
O343.3
　S 动接触
　Z 接触

滑动力
slippage
O313
　S 力*
　F 蠕滑力

滑动流
　Y 滑流

滑动摩擦
sliding friction

O313.5
　S 动摩擦
　C 耐磨性
　Z 摩擦

滑动摩擦力
sliding friction force
O313.5
　S 动摩擦力
　Z 力

滑动摩擦系数
　Y 动摩擦系数

滑动速度
　Y 滑动速率

滑动速率
slip rate
O311.1
　D 滑动速度
　　　滑移率
　　　滑移速率
　　　走滑速率
　S 运动速度*
　C 位移
　　　正压

滑动体
　Y 刚体

滑动位错
glissile dislocation
O772
　S 位错
　F 不滑动位错
　C 螺旋位错
　Z 晶体缺陷

滑动系数
sliding coefficient
TH13
　S 系数*

滑动最小二乘法
moving least-squares method
O241；O302
　S 最小二乘法*

滑流
slip flow
O351.3
　D 滑动流
　　　滑移流
　　　滑移流动
　S 湍流尾流
　C 混合层
　　　稀薄气体动力学
　　　粘性层
　Z 流体流

滑流干扰
slipstream interference
V211
　S 气动力干扰*
　C 尾流干扰

滑轮
pulley
TH210

C 滑轮组

滑轮组
pulley block
TH210
    C 滑轮

滑落速度
    Y 下滑速度

滑速比
slip ratio
O31
    S 比率*

滑脱速度
    Y 下滑速度

滑行力
planing force
O31
    S 力*
    C 超空化
       流体动力学

滑行运动
gliding motility
O311.1
    S 运动*

滑移
slip
O311.1；O469
    S 移动
    F 壁面滑移
       边界滑移
       晶体滑移
       位错滑移
    C 滑移速度
    Z 运动

滑移爆轰
sliding detonation
O381
    S 爆轰*

滑移边界
slip boundary
O311
    S 移动边界
    Z 边界

滑移边界条件
slip boundary condition
O302
    S 滑移条件
    C Stokes 流
       微极流体
    Z 力学条件

滑移长度
slip length
O311
    S 长度*

滑移带
slip band
O733
    S 晶带
    Z 晶体要素

滑移反映面
    Y 滑移面

滑移界面
sliding interface
O311
    S 运动界面
    Z 界面

滑移流
    Y 滑流

滑移流动
    Y 滑流

滑移率
    Y 滑动速率

滑移面
glide plane
O733
    D 滑移反映面
    S 晶面*

滑移速度
slip velocity
O311；O35
    S 移速
    C 壁面滑移
       固液两相流
       滑移
    Z 运动速度

滑移速率
    Y 滑动速率

滑移条件
slip condition
O311
    D 无滑移条件
    S 力学条件*
    F 滑移边界条件

滑移系
slip system
O733
    D 滑移系统
    S 晶体要素*

滑移系统
    Y 滑移系

滑移线
slip line
O344；P54
    S 运动轨迹
    Z 轨迹

滑移线场
slip line field
O347
    S 剪应力场
    Z 场(力学)

滑移线场(力学)
slip-line field
O344.4
    S 运动容许场
    Z 场(力学)

滑移线理论
slip-line theory
O343
    S 应力理论
    Z 力学理论

化合物*
compound
O6-0；O751
    F 杂化物
    C ⅢA 族化合物 →(3)
       金属间化合物 →(3)

化合物超导体
compound superconductor
TM26
    D 超导化合物
    S 超导体
    F 铋系超导体
       二硼化镁超导体
       氧化物超导体
       钇钡铜氧超导体
       有机超导体
    Z 导体

化合物单晶
compound monocrystal
O73
    D 化合物单晶材料
       化合物单晶体
       化合物单晶体材料
    S 单晶
    F 钛酸钡单晶
       氧化锌单晶
       有机单晶
    Z 晶体

化合物单晶材料
    Y 化合物单晶

化合物单晶体
    Y 化合物单晶

化合物单晶体材料
    Y 化合物单晶

化石磁化
    Y 磁化

化学*
chemistry
O6
    D 化学领域
       化学研究
       近代化学
       普通化学
       现代化学
       自适应化学
    F 非绝热动力学
       腐蚀动力学
       合成动力学
       核反应动力学
       化学流体力学
       晶粒生长动力学
       晶体化学
       絮凝动力学
    C 化学反应
       化学分析
       化学工程 →(3)
       化学性质

自然科学 →(1)(4)(5)
化学泵浦
chemical pumping
O432.12
　　D 化学抽运
　　S 泵浦*

化学变化*
chemical change
O643
　　F 相态变化

化学变量测量
　　Y 化学测定

化学参数*
chemical parameter
O6
　　F 剪切粘度
　　　 键长
　　　 键角
　　　 临界参数
　　　 摩尔体积
　　　 配位数
　　　 有序参数
　　　 原子序数

化学测定*
chemical detection
O65
　　D 测定(化学)
　　　 化学变量测量
　　　 化学测量
　　F 分子量测定
　　C 化学分析
　　　 检测

化学测量
　　Y 化学测定

化学成键
　　Y 化学键合

化学弛豫
chemical relaxation
O482.53
　　S 松弛*
　　C 化学平衡

化学抽运
　　Y 化学泵浦

化学电离*
chemical ionization
O644.1；O657.13
　　F 光电离
　　　 热电离
　　C 电离

化学定律*
chemical law
O6-0
　　F 杠杆定律

化学发光反应
chemiluminescence reaction
O482.3；O643.1
　　D 电子传递反应
　　　 根团复合
　　　 后化学发光反应
　　S 化学反应*

化学反应*
chemical reaction
O643.1
　　D 低温反应
　　　 反应工艺
　　　 反应技术
　　　 高温化学反应
　　　 化学反应法
　　　 化学反应工程
　　　 化学反应工艺
　　　 化学反应过程
　　　 化学反应途径
　　　 化学反应系统
　　　 化学过程
　　　 化学相互作用
　　　 生成反应
　　　 无机化学反应
　　F 分子离解
　　　 化学发光反应
　　　 化学键合
　　　 界面反应
　　　 氢键
　　　 熔融
　　　 中和
　　C 反应产物
　　　 反应性 →(3)
　　　 化学
　　　 化学动力学 →(3)
　　　 化学计量 →(3)
　　　 化学平衡
　　　 化学性质
　　　 化学制备方法
　　　 实验地球化学 →(5)
　　　 有机反应
　　　 有机-无机相互作用 →(3)

化学反应法
　　Y 化学反应

化学反应工程
　　Y 化学反应

化学反应工艺
　　Y 化学反应

化学反应过程
　　Y 化学反应

化学反应流
chemically reactive flow
O362
　　D 化学反应流动
　　S 流体流*

化学反应流动
　　Y 化学反应流

化学反应速度*
chemical reaction velocity
O643.11
　　F 爆速

化学反应途径
　　Y 化学反应

化学反应系统
　　Y 化学反应

化学非平衡
　　Y 化学平衡

化学分解
　　Y 分解反应

化学分析*
chemical analysis
O65
　　D 化学鉴别
　　　 化学鉴定
　　　 化学物相分析
　　　 化学吸附分析
　　　 化学相分析
　　　 化学形态分析
　　F 波谱分析
　　C 分析方法
　　　 分析仪器
　　　 化学
　　　 化学测定
　　　 化学成分 →(3)(5)
　　　 岩矿分析 →(5)
　　　 自动分析 →(3)

化学分析法*
chemical analysis method
O65
　　D 微量化学法
　　F 差热分析
　　　 差示扫描量热法
　　　 滴定量热法
　　　 二维核磁共振波谱技术
　　　 辐射量热法
　　　 绝热量热法
　　　 热导法
　　　 热-电耦合分析
　　　 热量分析
　　　 热谱
　　　 溶解量热法
　　　 碳13核磁共振谱法
　　　 微量热法
　　　 现场示踪试验
　　C 滴定法 →(3)

化学分析用电子能谱
electron spectroscopy for chemical analysis
O571；O657.62
　　D ESCA
　　S 电子能谱
　　C 电子能谱
　　Z 能谱

化学分子*
chemical molecules
O561.1；O641.3
　　F 烃分子

化学概念
　　Y 化学理论

化学感应动态电子极化
　　Y 化学诱导动态电子极化

化学过程
　　Y 化学反应

化学还原
　　Y 还原

化学机制

Y 化学理论

化学计量激光晶体
stoichiometric crystal
O734
D 化学计量晶体
S 激光晶体
Z 光学晶体

化学计量晶体
Y 化学计量激光晶体

化学鉴别
Y 化学分析

化学鉴定
Y 化学分析

化学键合
chemical bonding
O56；O641.1；O643.1
D 成键
化学成键
S 化学反应*
C 价键理论 →(3)

化学交换
Y 交换反应

化学结构*
chemical structure
O641
D 化学结构特征
F 分子构象
分子空间构型
液体结构
主链
C 化学式
晶体原子结构
立体化学 →(3)

化学结构特征
Y 化学结构

化学聚合
Y 聚合

化学聚合法
Y 聚合

化学理论*
chemical theory
O6-0
D 化学概念
化学机制
F 轨道理论
晶体场理论
密度泛函理论

化学领域
Y 化学

化学流体力学
chemical fluid mechanics
O362
S 化学*
流体力学*

化学模型*
chemical model
O6-04

F 基元反应模型

化学磨损
Y 腐蚀磨损

化学平衡*
chemical equilibrium
O642.43
D 光化学平衡
化学非平衡
平衡常数
F 等离子体平衡
放射性平衡
C 反应性 →(3)
化学弛豫
化学反应
平衡
平衡浓度 →(3)
正平衡解 →(1)

化学气体*
chemical gas
O659
F 爆炸气体
间隙氧
C 气体化学 →(3)

化学气相传输
chemical vapor transport
O6-332；O782
D CVT 法
化学气相传输法
化学气相输运
化学气相输运法
气相输运
S 物质迁移*
C 硒化锌晶体

化学气相传输法
Y 化学气相传输

化学气相输运
Y 化学气相传输

化学气相输运法
Y 化学气相传输

化学剩磁
chemical remanent magnetization
O482.52
D 化学剩余磁化
S 剩磁*

化学剩余磁化
Y 化学剩磁

化学式*
chemical formula
O6-04
D 分子式
结构式
F 晶体化学式
C 化学结构
结构化学 →(3)
最简式 →(1)

化学束外延
chemical beam epitaxy
O782
D CBE

S 气相外延
Z 外延

化学束外延生长
Y 汽相外延生长

化学特征
Y 化学性质

化学退磁
Y 消磁

化学位移
chemical shift
O482.53；O571
S 位移*
C 磁共振
电子能谱
谱线宽度

化学物相分析
Y 化学分析

化学吸附分析
Y 化学分析

化学相分析
Y 化学分析

化学相互作用
Y 化学反应

化学效应*
chemical effect
O641.12
D 效应（化学）
F 记忆效应
溶剂效应

化学形态分析
Y 化学分析

化学性能
Y 化学性质

化学性质*
chemical properties
O6-0
D 化学特征
化学性能
F 饱和效应
表面张力
挥发性
汽化热
热稳定性
氧渗透
C 化学
化学沉淀 →(3)
化学成分 →(3)(5)
化学反应
特性
物理性质
相

化学研究
Y 化学

化学诱导动态电子极化
chemically induced dynamic electron polarisation
O572.322
D CIDEP

化学感应动态电子极化
  S 电子极化
  C 磁双共振
  Z 极化

化学制备
  Y 化学制备方法

化学制备法
  Y 化学制备方法

化学制备方法*
chemical preparation
O6-0
  D 化学制备
     化学制备法
  F 高温溶液法
     水溶液法
  C 化学反应

化学中和
  Y 中和

怀布尔型不稳定性
  Y 等离子体不稳定性

淮态金属电子能态
  Y 电子态

还原*
reduction
O621.254.2
  D 伯奇反应
     伯奇还原
     化学还原
     还原反应
     还原过程
     还原作用
  F 气相还原
  C 加氢 →(3)
     铝热法 →(3)
     脱氮 →(3)
     脱氧 →(3)
     氧化 →(3)(5)
     氧化还原 →(3)

还原电位
reduction potential
O441.1
  S 电位*
  F 氧化还原电位

还原反应
  Y 还原

还原过程
  Y 还原

还原力
  Y 恢复力

还原作用
  Y 还原

环带球晶
ringed spherulite
O76
  S 球晶
  Z 晶体

环电流
ring current
O441.1；P35
  D 圆环电流
  S 电流*
  F 抗磁环电流
     顺磁环电流
  C 电源

环径比
aspect ratio
TL631；TL632
  S 比率*

环境磁场
environmental magnetic field
O441.2
  S 磁场*

环境磁学
environmental magnetism
O441.2
  S 磁学
  C 地磁学 →(5)
  Z 电磁学

环境光学
environmental optics
X122
  S 光学*

环境剪应力
environmental shear stress
O343.4
  S 剪应力
  Z 应力

环境流体力学
environmental fluid mechanics
O35
  S 流体力学*

环境敏感性*
environmental sensitivity
ZT4
  F 电磁敏感性

环境声学
environmental acoustics
X121
  S 应用声学
  C 环境噪声
     噪声剂量计
     噪声降低
  Z 声学

环境温度
ambient temperature
X12
  S 温度*
  C 环境 →(1)(4)(5)
     热力抬升 →(4)

环境误差
environmental error
TH7
  S 误差*

环境应力
environmental stress
O343.4

  D 地理环境应力
  S 应力*

环境应力断裂
  Y 应力腐蚀断裂

环境噪声
ambient noise
O422.8
  S 噪声*
  F 海洋环境噪声
  C 环境声学
     建筑声学
     噪声测量

环境振动
ambient vibration
O32
  S 振动*
  C 动力试验
     振动效应

环境振动试验
ambient vibration test
O32
  S 振动试验
  Z 科学实验

环连结磁镜位形
  Y 磁场位形

环裂纹
  Y 环形裂纹

环流背景
circulation background
O35；P434.1；P731.27
  D 大气环流背景
     大洋环流背景
  S 环流特征*
  C 环流 →(4)

环流场
circulation field
O35；P434.1；P731.27
  S 环流结构*
     流场*

环流单体
  Y 环流结构

环流分析
circulation analysis
O35；P434.1；P731.27
  D 环流过程
     环流研究
  S 气象技术*
  C 环流 →(4)
     环流特征
     环流条件 →(4)
     环流指数

环流分型
general circulation categorizing
O35；P434.1；P731.27
  S 环流型
  Z 环流结构

环流过程
  Y 环流分析

环流结构*
circulation structure
O35；P434.1；P731.27
    D 环流单体
    F 环流场
       环流系统
       环流型
       环流因子
    C 环流量 →(4)
       环流特征
       环流异常
       环流指数

环流类型
    Y 环流型

环流量子化
quantization of circulation
O413.1
    S 量子化*

环流特点
    Y 环流特征

环流特性
    Y 环流特征

环流特征*
circulation features
P434.1；P731.27
    D 环流特点
       环流特性
       环流特征量
    F 环流背景
       环流形势特征
    C 环流分析
       环流结构
       气象特征 →(4)
       综合干旱指数 →(4)(5)

环流特征量
    Y 环流特征

环流系统
circulation system
O35；P434.1；P731.27
    D 大气环流系统
       经向类
       纬向类
       阻塞高压类
    S 大气系统*
       环流结构*
    C 环流量 →(4)

环流形式
    Y 环流形势

环流形势*
circulation patterns
O35；P434.1；P731.27
    D 环流形式
    F 大气环流形势
    C 环流形势特征
       环流异常

环流形势特征
circulation flow situation features
O35；P434.1；P731.27
    D 大气环流形势特征
       大洋环流形势特征

    S 环流特征*
    C 环流形势

环流型
circulation type
O35；P434.1；P731.27
    D 环流类型
    S 环流结构*
    F 环流分型
    C 环流模型 →(4)

环流研究
    Y 环流分析

环流异常
circulation anomalies
O35；P434.1；P731.27
    S 气候异常*
    C 大气环流 →(4)
       环流结构
       环流形势
       环流演变 →(4)
       外强迫 →(4)

环流因子
circulation factor
O35；P434.1；P731.27
    S 环流结构*
    C 环流指数

环流指数
circulation index
O351.2；P434.1；P731.27
    D 纬向环流指数
    S 气象参数*
    C 环流 →(4)
       环流分析
       环流结构
       环流条件 →(4)
       环流因子

环流作用
    Y 冲击波效应

环路定理
loop theorem
O441
    S 物理定理*
    F 安培环路定理
       静电场环路定理

环路积分
loop integral
O411
    S 积分*
    C 矢量分析法 →(1)

环面分岔
torus bifurcation
O32
    S 分岔*

环烷基化
    Y 取代反应

环向裂纹
    Y 环形裂纹

环向应力
    Y 周向应力

环形磁镜链位形
    Y 磁场位形

环形光束
annular beam
O432.12
    D 环状光束
    S 光束*

环形光栅
annular grating
O437.4；P111.3
    S 光栅*

环形激波
toroidal shock wave
O354.5
    S 激波*

环形激光陀螺
    Y 激光陀螺

环形空间流动
annulus flow
O351.2
    S 流动*

环形裂纹
circumferential crack
O346.1；O483
    D 币形裂纹
       便士形裂纹
       环裂纹
       环向裂纹
       环状裂纹
       圆盘裂纹
       周向裂纹
    S 裂纹*
    C 峰值压力
       应力分析
       最大载荷

环形流
    Y 环状流

环形射流
    Y 平面射流

环形紊流射流
circular turbulence jet
O358
    S 湍流射流
    C 短路流场
       汇流 →(4)(5)
    Z 射流

环形振子
ring vibrator
O32
    S 振子*

环张力
ring tension
O561.4；O641.3
    S 分子力*

环状光束
    Y 环形光束

环状两相流
annular two phase flow

O359
- S 环状流
    两相流
- Z 流体流

环状裂纹
- Y 环形裂纹

环状流
annular flow
O351.2
- D 环形流
- S 流体流*
- F 环状两相流
    偏心环状流
- C 环状水系 →(5)

环状模
- Y 环状模型

环状模型
annular mode
O35；P434.1；P731.27
- D 大气环状模式
    大气环状模型
    环状模
- S 气象模型*
- C 大气环流 →(4)
    大气涛动 →(4)
    极涡 →(4)

环状射流
- Y 平面射流

环状位错
- Y 位错环

缓变结
graded junction
O475
- S PN 结
- Z 半导体结

缓变流
- Y 非定常流

缓变异质结
- Y 异质结

缓冲爆破
- Y 减震爆破

缓冲结构
- Y 结构阻尼

缓发 γ 辐射
- Y γ 辐射

缓发质子
- Y 质子

缓发中子
delayed neutron
O572.342
- S 裂变中子
- Z 粒子

缓渐不变量
- Y 绝热不变量

缓流
subcritical flow

O351.2
- D 滞水
- S 流体流*

换热
- Y 传热

换热温差
- Y 传热端差

换热温度差
- Y 传热端差

换热系数
- Y 热导率

黄光
yellow light
O431.1；O432.3
- S 可见光
- Z 光

晃动
sloshing
O353
- S 运动*
- F 大幅晃动
    非线性晃动

灰度
gray scale
O432.2
- D 灰度等级
    灰阶
    灰色度
- S 色度
- C 灰度变换 →(4)
    灰度相关 →(1)
    灰度值 →(1)
- Z 光学参数

灰度等级
- Y 灰度

灰阶
- Y 灰度

灰色度
- Y 灰度

灰体
grey body
O441；P162；P422
- S 黑体
- C 吸收系数
- Z 物体

恢复力
restoring force
O32
- D 复位力
    还原力
    恢复力特性
- S 外力
- C 恢复力模型
- Z 力

恢复力矩
- Y 稳定力矩

恢复力模型
restoring force model
O342
- D 恢复模型
- S 力学模型*
- C 恢复力
    平面运动

恢复力曲线
- Y 滞回曲线

恢复力特性
- Y 恢复力

恢复模型
- Y 恢复力模型

恢复系数
coefficient of restitution
O34
- S 力系数
- Z 系数

恢复压力
- Y 压力恢复

恢复因子
recovery factor
O35
- S 力学因子*

挥发
volatilization
O552.6
- S 汽化
- C 挥发法 →(3)
    挥发物 →(3)
    挥发性
- Z 物态变化

挥发性
volatility
O552.6；O642.3
- S 化学性质*
- C 挥发
    挥发性组分 →(3)

挥舞
flapping
O311
- S 运动*
- C 摆振
    颤振

辉度
luminance
O432.2
- S 光强*

辉光
- Y 辉光放电

辉光放电
glow discharge
O461.21
- D 辉光
- S 低气压放电
    自持放电
- F 常压辉光放电
    接触辉光放电
    射频辉光放电

直流辉光放电
C 电晕
Z 放电

辉光放电等离子体
glow discharge plasma
O53
D 辉光放电电解等离子体
S 放电等离子体
F 接触辉光放电等离子体
C 辉光放电光谱法
　辉光放电质谱法　→(3)
Z 等离子体

辉光放电电解等离子体
Y 辉光放电等离子体

辉光放电光谱法
glow discharge spectrometry
O433.4
S 光谱分析*
C 辉光放电等离子体
　辉光放电质谱法　→(3)

辉光显示
glow visualization
O35
S 流动显示*

回波*
echo
P412.25
D 反射波
　反射波形
　反向波
　返波
　回波现象
F 光子回波
　脉冲回波
　自旋回波
C 波组特征　→(5)
　电磁波传播
　雷达探测　→(4)
　声反射
　自由界面

回波光子数
returned photon number
O572.31
S 光子数*

回波现象
Y 回波

回传波射矩阵法
method of reverberation ray matrix
O302
S 矩阵*

回反射
Y 逆反射

回复反射
Y 逆反射

回复力矩
Y 稳定力矩

回复应变
recovery strain

O343
D 应变恢复
S 应变*
C 伪弹性

回归反射
Y 逆反射

回击电流
return stroke current
O441.1；P427.3
S 闪电电流
Z 电流

回击模型
return stroke model
O411.1
S 物理模型*

回卷波
backwash
O353.2
S 波*

回流
backflow
O35
D 反流
　反向流
　反向流动
　逆流
　逆向流
S 流体流*
C 喘振
　空化

回流区
recirculation zone
O351.3
S 尾流区
Z 区域

回路分析法
loop analysis
TM7
S 分析方法*

回鸣期
Y 混响时间

回射
Y 逆反射

回射流
re-entrant jet
O358
S 射流*

回声
echo
O422.3
S 反射声
Z 声音

回声仪
echo sounder
TH7
S 测量仪器*

回弹
Y 弹性

回弹变形
Y 弹性变形

回弹锤硬度
Y 弹性

回弹法
Y 弹性

回弹反耦联方程
springback anti-couple equation
O343
S 力学方程*
C 弹性

回弹量
Y 弹性

回弹模量
Y 压缩模量

回弹性
Y 弹性

回弹性能
Y 弹性

回弹硬度
Y 弹性

回拖力
back drag force
O31
S 力*

回响期
Y 混响时间

回响时间
Y 混响时间

回旋
Y 旋转

回旋半径
Y 回转半径

回旋波
cyclotron waves
O53
D 回旋加速波
S 磁流体波
F 离子回旋波
Z 弹性波

回旋动力学
Y 自旋动力学

回旋辐射
Y 轫致辐射

回旋共振
cyclotron resonance
O482.53
D 抗磁共振
S 磁共振*
F 电子回旋共振
　离子回旋共振
C 电子振荡
　费米分布　→(3)
　费米能级

回旋共振频率

cyclotron resonance frequency
O47
　S 频率*

回旋加速波
　Y 回旋波

回旋频率
　Y 拉莫尔频率

回旋运动
cyclotron motion
O311
　S 运动*

回旋振动
　Y 扭转振动

回正力矩
　Y 稳定力矩

回转
　Y 旋转

回转摆
　Y 陀螺摆

回转半径
radius of gyration
O311.2
　D 惯性半径
　　　回旋半径
　　　均方根半径
　　　旋回半径
　　　旋转半径
　　　转动半径
　　　转弯半径
　　　转向半径
　S 半径*
　C 等值摆长
　　　调制传递函数 →(1)

回转磁比
　Y 朗德 g 因子

回转磁化
　Y 磁化

回转角
　Y 转角

回转力矩
　Y 陀螺力矩

回转速度
　Y 转速

回转稳定器
　Y 陀螺仪

回转稳定性
　Y 旋转稳定性

回转仪
　Y 陀螺仪

毁伤模式
　Y 损伤

毁伤判据
　Y 损伤判据

汇交力
　Y 共点力

会聚
　Y 聚集

会聚束电子衍射
convergent beam electron diffraction
O722.7
　S 电子衍射
　Z 衍射

会聚透镜
　Y 凸透镜

会切
　Y 磁场位形

会切场
　Y 会切磁场

会切磁场
cusp field
O441.2
　D 会切场
　S 磁场*

会切几何
　Y 磁场位形

绘图仪
drawing instrument
TH761.8
　D 绘图仪器
　S 仪器仪表*
　F 激光绘图仪
　　　喷墨绘图仪
　　　热敏绘图仪
　　　数字绘图仪
　C 绘图工具 →(1)(4)
　　　制图系统 →(4)

绘图仪器
　Y 绘图仪

彗差
comatic aberration
O435.2；P111.3
　D 彗形象差
　　　彗形像差
　　　中心彗差
　S 赛德尔像差
　Z 像差

彗形象差
　Y 彗差

彗形像差
　Y 彗差

惠更斯-菲涅尔原理
　Y 惠更斯-菲涅耳原理

惠更斯-菲涅耳原理
Huygens-Fresnel principle
O431
　D 惠更斯-菲涅尔原理
　S 惠更斯原理
　Z 光学理论

惠更斯原理
Huygens principle
O431
　S 光学理论*
　F 惠更斯-菲涅耳原理
　C 物理光学

惠更斯作图法
Huygens construction
O734
　S 光学方法*

浑沌
　Y 混沌

浑沌理论
　Y 混沌理论

浑沌现象
　Y 混沌现象

浑沌状态
　Y 混沌

浑水
　Y 浑水流场

浑水流场
the sediment free flow field
O35
　D 浑水
　S 流场*

混掺长度
　Y 混合长度

混沌*
chaos
O415.5
　D 浑沌
　　　浑沌状态
　　　混沌方法
　　　混沌分析
　　　混沌化
　　　混沌态
　　　混沌行为
　F 超混沌
　　　多项式混沌
　　　高维混沌
　　　激光混沌
　　　间歇混沌
　　　空间混沌
　　　控制混沌
　　　李-约克混沌
　　　量子混沌
　　　时空混沌
　　　束晕-混沌
　　　数字混沌
　　　瞬态混沌
　　　随机混沌
　　　同步混沌
　　　暂态混沌
　　　阵发混沌
　C 混沌动力系统 →(1)
　　　混沌动力学
　　　混沌理论
　　　混沌系统
　　　混沌宇宙论 →(4)

混沌鞍
chaotic saddle
O415.5

S 混沌性质*

混沌摆
chaos pendulum
O314；O415.5
    S 摆*

混沌边缘
edge of chaos
O415.5；P5
    S 边界*

混沌动力学
chaotic dynamics
O415.5
    D 混沌学
    S 动力学
    C 混沌
       混沌动力系统 →(1)
       混沌理论
    Z 理论力学

混沌反同步
chaotic anti-synchronous
O415.5
    S 混沌同步
       同步*

混沌方法
    Y 混沌

混沌分析
    Y 混沌

混沌轨道
chaotic orbit
O189；O415.5
    S 轨道*

混沌化
    Y 混沌

混沌机理
chaos mechanism
O415.5
    S 混沌性质*

混沌解
chaotic solution
O415.5
    S 混沌性质*

混沌理论
chaos theory
O415.5
    D 浑沌理论
       混沌论
       混沌模型
    S 物理理论*
    C 混沌
       混沌动力学
       混沌同步
       混沌系统
       混沌性质
       吸引子

混沌论
    Y 混沌理论

混沌模型
    Y 混沌理论

混沌时间序列分析
chaotic time series analysis
O415.5
    S 时间序列分析
    Z 数学分析

混沌识别
chaos recognition
O39
    S 识别*

混沌态
    Y 混沌

混沌同步
chaos synchronization
O415.5
    S 同步*
    F 超混沌同步
       广义混沌同步
       混沌反同步
       时空混沌同步
    C 混沌理论
       李雅普诺夫稳定性 →(1)
       同步 →(1)

混沌吸引子
chaotic attractor
O415.5
    S 吸引子*
    F 超混沌吸引子
       多涡卷混沌吸引子

混沌系统*
chaotic system
O415.5
    F Chen 混沌系统
       Genesio 混沌系统
       Hénon 混沌系统
       Liu 混沌系统
       Lorenz 系统
       Lü 混沌系统
       Rossler 混沌系统
       非线性混沌系统
       分数阶混沌系统
       三维混沌系统
       四维混沌系统
       新混沌系统
       自治混沌系统
    C Hurwitz 判据 →(1)
       混沌
       混沌理论
       混沌性质
       吸引子

混沌现象
chaos phenomenon
O415.5
    D 浑沌现象
    S 混沌性质*
    F 蝴蝶效应

混沌行为
    Y 混沌

混沌性质*
chaotic performance
O415.5
    F 长程关联
       混沌鞍
       混沌机理
       混沌解
       混沌现象
    C 混沌理论
       混沌系统

混沌学
    Y 混沌动力学

混沌运动
chaotic motion
O415.5
    S 运动(物理)*
    C 长程关联
       混沌动力系统 →(1)

混沌振动
chaotic vibration
O32
    S 振动*
    C 非线性振子
       主动隔振

混合*
mixing
ZT5
    D 掺合
       混合过程
       混合形式
    F 层流混合
       超声速混合
       湍流混合
    C 混合热 →(3)
       胶溶 →(3)
       气体混合物 →(3)
       溶解热 →(3)
       乳化 →(3)
       液体混合物 →(3)

混合 0-1 规划
mixed 0-1 programming
O221.4；O302
    S 数学规划*

混合边界
mixed boundary
O343
    D 第三类边界
    S 边界*
    F 简支边界

混合变分形式
    Y 混合变分原理

混合变分原理
mixed variational principle
O316
    D 混合变分形式
    S 力学变分原理
    C 混合有限元
    Z 力学原理

混合变量
mixed variables
O302
    S 变量*

混合波
mixed wave

O33；P401
 S 波*

混合参数
mixing parameter
O302
 S 参数*
 C 混合函数 →(1)

混合层
mixing layer
O357；P421.3；P731.2
 D 表层混合层
  表面扰动层
  湍流混合层
  紊流混合层
 S 流体层*
 F 可压缩混合层
 C 过渡流
  滑流
  湍流
  湍流混合
  稀薄气体动力学
  最大混合层厚度 →(4)

混合长
 Y 混合长度

混合长度
mixing length
O357.5；P425.2；P731.26
 D 混掺长度
  混合长
  混合流程
 S 湍流尺度
 C 大气湍流 →(4)
  混合长理论
 Z 湍流特性

混合长理论
mixing length theory
O357.5；P425.2；P731.26
 D 普朗特混合长理论
 S 湍流理论
 C 混合长度
  湍流理论
 Z 力学理论

混合场(力学)
mixing field
O362
 S 场(力学)*

混合定律
 Y 混合律

混合法(有限元法)
 Y 混合有限元

混合光
hybrid optical
TB81
 S 光*

混合光谱
mixed spectrum
O433.5
 S 光谱*

混合规律
 Y 混合律

混合过程
 Y 混合

混合界面
mixed interface
O313
 S 界面*
 F 气水界面

混合晶体
 Y 混晶

混合流
 Y 多相流

混合流程
 Y 混合长度

混合流动
 Y 多相流

混合流体
mixed fluid
O35
 S 流体*
 C 行进波

混合律
mixing rule
O302
 D 混合定律
  混合规律
 S 力学定律*

混合膜
mixed films
O484
 D 共混薄膜
 S 薄膜*

混合排列向列相
hybrid alignment nematic phase
O753.2
 S 向列相
 Z 晶相

混合气流
 Y 多相流

混合热力学
thermodynamics of mixtures
O414.1
 S 热力学*

混合熵
mixing entropy
O414.2
 D 形位熵
  组态熵
 S 熵*

混合态
mixed state
O413
 D 混态
  量子混合态
 S 量子态*
 Z 能态

混合体
 Y 混合物

混合投影同步
hybrid projective synchronization
O415.5
 S 同步*

混合位错
mixed dislocation
O772
 D 混合型位错
 S 位错
 Z 晶体缺陷

混合物*
mixture
O642.5
 D 掺合物
  混合体
  混合物组份
 F 两相混合物
 C 分散体系
  共晶体
  溶液

混合物理论
mixture theory
O311
 S 力学理论*

混合物组份
 Y 混合物

混合形式
 Y 混合

混合型裂纹
 Y 复合型裂纹

混合型流场
 Y 内外流场

混合型位错
 Y 混合位错

混合液
 Y 混合液体

混合液晶
mixed liquid crystal
O753.2
 S 液晶*

混合液体
mixed liquor
O35
 D 混合液
 S 液体*

混合硬化
mixed-hardening
O344.1
 S 硬化*

混合有限元
mixed finite element
O175.2；O241.82；O242.2；O302
 D 混合法(有限元法)
  混合有限元法
  混合有限元方法

混合元
特征混合有限元
S 有限元*
C 超收敛 →(1)
二阶椭圆方程 →(1)
混合变分原理
扩散系数

混合有限元法
Y 混合有限元

混合有限元方法
Y 混合有限元

混合元
Y 混合有限元

混合元法
hybrid element method
O302
D 混合元方法
S 力学方法*

混合元方法
Y 混合元法

混合自旋系统
mixed spin system
O413.2
S 自旋系统
Z 量子系统

混合自由能
mixing free energy
O414.1；O642
S 自由能
Z 能量

混晶
mixed crystal
O645.5；O73
D 混合晶体
S 晶体*
F 三元混晶

混晶结构
mixed crystal structure
O76
S 晶体结构*

混流
Y 多相流

混鸣期
Y 混响时间

混态
Y 混合态

混同渗流
Y 渗流

混相流体
Y 多相流体

混响
reverberation
O423
D 交混回响
S 声学特性*
C 混响室

声反射

混响级
reverberation level
TB95
S 声级
Z 声学参数

混响期
Y 混响时间

混响声
reverberant sound
O423
S 声音*

混响声场
reverberant field
O422.2
S 声场*
C 混响时间

混响时间
reverberation time
O423
D 回鸣期
回响期
回响时间
混鸣期
混响期
混响周期
S 事件时间*
C 混响声场
音质

混响室
reverberation chambers
O423
S 声学实验室
C 混响
扩散声场
声扩散
声学测量
Z 实验室

混响周期
Y 混响时间

混浊介质
turbid medium
O43
S 光学介质*

混浊性
Y 不透明度

活动边界
Y 动边界

活动荷载
Y 活荷载

活荷载
live load
O347.1
D 活动荷载
活载
活载荷
可变载荷
移动负载

移动荷载
移动载荷
S 动载荷
C 高斯积分 →(1)
移动质量
Z 荷载

活化产物
activation products
O57；O615
S 反应产物*

活化截面
activation cross-section
O571.21；O571.4
S 核反应截面
Z 核截面

活塞流
piston flow
O351；P33
D 活塞式流动
平推流
S 流体流*
C 土壤水 →(4)

活塞式流动
Y 活塞流

活塞式渗流
Y 渗流

活载
Y 活荷载

活载荷
Y 活荷载

火花放电
spark discharge
O461.23
S 自持放电
Z 放电

火花源原子发射光谱法
spark source atomic emission spectrometry
O433.4；O657.31
S 原子发射光谱分析
C 火焰光度法
Z 光谱分析

火箭弹道
rocket trajectory
O315
D 火箭轨道
自旋式无制导火箭
S 弹道*

火箭弹外弹道学
Y 外弹道学

火箭轨道
Y 火箭弹道

火箭推力
rocket thrust
O313
S 推力*
C 推力室压力
推力载荷

火炮内弹道
gun interior ballistics
O315
　　S 内弹道
　　Z 弹道

火球
　　Y 核爆炸效应

火球（核）
　　Y 核爆炸效应

火旋涡
　　Y 涡旋

火焰*
flame
O643.21
　　F 蜡烛火焰
　　C 燃烧 →(3)(4)(5)
　　　 有焰燃烧 →(3)

火焰发射光谱
flame emission spectrum
O433.4；O433.5
　　S 发射光谱分析
　　Z 光谱分析

火焰发射光谱法
　　Y 火焰光度法

火焰光度法
flame photometry
O433.4；O433.52；O657.31
　　D 火焰发射光谱法
　　　 火焰光谱
　　　 火焰光谱法
　　　 火焰光谱分析
　　　 火焰光谱学
　　　 火焰原子发射光谱法
　　S 光度法
　　C 火花源原子发射光谱法
　　　 火焰原子吸收光谱法
　　Z 光化学分析法

火焰光谱
　　Y 火焰光度法

火焰光谱法
　　Y 火焰光度法

火焰光谱分析
　　Y 火焰光度法

火焰光谱学
　　Y 火焰光度法

火焰温度
flame temperature
O551.2；O643.21
　　S 温度*
　　F 绝热火焰温度

火焰原子发射光谱法
　　Y 火焰光度法

火焰原子光谱法
　　Y 火焰原子吸收光谱法

火焰原子吸收
　　Y 火焰原子吸收光谱法

火焰原子吸收法
　　Y 火焰原子吸收光谱法

火焰原子吸收光度法
　　Y 火焰原子吸收光谱法

火焰原子吸收光谱
　　Y 火焰原子吸收光谱法

火焰原子吸收光谱法
flame atomic absorption spectrometry
O433.4；O657.31
　　D 火焰原子光谱法
　　　 火焰原子吸收
　　　 火焰原子吸收法
　　　 火焰原子吸收光度法
　　　 火焰原子吸收光谱
　　S 原子吸收光谱法
　　F 无火焰原子吸收法
　　C 火焰光度法
　　Z 光谱分析

或然率
　　Y 概率

获取
　　Y 采集

霍布金生杆
Hopkinson bars
O347.3
　　D Hopkinson 压杆
　　　 霍普金森压杆
　　S 冲击杆*
　　F 分离式 Hopkinson 压杆
　　C 动态应力应变关系

霍尔测量
Hall measurement
O47
　　S 电学量测量*
　　C 磁输运

霍尔电场
Hall field
O441.1
　　S 电场*
　　C 霍尔迁移率

霍尔电导率
Hallconductivity
O441.1
　　S 电导率
　　C 霍尔迁移率
　　Z 物理参数

霍尔电势
Hall potential
O441.1
　　S 电位*

霍尔电压
Hall voltage
TM933.2
　　S 电压*

霍尔迁移率
Hall mobility
O441.1
　　D 电子霍耳迁移率
　　　 霍耳迁移率
　　S 电子迁移率
　　C 霍尔电场
　　　 霍尔电导率
　　　 霍尔效应
　　Z 迁移率

霍尔效应
Hall effect
O441
　　D Hall 效应
　　　 霍耳效应
　　S 电磁效应
　　F 等温霍尔效应
　　　 反常霍尔效应
　　　 巨霍尔效应
　　　 绝热霍尔效应
　　　 量子霍尔效应
　　　 自旋霍尔效应
　　C 磁流体动力学
　　　 霍尔迁移率
　　　 迁移率
　　　 特斯拉计 →(5)
　　Z 电场效应

霍耳迁移率
　　Y 霍尔迁移率

霍耳效应
　　Y 霍尔效应

霍夫曼编码
Huffman code
TN911.2
　　S 图像编码
　　C 二维离散余弦变换 →(1)
　　Z 图像处理

霍普金森压杆
　　Y 霍布金生杆

霍特林变换
Hotelling transform
O43
　　S 数学变换*

击波
　　Y 冲击波

击波前
　　Y 冲击波前

击穿
　　Y 介电击穿

击穿场强
breakdown field strength
O441.1
　　S 场强*

击穿电压
breakdown voltage
TM933.2
　　S 电压*

击穿碰撞
puncture collision
O313.4
　　S 力学碰撞*

击穿强度

breakdown strength
O346
　D 绝缘强度
　S 力学强度*

机电耦合
　Y 力电耦合

机动分析
kinematic analysis
O302
　S 分析*
　C 工程力学

机动容许场
　Y 运动容许场

机理*
mechanism
ZT0
　D 机制
　F VLS 生长机制
　　爆破机理
　　导电机制
　　断裂机理
　　激发机制
　　激光损伤机理
　　加热机理
　　加速机理
　　减阻机理
　　矫顽力机理
　　抗弹机理
　　流变机理
　　流场机理
　　摩擦机理
　　磨损机理
　　疲劳机理
　　破坏机制
　　衰减机制
　　塑性变形机理
　C 理论
　　粘滑 →(5)

机理分析
mechanism analysis
O43
　S 分析*

机理分析法
mechanism analysis method
O302
　S 力学方法*

机理模型
　Y 力学模型

机尾云
　Y 飞机尾流

机械变量测量
　Y 力学测量

机械波
　Y 应力波

机械弛豫
　Y 滞弹性弛豫

机械冲击
mechanical shock
O313.4；O347.1
　D 冲击(力学)
　　机械冲击[震动]
　　力学冲击
　S 冲击*
　F 扭转冲击
　C 脉冲(力学)

机械冲击[震动]
　Y 机械冲击

机械发光
　Y 摩擦发光

机械功
mechanical work
O31
　S 功*

机械减振
　Y 机械阻尼

机械接触
mechanical contact
O343.3
　D 机械接口
　　机械界面
　　接口机制
　S 接触*

机械接口
　Y 机械接触

机械界面
　Y 机械接触

机械可靠性
　Y 结构可靠性

机械孪晶
　Y 形变孪晶

机械弥散
　Y 弥散

机械模型
　Y 力学模型

机械能
mechanical energy
O313
　S 能量*

机械能守恒
　Y 机械能守恒定律

机械能守恒定律
law of conservation of mechanical energy
O313；O41
　D 机械能守恒
　S 守恒定律
　Z 物理定律

机械疲劳理论
　Y 疲劳理论

机械强度
　Y 力学强度

机械强度计算
　Y 强度计算

机械时效
　Y 应变时效

机械双晶
mechanical twin
O762
　S 孪晶
　Z 晶体

机械双折射
　Y 应力双折射

机械性能
　Y 力学性质

机械性能试验
　Y 力学性能试验

机械性质
　Y 力学性质

机械运动
mechanical motion
O311
　D 力学运动
　S 运动*

机械载荷
mechanical load
O347
　S 荷载*

机械噪声
mechanical noise
O422.8
　S 噪声*
　F 振动噪声
　C 波的叠加
　　机械振动

机械振荡
mechanical oscillations
O32
　S 振荡*
　F 浮力振荡

机械振动
mechanical vibration
TH113.1
　S 振动*
　F 残余振动
　　伸缩振动
　　质点振动
　C 动载荷
　　机械噪声
　　行进波

机械阻尼
mechanical damping
O328
　D 机械减振
　S 阻尼*

机械作用
　Y 力学作用

机翼模型
wing model
O354
　S 气动模型
　C 平板模型
　Z 力学模型

机制
  Y 机理

奇 A 核
odd-A nucleus
O571.21
  S 原子核*

奇偶校验
parity check
TN911；TP391
  D 均等核对
  S 检测*

奇偶相干态
even and odd coherent states
O413.1
  S 相干态
  Z 能态

奇奇核
odd-odd nuclei
O571.21
  D 奇-奇核
    双奇核
  S 原子核*

奇-奇核
  Y 奇奇核

积*
product
O121；O14
  F 惯量积
    正规乘积
  C 泛容许性 →(1)

积分*
integral
O13；O171；O172.2
  D 积分形式
    积分性质
    积分学
    积分原理
  F J 积分
    Sommerfeld 积分
    边界积分
    费米积分
    广义能量积分
    环路积分
    降阶积分
    精细积分
    碰撞积分
    时程积分
    矢量积分
    位形积分
    循环积分
    衍射积分
    逐步积分
  C 导数
    微积分 →(1)

积分变换*
integral transform
O171；O172.2；O177.6
  D 积分变换法
  F Abel 逆变换
  C 泛函分析 →(1)
    连续偏差变元 →(1)

数学变换

积分变换法
  Y 积分变换

积分不变量
integral invariant
O302
  S 不变量*

积分尺度
integral scale
O351
  S 尺度*

积分法
integral method
O171；O172.2；O241；O351
  D 积分方法
  S 数学方法*
  F 积分方程方法
    逐步积分法
  C 竖式 →(1)
    微分法 →(1)

积分方程方法
integral equation methods
O172.2；O302；O343
  D 间接边界积分方程法
  S 积分法
  Z 数学方法

积分方法
  Y 积分法

积分位移
  Y 位移计算

积分形式
  Y 积分

积分性质
  Y 积分

积分学
  Y 积分

积分原理
  Y 积分

积累*
accumulate
ZT5
  F 应变能积累
    应力积累

基本参考系
  Y 参照系

基本常数
  Y 常数

基本电荷
  Y 元电荷

基本解方法
method of fundamental solutions
O347.41
  S 力学方法*
  C 超奇异积分方程 →(1)

基本粒子

elementary particles
O572.3
  D 元粒子
  S 粒子*
  F 玻色子
    部分子
    粲粒子
    反粒子
    费米子
    夸克
    快子
    末态粒子
    奇异粒子
    全同粒子
    相对论粒子
    虚粒子
    中性粒子
  C 核子数
    基本粒子理论

基本粒子单举相互作用
elementary particle inclusive interactions
O572.24
  S 基本粒子相互作用
  F π介子-质子单举相互作用
  Z 粒子相互作用

基本粒子电磁相互作用
elementary particle electromagnetic interactions
O572.24
  S 基本粒子相互作用
  C 标准模型
  Z 粒子相互作用

基本粒子对称性
elementary particle symmetry
O572.23
  S 粒子性质*
  F 超对称
    分立对称性
  C 李群 →(1)

基本粒子复合模型
  Y 亚夸克模型

基本粒子互作用
  Y 基本粒子相互作用

基本粒子理论
elementary particle theory
O572.2
  D 粒子理论
  S 量子场论
  F 电子论
    二分量中微子理论
    范伯格-佩斯理论
    盖耳曼理论
    海特勒-伦敦理论
  C 标度不变性
    基本粒子
    粒子测量
    弱相互作用
  Z 物理理论

基本粒子模型
  Y 亚夸克模型

基本粒子强相互作用
elementary particle strong interactions

O572.24
    S 基本粒子相互作用
    Z 粒子相互作用

基本粒子弱相互作用
elementary particle weak interactions
O572.24
    S 基本粒子相互作用
    C 标准模型
    Z 粒子相互作用

基本粒子散射
    Y 粒子散射

基本粒子衰变
    Y 粒子衰变

基本粒子物理学
    Y 高能物理学

基本粒子相互作用
elementary particle interactions
O572.24
    D 基本粒子互作用
    S 粒子相互作用*
    F 基本粒子单举相互作用
      基本粒子电磁相互作用
      基本粒子强相互作用
      基本粒子弱相互作用
      基本粒子引力相互作用

基本粒子引力相互作用
elementary particle gravitational interactions
O572.24
    S 基本粒子相互作用
    C 超引力
      引力场
    Z 粒子相互作用

基本流态
basic flow pattern
O35
    S 流态*

基本模
    Y 基模

基本气流
basic flow
O354；P433
    D 平均气流
      时间平均流
      时间平均气流
      时均气流
    S 气流*
    C 风场 →(4)

基本物理常数
fundamental physical constants
O4-0
    S 物理常数*
    F 法拉第常数
      精细结构常数
      里德伯常数
      普朗克常数
    C 基本物理量

基本物理量
fundamental physical quantily
O4-34
    S 物理量*
    C 基本物理常数
      计量单位

基本系统
    Y 系统

基本相互作用
basic interactions
O572.24
    S 相互作用*
    F 强相互作用
      弱相互作用
    C 守恒定律
      统一场论

基本振型
    Y 主振型

基波
fundamental wave
TM93
    S 波*

基础激励
base excitation
O323
    S 激励*

基础物理概念
    Y 物理基础理论

基础振动
foundation vibration
O327
    S 结构振动
    Z 振动

基底隔振
base isolation
O328
    D 基底隔震
    S 隔振
    C 能量吸收
    Z 减振

基底隔震
    Y 基底隔振

基底剪力
base shear
TU311
    S 剪切力
    C 倾覆力矩
    Z 力

基底剪力系数
base shear coefficient
O313
    D 剪切系数
    S 力系数
    Z 系数

基点法
method of base point
O302
    S 力学方法*

基尔霍夫电流定律
Kirchhoff's current law
TM133
    S 基尔霍夫定律
    Z 电路理论

基尔霍夫电压定理
    Y 基尔霍夫电压定律

基尔霍夫电压定律
Kirchhoff's voltage law
TM133
    D 基尔霍夫电压定理
    S 基尔霍夫定律
    Z 电路理论

基尔霍夫定律
Kirchhoff's law
TM133
    D 基尔霍夫理论
    S 电路理论*
    F 基尔霍夫电流定律
      基尔霍夫电压定律
    C 辐射能
      无衍射光束
      吸收率

基尔霍夫理论
    Y 基尔霍夫定律

基尔霍夫衍射公式
    Y 基尔霍夫衍射理论

基尔霍夫衍射理论
Kirchhoff diffraction theory
O436.1
    D 基尔霍夫衍射公式
    S 衍射理论
    Z 光学理论

基函数法
base function method
O411
    S 数学物理方法
    C 半正交小波 →(1)
    Z 物理法

基坑回弹
foundation pit resilience
TU4
    D 地基回弹
    S 弹性
    Z 力学性质

基浪
    Y 波浪结构

基面力
base forces
O31
    S 力*
    C 余能原理

基模
fundamental mode
TN241/244
    D 基本模
    S 激光模*

基模高斯光束
fundamental-mode gaussian beam
O432.12
    S 高斯光束

主　表　359

Z 光束

基数据
basic data
TN919；TP274
　　S 数据*

基态
　　Y 稳定

基态结构
　　Y 稳定

基态结合能
ground state binding energy
O562
　　D 基态结合能量
　　S 基态能量
　　　 结合能
　　Z 能量

基态结合能量
　　Y 基态结合能

基态能
　　Y 基态能量

基态能级
ground state level
O562.1
　　S 能级*
　　C 基态能量

基态能量
ground state energy
O562
　　D 基态能
　　S 原子能量
　　F 基态结合能
　　C 基态能级
　　　 基态性质
　　Z 能量

基态性质
ground state properties
O482
　　S 物理性质*
　　C 基态能量

基态跃迁
ground-state transition
O413.1
　　S 跃迁*

基体裂纹
matrix cracking
O346.1
　　S 裂纹*

基体损伤
matrix damage
O346.5
　　S 损伤（力学）*

基线*
baseline
P20
　　F 立体基线
　　　 有效基线
　　C 基线测量　→(4)
　　　 基线解算　→(4)

基音
fundamental tone
O42
　　S 声音*

基元*
primitive
ZT6
　　F 结构基元
　　　 生长基元
　　　 液晶基元

基元电荷
　　Y 元电荷

基元反应模型
detailed chemical reaction model
O38
　　S 化学模型*

基元全息图
elementary hologram
O438.1
　　S 全息图*

基质
matrix
O78
　　C 斑晶　→(5)

基准*
reference
ZT82
　　D 基准体系
　　F 计量基准
　　　 时间基准

基准体系
　　Y 基准

基准压
　　Y 基准压强

基准压强
base pressure
TU5
　　D 基准压
　　S 压强*

基座法
pedestal pulling method
O782
　　S 熔体生长法
　　Z 晶体生长方法

畸变*
distortion
P111.3
　　D 畸变参数
　　　 畸变现象
　　　 失真
　　F 波前畸变
　　　 场畸变
　　　 电流畸变
　　　 电压畸变
　　　 流场畸变
　　　 面畸变
　　　 切向畸变
　　　 热畸变
　　　 相位畸变

　　　 谐波畸变
　　　 总压畸变
　　C 弹性波
　　　 膨胀

畸变参数
　　Y 畸变

畸变测量
distortion measurement
TM935
　　S 光学参数测量
　　C 畸变校正　→(4)
　　Z 光学测量

畸变差
distortion error
O435.2；P231
　　D 畸变误差
　　　 剪切畸变差
　　　 切向畸变差
　　　 全景畸变差
　　　 摄影测量畸变差
　　　 随机畸变差
　　S 误差*
　　C 激光自准直
　　　 随机解　→(1)

畸变能
distortion energy
O31
　　S 能量*

畸变屈曲
distortional buckling
O344.7
　　S 屈曲*
　　C 直接强度法

畸变误差
　　Y 畸变差

畸变现象
　　Y 畸变

畸变因数
　　Y 总谐波畸变

畸变因子
distortion factor
TM92
　　S 因子*

畸形波
freak waves
O353.2；P731.22
　　D 焦波
　　　 聚焦波
　　　 聚焦波浪
　　S 波形*

激波*
shock wave
O354.5
　　D 冲波
　　　 冲激波
　　　 地激波
　　　 辐射驱动激波
　　　 附体激波
　　　 弓形波

    收缩激波
    舷激波
    头波
  F 磁流体力学激波
    多重激波
    反射激波
    弓形激波
    环形激波
    碰撞激波
    热激波
    入射激波
    湍流激波
    脱体激波
    小激波
    斜激波
    行星际激波
    正激波
  C 爆炸效应
    爆炸载荷
    冲击波
    冲击载荷
    高超声速流动
    跨音速流
    马赫波
    马赫数
    应力波

激波/边界层相互作用
shock/boundary-layer interaction
O354.5；O357.4
  S 多相介质相互作用
  C 跨音速流
  Z 力学作用

激波/湍流边界层干扰
shock wave/turbulent boundary layer interaction
O354.5；O357.5
  S 激波边界层干扰
  Z 气动力干扰

激波边界层干扰
shock wave boundary layer interaction
O354.5
  D 冲波边界层干扰
    激波-边界层干扰
    激波附面层干扰
  S 激波干扰
  F 激波/湍流边界层干扰
  C 尺度效应 →(4)
    雷诺数效应
  Z 气动力干扰

激波-边界层干扰
  Y 激波边界层干扰

激波波阵面
  Y 冲击波阵面

激波捕获
  Y 激波捕捉法

激波捕捉
  Y 激波捕捉法

激波捕捉法
shock-capturing method
O354.5
  D 激波捕获
    激波捕捉

  S 力学方法*
  C 计算空气动力学

激波不稳定性
  Y 激波稳定性

激波测量
shock wave measurement
TB462；TH82
  S 流动测量
  C 激波解 →(1)
  Z 力学测量

激波层
shock layer
O354.5；O357.4
  D 粘性薄激波层
  S 激波结构
    流体层*
  Z 波结构

激波传播
shock wave propagation
O354.5
  D 激波间断
  S 波传播
  Z 能量转移

激波反射
shock wave reflection
O354.5
  S 反射*

激波附面层干扰
  Y 激波边界层干扰

激波干扰
shock wave interaction
O354.5
  D 冲波干扰
    激波相互作用
  S 气动力干扰*
  F 激波边界层干扰
  C 激波法 →(5)

激波构造
  Y 激波结构

激波间断
  Y 激波传播

激波结构
shock wave structure
O354.5
  D 激波构造
    激波剖面
  S 波结构*
  F 激波层
    激波绝热线
    激波绕射
    激波吞入
    激波弯曲
  C 激波衰减

激波结晶过程
  Y 激波晶化

激波结晶化
  Y 激波晶化

激波结晶化过程

  Y 激波晶化

激波晶化
shock wave crystallization
O79
  D 激波结晶过程
    激波结晶化
    激波结晶化过程
    激波晶化过程
    激波诱导结晶过程
    激波诱导结晶化
    激波诱导结晶化过程
    激波诱导晶化
    激波诱导晶化过程
  S 晶化*

激波晶化过程
  Y 激波晶化

激波聚焦
shock wave focusing
O354.5
  S 聚焦*

激波绝热线
shock wave adiabat
O354.5；O369
  S 激波结构
  Z 波结构

激波流场
shock wave flow field
O354.5
  S 流场*

激波拟合法
shock-fitting method
O354.5
  S 流体力学法*
  C 特征线法 →(1)

激波剖面
  Y 激波结构

激波强度
shock strength
O346；O354.5
  D 冲击波强度
  S 力学强度*

激波绕射
shock wave diffraction
O354.5
  S 激波结构
  Z 波结构

激波衰减
shock wave attenuation
O354.5
  D 冲波衰减
  S 波衰减
  C 激波结构
    激波效应
  Z 衰减

激波吞入
swallow of shock
O354.5
  S 激波结构
  Z 波结构

主　表　361

激波弯曲
shock curvature
O354.5；O369
　D 激波弯曲(激波曲率)
　S 激波结构
　Z 波结构

激波弯曲(激波曲率)
　Y 激波弯曲

激波位置
shock position
O354.5
　S 位置*

激波稳定性
shock wave stability
O317；O354.5
　D 激波不稳定性
　S 流体稳定性
　Z 力学稳定性

激波相互作用
　Y 激波干扰

激波效应
shock wave effects
O354.5
　S 气动效应*
　C 层裂
　　激波衰减

激波压力
　Y 气体压力

激波诱导结晶过程
　Y 激波晶化

激波诱导结晶化
　Y 激波晶化

激波诱导结晶化过程
　Y 激波晶化

激波诱导晶化
　Y 激波晶化

激波诱导晶化过程
　Y 激波晶化

激波阵面
　Y 冲击波阵面

激波阻力
　Y 流动阻力

激撮力
　Y 扰动力

激发*
excitation
O4-0
　D 触发作用
　　激发过程
　　激发作用
　F 参量激发
　　电子激发
　　非线性元激发
　　分步激发
　　分子激发
　　孤子激发
　　光致激发
　　局域激发
　　库仑激发
　　碰撞激发
　　热激发
　　相干激发
　　振动激发
　　质子激发
　　转动激发
　　自旋波激发
　C 化学活化　→(3)
　　激发机制
　　激发介质
　　激发能级
　　激发能量　→(3)
　　激发频率
　　激发态

激发波长
excitation wavelength
O562
　S 波长*

激发电势
　Y 激发电位

激发电位
excitation potential
O441.1
　D 激发电势
　S 电位*
　F 第一激发电位

激发光
　Y 光致发光

激发光谱
excitation spectrum
O433.5
　D 激发谱
　S 光谱*
　F 元激发谱

激发光源
excitation light source
O432.1
　S 光源*

激发过程
　Y 激发

激发机制
excitation mechanism
ZT5
　S 机理*
　C 激发

激发介质
exciting media
O482
　D 可激发介质
　S 介质*
　C 激发

激发能级
excitation level
O562.1
　S 能级*
　C 激发
　　激发态

激发频率
excitation frequency
O562
　S 频率*
　C 激发

激发谱
　Y 激发光谱

激发态
excited state
O571.41
　D 受激态
　S 原子态
　F 低激发态
　　电子激发态
　　多重态
　　分子激发态
　　高激发态
　　里德堡态
　　内部激发态
　　振动态
　C 激发
　　激发能级
　　激发态寿命
　　激发态原子
　　激发态质子转移
　Z 能态

激发态寿命
excited state lifetime
O562
　D 受激态寿命
　S 原子参数*
　C 激发态

激发态原子
excited atom
O562
　S 原子*
　C 激发态

激发态质子转移
excited state proton transfer
O562
　S 有机反应*
　C 激发态

激发温度
excitation temperature
O432.12；P14
　S 温度*
　F 电子激发温度

激发相干态
excited coherent state
O413.1
　S 相干态
　Z 能态

激发形核
　Y 粒子激发形核

激发荧光
excited fluorescence
O432.12
　S 荧光*
　F 单光子荧光
　　双光子荧光

激发作用
　Y 激发

激光 Raman 光谱
　Y 激光拉曼光谱

激光斑点
　Y 激光散斑

激光斑纹
　Y 激光散斑

激光饱和光谱学
　Y 激光光谱学

激光泵浦
laser pumping
O432.12
　D 激光抽运
　S 光泵浦
　Z 泵浦

激光变量测量
laser variables measurement
TN249
　D 激光波长测量
　　激光功率测量
　　激光脉冲变量测量
　　激光频率测量
　　激光束变量测量
　S 激光测量
　C 功率测量
　　频率测量
　Z 光学测量

激光波长
laser wavelength
TN24
　S 光波波长
　F 激射波长
　Z 波长

激光波长测量
　Y 激光变量测量

激光捕获
laser trapping
O436
　S 光俘获
　Z 俘获(物理学)

激光测长
laser length measurement
TN249
　S 激光测量
　Z 光学测量

激光测高
laser altitude measurement
TN249
　S 高程测量*
　　激光测量
　C 激光测距 →(4)
　Z 光学测量

激光测厚仪
laser thickness gauge
TH711；TH741.1
　S 测长仪
　　激光测量仪器
　Z 测量仪器

激光测绘
laser mapping
TN249
　S 激光测量
　Z 光学测量

激光测角
laser angle measurement
TN249
　S 激光测量
　Z 光学测量

激光测角仪
laser goniometers
TH712
　S 光学测角仪
　　激光测量仪器
　Z 测量仪器

激光测距系统
laser ranging system
TH74
　S 激光光学系统
　C 激光测距仪 →(4)
　Z 光学系统

激光测量
laser measurement
TN249
　S 光学测量*
　F 激光变量测量
　　激光测长
　　激光测高
　　激光测绘
　　激光测角
　　激光测速
　　激光测污
　　激光测向
　　激光测振
　　激光干涉测量法
　　激光能量测量
　C 调制光谱
　　多光子光谱
　　光学测量仪器

激光测量仪器
laser measuring instrument
TH744.5
　D 激光仪器
　S 光学测量仪器
　F 激光测厚仪
　　激光测角仪
　　激光测速仪
　　激光测温仪
　　激光分光光度计
　　激光能量计
　　激光振动计
　Z 测量仪器

激光测速
laser velocimetry
TN249
　D 激光测速法
　S 激光测量
　F 激光多普勒测速
　　激光干涉测速
　C 风速测量 →(4)

　　光学测量仪器
　　速度测量
　Z 光学测量

激光测速法
　Y 激光测速

激光测速仪
laser velocimeter
TH741
　D 激光速度计
　S 测速仪
　　激光测量仪器
　F 激光多普勒测速仪
　Z 测量仪器

激光测温仪
laser thermodetector
TH741
　S 激光测量仪器
　Z 测量仪器

激光测污
laser pollution measurement
TN249
　S 激光测量
　Z 光学测量

激光测向
laser direction finding
TN249
　S 激光测量
　Z 光学测量

激光测振
laser vibration measurement
TN249
　S 激光测量
　Z 光学测量

激光产生等离子体
　Y 激光等离子体

激光场
laser fields
O432.12
　S 光场*
　F 激光尾波场
　　激光驻波场
　　强激光场
　　双色激光场

激光超声
laser ultrasound
O426.1
　S 超声技术
　C 法布里-珀罗干涉仪 →(4)
　Z 声学技术

激光超声波
laser ultrasonic wave
O426.1
　S 超声波
　Z 声波

激光冲击
laser shock
O347.5
　S 冲击*
　C 约束层

主 表 363

激光冲击波
laser shock wave
O347.5；O38
　S 冲击波*

激光抽运
　Y 激光泵浦

激光磁共振
laser magnetic resonance
O482.53
　S 光磁共振
　Z 磁共振
　　共振

激光-大气相互作用
　Y 激光与物质相互作用

激光导向
　Y 激光准直

激光等离子体
laser plasma
O531
　D 光致等离子体
　　激光产生等离子体
　　激光诱导等离子体
　　激光致等离体
　　激光致等离子体
　S 等离子体*
　F 飞秒激光等离子体

激光等离子体光源
laser-produced plasma source
O432.12；O53
　S 等离子体光源
　　激光光源
　Z 光源

激光等离子体声波
laser plasma acoustic wave
O534
　S 等离子体声波
　Z 等离子体波

激光等离子体相互作用
laser-plasma interactions
O536
　D 激光-等离子体相互作用
　S 等离子体相互作用
　　激光与物质相互作用
　Z 相互作用

激光-等离子体相互作用
　Y 激光等离子体相互作用

激光等离子体诊断
laser plasma diagnostics
O539
　S 等离子体诊断
　　激光诊断
　Z 等离子体应用
　　光学应用

激光对准望远镜
　Y 光学望远镜

激光多普勒测速
laser Doppler velocimetry
TN249

　S 激光测速
　C 粒子图像测速
　Z 光学测量

激光多普勒测速仪
laser Doppler velocimeter
TH741；TH82
　D LDV 测量
　S 激光测速仪
　C 螺旋流场 →(5)
　Z 测量仪器

激光多普勒测振仪
laser Doppler vibrometers
TH741
　S 激光振动计
　Z 测量仪器

激光多普勒效应
laser Doppler effect
TN24
　S 激光效应*

激光发光光谱分析
　Y 激光光谱分析

激光发射
laser emission
O432.12
　D 受激光发射
　S 光发射
　F 上转换发射
　　受激发射
　C 激光光源
　Z 发射

激光反射
laser reflection
TN241
　S 光学反射
　Z 反射

激光反射镜
laser mirrors
TH74
　S 光学元件*

激光非晶化
laser amorphousizing
O795
　S 非晶化
　Z 晶化

激光分光光度计
laser spectrophotometer
TH74
　D 激光喇曼分光光度计
　S 光学测量仪器
　　激光测量仪器
　Z 测量仪器

激光分子束外延
laser molecular beam epitaxy
O484.1
　S 分子束外延
　Z 外延

激光辐射
laser radiation
O432.12

　D 激光辐照
　　激光照射
　　受激辐射
　S 光辐射
　C 激光光源
　Z 辐射

激光辐照
　Y 激光辐射

激光辐照均匀性
laser irradiation uniformity
O437
　S 光学均匀性
　Z 光学性质

激光干涉
　Y 激光干涉测量法

激光干涉测量法
laser interferometry
TN249
　D 激光干涉
　　激光干涉法
　　激光干涉术
　S 干涉测量
　　激光测量
　F 激光全息干涉
　　激光自混合干涉
　Z 光学测量

激光干涉测速
laser interference velocity
TN249
　S 激光测速
　C 粒子图像测速
　Z 光学测量

激光干涉法
　Y 激光干涉测量法

激光干涉术
　Y 激光干涉测量法

激光干涉条纹
laser interference fringes
O436.1
　S 干涉条纹*

激光感生电压
laser induced voltage
TM933.2
　S 电压*
　F 激光感生热电电压

激光感生击穿光谱
　Y 激光诱导击穿光谱

激光感生热电电压
laser induced thermoelectric voltage
TM933.2
　S 激光感生电压
　Z 电压

激光感生荧光
　Y 激光荧光

激光高斯光束
　Y 高斯光束

激光功率测量

Y 激光变量测量

激光功率计
Y 激光能量计

激光功率密度
laser power density
TB96；TN241
S 功率密度
Z 密度

激光共振腔
Y 激光谐振腔

激光惯性约束聚变
laser inertial confinement fusion
O432.12；O571.44
S 惯性约束聚变
激光核聚变
Z 核反应

激光光斑
Y 激光散斑

激光光谱
laser spectrum
O433.54
S 光谱*
F 激光拉曼光谱
激光微区发射光谱
激光吸收光谱
激光诱导等离子体光谱
激光诱导击穿光谱
激光诱导荧光激发谱
可调谐激光吸收光谱
C 激光光谱分析
激光光学

激光光谱法
Y 激光光谱分析

激光光谱分析
laser spectral analysis
O433.4
D 激光发光光谱分析
激光光谱法
激光微区光谱分析
S 光谱分析*
F 激光热透镜光谱法
C 激光光谱
激光光谱仪 →(4)

激光光谱学
laser spectroscopy
O433.54
D 激光饱和光谱学
激光光声光谱学
S 光谱学*

激光光散射
Y 激光散射

激光光声光谱学
Y 激光光谱学

激光光学
laser optics
O439
S 应用光学
C 激光光谱

激光光学系统
Z 光学

激光光学系统
laser optical system
TH74
S 光学系统*
F 单模激光 Lorenz 系统
激光测距系统
激光遥感系统
C 激光光学

激光光源
laser light source
O432.12
D 激光源
S 光源*
F 激光等离子体光源
C 激光发射
激光辐射

激光核聚变
laser fusion
O432.12；O571.44
D 激光聚变
S 核聚变
F 激光惯性约束聚变
Z 核反应

激光后向散射
laser backscattering
O432.12；O436.2
S 后向光散射
激光散射
Z 光散射

激光绘图仪
laser plotter
TH761.8
S 绘图仪
Z 仪器仪表

激光混沌
laser chaos
O415.5
S 混沌*

激光击穿
Y 激光损伤

激光击穿光谱
Y 激光诱导击穿光谱

激光基础
Y 激光理论

激光激发
laser excitation
O432.12
S 光致激发
Z 激发

激光校直
Y 激光准直

激光结晶化
Y 激光晶化

激光结晶化过程
Y 激光晶化

激光解吸电离飞行时间质谱
laser desorption ionization time-of-flight mass spectrometry
O56；O657.63
D LDI-TOF-MS
S 质谱法*

激光解吸附电离
laser desorption ionization
TN24
S 激光效应*

激光晶化
laser crystallization
O432.12；O79
D 激光结晶化
激光结晶化过程
激光晶化过程
激光诱导结晶过程
激光诱导结晶化
激光诱导结晶化过程
激光诱导晶化
激光诱导晶化过程
S 晶化*

激光晶化过程
Y 激光晶化

激光晶体
laser crystal
O799
S 光学晶体*
F 复合激光晶体
光调制晶体
化学计量激光晶体
可调谐激光晶体
色心激光晶体
自激活激光晶体

激光聚变
Y 激光核聚变

激光控制
laser control
O432.12
S 光控制
F 激光相干控制
Z 控制

激光扩束器
laser beam expander
TN249
S 扩束器
Z 光学元件

激光拉曼光谱
laser raman spectra
O433.54；O657.37
D 激光 Raman 光谱
激光拉曼光谱法
激光喇曼光谱
S 激光光谱
拉曼光谱
Z 光谱

激光拉曼光谱法
Y 激光拉曼光谱

激光拉曼探针
laser Raman microprobe

TH703.2；TN249
　　S 激光探针
　　Z 探针

激光喇曼分光光度计
　　Y 激光分光光度计

激光喇曼光谱
　　Y 激光拉曼光谱

激光喇曼散射
　　Y 拉曼散射

激光冷却
laser cooling
TN241
　　S 冷却*

激光理论
laser theory
TN241
　　D 激光基础
　　　激光原理
　　S 光学理论*
　　F 半经典理论
　　C 激光跃迁

激光粒度
　　Y 激光粒度仪

激光粒度分布仪
　　Y 激光粒度仪

激光粒度仪
laser particle sizer
TH711；TN249
　　D 激光粒度
　　　激光粒度分布仪
　　S 光学测量仪器
　　　粒度仪
　　Z 测量仪器

激光脉冲
laser pulse
TN24；TN78
　　S 光脉冲
　　F 超短激光脉冲
　　　超强激光脉冲
　　　高斯激光脉冲
　　　强激光脉冲
　　C 激光脉冲能量
　　Z 脉冲

激光脉冲变量测量
　　Y 激光变量测量

激光脉冲能
　　Y 激光脉冲能量

激光脉冲能量
laser pulse energy
O432.12
　　D 激光脉冲能
　　S 脉冲能量
　　C 激光脉冲
　　Z 能量

激光模*
laser modes
TN241/244
　　D 光腔振荡模式
　　　激光模式
　　F 横模
　　　基模
　　　纵模

激光模式
　　Y 激光模

激光能量
laser energy
TN241
　　S 光能
　　Z 能量

激光能量测量
laser energy measurement
O439
　　S 激光测量
　　Z 光学测量

激光能量计
laser energy meter
TH741
　　D 激光功率计
　　S 光功率计
　　　激光测量仪器
　　Z 测量仪器

激光能量密度
laser energy density
TB96；TN241
　　S 能量密度*

激光偏转器
laser deflector
TN15；TN65；TP212
　　S 光偏转器
　　Z 光学元件

激光频率
laser frequency
TN241
　　S 光频
　　Z 光学参数

激光频率测量
　　Y 激光变量测量

激光破坏
　　Y 激光损伤

激光破坏阈值
　　Y 激光损伤阈值

激光破坏作用
　　Y 激光损伤

激光谱线
laser line
O433.3
　　S 光谱线
　　Z 谱线

激光器共振腔
　　Y 激光谐振腔

激光腔
　　Y 激光谐振腔

激光强度
laser intensity
TN241
　　S 光强*

激光全息
laser holography
O438.1
　　D 激光全息技术
　　　激光全息术
　　　激光全息照相
　　S 光学全息
　　C 激光全息干涉
　　Z 全息术

激光全息干涉
laser holographic interferometry
O348.12；O438.1
　　D 激光全息干涉测量
　　　激光全息干涉测量法
　　　激光全息干涉测量方法
　　　激光全息干涉测量技术
　　　激光全息干涉测量术
　　　激光全息干涉法
　　　激光全息干涉方法
　　　激光全息干涉计量
　　　激光全息干涉计量法
　　　激光全息干涉计量方法
　　　激光全息干涉计量技术
　　　激光全息干涉计量术
　　　激光全息干涉技术
　　　激光全息干涉术
　　S 激光干涉测量法
　　　全息干涉术
　　C 激光全息
　　Z 光学测量

激光全息干涉测量
　　Y 激光全息干涉

激光全息干涉测量法
　　Y 激光全息干涉

激光全息干涉测量方法
　　Y 激光全息干涉

激光全息干涉测量技术
　　Y 激光全息干涉

激光全息干涉测量术
　　Y 激光全息干涉

激光全息干涉法
　　Y 激光全息干涉

激光全息干涉方法
　　Y 激光全息干涉

激光全息干涉计量
　　Y 激光全息干涉

激光全息干涉计量法
　　Y 激光全息干涉

激光全息干涉计量方法
　　Y 激光全息干涉

激光全息干涉计量技术
　　Y 激光全息干涉

激光全息干涉计量术
　　Y 激光全息干涉

激光全息干涉技术
   Y 激光全息干涉

激光全息干涉术
   Y 激光全息干涉

激光全息技术
   Y 激光全息

激光全息术
   Y 激光全息

激光全息照相
   Y 激光全息

激光热透镜光谱法
laser thermal lens spectrometry
O433.4
   S 激光光谱分析
   Z 光谱分析

激光热效应
laser thermal effect
TN241/244
   S 热效应*

激光散斑
laser speckle
O348.1；O432.12
   D 激光斑点
      激光斑纹
      激光光斑
   S 散斑*

激光散斑法
laser speckle photography method
O348.1
   S 散斑干涉术
   Z 光学测量

激光散射
laser scattering
O436.2
   D 激光光散射
   S 光散射*
   F 激光后向散射
      拉曼散射
      小角激光散射

激光束变量测量
   Y 激光变量测量

激光束聚焦
laser beam focusing
O432.12
   S 光束聚焦
   Z 聚焦

激光束效应
   Y 激光效应

激光衰减
laser attenuation
TN241
   S 光衰减
   Z 衰减

激光速度计
   Y 激光测速仪

激光损伤

laser damage
O346.5
   D 激光击穿
      激光破坏
      激光破坏作用
   S 光损伤
   F 激光诱导损伤
   C 高反射膜
      激光效应
      损伤阈值
   Z 损伤

激光损伤机理
laser damage mechanism
TN249
   S 机理*

激光损伤阈值
laser damage threshold
O437
   D 激光破坏阈值
      激光诱导损伤阈值
   S 光损伤阈值
   Z 阈值

激光探测
laser detection
TN29
   D 激光侦察
   S 光电探测
   Z 探测

激光探针
laser probe
TH703.2；TN249
   D 激光微探针
   S 光学探针
      微探针
   F 激光拉曼探针
   Z 探针

激光特性
   Y 激光性能

激光同位素分离
laser isotope separation
TN249
   D 激光同位素富集
      原子蒸气激光同位素分离
   S 同位素分离
   Z 物质分离

激光同位素富集
   Y 激光同位素分离

激光投影
laser projection
O435
   S 投影*

激光透过率
laser transmittance
TN241
   S 透光率
   Z 光学参数

激光陀螺
laser gyroscope
O318
   D 环形激光陀螺

      激光陀螺仪
      雷射陀螺仪
   S 光学陀螺
   Z 陀螺仪

激光陀螺仪
   Y 激光陀螺

激光微区发射光谱
laser microprobe emission spectrum
O433.54
   S 发射谱
      激光光谱
   Z 光谱

激光微区光谱分析
   Y 激光光谱分析

激光微探针
   Y 激光探针

激光尾波场
laser wakefields
O432.12
   S 激光场
      尾波场
   Z 光场
      物理场

激光物理
   Y 激光物理学

激光物理学
laser physics
TN241/244
   D 激光物理
   S 应用物理学
   F 强场物理
   Z 物理学

激光吸收
laser absorption
O436.2
   S 光吸收*
   C 激光吸收光谱

激光吸收光谱
laser absorption spectroscopy
O433.51
   D 激光吸收光谱学
   S 激光光谱
   F 半导体激光吸收光谱
   C 激光吸收
   Z 光谱

激光吸收光谱学
   Y 激光吸收光谱

激光线宽
laser linewidth
TN241
   S 谱线宽度
   Z 光谱参数

激光相变
laser phase transformation
O432.12
   D 激光致相变
   S 相变*

激光相干控制

laser coherent control
TN249
　S 激光控制
　　 相干控制
　Z 控制

激光效率
laser efficiency
TN241
　S 光学效率*

激光效应*
laser effect
TN24
　D 激光束效应
　F 激光多普勒效应
　　 激光解吸附电离
　　 激光致冷
　　 激光致声
　C 等离子体相互作用
　　 激光损伤

激光谐振器
　Y 激光谐振腔

激光谐振腔
laser resonators
TN29
　D 激光共振腔
　　 激光器共振腔
　　 激光腔
　　 激光谐振器
　　 准光学谐振腔
　S 光学谐振腔
　Z 光学元件

激光性能
laser characteristics
TN241
　D 激光特性
　　 激光性质
　S 光学性能*

激光性质
　Y 激光性能

激光衍射
laser diffraction
O436.1
　S 光衍射
　Z 衍射

激光遥测
　Y 激光遥感

激光遥感
laser remote sensing
TN249
　D 激光遥测
　S 遥感*
　C 激光测距 →(4)

激光遥感系统
laser remote sensing systems
TH74
　S 激光光学系统
　Z 光学系统

激光仪器
　Y 激光测量仪器

激光应变仪
laser strainmeter
TH823.3
　S 光学测量仪器
　　 应变计
　Z 测量仪器

激光荧光
laser fluorescence
O432.12
　D 激光感生荧光
　　 激光致荧光
　S 荧光*

激光诱导等离子体
　Y 激光等离子体

激光诱导等离子体光谱
laser-induced plasma spectra
O433.54；O536
　S 激光光谱
　C 等离子体光谱学
　Z 光谱

激光诱导击穿光谱
laser induced breakdown spectrometry
O433.54
　D LIBS
　　 激光感生击穿光谱
　　 激光击穿光谱
　　 激光诱导击穿光谱法
　　 激光诱导击穿光谱技术
　S 激光光谱
　Z 光谱

激光诱导击穿光谱法
　Y 激光诱导击穿光谱

激光诱导击穿光谱技术
　Y 激光诱导击穿光谱

激光诱导结晶过程
　Y 激光晶化

激光诱导结晶化
　Y 激光晶化

激光诱导结晶化过程
　Y 激光晶化

激光诱导晶化
　Y 激光晶化

激光诱导晶化过程
　Y 激光晶化

激光诱导损伤
laser-induced damage
TN249
　S 激光损伤
　Z 损伤

激光诱导损伤阈值
　Y 激光损伤阈值

激光诱导荧光光谱
　Y 激光诱导荧光激发谱

激光诱导荧光激发谱
laser-induced fluorescence excitation spectrum

O433.54
　D 激光诱导荧光光谱
　S 激光光谱
　　 荧光光谱
　Z 光谱

激光与物质相互作用
laser-matter interaction
O432.12
　D 激光-大气相互作用
　　 激光与液体相互作用
　S 光与物质相互作用
　F 激光等离子体相互作用
　Z 相互作用

激光与液体相互作用
　Y 激光与物质相互作用

激光原理
　Y 激光理论

激光源
　Y 激光光源

激光跃迁
laser transitions
O432.12
　S 跃迁*
　F 带间跃迁
　　 共振跃迁
　　 态间跃迁
　C 激光理论

激光照射
　Y 激光辐射

激光侦察
　Y 激光探测

激光诊断
laser diagnostics
TH172；TN24
　S 光学诊断
　F 激光等离子体诊断
　　 全息诊断
　Z 光学应用

激光振荡
laser oscillation
TN241
　S 光振荡
　F Rabi 振荡
　　 驰豫振荡
　Z 振荡

激光振动计
laser vibrometer
TH741
　S 测振仪
　　 激光测量仪器
　F 激光多普勒测振仪
　Z 测量仪器

激光致等离体
　Y 激光等离子体

激光致等离子体
　Y 激光等离子体

激光致冷
laser cooling

TN24
　S 激光效应*

激光致声
laser induced sound
TN24
　S 激光效应*

激光致相变
　Y 激光相变

激光致荧光
　Y 激光荧光

激光中心
　Y 发光中心

激光驻波场
laser standing-wave field
O432.12
　S 激光场
　Z 光场

激光准直
laser alignment
TN249
　D 激光导向
　　 激光校直
　S 准直*
　F 激光自准直
　C 直线度测量

激光准直仪
laser collimator
TH74
　S 平直度测量仪器
　C 双频激光干涉仪 →(4)
　Z 测量仪器

激光自混合干涉
laser self-mixing interference
TN249
　S 激光干涉测量法
　Z 光学测量

激光自准直
laser autocollimation
TN249
　S 激光准直
　　 准直*
　C 畸变差

激化分子
　Y 偶极子

激活介质
active medium
O572.2
　S 介质*

激活体积
activation volume
O34
　S 体积*

激活杂质
activator impurity
O483
　S 物质*

激基缔合物
　Y 准分子

激励*
excitation
O323
　D 二步激励
　　 激励特性
　　 双光子激励
　F 参数激励
　　 多频激励
　　 基础激励
　　 简谐激励
　　 宽带激励
　　 软激励
　　 声激励
　　 随机激励
　　 虚拟激励
　　 硬激励
　　 振动激励
　　 正弦激励
　　 周期激励
　　 轴向激励
　　 自激励

激励电流
exciting current
TM3；TN8
　S 电流*

激励力
　Y 扰动力

激励特性
　Y 激励

激射波长
lasing wavelength
TN24
　S 激光波长
　Z 波长

激振
excitation
O323
　S 振动*
　F 波激振动
　　 风激振动
　　 脉冲激振
　　 摩擦激振
　　 尾流激振
　　 涡激振动
　　 自激振动
　C 调和荷载 →(5)
　　 频率比
　　 气流激振力
　　 扰动力
　　 软激励
　　 声共振

激振力
excitation force
O31
　D 摇摆力
　S 力*
　F 流体激振力
　C 激振器

激振频率
　Y 扰动频率

激振器
vibration exciter
TH825；V417
　D 激振设备
　　 激振源
　　 激振装置
　S 振动试验设备
　C 激振力
　Z 测试设备

激振设备
　Y 激振器

激振源
　Y 激振器

激振装置
　Y 激振器

激子
exciton
O469
　D 激子态
　S 准粒子*
　F Wannier 激子
　　 弗伦克尔激子
　　 螺旋激子
　　 束缚激子
　　 双激子
　　 自由激子
　C 激子结合能
　　 束缚态

激子发光
exciton luminescence
O472
　S 发光*

激子分子
　Y 双激子

激子光双稳
excitonic optical bistability
O472
　S 光双稳
　Z 稳定性

激子结合能
exciton binding energy
O562
　D 激子结合能量
　S 结合能
　C 激子
　　 激子效应
　Z 能量

激子结合能量
　Y 激子结合能

激子模型
exciton model
O57
　S 核模型
　Z 物理模型

激子隧穿
exciton tunneling
O471
　S 隧穿*

激子态
　Y 激子

激子吸收
exciton absorption
O482.3
　S 光子吸收
　Z 光吸收

激子效应
exciton effect
O471
　S 物理效应*
　C 激子结合能

吉伯斯分布
　Y 玻尔兹曼分布

吉布斯分布
　Y 玻尔兹曼分布

吉布斯相律
　Y 相律

吉布斯伴谬
Gibbs paradox
O414.2
　S 伴谬*
　C 熵变理论

吉布斯自由能
Gibbs free energy
O414.1
　S 自由能
　C 克拉珀龙方程
　Z 能量

吉赫兹横电磁室
Giga-Hertz transverse electromagnetic cell
O4-33；O441.5
　D GTEM 室
　S 试验设备
　Z 测试设备

级间分离干扰
stage separation interference
V211
　S 气动力干扰*

级联簇射
　Y 电磁簇射

级联辐射
cascade radiation
O451
　S 电磁辐射
　Z 辐射

级联理论
cascade theory
O56；O572.1
　S 理论*
　C 级联偏移
　　级联算法 →(1)
　　拟 Bent 函数 →(1)

级联偏移
cascade migration
TN929.1
　S 偏移*
　C 级联理论

级联三能级原子
cascade three-level atom
O562
　D 级联型三能级原子
　S 三能级原子
　Z 原子

级联衰变
cascade decay
O571.3
　S 衰变
　Z 核反应

级联型三能级原子
　Y 级联三能级原子

级联压缩
　Y 多级压缩

级数
　Y 级数(数学)

级数(数学)*
series (mathematics)
O122.7；O173
　D 级数
　　级数法
　　数项级数
　F Peano-Baker 级数
　　Prony 级数
　C 逆否命题 →(1)
　　求和法 →(1)
　　通解 →(1)
　　无穷边值问题 →(1)
　　无穷乘积 →(1)

级数法
　Y 级数(数学)

极大流量
　Y 最大流量

极大模糊熵原理
　Y 最大熵原理

极大熵原理
　Y 最大熵原理

极低频电场
extremely low frequency electric field
O441.1
　S 低频电场
　Z 电场

极端光程律
　Y 费马原理

极端相对论
ultrarelativistic
O412.1
　D 超相对论
　S 相对论
　Z 物理理论

极端相对论性粒子
　Y 相对论粒子

极盖吸收
　Y 电离层电磁波传播

极高频

extremely high frequency
O452
　D 超极高频
　S 高频
　C 毫米波
　Z 无线电频率

极惯性矩
polar moment of inertia
O31
　S 惯性矩
　Z 力矩

极光电离
auroral ionization
O461
　S 大气电离
　Z 电离

极化*
polarization
O44
　D 极化(电子学)
　　极化现象
　F 部分极化
　　磁极化
　　电磁波极化
　　电极化
　　电子极化
　　动态极化
　　反向极化
　　分子极化
　　核极化
　　雷达极化
　　离子极化
　　束流极化
　　退极化
　　真空极化
　　周期极化
　　自旋极化
　C 磁光效应
　　电解 →(3)
　　极化率
　　极性
　　偏振计

极化(电子学)
　Y 极化

极化波
polarized wave
O441.4
　S 电磁波*
　F 圆极化波

极化不足
　Y 部分极化

极化场强
polarization field strength
O441.4
　S 场强*

极化驰豫
polarization relaxation
O441.1
　S 松弛*

极化电场

polarization electric field
O441.1
　　S　电场*
　　F　退极化场

极化电荷
polarization charge
O441.1
　　S　电荷*

极化电流
polarization current
O441.1
　　S　电流*

极化电子
polarized electron
O572.322
　　S　电子*
　　F　自旋极化电子

极化度各向异性
polarization anisotropy
O561.2
　　D　极化椭球
　　　　极化张量
　　S　各向异性*

极化反转
　　Y　反向极化

极化方向
polarization direction
O441.4
　　S　方向*

极化机制
polarization mechanism
O487
　　S　物理机制*

极化激元
polariton
O441.4；O482.3
　　S　量子*
　　F　表面等离极化激元

极化镜
　　Y　偏振镜

极化率*
polarizability
O441.1；P631.3
　　F　电极化率
　　　　二阶极化率
　　　　非线性极化率
　　　　分子极化率
　　　　三阶极化率
　　　　自旋极化率
　　C　极化

极化疲劳
polarization fatigue
O346.2
　　S　疲劳*

极化强度
polarization
O48
　　D　电极化强度

　　S　电磁参量*
　　F　饱和极化强度
　　　　剩余极化强度

极化曲线
polarization curve
O441.1
　　S　物理参数*

极化声子
polaritons
O731
　　S　声子
　　Z　准粒子

极化矢量
polarization vector
O411
　　D　极矢
　　　　极矢量
　　S　向量*
　　C　旋转波近似　→(1)

极化弹性波
　　Y　弹性波

极化椭球
　　Y　极化度各向异性

极化现象
　　Y　极化

极化效应
polarization effect
O47
　　S　物理效应*
　　F　慢极化效应
　　C　扩散效应
　　　　频率效应　→(5)

极化张量
　　Y　极化度各向异性

极化转移
polarization transfer
O56
　　S　转移*

极化子*
polaron
O76
　　D　磁极化子
　　F　表面极化子
　　　　强耦合极化子
　　　　声学极化子
　　　　束缚极化子
　　　　双极化子
　　　　体极化子
　　　　小极化子
　　C　极化子效应
　　　　极性晶体
　　　　晶格畸变

极化子效应
polaron effect
O738
　　S　晶体性质*
　　C　极化子

极间电压

voltage across poles
TM933.2
　　S　电压*

极浅水波
　　Y　浅水波

极矢
　　Y　极化矢量

极矢量
　　Y　极化矢量

极限*
limit
ZT5
　　D　极限定义
　　　　极限问题
　　　　极限形式
　　F　弹道极限
　　　　流体动力学极限
　　　　速度极限
　　　　塑限
　　　　运动极限
　　C　代入法　→(1)
　　　　割圆术　→(1)
　　　　积分运算　→(1)
　　　　夹逼法　→(1)
　　　　夹逼准则　→(1)
　　　　泰勒多项式　→(1)
　　　　无穷乘积　→(1)
　　　　无限　→(1)
　　　　有界　→(1)

极限承载力
ultimate bearing capacity
O346；P642
　　S　承载力
　　F　受拉极限承载力
　　　　水平极限承载力
　　C　浮心
　　　　极限强度分析
　　　　剪切破坏
　　　　双剪统一强度理论
　　Z　力学强度

极限电流
limiting current
O441.1；O657.14
　　S　电流*

极限定义
　　Y　极限

极限分辨率
limiting resolution
O43；P111.2
　　D　分辨极限
　　　　分辨率极限
　　　　分辨限
　　S　分辨率*
　　C　成像

极限分析
limit analysis
O175.8；O344.5
　　D　极限状态
　　　　极限状态分析
　　S　数学分析*

F 上限分析
　下限分析
C 抗震设计 →(5)
　柔度法
　设计
　下限定理
　岩土工程 →(5)
　应力状态

极限荷载
Y 最大载荷

极限荷载法
Y 极限载荷法

极限剪应力
limiting shear stress
O343.4
S 剪应力
Z 应力

极限抗张强度
Y 抗拉强度

极限拉伸强度
ultimate tensile strength
O346
S 抗拉强度
Z 力学强度

极限流量
Y 最大流量

极限流速
limiting velocity
O351.2
S 流速*
C 最大流速

极限流线
limiting stream line
O35
S 流线
Z 线

极限摩擦力
limiting friction force
O313.5
S 摩擦力
C 端阻力
Z 力

极限内压
limit internal pressure
O31
S 内压力
Z 压力

极限强度
ultimate strength
O346
D 强度(极限)
　强度极限
S 力学强度*
C 板元 →(1)
　弹性模量
　强度理论
　屈服强度
　许用应力
　张力特性

极限强度分析
ultimate strength analysis
O346
S 强度分析
C 极限承载力
Z 力学分析

极限设计
Y 极限状态设计

极限设计法
Y 极限状态设计

极限伸长
Y 断裂伸长

极限碎裂
limiting fragmentation
O346.13
S 破碎*

极限温差
limit temperature difference
O551.2；P412.11；P423
S 温差*

极限问题
Y 极限

极限形式
Y 极限

极限压力
Y 峰值压力

极限应变平均差
Y 应变幅

极限载荷
Y 最大载荷

极限载荷法
ultimate load method
O342
D 极限荷载法
S 结构分析方法
C 载荷系数
Z 力学方法

极限状态
Y 极限分析

极限状态分析
Y 极限分析

极限状态设计
limit state design
O342；O344.5
D 极限设计
　极限设计法
S 设计*
F 概率极限状态设计法
C 塑性分析

极向磁场
poloidal magnetic field
O441.2
S 磁场*

极小流量
Y 最小流量

极性*
polarity
O44
D 非极性
F 多极性
　偶极
C 极化

极性分子
polar molecules
O561.1
D 有极分子
S 分子*

极性晶体
polar crystal
O73
S 晶体*
F 多原子极性晶体
　周期极化晶体
C 极化子

极性晶体膜
polar crystal film
O799
S 晶体薄膜*

极性流体
polar fluids
O35
S 流体*
F 微极流体
C 非极性流体

极性微晶
polar microcrystal
O753.1
D 极性微晶体
S 微晶
Z 类晶体

极性微晶体
Y 极性微晶

极值点屈曲
limit point buckling
O344.7
S 屈曲*

极紫外
Y 极紫外辐射

极紫外辐射
extreme ultraviolet radiation
O434.2
D 极紫外
S 紫外辐射
C 极紫外探测器 →(4)
Z 辐射

急变流
rapidly varied flow
O357.1
S 非定常流
Z 流体流

急电流
Y 空间电流

急动度

time rate of change of force
O311
D 力变率
S 运动性质
Z 力学性质

急冷
rapid cooling
TB6；TG1；TS205.7
D 紧急冷却
  快速冷却
  骤冷
S 冷却*
C 快速凝固

急流
supercritical flow
O35
S 流体流*
C 湍急河流 →(4)(5)

急流冲击波
sault shock wave
O347.5
D 弯道冲击波
S 水中冲击波
Z 冲击波

棘轮行为
ratcheting behavior
O344.1
S 变形*
C 单轴加载
  循环塑性

棘轮应变
ratcheting strain
O344.3
S 应变*

集
Y 集合

集成光路
integrated optical circuit
TN4；TN929.1
S 光路*
C 集成光学

集成光学
integrated optics
O484.4
S 光学*
F 三维集成光学
C 集成光路

集成光栅
Y 闪耀光栅

集合*
set
O144
D 集
F 转迁集
C 离散模型 →(1)
  离散数学 →(1)

集体电子模型
Y 电子模型

集体模型
Y 集团模型

集体态(振动)
Y 振动态

集体振动
collective vibration
O32
S 振动*

集体转动
Y 旋转

集团模型
collective model
O571.21
D 核集团模型
  核结团模型
  集体模型
S 核模型
Z 物理模型

集团展开
cluster expansion
O414
S 展开(数学)*

集中负荷
Y 集中荷载

集中负载
Y 集中荷载

集中荷载
concentrated load
O347
D 单一载荷
  点荷载
  点载荷
  负荷点
  负载点
  集中负荷
  集中负载
  集中载荷
  中心荷载
S 荷载*
F 节点载荷
  悬点载荷
C 载荷分布
  纵向裂缝

集中力
concentrated force
O31；O343.4
D 轴心力
S 力*

集中力偶
concentrated couple
O31
S 力偶
C 力偶矩矢
Z 力

集中性失稳
centralized stability
O317
S 失稳*
C 应变分析

集中载荷
Y 集中荷载

集中质量矩阵
lumped mass matrix
O313
S 质量矩阵
Z 矩阵

几何*
geometry
O181
D 几何对象
  几何过程
  几何形式
  几何学
F 分形几何
C 代数
  几何方法 →(1)
  角
  图形

几何变形
geometric deformation
O344.3
D 几何形变
S 变形*
F 角变形
  四方变形
C 超晶格

几何测量
Y 几何量测量

几何插值
geometric interpolation
O241；O302
S 插值*

几何单形(晶体学)
geometrical simple form
O71
S 单形(晶体学)
Z 晶体形貌

几何动力学
geometrodynamics
O313
S 动力学
Z 理论力学

几何对象
Y 几何

几何方程
geometric equation
O343
S 力学方程*

几何构造
Y 几何结构

几何构造分析
geometric construction analysis
O342
S 结构分析
Z 力学分析

几何光学
geometrical optics

O435
  S 成像光学
  F 非球面光学
    高斯光学
    折射光学
  C 光线追迹
  Z 光学

几何光学方程
  Y 程函方程

几何过程
  Y 几何

几何畸变
geometric distortion
O435.2；P111.3
  S 成像畸变
  F 四方畸变
    桶形畸变
  Z 像差

几何结构
geometric structure
O181；O342
  D 几何构造
    几何组成
  S 结构*
  F 平衡几何结构
  C 模糊熵 →(1)

几何结构因子
geometrical structure factor
O76
  S 结构因子(晶体)
  Z 晶体学参数

几何结晶学
  Y 几何晶体学

几何晶体学
geometrical crystallography
O71
  D 几何结晶学
    晶体几何学
  S 晶体学*

几何静力学
geometric states
O312
  S 静力学
  Z 理论力学

几何空间
  Y 几何体

几何量测量*
geometric dimensional measurement
TB92；TH711
  D 尺寸测量
    几何测量
  F 变形测量
    测向
    长度测量
    垂直度测量
    厚度测量
    角速度测量
    截面测量
    轮廓测量
    面形测量

平度测量
平行度测量
倾斜度测量
曲率测量
水平测量
同心度测量
同轴度测量
椭圆度测量
位移测量
线宽测量
圆度测量
直径测量
直线度测量
坐标测量
  C 力学测量

几何量子化
geometric quantizations
O431.2
  S 量子化*

几何声学
geometrical acoustics
O424
  D 射线声学
  S 声学*

几何体*
geometrical body
O181；O184
  D 几何空间
    空间几何体
    立体
  F 八面体
    二十面体
    配位多面体
    十二面体
    四面体
    正二十面体
  C 几何公理 →(1)
    近似法
    向量

几何相似
geometric similarity
O351.2；P208.2；P433
  D 几何相似性
  S 相似理论
  C 几何匹配 →(4)
  Z 理论

几何相似模型
geometrically similar model
O351.2
  D 成比例的模型
    缩比模型
  S 流体力学模型
  Z 力学模型

几何相似性
  Y 几何相似

几何相位
geometric phase
O413.1
  S 相位*

几何向量
  Y 向量

几何象差
  Y 几何像差

几何像差
geometrical aberration
O435.2；P111.3
  D 几何象差
  S 像差*

几何形变
  Y 几何变形

几何形式
  Y 几何

几何学
  Y 几何

几何组成
  Y 几何结构

几率
  Y 概率

几率分布
  Y 概率分布

挤出熔融模型
extrusion melting model
O552.6
  S 熔融模型
  Z 力学模型

挤出压力
  Y 挤压力

挤坏阻力
collapse resistance
O31
  S 阻力*

挤列
crowdion
O771
  S 复合点缺陷
  Z 晶体缺陷

挤压变形
  Y 压缩变形

挤压力
extrusion load
O31
  D 单位挤压力
    挤出压力
    挤压压力
    加压力
    推压力
    压出力
  S 压力*
  C 弹塑性有限元
    应变能

挤压流动
squeeze flow
O351.2
  S 流动*

挤压强度
  Y 抗压强度

挤压效应

Y 压力效应

挤压压力
　　Y 挤压力

挤压压强
　　Y 抗压强度

挤压应力
　　Y 压应力

脊状表面
riblet surface
O485
　　S 表面*

计量*
metrology
TB9
　　D 计量工作
　　　 计量学
　　F 光学计量

计量标准
measurement standard
TB91
　　S 标准规范*
　　F 长度标准
　　　 频标
　　　 颜色标准
　　C 计量基准

计量单位*
measurement units
TB91
　　D 测量单位
　　F 安培
　　　 长度单位
　　　 法拉第
　　　 分贝
　　　 伏特
　　　 功率单位
　　　 光强度单位
　　　 赫兹
　　　 量子比特
　　　 热量单位
　　　 温度单位
　　　 压力单位
　　C 标准规范
　　　 测量
　　　 单位 →(1)
　　　 单位制
　　　 基本物理量
　　　 假分数 →(1)

计量工作
　　Y 计量

计量光栅
industrial gratings
O437.4；P111.3
　　D 莫尔光栅
　　S 光栅*
　　F 长光栅
　　　 零位光栅
　　　 位相光栅
　　　 旋转光栅
　　　 圆光栅
　　C 莫尔条纹

计量基准
basis of measurement
TB91
　　S 基准*
　　F 工作基准
　　C 计量标准
　　　 数理地理学 →(4)

计量史
quantitative history
TB9
　　S 科技史*

计量学
　　Y 计量

计时
timing
TB939
　　C 年代测定 →(4)(5)
　　　 授时 →(4)
　　　 钟表时间

计时器
　　Y 计时仪器

计时仪
　　Y 计时仪器

计时仪器
chronometer
TH714.8
　　D 测时仪
　　　 测时仪器
　　　 计时器
　　　 计时仪
　　　 记时器
　　　 时计
　　　 时间测量仪
　　　 时间测量仪表
　　　 时间计量仪器
　　S 测量仪器*
　　C 定时仪 →(4)
　　　 时间测量

计数效率
counting efficiency
TL8
　　S 效率*

计算*
computation
O143；O24
　　D 分析计算方法
　　　 计算法
　　　 计算方法
　　　 计算格式
　　　 计算技巧
　　　 运算方法
　　　 运算方式
　　F 从头计算
　　　 高精度计算
　　　 量子力学计算
　　　 温度计算
　　C 定位误差 →(4)
　　　 指数增长 →(1)

计算爆炸力学
computation explosion mechanics

O38
　　S 爆炸力学
　　　 计算力学
　　Z 力学

计算不稳定
　　Y 稳定

计算电磁学
computing electromagnetics
O441
　　S 电磁学*

计算法
　　Y 计算

计算方法
　　Y 计算

计算负荷
　　Y 载荷计算

计算格式
　　Y 计算

计算固体力学
computational solid mechanics
O34
　　S 固体力学*
　　　 计算力学
　　F 计算结构力学
　　C 连续固体力学
　　Z 力学

计算荷载
　　Y 载荷计算

计算机层析X射线照相术
　　Y 层析X射线摄影

计算机断层扫描技术
　　Y 层析成像

计算机全息图
computer hologram
O438.1
　　D 计算机制全息图
　　　 计算机制作全息图
　　　 计算全息图
　　S 全息图*

计算机随机模拟
　　Y 随机模拟

计算机制全息图
　　Y 计算机全息图

计算机制作全息图
　　Y 计算机全息图

计算技巧
　　Y 计算

计算结构力学
computational structural mechanics
O342
　　S 计算固体力学
　　　 结构力学
　　Z 固体力学
　　　 力学

计算空气动力学

computational aerodynamics
O354
    S 空气动力学*
    C 激波捕捉法

计算力学
computational mechanics
O3
    S 力学*
    F 计算爆炸力学
      计算固体力学
      计算流体力学
    C 配点法

计算流动显示
computational flow imaging
O353.5
    S 流动显示*
    C 可视化 →(4)(5)

计算流体动力学
computational fluid dynamics
O351.2
    S 计算流体力学
      流体动力学
    C 流固耦合
      欧拉-欧拉双流体模型
      气流分布 →(4)
      数值分析
      湍流模型
    Z 力学
      流体力学

计算流体力学
computational fluid mechanics
O351
    D cfd 技术
      计算流体力学技术
      数值流体力学
    S 计算力学
      流体力学*
    F 计算流体动力学
    C CE/SE 方法
      Navier-Stokes 方程
      加权本质无振荡格式
      空气动力学
      气动力计算
      三维数值模拟 →(1)
      上随体 Maxwell 流体
      速度场
      湍流模型
    Z 力学

计算流体力学方法
computational fluid dynamics method
O351
    S 流体力学法*
    F CE/SE 方法
      格子 Boltzmann 方法
    C 雷诺数

计算流体力学技术
    Y 计算流体力学

计算全息图
    Y 计算机全息图

计算温差
calculating temperature difference
O551.2；P412.11；P423
    S 温差*

计算物理
    Y 计算物理学

计算物理学
computational physics
O4-39
    D 计算物理
    S 应用物理学
    C 模拟试验 →(4)
    Z 物理学

计算压力
    Y 压力计算

计算应力
    Y 应力计算

计算载荷
    Y 载荷计算

记录情报
    Y 信息

记录数据
    Y 数据

记录资料
    Y 数据

记时器
    Y 计时仪器

记忆函数
    Y 蠕变函数

记忆效应
memory effect
O521；O641.12
    D 残留效应
      结构记忆效应
    S 化学效应*
    C 残留时间 →(3)
      高压效应

技术磁化
    Y 磁化

技术史
    Y 科技史

剂量增强系数
dose enhancement factor
O56
    S 系数*

迹
    Y 轨迹

迹公式
trace formula
O156；O177；O572
    D Selberg 迹公式
      求迹公式
      塞尔贝格迹公式
    S 公式(数学)*
    C Dirac 算子 →(1)
      整函数 →(1)

迹线
    Y 轨迹

寄生象
    Y 鬼像

寄生效应
    Y 旋转效应

加成反应*
addition reaction
O621.256.7
    D 加合反应
    F 线性偏振光聚合
    C 二聚 →(3)
      醚化反应 →(3)
      羟醛缩合 →(3)
      羰基化 →(3)
      烷基化 →(3)
      烷氧基化 →(3)
      有机反应

加负荷
    Y 加载

加工精度
machining precision
O43
    S 精度*
    F 光刻精度

加工强化
    Y 应变硬化

加工软化
    Y 应变软化

加工硬化
    Y 应变硬化

加合反应
    Y 加成反应

加荷
    Y 加载

加荷试验
    Y 载荷试验

加加速度
jerk
O311.1
    S 加速度*

加权 ENO 格式
    Y 加权本质无振荡格式

加权本质无振荡
weighted essentially non-oscillatory
O353
    D WENO
    S 振荡*

加权本质无振荡格式
weighted essentially non oscillatory scheme
O143；O302
    D 加权 ENO 格式
    S 数学方法*
    C 计算流体力学

加权残量法
    Y 加权残值法

加权残数法
　Y 加权残值法

加权残值法
weighted residual method
O175；O176；O302；O34
　D 加权残量法
　　加权残数法
　　加权剩余法
　　加权余量法
　　加权余数法
　S 数学方法*
　C Duffing 方程 →(1)
　　截断奇异值分解 →(1)
　　离散化方法
　　数值流形方法

加权倒易点阵
weighted reciprocal lattices
O712
　S 倒易点阵
　Z 点阵

加权剩余法
　Y 加权残值法

加权余量法
　Y 加权残值法

加权余数法
　Y 加权残值法

加权振子强度
　Y 振子强度

加热机理
heating mechanism
TB4
　S 机理*

加热流体
　Y 传热流体

加热强度
　Y 热强度

加热曲线
　Y 升温曲线

加热效应
heating effect
O55；P423
　S 热效应*
　C 大气效应 →(4)

加色处理
　Y 加色法

加色法
additive process
O432.3
　D 加色处理
　S 光学方法*
　C 减色法

加速场
accelerating field
O31
　S 速度场
　Z 场(力学)

加速电压
accelerating voltage
TM933.2
　S 电压*

加速度*
acceleration
O311
　D 持续性加速度
　　短时间加速度
　　负加速度
　　减速度
　　模态加速度
　　牵连加速度
　　阻力加速度
　F 冲击加速度
　　垂直加速度
　　电子加速度
　　反向加速度
　　广义加速度
　　横向加速度
　　加加速度
　　角加速度
　　绝对加速度
　　科氏加速度
　　临界加速度
　　起动加速度
　　切向加速度
　　三维加速度
　　剩余加速度
　　水平加速度
　　四维加速度
　　梯形加速度
　　线加速度
　　相对加速度
　　向心加速度
　　悬点加速度
　　翼尖加速度
　　振打加速度
　　振动加速度
　　重力加速度
　　轴向加速度
　　纵向加速度
　　最大加速度
　C 加速度测量
　　加速度能量
　　牛顿第二定律
　　牵连惯性力
　　速度
　　运动学

加速度波
acceleration wave
O347.4
　S 应力波*

加速度测量
acceleration measurement
TB462；TB934；TH824.4
　S 速度测量*
　C 加速度
　　加速度能量

加速度导纳
acceleration admittance
O32
　S 导纳*

加速度定理
acceleration theorem
O311.1
　S 力学定理*
　F 加速度合成定理

加速度合成定理
acceleration composition theorem
O311.1
　S 加速度定理
　Z 力学定理

加速度能
　Y 加速度能量

加速度能量
acceleration energy
O311.1
　D 加速度能
　S 能量*
　C 加速度
　　加速度测量
　　加速度峰值 →(5)
　　加速度计 →(5)

加速度曲线
accelerating curve
O311.2
　D 加速曲线
　S 速度曲线
　F 加速度时程曲线
　Z 曲线

加速度时程曲线
acceleration-time curve
O311.1
　S 加速度曲线
　C 加速度时程 →(5)
　Z 曲线

加速度瞬心
instantaneous center of acceleration
O311.1
　S 瞬心
　Z 位置

加速度系数
　Y 加速度因子

加速度因子
acceleration factor
O311
　D 加速度系数
　　加速系数
　　加速因子
　S 力学因子*
　C 非定常气动系数

加速机理
acceleration mechanism
O57
　D 加速机制
　S 机理*
　C 太阳磁场 →(4)
　　行星际磁场 →(4)
　　宇宙线输运 →(4)

加速机制
　Y 加速机理

加速距离
speed-up distance
O311
　　S 距离*
　　C 加速时间
　　　 剩余加速度

加速流动
accelerating flow
O351.2
　　S 流动*

加速器质谱计
accelerator mass spectroscopy
TH843；TL8
　　S 谱仪*
　　C 加速器质谱法 →(3)

加速曲线
　　Y 加速度曲线

加速蠕变
accelerating creep
O344.6
　　S 蠕变*

加速时间
acceleration time
O311
　　D 定时加速
　　　 起发时间
　　S 事件时间*
　　C 加速距离

加速寿命方程
accelerated life equation
O311.1
　　S 力学方程*

加速系数
　　Y 加速度因子

加速因子
　　Y 加速度因子

加速运动
accelerated motion
O311.1
　　S 变速运动
　　F 变加速运动
　　Z 运动

加速阻力
　　Y 惯性阻力

加速作用
acceleration effect
O311.1
　　S 力学作用*

加性白噪声
additive white noise
O422.8
　　S 白噪声
　　Z 随机噪声

加性色噪声
additive colored noise
O42
　　S 随机噪声*

加压
pressurization
TK0
　　D 补充加压
　　　 升压
　　　 压力维持
　　　 再加压
　　　 增压
　　S 操作条件*
　　C 压力梯度

加压介质
　　Y 传压介质

加压力
　　Y 挤压力

加压曲线
　　Y 压力曲线

加压试验
pressure test
TM8
　　S 压力试验
　　Z 科学实验

加压中和
　　Y 中和

加预应力
　　Y 预加应力

加载
loading
O347.1
　　D 加负荷
　　　 加荷
　　　 简单加载
　　　 塑性加载
　　S 荷载*
　　F 比例加载
　　　 冲击加载
　　　 单调加载
　　　 动力加载
　　　 复杂加载
　　　 两级加载
　　　 偏心加载
　　　 随机加载
　　　 压剪复合加载
　　　 应力加载
　　　 重复加载
　　　 轴向加载
　　C 塑性波
　　　 载荷试验

加载波形
loading waveform
O32
　　S 波形*

加载函数
loading function
O34
　　S 函数(力学)*

加载力
loading force
O31；O34
　　D 负载力
　　　 载荷(力)
　　　 载荷力
　　S 力*

加载力矩
loading moment
O31
　　D 负载力矩
　　S 力矩*

加载历史
loading history
O34

加载模量
　　Y 动态模量

加载频率
loading frequency
O342
　　D 负荷频率
　　S 频率*

加载试验
　　Y 载荷试验

加载系数
　　Y 载荷系数

加载准则
loading criterion
O34
　　S 力学准则*

伽尔顿板实验
Galton plate experiment
O4-33
　　S 物理实验
　　Z 科学实验

伽利略
Galileo
O4-09；P1-09
　　S 天文学家*

伽利略变换
Galilean transformation
O31
　　S 坐标转换*
　　C 绝对时空

伽利略卫星导航系统
Galileo satellite navigation system
TN967.1
　　D Galileo 系统
　　　 伽利略系统
　　S 卫星导航系统
　　Z 导航设备
　　　 卫星系统

伽利略系统
　　Y 伽利略卫星导航系统

伽利略斜面实验
　　Y 斜面实验

伽辽金原理
　　Y Galerkin 原理

夹卷
　　Y 卷吸

甲基取代
  Y 取代反应

甲种射线
  Y α射线

贾敏效应
Jamin effect
O35
  D 气阻效应
    液阻效应
  S 渗流效应
  C 多相流
    门限压力
  Z 力学效应

钾钠铌酸锶钡晶体
KNSBN crystal
O734
  D KNSBN 晶体
  S 铌酸锶钡晶体
  F 掺铈钾钠铌酸锶钡晶体
    掺铜钾钠铌酸锶钡晶体
  Z 光学晶体
    晶体

假彩色编码
pseudocolor encoding
O43
  S 彩色编码
  Z 图像处理

假彩色像片
  Y 彩色像片

假定
  Y 假说

假绝热过程
  Y 不可逆绝热过程

假临界温度
pseudocritical temperature
O551；O642
  D 伪临界温度
  S 临界温度
  Z 温度

假临界压力
  Y 临界压力

假设模态
assumed mode
O32
  S 模态*

假设模态法
assumed mode method
O302
  S 力学方法*

假说*
hypothesis
G30
  D 假定
  F 光量子假说
    平截面假定

假塑性流体
pseudoplastic fluid
O35
  S 塑性流体
  F 屈服假塑性流体
  C 流变性
    牛顿流体
  Z 流体

假想实验
  Y 理想实验

价带
valence band
O481.1
  D 价电子带
  S 电子能带
  C 空穴
    空穴俘获
  Z 能带

价电子
valence electron
O562.1
  S 电子*
  F 孤对电子
  C 导带
    化学键 →(3)
    价电子结构

价电子带
  Y 价带

价电子结构
valence electron structure
O562.1
  S 电子构型
  C 导带
    价电子
  Z 原子结构

价核子
valence nucleon
O571
  S 核子
  Z 粒子

价键计算
valence bond calculations
O561
  D GVB 计算
    VB 计算
    广义价键计算
  S 分子能级计算*

价夸克
valence quark
O572.3
  S 夸克
  Z 粒子

驾束制导弹道
  Y 制导弹道

尖端放电
point discharge
O461
  S 电晕放电
  Z 放电

尖峰辐射
spike emission
O432；O572；P142；P162
  S 辐射*
  C 太阳射电爆发 →(4)

尖峰负荷
  Y 最大载荷

尖峰负载
  Y 最大载荷

尖峰载荷
  Y 最大载荷

尖晶石结构
  Y 尖晶石型结构

尖晶石型结构
spinel type structure
O76
  D 尖晶石结构
  S 矿物晶体结构
  Z 晶体结构

尖脉冲
spike
TN78
  S 脉冲*

尖楔流动
  Y 楔形流

坚韧性
  Y 韧性

间距
  Y 距离

间距比
  Y 间隙比

间距函数
  Y 距离

监测*
monitoring
TB463.2
  D 变化监测
    监测方法
  F 仪器监测
  C 采样
    观测井 →(5)
    监测仪器
    检测

监测方法
  Y 监测

监测器
  Y 监测仪器

监测设备
  Y 监测仪器

监测仪器
monitoring instrument
TH7
  D 监测器
    监测设备
  S 仪器仪表*
  C 磁探头 →(5)
    监测
    监测系统 →(4)(5)

主　表　379

监视电极
　Y 电极

检测*
detection
TB463.1
　D 测定
　　测定法
　　测定方法研究
　　测试
　　测试方法
　　测验方法
　　测验技术
　　查验
　　查证
　　检测技术
　　检定
　　检定方法
　　校验
　　验算
　F X 射线检测
　　补偿检验
　　冲击波检测
　　电子捕获检测
　　二次谐波检测
　　伏安检测
　　共振校核
　　精度检测
　　裂缝检测
　　疲劳检测
　　奇偶校验
　　声检测
　　物性测定
　C 测量
　　化学测定
　　监测
　　实验室设备 →(1)
　　实验仪器
　　试验

检测极限
detection limit
TB463
　D 检测下限
　　检测限
　　检出限
　S 范围*

检测技术
　Y 检测

检测器
　Y 探测器

检测条件
detecting condition
TB463
　S 条件*
　F 测量条件

检测下限
　Y 检测极限

检测限
　Y 检测极限

检出限
　Y 检测极限

检定
　Y 检测

检定方法
　Y 检测

检流计
galvanometer
TB97；TM937
　D 灵敏电流计
　S 测量仪器*
　C 电流测量
　　电阻
　　零点漂移

检验*
testing
TB463.1
　F 光学检验
　　物理检验
　　仪器检验
　　周期检验
　C 数学模型

检影法
　Y 刀口检验法

减反射
antireflection
O435.1
　S 光学反射
　Z 反射

减色处理
　Y 减色法

减色法
subtractive color process
O435.1
　D 减色处理
　S 光学方法*
　C 加色法

减速度
　Y 加速度

减速力
　Y 制动力

减速流动
decelerating flow
O351.2
　S 流动*

减速运动
decelerated motion
O311
　S 变速运动
　Z 运动

减压*
depression
P754
　F 迅速减压

减压外延
epitaxy under reduced pressure
O782
　S 外延*

减摇力矩
　Y 稳定力矩

减载
load shedding
O347.1
　S 卸载
　C 反压
　Z 荷载

减振*
vibration reduction
O328
　D 摆动阻尼
　　减震
　　降振
　　抗振
　　衰减振动
　　消振
　　消震
　　抑制振动
　　有阻尼振动
　　振动隔离
　　振动衰减
　　振动抑制
　F 隔振
　　吸振
　　主动减振
　　阻尼减振
　C 能量吸收
　　振动
　　振动控制
　　阻尼

减振爆破
　Y 减震爆破

减振结构
　Y 结构阻尼

减振率
damping rate
O328
　S 力学性质*

减振系数
　Y 阻尼系数

减震
　Y 减振

减震爆破
buffer blasting
TB41；TD235
　D 缓冲爆破
　　减振爆破
　S 爆破*
　C 爆破振动

减阻
drag reduction
O313.5
　D 减阻特性
　　降阻
　　汤姆斯效应
　S 阻力*
　F 流动减阻
　C 边界层控制
　　摩擦
　　气动阻力

湍流

减阻机理
drag reduction mechanism
O313.5
- S 机理*

减阻流体
drag reducing fluid
O35
- S 流体*
- C 表面活性剂溶液 →(3)

减阻特性
- Y 减阻

减阻效果
drag reduction effect
O313.5
- S 效果*
- C 二次扩张 →(1)

剪变模量
- Y 剪切模量

剪断
scission
O346.12
- S 断裂*
- C 峰值强度

剪力
- Y 剪切力

剪力波
- Y 横波

剪力传递
shear transfer
O342
- D 剪切传递
- S 结构响应
  内力传递
- Z 能量转移
  响应

剪力流
- Y 剪切流

剪力图
shear diagram
O34
- S 受力图
- C 弯矩图
- Z 图表

剪力滞
- Y 剪力滞效应

剪力滞后
- Y 剪力滞效应

剪力滞效应
shear lag
O342
- D 剪力滞
  剪力滞后
  剪切滞后
  剪滞
  剪滞效应
- S 力学效应*

- C 剪滞理论

剪流
- Y 剪切流

剪模量
- Y 剪切模量

剪切*
shear
O344.1
- D 剪切作用类型
- F 纯剪切
  动态剪切
  反平面剪切
  横向剪切
  简单剪切
  绝热剪切
  均匀剪切
  韧性剪切
  矢量剪切
  湍流剪切
  斜向剪切
  右行剪切
  振动剪切
  中心负剪切
  纵向剪切
  走滑剪切
  左旋剪切
- C 韧性剪切变形
  双剪理论
  双剪模型
  双剪屈服准则
  应变
  应力

剪切阿尔文波
- Y 阿尔芬波

剪切闭锁
shear locking
O346.12
- S 闭锁*
- F 剪切自锁

剪切变形
shear deformation
O344.3
- D 切变
- S 变形*
- F 横向剪切变形
  结晶切变
  韧性剪切变形
- C 刚度矩阵
  高阶 Bernoulli 数 →(1)
  剪应变
  剪应力
  扭转刚度

剪切变形理论
shear deformation theory
O344.3
- D 剪切形变理论
- S 变形理论*
- F 高阶剪切变形理论
  一阶剪切变形理论
- Z 力学理论

剪切波

- Y 横波

剪切波速
shear wave velocity
TU41
- D 剪切波速度
  剪切波速法
  剪切波速判别法
- S 波速
- F 平均剪切波速
- C 剪切波速度结构 →(5)
- Z 传播速度

剪切波速度
- Y 剪切波速

剪切波速法
- Y 剪切波速

剪切波速判别法
- Y 剪切波速

剪切层
shear layer
O357.4；P43
- D 超音速剪切层
  切变层
  切变结构
- S 流体层*
- F 可压缩剪切层
  自由剪切层

剪切差
shear difference
O346
- S 剪切性质
- Z 力学性质

剪切承载力
- Y 剪切力

剪切传递
- Y 剪力传递

剪切磁场
shearing field
O441.2
- S 磁场*

剪切断裂
shear fracture
O346.12
- S 韧性断裂
- C 剪切破裂
  应力三维度
- Z 断裂

剪切畸变差
- Y 畸变差

剪切角
angle of shear
O344.1
- S 角*

剪切抗力
- Y 剪切力

剪切力
shear force
O344.3

D 剪力
　　　剪切承载力
　　　剪切抗力
　　　剪切阻力
　　　抗剪承载力
　　　抗剪力
　　　抗剪能力
　　　抗剪切
　　　抗剪切力
　　　抗剪切性
　　　抗剪性
　　　抗剪阻力
　　　耐剪切性
　　　切力
　　　受剪承载力
　　　受剪承载能力
　　S 力*
　　F 层间剪力
　　　基底剪力
　　　界面剪切力
　　C 剪应力
　　　扭矩
　　　弯矩

剪切量
shear rate
O346.12
　　S 力学量*

剪切裂纹
　　Y 反平面裂纹

剪切流
shear flow
O357
　　D 剪力流
　　　剪流
　　　剪切流动
　　　猫眼式流
　　　振荡剪切流
　　S 流体流*
　　F 剪切湍流
　　C Johnson-Segalman 流体
　　　慢激波
　　　蠕变分析
　　　正应力

剪切流变
shear rheology
O37
　　S 流变*
　　F 动态剪切流变

剪切流场
shear flow field
O357.5
　　S 流场*
　　F 纯剪切流场
　　C 气泡成核

剪切流动
　　Y 剪切流

剪切流离散
　　Y 离散

剪切模量
shear modulus
O343

　　D 刚性模量
　　　横向剪切模量
　　　剪变模量
　　　剪模量
　　　抗剪模量
　　　库仑模量
　　　扭转模量
　　　切变模量
　　　塑性剪切模量
　　S 弹性模量
　　F 等效剪切模量
　　　动态剪切模量
　　C 泊松比
　　　弹性介质
　　　刚度
　　　剪应力
　　　塑性变形
　　Z 模量

剪切粘度
shear viscosity
O351.2；O641.3
　　D 剪切黏度
　　　剪切粘性
　　　切变粘性
　　S 化学参数*
　　　粘度*

剪切粘性
　　Y 剪切粘度

剪切粘性系数
　　Y 粘滞系数

剪切黏度
　　Y 剪切粘度

剪切疲劳
shear fatigue
O346.2
　　S 疲劳*
　　C 剪切试验 →(5)

剪切破坏
shear breakdown
O346.5
　　S 破坏(力学)*
　　F 弯曲剪切受拉破坏
　　　弯曲剪压破坏
　　C 极限承载力
　　　剪应力
　　　抗剪强度
　　　扭转破坏模量
　　　撕裂

剪切破裂
shear fracture
O346.12
　　D 共轭剪破裂
　　S 破裂
　　C 剪切断裂
　　Z 断裂

剪切强度
　　Y 抗剪强度

剪切屈服应力
shear yield stress
O343.4

　　S 剪应力
　　　屈服应力
　　C 银纹
　　Z 应力

剪切蠕变
shear creep
O344.6；O469
　　S 蠕变*

剪切散斑
speckle shearing
O348.12；O432.12
　　S 散斑*
　　F 电子剪切散斑

剪切散斑干涉
shearing speckle interferometry
O348.12
　　S 散斑干涉术
　　Z 光学测量

剪切失效
shear failure
O344.3
　　S 失效*

剪切锁死
shear locking
O344.3
　　S 结构响应
　　Z 响应

剪切弹性模量
modulus of elasticity in shear
O343
　　D 刚性系数
　　S 弹性模量
　　C 剪切性质
　　　剪应力
　　Z 模量

剪切特性
　　Y 剪切性质

剪切湍流
shear turbulence
O357.5
　　S 剪切流
　　　湍流
　　Z 流体流

剪切位错
　　Y 位错

剪切系数
　　Y 基底剪力系数

剪切效应
shear effect
O342
　　S 力学效应*

剪切形变理论
　　Y 剪切变形理论

剪切性能
　　Y 剪切性质

剪切性质
shear properties

O344.1；O346
  D 剪切特性
    剪切性能
    剪切致稠
    剪切致稀
    抗剪性能
  S 力学性质*
  F 剪切差
    剪切应变率
    扭性
    扭转破坏模量
  C 剪切弹性模量

剪切应变
  Y 剪应变

剪切应变率
shear strain rate
O344.1
  S 剪切性质
  Z 力学性质

剪切应力
  Y 剪应力

剪切运动
shearing motion
O344.3
  S 运动*

剪切载荷
shear loads
O347.1；O469
  S 静载荷
  Z 荷载

剪切振动
shear vibration
O32
  S 振动*

剪切致稠
  Y 剪切性质

剪切致稀
  Y 剪切性质

剪切滞后
  Y 剪力滞效应

剪切中心
  Y 弯曲中心

剪切重力波
  Y 重力波

剪切自锁
shear self-lock
O344.3
  S 闭锁*
    剪切闭锁

剪切阻力
  Y 剪切力

剪切作用类型
  Y 剪切

剪心
  Y 弯曲中心

剪应变
shear strain
O344.3
  D 八面体剪应变
    八面体应变
    剪切应变
    切应变
    主剪应变
  S 应变*
  F 广义剪应变
    最大剪应变
  C 厚板元
    剪切变形
    剪应力
    扭转振动
    银纹

剪应力
shear stress
O343.4
  D 剪切应力
    切应力
  S 应力*
  F 八面体剪应力
    壁面剪应力
    环境剪应力
    极限剪应力
    剪切屈服应力
    雷诺切应力
    扭应力
    屈服剪应力
    主剪应力
    最大剪应力
  C 剪切变形
    剪切弹性模量
    剪切力
    剪切模量
    剪切破坏
    剪应变
    抗剪强度
    拉伸变形
    位错塞积

剪应力场
shear stress field
O347
  S 应力场
  F 滑移线场
  Z 场（力学）

剪胀效应
dilatancy effect
O342
  S 力学效应*

剪胀性
  Y 膨胀性

剪滞
  Y 剪力滞效应

剪滞分析
shear lag analysis
O34
  S 结构强度分析
  Z 力学分析

剪滞理论
shear lag theory
O346
  S 力学理论*
  C 等效断裂韧度
    断裂参数
    剪力滞效应
    虚拟裂缝模型

剪滞效应
  Y 剪力滞效应

简并
  Y 简并态

简并等离体
  Y 简并等离子体

简并等离子体
degenerate plasma
O531
  D 简并等离体
  S 等离子体*

简并度
  Y 简并态

简并能级
degenerate energy level
O562.1
  S 能级*

简并双光子
degenerate two photon
O572.31
  S 双光子
  Z 粒子

简并态
degenerate state
O552.5
  D 非简并
    简并
    简并度
  S 物态*

简单波
simple wave
O353.2
  S 波*

简单点阵
  Y 初基点阵

简单加载
  Y 加载

简单剪切
simple shear
O344.1
  S 剪切*

简单立方点阵
simple cubic lattice
O712
  S 立方点阵
  Z 点阵

简单立方晶格
single cubic lattice
O712
  S 立方晶格
  Z 晶格

简单声源
  Y 单极子源

简分数
  Y 分数

简化力学模型
simplified mechanical model
O31
  S 力学模型*

简化质量
  Y 等效质量

简谐波
  Y SH 波

简谐波发生
  Y 谐波发生

简谐激励
harmonic excitation
O323
  D 谐激励
  S 激励*

简谐响应
harmonic response
O321
  S 响应*

简谐运动
simple harmonic motion
O311
  D 蛇行运动
    谐和运动
    正弦运动
  S 谐运动
  Z 运动

简谐振动
simple harmonic vibration
O321
  S 谐振
  F 强迫振动
  Z 振动

简谐振子
simple harmonic oscillator
O413
  D 非简谐振子
  S 谐振子*
  C 强迫振荡

简正波
normal mode wave
O321
  S 波*
  C 简正振动

简正模
normal modes
O733
  D 简正模式
    简正模态
  S 模态*

简正模式
  Y 简正模

简正模态
  Y 简正模

简正模态法
normal mode method
O302
  S 力学方法*

简正振动
normal vibration
O321
  S 振动*
  C 简正波

简正坐标
normal coordinate
O561
  D 正则坐标
  S 坐标*
  C 薛定谔方程

简支边界
simple boundary
O343
  S 混合边界
  Z 边界

碱处理
  Y 碱洗

碱金属卤化物晶体
  Y 碱卤晶体

碱净化
  Y 碱洗

碱卤化合物晶体
  Y 碱卤晶体

碱卤晶体
alkali halide crystals
O74
  D 碱金属卤化物晶体
    碱卤化合物晶体
  S 晶体*

碱式硫酸镁晶须
basic magnesium sulfate whiskers
O784
  D 硫氧镁晶须
    镁盐晶须
  S 无机盐晶须
  Z 晶须

碱洗
alkaline cleaning
O539
  D 碱处理
    碱净化
  S 净化*
  C 脱硫 →(3)

间断*
gap
O361
  D 断续
  F 磁流体力学间断
    速度间断
    应力间断

间断 Galerkin 有限元
discontinuous Galerkin finite element
O241.82；O302
  S 间断有限元
    有限元*
  C 半线性微分方程 →(1)
    时间导数 →(1)

间断有限元
discontinuous finite elements
O241.82；O302
  D 间断有限元法
    间断有限元方法
  S 有限元*
  F 间断 Galerkin 有限元
  C 有限局部环 →(1)

间断有限元法
  Y 间断有限元

间断有限元方法
  Y 间断有限元

间隔长度
  Y 距离

间接边界积分方程法
  Y 积分方程方法

间接边界元法
indirect boundary element method
O343
  S 边界元法
  C 弹性力学
  Z 力学方法
    数学方法

间接测定
  Y 间接测量

间接测量
indirect measurement
TB462.1
  D 间接测定
    间接测量法
    间接测量方法
  S 测量*
  C 直接测量

间接测量法
  Y 间接测量

间接测量方法
  Y 间接测量

间接水锤
indirect hammer
O351.2
  S 水锤
  Z 冲击

间接原子吸收法
indirect atomic absorption spectrometry
O433.4；O657.31
  S 原子吸收光谱法
  Z 光谱分析

间接蒸发
indirect evaporation
O552.6；P332.2
  S 蒸发*
  C 热蒸发

间隙比
gap ratio
O31
    D 间距比
       相对间隙
    S 比率*

间隙波
slot wave
O353.2
    S 波*

间隙空位缺陷
    Y 弗仑克尔缺陷

间隙流
    Y 渗流

间隙缺陷
interstitials
O647.9；O77
    D 晶体填隙
       填隙
       填隙缺陷
    S 本征缺陷
    F 间隙原子
    C 夹杂物 →(3)
       科特雷耳气团
    Z 晶体缺陷

间隙氧
interstitial oxygen
O613.3；O76
    S 化学气体*

间隙原子
interstitial
O482.53；O773
    D 填隙原子
       填隙子
    S 间隙缺陷
    Z 晶体缺陷

间歇混沌
intermittent chaos
O415.5
    S 混沌*

间歇结晶
batch crystallization
O79
    D 间歇结晶过程
    S 工业结晶
    Z 结晶

间歇结晶过程
    Y 间歇结晶

间歇系数
    Y 湍流变动

间歇系统
    Y 湍流变动

建立模型
    Y 建模

建模*
modeling
N945.12
    D 建立模型
       模型化
       系统建模
       造形
    F 本构建模
       波前重建
       动态特性建模
       力学建模
       流场重建
       声学建模
       杂交建模
    C 仿真 →(1)(4)(5)
       阶跃响应 →(1)
       立体图 →(1)
       模型
       数学规划
       系统论

建筑声学
architectural acoustics
TU112
    D 室内声学
    S 应用声学
    C 环境噪声
       声反射
       消声室
       噪声降低
    Z 声学

舰船空气流场
    Y 船舶粘性流场

舰船气泡尾流
ship bubble wakes
O351.3
    S 舰船尾流
       气泡尾流
    Z 流体流

舰船尾流
ship wake
O351.3
    S 尾流
    F 舰船气泡尾流
    Z 流体流

渐变流
    Y 非定常流

渐变折射率
graded-refractive-index
O435.1；P427.1
    S 折射率*

渐近
    Y 渐近方法

渐近边界条件
asymptotic boundary condition
O44
    S 边界条件*

渐近法
    Y 渐近方法

渐近方法
asymptotic method
O175.1；O342
    D 渐近
       渐近法
    S 微分方程解法*
    C 渐近级数 →(1)
       渐近理论 →(1)

渐近解
asymptotic solution
O175；O302
    D 渐进解
    S 解*
    C Airy 函数 →(1)
       高次方程 →(1)
       匹配法 →(1)

渐近均匀化方法
asymptotic homogenization method
O302
    S 力学方法*

渐近稳定
    Y 渐近稳定性

渐近稳定性
asymptotic stability
O175.13；O177；O317
    D 渐近稳定
       渐进稳定
       渐进稳定性
       均方渐近稳定
    S 稳定性(数学)*
    C 不变集 →(1)
       不确定系统
       部分变元 →(1)
       欧拉法 →(1)
       系统可靠性 →(1)
       中立型延迟微分方程 →(1)

渐进变形
    Y 递进变形

渐进结构优化
evolutionary structural optimization
O342
    S 结构优化
    Z 优化

渐进结构优化方法
evolutionary structural optimization methods
O34
    S 力学方法*

渐进解
    Y 渐近解

渐进稳定
    Y 渐近稳定性

渐进稳定性
    Y 渐近稳定性

溅射气压
sputtering pressure
TN305
    S 气体压力
    Z 压力

溅射压强
sputtering pressure
TN305
    S 压强*

鉴别率
    Y 分辨率

主　表　385

鉴相[相位检波]器
　　Y　相位检测器

键长
bond length
O56；O641.1
　　D　键程
　　S　化学参数*
　　C　化学键　→(3)

键程
　　Y　键长

键合*
bonding
O56；O641.2
　　F　共价键合
　　　　金属键合
　　　　离子键合

键角
bond angle
O56；O641.1
　　S　化学参数*
　　C　化学键　→(3)

姜-泰勒变形
　　Y　姜-泰勒效应

姜-泰勒效应
Jahn-Teller effect
O56
　　D　Jahn-Teller 效应
　　　　姜-泰勒变形
　　　　杨-特勒效应
　　S　电子效应
　　Z　物理效应

浆流
stock flow
O35
　　S　流体流*

浆体
slurry
O35
　　D　含砂流体
　　　　浆体结构
　　S　液固二相流体
　　C　堆密度　→(3)
　　Z　流体

浆体结构
　　Y　浆体

降阶积分
reduced integration
O302
　　S　积分*
　　C　解算　→(1)(4)

降落速度
　　Y　下落速度

降膜结晶
falling film crystallization
O799
　　D　降膜结晶法
　　　　降膜结晶方法
　　　　降膜结晶过程

　　S　膜结晶
　　Z　结晶

降膜结晶法
　　Y　降膜结晶

降膜结晶方法
　　Y　降膜结晶

降膜结晶过程
　　Y　降膜结晶

降水电流
precipitation current
O441.1；P427
　　S　自然电流
　　Z　电流

降水形态*
precipitation form
P332.1；P412.13；P426.61
　　D　降雨形态
　　F　水珠
　　C　降水结构　→(4)(5)
　　　　降水特征　→(3)(4)(5)

降温结晶
　　Y　冷却结晶

降温结晶法
　　Y　冷却结晶

降温结晶方法
　　Y　冷却结晶

降温结晶过程
　　Y　冷却结晶

降温结晶化过程
　　Y　冷却结晶

降温晶化过程
　　Y　冷却结晶

降温率
　　Y　降温速率

降温速率
cooling rate
O551.2；P412.11；P423
　　D　降温率
　　S　温度参数*
　　C　降温　→(4)
　　　　降温过程　→(4)
　　　　降温曲线　→(1)

降雨形态
　　Y　降水形态

降振
　　Y　减振

降阻
　　Y　减阻

交变磁场退磁
　　Y　消磁

交变电磁场
alternating electromagnetic field
O441.4
　　S　电磁场*
　　C　海底大地电磁场　→(4)

交变电流
　　Y　交流

交变荷载
　　Y　交变载荷

交变应力
　　Y　振动应力

交变载荷
alternating load
O347.1
　　D　变动载荷
　　　　变载荷
　　　　波动负荷
　　　　波动载荷
　　　　反复荷载
　　　　反复载荷
　　　　交变荷载
　　　　脉动荷载
　　　　脉动载荷
　　　　重复荷载
　　　　重复载荷
　　　　周期荷载
　　　　周期加载
　　　　周期性负载
　　　　周期性荷载
　　　　周期性载荷
　　　　周期载荷
　　S　动载荷
　　C　裂纹闭合
　　　　疲劳力学
　　　　循环疲劳
　　　　循环应力
　　Z　荷载

交叉弛豫
cross relaxation
O48
　　D　交叉驰豫
　　S　内部自由度弛豫
　　Z　松弛

交叉驰豫
　　Y　交叉弛豫

交叉迭代法
　　Y　交替方向迭代法

交叉分子束
crossed molecular beam
O561
　　S　分子束
　　Z　粒子束

交叉关联噪声
cross correlated noises
O422.6
　　S　关联噪声
　　Z　随机噪声

交叉光栅
crossed grating
O437.4；P111.3
　　D　二维光栅
　　S　光栅*

交叉极化
cross polarization
O441.4

S 电磁波极化
Z 极化

交叉解耦
cross decoupling
TM3；TM7
S 解耦*

交叉谱密度
Y 互谱密度

交叉相位调制不稳定性
cross-phase modulation instability
TN761
S 调制不稳定性
Z 稳定性

交错采样
interlaced sampling
TN911
S 采样*

交换电流
exchange current
O441.1
S 电流*

交换电流密度
exchange current density
O441.1
S 电流密度
C 阴极极化
Z 物理参数

交换对称性
exchange symmetry
O64；O711.1
S 对称*
C 交换代数 →(1)

交换反应*
exchange reaction
O621.255
D 化学交换
F 取代反应
C 有机反应

交换各向异性
exchange anisotropy
O482.52
S 磁各向异性
Z 磁性

交换关联势
exchange correlation potential
O571.2
S 势*

交换力
exchange force
O31
S 力*

交换模
interchange mode
O361；O53
S 磁流体动力稳定性
Z 力学稳定性

交换能
exchange energy

O572.2
S 粒子能量
Z 能量

交换耦合场
exchange coupling field
O441.4
S 耦合场
Z 物理场

交换偏置场
exchange bias field
O441.2
S 磁场*

交换通量
exchange flux
O485；P43
S 通量*

交换相互作用
exchange interaction
O572.24
S 相互作用*

交换作用
exchange interaction
O572.24
S 粒子相互作用*
F 超交换作用
双交换作用

交混回响
Y 混响

交联弹性体
Y 弹性体

交流
alternating current
O441.1
D 交变电流
交流电
交流电流
S 电流*
F 三相交变电流
C 直流

交流磁
Y 交流磁性

交流磁化率
ac magnetic susceptibility
O441.2
S 磁化率
Z 磁参数

交流磁性
AC magnetic properties
O482.52
D 交流磁
S 磁性*

交流电
Y 交流

交流电流
Y 交流

交流电致发光
AC electroluminescence

O436.4
S 电致发光
Z 发光

交流偏磁
AC magnetic biasing
TN912
S 超音频偏磁
Z 偏磁

交流损耗
AC loss
O442
S 电损耗
C 高温超导体
Z 能量损耗

交流约瑟夫森效应
Y 约瑟夫森效应

交生
intergrowth
O78
S 规则连生
Z 结晶现象

交替方向
Y 交替方向迭代法

交替方向迭代法
alternate direction iteration method
O241.6；O302
D 交叉迭代法
交替方向
S 迭代法*
C 差分方程 →(1)
非线性抛物型方程 →(1)
圆锥曲线 →(1)

交替方向隐格式
alternating direction implicit scheme
O143；O175；O35
S 数学方法*
C 截断误差 →(1)

交替方向隐式时域有限差分法
alternating direction implicit finite-difference
time-domain method
O451
S 有限时域差分法
Z 物理法

胶冻强度
Y 凝胶强度

胶固多孔介质
Y 多孔介质

胶合强度
Y 粘接强度

胶接强度
Y 粘接强度

胶接性能
Y 粘度

胶结强度
Y 粘接强度

胶晶

Y 胶体晶体

胶粒晶体
　　Y 胶体晶体

胶粘性
　　Y 粘度

胶粘性能
　　Y 粘度

胶凝强度
　　Y 凝胶强度

胶球
　　Y 胶子球

胶束成核
micellar nucleation
O78
　　S 成核*

胶态晶体
　　Y 胶体晶体

胶体光子晶体
colloidal photonic crystal
O799
　　S 光子晶体
　　　　胶体晶体
　　Z 晶体

胶体晶
　　Y 胶体晶体

胶体晶体
colloidal crystals
O799
　　D 胶晶
　　　　胶粒晶体
　　　　胶态晶体
　　　　胶体晶
　　　　树脂晶体
　　S 晶体*
　　F 胶体光子晶体

胶子
gluon
O572.3
　　S 夸克
　　C 胶子球
　　　　夸克禁闭
　　Z 粒子

胶子球
glueball
O57
　　D 胶球
　　C 胶子
　　　　介子
　　　　束缚态
　　　　颜色模型

焦波
　　Y 畸形波

焦点*
focus
O435；P111.3
　　D 卡塞格林焦点
　　　　卡氏焦点
　　　　内氏焦点
　　　　牛顿焦点
　　　　物方焦点
　　　　象方焦点
　　　　虚焦点
　　　　远主焦点
　　　　折轴焦点
　　　　主焦点
　　F 等离子体焦点
　　　　共轭焦点
　　C 调焦
　　　　聚焦参数
　　　　卡塞格林系统 →(4)

焦点参数
　　Y 聚焦参数

焦点检查仪
lensometers
TH741
　　D 调焦仪
　　　　焦度计
　　S 光学测量仪器
　　C 聚焦参数
　　Z 测量仪器

焦点调整
　　Y 调焦

焦度
　　Y 光焦度

焦度计
　　Y 焦点检查仪

焦尔循环
　　Y 热力学循环

焦耳定律
Joule's law
O551
　　S 物理定律*
　　C 焦耳热

焦耳热
Joule heat
O551.1
　　S 热量*
　　C 焦耳定律
　　　　焦耳热效应

焦耳热功当量实验
　　Y 焦耳实验

焦耳热效应
Joule heating effect
O551.3
　　S 热效应*
　　F 焦耳-汤姆逊效应
　　C 焦耳热

焦耳实验
Joule experiment
O4-33；O55
　　D 焦耳热功当量实验
　　S 热学实验
　　Z 科学实验

焦耳-汤姆孙效应
　　Y 焦耳-汤姆逊效应

焦耳-汤姆逊效应
Joule-Thomson effect
O551
　　D 焦耳-汤姆孙效应
　　S 焦耳热效应
　　　　汤姆逊效应
　　Z 热效应

焦距
focal length
O435.2
　　S 光学参数*
　　F 变焦距
　　　　短焦距
　　　　透镜焦距
　　C 焦距测量

焦距测定
　　Y 焦距测量

焦距测量
focal length measurement
TB462；TB96；TH74
　　D 焦距测定
　　S 光学参数测量
　　C 焦距
　　Z 光学测量

焦平面
focal planes
TH74
　　S 平面*

焦散线
caustics
O348
　　S 线*
　　F 动焦散线
　　C 焦散线法

焦散线法
caustic method
O348
　　S 力学方法*
　　C 焦散线

焦锥织构
focal conic texture
O753.2
　　S 液晶织构
　　Z 类晶结构
　　　　织构

角*
angle
O18
　　D 角度
　　F Lode 角
　　　　冲击角
　　　　法拉第旋转角
　　　　共振角
　　　　剪切角
　　　　结构角
　　　　开裂角
　　　　马赫角
　　　　摩擦角
　　　　扭转角
　　　　欧拉角
　　　　抛射角

碰撞角
起裂角
休止角
迎角
转角
C 弧秒 →(4)
几何

角变形
angular deformation
O344.3
　　D 角度变形
　　S 几何变形
　　C 弹塑性弯曲理论
　　Z 变形

角动量
angular momentum
O313；P433
　　D ω角动量
　　　动量矩
　　　绝对角动量
　　　临界角动量
　　　相对角动量
　　S 动量
　　F 轨道角动量
　　　内禀角动量
　　　总角动量
　　C 动能
　　　惯性矩
　　　角运动
　　　螺旋度 →(4)
　　　自旋
　　Z 力学量

角动量定理
　　Y 动量矩定理

角动量定律
angular momentum law
O313.2
　　D 角动量理论
　　S 力学定律*
　　C 动量
　　　轨道计算 →(4)
　　　角度测量 →(4)
　　　角速度测量
　　　量子论
　　　运动学

角动量理论
　　Y 角动量定律

角动量耦合
angular momentum coupling
O313.2
　　S 耦合(力学)*
　　C 大气角动量 →(4)
　　　角动量投影

角动量平衡
　　Y 动量平衡

角动量守恒
conservation of angular momentum
O313；P43
　　S 动量守恒*

角动量守恒定律
law of conservation of angular momentum
O313.2
　　D 动量矩守恒定律
　　S 动量守恒定律
　　C 动量矩守恒
　　Z 物理定律

角动量算符
angular momentum operator
O311
　　S 动量算符
　　Z 算符

角动量投影
angular momentum projection
O435
　　S 投影*
　　C 角动量耦合

角动量投影壳模型
angular momentum projected shell model
O571
　　S 壳模型
　　Z 物理模型

角度
　　Y 角

角度变形
　　Y 角变形

角度测量误差
　　Y 测角误差

角度测量仪器
　　Y 测角仪

角度分布
　　Y 角分布

角度功率谱
angular power spectrum
O456
　　S 功率谱
　　C 联合功率谱
　　Z 频谱

角度量仪
　　Y 测角仪

角度误差
angular error
TH711
　　D 角误差
　　S 测角误差
　　C 方位误差 →(4)
　　Z 测量误差

角度效应
angle effect
O31
　　S 效应*

角分辨
angle-resolved
O436
　　S 分辨*

角分辨光电子能谱
angle-resolved photoemission spectroscopy
O482.7

　　S 光电子能谱
　　Z 能谱

角分布
angular distribution
O313.3
　　D 角度分布
　　S 分布*
　　F 辐射角分布

角刚度
angular rigidity
O343
　　S 刚度
　　Z 力学性质

角关联
angular correlation
O313.3
　　S 相关*
　　F 扰动角关联

角加速度
angular acceleration
O313.3
　　S 加速度*
　　C 角速度
　　　角运动
　　　旋转

角节点
corner joints
TU3
　　S 节点*

角扩展
angular spread
TN91
　　S 扩展*

角量子数
azimuthal quantum number
O413.1
　　S 轨道量子数
　　Z 量子数

角裂纹
corner crack
O346.1
　　S 裂纹*

角频率
　　Y 圆频率

角谱
angular spectrum
O43
　　S 谱*

角谱法
angular-spectrum representation
O436.1
　　S 光学方法*
　　C 高斯波束 →(5)

角谱理论
angular spectrum theory
O436.1
　　S 衍射理论
　　Z 光学理论

角区流动
corner region flow
O351.2
　S 流动*
　C 马蹄涡

角色散
angular dispersion
O436.3
　D 光轴角色散
　S 色散*

角视场
angular field
O435；P111.3
　D 视场角
　S 视场*

角速度
angular velocity
O31
　S 运动速度*
　F 旋转角速度
　C 角加速度
　　旋转

角速度测量
angular velocity measurement
TB934；TH824.3
　S 几何量测量*
　　速度测量*
　C 角动量定律
　　旋转
　　转动物体

角速度矢
　Y 角速度矢量

角速度矢量
angular velocity vector
O311.1
　D 角速度矢
　S 速度矢量
　Z 向量

角位移
angular displacement
O313.3
　S 位移*
　C 角坐标 →(1)(4)

角误差
　Y 角度误差

角向磁场
azimuthal magnetic field
O441.2
　S 磁场*

角向运动
　Y 角运动

角运动
angular motion
O311.2
　D 角向运动
　S 曲线运动
　C 翻滚
　　角动量
　　角加速度

　Z 运动

角展宽
　Y 宽度

铰链力矩
hinge moment
O31
　D 枢轴力矩
　S 气动力矩
　C 六自由度弹道
　Z 力矩

矫顽场
　Y 矫顽力

矫顽磁
　Y 矫顽磁性

矫顽磁场
　Y 矫顽力

矫顽磁力
　Y 矫顽力

矫顽磁性
coercive magnetic property
O482.52
　D 矫顽磁
　　矫顽性
　S 磁性*
　C 矫顽力

矫顽电场
coercive electric field
O441.1
　S 电场*

矫顽力
coercive force
O441.4
　D 矫顽场
　　矫顽磁场
　　矫顽磁力
　S 磁力
　C 磁场强度
　　磁能积
　　矫顽磁性
　　矫顽力计 →(5)
　Z 磁场效应

矫顽力机理
coercivity mechanism
O369
　D 矫顽力机制
　S 机理*

矫顽力机制
　Y 矫顽力机理

矫顽性
　Y 矫顽磁性

矫顽应力
coercive stress
O343.4
　S 应力*

校验
　Y 检测

校正*
correction
ZT5
　D 差错校正
　　订正
　　纠错
　　修正
　F 波长校正
　　波前校正
　　壳修正
　　位置校正
　　吸收校正
　　压力校正
　C 地形改正 →(4)(5)
　　精度
　　误差

校正透镜
correcting lens
TH74
　D 改正透镜
　S 透镜
　Z 光学元件

校准*
calibration
TH7
　D 准直技术
　F 动态校准
　　静态校准
　　实时校准
　　实验室校准
　　现场校准
　C 标准规范
　　测量标准
　　精度
　　仪器仪表

轿厢共振
resonance of car
O321
　S 共振*

阶段
　Y 时期

阶梯光栅
echelon grating
O437.4；P111.3
　S 光栅*
　F 中阶梯光栅

阶梯透镜
　Y 菲涅尔透镜

阶梯折算法
stepped reduction method
O302；O343
　S 力学方法*

阶跃载荷
step load
O347.1
　S 荷载*

阶跃折射率
step refractive index
O435.1
　D 突变折射率

S 折射率*

接触*
contact
O343.3
　D　接触过程
　F　冲击接触
　　　弹性接触
　　　动接触
　　　机械接触
　　　摩擦接触
　　　微接触
　　　协调接触
　　　粘着接触

接触爆破
contact demolition
TB41；TD235；TU751
　D　接触爆炸
　S　爆破*

接触爆炸
　Y　接触爆破

接触带电
　Y　静电起电

接触电势
contact potential
O441.1
　D　接触电位
　S　电位*
　C　电接触
　　　功函数
　　　接触电阻

接触电势差
contact potential difference
TM933.2
　S　电压*

接触电位
　Y　接触电势

接触电阻
contact resistance
TM934.1
　S　电阻*
　C　电接触
　　　接触电势

接触过程
　Y　接触

接触辉光放电
contact glow discharge
O461.21
　S　辉光放电
　Z　放电

接触辉光放电等离子体
contact glow discharge plasma
O531
　D　接触辉光放电电解等离子体
　S　辉光放电等离子体
　Z　等离子体

接触辉光放电电解等离子体
　Y　接触辉光放电等离子体

接触间断

contact discontinuity
O361
　S　磁流体力学间断
　Z　间断

接触力
contact force
O31
　D　触点力
　　　触点压力
　　　接触压力
　S　力*
　F　接触力元

接触力学
contact mechanics
O343.3
　S　固体力学*
　C　协调接触

接触力元
contact force element
O343.3
　S　接触力
　Z　力

接触面
contact surface
O343.3
　S　表面*
　C　接触点 →(1)

接触面积
contact area
O313.5
　D　真实接触面积
　S　面积*

接触面阻尼
interface damping
O328
　S　阻尼*

接触摩擦
　Y　干摩擦

接触碰撞
contact impact
O313.4
　S　力学碰撞*
　C　多体动力学

接触疲劳
contact fatigue
O346.2
　S　疲劳*
　F　滚动接触疲劳
　C　冲击疲劳
　　　疲劳断裂
　　　失效分析 →(1)
　　　塑性变形
　　　振动疲劳

接触热阻
thermal contact resistance
O55
　S　热阻
　Z　热性能

接触势垒

contact barrier
O47
　S　势垒*

接触位移
　Y　谱线位移

接触问题
contact problem
O343.3
　S　力学问题*
　F　弹性接触问题
　C　弹性力学

接触效应
contact effect
O343.3
　D　接触作用
　S　力学效应*

接触压
　Y　接触应力

接触压力
　Y　接触力

接触应力
contact stress
O343.4
　D　接触压
　S　应力*
　C　Hertz 接触
　　　多极边界元法
　　　赫兹理论
　　　应力计算
　　　载荷分布

接触应力分析
contact stress analysis
O343.3；O343.4
　S　应力分析
　Z　力学分析

接触约束
contact constraints
O343.3
　S　约束*

接触载荷
contact load
O347.1
　D　触点负载
　　　滚动接触载荷
　　　接点负荷
　S　动载荷
　Z　荷载

接触作用
　Y　接触效应

接地电流
ground current
O441.1
　S　电流*

接地速度
　Y　着陆速度

接点负荷
　Y　接触载荷

主　表　391

接近点温差
　Y 节点温差

接口机制
　Y 机械接触

接收角
acceptance angle
O435.1
　S 光学角*

接头电阻
joint resistance
TM934.1
　S 电阻*

接物玻璃
　Y 物镜

接物镜
　Y 物镜

节点*
node
ZT6
　F 边节点
　　角节点
　C 第二类 Chebyshev 多项式　→(1)
　　驻波

节点力
　Y 结点力

节点位移
nodal displacement
O311.1
　S 位移*

节点温差
node temperature difference
O551.2；P412.11；P423
　D 接近点温差
　S 温差*
　C 蒸汽压力

节点载荷
nodal load
O347.1
　S 集中荷载
　Z 荷载

节瘤缺陷
nodular defect
O484.4
　S 薄膜缺陷*

节曲线
pitch curve
TH13
　S 曲线*

杰弗勒司模型
　Y 杰弗勒司体

杰弗勒司体
Jeffreys body
O37
　D 杰弗勒司模型
　S 流变模型
　Z 力学模型

洁净表面
　Y 清洁表面

结点力
joint forces
O34
　D 节点力
　S 力*
　F 等效节点力

结构*
structure
ZT6
　D 构造
　　构造形式
　　结构状态
　F 二维结构
　　几何结构
　　界面结构
　　静定结构
　　孔结构
　　粒子结构
　　连续体结构
　　链状结构
　　流变组织
　　马氏体组织
　　密度结构
　　模结构
　　失谐周期结构
　　双层结构
　　线性动力体系
　　旋转结构
　　一维结构
　　异质结构
　　有序结构
　　运动结构
　　振动结构
　　中间结构
　　主动结构
　　准周期结构
　　自适应结构
　　自相似结构
　C 自然频率

结构变形
structural distortion
O342；O344.3
　S 变形*

结构弛豫
structural relaxation
O342；O48
　S 松弛*

结构重分析
structural reanalysis
O342
　S 结构分析
　Z 力学分析

结构传力
　Y 力传递

结构动力
　Y 结构动力学

结构动力方程
structural dynamics equation
O342
　S 动力学方程
　Z 力学方程

结构动力分析
dynamic structural analysis
O342
　S 动力学分析
　　结构分析
　F 振型分析
　C 结构动力学
　Z 力学分析

结构动力修改
structural dynamic modification
O342
　S 结构修改*
　C 模态分析

结构动力学
structural dynamics
O313；O342
　D 动态结构
　　结构动力
　　结构动态响应
　S 动力学
　　结构力学
　C 隔振
　　结构动力分析
　　逆迭代法　→(1)
　　纽马克法
　　谐振
　　载荷识别
　　振动理论
　Z 固体力学
　　理论力学

结构动力学分析
structure dynamics analysis
O342
　S 动力学分析
　Z 力学分析

结构动态响应
　Y 结构动力学

结构反应
　Y 结构响应

结构分析
structural analysis
O342
　D 多自由度分析
　　构形分析
　　结构解析
　　结构重量分析
　S 力学分析*
　F 表面结构分析
　　颤振分析
　　二维分析
　　非线性结构分析
　　几何构造分析
　　结构动力分析
　　结构静力分析
　　结构重分析
　　三维分析
　　微结构分析
　　子结构分析
　C 边界元法
　　薄膜理论

  工程力学
  双轴应力
  网格分析法

结构分析方法
structural analysis method
O342
 D 结构化分析方法
  结构化设计方法
  结构计算方法
  结构设计方法
 S 力学方法*
 F 光弹性法
  极限载荷法
  力法
  能量法
  柔度法
  弯矩分配法

结构刚度
 Y 结构稳定性

结构工程
 Y 结构力学

结构光
structure light
O432.12
 S 光*
 F 点结构光
  线结构光

结构光场
structure light field
O431.2
 S 光场*

结构光投影
structure light projection
O435
 S 投影*

结构函数
structure functions
O174；O572.23；P43
 S 函数*
 C 分形指数 →(1)
  格点系统 →(1)
  粒子结构

结构化分析方法
 Y 结构分析方法

结构化设计方法
 Y 结构分析方法

结构基元
structural motif
O76
 S 基元*

结构计算方法
 Y 结构分析方法

结构记忆效应
 Y 记忆效应

结构减震
 Y 结构阻尼

结构角
structural angle
O342
 S 角*

结构结构相互作用
structure structure interaction
O342
 D 结构相互作用
 S 力学作用*
 C 极限偏摩尔体积 →(3)

结构解析
 Y 结构分析

结构晶体学
structural crystallography
O76
 D 晶体结构学
 S 晶体学*

结构精修
structure refinement
O723.5
 D 晶体结构精修
 S 晶体结构分析
 F Rietveld 精修
 Z 晶体分析

结构静力分析
static structural analysis
O342
 S 结构分析
  静力分析
 Z 力学分析

结构静力学
structural static mechanics
O312；O342；O469
 S 结构力学
 Z 固体力学

结构抗撞毁性
structural crashworthiness
O342
 S 结构特性
 Z 物理特性

结构可靠性
structural reliability
TU311
 D 机械可靠性
 S 可靠性*
 C 腐蚀断裂

结构力学
structural mechanics
O342
 D 构造力学
  结构工程
 S 固体力学*
 F 冲击动力学
  分析结构力学
  工程结构力学
  计算结构力学
  结构动力学
  结构静力学
 C 板壳理论
  变形分析
  非线性结构分析

  负荷效应
  几何非线性分析 →(1)
  几何组成分析 →(1)
  矩阵分析
  抗震设计 →(5)
  位移法

结构裂缝
 Y 内部裂纹

结构流变学
structural rheology
O37
 S 流变学*

结构模型
structural model
O342；O572.25
 D 离散质量模型
  离散质量体系
  模型(结构)
 S 力学模型*
 F Cosserat 模型
  连续质量模型
  弦模型
 C 素子模 →(1)
  响应函数

结构粘度
structural viscosity
O37
 D 结构粘性
 S 粘度*

结构粘性
 Y 结构粘度

结构疲劳
structural fatigue
O346.2
 S 疲劳*
 C 热点应力

结构破坏
 Y 结构损伤

结构破损
 Y 结构损伤

结构强度
structural strength
O346
 S 力学强度*
 C 硬度

结构强度分析
structured analysis
O346
 S 强度分析
 F 剪滞分析
 Z 力学分析

结构柔性
structural flexibility
O342
 S 柔性
 Z 力学性质

结构色散
 Y 波导色散

结构设计方法
　Y 结构分析方法

结构声辐射
structural sound radiation
O422.6
　S 声辐射
　Z 辐射

结构声强
structural intensity
O422
　S 声强
　Z 声学参数

结构实验
structure experiment
O4-33
　S 物理实验
　Z 科学实验

结构式
　Y 化学式

结构试验
structural test
TB302
　S 试验*

结构损耗因子
structural loss factor
O342
　S 损耗因子
　Z 力学因子

结构损坏
　Y 结构损伤

结构损伤
structural damage
O346.5
　D 结构破坏
　　结构破损
　　结构损坏
　　结构性破坏
　　结构性损坏
　　结构性损伤
　　可损伤结构
　　损伤结构
　S 损伤(力学)*
　C 偏心力
　　剩余模态力

结构特性
structural property
O342
　D 结构性质
　S 物理特性*
　F 结构抗撞毁性
　　结构完整性
　　结构振动特性

结构拓扑
structural topology
O342
　D 拓扑结构
　S 拓扑*

结构拓扑优化
structural topology optimization
O342
　S 结构优化
　C 随机拓扑测度　→(1)
　　应力约束
　Z 优化

结构完整性
structural integrity
O342
　D 结构整体性
　S 结构特性
　C 结构稳定性
　Z 物理特性

结构位移
structural displacement
O342
　D 位移(结构)
　S 位移*
　C 结构响应

结构稳定性
structural stability
O317
　D 结构刚度
　S 力学稳定性*
　F 壳体稳定性
　　平衡稳定性
　　压杆稳定性
　C 刚度系数
　　共振试验
　　结构完整性
　　结构应变
　　临界应力

结构系数
　Y 结构因子

结构相变
structural phase transition
O792
　S 晶体相变*
　F 晶体对称性转变
　　软模相变
　　位移型相变
　　重构型相变

结构相互作用
　Y 结构结构相互作用

结构响应
structural response
O342
　D 结构反应
　S 响应*
　F 剪力传递
　　剪切锁死
　　扭转效应
　　最大弯曲反应
　C 爆破振动
　　结构位移

结构性破坏
　Y 结构损伤

结构性损坏
　Y 结构损伤

结构性损伤
　Y 结构损伤

结构性质
　Y 结构特性

结构修改*
structural modification
O342
　F 结构动力修改
　　拓扑修改

结构因子
structure factor
O48
　D 结构系数
　S 因子*
　C 液体

结构因子(晶体)
structure factors(crystals)
O76
　S 晶体学参数*
　F 几何结构因子

结构应变
structural strain
O344.3
　S 应变*
　C 结构稳定性
　　平截面假定
　　弯曲
　　应变测量

结构应力
　Y 组织应力

结构影响系数
structural influence coefficient
O342
　S 系数*

结构优化
structural optimization
O342
　D 结构最优化
　S 优化*
　F 渐进结构优化
　　结构拓扑优化

结构载荷
structural loads
O347.1
　S 荷载*

结构振动
structural vibration
O327
　S 振动*
　F 摆振
　　板振动
　　颤振
　　驰振
　　冲荡振动
　　导弹振动
　　抖振
　　放气振动
　　拱圈振动
　　管道振动
　　横向振动
　　基础振动
　　梁振动

流致振动
　　　扭转振动
　　　跳振
　　　涡轮振动
　　　弦振动
　　　叶片振动
　　　轴振动
　　C 振动试验

结构振动衰减
　　Y 结构阻尼

结构振动特性
structural vibration characteristics
O32；O342
　　S 结构特性
　　Z 物理特性

结构振动系统
structural vibration systems
O32
　　S 振动系统
　　C 振型
　　Z 力学系统

结构振幅
structure amplitude
O76
　　S 振幅*

结构整体性
　　Y 结构完整性

结构重量分析
　　Y 结构分析

结构状态
　　Y 结构

结构阻尼
structural damping
O327；O328
　　D 缓冲结构
　　　减振结构
　　　结构减震
　　　结构振动衰减
　　　有阻尼体系
　　　阻尼结构
　　S 阻尼*
　　C 损耗因子

结构最优化
　　Y 结构优化

结合力
　　Y 粘聚力

结合力模型
　　Y 内聚力模型

结合能
binding energy
O572.2
　　D 结合能量
　　S 粒子能量
　　F 核结合能
　　　基态结合能
　　　激子结合能
　　C 共价　→(3)
　　　化学键　→(3)

　　　晶格能
　　Z 能量

结合能量
　　Y 结合能

结合强度
bonding strength
O346
　　S 力学强度*
　　F 内结合强度
　　C 抗粘连性
　　　耐磨性
　　　显微硬度

结晶*
crystallization
O79
　　D 结晶点法
　　　结晶法
　　　结晶工序
　　　结晶过程
　　　结晶技术
　　　结晶行为
　　F 定向结晶
　　　分离结晶
　　　附生结晶
　　　工业结晶
　　　共结晶
　　　聚合物结晶
　　　控制结晶
　　　矿物结晶
　　　冷结晶
　　　熔融结晶
　　　渗透结晶
　　　升华结晶
　　　松香结晶
　　　一次结晶
　　　再结晶
　　　蒸发结晶
　　　直接结晶
　　　自发结晶
　　C 沉淀　→(3)(5)
　　　固化
　　　结晶度
　　　结晶理论
　　　结晶热
　　　结晶水
　　　结晶提纯　→(3)
　　　结晶现象
　　　晶体
　　　晶体成核

结晶材料包裹物
　　Y 晶体夹杂物

结晶程度
　　Y 结晶度

结晶单形
simple form of crystallization
O71
　　S 单形(晶体学)
　　Z 晶体形貌

结晶点法
　　Y 结晶

结晶动力学

crystallization kinetics
O781；O795
　　D 晶体动力学
　　S 晶体学*
　　F 等温结晶动力学
　　　非等温结晶动力学
　　　晶化动力学
　　　晶体生长动力学

结晶度
crystallinity
O78；P57
　　D 结晶程度
　　S 晶体学参数*
　　F 高结晶度
　　C 成岩作用　→(5)
　　　结晶
　　　结晶理论
　　　结晶现象
　　　凝结
　　　取向度
　　　伊利石　→(5)

结晶法
　　Y 结晶

结晶方位
　　Y 晶体取向

结晶格子
　　Y 晶格

结晶工序
　　Y 结晶

结晶过程
　　Y 结晶

结晶核
　　Y 晶核

结晶化
　　Y 晶化

结晶化学
　　Y 晶体化学

结晶技术
　　Y 结晶

结晶结构
　　Y 晶体结构

结晶晶型
　　Y 晶型

结晶理论
crystallization theory
O78
　　S 晶体学理论*
　　F 经典成核理论
　　C 结晶
　　　结晶度
　　　结晶时间
　　　结晶习性
　　　结晶现象
　　　晶体取向

结晶粒度分布
　　Y 晶体粒度分布

结晶面
crystallographic plane
O78
  S 晶面*

结晶器摩擦力
mould friction
O313.5
  S 摩擦力
  Z 力

结晶潜热
  Y 结晶热

结晶切变
crystallographic shear
O76
  D 结晶学切变
  S 剪切变形
  C 断裂
  Z 变形

结晶取向
crystallization orientation
O78
  D 结晶学取向
  S 晶体取向
  C 结晶时间
  Z 晶体性质

结晶热
crystallization heat
O642；O74
  D 结晶潜热
  S 热量*
  C 结晶

结晶热力学
crystallization thermodynamics
O642；O7
  S 热力学*

结晶生长
crystallization growth
O78
  S 晶体生长*
  C 结晶现象

结晶时间
crystalline time
O781
  S 事件时间*
  C 结晶理论
    结晶取向
    结晶速度
    结晶现象

结晶水
crystal water
O61；O74；P57
  S 水分*
  C 结晶

结晶速度
crystallization rate
O79
  S 晶体学参数*
  C 结晶时间

结晶态
  Y 晶态

结晶体
  Y 晶体

结晶体群
  Y 晶体群

结晶习惯
  Y 结晶习性

结晶习性
crystal habit
O76；O78
  D 结晶习惯
    结晶性质
    晶癖
    晶体生长特性
    晶体生长习性
    晶体习性
    晶习
  S 晶体性质*
  C 结晶理论

结晶系
  Y 晶系

结晶现象*
crystallization phenomena
O7
  F 共晶
    规则连生
    晶变
    晶化现象
    双晶现象
    同晶现象
    同质多晶
    析晶
  C 结晶
    结晶度
    结晶理论
    结晶生长
    结晶时间

结晶相
crystallization phase
O73
  S 晶相*

结晶行为
  Y 结晶

结晶形貌
  Y 晶体形貌

结晶形态
  Y 晶体形态

结晶型
  Y 晶体形态

结晶性质
  Y 结晶习性

结晶学
  Y 晶体学

结晶学切变
  Y 结晶切变

结晶学取向
  Y 结晶取向

结晶学原胞
  Y 晶胞

结晶盐
  Y 盐结晶

结晶质量
crystalline quality
O78
  S 质量*

结晶轴
  Y 晶轴

结晶状态
  Y 晶态

截断参数
truncation parameter
O346.1
  S 力学参数*

截断展开法
truncated expansion method
O175；O369
  D 截断展开方法
  S 力学方法*
  C 整系数 →(1)

截断展开方法
  Y 截断展开法

截击弹道
intercept trajectory
O315
  S 弹道*

截面*
section
O4-0
  F 等温截面
    电离截面
    发射截面
    分波截面
    俘获截面
    复合截面
    光学截面
    过流截面
    庞加莱截面
    散射截面
    吸收截面
  C 截面测量
    截面法
    截面面积 →(1)

截面测量
cross section measurements
TB92
  S 几何量测量*
  C 截面

截面法
section method
O172.2；O34
  S 数学方法*
  C 截面
    平衡方程 →(4)

截面惯性矩

截面含气率
void fraction
O351
- S 比率*

截面畸变
cross-sectional distortion
O435.2；P111.3
- D 断面畸变
    横截面畸变
- S 面畸变
- Z 畸变

截面模量
section modulus
O344.3
- D 断面模量
    抗弯截面模量
    塑性断面模量
    塑性截面模量
- S 塑性模量
- C 惯性矩
- Z 模量

截面温差
section temperature difference
O551.2
- D 断面温差
- S 平面温差
- Z 温差

截面形状因子
shape factor of cross-section
O34
- S 力学因子*

截止波长
cutoff wavelength
TN011
- S 波长*

截止波数
undulation cut-off
TG83
- S 波参数
- Z 参数

截止电压
blocking voltage
TM933.2
- S 电压*

截止频率
cut-off frequency
O441.1；O45
- S 频率*

解*
solution
O122.2
- D 数学解
- F 本征解
    冲击波解
    弹塑性解析解
    弹性力学解
    弹性通解
    渐近解
    相似解

- Y 惯性矩
- C 方程（数学）
    根（数学） →(1)

解卷积
deconvolution
O411
- D 退卷积
- S 数学方法*
- C 积分方程 →(1)

解理
- Y 劈理

解理断口
- Y 解理断裂

解理断裂
cleavage fracture
O346.11
- D 解理断口
- S 脆性断裂
- F 准解理断裂
- C 韧性
    延伸率
- Z 断裂

解理机理
mechanism of cleavage
O346.3
- S 断裂机理
- Z 机理

解理面
cleavage plane
O76
- S 晶面*

解耦*
decoupling
O231
- D 解耦方法
- F 参数解耦
    单向解耦
    交叉解耦
    空腔解耦
    快速解耦
    偏差解耦
    前馈解耦
- C 逆系统 →(1)
    线性二次高斯问题 →(1)

解耦方法
- Y 解耦

解偏振
- Y 消偏振

解吸压力
desorption pressure
O31
- S 压力*
- F 临界解吸压力

解析力学
- Y 分析力学

介电薄膜
dielectric films
O484
- D 电介质薄膜
    电介质膜
    介电膜
    介质薄膜
    介质膜
    膜介质
- S 电工薄膜*
- F 多层介电膜
    热电薄膜
    铁电薄膜
    压电薄膜
- C 绝缘薄膜

介电参数
dielectric parameter
O487
- S 物理参数*
- F 介电强度
    介电损耗因子
    介电系数
    介电张量

介电测量
dielectric measurement
TB971
- D 电介质测量
    介电常数测量
    介质测量
- S 电学量测量*
- C 电容测量
    介电性质

介电常量
- Y 介电常数

介电常数
dielectric constant
O487
- D 电容率
    介电常量
    介质常数
- S 物理常数*
- F 等效介电常数
    低介电常数
    负介电常数
    复数介电常数
    高介电常数
    介电函数
    相对介电常数
    有效介电常数
- C 电场
    电容测量
    电阻
    介电色散
    介电损耗
    介电性质
    介质
    介质厚度
    绝缘

介电常数测量
- Y 介电测量

介电常数频谱
- Y 介电谱

介电弛豫
dielectric relaxation
O487
- D 电介弛豫

S 介电性质
　　F 德拜弛豫
　　C 介电弛豫时间
　　Z 电学性质

介电弛豫时间
dielectric relaxation time
O482.53
　　S 弛豫时间
　　C 介电弛豫
　　Z 事件时间

介电非线性
dielectric nonlinearity
O487
　　S 数学性质*

介电各向异性
dielectric anisotropy
O487
　　D 电介各向异性
　　S 电性各向异性
　　F 负介电各向异性
　　Z 各向异性

介电函数
dielectric function
O487
　　S 介电常数
　　C 电子气
　　　 介电物理
　　　 介值性 →(1)
　　Z 物理常数

介电击穿
dielectric breakdown
O487
　　D 电介击穿
　　　 电介质击穿
　　　 击穿
　　　 介质击穿
　　S 电击穿*

介电极化
　　Y 电介质极化

介电晶体
dielectric crystal
O738
　　D 电介质晶体
　　S 功能晶体
　　Z 晶体

介电可调性
dielectric tunabiliy
O487
　　S 介电性质
　　Z 电学性质

介电模型
dielectric model
O487
　　S 物理模型*

介电膜
　　Y 介电薄膜

介电谱
dielectric spectrum
O487

　　D 介电常数频谱
　　　 介电松弛谱
　　S 频谱*
　　F 时域介电谱

介电强度
dielectric strength
O487
　　D 电介质强度
　　S 介电参数
　　C 介电性质
　　Z 物理参数

介电色散
dielectric dispersion
O436.3
　　D 电介色散
　　S 色散*
　　C 介电常数

介电松弛谱
　　Y 介电谱

介电损耗
dielectric loss
O487
　　D 电介质损耗角正切
　　　 介电损耗角
　　　 介质损耗
　　S 电损耗
　　C 介电常数
　　Z 能量损耗

介电损耗角
　　Y 介电损耗

介电损耗因子
dielectric dissipation factor
O487
　　S 介电参数
　　Z 物理参数

介电特性
　　Y 介电性质

介电体物理
　　Y 介电物理

介电体物理学
　　Y 介电物理

介电物理
dielectric physics
O487
　　D 电介质物理学
　　　 介电体物理
　　　 介电体物理学
　　　 介电物理学
　　S 固体物理学
　　C 介电函数
　　　 介电性质
　　Z 物理学

介电物理学
　　Y 介电物理

介电系数
dielectric coefficient
O487
　　S 介电参数

　　Z 物理参数

介电相位角
　　Y 介质损耗角

介电性
　　Y 介电性质

介电性质
dielectric properties
O487
　　D 介电特性
　　　 介电性
　　　 物质介电性质
　　S 电学性质*
　　F 介电弛豫
　　　 介电可调性
　　　 热电性
　　　 双负特性
　　　 微波介电特性
　　　 压电性
　　C 介电测量
　　　 介电常数
　　　 介电强度
　　　 介电物理

介电张量
dielectric tensors
O487
　　S 介电参数
　　　 张量*
　　Z 物理参数

介分子
mesic molecules
O563
　　S 分子*
　　F μ介分子
　　C 介子俘获
　　　 介子原子

介观
mesoscopic
O488
　　D 介观尺寸
　　　 介观尺度
　　　 介观体系
　　　 介观系统
　　S 物理体系
　　F 介观结构
　　C 介观模拟
　　　 中观尺度 →(4)
　　Z 物理理论

介观尺寸
　　Y 介观

介观尺度
　　Y 介观

介观尺度仿真
　　Y 介观模拟

介观尺度仿真方法
　　Y 介观模拟

介观尺度仿真过程
　　Y 介观模拟

介观尺度仿真实验

介观模拟
　　Y 介观模拟

介观尺度仿真实验方法
　　Y 介观模拟

介观尺度仿真实验过程
　　Y 介观模拟

介观尺度模拟
　　Y 介观模拟

介观尺度模拟方法
　　Y 介观模拟

介观尺度模拟过程
　　Y 介观模拟

介观尺度模拟实验
　　Y 介观模拟

介观尺度模拟实验方法
　　Y 介观模拟

介观尺度模拟实验过程
　　Y 介观模拟

介观仿真
　　Y 介观模拟

介观仿真方法
　　Y 介观模拟

介观仿真过程
　　Y 介观模拟

介观仿真实验
　　Y 介观模拟

介观仿真实验方法
　　Y 介观模拟

介观仿真实验过程
　　Y 介观模拟

介观环
mesoscopic rings
O488
　　S 介观结构
　　Z 物理理论

介观结构
mesostructure
O488
　　S 介观
　　F 介观环
　　Z 物理理论

介观模拟
mesoscale simulation
O488
　　D 介观尺度仿真
　　　　介观尺度仿真方法
　　　　介观尺度仿真过程
　　　　介观尺度仿真实验
　　　　介观尺度仿真实验方法
　　　　介观尺度仿真实验过程
　　　　介观尺度模拟
　　　　介观尺度模拟方法
　　　　介观尺度模拟过程
　　　　介观尺度模拟实验
　　　　介观尺度模拟实验方法
　　　　介观尺度模拟实验过程
　　　　介观仿真
　　　　介观仿真方法
　　　　介观仿真过程
　　　　介观仿真实验
　　　　介观仿真实验方法
　　　　介观仿真实验过程
　　　　介观模拟方法
　　　　介观模拟过程
　　　　介观模拟实验
　　　　介观模拟实验方法
　　　　介观模拟实验过程
　　S 物理模拟*
　　C 耗散颗粒动力学模拟
　　　　介观
　　　　介观物理学

介观模拟方法
　　Y 介观模拟

介观模拟过程
　　Y 介观模拟

介观模拟实验
　　Y 介观模拟

介观模拟实验方法
　　Y 介观模拟

介观模拟实验过程
　　Y 介观模拟

介观体系
　　Y 介观

介观物理
　　Y 介观物理学

介观物理学
mesoscopic physics
O488
　　D 介观物理
　　S 纳米物理学
　　C 介观模拟
　　Z 物理学

介观系统
　　Y 介观

介观约瑟夫森结
mesoscopic Josephson junction
O511.4
　　S 约瑟夫森结
　　Z 超导结

介晶
mesocrystals
O78
　　D 介晶体
　　S 类晶体*

介晶基元
　　Y 液晶基元

介晶态
mesomorphic state
O753
　　S 晶态
　　F 液晶态
　　Z 物态

介晶体
　　Y 介晶

介晶相
　　Y 液晶相

介晶性
mesomorphism
O753.2
　　S 液晶性能*
　　C 液晶
　　　　液晶态

介孔薄膜
mesoporous film
O484
　　S 多孔薄膜*
　　C 低折射率 →(4)

介损角
　　Y 介质损耗角

介原子
　　Y 介子原子

介质*
medium
ZT
　　D 媒质
　　F 传热介质
　　　　多相介质
　　　　非均匀介质
　　　　分散介质
　　　　分形介质
　　　　工作介质
　　　　激发介质
　　　　激活介质
　　　　声介质
　　　　时变媒质
　　　　手征介质
　　　　双负介质
　　　　无序介质
　　　　吸收介质
　　　　有效介质
　　C 介电常数
　　　　介质效应 →(3)

介质薄膜
　　Y 介电薄膜

介质测量
　　Y 介电测量

介质常数
　　Y 介电常数

介质各向异性
anisotropic medium
O33
　　S 各向异性*

介质厚度
dielectric thickness
O487
　　S 厚度*
　　C 介电常数

介质击穿
　　Y 介电击穿

介质密度
　　Y 物质密度

主　表　399

介质模型
medium model
O33；O35
　S 模型*
　F 等效介质模型
　　 多孔介质模型
　　 连续介质模型
　　 随机介质模型

介质膜
　Y 介电薄膜

介质目标
dielectric object
O487
　S 目标*

介质损耗
　Y 介电损耗

介质损耗角
dielectric loss angle
O441.1
　D 电相位角
　　 介电相位角
　　 介损角
　S 相位差
　Z 相位

介质透镜
dielectric lens
TH74
　S 透镜
　Z 光学元件

介质折射率
medium refraction index
O435.1；P427.1
　S 折射率*

介质阻挡
　Y 介质阻挡放电

介质阻挡电晕放电
　Y 介质阻挡放电

介质阻挡放电
dielectric barrier discharge
O461
　D 介质阻挡
　　 介质阻挡电晕放电
　　 无声放电
　S 电晕放电
　Z 放电

介质阻挡放电等离子体
dielectric barrier discharge plasma
O531
　D DBD 等离子体
　S 放电等离子体
　Z 等离子体

介子
meson
O572.33
　S 强子
　F 粲介子
　　 矢量介子
　　 赝标介子
　C 胶子球

　　 介子散射
　　 介子衰变
　　 介子相互作用
　　 介子质量
　Z 粒子

介子八重态
meson octet
O572.21
　S 粒子多重态
　Z 能态

介子-氘核散射
meson-deuteron scattering
O571.425
　S 氘核散射
　　 介子散射
　Z 粒子散射

介子俘获
meson capture
O571
　S 核俘获
　C 介分子
　　 介子原子
　　 介子-原子核反应
　Z 俘获(物理学)

介子共振
　Y 矢量介子

介子截面
meson cross section
O571.21
　S 核截面*

介子介子互作用
　Y 介子-介子相互作用

介子-介子散射
meson-meson scattering
O571.425
　S 介子散射
　C 介子-介子相互作用
　Z 粒子散射

介子-介子相互作用
meson-meson interactions
O572.24
　D 介子介子互作用
　S 介子相互作用
　F π介子-π介子相互作用
　C 介子-介子散射
　Z 粒子相互作用

介子散射
meson scattering
O571.425
　D 介子-原子核散射
　S 粒子散射*
　F K介子散射
　　 π介子散射
　　 介子-氘核散射
　　 介子-介子散射
　　 介子-重子散射
　C 介子
　　 介子相互作用
　　 介子-原子核反应

介子束

meson beam
O572.33
　S 粒子束*

介子衰变
meson decay
O571.3
　S 强子衰变
　F B介子衰变
　　 K介子衰变
　　 π介子衰变
　C 介子
　Z 核反应

介子相互作用
meson interactions
O571.4
　D K介子相互作用
　　 π介子相互作用
　S 粒子相互作用*
　F 介子-介子相互作用
　　 介子-重子相互作用
　C 介子
　　 介子散射
　　 介子-原子核反应

介子原子
mesic atom
O564
　D 介原子
　S 原子*
　F μ介原子
　C μ介原子
　　 介分子
　　 介子俘获

介子-原子核反应
meson-nucleus reactions
O571.42
　D K介子-原子核反应
　　 π介子-原子核反应
　S 核反应*
　C 介子俘获
　　 介子散射
　　 介子相互作用
　　 介子质量

介子-原子核散射
　Y 介子散射

介子质量
meson mass
O572.33
　S 粒子质量
　C 介子
　　 介子-原子核反应
　Z 粒子参数

介子-重子散射
meson-baryon scattering
O571.425
　S 介子散射
　C 介子-重子相互作用
　Z 粒子散射

介子-重子相互作用
meson-baryon interaction
O572.24
　S 介子相互作用

F K介子-重子相互作用
　π介子-重子相互作用
C 介子-重子散射
Z 粒子相互作用

界面*
interface
ZT74
D 分界面
F 非理想界面
　混合界面
　运动界面
　中性面
　自由界面
C 表面性质 →(3)

界面变形
interface deformation
O344.3
S 变形*
C 线性稳定性

界面波
Y 表面波

界面不稳定性
Y 界面稳定性

界面参数
interfacial parameters
O302
S 力学参数*

界面层
Y 边界层

界面成核
interfacial nucleation
O78
D 晶界成核
　晶界形核
S 晶体成核
Z 晶体形成

界面单元
interface elements
O346
D 边界元素
　界面元
S 单元*

界面电子态
interface electron states
O48
S 电子态
Z 能态

界面端
interface edge
O346
C 应力奇异性

界面断裂力学
interfacial fracture mechanics
O346.1
S 断裂力学
Z 固体力学

界面反应
interfacial reaction

O48；O643.1；O647
S 化学反应*

界面刚性线
interfacial rigid line
O39
S 界面结构
Z 结构

界面极化
interfacial polarization
O487
S 电介质极化
Z 极化

界面剪切力
interface shear force
O344.3；O351
S 剪切力
Z 力

界面结构
interface structure
O485；O76
S 结构*
F 界面刚性线
C 表面现象（化学）

界面开裂
interface cracking
O346.1
S 开裂
Z 断裂

界面力学
interface mechanics
O34
D 表面力学
S 固体力学*

界面裂缝
Y 界面裂纹

界面裂纹
interface crack
O346.1
D 界面裂缝
S 裂纹*

界面流
interfacial flow
O35
S 流体流*

界面密度
Y 界面态密度

界面摩擦力
interfacial friction
O313.5
D 层间摩擦力
S 摩擦力
Z 力

界面能
Y 晶界能

界面粘结强度
interfacial bond strength
O346
S 粘接强度

Z 力学强度

界面耦合
interfacial coupling
O35
S 耦合（力学）*

界面破坏
interfacial failure
O346.5
S 破坏（力学）*

界面缺陷
Y 面缺陷

界面热力学
interfacial thermodynamics
O369；O647
S 热力学*

界面热应力
interfacial thermal stress
O343.6
S 热应力
Z 应力

界面韧性
interfacial toughness
O344.3
S 韧性
Z 力学性质

界面声子
interface phonon
O731
S 声子
Z 准粒子

界面势垒
interface barrier
O71
S 势垒*
F 晶界势垒

界面损伤
interface damage
O346.5
S 损伤（力学）*

界面态
interface state
O4
S 状态*
C 表面态

界面态密度
interface state density
O485
D 界面密度
S 态密度
C 耗散颗粒动力学模拟
Z 物理参数

界面通量
boundary flux
O485；P43
S 通量*

界面稳定性
Interface stability
O317

主 表 401

D 界面不稳定性
S 力学稳定性*
C 边界层稳定性
　磁流体
　定向凝固
　固液界面

界面现象
Y 表面现象(化学)

界面陷阱
interface trap
O47
S 半导体陷阱
Z 陷阱

界面相结构
Y 相界面

界面效应
interface effect
O485
S 物理效应*

界面形状
interface shape
O78
S 形状*

界面应力
interfacial stress
O343.4
S 应力*
C 反平面问题

界面有效介电常数
effective permittivity at the interface
O487
S 有效介电常数
Z 物理常数

界面元
Y 界面单元

界面张力
Y 表面张力

界面追踪
interface tracking
O35
S 追踪*
C 多介质流

界面追踪方法
interface tracking method
O35
S 流体力学法*
C 可压缩多介质流

界限定理
bound theorem
O34
S 力学定理*
F 上限定理
　下限定理

借力飞行弹道
Y 飞行弹道

金表面
gold surface
O485
S 导体表面
Z 表面

金箔实验
Y α粒子散射实验

金茨堡-朗道-阿布里科索夫-高尔科夫理论
Y 金茨堡-朗道理论

金茨堡-朗道理论
Ginzburg-Landau theory
O511.2
D Ginzburg-Landau 理论
　GLAG 理论
　GL 理论
　金茨堡-朗道-阿布里科索夫-高尔科夫理论
　京茨堡·朗道理论
　京茨堡-朗道理论
S 超导理论*
C Ginzburg-Landau 方程 →(1)

金等离子体
au plasma
O531
S 金属等离子体
Z 等离子体

金刚石单晶
diamond single crystal
O71
D 金刚石单晶材料
　金刚石单晶体
　金刚石单晶体材料
S 单晶
　金刚石晶体
Z 晶体

金刚石单晶材料
Y 金刚石单晶

金刚石单晶体
Y 金刚石单晶

金刚石单晶体材料
Y 金刚石单晶

金刚石多晶
polycrystalline diamond
O71
D 金刚石多晶体
S 多晶
　金刚石晶体
Z 晶体

金刚石多晶体
Y 金刚石多晶

金刚石非晶薄膜
Y 非晶金刚石薄膜

金刚石非晶膜
Y 非晶金刚石薄膜

金刚石结构
diamond structure
O76
D 钻石型结构
S 矿物晶体结构
Z 晶体结构

金刚石晶体
diamond crystal
O71
S 宝石晶体
F 金刚石单晶
　金刚石多晶
Z 晶体

金刚石聚晶
polycrystalline diamond
O756
S 聚晶
Z 晶体学应用

金刚石生长
diamond growth
O78
S 固态晶体生长
Z 晶体生长

金刚石微晶
diamond microcrystals
O753.1
D 金刚石微晶体
S 微晶
Z 类晶体

金刚石微晶体
Y 金刚石微晶

金红石型结构
rutile structure
O76
S 矿物晶体结构
Z 晶体结构

金纳米团簇
gold nanoclusters
O56
S 合金团簇
Z 团簇

金融物理
financial physics
O414.2
D 金融物理学
S 经济物理
Z 物理学

金融物理学
Y 金融物理

金团簇
gold clusters
O56
D Au 团簇
S 金属团簇
Z 团簇

金属*
metal
O614
F 磁性金属
C 金属元素 →(3)(5)

金属-半导体边界
Y 半导体-金属界面

金属-半导体接触

        Y 肖特基势垒
金属-半导体转变
semiconductor-metal transition
O471
        D 半导体-金属转变
        S 转变*
        F 莫特转变
        C 导电性转变

金属玻璃
        Y 非晶态合金

金属玻璃结构
        Y 玻璃结构

金属超点阵
        Y 金属超晶格

金属超晶格
metallic superlattice
O76
        D 金属超点阵
        S 超晶格
        Z 晶格

金属氘
        Y 金属氢

金属簇
        Y 金属团簇

金属单晶
metal single crystal
O71
        D 金属单晶材料
           金属单晶体
           金属单晶体材料
        S 单晶
        F 单晶铝
           单晶铜
        Z 晶体

金属单晶材料
        Y 金属单晶

金属单晶体
        Y 金属单晶

金属单晶体材料
        Y 金属单晶

金属氚
        Y 金属氢

金属等离子
        Y 金属等离子体

金属等离子体
metallic plasma
O53
        D 金属等离子
        S 固体等离子体
        F 金等离子体
           铝等离子体
        C 电子等离子体
        Z 等离子体

金属光学
metal optics
O439
        S 应用光学
        Z 光学

金属光栅
metallic grating
O437.4；P111.3
        S 光栅*

金属光子晶体
metallic photonic crystals
O734
        S 光子晶体
           金属晶体
        Z 晶体

金属间化合物结构
intermetallic compound structure
O76
        S 合金晶体结构
        Z 晶体结构

金属键合
metallic bonding
O56；O641.2
        S 键合*
        C 金属键 →(3)

金属晶体
metallic crystal
O74
        S 晶体*
        F 金属光子晶体

金属晶体点阵动力学
lattice dynamics of metallic crystals
O795
        S 晶格动力学
        Z 晶体学

金属晶体结构
metalic crystal structure
O76
        S 晶体结构*
        F 合金晶体结构
           密排六方结构
           面心立方结构
           体心立方结构

金属晶须
metal whisker
O784
        D 金属须
        S 无机晶须
        F 锡晶须
           氧化镁晶须
           氧化锌晶须
        Z 晶须

金属绝缘体转变
        Y 绝缘体-金属转变

金属离子
metal ions
O441.1；O614；O646
        D 金属阳离子
        S 阳离子
        Z 离子

金属纳米晶
metal nanocrystal
O799
        D 金属纳米晶体
        S 无机纳米晶
        F 纳米单晶铜
           纳米晶体镍
           银纳米晶
           铕纳米晶
           锗纳米晶
        Z 晶体
           纳米材料

金属纳米晶体
        Y 金属纳米晶

金属疲劳
metal fatigue
O346.2
        S 材料疲劳
        C 裂纹
        Z 疲劳

金属氢
metallic hydrogen
O521；P144
        D 金属氘
           金属氚
        S 星际物质*
        C 高压相
           氢 →(3)

金属射流
metal jet
O358
        S 射流*
        C 杆体

金属团
        Y 金属团簇

金属团簇
metal clusters
O56
        D 金属簇
           金属团
        S 团簇*
        F Pd团簇
           过渡金属团簇
           合金团簇
           金团簇
           镍团簇
           铜团簇
           银团簇
        C 成核

金属外延层
metallic epitaxial layers
TG111
        S 外延层*

金属物理
        Y 金属物理学

金属物理学
metal physics
O48
        D 金属物理
        S 固体物理学
        Z 物理学

金属线胀系数

metallic coefficient of linear expansion
O482
　S　线胀系数
　Z　系数

金属相图
metal phase diagrams
TG113.1
　S　相图*

金属须
　Y　金属晶须

金属阳离子
　Y　金属离子

金属有机物气相外延
metal organic vapor phase epitaxy
O782
　S　气相外延
　Z　外延

金属诱导横向结晶
　Y　金属诱导横向晶化

金属诱导横向结晶过程
　Y　金属诱导横向晶化

金属诱导横向结晶化
　Y　金属诱导横向晶化

金属诱导横向结晶化过程
　Y　金属诱导横向晶化

金属诱导横向晶化
metal-induced lateral crystallization
O795
　D　金属诱导横向结晶
　　　金属诱导横向结晶过程
　　　金属诱导横向结晶化
　　　金属诱导横向结晶化过程
　　　金属诱导横向晶化过程
　S　金属诱导晶化
　Z　晶化

金属诱导横向晶化过程
　Y　金属诱导横向晶化

金属诱导结晶
　Y　金属诱导晶化

金属诱导结晶过程
　Y　金属诱导晶化

金属诱导结晶化
　Y　金属诱导晶化

金属诱导结晶化过程
　Y　金属诱导晶化

金属诱导晶化
metal-induced crystallization
O795
　D　金属诱导结晶
　　　金属诱导结晶过程
　　　金属诱导结晶化
　　　金属诱导结晶化过程
　　　金属诱导晶化过程
　S　晶化*
　F　金属诱导横向晶化
　　　铝诱导晶化

金属诱导晶化过程
　Y　金属诱导晶化

金属增强荧光
metal enhanced fluorescence
TG111
　S　荧光*

金属蒸汽
metal vapor
O552.6
　S　蒸汽
　Z　气体

紧差分格式
　Y　紧致差分格式

紧凑拉伸
compact tension
O344.3
　S　拉伸*

紧凑拉伸试件
　Y　紧凑拉伸试样

紧凑拉伸试样
compact tension specimen
O348
　D　CT试样
　　　紧凑拉伸试件
　S　拉伸试件
　Z　力学试件

紧固扭矩
　Y　扭矩

紧急冷却
　Y　急冷

紧束缚模型
tight-binding model
O411.1
　S　物理模型*

紧致差分格式
compact difference scheme
O241；O35；P43
　D　紧差分格式
　S　差分格式*
　F　高阶紧致差分格式
　C　因子分解法

劲度
　Y　刚度系数

劲度常数
　Y　弹性常数

劲度法
　Y　位移法

劲度模量
　Y　刚度系数

劲度系数
　Y　刚度系数

劲性
　Y　刚度系数

进动*
precession

O311；P137
　D　旋进
　　　自转轴进动
　F　规则进动
　　　拉莫尔进动
　　　质子旋进
　C　进动角　→(4)
　　　岁差　→(4)
　　　陀螺仪
　　　章动　→(4)

进口畸变
　Y　进气畸变

进口流场
inlet flow field
O35
　D　进口流场(流体力学)
　S　流场*

进口流场(流体力学)
　Y　进口流场

进口速度
inlet velocity
O351.2
　S　流速*

进口压力畸变
　Y　进气畸变

进气道动态畸变
　Y　动态畸变

进气道畸变
　Y　进气畸变

进气道气流
inlet flow
V211；V232.97
　S　气流*

进气道压力
　Y　进气压力

进气畸变
inlet distortion
O435.2；P111.3
　D　进口畸变
　　　进口压力畸变
　　　进气道畸变
　　　进气旋流畸变
　　　进气总温畸变
　　　进气总压畸变
　S　流场畸变
　C　进气压力
　Z　畸变

进气旋流畸变
　Y　进气畸变

进气压力
inlet pressure
O354
　D　进气道压力
　S　压力*
　C　进气畸变
　　　压力梯度

进气总温畸变
　Y　进气畸变

进气总压畸变
　　Y 进气畸变

进水口流态
　　Y 进水流态

进水流态
inlet flow conditions
O35
　　D 进水口流态
　　S 液体流态
　　Z 流态

进样器
　　Y 采样器

近壁区
near-wall region
O357.5
　　S 区域*

近边 X 射线吸收精细结构
near edge X-ray absorption fine structure
O722.8
　　D XANES
　　　　X 射线近吸收边精细结构
　　　　X 射线吸收近边结构
　　S X 射线吸收精细结构
　　Z 光谱结构

近场
near field
O441.4
　　D 近场特性
　　　　近区场
　　S 电磁场*

近场成像
near-field imaging
TN2；TN941.1
　　S 成像*
　　C 近场光学

近场光存储
near-field optical recording
O438
　　S 光存储*

近场光学
near field optics
O437
　　S 光学*
　　C 近场成像

近场流
near field flow
O35
　　S 流体流*

近场区
near-field region
TN03
　　S 区域*

近场特性
　　Y 近场

近场衍射
　　Y 菲涅耳衍射

近程有序
　　Y 短程有序

近代化学
　　Y 化学

近代力学
　　Y 力学

近代物理
　　Y 近代物理学

近代物理学
modern physics
O4-1
　　D 近代物理
　　S 物理学*

近共振
near-resonance
O321
　　S 共振*

近红外
　　Y 近红外线

近红外发光
near-infrared luminescence
O434.3；O462.3
　　S 红外光致发光
　　F 近红外宽带发光
　　Z 发光

近红外发射
near-infrared emission
O432.1；O434.3
　　S 红外发射
　　C 近红外线
　　Z 发射

近红外反射
near-infrared reflection
O434.3；O435.1
　　S 红外反射
　　F 近红外漫反射
　　Z 反射

近红外辐射
near infrared radiation
O434.3；P422
　　S 辐射*
　　C 近红外线

近红外光
　　Y 近红外线

近红外光谱
near-infrared spectroscopy
O433.5
　　S 红外光谱*
　　F 傅里叶变换近红外光谱
　　　　可见近红外光谱
　　C 近红外线
　　　　预测误差 →(1)

近红外光谱学
near infrared spectroscopy
O433；O434.3
　　S 光谱学*
　　C 近红外光谱分析 →(3)
　　　　近红外线

近红外光束
　　Y 近红外线

近红外宽带发光
near-infrared super-broadband emission
O434.3；O462.3
　　S 近红外发光
　　Z 发光

近红外量子点
near-infrared quantum dot
O47
　　S 量子点
　　Z 势阱

近红外漫反射
near infrared reflectance
O434.3；O435.1
　　S 红外漫反射
　　　　近红外反射
　　Z 反射

近红外透射
near-infrared transmission
O434.3
　　S 红外透射
　　Z 透射

近红外透射光谱
near infrared transmittance spectrum
O433.5；O434.3
　　S 红外透射光谱
　　Z 光谱
　　　　红外光谱

近红外吸收光谱
near-infrared absorption spectrum
O433.51；O434.3
　　S 红外吸收光谱
　　Z 红外光谱
　　　　吸收光谱

近红外线
near infrared ray
O434.3
　　D 近红外
　　　　近红外光
　　　　近红外光束
　　S 红外线
　　C 近红外发射
　　　　近红外辐射
　　　　近红外光谱
　　　　近红外光谱分析 →(3)
　　　　近红外光谱学
　　Z 电磁波

近红外荧光
near-infrared fluorescence
O434.3
　　S 红外荧光
　　Z 荧光

近化学计量比
near stoichiometry
O734
　　S 晶体学参数*

近化学计量比 LiNbO₃ 晶体
　　Y 近化学计量比铌酸锂晶体

近化学计量比铌酸锂晶体
near-stoichiometric lithium niobate crystal
O799
    D 近化学计量比 $LiNbO_3$ 晶体
    S 铌酸锂晶体
    Z 光学晶体
       晶体

近晶 A 相
smectic A phase
O753.2
    S 近晶相
    Z 晶相

近晶 C 相
smectic C phase
O753.2
    S 近晶相
    Z 晶相

近晶相
smectic phase
O753.2
    D 层状相
       近晶中介相
       脂状相
    S 液晶相
    F 近晶 A 相
       近晶 C 相
    Z 晶相

近晶相液晶
smectic liquid crystal
O753.2
    D 近晶型液晶
       近晶状液晶
       脂状液晶
    S 热致液晶
    C 铁电液晶
    Z 液晶

近晶型
smectic form
O753
    S 晶型*

近晶型液晶
    Y 近晶相液晶

近晶中介相
    Y 近晶相

近晶状液晶
    Y 近晶相液晶

近邻效应
neighborhood effects
TN713
    S 效应*

近临界流体
near critical fluid
O35；O37
    S 流体*

近区场
    Y 近场

近水效应
near water effect

V211
    S 气动效应*

近似
    Y 近似法

近似重分析
approximate reanalysis
O316
    S 重力分析
    Z 力学分析

近似法*
approximate method
O211；O241；O242.2
    D 近似
       近似方法
       近似计算
       近似计算法
       近似计算方法
       近似理论
       近似算法
       近似性
    F 弹簧近似
    C 几何体
       加权和 →(1)
       近似公式 →(1)
       经典数学 →(1)
       竞争比 →(1)
       平行机排序 →(1)
       染色问题 →(1)
       线性模型 →(1)
       最大完工时间 →(1)

近似方法
    Y 近似法

近似计算
    Y 近似法

近似计算法
    Y 近似法

近似计算方法
    Y 近似法

近似理论
    Y 近似法

近似算法
    Y 近似法

近似性
    Y 近似法

近似因式分解法
    Y 因子分解法

近似因子分解法
    Y 因子分解法

近藤效应
Kondo effect
O441.6
    D Kondo 效应
    S 物理效应*

近完美晶体
nearly perfect crystal
O71
    S 晶体*

近尾流
near wake
O351.3
    S 尾流
    Z 流体流

近轴光线
near axial ray
O435.2
    S 光线*
    F 非近轴光线

近轴光学
    Y 高斯光学

近轴条件
near-axial condition
O435.2
    S 物理条件
    Z 条件

近紫外
near ultraviolet
O434.2
    D 近紫外光
       近紫外线
    S 紫外线
    Z 电磁波

近紫外光
    Y 近紫外

近紫外线
    Y 近紫外

近自由分子流
    Y 自由分子流

浸彻(射流)
immersion (jet)
O385
    S 射流*
    C 穿甲

浸渐不变量
    Y 绝热不变量

浸没射流
    Y 淹没射流

浸入边界法
immersed boundary method
O35
    S 流体力学法*

浸渗动力学
infiltration kinetics
O351.2
    S 渗流力学
       液体动力学
    Z 流体力学

浸蚀磨损
    Y 腐蚀磨损

浸透
saturation
O351.1
    D 入侵逾渗
    S 渗透*

禁带
forbidden band
O481.1；O73
　　S 能带*
　　F 光学禁带
　　　 光子禁带
　　　 声子禁带
　　　 完全禁带

禁带宽度
forbidden band width
O481.1
　　D 带隙宽度
　　S 物理参数*
　　F 光学禁带宽度

禁带特性
forbidden band characteristic
O731
　　S 晶体性质*

禁戒跃迁
forbidden transition
O562
　　S 原子跃迁
　　F 自旋禁阻跃迁
　　C 中子慢化
　　Z 跃迁

禁隙
　　Y 带隙

京茨堡·朗道理论
　　Y 金茨堡-朗道理论

京茨堡-朗道理论
　　Y 金茨堡-朗道理论

经典γ射线暴源
　　Y γ射线源

经典场论
classical field theory
O412.3
　　S 场论
　　C 磁力学
　　　 引力
　　Z 物理理论

经典成核理论
classical nucleation theory
O78
　　S 结晶理论
　　Z 晶体学理论

经典代数
　　Y 代数

经典电动力学
classical electrodynamics
O442
　　S 电动力学
　　Z 物理学

经典动力学
classical dynamics
O313
　　S 动力学
　　Z 理论力学

经典过垒模型
classical over barrier model
O562
　　S 物理模型*

经典力学
　　Y 理论力学

经典连续统力学
　　Y 连续统力学

经典热力学
classical thermodynamics
O369；O414.1
　　S 热力学*

经典统计
classical statistics
O414.2
　　S 统计*

经典物理
　　Y 经典物理学

经典物理学
classical physics
O4-1
　　D 经典物理
　　S 物理学*
　　C 理论力学

经典线性弹性学
classical linear elasticity
O343
　　S 弹性学
　　Z 固体力学

经济物理
econophysics
O415
　　D 经济物理学
　　　 物理经济学
　　S 应用物理学
　　F 金融物理
　　C 经济数学 →(1)
　　Z 物理学

经济物理学
　　Y 经济物理

经向类
　　Y 环流系统

经向强度
　　Y 纵向强度

经验电子理论
empirical electron theory
O572.322
　　S 电子论
　　Z 物理理论

经验温标
　　Y 温标

晶棒
　　Y 棒晶

晶胞*
unit cell
O76
　　D 单位晶胞

　　　 结晶学原胞
　　　 晶胞(结构)
　　F 超晶胞
　　　 素晶胞
　　　 位错胞
　　　 原胞
　　　 准晶胞
　　C 晶格
　　　 晶格参数
　　　 晶格结构
　　　 配位数

晶胞(结构)
　　Y 晶胞

晶胞参量
　　Y 晶胞参数

晶胞参数
cell parameters
O76
　　D 晶胞参量
　　　 晶胞常数
　　S 晶体学参数*
　　F 晶胞尺寸
　　　 晶胞体积

晶胞常数
　　Y 晶胞参数

晶胞尺寸
cell dimension
O713
　　S 晶胞参数
　　Z 晶体学参数

晶胞构造
　　Y 胞状结构

晶胞结构
　　Y 胞状结构

晶胞体积
cell volume
O76
　　S 晶胞参数
　　Z 晶体学参数

晶胞状构造
　　Y 胞状结构

晶胞状结构
　　Y 胞状结构

晶变
morphotropy
O79
　　D 晶变现象
　　　 型变现象
　　S 结晶现象*

晶变现象
　　Y 晶变

晶场
　　Y 晶体场理论

晶场参数
crystal field parameters
O73
　　D 晶场指数

S 晶体学参数*
　　F 稳定能

晶场结构
crystal field structure
O76
　　D 晶体场结构
　　S 晶体结构*
　　C 自旋-轨道相互作用

晶场理论
　　Y 晶体场理论

晶场能级
crystal field energy level
O74
　　S 能级*

晶场效应
crystal field effect
O74
　　S 晶体性质*

晶场跃迁
crystal field transition
O73
　　S 跃迁*

晶场指数
　　Y 晶场参数

晶畴
crystal domain
O76
　　S 畴*
　　F 电畴
　　　反相畴
　　　迷宫畴
　　　片状畴
　　　取向畴
　　　铁弹畴
　　　有序畴
　　C 畴壁
　　　畴界
　　　晶体微结构

晶畴结构
crystal domain structure
O76
　　S 畴结构*
　　F 畴界
　　　多畴结构

晶带
crystal zone
O71
　　S 晶体要素*
　　F 滑移带

晶带定律
zone law
O71
　　D 晶带方程
　　　魏斯定律
　　S 晶体学理论*

晶带方程
　　Y 晶带定律

晶带轴
zone axis
O71
　　S 晶轴
　　Z 晶体要素

晶点
fisheye
O484.4
　　S 薄膜缺陷*

晶锭
crystal ingot
O782
　　S 晶体材料*

晶格*
crystal lattice
O76
　　D 结晶格子
　　　晶格系统
　　　晶架
　　　晶体学格位
　　F 表面中心晶格
　　　不规则晶格
　　　长方晶格
　　　超晶格
　　　非线性晶格
　　　复式晶格
　　　光学晶格
　　　矿物晶格
　　　离子晶格
　　　立方晶格
　　　六方晶格
　　　缺陷晶格
　　　软晶格
　　　三角晶格
　　　托达晶格
　　　维格纳晶格
　　　斜方晶格
　　　亚晶格
　　　粘土晶格
　　　正方晶格
　　C 布里渊区
　　　倒易点阵
　　　点阵参数
　　　晶胞
　　　晶体对称性
　　　离子晶体
　　　配位数

晶格波
　　Y 格波

晶格玻尔兹曼方法
　　Y 格子Boltzmann方法

晶格参数
lattice parameter
O712
　　S 晶体学参数*
　　F 晶格常数
　　　晶格能
　　　晶格热导率
　　　晶格热容
　　C 晶胞

晶格常量
　　Y 晶格常数

晶格常数
lattice constant
O76
　　D 点阵常数
　　　晶格常量
　　S 晶格参数
　　C 点群
　　　点阵参数
　　Z 晶体学参数

晶格弛豫
lattice relaxation
O73
　　S 内部自由度弛豫
　　Z 松弛

晶格点
lattice point
O71
　　D 点阵点
　　S 晶体要素*

晶格动力学
lattice dynamics
O733；O795
　　D 点阵动力学
　　　点阵力学
　　S 晶体学*
　　F 分子晶体点阵动力学
　　　共价晶体点阵动力学
　　　金属晶体点阵动力学
　　　离子晶体点阵动力学
　　　铁电晶体点阵动力学
　　C 德拜-沃勒因子
　　　点群
　　　拉曼光谱
　　　穆斯堡尔效应
　　　势能函数 →(1)
　　　特征温度
　　　位移性相变
　　　原子散射因子
　　　振动体

晶格动力学理论
lattice dynamics theory
O7
　　S 晶体学理论*

晶格畸变
lattice distortion
O77
　　D 晶格扭曲
　　　晶格形变
　　S 晶格缺陷
　　　晶体畸变
　　C 极化子
　　　晶间裂纹
　　Z 晶体缺陷

晶格间隙
lattice spacing
O71
　　D 格子间隙
　　S 晶间
　　Z 晶体要素

晶格结构
lattice structure
O76

D 晶架结构
S 晶体结构*
F 超晶格结构
C 晶胞

晶格扩散
　　Y 晶内扩散

晶格面
lattice plane
O712
　　D 格面
　　　 平面格子
　　S 晶体要素*

晶格能
lattice energy
O74
　　D 点阵能
　　　 晶体能
　　S 晶格参数
　　C 结合能
　　Z 晶体学参数

晶格扭曲
　　Y 晶格畸变

晶格膨胀
lattice expansion
O73
　　D 晶格热膨胀
　　S 热膨胀
　　Z 膨胀

晶格匹配
lattice matching
O76
　　S 匹配*

晶格缺陷
lattice defect
O771
　　D 点阵缺陷
　　S 晶体缺陷*
　　F 晶格畸变
　　　 晶格失配
　　　 晶格收缩
　　　 晶格损伤
　　　 晶格位移
　　C 零场分裂参量

晶格热导率
lattice thermal conductivity
O736
　　S 晶格参数
　　Z 晶体学参数

晶格热膨胀
　　Y 晶格膨胀

晶格热容
lattice heat capacity
O736
　　S 晶格参数
　　Z 晶体学参数

晶格失配
lattice mismatch
O77
　　S 晶格缺陷

　　Z 晶体缺陷

晶格收缩
lattice contraction
O77
　　S 晶格缺陷
　　Z 晶体缺陷

晶格损伤
lattice damage
O77
　　S 晶格缺陷
　　　 损伤*
　　Z 晶体缺陷

晶格态
lattice form
O72；O76
　　D 晶格象
　　S 晶体要素*

晶格位移
lattice displacements
O77
　　S 晶格缺陷
　　Z 晶体缺陷

晶格稳定性
lattice stability
O52；O76
　　S 稳定性*
　　C 稳定相 →(3)
　　　 相稳定性

晶格系统
　　Y 晶格

晶格象
　　Y 晶格态

晶格效应
lattice effects
O731
　　S 晶体性质*

晶格形变
　　Y 晶格畸变

晶格应变
lattice strain
O344.3；O7
　　S 应变*

晶格振动
lattice vibration
O32；O73
　　D 点阵振动
　　S 振动*
　　C 格波
　　　 光学波
　　　 声学波
　　　 声子软化
　　　 振动态
　　　 质点运动

晶格振动波
　　Y 格波

晶格振动波模式*
lattice vibration wave mode
O73

　　F 光学模
　　　 局域模
　　　 缺陷模
　　　 声学模

晶核
crystal nucleus
O78
　　D 结晶核
　　S 晶体要素*
　　F 临界晶核
　　　 异质晶核
　　C 晶体成核

晶核生长
nucleus growth
O78
　　S 晶体生长*

晶核形成
　　Y 晶体成核

晶化*
crystallization
O795
　　D 结晶化
　　　 晶化处理
　　　 晶化工艺
　　　 晶化过程
　　　 晶化技术
　　　 晶化行为
　　F 变温晶化
　　　 表面晶化
　　　 玻璃晶化
　　　 初晶化
　　　 等温晶化
　　　 低温晶化
　　　 动态晶化
　　　 非晶化
　　　 非平衡晶化
　　　 沸石晶化
　　　 分形晶化
　　　 共晶化
　　　 固相晶化
　　　 激波晶化
　　　 激光晶化
　　　 金属诱导晶化
　　　 孔壁晶化
　　　 快速晶化
　　　 两步晶化
　　　 纳米晶化
　　　 束流晶化
　　　 水热晶化
　　　 退火晶化
　　　 微晶化
　　　 细晶化
　　　 应力晶化
　　　 原位晶化
　　C 纳米晶

晶化处理
　　Y 晶化

晶化动力学
crystallization dynamics
O795
　　S 结晶动力学
　　Z 晶体学

主 表 409

晶化度
degree of crystallization
O7
 S 晶化指数
 Z 晶体学参数

晶化反应
 Y 反应结晶

晶化工艺
 Y 晶化

晶化过程
 Y 晶化

晶化机理
crystallization mechanism
O78
 D 晶化机制
 S 物理机制*
 F 晶粒细化机制

晶化机制
 Y 晶化机理

晶化技术
 Y 晶化

晶化率
crystallization ratio
O795
 S 晶化指数
 Z 晶体学参数

晶化时间
crystallization time
O79
 S 晶化指数
 Z 晶体学参数

晶化速度
crystallization rate
O79
 D 晶化速率
 S 晶化指数
 Z 晶体学参数

晶化速率
 Y 晶化速度

晶化退火
 Y 退火晶化

晶化现象
crystallization phenomena
O795
 S 结晶现象*

晶化相
crystallization phase
O794
 S 形态*
 F 蓝相

晶化行为
 Y 晶化

晶化指数
crystallization index
O79
 S 晶体学参数*

 F 晶化度
  晶化率
  晶化时间
  晶化速度

晶架
 Y 晶格

晶架结构
 Y 晶格结构

晶架群
 Y 空间群

晶间
intergranular
O76
 S 晶体要素*
 F 晶格间隙

晶间断口
 Y 晶间断裂

晶间断裂
intergranular fracture
O346.1；O733
 D 穿晶断口
  晶间断口
  晶界断口
  晶界断裂
  晶粒间断裂
  沿晶断裂
  沿晶界断裂
  沿晶开裂
 S 脆性断裂
 C 氢脆
 Z 断裂

晶间裂纹
intergranular crack
O346.1；O77
 D 穿晶裂纹
 S 晶体裂纹
  裂纹*
 C 晶格畸变
 Z 晶体缺陷

晶界*
grain boundary
O763
 D 边界(晶粒)
  晶界层
  晶粒边界
  晶粒间界
  晶体界面
 F 奥氏体晶界
  大角度晶界
  共格晶界
  铝晶界
  孪晶界
  三叉晶界
  小角度晶界
  亚晶界
  运动晶界
  重位点阵晶界
 C 晶界结构
  晶界扩散
  晶粒
  晶粒长大

  孪晶

晶界层
 Y 晶界

晶界成核
 Y 界面成核

晶界断口
 Y 晶间断裂

晶界断裂
 Y 晶间断裂

晶界结构
grain boundary structure
O76
 S 晶体结构*
 F 亚晶界结构
 C 晶界
  晶界缺陷

晶界扩散
grain boundary diffusion
O791
 D 晶界徙动
  晶粒间界扩散
 S 固态扩散
 C 超塑性变形
  晶界
 Z 扩散

晶界能
grain boundary energy
O783
 D 界面能
  晶粒间界能
 S 晶体学参数*

晶界缺陷
grain boundary defects
O77
 S 晶体缺陷*
 F 晶界损伤
 C 晶界结构

晶界势垒
grain boundary barrier
O71
 S 界面势垒
 Z 势垒

晶界损伤
grain boundary damage
O346.5；O77
 S 晶界缺陷
  损伤*
 Z 晶体缺陷

晶界位错
grain boundary dislocation
O772
 S 位错
 Z 晶体缺陷

晶界物相
 Y 晶相

晶界析出相
precipitation phases along grain boundary
O76

S 晶界相
Z 晶相

晶界徙动
Y 晶界扩散

晶界相
grain boundary phase
O78
S 晶相*
F 晶界析出相

晶界效应
grain boundary effects
O763
S 晶体性质*

晶界形核
Y 界面成核

晶界移动
grain boundary migration
TG11
S 移动
F 孪晶界移动
Z 运动

晶类
crystal class
O711
S 晶体要素*

晶棱
crystal edge
O76
S 晶体要素*

晶粒*
crystal grain
O764
F 表面晶粒
 大晶粒
 等轴晶粒
 多晶粒
 高分子晶粒
 球形晶粒
 伸长晶粒
 小晶粒
 亚晶粒
 柱状晶粒
C 晶界
 晶粒长大
 晶粒度
 晶粒结构
 晶粒取向
 晶粒生长动力学
 晶粒细化机制
 晶粒形核

晶粒边界
Y 晶界

晶粒长大
grain growth
O78
D 晶粒生长
S 晶体生长*
F 三维晶粒长大
C 晶界
 晶粒

 晶粒度

晶粒成核
Y 晶粒形核

晶粒尺寸
Y 晶粒度

晶粒粗化退火
Y 退火晶化

晶粒大小
Y 晶粒度

晶粒度
grain size
O764
D 晶粒尺寸
 晶粒大小
 晶粒粒度
 晶体粒度
S 晶体学参数*
 颗粒特征*
F 本质晶粒度
 断口晶粒度
 平均晶粒度
 实际晶粒度
C 晶粒
 晶粒长大
 晶体微结构
 热变形
 微观应变
 亚晶界

晶粒度测定
grain size determination
O73
S 粒度测量
Z 测量
 几何量测量

晶粒间断裂
Y 晶间断裂

晶粒间界
Y 晶界

晶粒间界扩散
Y 晶界扩散

晶粒间界能
Y 晶界能

晶粒结构
grain structure
O76
S 晶体微结构
C 晶粒
Z 晶体结构

晶粒粒度
Y 晶粒度

晶粒取向
grain orientation
O73
S 晶体取向
C 晶粒
Z 晶体性质

晶粒生长

Y 晶粒长大

晶粒生长动力学
grain growth kinetics
O643.1；O78
S 化学*
C 晶粒

晶粒细化机理
Y 晶粒细化机制

晶粒细化机制
grain refinement mechanism
O78
D 晶粒细化机理
S 晶化机理
C 晶粒
Z 物理机制

晶粒形核
grain nucleation
O78
D 晶粒成核
S 晶体成核
C 晶粒
Z 晶体形成

晶粒亚晶界
Y 亚晶界

晶列
crystal column
O76
S 晶体要素*

晶貌
Y 晶体形貌

晶面*
crystal face
O76；O78
D 晶体生长界面
 面（晶体）
F 低指数面
 高指数面
 惯习面
 滑移面
 结晶面
 解理面
 晶面族
 晶体表面
 邻晶面
 孪晶面
C 晶体结构
 晶体解理

晶面夹角
interfacial angle
O711
S 晶面指数
Z 晶体学参数

晶面间距
interplanar spacing
O71
S 晶面指数
Z 晶体学参数

晶面交角守恒定律
Y 面角守恒定律

主　表　411

晶面角守恒定律
　Y　面角守恒定律

晶面取向
crystal face orientation
O732
　S　晶体取向
　F　晶面择优取向
　Z　晶体性质

晶面生长
crystal face growth
O78
　S　晶体生长*

晶面生长速度
　Y　晶面生长速率

晶面生长速率
crystal face growth rate
O78
　D　晶面生长速度
　S　晶体生长速率
　Z　晶体学参数

晶面条纹
　Y　晶纹

晶面择优取向
predominant crystal orientation
O78
　S　晶面取向
　　　择优取向
　Z　晶体性质

晶面指标
　Y　晶面指数

晶面指数
indices of crystal plane
O723；P57
　D　晶面指标
　S　晶体指数
　F　晶面夹角
　　　晶面间距
　　　密勒指数
　Z　晶体学参数

晶面族
family of crystal planes
O71
　S　晶面*

晶内成核
　Y　晶内形核

晶内扩散
intracrystalline diffusion
O791
　D　晶格扩散
　S　固态扩散
　F　体扩散
　Z　扩散

晶内形核
intragranular nucleation
O78
　D　晶内成核
　S　晶体成核
　Z　晶体形成

晶癖
　Y　结晶习性

晶片
crystal plate
O799
　D　晶体片
　S　晶体学应用*
　F　SiC 单晶片
　　　半导体晶片
　　　波导基片
　　　四分之一波片

晶态
crystalline state
O71
　D　结晶态
　　　结晶状态
　　　晶体状态
　S　固态
　F　多晶态
　　　非晶态
　　　介晶态
　　　类晶态
　　　纳米晶态
　　　无定形态
　Z　物态

晶态-非晶态转变
crystalline-amorphous transition
O792
　S　晶体相变*

晶态固体
　Y　晶体

晶态结构
　Y　晶相结构

晶态相
　Y　晶相

晶态液体
　Y　液晶

晶体*
crystal
O7
　D　结晶体
　　　晶态固体
　　　晶质
　F　板状晶体
　　　半导体晶体
　　　包晶
　　　胞晶
　　　宝石晶体
　　　标准晶体
　　　冰晶体
　　　薄膜晶体
　　　层状晶体
　　　掺杂晶体
　　　超细晶
　　　超硬晶体
　　　雏晶
　　　磁晶
　　　单斜晶体
　　　等轴晶
　　　多晶
　　　惰性气体晶体

　　　二维晶体
　　　非极性晶体
　　　非线性晶体
　　　非谐晶体
　　　复合晶体
　　　各向异性晶体
　　　功能晶体
　　　共晶体
　　　含水晶体
　　　宏晶体
　　　混晶
　　　极性晶体
　　　碱卤晶体
　　　胶体晶体
　　　金属晶体
　　　近完美晶体
　　　聚合物晶体
　　　矿物晶体
　　　离子晶体
　　　理想晶体
　　　立方晶体
　　　连晶
　　　量子晶体
　　　菱形晶体
　　　六方晶体
　　　孪晶
　　　氢键晶体
　　　球晶
　　　缺陷晶体
　　　人工晶体
　　　三方晶体
　　　三斜晶体
　　　塑性晶体
　　　梯状晶体
　　　弯晶
　　　微纳晶体
　　　维格纳晶体
　　　无公度晶体
　　　无机晶体
　　　纤维晶
　　　镶嵌晶体
　　　斜方晶体
　　　有机晶体
　　　原子晶体
　　　针状晶体
　　　枝晶
　　　柱状晶
　　　籽晶
　C　固体
　　　光学晶体
　　　结晶
　　　晶体对称性
　　　晶体化学
　　　晶体结构
　　　晶体取向
　　　晶体性质
　　　晶体学
　　　晶体要素

晶体 X 射线衍射
　Y　X 射线晶体衍射

晶体半导体
　Y　半导体晶体

晶体包裹物
　Y　晶体夹杂物

晶体胞状构造
  Y 胞状结构

晶体胞状结构
  Y 胞状结构

晶体表面
crystal surface
O76
  S 晶面*

晶体表征
crystal characterization
O7
  D 晶体学表征
  S 晶体学特征
  F 晶体学数据
  Z 晶体性质

晶体薄膜*
crystal thin films
O799
  F β-偏硼酸钡薄膜
    超晶格薄膜
    单晶薄膜
    氮化镓晶体膜
    多晶薄膜
    极性晶体膜
    纳米晶薄膜

晶体不完整性
crystal imperfection
O77
  D 晶体完整性
  S 晶体性质*

晶体材料*
crystal material
O799
  F 棒晶
    多晶材料
    晶锭
    块体超细晶材料
    纳米晶体材料
  C 非晶材料
    晶体测量
    晶体加工
    晶体缺陷
    晶体制备

晶体测角
  Y 晶体测量

晶体测角仪
crystal goniometer
O71
  S 测角仪
    晶体学仪器*
  Z 测量仪器

晶体测量
goniometry
O71
  D 晶体测角
  S 物理测量*
  F 晶体结构测定
  C 晶体材料
    晶体长度
    晶体尺寸

晶体长大
  Y 晶体生长

晶体长度
crystal length
O731
  S 晶体尺寸
  F 最佳晶体长度
  C 晶体测量
  Z 晶体学参数

晶体常数
crystal constant
O73
  S 晶体学参数*
  F 磁晶各向异性常数
    马德隆常数

晶体场
  Y 晶体场理论

晶体场分裂
  Y 晶体场相互作用

晶体场结构
  Y 晶场结构

晶体场理论
crystal field theory
O74
  D CFT 理论
    晶场
    晶场理论
    晶体场
    晶体场论
  S 化学理论*
    晶体学理论*
  C 晶体化学

晶体场论
  Y 晶体场理论

晶体场相互作用
crystal field interactions
O731
  D 晶体场分裂
  S 相互作用*
  F 晶体超精细场相互作用
    位错相互作用
  C 电荷补偿

晶体超精细场相互作用
crystal hyperfine field interactions
O731
  D 晶体中超精细场相互作用
    四极晶体场相互作用
  S 晶体场相互作用
  Z 相互作用

晶体成核
crystal nucleation
O78
  D 晶核形成
    晶体形核
  S 晶体形成*
  F β成核
    初级成核
    定向形核
    二次成核
    非均匀形核
    界面成核
    晶粒形核
    晶内形核
    均匀成核
    李晶形核
    取向成核
    瞬态形核
    位错成核
    诱导形核
    原位形核
    杂质成核
    再结晶形核
    择优成核
    自发成核
  C 结晶
    晶核

晶体尺寸
crystal dimensions
O73
  S 晶体学参数*
  F 晶体长度
    晶体厚度
    临界晶核尺寸
  C 晶体测量

晶体单色器
crystal monochromator
O72；O799
  S 晶体学应用*

晶体点群
crystallographic point group
O711
  D 晶体学点群
  S 晶体群*
  C 晶体结构

晶体点阵
  Y 点阵

晶体点阵结构
  Y 晶体原子结构

晶体定向
crystal orientation
O785
  S 定向*

晶体定向生长
  Y 取向生长

晶体动力学
  Y 结晶动力学

晶体动量
crystal momentum
O73
  S 动量
  Z 力学量

晶体动量表象
crystal momentum representation
O73
  S 动量表象
  Z 物理理论

晶体对称
  Y 晶体对称性

主 表　413

晶体对称性
crystal symmetry
O711
 D 晶体对称
  晶体学对称
  晶体学对称性
 S 晶体性质*
 F 点群对称
  非晶体学对称性
  平移对称性
  旋转对称性
  赝对称性
 C 晶格
  晶体
  晶体学
  色对称

晶体对称性转变
crystal symmetry transition
O792
 S 结构相变
 Z 晶体相变

晶体范性
 Y 晶体塑性

晶体分析*
crystal analysis
O723
 F 晶体结构分析
  晶体衍射分析
 C 德拜法
  晶体缺陷
  晶体性质

晶体各向异性
crystal anisotropy
O732
 S 晶体性质*
 F 磁晶各向异性

晶体工程
 Y 晶体工程学

晶体工程学
crystal engineering
O799
 D 晶体工程
 S 晶体学*

晶体共振γ射线相互作用
 Y 穆斯堡尔效应

晶体构造
 Y 晶体结构

晶体光谱
crystal spectrum
O734
 S 光谱*

晶体光学
crystal optics
O734
 S 晶体物理学
  应用光学
 C 光学晶体
 Z 光学
  晶体学

晶体光学性能
 Y 晶体光学性质

晶体光学性质
crystal optical property
O734
 D 晶体光学性能
 S 晶体性质*
 F 晶体双折射
  系统消光
 C 光学晶体

晶体光衍射
 Y 晶体衍射

晶体光栅
 Y 三维光栅

晶体光轴
crystal optic axis
O734
 S 光轴*
  晶轴
 Z 晶体要素

晶体硅
 Y 硅晶体

晶体合成
crystal synthesis
O782
 S 晶体生长工艺*
 F 多晶合成
 C 人工晶体

晶体厚度
crystal thickness
O731
 S 晶体尺寸
 Z 晶体学参数

晶体滑移
crystal slip
O313；O79
 S 滑移
 Z 运动

晶体化学
crystal chemistry
O74
 D 结晶化学
 S 化学*
  晶体学*
 F 比较晶体化学
 C 分配系数 →(3)
  结构化学 →(3)
  晶体
  晶体场理论
  矿物学 →(5)

晶体化学键
 Y 晶体键

晶体化学式
crystal-chemical formula
O74
 S 化学式*

晶体畸变
crystal deformation

O77
 S 晶体缺陷*
 F 晶格畸变
  局部畸变

晶体级联
crystal cascade
O799
 D 多晶体级联
 S 晶体学应用*

晶体几何学
 Y 几何晶体学

晶体加工
crystal processing
O786
 C 晶体材料

晶体夹杂物
crystal inclusions
O775
 D 结晶材料包裹物
  晶体包裹物
  晶体杂质
 S 物质*
 C 晶体缺陷
  晶体微结构

晶体键
crystal bond
O74
 D 晶体化学键
 S 晶体要素*
 C 化学键 →(3)

晶体结构*
crystal structure
O76
 D 结晶结构
  晶体构造
 F 胞状结构
  串晶结构
  单晶结构
  多晶结构
  共晶结构
  光子晶体结构
  混晶结构
  金属晶体结构
  晶场结构
  晶格结构
  晶界结构
  晶体微结构
  晶相结构
  晶型结构
  孪晶结构
  纳米晶结构
  球晶结构
  缺陷结构
  细晶结构
  亚结构
 C 多形性
  晶面
  晶体
  晶体点群
  晶体结构测定
  晶体缺陷
  晶体相变

晶体学

晶体结构参数
crystal structural parameter
O76
    S 晶体学参数*

晶体结构测定
crystal structure determination
O723
    S 晶体测量
    C 晶体结构
        晶体结构分析
    Z 物理测量

晶体结构分析
crystal structure analysis
O723
    D 晶体结构解析
    S 晶体分析*
    F 结构精修
    C 点阵
        晶体结构测定
        重原子法

晶体结构分析方法*
crystal structure analysis method
O723
    F X 射线衍射法
        X 射线照相法
        电子衍射法
        分子置换法
        傅里叶综合法
        里特沃尔德全谱图拟合法
        石英晶体振荡法
        旋转晶体法
        中子衍射法
        重原子法

晶体结构解析
    Y 晶体结构分析

晶体结构精修
    Y 结构精修

晶体结构模型
crystal structure model
O76
    S 晶体模型*

晶体结构数据
crystal structure data
O741
    S 晶体学数据
    Z 晶体性质

晶体结构学
    Y 结构晶体学

晶体结合能
cohesive energy of crystal
O74
    S 晶体学参数*

晶体解理
crystal cleavage
O733
    S 晶体性质*
    C 晶面

晶体界面
    Y 晶界

晶体晶须
    Y 晶须

晶体局域模
    Y 点阵局域模

晶体开裂
    Y 晶体裂纹

晶体空间群
    Y 空间群

晶体空位
    Y 空位

晶体力学
crystal mechanics
O733
    S 晶体学*

晶体粒度
    Y 晶粒度

晶体粒度分布
crystal size distribution
O76
    D 结晶粒度分布
    S 颗粒特征*

晶体裂纹
crystal crack
O77
    D 晶体开裂
    S 晶体缺陷*
    F 晶间裂纹

晶体模型*
crystal model
O7
    D 晶体学模型
    F 附着能模型
        晶体结构模型
        晶体生长模型
        晶体塑性模型
        晶体相场模型
        微晶模型

晶体能
    Y 晶格能

晶体片
    Y 晶片

晶体谱仪
crystal spectrometer
O799
    S 晶体学仪器*
        谱仪*

晶体汽相生长
    Y 气相生长

晶体球
crystal ball
O799
    S 晶体学应用*

晶体取向
crystal orientation
O71；O78
    D 结晶方位
        晶体取向性
        晶体学取向
    S 晶体性质*
    F c 轴取向
        非晶取向
        结晶取向
        晶粒取向
        晶面取向
        生长取向
        择优取向
        自旋取向
    C 结晶理论
        晶体

晶体取向生长
    Y 取向生长

晶体取向性
    Y 晶体取向

晶体缺陷*
crystal defect
O77
    D 晶体学缺陷
    F 半导体缺陷
        点缺陷
        反位缺陷
        辐照缺陷
        腐蚀坑
        宏观缺陷
        晶格缺陷
        晶界缺陷
        晶体畸变
        晶体裂纹
        晶向偏离
        面缺陷
        热缺陷
        色心
        生长缺陷
        体缺陷
        拓扑缺陷
        微缺陷
        线缺陷
        氧缺陷
    C 晶体材料
        晶体分析
        晶体夹杂物
        晶体结构
        晶体生长
        晶体学
        内耗
        缺陷模
        杂质-缺陷相互作用

晶体群*
crystallographic group
O711
    D 结晶体群
        晶体学群
    F 晶体点群
        空间群
        平面群

晶体溶解
crystal dissolution
O74

S 溶解*

晶体生长*
crystal growth
O78
　　D 晶体长大
　　　 晶体生长过程
　　　 晶体增长
　　F 胞状生长
　　　 层状生长
　　　 成核生长
　　　 单晶生长
　　　 电化学生长
　　　 多晶硅生长
　　　 附生晶体生长
　　　 高压晶体生长
　　　 共晶生长
　　　 固态晶体生长
　　　 结晶生长
　　　 晶核生长
　　　 晶粒长大
　　　 晶面生长
　　　 晶须生长
　　　 空间晶体生长
　　　 气相生长
　　　 气-液-固生长
　　　 取向生长
　　　 溶液晶体生长
　　　 熔体生长
　　　 烧结晶体生长
　　　 台阶生长
　　　 小面生长
　　　 载体诱导晶体生长
　　　 枝晶生长
　　　 籽晶生长
　　C 结晶提纯　→(3)
　　　 晶体缺陷
　　　 晶体生长方法
　　　 晶体生长方向
　　　 晶体生长工艺
　　　 晶体生长理论
　　　 晶体生长设备
　　　 晶体生长速率
　　　 晶体性质

晶体生长动力学
crystal growth kinetics
O781
　　S 结晶动力学
　　Z 晶体学

晶体生长法
　　Y 晶体生长方法

晶体生长方法*
crystal growth methods
O782
　　D 晶体生长法
　　F 单晶法
　　　 导模法
　　　 硅烷法
　　　 气相生长法
　　　 溶液生长法
　　　 熔融浸渍法
　　　 熔体生长法
　　　 外延生长
　　C 晶体生长

　　　 晶体生长方向
　　　 晶体生长工艺
　　　 晶体生长理论
　　　 晶体生长速率

晶体生长方向
crystal growth direction
O781
　　S 生长方向
　　C 晶体生长
　　　 晶体生长方法
　　　 晶体生长理论
　　Z 方向

晶体生长坩埚下降法
　　Y 布里奇曼法

晶体生长工艺*
crystal growth technique
O782
　　D 晶体生长技术
　　F 单晶拉制
　　　 放肩
　　　 晶体合成
　　　 晶体退火
　　　 晶体制备
　　C 晶体生长
　　　 晶体生长方法
　　　 晶体生长理论

晶体生长过程
　　Y 晶体生长

晶体生长机理
　　Y 晶体生长理论

晶体生长机制
　　Y 晶体生长理论

晶体生长基元
　　Y 生长基元

晶体生长技术
　　Y 晶体生长工艺

晶体生长界面
　　Y 晶面

晶体生长理论
crystal growth theory
O781
　　D 晶体生长机理
　　　 晶体生长机制
　　S 晶体学理论*
　　C 晶体生长
　　　 晶体生长方法
　　　 晶体生长方向
　　　 晶体生长工艺
　　　 晶体生长速率

晶体生长炉
crystal-growing furnace
O782
　　D 长晶炉
　　S 晶体生长设备*
　　F 单晶炉
　　　 多晶硅铸锭炉

晶体生长模型
crystal growth model

O781
　　S 晶体模型*

晶体生长设备*
crystal growth equipment
O782
　　D 长晶设备
　　　 晶体生长装置
　　F 晶体生长炉
　　　 晶体生长室
　　C 晶体生长

晶体生长室
crystal growth chamber
O78
　　S 晶体生长设备*

晶体生长水热法
　　Y 水热生长法

晶体生长速度
　　Y 晶体生长速率

晶体生长速率
crystal growth rate
O781
　　D 晶体生长速度
　　S 晶体学参数*
　　F 晶面生长速率
　　C 过饱和度
　　　 晶体生长
　　　 晶体生长方法
　　　 晶体生长理论

晶体生长特性
　　Y 结晶习性

晶体生长提拉法
　　Y 提拉法

晶体生长习性
　　Y 结晶习性

晶体生长形态
　　Y 生长形态

晶体生长焰熔法
　　Y 焰熔法

晶体生长装置
　　Y 晶体生长设备

晶体声学
crystal acoustics
O735
　　S 晶体物理学
　　Z 晶体学

晶体双折射
crystal birefringence
O734.2
　　S 晶体光学性质
　　　 双折射
　　F 内锥折射
　　　 外锥折射
　　C 双折射晶体
　　Z 晶体性质
　　　 折射

晶体塑性
crystal plasticity

O733.3
    D 晶体范性
    S 晶体性质*

晶体塑性变形
crystal plastic deformation
O733
    D 晶体塑性形变
       晶体形变
    S 塑性变形
    Z 变形

晶体塑性理论
crystal plasticity theory
O733
    S 晶体学理论*

晶体塑性模型
crystal plastic model
O733
    S 晶体模型*

晶体塑性形变
    Y 晶体塑性变形

晶体弹性
crystal elasticity
O733.2
    S 晶体性质*
    F 铁弹性

晶体特性
    Y 晶体性质

晶体特征
    Y 晶体学特征

晶体提拉法
    Y 提拉法

晶体填隙
    Y 间隙缺陷

晶体投影
crystal projection
O713
    S 投影*
    F 心射极平投影
       心射切面投影

晶体退火
crystal annealing
O782
    S 晶体生长工艺*

晶体外形
    Y 晶体形态

晶体完整性
    Y 晶体不完整性

晶体微构造
    Y 晶体微结构

晶体微观构造
    Y 晶体微结构

晶体微观结构
    Y 晶体微结构

晶体微结构
crystal microstructure
O76
    D 晶体微构造
       晶体微观构造
       晶体微观结构
       晶体显微构造
       晶体显微结构
    S 晶体结构*
    F 晶粒结构
       晶体原子结构
       维德曼司特顿结构
       无机物晶体结构
       氧化物晶体结构
       有机物晶体结构
    C 晶畴
       晶粒度
       晶体夹杂物
       微晶
       硬化
       织构

晶体位错
    Y 位错

晶体位错环
    Y 位错环

晶体物理
    Y 晶体物理学

晶体物理学
crystal physics
O73
    D 晶体物理
    S 晶体学*
    F 晶体光学
       晶体声学

晶体析出
    Y 析晶

晶体习性
    Y 结晶习性

晶体显微构造
    Y 晶体微结构

晶体显微结构
    Y 晶体微结构

晶体相
    Y 晶相

晶体相变*
crystal phase transformation
O792
    D 晶相转变
       晶型转变
       晶型转化
       转晶
    F 等温相变
       多晶形转变
       非晶-晶态转变
       结构相变
       晶态-非晶态转变
       扩散相变
       派尔斯相变
       铁弹相变
       位移性相变
       无扩散相变
       液晶相变
       有公度-无公度转变
       有序-无序相变
    C 晶体结构
       晶相
       晶相结构
       晶相形成

晶体相场模型
crystal phasefield model
O74
    S 晶体模型*

晶体形变
    Y 晶体塑性变形

晶体形成*
crystal formation
O78
    F 晶体成核
       晶相形成
       李晶形成

晶体形核
    Y 晶体成核

晶体形貌*
crystal morphology
O76
    D 结晶形貌
       晶貌
    F 晶体形态
       晶须形貌
       生长形态

晶体形貌学
    Y 晶体形态学

晶体形式
    Y 晶体形态

晶体形态
crystal form
O713；O76
    D 结晶形态
       结晶型
       晶体外形
       晶体形式
       晶形
       晶状
    S 晶体形貌*
    F 单形(晶体学)
       非晶形
       聚形
       矿物晶形

晶体形态学
crystal morphology
O713
    D 晶体形貌学
    S 晶体学*
    C 晶型

晶体性能
    Y 晶体性质

晶体性质*
crystal properties
O731
    D 晶体特性
       晶体性能

主　表　417

　　F 带隙特性
　　　多形性
　　　沟道效应
　　　极化子效应
　　　结晶习性
　　　禁带特性
　　　晶场效应
　　　晶格效应
　　　晶界效应
　　　晶体不完整性
　　　晶体弹性
　　　晶体对称性
　　　晶体各向异性
　　　晶体光学性质
　　　晶体解理
　　　晶体取向
　　　晶体塑性
　　　晶体学特征
　　　自限性
　　C 晶体
　　　晶体分析
　　　晶体生长
　　　晶体学
　　　晶体学理论
　　　晶体学应用

晶体学*
crystallography
O7
　　D 结晶学
　　F X射线晶体学
　　　表面晶体学
　　　电子晶体学
　　　高分子晶体学
　　　几何晶体学
　　　结构晶体学
　　　结晶动力学
　　　晶格动力学
　　　晶体工程学
　　　晶体化学
　　　晶体力学
　　　晶体物理学
　　　晶体形态学
　　　理论晶体学
　　　生物大分子晶体学
　　　相变晶体学
　　　小分子晶体学
　　　应用晶体学
　　　中子衍射晶体学
　　C 多色性
　　　晶体
　　　晶体对称性
　　　晶体结构
　　　晶体缺陷
　　　晶体性质
　　　晶体学理论
　　　矿物学　→(5)
　　　自然科学　→(1)(4)(5)
　　　自组织

晶体学表征
　　Y 晶体表征

晶体学参数*
crystallographic parameters
O7
　　F 布拉格角

　　　层错能
　　　德拜-沃勒因子
　　　电子顺磁共振参量
　　　分凝系数
　　　辐照硬度
　　　结构因子(晶体)
　　　结晶度
　　　结晶速度
　　　近化学计量比
　　　晶胞参数
　　　晶场参数
　　　晶格参数
　　　晶化指数
　　　晶界能
　　　晶粒度
　　　晶体常数
　　　晶体尺寸
　　　晶体结构参数
　　　晶体结合能
　　　晶体生长速率
　　　晶体应力
　　　晶体指数
　　　晶体质量
　　　空位形成能
　　　零场分裂参量
　　　平均声子数
　　　微晶参数
　　　位错密度
　　　位错能
　　　位错强度
　　　衍射强度
　　　摇摆曲线
　　　指数增益系数
　　　轴角
　　C 晶体学理论

晶体学点群
　　Y 晶体点群

晶体学对称
　　Y 晶体对称性

晶体学对称性
　　Y 晶体对称性

晶体学方向
　　Y 晶向

晶体学格位
　　Y 晶格

晶体学空间群
　　Y 空间群

晶体学理论*
crystallographic theory
O7
　　F 布拉格定律
　　　布拉维法则
　　　德拜理论
　　　对称性理论
　　　二粒子集团理论
　　　弗里德尔定律
　　　结晶理论
　　　晶带定律
　　　晶格动力学理论
　　　晶体场理论
　　　晶体生长理论
　　　晶体塑性理论

　　　面角守恒定律
　　　能带理论
　　　位错理论
　　C 晶体性质
　　　晶体学
　　　晶体学参数
　　　晶体学特征
　　　晶体学应用

晶体学模型
　　Y 晶体模型

晶体学平面群
　　Y 平面群

晶体学取向
　　Y 晶体取向

晶体学缺陷
　　Y 晶体缺陷

晶体学群
　　Y 晶体群

晶体学数据
crystallographic data
O7
　　S 晶体表征
　　F 晶体结构数据
　　Z 晶体性质

晶体学特征
crystallographic feature
O7
　　D 晶体特征
　　S 晶体性质*
　　F 晶体表征
　　　晶纹
　　C 晶体学理论

晶体学仪器*
crystallographic instrument
O722；O799
　　F X射线晶体学仪器
　　　晶体测角仪
　　　晶体谱仪

晶体学应用*
crystallographic application
O799
　　D 晶体应用
　　F 晶片
　　　晶体单色器
　　　晶体级联
　　　晶体球
　　　聚晶
　　　平晶
　　　石英晶体微天平
　　　微晶材料
　　　液晶弹性体
　　C 晶体性质
　　　晶体学理论

晶体学原胞
　　Y 原胞

晶体学织构
　　Y 晶体织构

晶体亚构造

  Y 亚结构

晶体亚结构
  Y 亚结构

晶体衍射*
crystal diffraction
O722
  D 晶体光衍射
  F X 射线晶体衍射
    单晶衍射
    多晶衍射
    多重衍射
    粉末衍射
    各向异性衍射
  C 晶体衍射分析
    劳厄方程

晶体衍射分析
crystal diffraction analysis
O723
  S 晶体分析*
  F 单晶 X 射线衍射分析
  C 晶体衍射

晶体要素*
crystal element
O7
  F 滑移系
    晶带
    晶格点
    晶格面
    晶格态
    晶核
    晶间
    晶类
    晶棱
    晶列
    晶体键
    晶体主截面
    晶体主平面
    晶向
    晶轴
    晶族
    缺陷中心
    生长中心
    双晶要素
  C 晶体

晶体应力
crystal stress
O765
  S 晶体学参数*

晶体应用
  Y 晶体学应用

晶体原子结构
crystal atomic structure
O712
  D 晶体点阵结构
  S 晶体微结构
  F 矿物晶体结构
    络合物晶体结构
    元素晶体结构
  C X 射线晶体学
    化学结构
  Z 晶体结构

晶体杂质
  Y 晶体夹杂物

晶体择优取向
  Y 择优取向

晶体增长
  Y 晶体生长

晶体锗
  Y 锗晶体

晶体织构
crystal texture
O76
  D 晶体学织构
  S 织构*
  F 变形织构
    立方织构
    面织构
    双轴织构
    微观织构
    相变织构
    液晶织构
    再结晶织构

晶体指数
crystal indices
O71
  S 晶体学参数*
  F 晶面指数
    晶向指数

晶体制备
crystal preparation
O782
  S 晶体生长工艺*
  F 单晶制备
  C 晶体材料

晶体质量
crystal quality
O78
  S 晶体学参数*

晶体中超精细场相互作用
  Y 晶体超精细场相互作用

晶体主截面
principal section of crystal
O712
  S 晶体要素*

晶体主平面
principal plane of crystal
O712
  S 晶体要素*
  F 点阵平面

晶体状态
  Y 晶态

晶体自范性
  Y 自限性

晶体自限性
  Y 自限性

晶纹
growth striation
O781
  D 晶面条纹
    聚形条纹
    生长条纹
  S 晶体学特征
  Z 晶体性质

晶习
  Y 结晶习性

晶系*
syngony
O711.4
  D 结晶系
  F 单斜晶系
    立方晶系
    六方晶系
    三方晶系
    三斜晶系
    四方晶系
    正交晶系

晶相*
crystal phase
O76
  D 晶界物相
    晶态相
    晶体相
  F 单斜相
    结晶相
    晶界相
    莫特绝缘相
    铁电相
    微晶相
    液晶相
    有序相
    主晶相
    准晶相
  C 晶体相变

晶相结构
crystal phase structure
O76
  D 晶态结构
    晶相组成
  S 晶体结构*
    物相结构
  C 晶体相变
  Z 相结构

晶相形成
crystal phase formation
O78
  S 晶体形成*
  C 晶体相变

晶相转变
  Y 晶体相变

晶相组成
  Y 晶相结构

晶向
crystal orientation
O76
  D 晶体学方向
  S 晶体要素*

晶向偏离
off-orientation

O78
  S 晶体缺陷*
  F 正交晶向偏离

晶向指数
orientation index
O76
  S 晶体指数
  Z 晶体学参数

晶形
  Y 晶体形态

晶型*
crystal form
O76
  D 结晶晶型
  F 单斜晶型
    多晶型
    二氧化钛晶型
    近晶型
    矿物晶型
    立方晶型
    同晶型
    斜方晶型
    正交晶型
  C 晶体形态学

晶型结构
crystallographic structure
O76
  S 晶体结构*

晶型控制
crystal form control
O78
  S 控制*

晶型转变
  Y 晶体相变

晶型转化
  Y 晶体相变

晶须*
crystal whisker
O784
  D 晶体晶须
    须晶
  F 纳米晶须
    无机晶须
  C 点接触

晶须生长
whisker growth
O784
  S 晶体生长*

晶须形貌
whisker morphology
O76
  D 单晶纤维
    晶须形态
  S 晶体形貌*

晶须形态
  Y 晶须形貌

晶质
  Y 晶体

晶质石墨
crystalline graphite
O613.71；O635.1；O7
  S 无机聚合物*

晶轴
crystal axis
O76
  D 结晶轴
  S 晶体要素*
  F 晶带轴
    晶体光轴
    双晶轴

晶轴间夹角
  Y 轴角

晶轴角
  Y 轴角

晶状
  Y 晶体形态

晶族
crystal category
O711
  S 晶体要素*
  F 低级晶族
    高级晶族
    中级晶族

精测压力计
  Y 压力表

精度*
accuracy
O174
  D 精确级
  F 采集精度
    测量精度
    导航精度
    加工精度
    仪器精度
  C 可靠性
    误差
    校正
    校准

精度检测
accuracy detection
TH707
  D 精度检验
  S 检测*
  C 精度评估 →(1)

精度检验
  Y 精度检测

精度可靠性
accuracy reliability
TB22
  S 可靠性*
  C 测量精度
    精度分析 →(4)

精密测量
precision measurement
TB462.1
  S 测量*

精确级
  Y 精度

精细积分
precise integration
O172.2；O241.4；O302；O342
  D 精细积分法
  S 积分*
  F 精细时程积分
  C 传递矩阵
    精细网格 →(1)

精细积分法
  Y 精细积分

精细结构
fine structure
O562.1
  D 超精细结构
    多重分裂结构
  S 电子构型
  C 物质结构 →(3)
  Z 原子结构

精细结构常数
fine structure constant
O571
  S 基本物理常数
  Z 物理常数

精细结构能级
fine-structure energy level
O562.1
  S 能级*

精细时程积分
precise time integral
O172.2；O241.4；O327；O342
  D 精细时程积分法
  S 精细积分
  C 非线性偏微分方程 →(1)
  Z 积分

精细时程积分法
  Y 精细时程积分

井孔声场
borehole acoustic field
O422.2
  S 声场*

颈缩
  Y 缩颈

颈缩(拉伸)
  Y 缩颈

颈缩现象
  Y 缩颈

景深延拓
field depth extending
O175.1；O435.2
  S 数学方法*

径迹
  Y 轨迹

径向点插值法
radial point interpolation method
O302

S 力学方法*
F 局部径向点插值法

径向电场
radial electric field
O441.1
S 电场*

径向分布
Radial distribution
O43
S 分布*
C 径向矩阵元

径向负荷
Y 水平荷载

径向负载
Y 水平荷载

径向光栅
Y 圆光栅

径向加速度
Y 向心加速度

径向矩阵元
radial matrix element
O411
S 矩阵元*
C 径向分布
径向基函数 →(1)

径向扩散
radial diffusion
O552.2
S 扩散*

径向力
Y 侧向力

径向流
radial flow
O351.2
D 径向流动
S 流体流*
F 平面径向流
C 高频地波雷达 →(4)
流体力学

径向流动
Y 径向流

径向摩擦力
radial frictional force
O313.5
S 摩擦力
Z 力

径向偏振
Y 圆偏振

径向偏振光
radially polarized beam
O436.3
D 径向偏振光束
S 偏振光
Z 光

径向偏振光束
Y 径向偏振光

径向强度
Y 纵向强度

径向射流
radial jet
O358
S 射流*

径向速度
Y 轴向速度

径向弹性模量
Y 弹性模量

径向推力
Y 侧向力

径向位移
radial displacement
O311
S 位移*

径向应力
radial stress
O343.4
S 应力*
C 侧向力

径向运动
radial motion
O311
S 垂直运动
Z 运动

径向载荷
Y 水平荷载

径向振动
radial vibration
O32
S 振动*

净电荷
net charge
O441.1
S 电荷*
F 原子净电荷

净化*
purification
X5；X7
D 净化法
净化方法
净化作用
F 表面净化
碱洗
C 染色剂 →(3)
脱碳 →(3)

净化法
Y 净化

净化方法
Y 净化

净化作用
Y 净化

净熵传递
Y 熵流

静安定性

Y 静态稳定性

静波
Y 驻波

静不定结构
Y 超静定结构

静不定问题
statically indeterminate problem
O342
D 超静定问题
S 力学问题*

静不平衡
Y 静平衡

静不平衡量
Y 静平衡

静差压
Y 静压差

静场
Y 静态场

静磁
Y 静磁性

静磁表面波
magnetostatic surface wave
O441.4
S 静磁波
C 静磁性
Z 电磁波

静磁波
magnetostatic wave
O441.4
S 电磁波*
F 静磁表面波
C 磁光薄膜
静磁性
静磁学
自旋波

静磁场
magnetostatic fields
O441.4
S 磁场*
C 静磁性
静磁学

静磁性
static magnetism
O482.52
D 静磁
静磁性能
S 磁性*
C 静磁表面波
静磁波
静磁场
静磁学

静磁性能
Y 静磁性

静磁学
magnetostatics
O441.2
S 磁学

C 静磁波
　　　静磁场
　　　静磁性
　　Z 电磁学

静导数
static derivative
O354
　　S 气动导数
　　C 动导数
　　Z 导数

静电
　　Y 静电荷

静电波
electrostatic wave
O534
　　S 等离子体波*
　　F 电子回旋波

静电场
electrostatic field
O441.1
　　D 静态电场
　　S 电场*
　　F 模拟静电场
　　　三维静电场
　　　准静电场
　　C 静电场能量
　　　静电感应
　　　静电力
　　　静电能
　　　静电学

静电场环路定理
electrostatic field loop theorem
O441
　　S 环路定理
　　Z 物理定理

静电场能量
electrostatic energy
O441.4
　　S 电场能量
　　C 静电场
　　Z 能量

静电斥力
electrostatic repulsion
O441.1
　　S 静电力
　　Z 电场力

静电带电
　　Y 静电起电

静电电位
　　Y 电位

静电电压
electrostatic voltage
TM933.2
　　S 电压*

静电防护
　　Y 防静电

静电分析器
electrostatic analyzer

TH7
　　S 分析仪器*
　　C 静电透镜

静电感应
electrostatic induction
O441.1
　　S 电感应
　　C 静电场
　　　静电荷
　　　静电学
　　Z 电磁感应

静电荷
static charge
O441.1
　　D 静电
　　S 电荷*
　　F 人体静电
　　C 防静电
　　　静电沉积 →(3)
　　　静电感应
　　　静电能
　　　静电起电
　　　静电学

静电聚焦
electrostatic focusing
O463
　　S 聚焦*

静电库仑势能
　　Y 马德隆能

静电力
electrostatic force
O441.1
　　D 静电作用力
　　　库仑力
　　S 电场力*
　　F 非静电力
　　　静电斥力
　　　静电引力
　　　静电增强
　　　静电阻力
　　C 静电场
　　　静电相互作用
　　　静电学

静电粒子透镜
　　Y 静电透镜

静电能
electrostatic energy
O441.1
　　D 静电能量
　　S 电能
　　F 互能
　　　自能
　　C 静电场
　　　静电荷
　　Z 能量

静电能量
　　Y 静电能

静电平衡
electrostatic equilibrium
O441.1

　　S 平衡*

静电屏蔽
electrostatic shielding
O441.4
　　D 静电屏蔽效应
　　S 电荷屏蔽
　　F 法拉第屏蔽
　　C 防静电
　　Z 屏蔽

静电屏蔽效应
　　Y 静电屏蔽

静电起电
electrostatic electrification
O441.1
　　D 表面带电
　　　接触带电
　　　静电带电
　　S 起电*
　　C 静电荷

静电韧致辐射
　　Y 韧致辐射

静电实验
electrostatic experiment
O4-33
　　S 物理实验
　　Z 科学实验

静电势
　　Y 电位

静电探针
electrostatic probe
TH703.2；TH74
　　S 电探针
　　Z 探针

静电透镜
electrostatic lens
TH74
　　D 静电粒子透镜
　　S 电子透镜
　　C 静电分析器
　　　四极透镜
　　Z 光学元件

静电陀螺仪
electrostatic gyroscope
O318
　　D ESG
　　　电浮陀螺
　　　电浮陀螺仪
　　S 陀螺仪*
　　C 离心变形
　　　扰动力矩
　　　组合变形

静电吸引
　　Y 静电引力

静电相互作用
electrostatic interaction
O441.1
　　D 库仑相互作用
　　S 电场作用
　　　相互作用*

C 静电力
　　　库仑定律
　　Z 作用

静电学
electrostatics
O441.1
　　S 电学
　　C 静电场
　　　静电感应
　　　静电荷
　　　静电力
　　Z 电磁学

静电引力
electrostatic attraction
O441.6
　　D 静电吸引
　　　库仑引力
　　S 静电力
　　Z 电场力

静电增强
electrostatic enhancement
O441.1
　　D 静电增强力
　　S 静电力
　　Z 电场力

静电增强力
　　Y 静电增强

静电阻力
electrostatic drag
O31；O441.1
　　S 静电力
　　　阻力*
　　C 表面粗糙度
　　Z 电场力

静电作用力
　　Y 静电力

静定*
static determinacy
O312
　　F 超静定

静定结构
statically determinate structure
O342
　　S 结构*
　　F 超静定结构

静负荷
　　Y 静载荷

静高压
　　Y 静态高压技术

静荷载
　　Y 静载荷

静校准
　　Y 静态校准

静矩
　　Y 静力矩

静力安定定理
static shake-down theorem
O34
　　S 力学定理*

静力不稳定
　　Y 静态稳定性

静力不稳定度
hydrostatic instability
O317；O347.2
　　D 流体静力不稳定度
　　S 稳定度*
　　C 静平衡方程

静力不稳定性
　　Y 静态稳定性

静力触探曲线
static sounding curve
TU41
　　S 受力曲线*

静力非线性分析
　　Y 非线性静力分析

静力分析
static analysis
O312
　　D 静力分析法
　　S 力学分析*
　　F 非线性静力分析
　　　结构静力分析

静力分析法
　　Y 静力分析

静力荷载
　　Y 静载荷

静力矩
static moment
O312
　　D 静矩
　　S 力矩*

静力平衡
　　Y 静平衡

静力平衡方程
　　Y 静平衡方程

静力强度
　　Y 静强度

静力容许场
statically admissible field
O312
　　S 力场*

静力实验
　　Y 静力试验

静力试验
static test
O312
　　D 静力实验
　　　静态试验
　　　静止试验
　　S 强度试验
　　F 拉伸试验
　　C 静力学
　　Z 科学实验

静力稳定度
static stability
O317；O347.2
　　S 稳定度*

静力稳定性
　　Y 静态稳定性

静力学
statics
O312
　　D 磁静力学
　　　工程静力学
　　S 理论力学*
　　F 弹性静力学
　　　分析静力学
　　　几何静力学
　　　流体静力学
　　C 静力试验
　　　偶应力
　　　偶应力理论

静力载荷
　　Y 静载荷

静摩擦
static friction
O313.5
　　S 库仑摩擦
　　C 滑动
　　Z 摩擦

静摩擦力
static friction force
O313.5
　　S 摩擦力
　　Z 力

静摩擦系数
static friction coefficient
O313.5
　　D 静摩擦因数
　　S 摩擦系数
　　F 最大静摩擦系数
　　Z 系数

静摩擦因数
　　Y 静摩擦系数

静疲劳
static fatigue
O346.2
　　D 静态疲劳
　　S 疲劳*
　　C 应力腐蚀

静平衡
static balancing
O312.2；O317
　　D 静不平衡
　　　静不平衡量
　　　静力平衡
　　　静态不平衡
　　　静态不平衡力
　　　静态平衡
　　　靜平衡
　　S 力平衡*
　　C 动平衡

静平衡方程

static balance equations
O312；P433
　D 静力平衡方程
　S 流体力学方程
　C 静力不稳定度
　　静态稳定性
　　圆台 →(1)
　Z 力学方程

静气动弹性
static aeroelasticity
O354
　S 气动弹性
　Z 力学性质

静强度
static strength
O346
　D 静力强度
　　静态强度
　　流体静强度
　S 力学强度*
　C 静应力

静强度计算
　Y 强度计算

静曲模量
　Y 弯曲模量

静曲强度
　Y 弯曲模量

静水安定性
　Y 静水稳定性

静水力曲线
hydrostatic curves
U661
　S 受力曲线*
　C 浮力
　　浮心

静水力学
　Y 水静力学

静曲弹性模量
modulus of elasticity
O343
　S 弹性模量
　Z 模量

静水头
　Y 流体静压强

静水稳定性
hydrostatic stability
O351.1
　D 静水安定性
　　抗水稳定性
　　水上稳定性
　　水稳定性
　　水稳性
　S 流体稳定性
　Z 力学稳定性

静水压力
　Y 流体静压强

静水压强
　Y 流体静压强

静水阻力
calm-water resistance
O351.1
　S 水流阻力
　Z 阻力

静态表面张力
　Y 平衡表面张力

静态不平衡
　Y 静平衡

静态不平衡力
　Y 静平衡

静态测量
static measurement
TB462.1
　S 测量*
　C 动态测量

静态场
static field
O41
　D 静场
　S 物理场*

静态猝灭
static quenching
O482.3
　D 稳态荧光猝灭
　S 荧光猝灭
　Z 猝灭

静态电场
　Y 静电场

静态分岔
static bifurcation
O313
　S 分岔*

静态高压技术
static high pressure technique
O521
　D 静高压
　S 高压技术*

静态加载
　Y 静载荷

静态校准
static calibration
TH7
　D 静校准
　S 校准*

静态库仑破裂应力
static Coulomb failure stress
O343.4
　S 静应力
　　库仑破裂应力
　Z 应力

静态流变
static rheological
O37
　S 流变*

静态疲劳
　Y 静疲劳

静态平衡
　Y 静平衡

静态气动特性
　Y 气动特性

静态强度
　Y 静强度

静态屈服应力
static yield stress
O343.4
　S 静应力
　　屈服应力
　Z 应力

静态试验
　Y 静力试验

静态弹性
static elasticity
O343
　S 弹性
　C 动态弹性
　Z 力学性质

静态稳定性
Static stability
O317；P433
　D 静安定性
　　静力不稳定
　　静力不稳定性
　　静力稳定性
　　静稳定性
　　静稳性
　S 力学稳定性*
　F 尺寸稳定性
　　放宽静稳定性
　C 动稳定性
　　静平衡方程

静态压力
　Y 静压

静态压缩
static compression
O521
　S 压缩*

静态引力场
　Y 引力场

静态应力
　Y 静应力

静态再结晶
static recrystallization
O783
　S 再结晶
　Z 结晶

静态自然电位
static SP
O441.1
　D 静自然电位
　S 自然电位
　Z 电位

静弹性模量
static elastic modulus
O343

静

　　S 弹性模量
　　Z 模量

静稳定性

　　Y 静态稳定性

静稳性

　　Y 静态稳定性

静压

static pressure
O312
　　D 静态压力
　　　　静压力
　　S 压力*
　　F 等静压力
　　　　流体静压力
　　　　准静态压力

静压差

static pressure difference
O351
　　D 静差压
　　S 压差*

静压传递

hydrostatic transfer
O521
　　S 压力传递
　　Z 能量转移

静压力

　　Y 静压

静压能量头

　　Y 流体静压强

静压头

　　Y 流体静压强

静液压力

　　Y 液体静压力

静应力

static stress
O343.4
　　D 地静应力
　　　　静态应力
　　　　流体静应力
　　　　岩层静态应力
　　S 应力*
　　F 静态库仑破裂应力
　　　　静态屈服应力
　　C 静强度

静载

　　Y 静载荷

静载荷

static load
O34；O351.1
　　D 恒载
　　　　静负荷
　　　　静荷载
　　　　静力荷载
　　　　静力载荷
　　　　静态加载
　　　　静载
　　　　靜载荷
　　　　平衡荷载
　　　　水静力载荷
　　S 荷载*
　　F 等效静载
　　　　剪切载荷
　　　　扭转载荷
　　　　受拉载荷
　　　　弯曲载荷
　　　　压缩载荷
　　　　重力荷载
　　C 冷强度
　　　　力矩分配
　　　　扭矩
　　　　水静力学
　　　　压力分布
　　　　应变率

静止试验

　　Y 静力试验

静止质量

rest mass
O412.1
　　D 不变质量
　　S 质量*

静止坐标系

rest coordinate system
TM93
　　S 坐标系*

静自然电位

　　Y 静态自然电位

靜平衡

　　Y 静平衡

靜压

　　Y 流体静压力

靜载荷

　　Y 静载荷

镜反射

　　Y 镜面反射

镜核

　　Y 镜像核

镜面反射

specular reflection
O435.1
　　D 定向反射
　　　　镜反射
　　S 光学反射
　　F 非镜面反射
　　　　抗反射
　　Z 反射

镜象法

image method
O35
　　D 电象法
　　　　映象法
　　S 力学方法*
　　C 点电荷

镜象核

　　Y 镜像核

镜像电荷

　　Y 像电荷

镜像核

mirror nuclei
O571.21
　　D 镜核
　　　　镜象核
　　S 原子核*
　　C 同量异位素 →(3)

纠缠W态

entangled W state
O413.1
　　D W 纠缠态
　　　　W 态
　　S 纠缠态
　　F 三粒子 W 态
　　　　三原子 W 态
　　Z 能态

纠缠动力学

entanglement dynamics
O313
　　S 动力学
　　Z 理论力学

纠缠光子

entangled-photon
O572.31
　　S 光子
　　Z 粒子

纠缠双原子

pair atoms of entanglement state
O562.1
　　S 纠缠原子
　　　　双原子
　　Z 原子

纠缠态

entangled state
O413.1
　　S 叠加态
　　F 单粒子态
　　　　多模纠缠态
　　　　纠缠 W 态
　　　　纠缠相干态
　　　　量子纠缠
　　　　三粒子 GHZ 态
　　　　三粒子纠缠态
　　　　原子纠缠态
　　　　最大纠缠态
　　Z 能态

纠缠态表象

entangled state representation
O413.1
　　S 表象理论
　　Z 物理理论

纠缠态原子

　　Y 纠缠原子

纠缠特性

entanglement properties
O413.1
　　S 量子特性
　　Z 物理特性

纠缠相干态

entangled coherent states

O413.1
　　S 纠缠态
　　　　相干态
　　Z 能态

纠缠演化
entanglement evolution
O413.1
　　S 演变*

纠缠原子
entangled atoms
O562.1
　　D 纠缠态原子
　　S 原子*
　　F 纠缠双原子

纠缠转移
entanglement translation
O413.1
　　S 量子纠缠
　　Z 量子现象

纠错
　　Y 校正

久保方程
　　Y 久保公式

久保方程公式
　　Y 久保公式

久保方程式
　　Y 久保公式

久保公式
Kubo formula
O562
　　D Kubo 方程
　　　　Kubo 方程公式
　　　　Kubo 方程式
　　　　Kubo 公式
　　　　Kubo 关系式
　　　　Kubo 计算法
　　　　Kubo 计算方法
　　　　Kubo 计算公式
　　　　久保方程
　　　　久保方程公式
　　　　久保方程式
　　　　久保关系式
　　　　久保计算法
　　　　久保计算方法
　　　　久保计算公式
　　　　久保纳米理论方程
　　　　久保纳米理论方程式
　　　　久保纳米理论公式
　　　　久保纳米理论关系式
　　　　久保纳米理论计算法
　　　　久保纳米理论计算方法
　　　　久保纳米理论计算公式
　　S 物理方程*
　　C 久保理论

久保关系式
　　Y 久保公式

久保计算法
　　Y 久保公式

久保计算方法
　　Y 久保公式

久保计算公式
　　Y 久保公式

久保理论
Kubo theory
O441
　　S 电子论
　　C 久保公式
　　Z 物理理论

久保纳米理论方程
　　Y 久保公式

久保纳米理论方程式
　　Y 久保公式

久保纳米理论公式
　　Y 久保公式

久保纳米理论关系式
　　Y 久保公式

久保纳米理论计算法
　　Y 久保公式

久保纳米理论计算方法
　　Y 久保公式

久保纳米理论计算公式
　　Y 久保公式

居里点
　　Y 居里温度

居里定律
Curie law
O441.2
　　D 居里原理
　　S 物理定律*
　　F 居里-外斯定律

居里-外斯定律
Curie-Weiss law
O487
　　D 居里-韦斯定律
　　S 居里定律
　　C 磁化率
　　Z 物理定律

居里-韦斯定律
　　Y 居里-外斯定律

居里温度
Curie temperature
O482.5
　　D Curie 温度
　　　　居里点
　　S 磁转变温度
　　C 磁化率
　　　　热剩磁
　　Z 温度

居里原理
　　Y 居里定律

局部 Petrov-Galerkin 法
local Petrov-Galerkin method
O302；O313
　　D 局部 Petrov-Galerkin 方法
　　S 变分法
　　　　动力学方法
　　C 移动最小二乘近似函数
　　Z 力学方法
　　　　数学方法

局部 Petrov-Galerkin 方法
　　Y 局部 Petrov-Galerkin 法

局部凹陷
local denting
O346
　　S 凹陷*
　　C 侧向撞击

局部边界积分方程
local boundary integral equation
O302
　　S 边界积分方程
　　Z 方程(数学)
　　　　力学方程

局部常化
local normalization
O302
　　S 数学方法*

局部放电
partial discharge
O461.2
　　D 部分放电
　　S 放电*
　　F 树枝状放电

局部非线性
local nonlinearity
O302
　　S 数学性质*

局部共振
local resonance
O321
　　D 局部共振机理
　　　　局域共振
　　S 共振*
　　F 局域表面等离子共振
　　C 超声振动系统

局部共振机理
　　Y 局部共振

局部畸变
local distortion
O77
　　S 晶体畸变
　　Z 晶体缺陷

局部径向点插值法
local radial point interpolation method
O302
　　S 径向点插值法
　　C 空间插值 →(1)(4)
　　Z 力学方法

局部模态
localized mode
O32；O4
　　D 定域模
　　S 模态*

局部强度

local strength
O346
S 力学强度*
F 开孔强度

局部屈曲
local buckling
O344.7
S 屈曲*

局部扰动
local disturbance
O313；P133；P433
S 扰动*

局部热剩余磁化
Y 热剩磁

局部蠕变
Y 区域蠕变

局部相含率
local phase holdup
O35
S 比率*

局部行进波
localized traveling wave
O353.2
S 行进波
C Soret 效应
Z 波

局部压力
Y 分压

局部应变
Y 局部应力应变

局部应力
localized stress
O343.4
S 应力*
C 强度条件

局部应力集中
local stress concentration
O343.4
D 应力集中点
应力集中区
S 应力集中
C 平台应力
Z 力学分布

局部应力应变
local stress strain
O344.3
D 局部应变
应变局部化
S 应变*
C 应变软化
应变梯度

局地各向同性
Y 局地各向同性湍流

局地各向同性湍流
local isotropic turbulence
O357.5；P425.2
D 局地各向同性
S 各向同性湍流

Z 流体流

局域表面等离激元
localized surface plasmon
O531
D 局域表面等离子体
S 表面等离子体激元
Z 量子

局域表面等离子共振
localized surface plasmon resonance
O539
S 等离子体振荡
局部共振
Z 共振
振荡

局域表面等离子体
Y 局域表面等离激元

局域表面等离子体共振
localized surface plasmon resonance
O539
S 表面等离子体共振
Z 共振

局域长度
localization length
O562
S 长度*

局域场
local field
O441.1
D 局域电场
S 电场*

局域场增强
local field enhancement
O441.4
S 电场增强
Z 电场力

局域电场
Y 局域场

局域电子密度
local electron density
O572.322
S 电子密度
Z 粒子参数

局域共振
Y 局部共振

局域共振声子晶体
Y 局域共振型声子晶体

局域共振型声子晶体
locally resonant phononic crystal
O735
D 局域共振声子晶体
S 声子晶体
Z 晶体

局域激发
localized excitation
O415
S 激发*

局域空心光束

local hollow beam
O432.12
S 空心光束
Z 光束

局域模
local mode
O77
S 晶格振动波模式*
F 点阵局域模

局域态
localized state
O47
S 电子态
F 电子局域态
C 泛函积分 →(1)
Z 能态

局域态密度
local density of states
O481
S 态密度
C 表面态
Z 物理参数

菊池线
Kikuchi line
O722.7
S 谱线*

矩孔衍射
rectangular aperture diffraction
O436.1
S 光衍射
Z 衍射

矩矢
Y 矩矢量

矩矢量
moment vector
O311
D 矩矢
S 向量*
F 力偶矩矢

矩形波
Y 方波

矩形光束
rectangular beam
O432.12
S 光束*

矩形光栅
rectangular grating
O437.4；P111.3
S 光栅*

矩形裂纹
rectangular crack
O346.1
S 裂纹*

矩形脉冲
Y 方波脉冲

矩形射流
Y 方形射流

矩阵*
matrix
O151.21
　D　矩阵法
　　矩阵方法
　　矩阵排列
　　矩阵形式
　F　Mueller 矩阵
　　Pauli 矩阵
　　本构矩阵
　　变形矩阵
　　传递矩阵
　　弹性矩阵
　　反射矩阵
　　刚度矩阵
　　惯性矩阵
　　核矩阵
　　回传波射矩阵法
　　密度矩阵
　　能量矩阵
　　强度矩阵
　　琼斯矩阵
　　散射矩阵
　　速度矩阵
　　位移矩阵
　　易损性矩阵
　　酉矩阵
　　质量矩阵
　　转移矩阵
　　阻尼矩阵
　C　点列　→(1)
　　矩阵元
　　矩阵秩　→(1)
　　线性问题　→(1)
　　阵列

矩阵传递法
　Y　传递矩阵

矩阵法
　Y　矩阵

矩阵法分析
　Y　矩阵分析

矩阵方法
　Y　矩阵

矩阵分析
matrix analysis
O171；O342
　D　矩阵法分析
　S　数学分析*
　C　结构力学
　　矩阵元

矩阵光学
matrix optics
O435
　S　光学*

矩阵光学方法
optical matrix method
O435
　S　光学方法*

矩阵力学
matrix mechanics
O413.1
　S　量子力学
　Z　物理学

矩阵排列
　Y　矩阵

矩阵扰动
　Y　矩阵摄动

矩阵摄动
matrix perturbation
O32；P133；P433
　D　矩阵扰动
　S　摄动*

矩阵摄动法
matrix perturbation method
O302
　S　振动分析方法
　Z　力学方法

矩阵位移法
matrix displacement method
O342
　S　数值分析*
　C　刚度矩阵

矩阵形式
　Y　矩阵

矩阵元*
matrix element
O411；O413
　D　矩阵元素
　F　径向矩阵元
　　强子矩阵元
　　约化矩阵元
　　跃迁矩阵元
　C　矩阵
　　矩阵测度　→(1)
　　矩阵方程　→(1)
　　矩阵分析

矩阵元素
　Y　矩阵元

举力
　Y　升力

举力面理论
　Y　升力面理论

举力体
　Y　升力体

举力系数
　Y　升力系数

举力线理论
　Y　升力线理论

举升力
　Y　升力

举致阻力
　Y　诱导阻力

巨磁电阻
giant magneto resistance
O441.6
　D　巨磁阻
　S　磁电阻*

巨磁电阻材料
giant magnetoresistance material
O441.6；O482.54
　S　磁电材料
　Z　磁性材料

巨磁电阻效应
giant magnetoresistance effect
O441.6
　D　GMI 效应
　　GMR 效应
　　超大磁电阻效应
　　巨磁阻抗效应
　　巨磁阻效应
　　庞磁电阻效应
　　特大磁电效应
　S　磁电阻效应
　F　自旋阀效应
　Z　磁场效应

巨磁热效应
giant magnetocaloric effect
O441.3
　S　热效应*

巨磁致伸缩
giant magnetostrictive
O482.52
　S　磁致伸缩
　Z　磁性

巨磁阻
　Y　巨磁电阻

巨磁阻抗效应
　Y　巨磁电阻效应

巨磁阻效应
　Y　巨磁电阻效应

巨共振
giant resonance
O321
　S　共振*

巨霍尔效应
giant Hall effect
O441.4
　S　霍尔效应
　Z　电场效应

巨统一性
　Y　统一场论

巨型压裂
　Y　大型压裂

巨原子
　Y　里德伯原子

距离*
distance
ZT2
　D　分隔距离
　　间隔长度
　　间距
　　间距函数
　　距离参数
　　距离问题
　　位距

F 比例距离
　　电极距离
　　加速距离
　　裂纹间距
　　临界距离
　　路程
　　时间距离
　　视距
　　探测距离
　　投影距离
　　自由距离
C 长度
　　单形 →(1)
　　距离图 →(1)

距离参数
　Y 距离

距离测定
　Y 测距

距离测量
　Y 测距

距离度量
　Y 测距

距离量算
　Y 测距

距离判别分析
distance discriminant analysis
TU4
　S 统计分析*

距离曲线
distance curve
TH11
　S 曲线*

距离速度显示器
　Y 显示器

距离问题
　Y 距离

距离相关
distance dependent
TN7；TN91；TN95
　S 相关*

锯齿波
sawtooth waveform
O32
　D 锯齿波形
　S 波*
　F 后峰锯齿波
　C 正弦波

锯齿波形
　Y 锯齿波

锯齿流变
serrated flow
O37
　S 流变*

锯齿屈服
　Y 锯齿形屈服

锯齿形屈服
serrated yielding
O344.1
　D 波特文-勒蔡特莱厄效应
　　锯齿屈服
　　细齿屈服
　S 塑性屈服
　Z 力学性质

聚爆冲击波
imploding blast wave
O347.5
　D 内爆炸冲击波
　S 冲击波*

聚变
　Y 核聚变

聚变产物
fusion product
O57
　S 反应产物*
　C 核聚变

聚变等离子
　Y 聚变等离子体

聚变等离子体
fusion plasmas
O531；O571.44
　D 核聚变等离子体
　　聚变等离子
　S 等离子体*
　F 惯性约束聚变等离子体
　　托卡马克等离子体

聚变反应
　Y 核聚变

聚变中子
fusion neutron
O571.44
　S 中子
　C 核聚变
　Z 粒子

聚电解质多层膜
polyelectrolyte multilayer film
O484
　S 多层薄膜
　C 聚电解质 →(3)
　Z 薄膜

聚光镜
condenser
TB851
　D 阿贝聚光镜
　S 聚光器
　Z 光学元件

聚光器
condenser
TK51；TN24
　S 光学元件*
　F 聚光镜
　　聚光腔

聚光腔
laser pump cavity
TB851
　D 球形聚光腔
　　椭球聚光腔
　　椭圆聚光腔
　　圆锥形聚光腔
　S 光学腔
　　聚光器
　Z 光学元件

聚光透镜
　Y 凸透镜

聚合*
polymerization
O631.5
　D 叠合
　　叠合度
　　化学聚合
　　化学聚合法
　　聚合法
　　聚合反应
　　聚合方法
　　聚合过程
　　聚合作用
　　氧阻聚
　　阻聚
　　阻聚作用
　F 动力缩聚
　　线性偏振光聚合
　C 单体 →(3)
　　分子量
　　分子量控制 →(3)
　　高聚物 →(3)
　　共混聚合物 →(3)
　　解聚 →(3)
　　聚合物
　　链转移
　　粘度控制 →(3)

聚合法
　Y 聚合

聚合反应
　Y 聚合

聚合方法
　Y 聚合

聚合过程
　Y 聚合

聚合热力学
　Y 热力学

聚合物*
polymer
O63
　F 非晶态聚合物
　　聚合纤维
　C 单体 →(3)
　　高分子化学 →(3)
　　聚合
　　聚合度 →(3)
　　聚合物结构 →(3)

聚合物薄膜
　Y 聚合物膜

聚合物电致发光
polymer electroluminescence
O436.4
　S 电致发光

Z 发光

聚合物分散型液晶
　　Y 聚合物分散液晶

聚合物分散液晶
polymer dispersed liquid crystals
O753.2
　　D 聚合物分散型液晶
　　S 聚合物液晶
　　F 全息聚合物分散液晶
　　Z 液晶

聚合物结晶
polymer crystallization
O799
　　D 高分子结晶
　　　　聚合物结晶过程
　　　　聚合物结晶化过程
　　　　聚合物晶化过程
　　S 结晶*
　　C 分子自组装　→(3)

聚合物结晶过程
　　Y 聚合物结晶

聚合物结晶化过程
　　Y 聚合物结晶

聚合物晶化过程
　　Y 聚合物结晶

聚合物晶体
polymer crystal
O631.13；O76
　　S 晶体*
　　F 聚片双晶
　　　　片晶
　　　　伸直链晶体

聚合物膜*
polymer film
TB43
　　D 高分子薄膜
　　　　高分子膜
　　　　聚合物薄膜
　　　　聚合物涂层
　　F 氟碳高分子膜

聚合物涂层
　　Y 聚合物膜

聚合物网络液晶
polymer network liquid crystal
O753.2
　　S 聚合物液晶
　　Z 液晶

聚合物稳定胆甾相液晶
polymer stabilized cholesteric liquid crystal
O753.2
　　D 聚合物稳定胆甾液晶
　　S 胆甾相液晶
　　　　聚合物液晶
　　Z 液晶

聚合物稳定胆甾液晶
　　Y 聚合物稳定胆甾相液晶

聚合物液晶
polymer liquid crystal

O753.2
　　S 高分子液晶
　　F 聚合物分散液晶
　　　　聚合物网络液晶
　　　　聚合物稳定胆甾相液晶
　　　　聚酯液晶
　　　　偶氮聚合物液晶
　　Z 液晶

聚合纤维
polymer fibres
O469；O631.13
　　S 聚合物*

聚合亚碲酸晶体
　　Y 对位黄碲矿晶体

聚合作用
　　Y 聚合

聚集*
aggregation
O552
　　D 会聚
　　　　聚结
　　F 附聚
　　　　颗粒聚集
　　　　自聚集
　　C 沉淀　→(3)(5)
　　　　扩散
　　　　冷凝　→(3)
　　　　凝聚

聚集诱导发光
aggregation induced luminescence
O432.1
　　S 发光*

聚焦*
focusing
O43
　　D 聚焦技术
　　F 磁聚焦
　　　　电子束聚焦
　　　　光束聚焦
　　　　激波聚焦
　　　　静电聚焦
　　　　流动聚焦
　　　　强聚焦
　　　　散焦
　　　　声聚焦
　　C 聚焦参数
　　　　聚焦特性
　　　　聚焦透镜
　　　　聚焦效应
　　　　聚焦性能

聚焦波
　　Y 畸形波

聚焦波浪
　　Y 畸形波

聚焦参数
focus parameters
O435
　　D 焦点参数
　　　　聚焦度
　　S 光学参数*

　　C 焦点
　　　　焦点检查仪
　　　　聚焦
　　　　旋转二次曲面　→(1)

聚焦度
　　Y 聚焦参数

聚焦高斯光束
focused Gaussian beams
O432.12
　　S 高斯光束
　　　　聚焦光束
　　Z 光束

聚焦光束
focused beam
O432.12
　　S 光束*
　　F 聚焦高斯光束
　　C 光束聚焦
　　　　自聚焦透镜

聚焦技术
　　Y 聚焦

聚焦声场
focused sound field
O422.2
　　S 声场*

聚焦特性
focusing properties
O435
　　S 光学性质*
　　C 聚焦

聚焦透镜
focusing lens
TH74
　　S 透镜
　　C 聚焦
　　Z 光学元件

聚焦微波辐射
focused microwave radiation
O451
　　S 微波辐射
　　F 单模聚焦微波辐射
　　Z 辐射

聚焦系统
　　Y 变焦距系统

聚焦效应
focusing effect
O422
　　S 声学效应*
　　C 聚焦

聚焦性能
focusing performance
O435
　　S 光学性能*
　　C 聚焦

聚结
　　Y 聚集

聚结稳定性
　　Y 热力学稳定性

聚晶
crystalline combination
O799
　　S 晶体学应用*
　　F 金刚石聚晶

聚能射流
shaped charge jet
O358；O385
　　D 聚能药包射流
　　　　锥形装药射流
　　S 射流*
　　C 穿甲
　　　　空腔膨胀

聚能效应
shaped charge effect
O38
　　D "门罗"效应
　　　　聚能作用
　　　　空穴效应
　　　　门罗效应
　　　　诺曼效应
　　　　诺尹曼效应
　　　　破甲效应
　　　　破甲作用
　　S 力学效应*

聚能药包射流
　　Y 聚能射流

聚能作用
　　Y 聚能效应

聚片双晶
polysynthetic twin
O631.13；O76
　　S 聚合物晶体
　　　　孪晶
　　Z 晶体

聚束
　　Y 聚束效应

聚束效应
bunching effect
O431.2
　　D 聚束
　　S 光学效应*
　　F 反聚束效应
　　　　光子聚束效应

聚向射流
focused jet
O358
　　S 射流*

聚形
combinate form
O76
　　S 晶体形态
　　Z 晶体形貌

聚形条纹
　　Y 晶纹

聚酯型液晶
　　Y 聚酯液晶

聚酯液晶
polyester liquid crystal
O753.2
　　D 聚酯型液晶
　　S 聚合物液晶
　　Z 液晶

卷积分子法
　　Y 分子置换法

卷曲回弹性
　　Y 卷曲弹性

卷曲弹性
crimp elastic
O343
　　D 卷曲回弹性
　　S 弹性
　　Z 力学性质

卷入
　　Y 卷吸

卷筒涡胞
roll cell
O351
　　S 涡胞*

卷吸*
entrainment
O359；P43；P731.26
　　D 夹卷
　　　　卷入
　　　　上层混合卷吸作用
　　　　挟卷
　　F 射流卷吸
　　C 积云 →(4)
　　　　积云对流 →(4)
　　　　夹卷层厚度 →(4)
　　　　夹卷速度 →(4)
　　　　气团 →(4)
　　　　上升气流 →(4)
　　　　跃层 →(4)(5)

决策(数学)
　　Y 决策论

决策论*
decision theory
O225
　　D 决策(数学)
　　　　决策论和分析
　　F 硬判决
　　C 数学规划
　　　　系统工程 →(1)
　　　　信息论 →(1)

决策论和分析
　　Y 决策论

绝对不稳定
　　Y 稳定

绝对不稳定性
　　Y 绝对稳定性

绝对测量
absolute measurement
TB462.1
　　S 测量*
　　C 相对测量

绝对带隙
absolute band gap
O734
　　D 绝对光子带隙
　　S 光子带隙
　　Z 带隙

绝对光子带隙
　　Y 绝对带隙

绝对黑体
　　Y 黑体

绝对加速度
absolute acceleration
O311.1
　　S 加速度*
　　C 层间位移

绝对角动量
　　Y 角动量

绝对空间
absolute space
O41
　　S 空间*

绝对零度
absolute zero
TB942
　　S 绝对温度
　　C 绝热去磁
　　Z 温度

绝对粘度
　　Y 动力粘度

绝对强度
absolute intensity
O346
　　S 力学强度*

绝对熵
absolute entropy
O414.1
　　S 熵*

绝对渗透率
absolute permeability
O552.2
　　S 渗透率
　　C 有效渗透率
　　Z 比率

绝对时空
absolute space-time
O412.1；P159
　　S 时空*
　　C 伽利略变换

绝对时空观
absolute space time view
O412.1；P159
　　S 时空观
　　Z 时空理论

绝对速度
absolute velocity
O311.1
　　S 速度*

绝对温变
absolute temperature variation
O551.2；P412.11
　　S 温度变化*

绝对温标
　　Y 热力学温标

绝对温度
absolute temperature
O514；O551.2；P141
　　S 温度*
　　F 绝对零度

绝对稳定
absolutely stable
O317；O347.2；P433
　　S 稳定*

绝对稳定性
absolute stability
O317；O351
　　D 绝对不稳定性
　　S 稳定性*
　　C 条件稳定性 →(1)

绝对相位
absolute phase
O311
　　S 相位*

绝对压力测量
　　Y 压力测量

绝对压强
absolute pressure
O31
　　S 压强*
　　C 空化初生

绝对原子质量
absolute atomic mass
O562
　　S 原子质量
　　Z 原子性质

绝对运动
absolute motion
O311
　　S 运动*

绝对重力
absolute gravity
O314；P31
　　S 重力
　　C 相对重力
　　Z 力

绝热
　　Y 绝热过程

绝热不变
　　Y 绝热不变性

绝热不变量
adiabatic invariant
O53
　　D 非绝热不变量
　　　缓渐不变量
　　　浸渐不变量
　　S 不变量*

C 绝热不变性

绝热不变性
adiabatic invariance
O53
　　D 绝热不变
　　　绝热不变性定理
　　　绝热不变性定律
　　　绝热不变性原理
　　　绝热不变性质
　　S 不变性*
　　C 绝热不变量
　　　绝热方程

绝热不变性定理
　　Y 绝热不变性

绝热不变性定律
　　Y 绝热不变性

绝热不变性原理
　　Y 绝热不变性

绝热不变性质
　　Y 绝热不变性

绝热方程
adiabatic equation
O414.12
　　D 绝热方程公式
　　　绝热方程式
　　　绝热方程组
　　　绝热方程组式
　　　绝热公式
　　　绝热关系式
　　　绝热计算法
　　　绝热计算方法
　　　绝热计算式
　　S 热力学方程*
　　C 绝热不变性

绝热方程公式
　　Y 绝热方程

绝热方程式
　　Y 绝热方程

绝热方程组
　　Y 绝热方程

绝热方程组式
　　Y 绝热方程

绝热公式
　　Y 绝热方程

绝热孤子压缩
adiabatic soliton compression
O437
　　S 压缩*

绝热关系式
　　Y 绝热方程

绝热过程
adiabatic process
O414.1
　　D 饱和绝热过程
　　　防热
　　　隔热
　　　绝热

　　　冷屏蔽
　　　热防护
　　　热绝缘
　　　热屏蔽
　　S 热力学过程*
　　F 非绝热过程
　　　干绝热过程
　　　湿绝热过程
　　　受激拉曼绝热过程
　　C 防冻 →(4)
　　　绝热指数
　　　热扩散率
　　　热损失
　　　温度控制 →(4)

绝热火焰温度
adiabatic flame temperature
O551.2
　　D 绝热燃烧温度
　　S 火焰温度
　　Z 温度

绝热霍尔效应
adiabatic Hall effect
O441
　　S 霍尔效应
　　Z 电场效应

绝热计算法
　　Y 绝热方程

绝热计算方法
　　Y 绝热方程

绝热计算式
　　Y 绝热方程

绝热剪切
adiabatic shear
O344.1
　　S 剪切*
　　C 应变硬化

绝热量热
　　Y 绝热量热法

绝热量热法
adiabatic calorimetry
O551.1；O642.3
　　D 绝热量热
　　S 化学分析法*

绝热流
adiabatic flow
O351.2
　　D 绝热流动
　　S 流体流*

绝热流动
　　Y 绝热流

绝热凝结
adiabatic condensation
O552.6；P426.3
　　D 绝热凝结气压
　　　绝热凝结温度
　　S 凝结*
　　C 绝热膨胀

绝热凝结气压

绝热凝结温度
　　Y 绝热凝结

绝热膨胀
adiabatic expansion
O551.3
　　S 热膨胀
　　C 绝热凝结
　　　　位温 →(4)
　　Z 膨胀

绝热去磁
adiabatic demagnetization
O482.52
　　D 磁冷却
　　　　磁致冷却
　　　　绝热退磁
　　S 热退磁
　　C 绝对零度
　　Z 磁性

绝热燃烧温度
　　Y 绝热火焰温度

绝热条件
adiabatic condition
TK12
　　S 条件*
　　C 布洛赫矢量
　　　　热力学平衡

绝热退磁
　　Y 绝热去磁

绝热尾迹
　　Y 尾流

绝热压缩
adiabatic compression
O351；O521
　　S 压缩*

绝热演化
adiabatic evolution
O414.1
　　S 演变*

绝热指数
adiabatic exponent
O551
　　S 函数(物理)*
　　C 绝热过程
　　　　位温 →(4)

绝缘
isolation
O441.6
　　D 电绝缘
　　S 导电性
　　C 表面放电
　　　　电弧
　　　　电晕
　　　　放电
　　　　介电常数
　　Z 电学性质

绝缘薄膜
insulating films
O484
　　S 电工薄膜*
　　C 介电薄膜

绝缘导体
insulated conductor
O441.1
　　S 导体*

绝缘强度
　　Y 击穿强度

绝缘体-半导体界面
　　Y 半导体-绝缘体界面

绝缘体-金属转变
metal-insulator transition
TG111
　　D 金属绝缘体转变
　　S 转变*

倔强系数
　　Y 刚度系数

军事物理学
　　Y 军用物理学

军用物理学
military physics
O59
　　D 军事物理学
　　S 应用物理学
　　Z 物理学

均布荷载
　　Y 载荷分布

均布载荷
　　Y 分布载荷

均等核对
　　Y 奇偶校验

均方根半径
　　Y 回转半径

均方渐近稳定
　　Y 渐近稳定性

均方位移
mean square displacement
O311.1
　　D 方均位移
　　S 位移*

均衡
　　Y 平衡

均衡凝固理论
proportional solidification theory
O552.6
　　S 凝固理论
　　Z 物理理论

均衡状态
　　Y 平衡

均流
　　Y 均匀流

均熵流
　　Y 匀熵流

均相成核
homogeneous nucleation
O78
　　D 匀相成核
　　S 均匀成核
　　Z 晶体形成

均相流
　　Y 均匀流

均相流模型
homogeneous flow model
O35
　　S 流体力学模型
　　Z 力学模型

均匀变形
homogeneous deformation
O344.3
　　S 变形*

均匀采样
uniform sampling
TN911
　　S 采样*

均匀场
uniform field
O412.3
　　S 物理场*

均匀场电极
uniform field electrode
TM910.3；TN6
　　S 电极*

均匀成核
homogeneous nucleation
O78
　　D 均匀形核
　　S 晶体成核
　　F 均相成核
　　　　均质形核
　　Z 晶体形成

均匀磁场
uniform magnetic field
O441.2
　　S 磁场*

均匀磁分离
　　Y 磁分离

均匀带电
homogeneous charged
O441.1
　　S 起电*

均匀电场
uniform electric field
O441.1
　　S 电场*

均匀放电
uniform discharge
O461.2
　　S 放电*

均匀辐射
homogeneous radiation
O432.1

D 均匀辐照
　　S 光辐射
　　Z 辐射

均匀辐照
　　Y 均匀辐射

均匀各向同性湍流
homogeneous isotropic turbulence
O357.5；P425.2
　　D 齐次各向同性湍流
　　　 齐次各向同性紊流
　　S 各向同性湍流
　　　 均匀湍流
　　Z 流体流

均匀极化
uniform polarization
O487
　　S 电介质极化
　　Z 极化

均匀剪切
uniform shear
O344.1
　　S 剪切*

均匀拉力
　　Y 拉力

均匀流
uniform flow
O35；P421；P641
　　D 均流
　　　 均相流
　　　 均匀流动
　　S 流体流*

均匀流场
uniform flow field
O35
　　S 流场*
　　F 稳定渗流场

均匀流动
　　Y 均匀流

均匀流量
mean-flux
O35
　　S 流量*

均匀平面波
homogeneous plane wave
O441.4
　　S 平面电磁波
　　F 非均匀平面波
　　Z 电磁波

均匀塑性变形
uniform plastic deformation
O344.1
　　S 塑性变形
　　C 应变硬化
　　Z 变形

均匀湍流
homogeneous turbulence
O357.5
　　D 非均匀湍流

　　S 湍流
　　F 均匀各向同性湍流
　　Z 流体流

均匀形核
　　Y 均匀成核

均匀压力
uniform pressure
O31
　　S 压力*

均匀应变
uniform strain
O344.3
　　D 均匀应变状态
　　S 应变*

均匀应变状态
　　Y 均匀应变

均匀载荷
　　Y 分布载荷

均匀照度
　　Y 平均照度

均值
　　Y 平均数

均质成核
　　Y 均质形核

均质流
homogeneous flow
O351.2
　　D 匀质流动
　　S 流体流*

均质流体
homogeneous fluid
O357.3
　　D 非均质流体
　　S 流体*

均质形核
homogeneous nucleation
O78
　　D 均质成核
　　　 同质成核
　　S 均匀成核
　　Z 晶体形成

卡
　　Y 卡路里

卡计
　　Y 热量计

卡鲁扎-克莱因理论
　　Y Kaluza-Klein 理论

卡路里
calorie
TB941
　　D 卡
　　S 热量单位
　　Z 计量单位

卡罗流体
　　Y Carreau 流体

卡曼涡街
　　Y 涡街

卡门涡
　　Y 涡街

卡门涡街
　　Y 涡街

卡诺定理
Carnot theorem
O414.11
　　S 热力学第二定律
　　Z 物理定律

卡诺循环
　　Y 热力学循环

卡塞格林焦点
　　Y 焦点

卡森流体
　　Y 非牛顿流体

卡氏第二定理
Castigliano second theorem
O343
　　D Crotti-Engesser 定理
　　　 克罗蒂-恩盖塞定理
　　S 力学定理*
　　C 弹性体
　　　 位移

卡氏第一定理
　　Y 卡氏定理

卡氏定理
Castigliano's theorem
O343
　　D 卡氏第一定理
　　　 卡斯提安诺定理
　　S 力学定理*

卡氏焦点
　　Y 焦点

卡斯提安诺定理
　　Y 卡氏定理

卡西米尔效应
　　Y Casimir 效应

开闭裂纹
switching crack
O346.1
　　S 裂纹*

开端位形
　　Y 磁场位形

开断时间
　　Y 断裂时间

开尔文表述
　　Y 开尔文公式

开尔文定理
　　Y 开尔文公式

开尔文公式
Kelvin equation
O35；O64；P433
　　D 开尔文表述

开尔文定理
  S 流动方程
  C 卡尔文循环 →(3)
  Z 力学方程

开尔文-亥姆霍兹不稳定
  Y Kelvin-Helmholtz 不稳定性

开尔文-亥姆霍兹不稳定性
  Y Kelvin-Helmholtz 不稳定性

开尔文模型
  Y Kelvin-Voigt 模型

开尔文体
Kelvin body
O34
  S 粘弹性体
  Z 物体

开尔文温标
  Y 热力学温标

开尔文问题
Kelvin problem
O34
  S 力学问题*

开耳芬-亥姆霍兹不稳定性
  Y 流动稳定性

开放光程
  Y 开放光路

开放光路
open path
O435
  D 开放光程
  S 光路*

开放量子系统
open quantum system
O413.1
  S 量子系统*

开缝长度
  Y 裂纹长度

开关效应
switching effect
O469
  S 物理效应*

开关转换
  Y 导电性转变

开孔强度
hole strength
O346
  S 局部强度
  Z 力学强度

开口循环
  Y 热力学循环

开裂
cracking
O346.1；P315
  D 裂开
  S 断裂*
  F 界面开裂
    应力开裂

止裂
  C 裂纹
    深裂缝

开裂角
cracking angle
O346
  S 角*

开裂压力
  Y 破裂压力

开路电势
open circuit potential
O441.1
  S 电位*

开普勒
Johannes Kepler
O4-09；P1-09
  S 天文学家*
  C 开普勒定律
    开普勒轨道 →(4)

开普勒定律
Kepler's law
O311；P134；P135
  D 多普勒运动
    开普勒三定律
    开普勒运动
    刻普勒定律
  S 力学定律*
    天文学定理*
  C 开普勒
    行星轨道 →(4)

开普勒三定律
  Y 开普勒定律

开普勒运动
  Y 开普勒定律

开启电场
threshold electric field
O441.1
  S 电场*

开壳层
open shell
O562.1
  D 开壳层组态
  S 电子构型
  Z 原子结构

开壳层组态
  Y 开壳层

开始再结晶
initial recrystallization
O783
  D 初次再结晶
  S 再结晶
  Z 结晶

开氏温标
  Y 热力学温标

开式温标
  Y 热力学温标

凯恩方程
  Y Kane 方程

凯恩方法
Kane's method
O31
  S 动力学方法
  Z 力学方法

凯罗泡洛斯法
Kyropoulos method
O78
  D KY 法
    凯氏长晶法
    泡生法
  S 熔体生长法
  Z 晶体生长方法

凯氏长晶法
  Y 凯罗泡洛斯法

勘查地球物理
  Y 地球物理勘探

勘探地球物理
  Y 地球物理勘探

勘探地球物理学
  Y 地球物理勘探

康达效应
  Y 附壁效应

康普顿背散射
  Y 康普顿效应

康普顿电子
Compton electron
O572.322
  D 反冲电子
  S 电子*

康普顿轮廓
  Y 康普顿效应

康普顿散射
  Y 康普顿效应

康普顿效应
Compton effect
O436.2
  D Compton 散射
    康普顿背散射
    康普顿轮廓
    康普顿散射
  S 散射效应
  F 逆康普顿散射
  Z 光学效应

抗爆强度
  Y 抗破坏强度

抗扯强度
  Y 撕裂强度

抗冲击
  Y 抗冲击强度

抗冲击强度
shock strength
O346
  D 冲击弯曲试验
    抗冲击

主　表　435

抗冲强度
　　耐冲击性
　S　力学强度*
　C　粘附力

抗冲击性
　Y　冲击韧性

抗冲强度
　Y　抗冲击强度

抗磁
　Y　抗磁性

抗磁共振
　Y　回旋共振

抗磁环电流
diamagnetic ring current
O441.1
　S　环电流
　Z　电流

抗磁矩
diamagnetic moments
O561.2
　D　感生磁矩
　　　诱导磁矩
　S　磁矩*

抗磁性
diamagnetism
O482.52
　D　抗磁
　S　磁性*
　F　完全抗磁性

抗弹机理
anti-ballistic mechanism
O385
　S　机理*

抗电磁辐射
　Y　电磁屏蔽

抗断裂强度
　Y　断裂强度

抗断强度
　Y　断裂强度

抗反射
anti-reflection
O435.1
　D　抗镜面反射
　S　镜面反射
　Z　反射

抗干扰
　Y　干扰阻力

抗光损伤能力
optical damage resistance ability
O73
　S　能力*

抗过载能力
overloading-resistibility
O34
　S　能力*

抗滑墙
　Y　抗滑桩

抗滑支挡
　Y　抗滑桩

抗滑桩
anti-slide pile
TU4
　D　抗滑墙
　　　抗滑支挡

抗挤强度
　Y　抗压强度

抗剪承载力
　Y　剪切力

抗剪断强度
　Y　抗剪强度

抗剪力
　Y　剪切力

抗剪模量
　Y　剪切模量

抗剪能力
　Y　剪切力

抗剪强度
shear strength
O346
　D　剪切强度
　　　抗剪断强度
　　　抗切强度
　　　拉伸剪切强度
　　　内禀剪切强度
　　　内禀抗剪强度
　　　循环抗剪强度
　　　粘接抗剪强度
　S　力学强度*
　F　残余抗剪强度
　　　摩擦抗剪强度
　C　剪切破坏
　　　剪切试验　→(5)
　　　剪应力
　　　内摩擦角
　　　三轴压缩试验　→(5)

抗剪切
　Y　剪切力

抗剪切力
　Y　剪切力

抗剪切性
　Y　剪切力

抗剪性
　Y　剪切力

抗剪性能
　Y　剪切性质

抗剪阻力
　Y　剪切力

抗静电
　Y　防静电

抗静电技术
　Y　防静电

抗镜面反射
　Y　抗反射

抗拉模量
　Y　弹性模量

抗拉强度
tensile strength
O346
　D　极限抗张强度
　　　抗张强度
　　　拉伸强度
　S　力学强度*
　F　动态拉伸强度
　　　高温拉伸强度
　　　极限拉伸强度
　　　劈裂抗拉强度
　　　弯曲抗拉强度
　C　冲击韧性
　　　弹性模量
　　　拉伸变形
　　　延伸
　　　应力-应变曲线
　　　张力

抗拉屈服强度
　Y　屈服强度

抗拉试验
　Y　拉伸试验

抗拉试样
　Y　拉伸试件

抗拉特性
　Y　张力特性

抗拉性能
　Y　张力特性

抗拉应变
　Y　拉应变

抗拉应力
　Y　拉应力

抗力
resistibility
O31
　D　抵抗力
　S　力*
　F　侧向抗力
　　　弹性抗力

抗裂能力
　Y　断裂强度

抗裂强度
　Y　断裂强度

抗磨强度
wear strength
O346
　D　抗磨损性
　　　磨损强度
　　　耐磨度
　　　耐磨强度
　S　力学强度*

抗磨蚀性
　Y　耐磨性

抗磨损
　　Y 耐磨性
抗磨损性
　　Y 抗磨强度
抗磨性
　　Y 耐磨性
抗磨性能
　　Y 耐磨性
抗扭刚度
　　Y 扭转刚度
抗扭劲度
　　Y 刚度系数
抗扭强度
　　Y 扭转强度
抗扭强度
　　Y 扭转强度
抗疲劳强度
　　Y 疲劳强度
抗破坏强度
resistance to failure
O346
　　D 抗爆强度
　　S 力学强度*
　　F 抗外挤强度
　　　 撕裂强度
抗强应力
　　Y 拉应力
抗切强度
　　Y 抗剪强度
抗侵彻
anti-penetration
O385
　　D 侵彻（射流）
　　C 爆炸穿孔
抗倾覆力矩
　　Y 稳定力矩
抗扰度实验
immunity test
TB461.1
　　D 抗扰度试验
　　　 抗扰试验
　　S 性能试验
　　Z 试验
抗扰度试验
　　Y 抗扰度实验
抗扰试验
　　Y 抗扰度实验
抗热性
　　Y 热稳定性
抗热性能
　　Y 热稳定性
抗蠕变力
　　Y 蠕变强度

抗蠕变强度
　　Y 蠕变强度
抗蚀力
corrosion resistance
O31
　　S 力*
抗水稳定性
　　Y 静水稳定性
抗撕强度
　　Y 撕裂强度
抗碎强度
　　Y 抗压强度
抗外挤强度
collapse strength
O346
　　S 抗破坏强度
　　Z 力学强度
抗弯承载性能
flexural loading capacity
O343.9；O346
　　S 强度性质
　　Z 力学性质
抗弯刚度
flexural rigidity
O343
　　D 弯曲刚度
　　S 刚度
　　C 惯性矩
　　Z 力学性质
抗弯截面模量
　　Y 截面模量
抗弯模量
　　Y 弯曲模量
抗弯强度
bending strength
O346
　　D 抗弯曲强度
　　　 抗折强度
　　　 扭曲强度
　　　 扭屈强度
　　　 弯曲强度
　　　 弯曲强度
　　　 纵向弯曲强度
　　S 力学强度*
　　C 弹性模量
　　　 断裂韧性
　　　 横向振动
　　　 扭转疲劳
　　　 弯曲破坏
　　　 弯曲应力
抗弯曲强度
　　Y 抗弯强度
抗弯试验
　　Y 弯曲实验
抗压
　　Y 抗压性能
抗压力

　　Y 抗压性能
抗压能力
　　Y 抗压性能
抗压强度
　　Y 抗压强度
抗压强度
compressive strength
O346
　　D 挤压强度
　　　 挤压压强
　　　 抗挤强度
　　　 抗碎强度
　　　 抗碎强度
　　　 耐压强度
　　　 强度（压缩）
　　　 压碎强度
　　　 压缩强度
　　　 压缩强度
　　S 力学强度*
　　F 单轴抗压强度
　　　 动态抗压强度
　　　 立方体抗压强度
　　　 支承强度
　　　 轴心抗压强度
　　C 包辛格效应
　　　 承载力
　　　 可压缩流
　　　 压缩模量
　　　 压缩试验 →(5)
　　　 压缩载荷
　　　 张力特性
抗压弹性
　　Y 压缩回弹
抗压性
　　Y 抗压性能
抗压性能
pressure resistance
O343
　　D 抗压
　　　 抗压力
　　　 抗压能力
　　　 抗压性
　　　 可压性
　　　 耐压
　　　 耐压特性
　　　 耐压性
　　　 耐压性能
　　　 耐压压力
　　　 受压性能
　　S 力学性质*
抗压应力
　　Y 压应力
抗应力腐蚀
　　Y 应力腐蚀
抗粘连性
antiadhesiveness
O34
　　S 力学性质*
　　C 结合强度
抗张模量

主　表　437

　　Y 弹性模量

抗张强度
　　Y 抗拉强度

抗张蠕变
　　Y 拉伸蠕变

抗张性能
　　Y 张力特性

抗折强度
　　Y 抗弯强度

抗折试验
　　Y 弯曲实验

抗振
　　Y 减振

抗振性
　　Y 振动特性

抗震可靠性
seismic reliability
TU31
　　S 可靠性*
　　C 工程抗震对策 →(5)
　　　　抗震 →(5)

抗震强度
　　Y 震动强度

抗震性
　　Y 抗震性能

抗震性能
earthquake resistant behavior
O342；P315.9
　　D 抗震性
　　S 特性*
　　C 大型振动台试验 →(5)
　　　　非线性静力分析
　　　　楼板反应谱 →(5)
　　　　振动台试验 →(5)
　　　　整体抗震能力 →(5)

抗重力
　　Y 重力

苛刻度
　　Y 低强度

柯安达效应
　　Y 附壁效应

柯恩达效应
　　Y 附壁效应

柯克伍德理论
　　Y 临界态理论

柯林电导率
Cowling conductivity
O441.1
　　S 电导率
　　Z 物理参数

柯林斯方程
　　Y 柯林斯公式

柯林斯方程公式
　　Y 柯林斯公式

柯林斯方程式
　　Y 柯林斯公式

柯林斯方程组
　　Y 柯林斯公式

柯林斯方程组式
　　Y 柯林斯公式

柯林斯公式
Collins formula
O436
　　D Collins 方程
　　　 Collins 方程公式
　　　 Collins 方程式
　　　 Collins 方程组
　　　 Collins 方程组式
　　　 Collins 公式
　　　 Collins 关系式
　　　 柯林斯方程
　　　 柯林斯方程公式
　　　 柯林斯方程式
　　　 柯林斯方程组
　　　 柯林斯方程组式
　　　 柯林斯关系式
　　S 物理方程*
　　C 无衍射光束

柯林斯关系式
　　Y 柯林斯公式

柯尼希定理
Koenig theorem
O311.1
　　S 力学定理*
　　C 质心运动

柯氏力
Corliolis stress
O311.1
　　S 力*

科赫曲线
Koch curve
O415.5
　　S 曲线*

科技发展史
　　Y 科技史

科技史*
history of science and technology
N91
　　D 古代科技史
　　　 技术史
　　　 科技发展史
　　　 科学技术发展史
　　　 科学技术史
　　　 科学历史
　　　 科学史
　　F 计量史
　　　 力学史
　　　 物理学史

科里奥里加速度
　　Y 科氏加速度

科里奥里力
　　Y 科里奥利力

科里奥利参数
　　Y 科里奥利力

科里奥利加速度
　　Y 科氏加速度

科里奥利力
Coriolis force
O354；P432
　　D Coriolis 力
　　　 地球自转偏向力
　　　 地转偏向力
　　　 地转曳力
　　　 哥里奥利力
　　　 科里奥里力
　　　 科里奥利参数
　　　 科氏参数
　　　 科氏力
　　　 折向力
　　S 中心力
　　C β 效应 →(4)
　　　 大气传输 →(4)
　　　 地转流 →(4)
　　　 回转流 →(4)
　　　 极涡 →(4)
　　　 梯度风 →(4)
　　Z 力

科里奥利效应
　　Y 科氏效应

科氏参数
　　Y 科里奥利力

科氏惯性力
Coriolis inertia force
O31
　　S 惯性力
　　Z 力

科氏加速度
Coriolis acceleration
O311
　　D 附加加速度
　　　 哥氏加速度
　　　 科里奥里加速度
　　　 科里奥利加速度
　　S 加速度*
　　C 加速度计 →(5)
　　　 科氏效应

科氏力
　　Y 科里奥利力

科氏效应
Coriolis effect
O31
　　D Coriolis 效应
　　　 哥氏效应
　　　 科里奥利效应
　　S 力学效应*
　　C 科氏加速度
　　　 行星波 →(4)

科斯特效应
　　Y 位错阻尼

科特雷耳闭锁
　　Y 科特雷耳气团

科特雷耳气团
Cottrell atmosphere
O772
　　D 科特雷耳闭锁
　　S 位错气团
　　C 间隙缺陷
　　　 位错锁定
　　Z 晶体缺陷

科特流
Couette flow
O357.1
　　D Couette 流
　　　 Couette 流动
　　　 古艾特流
　　　 古艾特流动
　　　 库埃特流
　　　 库埃特流动
　　　 库艾特流
　　　 库艾特流动
　　　 库爱特流
　　S 稳定流
　　F Taylor-Couette 流
　　　 球 Couette 流
　　Z 流体流

科学技术发展史
　　Y 科技史

科学技术史
　　Y 科技史

科学历史
　　Y 科技史

科学实验*
scientific experiment
N33
　　F 力学实验
　　　 物理实验

科学史
　　Y 科技史

颗粒*
grain
ZT81
　　D 颗粒物
　　　 颗粒物质
　　F 非球形颗粒
　　　 固体颗粒
　　　 散射颗粒
　　　 铁磁颗粒
　　C 颗粒测量
　　　 颗粒特征
　　　 力链

颗粒测量
particle size measurement
TB462.1
　　D 颗粒分析
　　S 测量*
　　F 粒度测量
　　　 纳米颗粒测量
　　C 颗粒
　　　 颗粒特征
　　　 粒度仪

颗粒超导体
granular superconductor
TM26
　　S 超导体
　　Z 导体

颗粒大小测量
　　Y 粒度测量

颗粒分析
　　Y 颗粒测量

颗粒轨迹
particle trajectory
O34
　　S 轨迹*

颗粒介质
granular media
O33
　　S 离散介质
　　Z 力学介质

颗粒聚集
particle aggregation
O552
　　S 聚集*

颗粒粒度测量
　　Y 粒度测量

颗粒流
granular flow
O35；P642
　　S 重力流
　　F 二维颗粒流
　　C 细观力学
　　Z 流体流

颗粒流动
　　Y 质点流动

颗粒流量
granular flux
O368
　　S 流量*

颗粒特性
　　Y 颗粒特征

颗粒特征*
grain property
ZT81
　　D 颗粒特性
　　　 颗粒物特征
　　F 晶粒度
　　　 晶体粒度分布
　　C 颗粒
　　　 颗粒测量

颗粒体系
　　Y 颗粒系统

颗粒温度
granular temperature
O551.2
　　S 温度*

颗粒物
　　Y 颗粒

颗粒物特征
　　Y 颗粒特征

颗粒物质
　　Y 颗粒

颗粒系统
granular system
O41
　　D 颗粒体系
　　S 系统*

颗粒运动
particle motion
O311.1
　　S 运动*
　　C 涡旋

颗粒噪声
　　Y 散粒噪声

颗粒阻尼
particle damping
O328
　　S 阻尼*

可爆气体
　　Y 爆炸气体

可变保留双原子微分重叠计算
　　Y 忽略微分重叠计算

可变推力
variable thrust
O313
　　D 变推力
　　S 推力*

可变形多孔介质
deformable porous materials
O33；O357
　　S 多孔介质
　　Z 力学介质

可变形体
deformable body
O347
　　S 物体*

可变形性
deformability
TU311
　　S 材料性能*

可变压力
variable pressure
O31
　　S 压力*
　　F 瞬变压力

可变载荷
　　Y 活荷载

可成形性
formability
O34
　　S 材料性能*

可淬相
quenchable phase
O643.1；O78
　　D 不可淬相

主　表　439

　　S 相*

可倒摆
reversible pendulum
O314；P131
　　S 倒摆
　　Z 摆

可动平衡
　　Y 动平衡

可分解
　　Y 分解反应

可积模型
integrable models
O411.1
　　S 物理模型*

可激发介质
　　Y 激发介质

可挤压性
　　Y 压缩性能

可见度
　　Y 能见度

可见光
visible light
O431.1
　　S 光*
　　F 橙光
　　　红光
　　　黄光
　　　蓝光
　　　绿光
　　　紫光
　　C 光波
　　　可见分光光度法 →(3)
　　　可见光催化 →(3)
　　　可见光发射
　　　可见光谱
　　　可见光遥感 →(4)(5)

可见光发射
visible light emission
O432.1
　　S 光发射
　　C 可见光
　　Z 发射

可见光辐射
　　Y 光合有效辐射

可见光激发
visible light excitation
O432.12
　　S 光致激发
　　Z 激发

可见光谱
visible spectrum
O433.5
　　D 可见光谱区
　　　自由光谱区
　　S 光谱*
　　C 光波
　　　可见光

可见光谱区

　　Y 可见光谱

可见光吸收光谱
　　Y 可见吸收光谱

可见近红外光谱
visible near infrared spectroscopy
O433.5；O434.3
　　S 近红外光谱
　　Z 红外光谱

可见吸收光谱
visible absorption spectra
O433.51
　　D 可见光吸收光谱
　　S 吸收光谱*

可见荧光
visible fluorescence
O462.3
　　S 荧光*
　　F 红色荧光
　　　蓝色荧光

可靠度
　　Y 可靠性

可靠度设计法
　　Y 概率极限状态设计法

可靠性*
reliability
ZT4
　　D 可靠度
　　　可靠性参数
　　　鲁棒可靠性
　　F 结构可靠性
　　　精度可靠性
　　　抗震可靠性
　　　疲劳可靠性
　　C 标准规范
　　　不确定性 →(1)
　　　概率
　　　混合威布尔分布 →(1)
　　　精度
　　　可靠性分析 →(1)
　　　可靠性理论 →(1)
　　　破坏分析
　　　冗余 →(1)
　　　误差

可靠性参数
　　Y 可靠性

可靠性物理
　　Y 失效物理

可控力学系统
controllable mechanics system
O316
　　S 力学系统*

可控流变
controllable rheology
O37
　　S 流变*

可控阻尼
controllable damping
O328

　　S 阻尼*

可拉拔性
　　Y 延性

可拉伸性
　　Y 延性

可拉性
　　Y 延性

可利用温差
available temperature difference
O551.2；P412.11；P423
　　S 温差*

可逆功
reversible work
O414.1
　　S 功*

可逆绝热过程
reversible adiabatic process
O414.1
　　S 湿绝热过程
　　F 不可逆绝热过程
　　C 泊松方程 →(1)(4)
　　Z 热力学过程

可逆吸附
　　Y 吸附

可逆相变
reversible transition
O414.13
　　D 不可逆相变
　　S 相变*

可逆形状记忆效应
　　Y 形状记忆效应

可逆性伴谬
　　Y 洛施密特可逆性伴谬

可逆压缩
reversible compression
O521
　　D 不可逆压缩
　　S 压缩*

可伸长性
　　Y 延性

可视度
　　Y 能见度

可塑性
　　Y 塑性

可碎性
　　Y 易碎性

可损伤结构
　　Y 结构损伤

可缩性
　　Y 压缩性能

可调光子晶体
tunable photonic crystal
O734
　　S 光子晶体
　　Z 晶体

可调谐半导体激光吸收光谱
tunable diode laser absorption spectroscopy
O433.51
- D 可调谐二极管激光吸收光谱
- S 半导体激光吸收光谱
- Z 光谱

可调谐二极管激光吸收光谱
- Y 可调谐半导体激光吸收光谱

可调谐激光晶体
tunable laser crystal
O799
- D 调谐激光晶体
- S 激光晶体
- F 钛宝石晶体
- Z 光学晶体

可调谐激光吸收光谱
tunable laser absorption spectroscopy
O433.51
- S 激光光谱
    吸收光谱*
- Z 光谱

可压流
- Y 可压缩流

可压实性
- Y 压缩性能

可压缩 Navier-Stokes 方程
compressible Navier-Stokes equation
O351.2
- S Navier-Stokes 方程
- C 广义解析函数 →(1)
    弱解 →(1)
- Z 方程(数学)
    力学方程

可压缩边界层
compressible boundary layer
O357.4；P404
- S 边界层
- Z 流体层

可压缩多介质流
compressible multi-medium flow
O359
- S 可压缩流
- C 界面追踪方法
- Z 流体流

可压缩混合层
compressible mixing layer
O357.4
- S 混合层
- C 大尺度结构 →(4)
- Z 流体层

可压缩剪切层
compressible shear layer
O357.4
- S 剪切层
- Z 流体层

可压缩介质
compressible medium
O357.3
- S 力学介质*

- F 弹性介质

可压缩空气动力学
- Y 空气动力学

可压缩流
compressible flow
O351；O37
- D 可压流
    可压缩流动
    压缩流
- S 流体流*
- F 可压缩多介质流
    跨音速流
    亚音速流
    一维可压缩流
- C 超声速流动
    磁流体力学流动
    抗压强度
    空气动力学
    总压

可压缩流动
- Y 可压缩流

可压缩流体
compressible fluid
O35；O354
- D 黏性可压缩流体
- S 流体*
- C 不可压缩流体
    流体弹性
    流体力学

可压缩流体空气动力学
- Y 空气动力学

可压缩射流
compressible jet
O358
- S 射流*

可压缩湍流
compressible turbulence
O357.5
- S 湍流
- Z 流体流

可压缩性
- Y 压缩性能

可压性
- Y 抗压性能

可压制性
- Y 压缩性能

可延伸性
- Y 延性

可遗坐标
- Y 循环坐标

可展性
- Y 延性

克尔磁光效应
- Y 磁光克尔效应

克尔电光效应
- Y 克尔效应

克尔电-光效应
- Y 克尔效应

克尔度规
- Y Kerr 度规

克尔介质
Kerr medium
O43
- D Kerr 介质
- S 光学介质*
- F 类克尔介质

克尔效应
Kerr effect
O436.4
- D Kerr 效应
    电光双折射
    电双折射
    光场克尔效应
    光克尔效应
    光学克尔效应
    克尔电光效应
    克尔电-光效应
    喇曼感生克尔效应
- S 电光效应
- C 自聚焦
- Z 光学效应

克尔旋转角
Kerr rotation angle
O734
- S 光学角*

克尔真空
- Y Kerr 度规

克分子体积
- Y 摩尔体积

克拉伯龙方程
- Y 克拉珀龙方程

克拉伯龙方程公式
- Y 克拉珀龙方程

克拉伯龙方程式
- Y 克拉珀龙方程

克拉伯龙公式
- Y 克拉珀龙方程

克拉伯龙计算法
- Y 克拉珀龙方程

克拉伯龙计算方法
- Y 克拉珀龙方程

克拉伯龙计算式
- Y 克拉珀龙方程

克拉伯农方程
- Y 克拉珀龙方程

克拉伯农方程公式
- Y 克拉珀龙方程

克拉伯农方程式
- Y 克拉珀龙方程

克拉伯农公式
- Y 克拉珀龙方程

克拉伯农计算法
  Y 克拉珀龙方程

克拉伯农计算方法
  Y 克拉珀龙方程

克拉伯农计算式
  Y 克拉珀龙方程

克拉珀龙方程
Clapeyron equation
O552
  D 克拉伯龙方程
    克拉伯龙方程公式
    克拉伯龙方程式
    克拉伯龙公式
    克拉伯龙计算法
    克拉伯龙计算方法
    克拉伯龙计算式
    克拉伯农方程
    克拉伯农方程公式
    克拉伯农方程式
    克拉伯农公式
    克拉伯农计算法
    克拉伯农计算方法
    克拉伯农计算式
    克拉珀龙方程公式
    克拉珀龙方程式
    克拉珀龙公式
    克拉珀龙计算法
    克拉珀龙计算方法
    克拉珀龙计算式
    克劳修斯-克拉珀龙方程
  S 物理方程*
  C 吉布斯自由能
    相平衡 →(3)
    相平衡常数 →(3)

克拉珀龙方程公式
  Y 克拉珀龙方程

克拉珀龙方程式
  Y 克拉珀龙方程

克拉珀龙公式
  Y 克拉珀龙方程

克拉珀龙计算法
  Y 克拉珀龙方程

克拉珀龙计算方法
  Y 克拉珀龙方程

克拉珀龙计算式
  Y 克拉珀龙方程

克莱因-戈登方程
  Y Klein-Gordon 方程

克莱因-戈尔登方程
  Y Klein-Gordon 方程

克莱茵-戈登方程
  Y Klein-Gordon 方程

克莱茵-哥登方程
  Y Klein-Gordon 方程

克劳修斯不等式
Clausius inequality
O55

  D 克劳修斯等式
  S 不等式*
  C 温标

克劳修斯等式
  Y 克劳修斯不等式

克劳修斯-克拉珀龙方程
  Y 克拉珀龙方程

克劳修斯熵
Clausius entropy
O551.1
  S 熵*

克里斯托夫方程
Christoffel equation
O424
  D Christoffel 方程
    Christoffel 方程公式
    Christoffel 方程式
    Christoffel 方程组
    Christoffel 方程组式
    christoffel 公式
    Christoffel 关系式
    克里斯托夫方程公式
    克里斯托夫方程式
    克里斯托夫方程组
    克里斯托夫方程组式
    克里斯托夫公式
    克里斯托夫关系式
  S 物理方程*

克里斯托夫方程公式
  Y 克里斯托夫方程

克里斯托夫方程式
  Y 克里斯托夫方程

克里斯托夫方程组
  Y 克里斯托夫方程

克里斯托夫方程组式
  Y 克里斯托夫方程

克里斯托夫公式
  Y 克里斯托夫方程

克里斯托夫关系式
  Y 克里斯托夫方程

克卢休斯-迪克尔柱
  Y 同位素分离

克罗蒂-恩盖塞定理
  Y 卡氏第二定理

克奴曾层
Knudsen layer
O35
  S 流体层*
  C 过渡流
    稀薄气流

克奴曾流动
  Y 克努曾流

克奴曾数
Knudsen number
O303
  S 无量纲数*

  C 平均自由程
    稀薄气流
    稀薄气体动力学

克努森流
  Y 克努曾流

克努森数
  Y Knudsen 数

克努曾流
Knudsen flow
O351.2；O37
  D 克奴曾流动
    克努森流
    克努曾数
    努森流动
  S 管流
  C Knudsen 数
    分子运动论
    稀薄气体动力学
  Z 流体流

克努曾数
  Y 克努曾流

刻划光栅
ruling grating
O437.4；P111.3
  S 光栅*

刻普勒定律
  Y 开普勒定律

氪 84 反应
  Y 重离子反应

空爆
  Y 空中爆炸

空地传导电流
  Y 大气电流

空-地传导电流
  Y 空地电流

空地电流
air-earth current
O441.1；P427.3
  D 空-地传导电流
    空-地电流
  S 闪电电流
  Z 电流

空-地电流
  Y 空地电流

空洞率
void ratio
O47；O76
  S 比率*
  C 空穴

空洞形核
cavity nucleation
O78
  D 孔洞成核
  S 成核*

空化*
cavitation

O351
　　D　成洞
　　　　成穴
　　　　空化(空穴)
　　　　空化(作用)
　　　　空化现象
　　　　空化作用
　　　　空泡
　　　　空泡腐蚀
　　　　空泡形态
　　　　空蚀
　　　　空穴化
　　　　气蚀
　　　　气蚀现象
　　　　气穴
　　　　气穴泡
　　　　气穴现象
　　　　汽蚀
　　　　涡穴
　　　　穴蚀
　　F　超空化
　　　　超声空化
　　　　初生空穴
　　　　螺旋桨空泡
　　　　水翼空泡
　　　　通气空化
　　　　旋涡空化
　　　　叶面空化
　　　　自然空泡
　　C　边界层分离
　　　　回流
　　　　空化初生
　　　　空化泡
　　　　空泡流
　　　　空泡破坏
　　　　空腔效应
　　　　气泡
　　　　尾流
　　　　涡旋

空化(空穴)
　　Y　空化

空化(作用)
　　Y　空化

空化场
cavitation field
O351
　　S　流场*

空化初生
cavitation inception
O351
　　C　绝对压强
　　　　空化
　　　　空化数
　　　　流速
　　　　液体密度

空化流
　　Y　空泡流

空化流动
　　Y　空泡流

空化模型
cavitation model
O351
　　S　流体力学模型
　　Z　力学模型

空化泡
cavitation bubbles
O351
　　D　空化气泡
　　S　气泡*
　　C　空化

空化气泡
　　Y　空化泡

空化器
cavitator
O35
　　C　超空化

空化数
cavitation number
O303；O353.5；P12
　　D　空化系数
　　　　空泡数
　　　　空泡系数
　　　　气蚀系数
　　　　汽蚀系数
　　S　无量纲数*
　　C　超空化
　　　　空化初生
　　　　自然超空泡

空化水流
　　Y　空泡流

空化水射流
cavitating water jets
O358
　　S　液体射流
　　Z　射流

空化系数
　　Y　空化数

空化现象
　　Y　空化

空化作用
　　Y　空化

空间*
space
ZT74
　　F　Minkowski 空间
　　　　爱因斯坦空间
　　　　半空间
　　　　动量空间
　　　　绝对空间
　　　　速度空间
　　　　弯曲空间
　　　　位形空间
　　　　物方空间
　　　　象方空间
　　　　应变空间
　　　　应力空间
　　C　渐近拟非扩张映象　→(1)
　　　　时间

空间(数学)*
Spaces(mathematics)
O17
　　D　数学空间
　　F　3维空间
　　　　仿射空间
　　　　希尔伯特空间
　　　　相空间
　　C　动量空间
　　　　数学方法

空间变形分析
patial deformation analysis
O344.3
　　S　空间分析*
　　C　最小势能原理

空间场
spatial field
O412.3
　　S　物理场*

空间磁场分布
spatial magnetic field distribution
O441.2
　　S　磁场分布
　　Z　分布(物理学)

空间带电粒子
space charged particle
O572.3
　　S　带电粒子
　　Z　粒子

空间等离体
　　Y　空间等离子体

空间等离子体
space plasma
O53
　　D　空间等离体
　　S　等离子体*
　　C　等离子体层　→(4)
　　　　无碰撞磁场重联　→(5)

空间点阵
space lattice
O712
　　D　空间格
　　　　空间格架
　　　　空间格子
　　S　点阵*
　　F　布拉菲点阵

空间电场
space electric fields
O441.1
　　D　空间电荷场
　　S　电场*
　　C　空间电荷

空间电荷
space charge
O441.1；P427.3
　　D　大气体电荷
　　S　电荷*
　　C　空间电场
　　　　空间电荷波
　　　　空间电荷分布
　　　　空间电荷限制电流
　　　　空间电荷效应
　　　　空间电流

主　表　443

　　　有限空间电荷积累

空间电荷波
space charge waves
O451
　　S 电磁波*
　　F 电荷密度波
　　C 空间电荷
　　　　空间电荷分布
　　　　空间电荷效应

空间电荷层
　　Y 耗尽层

空间电荷场
　　Y 空间电场

空间电荷导电性
　　Y 导电性

空间电荷分布
space charge distribution
O441.1
　　D 空间电荷分布计算
　　　　空间电荷分布量
　　　　空间电荷分布数
　　　　空间电荷分布数量
　　S 电荷分布
　　C 空间电荷
　　　　空间电荷波
　　Z 分布(物理学)

空间电荷分布计算
　　Y 空间电荷分布

空间电荷分布量
　　Y 空间电荷分布

空间电荷分布数
　　Y 空间电荷分布

空间电荷分布数量
　　Y 空间电荷分布

空间电荷流
　　Y 电子束

空间电荷区
　　Y 耗尽层

空间电荷限制电流
space charge limited current
O441.1；O471
　　D 空间电荷限制流
　　S 空间电流
　　C 空间电荷
　　Z 电流

空间电荷限制流
　　Y 空间电荷限制电流

空间电荷效应
space charge effect
O441
　　S 电场效应*
　　C 空间电荷
　　　　空间电荷波
　　　　束流动力学

空间电流
space currents

O441.1；P35
　　D 急电流
　　S 电流*
　　F 空间电荷限制电流
　　C 空间电荷

空间对称
space symmetry
O41
　　D 空间对称性
　　S 对称*

空间对称性
　　Y 空间对称

空间反演
space inversion
O41
　　S 反演*

空间方向
　　Y 方向

空间分辨
spatial resolution
O412
　　S 时空分辨
　　Z 分辨

空间分解力
　　Y 瞬时视场

空间分析*
spatial analysis
P208；P628
　　D 空间分析技术
　　F 空间变形分析
　　C 地理信息　→(4)(5)
　　　　空间认知　→(4)
　　　　空间信息可视化　→(4)
　　　　空间信息模型　→(4)

空间分析技术
　　Y 空间分析

空间格
　　Y 空间点阵

空间格架
　　Y 空间点阵

空间格子
　　Y 空间点阵

空间各向异性两体势
spatially anisotropic pair potential
O753.2
　　S 液晶性能*

空间孤子
spatial solitons
O415
　　S 孤子*
　　F 空间光孤子

空间孤子对
spatial soliton pairs
O437
　　S 孤子对
　　F 独立空间孤子对
　　Z 光学参数

空间关联
　　Y 空间相关

空间光孤子
spatial optical solitons
O437
　　S 光孤子
　　　　空间孤子
　　F 光伏空间孤子
　　　　光折变空间孤子
　　　　空间灰孤子
　　Z 孤子

空间光学
space optics
O439
　　S 应用光学
　　C 光学遥感　→(4)
　　Z 光学

空间光学系统
space optical systems
TH74
　　S 光学系统*

空间灰孤子
spatial gray soliton
O437
　　S 空间光孤子
　　Z 孤子

空间混沌
spatial chaos
O415.5
　　S 混沌*

空间几何体
　　Y 几何体

空间晶体生长
crystal growth in space
O78
　　S 晶体生长*

空间力系
space force systems
O31
　　S 力系*

空间量子化
space quantization
O413.1
　　S 量子化*

空间流场
space flow field
O351
　　S 流场*

空间摩擦学
space tribology
O313.5；O485
　　S 摩擦学*

空间目标
space target
TN953
　　S 目标*
　　C 背景辐射　→(4)
　　　　红外辐射

空间频率
spatial frequency
O34；O43
　　S 频率*

空间频谱
spatial frequency spectrum
O456
　　S 频谱*

空间群
space group
O711
　　D 晶架群
　　　晶体空间群
　　　晶体学空间群
　　S 晶体群*
　　F 波矢群
　　C 真位置

空间色散
spatial dispersion
O436.3
　　S 色散*

空间瞬心迹
　　Y 定瞬心迹

空间速度*
space velocity
P137
　　F 质心速度
　　C 旋涡星系 →(4)

空间算子代数
spatial operator algebra
O177；O302
　　S 代数*
　　C 多体系统动力学

空间相干
　　Y 空间相干性

空间相干度
　　Y 空间相干性

空间相干性
spatial coherence
O441.4
　　D 空间相干
　　　空间相干度
　　　时空相干性
　　S 相干性*

空间相关
spatial correlation
O412.1
　　D 空间关联
　　S 相关*
　　C 温度相关

空间相关函数
spatial correlation function
O411
　　S 函数*

空间引力场
　　Y 引力场

空间应力
　　Y 应力空间

空间运动
spatial motion
O311；P137
　　S 运动*

空间转动
spatial rotation
O313.3；O41
　　S 旋转
　　Z 运动

空泡
　　Y 空化

空泡腐蚀
　　Y 空化

空泡溃灭
bubble collapse
O351
　　C 空泡破坏

空泡流
cavity flow
O351；O357.5
　　D 方腔流
　　　方腔流动
　　　方腔驱动流
　　　空化流
　　　空化流动
　　　空化水流
　　　空腔流
　　　空腔流动
　　　空穴流
　　　空穴流动
　　　气蚀流
　　　气穴流
　　　气穴流动
　　S 流体流*
　　F 超空化流
　　C 空化

空泡率
void fraction
O353.5
　　C 两相流
　　　流型

空泡破坏
cavitation damage
O351
　　D 空蚀破坏
　　　空穴毁坏
　　　气蚀破坏
　　　气蚀损坏
　　　汽蚀破坏
　　　汽蚀损伤
　　S 破坏(力学)*
　　C 空化
　　　空泡溃灭

空泡数
　　Y 空化数

空泡尾流模型
cavity termination model
O351.3
　　S 流体力学模型
　　Z 力学模型

空泡系数
　　Y 空化数

空泡形态
　　Y 空化

空气*
air
P421
　　F 膨胀空气
　　　压缩空气
　　　仪表空气
　　C 臭氧 →(3)(4)
　　　大气 →(4)(5)
　　　风 →(4)
　　　气流
　　　气体
　　　气体压力

空气/水界面
　　Y 空气-水界面

空气比热容比
　　Y 气体比热

空气冲击
　　Y 空中爆炸

空气冲击波
air blast wave
O347.5
　　D 空气激波
　　S 爆破冲击波
　　Z 冲击波

空气簇射
　　Y 大气簇射

空气等离子体
air plasma
O531
　　S 气体等离子体
　　F 常压空气等离子体
　　Z 等离子体

空气动力
　　Y 气动力

空气动力补偿
　　Y 气动平衡

空气动力参数
　　Y 气动力参数

空气动力导数
　　Y 气动导数

空气动力干扰
　　Y 气动力干扰

空气动力计算
　　Y 气动力计算

空气动力力矩
　　Y 气动力矩

空气动力模型
　　Y 气动模型

空气动力平衡
　　Y 气动平衡

空气动力试验

Y 气动力试验

空气动力试验模型
　　Y 气动模型

空气动力特性
　　Y 气动特性

空气动力天平
　　Y 风洞天平

空气动力稳定性
　　Y 气动稳定性

空气动力系数
　　Y 气动力系数

空气动力效应
　　Y 气动效应

空气动力学*
aerodynamics
O354
　　D 部件空气动力学
　　　　可压缩空气动力学
　　　　可压缩流体空气动力学
　　　　空气力学
　　　　理论空气动力学
　　F 大迎角空气动力学
　　　　高速空气动力学
　　　　计算空气动力学
　　　　实验空气动力学
　　　　应用空气动力学
　　C 不可压缩流
　　　　大气动力学 →(4)
　　　　分离流
　　　　计算流体力学
　　　　可压缩流
　　　　流体力学
　　　　马赫数
　　　　气动升力

空气动力学参数
aerodynamic parameters
V211
　　S 力学参数*

空气动力学模型
　　Y 气动模型

空气动力学特性
　　Y 气动特性

空气动力学天平
　　Y 风洞天平

空气动力学图
　　Y 气动模型

空气动力学噪声
　　Y 气流噪声

空气动力载荷
　　Y 气动载荷

空气动噪声
　　Y 气流噪声

空气动力中心
　　Y 气动平衡

空气动力阻力
　　Y 气动阻力

空气对流
air convection
O354；P43
　　D 垂直气流
　　S 大气运动*
　　C 平流层-对流层相互作用 →(4)
　　　　下击暴流 →(4)

空气放电
air discharge
O441.1
　　S 气体放电
　　Z 放电

空气激波
　　Y 空气冲击波

空气间层
　　Y 空隙

空气静力学
　　Y 流体静力学

空气冷却
air cooling
TB6；TU831
　　S 冷却*

空气力学
　　Y 空气动力学

空气流
　　Y 气流

空气流动
　　Y 气流

空气流速
air flow rate
O354
　　S 气流速度
　　Z 流速

空气热动力学
　　Y 气动热力学

空气热力学
　　Y 气动热力学

空气热弹性
　　Y 气动热弹性

空气射流
　　Y 气体射流

空气声
airborne sound
O422.6
　　S 声音*

空气-水界面
air-water interface
O35
　　D 空气/水界面
　　S 气液界面
　　Z 流体界面

空气-水两相流
air-water two-phase flow
O359
　　S 气液两相流
　　Z 流体流

空气-水相互作用
　　Y 气体-液体相互作用

空气弹性力学
　　Y 气动弹性力学

空气压力
　　Y 大气压

空气运动
　　Y 气流

空气噪声
　　Y 气流噪声

空气质点弹道
　　Y 外弹道

空气阻力
　　Y 大气阻力

空气阻尼
air damping
O328
　　S 阻尼*
　　C 动态特性

空气阻尼天平
air-damped balance
TH715.11
　　D 阻尼天平
　　S 天平
　　Z 测量仪器

空腔解耦
cavity decoupling
O38
　　S 解耦*

空腔流
　　Y 空泡流

空腔流动
　　Y 空泡流

空腔膨胀
cavity expansion
O38
　　D 空腔膨胀模型
　　S 膨胀*
　　C 聚能射流

空腔膨胀理论
cavity expansion theory
O346.5
　　D 空穴膨胀理论
　　S 力学理论*
　　F 柱形空腔膨胀理论

空腔膨胀模型
　　Y 空腔膨胀

空腔效应
cavity effect
O38
　　S 爆炸效应*
　　C 空化

空蚀

Y 空化

空蚀破坏
    Y 空泡破坏

空速
air velocity
O311
    S 运动速度*
    C 马赫数
        气动失速

空速管
    Y 皮托管

空位
vacancy
O77
    D 晶体空位
        空位(晶体)
    S 空位缺陷
    F 单空位
        点阵空位
        空位团
        双空位
    C 空位-位错相互作用
        杂质-空位相互作用
    Z 晶体缺陷

空位(晶体)
    Y 空位

空位簇缺陷
vacancy cluster defects
O483；O771
    S 辐照缺陷
        空位缺陷
    Z 晶体缺陷

空位缺陷
vacancy defect
O483；O7
    D 空位型缺陷
    S 本征缺陷
    F 弗仑克尔缺陷
        空位
        空位簇缺陷
        肖特基缺陷
    Z 晶体缺陷

空位团
vacancy cluster
O77
    S 空位
    Z 晶体缺陷

空位-位错相互作用
vacancy-dislocation interactions
O772
    D 位错-空位相互作用
    S 位错相互作用
    C 空位
        棱柱位错
    Z 相互作用

空位形成能
vacancy formation energy
O77
    S 晶体学参数*

空位型缺陷
    Y 空位缺陷

空位-杂质相互作用
    Y 杂质-空位相互作用

空隙*
void
ZT74
    D 空气间层
    F 八面体空隙
        爆炸空腔
        四面体空隙

空隙分数
    Y 分数

空隙率波
void fraction waves
O359
    S 波*

空心高斯光束
hollow gaussian beam
O432.12
    S 高斯光束
        空心光束
    Z 光束

空心光束
hollow beam
O432.12
    D 暗中空光束
    S 光束*
    F 局域空心光束
        空心高斯光束
    C 原子光学

空心阴极
hollow cathode
O462
    S 氧化物阴极
    Z 电极

空心阴极放电
hollow cathode discharges
O462
    D 史丘勒放电
    S 阴极放电
    F 微空心阴极放电
    Z 放电

空心原子
hollow atom
O562
    S 原子*

空穴
hole
O48
    D 电洞
    S 载流子*
    F 电子-空穴对
        热空穴
    C 价带
        空洞率
        空穴陷阱

空穴传输
hole transport

O47
    S 转移*

空穴分岔
cavitated bifurcation
O347
    S 分岔*

空穴俘获
hole trapping
O471
    S 载流子俘获
    C 价带
        空穴陷阱
    Z 俘获(物理学)

空穴化
    Y 空化

空穴毁坏
    Y 空泡破坏

空穴理论
    Y 临界态理论

空穴流
    Y 空泡流

空穴流动
    Y 空泡流

空穴密度
hole density
O47
    D 空穴浓度
    S 物理参数*

空穴浓度
    Y 空穴密度

空穴膨胀理论
    Y 空腔膨胀理论

空穴迁移率
hole mobility
O473；O73
    S 载流子迁移率
    Z 迁移率

空穴陷阱
hole trap
O471
    S 半导体陷阱
    C 空穴
        空穴俘获
        正电子
    Z 陷阱

空穴效应
    Y 聚能效应

空域格林函数
space-domain Green's function
TN8
    S 函数(物理)*

空载压力
    Y 压缩载荷

空炸
    Y 空中爆炸

空中爆炸
air blast
O383;O643.22
　D 高空爆炸
　　空爆
　　空气冲击
　　空炸
　S 爆炸*
　C 爆炸载荷
　　超压
　　化学爆炸 →(3)

空中弹道
　Y 飞行弹道

孔壁结晶过程
　Y 孔壁晶化

孔壁结晶化
　Y 孔壁晶化

孔壁结晶化过程
　Y 孔壁晶化

孔壁晶化
hole-wall crystallization
O79
　D 孔壁结晶过程
　　孔壁结晶化
　　孔壁结晶化过程
　　孔壁晶化过程
　S 晶化*

孔壁晶化过程
　Y 孔壁晶化

孔边裂纹
hole-edge crack
O346.1
　S 边裂纹
　C 应力集中
　Z 裂纹

孔洞成核
　Y 空洞形核

孔洞结构
　Y 孔结构

孔结构
pore structure
TB303.1
　D 多级孔结构
　　孔洞结构
　　孔状结构
　S 结构*

孔径*
bore diameter
ZT2
　D 光孔
　　孔径函数
　　连续孔径
　　实际孔径
　F 大相对孔径
　　光学合成孔径
　　数值孔径

孔径测量
aperture measurement
TB92;TH711
　S 光学参数测量
　　直径测量
　F 数值孔径测量
　　相对孔径测量
　Z 光学测量
　　几何量测量

孔径函数
　Y 孔径

孔径效应
　Y 离散效应

孔口流动
　Y 孔流

孔流
orifice flow
O351
　D 孔口流动
　S 流体流*

孔隙介质
　Y 多孔介质

孔隙压力梯度
pore pressure grads
O348
　S 压力梯度
　C 上古生界 →(5)
　Z 梯度分布

孔压误差效应
　Y 孔压效应

孔压效应
hole-pressure effect
O35
　D 孔压误差效应
　S 压力效应
　Z 力学效应

孔状结构
　Y 孔结构

控爆
　Y 控制爆破

控制*
control
N96
　D 控制方法
　F 边界层控制
　　磁控制
　　弹道控制
　　等离子体控制
　　断裂控制
　　光控制
　　晶型控制
　　量子控制
　　流体控制
　　脉冲控制
　　膜厚控制
　　声控制
　　速度控制
　　相干控制
　　应变控制
　　应力控制
　　载荷控制
　　真空控制
　　振动控制
　C 模拟理论 →(1)
　　系统论
　　现代控制论 →(1)

控制爆破
controlled blasting
TB41;TD235;TU751
　D 爆破控制
　　控爆
　　约束爆炸
　S 爆破*
　F 定向爆破
　C 爆轰参数
　　爆炸时间 →(5)
　　预裂爆破 →(5)

控制方程
governing equation
O35;P43
　D 支配方程
　S 力学方程*
　C 无界元

控制方法
　Y 控制

控制混沌
controlled chaos
O415.5
　S 混沌*

控制结晶
controlled crystallization
O79
　D 控制结晶法
　S 结晶*

控制结晶法
　Y 控制结晶

控制力矩
　Y 稳定力矩

控制体积
control volume
O351
　S 体积*

控制网*
control network
P21;P228
　F 独立控制网
　C 观测坏 →(4)

控制应力
　Y 应力控制

口袋模型
bag model
O572.25
　D 袋模型
　S 粒子模型
　Z 物理模型

库埃特流
　Y 科特流

库埃特流动
　Y 科特流

库艾特流
　　Y 科特流

库艾特流动
　　Y 科特流

库爱特流
　　Y 科特流

库仑爆炸
　　Y 分子离解

库仑场
Coulomb field
O441.1
　　S 电场*
　　C 库仑定律
　　　库仑势
　　　有质动力
　　　中心势

库仑定律
Coulomb law
O441.1
　　D 库仑作用
　　S 物理定律*
　　C 静电相互作用
　　　库仑场
　　　库仑规范
　　　库仑势

库仑对数
Coulomb logarithm
O53
　　D Coulomb 对数
　　S 对数*
　　C 高能带电粒子

库仑方程
　　Y 库仑规范

库仑方程式
　　Y 库仑规范

库仑干摩擦模型
Coulomb friction model
O313.5
　　S 动力学模型
　　Z 力学模型

库仑规范
Coulomb gauge
O441
　　D 库仑方程
　　　库仑方程式
　　S 电磁场方程
　　C 库仑定律
　　Z 物理方程

库仑激发
Coulomb excitation
O561.4
　　D 库伦激发
　　S 激发*
　　C 库仑散射
　　　库仑势

库仑力
　　Y 静电力

库仑模量
　　Y 剪切模量

库仑摩擦
Coulomb friction
O313.5
　　D 库仑阻尼
　　　库伦摩擦
　　S 摩擦*
　　F 动摩擦
　　　静摩擦

库仑摩擦定律
Coulomb law of friction
O313.5
　　S 力学定律*

库仑摩擦力
Coulomb friction force
O313.5
　　S 摩擦力
　　Z 力

库仑能
　　Y 库仑势

库仑能量
　　Y 库仑势

库仑碰撞
Coulomb collision
O53
　　D 库伦碰撞
　　S 碰撞*

库仑破裂应力
Coulomb failure stress
O343.4
　　S 库仑应力
　　F 静态库仑破裂应力
　　C 地震触发 →(5)
　　Z 应力

库仑破裂应力变化
　　Y 库仑应力变化

库仑散射
Coulomb scattering
O572.24
　　D 库伦散射
　　S 粒子散射*
　　C 库仑激发

库仑势
Coulomb potential
O441.1
　　D 库仑能
　　　库仑能量
　　　库仑势能
　　　库仑相互作用势
　　　库伦势
　　S 相互作用势*
　　F 马德隆能
　　C 库仑场
　　　库仑定律
　　　库仑激发

库仑势能
　　Y 库仑势

库仑位垒

Coulomb barrier
O441.1
　　S 势垒*

库仑相互作用
　　Y 静电相互作用

库仑相互作用势
　　Y 库仑势

库仑赝势
Coulomb pseudopotential
O562
　　S 赝势
　　Z 能量

库仑引力
　　Y 静电引力

库仑应力
Coulomb stress
O343.4
　　S 应力*
　　F 库仑破裂应力
　　C 应力触发 →(5)

库仑应力变化
Coulomb stress change
O34
　　D 库仑破裂应力变化
　　S 应力变化*

库仑阻尼
　　Y 库仑摩擦

库仑阻塞效应
Coulomb blockade effect
O441.1
　　S 电场效应*

库仑作用
　　Y 库仑定律

库伦激发
　　Y 库仑激发

库伦摩擦
　　Y 库仑摩擦

库伦碰撞
　　Y 库仑碰撞

库伦散射
　　Y 库仑散射

库伦势
　　Y 库仑势

库珀对
Cooper pairs
O572.322
　　D Cooper 对
　　　电子对(超导)
　　S 电子对
　　C 巴丁-库珀-施里弗理论
　　　约瑟夫森效应
　　Z 电子

夸克
quark
O572.3
　　S 基本粒子

F b夸克
　d夸克
　s夸克
　t夸克
　粲夸克
　反夸克
　海夸克
　价夸克
　胶子
　轻夸克
　上夸克
　双夸克
　四夸克态
　五夸克态
　亚夸克
　重夸克
　组分夸克
C 夸克禁闭
　夸克模型
　夸克凝聚
　夸克衰变
　夸克质量
　量子色动力学
Z 粒子

夸克传播子
quark propagator
O57
S 函数(物理)*

夸克胶子等离子体
quark-gluon plasma
O531
D 夸克-胶子等离子体
S 等离子体*

夸克-胶子等离子体
Y 夸克胶子等离子体

夸克禁闭
quark confinement
O413
D 色禁闭
S 夸克-夸克相互作用
C 胶子
　夸克
　夸克模型
　夸克凝聚
Z 粒子相互作用

夸克-夸克相互作用
quark-quark interactions
O572.24
S 粒子相互作用*
F 夸克禁闭

夸克模型
quark model
O572.31
D 组元交换模型
S 粒子模型
F 夸克蜕定域色屏蔽模型
　手征SU(3)夸克模型
　相对论夸克模型
　亚夸克模型
　组分夸克模型
C 夸克
　夸克禁闭

　夸克凝聚
Z 物理模型

夸克凝聚
quark condensation
O469
S 凝聚*
C 夸克
　夸克禁闭
　夸克模型

夸克偶素
quarkonium
O565
S 电子偶素*
F 重夸克偶素

夸克衰变
quark decay
O571.3
S 粒子衰变
C 夸克
Z 核反应

夸克蜕定域色屏蔽模型
quark-delocalization color-screening model
O572.31
S 夸克模型
Z 物理模型

夸克物质
Y 核物质

夸克质量
quark mass
O572.2
S 粒子质量
C 夸克
Z 粒子参数

跨临界分岔
transcritical bifurcation
O415.5
S 分岔*

跨膜压差
Y 膜压差

跨声速
Y 跨音速

跨声速颤振
Y 跨音速颤振

跨声速流
Y 跨音速流

跨声速流场
transonic flow field
O354.2
S 高速流场
Z 流场

跨声速流动
Y 跨音速流

跨音速
transonic speed
O354；O422.1
D 跨声速
S 声速

Z 声学参数

跨音速颤动
Y 跨音速颤振

跨音速颤振
transonic flutter
O354
D 跨声速颤振
　跨音速颤动
S 颤振
C 跨音速空气动力学
　跨音速流
Z 振动

跨音速空气动力学
transonic aerodynamics
O354
S 高速空气动力学
C 跨音速颤振
　跨音速流
　气动特性
Z 空气动力学

跨音速流
transonic flow
O354.2
D 跨声速流
　跨声速流动
　跨音速流动
　跨音速气流
S 可压缩流
C 激波
　激波/边界层相互作用
　跨音速颤振
　跨音速空气动力学
　马赫数
　气动特性
Z 流体流

跨音速流动
Y 跨音速流

跨音速气流
Y 跨音速流

跨音速特性
Y 气动特性

块体超细晶材料
block ultra-fine crystal material
O799
S 晶体材料*

块体非晶
Y 块状非晶

块体非晶材料
Y 块状非晶

块状非晶
bulk amorphous
O756
D 大块非晶
　块体非晶
　块体非晶材料
　块状非晶材料
S 非晶材料*
F 锆基块体非晶
　镁基大块非晶

镨基块体非晶
钛基大块非晶

块状非晶材料
    Y 块状非晶

块状相变
massive transformation
O552.6
    S 形状相变
    Z 相变

快波
fast wave
O441.4
    S 电磁波*
    C 大气声波 →(4)
       重力波

快电子
fast electron
O572.322
    S 电子*

快度分布
rapidity distribution
O572
    S 分布*
    F 赝快度分布

快剪切波偏振
fast shear wave polarization
O441.4
    S 偏振*

快离子
fast ion
O57
    S 离子*
    F 快重离子

快离子导体
    Y 固体电解质

快裂变
    Y 核裂变

快速阿达玛变换
    Y 哈达玛变换

快速测定
    Y 快速测量

快速测量
fast measurement
TB462.1
    D 快速测定
       快速测量法
    S 测量*
    F 瞬时测量

快速测量法
    Y 快速测量

快速多极边界元法
fast multipole boundary element method
O175.5；O302
    S 多极边界元法
    C 多极距观测 →(5)
    Z 力学方法
       数学方法

快速多极方法
fast multiple method
O174；O302
    S 数学方法*

快速分离
    Y 分离

快速傅里叶变换谱
    Y FFT 谱

快速结晶过程
    Y 快速晶化

快速结晶化
    Y 快速晶化

快速结晶化过程
    Y 快速晶化

快速解耦
fast decoupled
TM7
    S 解耦*
    C 无功功率
       正交变换 →(1)

快速晶化
rapid crystallization
O79
    D 快速结晶过程
       快速结晶化
       快速结晶化过程
       快速晶化过程
    S 晶化*

快速晶化过程
    Y 快速晶化

快速冷却
    Y 急冷

快速凝固
rapid solidification
O552.6
    S 固化
    C 急冷
    Z 物态变化

快速平面波展开法
modified plane wave expansion method
O739
    S 平面波展开法
    Z 物理法

快速倾斜镜
fast-steering mirrors
TB851；TH74
    S 倾斜镜
    Z 光学元件

快速扫描傅立叶变换红外光谱
    Y 傅里叶变换红外光谱

快速旋转
    Y 旋转

快速重载
fast reload
O347
    S 荷载*

快质子
fast proton
O572.341
    S 质子
    Z 粒子

快中子
fast neutron
O572.342
    S 中子
    Z 粒子

快中子捕获过程
    Y r-过程

快中子辐照
fast neutron irradiation
O571.5
    S 中子辐照
    Z 辐射

快中子通量
fast neutron flux
O57
    D 快中子注量
    S 中子通量
    Z 通量

快中子照相
fast neutron radiography
O571.5
    D 中子射线照相术
    S 射线摄影
    Z 摄影

快中子注量
    Y 快中子通量

快重离子
swift heavy ions
O571.6
    S 快离子
       重离子
    Z 离子

快重离子辐照
fast heavy ion irradiation
O571.6
    S 重离子辐照
    Z 辐射

快轴
fast axis
TN209
    S 轴*

快子
tachyon
O572.3
    D 超光速粒子
    S 基本粒子
    Z 粒子

宽带激励
broad-band excitation
O323
    S 激励*

宽带声源
broadband sound source

O42
    S 声源*

宽带增透膜
broad-band antireflection film
O484
    S 光学薄膜*

宽度*
width
ZT3
    D 角展宽
      增宽
      展宽
      致宽
    F 半波宽度
      半高宽
      共振宽度
      裂缝宽度
      频谱宽度
      破坏宽度

宽高比
    Y 纵横比

宽光谱
wide spectrum
O433.5
    S 光谱*

宽光束
broad beam
O435.1
    S 光束*

宽频谱
wide spectrum
O456
    D 宽谱
    S 频谱*
    F 多普勒展宽谱

宽谱
    Y 宽频谱

宽视场
wide field of view
O435；P111.3
    S 视场*

宽温区
wide temperature range
O551.2；P412.11
    S 温区*

矿体地质*
geology of orebody
P62
    F 矿体投影图

矿体投影图
ore body projection maps
O435；P62
    S 矿体地质*
      投影图
    Z 图像

矿物结晶
mineral crystallization
O79；P57

    D 矿物结晶过程
      矿物结晶化过程
      矿物晶化过程
    S 结晶*
    C 矿物晶体

矿物结晶过程
    Y 矿物结晶

矿物结晶化过程
    Y 矿物结晶

矿物晶格
mineral lattice
O76；P57
    S 晶格*
    C 矿物晶体

矿物晶化过程
    Y 矿物结晶

矿物晶体
mineral crystals
O76
    S 晶体*
    F 冰洲石晶体
      对位黄碲矿晶体
      方解石晶体
      沸石晶体
      骸晶
      莫来石晶体
      粘土矿物晶体
    C 矿物分析 →(5)
      矿物结晶
      矿物晶格
      矿物晶体结构
      矿物晶型

矿物晶体结构
mineral crystal structure
O76
    S 晶体原子结构
    F 钙钛矿型结构
      硅酸盐结构
      尖晶石型结构
      金刚石结构
      金红石型结构
      氯化钠型结构
      烧绿石型结构
      石榴石型结构
      石墨型结构
      萤石型结构
    C 矿物晶体
    Z 晶体结构

矿物晶体形态
    Y 矿物晶形

矿物晶形
mineral crystal form
O71；P57
    D 矿物晶体形态
    S 晶体形态
    Z 晶体形貌

矿物晶型
mineral crystal form
O76
    S 晶型*

    C 矿物晶体

亏损
    Y 损耗

亏损系统
defective systems
O316
    S 力学系统*

傀载法
    Y 单位载荷法

傀载荷法
    Y 单位载荷法

扩散*
diffusion
O552.2
    D 扩散过程
      扩散现象
    F 表面扩散
      等离子体扩散
      反常扩散
      反向扩散
      固态扩散
      互扩散
      径向扩散
      粒子扩散
      气体扩散
      水平扩散
      轴向扩散
      自扩散
      自旋扩散
    C 耗散
      聚集
      扩散理论
      扩散系数
      扩散系统
      渗透

扩散长度
diffusion length
O4
    S 长度*
    F 少子扩散长度

扩散电流
diffusion current
O441.1；O646
    S 电流*

扩散分离
diffusive separation
O357；O658
    D 扩散分离器
    S 物质分离*

扩散分离器
    Y 扩散分离

扩散管流
    Y 管流

扩散管流动
    Y 管流

扩散过程
    Y 扩散

扩散机理

Y 扩散机制

扩散机制
diffusion mechanism
O552.2
　D 扩散机理
　　扩展机理
　S 物理机制*
　C 扩散理论

扩散理论
diffusion theory
O552.2
　S 热质理论
　C 扩散
　　扩散方程 →(1)
　　扩散分析 →(3)
　　扩散机制
　　扩散系数
　　扩散系统
　　扩散效应
　Z 物理理论

扩散率
　Y 扩散系数

扩散模型
diffusion model
O363；P43
　S 流体力学模型
　Z 力学模型

扩散平均自由程
　Y 平均自由程

扩散蠕变
diffusion creep
O344.6；O469
　S 蠕变*

扩散声场
diffuse sound field
O422.2
　S 声场*
　C 混响室
　　声扩散

扩散势垒
diffusion barrier
O482
　S 势垒*

扩散速度
diffusion velocity
O35；O64
　D 飞散速度
　　扩散速率
　　扩展速率
　S 运动速度*
　C 裂纹长度
　　疲劳裂纹
　　柔度系数
　　振动应力

扩散速率
　Y 扩散速度

扩散通量
diffusion fluxes
O485；P43

　S 通量*

扩散系数
diffusion coefficient
O55；O64
　D 扩散率
　　通用扩散系数
　S 系数*
　F 湍流扩散系数
　C 分子扩散
　　混合有限元
　　扩散
　　扩散波方程 →(5)
　　扩散理论
　　朗之万方程
　　气体扩散
　　热扩散率

扩散系数(流体)
　Y 扩散系数(流体力学)

扩散系数(流体力学)
diffusion coefficients
O357
　D 扩散系数(流体)
　S 输运系数(流体力学)*
　F 有效扩散系数

扩散系统
diffusion system
O414.22；O642.5
　S 系统*
　F 反应扩散系统
　C 扩散
　　扩散理论

扩散现象
　Y 扩散

扩散限制凝聚模型
dla model
O469
　D DLA 模型
　S 物理模型*

扩散相变
diffusion phase transformation
O792
　D 扩散型固态相变
　　扩散型相变
　　相变扩散
　S 晶体相变*

扩散效应
diffusion effect
O552.2
　S 物理效应*
　C 极化效应
　　扩散理论

扩散型固态相变
　Y 扩散相变

扩散型相变
　Y 扩散相变

扩散运动
diffusion motion
O552
　S 运动*

扩束器
beam expander
TH74
　S 光学元件*
　F 激光扩束器

扩束系统
beam expanding system
TH74
　S 光学系统*

扩展*
extend
ZT5
　F 动态扩展
　　角扩展
　　裂纹扩展
　　模态扩展
　　疲劳扩展
　　破裂扩展
　　脱层扩展
　　准静态扩展

扩展 X 射线边界能谱损失精细结构
EXELFS
O722.8
　S 扩展 X 射线吸收精细结构
　Z 光谱结构

扩展 X 射线吸收精细结构
extended X-ray absorption fine structure
O722.8
　D EXAFS
　S X 射线吸收精细结构
　F 表面扩展 X 射线吸收精细结构
　　扩展 X 射线边界能谱损失精细结构
　Z 光谱结构

扩展 x 射线吸收精细结构谱
extended x ray absorption fine structure spectra
O722.8
　S X 射线吸收光谱
　Z 光谱
　　吸收光谱

扩展边界条件法
extended boundary condition method
O435
　S 光学方法*

扩展方向
extension direction
O346.1
　S 方向*

扩展光源
extended light source
O432.1
　S 光源*

扩展机理
　Y 扩散机制

扩展裂纹
propagating crack
O346.12
　S 裂纹*

扩展速率

主表

Y 扩散速度

扩展态
extended state
O47
- S 状态*

扩展位错
extended dislocation
O771
- S 位错
- Z 晶体缺陷

扩展休克尔理论计算
extended Huckel theory calculations
O561
- D CIEH 计算
  - CIEM 计算
  - EHT 计算
  - MIEHM 计算
  - 电荷叠代扩展休克尔计算
  - 改进迭代扩展休克尔方法计算
- S 分子轨道计算
- Z 分子能级计算

扩张变形
Y 伸展变形

扩张弹性
dilatational elasticity
O343
- S 弹性
- Z 力学性质

拉拔
Y 拉伸

拉拔断裂
drawing fracture
O346.1
- S 断裂*
- C 表面裂纹

拉拔力
Y 拉力

拉拔性
Y 延性

拉比频率
Rabi frequency
O43
- S 频率*

拉比振荡
Y Rabi 振荡

拉长
Y 延伸

拉长变形
Y 伸展变形

拉断强度
Y 断裂强度

拉非尔-斯托克斯方程
Y Navier-Stokes 方程

拉夫波
Y Love 波

拉盖尔-高斯光束
Laguerre-Gaussian beam
O432.12
- S 高斯光束
- Z 光束

拉格朗日表示法
Y 拉格朗日法

拉格朗日不变量
Lagrange invariant
O435
- S 不变量*
- C Lagrange 反演 →(1)
  - 规范不变性

拉格朗日动力学
Lagrangian dynamics
O316
- S 动力学
  - 拉格朗日力学
- C Lagrange 乘子 →(1)
  - 拉格朗日函数
- Z 理论力学

拉格朗日法
Lagrangian method
O351.2;P413;P714
- D Lagrange 方法
  - 拉格朗日表示法
  - 拉格朗日方法
  - 拉格朗日模型
  - 拉氏方法
  - 欧拉-拉格朗日法
  - 欧拉-拉格朗日方法
  - 欧拉-拉格朗日模型
- S 数学方法*
- F 拉格朗日元法
- C Lagrange 乘子 →(1)
  - 拉格朗日点 →(4)
  - 连续模型 →(1)
  - 欧拉法 →(1)

拉格朗日方程
Lagrange equation
O175;O313;P137
- D Lagrange-Jacobi 方程
  - Lagrange 方程
  - 拉格朗日平流格式
  - 拉格朗日-雅可比方程
  - 拉氏方程
- C 广义能量积分
  - 拉格朗日分析
  - 拉格朗日拟序结构
  - 拉格朗日湍流
  - 循环积分
- Z 力学方程

拉格朗日方法
Y 拉格朗日法

拉格朗日分析
Lagrangian analysis
O174.21;O302
- D Lagrange 分析
- S 数学分析*
- C 拉格朗日方程

拉格朗日函数
Lagrange function
O174;O313;P413
- D Lagrange 函数
  - 拉氏函数
- S 函数*
- C Hamilton 力学
  - 拉格朗日动力学
  - 拉格朗日拟序结构

拉格朗日力学
Lagrangian mechanics
O316
- D Lagrange 力学
- S 分析力学
- F 拉格朗日动力学
- Z 理论力学

拉格朗日模型
Y 拉格朗日法

拉格朗日拟序结构
Lagrangian coherent structure
O357.5
- S 拟序结构
- C 拉格朗日方程
  - 拉格朗日函数
- Z 流体结构

拉格朗日平流格式
Y 拉格朗日方程

拉格朗日湍流
Lagrange turbulence
O357.5
- S 湍流
- C 拉格朗日方程
- Z 流体流

拉格朗日行星运动方程
Y 拉格朗日运动方程

拉格朗日-雅可比方程
Y 拉格朗日方程

拉格朗日有限差分
Lagrange finite difference
O302
- S 差分*

拉格朗日元
Y 拉格朗日元法

拉格朗日元法
Lagrange element
O175;O302;P413
- D 拉格朗日元
- S 拉格朗日法
- Z 数学方法

拉格朗日运动方程
Lagrange equation of motion
O351.2;P137
- D Lagrange 动力学方程
  - 拉格朗日行星运动方程
- S 运动方程
- C 规范不变性
  - 拉格朗日点 →(4)
- Z 力学方程

拉格朗日坐标

Lagrangian coordinates
O313；P13
　S 天文坐标*
　C 拉格朗日点 →(4)
　　欧拉坐标 →(4)

拉紧力
　Y 拉力

拉晶
　Y 单晶拉制

拉力
pulling force
O31
　D 均匀拉力
　　拉拔力
　　拉紧力
　　拉伸力
　S 外力
　F 驱动力
　　轴向拉力
　C 拉伸
　Z 力

拉力计
　Y 引伸计

拉力试验
　Y 拉伸试验

拉力作用
tension action
O31
　S 力的作用*

拉裂
　Y 拉伸断裂

拉曼光谱
Raman spectrum
O433.54；O657.37
　D Raman 光谱
　　Raman 谱
　　Raman 散射光谱
　　拉曼光谱法
　　拉曼光谱分析
　　拉曼谱
　　拉曼散射光谱
　　喇曼光谱
　　喇曼光谱法
　　喇曼谱
　S 光谱*
　F 表面增强拉曼光谱
　　多原子无机分子喇曼光谱
　　高温拉曼光谱
　　激光拉曼光谱
　　微拉曼光谱
　　显微 Raman 光谱
　C 分子振动
　　分子转动
　　晶格动力学
　　拉曼光谱仪 →(4)
　　拉曼散射
　　喇曼效应
　　谱线

拉曼光谱法
　Y 拉曼光谱

拉曼光谱分析
　Y 拉曼光谱

拉曼光谱学
Raman spectroscopy
O433
　D 喇曼光谱学
　S 光谱学*
　C 拉曼散射

拉曼频移
Raman shift
O437
　D 喇曼频移
　S 偏移*

拉曼谱
　Y 拉曼光谱

拉曼散射
Raman scattering
O432.12；O436.2
　D Raman 散射
　　激光喇曼散射
　　喇曼散射
　S 激光散射
　F 共振拉曼散射
　　受激拉曼散射
　　受激旋转拉曼散射
　　自发拉曼散射
　C 拉曼光谱
　　拉曼光谱学
　　喇曼效应
　Z 光散射

拉曼散射光谱
　Y 拉曼光谱

拉曼相互作用
Raman interaction
O437
　D Raman 相互作用
　S 相互作用*

拉曼效应
　Y 喇曼效应

拉梅常量
　Y 拉梅常数

拉梅常数
Lame constants
O344.3
　D 拉梅常量
　S 力学常数*
　C 应力-应变曲线

拉梅-那维埃强度理论
　Y 强度理论

拉莫尔进动
Larmor precession
O57
　D Larmor 进动
　　拉莫尔旋进
　　拉莫进动
　S 进动*

拉莫尔频率
Larmor frequency
O53
　D 磁共振中心频率
　　回旋频率
　S 频率*

拉莫尔旋进
　Y 拉莫尔进动

拉莫进动
　Y 拉莫尔进动

拉普拉斯公式
Laplace formula
O363.2
　D 拉普拉斯展开
　S 力学公式*

拉普拉斯展开
　Y 拉普拉斯公式

拉伸*
tension
O344.3
　D 拉拔
　　拉伸性
　F 冲击拉伸
　　紧凑拉伸
　　偏心拉伸
　C 拉力
　　拉伸断裂
　　牵引运动
　　三轴拉伸试验
　　伸缩张量
　　伸展变形
　　缩颈

拉伸变形
tensile deformation
O344.3
　D 拉伸成形
　　拉伸形变
　　拉深成形
　　牵伸变形
　　伸长变形
　　张拉伸长
　　张力变形
　S 变形*
　C 剪应力
　　抗拉强度
　　拉伸曲线
　　拉应力
　　伸展变形
　　弯曲模量

拉伸波
tensile wave
O347.4
　S 应力波*
　C 拉伸流动

拉伸成形
　Y 拉伸变形

拉伸冲击强度
　Y 屈服强度

拉伸断裂
tensile failure
O346.12
　D 拉裂

主　表　455

　　　拉伸破裂
　　S 断裂*
　　C 拉伸

拉伸共振
draw resonance
O321
　　S 共振*

拉伸回弹性
　　Y 拉伸弹性

拉伸剪切强度
　　Y 抗剪强度

拉伸力
　　Y 拉力

拉伸流变
extensional rheology
O37
　　S 流变*
　　C 应变硬化

拉伸流场
elongational flow field
O35
　　S 流场*
　　C 拉伸流动

拉伸流动
elongational flow
O351.2
　　S 流动*
　　C 拉伸波
　　　拉伸流场

拉伸模量
　　Y 弹性模量

拉伸粘度
　　Y 拉伸黏度

拉伸黏度
elongational viscosity
O351
　　D 拉伸粘度
　　S 粘度*

拉伸破坏
tensile failure
O346.5
　　D 拉伸损坏
　　　拉伸损伤
　　S 破坏(力学)*
　　C 脆性断裂
　　　弯曲损伤

拉伸破裂
　　Y 拉伸断裂

拉伸强度
　　Y 抗拉强度

拉伸曲线
tensile curve
O344.3
　　D 负荷伸长曲线
　　　负荷-伸长曲线
　　　荷载-应变曲线
　　S 应变曲线

　　C 拉伸变形
　　　拉伸试验
　　　拉应力
　　Z 应力-应变曲线

拉伸屈服强度
　　Y 屈服强度

拉伸蠕变
tensile creep
O344.6
　　D 抗张蠕变
　　　张力蠕变
　　S 蠕变*
　　F 高温拉伸蠕变
　　C 塑性变形

拉伸失稳
tensile instability
O344.7
　　S 失稳*

拉伸实验
　　Y 拉伸试验

拉伸试件
tensile test specimen
O348
　　D 抗拉试样
　　　拉伸试样
　　S 力学试件*
　　F 紧凑拉伸试样
　　C 断口
　　　高强度

拉伸试验
tensile test
O346.4
　　D 抗拉试验
　　　拉力试验
　　　拉伸实验
　　　张拉试验
　　　张力试验
　　S 静力试验
　　F 三轴拉伸试验
　　C 拉伸曲线
　　　屈服强度
　　　弯曲实验
　　Z 科学实验

拉伸试样
　　Y 拉伸试件

拉伸损坏
　　Y 拉伸破坏

拉伸损伤
　　Y 拉伸破坏

拉伸弹性
tensile elasticity
O343
　　D 拉伸回弹性
　　S 弹性
　　Z 力学性质

拉伸弹性模量
　　Y 弹性模量

拉伸形变

　　Y 拉伸变形

拉伸性
　　Y 拉伸

拉伸性能
　　Y 张力特性

拉伸应变
　　Y 拉应变

拉伸应力
　　Y 拉应力

拉伸永久变形
　　Y 残余变形

拉伸载荷
　　Y 受拉载荷

拉伸张力
　　Y 拉应力

拉伸张量
　　Y 伸缩张量

拉深成形
　　Y 拉伸变形

拉氏方程
　　Y 拉格朗日方程

拉氏方法
　　Y 拉格朗日法

拉氏函数
　　Y 拉格朗日函数

拉脱法
stretched method
O31
　　S 力学方法*
　　C 表面张力系数　→(3)
　　　滴体积法　→(3)

拉压
tension compression
O31
　　S 压力*

拉压不同模量
different extension compression modulus
O343
　　S 拉压模量
　　Z 模量

拉压模量
modulus in tension and compression
tension and compression modulus
O343
　　S 弹性模量
　　F 拉压不同模量
　　Z 模量

拉压异性
tension and compression
O344.3
　　S 力学性质*

拉烟
　　Y 飞机尾流

拉延性能

Y 延性

拉应变
tensile strain
O344.3
- D 抗拉应变
  拉伸应变
  拉张应变
  伸长应变
  线性应变
  线应变
  压缩应变
  压应变
  张应变
- S 应变*

拉应力
tensile stress
O343.4
- D 定伸应力
  抗拉应力
  抗强应力
  拉伸应力
  拉伸张力
  伸长应力
  适张应力
  套管拉应力
  张拉应力
  张应力
- S 正应力
- F 主拉应力
- C 拉伸变形
  拉伸曲线
  受拉载荷
  弯曲模量
- Z 应力

拉张应变
Y 拉应变

喇曼感生克尔效应
Y 克尔效应

喇曼光谱
Y 拉曼光谱

喇曼光谱法
Y 拉曼光谱

喇曼光谱学
Y 拉曼光谱学

喇曼频移
Y 拉曼频移

喇曼谱
Y 拉曼光谱

喇曼散射
Y 拉曼散射

喇曼效应
Raman effect
O436.2
- D 拉曼效应
  联合散射效应
- S 散射效应
- F 布里渊效应
- C 拉曼光谱
  拉曼散射

Z 光学效应

喇曼增益
Raman Gain
O437.3
- S 光增益
- Z 增益

腊肠不稳定性
sausage instability
O534
- D 腊肠形不稳定性
- S 等离子体不稳定性
- Z 力学稳定性

腊肠形不稳定性
Y 腊肠不稳定性

蜡烛火焰
candle flame
O43；O643.21
- S 火焰*

来流
inflow
O351；O354
- D 自由流
- S 流体流*

来流速度
inflow velocity
O351.2
- D 行近流速
- S 流速*

莱曼转动
Lehmann rotation
O48
- S 旋转
- Z 运动

兰脆性
Y 蓝脆性

兰光
Y 蓝光

兰姆波
Lamb wave
O422
- S 板波
- Z 声波

兰姆位移
Lamb shift
O433；O581
- S 位移*

兰姆移位
Lamb shift
O413.1
- D 兰姆移位实验
- S 物理实验
- Z 科学实验

兰姆移位实验
Y 兰姆移位

兰氏温标
Y 温标

蓝宝石单晶
Y 蓝宝石晶体

蓝宝石晶体
sapphire crystal
O71
- D 单晶蓝宝石
  蓝宝石单晶
- S 宝石晶体
- Z 晶体

蓝脆性
blue brittleness
TB301
- D 兰脆性
- S 脆性
- C 冷脆性
  热脆性
- Z 材料性能

蓝光
blue light
O431.1；O432.3
- D 兰光
  蓝色光
- S 可见光
- F 蓝绿光
  蓝紫光
- Z 光

蓝光发射
Y 蓝色发光

蓝绿光
blue green light
O431.1；O432.3
- S 蓝光
  绿光
- Z 光

蓝色电致发光
blue electroluminescence
O436.4
- S 电致发光
  蓝色发光
- Z 发光

蓝色发光
blue luminescence
O432.1
- D 蓝光发射
- S 发光*
- F 蓝色电致发光

蓝色光
Y 蓝光

蓝色荧光
blue fluorescence
O462.3
- S 可见荧光
- Z 荧光

蓝相
blue phase
O77
- S 晶化相
- Z 形态

蓝相液晶

主　表　457

blue phase liquid crystal
O753.2
　S 液晶*

蓝移氢键
blue shifting hydrogen bonding
O561.4；O641.3
　S 氢键
　Z 化学反应

蓝紫光
blue violet light
O431.1；O432.3
　S 蓝光
　　紫光
　Z 光

郎奇检验法
Ronchi test
O435；O439
　D 伦奇检验法
　S 光学检验
　Z 检验

郎之万方程
　Y 朗之万方程

朗伯表面
Lambertian surface
O432.1；O485
　S 表面*

朗伯余弦定律
Lambert cosine law
O43；P422
　S 光学定律
　C 辐射通量
　　余弦变换　→(1)
　　余弦公式　→(1)
　　余弦函数　→(1)
　Z 物理定律

朗道理论
　Y 朗道相变理论

朗道能级
Landau levels
O413.3
　S 能级*
　C 磁化
　　电子气

朗道相变理论
Landau phase transition theory
O414
　D Landau 理论
　　朗道理论
　S 相变理论
　Z 物理理论

朗道液氦理论
Landau liquid helium theory
O512
　D 双流体理论
　S 超流理论
　Z 物理理论

朗道阻尼
Landau damping
O32；O534；P142

　D Landau 吸收
　　Landau 阻尼
　S 阻尼*
　C 等离子体波

朗德 g 因数
　Y 朗德 g 因子

朗德 g 因子
Lande g-factor
O482.53
　D g-2 因数
　　g 因数
　　g 因子
　　g-因子
　　回转磁比
　　朗德 g 因数
　　朗德劈裂因子
　　朗德因子
　　顺磁 g 因子
　S 谱因子
　C 核磁矩
　　谱
　　塞曼效应
　Z 因子

朗德劈裂因子
　Y 朗德 g 因子

朗德因子
　Y 朗德 g 因子

朗肯循环
　Y 热力学循环

朗谬尔探针
　Y Langmuir 探针

朗缪尔波
Langmuir wave
O534
　D Lang-muic 波
　　Langmuir 波
　　等离子体朗缪尔波
　S 等离子体波*
　C 朗缪尔振荡

朗缪尔-布洛杰特膜
　Y Langmuir-Blodgett 膜

朗缪尔膜
　Y Langmuir-Blodgett 膜

朗缪尔频率
　Y 等离子体频率

朗缪尔双探针
　Y Langmuir 探针

朗缪尔探针
　Y Langmuir 探针

朗缪尔振荡
Langmuir oscillation
O53
　D Lang-muic 振荡
　　Langmuir 振荡
　S 等离子体振荡
　C 朗缪尔波
　Z 振荡

朗穆尔-布洛杰特膜
　Y Langmuir-Blodgett 膜

朗之万方程
Langevin equation
O122.2；O21；O552.1
　D Langevin 方程
　　广义朗之万方程
　　郎之万方程
　S 方程(数学)*
　C 扩散系数
　　随机系统　→(1)

浪
　Y 波浪

浪模型
　Y 波浪模型

浪压力
　Y 波浪力

劳埃法
　Y 劳厄法

劳厄法
Laue method
O722.1
　D Laue 法
　　劳埃法
　S X 射线衍射法
　C 劳厄方程
　Z 晶体结构分析方法

劳厄方程
Laue equation
O436.1
　D Laue 方程
　　Laue 方程公式
　　Laue 方程式
　　Laue 方程组
　　Laue 方程组式
　　Laue 公式
　　Laue 关系式
　　劳厄方程公式
　　劳厄方程式
　　劳厄方程组
　　劳厄方程组式
　　劳厄公式
　　劳厄关系式
　S 物理方程*
　C 晶体衍射
　　劳厄法

劳厄方程公式
　Y 劳厄方程

劳厄方程式
　Y 劳厄方程

劳厄方程组
　Y 劳厄方程

劳厄方程组式
　Y 劳厄方程

劳厄公式
　Y 劳厄方程

劳厄关系式
　Y 劳厄方程

劳兰
　Y 罗兰导航仪

乐甫波
　Y Love 波

乐音
tone
O424
　S 声音*

勒夫波
　Y Love 波

雷测弹道
　Y 外弹道

雷达波散射
radar scattering
TN95
　S 电磁波散射*
　F 三体散射

雷达波束
radar beam
TN951
　S 波束*

雷达参数
radar parameter
TN95
　D 雷达常数
　S 参数*
　C 雷达分辨率 →(4)
　　雷达精度
　　气象雷达 →(4)

雷达测距系统
　Y 雷达测距仪

雷达测距仪
radar range finder
O439；P204
　D 海兰测距系统
　　雷达测距系统
　　雷达定位仪
　　米兰测距系统
　　希兰测距系统
　S 测绘仪器*

雷达常数
　Y 雷达参数

雷达定位仪
　Y 雷达测距仪

雷达极化
radar polarimetry
TN951
　S 极化*
　F 虚拟极化
　　最优极化

雷达精度
radar precision
O43
　S 仪器精度
　C 雷达参数
　Z 精度

雷达径向速度

radar radial velocity
O313.3；P412.25
　S 速度*
　C ARPS 模式 →(4)

雷吉轨迹
Regge trajectory
O56
　D 雷杰轨迹
　S 轨迹*

雷杰轨迹
　Y 雷吉轨迹

雷利波
　Y 瑞利波

雷尼熵
Renyi entropy
O414.11
　S 熵*

雷诺定律
Reynolds law
O122.2；O174；O351.2
　D Reynolds 定律
　S 定律(数学)*

雷诺方程
Reynolds equation
O351.2
　D Reynolds 方程
　S 力学方程*

雷诺方法
　Y 雷诺数

雷诺平均
Reynolds averaging
O35
　S 平均数*

雷诺切应力
Reynolds shear stress
O351.2
　S 剪应力
　　雷诺应力
　Z 应力

雷诺实验
Reynolds experiment
O351.2
　S 力学实验
　Z 科学实验

雷诺数
Reynolds number
O303；P12
　D Reynolds 数
　　Re 数
　　磁雷诺数
　　雷诺方法
　　流体雷诺数
　　网格雷诺数
　S 数*
　　无量纲数*
　F 低雷诺数
　　高雷诺数
　　广义雷诺数
　C 边界层流动

　　边界层转捩
　　计算流体力学方法
　　流场拟合法
　　斯托克斯公式 →(1)
　　湍流模型

雷诺数效应
Reynolds number effect
O354
　D 气动力比例效应
　S 气动效应*
　C 尺度效应 →(4)
　　激波边界层干扰
　　斯特劳哈尔数
　　粘性流

雷诺应力
Reynolds stress
O343.4；O357.5
　D Reynolds 应力
　　湍流粘性应力
　　涡动切应力
　S 应力*
　F 雷诺切应力
　C 湍流
　　湍流边界层

雷射陀螺仪
　Y 激光陀螺

垒球缝位形
　Y 磁场位形

累积变形
　Y 连续变形

累积光通量
　Y 总光通量

累积疲劳损伤
　Y 疲劳累积损伤

累积破坏
　Y 疲劳损伤

累积塑性应变
accumulated plastic strain
O344.1
　S 塑性应变
　C 动三轴试验 →(5)
　　疲劳载荷
　Z 应变

累积损害
　Y 疲劳损伤

累积损坏
　Y 疲劳损伤

累积损伤
　Y 疲劳损伤

累积位错
　Y 位错

类 Kerr 介质
　Y 类克尔介质

类点粒子
　Y 点粒子

类高斯光束

主　表　459

Gaussian-like beam
O432.12
　　S 高斯光束
　　Z 光束

类孤波解
　　Y 类孤立波解

类孤立波解
solitary wave-like solution
O175.2；O411.1
　　D 类孤波解
　　S 波解*
　　C 孤立数　→(1)
　　　　耦合非线性薛定谔方程

类孤子
soliton-like
O415
　　S 孤子*

类氦离子
helium-like ions
O571；O646
　　S 阳离子
　　Z 离子

类金刚石薄膜
diamond-like films
O484；O753
　　D DLC 薄膜
　　　　DLC 膜
　　　　类金刚石膜
　　　　类金刚石碳薄膜
　　　　类金刚石碳膜
　　S 非晶碳薄膜
　　F 掺氮类金刚石薄膜
　　　　氟化类金刚石薄膜
　　Z 非晶薄膜

类金刚石膜
　　Y 类金刚石薄膜

类金刚石碳薄膜
　　Y 类金刚石薄膜

类金刚石碳膜
　　Y 类金刚石薄膜

类晶
　　Y 类晶体

类晶构造
　　Y 类晶结构

类晶结构*
crystalline-like structure
O753
　　D 类晶构造
　　　　类晶态构造
　　　　类晶态结构
　　　　类晶体构造
　　　　类晶体结构
　　F 微晶结构
　　　　液晶结构
　　　　准晶结构
　　C 类晶体

类晶态
crystallord state
O753
　　S 晶态
　　F 微晶态
　　　　液晶态
　　　　准晶态
　　Z 物态

类晶态构造
　　Y 类晶结构

类晶态结构
　　Y 类晶结构

类晶体*
crystalloid
O753
　　D 类晶
　　F 介晶
　　　　微晶
　　　　准晶
　　C 类晶结构

类晶体构造
　　Y 类晶结构

类晶体结构
　　Y 类晶结构

类克尔介质
Kerr-like medium
O43
　　D 类 Kerr 介质
　　S 克尔介质
　　Z 光学介质

类空子流形
space-like submanifold
O175；O241.82；O313
　　S 流形*
　　C 结构方程　→(1)

类流态
quasi-fluid state
O34；O351
　　S 流态*

类氢施主杂质
hydrogen donor impurity
O481
　　S 类氢杂质
　　Z 物质

类氢杂质
hydrogenic impurity
O7
　　S 物质*
　　F 类氢施主杂质

类氢杂质态
hydrogenic impurity state
TN209
　　S 杂质态
　　Z 形态

类全反射
quasi total reflection
O435.1
　　S 全反射
　　Z 反射

类透镜介质
lens like medium
O43
　　S 光学介质*

类阴极射线发光
cathodoluminescence-like emission
O462.3
　　S 阴极发光
　　Z 发光

类质同晶
　　Y 类质同象

类质同晶取代
　　Y 取代反应

类质同象
isomorph
O78
　　D 类质同晶
　　　　类质同像
　　　　同形现象
　　　　同形性
　　S 同晶现象
　　F 完全类质同象
　　Z 结晶现象

类质同象替代
　　Y 同晶取代

类质同像
　　Y 类质同象

棱镜测距仪
　　Y 光学测距仪

棱镜常数
prism constant
O439；P21
　　S 光学常数
　　Z 物理常数

棱镜单色仪
prism monochromator
TH74
　　S 单色仪*
　　C 棱镜光谱仪　→(4)

棱镜罗盘仪
　　Y 罗经

棱镜色散
dispersion of prism
O436.3
　　S 色散*

棱镜转动定理
prism rotary principle
O435.2
　　S 光学定律
　　Z 物理定律

棱栅
　　Y 光栅

棱柱位错
prismatic dislocation
O7
　　S 位错
　　C 空位-位错相互作用
　　Z 晶体缺陷

楞次定律
Lenz's law
O441
　S 物理定律*

冷变形
cold deformation
O347
　S 变形*
　C 软化温度　→(3)(5)
　　时效　→(1)
　　显微硬度

冷池
cold pool
O551.2；P412.11；P423.1
　S 温区*
　C 低温气候　→(4)

冷脆性
cold brittleness
O344.3
　S 脆性
　C 蓝脆性
　　热脆性
　Z 材料性能

冷等离体
　Y 冷等离子体

冷等离子体
cold plasma
O531
　D 冷等离体
　S 低温等离子体
　Z 等离子体

冷低压
　Y 低气压

冷冻结晶
freezing crystallization
O79
　D 冷冻结晶分离
　　冷冻结晶过程
　　冷冻结晶化
　　冷冻结晶化过程
　　冷冻晶化
　　冷冻晶化过程
　S 工业结晶
　　冷结晶
　Z 结晶

冷冻结晶分离
　Y 冷冻结晶

冷冻结晶过程
　Y 冷冻结晶

冷冻结晶化
　Y 冷冻结晶

冷冻结晶化过程
　Y 冷冻结晶

冷冻晶化
　Y 冷冻结晶

冷冻晶化过程
　Y 冷冻结晶

冷冻水
freezing water
TB657.1
　S 水*
　C 冷却水　→(5)

冷坩埚法
radio frequency cold crucible method
O782
　D 射频感应冷坩埚法
　S 熔体生长法
　Z 晶体生长方法

冷光
cold light
O436
　D 冷光束
　S 光*
　C 冷光源

冷光束
　Y 冷光

冷光源
cold light sources
O432.1
　S 光源*
　F 白光光源
　C 冷光

冷核聚变
　Y 冷聚变

冷加工硬化
　Y 应变硬化

冷结晶
cold crystallization
O799
　S 结晶*
　F 反浮选-冷结晶
　　冷冻结晶
　　冷凝结晶
　　冷却结晶

冷聚变
cold fusion
O571.44
　D 冷核聚变
　S 核聚变
　Z 核反应

冷流
cold flow
O35
　S 流体流*
　C 流场

冷流量
cold flow
O351
　S 流量*

冷流体
　Y 低温流体

冷凝结晶
condensation crystallization
O799
　D 冷凝结晶法
　　冷凝结晶方法
　　冷凝结晶过程
　　冷凝结晶化过程
　　冷凝晶化过程
　S 冷结晶
　Z 结晶

冷凝结晶法
　Y 冷凝结晶

冷凝结晶方法
　Y 冷凝结晶

冷凝结晶过程
　Y 冷凝结晶

冷凝结晶化过程
　Y 冷凝结晶

冷凝晶化过程
　Y 冷凝结晶

冷凝温度
condensing temperature
O552.6
　D 临界冷凝温度
　S 温度*

冷屏
cold shield
TL6
　S 光学元件*

冷屏蔽
　Y 绝热过程

冷强度
cold strength
O346
　S 力学强度*
　C 静载荷

冷却*
cooling
O551；O6-333
　D 热力学致冷
　F 表面冷却
　　电子冷却
　　过冷
　　激光冷却
　　急冷
　　空气冷却
　C 冷凝　→(3)
　　摩擦发热
　　凝结
　　热损失
　　润湿　→(3)
　　温度

冷却加热循环
　Y 热力学循环

冷却结晶
cooling crystallization
O799
　D 降温结晶
　　降温结晶法
　　降温结晶方法
　　降温结晶过程
　　降温结晶化过程

降温晶化过程
　　冷却结晶法
　　冷却结晶方法
　　冷却结晶过程
　　冷却结晶化过程
　　冷却晶化过程
　　冷却热饱和溶液法
　　冷却热饱和溶液方法
　　冷却热饱和溶液结晶法
　　冷却热饱和溶液结晶方法
　S 冷结晶
　Z 结晶

冷却结晶法
　Y 冷却结晶

冷却结晶方法
　Y 冷却结晶

冷却结晶过程
　Y 冷却结晶

冷却结晶化过程
　Y 冷却结晶

冷却晶化过程
　Y 冷却结晶

冷却器*
cooler
TQ051.5；TU831
　F 预冷器
　　中间冷却器

冷却曲线
cooling curve
O642；O79
　D 步冷曲线
　S 曲线*
　C 临界温度
　　热分析方法 →(3)
　　升温曲线

冷却热饱和溶液法
　Y 冷却结晶

冷却热饱和溶液方法
　Y 冷却结晶

冷却热饱和溶液结晶法
　Y 冷却结晶

冷却热饱和溶液结晶方法
　Y 冷却结晶

冷却水压差
condensing water pressure drop
O31
　S 压差*
　C 水压

冷心放肩微量提拉法
sapphire growth technique with micro-pulling and shoulder at cooled center
O78
　S 提拉法
　Z 晶体生长方法

冷性气旋
　Y 低气压

冷压力
cold pressure
O31
　S 压力*

冷压缩
cold compression
O48
　S 压缩*
　F 零温压缩
　C 热压缩空气

冷阴极
cold cathode
O462
　S 阴极
　F 场致发射阴极
　Z 电极

冷原子
cold atom
O562
　S 原子*
　F 超冷原子
　C 磁光阱

冷原子吸收法
　Y 冷原子吸收光谱法

冷原子吸收光谱
　Y 冷原子吸收光谱法

冷原子吸收光谱法
cold vapor atomic absorption spectrometry
O433.4；O657.31
　D 冷原子吸收法
　　冷原子吸收光谱
　　冷蒸气原子吸收法
　S 原子吸收光谱法
　Z 光谱分析

冷原子荧光
cold atomic fluorescent
O562.3
　S 原子荧光
　Z 荧光

冷原子荧光光谱法
cold atomic fluorescence spectrometry
O433.4；O657.31
　S 原子荧光光谱分析
　Z 光化学分析法

冷蒸气原子吸收法
　Y 冷原子吸收光谱法

冷中子
cold neutron
O572.342
　S 中子
　F 超冷中子
　Z 粒子

冷作硬化
　Y 应变硬化

厘米波
centimeter wave
O452
　S 微波

　Z 电磁波

离层
　Y 脱层

离焦
　Y 散焦

离焦象
　Y 离焦像

离焦像
defocused image
O435.2
　D 离焦象
　S 光学图像*

离解弛豫
dissociation relaxation
O369
　S 松弛*
　C 离解平衡 →(3)

离解光致电离
　Y 光电离

离解气体
　Y 电离气体

离解压力
　Y 分解压力

离面位移
out-of-plane displacement
O311
　S 位移*
　C 电子散斑干涉术

离面约束
out-of-plane constraint
O313
　S 约束*

离散*
discrete
O158
　D 剪切流离散
　　离散程度
　　离散度
　　离散形式
　F 差分离散
　　有限元离散
　C 随机场

离散程度
　Y 离散

离散递减平均剩余寿命
discrete decreasing mean residual life
O21；O346.2
　D DMRL
　S 寿命*
　C 更新过程 →(1)

离散动力系统
discrete dynamical system
O193；O313.7
　S 动力系统(数学)*
　C 全局渐近稳定 →(1)

离散度

离散
Y 离散

离散法
Y 离散格式

离散格式
discrete scheme
O158；O175；O302
D 离散法
S 数学方法*

离散化方法
discretization method
O33
S 力学方法*
C 加权残值法
  朴素贝叶斯模型 →(1)

离散介质
dispersed medium
O33
S 力学介质*
F 颗粒介质

离散颗粒模型
discrete particle model
O35
S 力学模型*

离散裂隙网络模型
Y 裂缝模型

离散流体
Y 离散流体模型

离散流体模型
discrete fluid model
O35
D 离散流体
S 流体力学模型
Z 力学模型

离散时空
discrete space-time
O412.1
S 时空*
C 离散边界 →(4)(5)
  离散空间 →(1)

离散速度坐标法
discrete velocity ordinate method
O302
S 力学方法*

离散涡
discrete vortices
O357.1
S 涡旋*
C 离散涡方法

离散涡方法
discrete vortex method
O351
S 流体力学法*
C 离散涡

离散系统经典力学
classical mechanics of discrete systems
O31
S 力学*
C n体问题 →(4)

离散系统 →(1)

离散效应
straggling effect
O437
D 孔径效应
S 非线性效应
Z 光学效应

离散形式
Y 离散

离散质量模型
Y 结构模型

离散质量体系
Y 结构模型

离心变形
centrifugal distortion
O344.3
S 变形*
C 静电陀螺仪

离心惯性力
centrifugal inertial force
O31
S 惯性力
Z 力

离心加速度
Y 向心加速度

离心拉力
Y 离心力

离心力
centripetal force
O313.1
D 表现力
  惯性离心力
  离心拉力
  视示力
  向心力
S 中心力
C 地球运动 →(4)
  惯性力
  泰勒数
  向心加速度
Z 力

离心收缩功
eccentric work
O31
S 功*
C 离心模型试验 →(5)

离域电子
Y 自由电子

离域效应
Y 共轭效应

离轴高斯光束
off-axis Gaussian beam
O432.12
S 高斯光束
Z 光束

离轴三反射镜
off-axis three-mirror

TB851；TH74
S 光学元件*

离轴三反系统
off-axis three-mirror optical system
TH74
S 反射光学系统
Z 光学系统

离子*
ion
O646
F 快离子
  轻离子
  尾离子
  阳离子
  阴离子
  重离子
C 等电子体
  电解质
  分子
  根（化学）→(3)
  离子交换 →(3)(5)
  离子浓度 →(3)
  离子迁移
  离子迁移率 →(3)
  离子色谱法 →(3)
  离子束
  原子
  自由基 →(3)

离子半径
ionic radius
O74
D 离子有效半径
S 原子半径
Z 原子参数

离子传递
Y 离子迁移

离子传输
Y 离子迁移

离子电导
ionic conductance
O482.4
D 离子电导率
S 电导
C 离子迁移率 →(3)
Z 导纳

离子电导率
Y 离子电导

离子电荷
ionic charge
O441.1
S 电荷*
C 离子迁移率 →(3)

离子电流
ion currents
O482.4
S 电流*

离子动能
ion kinetic energy
O41
S 动能

  Z 能量

离子发射
ion emission
O463.2
  S 粒子发射
  F 场离子发射
    二次离子发射
    热离子发射
  C 离子束
  Z 发射

离子辐射
  Y 电离辐射

离子辐照
  Y 电离辐射

离子光谱
ion spectroscopy
O433.55
  D 电花谱
    离子谱
    离子谱学
  S 光谱*

离子光学
ion optics
O463.2
  S 物理光学
  Z 光学

离子轨迹
ion trajectory
O56
  S 粒子轨迹
  Z 轨迹

离子轰击
ion bombardment
O572
  D 电子轰击离子源
  S 轰击*
  F 氩离子轰击

离子回旋波
ion cyclotron wave
O534
  S 回旋波
  Z 弹性波

离子回旋辐射
  Y 韧致辐射

离子回旋共振
ion cyclotron resonance
O581
  S 回旋共振
  Z 磁共振

离子回旋共振谱法
  Y 质谱法

离子极化
ionic polarization
O562.2
  S 极化*

离子键合
ionic bonding
O56；O641.2

  S 键合*
  C 离子键 →(3)

离子晶格
ionic lattice
O74
  S 晶格*

离子晶体
ionic crystal
TN304.6
  S 晶体*
  C 光学波
    晶格
    色心

离子晶体点阵动力学
lattice dynamics of ionic crystals
O795
  S 晶格动力学
  Z 晶体学

离子阱
ion trap
O46
  D 离子陷阱
  S 陷阱*
  F Penning 离子阱
    电子束离子阱

离子-离子碰撞
  Y 离子碰撞

离子能量分布
ion energy distribution
O536
  S 能量分布
  Z 分布(物理学)

离子碰撞
ion collisions
O571.6
  D 离子-离子碰撞
  S 粒子碰撞
  F 重离子碰撞
  C 离子分布 →(3)
    离子散射
  Z 碰撞

离子谱
  Y 离子光谱

离子谱学
  Y 离子光谱

离子气体
  Y 电离气体

离子迁移
ion migration
O53；O645.1
  D 离子传递
    离子传输
    离子输运
    离子运动
  S 带电粒子运动
  C 离子
    离子富集 →(3)
    离子交换 →(3)(5)
    离子迁移率 →(3)

    离子散射
  Z 运动(物理)

离子散射
ion scattering
O572.2
  S 粒子散射*
  C 离子碰撞
    离子迁移
    离子性 →(3)

离子声波
ion acoustic wave
O534
  D 非色散离子波
  S 等离子体声波
  Z 等离子体波

离子声湍流
  Y 磁流体力学湍流

离子输运
  Y 离子迁移

离子束
ion beam
O441.1；O65
  D 离子束技术
  S 原子束
  F 重离子束
  C 离子
    离子发射
  Z 粒子束

离子束分析
ion beam analysis
O456
  S 物理分析*

离子束技术
  Y 离子束

离子束流密度
ion current density
TL501
  S 流量密度
  Z 密度

离子束外延法
ion beam epitaxy method
O782
  D 离子束外延生长法
  S 薄膜外延生长
  Z 薄膜生长
    晶体生长方法

离子束外延生长法
  Y 离子束外延法

离子探针
ion probe
TH703.2
  D 离子微探针
    离子显微探针
  S 微探针
  C 电子探针
    质子探针 →(5)
  Z 探针

离子透镜

ion lenses
TH74
    S 透镜
    Z 光学元件

离子微探针
    Y 离子探针

离子温度
ion temperature
O532
    S 温度*

离子显微探针
    Y 离子探针

离子陷阱
    Y 离子阱

离子相互作用
ionic interaction
O572.24
    S 相互作用*
    C 离子交换 →(3)(5)

离子型辐射
    Y 电离辐射

离子液晶
ionic liquid crystal
O753.2
    S 液晶*

离子有效半径
    Y 离子半径

离子运动
    Y 离子迁移

离子振荡
    Y 等离子体振荡

离子质谱
    Y 质谱法

离子阻塞效应
    Y 沟道效应

李导数
Lie derivatives
O175.7；O186.1；O41
    D Lie 导数
    S 导数*

李对称
Lie symmetries
O175；O312.2；O316
    D Lie 对称
        Lie 对称性
    S 对称*
    C 李代数 →(1)

李普曼全息图
    Y 反射全息图

李萨如图
    Y 李萨如图形

李萨如图形
Lissajous figures
O32
    D 李萨如图
        李沙尔图形
        利萨如图
        利萨如图形
    S 图表*

李沙尔图形
    Y 李萨如图形

李天岩-约克混沌
    Y 李-约克混沌

李-约克定理
Li-Yorke theorem
O415.5
    S 物理定理*

李-约克混沌
Li-Yorke chaos
O189；O415.5
    D Li-Yorke 混沌
        李天岩-约克混沌
    S 混沌*
    C 拓扑熵 →(1)

里查森数
    Y 理查森数

里程
    Y 路程

里德堡能级
Rydberg energy levels
O413.3
    D Rydberg 系列
        Rydberg 系列能级
    S 能级*

里德堡态
Rydberg state
O432.12
    D Rydberg 态
        里德伯态
    S 激发态
    Z 能态

里德伯常量
    Y 里德伯常数

里德伯常数
Rydberg constant
O571
    D 里德伯常量
    S 基本物理常数
    Z 物理常数

里德伯全略微分重叠计算
    Y 全略微分重叠计算

里德伯态
    Y 里德堡态

里德伯原子
Rydberg atom
O562
    D Rydberg 原子
        巨原子
        胖原子
    S 原子*

里夫林-埃里克森张量
Rivlin-Ericksen tensor
O343.8；O351
    S 张量*
    C 理性力学

里纪-勒杜克效应
    Y 磁热效应

里特沃尔德方法
    Y 里特沃尔德全谱图拟合法

里特沃尔德全谱图拟合法
Rietveld method
O72
    D Rietveld 法
        Rietveld 方法
        Rietveld 全谱拟合法
        Rietveld 全谱图拟合法
        里特沃尔德方法
    S 晶体结构分析方法*

里兹法
    Y 瑞利-里兹法

理查森数
Richardson number
O303；P12
    D 里查森数
    S 无量纲数*
    C 通量
        湍流
        湍流变动
        湍流耗散率

理查森效应
    Y 热离子发射

理论*
theory
ZT0
    F 半经验理论
        级联理论
        螺旋桨理论
        手征微扰论
        相似理论
    C 猜想(数学) →(1)
        机理

理论弹道
theoretical trajectory
O315
    D 设计弹道
    S 弹道*

理论分析
theoretical analysis
O43
    S 分析*
    C 算法稳定性 →(1)

理论晶体学
theoretical crystallography
O7
    S 晶体学*

理论空气动力学
    Y 空气动力学

理论力学*
theoretical mechanics
O31

主　表　465

　　D 刚体力学
　　　 经典力学
　　　 牛顿力学
　　　 矢量力学
　　F 动力学
　　　 分析力学
　　　 静力学
　　　 陀螺力学
　　　 运动学
　　C 弹道学
　　　 经典物理学
　　　 力能学
　　　 力学
　　　 牛顿定律
　　　 矢量剪切
　　　 稳定性理论
　　　 辛几何　→(1)

理论流体力学
theoretical fluid dynamics
O35
　　S 流体力学*
　　C 实验流体力学

理论强度
theoretical strength
O346
　　S 力学强度*

理论物理
　　Y 理论物理学

理论物理学
theoretical physics
O41
　　D 理论物理
　　　 数学物理
　　S 物理学*
　　F 电动力学
　　　 量子力学
　　　 统计物理学

理论物理学家
　　Y 物理学家

理论重力
　　Y 正常重力

理想爆轰
　　Y 理想爆震

理想爆震
ideal detonation
O381
　　D 高速爆轰
　　　 理想爆轰
　　S 爆轰*

理想磁流体
　　Y 磁流体

理想导体
perfect conductor
O441.1
　　S 导体*

理想电阻
ideal resistance
TM934.1
　　S 电阻*

理想光学系统
perfect optical system
TH74
　　S 光学系统*
　　C 高斯光学

理想晶体
ideal crystal
O71
　　D 完美晶体
　　　 完整晶体
　　S 晶体*

理想客体
　　Y 理想物体

理想流
　　Y 无粘流

理想流动
　　Y 无粘流

理想流体
ideal fluid
O35
　　D 无粒性流体
　　　 无粘性流体
　　S 流体*
　　C 理想大气　→(4)
　　　 状态方程

理想流体力学
ideal fluid dynamics
O351
　　S 流体力学*

理想气态定律
　　Y 理想气体方程

理想气态方程
　　Y 理想气体方程

理想气态方程式
　　Y 理想气体方程

理想气态公式
　　Y 理想气体方程

理想气态计算法
　　Y 理想气体方程

理想气态计算方法
　　Y 理想气体方程

理想气态计算式
　　Y 理想气体方程

理想气体
ideal gas
O354；O55
　　D 完全气体
　　S 气体*
　　F 范德瓦耳斯气体
　　C 非理想气体
　　　 理想大气　→(4)
　　　 理想气体方程
　　　 状态方程

理想气体常数
　　Y 普适气体常量

理想气体定律
　　Y 理想气体方程

理想气体方程
ideal gas equation
O552.3
　　D 理想气态定律
　　　 理想气态方程
　　　 理想气态方程式
　　　 理想气态公式
　　　 理想气态计算法
　　　 理想气态计算方法
　　　 理想气态计算式
　　　 理想气体定律
　　　 理想气体方程式
　　　 理想气体公式
　　　 理想气体计算法
　　　 理想气体计算方法
　　　 理想气体计算式
　　　 理想气体状态定律
　　　 理想气体状态方程
　　　 理想气体状态方程式
　　　 理想气体状态公式
　　　 理想气体状态计算法
　　　 理想气体状态计算方法
　　　 理想气体状态计算式
　　　 普适气体定律
　　　 普适气体方程
　　　 普适气体方程式
　　　 普适气体公式
　　　 普适气体计算法
　　　 普适气体计算方法
　　　 普适气体计算式
　　　 气体定律
　　S 热力学方程*
　　F 范德瓦尔斯方程
　　　 熵方程
　　C 理想气体
　　　 理想气体温标

理想气体方程式
　　Y 理想气体方程

理想气体公式
　　Y 理想气体方程

理想气体计算法
　　Y 理想气体方程

理想气体计算方法
　　Y 理想气体方程

理想气体计算式
　　Y 理想气体方程

理想气体熵方程
　　Y 熵方程

理想气体熵方程式
　　Y 熵方程

理想气体熵方程组
　　Y 熵方程

理想气体熵方程组式
　　Y 熵方程

理想气体熵公式
　　Y 熵方程

理想气体熵计算法

　　　　Y 熵方程

理想气体熵计算方法
　　Y 熵方程

理想气体熵计算式
　　Y 熵方程

理想气体温标
ideal gas thermometric scale
O551.2；P412.11；P423
　　S 温标*
　　C 理想气体方程

理想气体状态定律
　　Y 理想气体方程

理想气体状态方程
　　Y 理想气体方程

理想气体状态方程式
　　Y 理想气体方程

理想气体状态公式
　　Y 理想气体方程

理想气体状态计算法
　　Y 理想气体方程

理想气体状态计算方法
　　Y 理想气体方程

理想气体状态计算式
　　Y 理想气体方程

理想溶液
　　Y 溶液

理想实验
gedanken experiment
O4-33
　　D 假想实验
　　S 物理实验
　　F 薛定谔猫
　　Z 科学实验

理想塑性
perfect plasticity
O344.2
　　S 塑性
　　C 线性硬化
　　Z 力学性质

理想塑性理论
　　Y 塑性理论

理想塑性力学
ideal plastic mechanism
O344.2
　　S 塑性力学
　　C 工程塑性力学
　　　岩土塑性力学 →(5)
　　Z 固体力学

理想物体
ideal object
ZT81
　　D 理想客体
　　S 物体*
　　F 黑体

理想循环
　　Y 热力学循环

理想约束
ideal constraint
O411.3
　　S 约束*
　　C 理想解 →(1)

理性力学
rational mechanics
O33
　　S 连续介质力学
　　C 里夫林-埃里克森张量
　　Z 力学

理性连续统力学
　　Y 连续统力学

锂6反应
　　Y 重离子反应

锂7反应
　　Y 重离子反应

力*
force
O31
　　F Bjerknes 力
　　　Casimir 力
　　　Magnus 力
　　　安培力
　　　巴塞特力
　　　保守力
　　　比力
　　　表面力
　　　侧向力
　　　长程力
　　　超声辐射力
　　　单位虚力
　　　弹力
　　　对力
　　　反力
　　　非保守力
　　　非静力
　　　非谐力
　　　分布力
　　　分力
　　　共点力
　　　共面力
　　　光阱力
　　　广义力
　　　合力
　　　核力
　　　恒力
　　　互耦力
　　　滑动力
　　　滑行力
　　　回拖力
　　　基面力
　　　激振力
　　　集中力
　　　加载力
　　　剪切力
　　　交换力
　　　接触力
　　　结点力
　　　抗力
　　　抗蚀力
　　　柯氏力
　　　裂纹扩展力
　　　流体力
　　　脉动力
　　　毛管压力
　　　密封力
　　　膜力
　　　内力
　　　扭力
　　　排斥力
　　　排空力
　　　平行力
　　　屈服力
　　　热力
　　　热泳力
　　　弱力
　　　熵力
　　　剩余模态力
　　　剩余下滑力
　　　水平力
　　　四维力
　　　随从力
　　　随机力
　　　梯度力
　　　外力
　　　弯曲力
　　　位错力
　　　系泊力
　　　像力
　　　有势力
　　　有心力
　　　约束力
　　　粘附力
　　　粘聚力
　　　支承力
　　　轴向力

力臂*
arm of force
O313.3
　　D 力矩臂
　　F 力偶臂
　　C 力传递

力边界
force boundary
O343
　　S 边界*
　　F 弹性边界
　　　自由边界

力变率
　　Y 急动度

力波
force wave
O353.2
　　S 波*

力场*
force field
O314
　　F 动力场
　　　惯性力场
　　　静力容许场
　　　外力场
　　　压力场
　　　引力场

有心力场
　　重力场
C 场(力学)

力传递
force transmission
O31
D 结构传力
S 能量转移*
F 荷载传递
　　内力传递
　　扭矩传递
　　压力传递
　　应力传递
C 力臂
　　力传递率

力传递率
force transfer rate
O31
S 力学性质*
C 力传递

力磁耦合
force magnetic coupling
O3
S 耦合(力学)*

力的方向
Y 力方向

力的合成
composition of forces
O312.1
S 矢量合成*
C 平行四边形定则

力的平衡
Y 力平衡

力的作用*
force effect
O31
D 力影响
　　力作用
F 动力作用
　　拉力作用
　　热力作用
　　引力作用
C 力学作用

力电耦合
force electric coupling
O31
D 电-力耦合
　　机电耦合
　　力-电耦合
S 电耦合
Z 耦合

力-电耦合
Y 力电耦合

力电损伤
mechanical and electrical damages
O346.5；O39
S 损伤(力学)*

力多边形
force polygon
O312
D 力图
S 图形*
F 力三角形
C 动力学分析
　　作用线

力法
force method
O342
S 结构分析方法
C 柔度法
　　协调方程
Z 力学方法

力法方程
force method equation
O347
S 力学方程*

力方向*
force direction
O312
D 力的方向
F 摩擦力方向
　　应力方向

力分布
force distribution
O31
S 力学分布*
F 压力分布
　　应力集中
C 荷载
　　载荷分布
　　载荷分析

力函数
force function
O313；P13
S 函数(力学)*
F 复应力函数
　　压力函数
　　应力函数

力矩*
moment
O313
F 不平衡力矩
　　惯性矩
　　加载力矩
　　静力矩
　　力偶矩
　　面矩
　　摩擦力矩
　　扭矩
　　气动力矩
　　倾覆力矩
　　扰动力矩
　　陀螺力矩
　　弯矩
　　稳定力矩
　　主矩
C 动量
　　伐里农定理
　　力偶
　　影响线

力矩臂
Y 力臂

力矩分布
Y 力矩分配

力矩分配
moment distribution
O313
D 分布力矩
　　分配力矩
　　力矩分布
　　力矩再分配
　　弯矩分布
　　弯矩分配
S 力学分布*
C 静载荷
　　矩量法 →(1)
　　弯矩分配法

力矩分配法
Y 弯矩分配法

力矩陀螺
Y 陀螺力矩

力矩再分配
Y 力矩分配

力链
force chain
O34
C 颗粒

力密度
Y 力密度法

力密度法
force density method
O312.2
D 力密度
　　重力密度
S 力学方法*
C 载荷分析

力能学
energetics
O369
D 能量学
S 力学*
C 理论力学

力偶
force couple
O313.2
D 摆动力偶
　　不平衡力偶
　　侧倾力偶
　　单位力偶
　　合力偶
　　切线惯性力偶
　　切线力偶
S 平行力
F 集中力偶
　　连杆力偶
　　水平力偶
　　应力偶
C 力矩
Z 力

力偶臂

arm of couple
O313.3
 S 力臂*
 C 力偶矩

力偶矩
moment of couple
O317
 S 力矩*
 F 像力偶矩
 C 力偶臂

力偶矩矢
moment vector of couple
O313.3
 S 矩矢量
 C 集中力偶
  水平力偶
 Z 向量

力偶系
system of couples
O31
 S 力系*
 C 共点力系

力偏心
 Y 偏心力

力平衡*
force balance
O312.2；O317
 D 力的平衡
 F 动量平衡
  动平衡
  静平衡
  气动平衡
  位力平衡
  稳定平衡
  应力平衡
  重力平衡
  阻力平衡
 C 平衡路径
  平衡位置

力平衡加速度计
force balance accelerometer
TH824.4
 S 力学测量仪器
 Z 测量仪器

力曲线
 Y 弯矩图

力三角形
force triangle
O312
 S 力多边形
 Z 图形

力图
 Y 力多边形

力位移关系
 Y 滞回曲线

力位移曲线
 Y 滞回曲线

力-位移曲线
 Y 荷载-位移曲线

力系*
system of forces
O31
 F 变质量系
  等效力系
  非惯性系
  共点力系
  共面力系
  惯性力系
  空间力系
  力偶系
  零力系
  平行力系
  质点系

力系数
force coefficient
O3
 S 系数*
 F 弹簧劲度系数
  等效弹性系数
  动力学系数
  恢复系数
  基底剪力系数
  流变系数
  摩擦系数
  疲劳缺口系数
  气动力系数
  强度折减系数
  屈服强度系数
  柔度系数
  弯曲系数
  压力系数
  应变系数
  应力脆性跌落系数
  应力集中系数
  载荷系数
  粘性阻尼系数
  中主应力系数
  阻力系数
 C 泊松系数
  传导系数

力线
force line
O3
 S 线*
 F 流速线
 C 不均匀磁场
  磁畴

力心*
centre of force
O312
 D 强制对中
 F 弹性中心
  浮心
  刚度中心
  平行力系中心
  弯曲中心
  压力中心
  应力中心
  质心
  重心

力学*
mechanics
O3
 D 近代力学
  力学学科
  现代力学
  一般力学
 F 爆炸力学
  穿甲力学
  磁力学
  多尺度力学
  非线性力学
  光测力学
  广义力学
  宏观力学
  计算力学
  离散系统经典力学
  力能学
  连续介质力学
  连续统力学
  侵彻力学
  绳索力学
  实验力学
  随机力学
  统计力学
  物理力学
  相对论力学
  应用力学
  振动力学
 C 地理学 →(4)(5)
  分子力学
  理论力学
  流体力学

力学变分原理
variational principles of mechanics
O316
 S 力学原理*
 F Gurtin 变分原理
  Hamilton 原理
  参变量变分原理
  广义变分原理
  混合变分原理
  拟变分原理
  微分变分原理
  修正变分原理
  约束变分原理

力学不稳定性
 Y 力学稳定性

力学参数*
mechanical parameter
O3
 F 爆轰参数
  本构参数
  冲击波参数
  弹道参数
  等效弹性参数
  动力学参数
  断裂参数
  隔振参数
  截断参数
  界面参数
  空气动力学参数
  流场参数
  流动参量
  洛德应力参数

主　表　469

　　模态参数
　　碰撞参数
　　气动力参数
　　缺口参数
　　渗透参数
　　损伤参量
　　湍流参数
　　物理力学参数
　　阻力参数

力学测量*
mechanical measurement
TB462；TB93；TH82
　D 机械变量测量
　　　力学量测量
　F 冲击测量
　　　流动测量
　　　密度测量
　　　扭矩测量
　　　压力测量
　　　应变测量
　　　应力测量
　　　硬度测量
　　　粘度测量
　　　振动测量
　　　质量测量
　C 补偿测量
　　　几何量测量

力学测量仪器
mechanical measuring instrument
TH82
　D 力学测试仪器
　S 测量仪器*
　F 测速仪
　　　测振仪
　　　功率计
　　　力平衡加速度计
　　　扭矩仪
　　　疲劳寿命计
　　　压电加速度计
　　　压力表
　　　引伸计
　　　应变计
　　　应力计

力学测试仪器
　Y 力学测量仪器

力学常数*
mechanical constant
O3
　F 超静定次数
　　　弹性常数
　　　拉梅常数
　　　速率常数
　　　阻尼常数

力学场
　Y 场（力学）

力学冲击
　Y 机械冲击

力学定理*
mechanical theorem
O301
　F D'Alembert-Lagrange 原理
　　　Noether 定理

　　　Noether 逆定理
　　　π 定理
　　　贝蒂定理
　　　伯努利定理
　　　动量定理
　　　动能定理
　　　伐里农定理
　　　亥姆霍兹定理
　　　互等定理
　　　加速度定理
　　　界限定理
　　　静力安定定理
　　　卡氏第二定理
　　　卡氏定理
　　　柯尼希定理
　　　相似定理
　　　运动安定定理
　　　质心运动定理
　　　转动定理

力学定律*
mechanics law
O3
　F 泊肃叶定律
　　　达西定律
　　　弹性定律
　　　动量矩定律
　　　胡克定律
　　　混合律
　　　角动量定律
　　　开普勒定律
　　　库仑摩擦定律
　　　内尺度律
　　　牛顿定律
　　　帕斯卡定律
　　　平行四边形定则
　　　斯托克斯定律
　　　速度分布律
　　　速度亏损律
　　　万有引力定律
　　　相似律
　　　转动定律
　C 应力光学定律

力学方程*
mechanical equation
O3
　F ALE 方程
　　　Appell 方程
　　　JWL 状态方程
　　　k-ε 方程
　　　MHD 方程
　　　Morison 方程
　　　Nielsen 方程
　　　Raitzin 正则方程
　　　Tzénoff 方程
　　　Young-Laplace 方程
　　　本构方程
　　　边界层方程
　　　边界方程
　　　达芬方程
　　　弹道方程
　　　动量方程
　　　动态方程
　　　对偶方程
　　　非定常对流扩散方程
　　　轨道方程

　　　回弹反耦联方程
　　　几何方程
　　　加速寿命方程
　　　控制方程
　　　雷诺方程
　　　力法方程
　　　流体力学方程
　　　内禀方程
　　　牛顿方程
　　　疲劳方程
　　　气体状态方程
　　　屈曲方程
　　　蠕变方程
　　　三弯矩方程
　　　矢量方程
　　　损伤演化方程
　　　协调方程
　　　应力方程
　　　运动学方程
　　　振动方程
　　　状态向量方程

力学方法*
mechanical method
O3
　F ALE 方法
　　　Galerkin 截断法
　　　Godunov 方法
　　　Mori-Tanaka 方法
　　　SIMPLE 方法
　　　Wilson-θ 法
　　　半逆解法
　　　伴随变量方法
　　　壁面函数法
　　　边界点法
　　　边界配置法
　　　表面裂纹法
　　　差分流线扩散法
　　　传递函数法
　　　代表体元法
　　　弹性波法
　　　等效截面法
　　　等效线性化法
　　　动静法
　　　动力学方法
　　　动态松弛法
　　　动态子结构法
　　　多尺度法
　　　复变方法
　　　刚塑性有限元法
　　　功的互等法
　　　广义 Melnikov 方法
　　　荷载增量法
　　　厚板元
　　　混合元法
　　　机理分析法
　　　基本解方法
　　　基点法
　　　激波捕捉法
　　　假设模态法
　　　简正模态法
　　　渐近均匀化方法
　　　渐进结构优化方法
　　　焦散线法
　　　阶梯折算法
　　　结构分析方法

截断展开法
　　径向点插值法
　　镜象法
　　拉脱法
　　离散化方法
　　离散速度坐标法
　　力密度法
　　两点应变测量法
　　临界平面法
　　落球法
　　密度演化方法
　　纽马克法
　　欧拉方法
　　强度折减法
　　瑞利-里兹法
　　时间推进法
　　数字散斑相关方法
　　双互易法
　　双孔微剪切法
　　四阶矩法
　　松耦合方法
　　投影栅线法
　　网格分析法
　　位移外推法
　　稳定化方法
　　无单元法
　　无极速度图法
　　无剪力分配法
　　无网格方法
　　物质点法
　　细观元法
　　相平面法
　　响应面方法
　　辛方法
　　虚拟裂纹闭合法
　　虚拟流体方法
　　虚拟区域法
　　压力波法
　　移动粒子半隐式法
　　应变电测法
　　应变片法
　　应力法
　　域外奇点法
　　元胞单元法
　　约束变尺度方法
　　杂交元法
　　阵面推进法
　　振动分析方法
　　直接强度法
　　重构核粒子法
　　状态方程法
　　准连续介质法
　　准则法
　　纵横弯曲法
　C 流体力学法

力学分布*
mechanics distribution
O3
　F 力分布
　　力矩分配
　　流量分布
　　强度分布
　　渗透分布
　　速度分布
　　速率分布
　　载荷分布
　　质点大小分布
　C 遏流带

力学分析*
mechanical analysis
O3
　F 边界层分析
　　弹道分析
　　弹性分析
　　动力学分析
　　动态力学热分析
　　结构分析
　　静力分析
　　破坏分析
　　强度分析
　　蠕变分析
　　塑性分析
　　位移分析
　　稳定性分析
　　象限分析
　　压力分析
　　应变分析
　　应力分析
　　载荷分析
　　振动分析
　　重力分析
　C 力学系统
　　线弹性断裂力学

力学公式*
mechanical formula
O3
　F Stroh 公式
　　边界积分公式
　　泊肃叶公式
　　拉普拉斯公式
　　万有引力公式
　　谢才公式
　　压强公式
　　质量公式

力学环境试验
mechanical environment test
O3
　S 力学实验
　F 振动环境试验
　Z 科学实验

力学计算*
mechanical calculation
O302
　F 弹道计算
　　流体力学计算
　　强度计算
　　速度计算
　　位移计算
　　稳定性计算
　　响应计算
　　压力计算
　　应力计算
　　载荷计算
　　阻力估算

力学建模
mechanics modeling
O3
　S 建模*

力学介质*
mechanical media
O33
　F 传压介质
　　多孔介质
　　多重介质
　　非牛顿介质
　　可压缩介质
　　离散介质
　　连续介质
　　裂隙介质
　　流动介质
　　流体介质
　　运动介质
　　阻尼介质
　C 磁介质

力学理论*
mechanical theory
O3
　F Cosserat 理论
　　Noether 理论
　　爆轰理论
　　爆炸理论
　　变形理论
　　波浪理论
　　弹性理论
　　动力学理论
　　断裂力学理论
　　非局部理论
　　复势理论
　　混合物理论
　　剪滞理论
　　壳体理论
　　空腔膨胀理论
　　临界态理论
　　流动理论
　　摩擦理论
　　内时理论
　　强度理论
　　蠕变理论
　　速率过程理论
　　塑性理论
　　弯曲理论
　　微极理论
　　引力理论
　　应力理论
　　增量理论
　　振动理论
　C 工程力学
　　内禀方程

力学量*
mechanical quantity
O303
　D 动力学变量
　F 不平衡量
　　冲量
　　猝量
　　动量
　　动量通量
　　刚体转动惯量
　　剪切量
　　耦合变形量
　　蠕变柔量
　　湍流通量
　　应变增量

应力过量
　　　应力偏量
　　　振动评价量
　　C 动系

力学量测量
　　Y 力学测量

力学名词
mechanics terms
O3
　　S 术语*

力学模拟*
mechanical simulation
O31；O34；O35
　　F 爆炸模拟
　　　动力学模拟
　　　分子力学模拟
　　　裂纹扩展模拟
　　　流动模拟
　　　流体模拟
　　　应力场模拟

力学模型*
mechanical model
O3
　　D 机理模型
　　　机械模型
　　F A_2B 模型
　　　本构模型
　　　等效力学模型
　　　动力学模型
　　　分相模型
　　　共节点分离式模型
　　　光弹模型
　　　耗散模型
　　　恢复力模型
　　　简化力学模型
　　　结构模型
　　　离散颗粒模型
　　　两自由度模型
　　　裂缝模型
　　　流固耦合模型
　　　流体力学模型
　　　内聚力模型
　　　强度模型
　　　熔融模型
　　　三维力学模型
　　　双屈服面模型
　　　塑性模型
　　　伪势模型
　　　位移模型
　　　曳力模型
　　　一次近似简化模型
　　　应力模型
　　　硬化模型
　　　粘弹性模型
　　　阻力模型
　　C 力学系统

力学碰撞*
mechanical impact
O313.4
　　D 力学撞击
　　　碰撞(力学)
　　　撞击(力学)
　　F Taylor 撞击

　　　侧向撞击
　　　初始碰撞
　　　弹塑性碰撞
　　　弹性碰撞
　　　对撞
　　　多冲碰撞
　　　多次碰撞
　　　多点碰撞
　　　非弹性碰撞
　　　高速撞击
　　　共轴正碰撞
　　　击穿碰撞
　　　接触碰撞
　　　两体碰撞
　　　流体碰撞
　　　三体碰撞
　　　同轴碰撞
　　　斜碰撞
　　　远碰撞
　　　阻尼碰撞
　　C 冲击谱
　　　冲击强度
　　　冲击试验
　　　弹道学
　　　靠船撞击力 →(4)
　　　脉冲(力学)

力学平衡条件
mechanical equilibrium condition
O312.2
　　S 力学条件*
　　　平衡条件
　　C 杨氏方程 →(1)
　　Z 条件

力学破坏
　　Y 破坏(力学)

力学强度*
mechanical strength
O346
　　D 机械强度
　　　强度(力学)
　　F 爆裂强度
　　　爆炸强度
　　　比强度
　　　剥离强度
　　　低强度
　　　定伸强度
　　　动强度
　　　断裂强度
　　　峰值强度
　　　干强度
　　　高强度
　　　荷载强度
　　　横向强度
　　　击穿强度
　　　激波强度
　　　极限强度
　　　结构强度
　　　结合强度
　　　静强度
　　　局部强度
　　　绝对强度
　　　抗冲击强度
　　　抗剪强度
　　　抗拉强度

　　　抗磨强度
　　　抗破坏强度
　　　抗弯强度
　　　抗压强度
　　　冷强度
　　　理论强度
　　　临界强度
　　　流变强度
　　　摩擦强度
　　　凝胶强度
　　　扭转强度
　　　碰撞强度
　　　疲劳强度
　　　破坏强度
　　　切变强度
　　　切口强度
　　　屈服强度
　　　热强度
　　　蠕变强度
　　　剩余强度
　　　瞬时强度
　　　湍流强度
　　　尾流强度
　　　相对强度
　　　相互作用强度
　　　应力强度
　　　粘接强度
　　　粘聚强度
　　　震动强度
　　　中强度
　　　总体强度
　　　纵向强度

力学扰动
dynamical perturbation
O313；P137；P433
　　D 动力学扰动
　　S 扰动*
　　F 初始扰动
　　　弹道扰动
　　　应变扰动

力学实验
mechanical testing
O3
　　D 力学试验
　　S 科学实验*
　　F PIV 实验
　　　SHPB 试验
　　　Steven 试验
　　　爆轰实验
　　　爆破试验
　　　比例试验
　　　冲击试验
　　　动力试验
　　　分片试验
　　　雷诺实验
　　　力学环境试验
　　　力学性能试验
　　　零重力实验
　　　流变试验
　　　流体实验
　　　摩擦实验
　　　气动力试验
　　　水洞实验
　　　压力试验
　　　振动试验

C 力学性质
　　　　试验应力
　　　　双边缺口试件
　　　　延伸计
　　　　应力强度因子
　　　　应力效应

力学史
history of mechanics
O3
　　S 科技史*

力学试件*
mechanics specimen
O3
　　F 单边缺口试件
　　　　拉伸试件
　　　　三点弯曲试件
　　　　试件栅
　　　　双边缺口试件
　　　　中心裂纹圆盘

力学试验
　　Y 力学实验

力学特征*
mechanical characteristics
O3
　　F 弹性特征
　　　　破裂特征
　　　　时频特征
　　　　应变特征

力学条件*
mechanical condition
O3
　　F Courant-Friedrich-Lewy 条件
　　　　爆震条件
　　　　查普曼-朱格特条件
　　　　滑移条件
　　　　力学平衡条件
　　　　强度条件
　　　　塑性条件
　　　　外边界条件
　　　　位移边界条件
　　　　压力边界条件
　　　　应力边界条件
　　　　自由边界条件

力学稳定性*
mechanical stability
O317
　　D 力学不稳定性
　　F 边界层稳定性
　　　　弹性失稳
　　　　弹性稳定性
　　　　动稳定性
　　　　刚性稳定性
　　　　结构稳定性
　　　　界面稳定性
　　　　静态稳定性
　　　　流体稳定性
　　　　撕裂模不稳定性
　　　　速度稳定性
　　　　陀螺漂移
　　　　引力不稳定性
　　　　振动稳定性
　　C 光学稳定性

力学问题*
mechanical problem
O3
　　F 波动问题
　　　　弹塑性问题
　　　　弹性力学问题
　　　　动力学逆问题
　　　　断裂问题
　　　　二维问题
　　　　反平面问题
　　　　接触问题
　　　　静不定问题
　　　　开尔文问题
　　　　裂纹问题
　　　　渗流问题
　　　　弯曲问题
　　　　位势问题
　　　　运动学逆问题
　　　　轴对称问题

力学系
　　Y 力学系统

力学系统*
mechanical system
O316
　　D 力学系
　　F Birkhoff 系统
　　　　Duffing 系统
　　　　van der Pol 系统
　　　　单自由度系统
　　　　弹簧-质点系统
　　　　弹性系统
　　　　动态系统
　　　　多体系统
　　　　多自由度系统
　　　　二自由度系统
　　　　非牛顿系统
　　　　非线性转子系统
　　　　刚柔耦合系统
　　　　广义力学系统
　　　　壳液耦合系统
　　　　可控力学系统
　　　　亏损系统
　　　　两相系统
　　　　量子力学系统
　　　　流动系统
　　　　时变力学系统
　　　　陀螺系统
　　　　完整力学系统
　　　　辛体系
　　　　液固耦合系统
　　　　振动系统
　　　　转动变质量系统
　　C 力学分析
　　　　力学模型

力学相对性原理
mechanical relativity principle
O31
　　D 相对性原理
　　S 力学原理*
　　F 广义相对性原理
　　　　狭义相对性原理
　　C 时钟佯谬

力学效应*
mechanical effects
O3
　　F PLC 效应
　　　　SD 效应
　　　　Soret 效应
　　　　包辛格效应
　　　　边界层效应
　　　　层裂效应
　　　　磁流变效应
　　　　堵塞效应
　　　　端面摩擦效应
　　　　附壁效应
　　　　共振效应
　　　　贯穿效应
　　　　过载效应
　　　　剪力滞效应
　　　　剪切效应
　　　　剪胀效应
　　　　接触效应
　　　　聚能效应
　　　　科氏效应
　　　　流动效应
　　　　马格努斯效应
　　　　翘曲效应
　　　　热力学效应
　　　　渗流效应
　　　　陀螺效应
　　　　旋转效应
　　　　压力效应
　　　　应变率效应
　　　　应力波效应
　　　　应力效应
　　　　粘弹效应
　　　　粘性效应
　　　　重力效应

力学性能
　　Y 力学性质

力学性能试验
mechanical property tests
TB302
　　D 机械性能试验
　　S 力学实验
　　F 弹性模量试验
　　　　共振试验
　　　　破坏试验
　　　　强度试验
　　　　应变试验
　　　　硬度试验
　　　　载荷试验
　　C 试验设备
　　　　土工试验
　　Z 科学实验

力学性质*
mechanical properties
O3
　　D 机械性能
　　　　机械性质
　　　　力学性能
　　F 比例极限
　　　　冲击性能
　　　　触变性
　　　　脆塑性
　　　　弹性
　　　　弹性度

主　表　473

　　弹性极限
　　动态力学特性
　　非定常特性
　　非线性动态特性
　　刚度
　　减振率
　　剪切性质
　　抗压性能
　　抗粘连性
　　拉压异性
　　力传递率
　　流变性
　　路径相关性
　　摩擦磨损性能
　　摩擦特性
　　内禀随机性
　　内聚性
　　耐磨性
　　挠度
　　强度性质
　　韧性
　　柔性
　　蠕变性能
　　收缩性
　　水理性质
　　塑限
　　塑性
　　塑性屈服
　　物质力学性质
　　压缩性能
　　延性
　　应变率敏感性
　　应力各向异性
　　应力均匀性
　　应力敏感性
　　应力奇异性
　　应力三维度
　　硬度
　　运动性质
　　张力特性
　　振动特性
　　重力场性质
　C　变形
　　磁机械效应
　　惯性耦合
　　力学实验
　　疲劳硬化

力学学科
　Y　力学

力学因子*
mechanical factors
O3
　F　承载因子
　　冲击因子
　　动力因子
　　动态弯矩因子
　　分裂因子
　　恢复因子
　　加速度因子
　　截面形状因子
　　临界应力集中因子
　　摩擦因子
　　强度因子
　　切线模量因子
　　损耗因子

　　位移因子
　　应变能密度因子
　　应力奇异因子
　　载荷因子
　　重力因子

力学原理*
mechanics principle
O3
　F　Galerkin 原理
　　Jourdain 原理
　　阿基米德原理
　　伯努利原理
　　达朗伯原理
　　弹性回复对应原理
　　迭加原理
　　动量原理
　　对应性原理
　　功能原理
　　惯性原理
　　力学变分原理
　　力学相对性原理
　　圣维南原理
　　势能原理
　　虚功率原理
　　虚功原理
　　余能原理
　　最小加速度原理
　　最小作用量原理

力学运动
　Y　机械运动

力学质量
mechanical mass
O3
　S　质量*

力学撞击
　Y　力学碰撞

力学准则*
mechanics laws
O3
　F　Budiansky-Roth 准则
　　Neuber 准则
　　断裂破坏准则
　　断裂准则
　　广义强度准则
　　加载准则
　　满应力准则
　　模态保证准则
　　能量准则
　　屈服准则
　　失效准则
　　统一强度准则
　　最大周向应力准则

力学作用*
mechanical functions
O3
　D　机械作用
　F　波-波相互作用
　　动量相关作用
　　断裂作用
　　对流作用
　　多相介质相互作用
　　共振相互作用

　　轨道相互作用
　　加速作用
　　结构结构相互作用
　　蠕变-疲劳交互作用
　C　力的作用

力影响
　Y　力的作用

力作用
　Y　力的作用

立波
　Y　驻波

立方 Laves 相
cubic Laves phase
O561
　S　相*

立方点阵
cubic lattice
O712
　S　布拉菲点阵
　F　简单立方点阵
　　面心立方点阵
　　体心立方点阵
　Z　点阵

立方格子
　Y　立方晶格

立方晶格
cubic lattice
O712
　D　立方格子
　S　晶格*
　F　简单立方晶格
　　面心立方晶格
　　体心立方晶格

立方晶体
cubic crystal
O71
　S　晶体*
　F　氯化钠晶体
　　石墨晶体

立方晶系
cubic system
O711.4
　D　等轴晶系
　S　晶系*

立方晶型
cubic crystal
O76
　S　晶型*

立方体抗压强度
cube crushing strength
O346
　S　抗压强度
　Z　力学强度

立方型状态方程
cubic equation of state
O414
　S　状态方程
　Z　方程

立方织构
cube texture
O76
　S 晶体织构
　F 六方结构
　Z 织构

立方准晶
cubic quasicrystal
O753.3
　D 立方准晶体
　S 准晶
　Z 类晶体

立方准晶体
　Y 立方准晶

立构规整度
　Y 立构规整性

立构规整性
stereoregularity
O561.1；O561.2；O641.6
　D 立构规整度
　　 立构规正度
　S 分子性质
　C 等规立构 →(3)
　　 间规立构 →(3)
　　 立体选择性 →(3)
　　 无规立构 →(3)
　Z 粒子性质

立构规正度
　Y 立构规整性

立式区熔法
　Y 垂直区熔法

立体
　Y 几何体

立体测量
　Y 三维测量

立体成像
　Y 三维成像

立体基线
stereobase
TN91
　S 基线*

立体全息图
　Y 体视全息图

立轴旋涡
　Y 驻涡

励磁曲线
excitation curve
O441.2
　S 磁化曲线
　Z 磁参数

利奥滤光器
Lyot filter
TB851.7；TH74
　S 滤光器
　Z 光学元件

利萨如图
　Y 李萨如图形

利萨如图形
　Y 李萨如图形

利用光通量
　Y 有效光通量

粒度测定
　Y 粒度测量

粒度测量
granulometry
TB462；TB92；TH711
　D 颗粒大小测量
　　 颗粒粒度测量
　　 粒度测定
　　 粒度分析
　　 粒径测量
　S 颗粒测量
　　 直径测量
　F 晶粒度测定
　C 颗粒物粒度 →(4)
　　 粒度分布 →(5)
　　 碎屑岩 →(5)
　Z 测量
　　 几何量测量

粒度分析
　Y 粒度测量

粒度分析仪
　Y 粒度仪

粒度仪
particle size analyzer
TH711
　D 粒度分析仪
　S 测量仪器*
　F 激光粒度仪
　　 纳米粒度仪
　C 颗粒测量

粒间扩散阻力
intraparticle diffusion resistance
O362
　S 阻力*

粒间应力
　Y 真应力

粒径测量
　Y 粒度测量

粒子*
particle
O572.3
　F J/ψ 粒子
　　 标量粒子
　　 布朗粒子
　　 超对称粒子
　　 超细粒子
　　 出射粒子
　　 初级粒子
　　 磁单极子
　　 粗粒子
　　 带电粒子
　　 单个粒子
　　 点粒子
　　 多粒子
　　 复合粒子
　　 固体粒子
　　 基本粒子
　　 慢粒子
　　 球形粒子
　　 入射粒子
　　 试验粒子
　　 微粒子
　　 亚原子粒子
　　 银粒子
　　 自由粒子
　C 电子
　　 粒子参数
　　 粒子测量
　　 粒子产生
　　 粒子分析
　　 粒子轨迹
　　 粒子结构
　　 粒子模型
　　 粒子能量
　　 粒子谱
　　 粒子相互作用

粒子半径
particle radius
O572.21
　S 粒子参数*

粒子参数*
particle parameter
O572.2
　F 粒子半径
　　 粒子密度
　　 粒子数
　　 粒子数浓度
　　 粒子质量
　　 耦合常数
　C 粒子
　　 粒子测量
　　 粒子产生
　　 粒子场
　　 粒子分布
　　 粒子分析
　　 粒子能量
　　 粒子碰撞

粒子测量
particle detection
O572.21
　S 物理测量*
　F 粒子寿命测量
　C 基本粒子理论
　　 粒子
　　 粒子参数
　　 粒子测量系统 →(4)

粒子产生*
particle production
O572.24
　F 电子产生
　　 多重产生
　　 光子产生
　　 轻子产生
　C 粒子
　　 粒子参数
　　 粒子能量
　　 粒子衰变

粒子相互作用

粒子场
particle field
O572.2
- S 物理场*
- C 粒子参数
  粒子能量
  粒子相互作用

粒子成像
particle imaging
TL99
- S 成像*
- F 中子成像

粒子成像测速
- Y 粒子图像测速

粒子促进形核
- Y 粒子激发形核

粒子多重态
particle multiplets
O572.21
- S 多重态
- F 介子八重态
  色八重态
- Z 能态

粒子发射
particle emission
O572.2
- S 发射*
- F 电子发射
  光子发射
  离子发射
  中子发射
  自发发射

粒子法
particle method
O351.2
- S 无网格方法
- Z 力学方法

粒子分布
particle distribution
O572.2
- D y 粒子分布
  y 粒子数分布
  次级粒子分布
  次级粒子数分布
  粒子空间分布
  粒子数反转分布
  粒子数分布
  悬浮粒子分布
  悬浮粒子数分布
- S 分布(物理学)*
- F 电子分布
  多重数分布
  光子数分布
  粒子谱分布
- C 粒子参数
  粒子密度
  粒子能量
  粒子数反转

粒子分析

particle analysis
O572.2
- S 物理分析*
- F 脉冲快热中子分析
- C 高能物理学
  粒子
  粒子参数
  粒子能量
  粒子寿命测量
  粒子相互作用

粒子辐射
particle radiation
O572.2
- S 电离辐射
- F α 辐射
  β 辐射
  γ 辐射
  电子辐射
  核辐射
  切伦科夫辐射
  湮没辐射
  质子辐照
  中子辐照
  重离子辐照
  自发辐射
- C 高能物理学
  粒子能量
- Z 辐射

粒子共振态
- Y 共振态

粒子轨迹
particle trajectory
O572.2
- D 粒子径迹
- S 轨迹*
- F 电子轨迹
  核径迹
  离子轨迹
  潜径迹
- C 粒子
  宇宙线

粒子互作用
- Y 粒子相互作用

粒子激发形核
particle stimulated nucleation
O78
- D 激发形核
  粒子促进形核
- S 成核*

粒子计数
- Y 粒子数

粒子加速*
particle acceleration
O571
- F 电子加速
  质子加速
- C 粒子寿命测量

粒子鉴别
- Y 粒子识别

粒子结构

particle structure
O572
- S 结构*
- C 高能物理学
  结构函数
  粒子
  粒子模型

粒子径迹
- Y 粒子轨迹

粒子空间分布
- Y 粒子分布

粒子扩散
particle diffusion
O572.2
- S 扩散*
- F 分子扩散
  原子扩散

粒子理论
- Y 基本粒子理论

粒子密度
particle density
O572.21
- D 粒子数密度
- S 粒子参数*
- F 电子密度
  质子密度
  中子密度
- C 粒子分布
  粒子数
  粒子数反转

粒子模拟
particle simulation
O411.3
- D 粒子模拟法
- S 物理模拟*

粒子模拟法
- Y 粒子模拟

粒子模型
particle models
O572.3
- S 物理模型*
- F Tavis-Cummings 模型
  α 粒子模型
  坂田模型
  顶色辅助的人工色模型
  独立粒子模型
  孤立子模型
  口袋模型
  夸克模型
  粒子-转子模型
  弦模型
- C 粒子
  粒子结构

粒子能量
particle energy
O572.2
- D 粒子总能量
- S 能量*
- F 电子能量
  光子能量

交换能
结合能
原子能量
跃迁能
C 粒子
  粒子参数
  粒子产生
  粒子场
  粒子分布
  粒子分析
  粒子辐射
  粒子碰撞
  粒子探测

粒子碰撞
particle collision
O572.24
S 碰撞*
F 电子碰撞
  分子碰撞
  光子碰撞
  离子碰撞
  原子碰撞
C 粒子参数
  粒子能量
  粒子相互作用

粒子谱*
particle spectrum
O572.2
F α谱
  β谱
  γ谱
  氘核谱
  质子谱
  中子谱
  重子谱
C 粒子

粒子谱分布
particulate size distribution
O572.2
D 气溶胶粒子谱分布
  气溶胶粒子谱分布反演
  气溶胶粒子谱分布计算
S 粒子分布
Z 分布(物理学)

粒子散射*
particle scattering
O571.4
D 基本粒子散射
F α粒子散射
  μ子散射
  氘核散射
  氚核散射
  电子散射
  反应散射
  光子散射
  氦3散射
  核子散射
  介子散射
  库仑散射
  离子散射
  原子散射
C 粒子散射理论

粒子散射理论

particle scattering theory
O413.1
S 散射理论
C α粒子散射实验
  粒子散射
  卢瑟福散射公式
Z 物理理论

粒子识别
particle identification
O572.2
D 粒子鉴别
S 识别*
C 分子识别 →(3)
  离子识别 →(3)

粒子视界
particle horizon
O41
S 视界
Z 边界

粒子寿命测量
particle lifetime measurement
O572.21
S 粒子测量
C 粒子分析
  粒子加速
  粒子衰变
Z 物理测量

粒子输运
Y 粒子运动

粒子输运方程
particle transport equation
O572.2
D 粒子输运方程公式
  粒子输运方程式
  粒子输运方程组
  粒子输运方程组式
  粒子输运公式
  粒子输运关系式
  粒子输运计算法
  粒子输运计算方法
  粒子输运计算式
S 物理方程*
C 粒子运动

粒子输运方程公式
Y 粒子输运方程

粒子输运方程式
Y 粒子输运方程

粒子输运方程组
Y 粒子输运方程

粒子输运方程组式
Y 粒子输运方程

粒子输运公式
Y 粒子输运方程

粒子输运关系式
Y 粒子输运方程

粒子输运计算法
Y 粒子输运方程

粒子输运计算方法

Y 粒子输运方程

粒子输运计算式
Y 粒子输运方程

粒子束*
particle beams
O572.3
D 反粒子束
F 带电粒子束
  分子束
  光子束
  介子束
  原子束
  质子束
  中性粒子束

粒子数
particle number
O572.2
D 粒子计数
S 粒子参数*
F 粒子数差
C 粒子密度

粒子数布居反转
Y 粒子数反转

粒子数差
population difference
O572.2
S 粒子数
C 粒子数反转
Z 粒子参数

粒子数反转
population inversion
O572.2
D 布居数反转
  反转粒子数
  粒子数布居反转
S 粒子性质*
C 粒子分布
  粒子密度
  粒子数差

粒子数反转分布
Y 粒子分布

粒子数分布
Y 粒子分布

粒子数密度
Y 粒子密度

粒子数浓度
number concentration
O572.21
S 粒子参数*

粒子数算符
particle number operator
O572.2
S 算符*

粒子衰变
particle decay
O571.3
D 基本粒子衰变
S 衰变

主　表　477

　　F 电磁衰变
　　　 辐射衰变
　　　 夸克衰变
　　　 强子衰变
　　　 轻子衰变
　　C 粒子产生
　　　 粒子寿命测量
　　Z 核反应

粒子速度
particle velocity
O572.21
　　S 速度*
　　F 电子速度

粒子探测
particle detection
O572.21
　　S 探测*
　　F 带电粒子探测
　　　 单分子探测
　　C 粒子能量

粒子通量
particle flux
O57；P353
　　S 通量*
　　F 电子通量
　　　 质子通量
　　　 中子通量
　　C 粒子运动

粒子图象测速
　　Y 粒子图像测速

粒子图像测速
particle image velocimetry
TB934
　　D PIV 测试
　　　 粒子成像测速
　　　 粒子图象测速
　　S 速度测量*
　　F 数字式粒子图像测速
　　C 激光多普勒测速
　　　 激光干涉测速

粒子图像测速仪
particle image velocimetry
TH824
　　D 粒子图像速度场仪
　　　 粒子图像速度仪
　　S 测速仪
　　Z 测量仪器

粒子图像速度场仪
　　Y 粒子图像测速仪

粒子图像速度仪
　　Y 粒子图像测速仪

粒子物理
　　Y 高能物理学

粒子物理学
　　Y 高能物理学

粒子相互作用*
particle interaction
O572.24
　　D 粒子互作用

　　F 波-粒子相互作用
　　　 等离子体-粒子互作用
　　　 电子相互作用
　　　 辐射修正
　　　 孤子相互作用
　　　 光子相互作用
　　　 基本粒子相互作用
　　　 交换作用
　　　 介子相互作用
　　　 夸克-夸克相互作用
　　　 末态相互作用
　　　 强子相互作用
　　　 原子相互作用
　　C 粒子
　　　 粒子产生
　　　 粒子场
　　　 粒子分析
　　　 粒子碰撞

粒子性
　　Y 粒子性质

粒子性质*
particle properties
O56
　　D 粒子性
　　F 波粒二象性
　　　 电子性质
　　　 分子性质
　　　 光子统计性质
　　　 基本粒子对称性
　　　 粒子数反转
　　　 螺旋性

粒子运动
particle motion
O572.2
　　D 粒子输运
　　S 运动(物理)*
　　F 带电粒子运动
　　　 单粒子运动
　　　 电子运动
　　　 分子运动
　　　 原子转移
　　　 中性粒子输运
　　C 粒子输运方程
　　　 粒子通量
　　　 隧道效应

粒子运动学
　　Y 质点运动学

粒子质量
particle mass
O572.21
　　S 粒子参数*
　　F 电子质量
　　　 光子质量
　　　 介子质量
　　　 夸克质量
　　　 强子质量
　　　 轻子质量
　　　 重子质量

粒子-转子模型
particle-rotor model
O572.3
　　S 粒子模型

　　Z 物理模型

粒子追踪
particle tracking
O35
　　S 追踪*

粒子总能量
　　Y 粒子能量

连杆力偶
connecting couple
O312
　　S 力偶
　　C 倾覆力矩
　　Z 力

连接损耗
　　Y 耦合损耗

连晶
intergrowth
O78
　　D 连生晶体
　　S 晶体*
　　F 平行连晶

连生晶体
　　Y 连晶

连续变形
continuous deformation
O344.3
　　D 持续变形
　　　 累积变形
　　　 连续形变
　　S 变形*

连续波
continuous wave
O347.4
　　S 应力波*

连续测定
　　Y 连续测量

连续测量
continuous measurement
TB462.1
　　D 连续测定
　　S 测量*

连续电流
　　Y 持续电流

连续方程
　　Y 连续性方程

连续辐射
continuous emission
O432；O572；P142；P162
　　S 辐射*

连续固体力学
continuous solid mechanics
O34
　　S 固体力学*
　　F 固体热力学
　　C 计算固体力学

连续加载

478　汉语主题词表（自然科学卷）　第Ⅱ册　力学、物理学、晶体学

　　Y　连续载荷

连续结晶
continuous crystallization
O799
　　D　连续结晶法
　　　　连续结晶过程
　　　　连续结晶化
　　　　连续结晶化过程
　　S　工业结晶
　　Z　结晶

连续结晶法
　　Y　连续结晶

连续结晶过程
　　Y　连续结晶

连续结晶化
　　Y　连续结晶

连续结晶化过程
　　Y　连续结晶

连续介质
continuous medium
O33
　　S　力学介质*
　　F　等效连续介质
　　　　非连续介质
　　　　非线性连续介质
　　C　非均匀介质

连续介质经典力学
　　Y　连续介质力学

连续介质力学
continuous medium mechanics
O33
　　D　变形体力学
　　　　不连续介质力学
　　　　连续介质经典力学
　　　　连续力学
　　　　微连续介质力学
　　S　力学*
　　F　非线性连续介质力学
　　　　理性力学
　　　　连续介质损伤力学
　　C　Cosserat 理论
　　　　Noether 理论
　　　　流体力学

连续介质模型
continuous medium model
O33；O411.1
　　S　介质模型
　　Z　模型

连续介质损伤力学
continuum damage mechanics
O346.5
　　D　连续损伤力学
　　S　连续介质力学
　　　　损伤力学
　　C　岩石损伤力学　→(5)
　　Z　固体力学
　　　　力学

连续孔径
　　Y　孔径

连续冷却相变
　　Y　连续冷却转变

连续冷却转变
continuous cooling transformation
O792
　　D　连续冷却相变
　　S　连续相变
　　Z　相变

连续力学
　　Y　连续介质力学

连续流
continuous flow
O354；P433
　　D　连续流动
　　S　气流*
　　C　水流
　　　　稀薄气体动力学
　　　　粘性层

连续流动
　　Y　连续流

连续石墨化
　　Y　石墨化

连续损伤
continuum damage
O346.5
　　S　损伤(力学)*

连续损伤力学
　　Y　连续介质损伤力学

连续损伤模型
continuum damage model
O346.5
　　S　强度模型
　　C　疲劳损伤模型
　　Z　力学模型

连续态
continuous state
O413
　　S　状态*

连续体结构
continuum structure
O342
　　S　结构*
　　C　位移约束

连续统力学
mechanics of continua
O3
　　D　经典连续统力学
　　　　理性连续统力学
　　S　力学*

连续位错
　　Y　位错

连续相变
continuous phase transition
O414.13
　　S　相变*
　　F　连续冷却转变

连续形变
　　Y　连续变形

连续性方程
continuity equation
O351；P43；P45
　　D　连续方程
　　S　流体力学方程
　　C　连续解　→(1)
　　　　稳定流
　　Z　力学方程

连续旋错
continuous dislination
O772
　　S　螺旋位错
　　Z　晶体缺陷

连续载荷
continuous load
O347.1
　　D　持久载荷
　　　　持续加荷
　　　　持续载荷
　　　　连续加载
　　S　荷载*

连续振动
　　Y　稳态振动

连续质量模型
continuous mass model
TU311.3
　　S　结构模型
　　Z　力学模型

涟波
rippled sea
O353.2；P731.22
　　D　涟漪波
　　S　表面波
　　C　波纹　→(4)
　　Z　弹性波

涟波子
ripplon
O4
　　D　涟子

涟漪波
　　Y　涟波

涟子
　　Y　涟波子

联合变换相关
joint transform correlation
TN2
　　S　相关*

联合动力学方程
joint dynamics equation
O313
　　D　耦合动力学方程
　　S　动力学方程
　　Z　力学方程

联合功率谱
joint power spectrum
O32；O456
　　S　功率谱

C 角度功率谱
　　小波功率谱
Z 频谱

联合共振
　Y 组合共振

联合散射效应
　Y 喇曼效应

联合载荷
　Y 复杂载荷

联接*
connection
ZT6
　F 并联
　　串联

联立方程
　Y 方程组

链传递
　Y 链转移

链断裂
chain breaking
O346.1
　S 断裂*
　C 辐射效应
　　核糖核酸 →(3)
　　链刚性
　　脱氧核糖核酸 →(3)

链刚性
chain stiffness
O561.1；O561.2
　S 分子性质
　C 链断裂
　　链构象 →(3)
　Z 粒子性质

链骨架
　Y 主链

链式反应
chain reaction
O571.43
　D 核裂变链式反应
　　链锁反应
　S 核裂变
　C 自由基反应 →(3)
　Z 核反应

链锁反应
　Y 链式反应

链条张力
　Y 锚链张力

链转移
chain transfer
O571.4；O631.5
　D 链传递
　　链转移反应
　S 反应机理*
　　有机反应*
　C 活性聚合物 →(3)
　　聚合

链转移反应

　Y 链转移

链状结构
chain-like structure
O76
　S 结构*

良导体
good conductor
O441.1
　S 导体*

梁单元
　Y 梁元

梁式振动
　Y 梁振动

梁形振动
　Y 梁振动

梁元
beam element
O344.3
　D 梁单元
　S 元*
　C 失效指标

梁振动
beam vibration
O32
　D 梁式振动
　　梁形振动
　S 结构振动
　Z 振动

量测
　Y 测量

量度
　Y 度量

量热计
　Y 热量计

量热器
　Y 热量计

量算
　Y 测量

两波耦合
　Y 二波耦合

两步结晶法
　Y 两步晶化

两步结晶过程
　Y 两步晶化

两步结晶化
　Y 两步晶化

两步结晶化过程
　Y 两步晶化

两步晶化
two-step crystallization
O79
　D 两步结晶法
　　两步结晶过程
　　两步结晶化
　　两步结晶化过程

　　两步晶化法
　　两步晶化过程
　S 晶化*

两步晶化法
　Y 两步晶化

两步晶化过程
　Y 两步晶化

两层流体
two-layer fluid
O351.3
　D 双层流体
　S 流体*
　C 表面波
　　双流体
　　斜向波
　　阻尼系数

两重网格算法
two-grid method
O302
　S 算法*
　C 特征有限元

两次曝光全息术
　Y 多次曝光全息术

两点应变测量法
two point strain measurement method
O344.3；O348
　S 力学方法*
　C 粘滞系数

两格点分子场理论
two sublattice molecular field theory
O561
　S 分子场理论
　Z 物理理论

两级加载
two step loading
O347.1
　S 加载
　Z 荷载

两能级原子
　Y 二能级原子

两体关联
pair correlation
O414.2
　S 相关*

两体碰撞
binary collision
O313.4；O53；P13
　D 二体碰撞
　S 力学碰撞*

两相饱和介质
two phase saturated medium
O55
　S 双相介质
　Z 介质

两相爆轰
two-phase detonation
O381
　D 气固爆轰

气固爆震
　　　气体-固体爆轰
　　　双层爆轰
　S 爆轰*
　F 气液爆轰
　C 气动稳定性

两相管流
two phase pipe flow
O359
　S 两相流
　Z 流体流

两相混合流体
　Y 两相流体

两相混合物
two-phase mixtures
O359；O642.5
　S 混合物*
　F 气体-固体混合物
　　　气体-液体混合物

两相流
two-phase flow
O359
　D 二相流
　　　二相流动
　　　二组分流动
　　　两相流动
　　　两相流流动
　　　两相流流型
　　　两相流型
　　　双相流动
　S 多相流
　F 风沙两相流
　　　固液两相流
　　　环状两相流
　　　两相管流
　　　气固两相流
　　　气液两相流
　　　油水两相流
　C 二阶矩模型
　　　空泡率
　　　幂律流体
　　　气泡射流
　　　气液爆轰
　　　上升气泡
　　　粘性指进
　Z 流体流

两相流场
two-phase flow field
O359
　S 流场*
　C 单位载荷法

两相流动
　Y 两相流

两相流流动
　Y 两相流

两相流流型
　Y 两相流

两相流体
two-phase fluid
O359
　D 二相流体
　　　两相混合流体
　S 流体*
　F 气液两相流体
　　　液固二相流体
　C 单相流体

两相流型
　Y 两相流

两相射流
two-phase jet
O358
　D 二相湍流射流
　S 射流*
　F 气固两相射流

两相湍流
two-phase turbulence
O357.5
　S 湍流
　F 气液两相湍流
　　　液固湍流
　C 大涡模拟
　　　二阶矩模型
　Z 流体流

两相湍流模型
two-phase turbulence model
O357.5
　S 湍流模型
　Z 力学模型

两相系统
two-phase system
O359
　S 力学系统*
　C 饱和度
　　　多孔介质

两自由度模型
two degree of freedom model
O313
　S 力学模型*

亮度*
brightness
O432.2
　D 发光度
　　　发光亮度
　　　光亮度
　　　光线亮度
　　　亮度值
　　　明度
　　　明亮度
　F 背光亮度
　　　背景亮度
　　　表面亮度
　　　超高亮度
　　　辐射亮度
　　　高亮度
　　　平均亮度
　　　视亮度
　　　图像亮度
　　　相对亮度
　　　余辉亮度
　C 发光
　　　发光体
　　　光度学

　　　亮度变化
　　　能见度
　　　照度

亮度变化
brightness variation
O432.2
　D 光变
　　　光度变化
　S 物理变化*
　C 亮度
　　　亮度测量
　　　亮度分布
　　　亮度系数 →(4)

亮度测量
brightness measurement
TB462；TB96
　S 光学参数测量
　C 亮度变化
　Z 光学测量

亮度分布
brightness distribution
O432.2
　D 光亮度分布
　　　光亮度分布计算
　　　光亮度分布曲线
　　　光亮度分布值
　　　亮度分布计算
　　　亮度分布曲线
　　　亮度分布值
　　　相对亮度分布
　　　相对亮度分布计算
　　　相对亮度分布曲线
　　　相对亮度分布值
　　　最小亮度分布
　　　最小亮度分布计算
　　　最小亮度分布曲线
　　　最小亮度分布值
　S 光强分布
　C 亮度变化
　Z 光学参数

亮度分布计算
　Y 亮度分布

亮度分布曲线
　Y 亮度分布

亮度分布值
　Y 亮度分布

亮度值
　Y 亮度

亮孤子
bright solitons
O437
　S 光孤子
　Z 孤子

量
　Y 数量

量纲分析
dimensional analysis
O303
　D 量纲分析法
　　　因次分析

主　表　481

　　S 数学分析*
　　C π定理
　　　归一化
　　　摩擦因子
　　　瑞利数
　　　相似理论
　　　相似律

量纲分析法
　　Y 量纲分析

量纲归一化
　　Y 归一化

量子*
quantum
O413
　　D 能量子
　　F 磁通量子
　　　等离激元
　　　极化激元
　　C 量子测量
　　　量子化
　　　量子结构
　　　量子纠缠
　　　量子力学
　　　量子论
　　　量子数

量子 Fisher 信息
quantum Fisher information
O413
　　S 量子信息
　　Z 信息

量子 Zeno 效应
quantum Zeno effect
O413
　　S 量子效应*

量子棒
quantum rods
O413.2
　　S 量子器件*

量子比特
qubits
O455
　　D 量子位
　　S 计量单位*
　　F 超导量子比特
　　　电荷量子比特

量子变换
quantum transformation
O413.1
　　S 物理变换*
　　F 规范变换
　　C 量子效应

量子波导理论
quantum waveguide theory
O413.2
　　S 量子论
　　Z 物理理论

量子博弈
quantum game
O225；O413
　　D 量子策略

　　S 博弈*
　　C 密度矩阵

量子不可克隆定理
quantum no-cloning theorem
O413
　　S 物理定理*

量子测量
quantum measurement
O413.1；O4-34
　　S 物理测量*
　　F 量子非破坏性测量
　　C 量子
　　　量子测量理论
　　　量子尺寸效应
　　　量子数
　　　量子现象

量子测量理论
quantum measurement theory
O431.2
　　S 量子论
　　C 量子测量
　　　量子尺寸效应
　　Z 物理理论

量子策略
　　Y 量子博弈

量子产额
　　Y 量子效率

量子场
quantum field
O413.3
　　S 物理场*

量子场论
quantum field theory
O413.3
　　S 量子论
　　F 费曼规则
　　　规范场论
　　　基本粒子理论
　　　相对论量子场论
　　C 量子群 →(1)
　　　算子
　　　希格斯场
　　Z 物理理论

量子场熵
quantum field entropy
O413；P145.8
　　S 量子熵
　　Z 熵

量子成像
quantum imaging
O431.2
　　S 成像*
　　C 量子光学

量子尺寸
　　Y 量子尺寸效应

量子尺寸效应
quantum size effect
O413
　　D 量子尺寸

　　S 量子效应*
　　C 量子测量
　　　量子测量理论

量子传输
　　Y 量子输运

量子存储器
quantum memory
O413.2
　　S 量子器件*

量子代数
quantum algebra
O413.1
　　S 量子数*

量子点
quantum dots
O413；O47
　　D 量子点量子阱
　　　量子盒
　　　零维超晶格
　　S 量子阱
　　F CdSe/ZnS 量子点
　　　CdTe/CdS 量子点
　　　Ge 量子点
　　　InAs 量子点
　　　半导体量子点
　　　碲化镉量子点
　　　非对称量子点
　　　硅量子点
　　　核壳量子点
　　　近红外量子点
　　　硫化镉量子点
　　　纳米量子点
　　　耦合量子点
　　　抛物量子点
　　　石墨烯量子点
　　　双量子点
　　　水溶性量子点
　　　碳量子点
　　　硒化镉量子点
　　　柱形量子点
　　　自组织量子点
　　　自组装量子点
　　C 点谱 →(1)
　　　量子线
　　Z 势阱

量子点量子阱
　　Y 量子点

量子电动力学
quantum electrodynamics
O413.2
　　S 电动力学
　　　量子动力学
　　F 腔量子电动力学
　　Z 物理学

量子电流
quantum current
O413.2
　　S 电流*

量子电子学
quantum electronics
O455

S 电子学*
　　F 超导量子电子学

量子叠加
quantum superposition
O413
　　S 量子现象*

量子叠加态
　　Y 叠加态

量子动力学
quantum dynamics
O413.1
　　S 量子力学
　　F 量子电动力学
　　　　量子流体动力学
　　　　量子色动力学
　　Z 物理学

量子对话
quantum dialogue
O413
　　S 量子现象*

量子非定域性
quantum nonlocality
O413
　　S 定域性
　　Z 物理特性

量子非破坏性测量
quantum nondemolition measurement
O413.1；O4-34
　　D QND 测量
　　S 量子测量
　　Z 物理测量

量子分子动力学模型
quantum molecular dynamics model
O413
　　S 分子动力学模型
　　Z 力学模型

量子干涉效应
quantum interference effects
O431.2
　　S 量子效应*

量子关联
quantum correlations
O413
　　S 量子现象*
　　F 量子失协

量子光学
quantum optics
O431.2
　　S 物理光学
　　C 量子成像
　　　　量子纠缠
　　　　量子论
　　Z 光学

量子耗散
quantum dissipation
O413
　　S 耗散*

量子盒
　　Y 量子点

量子化*
quantization
O413
　　F 磁通量子化
　　　　电荷量子化
　　　　二次量子化
　　　　环流量子化
　　　　几何量子化
　　　　空间量子化
　　　　随机量子化
　　　　正则量子化
　　C 量子
　　　　量子化条件
　　　　量子霍尔效应

量子化霍耳效应
　　Y 量子霍尔效应

量子化条件
quantization condition
O413
　　S 条件*
　　C 量子化

量子环
quantum ring
O413.2
　　S 量子器件*

量子混沌
quantum chaos
O415.5
　　S 混沌*

量子混合态
　　Y 混合态

量子霍尔效应
quantum Hall effect
O413
　　D 量子化霍耳效应
　　　　量子霍耳效应
　　S 霍尔效应
　　F 分数量子霍尔效应
　　C 半导体超晶格
　　　　量子化
　　Z 电场效应

量子霍耳效应
　　Y 量子霍尔效应

量子几何相位
quantum geometric phase
O413
　　S 量子相位
　　Z 相位

量子寄存器
quantum memory
O413.2
　　S 量子器件*

量子剪裁
quantum cutting
O413
　　S 量子现象*

量子结构
quantum structures
O413
　　D 量子微结构
　　S 物质微观结构*
　　C 量子
　　　　量子器件
　　　　量子效应

量子晶体
quantum crystals
O73
　　S 晶体*

量子阱
quantum well
O47
　　D 半导体量子阱
　　　　量子势阱
　　S 势阱*
　　F 半抛物量子阱
　　　　单量子阱
　　　　多量子阱
　　　　非对称量子阱
　　　　光子晶体量子阱
　　　　量子点
　　　　抛物量子阱
　　　　无限深量子阱
　　　　纤锌矿量子阱
　　　　应变量子阱
　　　　有机量子阱
　　C 德布罗意波长
　　　　量子阱混合
　　　　量子阱线
　　　　量子线

量子阱混合
quantum well intermixing
O413.2
　　S 量子现象*
　　C 量子阱

量子阱线
quantum well wire
O413.2
　　S 量子器件*
　　C 量子阱

量子纠缠
quantum entanglement
O413.1
　　S 量子现象*
　　F 纠缠转移
　　　　量子纠缠交换
　　C 量子
　　　　量子光学

量子纠缠交换
quantum entanglement swapping
O413.1
　　S 量子纠缠
　　Z 量子现象

量子纠缠态
quantum entangled state
O413.1
　　S 纠缠态
　　F cluster 态
　　　　热纠缠
　　Z 能态

量子纠错
quantum error correction
O455
  S 量子信息技术*

量子绝热定理
quantum adiabatic theorem
O413
  S 物理定理*

量子克隆
quantum cloning
O413
  S 量子现象*

量子控制
quantum control
O413
  S 控制*
  F 量子相干控制

量子亏损
quantum defect
O413.2
  D 量子数亏损
  S 量子现象*

量子亏损理论
quantum defect theory
O413
  S 量子论
  F 多通道量子亏损理论
  Z 物理理论

量子理论
  Y 量子论

量子力学
quantum mechanics
O413.1
  D 量子物理
    量子物理学
  S 理论物理学
  F 波动力学
    超对称量子力学
    非对易量子力学
    矩阵力学
    量子动力学
    量子统计力学
    量子信息学
    相对论性量子力学
  C 贝尔不等式
    本征函数
    电磁相互作用
    广义相对论
    量子
    量子力学理论
    量子力学效应
    量子密码术
    量子数
    量子噪声
    随机力学
  Z 物理学

量子力学计算
quantum-mechanical calculation
O413.1
  S 计算*
  C 量子力学理论

    量子力学效应
    量子数

量子力学理论
quantum mechanics theory
O413.1
  S 量子论
  F 表象理论
    玻姆理论
    不确定理论
    互补原理
    全同性原理
    散射理论
    双波理论
  C 量子力学
    量子力学计算
    量子力学系统
    量子力学效应
    量子数
  Z 物理理论

量子力学系统
quantum mechanical systems
O413.1
  S 力学系统*
  C 量子力学理论
    量子力学效应

量子力学效应
quantum mechanical effect
O413.1
  S 量子效应*
  F A-B 效应
  C 量子力学
    量子力学计算
    量子力学理论
    量子力学系统

量子流体
quantum fluids
O413.1
  S 流体*
  F 费米子系统
    量子气体
    量子液体
    液氦
  C 超流动性
    量子流体动力学

量子流体动力学
quantum hydrodynamics
O413.1
  S 量子动力学
  C 量子流体
  Z 物理学

量子流体动力学模型
quantum hydrodynamic model
O351.2
  S 流体动力学模型
  Z 力学模型

量子论
quantum theory
O413
  D 量子理论
    量子学说
  S 物理理论*
  F 对应原理

    费米子自旋理论
    量子波导理论
    量子测量理论
    量子场论
    量子亏损理论
    量子力学理论
    量子信息论
    全量子理论
  C 角动量定律
    量子
    量子光学
    量子效应
    宇称
    自旋

量子逻辑门
quantum logic gate
O413.2
  S 量子器件*

量子秘密共享
quantum secret sharing
O455
  S 量子密码术
  Z 量子信息技术

量子密码术
quantum cryptography
O455
  S 量子信息技术*
  F 量子秘密共享
    量子密钥
  C 量子力学

量子密钥
quantum key
O455
  S 量子密码术
  F 量子密钥分配
    量子密钥协商
  Z 量子信息技术

量子密钥分配
quantum key distribution
O455
  S 量子密钥
  Z 量子信息技术

量子密钥协商
secret key agreement
O455
  S 量子密钥
  Z 量子信息技术

量子能谱
quantum energy spectrum
O413
  D 量子谱
  S 能谱*

量子盘
quantum disk
O413.2
  S 量子器件*

量子谱
  Y 量子能谱

量子起伏
  Y 量子涨落

量子气体
quantum gases
O414.2
S 量子流体
F 玻色气体
  费米气体
Z 流体

量子器件*
quantum devices
O413.2
F 量子棒
  量子存储器
  量子环
  量子寄存器
  量子阱线
  量子逻辑门
  量子盘
  量子通道
  量子相位门
  量子谐振子
C 量子结构

量子签名
quantum signature
TN918.3
S 量子信息技术*

量子热纠缠
Y 热纠缠

量子热纠缠态
Y 热纠缠

量子散射
quantum scattering
O413.1
S 散射*

量子散射理论
Y 散射理论

量子色动力学
quantum chromodynamics
O413.1
S 量子动力学
F 格点 QCD
  微扰 QCD
C 标准模型
  夸克
Z 物理学

量子熵
quantum entropy
O413；P145.8
S 熵*
F 量子场熵
  量子相对熵
  量子约化熵
C 黑洞理论 →(4)
  黑洞熵 →(4)

量子身份认证
quantum identity authentication
O455
S 量子信息技术*

量子声学
quantum acoustics
O426

S 超声学
Z 声学

量子失协
quantum discord
O413
S 量子关联
Z 量子现象

量子势阱
Y 量子阱

量子受限
quantum confinement
O413
S 量子现象*

量子输运
quantum transport
O413
D 量子传输
S 量子现象*
F 量子隐形传送
  相干输运

量子数*
quantum number
O413.1
F 轨道量子数
  量子代数
  轻子数
  宇称
  重子数
C 量子
  量子测量
  量子力学
  量子力学计算
  量子力学理论

量子数亏损
Y 量子亏损

量子隧穿
Y 隧道效应

量子隧穿效应
Y 隧道效应

量子隧道效应
Y 隧道效应

量子态
quantum state
O413.1
D 量子状态
S 能态*
F EPR 态
  本征态
  叠加态
  混合态
  散射态
  束缚态
  相干态
  薛定谔猫态
  压缩态
  自旋态

量子态保真度
fidelity of quantum state
O413；O438

S 保真度*

量子态的隐形传送
Y 量子隐形传送

量子态演化
evolution of quantum state
O413
S 演变*

量子特性
quantum character
O413
D 量子性
S 物理特性*
F 定域性
  非经典特性
  纠缠特性
C 量子效应

量子体系
Y 量子系统

量子通道
quantum channel
O413.2
S 量子器件*

量子统计
quantum statistics
O43
S 统计*

量子统计法
quantum statistics
O413
S 物理法*

量子统计力学
quantum statistical mechanics
O413.1；O414.2
S 量子力学
C 玻色子
  费米子系统
  分析力学
Z 物理学

量子统计物理学
Y 量子统计学

量子统计学
quantum statistics
O414.2
D 量子统计物理学
S 统计物理学
  统计学*
Z 物理学

量子退相干
quantum decoherence
O413.2
D 量子消相干
S 量子相干性
  退相干
Z 相干性

量子微结构
Y 量子结构

量子围栏
quantum corral

O48
量子位
　Y 量子比特

量子无线电物理学
quantum radiophysics
O45
　S 无线电物理学
　Z 物理学

量子物理
　Y 量子力学

量子物理学
　Y 量子力学

量子系统*
quantum system
O413.1
　D 量子体系
　F 开放量子系统
　　少体系统
　　约瑟夫森器件
　　自旋系统

量子现象*
quantum phenomenum
O413
　F 宏观量子现象
　　量子叠加
　　量子对话
　　量子关联
　　量子剪裁
　　量子阱混合
　　量子纠缠
　　量子克隆
　　量子亏损
　　量子受限
　　量子输运
　　量子修正
　　量子涨落
　C 量子测量

量子线
quantum wires
O47
　C 分子束外延
　　量子点
　　量子阱

量子限域
　Y 量子限制效应

量子限域效应
　Y 量子限制效应

量子限制
　Y 量子限制效应

量子限制效应
quantum confinement effect
O413
　D 量子限域
　　量子限域效应
　　量子限制
　S 量子效应*

量子相变
quantum phase transition
O413
　S 相变*
　F 拓扑量子相变

量子相对熵
quantum relative entropy
O413；P145.8
　S 量子熵
　Z 熵

量子相干
　Y 量子相干性

量子相干控制
quantum coherent control
O413.2
　S 量子控制
　　相干控制
　Z 控制

量子相干效应
quantum coherent effect
O413.2
　S 量子效应*
　F 自旋相关效应

量子相干性
quantum coherence
O413.2
　D 量子相干
　S 相干性*
　F 多量子相干
　　量子退相干

量子相位
quantum phase
O413
　S 相位*
　F 量子几何相位

量子相位门
quantum phase gate
O413.2
　S 量子器件*

量子消相干
　Y 量子退相干

量子效率
quantum efficiency
O431.2
　D 量子产额
　S 光学效率*

量子效应*
quantum effect
O413
　F 量子 Zeno 效应
　　量子尺寸效应
　　量子干涉效应
　　量子力学效应
　　量子限制效应
　　量子相干效应
　　隧道效应
　C 量子变换
　　量子结构
　　量子论
　　量子特性

量子谐振子
quantum harmonic oscillator
O413.2
　S 量子器件*
　C 相干态

量子信息
quantum information
O413
　S 信息*
　F 量子 Fisher 信息

量子信息处理
quantum information processing
O455
　S 量子信息技术*

量子信息分离
quantum information splitting
O455
　S 量子信息技术*

量子信息技术*
quantum information technology
O455
　F 量子纠错
　　量子密码术
　　量子签名
　　量子身份认证
　　量子信息处理
　　量子信息分离
　C 无线电物理学

量子信息理论
　Y 量子信息论

量子信息论
quantum information theory
O413
　D 量子信息理论
　S 量子论
　Z 物理理论

量子信息学
quantum information science
O413
　S 量子力学
　C 无线电物理学
　Z 物理学

量子性
　Y 量子特性

量子修正
quantum corrections
O413
　S 量子现象*

量子学说
　Y 量子论

量子液体
quantum liquid
O413
　S 量子流体
　F 费米液体
　Z 流体

量子引力
quantum gravity
O413

S 引力*
F 圈量子引力
C 统一场论
　引力场
　引力子

量子隐形传输
Y 量子隐形传送

量子隐形传送
quantum teleportation
O455
D 量子态的隐形传送
　量子隐形传输
　隐形传输
　隐形传送
S 量子输运
F 概率隐形传送
Z 量子现象

量子约化熵
quantum reduced entropy
O413；P145.8
S 量子熵
Z 熵

量子跃迁
quantum transition
O413.1
S 跃迁*
F 多量子跃迁

量子噪声
quantum noise
O413
S 随机噪声*
C 不确定理论
　海森堡绘景
　量子力学

量子涨落
quantum fluctuations
O413
D 量子起伏
　能量涨落
S 量子现象*

量子状态
Y 量子态

列阵透镜
lens-array
TH74
S 透镜
Z 光学元件

裂变
Y 核裂变

裂变产物
fission products
O57
D 核裂变产物
　裂片(核)
S 反应产物*
C 放射性物质 →(3)
　铀 →(3)
　铀裂变

裂变反应
Y 核裂变

裂变截面
fission cross section
O571.43
S 核截面*

裂变率
fission rate
O571.43
S 核参数
Z 物理参数

裂变能
Y 核裂变能

裂变行为
Y 核裂变

裂变中子
fission neutron
O572.342
S 中子
F 缓发中子
　瞬发中子
Z 粒子

裂断伸长
Y 断裂伸长

裂缝*
crack
O346.1；P542.3
D 裂隙
F 垂直裂缝
　弥散裂缝
　深裂缝
　水平裂缝
　压裂裂缝
　纵向裂缝

裂缝闭合
Y 裂纹闭合

裂缝参数
Y 断裂参数

裂缝产生
Y 裂纹形成

裂缝长度
Y 裂纹长度

裂缝检测
crack detection
TU3
D 裂隙检测
S 检测*
C 方位各向异性
　裂缝观测 →(4)

裂缝开度
Y 裂缝宽度

裂缝-孔隙介质
Y 裂隙介质

裂缝宽度
crack width
O346.1
D 缝隙宽度
　裂缝开度
　裂纹宽度
　压裂宽度
S 宽度*
C 刚度
　裂纹闭合
　挠度
　压裂
　预加应力

裂缝扩展
Y 裂纹扩展

裂缝密度
crack density
O346.1
D 裂纹密度
　裂隙密度
S 密度*

裂缝模型
fissure model
TU3
D 离散裂隙网络模型
S 力学模型*
C 地质建模 →(5)

裂缝渗流
Y 裂隙渗流

裂缝形成
Y 裂纹形成

裂尖
Y 裂纹尖端

裂尖单元
crack-tip element
O346.1
S 单元*

裂尖过程区
crack-tip process zone
O346.1
S 断裂过程区
F 裂尖塑性区
Z 区域

裂尖奇异场
Y 应力场

裂尖塑性区
crack-tip plastic zone
O344.1；O346.1
S 裂尖过程区
　塑性区域
Z 区域

裂尖张开位移
crack-tip opening displacement
O346.1
S 张开位移
Z 位移

裂开
Y 开裂

裂片(核)
Y 裂变产物

裂纹*

crack
O346.1
  D 龟裂
    裂纹技术
  F Ⅰ型裂纹
    Ⅱ型裂纹
    Ⅲ型裂纹
    Griffith 裂纹
    半无限裂纹
    闭合裂纹
    边裂纹
    表面裂纹
    穿透裂纹
    动态裂纹
    短裂纹
    钝裂纹
    多裂纹
    反平面裂纹
    分层裂纹
    分叉裂纹
    复合型裂纹
    共线裂纹
    环形裂纹
    基体裂纹
    角裂纹
    界面裂纹
    晶间裂纹
    矩形裂纹
    开闭裂纹
    扩展裂纹
    临界裂纹
    内部裂纹
    疲劳裂纹
    偏心裂纹
    平面裂纹
    钱币状裂纹
    曲线裂纹
    热应力裂纹
    三角区裂纹
    三维裂纹
    十字裂纹
    椭圆裂纹
    弯曲裂纹
    微裂纹
    斜裂纹
    压剪裂纹
    翼形裂纹
    银纹
    预制裂纹
    圆弧裂纹
    运动裂纹
    周期裂纹
  C 包辛格效应
    金属疲劳
    开裂
    裂纹尖端场
    裂纹扩展
    破裂
    氢脆变
    应力变化
    应力分析
    应力腐蚀断裂

裂纹闭合
crack closure
O346.1
  D 裂缝闭合
  S 裂纹形貌
  C 交变载荷
    裂缝宽度
    裂纹形成
    疲劳裂纹扩展
    疲劳寿命预测
  Z 形貌

裂纹长度
crack length
O346.1
  D 缝隙长度
    开缝长度
    裂缝长度
  S 长度*
  F 裂纹扩展长度
    临界裂纹长度
  C 扩散速度
    热疲劳
    柔度系数

裂纹成核
  Y 裂纹形核

裂纹传播规律
  Y 裂纹扩展

裂纹传播理论
  Y 疲劳理论

裂纹传播模型
  Y 裂纹扩展模型

裂纹传播速度
  Y 裂纹扩展速率

裂纹传播速率
  Y 裂纹扩展速率

裂纹顶端
  Y 裂纹尖端

裂纹钝化
crack blunting
O346.1; O647
  S 表面现象(化学)*
  C 裂纹形成

裂纹发生
  Y 裂纹形成

裂纹分叉
crack branching
O346.1
  S 裂纹形貌
  C 十字裂纹
  Z 形貌

裂纹贯通
crack coalescence
O346.1
  S 裂纹形貌
  C 断裂破坏准则
  Z 形貌

裂纹技术
  Y 裂纹

裂纹尖端
crack tip
O346.1
  D 裂尖
    裂纹顶端
  S 裂纹形貌
  C 断裂机理
    裂纹尖端场
    裂纹扩展
    裂纹形成
  Z 形貌

裂纹尖端场
crack-tip field
O346.1
  S 场(力学)*
  C 动态扩展
    裂纹
    裂纹尖端
    准静态扩展

裂纹间距
crack spacing
O346.1
  S 距离*

裂纹减速
  Y 裂纹扩展减速

裂纹结构
  Y 裂纹形貌

裂纹开裂
  Y 裂纹形成

裂纹宽度
  Y 裂缝宽度

裂纹扩展
crack propagation
O346.1
  D 裂缝扩展
    裂纹传播规律
    裂纹扩展规律
    裂纹扩张
    裂纹蔓延
    裂纹生长
    裂纹增长
    裂隙扩展
  S 扩展*
  F 疲劳裂纹扩展
    蠕变裂纹扩展
    三维裂纹扩展
    稳定裂纹扩展
    亚临界裂纹扩展
  C 断裂
    断裂力学
    断裂强度
    裂纹
    裂纹尖端
    裂纹形成
    疲劳

裂纹扩展长度
length of crack expanding
O346.1
  S 裂纹长度
  C 裂纹扩展速率
  Z 长度

裂纹扩展规律

Y 裂纹扩展

裂纹扩展减速
crack retardation
O346.1
  D 裂纹减速
  S 裂纹扩展速率
  Z 运动速度

裂纹扩展理论
  Y 疲劳理论

裂纹扩展力
crack extension force
O346.1
  D 裂纹推动力
  S 力*
  C 断裂准则
    裂纹扩展速率

裂纹扩展率
  Y 裂纹扩展速率

裂纹扩展门槛值
crack growth threshold
O346.1
  S 阈值*

裂纹扩展模拟
crack propagation modeling
O346.1
  S 力学模拟*
  C 断裂理论
    裂纹扩展模型

裂纹扩展模型
crack growth model
O346.1
  D 裂纹传播模型
  S 断裂模型
  C 裂纹扩展模拟
  Z 力学模型

裂纹扩展速度
  Y 裂纹扩展速率

裂纹扩展速率
crack growth rate
O346.1
  D 裂纹传播速度
    裂纹传播速率
    裂纹扩展率
    裂纹扩展速度
  S 运动速度*
  F 裂纹扩展减速
    疲劳裂纹扩展率
  C 动态断裂韧性
    断裂机理
    断裂韧性
    腐蚀疲劳
    裂纹扩展长度
    裂纹扩展力
    临界应力强度因子
    塑性变形
    塑性应变
    应变-寿命曲线

裂纹扩展准则
criterion for crack propagation
O346.1
  S 断裂准则
  Z 力学准则

裂纹扩张
  Y 裂纹扩展

裂纹蔓延
  Y 裂纹扩展

裂纹萌生
  Y 裂纹形成

裂纹密度
  Y 裂缝密度

裂纹面
crack surface
O346.1
  S 表面*
  C 多裂纹
    裂纹嘴

裂纹启裂
  Y 裂纹形成

裂纹起始
  Y 裂纹形成

裂纹群
  Y 多裂纹

裂纹深度
crack depth
O346.1
  S 深度*
  C 权函数法 →(1)

裂纹生长
  Y 裂纹扩展

裂纹推动力
  Y 裂纹扩展力

裂纹位置
crack location
O346.1
  S 位置*

裂纹问题
crack problems
O346.1
  S 力学问题*

裂纹形成
crack initiation
O346.1
  D 产生裂纹
    裂缝产生
    裂缝形成
    裂纹发生
    裂纹开裂
    裂纹萌生
    裂纹启裂
    裂纹起始
    裂隙产生
    起裂
  S 损伤演化
  C 断裂机理
    裂纹闭合
    裂纹钝化
    裂纹尖端
    裂纹扩展
    起裂角
  Z 演变

裂纹形核
crack nucleation
TG14
  D 裂纹成核
  S 成核*
  F 微裂纹形核

裂纹形貌
crack morphology
O346.1
  D 裂纹结构
  S 形貌*
  F 裂纹闭合
    裂纹分叉
    裂纹贯通
    裂纹尖端
    裂纹嘴
  C 表面裂纹

裂纹缘应力场分析
  Y 应力分析

裂纹增长
  Y 裂纹扩展

裂纹张开位移
crack opening displacement
O346.1
  S 张开位移
  C 断裂准则
  Z 位移

裂纹止裂
  Y 止裂

裂纹阻力
crack resistance
O346.1
  S 阻力*

裂纹嘴
crack mouth
O346.1
  S 裂纹形貌
  C 裂纹面
  Z 形貌

裂隙
  Y 裂缝

裂隙产生
  Y 裂纹形成

裂隙检测
  Y 裂缝检测

裂隙介质
fisstured medium
O357.3
  D 裂缝-孔隙介质
  S 力学介质*

裂隙扩展
  Y 裂纹扩展

裂隙密度
  Y 裂缝密度

裂隙渗流
fissure seepage
O357.3
　　D 裂缝渗流
　　S 渗流
　　C 变形耦合
　　Z 流体流

裂隙水压力
fissure water pressure
O351
　　S 水压
　　Z 压力

邻基参与
　　Y 取代反应

邻近效应
proximity effect
O441.1
　　S 电热特性
　　C 大气辐射传输 →(4)
　　Z 电学性质

邻晶面
vicinal face
O76
　　S 晶面*

林士谔法
　　Y 因子分解法

临界变形
　　Y 临界应变

临界变形值
　　Y 临界应变

临界表面张力
critical surface tension
O552.4；O647.1
　　S 表面张力
　　Z 化学性质

临界波长
critical wavelength
O353
　　S 波长*

临界参量
　　Y 临界参数

临界参数
critical parameters
O369；O6
　　D 临界参量
　　　 临界常数
　　S 化学参数*
　　C 临界概率 →(1)
　　　 临界厚度
　　　 临界压力

临界长度
critical length
O369
　　S 长度*
　　F 临界裂纹长度

临界常数
　　Y 临界参数

临界场
　　Y 临界磁场

临界冲击速度
critical impact velocity
O311
　　S 临界速度
　　Z 速度

临界磁场
critical magnetic field
O511.4
　　D 超导临界场
　　　 临界场
　　S 磁场*
　　F 第三临界场
　　　 上临界场

临界大小
　　Y 临界体积

临界点
critical point
O174；O189.23；O369
　　D 平稳点
　　　 驻点
　　S 状态点*
　　F 三临界点
　　C 变分泛函 →(1)
　　　 变指标 →(1)
　　　 超临界条件 →(1)
　　　 哈密尔顿性 →(1)
　　　 环绕定理 →(1)
　　　 临界位势 →(1)
　　　 临界压力

临界点热力学
　　Y 临界态理论

临界电场
critical electric field
O441.1
　　S 电场*

临界电流
critical current
O511.4
　　D 超导临界电流
　　S 超导电流
　　C 磁通钉扎
　　Z 电流

临界电流密度
critical current density
O441.1
　　S 电流密度
　　Z 物理参数

临界电阻
　　Y 临界阻尼电阻

临界反射
critical reflection
O435.1
　　D 临界角反射
　　S 光学反射
　　Z 反射

临界负荷
　　Y 临界荷载

临界负载
　　Y 临界荷载

临界功率
critical power
O41
　　S 功率*

临界荷载
critical load
O347
　　D 临界负荷
　　　 临界负载
　　　 临界荷载(欧拉荷载)
　　　 临界载荷
　　　 欧拉荷载
　　　 欧拉临界荷载
　　S 荷载*
　　C 比例极限
　　　 临界应力
　　　 屈曲

临界荷载(欧拉荷载)
　　Y 临界荷载

临界厚度
critical thickness
O475；P61
　　S 厚度*
　　C 临界参数

临界加速度
critical acceleration
O311
　　S 加速度*

临界间距
　　Y 临界距离

临界角
critical angle
O435.1
　　S 光学角*

临界角动量
　　Y 角动量

临界角反射
　　Y 临界反射

临界解吸压力
critical desorption pressure
O31
　　S 解吸压力
　　Z 压力

临界晶核
critical nucleus
O78
　　S 晶核
　　Z 晶体要素

临界晶核尺寸
critical nucleus size
O78
　　S 晶体尺寸
　　Z 晶体学参数

临界距离
critical distance
O369

D 临界间距
S 距离*

临界雷诺数
Y 临界速度

临界冷凝温度
Y 冷凝温度

临界冷凝压力
Y 临界压力

临界裂缝尖端开口位移
critical crack-tip opening displacement
O346.1
S 张开位移
C 临界应力集中因子
双参数模型 →(1)
Z 位移

临界裂纹
critical microcrack
O346.1
S 裂纹*

临界裂纹长度
critical crack length
O346.1
S 裂纹长度
临界长度
Z 长度

临界流
critical flow
O351
D 临界流动
亚临界流
亚临界流动
S 流体流*
F 超临界流
C 压力跃变
蒸汽流动

临界流动
Y 临界流

临界流速
critical flow velocity
O351.2
S 流速*
F 临界射流速度
C 固液两相流

临界马赫数
Y 临界速度

临界慢化
critical slowing down
O369
S 慢化
Z 物理过程

临界密度
critical density
O369；P15
S 天文参数*

临界面
critical plane
O35
S 曲面*

临界面法
Y 临界平面法

临界能
Y 临界能量

临界能量
critical energy
O57
D 临界能
S 能量*
F 临界起爆能量

临界粘性阻尼
Y 临界阻尼

临界疲劳极限应力
fatigue limit stress
O343
S 临界应力
Z 应力

临界频率
critical frequency
O32；P141；P35
D 阈频率
S 频率*
C 电离层 →(4)(5)

临界平面
critical plane
O34
S 平面*

临界平面法
critical plane approach
O302；O34
D 边界面法
临界面法
S 力学方法*

临界破裂速度
rupture speed
O346.1
S 临界速度
Z 速度

临界起爆能
Y 临界起爆能量

临界起爆能量
critical initiating energy
O38
D 临界起爆能
S 爆炸能量
临界能量
Z 能量

临界强度
critical strength
O346
S 力学强度*

临界热通量
critical heat flux
TK12；TL33
S 热通量
Z 通量

临界射流速度
critical jet velocity
O358
S 临界流速
射流速度
C 平面射流
Z 流速

临界生产压差
critical producing pressure differential
O31
S 临界压差
Z 压差

临界速度
critical velocity
O311.1；O35；O4
D 临界雷诺数
临界马赫数
S 速度*
F 临界冲击速度
临界破裂速度

临界损伤
critical damage
O346.5
S 损伤(力学)*
C 层裂强度

临界态理论
theory of critical states
O369
D 点阵理论
分因子
柯克伍德理论
空穴理论
临界点热力学
笼子理论
笼子模型
自由容积理论
自由容积模型
S 力学理论*

临界态模型
critical state models
O513
D Bean 模型
S 超导模型
Z 物理模型

临界体积
critical volume
O369
D 临界大小
S 体积*

临界温差
critical thermal shock temperature
O551.2；P412.11；P423
S 温差*
C 临界温度

临界温度
critical temperature
O551；O642
S 温度*
F 假临界温度
C 冷却曲线
临界温差
临界压力

主　表　491

临界相位匹配
critical phase matching
TN241/244
　　S 相位匹配
　　Z 匹配

临界压差
critical pressure differential
O31
　　D 临界压力差
　　S 压差*
　　F 临界生产压差

临界压力
critical pressure
O31
　　D 假临界压力
　　　 临界冷凝压力
　　　 压力(临界)
　　S 压力*
　　F 超临界压力
　　　 亚临界压力
　　C 超临界
　　　 临界参数
　　　 临界点
　　　 临界温度
　　　 屈曲
　　　 失稳

临界压力差
　　Y 临界压差

临界压强
critical pressure
O31
　　S 压强*

临界应变
critical strain
O344.3
　　D 临界变形
　　　 临界变形值
　　S 应变*
　　C 动态再结晶
　　　 内部裂纹

临界应力
critical stress
O343.4
　　S 应力*
　　F 临界疲劳极限应力
　　C 结构稳定性
　　　 临界荷载
　　　 屈曲

临界应力集中因子
critical stress concentration factor
O343.4
　　S 力学因子*
　　C 临界裂缝尖端开口位移
　　　 双参数模型 →(1)

临界应力强度因子
critical stress intensity factor
O343.4；O346.1
　　S 应力强度因子*
　　C 裂纹扩展速率
　　　 应力腐蚀
　　Z 力学因子

临界载荷
　　Y 临界荷载

临界值
　　Y 阈值

临界指标
critical exponent
O175.26；O369
　　S 指标*

临界指数
critical exponent
O175.26；O369
　　S 指数*
　　C Hardy 不等式 →(1)
　　　 超临界
　　　 集中紧性原理 →(1)
　　　 奇异椭圆方程 →(1)

临界质量
critical mass
O369
　　S 质量*
　　C 临界浓度 →(3)

临界转速
critical speed of rotation
O311；O347.6
　　D 亚临界转速
　　　 转子的临界转速
　　　 转子临界转速
　　S 转速
　　C 传递矩阵
　　　 动平衡
　　　 陀螺力矩
　　　 弯扭耦合振动
　　　 振动分析
　　　 整体传递矩阵法
　　　 转子动力学
　　Z 运动速度

临界阻尼
critical damping
O32
　　D 临界粘性阻尼
　　S 阻尼*

临界阻尼电阻
critical damping resistance
TM934.1
　　D 临界电阻
　　S 电阻*

临时载荷
　　Y 短期载荷

磷光
phosphorescence
O462.3
　　S 光致发光
　　F 电致磷光
　　　 微波感生缓发磷光
　　　 阴极磷光
　　C 磷光光谱 →(3)
　　　 磷光体
　　　 闪烁
　　　 余辉
　　Z 发光

磷光分析
phosphorescence analysis
O482.3；O657.3
　　S 光化学分析法*

磷光强度
　　Y 荧光强度

磷光体
phosphor
O436
　　S 发光体
　　C 发光
　　　 磷光
　　　 闪烁
　　Z 光源

磷酸二氘钾晶体
DKDP crystal
O734.1
　　D DKDP 晶体
　　S 磷酸盐晶体
　　Z 光学晶体
　　　 晶体

磷酸二氢铵晶体
ADP crystals
O734.1
　　D ADP 晶体
　　S 磷酸盐晶体
　　Z 光学晶体
　　　 晶体

磷酸二氢钾晶体
KDP crystal
O734
　　D KDP 晶体
　　S 磷酸盐晶体
　　Z 光学晶体
　　　 晶体

磷酸钒半导体玻璃
　　Y 非晶半导体

磷酸钛氧钾晶体
KTP crystals
O734
　　D KTP 晶体
　　S 磷酸盐晶体
　　F 掺铌磷酸钛氧钾晶体
　　　 周期性极化磷酸氧钛钾晶体
　　Z 光学晶体
　　　 晶体

磷酸钛氧铷晶体
RTP crystal
O734
　　D RTP 晶体
　　S 磷酸盐晶体
　　Z 光学晶体
　　　 晶体

磷酸铁半导体玻璃
　　Y 非晶半导体

磷酸盐晶体
phosphate crystals
O734
　　S 无机非线性光学晶体
　　F 磷酸二氘钾晶体

磷酸二氢铵晶体
磷酸二氢钾晶体
磷酸钛氧钾晶体
磷酸钛氧铷晶体
　Z 光学晶体
　　晶体

磷锗锌晶体
ZGP crystal
O734
　D ZGP 晶体
　　ZnGeP$_2$ 晶体
　S 红外非线性光学晶体
　　无机非线性光学晶体
　Z 光学晶体
　　晶体

灵敏电流计
　Y 检流计

灵敏度分析
sensitivity analysis
O177.91；O224；O4-3
　D 灵敏性分析
　　敏感性分析
　　敏感性分析法
　S 性能分析
　C 互异性 →(1)
　　决策分析 →(1)
　　稳定性计算
　　响应函数
　Z 分析

灵敏性分析
　Y 灵敏度分析

菱方晶系
　Y 三方晶系

菱面体
rhombohedron
O7
　S 单形(晶体学)
　Z 晶体形貌

菱形晶体
rhombohedral crystal
O76
　S 晶体*

菱形晶系
　Y 三方晶系

菱形十二面体
rhombic dodecahedron
O7
　S 十二面体
　Z 几何体

零场分裂参量
zero-field splitting parameters
O734；O74
　S 晶体学参数*
　C 晶格缺陷

零场双稳态
zero bistable states
O317
　S 双稳态
　Z 稳定

零磁场
zero magnetic field
O441.2
　S 磁场*

零磁通
zero magnetic flux
O441.2
　S 磁通
　Z 磁参数

零点能
zero-point energy
O51
　D 零点能量
　　真空零点能
　S 真空能
　C 零点分布 →(1)
　　零点密度 →(1)
　Z 能量

零点能量
　Y 零点能

零点漂移
zero drift
TH7
　D 零漂移
　S 漂移*
　C 检流计

零电荷点
point of zero electric charge
O4
　S 状态点*

零电位
zero potential
O441.1
　S 电极电位
　Z 电位

零电压电流
　Y 超导电流

零光程差
zero optical path difference
O435
　S 光程差
　Z 光学参数

零级像
zero-order image
O435.2
　S 光学图像*

零雷诺数流
　Y Stokes 流

零力系
null-force system
O31
　S 力系*

零能模式
zero-energy mode
O34
　S 模式*

零拍探测
homodyne detection
TN29
　S 光电探测
　Z 探测

零漂移
　Y 零点漂移

零色散
zero dispersion
O436.3
　S 色散*

零色散波长
zero-dispersion wavelength
O436.3
　S 波长*

零升力
　Y 升力

零升阻力
zero-lift drag
O354
　S 升阻力
　C 升力
　Z 阻力

零维超晶格
　Y 量子点

零维缺陷
　Y 点缺陷

零位光栅
zero gratings
O437.4；P111.3
　S 计量光栅
　Z 光栅

零温压缩
zero temperature compression
O55
　S 冷压缩
　Z 压缩

零序互感
zero sequence mutual inductance
O441.3
　S 互感
　Z 电磁感应

零重力
　Y 失重

零重力实验
zero gravity experiments
V4；V417
　D 弱重力实验
　　失重实验
　　微重力实验
　　约化重力实验
　S 力学实验
　C 材料性能
　Z 科学实验

刘易斯数
Lewis number
O303；P12
　S 无量纲数*
　C 高超声速流动
　　高超音速流场

流比
　　Y　流量比
流变*
flowing deformation
O37
　　D　流动变形
　　F　安全流变
　　　　磁流变
　　　　电流变
　　　　动态流变
　　　　堆石流变
　　　　非线性流变
　　　　高温流变
　　　　宏观流变
　　　　剪切流变
　　　　静态流变
　　　　锯齿流变
　　　　可控流变
　　　　拉伸流变
　　　　塑性流变
　　　　微观流变
　　　　围岩流变
　　　　压缩流变
　　　　粘弹流变
　　　　粘滞流变
　　C　普兰特模型
　　　　蠕变
　　　　蠕流
　　　　司克维多夫体
　　　　震凝性

流变动力学
rheodynamics
O37
　　S　流变学*

流变方程
rheological equation
O37
　　S　流体力学方程
　　F　流变应力方程
　　C　积分模型　→(1)
　　Z　力学方程

流变关系
　　Y　流变曲线

流变机理
rheology mechanism
O37
　　S　机理*

流变力学
　　Y　流变学

流变模式
　　Y　流变模型

流变模型
rheological model
O37
　　D　流变模式
　　　　流变学模型
　　　　流体模型
　　S　流体力学模型
　　F　Kelvin-Voigt 模型
　　　　Maxwell 模型
　　　　宾汉体
　　　　伯格斯体
　　　　杰弗勒司体
　　　　司克维多夫体
　　C　非线性流变
　　　　流变试验
　　　　水力半径模型　→(5)
　　　　循环压力　→(5)
　　　　粘弹塑性
　　　　粘弹性
　　Z　力学模型

流变强度
flow strength
O37
　　S　力学强度*

流变曲线
rheological curve
O37
　　D　流变关系
　　　　流变应力曲线
　　S　应力-应变曲线*
　　C　流变仪
　　　　粘度

流变失稳
rheological destabilization
O37
　　S　失稳*
　　C　高温塑性变形

流变试验
rheological tests
O37
　　S　力学实验
　　C　流变模型
　　　　流变仪
　　Z　科学实验

流变特性
　　Y　流变性

流变系数
rheological coefficient
O37
　　S　力系数
　　Z　系数

流变行为
　　Y　流变性

流变性
rheological property
O37
　　D　流变特性
　　　　流变行为
　　　　流变性能
　　　　流变性质
　　　　流变学品质
　　　　流变学特性
　　　　流变学性质
　　S　力学性质*
　　F　电流变性能
　　C　表观粘度
　　　　磁流体
　　　　假塑性流体
　　　　熔体流动指数　→(3)
　　　　塑性流体
　　　　粘弹性流体
　　　　粘度

流变性能
　　Y　流变性

流变性质
　　Y　流变性

流变学*
rheology
O37
　　D　流变力学
　　　　流变学理论
　　　　液流学
　　F　动态流变学
　　　　结构流变学
　　　　流变动力学
　　　　推进剂流变学
　　　　岩石流变学
　　C　变形
　　　　触变性
　　　　非牛顿流体
　　　　聚合物溶液　→(3)
　　　　流动特性
　　　　凝胶强度
　　　　塑性流动
　　　　土壤　→(4)(5)
　　　　运动粘度

流变学理论
　　Y　流变学

流变学模型
　　Y　流变模型

流变学品质
　　Y　流变性

流变学特性
　　Y　流变性

流变学性质
　　Y　流变性

流变仪
rheometer
O37
　　S　测量仪器*
　　F　旋转流变仪
　　C　流变曲线
　　　　流变试验
　　　　粘度计

流变应力
flow stress
O37
　　D　塑变应力
　　　　应力流
　　S　应力*
　　C　动态再结晶
　　　　热变形
　　　　压缩变形
　　　　应变率

流变应力方程
rheological stress equation
O37
　　S　流变方程
　　Z　力学方程

流变应力曲线
  Y 流变曲线

流变指数
rheologic index
O37
  D 流性指数
  S 指数*

流变组织
rheological structure
O37
  S 结构*

流层
streak
O357.3；P421.3
  D 不可渗阻流层
    湍流层
    紊流层
    阻流层
  S 流体层*

流场*
flow field
O351.2；P434
  D 流场(流体力学)
    流场分布
    流动场
    流动分布
  F 伴流场
    爆炸流场
    不均匀流场
    掺混流场
    冲击流场
    出口流场
    单相流场
    低密度流场
    短路流场
    二维流场
    非定常流场
    分离流场
    风洞流场
    复合流场
    复杂流场
    干扰流场
    高速流场
    环流场
    浑水流场
    激波流场
    剪切流场
    进口流场
    均匀流场
    空化场
    空间流场
    拉伸流场
    两相流场
    流速场
    脉动流场
    模拟流场
    内流场
    内外流场
    黏性流场
    气流场
    气相流场
    汽车流场
    全流场
    燃气流场
    绕流场
    弱旋流场
    三维流场
    射流流场
    渗流场
    时均流场
    湍流流场
    外流场
    尾流场
    涡流场
    无粘流场
    旋转流场
    叶栅流场
    引射流场
    羽流场
    再入流场
  C Stokes 数
    非定常流
    冷流
    流场畸变
    流谱
    流速分布
    流线
    渗流力学

流场(流体力学)
  Y 流场

流场参数
flow field parameter
O35
  S 力学参数*

流场测量
flow field measurement
TB937
  S 流体测量
  Z 测量

流场重建
flow field reconstruction
O35
  S 建模*

流场分布
  Y 流场

流场机理
flow field mechanism
O351
  S 机理*

流场畸变
flow distortion
O435.2；P111.3
  D 流动畸变
    周向畸变
  S 畸变*
  F 动态畸变
    进气畸变
    温度畸变
    稳态畸变
  C 流场

流场拟合法
field fitting method
flow field fitting method
O35
  S 流体力学法*
  C 雷诺数

渗漏 →(5)

流场特性
flow field characteristics
O35
  D 流场特征
  S 物理特性*

流场特征
  Y 流场特性

流场显示
  Y 流动显示

流场演化
flow field evolvement
O35
  S 演变*

流场诊断
flow field diagnosis
O35
  S 诊断*

流程*
process
ZT5
  F 测量程序

流程仿真
  Y 流动模拟

流程模拟
  Y 流动模拟

流道
flow channel
O35
  D 流路
    流体通道
  S 通道*
  F 复杂流道
    内流道
  C 压力场

流道型线
passage shape
O35
  S 流线
  Z 线

流动*
flow
O351.2
  F 薄膜流动
    超声速流动
    磁流体力学流动
    单向流动
    低速流动
    低温流动
    底部流动
    断续流动
    二维流动
    发展流动
    非等温流动
    缝隙流动
    复杂流动
    环形空间流动

挤压流动
加速流动
减速流动
角区流动
拉伸流动
凝结流动
牛顿流动
平行流动
热流动
收敛流动
收缩流动
塑性流动
突扩流动
微流动
吸气流动
旋转流动
液体流动
粘弹性流动
指进
质点流动
周期流动
自由流动
 C 流动双折射
  流体
  泻流 →(4)

流动变形
 Y 流变

流动不稳定性
 Y 流动稳定性

流动参量
flow parameter
O351.2
 S 力学参数*

流动测量
flow measurement
TB937
 D 流动测试
 S 力学测量*
 F 激波测量
  湍流测量
 C 流速测量 →(5)

流动测试
 Y 流动测量

流动场
 Y 流场

流动点
 Y 流动温度

流动电势
electrokinetic potential
O441
 D 流动起电势
 S 电位*

流动动态
 Y 流动特性

流动度比
 Y 流度比

流动法则
 Y 流动规律

流动方程
flow equation
O351.2
 D 流体流动方程
 S 流体力学方程
 F Boltzmann 模型方程
  Brinkman 方程
  过滤方程
  开尔文公式
  流入动态方程
  守恒方程
  涡度方程
 C 守恒格式 →(1)(4)
  迂曲度
 Z 力学方程

流动非对称性
flow asymmetry
O35
 S 流动特性
 C 非对称涡
  尾流
 Z 动态特性

流动分布
 Y 流场

流动分离
 Y 边界层分离

流动干扰
flow disturbance
O351.2
 D 扰流
 S 干扰*

流动规律
flow rule
O37
 D 流动法则
 S 规律*
 C 潜在滑动面 →(5)
  屈服条件
  塑性

流动畸变
 Y 流场畸变

流动几何特性
 Y 流动特性

流动减阻
drag reduction of flow
O351.2
 S 减阻
 F 湍流减阻
 Z 阻力

流动介质
flowing medium
O351.2
 S 力学介质*
 F 湍流介质

流动聚焦
flow focusing
O351.2
 S 聚焦*

流动可视化
 Y 流动显示

流动类型
 Y 流型图

流动理论
flow theory
O317；O351.2
 D 流动稳定性理论
  流体波动理论
  流体动力稳定性理论
  流体运动理论
 S 力学理论*
 F 边界层理论
  非线性理论
  流体动力理论
  润滑理论
  湍流理论
  细长体理论
  小扰动理论
 C 边界层方程
  伯努利定理

流动模拟
flow simulation
O351.2
 D 流程仿真
  流程模拟
 S 力学模拟*
 F 大涡模拟
  分离涡模拟
  渗流模拟
  湍流模拟

流动摩擦
 Y 流体摩擦

流动起电势
 Y 流动电势

流动曲线
flow curve
O35
 S 曲线*

流动声学
 Y 航空声学

流动势
 Y 势流

流动双折射
flow birefringence
O435.1
 S 双折射
 C 流动
 Z 折射

流动速度
 Y 流速

流动特点
 Y 流动特性

流动特性
flow characteristics
O351.2
 D 流动动态
  流动几何特性
  流动特点

流动特征
　　S 动态特性*
　　F 流动非对称性
　　　流体动力特性
　　　内流特征
　　　绕流特性
　　C 流变学
　　　流动模型 →(1)
　　　流动温度
　　　牛顿流体
　　　三维流场

流动特征
　　Y 流动特性

流动体系
　　Y 流体

流动温度
pour point
O351
　　D 流动点
　　S 温度*
　　C 流动特性
　　　流体

流动稳定性
flow stability
O351.2
　　D 开耳芬-亥姆霍兹不稳定性
　　　流动不稳定性
　　　瑞利-贝纳尔不稳定性
　　　泰勒不稳定性
　　S 运动稳定性
　　F 对流流动稳定性
　　C 非平衡流
　　　三维湍流
　　　湍流脉动
　　　涡破裂
　　　旋涡脱落
　　Z 力学稳定性

流动稳定性理论
　　Y 流动理论

流动系统
flow system
O351.2
　　S 力学系统*

流动显示*
flow visualization
O351.2；O354
　　D 流场显示
　　　流动可视化
　　　流动显示技术
　　　流动显现
　　　流动显形
　　　流动显影
　　　流可视化
　　　流态显示
　　　水流显示技术
　　　水流显形技术
　　F 干涉条纹显示
　　　辉光显示
　　　计算流动显示
　　C 流体流
　　　气泡
　　　气溶胶 →(3)(4)

　　　涡干扰

流动显示技术
　　Y 流动显示

流动显现
　　Y 流动显示

流动显形
　　Y 流动显示

流动显影
　　Y 流动显示

流动效应
flow effect
O351.2
　　S 力学效应*

流动形式
　　Y 流型图

流动型式
　　Y 流型图

流动型态
　　Y 流型

流动性
　　Y 粘度

流动性能
　　Y 粘度

流动性质
　　Y 粘度

流动液体
flowing fluid
O351.2
　　S 液体*

流动应力
flow stress
O351.2
　　S 动应力
　　F 湍流应力
　　C 变形温度
　　　流动应力测量 →(5)
　　Z 应力

流动诱导结晶
flow-induced crystallization
O799
　　D 流动诱导结晶过程
　　S 工业结晶
　　Z 结晶

流动诱导结晶过程
　　Y 流动诱导结晶

流动余辉
flowing afterglow
O432.1
　　S 余辉
　　Z 发光

流动阈值
fluid threshold
O351
　　S 阈值*

流动约束
　　Y 约束流

流动再附
　　Y 边界层流动

流动再附着
　　Y 吸附

流动指数
flow index
O351.2
　　S 指数*

流动重力
repeated gravity observation
O314
　　S 重力
　　Z 力

流动注射-氢化物发生原子吸收光谱法
　　Y 流动注射氢化物发生-原子吸收光谱法

流动注射氢化物发生-原子吸收光谱法
flow injection-hydride generation-atomic absorption spectrometry
O433.4；O657.31
　　D 流动注射-氢化物发生原子吸收光谱法
　　S 氢化物发生-原子吸收光谱法
　　Z 光谱分析

流动阻力
flow resistance
O351
　　D 冲波阻力
　　　激波阻力
　　　流体流动阻力
　　　流体摩阻
　　　流体阻力
　　　流阻
　　　前体阻力
　　　水力摩阻
　　　湍流阻力
　　　紊流阻力
　　　稳态流阻
　　　液压阻力
　　S 阻力*
　　F 气动阻力
　　　水流阻力
　　　兴波阻力
　　C 压力损失

流度比
mobility ratio
O351.2
　　D 流动度比
　　S 比率*

流方程
flow equation
O35
　　S 流体力学方程
　　Z 力学方程

流固冲击载荷
luid solid impulsive loading
O347.1
　　S 冲击载荷
　　C 非线性瞬态响应
　　Z 荷载

流-固界面
Y 液-固界面

流固耦合
fluid-structure coupling
O35
D 流-固耦合
S 耦合(力学)*
F 热流固耦合
液固耦合
C 达西渗流
计算流体动力学
耦合方程组 →(1)
耦合数学模型 →(1)
渗流力学
自振特性

流-固耦合
Y 流固耦合

流固耦合模型
fluid-solid coupling model
O347；P642
S 力学模型*
数学模型*

流固耦合振动
fluid-solid coupling vibration
O32
S 耦合振动
Z 振动

流管模型
flux-tube model
O35
S 流体力学模型
Z 力学模型

流光放电
streamer discharge
O461.2
S 放电*
F 脉冲流光放电

流函数
stream function
O174.1；O35
S 函数*
C 不可压缩流
二维流动
流面
势流

流化介质
Y 液体介质

流激振荡
flow-induced oscillation
O353
S 振荡*

流可视化
Y 流动显示

流量*
flow rate
O35；P332.4
F 变流量
当量流量
低流量
固体流量
均匀流量
颗粒流量
冷流量
气体流量
热流量
渗流量
体积流量
质量流量
重量流量
最大流量
最小流量
C 流量计算 →(5)
流量资料 →(5)
水通量 →(4)

流量比
flow ratio
O35
D 比流量
函道比
涵道比
流比
S 比率*
C 流速比
有压管道流

流量分布
flow distribution
O35
D 流量分配
S 力学分布*

流量分配
Y 流量分布

流量脉冲
flow pulse
O369
S 脉冲(力学)*

流量密度
flux density
TB937
D 流密度
S 密度*
F 离子束流密度
气流密度

流量瞬变
flow transient
O351.2
C 段塞流

流量特性曲线
characteristic flow curve
TK2
S 曲线*

流量系数
flow coefficient
O351；P33
S 系数*
C 双纽线 →(1)
涡流比
压差

流路
Y 流道

流率
flow rate
TL27
C 流量计 →(4)(5)
流速
马赫数

流密度
Y 流量密度

流面*
stream surface
O351.2
F S_1 流面
S_2 流面
C 流函数

流模式
Y 流型图

流谱
flow patterns
O35
D 脉动谱
S 谱*
F 湍流谱
C 流场
前池流态
水力流态

流入动态方程
inflow equation
inflow performance equation
O351.2
S 流动方程
Z 力学方程

流速*
flow velocity
O351；P332.4；P731.2
D 流动速度
F 表面流速
出口速度
极限流速
进口速度
来流速度
临界流速
流体速度
脉动速度
泥石流流速
平均流速
射流速度
液塞速度
诱导速度
最大流速
C 空化初生
流率
流速分解法 →(5)
流向

流速比
velocity ratio
O35
S 比率*
C 横向射流
流量比

流速场
velocity field

O35
  D 风速场
  S 流场*

流速分布
flow velocity distribution
O351
  D 管道流速分布
  S 速度分布
  C 对数律 →(1)
     流场
     流速剖面 →(4)(5)
     流速线
     流态
     湍流强度
  Z 力学分布

流速线
velocity line
O35
  S 力线
  C 流速分布
  Z 线

流态*
flow regime
O35
  F 超流态
     复合流态
     高流态
     基本流态
     类流态
     前池流态
     液体流态
  C 流速分布

流态显示
  Y 流动显示

流体*
fluid
O35
  D 流动体系
     流体类型
     流体状态
  F Carreau 流体
     CO_2 流体
     $Cu-H_2O$ 纳米流体
     Johnson-Segalman 流体
     Maxwell 流体
     Oldroyd-B 流体
     Ree-Eyring 流体
     半透明流体
     宾汉流体
     超临界流体
     超流体
     触稠流体
     传热流体
     磁流体
     单相流体
     弹性流体
     导电流体
     低温流体
     电流体
     多介质流体
     多相流体
     多组分流体
     二次流体
     二阶流体
     二元流体
     方阱流体
     非极性流体
     非牛顿流体
     非润湿流体
     非粘滞性流体
     分层流体
     复杂流体
     高水基流体
     高温流体
     高压流体
     各向异性流体
     赫巴流体
     互溶流体
     混合流体
     极性流体
     减阻流体
     近临界流体
     均质流体
     可压缩流体
     理想流体
     两层流体
     两相流体
     量子流体
     纳米流体
     拟流体
     泡沫流体
     气基流体
     热流体
     双流体
     烃类流体
     微流体
     相变流体
     旋转流体
     引射流体
     应力偶流体
     硬球流体
     粘性流体
     振荡流体
     准流体
  C 分散体系
     流动
     流动温度
     流体地球化学 →(5)
     重力波

流体饱和多孔介质
fluid saturated porous media
O357
  S 饱和多孔介质
     流体介质
  Z 力学介质

流体波动理论
  Y 流动理论

流体泊桑比
fluid Poisson ratio
O303；O37
  S 无量纲数*
  C 流体粘度
     粘度

流体不稳定性
  Y 流体稳定性

流体测量
fluid measurement
TB462
  S 测量*
  F 流场测量

流体层*
fluid layer
O357.1
  F 边界层
     混合层
     激波层
     剪切层
     克奴曾层
     流层
     涡层
     粘弹性层
     转捩层

流体弹道学
hydroballistics
O315
  D 水弹道
     水中弹道学
  S 弹道学*
  F 水下弹道学

流体动力
  Y 流体动力学

流体动力分析
fluid dynamic analysis
O351.2
  S 动力学分析
  Z 力学分析

流体动力荷载
hydrodynamic load
O347.1
  D 动水压力
     水动力载荷
  S 流体荷载
  C 水能
  Z 荷载

流体动力理论
hydrodynamic theory
O351.2
  S 动力学理论
     流动理论
  C 流体动力学
     水文地质学 →(5)
  Z 力学理论

流体动力模型
  Y 流体力学模型

流体动力特性
hydrodynamic properties
O351.2
  D 流体动力性能
  S 流动特性
  F 气动特性
  C 边界元法
  Z 动态特性

流体动力稳定性
hydrodynamic stability
O351.2
  D 流体力学不稳定性

液体动力稳定性
　　S 流体稳定性
　　F 磁流体动力稳定性
　　Z 力学稳定性

流体动力稳定性理论
　　Y 流动理论

流体动力系统
fluid power system
O351.2
　　S 动力系统*
　　C 流体力学模型

流体动力性能
　　Y 流体动力特性

流体动力学
fluid dynamics
O351.2
　　D 流体动力
　　S 普通流体力学
　　F 磁流体动力学
　　　弹性流体动力学
　　　电流体动力学
　　　计算流体动力学
　　　气泡动力学
　　　气体动力学
　　　束流动力学
　　　涡动力学
　　　液体动力学
　　C 对流
　　　滑行力
　　　流体动力理论
　　　流体流
　　　瑞利-泰勒不稳定性
　　　物质迁移
　　　液体晃动
　　　液体流动
　　Z 流体力学

流体动力学极限
hydrodynamic limit
O351.2
　　D 流体力学极限
　　S 极限*

流体动力学模拟
hydrodynamic analogy
O351.2
　　D 水动力模拟
　　S 动力学模拟
　　F 耗散颗粒动力学模拟
　　Z 力学模拟

流体动力学模型
hydrodynamic model
O351.2
　　S 动力学模型
　　　流体力学模型
　　F 量子流体动力学模型
　　　螺旋桨模型
　　Z 力学模型

流体动力噪声
　　Y 水动力噪声

流体动压力
hydrodynamic pressure
O351.2
　　S 动压
　　Z 压力

流体对流
　　Y 对流

流体方程
fluid equations
O35
　　S 流体力学方程
　　F 流体运动方程
　　Z 力学方程

流体仿真
　　Y 流体模拟

流体-固体互作用
fluid-solid interaction
O369
　　D 固体-液体相互作用
　　　固液相互作用
　　　气体-固体互作用
　　　气体-固体相互作用
　　　气体-金属互作用
　　　气体-金属相互作用
　　S 多相介质相互作用
　　C 固液平衡 →(3)
　　　气固两相流
　　　气液固多相流
　　Z 力学作用

流体荷载
fluid load
O342；O35
　　S 荷载*
　　F 波浪载荷
　　　流体动力荷载

流体激振力
fluid exciting force
O351.2
　　S 激振力
　　　流体力
　　F 气流激振力
　　Z 力

流体结构*
fluid-structure
O351
　　F 拟序结构
　　　射流结构
　　　渗流结构
　　　湍流结构
　　　涡结构

流体介质
fluid medium
O35
　　S 力学介质*
　　F 流体饱和多孔介质
　　　流体静压媒质
　　　液体介质
　　C 高水基流体

流体界面*
fluid boundary
O35
　　F 气液界面

　　　液-液界面
　　C 边界层

流体静力不稳定度
　　Y 静力不稳定度

流体静力学
hydrostatics
O351.1
　　D 磁流体静力学
　　　大气静力学
　　　非流体静力学
　　　空气静力学
　　　液体静力学
　　S 静力学
　　　普通流体力学
　　F 水静力学
　　C 流体静压力
　　　帕斯卡定律
　　Z 理论力学
　　　流体力学

流体静强度
　　Y 静强度

流体静压
　　Y 流体静压力

流体静压力
hydrostatic pressure
O351.1
　　D 静水压力
　　　静压
　　　流体静压
　　　围限压力
　　　围压
　　　围压力
　　　准流体静压力
　　S 静压
　　　流体压力
　　F 构造附加静水压力
　　　液体静压力
　　C 静水环境 →(5)
　　　流体静力学
　　　水力学 →(5)
　　　压力异常
　　Z 压力

流体静压媒质
hydrostatic media
O351.1
　　D 准流体静压媒质
　　S 流体介质
　　Z 力学介质

流体静压强
hydrostatic pressure
O351.1
　　D 静水头
　　　静水压强
　　　静压能量头
　　　静压头
　　　液体静压强
　　　液柱静压头
　　S 压强*
　　F 气体压强

流体静压梯度
hydrostatic gradient

O351.1
- S 压力梯度
- Z 梯度分布

流体静应力
- Y 静应力

流体控制
fluid control
O35
- S 控制*
- F 湍流控制
  - 涡控制
- C 电磁流体力学
  - 翼型绕流

流体雷诺数
- Y 雷诺数

流体类型
- Y 流体

流体力
fluid force
O35
- S 力*
- F 流体激振力
  - 气动力
  - 气流力
  - 渗流力
- C 二维模型 →(1)

流体力学*
fluid mechanics
O35
- F 电磁流体力学
  - 多相流体力学
  - 非牛顿流体力学
  - 辐射流体力学
  - 工程流体力学
  - 化学流体力学
  - 环境流体力学
  - 计算流体力学
  - 理论流体力学
  - 理想流体力学
  - 普通流体力学
  - 气体力学
  - 实验流体力学
  - 相对论流体力学
  - 液体力学
  - 粘性流体力学
- C 超临界流体
  - 复势理论
  - 径向流
  - 可压缩流体
  - 空气动力学
  - 力学
  - 连续介质力学
  - 流体势
  - 通气超空泡
  - 物质点法
  - 相容拉格朗日-欧拉法

流体力学不稳定性
- Y 流体动力稳定性

流体力学法*
fluid mechanics method
O35

- F 分流分相法
  - 激波拟合法
  - 计算流体力学方法
  - 界面追踪方法
  - 浸入边界法
  - 离散涡方法
  - 流场拟合法
  - 流线曲率法
  - 数值流形方法
  - 中心流形方法
- C 力学方法

流体力学方程
fluid mechanics equation
O35
- S 力学方程*
- F 磁流体力学方程
  - 动平衡方程
  - 对流方程
  - 二流方程
  - 静平衡方程
  - 连续性方程
  - 流变方程
  - 流动方程
  - 流方程
  - 流体方程
  - 流线方程
  - 平衡微分方程
  - 渗流方程
- C Boltzmann 模型

流体力学极限
- Y 流体动力学极限

流体力学计算
hydrodynamic calculations
O35
- S 力学计算*
- F 波浪计算
  - 气动力计算

流体力学模型
hydrodynamic model
O35
- D 流体动力模型
- S 力学模型*
- F Boltzmann 模型
  - DPM 模型
  - Eulerian 模型
  - Herschel-Bulkley 模型
  - mixture 模型
  - 奥伊洛特模型
  - 磁流体动力学模型
  - 动边界模型
  - 对流扩散模型
  - 多流体模型
  - 多源理想气体模型
  - 二阶矩模型
  - 分相流模型
  - 几何相似模型
  - 均相流模型
  - 空化模型
  - 空泡尾流模型
  - 扩散模型
  - 离散流体模型
  - 流变模型
  - 流管模型

  - 流体动力学模型
  - 黏聚力模型
  - 气动模型
  - 渗流模型
  - 双流体模型
  - 湍流模型
  - 尾流振子模型
  - 亚格子模型
- C 流体动力系统

流体流*
fluid flow
O35
- D 流体流动
- F 奥辛流
  - 壁流
  - 不可压缩流
  - 层间流
  - 层流
  - 层状流
  - 掺气流
  - 超高速流
  - 垂直流
  - 单相流
  - 单组份流
  - 弹流
  - 等温流
  - 滴流
  - 电磁流
  - 顶盖驱动流
  - 定向流
  - 冻结流
  - 段塞流
  - 对向流
  - 多介质流
  - 多相流
  - 二组份流
  - 非达西流
  - 非定常流
  - 非对称流
  - 非绝热流
  - 非均匀流
  - 非牛顿流
  - 分流
  - 浮力流
  - 高速流
  - 拐角流
  - 赫尔-肖流
  - 横流
  - 后台阶流
  - 化学反应流
  - 环状流
  - 缓流
  - 回流
  - 活塞流
  - 急流
  - 剪切流
  - 浆流
  - 界面流
  - 近场流
  - 径向流
  - 绝热流
  - 均匀流
  - 均质流
  - 可压缩流
  - 空泡流

孔流
　　来流
　　冷流
　　临界流
　　螺旋流
　　毛细管流
　　能流
　　泡状流
　　强旋流
　　扰动流
　　绕流
　　瑞利流
　　渗流
　　势流
　　衰减流
　　水平流
　　顺流
　　随机流
　　通流
　　同轴流
　　湍流
　　椭圆流
　　外流
　　尾流
　　稳定流
　　涡流
　　无压流
　　无粘流
　　雾状流
　　线性流
　　楔形流
　　悬浮流
　　叶栅流
　　溢流
　　羽流
　　远场流
　　约束流
　　匀熵流
　　运流
　　粘性流
　　折流
　　正压流
　　滞后流
　　重力流
　　轴对称流
　　轴向流
　　柱塞流
　　撞击流
　　自旋流
　　自由下落微粒流
　　阻流
　　阻塞流
　C 表观粘度
　　弗劳德数
　　哈特曼数
　　流动显示
　　流体动力学
　　流体运动
　　流型
　　相容拉格朗日-欧拉法
　　压力损失

流体流动
　Y 流体流

流体流动方程
　Y 流动方程

流体流动阻力
　Y 流动阻力

流体密度
fluid density
O35
　S 物质密度
　F 液体密度
　Z 物理参数

流体模拟
fluid simulation
O351
　D 流体仿真
　S 力学模拟*

流体模型
　Y 流变模型

流体膜润滑
　Y 流体摩擦

流体摩擦
fluid friction
O313.5；O35
　D 流动摩擦
　　流体膜润滑
　　液体摩擦
　S 摩擦*

流体摩阻
　Y 流动阻力

流体粘度
fluid viscosity
O357
　D 流体体积粘性
　S 粘度*
　F 气体粘度
　　涡粘性
　　液体粘度
　C 流体泊桑比
　　无量纲数
　　震凝性

流体喷射
　Y 液体射流

流体碰撞
liquid collision
O313.4；O351.2
　S 力学碰撞*
　F 液滴撞击
　C 离心分离 →(3)

流体渗流力学
　Y 渗流力学

流体实验
fluid experiment
O35；P437
　S 力学实验
　F 波浪试验
　Z 科学实验

流体势
fluid potential
O35
　S 势*
　C 流体力学

流体速度
fluid velocity
O351.2
　S 流速*
　F 气流速度
　　渗流速度
　　水流速度
　　液滴速度

流体塑性流动
　Y 塑性流动

流体弹塑性体
hydro-elastoplastic medium
O33；O344.3；O35
　S 物体*

流体弹性
hydroelasticity
O35
　S 弹性
　F 水弹性
　C 可压缩流体
　Z 力学性质

流体弹性动力学
　Y 弹性流体动力学

流体弹性理论
　Y 弹性理论

流体体积
fluid volume
O351
　S 体积*
　F 液体体积

流体体积法
volume of fluid method
O35
　C 自由表面

流体体积函数
fluid volume function
O35
　S 函数(力学)*

流体体积粘性
　Y 流体粘度

流体通道
　Y 流道

流体稳定性
fluid stability
O351.2
　D 流体不稳定性
　S 力学稳定性*
　F Kelvin-Helmholtz 不稳定性
　　Richtmyer-Meshkov 不稳定性
　　等离子体不稳定性
　　激波稳定性
　　静水稳定性
　　流体动力稳定性
　　束流不稳定性

流体性
　Y 流体性质

流体性能
　Y 流体性质

流体性质
fluid property
O35
  D 流体忄
     流体性能
  S 特性*
  F 弥散性
     气体特性
     斜压性
  C 毛细管压力曲线
     热流体

流体压力
fluid pressure
O351
  S 压力*
  F 流体静压力
     气体压力
     液压
     异常流体压力

流体诱导振动
  Y 流致振动

流体诱发振动
  Y 流致振动

流体运动*
fluid motion
O351.2
  D 河水流动
     河水运动
  F 液体晃动
  C 大气运动
     河流能量 →(5)
     流体流

流体运动方程
fluid motion equations
O351.2
  S 流体方程
  F Navier-Stokes 方程
  Z 力学方程

流体运动理论
  Y 流动理论

流体运动学
  Y 运动学

流体状态
  Y 流体

流体阻力
  Y 流动阻力

流涡
gyre
O351；P731.2
  S 涡旋*

流线
flow line
O351
  S 线*
  F 壁面线
     极限流线
     流道型线
     脉线
  C 流场

     线理 →(5)

流线迭代法
  Y 流线曲率法

流线方程
flow line equation
O351.2
  S 流体力学方程
  Z 力学方程

流线模式
streamline model
O357.3
  S 渗流模型
  Z 力学模型

流线曲率法
streamline curvature method
O351.2
  D 流线迭代法
  S 流体力学法*
  C S_2 流面

流线体
streamlined bodies
O35
  S 物体*

流向
flow direction
O35；P339
  S 运动方向
  C 海流
     流速
  Z 方向

流形*
manifold
O186；O189.3；O192
  F 类空子流形
  C 非负 Ricci 曲率 →(1)

流形单元
manifold element
O35
  S 单元*

流形元法
  Y 数值流形方法

流型
flow pattern
O351
  D 流动型态
  C 空泡率
     流体流
     流型转换
     油水两相流

流型鉴别
  Y 流型识别

流型识别
flow regime identification
O351
  D 流型鉴别
  S 识别*

流型图
flow pattern map

O351
  D 流动类型
     流动形式
     流动型式
     流模式
  S 图表*

流型转变
flow pattern transition
O35
  D 流型转化
  S 转变*

流型转化
  Y 流型转变

流型转换
flow converter
O35
  S 转换*
  C 流型

流性指数
  Y 流变指数

流噪声
flow noise
O422.8；O427；P733.2
  S 噪声*
  F 气流噪声
     射流噪声
     湍流噪声
     涡流噪声

流致振动
flow-induced vibration
O32
  D 流体诱导振动
     流体诱发振动
  S 结构振动
  Z 振动

流阻
  Y 流动阻力

琉璃态
  Y 玻璃态

硫 32 反应
  Y 重离子反应

硫铵结晶
ammonium sulfate crystallization
O79
  D 硫酸铵结晶
  S 工业结晶
  Z 结晶

硫沸点
  Y 沸点

硫化镉量子点
CdS quantum dots
O47
  D CdS 量子点
  S 量子点
  Z 势阱

硫化镉纳米晶
CdS nanocrystal
O799

主 表 503

  D CdS 纳米晶
  S 无机纳米晶
  Z 晶体
    纳米材料

硫化铅纳米晶
PbS nanocrystals
O799
  D PbS 纳米晶
  S 无机纳米晶
  Z 晶体
    纳米材料

硫镓银晶体
AgGaS$_2$ crystal
O734
  D AgGaS$_2$ 晶体
  S 红外非线性光学晶体
    无机非线性光学晶体
  Z 光学晶体
    晶体

硫脲硫酸锌晶体
ZTS crystal
O734
  D ZTS 晶体
  S 有机非线性光学晶体
  Z 光学晶体
    晶体

硫酸铵结晶
  Y 硫铵结晶

硫酸钙晶须
calcium sulfate whisker
O784
  D CaSO$_4$ 晶须
  S 无机盐晶须
  Z 晶须

硫酸铜晶体
copper sulfate crystal
O74
  S 无机晶体
  Z 晶体

硫氧镁晶须
  Y 碱式硫酸镁晶须

六方结构
hexagonal structure
O76
  S 立方织构
  Z 织构

六方晶格
hexagonal lattice
O76
  S 晶格*

六方晶体
hexagonal crystal
O711
  S 晶体*

六方晶系
hexagonal system
O711.4
  D 六方偏方面体
    六方异极晶类

    六角晶系
    平面六角晶系
  S 晶系*

六方偏方面体
  Y 六方晶系

六方异极晶类
  Y 六方晶系

六角晶系
  Y 六方晶系

六面体单元
hexahedral element
O344
  S 单元*

六硼化镧阴极
  Y LaB$_6$ 阴极

六钛酸钾晶须
K$_2$Ti$_6$O$_{13}$ whisker
O784
  D K$_2$Ti$_6$O$_{13}$ 晶须
  S 钛酸钾晶须
  Z 晶须

六线涡量探针
six sensor vortex probe
TH703.2
  S 探针*

六自由度
6-dof
O325
  D 6 自由度
    振动自由度
  S 自由度*
  C 闭链 →(1)

六自由度弹道
six degree-of-freedom trajectory
O315
  S 弹道*
  C 铰链力矩

六自由度运动
6-dof motion
O311
  S 运动*

龙格库塔法
  Y 龙格-库塔法

龙格-库塔法
Runge-Kutta methods
O241.81；O411
  D Runge-Kutta 法
    Runge-Kutta 方法
    Runge-Kutta 算法
    龙格库塔法
    龙格-库塔方法
    龙格-库塔算法
  S 迭代法*
  C 传递矩阵
    脉冲微分方程 →(1)

龙格-库塔方法
  Y 龙格-库塔法

龙格-库塔算法
  Y 龙格-库塔法

龙基光栅
Ronchi grating
O437.4；P111.3
  S 光栅*

笼子理论
  Y 临界态理论

笼子模型
  Y 临界态理论

漏波
  Y 漏波效应

漏波效应
leaky wave effect
TN82
  D 漏波

漏磁通
leakage flux
O441.2
  S 磁通
  Z 磁参数

漏磁系数
magnetic leakage factor
O441.2
  S 系数*

漏电流
leakage current
TM13；TM8；TN3
  D 泄漏电流
  S 电流*

漏电流密度
leak current density
O441.1
  S 电流密度
  Z 物理参数

漏电阻
leakage resistance
TM934.1
  S 电阻*

露光计
  Y 光功率计

露面宝光
  Y 佛光

卢瑟福 α 散射实验
  Y α 粒子散射实验

卢瑟福背散射
Rutherford backscattering
O571.422
  D 卢瑟福反向散射
  S 卢瑟福散射
  Z 粒子散射

卢瑟福反向散射
  Y 卢瑟福背散射

卢瑟福方程
  Y 卢瑟福散射公式

卢瑟福方程公式
 Y 卢瑟福散射公式
卢瑟福方程式
 Y 卢瑟福散射公式
卢瑟福方程组
 Y 卢瑟福散射公式
卢瑟福方程组式
 Y 卢瑟福散射公式
卢瑟福公式
 Y 卢瑟福散射公式
卢瑟福关系式
 Y 卢瑟福散射公式
卢瑟福计算式
 Y 卢瑟福散射公式
卢瑟福散射
Rutherford scattering
O571.422
 S α粒子散射
 F 卢瑟福背散射
 C α粒子散射实验
  卢瑟福散射公式
 Z 粒子散射
卢瑟福散射方程
 Y 卢瑟福散射公式
卢瑟福散射方程公式
 Y 卢瑟福散射公式
卢瑟福散射方程式
 Y 卢瑟福散射公式
卢瑟福散射方程组
 Y 卢瑟福散射公式
卢瑟福散射方程组式
 Y 卢瑟福散射公式
卢瑟福散射公式
Rutherford scattering formula
O571
 D 卢瑟福方程
  卢瑟福方程公式
  卢瑟福方程式
  卢瑟福方程组
  卢瑟福方程组式
  卢瑟福公式
  卢瑟福关系式
  卢瑟福计算式
  卢瑟福散射方程
  卢瑟福散射方程公式
  卢瑟福散射方程式
  卢瑟福散射方程组
  卢瑟福散射方程组式
  卢瑟福散射关系式
  卢瑟福散射计算式
 S 物理方程*
 C 粒子散射理论
  卢瑟福散射
卢瑟福散射关系式
 Y 卢瑟福散射公式
卢瑟福散射计算式
 Y 卢瑟福散射公式

卢瑟福实验
 Y α粒子散射实验
卤化银微晶
silver halide microcrystal
O753.1
 D 卤化银微晶体
 S 微晶
 Z 类晶体
卤化银微晶体
 Y 卤化银微晶
鲁棒可靠性
 Y 可靠性
陆地声呐法
 Y 声纳法
路程
distance traveled
O311
 D 里程
 S 距离*
路德维希·玻尔兹曼
 Y 玻耳兹曼
路端电压
terminal voltage
TM933.2
 S 电压*
路径*
route
ZT74
 D 途径
 F 传输路径
  平衡路径
  时空路径
  应力路径
路径控制
 Y 弹道控制
路径相关性
path-dependency
O34
 S 力学性质*
路易士数
Lewis number
O303；O351
 S 无量纲数*
铝单晶
 Y 单晶铝
铝单晶材料
 Y 单晶铝
铝单晶体
 Y 单晶铝
铝单晶体材料
 Y 单晶铝
铝等离子体
aluminum plasma
O53

 D Al等离子体
 S 金属等离子体
 Z 等离子体
铝晶界
aluminium grain boundary
O763
 D Al晶界
 S 晶界*
铝阴极
aluminum cathode
O462
 S 阴极
 Z 电极
铝诱导
 Y 铝诱导晶化
铝诱导结晶过程
 Y 铝诱导晶化
铝诱导结晶化
 Y 铝诱导晶化
铝诱导结晶化过程
 Y 铝诱导晶化
铝诱导晶化
aluminum-induced crystallization
O484.1；O795
 D 铝诱导
  铝诱导结晶过程
  铝诱导结晶化
  铝诱导结晶化过程
  铝诱导晶化过程
 S 金属诱导晶化
 Z 晶化
铝诱导晶化过程
 Y 铝诱导晶化
缕流
 Y 羽流
率相关
rate dependency
O3
 D 率相关性
 S 相关*
 F 应变率相关
率相关性
 Y 率相关
绿光
green light
O431.1；O432.3
 S 可见光
 F 蓝绿光
 Z 光
绿光发射
 Y 绿色发光
绿色发光
green emission
O432.1
 D 绿光发射
 S 发光*

主　表　505

绿色摩擦学
green tribology
O313.5；O485
　　S 摩擦学*

氯分压
chlorine partial pressure
O414.1
　　S 分压
　　Z 压力

氯化钠晶体
NaCl crystal
O71
　　D NaCl 晶体
　　S 立方晶体
　　Z 晶体

氯化钠型结构
sodium chloride type structure
O76
　　S 矿物晶体结构
　　Z 晶体结构

滤波片
　　Y 滤光片

滤光板
　　Y 滤光片

滤光膜
light filter films
TB43；TH74
　　S 光学薄膜*
　　F 彩色滤光膜

滤光片
optical filter
TH74
　　D 滤波片
　　　滤光板
　　S 光学元件*
　　C 光吸收
　　　特征谱线

滤光器
optical filter
TB851.7；TH74
　　D 滤色器
　　S 光学元件*
　　F 单色滤光器
　　　干涉偏振滤光器
　　　利奥滤光器
　　　原子滤光器
　　　中性阶梯滤光器

滤色器
　　Y 滤色器

孪晶
bicrystal
O762
　　D 孪晶体
　　　孪生晶体
　　　双晶
　　　双晶体
　　S 晶体*
　　F 多孪晶合成晶体
　　　机械双晶
　　　聚片双晶

　　　纳米孪晶
　　　生长孪晶
　　　退火孪晶
　　　形变孪晶
　　C 晶界
　　　孪晶形成

孪晶成核
　　Y 孪晶形核

孪晶间界
　　Y 孪晶界

孪晶结构
twin structure
O76
　　S 晶体结构*
　　C 孪晶形成

孪晶界
twin boundary
O763
　　D 孪晶间界
　　　孪晶界面
　　S 晶界*
　　F 共格孪晶界
　　C 孪晶形成

孪晶界面
　　Y 孪晶界

孪晶界移动
twin boundary migration
TG11
　　S 晶界移动
　　Z 运动

孪晶面
twin plane
O76
　　D 孪生面
　　　双晶面
　　S 晶面*

孪晶体
　　Y 孪晶

孪晶位错
twinning dislocation
O772
　　D 孪晶位错
　　S 位错
　　Z 晶体缺陷

孪晶现象
　　Y 双晶现象

孪晶形成
twin formation
O78
　　S 晶体形成*
　　C 孪晶
　　　孪晶结构
　　　孪晶界

孪晶形核
twin crystal nucleation
O78
　　D 孪晶成核
　　　孪生成核

　　S 晶体成核
　　Z 晶体形成

孪生成核
　　Y 孪晶形核

孪生光束
twin beams
O435
　　S 光束*

孪生晶体
　　Y 孪晶

孪生面
　　Y 孪晶面

孪生伴谬
　　Y 双生子伴谬

孪生子伴谬
　　Y 双生子伴谬

孪晶位错
　　Y 孪晶位错

乱流
　　Y 湍流

掠入射
　　Y 掠射

掠入射 X 射线衍射
grazing incidence X-ray diffraction
O721
　　S X 射线晶体衍射
　　Z 晶体衍射

掠入射 X 射线衍射法
grazing incidence x-ray diffraction
O721
　　D 掠入射 X 射线衍射技术
　　S X 射线衍射法
　　Z 晶体结构分析方法

掠入射 X 射线衍射技术
　　Y 掠入射 X 射线衍射法

掠入射法
method of glancing incidence
O435.1
　　S 光学方法*

掠入射小角 X 射线散射
grazing incidence small angle X-ray scattering
O434.1；O722.5
　　D GISAXS
　　S 小角 X 射线散射
　　C 摇摆曲线
　　Z 光散射

掠入射衍射
grazing-incidence diffraction
O434.1；O436.1
　　S X 射线衍射
　　Z 衍射

掠射
grazing
O435.1
　　D 掠入射
　　S 光传播

Z 能量转移

掠射角
   Y 布拉格角

伦敦穿透深度
London penetration depth
O511.4
   S 穿透深度
   Z 深度

伦敦方程
London equation
O511.2
   S 物理方程*

伦敦理论
London theory
O511.2
   S 超导理论*

伦纳德-琼斯势
   Y Lennard-Jones 势

伦奇光栅
   Y 光栅

伦奇检验法
   Y 郎奇检验法

伦琴辐射
   Y X 射线辐射

伦琴射线
   Y X 射线

伦琴射线照相术
   Y X 射线摄影

轮轨摩擦
wheel and rail contact
O313.5
   S 摩擦*
   C 滚动接触

轮廓测量
profile measurement
TB92；TH711
   S 几何量测量*

罗经
compass
TH761；U666
   D 舰板罗盘仪
     舰孔罗盘仪
     棱镜罗盘仪
     罗盘
     罗盘仪
     倾斜罗盘仪
     象限罗盘仪
     袖珍罗盘仪
     游标罗盘仪
     指南针
   S 测绘仪器*
     导航设备*
   F 陀螺罗经
     无振荡罗经

罗兰导航系统
   Y 罗兰导航仪

罗兰导航仪
Loran navigator
TN96；U666
   D 劳兰
     罗兰导航系统
     远程导航系统
     远程双曲线导航系统
   S 导航仪
   Z 导航设备

罗伦兹力
   Y 洛仑兹力

罗盘
   Y 罗经

罗盘仪
   Y 罗经

罗瑟福-玻尔原子模型
   Y 行星式原子模型

罗森菲尔德混合
   Y 罗森菲尔德力

罗森菲尔德力
Rosenfeld force
O312
   D 罗森菲尔德混合
     罗森菲尔力
   S 核力
   Z 力

罗森菲尔力
   Y 罗森菲尔德力

罗斯贝数
   Y 罗斯比数

罗斯比数
Rossby number
O303
   D 罗斯贝数
     热力罗斯贝数
     热力学罗斯贝数
   S 无量纲数*

罗素-桑德斯耦合
Russell-Saunders coupling
O571.22
   D LS 耦合
     L-S 耦合
   S 自旋-轨道相互作用
   C 轨道角动量
   Z 相互作用

罗雄棱镜
Rochon prism
TH74
   S 偏光棱镜
   Z 光学元件

螺位错
   Y 螺旋位错

螺纹透镜
   Y 菲涅尔透镜

螺线管磁场
solenoidal field
O441.2
   S 螺旋磁场
   Z 磁场

螺型位错
   Y 螺旋位错

螺旋
   Y 螺旋运动

螺旋波
spiral wave
O441.4；O53
   S 电磁波*

螺旋波等离子体
helicon plasma
O531
   D 螺旋波激发等离子体
   S 等离子体*

螺旋波激发等离子体
   Y 螺旋波等离子体

螺旋不稳定性
screw instability
O534
   S 等离子体不稳定性
   Z 力学稳定性

螺旋磁场
spiral magnetic field
O441.2
   S 磁场*
   F 螺线管磁场

螺旋桨滑流
propeller slipstream
O351.3
   D 螺旋桨尾流
   S 尾流
   C 干扰阻力
     螺旋桨空泡
   Z 流体流

螺旋桨空泡
propeller cavitation
U661；V211
   S 空化*
   C 螺旋桨滑流

螺旋桨理论
propeller theory
U66；V211
   S 理论*
   F 升力面理论
     升力线理论

螺旋桨模型
propeller model
O37
   S 流体动力学模型
   Z 力学模型

螺旋桨尾流
   Y 螺旋桨滑流

螺旋流
helical flow
O357.1
   D 螺旋流动
     螺旋线流

主　表　507

　　　旋拧流
　　S　流体流*
　　C　活塞流反应器 →(3)
　　　螺旋度 →(4)

螺旋流动
　　Y　螺旋流

螺旋位错
screw dislocation
O48；O772
　　D　螺位错
　　　螺型位错
　　　螺旋形位错
　　　向错
　　　旋错
　　S　位错
　　F　连续旋错
　　C　柏氏矢量
　　　滑动位错
　　　刃型位错
　　　位错力
　　Z　晶体缺陷

螺旋涡
spiral vortex
O357.1
　　S　涡旋*
　　C　螺旋度 →(4)

螺旋线流
　　Y　螺旋流

螺旋线慢波结构
helix slow-wave structure
TN1
　　D　螺旋线慢波系统
　　S　慢波结构
　　Z　波结构

螺旋线慢波系统
　　Y　螺旋线慢波结构

螺旋形位错
　　Y　螺旋位错

螺旋性
helicity
O57
　　S　粒子性质*
　　C　自旋

螺旋运动
helical motion
O311.1
　　D　螺旋
　　S　曲线运动
　　C　章动角 →(4)
　　Z　运动

螺旋振子
helicon
O469
　　S　激子
　　C　电子-空穴等离子体
　　Z　准粒子

螺旋转动
　　Y　旋转

　　　裸露爆破
adobe blasting
TB41；TD235
　　S　爆破*

洛埃镜
Lloyd's mirror
O436.1
　　S　光学元件*
　　C　杨氏条纹

洛德应力参数
Lode stress parameter
O34
　　S　力学参数*

洛夫波
　　Y　Love 波

洛仑兹变换
　　Y　洛伦兹变换

洛仑兹规范
Lorentz gauge
O441
　　D　洛伦兹规范
　　S　物理定律*
　　C　Lorenz 系统
　　　洛伦兹变换
　　　洛伦兹不变量

洛仑兹力
Lorentz force
O441
　　D　Lorentz 力
　　　罗伦兹力
　　　洛伦兹力
　　S　磁力
　　F　广义洛伦兹磁力
　　Z　磁场效应

洛仑兹收缩
Lorentz contraction
O441.4
　　S　收缩*

洛伦兹变换
Lorentz transformation
O175；O412.1；P159
　　D　Lorentz 变换
　　　洛仑兹变换
　　S　数学变换*
　　C　洛仑兹规范
　　　洛伦兹不变性
　　　质心系

洛伦兹不变
　　Y　洛伦兹不变性

洛伦兹不变量
Lorentz invariant
O41
　　S　不变量*
　　C　洛仑兹规范
　　　洛伦兹不变性
　　　洛伦兹协变性

洛伦兹不变性
Lorentz invariance
O412.1

　　D　洛伦兹不变
　　　洛伦兹不变性定理
　　　洛伦兹不变性定律
　　　洛伦兹不变性原理
　　　洛伦兹不变性质
　　S　不变性*
　　C　洛伦兹变换
　　　洛伦兹不变量
　　　洛伦兹协变性

洛伦兹不变性定理
　　Y　洛伦兹不变性

洛伦兹不变性定律
　　Y　洛伦兹不变性

洛伦兹不变性原理
　　Y　洛伦兹不变性

洛伦兹不变性质
　　Y　洛伦兹不变性

洛伦兹光束
Lorenz beam
O435
　　S　光束*

洛伦兹规范
　　Y　洛仑兹规范

洛伦兹力
　　Y　洛仑兹力

洛伦兹系统
　　Y　Lorenz 系统

洛伦兹协变性
Lorentz covariance
O412.1
　　S　协变性
　　C　洛伦兹不变量
　　　洛伦兹不变性
　　Z　物理性质

洛伦兹因子
Lorentz factor
O48
　　S　因子*

洛施密特可逆性佯谬
Loschmidt reversibility paradox
O551
　　D　可逆性佯谬
　　S　佯谬*

洛氏硬度
Rockwell hardness
TB303
　　S　硬度
　　Z　力学性质

洛喜密脱数
　　Y　阿伏伽德罗常数

络合物
　　Y　配合物

络合物晶体
complex compound crystals
O74
　　D　配位化合物晶体

S 无机晶体
　　Z 晶体

络合物晶体结构
crystal structure of complex
O76
　　S 晶体原子结构
　　Z 晶体结构

落陆速度
　　Y 着陆速度

落球
falling sphere
O313.4
　　S 落体
　　Z 物体

落球法
falling sphere method
O302；O35
　　S 力学方法*
　　C 粘滞系数

落体
falling bodies
O314
　　S 物体*
　　F 落球

落体运动
falling body motion
O311.1
　　S 变速运动
　　F 自由落体
　　Z 运动

马德隆常数
Madelung constant
O74
　　D Madelung 常数
　　S 晶体常数
　　Z 晶体学参数

马德隆能
Madelung energy
O73
　　D Madelung 能量
　　　静电库仑势能
　　　马德隆能量
　　S 库仑势
　　Z 相互作用势

马德隆能量
　　Y 马德隆能

马登斯相变
　　Y 马氏体相变

马蒂厄方程
　　Y Mathieu 方程

马丢方程
　　Y Mathieu 方程

马尔柯夫随机场
　　Y 马尔可夫随机场

马尔科夫随机场
　　Y 马尔可夫随机场

马尔可夫随机场
Markov stochastic fields
TN91
　　D Markov 随机场
　　　马尔柯夫随机场
　　　马尔科夫随机场
　　　马氏随机场
　　S 随机场*
　　C 非线性小波变换 →(1)
　　　马尔可夫随机场模型 →(1)
　　　状态转移概率 →(1)

马耳特效应
　　Y 二次电子发射

马格纳斯效应
　　Y 马格努斯效应

马格努斯效应
Magnus effect
O351.2
　　D Magnus 效应
　　　马格纳斯效应
　　S 力学效应*
　　C 边界层流动

马赫波
Mach wave
O353；O354
　　D 马赫阵面
　　S 弹性波*
　　F 膨胀波
　　C 激波
　　　马赫角

马赫反射
Mach reflection
O354
　　S 反射*
　　C 冲击波

马赫角
Mach angle
O354
　　S 角*
　　C 马赫波
　　　马赫锥

马赫数
Mach number
O303；P12
　　D Ma 数
　　　M 数
　　S 无量纲数*
　　F Alfven mach 数
　　　当地马赫数
　　C 超声速流动
　　　冲击波
　　　高超声速流动
　　　激波
　　　空气动力学
　　　空速
　　　跨音速流
　　　流率
　　　马赫线
　　　声速

马赫数效应
　　Y 压缩性效应

马赫线
Mach line
O354
　　S 作用线
　　C 马赫数
　　Z 线

马赫原理
Mach principle
O41；P159
　　S 原理*

马赫-曾德尔干涉
　　Y 马赫-曾德尔干涉术

马赫-曾德尔干涉术
Mach-Zehnder interferometry
O436.1
　　D 马赫-曾德尔干涉
　　S 干涉测量
　　Z 光学测量

马赫阵面
　　Y 马赫波

马赫锥
Mach cone
O354
　　S 锥体*
　　C 马赫角

马克斯·卡尔·恩斯特·路德维希·普朗克
　　Y 普朗克

马克斯·普朗克
　　Y 普朗克

马兰哥尼对流
　　Y 热毛细对流

马朗戈尼流
　　Y 表面张力

马力
horsepower
O41
　　S 功率单位
　　C 功率
　　Z 计量单位

马吕斯定律
Malus law
O436.3
　　S 光学定律
　　Z 物理定律

马栾哥尼对流
　　Y 热毛细对流

马奇-里纪-勒杜克效应
　　Y 磁热效应

马氏随机场
　　Y 马尔可夫随机场

马氏体式变化
　　Y 马氏体相变

马氏体相变
martensitic transformation
O79
　　D 马登斯相变

主　表　509

　　马氏体式变化
　　马氏体转变
　S 无扩散相变
　C 马氏体组织
　　相变韧化
　Z 晶体相变

马氏体形核
martensite nucleation
O78
　S 成核*

马氏体转变
　Y 马氏体相变

马氏体组织
martensitic structure
TG113.1
　S 结构*
　C 马氏体相变

马蹄涡
horseshoe vortex
O354
　D 马蹄形涡
　S 涡旋*
　C 角区流动

马蹄形涡
　Y 马蹄涡

码尺
　Y 编码尺

码盘
　Y 编码度盘

埋藏裂纹
　Y 深裂缝

迈克尔逊干涉
Michelson interference
O436.1
　D 迈克耳孙干涉
　S 光学干涉*

迈克尔逊-莫雷实验
Michelson-Morley experiment
O4-33
　D 迈克耳孙-莫雷实验
　S 光学实验
　Z 科学实验

迈克耳孙干涉
　Y 迈克尔逊干涉

迈克耳孙-莫雷实验
　Y 迈克尔逊-莫雷实验

迈斯纳效应
　Y 完全抗磁性

迈因纳假设
　Y 线性累积损伤理论

麦科马克格式
　Y MacCormack 格式

麦克劳德压力计
Macleod gauges
TH71
　S 压力表

　Z 测量仪器

麦克斯韦
James Clerk Maxwell
O4-09；O414.2
　D 詹姆斯·克拉克·麦克斯韦
　S 物理学家*
　C 麦克斯韦方程

麦克斯韦本构方程
　Y Maxwell 本构方程

麦克斯韦本构方程式
　Y Maxwell 本构方程

麦克斯韦-玻尔兹曼分布
　Y 麦克斯韦速度分布律

麦克斯韦-玻尔兹曼统计法
　Y 麦克斯韦速度分布律

麦克斯韦-玻耳兹曼分布
　Y 玻尔兹曼分布

麦克斯韦-玻耳兹曼统计法
　Y 麦克斯韦速度分布律

麦克斯韦-布洛赫方程
Maxwell-Bloch equations
O441
　D Maxwell-bloch 方程
　　Maxwell-bloch 方程公式
　　Maxwell-bloch 方程式
　　Maxwell-bloch 方程组
　　Maxwell-bloch 方程组式
　　Maxwell-bloch 公式
　　Maxwell-bloch 关系式
　　麦克斯韦-布洛赫方程公式
　　麦克斯韦-布洛赫方程式
　　麦克斯韦-布洛赫方程组
　　麦克斯韦-布洛赫方程组式
　　麦克斯韦-布洛赫公式
　　麦克斯韦-布洛赫关系式
　S Bloch 方程
　　麦克斯韦方程
　Z 方程(数学)
　　物理方程

麦克斯韦-布洛赫方程公式
　Y 麦克斯韦-布洛赫方程

麦克斯韦-布洛赫方程式
　Y 麦克斯韦-布洛赫方程

麦克斯韦-布洛赫方程组
　Y 麦克斯韦-布洛赫方程

麦克斯韦-布洛赫方程组式
　Y 麦克斯韦-布洛赫方程

麦克斯韦-布洛赫公式
　Y 麦克斯韦-布洛赫方程

麦克斯韦-布洛赫关系式
　Y 麦克斯韦-布洛赫方程

麦克斯韦尔-波尔兹曼分布律
　Y 麦克斯韦速度分布律

麦克斯韦尔方程
　Y 麦克斯韦方程

麦克斯韦尔分布
　Y 麦克斯韦速度分布律

麦克斯韦尔模型
　Y Maxwell 模型

麦克斯韦尔体
　Y Maxwell 模型

麦克斯韦方程
Maxwell equation
O441
　D Maxwell 方程
　　Maxwell 方程式
　　Maxwell 公式
　　麦克斯韦尔方程
　　麦克斯韦方程式
　　麦克斯韦公式
　S 电磁场方程
　　方程(数学)*
　　物理方程*
　F Maxwell 本构方程
　　MS 方程
　　爱因斯坦-麦克斯韦方程
　　麦克斯韦-布洛赫方程
　C 磁单极子
　　电磁对偶
　　电荷密度
　　电流密度
　　高斯公式
　　麦克斯韦
　　麦克斯韦妖

麦克斯韦方程式
　Y 麦克斯韦方程

麦克斯韦方程组
Maxwell equations
O175.2；O441
　D Maxwell 方程组
　　Maxwell 方程组式
　　麦克斯韦方程组式
　S 方程组*

麦克斯韦方程组式
　Y 麦克斯韦方程组

麦克斯韦分布
　Y 麦克斯韦速度分布律

麦克斯韦公式
　Y 麦克斯韦方程

麦克斯韦关系
　Y 麦克斯韦关系式

麦克斯韦关系计算法
　Y 麦克斯韦关系式

麦克斯韦关系计算方法
　Y 麦克斯韦关系式

麦克斯韦关系计算式
　Y 麦克斯韦关系式

麦克斯韦关系式
Maxwell relations
O414.12
　D Maxwell 关系
　　Maxwell 关系计算法
　　Maxwell 关系计算方法

Maxwell 关系计算式
Maxwell 关系式
　麦克斯韦关系
　麦克斯韦关系计算法
　麦克斯韦关系计算方法
　麦克斯韦关系计算式
　麦氏关系
　麦氏关系计算法
　麦氏关系计算方法
　麦氏关系计算式
　麦氏关系式
　S 热力学方程*
　C 麦克斯韦妖

麦克斯韦精灵
　Y 麦克斯韦妖

麦克斯韦流体
　Y Maxwell 流体

麦克斯韦模型
　Y Maxwell 模型

麦克斯韦速度分布
　Y 麦克斯韦速度分布律

麦克斯韦速度分布律
Maxwell velocity distribution law
O552.3
　D 麦克斯韦-玻尔兹曼分布
　　麦克斯韦-玻尔兹曼统计法
　　麦克斯韦-玻耳兹曼统计法
　　麦克斯韦尔-波尔兹曼分布律
　　麦克斯韦尔分布
　　麦克斯韦分布
　　麦克斯韦速度分布
　　麦克斯韦速率分布
　　麦克斯韦速率分布律
　　气体分子速率分布律
　S 物理定律*

麦克斯韦速率分布
　Y 麦克斯韦速度分布律

麦克斯韦速率分布律
　Y 麦克斯韦速度分布律

麦克斯韦妖
Maxwell demon
O414.11
　D 麦克斯韦精灵
　S 热力学第二定律
　C 麦克斯韦方程
　　麦克斯韦关系式
　Z 物理定律

麦克斯韦张量
Maxwell tensor
O441.4
　S 张量*

麦氏关系
　Y 麦克斯韦关系式

麦氏关系计算法
　Y 麦克斯韦关系式

麦氏关系计算方法
　Y 麦克斯韦关系式

麦氏关系计算式
　Y 麦克斯韦关系式

麦氏关系式
　Y 麦克斯韦关系式

麦斯凯特模式
Muskat model
O357.3
　S 渗流模型
　Z 力学模型

脉波
　Y 脉冲波

脉冲*
pulse
TN75；TN78
　D 脉冲化
　　脉冲类型
　　脉冲试验
　　脉冲作用
　F 电脉冲
　　方波脉冲
　　负脉冲
　　高功率微波脉冲
　　光脉冲
　　后脉冲
　　尖脉冲
　　声脉冲
　　随机脉冲
　　太赫兹脉冲
　　同步脉冲
　　整形脉冲
　　周期脉冲
　　组合脉冲
　C 脉冲波
　　脉冲测量
　　脉冲方程 →(1)
　　脉冲函数 →(1)
　　脉冲能量
　　脉冲射流
　　脉动

脉冲(力学)*
pulse(mechanics)
O369
　F 半正弦脉冲
　　短脉冲
　　流量脉冲
　　速度脉冲
　　温度脉冲
　　压力脉冲
　　应力脉冲
　C 机械冲击
　　力学碰撞

脉冲 X 射线
pulse X-ray
O434.1
　S X 射线
　C 脉冲放电
　　脉冲辐射
　Z 射线

脉冲 γ 射线
pulsed gamma rays
O571.323
　S γ 射线
　C 脉冲辐射

　Z 射线

脉冲波
pulse wave
TM4
　D 脉波
　S 波*
　F PWM 波
　　方波
　　脉冲回波
　C 脉冲

脉冲测量
pulse measurement
TN78
　S 电信号特性测量
　F 飞秒脉冲测量
　C 脉冲
　　脉冲能量
　　脉冲时间
　Z 电学量测量

脉冲长度
pulse length
TN78
　S 长度*

脉冲等离子
　Y 脉冲等离子体

脉冲等离子体
pulsed plasma
O531
　D 脉冲等离子
　S 等离子体*
　F 脉冲电晕等离子体
　　脉冲放电等离子体
　　脉冲高能量密度等离子体

脉冲电弧放电
pulsed arc discharge
O461.25
　S 电弧
　　脉冲放电
　Z 放电

脉冲电流
pulse current
O441.1
　D 脉动电流
　S 电流*

脉冲电晕等离子体
pulse corona plasma
O531
　S 脉冲等离子体
　Z 等离子体

脉冲发射
pulse emission
TN78
　S 电子发射
　F 强流脉冲发射
　Z 发射

脉冲反射
pulse reflecting
TN78
　S 反射*

主 表 511

脉冲反射法
pulse-echo method
O429
    D 超声波脉冲反射法
    S 超声波法
    Z 地球物理勘探
       声学方法

脉冲放电
impulsive discharge
O461.25
    S 放电*
    F 脉冲电弧放电
       脉冲流光放电
       液相脉冲放电
    C 地闪 →(4)
       脉冲 X 射线

脉冲放电等离子
    Y 脉冲放电等离子体

脉冲放电等离子体
pulsed discharge plasma
O531
    D 脉冲放电等离子
    S 放电等离子体
       脉冲等离子体
    Z 等离子体

脉冲分子束
pulse molecular beam
O561
    S 分子束
    Z 粒子束

脉冲幅度
pulse amplitude
TN78
    S 振幅*

脉冲辐射
pulse radiation
TN78
    S 辐射*
    C 脉冲 X 射线
       脉冲 γ 射线
       脉冲能量

脉冲辐射探测
pulsed radiation detection
TL81
    S 辐射测量
    Z 测量

脉冲负荷
    Y 脉冲荷载

脉冲负载
    Y 脉冲荷载

脉冲高能量密度等离子体
pulsed high energy density plasma
O531
    S 脉冲等离子体
    Z 等离子体

脉冲光束
pulsed beam
O435
    S 光束*

    F 超短脉冲光束
    C 光脉冲

脉冲光源
    Y 光脉冲

脉冲核磁共振
pulsed NMR
O482.53
    S 核磁共振
    F 低场脉冲核磁共振
    Z 磁共振
       共振

脉冲荷载
pulse load
O347.1
    D 脉冲负荷
       脉冲负载
       脉冲载荷
       特制脉冲载荷
    S 荷载*

脉冲化
    Y 脉冲

脉冲回波
pulse echo
TN781
    S 回波*
       脉冲波
    Z 波

脉冲激振
pulse excitation
O323
    D 脉冲激振技术
    S 激振
    Z 振动

脉冲激振技术
    Y 脉冲激振

脉冲控制
impulse control
N965；TP13
    D 斩波控制
    S 控制*

脉冲快热中子分析
pulsed fast/thermal neutron analysis
O571.5
    S 粒子分析
    Z 物理分析

脉冲类型
    Y 脉冲

脉冲流动
    Y 非定常流

脉冲流光电晕放电
pulse-streamer corona discharge
O461
    S 电晕放电
    Z 放电

脉冲流光放电
pulsed streamer discharge
O461.25
    S 流光放电

       脉冲放电
    Z 放电

脉冲能
    Y 脉冲能量

脉冲能量
pulse energy
O432.12
    D 脉冲能
    S 能量*
    F 峰值能量
       激光脉冲能量
    C 脉冲
       脉冲测量
       脉冲辐射

脉冲射流
pulsed jet
O358
    D 脉动射流
    S 射流*
    C 脉冲
       自激振荡

脉冲声
impulsive sound
O42
    S 声音*
    C 声脉冲

脉冲声场
pulsed acoustic field
O422.2
    S 声场*

脉冲时间
pulse time
TN3
    S 事件时间*
    C 脉冲测量
       脉冲周期 →(4)

脉冲试验
    Y 脉冲

脉冲梯度场
pulsed field gradient
O412.3
    S 势场
    Z 物理场

脉冲压力
    Y 脉动压力

脉冲液体
pulsed liquid
O351.2
    D 脉动液体
    S 液体*
    C 压力脉动

脉冲载荷
    Y 脉冲荷载

脉冲作用
    Y 脉冲

脉动*
fluctuations
O313；O357

D 脉动现象
　　　　微脉动
　　F 光脉动
　　　　浓度脉动
　　　　气泡脉动
　　　　速度脉动
　　　　湍流脉动
　　　　压力脉动
　　C 等离子流
　　　　脉冲
　　　　脉动波
　　　　脉动力
　　　　频率
　　　　振动

脉动壁压
　　Y 壁面压力脉动

脉动波
pulsating wave
O347.41
　　S 表面波
　　C 脉动
　　Z 弹性波

脉动电流
　　Y 脉冲电流

脉动荷载
　　Y 交变载荷

脉动力
fluctuating force
O351.2
　　S 力*
　　C 脉动
　　　　脉动周期

脉动流
　　Y 非定常流

脉动流场
pulsating flow field
O351.2
　　S 流场*
　　C 脉动速度

脉动流动
　　Y 非定常流

脉动流速
　　Y 脉动速度

脉动谱
　　Y 流谱

脉动射流
　　Y 脉冲射流

脉动速度
fluctuating velocity
O357
　　D 脉动流速
　　S 流速*
　　C 脉动流场

脉动现象
　　Y 脉动

脉动压力
fluctuating pressure
O351.2
　　D 脉冲压力
　　　　涨落压力
　　S 动压
　　C 风振 →(4)
　　　　压力脉动
　　Z 压力

脉动液体
　　Y 脉冲液体

脉动应力
　　Y 振动应力

脉动载荷
　　Y 交变载荷

脉动振动
　　Y 放气振动

脉动周期
pulsation period
O353.2
　　S 运动周期
　　C 长周期脉动 →(5)
　　　　脉动力
　　Z 周期

脉塞
　　Y 脉泽

脉线
streak line
O351.2
　　D 染色线
　　　　条纹线
　　S 流线
　　Z 线

脉泽*
maser
P162
　　D 脉塞
　　　　微波激射
　　F 电子回旋脉塞
　　　　微脉塞

满溢
　　Y 溢流

满应力准则
full stress criterion
O342
　　S 力学准则*
　　C 应力

曼德尔斯坦-布里渊散射
　　Y 布里渊散射

漫反射
diffuse reflection
O435.1；P401
　　S 光学反射
　　F 红外漫反射
　　C 漫散射
　　　　漫射光
　　Z 反射

漫反射光谱
diffuse reflection spectra
O433.5

　　D 漫反射光谱法
　　　　漫反射光谱学
　　S 反射光谱
　　C 漫射光
　　Z 光谱

漫反射光谱法
　　Y 漫反射光谱

漫反射光谱学
　　Y 漫反射光谱

漫反射红外光谱
diffuse reflectance infrared spectroscopy
O433.5
　　S 红外反射光谱
　　Z 光谱
　　　　红外光谱

漫反射率
diffuse reflectance
O435.1
　　S 光反射率
　　Z 反射率
　　　　光学参数

漫辐射
　　Y 散射辐射

漫散射
diffuse scattering
O722.6
　　S 光散射*
　　F 热漫散射
　　C 漫反射

漫射辐射
　　Y 散射辐射

漫射光
diffused light
O435.1
　　S 反射光
　　C 漫反射
　　　　漫反射光谱
　　Z 光

漫射器
diffuser
TH74
　　S 光学元件*

漫溢
　　Y 溢流

慢波
slow wave
O441.4
　　S 电磁波*
　　C 惯性波 →(4)
　　　　行星波 →(4)

慢波结构
slow wave structure
TN1；TN81
　　S 波结构*
　　F 螺旋线慢波结构
　　　　同轴慢波结构
　　C 螺旋曲线 →(1)

慢电子

slow electron
O572.322
　S 电子*
　F 慢正电子

慢度曲面
slowness-curved face
O733.2
　S 曲面*

慢光
slow light
O435.2
　S 光*

慢光速
subluminal velocity
O431.1
　S 光速
　Z 传播速度

慢化
slowing down
O57
　S 物理过程*
　F 临界慢化

慢回弹
slow resilience
O343
　S 弹性
　Z 力学性质

慢激波
slow shock waves
O354.5
　S 磁流体力学激波
　C 剪切流
　Z 激波

慢极化效应
slow polarization effect
O47
　S 极化效应
　Z 物理效应

慢粒子
slow particle
O572.3
　S 粒子*

慢衰减特性
slow-decaying property
O571.3
　S 衰减特性
　Z 物理特性

慢速中子捕获过程
　Y s-过程

慢性辐射效应
　Y 辐射效应

慢正电子
slow positron
O572.322
　S 慢电子
　　 正电子
　Z 电子

慢正电子束

slow positive electron beam
TN14
　S 电子束*

慢正电子湮没
slow positron annihilation
O572.24
　S 正电子湮没
　Z 粒子相互作用

慢中子
slow neutrons
O572.342
　S 中子
　Z 粒子

慢轴
slow axis
TN209
　S 轴*

盲点
blind spot
O43
　S 位置*

猫眼式流
　Y 剪切流

毛管力
　Y 毛管压力

毛管流
　Y 毛细管流

毛管模型
capillary model
O357.3
　S 渗流模型
　Z 力学模型

毛管压力
capillary force
O363.2
　D 毛管力
　　 毛细管力
　　 毛细管压力
　　 毛细力
　　 毛细压力
　　 毛细作用力
　　 气水毛细管压力
　S 力*
　C 毛细管压力曲线

毛管压力曲线
　Y 毛细管压力曲线

毛细波
　Y 表面张力波

毛细管波
　Y 表面张力波

毛细管力
　Y 毛管压力

毛细管流
capillary flow
O363.2
　D 毛管流
　S 流体流*

　C 毛细管压力曲线
　　 毛细水上升高度

毛细管压力
　Y 毛管压力

毛细管压力曲线
capillary pressure curve
O363.2
　D 毛管压力曲线
　S 压力曲线
　C 孔隙结构 →(5)
　　 流体性质
　　 毛管压力
　　 毛细管流
　Z 受力曲线

毛细力
　Y 毛管压力

毛细上升高度
　Y 毛细水上升高度

毛细水上升高度
height of capillary rise
O363.2
　D 毛细上升高度
　S 高度*
　C 毛细管流

毛细压力
　Y 毛管压力

毛细作用力
　Y 毛管压力

锚定能
anchoring energy
O753.2
　S 液晶性能*

锚定强度
anchoring strength
O753.2
　S 液晶性能*

锚链张力
anchor chain's tension
O31
　D 链条张力
　S 张力
　Z 力

梅耶-斯密特位形
　Y 磁场位形

媒质
　Y 介质

美夸克
　Y b夸克

镁基大块非晶
Mg-based bulk amorphous
O756
　D Mg基大块非晶
　　 Mg基大块非晶材料
　　 Mg基块体非晶
　　 Mg基块体非晶材料
　　 Mg基块状非晶
　　 Mg基块状非晶材料

镁基大块非晶材料
镁基块体非晶
镁基块体非晶材料
镁基块状非晶
镁基块状非晶材料
  S 块状非晶
  Z 非晶材料

镁基大块非晶材料
  Y 镁基大块非晶

镁基块体非晶
  Y 镁基大块非晶

镁基块体非晶材料
  Y 镁基大块非晶

镁基块状非晶
  Y 镁基大块非晶

镁基块状非晶材料
  Y 镁基大块非晶

镁盐晶须
  Y 碱式硫酸镁晶须

门罗效应
  Y 聚能效应

门限压力
threshold pressure
O369
  D 阈压力
    阈值压力
  S 压力*
  C 贾敏效应

门限值
  Y 阈值

蒙特卡罗碰撞
Monte-Carlo collision
O411.1
  D 蒙特卡罗碰撞算法
  S 数学模拟*

蒙特卡罗碰撞算法
  Y 蒙特卡罗碰撞

锰锌铁氧体纳米晶
MnZn ferrite nanocrystal
O73
  D 锰锌铁氧体纳米晶体
  S 纳米晶
  Z 晶体
    纳米材料

锰锌铁氧体纳米晶体
  Y 锰锌铁氧体纳米晶

弥漫 X 射线辐射
  Y X 射线辐射

弥散*
dispersion
O357
  D 地下弥散
    机械弥散
    污染物弥散
    重力弥散
  F 湍流弥散

    相变弥散
  C 分散 →(3)
    弥散带
    弥散性
    溶质运移 →(4)
    衰减

弥散斑
dispersive speckles
O432.12
  S 散斑*

弥散带
dispersion zone
O357.3
  S 层带*
  C 弥散
    渗流

弥散裂缝
smeared cracking
O346.11
  S 裂缝*

弥散流
  Y 雾状流

弥散曲线
  Y 频散曲线

弥散特性
  Y 频散曲线

弥散相变
  Y 相变弥散

弥散性
dispersivity
O357
  D 纵向弥散性
  S 流体性质
  C 弥散
  Z 特性

弥散性相变
  Y 相变弥散

弥散硬化
dispersion hardening
TB301；TG1
  S 硬化*
  C 相变韧化

弥渗
  Y 渗流

迷宫畴
maze domain
O76
  S 晶畴
  Z 畴

迷散电流
  Y 杂散电流

迷走电流
  Y 杂散电流

米波
  Y 超短波

米尺

meter rule
TH71
  S 测量器具*

米堆模型
rice-pile model
O415.3
  S 物理模型*

米尔塔夫振荡
  Y 等离子体振荡

米兰测距系统
  Y 雷达测距仪

米勒矩阵
  Y Mueller 矩阵

米赛西-汉基屈服条件
  Y 八面体剪应力塑性条件

米氏理论
  Y 米氏散射理论

米氏散射理论
Mie theory
O413.1
  D Mie 理论
    Mie 散射理论
    米氏理论
  S 散射理论
  Z 物理理论

密度*
density
TB933
  F 成核密度
    功率密度
    裂缝密度
    流量密度
    平均密度
    熵密度
    数密度
    体积密度
    陷阱密度
    跃迁密度

密度变化
density variation
TB933
  S 物理变化*
  C 耦合运动

密度测定
  Y 密度测量

密度测定法
  Y 密度测量

密度测量
density measurement
TB462；TB933
  D 比重测定
    比重测量
    密度测定
    密度测定法
    密度测量法
  S 力学测量*
  C 比重瓶
    密度计

物质密度
重量分析法 →(3)

密度测量法
Y 密度测量

密度测量仪器
Y 密度计

密度泛函
Y 密度泛函理论

密度泛函法
Y 密度泛函理论

密度泛函方法
Y 密度泛函理论

密度泛函计算
Y 密度泛函理论

密度泛函理论
density functional theory
O413.1；O6-0；O641.12
D DFT 方法
　DFT 计算
　DF 法
　动态密度泛函理论
　密度泛函
　密度泛函法
　密度泛函方法
　密度泛函计算
　密度泛函理论方法
　密度泛函理论计算
　密度泛涵理论
　密度函数理论
　杂化密度泛函理论
S 化学理论*
C K-泛函 →(1)
　核估计 →(1)
　几何构型 →(3)
　能量泛函 →(1)

密度泛函理论方法
Y 密度泛函理论

密度泛函理论计算
Y 密度泛函理论

密度泛涵理论
Y 密度泛函理论

密度分布
density distribution
ZT6
S 分布*

密度函数理论
Y 密度泛函理论

密度计
densimeter
TH715.2
D 比重计
　密度测量仪器
S 测量仪器*
F 光电密度计
　光学密度计
　显微密度计
C 比重瓶
　密度测量

液体密度

密度结构
density structure
TB303.1
S 结构*

密度矩阵
density matrix
O41
S 矩阵*
F 约化密度矩阵
C 迹不等式 →(1)
　量子博弈
　重正化群方法 →(1)

密度矩阵重整化群
density matrix renormalization group
O152；O411.1
S 群（数学）*

密度流
Y 异重流

密度算符
density operator
O413
S 算符*
F 约化密度算符

密度演化方法
density evolution method
O342
S 力学方法*
F 概率密度演化方法

密堆六方结构
Y 密排六方结构

密封力
sealing force
O312
D 密封压力
　密封载荷
S 力*

密封压力
Y 密封力

密封载荷
Y 密封力

密集缺陷
close defects
O771
S 点缺陷
Z 晶体缺陷

密勒矩阵
Y Mueller 矩阵

密勒指数
Miller indices
O723；P57
D Miller 指数
S 晶面指数
Z 晶体学参数

密立根油滴
Y 密立根油滴实验

密立根油滴实验
millikan oil-drop experiment
O4-33
D 密立根油滴
　油滴实验
S 物理实验
Z 科学实验

密排六方结构
HCP structure
O76
D hcp 结构
　密堆六方结构
S 金属晶体结构
Z 晶体结构

密频内共振
internal resonance due to closely spaced natural frequencies
O321
S 共振*
C 非线性振动

密实系数
Y 压缩系数

密实性
Y 压缩性能

幂律流体
power-law fluid
O373
D 非牛顿幂律流体
　非牛顿幂率流体
　幂率流体
S 非牛顿流体
C 两相流
　牛顿流体
　粘弹性流体
Z 流体

幂率流体
Y 幂律流体

幂强化
Y 幂硬化

幂硬化
power hardening
O344.1
D 幂强化
S 硬化*

面（晶体）
Y 晶面

面波
Y 表面波

面波频散
surface wave dispersion
O353；P315.3；P731.22
S 频散*
C 表面波
　波频散 →(4)(5)

面电荷
Y 表面电荷

面电荷密度
Y 表面电荷密度

面电流
surface current
O441.1
　　S 电流*

面电流密度
surface current density
O441.1
　　D 表面电流密度
　　S 电流密度
　　Z 物理参数

面辐射强度
　　Y 辐射强度

面积*
area
O123.3
　　F 接触面积

面积定理
area theorem
O174；O41
　　S 数学定理*
　　C 勾股定理 →(1)

面积精度
area accuracy
TB92
　　S 测量精度
　　Z 精度

面积速度
areal velocity
O311.1
　　S 速度*
　　C 质点运动

面畸变
surface deflection
O435.2；P111.3
　　S 畸变*
　　F 截面畸变

面角守恒定律
conservation law of crystal plane
O71
　　D 晶面交角守恒定律
　　　 晶面角守恒定律
　　S 晶体学理论*

面矩
moment of area
O312
　　S 力矩*

面密度
　　Y 体积密度

面内变形
in-plane deformation
O344.3
　　S 变形*

面内场
in-plane field
O412.3
　　S 磁场*

面内弯曲
　　Y 平面弯曲

面气蚀
　　Y 叶面空化

面缺陷
planar defect
O771
　　D 界面缺陷
　　S 晶体缺陷*
　　F 层错
　　　 堆垛无序
　　　 反相畴界
　　　 倾斜界面

面射流
　　Y 附壁射流

面心点格
　　Y 面心点阵

面心点阵
face-centered lattice
O712
　　D F 格子
　　　 面心点格
　　　 面心格
　　　 面心格子
　　　 四重格
　　S 布拉菲点阵
　　F 面心立方点阵
　　C 体心点阵
　　Z 点阵

面心格
　　Y 面心点阵

面心格子
　　Y 面心点阵

面心立方
　　Y 面心立方结构

面心立方点阵
face-centered cubic lattice
O712
　　S 立方点阵
　　　 面心点阵
　　Z 点阵

面心立方结构
face-centered cubic structure
O76
　　D fcc 结构
　　　 面心立方
　　S 金属晶体结构
　　Z 晶体结构

面心立方晶格
face-centered cubic lattice
O71；O76
　　D FCC 晶格
　　S 立方晶格
　　C γ 相 →(3)
　　Z 晶格

面形测量
surface shape measurement
TB92；TH74
　　S 几何量测量*

面衍生
epitaxy
O78
　　S 规则连生
　　Z 结晶现象

面应变
　　Y 平面应变

面张力
　　Y 表面张力

面织构
planar texture
O76
　　S 晶体织构
　　Z 织构

瞄准误差
sighting error
O43
　　S 测量误差*

渺子俘获
　　Y μ 子俘获

渺子-原子核反应
　　Y μ 子-原子核反应

闵可夫斯基空间
　　Y Minkowski 空间

敏感性分析
　　Y 灵敏度分析

敏感性分析法
　　Y 灵敏度分析

敏化发光
sensitized luminescence
O734.3
　　S 发光*

名词术语
　　Y 术语

名义应变
nominal strain
O344.3
　　D 公称应变
　　S 应变*
　　C 变形
　　　 名义应力

名义应力
nominal stress
O343.4
　　D 公称应力
　　S 应力*
　　C 名义应变

明槽流
open channel flow
O351.2
　　D 明槽流动
　　　 明渠流动
　　S 槽道流
　　Z 流体流

明槽流动
　　Y 明槽流

明度

主　表　517

　　Y 亮度

明亮度
　　Y 亮度

明流
　　Y 无压流

明渠流动
　　Y 明槽流

明锐度
　　Y 分辨率

明视距离
distance of distinct vision
O43
　　S 视距
　　Z 距离

鸣音
singing
O429
　　S 声音*

命中点
　　Y 弹着点

缪勒矩阵
　　Y Mueller 矩阵

模场
mode field
O43
　　S 光场*
　　F 单模光场
　　　 双模光场

模场结构
　　Y 场模结构

模糊*
ambiguity
ZT5
　　F 色模糊

模糊振动
fuzzy vibration
O32；P315.6
　　S 振动*
　　C 模糊理论 →(1)

模间色散
intermodal dispersion
O436.3
　　S 模式色散
　　Z 色散

模结构
mode structure
O41
　　S 结构*
　　F 场模结构

模孔阴极
　　Y 海绵阴极

模量*
modulus
O344.3
　　F 变形模量
　　　 不同模量

　　　 弹性模量
　　　 等效模量
　　　 动态模量
　　　 扭转破坏模量
　　　 疲劳模量
　　　 强化模量
　　　 双模量
　　　 撕裂模量
　　　 松弛模量
　　　 塑性模量
　　　 体积模量
　　　 弯曲模量
　　　 压缩模量
　　C 应变

模量-应变曲线
modulus-strain curve
O344.3
　　S 应变曲线
　　C 塑性力学
　　Z 应力-应变曲线

模拟分子轨道从头计算
　　Y 分子轨道计算

模拟静电场
simulated static electric field
O441.1
　　S 静电场
　　Z 电场

模拟流场
analog flow field
O351.2
　　S 流场*

模拟律
　　Y 相似律

模拟摩擦系数
simulat friction coefficient
O313.5
　　S 摩擦系数
　　Z 系数

模拟重力
　　Y 人工重力

模耦合
mode coupling
TN25；TN751.1
　　S 光耦合
　　Z 耦合

模色散
　　Y 模式色散

模式*
pattern
ZT71
　　D 程式
　　F 零能模式

模式分析
　　Y 振型分析

模式色散
modal dispersion
O436.3
　　D 模色散

　　S 色散*
　　F 模间色散
　　　 偏振模色散

模态*
mode
ZT5
　　F 单模态
　　　 低阶模态
　　　 非线性模态
　　　 共振模态
　　　 固有模态
　　　 假设模态
　　　 简正模
　　　 局部模态
　　　 扭转模态
　　　 耦合模态
　　　 屈曲模态
　　　 特征模态
　　　 系统模态
　　　 主模态
　　C 振型

模态 pushover 分析
　　Y 模态分析

模态保证准则
modal assurance criterion
O32
　　S 力学准则*
　　C 振动理论

模态参数
modal parameters
O32；O342
　　S 力学参数*
　　C Laplace 小波 →(1)
　　　 动力系统
　　　 阻尼识别

模态迭加法
　　Y 振型叠加法

模态叠加
　　Y 振型叠加法

模态叠加法
　　Y 振型叠加法

模态法
　　Y 模态分析

模态分析
modal analysis
O32
　　D 模态 pushover 分析
　　　 模态法
　　S 分析*
　　F 复模态分析
　　　 运行模态分析
　　C 结构动力修改
　　　 强度分析

模态分析法
　　Y 振型叠加法

模态辐射效率
modal radiation efficiency
O432.1
　　S 辐射效率

Z 光学效率

模态函数
mode functions
O32
S 函数(力学)*

模态加速度
Y 加速度

模态截断
modal truncation
O32
C 振动分析

模态局部化*
mode localization
O32
F 振动模态局部化
C 失谐
振动分析

模态扩展
modal expansion
O32
S 扩展*

模态摄动法
modal perturbation
O32
S 振动分析方法
Z 力学方法

模态数据
modal data
O32
S 数据*
C 振动理论

模态损耗因子
modal loss factor
O32
S 损耗因子
C 振动分析
Z 力学因子

模态位移
modal displacement
O32
S 位移*
C 模态响应

模态系统
Y 系统模态

模态响应
modal response
O32
S 响应*
C 动态响应
模态位移

模态跃迁
mode jumping
O32
S 跃迁*

模态展开法
modal expansion method
O151.21；O302
S 展开(数学)*

C 重特征值 →(1)

模态振动试验
modal vibration test
O32
S 试验*
振动试验
Z 科学实验

模态质量
modal mass
O32
D 有效模态质量
S 质量*

模态综合
Y 模态综合法

模态综合法
modal synthesis method
O32
D 模态综合
S 振动分析方法
C 振动分析
Z 力学方法

模态阻尼
Y 振型阻尼

模态坐标
modal coordinates
O322
S 坐标*
C 行波振动

模体积
mode volume
TN241/244
S 体积*

模型*
model
ZT0
D 模型研究
F 介质模型
缩尺模型
跳跃模型
有限差分模型
周期模型
砖墙模型
自由体积模型
C 建模
模拟器 →(4)
模型理论 →(1)

模型(结构)
Y 结构模型

模型(数学)
Y 数学模型

模型(物理)
Y 物理模型

模型化
Y 建模

模型势
model potential
O413
S 势*

C 闭合轨道 →(1)(4)

模型势方法
Y 赝势法

模型研究
Y 模型

模型自由飞
Y 自由飞模型

模压全息图
embossed hologram
O438.1
S 全息图*

膜
Y 薄膜

膜板比拟
membrane-plate similarity
O348
S 方法*

膜层
membranous layer
O484.1
S 薄膜结构
F 单层
致密层
Z 固体结构

膜电势
Y 膜电位

膜电位
membrane potential
O441.1
D 薄膜电位
膜电势
S 电位*

膜过滤压差
Y 膜压差

膜厚
Y 薄膜厚度

膜厚测量
film thickness measurement
O484.5
D 薄膜厚度测量
S 薄膜测量
C 薄膜厚度
膜厚分布
膜厚均匀性
Z 物理测量

膜厚度
Y 薄膜厚度

膜厚分布
distributing of film thickness
O484.1
S 分布*
C 膜厚测量

膜厚监控
Y 膜厚控制

膜厚均匀性
film thickness uniformity

O484.5
  D 薄膜厚度均匀性
  S 薄膜均匀性
  C 膜厚测量
  Z 特性
     物理性质

膜厚控制
film thickness monitoring
O43
  D 膜厚监控
  S 控制*

膜结晶
membrane crystallization
O799
  S 工业结晶
  F 降膜结晶
  Z 结晶

膜介质
  Y 介电薄膜

膜力
membrane force
O312
  D 薄膜力
  S 力*
  F 非稳态油膜力
  C 薄膜应力

膜模型
membrane model
O411.1
  S 物理模型*

膜系结构
  Y 薄膜结构

膜压差
transmembrane pressure difference
O31
  D 跨膜压差
     膜过滤压差
     透膜压差
  S 压差*
  C 超滤 →(4)

摩擦*
friction
O313.5
  D 磨擦
  F 边界摩擦
     表面摩擦
     干摩擦
     宏观摩擦
     库仑摩擦
     流体摩擦
     轮轨摩擦
     内摩擦
     碰摩
     瑞利摩擦
     湿摩擦
     微观摩擦
     制动摩擦
  C 减阻
     摩擦功率
     摩擦机理
     摩擦角
     摩擦接触
     摩擦力
     摩擦起电
     磨损
     陶瓷摩擦学

摩擦(内部)
  Y 内摩擦

摩擦层
  Y 大气边界层

摩擦带电
  Y 摩擦起电

摩擦电
  Y 摩擦起电

摩擦发光
triboluminescence
O482.3
  D 机械发光
  S 发光*

摩擦发热
frictional heating
O313.5
  D 粘滞发热
  S 摩擦效应
  C 冷却
  Z 效应

摩擦功耗
  Y 摩擦功率

摩擦功率
friction power
O313.5
  D 摩擦功耗
     摩滑功率
  S 功率*
  C 摩擦
     摩擦学

摩擦机理
friction mechanism
O313.5
  D 摩擦机制
  S 机理*
  C 摩擦
     摩擦理论
     摩擦学

摩擦机制
  Y 摩擦机理

摩擦激振
friction induced vibration
O323
  D 摩擦诱导振动
  S 激振
  Z 振动

摩擦角
friction angle
O313.5
  S 角*
  F 动摩擦角
     内摩擦角
  C 摩擦

摩擦理论
  Y 摩擦理论

摩擦接触
friction contact
O313.5；O343.3
  S 接触*
  F 弹性摩擦接触
  C 摩擦

摩擦抗剪强度
rictional shear strength
O346
  S 抗剪强度
  Z 力学强度

摩擦理论
friction theory
O313.5
  S 力学理论*
  C 摩擦机理
     摩擦角
     摩擦力方向
     摩擦磨损性能
     摩擦学
     摩擦约束
     内摩擦力
     谢才公式

摩擦力
friction force
O313.5
  D 大气摩擦力
     大气湍流粘性力
     大气粘性力
     大气粘性应力
     摩擦力界
  S 耗散力
  F 表面摩擦力
     动摩擦力
     非线性摩擦力
     负摩擦力
     附加摩擦力
     干摩擦力
     极限摩擦力
     结晶器摩擦力
     界面摩擦力
     径向摩擦力
     静摩擦力
     库仑摩擦力
     内摩擦力
     微摩擦力
     液体摩擦力
     有效摩擦力
     正摩擦力
     桩侧摩擦力
  C 表面阻力
     摩擦
     摩擦应力
     液固二相流体
  Z 力

摩擦力方向
direction of frictional force
O313.5
  S 力方向*
  C 摩擦理论
     运动趋势

摩擦力界
Y 摩擦力

摩擦力矩
friction torque
O313.5
D 摩擦扭矩
摩擦转矩
S 力矩*
C 刚度
自激励

摩擦膜
friction film
TH117.2
S 薄膜*

摩擦磨损
Y 磨损

摩擦磨损性能
friction and wear behavior
O313.5
D 磨损特性
磨损性
磨损性能
磨损性质
S 力学性质*
C 摩擦理论

摩擦扭矩
Y 摩擦力矩

摩擦疲劳
Y 疲劳磨损

摩擦起电
frictional electrification
O441.1
D 摩擦带电
摩擦电
S 起电*
C 摩擦

摩擦强度
frictional strength
O313.5；O346；P5
S 力学强度*

摩擦强迫
Y 大气强迫

摩擦上层
Y 过渡层

摩擦实验
friction experiment
O313.5
S 力学实验
C 摩擦学
Z 科学实验

摩擦速度
friction velocity
O313.5
D 壁剪切速度
S 速度*
C 大气边界层
风速廓线 →(4)
湍流扩散
湍流切应力
下垫面 →(4)
粘度

摩擦损耗
Y 磨损

摩擦损失
Y 磨损

摩擦特性
friction characteristics
O313.5
S 力学性质*
C 摩擦学

摩擦系数
friction coefficient
O313.5
D 磨擦系数
S 力系数
F 当量摩擦系数
低摩擦系数
动摩擦系数
高摩擦系数
滚动摩擦系数
静摩擦系数
模拟摩擦系数
摩阻系数
内摩擦系数
平均摩擦系数
水力摩阻系数
有效摩擦系数
C 边界摩擦
表面摩擦
摩擦因子
摩擦阻力
磨损机理
驱动力
湍流粘性系数
Z 系数

摩擦效应
frictional effect
O313.5
S 效应*
F 摩擦发热

摩擦学*
tribology
O313.5
D 摩擦学系统
F 分子摩擦学
高温摩擦学
工业摩擦学
空间摩擦学
绿色摩擦学
纳米摩擦学
生物摩擦学
陶瓷摩擦学
微观摩擦学
C 表面性质 →(3)
摩擦功率
摩擦化学 →(3)
摩擦机理
摩擦理论
摩擦实验
摩擦特性

摩擦学系统
Y 摩擦学

摩擦曳力
Y 内摩擦力

摩擦因数
Y 摩擦因子

摩擦因素
Y 摩擦因子

摩擦因子
friction factor
O313.5
D 摩擦因数
摩擦因素
摩阻因数
S 力学因子*
C 表面摩擦
量纲分析
摩擦系数
磨损机理

摩擦应力
friction stress
O313.5；O343
S 应力*
C 摩擦力

摩擦诱导振动
Y 摩擦激振

摩擦约束
frictional constraint
O313.5
S 约束*
C 摩擦理论

摩擦制动
Y 制动摩擦

摩擦转矩
Y 摩擦力矩

摩擦阻力
frictional resistance
O313.5；P433
D 表面摩擦阻力
弹带挤进阻力
摩阻
摩阻力
磨擦阻力
沿程阻力
S 粘性阻力
C 摩擦系数
摩擦阻力压降
摩阻系数
Z 阻力

摩擦阻力压降
frictional pressure drop
O313.5
S 压力变化*
C 摩擦阻力

摩擦阻尼
friction damping
O313.5；O328
D 干摩擦阻尼

主　表　521

　　干阻尼
　S　阻尼*
　C　Faedo-Galerkin 方法 →(1)
　　内摩擦力
　　振动响应分析

摩尔破坏理论
　Y　莫尔强度理论

摩尔气体常数
　Y　普适气体常量

摩尔热容
molar heat capacity
O551.1
　D　摩尔热容量
　S　热容
　Z　热量

摩尔热容量
　Y　摩尔热容

摩尔体积
molar volume
O55；O6-04；O64
　D　分子体积
　　　克分子体积
　S　化学参数*

摩尔圆
　Y　应力圆

摩尔质量
　Y　分子量

摩耗
　Y　磨损

摩滑功率
　Y　摩擦功率

摩振腐蚀
　Y　微振磨损

摩阻
　Y　摩擦阻力

摩阻比
　Y　摩阻系数

摩阻力
　Y　摩擦阻力

摩阻系数
coefficient of friction and resistance
O313.5
　D　摩阻比
　S　摩擦系数
　F　滚动摩阻系数
　C　干摩擦
　　　摩擦阻力
　Z　系数

摩阻因数
　Y　摩擦因子

磨擦
　Y　摩擦

磨擦系数
　Y　摩擦系数

磨擦阻力
　Y　摩擦阻力

磨耗
　Y　磨损

磨耗腐蚀
　Y　腐蚀磨损

磨耗机理
　Y　磨损机理

磨耗抗力
　Y　耐磨性

磨粒磨损
abrasive wear
O313.5
　S　磨损*
　C　磨损机理
　　　耐磨性

磨料射流
abrasive jet
O358
　S　射流*
　C　液固湍流

磨蚀疲劳
　Y　疲劳磨损

磨损*
abrasion
O313.5；O346.5
　D　摩擦磨损
　　　摩擦损耗
　　　摩擦损失
　　　摩耗
　　　磨耗
　F　冲击磨损
　　　腐蚀磨损
　　　磨粒磨损
　　　疲劳磨损
　　　微振磨损
　　　粘着磨损
　C　波浪作用 →(4)
　　　摩擦
　　　磨蚀 →(4)
　　　磨损试验
　　　破坏分析
　　　压差
　　　硬度

磨损腐蚀
　Y　腐蚀磨损

磨损机理
wear mechanism
O346.5
　D　磨耗机理
　　　磨损机制
　S　机理*
　C　冲击磨损
　　　摩擦系数
　　　摩擦因子
　　　磨粒磨损
　　　微振磨损
　　　粘着磨损

磨损机制
　Y　磨损机理

磨损疲劳
　Y　疲劳磨损

磨损强度
　Y　抗磨强度

磨损试验
wear testing
O346.5
　S　强度试验
　C　磨损
　Z　科学实验

磨损特性
　Y　摩擦磨损性能

磨损性
　Y　摩擦磨损性能

磨损性能
　Y　摩擦磨损性能

磨损性质
　Y　摩擦磨损性能

末段弹道
　Y　导弹弹道

末段弹道学
　Y　终点弹道学

末段速度
　Y　终端速度

末速
　Y　终端速度

末速度
　Y　终端速度

末态
　Y　末态粒子

末态粒子
final state
O572.23
　D　末态
　S　基本粒子
　Z　粒子

末态相互作用
final-state interactions
O572.24
　D　遍举相互作用
　　　单举相互作用
　S　粒子相互作用*

莫阿干涉条纹
　Y　莫尔条纹

莫阿干涉纹
　Y　莫尔条纹

莫阿效应
　Y　云纹效应

莫尔测量法
Moire measurement method
TH74
　D　莫尔轮廓法
　　　莫尔偏析法
　S　光学测量*

莫尔法
　　Y 云纹干涉法

莫尔干涉法
　　Y 云纹干涉法

莫尔干涉术
　　Y 云纹干涉法

莫尔干涉条纹
　　Y 莫尔条纹

莫尔光栅
　　Y 计量光栅

莫尔技术
　　Y 云纹干涉法

莫尔轮廓法
　　Y 莫尔测量法

莫尔偏析法
　　Y 莫尔测量法

莫尔破坏理论
　　Y 莫尔强度理论

莫尔强度理论
Mohr strength theory
O346
　　D 摩尔破坏理论
　　　　莫尔破坏理论
　　S 强度理论
　　C 岩石力学性质　→(5)
　　　　应力圆
　　Z 力学理论

莫尔斯势
　　Y Morse 势

莫尔条纹
Moire fringe
O436.1
　　D Moire 条纹
　　　　叠栅条纹
　　　　叠栅云纹
　　　　光栅莫尔条纹
　　　　莫阿干涉条纹
　　　　莫阿干涉纹
　　　　莫尔干涉条纹
　　S 干涉条纹*
　　C 计量光栅
　　　　云纹干涉法

莫尔图
　　Y 应力圆

莫尔效应
　　Y 云纹干涉法

莫尔应力圆
　　Y 应力圆

莫尔圆
　　Y 应力圆

莫尔云纹法
　　Y 影栅云纹法

莫来石晶体
mullite whiskers
O799

　　D 莫来石晶种
　　S 矿物晶体
　　Z 晶体

莫来石晶须
mullite whiskers
O784
　　D 多晶莫来石晶须
　　S 陶瓷晶须
　　Z 晶须

莫来石晶种
　　Y 莫来石晶体

莫里森方程
　　Y Morison 方程

莫里森公式
　　Y Morison 方程

莫林相变
Morin transition
O482.5
　　S 磁相变
　　Z 相变

莫诺硬度
　　Y 硬度

莫塞莱定律
Moseley law
O41
　　D 屏蔽双线
　　S 物理定律*

莫氏硬度
Mohs hardness
O34
　　S 硬度
　　C 韧性
　　Z 力学性质

莫特-哈伯德相变
　　Y 莫特转变

莫特绝缘相
Mott-insulator phase
O738
　　D Mott 绝缘相
　　S 晶相*
　　C 莫特转变

莫特势垒
　　Y 穿通势垒

莫特转变
Mott transition
O48
　　D 莫特-哈伯德相变
　　S 金属-半导体转变
　　C 莫特绝缘相
　　Z 转变

母光栅
master grating
O437.4；P111.3
　　D 主光栅
　　S 光栅*

目标*
target

ZT
　　F 红外目标
　　　　介质目标
　　　　空间目标

目标反射本领
　　Y 目标强度

目标强度
target strength
O422
　　D 目标反射本领
　　S 声强
　　Z 声学参数

目标散射
scattering object
O451
　　S 电磁波散射*

目标视场
target field of view
O435；P111.3
　　S 视场*

目标位置显示器
　　Y 显示器

目镜
ocular
TH74
　　D 目镜系统
　　　　目视光学系统
　　　　目视系统
　　S 光学元件*

目镜系统
　　Y 目镜

目视光学系统
　　Y 目镜

目视色度计
　　Y 色度计

目视望远镜
　　Y 光学望远镜

目视系统
　　Y 目镜

钼/硅多层膜
Mo/Si multi-layer film
O484
　　D Mo/Si 多层膜
　　S 多层薄膜
　　Z 薄膜

钼酸铅晶体
lead molybdate crystal
O734
　　D PM 晶体
　　S 声光晶体
　　　　无机非线性光学晶体
　　Z 光学晶体
　　　　晶体

穆勒计算法
　　Y Mueller 矩阵

穆勒矩阵

主 表 523

　　Y Mueller 矩阵

穆斯堡尔光谱
Mossbauer spectra
O433.5；P585
　　D 穆斯堡尔光谱学
　　　 穆斯堡尔谱
　　　 穆斯鲍尔光谱学
　　　 穆斯鲍尔谱
　　S 光谱*
　　C 穆斯堡尔源

穆斯堡尔光谱学
　　Y 穆斯堡尔光谱

穆斯堡尔谱
　　Y 穆斯堡尔光谱

穆斯堡尔谱仪
Mossbauer spectrometer
O433.4；O652.2
　　S 谱仪*

穆斯堡尔效应
Mossbauer effect
O482.53
　　D γ射线共振吸收
　　　 晶体共振γ射线相互作用
　　　 穆斯鲍尔效应
　　S 核效应
　　C γ射线
　　　 晶格动力学
　　　 穆斯堡尔源
　　Z 物理效应

穆斯堡尔源
Mossbauer source
O571.323；P141
　　S γ射线源
　　C 穆斯堡尔光谱
　　　 穆斯堡尔效应
　　Z 射线

穆斯鲍尔光谱学
　　Y 穆斯堡尔光谱

穆斯鲍尔谱
　　Y 穆斯堡尔光谱

穆斯鲍尔效应
　　Y 穆斯堡尔效应

纳观摩擦
　　Y 纳米摩擦

纳晶 TiO$_2$
　　Y 二氧化钛纳米晶

纳米
nanometer
TB921
　　D nm
　　　 毫微米
　　S 长度单位
　　Z 计量单位

纳米 Si 晶粒
　　Y 纳米硅晶粒

纳米半导体
　　Y 半导体纳米材料

纳米薄膜*
nanofilm
TB383；TB43
　　D 纳米级薄膜
　　　 纳米结构薄膜
　　　 纳米膜
　　F 纳米晶薄膜
　　　 纳米晶硅薄膜
　　C 微接触

纳米材料*
nanomaterials
TB383
　　D 毫微米材料
　　　 纳米物质
　　　 微纳米材料
　　F 半导体纳米材料
　　　 磁性纳米材料
　　　 磁性纳米复合材料
　　　 纳米单晶铜
　　　 纳米非晶硅
　　　 纳米晶
　　　 纳米晶硅
　　C 纳米颗粒测量
　　　 纳米力学
　　　 纳米粒子 →(3)
　　　 纳米摩擦学
　　　 纳米物理学

纳米磁
　　Y 纳米磁性

纳米磁颗粒
　　Y 磁性纳米材料

纳米磁流体
　　Y 纳米磁性流体

纳米磁性
nano-magnetic
O482.52
　　D 纳米磁
　　S 磁性*

纳米磁性材料
　　Y 磁性纳米材料

纳米磁性颗粒
　　Y 磁性纳米材料

纳米磁性流体
nanometer magnetic fluid
O361
　　D 纳米磁流体
　　　 微纳米磁性流体
　　S 纳米流体
　　Z 流体

纳米单晶
nano monocrystal
O73
　　D 纳米单晶体
　　S 纳米晶
　　F 纳米单晶铜
　　Z 晶体
　　　 纳米材料

纳米单晶体
　　Y 纳米单晶

纳米单晶铜
copper nano single crystal
O799
　　D 纳米晶铜
　　S 金属纳米晶
　　　 纳米材料*
　　　 纳米单晶
　　Z 晶体

纳米电子学
nanometer electronics
TN4
　　S 微电子学
　　F 磁电子学
　　Z 电子学

纳米多晶硅薄膜
　　Y 多晶硅纳米薄膜

纳米非晶
nano-amorphous
O751
　　D 非晶纳米晶
　　　 非晶-纳米晶
　　S 非晶质*

纳米非晶硅
nano-amorphous silicon
O751
　　D 非晶纳米硅
　　　 非晶纳米硅材料
　　　 非晶态纳米硅材料
　　　 纳米非晶硅材料
　　　 纳米非晶态硅
　　　 纳米非晶态硅材料
　　S 非晶硅
　　　 纳米材料*
　　Z 非晶质

纳米非晶硅材料
　　Y 纳米非晶硅

纳米非晶态硅
　　Y 纳米非晶硅

纳米非晶态硅材料
　　Y 纳米非晶硅

纳米固体
nano solid
O481
　　S 固体*
　　C 纳米粒子 →(3)

纳米光学
nano-optics
O439
　　S 微光学
　　F 微纳光学
　　C 纳米物理学
　　Z 光学

纳米光栅
nanograting
O437.4；P111.3
　　S 光栅*

纳米光子学
nano-photonics
O439；O572.31

S 光子学
Z 光学

纳米硅晶粒
silicon nanograin
O799
  D 硅纳米晶粒
     纳米Si晶粒
  S 纳米晶粒
  Z 晶粒

纳米硅镶嵌结构
nano silicon-mosaic structure
O76
  D 硅纳米结构
  S 纳米晶结构
  Z 晶体结构

纳米级薄膜
  Y 纳米薄膜

纳米级晶粒
  Y 纳米晶粒

纳米结构薄膜
  Y 纳米薄膜

纳米结晶过程
  Y 纳米晶化

纳米结晶化
  Y 纳米晶化

纳米结晶化过程
  Y 纳米晶化

纳米晶
nanocrystal
O799
  D 纳米晶体
     纳米晶体颗粒
     纳米微晶
  S 纳米材料*
     微纳晶体
  F 半导体纳米晶
     淀粉纳米晶
     复合纳米晶
     锰锌铁氧体纳米晶
     纳米单晶
     纳米纤维素晶体
     纳米针状晶
     无机纳米晶
  C 晶化
     软磁薄膜
  Z 晶体

纳米晶TiO₂
  Y 二氧化钛纳米晶

纳米晶薄膜
nanocrystalline film
O799
  D 纳米晶体薄膜
  S 晶体薄膜*
     纳米薄膜*
  F 纳米晶硅薄膜

纳米晶材料
  Y 纳米晶体材料

纳米晶硅
nanocrystalline silicon
O799
  D 硅纳米晶
  S 半导体纳米晶
     纳米材料*
  Z 晶体

纳米晶硅薄膜
nanocrystalline silicon film
O613.72；O799
  S 硅薄膜
     纳米薄膜*
     纳米晶薄膜
  F 多晶硅纳米薄膜
  Z 半导体薄膜
     晶体薄膜

纳米晶化
nanocrystallization
O79
  D 纳米结晶过程
     纳米结晶化
     纳米结晶化过程
     纳米晶化过程
  S 晶化*
  F 表面纳米晶化
     非晶合金纳米晶化

纳米晶化过程
  Y 纳米晶化

纳米晶结构
nanocrystal structure
O76
  D 纳米晶体结构
  S 晶体结构*
  F 纳米硅镶嵌结构

纳米晶粒
nanograin
O799
  D 纳米级晶粒
  S 高分子晶粒
  F 纳米硅晶粒
  Z 晶粒

纳米晶镍
  Y 纳米晶体镍

纳米晶态
nanocrystalline state
O799
  S 晶态
  Z 物态

纳米晶体
  Y 纳米晶

纳米晶体薄膜
  Y 纳米晶薄膜

纳米晶体材料
nano-crystal material
O799
  D 纳米晶材料
  S 晶体材料*
  F 铁基纳米晶合金

纳米晶体结构
  Y 纳米晶结构

纳米晶体颗粒
  Y 纳米晶

纳米晶体镍
nanocrystalline nickel
O799
  D 纳米晶镍
  S 金属纳米晶
  Z 晶体
     纳米材料

纳米晶铜
  Y 纳米单晶铜

纳米晶须
nano-whisker
O784
  S 晶须*
  F 纳米纤维素晶须

纳米晶银
  Y 银纳米晶

纳米晶锗
  Y 锗纳米晶

纳米颗粒测量
nanoparticle measurement
TH741
  S 颗粒测量
  C 纳米材料
     纳米粒子 →(3)
  Z 测量

纳米力学
nano-mechanics
O369
  S 细观力学
  C 纳米材料
  Z 固体力学

纳米粒度仪
nanoparticle size analyzer
TH711
  S 粒度仪
  Z 测量仪器

纳米量子点
nanometer quantum dot
O47
  S 量子点
  Z 势阱

纳米流动
nano-flow
O351.2
  S 微流动
  C 纳米流体
  Z 流动

纳米流体
nano-fluids
TK11
  S 流体*
  F 纳米磁性流体
     双组分纳米流体
     无溶剂纳米流体
  C 纳米流动
     纳米气泡

主　表　525

纳米孪晶
nanotwinned crystal
O762
　　S 孪晶
　　Z 晶体

纳米膜
　　Y 纳米薄膜

纳米摩擦
nano-friction
O313.5
　　D 纳观摩擦
　　S 微观摩擦
　　C Hertz 接触
　　Z 摩擦

纳米摩擦学
nanotribology
O313.5；O485
　　S 摩擦学*
　　C 纳米材料
　　　　微观摩擦学

纳米气泡
air bubble in nanometer size
O357
　　S 气泡*
　　C 纳米流体

纳米探针
nano probe
TH703.2
　　S 微探针
　　Z 探针

纳米微晶
　　Y 纳米晶

纳米微晶材料
nano microcrystalline material
O756
　　S 微晶材料
　　Z 晶体学应用

纳米微晶纤维素
　　Y 纳米纤维素晶体

纳米物理学
nano-physics
O48
　　S 固体物理学
　　F 介观物理学
　　C 纳米材料
　　　　纳米光学
　　　　纳米化学　→(3)
　　Z 物理学

纳米物质
　　Y 纳米材料

纳米纤维素晶体
nano-cellulose crystal
O799
　　D 纳米微晶纤维素
　　　　纤维素微纳晶体
　　S 纳米晶
　　　　纤维晶
　　Z 晶体
　　　　纳米材料

纳米纤维素晶须
nano-cellulose whisker
O784
　　S 纳米晶须
　　Z 晶须

纳米硬度实验
　　Y 纳米硬度试验

纳米硬度试验
nano-hardness test
TB302.3
　　D 纳米硬度实验
　　S 硬度试验
　　Z 科学实验
　　　　试验

纳米针状晶
nanometer-size needle-like crystal
O76
　　S 纳米晶
　　　　针状晶体
　　Z 晶体
　　　　纳米材料

纳秒脉冲
nanosecond pulse
TN24；TN78
　　D 毫微秒脉冲
　　S 超短激光脉冲
　　Z 脉冲

纳维埃-斯托克斯方程
　　Y Navier-Stokes 方程

纳维尔斯托克斯方程
　　Y Navier-Stokes 方程

纳维尔-斯托克斯方程
　　Y Navier-Stokes 方程

纳维-斯托克斯方程
　　Y Navier-Stokes 方程

氖 20 反应
　　Y 重离子反应

奈尔温度
Neel temperature
O441；O482.5
　　D 奈耳温度
　　　　尼尔点
　　　　尼尔温度
　　S 磁转变温度
　　Z 温度

奈耳温度
　　Y 奈尔温度

耐冲击强度
　　Y 冲击强度

耐冲击性
　　Y 抗冲击强度

耐高温性
　　Y 热稳定性

耐光性
　　Y 光学稳定性

耐剪切性
　　Y 剪切力

耐久极限
　　Y 疲劳强度

耐久试验
　　Y 疲劳试验

耐久性测试
　　Y 疲劳试验

耐久性试验
　　Y 疲劳试验

耐摩擦
　　Y 耐磨性

耐摩擦牢度
　　Y 耐磨性

耐摩擦性
　　Y 耐磨性

耐摩擦性能
　　Y 耐磨性

耐磨
　　Y 耐磨性

耐磨度
　　Y 抗磨强度

耐磨耗性
　　Y 耐磨性

耐磨耗性能
　　Y 耐磨性

耐磨强度
　　Y 抗磨强度

耐磨蚀
　　Y 耐磨性

耐磨蚀性
　　Y 耐磨性

耐磨损
　　Y 耐磨性

耐磨损性
　　Y 耐磨性

耐磨损性能
　　Y 耐磨性

耐磨性
wear resistance
O313.5
　　D 抗磨蚀性
　　　　抗磨损
　　　　抗磨性
　　　　抗磨性能
　　　　磨耗抗力
　　　　耐摩擦
　　　　耐摩擦牢度
　　　　耐摩擦性
　　　　耐摩擦性能
　　　　耐磨
　　　　耐磨耗性
　　　　耐磨耗性能
　　　　耐磨蚀
　　　　耐磨蚀性

耐磨损
耐磨损性
耐磨损性能
耐磨性能
耐破牢度
 S 力学性质*
 C 边界摩擦
  表面硬化
  滚动摩擦
  滑动摩擦
  结合强度
  磨粒磨损
  应变硬化
  硬度

耐磨性能
 Y 耐磨性

耐疲劳强度
 Y 疲劳强度

耐疲劳特性
 Y 疲劳性能

耐疲劳性
 Y 疲劳性能

耐破牢度
 Y 耐磨性

耐热度
 Y 热稳定性

耐热强度
 Y 热强度

耐热性
 Y 热稳定性

耐热性能
 Y 热稳定性

耐晒性
 Y 光学稳定性

耐受极限
 Y 疲劳强度

耐撕裂性
 Y 撕裂强度

耐弯曲试验
 Y 弯曲疲劳试验

耐压
 Y 抗压性能

耐压强度
 Y 抗压强度

耐压特性
 Y 抗压性能

耐压性
 Y 抗压性能

耐压性能
 Y 抗压性能

耐压压力
 Y 抗压性能

耐用性试验
 Y 疲劳试验

耐折试验
 Y 弯曲实验

耐震性试验
 Y 振动试验

耐撞性
 Y 冲击强度

萘升华实验
naphthalene sublimation experiment
O4-33
 S 物理实验
 Z 科学实验

难磁化方向
hard direction
O48
 D 难向
 S 方向*

难磁化轴
 Y 易磁化轴

难向
 Y 难磁化方向

难轴
 Y 易磁化轴

挠度
deflection
O344.3
 D 挠曲位移
 S 力学性质*
 F 大挠度
  弯曲挠度
  小挠度
  最大挠度
 C 磁致伸缩薄膜
  裂缝宽度
  弯曲系数
  无挠模 →(1)
  影响线

挠度法
 Y 柔度法

挠度试验
 Y 弯曲实验

挠裂
 Y 弯曲裂纹

挠曲电效应
flexoelectric effect
O753.2
 S 电场效应*

挠曲模量
 Y 弯曲模量

挠曲疲劳
 Y 弯曲疲劳

挠曲疲劳试验
 Y 弯曲疲劳试验

挠曲试验
 Y 弯曲实验

挠曲位移
 Y 挠度

挠屈
deflection
O344.3
 S 变形*
 C 弯曲

挠性
 Y 柔性

挠性法
 Y 柔度法

挠性陀螺仪
 Y 动力陀螺仪

挠性振动
 Y 横向振动

内爆等离子体
implosion plasma
O531
 S 等离子体*

内爆炸冲击波
 Y 聚爆冲击波

内边界层
internal boundary layer
O357.4
 D 次生边界层
  内附面层
 S 边界层
 C 二次流
 Z 流体层

内变量
internal variables
O34
 S 变量*

内秉磁性
 Y 内禀磁性

内禀尺度
intrinsic scale
O302
 S 尺度*

内禀磁
 Y 内禀磁性

内禀磁化强度
intrinsic magnetization
O441.2
 S 磁化强度
 C 内禀磁性
 Z 磁参数

内禀磁性
intrinsic magnetic properties
O482.52
 D 内秉磁性
  内禀磁
 S 磁性*
 C 内禀磁化强度

内禀方程
intrinsic equation

O302
  S 力学方程*
  C 力学理论

内禀剪切强度
  Y 抗剪强度

内禀角动量
intrinsic angular momentum
O313.2；O41
  D 自旋角动量
  S 角动量
  Z 力学量

内禀抗剪强度
  Y 抗剪强度

内禀随机性
intrinsic stochasticity
O313
  S 力学性质*
  C 随机分析 →(1)

内波
internal waves
O347.4
  D 内介面波
  S 应力波*
  F 非线性内波
  C 内潮汐 →(4)
    能量转移
    水声传播

内部变形
internal deformation
O344.3
  S 变形*
  C 塑性

内部共振
  Y 共振

内部激发态
internal excited state
O413
  S 激发态
  Z 能态

内部开裂
  Y 内部裂纹

内部裂缝
  Y 内部裂纹

内部裂纹
internal crack
O346.1
  D 结构裂缝
    内部开裂
    内部裂缝
    内裂
    内裂纹
    中部裂纹
    中间裂纹
    中心裂纹
  S 裂纹*
  C S-N 曲线
    超长寿命疲劳
    临界应变

内部能量
internal energy
O552
  D 内能
  S 分子能量
  Z 能量

内部声场
interior sound field
internal acoustic field
O422.2
  D 内声场
  S 声场*

内部谐振
  Y 内谐振

内部旋流
  Y 内旋流

内部压力
  Y 内压力

内部应变
  Y 内应变

内部应力
  Y 内应力

内部约束
internal constraints
O313
  D 内约束
  S 约束*
  C 条件

内部张力
  Y 内张力

内部自由度
internal degree of freedom
O313.3
  S 自由度*
  C 内部自由度弛豫
    四边形面积坐标 →(1)
    运动学

内部自由度弛豫
relaxation of internal degrees of freedom
O369
  S 松弛*
  F 交叉弛豫
    晶格弛豫
    碰撞弛豫
    振动弛豫
    转动弛豫
  C 内部自由度

内部作用力
  Y 内力

内尺度律
internal length scale
O33
  S 力学定律*
  C 边界层
    分形插值函数 →(1)
    时间尺度 →(1)

内弹道
internal ballistics

O315
  D 枪内弹道
  S 弹道*
  F 火炮内弹道
  C 内弹道参数
    内弹道参数测试
    内弹道计算

内弹道参数
interior ballistic parameter
O315
  D 内弹道性能
  S 弹道参数
  C 内弹道
    膛压
  Z 力学参数

内弹道参数测试
interior ballistic parameter measurement
O315
  S 弹道测量*
  C 弹道参数
    内弹道

内弹道方程
interior ballistic equation
O315
  S 弹道方程
  C 内弹道计算
    内弹道学
    运动轨迹
  Z 力学方程

内弹道计算
interior ballistic calculation
O315
  S 弹道计算
  C 内弹道
    内弹道方程
    内弹道学
  Z 力学计算

内弹道试验
interior ballistic test
O315
  D 测速试验
    膛内参数测试
    中间弹道试验
    装药结构试验
  S 弹道试验
  C 内弹道学
    实验弹道学
    中间弹道学
  Z 试验

内弹道性能
  Y 内弹道参数

内弹道学
interior ballistics
O315
  S 弹道学*
  F 实验弹道学
  C 内弹道方程
    内弹道计算
    内弹道试验

内电场
  Y 内建电场

内电阻
internal resistance
TM934.1
　D 内阻
　S 电阻*

内动力
internal motive force
O313
　S 动力*
　C 内力作用 →(5)

内反射
internal reflection
O435.1
　S 光学反射
　Z 反射

内附面层
　Y 内边界层

内功
　Y 内力功

内共振
　Y 共振

内孤立波
internal solitary waves
O415
　D 孤立内波
　　孤立子内波
　S 孤子*
　C 波动

内光电效应
　Y 光电导效应

内耗
internal friction
O35
　S 能量损耗*
　C 晶体缺陷
　　相变
　　阻尼

内建电场
built-in electric field
O47
　D 内电场
　S 电场*

内接法
internal connecting method
O4-33
　S 物理法*

内结合强度
internal bond strength
O346
　S 结合强度
　C 弯曲模量
　Z 力学强度

内介面波
　Y 内波

内聚力
　Y 粘聚力

内聚力模型

cohesive force model
O346.1
　D 结合力模型
　　粘聚力模型
　S 力学模型*
　C 粘聚力

内聚能
cohesive energy
O56；O642
　S 能量*

内聚性
cohesion
O346.1
　S 力学性质*
　C 内压力
　　凝聚
　　粘聚力

内冷循环
　Y 热力学循环

内力
internal force
O312
　D 内部作用力
　　内营力
　S 力*
　F 非保守内力
　　惯性力
　　内张力
　　偏心力
　C 刚度
　　荷载
　　内力功

内力传递
internal force transmission
TU311
　D 内力转移
　S 力传递
　F 剪力传递
　　弯矩传递
　Z 能量转移

内力功
internal work
O31
　D 内功
　S 功*
　C 内力

内力图
internal force diagram
O312
　S 受力图
　C 弯矩图
　　轴力图
　Z 图表

内力转移
　Y 内力传递

内裂
　Y 内部裂纹

内裂纹
　Y 内部裂纹

内流
　Y 管流

内流场
interior flow field
O351.2
　D 管道流流场
　　内流流场
　S 流场*
　F 喷管流场

内流道
internal flow channel
O351.2
　D 管道流流道
　　内流流道
　S 流道
　C 管流
　Z 通道

内流流场
　Y 内流场

内流流道
　Y 内流道

内流试验
internal flow test
O351.2
　D 管道流试验
　S 气动力试验
　C 管流
　Z 科学实验

内流特性
　Y 内流特征

内流特征
internal flow characteristics
O351.2
　D 内流特性
　S 流动特性
　C 管流
　Z 动态特性

内摩擦
internal friction
O313.5
　D 摩擦(内部)
　　粘性摩擦
　　粘滞摩擦
　S 摩擦*
　C 动态滞后 →(1)
　　干摩擦
　　内摩擦角
　　位错阻尼
　　粘度
　　滞弹性弛豫
　　阻尼

内摩擦角
angle of internal friction
O313.5
　S 摩擦角
　C 抗剪强度
　　内摩擦
　Z 角

内摩擦力
internal friction force

O313.5
　D 摩擦曳力
　　内摩阻力
　　内阻力
　S 摩擦力
　C 摩擦理论
　　摩擦阻尼
　　强度条件
　Z 力

内摩擦系数
coefficient of internal friction
TU47
　S 摩擦系数
　Z 系数

内摩擦阻尼
　Y 内阻尼

内摩阻力
　Y 内摩擦力

内能
　Y 内部能量

内屏蔽
internal shield
O441.4
　S 电荷屏蔽
　Z 屏蔽

内壳层
inner shell
O562.1
　S 电子构型
　Z 原子结构

内韧致辐射
　Y 韧致辐射

内声场
　Y 内部声场

内时理论
endochronic theory
O344.1；O347
　S 力学理论*
　C 本构方程
　　损伤力学

内氏焦点
　Y 焦点

内调焦望远镜
interior focusing telescope
TH743
　S 望远镜*

内调焦自准直仪
　Y 准线望远镜

内外流场
internal and external field
V211
　D 混合型流场
　S 流场*
　C 管流
　　外流

内外温差
temperature difference between internal and external
O551.2；P412.11；P423
　D 内外温度差
　S 温差*

内外温度差
　Y 内外温差

内外压差
internal and external pressure difference
O351.2
　D 内外压力差
　S 压差*

内外压力差
　Y 内外压差

内稳态
homeostasis
O317
　S 稳定*
　C 几乎干扰解耦 →(1)

内涡旋
　Y 涡核

内谐振
interior resonance
O321
　D 内部谐振
　S 谐振
　C 共振
　Z 振动

内旋流
internal circulating flow
O357.1
　D 内部旋流
　S 涡流
　Z 流体流

内压
　Y 内压力

内压力
internal pressure
O31；O351
　D 内部压力
　　内压
　S 压力*
　F 极限内压
　C 内聚性
　　压力分布
　　最大载荷

内应变
internal strain
O344.3
　D 内部应变
　　内在应变
　S 应变*
　C 残余应力

内应力
internal stress
O343.4
　D 内部应力
　　内在应力
　S 应力*
　F 残余应力

　　淬火应力
　　焊接应力
　　横向应力
　　宏观应力
　　热应力
　　微观应力
　　正应力
　　组织应力
　C 包辛格效应
　　振动时效

内营力
　Y 内力

内约束
　Y 内部约束

内在应变
　Y 内应变

内在应力
　Y 内应力

内在张力
　Y 内张力

内在属性
　Y 固有属性

内在阻尼
　Y 内阻尼

内张力
internal tension
O31
　D 内部张力
　　内在张力
　S 内力
　　张力
　Z 力

内转换
internal conversion
O571.3
　D 核内转换
　S 转换*

内转换电子
internal conversion electron
O562.1
　S 电子*

内锥折射
internal conical refraction
O734.2
　S 晶体双折射
　Z 晶体性质
　　折射

内阻
　Y 内电阻

内阻力
　Y 内摩擦力

内阻尼
internal damping
O328
　D 内摩擦阻尼
　　内在阻尼
　S 阻尼*

能
    Y 能量

能带*
energy band
O481.1
    F 电子能带
       光子能带
       禁带
    C 分子轨道能级
       能带结构
       能带理论
       原子轨道

能带结构*
energy band structure
O481.1
    D 带结构
       电子能带结构
    F 布里渊区
       光子能带结构
    C 能带
       能带理论

能带结构算法*
band structure calculation
O48
    F 赝势法

能带理论
energy-band theory
O481.1
    D 固体能带理论
       能带论
    S 晶体学理论*
    C 能带
       能带结构

能带理论模型
band theory model
O481.1
    S 物理模型*
    F 哈伯德模型
       自由电子模型

能带论
    Y 能带理论

能带隙
    Y 带隙

能动张量
    Y 能量-动量张量

能法
    Y 能量法

能耗
    Y 能量损耗

能级*
energy level
O562.1
    D 能级系统
    F EL2能级
       单粒子能级
       电子能级
       多能级
       费米能级
       分界能级
       分子能级
       核能级
       基态能级
       激发能级
       简并能级
       晶场能级
       精细结构能级
       朗道能级
       里德堡能级
       缺陷能级
       深能级
       施主能级
       受主能级
       陷阱能级
       原子能级
       杂质能级
       振动能级
       转动能级
    C 核四极矩共振
       能级差
       能级分布
       能级结构
       能级理论
       能级跃迁
       能量释放率

能级差
level difference
O562.1
    S 能级分布
    C 能级
       能级跃迁
    Z 原子结构

能级分布
energy level distribution
O562.1
    S 能级结构
    F 能级差
       能级间隔
    C 能级
       能级跃迁
    Z 原子结构

能级分裂
level splitting
O562.1
    D 能级劈裂
    S 能级结构
    Z 原子结构

能级纲图
level scheme
O562.1
    S 能级图
    Z 原子结构

能级间隔
level spacing
O562.1
    D 能级间距
    S 能级分布
    Z 原子结构

能级间距
    Y 能级间隔

能级结构
energy level structure
O562.1
    S 原子结构*
    F 能级分布
       能级分裂
       能级图
    C 能级

能级宽度
width of energy level
O562.1
    S 原子参数*

能级理论
energy level theory
O562
    S 原子理论
    C 能级
       能级跃迁
    Z 物理理论

能级密度
level density
O562.1
    S 核密度
    Z 原子参数

能级劈裂
    Y 能级分裂

能级寿命
level lifetime
O562.1
    S 原子参数*

能级图
energy level diagram
O562.1
    S 能级结构
    F 能级纲图
    Z 原子结构

能级系统
    Y 能级

能级跃迁
energy level transition
O562
    S 电子跃迁
    F 核能级跃迁
       受激跃迁
    C 能级
       能级差
       能级分布
       能级理论
    Z 跃迁

能见度
visibility
O432；P427.2
    D 不可见度
       可见度
       可视度
       能见度目标物
       气象能见度
       气象能见距离
       视度
       水平能见度代表值
       有效能见度
       有效能见距离

主　表　531

　　　最小能见度
　　　最小能见距离
　C　大气浑浊度　→(4)
　　　大气透明度　→(4)
　　　风速　→(4)
　　　降水　→(4)(5)
　　　亮度
　　　能见度测量　→(4)
　　　湿度　→(3)(4)
　　　雾　→(4)
　　　云　→(4)
　　　浊度　→(4)

能见度目标物
　Y　能见度

能力*
capacity
ZT4
　F　抗光损伤能力
　　　抗过载能力

能量*
energy
O4-0
　D　能
　F　Casimir 能量
　　　爆炸能量
　　　冲击波能
　　　电磁场能量
　　　电能
　　　动能
　　　分子能量
　　　高能
　　　光能
　　　广义能量
　　　核能
　　　机械能
　　　畸变能
　　　加速度能量
　　　粒子能量
　　　临界能量
　　　脉冲能量
　　　内聚能
　　　平均能量
　　　气泡能
　　　声能
　　　声子能量
　　　势能
　　　水能
　　　瞬时能量
　　　撕裂能
　　　系统能量
　　　相对论能量
　　　相互作用能
　　　压力能
　　　压缩能
　　　应变能
　　　真空能
　　　质心能量
　　　自陷能
　　　自由能
　　　总能量
　　　最大能量
　　　最小能量
　C　能量测量
　　　能量场

　　　能量分布
　　　能量交换
　　　能量平衡
　　　能量守恒定律
　　　能量转移
　　　质能关系

能量本征值
energy eigenvalue
O41
　S　数值*

能量比值
energy ratio
O41
　S　比率*
　C　能量测量
　　　能量方程

能量表象
energy representation
O41
　S　表象理论
　Z　物理理论

能量不变定理
　Y　能量守恒定律

能量不变定律
　Y　能量守恒定律

能量不灭
　Y　能量守恒定律

能量不灭定理
　Y　能量守恒定律

能量不灭定律
　Y　能量守恒定律

能量测定
　Y　能量测量

能量测量
energy measurement
O4-34
　D　能量测定
　S　物理测量*
　C　能量
　　　能量比值
　　　能量场
　　　能量方程
　　　能量分布
　　　能量损耗
　　　能量转移

能量差
energy difference
O411
　S　差值*
　C　能量方程

能量场
energy field
O441
　S　物理场*
　C　能量
　　　能量测量
　　　能量方程

能量沉积

energy deposition
O41
　S　能量转移*

能量传播
　Y　能量转移

能量传递
　Y　能量转移

能量传递上转换
　Y　能量上转换

能量传输
　Y　能量转移

能量带隙
　Y　带隙

能量等效
energy equivalence
O41
　D　能量等效特性
　　　能量等效性
　S　能量特性*

能量等效特性
　Y　能量等效

能量等效性
　Y　能量等效

能量动量张量
　Y　能量-动量张量

能量-动量张量
energy-momentum tensor
O41
　D　能动张量
　　　能量动量张量
　S　张量*

能量法
energy method
O34
　D　单位位移法
　　　能法
　　　余能法
　S　结构分析方法
　F　单位载荷法
　　　应变能法
　C　单位位移
　　　应变能
　　　应变能法
　　　余能原理
　Z　力学方法

能量反射率
energy reflectivity
O41
　S　反射率*

能量方程
energy equation
O41
　D　能量方程公式
　　　能量方程式
　　　能量方程组
　　　能量方程组式
　　　能量公式
　　　能量关系式

能量计算法
能量计算方法
能量计算式
　S 物理方程*
　F 能量守恒方程
　　湍流能量方程
　C 能量比值
　　能量测量
　　能量差
　　能量场

能量方程公式
　Y 能量方程

能量方程式
　Y 能量方程

能量方程组
　Y 能量方程

能量方程组式
　Y 能量方程

能量分布
energy distribution
O582
　S 分布(物理学)*
　F 动能分布
　　光谱能量分布
　　离子能量分布
　C 能量
　　能量测量
　　能量密度

能量公式
　Y 能量方程

能量估算
　Y 能量平衡

能量关系式
　Y 能量方程

能量耗散
　Y 能量损耗

能量耗散机制
　Y 能量损耗

能量计算法
　Y 能量方程

能量计算方法
　Y 能量方程

能量计算式
　Y 能量方程

能量加速释放
　Y 能量释放

能量交换
energy exchange
O41
　S 能量转移*
　C 能量

能量结构*
energy structure
O55
　F 最低能量结构

能量矩阵
energy matrix
O411.1
　S 矩阵*

能量均分定理
equipartition theorem
O441
　S 能量原理
　Z 物理定理

能量密度*
energy density
O41
　D 比能
　F 传能线密度
　　动量密度
　　激光能量密度
　　能流密度
　　应变能密度
　C 能量分布
　　通量

能量漂移
energy drift
O41
　S 漂移*

能量平衡*
energy balance
O414.21
　D 能量估算
　　能量收支
　F 放射性平衡
　　热量平衡
　C 海洋热交换 →(4)
　　能量
　　能量守恒定律
　　能量转换

能量谱
　Y 能谱

能量谱密度
energy spectral density
O45
　S 谱密度*

能量迁移
energy migration
O41
　S 能量特性*

能量色散
energy dispersion
O436.3
　S 色散*

能量色散X射线衍射
energy dispersion X-ray diffraction
O722
　D 能散X射线衍射
　S X射线晶体衍射
　C 能量色散X射线荧光光谱法
　Z 晶体衍射

能量色散X射线荧光
energy dispersive X-ray fluorescence
O434.1
　D 能量色散X荧光

　S X射线荧光
　Z 荧光

能量色散X射线荧光分析
　Y 能量色散X射线荧光光谱法

能量色散X射线荧光光谱法
energy dispersive X-ray fluorescence spectrometry
O433.4；O657.34；O657.4
　D 能量色散X射线荧光分析
　　能量色散X荧光分析
　S X射线荧光光谱法
　C 能量色散X射线衍射
　Z X射线分析
　　光化学分析法

能量色散X荧光
　Y 能量色散X射线荧光

能量色散X荧光分析
　Y 能量色散X射线荧光光谱法

能量上转换
energy up conversion
O41
　D 能量传递上转换
　S 能量转换*

能量释放
energy release
O552
　D 能量加速释放
　S 释放*
　F 压力释放
　　应变能释放
　C 能量释放率
　　能量损耗
　　能量转换

能量释放率
energy release rate
O4-34
　S 比率*
　F 损伤能释放率
　　应变能释放率
　C 能级
　　能量释放

能量收支
　Y 能量平衡

能量守恒
　Y 能量守恒定律

能量守恒定理
　Y 能量守恒定律

能量守恒定律
energy conservation law
O414.11
　D 能量不变定理
　　能量不变定律
　　能量不灭
　　能量不灭定理
　　能量不灭定律
　　能量守恒
　　能量守恒定理
　　能量守恒原理
　S 守恒定律

主　表　533

　　F 总能量守恒
　　C 能量
　　　　能量平衡
　　　　能量守恒方程
　　　　能量特性
　　　　能量转换
　　Z 物理定律

能量守恒方程
energy-conservation equation
O41
　　D 能量守恒方程公式
　　　　能量守恒方程式
　　　　能量守恒方程组
　　　　能量守恒方程组式
　　　　能量守恒公式
　　　　能量守恒计算法
　　　　能量守恒计算方法
　　　　能量守恒计算式
　　S 能量方程
　　C 能量守恒定律
　　Z 物理方程

能量守恒方程公式
　　Y 能量守恒方程

能量守恒方程式
　　Y 能量守恒方程

能量守恒方程组
　　Y 能量守恒方程

能量守恒方程组式
　　Y 能量守恒方程

能量守恒公式
　　Y 能量守恒方程

能量守恒计算法
　　Y 能量守恒方程

能量守恒计算方法
　　Y 能量守恒方程

能量守恒计算式
　　Y 能量守恒方程

能量守恒原理
　　Y 能量守恒定律

能量输送
　　Y 能量转移

能量输运
　　Y 能量转移

能量衰减
energy decay
O55
　　S 衰减*
　　C 能量损耗

能量算符
energy operator
O413.1
　　S 算符*
　　F 哈密顿量

能量算子
energy operator
TH165

　　S 算子*

能量损耗*
energy loss
O4-0
　　D 能耗
　　　　能量耗散
　　　　能量耗散机制
　　　　能量损失
　　　　能量消耗
　　F 传输损耗
　　　　磁损失
　　　　电损耗
　　　　功率损耗
　　　　光学损耗
　　　　内耗
　　　　热损失
　　C 能量测量
　　　　能量释放
　　　　能量衰减
　　　　能量特性
　　　　能量吸收
　　　　能量转换

能量损失
　　Y 能量损耗

能量损失谱
　　Y 电子能量损失谱

能量损失效应
energy loss effect
O4
　　S 效应*
　　C 能量吸收

能量特性*
energy characteristics
O41
　　D 能量特征
　　　　能量性能
　　F 能量等效
　　　　能量迁移
　　　　能量吸收
　　C 能量守恒定律
　　　　能量损耗

能量特征
　　Y 能量特性

能量梯度
energy gradient
O4
　　S 梯度分布*
　　F 磁场梯度
　　　　电场梯度
　　　　水力梯度
　　　　速度梯度

能量条件
energy condition
O55
　　S 条件*
　　F 热平衡条件

能量通量
energy flux
TB9
　　D 能通量

　　S 通量*
　　F 电通量
　　　　动量通量
　　　　辐射通量
　　　　热通量

能量稳定性
energy stability
O4
　　S 稳定性*

能量吸收
energy absorption
O41
　　D 能量吸收机制
　　　　能量吸收特性
　　　　能量吸收性
　　S 能量特性*
　　F 电磁波吸收
　　　　电子吸收
　　C 基底隔振
　　　　减振
　　　　能量损耗
　　　　能量损失效应

能量吸收边界
　　Y 透射边界

能量吸收机制
　　Y 能量吸收

能量吸收特性
　　Y 能量吸收

能量吸收性
　　Y 能量吸收

能量消耗
　　Y 能量损耗

能量效率
energy efficiency
TK0
　　D 能量转移效率
　　S 效率*
　　F 热效率

能量性能
　　Y 能量特性

能量学
　　Y 力能学

能量循环
energy cycle
O469
　　S 循环*
　　F 热循环

能量原理
energy principle
O41
　　S 物理定理*
　　F 能量均分定理
　　　　能量最低原理

能量增益
energy gain
O572
　　S 增益*

能量涨落
　Y 量子涨落

能量直接转换
　Y 直接能量转换

能量转换*
energy conversion
O4-0
　D 能源转换
　F 光学转换
　　能量上转换
　　直接能量转换
　C 能量平衡
　　能量释放
　　能量守恒定律
　　能量损耗
　　能量转移
　　生态资源 →(4)

能量转换效率
energy conversion efficiency
O59
　S 效率*

能量转移*
energy transfer
P434.5；P731.2
　D 能量传播
　　能量传递
　　能量传输
　　能量输送
　　能量输运
　F 波传播
　　传热
　　磁输运
　　动量传递
　　辐射传输
　　共振能量传递
　　光脉冲传输
　　力传递
　　能量沉积
　　能量交换
　　碰撞能量转移
　　线性能量转移
　　运动传递
　C 内波
　　能量
　　能量测量
　　能量转换
　　物质迁移
　　转移

能量转移效率
　Y 能量效率

能量准则
energy criterion
O344.3
　S 力学准则*

能量子
　Y 量子

能量自洽
　Y 能量自洽法

能量自洽法
energy consistent
O41
　D 能量自洽
　S 物理法*

能量最低原理
lowest energy principle
O41
　S 能量原理
　Z 物理定理

能流
energy flow
O469
　S 流体流*

能流密度
energy flux density
O469
　S 能量密度*
　F 平均能流密度

能流密度矢量
energy flow density vector
O441.4
　S 向量*

能谱*
energy spectrum
O582；O657.62
　D 能量谱
　　能谱法
　　能谱分析
　F X 射线能谱
　　电子能谱
　　量子能谱
　　湍流能谱
　　宇宙线能谱
　　振动能谱
　　中子能谱
　C 能谱仪 →(3)

能谱法
　Y 能谱

能谱分布
　Y 光谱能量分布

能谱分析
　Y 能谱

能谱统计
energy spectra statistic
O582
　S 统计*

能散 X 射线衍射
　Y 能量色散 X 射线衍射

能斯特定理
Nernst theorem
O469
　S 物理定理*

能斯特效应
Nernst effect
O441.6
　S 电场效应*

能斯脱-厄廷好森效应
　Y 磁热效应

能斯脱效应
　Y 磁热效应

能态*
energy states
O41
　F 电子态
　　负能态
　　光谱项
　　量子态
　　声子态
　　同位旋相似态
　　同质异能态
　　原子态

能态密度
　Y 态密度

能通量
　Y 能量通量

能隙
　Y 带隙

能源转换
　Y 能量转换

尼尔点
　Y 奈尔温度

尼尔斯·玻尔
　Y 玻尔

尼尔斯·亨利克·戴维·玻尔
　Y 玻尔

尼尔温度
　Y 奈尔温度

尼科尔棱镜
　Y 尼科耳棱镜

尼科耳棱镜
Nicol prism
TH74
　D 尼科尔棱镜
　S 偏光棱镜
　Z 光学元件

泥石流流速
debris flow velocity
O351.2
　S 流速*
　C 塑性泥石流 →(4)(5)

铌镁酸铅-钛酸铅单晶
PMN-PT single crystal
O738
　D PMN-PT 单晶
　　PMN-PT 单晶材料
　　PMN-PT 单晶体
　　PMN-PT 单晶体材料
　　铌镁酸铅-钛酸铅单晶材料
　　铌镁酸铅-钛酸铅单晶体
　　铌镁酸铅-钛酸铅单晶体材料
　S 铁电单晶
　Z 晶体

铌镁酸铅-钛酸铅单晶材料
　Y 铌镁酸铅-钛酸铅单晶

铌镁酸铅-钛酸铅单晶体
 Y 铌镁酸铅-钛酸铅单晶

铌镁酸铅-钛酸铅单晶体材料
 Y 铌镁酸铅-钛酸铅单晶

铌镁钛酸铅单晶
PMNT monocrystal
O734
 D PMNT 单晶
  PMNT 单晶材料
  PMNT 单晶体
  PMNT 单晶体材料
  铌镁钛酸铅单晶材料
  铌镁钛酸铅单晶体
  铌镁钛酸铅单晶体材料
 S 钛酸盐晶体
 Z 光学晶体
  晶体

铌镁钛酸铅单晶材料
 Y 铌镁钛酸铅单晶

铌镁钛酸铅单晶体
 Y 铌镁钛酸铅单晶

铌镁钛酸铅单晶体材料
 Y 铌镁钛酸铅单晶

铌酸钾晶体
potassium niobate crystal
O734
 D KNbO$_3$ 晶体
  KN 晶体
 S 铌酸盐晶体
 F 铌酸钾锂晶体
 Z 光学晶体
  晶体

铌酸钾锂晶体
lithium potassium niobate crystal
O734
 S 铌酸钾晶体
 Z 光学晶体
  晶体

铌酸锂晶体
lithium niobate crystal
O734
 D LiNbO$_3$ 晶体
  LN 晶体
 S 铌酸盐晶体
 F 掺杂铌酸锂晶体
  近化学计量比铌酸锂晶体
  周期性极化铌酸锂晶体
 Z 光学晶体
  晶体

铌酸锶钡晶体
strontium barium niobate crystal
O734
 D SBN 晶体
 S 铌酸盐晶体
 F 掺铬铌酸锶钡晶体
  钾钠铌酸锶钡晶体
 Z 光学晶体
  晶体

铌酸盐晶体
niobate crystals
O734
 S 无机非线性光学晶体
 F 铌酸钾晶体
  铌酸锂晶体
  铌酸锶钡晶体
 Z 光学晶体
  晶体

拟变分原理
quasi-variational principle
O313.3；O316
 S 力学变分原理
 C 保守系统 →(1)
  广义力
 Z 力学原理

拟动力方程
imitative dynamic equation
O313
 S 动力学方程
 C 数值积分 →(1)
 Z 力学方程

拟动力实验
pseudo-dynamic test
O313；P315.8
 S 动力试验
 Z 科学实验

拟合*
fitting
TP37
 F 光谱拟合
  光轴拟合
  正弦拟合

拟合直线
fitting straight line
TB93；TH12
 S 直线*

拟晶
 Y 准晶

拟流体
pseudo fluid
O35
 D 伪流体
 S 流体*
 F 拟塑性流体

拟牛顿方程
quasi-newton equation
O301
 S 牛顿方程
 F 新拟牛顿方程
 Z 力学方程

拟壳法
shell analogy method
O342
 S 方法*
 C 板壳理论

拟声波
pseudo-acoustic wave
O429
 S 声波*

拟塑性流体
quasi plastic fluid
O357
 D 伪塑性流体
 S 拟流体
 C 非牛顿流
 Z 流体

拟弹性
 Y 伪弹性

拟稳态
 Y 准稳态

拟协调元
 Y 有限元

拟序结构
coherent structures
O357.5
 D 相干结构
 S 流体结构*
 F 拉格朗日拟序结构
 C 湍流边界层
  湍流流场

拟周期运动
quasi-periodic motion
O311
 D 准周期运动
 S 周期运动
 C Lagrange 稳定性 →(1)
 Z 运动

逆变形曲线
 Y 变形曲线

逆磁光效应
 Y 磁光效应

逆磁致伸缩
inverse magnetostriction
O482.52
 S 磁致伸缩
 Z 磁性

逆反射
retroreflection
O435.1
 D 背反射
  背向反射
  后向反射
  回反射
  回复反射
  回归反射
  回射
 S 光学反射
 C 反光
  反光膜
  反光性
 Z 反射

逆辐射
counter radiation
O432；O572；P162；P422
 S 辐射*

逆康普顿散射
inverse Compton scattering
O436.2；O57；P422.3
 S 康普顿效应

536　汉语主题词表（自然科学卷）　第Ⅱ册　力学、物理学、晶体学

　　Z 光学效应

逆流
　　Y 回流

逆平方律
　　Y 反平方律

逆散射问题
inverse scattering problem
O175；O241.82；O431.2
　　S 数学问题*
　　C 半空间

逆梯度通量
　　Y 通量

逆相变
inverse phase transformation
O414.13
　　S 相变*

逆向流
　　Y 回流

逆向射流
　　Y 对向射流

逆向渗流
　　Y 渗流

逆向压力梯度
　　Y 逆压梯度

逆压电效应
inverse piezoelectric effect
O482.41
　　S 压电性
　　Z 电学性质

逆压梯度
adverse pressure gradient
O351.2
　　D 反向压力梯度
　　　反压梯度
　　　逆向压力梯度
　　S 压力梯度
　　C 数值计算 →(1)
　　Z 梯度分布

粘稠度
　　Y 粘度

粘稠性
　　Y 粘度

粘度*
viscosity
O357；O631
　　D 稠度
　　　宏观粘滞度
　　　胶接性能
　　　胶粘性
　　　胶粘性能
　　　流动性
　　　流动性能
　　　流动性质
　　　黏稠度
　　　黏度
　　　黏合性
　　　黏数
　　　黏性
　　　黏性系数
　　　黏滞
　　　黏滞性
　　　粘稠度
　　　粘稠性
　　　粘附性能
　　　粘合性能
　　　粘接性能
　　　粘数
　　　粘性
　　　粘滞
　　　粘滞度
　　　粘滞性
　　　粘着性
　　F 本征粘度
　　　比浓粘度
　　　表观粘度
　　　动力粘度
　　　复数粘度
　　　剪切粘度
　　　结构粘度
　　　拉伸黏度
　　　流体粘度
　　　人工粘性
　　　容积粘度
　　　塑性粘度
　　　相对粘度
　　　运动粘度
　　C Kelvin-Voigt 模型
　　　超流动性
　　　触变性
　　　哈特曼数
　　　流变曲线
　　　流变性
　　　流体泊桑比
　　　摩擦速度
　　　内摩擦
　　　粘附力
　　　粘接强度

粘度变化
viscosity change
O357
　　S 物理变化*

粘度测定
　　Y 粘度测量

粘度测定法
　　Y 粘度测量

粘度测定分析
　　Y 粘度测量

粘度测量
viscosity measurement
TB933
　　D 测粘法
　　　粘度测定
　　　粘度测定法
　　　粘度测定分析
　　　粘度计量
　　S 力学测量*
　　C 聚合物溶液 →(3)
　　　粘度计

粘度计
viscometer
TH71
　　S 测量仪器*
　　F 旋转粘度计
　　C 流变仪
　　　粘度测量

粘度计量
　　Y 粘度测量

粘度系数
　　Y 粘滞系数

粘度指数
viscosity index
O37
　　D 稠度指数
　　　黏度指数
　　　粘性指数
　　S 指数*

粘附功能
　　Y 粘附力

粘附力
adhesive force
O31
　　D 附着力
　　　黏着力
　　　粘附功能
　　　粘接力
　　　粘力
　　　粘性力
　　　粘滞力
　　　粘着
　　　粘着力
　　S 力*
　　F 持粘力
　　　粘性体积力
　　C 抗冲击强度
　　　泰勒数
　　　粘度

粘附性能
　　Y 粘度

粘合力
　　Y 粘聚力

粘合强度
　　Y 粘接强度

粘合性能
　　Y 粘度

粘滑振动
stick-slip vibration
O32
　　D 黏滑振动
　　　粘-滑振动
　　S 振动*
　　C 滑动

粘-滑振动
　　Y 粘滑振动

粘接抗剪强度
　　Y 抗剪强度

粘接力
　　Y 粘附力

粘接力模型
    Y 黏聚力模型
粘接强度
bond strength
O346
    D 胶合强度
        胶接强度
        胶结强度
        粘合强度
        粘结强度
        粘着强度
    S 力学强度*
    F 界面粘结强度
    C 粘度
        粘聚力
        粘滞系数

粘接弹性
adhesive elastic
O343
    S 弹性
    Z 力学性质

粘接性能
    Y 粘度

粘结力
    Y 粘聚力

粘结强度
    Y 粘接强度

粘聚力
cohesive force
O34；O357
    D 抱合力
        结合力
        内聚力
        黏合力
        黏聚力
        黏力
        黏性力
        粘合力
        粘结力
        真粘聚力
    S 力*
    F 表观粘聚力
    C 内聚力模型
        内聚性
        黏聚力模型
        虚拟裂缝模型
        粘接强度
        直剪试验 →(5)

粘聚力模型
    Y 内聚力模型

粘聚强度
cohesive strength
O346
    S 力学强度*

粘力
    Y 粘附力

粘流
    Y 粘性流

粘数

    Y 粘度

粘塑性
viscoplasticity
O345；P642.14
    D 冻土粘塑性
        黏塑性
    S 塑性
    C 热粘塑性本构关系
        松弛
        粘性阻尼
    Z 力学性质

粘塑性流
viscoplastic flow
O37
    D 粘塑性流动
    S 非牛顿流
    Z 流体流

粘塑性流动
    Y 粘塑性流

粘塑性流体
    Y 粘弹性流体

粘塑性模型
    Y 黏塑性模型

粘弹介质
    Y 粘弹性介质

粘弹流变
viscoelastic rheology
O37
    S 流变*

粘弹流体
    Y 粘弹性流体

粘弹模量
    Y 粘弹性模量

粘弹塑性
viscoelastic plasticity
O345
    D 黏弹塑性
    S 弹塑性
    C 流变模型
        黏性应力
        最小势能原理
    Z 力学性质

粘弹塑性波
    Y 塑性波

粘弹塑性介质
viscoelastic-plastic medium
O345
    S 弹塑性介质
    Z 力学介质

粘弹特性
    Y 粘弹性

粘弹效应
viscoelastic effect
O345
    D 黏弹效应
    S 力学效应*
    C 粘弹性分析

粘弹性屈曲
粘弹性阻尼

粘弹性
viscoelasticity
O343；O345
    D 黏弹性
        黏弹性能
        粘弹特性
        粘弹性理论
    S 弹性
    F 动态粘弹性
        非线性粘弹性
        光粘弹性
        热粘弹性
        线性粘弹性
    C 弹性失稳
        流变模型
        应力松弛
        粘弹性流体
        粘性阻尼
    Z 力学性质

粘弹性本构模型
viscoelasticity constitutive model
O357
    S 本构模型
    Z 力学模型

粘弹性波
viscoelastic wave
O347.4
    S 应力波*

粘弹性层
viscoelastic layer
O345
    S 流体层*
    F 弹性层
        粘性层

粘弹性分析
viscoelastic analysis
O348
    S 弹性分析
    C 粘弹效应
    Z 力学分析

粘弹性介质
viscoelastic medium
O345
    D 粘弹介质
    S 弹性介质
    C 粘弹性流体
    Z 力学介质

粘弹性介质力学
    Y 弹塑性力学

粘弹性理论
    Y 粘弹性

粘弹性力学
viscoelastic mechanics
O343
    S 弹性力学
    Z 固体力学

粘弹性流
    Y 粘弹性流动

粘弹性流动
viscoelastic flow
O357
    D 粘弹性流
    S 流动*

粘弹性流体
viscoelastic fluid
O357
    D 黏弹流体
        黏弹性流体
        粘弹流体
        粘塑性流体
        粘滞弹性流体
    S 非牛顿流体
    C 弹性流体动力学
        流变性
        幂律流体
        粘弹性
        粘弹性介质
        粘性耗散
    Z 流体

粘弹性模量
viscoelastic modulus
O37
    D 粘弹模量
    S 弹性模量
    Z 模量

粘弹性模型
viscoelastic model
O34
    S 力学模型*

粘弹性屈曲
viscoelastic buckling
O344.7
    S 弹性屈曲
    C 粘弹效应
    Z 屈曲

粘弹性体
viscoelastic body
O343
    S 弹性体
    F 标准线性体
        开尔文体
        损伤粘弹性固体
    Z 物体

粘弹性阻尼
viscoelastic damping
O345
    S 弹性阻尼
    C 粘弹效应
    Z 阻尼

粘土触变性
    Y 触变性

粘土晶格
clay lattice
O76
    S 晶格*

粘土矿物晶体
clay mineral crystal
O76
    S 矿物晶体
    Z 晶体

粘性
    Y 粘度

粘性薄激波层
    Y 激波层

粘性层
viscous layer
O357.4
    D 层流次层
        次层
        粘性次层
        自粘阻尼层
    S 粘弹性层
    C 滑流
        连续流
    Z 流体层

粘性次层
    Y 粘性层

粘性动量通量
    Y 动量通量

粘性-非粘性干扰
    Y 粘性干扰

粘性干扰
viscous interaction
O357.4
    D 黏性干扰
        粘性-非粘性干扰
    S 气动力干扰*

粘性耗散
viscous dissipation
O357
    D 黏性耗散
    S 耗散*
    C 强迫对流
        人工粘性
        粘弹性流体

粘性力
    Y 粘附力

粘性流
viscous flow
O357
    D 黏性流
        黏性流动
        黏滞流
        粘流
        粘性流动
        粘滞流
        粘滞流动
    S 流体流*
    F Stokes 流
        边界层流动
        不可压缩粘性流
    C Knudsen 数
        Navier-Stokes 方程
        雷诺数效应
        黏性流场
        普朗特数
        斯托克斯定律
        速度边界层

粘性阻力

粘性流场
    Y 黏性流场

粘性流动
    Y 粘性流

粘性流体
viscous fluid
O357
    D 黏性流体
        粘滞性流体
    S 流体*
    F 高粘流体
        牛顿流体

粘性流体力学
viscous fluid mechanics
O357
    S 流体力学*

粘性模量
    Y 损耗模量

粘性摩擦
    Y 内摩擦

粘性射流
viscous jet
O358
    S 射流*

粘性体积力
viscous volume force
O357
    S 粘附力
    Z 力

粘性系数
    Y 粘滞系数

粘性效应
viscous effect
O357
    D 黏性效应
        粘滞效应
    S 力学效应*
    C 蠕变

粘性液体
viscous liquid
O357
    D 黏性液体
    S 液体*

粘性应力
    Y 黏性应力

粘性指进
viscous fingering
O357
    D 黏性指进
        粘滞指进
    S 指进
    C 两相流
    Z 流动

粘性指数
    Y 粘度指数

粘性阻力
viscous drag
O357
- D 黏性阻力
  - 黏滞力
  - 涡流阻力
  - 涡阻
  - 涡阻力
  - 旋涡阻力
  - 粘滞抗力
  - 粘滞阻力
- S 阻力*
- F 摩擦阻力
- C 粘性流

粘性阻尼
viscous damping
O357
- D 黏性阻尼
  - 黏滞阻尼
  - 线性粘性阻尼
  - 粘滞阻尼
- S 阻尼*
- C 复阻尼
  - 平面应变
  - 粘弹性
  - 粘塑性

粘性阻尼系数
viscous damping coefficient
O321
- D 线性粘性阻尼系数
  - 粘滞阻尼系数
- S 力系数
- Z 系数

粘滞
Y 粘度

粘滞度
Y 粘度

粘滞发热
Y 摩擦发热

粘滞副层
Y 大气边界层

粘滞抗力
Y 粘性阻力

粘滞可塑性
Y 塑性

粘滞力
Y 粘附力

粘滞流
Y 粘性流

粘滞流变
viscous flowing deformation
O37
- S 流变*

粘滞流动
Y 粘性流

粘滞摩擦
Y 内摩擦

粘滞弹性流体
Y 粘弹性流体

粘滞系数
viscosity coefficient
O357
- D Bond 数
  - 剪切粘性系数
  - 黏度系数
  - 切变粘性系数
  - 为内摩擦系数
  - 运动粘度系数
  - 运动粘性系数
  - 粘度系数
  - 粘性系数
- S 输运系数(流体力学)*
- F 动力粘性系数
  - 湍流粘性系数
  - 涡粘性系数
  - 液体粘滞系数
- C 接触角 →(3)
  - 两点应变测量法
  - 落球法
  - 粘接强度
  - 粘性解 →(1)

粘滞效应
Y 粘性效应

粘滞性
Y 粘度

粘滞性流体
Y 粘性流体

粘滞指进
Y 粘性指进

粘滞阻力
Y 粘性阻力

粘滞阻尼
Y 粘性阻尼

粘滞阻尼系数
Y 粘性阻尼系数

粘着
Y 粘附力

粘着接触
adhesion contact
O343.3
- S 接触*

粘着力
Y 粘附力

粘着力模型
Y 黏聚力模型

粘着磨损
adhesive wear
O346.5
- S 磨损*
- C 磨损机理

粘着强度
Y 粘接强度

粘着性

Y 粘度

黏稠度
Y 粘度

黏度
Y 粘度

黏度比
Y 相对粘度

黏度系数
Y 粘滞系数

黏度指数
Y 粘度指数

黏合力
Y 粘聚力

黏合性
Y 粘度

黏滑振动
Y 粘滑振动

黏聚力
Y 粘聚力

黏聚力模型
cohesive model
O357
- D 粘接力模型
  - 粘着力模型
- S 流体力学模型
- C 粘聚力
- Z 力学模型

黏力
Y 粘聚力

黏数
Y 粘度

黏塑性
Y 粘塑性

黏塑性模型
viscoplasticity model
O345
- D 粘塑性模型
- S 塑性模型
- F 宾厄姆模型
- Z 力学模型

黏弹流体
Y 粘弹性流体

黏弹塑性
Y 粘弹塑性

黏弹效应
Y 粘弹效应

黏弹性
Y 粘弹性

黏弹性流体
Y 粘弹性流体

黏弹性能
Y 粘弹性

黏性

黏性干扰
 Y 粘性干扰

黏性耗散
 Y 粘性耗散

黏性可压缩流体
 Y 可压缩流体

黏性力
 Y 粘聚力

黏性流
 Y 粘性流

黏性流场
viscous flow field
O357
 D 粘性流场
 S 流场*
 F 船舶粘性流场
 C 粘性流

黏性流动
 Y 粘性流

黏性流体
 Y 粘性流体

黏性系数
 Y 粘度

黏性效应
 Y 粘性效应

黏性液体
 Y 粘性液体

黏性应力
viscous stress
O345
 D 粘性应力
 S 应力*
 C 粘弹塑性

黏性指进
 Y 粘性指进

黏性阻力
 Y 粘性阻力

黏性阻尼
 Y 粘性阻尼

黏滞
 Y 粘度

黏滞力
 Y 粘性阻力

黏滞流
 Y 粘性流

黏滞性
 Y 粘度

黏滞阻尼
 Y 粘性阻尼

黏着力
 Y 粘附力

Y 粘度

镍磷非晶合金
 Y 镍-磷非晶态合金

镍-磷非晶合金
 Y 镍-磷非晶态合金

镍磷非晶合金材料
 Y 镍-磷非晶态合金

镍-磷非晶合金材料
 Y 镍-磷非晶态合金

镍磷非晶态合金
 Y 镍-磷非晶态合金

镍-磷非晶态合金
Ni-P amorphous
O751
 D Ni-P 非晶
  Ni-P 非晶合金
  Ni-P 非晶合金材料
  Ni-P 非晶态合金
  Ni-P 非晶态合金材料
  Ni-P 非晶质合金
  Ni-P 非晶质合金材料
  镍磷非晶合金
  镍-磷非晶合金
  镍磷非晶合金材料
  镍-磷非晶合金材料
  镍磷非晶态合金
  镍磷非晶态合金材料
  镍-磷非晶态合金材料
  镍磷非晶质合金
  镍-磷非晶质合金
  镍磷非晶质合金材料
  镍-磷非晶质合金材料
 S 非晶态合金
 Z 非晶质

镍磷非晶态合金材料
 Y 镍-磷非晶态合金

镍-磷非晶态合金材料
 Y 镍-磷非晶态合金

镍磷非晶质合金
 Y 镍-磷非晶态合金

镍-磷非晶质合金
 Y 镍-磷非晶态合金

镍磷非晶质合金材料
 Y 镍-磷非晶态合金

镍-磷非晶质合金材料
 Y 镍-磷非晶态合金

镍硼非晶合金
 Y 镍-硼非晶态合金

镍-硼非晶合金
 Y 镍-硼非晶态合金

镍硼非晶合金材料
 Y 镍-硼非晶态合金

镍-硼非晶合金材料
 Y 镍-硼非晶态合金

镍硼非晶态合金
 Y 镍-硼非晶态合金

镍-硼非晶态合金
Ni-B amorphous alloy
O751
 D Ni-B 非晶合金
  Ni-B 非晶合金材料
  NiB 非晶合金
  Ni-B 非晶态合金
  Ni-B 非晶态合金材料
  Ni-B 非晶质合金
  Ni-B 非晶质合金材料
  非晶态 NiB 合金
  镍硼非晶合金
  镍-硼非晶合金
  镍硼非晶合金材料
  镍-硼非晶合金材料
  镍硼非晶态合金
  镍硼非晶态合金材料
  镍-硼非晶态合金材料
  镍硼非晶质合金
  镍-硼非晶质合金
  镍硼非晶质合金材料
  镍-硼非晶质合金材料
 S 非晶态合金
 Z 非晶质

镍硼非晶态合金材料
 Y 镍-硼非晶态合金

镍-硼非晶态合金材料
 Y 镍-硼非晶态合金

镍硼非晶质合金
 Y 镍-硼非晶态合金

镍-硼非晶质合金
 Y 镍-硼非晶态合金

镍硼非晶质合金材料
 Y 镍-硼非晶态合金

镍-硼非晶质合金材料
 Y 镍-硼非晶态合金

镍团簇
nickel clusters
O56
 D Ni 团簇
 S 金属团簇
 Z 团簇

拧紧扭矩
 Y 扭矩

凝并
coagulation
O469
 S 物质分离*
 C 成核

凝固
 Y 固化

凝固点
 Y 凝固温度

凝固理论
freezing theory
O552.6
 S 物理理论*
 F 均衡凝固理论

C 固化
　　　　凝固时间
　　　　凝固温度
　　　　凝固相

凝固热
　　Y 熔化热

凝固时间
solidification time
O552.6
　　S 事件时间*
　　C 固化
　　　凝固理论

凝固温度
freezing temperature
O551；P423；P642.14
　　D 凝固点
　　S 温度*
　　C 冰点 →(4)
　　　固化
　　　固液分离 →(3)
　　　凝固理论

凝固相
solidifying phase
O359
　　D 凝聚项
　　S 相*
　　C 固化
　　　凝固理论
　　　凝固压力

凝固相变
　　Y 固化

凝固压力
freezing pressure
O351
　　S 相变压力
　　C 固化
　　　凝固相
　　Z 压力

凝华
desublimation
O552.6
　　D 汽固转变
　　S 物态变化*

凝胶法晶体生长
　　Y 凝胶法生长

凝胶法生长
gel growth
O78
　　D 凝胶法晶体生长
　　S 溶液晶体生长
　　Z 晶体生长

凝胶强度
gel strength
O346；O648.17
　　D 冻胶强度
　　　胶冻强度
　　　胶凝强度
　　S 力学强度*
　　C 触变性
　　　流变学

　　　凝胶 →(3)

凝胶相
gel phase
O4
　　S 形态*

凝结*
condensation
P426.3；P642.14
　　D 凝结过程
　　F 绝热凝结
　　C 成核
　　　结晶度
　　　冷却
　　　凝结核 →(4)
　　　凝聚
　　　膨胀硬化 →(5)
　　　热虹吸
　　　升华
　　　水汽凝结 →(3)(4)
　　　液滴
　　　蒸馏 →(3)(4)

凝结过程
　　Y 凝结

凝结流动
condensing flow
O359
　　D 凝聚流动
　　S 流动*
　　C 凝结尾迹 →(4)

凝聚*
condensation
O469
　　D 凝聚过程
　　　凝聚作用
　　F 爱因斯坦凝聚
　　　动力凝聚
　　　夸克凝聚
　　　有限扩散凝聚
　　C 等电点 →(3)
　　　胶体 →(3)
　　　聚集
　　　内聚性
　　　凝结
　　　天体化学 →(4)
　　　絮凝 →(3)

凝聚过程
　　Y 凝聚

凝聚流动
　　Y 凝结流动

凝聚态
condensed state
O552.6
　　D 凝聚系统
　　S 物态*
　　F 超导态

凝聚态物理
　　Y 凝聚态物理学

凝聚态物理学
condensed matter physics
O469

　　D 凝聚态物理
　　　凝聚体物理
　　　凝聚体物理学
　　S 固体物理学
　　F 液晶物理学
　　Z 物理学

凝聚态物质
condensed matter
O469
　　D 凝聚体
　　S 物质*
　　F 玻色-爱因斯坦凝聚体
　　　玻色凝聚气体

凝聚体
　　Y 凝聚态物质

凝聚体物理
　　Y 凝聚态物理学

凝聚体物理学
　　Y 凝聚态物理学

凝聚系统
　　Y 凝聚态

凝聚相
condensed phase
O469；O631
　　S 相*

凝聚项
　　Y 凝固相

凝聚作用
　　Y 凝聚

牛顿第二定律
Newton second law
O301
　　D 第二定律
　　　牛顿第二运动定律
　　　牛顿运动定律
　　S 牛顿定律
　　C 加速度
　　Z 力学定律

牛顿第二运动定律
　　Y 牛顿第二定律

牛顿第三定律
Newton third law
O301
　　D 作用力与反作用力定律
　　　作用与反作用定律
　　S 牛顿定律
　　Z 力学定律

牛顿第一定律
Newton first law
O301
　　D 第一定律
　　　惯性定律
　　S 牛顿定律
　　Z 力学定律

牛顿定律
Newton law
O301
　　S 力学定律*

牛顿方程
Newton equation
O301
- S 力学方程*
- F 拟牛顿方程
    牛顿-欧拉方程
    牛顿运动方程
- C 牛顿定律
    牛顿恒等式

牛顿公式
Newton's formula
O301
- D Newton 公式
- S 公式(数学)*
- C 母函数 →(1)

牛顿恒等式
Newton's identity
O301
- D Newton 恒等式
- S 恒等式*
- C 牛顿方程

牛顿环
Newton's ring
O436
- D 牛顿圈
- S 薄膜干涉
- Z 光学干涉

牛顿环实验
Newton ring experiments
O4-33
- S 光学实验
- Z 科学实验

牛顿焦点
- Y 焦点

牛顿冷却定律
Newton's law of cooling
O301
- S 牛顿定律
- C 对流冷却 →(3)
- Z 力学定律

牛顿力学
- Y 理论力学

牛顿流动
Newtonian flow
O351.2；O357
- D 牛顿流体流动
    准塑性流体流动
- S 流动*
- C 牛顿流体

牛顿流体
Newtonian fluid
O357

- F 牛顿第二定律
    牛顿第三定律
    牛顿第一定律
    牛顿冷却定律
- C 动量守恒定律
    理论力学
    牛顿方程
    作用

- D Newton 流体
    广义牛顿流体
- S 粘性流体
- C 非牛顿流体
    假塑性流体
    流动特性
    幂律流体
    牛顿流动
    椭圆柱体 →(1)
- Z 流体

牛顿流体流动
- Y 牛顿流动

牛顿-欧拉方程
Newton-Euler equation
O351.2；P137
- S 牛顿方程
    欧拉方程
- Z 力学方程

牛顿圈
- Y 牛顿环

牛顿引力理论
Newton's theory of gravitation
O314；P131
- S 引力理论
- C 引力
- Z 力学理论

牛顿运动定律
- Y 牛顿第二定律

牛顿运动方程
Newton's equation of motion
O311
- S 牛顿方程
    运动方程
- Z 力学方程

扭
- Y 扭性

扭摆
torsion pendulum
O314
- D 葛庭燧扭摆
    扭转摆
- S 摆*
- C 扭转试验
    扭转振动
    自由振荡

扭摆法
- Y 扭矩测量

扭动
- Y 扭矩

扭动变形
- Y 扭转

扭结孤子
kink solitons
O415
- S 孤子*

扭矩
torque
O313.3

- D 变矩
    紧固扭矩
    拧紧扭矩
    扭动
    扭力矩
    扭应变
    扭转力矩
    偏转力矩
    上紧扭矩
    塑性极限扭矩
    旋转转矩
    有效扭矩
    有效扭矩
    转动力矩
    转动转矩
    转矩
    转距
    转盘扭矩
    转向力矩
- S 力矩*
- C 剪切力
    静载荷
    扭矩图
    扭应力
    扭转振动
    弯曲
    正应力
    轴向力

扭矩测量
torque measurement
TB462；TB93；TH823.4
- D 扭摆法
    扭转力矩测量
    转矩测量
- S 力学测量*
- C 功率计
    扭矩仪

扭矩传递
torque transmission
TH13
- S 力传递
- Z 能量转移

扭矩图
torsiogram
O313.2
- D 扭转力矩图
- S 受力图
- C 扭矩
    扭转
    轴力图
- Z 图表

扭矩仪
torquemeter
TH71
- S 力学测量仪器
- C 功率测量
    扭矩测量
- Z 测量仪器

扭力
twisting force
O313.2
- D 扭转力
- S 力*

主　表　543

　　C 扭转
扭力矩
　　Y 扭矩
扭力天平
torsion balance
TH715.11
　　S 天平
　　Z 测量仪器
扭曲
　　Y 扭转
扭曲变形
　　Y 扭转
扭曲不稳定性
kink instability
O344.7
　　D 扭转不稳定性
　　S 等离子体不稳定性
　　C 扭转
　　Z 力学稳定性
扭曲度
　　Y 迂曲度
扭曲断裂模量
　　Y 扭转破坏模量
扭曲角
twist angle
O753.2
　　S 液晶性能*
扭曲强度
　　Y 抗弯强度
扭曲向列相
twisted nematic
O753.2
　　S 向列相
　　F 超扭曲向列相
　　Z 晶相
扭曲向列相型液晶
　　Y 扭曲向列相液晶
扭曲向列相液晶
twist nematic liquid crystal
O753.2
　　D 扭曲向列相型液晶
　　　扭曲向列型液晶
　　　扭曲向列液晶
　　S 向列相液晶
　　Z 液晶
扭曲向列型液晶
　　Y 扭曲向列相液晶
扭曲向列液晶
　　Y 扭曲向列相液晶
扭屈强度
　　Y 抗弯强度
扭弯
　　Y 扭转
扭心
　　Y 弯曲中心

扭性
torsion
O344.1；O346
　　D 扭
　　S 剪切性质
　　Z 力学性质
扭性断裂
shear fracture
O346.12
　　S 断裂*
　　C 共轭断层 →(5)
扭应变
　　Y 扭矩
扭应力
torsional stress
O343.4
　　D 扭转应力
　　S 剪应力
　　C 扭矩
　　　应力函数
　　Z 应力
扭应力函数
　　Y 应力函数
扭振
　　Y 扭转振动
扭转
twisting
O344.3
　　D 扭动变形
　　　扭曲
　　　扭曲变形
　　　扭弯
　　　扭转变形
　　　扭转形变
　　S 变形*
　　F 弹塑性扭转
　　　气动扭转
　　　热扭转
　　　水平扭曲
　　　自由扭转
　　C 弹性变形
　　　扭矩图
　　　扭力
　　　扭曲不稳定性
　　　扭转刚度
　　　扭转载荷
　　　扭转振动
　　　下屈服点
　　　组合变形
扭转摆
　　Y 扭摆
扭转变形
　　Y 扭转
扭转波
torsional wave
O347.4；P315.31
　　S 应力波*
　　C 弯曲波
扭转不稳定性
　　Y 扭曲不稳定性

扭转冲击
torsional pulse
O34
　　S 机械冲击
　　Z 冲击
扭转反应
　　Y 扭转效应
扭转刚度
torsional rigidity
O343
　　D 抗扭刚度
　　S 刚度
　　C 剪切变形
　　　扭转
　　Z 力学性质
扭转角
torsion angle
O342
　　S 角*
扭转晶界
twist boundary
O763
　　S 小角度晶界
　　Z 晶界
扭转力
　　Y 扭力
扭转力矩
　　Y 扭矩
扭转力矩测量
　　Y 扭矩测量
扭转力矩图
　　Y 扭矩图
扭转模量
　　Y 剪切模量
扭转模态
torsional mode
O344.7
　　S 模态*
　　C 扭转振动
扭转疲劳
torsional fatigue
O346.2
　　S 材料疲劳
　　C 抗弯强度
　　Z 疲劳
扭转破坏模量
torsion rupture modulus
O346.12
　　D 扭曲断裂模量
　　S 剪切性质
　　　模量*
　　C 剪切破坏
　　Z 力学性质
扭转强度
torsional strength
O346
　　D 抗扭强度
　　　抗扭强度

S 力学强度*

扭转实验
  Y 扭转试验

扭转试验
torsion test
O348
  D 扭转实验
  S 强度试验
  C 扭摆
  Z 科学实验

扭转弹性波
torsional elastic wave
O347.41
  S 弹性波*

扭转效应
torsional effect
O342
  D 扭转反应
  S 结构响应
  C 质心
  Z 响应

扭转形变
  Y 扭转

扭转应力
  Y 扭应力

扭转应力函数
  Y 应力函数

扭转载荷
torsional load
O347.1
  S 静载荷
  C 扭转
  Z 荷载

扭转振动
torsional vibration
O32
  D 回旋振动
     扭振
     旋转振动
  S 结构振动
  C 剪应变
     扭摆
     扭矩
     扭转
     扭转模态
  Z 振动

扭转中心
  Y 弯曲中心

纽马克β法
  Y 纽马克法

纽马克法
Newmark method
O302；O34
  D 纽马克β法
  S 力学方法*
  C 结构动力学

浓差极化
concentration polarization
O441.4
  D 浓度极化
  S 电化学极化*

浓度*
concentration
O645
  D 低浓度
     浓度参数
  F 杂质浓度
  C 饱和 →(3)
     含量 →(3)(4)(5)
     溶解
     溶解度 →(3)
     溶液
     物质密度

浓度边界层
concentration boundary layer
O357.4
  D 浓度附面层
  S 边界层
  Z 流体层

浓度参数
  Y 浓度

浓度测量仪器
concentration measuring instruments
TH741
  S 测量仪器*

浓度场
  Y 浓度分布

浓度猝灭
concentration quenching
O482.3
  D 猝灭浓度
     浓度淬灭
  S 猝灭*

浓度淬灭
  Y 浓度猝灭

浓度分布
concentration distribution
O552.3
  D 浓度场
  S 分布*

浓度附面层
  Y 浓度边界层

浓度极化
  Y 浓差极化

浓度脉动
concentration fluctuations
O357.5
  S 脉动*

浓度梯度
concentration gradient
O6-04；O78；P59
  S 梯度分布*

浓集系数
  Y 富集系数

浓缩结晶
concentrated crystallization process
O799
  D 浓缩结晶法
     浓缩结晶方法
     浓缩结晶过程
     浓缩结晶化过程
  S 工业结晶
  Z 结晶

浓缩结晶法
  Y 浓缩结晶

浓缩结晶方法
  Y 浓缩结晶

浓缩结晶过程
  Y 浓缩结晶

浓缩结晶化过程
  Y 浓缩结晶

浓相
concentrated phase
O521；O64
  S 相*

努塞特数
  Y 努赛尔数

努赛尔数
Nusselt number
O303；O351.2
  D 努塞特数
  S 无量纲数*
  C 传热
     无量纲数

努森流动
  Y 克努曾流

努森数
  Y Knudsen 数

努珊数
  Y Knudsen 数

努氏硬度
Knoop hardness
O346
  S 硬度
  Z 力学性质

诺顿定理
Norton theorem
TM13
  D 诺尔顿定理
  S 电路理论*
  C 戴维南定理

诺尔顿定理
  Y 诺顿定理

诺加德重力仪
Norgard gravimeter
TH71
  S 物探仪器*

诺曼效应
  Y 聚能效应

诺特定理
  Y Noether 定理

诺尹曼效应
　Y 聚能效应

欧几里得向量
　Y 向量

欧拉方程
Euler equation
O351.2；P137
　D Euler 方程
　　欧勒方程
　S 运动方程
　F 牛顿-欧拉方程
　　欧拉方程组
　　欧拉-拉格朗日方程
　　欧拉运动方程
　C Lorentz 空间　→(1)
　　比较系数法　→(1)
　　常数变易法　→(1)
　　拟中性极限　→(1)
　　欧拉积分　→(1)
　　双时间步方法　→(1)
　Z 力学方程

欧拉方程组
Euler equations
O351.2；P137
　D Euler 方程组
　S 欧拉方程
　C Euler 数
　Z 力学方程

欧拉方法
Eulerian method
O351.2
　S 力学方法*
　F 任意拉格朗日-欧拉法
　　相容拉格朗日-欧拉法
　C 数值逼近　→(1)
　　整体截断误差　→(1)

欧拉荷载
　Y 临界荷载

欧拉角
Euler angles
O311.2
　S 角*
　C 刚体转动
　　进动角　→(4)
　　欧拉章动　→(4)
　　四元数　→(1)
　　章动角　→(4)

欧拉-拉格朗日法
　Y 拉格朗日法

欧拉拉格朗日方程
　Y 欧拉-拉格朗日方程

欧拉-拉格朗日方程
Euler-Lagrange equation
O351.2；P137
　D Euler-Lagrange 方程
　　欧拉拉格朗日方程
　　欧拉拉格朗日微分方程
　　欧拉-拉格朗日微分方程
　S 欧拉方程
　Z 力学方程

欧拉-拉格朗日方法
　Y 拉格朗日法

欧拉-拉格朗日模型
　Y 拉格朗日法

欧拉拉格朗日微分方程
　Y 欧拉-拉格朗日方程

欧拉-拉格朗日微分方程
　Y 欧拉-拉格朗日方程

欧拉临界载荷
　Y 临界荷载

欧拉-欧拉双流体模型
Euler-Euler two-fluid flow model
O351.2
　S 双流体模型
　C 计算流体动力学
　Z 力学模型

欧拉屈曲
　Y 弹性屈曲

欧拉数
　Y Euler 数

欧拉有向图
　Y 有向图

欧拉运动方程
Euler equations of motion
O351.2；P137
　D Euler 运动方程
　　欧拉运动学方程
　S 欧拉方程
　C 欧拉坐标　→(4)
　Z 力学方程

欧拉运动学方程
　Y 欧拉运动方程

欧勒方程
　Y 欧拉方程

欧姆定律
Ohm's law
O441.1
　S 电路理论*
　F 广义欧姆定律
　　全电路欧姆定律
　C 普适公式

欧姆接触
ohmic contact
O441.1
　S 电接触*

欧姆损耗
　Y 涡流损耗

欧洲粒子物理研究所
European Organization for Nuclear Research
O572.2
　D CERN
　S 组织机构*

偶氮聚合物液晶
azopolymer liquid crystal
O753.2
　S 聚合物液晶

　Z 液晶

偶合应力
　Y 偶应力

偶合应力理论
　Y 偶应力理论

偶极
dipole
O561.2
　S 极性*

偶极层
dipole layer
O48
　S 分层*

偶极辐射
　Y 电偶极辐射

偶极化
dipolarization
O441.4
　S 双极化
　Z 极化

偶极矩
dipole moment
O441.1
　S 多极矩*
　F 感生偶极矩
　　永偶极矩
　　原子偶极矩
　　跃迁偶极矩

偶极力
dipole force
O561.4；O641.3
　S 范德华力
　Z 分子力

偶极-偶极相互作用
　Y 偶极相互作用

偶极声波
dipole acoustic wave
O422
　D 偶极子声波
　S 声波*

偶极相互作用
dipole-dipole interaction
O441.4
　D 偶极-偶极相互作用
　　偶极作用
　S 相互作用*

偶极压缩
dipole squeeze
O441.4
　S 压缩*

偶极子*
dipole
O441
　D 电偶极
　　激化分子
　　双极子
　F 磁偶极子
　　电偶极子

偏心偶极子
位错偶极子
印度洋偶极子
C 磁荷
电荷
电偶极跃迁

偶极子模型
dipole model
O441.4
S 物理模型*
F 磁偶极子模型

偶极子声波
Y 偶极声波

偶极作用
Y 偶极相互作用

偶偶核
even-even nuclei
O571.21
D 偶-偶核
双偶核
S 原子核*

偶-偶核
Y 偶偶核

偶素
Y 电子偶素

偶现γ射线源
Y γ射线源

偶应力
couple stress
O343.4
D 偶合应力
S 应力*
C 静力学
偶应力理论

偶应力理论
couple stress theory
O33
D 偶合应力理论
S 应力理论
C 静力学
偶应力
Z 力学理论

耦合*
coupling
O43；O44
D 耦合方法
耦合模式
耦合问题
耦合状态
耦联
藕合
F 电耦合
二波耦合
惯性耦合
光耦合
C 耦合(力学)
耦合常数
耦合振动
耦合作用 →(5)

耦合(力学)*
coupling (mechanics)
O3
F 边界耦合
变形耦合
弹塑性耦合
弹性耦合
动静耦合
刚-柔耦合
角动量耦合
界面耦合
力磁耦合
流固耦合
热弹耦合
热-机械耦合
渗流耦合
振动耦合
C 耦合

耦合摆
coupled pendulum
O314
S 摆*

耦合变形
coupled deformation
O344.3
S 变形*
C 大范围运动
耦合变形量

耦合变形量
coupling deformation variables
O344.3
S 力学量*
C 耦合变形

耦合表象
coupling representation
O441.4
S 表象理论
Z 物理理论

耦合波
coupled waves
O451
S 电磁波*

耦合波理论
coupled wave theory
O441.4
S 电磁理论
Z 物理理论

耦合常数
coupling constant
O572.21
S 粒子参数*
C 耦合

耦合场
coupled field
O441.4
S 物理场*
F 交换耦合场

耦合电流
couple current
O441.1
S 电流*

耦合电压
coupling voltage
TM933.2
S 电压*

耦合动力学方程
Y 联合动力学方程

耦合二能级原子
coupling two-level atoms
O562
S 二能级原子
Z 原子

耦合法
Y 耦合算法

耦合反馈
coupled feedback
TN30
S 反馈*

耦合方法
Y 耦合

耦合非线性薛定谔方程
coupled nonlinear Schrodinger equation
O413.1
S 非线性薛定谔方程
C 类孤立波解
Z 物理方程

耦合刚度
coupling stiffness
O343
S 刚度
Z 力学性质

耦合共振
Y 共振

耦合惯量
Y 惯性耦合

耦合量子点
coupled quantum dots
O47
S 量子点
Z 势阱

耦合量子阱
coupled quantum wells
O47
S 多量子阱
Z 势阱

耦合模式
Y 耦合

耦合模态
coupled modes
O32
S 模态*
C 单模态

耦合渗流
coupling percolation
O357.3
D 耦合渗漏流

S 渗流
　　Z 流体流
耦合渗漏流
　　Y 耦合渗流
耦合束团不稳定性
coupled-bunch instability
O441.4
　　S 稳定性*
耦合双原子
coupled atoms
O562
　　S 双原子
　　Z 原子
耦合算法
coupling algorithm
O302
　　D 耦合法
　　S 算法*
耦合损耗
coupling losses
TN751.1
　　D 连接损耗
　　S 光纤损耗
　　Z 损耗
耦合问题
　　Y 耦合
耦合效应
coupling effect
TB301
　　S 效应*
耦合谐振子
coupled harmonic oscillators
O32；O413
　　S 谐振子*
耦合映射
coupled maps
O441.4
　　S 映射*
耦合运动
coupled motion
O311
　　S 运动*
　　C 密度变化
　　　 耦合振荡
耦合振荡
coupled oscillations
TN7
　　S 振荡*
　　C 耦合运动
耦合振动
coupled vibration
O32
　　S 振动*
　　F 流固耦合振动
　　　 热弹耦合振动
　　C 耦合
耦合振子
coupled oscillators

O32
　　S 振子*
耦合状态
　　Y 耦合
耦联
　　Y 耦合
藕合
　　Y 耦合
帕尔姆格伦迈因纳假设
　　Y 线性累积损伤理论
帕尔姆格伦迈因纳累积破坏定理
　　Y 线性累积损伤理论
帕尔帖效应
　　Y 珀尔帖效应
帕耳帖效应
　　Y 珀尔帖效应
帕斯卡定律
Pascal's law
O351.1
　　S 力学定律*
　　C 不可压缩流体
　　　 流体静力学
帕邢定律
Paschen law
O441.4
　　S 物理定律*
拍底
　　Y 砰击
拍击
　　Y 砰击
拍频
beat frequency
O354
　　D 差拍频率
　　S 频率*
　　C 驻波
　　　 驻波比
拍频探测
beat detection
TN29
　　S 光电探测
　　Z 探测
排斥力
repulsive force
O314
　　D 斥力
　　S 力*
　　F 万有斥力
排斥子
repellor
O415.5
　　C 动力学分析
　　　 吸引子
排出压力
　　Y 出口压力

排放压力
　　Y 压力释放
排空力
depletion force
O369
　　S 力*
排列熵
　　Y 排列组合熵
排列组合熵
permutation entropy
O415
　　D 排列熵
　　S 熵*
　　C 古典概型　→(1)
派尔斯相变
Peierls transition
O792
　　D Peierls 相变
　　　 派尔斯转变
　　S 晶体相变*
派尔斯转变
　　Y 派尔斯相变
潘宁电离
Penning ionization
O462.5
　　D 俄歇去激发
　　　 彭宁电离
　　　 彭宁效应
　　S 电离*
潘宁放电
Penning discharge
O461
　　D 彭宁放电
　　S 气体放电
　　Z 放电
潘宁效应
Penning effect
TL501
　　S 效应*
　　C 气体电离
盘形分子液晶
　　Y 盘状液晶
盘形液晶
　　Y 盘状液晶
盘旋
　　Y 旋转
盘状液晶
discotic liquid crystal
O753.2
　　D 盘形分子液晶
　　　 盘形液晶
　　S 液晶*
庞磁电阻
colossal magnetoresistance
O441.6
　　D 庞磁阻
　　S 磁电阻*

庞磁电阻效应
 Y 巨磁电阻效应

庞磁阻
 Y 庞磁电阻

庞加莱截面
Poincare section
O411
 D Poincare 截面
   Poincaré 截面
 S 截面*
 C 运动轨迹

旁瓣效应
sidelobe intensity
TN911.6
 S 效应*

旁压
 Y 壁面压力

旁折光差
 Y 折光差

胖原子
 Y 里德伯原子

抛撒速度
dispensing velocity
TJ01
 S 运动速度*

抛射角
angle of projection
O311
 S 角*
 F 最佳抛射角
 C 弹道学
  抛体运动

抛射速度
ejection velocity
TJ01
 S 运动速度*

抛射体运动
 Y 抛体运动

抛体
 Y 抛物体

抛体运动
projectile motion
O311.1
 D 抛射体运动
  抛物运动
 S 曲线运动
 F 竖直上抛运动
 C 抛射角
  抛物化稳定性方程
 Z 运动

抛物化稳定性方程
parabolic stability equations
O175.26；O317
 S 方程(数学)*
 C 抛体运动

抛物量子点
parabolic quantum dot
O47
 S 量子点
 Z 势阱

抛物量子阱
parabolic quantum well
O413.2
 S 量子阱
 F 氮化物抛物量子阱
 Z 势阱

抛物面反光镜
 Y 抛物面镜

抛物面反射镜
 Y 抛物面镜

抛物面镜
paraboloidal mirror
TH74
 D 抛物面反光镜
  抛物面反射镜
 S 光学元件*

抛物势
parabolic potential
O313
 S 势*

抛物体
projectiles
O351
 D 抛体
 S 物体*
 C 弹道学

抛物运动
 Y 抛体运动

泡点压力
 Y 饱和压力

泡核沸腾
nucleate boiling
O552.4
 S 核沸腾
 Z 沸腾

泡克尔斯效应
Pockels effect
O436.4
 D Pockels 效应
  泡克耳斯效应
  普克耳斯效应
 S 电光效应
 Z 光学效应

泡克耳斯效应
 Y 泡克尔斯效应

泡利不相容原理
Pauli exclusion principle
O572.2
 D 不相容原理
  泡利原理
 S 物理定理*
 C 简并物质 →(4)
  泡利顺磁性

泡利矩阵
 Y Pauli 矩阵

泡利顺磁性
Pauli paramagnetism
O482.52
 D Pauli 顺磁性
  传导电子顺磁性
 S 顺磁性
 C 泡利不相容原理
 Z 磁性

泡利原理
 Y 泡利不相容原理

泡流
 Y 泡状流

泡沫流
 Y 泡状流

泡沫流动
 Y 泡状流

泡沫流体
foam fluid
foaming fluid
O373
 D 充气流体
 S 流体*
 C 泡状流

泡生法
 Y 凯罗泡洛斯法

泡状流
bubble flow
O359
 D 泡流
  泡沫流
  泡沫流动
  泡状流动
  气泡流
 S 流体流*
 C 泡沫流体
  双头电导探针

泡状流动
 Y 泡状流

炮口波
 Y 炮口冲击波

炮口冲击波
muzzle shock wave
O347.5
 D 炮口波
  枪口波
  枪口冲击波
  膛口消音器
 S 冲击波*
 C 中间弹道学

炮尾波
 Y 炮尾冲击波

炮尾冲击波
gun breech shock wave
TJ301
 D 炮尾波
 S 冲击波*

佩尔捷效应
 Y 珀尔帖效应

配点法
point collocation
O302
　　D 点配置法
　　S 方法*
　　F 样条配点法
　　C Shannon 小波 →(1)
　　　 计算力学

配合物*
coordination compound
O641.4
　　D 表面络合物
　　　 功能配合物
　　　 络合物
　　　 配位化合物
　　　 气态配合物
　　　 荧光配合物
　　F 分子配合物
　　C 冠醚 →(3)
　　　 加合物 →(3)
　　　 金属配合物 →(3)
　　　 络合反应 →(3)
　　　 配位场理论 →(3)

配合系数
　　Y 适应系数

配位多面体
coordination polyhedron
O4；O742
　　S 几何体*
　　F 负离子配位多面体

配位化合物
　　Y 配合物

配位化合物晶体
　　Y 络合物晶体

配位数
coordination number
O641.4；O742
　　S 化学参数*
　　C 晶胞
　　　 晶格

喷管流
nozzle flow
O351.2
　　D 喷管流动
　　S 管流
　　Z 流体流

喷管流场
nozzle flow field
V211
　　D 喷流流场
　　S 内流场
　　Z 流场

喷管流动
　　Y 喷管流

喷管气流
nozzle gas flow
V211；V232.97
　　S 气流*
　　C 超音速射流
　　　 射流

升力

喷击
　　Y 喷射冲击

喷流
　　Y 射流

喷流干扰
jet interference
O358
　　D 喷流干扰效应
　　　 喷流相互作用
　　　 射流干涉
　　　 射流作用
　　S 气动力干扰*
　　C 地面效应
　　　 三作用射流

喷流干扰效应
　　Y 喷流干扰

喷流流场
　　Y 喷管流场

喷流相互作用
　　Y 喷流干扰

喷墨绘图仪
ink-jet plotter
TH761.8
　　S 绘图仪
　　Z 仪器仪表

喷气火舌
　　Y 羽流

喷气升力
　　Y 升力

喷射冲击
jet impingement
O351.2
　　D 喷击
　　S 冲击*
　　C 射流

喷射冲量
blow-off impulse
O381
　　S 冲量
　　Z 力学量

喷射混合流
jet mixing flow
O354
　　S 多相流
　　Z 流体流

喷射距离
　　Y 射流长度

喷射流
　　Y 射流

喷射气流
　　Y 气体射流

喷射速度
　　Y 射流速度

喷射硬化

shot peening
O344.1
　　S 硬化*

喷注噪声
　　Y 气流噪声

砰击
slamming
O313；O351.2
　　D 拍底
　　　 拍击
　　S 冲击*

砰击诱导应力
slamming induced stresses
O344.3
　　S 应力*

彭宁电离
　　Y 潘宁电离

彭宁放电
　　Y 潘宁放电

彭宁效应
　　Y 潘宁电离

硼 10 反应
　　Y 重离子反应

硼 11 反应
　　Y 重离子反应

硼化钛晶须
TiB whisker
O784
　　D TiB 晶须
　　S 无机盐晶须
　　Z 晶须

硼铝酸钾晶体
KABO crystal
O734
　　D $K_2Al_2B_2O_7$ 晶体
　　　 KABO 晶体
　　S 硼酸盐晶体
　　Z 光学晶体
　　　 晶体

硼酸钡晶体
　　Y 偏硼酸钡晶体

硼酸铋晶体
　　Y 三硼酸铋晶体

硼酸钙氧钆晶体
GdCOB crystal
O734
　　D GdCOB 晶体
　　S 硼酸盐晶体
　　Z 光学晶体
　　　 晶体

硼酸钙氧钇晶体
YCOB crystal
O734
　　D YCOB 晶体
　　S 硼酸盐晶体
　　Z 光学晶体
　　　 晶体

硼酸锂晶体
 Y 三硼酸锂晶体

硼酸铝晶须
aluminum borate whisker
O784
 D AlB 晶须
 S 陶瓷晶须
 Z 晶须

硼酸铯锂晶体
cesium lithium borate crystal
O734
 D CLBO 晶体
  $CsLiB_6O_{10}$ 晶体
 S 硼酸盐晶体
 Z 光学晶体
  晶体

硼酸盐晶体
borate crystals
O734
 S 无机非线性光学晶体
 F 硼铝酸钾晶体
  硼酸钙氧钆晶体
  硼酸钙氧钇晶体
  硼酸铯锂晶体
  偏硼酸钡晶体
  三硼酸铋晶体
  三硼酸锂晶体
 Z 光学晶体
  晶体

膨胀*
expansion
O552
 D 膨胀反应
  膨胀过程
  膨胀机制
  膨胀历程
  膨胀体系
  膨胀行为
  膨胀状态
 F 空腔膨胀
  气体膨胀
  热膨胀
  自由膨胀
 C 崩解性 →(5)
  畸变
  剪胀 →(5)
  膨胀断裂
  膨胀性
  膨胀压力
  膨胀硬化 →(5)
  热皱损

膨胀波
expansion wave
O347.41
 S 马赫波
 C 超声速流动
 Z 弹性波

膨胀断裂
expansion fracture
O346.1
 D 膨胀开裂
 S 断裂*

 C 膨胀

膨胀反应
 Y 膨胀

膨胀过程
 Y 膨胀

膨胀机制
 Y 膨胀

膨胀计
 Y 延伸计

膨胀开裂
 Y 膨胀断裂

膨胀空气
expanded air
TH4
 D 膨胀气体
 S 空气*

膨胀历程
 Y 膨胀

膨胀流动
 Y 突扩流动

膨胀模型
expansion model
O552
 S 物理模型*
 F 膨胀液体模型

膨胀气体
 Y 膨胀空气

膨胀曲线
expansion curve
O552
 S 曲线*

膨胀体系
 Y 膨胀

膨胀行为
 Y 膨胀

膨胀性
expansibility
O369；P642.11
 D 剪胀性
 S 固体力学性质
 C 膨胀
 Z 力学性质

膨胀压力
swelling pressure
O351.2
 S 形变压力
 C 膨胀
  膨胀土 →(5)
  围岩 →(5)
 Z 压力

膨胀液体模型
expanded liquid model
O552
 S 膨胀模型
 Z 物理模型

膨胀状态
 Y 膨胀

碰摩
rub-impact
O313.5
 D 碰撞摩擦
 S 摩擦*
 C 非线性动力学
  转子动力学

碰撞*
collision
O313.4
 D 碰撞（物理）
  碰撞过程
  碰撞模式
  碰撞现象
  撞击
  撞击现象
 F 高能碰撞
  光学碰撞
  库仑碰撞
  粒子碰撞
 C 冲击
  碰撞参数
  碰撞刚度
  碰撞角
  准分子

碰撞（力学）
 Y 力学碰撞

碰撞（物理）
 Y 碰撞

碰撞参量
 Y 碰撞参数

碰撞参数
impact parameter
O313.4
 D 碰撞参量
  撞击参数
 S 力学参数*
 F 碰撞率
  碰撞效率
  碰撞因子
 C 碰撞
  碰撞动力学

碰撞弛豫
collision relaxation
O43
 S 内部自由度弛豫
 Z 松弛

碰撞等离子体
collisional plasma
O531
 S 等离子体*
 F 无碰撞等离子体

碰撞点
 Y 弹着点

碰撞电离
impact ionization
O572
 D 电离碰撞

S 电离*
　　F 电子碰撞电离
　　　电子雪崩电离
　　C 碰撞激发

碰撞动力学
collision dynamics
O313.4
　　S 动力学
　　C 碰撞参数
　　Z 理论力学

碰撞感生光双共振
　　Y 光学双共振

碰撞刚度
collision stiffness
O343
　　S 刚度
　　C 碰撞
　　Z 力学性质

碰撞过程
　　Y 碰撞

碰撞积分
collision integral
O411；O56
　　D 碰撞积分计算
　　S 积分*
　　C 数值模型 →(1)

碰撞积分计算
　　Y 碰撞积分

碰撞激波
collision shock wave
O354.5
　　S 激波*
　　C 等离子体动力学

碰撞激发
collisional excitation
O562.5
　　S 激发*
　　F 电子碰撞激发
　　C 碰撞电离

碰撞角
impingement angle
O313.4
　　D 碰撞角度
　　S 角*
　　C 碰撞

碰撞角度
　　Y 碰撞角

碰撞截面
　　Y 散射截面

碰撞率
collision rate
O313.4；O56
　　S 碰撞参数
　　Z 力学参数

碰撞模式
　　Y 碰撞

碰撞摩擦
　　Y 碰摩

碰撞能量转移
collision energy transfer
O561
　　D 碰撞转移
　　S 能量转移*

碰撞频率
collision frequency
O56
　　S 频率*

碰撞强度
impact strength
O346
　　S 力学强度*

碰撞射流
　　Y 冲击射流

碰撞时间
collision time
O55；O56
　　S 事件时间*
　　C 冲击试验
　　　反应速率 →(3)
　　　撞击速度

碰撞实验
　　Y 冲击试验

碰撞试验
　　Y 冲击试验

碰撞速度
　　Y 撞击速度

碰撞损伤
　　Y 冲击损伤

碰撞损失
　　Y 冲击损伤

碰撞系数
impact factor
O313.4
　　S 碰撞因子
　　Z 力学参数

碰撞系统
collision system
O313.4
　　D 冲击系统
　　S 动态系统
　　F 碰撞振动系统
　　C 冲击试验
　　Z 力学系统

碰撞现象
　　Y 碰撞

碰撞效率
collision efficiency
O313.4
　　D 撞击效率
　　S 碰撞参数
　　C 碰撞因子
　　Z 力学参数

碰撞压力
　　Y 冲击压力

碰撞因数
　　Y 碰撞因子

碰撞因子
collision factor
O313.4
　　D 碰撞因数
　　S 碰撞参数
　　F 碰撞系数
　　C 碰撞效率
　　Z 力学参数

碰撞振动
impact vibration
O32
　　D 冲击振动
　　S 振动*
　　C 碰撞振动系统
　　　碰撞阻尼

碰撞振动系统
impact vibration system
O313.4
　　D 冲击振动系统
　　S 碰撞系统
　　　振动系统
　　C 碰撞振动
　　Z 力学系统

碰撞转移
　　Y 碰撞能量转移

碰撞阻尼
collisional damping
O328
　　D 冲击阻尼
　　S 阻尼*
　　C 碰撞振动

劈尖干涉
splitter interference
O436.1
　　S 光学干涉*

劈理
cleavage
O76；P542.33
　　D 解理
　　S 小型构造*
　　C 构造置换 →(5)
　　　结构面 →(5)
　　　劈理褶皱 →(5)
　　　线理 →(5)
　　　组构 →(5)

劈裂抗拉强度
splitting tensile strength
O346
　　S 抗拉强度
　　Z 力学强度

劈裂强度
　　Y 断裂强度

劈裂试验
brazilian test
O346.4
　　D 巴西实验

巴西试验
S 强度试验
F 动态劈裂试验
  楔入劈拉试验
Z 科学实验

皮秒脉冲
picosecond pulse
TN24；TN78
D 微微秒脉冲
S 超短激光脉冲
Z 脉冲

皮帕德相干长度
Pippard coherent length
O4
S 相干长度
Z 长度

皮托管
Pitot tube
O354
D 风速管
  空速管
  总压管
S 压力表
C 压力测量
  总压
Z 测量仪器

疲劳*
fatigue
O346.2
D 持久
  疲劳(力学)
  疲劳过程
F 材料疲劳
  超长寿命疲劳
  冲击疲劳
  弹性疲劳
  低温疲劳
  电疲劳
  多轴疲劳
  腐蚀疲劳
  极化疲劳
  剪切疲劳
  接触疲劳
  结构疲劳
  静疲劳
  热疲劳
  蠕变疲劳
  声疲劳
  塑性疲劳
  随机疲劳
  弯曲疲劳
  微动疲劳
  循环疲劳
  应变疲劳
  应力疲劳
  振动疲劳
C 包辛格效应
  裂纹扩展
  疲劳机理
  疲劳可靠性
  疲劳力学
  疲劳裂纹
  疲劳试验

  疲劳硬化
  破损
  失效
  应力腐蚀断裂

疲劳(材料)
Y 材料疲劳

疲劳(力学)
Y 疲劳

疲劳测试
Y 疲劳检测

疲劳长裂纹
long fatigue crack
O346.1；O346.2
D 长疲劳裂纹
S 疲劳裂纹
Z 裂纹

疲劳短裂纹
short fatigue cracks
O346.1；O346.2
D 短疲劳裂纹
  疲劳小裂纹
S 疲劳裂纹
Z 裂纹

疲劳断口
Y 疲劳断裂

疲劳断裂
fatigue fracture
O346.1；O346.2
D 疲劳断口
  疲劳开裂
  疲劳裂缝
  疲劳破裂
  疲劳折断
S 断裂*
C S-N 曲线
  高周疲劳
  接触疲劳
  疲劳辉纹
  疲劳极限
  疲劳累积损伤
  应力集中

疲劳方程
fatigue equation
O346.2
S 力学方程*
C P-S-N 曲线
  疲劳理论

疲劳故障
Y 疲劳损伤

疲劳过程
Y 疲劳

疲劳辉纹
fatigue striations
O346.2
D 疲劳条带
S 疲劳裂纹
C 疲劳断裂
  微观结构 →(3)
  应力疲劳

Z 裂纹

疲劳机理
fatigue mechanism
O346.2
D 疲劳机制
S 机理*
C 疲劳
  疲劳理论
  疲劳损伤

疲劳机制
Y 疲劳机理

疲劳极限
fatigue limit
O346.2
D 持续极限
S 疲劳性能
C P-S-N 曲线
  S-N 曲线
  残余应力
  超高周疲劳
  疲劳断裂
  疲劳强度
  疲劳试验
  疲劳寿命预测
Z 力学性质

疲劳检测
fatigue test
O346.2
D 疲劳测试
  疲劳评定
S 检测*
C 疲劳试验
  疲劳损伤
  组织应力

疲劳开裂
Y 疲劳断裂

疲劳可靠性
fatigue reliability
TB114.3；TN707
S 可靠性*
C 疲劳
  疲劳损伤

疲劳扩展
fatigue growth
O346.2
S 扩展*

疲劳累积损伤
cumulative fatigue damage
O346.2；O346.5
D 累积疲劳损伤
  疲劳累积伤度
S 疲劳损伤
C 疲劳断裂
  疲劳裂纹
Z 损伤(力学)

疲劳累积损伤度
Y 疲劳累积损伤

疲劳理论
fatigue theory
O346.2

主　表　553

　　D 机械疲劳理论
　　　 裂纹传播理论
　　　 裂纹扩展理论
　　S 强度理论
　　F 线性累积损伤理论
　　C 疲劳方程
　　　 疲劳机理
　　　 疲劳损伤模型
　　Z 力学理论

疲劳力学
fatigue mechanics
O346.2
　　S 固体力学*
　　C 断裂力学
　　　 交变载荷
　　　 疲劳
　　　 疲劳模量

疲劳力学性质
　　Y 疲劳性能

疲劳裂缝
　　Y 疲劳断裂

疲劳裂纹
fatigue crack
O346.2
　　S 裂纹*
　　F 疲劳长裂纹
　　　 疲劳短裂纹
　　　 疲劳辉纹
　　C P-S-N 曲线
　　　 扩散速度
　　　 疲劳
　　　 疲劳累积损伤
　　　 疲劳裂纹扩展率

疲劳裂纹扩展
fatigue crack growth
O346.1；O346.2
　　S 裂纹扩展
　　C S-N 曲线
　　　 断裂韧性
　　　 裂纹闭合
　　　 弯曲疲劳
　　　 应力比
　　Z 扩展

疲劳裂纹扩展率
fatigue crack growth rate
O346.1；O346.2
　　D 疲劳裂纹扩展速率
　　S 裂纹扩展速率
　　C 断裂韧性
　　　 腐蚀疲劳
　　　 疲劳裂纹
　　　 疲劳裂纹扩展寿命
　　　 疲劳寿命
　　　 损伤容限
　　Z 运动速度

疲劳裂纹扩展寿命
fatigue crack growth life
O346.1；O346.2
　　S 疲劳寿命
　　C 疲劳裂纹扩展率
　　Z 寿命

疲劳裂纹扩展速率
　　Y 疲劳裂纹扩展率

疲劳模量
fatigue modulus
O346.2
　　S 模量*
　　C 疲劳力学
　　　 疲劳寿命

疲劳磨损
fatigue wear
O346.2；O346.5
　　D 表面接触疲劳磨损
　　　 摩擦疲劳
　　　 磨蚀疲劳
　　　 磨损疲劳
　　S 磨损*

疲劳评定
　　Y 疲劳检测

疲劳破坏
　　Y 疲劳损伤

疲劳破裂
　　Y 疲劳断裂

疲劳破损
　　Y 疲劳损伤

疲劳强度
　　Y 疲劳强度

疲劳强度
fatigue strength
O346
　　D 持久极限
　　　 持久强度
　　　 持久强度极限
　　　 持久限
　　　 抗疲劳强度
　　　 耐久极限
　　　 耐疲劳强度
　　　 耐受极限
　　　 疲劳强度
　　　 疲劳限
　　　 疲劳限度
　　　 条件疲劳极限
　　S 力学强度*
　　C 超声波冲击
　　　 环境试验　→(3)
　　　 疲劳极限
　　　 疲劳缺口系数
　　　 疲劳载荷
　　　 蠕变极限
　　　 振动应力

疲劳强度分析
analysis of fatigue strength
fatigue strength analysis
O346.2
　　S 强度分析
　　C 疲劳寿命预测
　　Z 力学分析

疲劳强度估算
　　Y 疲劳寿命预测

疲劳强度试验
　　Y 疲劳试验

疲劳曲线
　　Y S-N 曲线

疲劳缺口系数
fatigue notch factor
O346.2
　　S 力系数
　　C 疲劳强度
　　Z 系数

疲劳蠕变
fatigue-creep
O344.6；O346.2
　　S 蠕变*
　　C 疲劳损伤

疲劳设计曲线
　　Y S-N 曲线

疲劳失效
　　Y 疲劳损伤

疲劳试验
fatigue test
O346.2
　　D 耐久试验
　　　 耐久性测试
　　　 耐久性试验
　　　 耐用性试验
　　　 疲劳强度试验
　　S 强度试验
　　F 弯曲疲劳试验
　　C P-S-N 曲线
　　　 疲劳
　　　 疲劳极限
　　　 疲劳检测
　　　 疲劳性能
　　　 循环软化
　　　 应力循环
　　Z 科学实验

疲劳寿命
fatigue life
O346.2
　　S 寿命*
　　F 低循环疲劳寿命
　　　 疲劳裂纹扩展寿命
　　　 剩余疲劳寿命
　　C P-S-N 曲线
　　　 S-N 曲线
　　　 表面裂纹
　　　 腐蚀疲劳
　　　 高周疲劳
　　　 疲劳裂纹扩展率
　　　 疲劳模量
　　　 疲劳寿命预测
　　　 疲劳性能
　　　 破坏分析
　　　 应力循环

疲劳寿命估计
　　Y 疲劳寿命预测

疲劳寿命估算
　　Y 疲劳寿命预测

疲劳寿命计
fatigue life gauge

O346.2
 D 疲劳寿命仪
 S 力学测量仪器
 Z 测量仪器

疲劳寿命仪
 Y 疲劳寿命计

疲劳寿命预测
fatigue life prediction
O346.2
 D 疲劳强度估算
  疲劳寿命估计
  疲劳寿命估算
  疲劳寿命预估
 S 寿命预测
 C 变幅载荷
  裂纹闭合
  疲劳极限
  疲劳强度分析
  疲劳寿命
 Z 预测

疲劳寿命预估
 Y 疲劳寿命预测

疲劳损耗
 Y 疲劳损伤

疲劳损坏
 Y 疲劳损伤

疲劳损伤
fatigue damage
O346.2；O346.5
 D 累积破坏
  累积损害
  累积损坏
  累积损伤
  疲劳故障
  疲劳破坏
  疲劳破损
  疲劳失效
  疲劳损耗
  疲劳损坏
  疲劳损失
  疲劳消耗
  损伤积累
  损伤累积
 S 损伤(力学)*
 F 疲劳累积损伤
 C 疲劳机理
  疲劳检测
  疲劳可靠性
  疲劳蠕变
  疲劳损伤模型
  疲劳性能
  寿命预测
  微裂纹

疲劳损伤模型
fatigue damage model
O346.2；O346.5
 S 强度模型
 C 连续损伤模型
  疲劳理论
  疲劳损伤
 Z 力学模型

疲劳损失
 Y 疲劳损伤

疲劳特性
 Y 疲劳性能

疲劳条带
 Y 疲劳辉纹

疲劳限
 Y 疲劳强度

疲劳限度
 Y 疲劳强度

疲劳消耗
 Y 疲劳损伤

疲劳小裂纹
 Y 疲劳短裂纹

疲劳行为
 Y 疲劳性能

疲劳性
 Y 疲劳性能

疲劳性能
fatigue property
O346.2
 D 耐疲劳特性
  耐疲劳性
  疲劳力学性质
  疲劳特性
  疲劳行为
  疲劳性
  疲劳性质
 S 强度性质
 F 疲劳极限
  热疲劳性能
 C 残余应力
  焊接应力
  疲劳试验
  疲劳寿命
  疲劳损伤
  张力特性
 Z 力学性质

疲劳性质
 Y 疲劳性能

疲劳循环
 Y 循环疲劳

疲劳应力
 Y 应力疲劳

疲劳硬化
fatigue hardening
O346.2
 S 硬化*
 C 力学性质
  疲劳

疲劳载荷
fatigue load
O346.2；O347.1
 D 循环负荷
  循环荷载
  循环加载
  循环力
  循环载荷
  载荷循环
 S 荷载*
 F 非对称循环载荷
 C 单轴压缩试验 →(5)
  腐蚀疲劳
  累积塑性应变
  疲劳强度
  伪弹性
  延性断裂韧度
  应变疲劳
  应力比

疲劳折断
 Y 疲劳断裂

匹配*
matching
ZT5
 F 晶格匹配
  频率匹配
  群速匹配
  相位匹配
  折射率失配
 C 失配

匹配场定位
matched-field localization
O427
 S 导航定位
 Z 定位

匹配角
matching angle
O435.1
 S 光学角*
 F 相位匹配角

偏差电压解耦
bias voltage decoupling
TM3；TM4
 S 偏差解耦
 Z 解耦

偏差订正
 Y 误差改正

偏差解耦
deviation de-couple
TM3；TM4
 S 解耦*
 F 偏差电压解耦
 C 矢量法 →(1)

偏磁*
magnetic biasing
O441.2
 F 变压器偏磁
  超音频偏磁
  直流偏磁

偏光
 Y 偏振光

偏光干涉
 Y 偏振干涉术

偏光光谱
 Y 偏振光谱

偏光晶体
 Y 旋光晶体

偏光镜
polarizer
TB851；TH74
 S 光学元件*
 F 紫外偏光镜

偏光棱镜
polarizing prism
TH74
 D 偏振棱镜
  起偏振棱镜
 S 光学棱镜
 F 罗雄棱镜
  尼科耳棱镜
  塞拿蒙棱镜
  渥拉斯顿棱镜
 Z 光学元件

偏光特性
 Y 光偏振特性

偏光性
 Y 光偏振特性

偏航力矩
yawing moment
V212
 D 方向力矩
  横摆力矩
 S 气动力矩
 Z 力矩

偏晶转变
monotectic transformation
O792
 S 等温相变
 Z 晶体相变

偏磷酸钙晶须
calcium metaphosphate whisker
O784
 S 无机盐晶须
 Z 晶须

偏滤器
divertor
O539
 S 等离子体装置*

偏摩尔自由能
partial molar free energy
O414.1；O642.1
 S 自由能
 Z 能量

偏硼酸钡晶体
BBO crystal
O734
 D BBO 晶体
  β-BaB_2O_4 晶体
  β 硼酸钡晶体
  硼酸钡晶体
 S 硼酸盐晶体
 Z 光学晶体
  晶体

偏色
 partial color
 O432.3
 S 光学性质*

偏析系数
segregation coefficient
O4
 S 系数*

偏向角
angle of deviation
O435.1
 S 光学角*
 F 最小偏向角

偏向射流
deflected jet
O358
 S 射流*
 C 动量交换

偏心负荷
 Y 偏心加载

偏心负载
eccentric load
O347
 S 荷载*
 C 速度稳定性
  振动加速度

偏心高斯光束
decentered gaussian beams
O432.12
 S 高斯光束
 Z 光束

偏心光学系统
 Y 非共轴光学系统

偏心荷载
 Y 偏心加载

偏心环状流
eccentric annular flow
O351
 S 环状流
 Z 流体流

偏心加载
eccentric loading
O347.1
 D 荷载偏心
  偏心负荷
  偏心荷载
  偏心载荷
  偏载
 S 加载
 C 边界应力
  偏心力
 Z 荷载

偏心拉晶法
eccentric crystal pulling
O782
 S 熔体生长法
 Z 晶体生长方法

偏心拉伸
eccentric tension

O344.3
 S 拉伸*

偏心力
eccentric load
O344.1
 D 力偏心
  偏心受力
 S 内力
 C 结构损伤
  偏心加载
  应力集中
  阻力参数
 Z 力

偏心裂纹
eccentric crack
O346.11
 S 裂纹*
 C 弹塑性解析解

偏心偶极子
eccentricdipole
O441.4；P318.1；P401
 S 偶极子*
 C 地磁场强度 →(5)

偏心受力
 Y 偏心力

偏心弯曲
 Y 斜弯曲

偏心误差
eccentric error
TH12
 S 误差*

偏心压缩
eccentric compression
O344
 S 压缩*

偏心载荷
 Y 偏心加载

偏心质量
eccentric mass
TH11
 S 质量*

偏移*
excursion
ZT5
 F 布里渊频移
  磁致频移
  多普勒频移
  光频移
  级联偏移
  拉曼频移
  压致频移
  自频移
 C 漂移

偏移法
 Y 位移法

偏移因子
 Y 位移因子

偏载

Y 偏心加载

偏振*
polarization
O32；O4-0
　　D 偏振态
　　　　偏振状态
　　F 部分偏振
　　　　光偏振
　　　　快剪切波偏振
　　　　正交偏振
　　C 磁光学
　　　　偏振弹性波

偏振参量
polarized parameter
O436.3
　　S 光学参数*
　　F Stokes 参量
　　　　偏振度

偏振成像
polarized imaging
O436.3
　　S 成像*

偏振度
degree of polarization
O436.3
　　S 偏振参量
　　C 观测点　→(4)
　　Z 光学参数

偏振反射
polarization reflection
O435.1
　　S 光学反射
　　Z 反射

偏振方向
polarization direction
O436.3
　　D 偏振化方向
　　S 振动方向
　　Z 方向

偏振分光
polarized light splitting
O436.3
　　D 偏振分束
　　S 分光*

偏振分束
　　Y 偏振分光

偏振干涉
　　Y 偏振干涉术

偏振干涉测量法
　　Y 偏振干涉术

偏振干涉术
polarization interferometry
O436.1
　　D 偏光干涉
　　　　偏振干涉
　　　　偏振干涉测量法
　　　　偏振光干涉
　　S 干涉测量
　　C 光偏振特性

　　Z 光学测量

偏振光
polarized light
O436.3
　　D 偏光
　　S 光*
　　F 部分偏振光
　　　　非常光
　　　　非偏振光
　　　　径向偏振光
　　　　线偏振光
　　　　寻常光
　　　　圆偏振光
　　C 光偏振
　　　　光偏振特性
　　　　偏振光谱
　　　　偏振光学

偏振光干涉
　　Y 偏振干涉术

偏振光谱
polarization spectra
O433.5
　　D 偏光光谱
　　　　偏振光谱学
　　S 光谱*
　　F 偏振红外光谱
　　　　椭圆偏振光谱
　　C 光偏振特性
　　　　偏振光

偏振光谱学
　　Y 偏振光谱

偏振光椭圆度测量
　　Y 偏振检测

偏振光学
polarization optics
O436.3
　　S 物理光学
　　C 偏振光
　　Z 光学

偏振红外光谱
polarized infrared spectrum
O433.5；O434.3
　　S 红外光谱*
　　　　偏振光谱
　　F 红外椭圆偏振光谱
　　Z 光谱

偏振化方向
　　Y 偏振方向

偏振计
polarimeter
TH741
　　S 光学测量仪器
　　F 光测弹性仪
　　C 光偏振
　　　　极化
　　　　旋光法　→(3)
　　Z 测量仪器

偏振检测
polarization detection
TB463

　　D 偏振光椭圆度测量
　　S 光学测量*

偏振角
　　Y 布儒斯特角

偏振镜
polarizer
TH74
　　D 极化镜
　　　　起偏镜
　　　　起偏振镜
　　S 透镜
　　Z 光学元件

偏振棱镜
　　Y 偏光棱镜

偏振模色散
polarization mode dispersion
O436.3
　　D 偏振模式色散
　　　　偏振色散
　　S 模式色散
　　F 二阶偏振模色散
　　Z 色散

偏振模式色散
　　Y 偏振模色散

偏振膜
polarization film
TH74
　　D 消偏振膜
　　S 光学薄膜*

偏振色散
　　Y 偏振模色散

偏振态
　　Y 偏振

偏振弹性波
polarized elastic waves
O347.41
　　S 弹性波*
　　C 偏振

偏振特性
　　Y 光偏振特性

偏振误差
polarization error
TN99
　　S 误差*

偏振吸收光谱
polarized absorption spectroscopy
O433.51
　　S 吸收光谱*

偏振像差
polarization aberration
O435.2；P111.3
　　S 像差*

偏振效应
polarization effect
TN2
　　S 效应*

偏振性
　Y 光偏振特性

偏振转换
polarization conversion
O436.3
　S 转换*

偏振状态
　Y 偏振

偏置磁场
bias magnetic field
O441.2
　S 磁场*

偏置电压
bias voltage
TM933.2
　S 电压*

偏置误差
biased error
TN95
　S 位置误差
　Z 误差

偏轴角
off axis angle
O435.1
　S 光学角*

偏转角
deflection angle
O435.1
　S 光学角*

偏转力矩
　Y 扭矩

片晶
lamellar crystal
O631.13；O76
　S 聚合物晶体
　Z 晶体

片流
　Y 层流

片状畴
lamellar domain
O76
　S 晶畴
　Z 畴

片状单晶
　Y 单晶

片状晶体
　Y 板状晶体

片状空化
　Y 叶面空化

漂浮器
levitron
O539
　S 等离子体装置*
　C 等离子体炬
　　箍缩效应

漂移*

drift
O53
　F 光束漂移
　　零点漂移
　　能量漂移
　　陀螺随机漂移
　　以太漂移
　C 高阻层 →(5)
　　偏移
　　漂移不稳定性
　　漂移率
　　扰动因子

漂移不稳定性
drift instability
O317；O534
　S 等离子体不稳定性
　C 漂移
　Z 力学稳定性

漂移率
drift mobility
O315
　S 比率*
　C 漂移
　　陀螺仪

漂移速度
drift velocity
O41；O461
　S 移速
　C 陀螺漂移
　Z 运动速度

瓢曲
　Y 翘曲

拼接光栅
tiled grating
O437.4；P111.3
　S 光栅*

频标
frequency standard
TB91
　D 频率标准
　S 计量标准
　Z 标准规范

频率*
frequency
ZT3
　D 频率参数
　F 标准频率
　　差频
　　德拜频率
　　电离频率
　　工作频率
　　回旋共振频率
　　激发频率
　　加载频率
　　截止频率
　　空间频率
　　拉比频率
　　拉莫尔频率
　　临界频率
　　拍频
　　碰撞频率
　　扰动频率

　　脱落频率
　　旋转频率
　　振动频率
　　重复频率
　C 脉动
　　频率方程

频率比
frequency ratio
O323
　S 比率*
　C 激振

频率变化
　Y 频率变换

频率变化场
frequency variation field
O41
　S 物理场*

频率变换
frequency conversion
TN7；TN911
　D 变频
　　频率变化
　　频率交换
　　频率转换
　　频率转移
　S 物理变换*
　C 相位匹配

频率标准
　Y 频标

频率采样
frequency sampling
TN7
　D 频率采样法
　　频率抽样
　S 采样

频率采样法
　Y 频率采样

频率参数
　Y 频率

频率测量
frequency measurement
TB462；TB97；TM935
　S 电信号特性测量
　C 激光变量测量
　　计算方程 →(1)
　　原子钟 →(4)
　Z 电学量测量

频率抽样
　Y 频率采样

频率方程
frequency equation
O411
　D 固有频率方程
　　固有频率方程公式
　　固有频率方程式
　　固有频率方程组
　　固有频率方程组式
　　固有频率公式
　　固有频率计算法

固有频率计算方程
　　　固有频率计算方法
　　　固有频率计算公式
　　　频率方程公式
　　　频率方程式
　　　频率方程组
　　　频率方程组式
　　　频率公式
　　　频率计算
　　　频率计算法
　　　频率计算方程
　　　频率计算方法
　　　频率计算公式
　　S 物理方程*
　　C 频率
　　　频率分析法 →(5)
　　　频率特性

频率方程公式
　　Y 频率方程

频率方程式
　　Y 频率方程

频率方程组
　　Y 频率方程

频率方程组式
　　Y 频率方程

频率分辨光学开关法
frequency-resolved optical gating technique
O436
　　S 光学方法*

频率分解
frequency decomposition
O4-3
　　S 物理分解*

频率分析
frequency analysis
O43
　　S 分析*
　　C 频率分析法 →(5)

频率公式
　　Y 频率方程

频率计算
　　Y 频率方程

频率计算法
　　Y 频率方程

频率计算方程
　　Y 频率方程

频率计算方法
　　Y 频率方程

频率计算公式
　　Y 频率方程

频率交换
　　Y 频率变换

频率弥散
　　Y 频散

频率匹配
frequency matching

TN91
　　S 匹配*

频率谱
　　Y 频谱

频率色散
frequency dispersion
O436.3
　　S 色散*

频率上转换
frequency up-conversion
O48
　　S 上转换
　　Z 转换

频率特性
frequency characteristics
ZT4
　　D 频率特征
　　S 物理特性*
　　C 频率方程

频率特征
　　Y 频率特性

频率调制光谱
frequency modulation spectroscopy
O433
　　S 调制光谱
　　Z 光谱

频率误差
frequency error
TB939；TB97
　　S 信号误差
　　F 循环频率误差
　　Z 误差

频率转换
　　Y 频率变换

频率转移
　　Y 频率变换

频谱*
frequency spectrum
O456；P631
　　D 频率谱
　　　频谱分析
　　　频谱图
　　F 电磁频谱
　　　电流频谱
　　　辐射频谱
　　　傅里叶频谱
　　　功率谱
　　　介电谱
　　　空间频谱
　　　宽频谱
　　　三维频谱
　　　闪烁频谱
　　　数字频谱
　　　微波频谱
　　　信号频谱
　　　语音频谱
　　　振动频谱
　　C 二维傅里叶变换 →(1)
　　　频谱成像 →(5)
　　　频谱宽度

　　　频谱密度
　　　频谱特性 →(3)
　　　频谱仪 →(4)
　　　频散

频谱分解
spectral decomposition
O4-3
　　S 物理分解*

频谱分析
　　Y 频谱

频谱宽度
spectrum width
TN2
　　S 宽度*
　　C 频谱

频谱密度
frequency spectral density
O45
　　S 谱密度*
　　C 频谱

频谱图
　　Y 频谱

频散*
frequency dispersion
O353；O4；P43；P731.22
　　D 频率弥散
　　F 面波频散
　　　声频散
　　C 频谱
　　　频散关系 →(4)
　　　频散效应

频散方程
frequency dispersion equation
O411
　　D 频散方程式
　　　频散方程组
　　　频散方程组式
　　　频散公式
　　S 物理方程*
　　C 频散关系 →(4)

频散方程式
　　Y 频散方程

频散方程组
　　Y 频散方程

频散方程组式
　　Y 频散方程

频散公式
　　Y 频散方程

频散曲线
dispersion curves
O43；P43
　　D 弥散曲线
　　　弥散特性
　　　色散曲线
　　S 曲线*
　　C 频散关系 →(4)

频散效应
dispersion effect

O4
    S 效应*
    C 频散

频闪测速计
strobotach
TH824
    S 测速仪
    Z 测量仪器

品质
    F 摄影质量

品质因数
quality factor
O44
    D Q 值
        品质因子 Q
    S 数值*
    F 高 Q 值
    C 保形性 →(1)
        地震波吸收 →(5)
        微机械陀螺
        席位公平分配 →(1)
        震源参数 →(5)

品质因子 Q
    Y 品质因数

平凹透镜
plano-concave lens
TH74
    S 凹透镜
    Z 光学元件

平板边界层
flat-plate boundary layer
O357.4
    S 边界层
    C 边界层流动
    Z 流体层

平板光子晶体
planer photonic crystal
O734
    S 光子晶体
    Z 晶体

平板理论
    Y 板壳理论

平板模型
flat plate model
O357.3
    S 渗流模型
    C 板壳理论
        机翼模型
    Z 力学模型

平板壳单元
flat shell element
O342
    D 平板壳元
    S 单元*
    C 板壳理论

平板壳元
    Y 平板壳单元

平板透镜

slab lens
TH74
    S 透镜
    Z 光学元件

平板弯曲
slab bending
O344.1
    S 板弯曲
    Z 弯曲

平带电压
flat-band voltage
TM933.2
    S 电压*

平顶高斯光束
flattened gaussian beams
O432.12
    S 高斯光束
        平顶光束
    F 部分相干平顶高斯光束
    Z 光束

平顶光束
flat-top beam
O435
    S 光束*
    F 部分相干平顶光束
        平顶高斯光束

平动
translational motion
O313.3
    D 平行运动
    S 运动*
    F 平面运动
        平台运动
    C 平动自由度
        平运动共振
        三体问题 →(4)
        旋转

平动动能
translational kinetic energy
O313
    S 动能
    C 转动动能
    Z 能量

平动自由度
translational degree of freedom
O41
    D 平移自由度
    S 自由度*
    C 平动

平度测量
planeness measurement
TB92；TH711
    D 平面度测量
    S 几何量测量*

平方反比定律
    Y 反平方律

平衡*
equilibrium
O312.2
    D 均衡

均衡状态
平衡过程
平衡态
平衡状态
平衡状态(热力学)
    F 不平衡
        静电平衡
        气压平衡
        强度平衡
        增量谐波平衡
    C 大气现象
        化学平衡
        平衡条件
        平衡位置
        平衡稳定性
        稳定

平衡饱和度
    Y 饱和度

平衡变形
    Y 平衡形变

平衡表面张力
equilibrium surface tension
O552.4；O647.1
    D 静态表面张力
    S 表面张力
    Z 化学性质

平衡常数
    Y 化学平衡

平衡电导
equilibrium conductance
O482.4
    S 电导
    Z 导纳

平衡电位
equilibrium potential
O441.1
    S 电位*

平衡电压
balanced voltage
TM933.2
    S 电压*

平衡过程
    Y 平衡

平衡荷载
    Y 静载荷

平衡几何结构
balanced geometric structure
O342
    S 几何结构
    Z 结构

平衡力
equilibrant force
O312.2
    S 外力
    Z 力

平衡流
equilibrium flow
O354；P433

S 气流*
C 非平衡流
　稀薄气流

平衡路径
equilibrium path
O312.2
S 路径*
C 力平衡

平衡扭矩
Y 稳定力矩

平衡态
Y 平衡

平衡条件
equilibrium condition
O312.2；O317
S 条件*
F 力学平衡条件
　热平衡条件
C 平衡
　平衡时间 →(1)

平衡微分方程
equilibrium differential equation
O343
S 方程(数学)*
　流体力学方程
C 极坐标 →(1)(4)
Z 力学方程

平衡位形
equilibrium configuration
O53
S 位形空间
Z 空间

平衡位置
equilibrium position
O312.2；O317
S 位置*
C 力平衡
　平衡
　重心

平衡稳定性
equilibrium stability
O312.2；O317
S 结构稳定性
C 平衡
　突加不平衡
Z 力学稳定性

平衡吸附
Y 吸附

平衡形变
equilibrium deformation
O344.3
D 平衡变形
S 变形*
C 弹塑性

平衡性质
equilibrium property
O414.21
S 物理性质*
C 平衡标号 →(1)

平衡质量
Y 不平衡质量

平衡转矩
Y 稳定力矩

平衡状态
Y 平衡

平衡状态(热力学)
Y 平衡

平滑粒子流体动力学
Y 光滑粒子流体动力学方法

平截面假定
plane cross-section assumption
O344
D 平面假设
S 假说*
C 结构应变

平晶
optical flat
O754
D 光学平面
S 晶体学应用*
F 长平晶
　平面平晶
　平行平晶

平均
Y 平均数

平均饱和度
Y 饱和度

平均波长
mean wavelength
ZT3
S 波长*

平均波长稳定性
mean wavelength stability
TN2
S 稳定性*

平均场
mean field
O414
S 物理场*
F 相对论平均场

平均磁阱
Y 磁场位形

平均动摩擦力
Y 动摩擦力

平均动能
average kinetic energy
O313
S 动能
Z 能量

平均功率
Y 有功功率

平均光子分布
Y 光子数分布

平均光子数

average photon number
O572.31
S 光子数*

平均光子数分布
Y 光子数分布

平均剪切波速
equivalent shear wave velocity
TU41
S 剪切波速
Z 传播速度

平均晶粒度
mean grain size
O764
S 晶粒度
Z 晶体学参数
　颗粒特征

平均亮度
average brightness
O432.2
S 亮度*

平均流速
mean flow velocity
O351.2；P339
D 平均水流速度
S 流速*
C 平均流量 →(5)

平均密度
average density
TB933
S 密度*

平均摩擦系数
average friction coefficient
O313.5
S 摩擦系数
Z 系数

平均能量
average energy
O4-0
S 能量*

平均能流密度
average energy flow density
O469
S 能流密度
Z 能量密度

平均气流
Y 基本气流

平均球面照度
Y 平均照度

平均色散
mean dispersion
O436.3
D 中部色散
S 色散*

平均色散测量
medium dispersion measurement
TB96
S 色散测量
Z 光学测量

主　表　561

平均声子数
mean number of phonon
O73
  D 声子平均数
  S 晶体学参数*
  F 光学声子平均数

平均输出幅度增益
  Y 输出幅度增益

平均数*
average
O156.4；O212
  D 均值
    平均
    平均值
  F 雷诺平均
    随机平均
  C 平均运行长度 →(1)

平均水流速度
  Y 平均流速

平均速度
mean velocity
O311
  D 平均速率
  S 速度*
  F 时均速度

平均速率
  Y 平均速度

平均位移
average displacement
O311
  S 位移*
  C 双重 Fourier 变换 →(1)

平均温差
average temperature difference
O551.2；P412.11；P423
  D 平均温度差
  S 温差*
  F 对数平均温差

平均温度差
  Y 平均温差

平均应变
mean strain
O344.3
  S 应变*

平均应力
mean stress
O343.4
  S 应力*
  C 应力循环

平均原子模型
average atom model
O571.2
  S 原子模型
  Z 物理模型

平均照度
average illumination
O432
  D 均匀照度

  平均球面照度
  平均柱面照度
  S 照度*

平均值
  Y 平均数

平均柱面照度
  Y 平均照度

平均自由程
mean free path
O414
  D 辐射平均自由程
    扩散平均自由程
    散射平均自由程
    输运平均自由程
  S 自由程
  C 克奴曾数
    无量纲数
  Z 运动(物理)

平流输送
  Y 水平输送

平流输运
  Y 水平输送

平面*
plane pencil
O186
  F 反平面
    焦平面
    临界平面
    齐明面
    入射面
    物平面
    主平面
  C 数值模型 →(1)

平面波
  Y 平面电磁波

平面波法
  Y 平面波展开法

平面波赝势法
  Y 平面波赝势方法

平面波赝势方法
plane-wave pseudopotential method
O481.1
  D 平面波赝势法
    赝势平面波法
  S 赝势法
  Z 能带结构算法

平面波展开法
plane-wave expansion method
O739
  D 平面波法
  S 物理法*
  F 快速平面波展开法
  C 光子晶体

平面冲击波
planar shock wave
O347.5
  D 平面激波
  S 冲击波*

平面点阵
plane lattice
O712
  D 二维点阵
  S 点阵*

平面电磁波
plane electromagnetic wave
O441.4
  D 平面波
  S 电磁波*
  F 均匀平面波
    稳态平面波

平面度测量
  Y 平度测量

平面度测量仪器
  Y 平直度测量仪器

平面度误差
flatness error
TG8
  S 测量误差*
  C 最佳平方逼近 →(1)

平面二维流场
  Y 二维流场

平面反光镜
  Y 平面镜

平面反射镜
  Y 平面镜

平面格子
  Y 晶格面

平面光波
planar optical wave
O431.1
  S 光波
  Z 电磁波

平面光栅
plane grating
O437.4；P111.3
  S 衍射光栅
  Z 光栅

平面光栅单色仪
plane grating monochrometers
TH74
  S 光栅单色仪
  Z 单色仪

平面激波
  Y 平面冲击波

平面假设
  Y 平截面假定

平面剪切裂纹
in-plane shear crack
O346.12
  S 平面裂纹
  Z 裂纹

平面检测器
  Y 平面型探测器

平面近场声全息

planar near field acoustic holography
O4
 S 声全息术
 Z 全息术

平面晶体群
 Y 平面群

平面径向流
planar radial flow
O351.2
 D 二维径向流
  二元径向流
 S 径向流
 Z 流体流

平面镜
plane mirror
TH74
 D 平面反光镜
  平面反射镜
 S 光学元件*

平面空间群
 Y 平面群

平面力系
 Y 共面力系

平面梁单元
plane beam element
O342
 D 平面梁元
 S 单元*
 C 虚功原理

平面梁元
 Y 平面梁单元

平面裂纹
plane crack
O346.1
 S 裂纹*
 F 平面剪切裂纹

平面流
 Y 二维流动

平面流动
 Y 二维流动

平面六角晶系
 Y 六方晶系

平面内荷载
in-plane load
O347.1
 D 平面内载荷
 S 荷载*

平面内载荷
 Y 平面内荷载

平面偏振
 Y 线偏振

平面偏振光
 Y 线偏振光

平面平晶
plane optical flats
O754；O756
 D 光学平晶
 S 平晶
 Z 晶体学应用

平面平行流
 Y 平行流动

平面平行运动
plane-parallel motion
O311.2
 S 平面运动
 Z 运动

平面群
plane group
O76
 D 二维空间群
  晶体学平面群
  平面晶体群
  平面空间群
 S 晶体群*

平面射流
plane jet
O358
 D 二维射流
  环形射流
  环状射流
  水平射流
  循环流
  圆射流
  圆形射流
  圆状射流
  轴对称射流
 S 射流*
 C 大涡模拟
  二维流动
  临界射流速度
  气流噪声
  涡管
  吸气流动

平面弹性
plane elasticity
O343
 S 弹性
 C 平面弹性复变方法
 Z 力学性质

平面弹性复变方法
plane elastic complex variable method
O343
 S 复变方法
 C 平面弹性
 Z 力学方法

平面弹性问题
plane elasticity problem
O343
 S 弹性问题
 Z 力学问题

平面图象
 Y 二维图象

平面图像
 Y 二维图象

平面弯曲
plane bending
O344.1
 D 面内弯曲
  平面转弯
  弯折
 S 弯曲*
 C 弯矩

平面微透镜
plane micro-lenses
TH74
 S 微透镜
 Z 光学元件

平面位移
plane displacement
TU4
 S 位移*

平面温差
plane temperature difference
O551.2
 S 温差*
 F 截面温差

平面型探测器
planar type detector
TP216.1
 D 平面检测器
 S 探测器*

平面应变
plane strain
O344.3
 D 二维应变
  面应变
 S 应变*
 F 水平应变
 C 弹塑性分析
  平面应力
  破坏准则 →(5)
  屈服准则
  粘性阻尼
  中间主应力

平面应力
plane stress
O343.4
 D 二维应力
 S 应力*
 C 平面应变
  平面应力问题
  平面应力状态

平面应力问题
planar stress problem
O343.4
 S 弹性力学问题
 C 平面应力
 Z 力学问题

平面应力状态
plane stress state
O343.4
 S 应力状态
 C 平面应力
 Z 状态

平面运动
planar motion

O311.2
 D 二维运动
 S 平动
 F 刚体平面运动
  平面平行运动
 C 恢复力模型
  模糊模型 →(1)
 Z 运动

平面转弯
 Y 平面弯曲

平台罗经
 Y 陀螺仪

平台应力
plateau stress
O343.4
 D 峰应力
 S 应力*
 C 局部应力集中

平台运动
platform motion
O311；P736.1
 S 平动
 Z 运动

平坦色散
flattened dispersion
O436.3
 S 色散*
 F 超平坦色散

平凸透镜
plano-convex lens
TH74
 S 凸透镜
 Z 光学元件

平推流
 Y 活塞流

平稳点
 Y 临界点

平稳随机激励
stationary random excitation
O323
 D 稳定随机激励
 S 随机激励
 C 平稳随机振动
 Z 激励

平稳随机振动
stationary random vibration
O324
 D 稳定随机振动
 S 随机振动
 C 平稳随机激励
 Z 振动

平稳性分析
 Y 稳定性分析

平稳状态
 Y 稳定

平行板缝模型
parallel plate model
O357.3

 D 赫勒-萧氏模型
 S 渗流模型
 Z 力学模型

平行差
parallel error
O435.2
 S 误差*

平行度测量
parallelism measurement
TB92
 S 几何量测量*

平行光
 Y 平行光束

平行光管
collimator
TH74
 D 准直光管
 S 平直度测量仪器
 Z 测量仪器

平行光束
parallel beam
O435.2
 D 平行光
 S 光束*
 F 准直光束

平行光线
parallel rays
O435
 S 光线*

平行力
parallel force
O312
 S 力*
 F 力偶
 C 平行力系

平行力系
parallel force system
O312
 S 力系*
 C 平行力
  平行力系中心

平行力系中心
center of parallel force system
O312
 S 力心*
 C 平行力系

平行连晶
parallel intergrowth
O78
 S 连晶
 Z 晶体

平行连生
parallel grouping
O78
 S 规则连生
 Z 结晶现象

平行流
 Y 平行流动

平行流动
parallel flow
O351.2
 D 并发流
  并流
  并向流
  平面平行流
  平行流
  同流
  同向流
  同向流动
 S 流动*
 F 三维流动
 C 气液并流

平行平晶
parallel optical flat
O754
 S 平晶
 Z 晶体学应用

平行四边形定则
parallelogram rule
O312.1
 S 力学定律*
 C 力的合成
  平行四边形 →(1)

平行消光
parallel extinction
O734
 S 消光*

平行移动
parallel translation
O311；O313.3
 D 平移运动
 S 移动
 Z 运动

平行移动群
 Y 平移群

平行运动
 Y 平动

平行轴定理
parallel axis theorem
O313.3
 S 转动定理
 C 刚体动力学
 Z 力学定理

平移
 Y 水平位移

平移点阵
translation lattice
O712
 S 点阵*

平移对称
 Y 平移对称性

平移对称性
translational symmetry
O711
 D 平移对称
 S 晶体对称性
 Z 晶体性质

平移函数法
　Y 分子置换法

平移群
parallel translation group
O152；O18；O76
　D 平行移动群
　S 群(数学)*

平移误差
translation error
TH7
　S 位置误差
　Z 误差

平移运动
　Y 平行移动

平移自由度
　Y 平动自由度

平运动共振
mean motion resonance
O321；P137
　S 共振*
　C 平动

平直弹道
　Y 外弹道

平直度测量仪器
flatness and straightness measuring instrument
TH74
　D 表面平直度检查器
　　 平面度测量仪器
　S 光学测量仪器
　F 激光准直仪
　　 平行光管
　　 自准直仪
　Z 测量仪器

平直时空
flat spacetime
O412.1
　S 时空*
　C 欧氏空间 →(1)

屏蔽*
shielding
O441.4
　D 屏蔽效应
　　 屏蔽作用
　　 遮蔽
　F 等离子体屏蔽
　　 电磁屏蔽
　　 电荷屏蔽

屏蔽电极
guard electrode
TM91；TN103
　D 保护电极
　S 电极*

屏蔽势
screened potential
O56
　S 势*

屏蔽双线
　Y 莫塞莱定律

屏蔽系数
shielding factor
O46
　S 系数*

屏蔽效应
　Y 屏蔽

屏蔽作用
　Y 屏蔽

坡密朗丘克极点和轨迹
Pomeranchuk poles and trajectories
O412.3；O572.2
　D 坡密子
　S 轨迹*

坡密子
　Y 坡密朗丘克极点和轨迹

坡印廷矢量
　Y 坡印亭矢量

坡印亭矢量
Poynting vector
O441.1；P427.3
　D 坡印廷矢量
　S 大气物理量*
　　 向量*

迫迹
　Y 轨迹

珀尔帖效应
Peltier effect
O482.6
　D Peltier 效应
　　 帕尔帖效应
　　 帕耳帖效应
　　 佩尔捷效应
　　 珀耳帖效应
　S 热电效应
　Z 热效应

珀耳帖效应
　Y 珀尔帖效应

破波阻力
　Y 水流阻力

破断
　Y 断裂

破断机理
　Y 断裂机理

破断强度
　Y 断裂强度

破断韧性
　Y 断裂韧性

破断载荷
　Y 断裂载荷

破坏(力学)*
collapse
O346.5
　D 力学破坏
　F 脆性破坏
　　 断裂破坏
　　 剪切破坏
　　 界面破坏
　　 空泡破坏
　　 拉伸破坏
　　 破损
　　 塑性破坏
　　 弯曲破坏
　　 早期损坏
　　 总体破坏
　C 破损力学

破坏变形
failure deformation
O344.3
　S 变形*

破坏波
failure waves
O353.2
　S 波*

破坏分析
damage analysis
O346.5
　D 破坏性分析
　　 破损分析
　　 损坏分析
　　 损坏因素
　　 损伤分析
　S 力学分析*
　C 断裂力学
　　 可靠性
　　 密度函数 →(1)
　　 磨损
　　 疲劳寿命
　　 破坏宽度
　　 破坏效应

破坏机制
destruction mechanism
TU311
　S 机理*

破坏宽度
damage width
O346.5
　S 宽度*
　C 破坏分析

破坏强度
breaking strength
O346
　D 破碎强度
　　 破损强度
　S 力学强度*
　C 破坏应变

破坏区
　Y 损伤区

破坏容限
　Y 损伤容限

破坏时间
breakdown time
O346.5
　S 事件时间*
　C 破坏机理 →(3)
　　 破坏试验

破坏实验

主　表　565

　　Y 破坏试验
破坏试验
destructive testing
TB302
　　D 破坏实验
　　　　破坏性试验
　　　　破损检验
　　　　破损试验
　　S 力学性能试验
　　C 破坏时间
　　Z 科学实验

破坏效应
damage effect
O346.5
　　S 效应*
　　C 破坏分析

破坏性分析
　　Y 破坏分析

破坏性试验
　　Y 破坏试验

破坏应变
breaking strain
O344.3
　　D 失效应变
　　S 应变*
　　C 破坏强度

破甲效应
　　Y 聚能效应

破甲作用
　　Y 聚能效应

破裂
rupture
O346.1；P542.3
　　D 多重破裂
　　　　破裂过程
　　S 断裂*
　　F 层裂
　　　　剪切破裂
　　　　撕裂
　　　　涡破裂
　　　　延性破裂
　　C 裂纹
　　　　破裂判据
　　　　破碎
　　　　破损
　　　　应力路径

破裂不稳定性
disruptive instability
O346.1；O534
　　S 等离子体不稳定性
　　C 破裂特征
　　Z 力学稳定性

破裂过程
　　Y 破裂

破裂机理
　　Y 断裂机理

破裂机制
　　Y 断裂机理

破裂扩展
rupture propagation
O346.1；P315.2
　　S 扩展*

破裂力学
　　Y 断裂力学

破裂模式
　　Y 断裂模型

破裂耐力
　　Y 爆裂强度

破裂判据
rupture criterion
O346.1
　　S 准则*
　　C 断裂准则
　　　　破裂

破裂强度
　　Y 断裂强度

破裂特征
rupture feature
O346.1；P315.2
　　S 力学特征*
　　C 断裂模型
　　　　破裂不稳定性

破裂压力
fracture pressure
O31
　　D 开裂压力
　　　　压裂压力
　　S 压力*
　　C 压裂

破裂准则
　　Y 断裂准则

破碎*
fragmentation
O346.13
　　D 碎裂
　　F 多重碎裂
　　　　极限碎裂
　　　　压碎
　　　　液滴破碎
　　C 破裂

破碎强度
　　Y 破坏强度

破碎性
　　Y 易碎性

破碎应力
　　Y 压应力

破损
breakage
O346.5
　　D 损坏
　　S 破坏(力学)*
　　C 断裂
　　　　疲劳
　　　　破裂
　　　　损耗

破损分析
　　Y 破坏分析

破损检验
　　Y 破坏试验

破损力学
breakage mechanics
O346.5
　　S 损伤力学
　　C 破坏(力学)
　　Z 固体力学

破损强度
　　Y 破坏强度

破损试验
　　Y 破坏试验

剖分*
dissection
O157.5
　　F 自动剖分

剖面*
profile
ZT6
　　D 剖面形态
　　F 典型断面
　　　　速度剖面

剖面形态
　　Y 剖面

普克尔效应
Pockeles effect
O413.1
　　S 强场效应
　　Z 电场效应

普克耳斯效应
　　Y 泡克尔斯效应

普兰特模型
Prandtl model
O37
　　D 普兰特体
　　S 湍流模型
　　C 流变
　　Z 力学模型

普兰特数
　　Y 普朗特数

普兰特体
　　Y 普兰特模型

普兰托数
　　Y 普朗特数

普朗克
Max Planck
O4-09；O413
　　D 马克斯·卡尔·恩斯特·路德维希·普朗克
　　　　马克斯·普朗克
　　S 物理学家*

普朗克长度
　　Y 普朗克定律

普朗克常量
　　Y 普朗克常数

普朗克常数
Planck constant
O413.1
 D 普朗克常量
 S 基本物理常数
 C 普朗克定律
  普朗克公式
 Z 物理常数

普朗克定律
Planck's law
O43；P126；P422
 D 普朗克长度
  普朗克质量
 S 辐射定律
 C 普朗克常数
  普朗克公式
 Z 物理定律

普朗克方程
 Y 普朗克公式

普朗克方程式
 Y 普朗克公式

普朗克方程组
 Y 普朗克公式

普朗克方程组式
 Y 普朗克公式

普朗克辐射方程
 Y 普朗克公式

普朗克辐射方程式
 Y 普朗克公式

普朗克辐射方程组
 Y 普朗克公式

普朗克辐射方程组式
 Y 普朗克公式

普朗克辐射公式
 Y 普朗克公式

普朗克辐射计算法
 Y 普朗克公式

普朗克辐射计算方法
 Y 普朗克公式

普朗克辐射计算公式
 Y 普朗克公式

普朗克辐射计算式
 Y 普朗克公式

普朗克公式
Planck formula
O413
 D Planck 方程
  Planck 方程公式
  Planck 方程式
  Planck 方程组
  Planck 方程组式
  Planck 公式
  Planck 计算法
  Planck 计算方法
  Planck 计算公式
  Planck 计算式

  黑体辐射方程
  黑体辐射方程公式
  黑体辐射方程式
  黑体辐射方程组
  黑体辐射方程组式
  黑体辐射公式
  黑体辐射计算法
  黑体辐射计算方法
  黑体辐射计算公式
  黑体辐射计算式
  普朗克方程
  普朗克方程式
  普朗克方程组
  普朗克方程组式
  普朗克辐射方程
  普朗克辐射方程式
  普朗克辐射方程组
  普朗克辐射方程组式
  普朗克辐射公式
  普朗克辐射计算法
  普朗克辐射计算方法
  普朗克辐射计算公式
  普朗克辐射计算式
  普朗克黑体辐射方程
  普朗克黑体辐射方程式
  普朗克黑体辐射公式
  普朗克黑体辐射计算式
  普朗克计算法
  普朗克计算方法
  普朗克计算公式
  普朗克计算式
 S 物理方程*
 C 黑体辐射
  普朗克常数
  普朗克定律

普朗克黑体辐射方程
 Y 普朗克公式

普朗克黑体辐射方程式
 Y 普朗克公式

普朗克黑体辐射公式
 Y 普朗克公式

普朗克黑体辐射计算式
 Y 普朗克公式

普朗克计算法
 Y 普朗克公式

普朗克计算方法
 Y 普朗克公式

普朗克计算公式
 Y 普朗克公式

普朗克计算式
 Y 普朗克公式

普朗克质量
 Y 普朗克定律

普朗特混合长理论
 Y 混合长理论

普朗特-迈耶尔流
Prandtl-Meyer flow
O354
 D Prandtl-Meyer 流

 S 匀熵流
 Z 流体流

普朗特数
Prandtl number
O303；O41；P12
 D 普兰特数
  普兰托数
  普朗特数字
  普朗特准则
 S 无量纲数*
 C 边界层
  强迫对流
  热扩散率
  无粘流
  粘性流

普朗特数字
 Y 普朗特数

普朗特准则
 Y 普朗特数

普适方程
 Y 普适公式

普适方程公式
 Y 普适公式

普适方程式
 Y 普适公式

普适方程组
 Y 普适公式

普适方程组式
 Y 普适公式

普适公式
popularly adopted formula
O453
 D 普适方程
  普适方程公式
  普适方程式
  普适方程组
  普适方程组式
  普适计算法
  普适计算方法
  普适计算式
 S 物理方程*
 C 欧姆定律
  普适规律 →(1)

普适计算法
 Y 普适公式

普适计算方法
 Y 普适公式

普适计算式
 Y 普适公式

普适气体常量
universal gas constant
O552.3
 D 理想气体常数
  摩尔气体常数
  普适气体常数
  通用气体常数
 S 气体常数
 Z 物理常数

普适气体常数
　Y 普适气体常量

普适气体定律
　Y 理想气体方程

普适气体方程
　Y 理想气体方程

普适气体方程式
　Y 理想气体方程

普适气体公式
　Y 理想气体方程

普适气体计算法
　Y 理想气体方程

普适气体计算方法
　Y 理想气体方程

普适气体计算式
　Y 理想气体方程

普适弱作用理论
V-A theory
O572
　D V-A 理论
　　费米弱理论
　S 唯象理论
　Z 物理理论

普通化学
　Y 化学

普通流体力学
general fluid mechanics
O351
　S 流体力学*
　F 流体动力学
　　流体静力学

普通物理
　Y 普通物理学

普通物理学
general physics
O41
　D 普通物理
　S 物理学*

谱*
spectrum
O177；O433；O57；O65；P413
　D 谱分析
　　谱分析方法
　　谱型
　F 弛豫谱
　　冲击谱
　　弹塑性反应谱
　　导纳谱
　　多重分形谱
　　角谱
　　流谱
　　声谱
　　时间谱
　　时域谱
　　瞬态谱
　　隧道谱
　　希尔伯特谱
　　载荷谱

　　增益谱
　　折射率谱
　　振动谱
　　质量谱
　　转动谱
　C 磁圆振二向色性 →(3)
　　反射光谱
　　分光光度测量 →(3)(4)
　　分光计
　　光谱强度
　　光子回波
　　朗德 g 因子
　　谱线宽度
　　溶剂效应
　　色彩
　　受激发射
　　受激散射

谱参数
　Y 光谱参数

谱带
　Y 光谱带

谱带半宽度
　Y 通带

谱分辨率
　Y 光谱分辨率

谱分析
　Y 谱

谱分析方法
　Y 谱

谱辐照度
　Y 辐射照度

谱估计
spectral estimate
TN911
　S 估计(数学)*
　F 功率谱估计
　C 谱函数 →(1)
　　双重时序模型 →(1)

谱宽度
　Y 光谱宽度

谱密度*
spectral density
O45
　F 功率谱密度
　　互谱密度
　　能量谱密度
　　频谱密度

谱能分布
　Y 光谱能量分布

谱特征
　Y 谱学性质

谱线*
spectral line
O433.3；P162
　F 伴线
　　发射谱线
　　分子线
　　共振谱线

　　光谱线
　　鬼线
　　菊池线
　　特征谱线
　　吸收谱线
　　原子谱线
　　跃迁谱线
　C 拉曼光谱
　　谱线位移
　　斯托克斯散射

谱线宽度
spectral line width
O433.3
　S 光谱宽度
　F 核磁共振谱线宽度
　　激光线宽
　C 光谱强度
　　化学位移
　　谱
　　同位素位移
　　同质异能位移
　Z 光谱参数

谱线轮廓
　Y 谱线线型

谱线强度
spectral line intensity
O433.1
　S 光谱强度
　Z 光谱参数

谱线位移*
spectral line shift
O433；O571；P144.1
　D 接触位移
　　谱线移动
　F 同位素位移
　　同质异能位移
　C 多普勒效应
　　光谱强度
　　谱线
　　塞曼效应
　　斯塔克效应

谱线线型
spectral line shape
O433.3
　D 谱线轮廓
　　谱线形状
　S 线型*

谱线形状
　Y 谱线线型

谱线移动
　Y 谱线位移

谱相关
spectral correlation
TN911
　S 相关*

谱项
　Y 光谱项

谱型
　Y 谱

谱性质
　　Y 谱学性质

谱学表征
　　Y 谱学性质

谱学特性
　　Y 谱学性质

谱学特征
　　Y 谱学性质

谱学性质
spectroscopy property
O433；O581；O657
　　D 谱特征
　　　　谱性质
　　　　谱学表征
　　　　谱学特性
　　　　谱学特征
　　　　图谱特征
　　C 三元配合物 →(3)

谱仪*
spectrometer
TH84
　　F 加速器质谱计
　　　　晶体谱仪
　　　　穆斯堡尔谱仪
　　C 光谱仪 →(3)(4)

谱因子
spectroscopic factors
O433；O482.53
　　S 因子*
　　F 朗德 g 因子

谱有限元
　　Y 谱元法

谱有限元法
　　Y 谱元法

谱元法
spectral element methods
O175；O302
　　D 谱有限元
　　　　谱有限元法
　　　　谱元方法
　　S 数值分析*
　　C 极坐标 →(1)(4)
　　　　线性粘弹性
　　　　预条件 →(1)

谱元方法
　　Y 谱元法

谱载
　　Y 载荷谱

谱载荷
　　Y 载荷谱

镨基块体非晶
Pr based bulk amorphous alloy
O756
　　D Pr 基块体非晶
　　　　Pr 基块体非晶材料
　　　　Pr 基块状非晶
　　　　Pr 基块状非晶材料
　　　　镨基块体非晶材料

镨基块状非晶
　　镨基块状非晶材料
　　S 块状非晶
　　Z 非晶材料

镨基块体非晶材料
　　Y 镨基块体非晶

镨基块状非晶
　　Y 镨基块体非晶

镨基块状非晶材料
　　Y 镨基块体非晶

期
　　Y 时期

齐次各向同性湍流
　　Y 均匀各向同性湍流

齐次各向同性紊流
　　Y 均匀各向同性湍流

齐聚物
　　Y 低聚物

齐明面
aplanatic surface
TH74
　　D 等光程面
　　S 平面*
　　C 椭圆柱面 →(1)

齐纳击穿
Zener effect
O47
　　D 齐纳效应
　　　　隧道击穿
　　S 电击穿*

齐纳效应
　　Y 齐纳击穿

奇点光学
singular optics
O436
　　S 光学*

奇特态
exotic state
O572.2
　　S 状态*

奇性应力指数
singular stress index
O343.4
　　D 奇异应力指数
　　S 应力指数
　　C 线弹性断裂
　　　　应力
　　Z 指数

奇异边界
singular boundary
O41
　　S 边界*
　　C 奇异边值问题 →(1)

奇异初值问题
singular initial value problems
O175.8；O241.8；O302

　　S 数学问题*

奇异夸克
　　Y s 夸克

奇异夸克物质
strange quark matter
O572.2
　　S 核物质
　　Z 物质

奇异粒子
strange particles
O572.3
　　S 基本粒子
　　Z 粒子

奇异应力指数
　　Y 奇性应力指数

启动加速度
　　Y 起动加速度

启动压力梯度
threshold pressure gradient
O351.2
　　D 阈值压力梯度
　　S 压力梯度
　　C 不稳定渗流
　　　　压力变化
　　Z 梯度分布

启发式稳定分析
　　Y 稳定性分析

起电*
electrification
O441.1
　　F 静电起电
　　　　均匀带电
　　　　摩擦起电
　　C 放电

起动加速度
starting acceleration
O311
　　D 启动加速度
　　S 加速度*

起动涡
starting vortex
O351.2；O354
　　D 起始涡
　　S 涡旋*

起发时间
　　Y 加速时间

起伏运动
undulatory motion
O311
　　D 长周期运动
　　S 曲线运动
　　Z 运动

起裂
　　Y 裂纹形成

起裂荷载
initial cracking load
O347

S 荷载*
C 双K断裂模型

起裂角
crack initial angle
O346.1
　　S 角*
　　C 复合型断裂
　　　裂纹形成

起跑速度
　　Y 飞逸转速

起泡压力
　　Y 饱和压力

起偏角
　　Y 布儒斯特角

起偏镜
　　Y 偏振镜

起偏振镜
　　Y 偏振镜

起偏振棱镜
　　Y 偏光棱镜

起升速度
　　Y 垂直速度

起升速度曲线
lifting speed curve
O311
　　S 速度曲线
　　Z 曲线

起始扰动
　　Y 初始扰动

起始涡
　　Y 起动涡

气/液界面
　　Y 气液界面

气/液两相流
　　Y 气液两相流

气动补偿
　　Y 气动平衡

气动导数
aerodynamic derivatives
O354
　　D 空气动力导数
　　S 导数*
　　F 动导数
　　　静导数
　　C 气动力矩

气动蜂音
　　Y 气流噪声

气动干扰
　　Y 气动力干扰

气动光学效应
acr-optical effect
O439
　　S 光学效应*

气动力

aerodynamic force
O354
　　D 空气动力
　　S 流体力
　　F 升力
　　C 气动力干扰
　　　气动力计算
　　　气动力矩
　　　气动力系数
　　Z 力

气动力比例效应
　　Y 雷诺数效应

气动力参数
aerodynamic parameter
O354
　　D 空气动力参数
　　S 力学参数*
　　C 气动力系数
　　　气动特性

气动力干扰*
aerodynamic interference
O354
　　D 空气动力干扰
　　　气动干扰
　　F 弹体-弹翼干扰
　　　洞壁干扰
　　　滑流干扰
　　　激波干扰
　　　级间分离干扰
　　　喷流干扰
　　　烧蚀气动力干扰
　　　外挂物气动力干扰
　　　尾流干扰
　　　涡干扰
　　　液-液界面干扰
　　　粘性干扰
　　　支架干扰
　　C 干扰阻力
　　　气动力
　　　气体-气体相互作用
　　　扰动流
　　　扰动增长率

气动力计算
aerodynamic computations
O354
　　D 空气动力计算
　　S 流体力学计算
　　C 计算流体力学
　　　气动力
　　　气动特性
　　Z 力学计算

气动力焦点
　　Y 气动平衡

气动力矩
aerodynamic moment
O354
　　D 空气动力力矩
　　S 力矩*
　　F 俯仰力矩
　　　滚转力矩
　　　铰链力矩
　　　偏航力矩

C 气动导数
　　气动力

气动力试验
aerodynamic tests
O354
　　D 空气动力试验
　　S 力学实验
　　F 高速粒子侵蚀试验
　　　内流试验
　　C 气动模型
　　Z 科学实验

气动力试验模型
　　Y 气动模型

气动力弹性
　　Y 气动弹性

气动力特性
　　Y 气动特性

气动力天平
　　Y 风洞天平

气动力系数
aerodynamic coefficients
O354
　　D 空气动力系数
　　S 力系数
　　F 非定常气动系数
　　　升力系数
　　　升阻力系数
　　C 气动力
　　　气动力参数
　　　气动阻力
　　　升阻比
　　Z 系数

气动力效应
　　Y 气动效应

气动力学
　　Y 气体动力学

气动力载荷
　　Y 气动载荷

气动模型
aerodynamic model
O354
　　D 风洞模型
　　　空气动力模型
　　　空气动力试验模型
　　　空气动力学模型
　　　空气动力学图
　　　气动力试验模型
　　S 流体力学模型
　　F 半模型
　　　标准模型
　　　机翼模型
　　　自由飞模型
　　C 风洞模拟
　　　气动力试验
　　　气体动力学
　　Z 力学模型

气动扭转
aerodynamic twist
V212

气动平衡
aerodynamic balance
O354
- D 空气动力补偿
  - 空气动力平衡
  - 空气动力中心
  - 气动补偿
  - 气动力焦点
  - 气动中心
- S 力平衡*
  - 气动特性
- C 气动特性
  - 升阻比
  - 压力中心
- Z 动态特性

气动热力学
aerothermodynamics
O354
- D 空气热动力学
  - 空气热力学
- S 热力学*
- C 气动热弹性

气动热弹性
aerothermoelasticity
O354
- D 空气热弹性
  - 气体热弹性
  - 热气动弹性
- S 气动弹性
  - 热弹性
- C 气动弹性力学
  - 气动热力学
  - 热颤振
- Z 力学性质

气动热弹性力学
- Y 气动弹性力学

气动升力
aerodynamic lift
O354
- S 升力
- C 空气动力学
- Z 力

气动失速
aerodynamic stalling
V211
- S 失速*
- C 边界层分离
  - 空速
  - 失速特性

气动伺服弹性
pneumatic servo elastic
O354
- S 气动弹性
- C 气体动力学
- Z 力学性质

气动弹性
aeroelasticity
O354
- D 气动力弹性

- S 弹性
- F 非线性气动弹性
  - 静气动弹性
  - 气动热弹性
  - 气动伺服弹性
  - 伺服气动弹性
- C 壁板颤振
  - 超限插值 →(1)
  - 分离流
  - 高超声速
  - 气动弹性力学
  - 气动载荷
  - 翼载荷
- Z 力学性质

气动弹性动力学
- Y 气动弹性力学

气动弹性力学
aeroelastics
V211.47
- D 空气弹性力学
  - 气动弹性动力学
  - 气动弹性学
  - 气动热弹性力学
- S 弹性力学
- C 气动弹性
  - 气动热弹性
- Z 固体力学

气动弹性模量
- Y 弹性模量

气动弹性学
- Y 气动弹性力学

气动特性
aerodynamic characteristics
O354
- D 超音速特性
  - 弹丸气动特性
  - 高超音速特性
  - 静态气动特性
  - 空气动力特性
  - 空气动力学特性
  - 跨音速特性
  - 气动力特性
  - 尾翼弹气动力特性
  - 旋转弹气动力特性
  - 亚音速特性
- S 流体动力特性
- F 低速气动特性
  - 滚转特性
  - 气动平衡
  - 失速特性
- C 跨音速空气动力学
  - 跨音速流
  - 气动力参数
  - 气动力计算
  - 气动平衡
  - 气动稳定性
  - 气流噪声
  - 气体特性
  - 外流场
- Z 动态特性

气动稳定
aerodynamic stabilization
O354
- S 稳定*
- C 气动稳定性

气动稳定性
aerodynamic stability
O354
- D 空气动力稳定性
- S 运动稳定性
- C 动导数
  - 抖振
  - 两相爆轰
  - 气动特性
  - 气动稳定
- Z 力学稳定性

气动效应*
aerodynamic effect
O354
- D 空气动力效应
  - 气动力效应
- F 地面效应
  - 钝度效应
  - 缝隙效应
  - 后掠效应
  - 激波效应
  - 近水效应
  - 雷诺数效应
  - 前缘效应
  - 上反角效应
  - 压缩性效应
  - 迎角效应
  - 再入效应
  - 真实气体效应
  - 阻塞效应

气动载荷
aerodynamic loads
O354
- D 空气动力载荷
  - 气动力载荷
- S 动载荷
- C 后掠效应
  - 气动弹性
- Z 荷载

气动噪声
- Y 气流噪声

气动中心
- Y 气动平衡

气动阻力
aerodynamic drag
O354
- D 超音速阻力
  - 空气动力阻力
- S 流动阻力
- F 底阻
  - 升阻力
  - 压差阻力
  - 诱导阻力
- C 底部压力
  - 减阻
  - 气动力系数
  - 阻力系数
- Z 阻力

气粉两相流

主 表 571

gas-powder dual-phase flow
O359
  S 气固两相流
  Z 流体流

气固爆轰
  Y 两相爆轰

气固爆震
  Y 两相爆轰

气-固界面
gas-solid interface
O552.5
  D 气体-固体界面
  S 相界面*
  C 气固两相流

气固两相流
gas-solid two-phase flow
O359
  D 固气两相流
    气-固两相流动
    气固两相运动
    气固流
    气-固流
    气固流动
    气-固流动
    气粒两相流
    气粒两相流动
    气体-固体流动
  S 两相流
  F 稠密气固流动
    气粉两相流
  C 多流体模型
    流体-固体互作用
    气-固界面
    气体-固体混合物
    双相介质
  Z 流体流

气-固两相流动
  Y 气固两相流

气固两相射流
gas-solid two-phase jet
O358
  D 气-固两相射流
  S 两相射流
  Z 射流

气-固两相射流
  Y 气固两相射流

气固两相运动
  Y 气固两相流

气固流
  Y 气固两相流

气-固流
  Y 气固两相流

气固流动
  Y 气固两相流

气-固流动
  Y 气固两相流

气候反常
  Y 气候异常

气候曲线
  Y 气象曲线

气候异常*
climatic anomaly
P467
  D 气候反常
    异常气候
  F 环流异常
  C 气候变化 →(4)(5)
    气候特征 →(4)
    气候突变 →(4)
    印度洋偶极子
    灾害性天气 →(4)

气基流体
gaseous fluid
O354
  D 气体型流体
  S 流体*
  C 空气钻进 →(5)
    气体

气孔
  Y 气泡

气浪
  Y 热浪

气粒两相流
  Y 气固两相流

气粒两相流动
  Y 气固两相流

气流*
air flow
O354；P433
  D 补偿气流
    沉降流
    大气流
    大气气流
    过渡气流
    空气流
    空气流动
    空气运动
    气流（气象）
    气体流
    气体流动
    上曳气流
    舒适气流
    台风引导气流
    污染气流
    旋衡气流
  F 超音速气流
    非平衡流
    风沙两相流
    过渡流
    基本气流
    进气道气流
    连续流
    喷管气流
    平衡流
    热浪
    稀薄气流
    下沉气流
    蒸汽流动
    自由分子流
  C Knudsen 数

    大气运动
    空气
    平流 →(4)
    气流流场
    气流密度
    气体射流

气流（气象）
  Y 气流

气流动力学
  Y 气体动力学

气流分离
  Y 分离流

气流攻角
  Y 气流迎角

气流激振力
air-exciting-vibration force
O354
  D 气流诱导力
  S 流体激振力
    气流力
  C 非线性动力学
    激振
  Z 力

气流力
flow force
O354
  S 流体力
  F 气流激振力
  Z 力

气流流场
gas flow field
O354
  S 流场*
  F 风流流场
    瓦斯流场
  C 气流

气流密度
flow fields density
O354
  S 流量密度
  C 气流
  Z 密度

气流入射角
  Y 气流迎角

气流速度
gas velocity
O354；P432；P46
  D 气体流速
    室内气流速度
  S 流体速度
  F 空气流速
  Z 流速

气流压力
  Y 气体压力

气流迎角
air flow incidence angle
O354
  D 气流攻角

气流入射角
　　S　迎角
　　C　迎角效应
　　Z　角

气流诱导力
　　Y　气流激振力

气流噪声
aerodynamic noise
O354；O422.8
　　D　空气动力学噪声
　　　　空气动力噪声
　　　　空气噪声
　　　　喷注噪声
　　　　气动蜂音
　　　　气动噪声
　　　　热喷射噪声
　　S　流噪声
　　F　风噪声
　　C　非定常流场
　　　　平面射流
　　　　气动特性
　　　　射流噪声
　　　　湍流噪声
　　Z　噪声

气泡*
bubble
O351；O354
　　D　气孔
　　　　气泡点
　　　　气泡形状
　　F　Taylor 气泡
　　　　爆炸气泡
　　　　单个气泡
　　　　弹状气泡
　　　　空化泡
　　　　纳米气泡
　　　　氢气泡
　　　　燃气泡
　　　　上升气泡
　　　　水中气泡
　　　　尾流气泡
　　　　悬浮气泡
　　C　空化
　　　　流动显示
　　　　泡沫　→(3)
　　　　气泡群
　　　　气泡尾流
　　　　气体
　　　　上升速度
　　　　压力脉动

气泡成核
bubble nucleation
O552.3
　　S　成核*
　　C　剪切流场

气泡点
　　Y　气泡

气泡动力学
bubble dynamics
O354；O359
　　D　汽泡动力学
　　S　流体动力学

　　C　气泡能
　　　　气泡运动
　　Z　流体力学

气泡流
　　Y　泡状流

气泡脉动
bubble pulsation
O354
　　S　脉动*
　　C　气泡运动

气泡能
bubble energy
O354
　　D　气泡能量
　　S　能量*
　　C　气泡动力学

气泡能量
　　Y　气泡能

气泡群
bubble population
O354
　　S　群(数学)*
　　C　气泡

气泡射流
bubbly jets
O358
　　S　射流*
　　C　两相流
　　　　气泡运动
　　　　湍流模型

气泡尾流
bubble wake
O351.3
　　S　尾流
　　F　舰船气泡尾流
　　C　气泡
　　Z　流体流

气泡形状
　　Y　气泡

气泡运动
bubble motion
O354
　　S　运动*
　　C　气泡动力学
　　　　气泡脉动
　　　　气泡射流

气溶胶粒子谱分布
　　Y　粒子谱分布

气溶胶粒子谱分布反演
　　Y　粒子谱分布

气溶胶粒子谱分布计算
　　Y　粒子谱分布

气蚀
　　Y　空化

气蚀流
　　Y　空泡流

气蚀破坏
　　Y　空泡破坏

气蚀损坏
　　Y　空泡破坏

气蚀系数
　　Y　空化数

气蚀现象
　　Y　空化

气水二相流
　　Y　气液两相流

气水接触面
　　Y　气水界面

气水界面
gas-water interface
O359
　　D　气水接触面
　　　　水气界面
　　S　混合界面
　　C　气溶胶　→(3)(4)
　　Z　界面

气水两相流
　　Y　气液两相流

气-水两相流
　　Y　气液两相流

气水两相流动
　　Y　气液两相流

气水毛细管压力
　　Y　毛管压力

气态
gaseous state
O552.3
　　S　物态*
　　C　气态物质　→(3)
　　　　气体

气态配合物
　　Y　配合物

气体*
gas
O354；O552.6；P4
　　F　饱和气体
　　　　电离气体
　　　　多组分气体
　　　　非理想气体
　　　　高温气体
　　　　高压气体
　　　　光子气体
　　　　理想气体
　　　　稀薄气体
　　　　压缩气体
　　　　原子气体
　　　　蒸汽
　　C　空气
　　　　气基流体
　　　　气泡
　　　　气态
　　　　气体射流
　　　　液化气

主 表 573

气体爆轰
gas detonation
O381
  D 气体爆震
      气相爆轰
  S 爆轰*
  C 爆轰波
      气体爆炸

气体爆炸
gas explosion
O38；O643.22
  D 分支链锁爆炸
  S 爆炸*
  C 爆轰波
      气体爆轰

气体爆震
  Y 气体爆轰

气体比热
specific heat of gases
O551.1
  D 空气比热容比
  S 比热
  Z 热量

气体比重
  Y 气体密度

气体-表面互作用
gas-surface interaction
O354
  S 多相介质相互作用
  Z 力学作用

气体常量
  Y 气体常数

气体常数
gas constant
O552.3
  D 气体常量
  S 热力学常数
  F 阿伏伽德罗常数
      普适气体常量
  C 气体流量
      气体密度
      气体温度
      气体压强
      气体粘度
  Z 物理常数

气体传输
gas transfer
O354
  S 物质迁移*

气体导电率
  Y 气体电导率

气体等离子体
gas plasma
O53
  S 等离子体*
  F 氮等离子体
      氦等离子体
      空气等离子体
      氢等离子体
      氩等离子体
      氧等离子体

气体电导率
electrical conductivity of gases
O441.1
  D 气体导电率
  S 电导率
  Z 物理参数

气体电离
gas ionization
O461
  S 电离*
  F 大气电离
  C 潘宁效应

气体定律
  Y 理想气体方程

气体动理论
  Y 气体分子运动论

气体动理学理论
  Y 气体分子运动论

气体动力学
gas dynamics
O354
  D 气动力学
      气流动力学
      宇宙气体动力学
  S 流体动力学
      气体力学
  F 稀薄气体动力学
  C 气动模型
      气动伺服弹性
  Z 流体力学

气体发光
gas luminescence
O432.11
  S 发光*

气体放电
gas discharge
O461
  S 放电*
  F 低气压放电
      电离放电
      高频放电
      高压放电
      空气放电
      潘宁放电
      真空放电
      自持放电

气体放电等离子
  Y 放电等离子体

气体放电等离子体
  Y 放电等离子体

气体分子
gas molecules
O552.3
  S 分子*

气体分子速率分布律
  Y 麦克斯韦速度分布律

气体分子运动论
kinetic theory of gases
O552.3
  D 气体动理论
      气体动理学理论
  S 分子运动论
  F 输运理论
  C 布朗运动
      范德华力
      气体状态方程
      压强公式
      逸度
  Z 物理理论

气体-固体爆轰
  Y 两相爆轰

气体-固体互作用
  Y 流体-固体互作用

气体-固体混合物
gas-solid mixtures
O369；O642.5
  S 两相混合物
  C 气固两相流
  Z 混合物

气体-固体界面
  Y 气-固界面

气体-固体流动
  Y 气固两相流

气体-固体相互作用
  Y 流体-固体互作用

气体光致电离
  Y 光电离

气体还原
  Y 气相还原

气体-金属互作用
  Y 流体-固体互作用

气体-金属相互作用
  Y 流体-固体互作用

气体扩散
gaseous diffusion
O552.3
  D 气体中扩散
  S 扩散*
  F 气体中自扩散
  C 扩散系数

气体扩散分离
  Y 同位素分离

气体扩散分离法
  Y 同位素分离

气体力学
gasdynamics
O354
  S 流体力学*
  F 气体动力学

气体流
  Y 气流

气体流动
  Y 气流

气体流量
gas flow
O354
- S 流量*
- F 氮气流量
  - 氢气流量
  - 通气流量
- C 流量测量 →(4)(5)
  - 气体常数

气体流速
- Y 气流速度

气体密度
gas density
O354
- D 气体比重
- S 物质密度
- C 大气密度 →(4)
  - 气体常数
- Z 物理参数

气体粘度
gas viscosity
O354
- S 流体粘度
- C 气体常数
- Z 粘度

气体膨胀
gas expansion
O552.3
- S 膨胀*
- C 气体温度
  - 气体压力

气体-气体互作用
- Y 气体-气体相互作用

气体-气体相互作用
gas-gas interaction
O354
- D 气体-气体互作用
- S 多相介质相互作用
- C 气动力干扰
- Z 力学作用

气体热弹性
- Y 气动热弹性

气体射流
gas jet
O358
- D 空气射流
  - 喷射气流
  - 水下气体射流
  - 稀薄气体射流
- S 射流*
- C 气流
  - 气体

气体渗流
gas percolation
O357.3
- S 渗流
- Z 流体流

气体特性
gas characteristic
O354
- S 流体性质
- C 气动特性
- Z 特性

气体温度
gas temperature
O552.3；P423
- S 温度*
- C 气体常数
  - 气体膨胀
  - 气温 →(4)

气体型流体
- Y 气基流体

气体循环
gas circulation
O55；O61
- S 循环*

气体压力
gas pressure
O354；P424
- D 激波压力
  - 气流压力
  - 气压
  - 气压值
  - 气压最低值
  - 气压最高值
- S 流体压力
- F 沉积气压
  - 抽力
  - 溅射气压
  - 推力室压力
  - 蒸汽压力
- C 反气旋 →(4)
  - 空气
  - 气体膨胀
- Z 压力

气体压强
gas pressure
O354
- S 流体静压强
- C 气体常数
- Z 压强

气体压缩系数
gas compressibility factor
TH4
- S 压缩系数
- C 气压系数
- Z 系数

气体液化
- Y 液化

气体-液体-固体多相流
- Y 气液固多相流

气体-液体互作用
- Y 气体-液体相互作用

气体-液体混合物
gas-liquid mixture
O359；O642.5
- D 气-液混合物
  - 液气混合物
- S 两相混合物
- C 气液两相流
  - 涡街
- Z 混合物

气体-液体界面
- Y 气液界面

气体-液体流动
- Y 气液两相流

气体-液体相互作用
gas-liquid interaction
O359；O369；P426
- D 空气-水相互作用
  - 气体-液体互作用
- S 多相介质相互作用
- C 气液固多相流
  - 气液界面
  - 气液两相湍流
  - 气液逆流
- Z 力学作用

气体中扩散
- Y 气体扩散

气体中自扩散
self-diffusion in gases
O552.3
- S 气体扩散
  - 自扩散
- Z 扩散

气体状态方程
gas state equation
O354；P433
- S 力学方程*
- F 范氏气态方程
- C 气体分子运动论

气温参数
- Y 温度参数

气隙磁密
air gap flux density
TM351
- S 磁感应强度
- Z 磁参数

气相爆轰
- Y 气体爆轰

气相爆轰波
gaseous detonation wave
O382
- D 气相爆震波
- S 爆轰波
- C 爆轰
- Z 冲击波

气相爆震波
- Y 气相爆轰波

气相分子吸收光谱法
gas-phase molecular absorption spectrum method
O433.4；O657.3
- S 吸收光谱分析
- Z 光谱分析

气相还原
vapour phase reduction
O621.254.2；O78

主　表　575

　　D 气体还原
　　S 还原*
　　C 气固反应 →(3)

气相扩散法
vapor diffusion method
O78

气相流场
gas flow field
O354
　　S 流场*
　　C 气相 →(3)

气相生长
vapor phase growth
O781
　　D 晶体汽相生长
　　　 汽相生长
　　S 晶体生长*
　　F 汽相外延生长
　　　 升华法生长
　　C 气相生长法

气相生长法
vapor growth method
O782
　　D 汽相生长法
　　S 晶体生长方法*
　　F 升华法
　　　 物理气相传输法
　　C 气相生长

气相输运
　　Y 化学气相传输

气相外延
vapour phase epitaxy
O782
　　D 汽相外延
　　S 外延*
　　F 化学束外延
　　　 金属有机物气相外延

气相外延生长
　　Y 汽相外延生长

气象参数*
meteorological parameters
P42
　　D 气象指标
　　　 气象指数
　　F 玻尔兹曼常数
　　　 环流指数
　　　 气压系数
　　　 消光系数
　　　 折光差
　　　 折光率
　　　 折射指数
　　C 降水指数 →(4)(5)
　　　 气候参数 →(3)(4)(5)
　　　 气象考察 →(4)
　　　 温度参数

气象场*
meteorological field
P401；P42；P433；P44
　　D 气象要素场
　　F 垂直速度场

　　　 随机温度场
　　C 瞬变涡动 →(4)

气象技术*
meteorological technology
P49
　　F 环流分析
　　C 气象观测 →(4)(5)

气象科学试验
　　Y 气象试验

气象模式
　　Y 气象模型

气象模型*
meteorological model
P413
　　D 气象模式
　　　 气象数学模型
　　F 环状模型
　　C 气象模拟 →(4)
　　　 湍流模型

气象能见度
　　Y 能见度

气象能见距离
　　Y 能见度

气象曲线*
meteorological curve
P413；P456；P468
　　D 气候曲线
　　　 天气曲线
　　F 散射曲线

气象实验
　　Y 气象试验

气象试验*
meteorological experiments
P437
　　D 气象科学试验
　　　 气象实验
　　F 温度试验

气象数学模型
　　Y 气象模型

气象现象
　　Y 大气现象

气象要素场
　　Y 气象场

气象因子*
meteorological factor
P42
　　D 订正因子
　　　 干燥因子
　　F 双向反射比因子
　　C 潮汐因子 →(4)
　　　 尺度因子 →(4)
　　　 风寒指数 →(4)
　　　 干燥地貌 →(4)
　　　 气象要素 →(4)
　　　 散射因子 →(4)
　　　 吸收因子
　　　 消光因子 →(4)
　　　 预报因子 →(4)(5)

气象噪声
　　Y 大气噪声

气象噪音
　　Y 大气噪声

气象指标
　　Y 气象参数

气象指数
　　Y 气象参数

气穴
　　Y 空化

气穴流
　　Y 空泡流

气穴流动
　　Y 空泡流

气穴泡
　　Y 空化

气穴现象
　　Y 空化

气压
　　Y 气体压力

气压变量
　　Y 气压系数

气压堆
　　Y 大气结构

气压平衡
barometric equilibrium
O354；O642
　　S 平衡*
　　C 沸点

气压梯度力
air pressure gradient force
O354；P424
　　D 垂直气压梯度力
　　　 水平气压梯度力
　　S 梯度力
　　C 气压梯度 →(4)
　　Z 力

气压系数
barometric coefficient
O552；P401
　　D 气压变量
　　S 气象参数*
　　C 大气压
　　　 气体压缩系数
　　　 气压场 →(4)
　　　 气压势 →(4)
　　　 气压特性 →(4)

气压修正
　　Y 压力校正

气压值
　　Y 气体压力

气压最低值
　　Y 气体压力

气压最高值
　　Y 气体压力

气液爆轰
gas-liquid detonation
O381
　　S 两相爆轰
　　C 两相流
　　　 气液两相流
　　Z 爆轰

气液并流
gas-liquid co-current
O359
　　D 气液并流吸收
　　S 气液两相流
　　C 平行流动
　　Z 流体流

气液并流吸收
　　Y 气液并流

气液二相流
　　Y 气液两相流

气液反流
　　Y 气液逆流

气液固多相流
gas-liquid-solid multiphase flow
O359
　　D 气体-液体-固体多相流
　　S 多相流
　　C 流体-固体互作用
　　　 气体-液体相互作用
　　Z 流体流

气-液-固法生长
　　Y 气-液-固生长

气液固三相流
gas-liquid-solid three-phase flow
O359
　　S 三相流
　　Z 流体流

气-液-固生长
vapor-liquid-solid growth
O782
　　D 气-液-固法生长
　　　 汽-液-固生长
　　S 晶体生长*

气-液混合物
　　Y 气体-液体混合物

气液界面
gas-liquid interface
O359
　　D 气/液界面
　　　 气体-液体界面
　　　 气-液界面
　　　 液-汽界面
　　　 液体-蒸汽界面
　　S 流体界面*
　　F 空气-水界面
　　C 气体-液体相互作用
　　　 气液两相流

气-液界面
　　Y 气液界面

气液两相流
gas-liquid two-phase flow
O359
　　D 带波流动
　　　 带泡流动
　　　 气/液两相流
　　　 气水二相流
　　　 气水两相流
　　　 气-水两相流
　　　 气水两相流动
　　　 气体-液体流动
　　　 气液二相流
　　　 气-液两相流
　　　 气液两相流动
　　　 气-液流
　　　 气液流动
　　　 水气二相流
　　　 水-气二相流
　　　 水气两相流
　　　 雾化流动
　　　 液-气流
　　　 液体-蒸气流
　　　 蒸汽-液体流动
　　S 两相流
　　F 空气-水两相流
　　　 气液并流
　　　 气液两相湍流
　　　 气液逆流
　　　 油气两相流
　　C 单个气泡
　　　 电导探针
　　　 气体-液体混合物
　　　 气液爆轰
　　　 气液界面
　　　 汽液平衡　→(3)
　　　 质点大小分布
　　Z 流体流

气-液两相流
　　Y 气液两相流

气液两相流动
　　Y 气液两相流

气液两相流体
gas-liquid two-phase fluid
O359
　　S 两相流体
　　Z 流体

气液两相湍流
bubble-liquid two-phase turbulence
O357.5
　　S 两相湍流
　　　 气液两相流
　　C 气体-液体相互作用
　　Z 流体流

气-液流
　　Y 气液两相流

气液流动
　　Y 气液两相流

气液逆流
gas-liquid countercurrent flow
O359
　　D 气液反流
　　S 气液两相流
　　C 气体-液体相互作用

　　Z 流体流

气液相变
　　Y 液化

气油二相流
　　Y 油气两相流

气油两相流
　　Y 油气两相流

气柱共振
air column resonance
TH4
　　S 共振*

气阻效应
　　Y 贾敏效应

汽车流场
automotive flow field
U461.1
　　S 流场*
　　F 车轮外流场
　　　 车身外流场
　　　 汽车外流场

汽车外流场
vehicle outflow field
U461.1
　　S 汽车流场
　　　 外流场
　　Z 流场

汽固转变
　　Y 凝华

汽化
vaporization
O552.6
　　D 液-汽转变
　　S 物态变化*
　　F 挥发
　　C 沸腾
　　　 汽化热
　　　 汽液平衡　→(3)
　　　 蒸发
　　　 蒸汽压力

汽化潜热
　　Y 汽化热

汽化热
vaporization heat
O362；O642.1
　　D 汽化潜热
　　　 液体汽化热
　　　 蒸发潜热
　　　 蒸发热
　　S 化学性质*
　　C 德拜模型
　　　 沸点
　　　 汽化
　　　 升华热
　　　 蒸馏分离　→(3)

汽化压力
　　Y 蒸汽压力

汽泡动力学
　　Y 气泡动力学

汽蚀
　　Y 空化

汽蚀破坏
　　Y 空泡破坏

汽蚀损伤
　　Y 空泡破坏

汽蚀系数
　　Y 空化数

汽相生长
　　Y 气相生长

汽相生长法
　　Y 气相生长法

汽相外延
　　Y 气相外延

汽相外延生长
vapour phase epitaxial growth
O782
　　D CVD 外延生长
　　　 VPE 生长
　　　 化学束外延生长
　　　 气相外延生长
　　S 气相生长
　　　 外延生长
　　Z 晶体生长
　　　 晶体生长方法

汽压
　　Y 蒸汽压力

汽-液-固生长
　　Y 气-液-固生长

契连柯夫辐射
　　Y 切伦科夫辐射

契连柯夫效应
　　Y 切伦科夫辐射

契伦科夫辐射
　　Y 切伦科夫辐射

恰克拉斯基法晶体生长
　　Y 引上法晶体生长

迁移
migration
O311
　　S 移动
　　F 应力迁移
　　C 迁移速度
　　Z 运动

迁移电流
migration current
O441.1；O657.1
　　S 电流*

迁移粒子
　　Y 自由粒子

迁移率*
mobility
O441.1
　　F 场效应迁移率
　　　 反型层迁移率
　　　 负微分迁移率
　　　 沟道迁移率
　　　 载流子迁移率
　　C 场强
　　　 电场测量
　　　 霍尔效应
　　　 迁移性 →(4)
　　　 载流子

迁移速度
migration rate
O311；O646
　　D 迁移速率
　　　 徙动速度
　　　 运移速度
　　　 运移速率
　　S 移速
　　C 迁移
　　Z 运动速度

迁移速率
　　Y 迁移速度

牵连惯性力
convected inertial force
O31
　　S 惯性力
　　C 加速度
　　Z 力

牵连加速度
　　Y 加速度

牵连速度
convected velocity
O311
　　S 运动速度*

牵连运动
convected motion
O311
　　S 运动*
　　C 动系

牵伸变形
　　Y 拉伸变形

牵伸波
drafting wave
O347.4
　　S 应力波*

牵引动力
　　Y 驱动力

牵引力
　　Y 驱动力

牵引运动
tractive motion
O311
　　S 运动*
　　C 拉伸

铅直运动
　　Y 垂直运动

前池流态
flow pattern in fore-bay
O351.2
　　S 流态*

C 流谱

前馈解耦
feedforward decoupling
TM92
　　D 反馈解耦
　　S 解耦*

前期固结压力
　　Y 先期固结压力

前屈曲
pre-buckling
O344.7
　　S 屈曲*
　　C 线弹性

前体
forebody
O354
　　S 物体*

前体阻力
　　Y 流动阻力

前线轨道能隙
　　Y HOMO-LUMO 能隙

前向散射
forward scattering
O451
　　D 前向散射传播
　　　 向前散射
　　　 正向散射
　　S 电磁波散射*
　　C 前向散射能见度仪 →(4)

前向散射传播
　　Y 前向散射

前缘涡
leading edge vortex
O354
　　S 涡旋*
　　C Stokes 流
　　　 涡流

前缘效应
leading edge effect
V211
　　S 气动效应*

钱币状裂纹
penny-shape crack
O346.1
　　D 币状裂纹
　　S 裂纹*

潜径迹
latent tracks
O571
　　S 粒子轨迹
　　Z 轨迹

潜热型功能热流体
latent functionally thermal fluid
TK12
　　S 热流体
　　Z 流体

潜水渗流

Y 地下水渗流力学

潜水压力
　　Y 水压

潜艇望远镜
　　Y 潜望镜

潜望镜
periscope
TH743
　　D 光纤潜望镜
　　　 潜艇望远镜
　　S 望远镜*

潜在不稳定
latent instability
O317；P433
　　S 稳定*
　　C 潜在滑坡 →(5)
　　　 准饱和 →(3)

浅低压
　　Y 低气压

浅海长波
　　Y 浅水波

浅海声场
shallow sound field
O422.2；P733.2
　　S 海洋声场
　　Z 声场

浅海声道
shallow sea sound channel
O421；P733.2
　　S 海洋声道
　　C 浅海传播 →(4)
　　Z 水层

浅孔测温
shallow well thermometry
O551.2
　　S 温度测量*

浅水波
shallow water wave
O353；P731.22
　　D 极浅水波
　　　 浅海长波
　　　 浅水波浪
　　　 浅水长波
　　　 浅水非线性波
　　S 水表面波
　　C 波动
　　Z 水波

浅水波浪
　　Y 浅水波

浅水长波
　　Y 浅水波

浅水非线性波
　　Y 浅水波

浅水阻力
　　Y 水流阻力

欠采样

down sampling
TN911；TN919
　　D 欠采样技术
　　　 下采样
　　S 采样*

欠采样技术
　　Y 欠采样

欠阻尼
underdamping
O328
　　D 弱阻尼
　　S 阻尼*

嵌入原子模型
embedded-atom model
O571.2
　　S 原子模型
　　Z 物理模型

嵌入原子势
embedded-atom potential
O562.4
　　D EAM 势
　　S 原子间相互作用势
　　Z 相互作用势

嵌镶晶体
　　Y 镶嵌晶体

枪口波
　　Y 炮口冲击波

枪口冲击波
　　Y 炮口冲击波

枪内弹道
　　Y 内弹道

枪炮外弹道学
　　Y 外弹道学

腔场
cavity field
O413.3
　　S 物理场*
　　F 单模腔场
　　　 双模腔场

腔量子电动力学
cavity quantum electrodynamics
O413.2
　　S 量子电动力学
　　Z 物理学

腔面膜
cavity face film
TB43
　　S 薄膜*

腔内倍频
intracavity frequency doubling
O439
　　S 光学倍频
　　Z 光学变换

腔衰荡光谱
　　Y 光腔衰荡光谱

腔衰荡光谱技术

Y 光腔衰荡光谱

腔外倍频
extracavity frequency doubling
O439
　　S 光学倍频
　　Z 光学变换

腔增强吸收光谱
cavity enhanced absorption spectroscopy
O433.51
　　S 吸收光谱*

强暴震
　　Y 强爆轰

强爆轰
strong detonation
O381
　　D 强暴震
　　S 爆轰*

强场
strong field
O412.3
　　D 强度场
　　S 物理场*

强场物理
strong field physics
O412
　　S 激光物理学
　　Z 物理学

强场效应
high field effects
O469
　　S 电场效应*
　　F 耿氏效应
　　　 普克尔效应
　　　 有限空间电荷积累

强冲击
strong shock
O347
　　S 冲击*

强冲击波
strong blast wave
O347.5；O38
　　S 冲击波*
　　C 爆炸

强磁
　　Y 强磁性

强磁场
hig-intensity magnetic field
O441.4
　　S 磁场*
　　F 超强磁场
　　C 强磁性

强磁性
strong magnetic
O482.52
　　D 强磁
　　S 磁性*
　　C 强磁场

强等效原理

strong equivalence principle
O412.1
　S　等效原理
　Z　物理理论

强电场电离放电
strong ionized discharge
O461.2
　S　强电离放电
　Z　放电

强电磁脉冲
powerful electromagnetic pulse
O441.4
　S　电磁脉冲*

强电离放电
strong electric discharge
O461.2
　S　电离放电
　F　强电场电离放电
　Z　放电

强度（冲击）
　Y　冲击强度

强度（断裂）
　Y　断裂强度

强度（极限）
　Y　极限强度

强度（力学）
　Y　力学强度

强度（屈服）
　Y　屈服强度

强度（压缩）
　Y　抗压强度

强度变化
strength change
O346
　S　物理变化*
　F　强度波动
　　　强度降低
　C　强度测量

强度波动
strength fluctuation
O346
　D　强度起伏
　　　强度涨落
　S　强度变化
　C　强度性质
　Z　物理变化

强度测量
intensity measurement
TB462.1
　S　测量*
　C　强度变化

强度场
　Y　强场

强度恶化
　Y　强度降低

强度分布

intensity distribution
O346
　S　力学分布*
　C　强度统计

强度分析
strength analysis
O346
　S　力学分析*
　F　极限强度分析
　　　结构强度分析
　　　疲劳强度分析
　　　有限元强度分析
　C　模态分析
　　　统一强度准则

强度干涉测量
　Y　干涉测量

强度关联成像
intensity correlated imaging
TN20
　S　关联成像
　Z　成像

强度函数
intensity function
O346
　S　函数*
　C　强度计算
　　　强度曲线
　　　振子强度

强度极限
　Y　极限强度

强度计算
strength calculation
O346
　D　机械强度计算
　　　静强度计算
　　　热强度计算
　S　力学计算*
　C　强度函数
　　　强度矩阵
　　　强度理论
　　　强度统计
　　　强度折减法

强度降低
strength reduction
O346
　D　强度恶化
　　　强度衰退
　S　强度变化
　C　强度失效
　　　强度衰减模型
　Z　物理变化

强度矩阵
intensity matrix
O346；O431
　S　矩阵*
　C　强度计算

强度理论
strength theory
O346
　D　第二强度理论
　　　第一强度理论
　　　拉梅-那维埃强度理论
　　　最大伸长理论
　　　最大正应力理论
　S　力学理论*
　F　断裂理论
　　　莫尔强度理论
　　　疲劳理论
　　　双剪理论
　　　损伤理论
　　　统一强度理论
　　　岩石强度理论
　　　最大变形能理论
　　　最大剪应力理论
　C　极限强度
　　　强度计算
　　　强度模型
　　　强度相关
　　　全面屈服断裂力学
　　　许用应力

强度模型
intensity model
O346
　S　力学模型*
　F　断裂模型
　　　连续损伤模型
　　　疲劳损伤模型
　　　强度衰减模型
　　　应变模型
　　　应力-强度模型
　C　强度理论

强度平衡
strength balance
O571.3
　S　平衡*

强度起伏
　Y　强度波动

强度曲线
intensity curve
O346
　S　曲线*
　C　强度函数

强度失效
strength failure
O346
　S　失效*
　C　强度降低
　　　失效分析　→(1)

强度试验
strength test
O346.4
　S　力学性能试验
　F　断裂试验
　　　静力试验
　　　磨损试验
　　　扭转试验
　　　劈裂试验
　　　疲劳试验
　　　切口试验
　　　弯曲实验
　C　撕裂
　　　压碎

Z 科学实验

强度衰减模型
strength attenuation model
O346
S 强度模型
C 强度降低
Z 力学模型

强度衰退
Y 强度降低

强度条件
strength condition
O346
S 力学条件*
C 局部应力
　内摩擦力

强度统计
intensity statistics
O346
S 统计*
C 强度分布
　强度计算

强度退化
Y 强度折减法

强度相关
intensity correlation
O346
S 相关*
F 强度自相关
C 强度理论

强度削弱
Y 强度折减法

强度消减
Y 强度折减法

强度性质
strength property
O346
S 力学性质*
F 断裂性能
　抗弯承载性能
　疲劳性能
　损伤容限
　损伤阈值
C 强度波动
　强度应力比
　强度自相关

强度因子
intensity factor
O346
S 力学因子*
F 场强度因子
　电位移强度因子
　强度折减因子
　应力强度因子
C 强度指数

强度应力
Y 应力强度

强度应力比
strength-stress ratio
O346
S 应力比
C 强度性质
Z 比率

强度涨落
Y 强度波动

强度折减
Y 强度折减法

强度折减法
strength reduction method
O346
D 强度退化
　强度削弱
　强度消减
　强度折减
　强度折减技术
　强度折减系数法
S 力学方法*
F 有限元强度折减法
C 边坡稳定性　→(5)
　弹塑性有限元
　强度计算
　强度折减系数
　岩土工程　→(5)

强度折减技术
Y 强度折减法

强度折减系数
strength reduction factor
O346
S 力系数
C 强度折减法
Z 系数

强度折减系数法
Y 强度折减法

强度折减因子
strength reduction factor
O346
S 强度因子
Z 力学因子

强度折减有限元法
Y 有限元强度折减法

强度指数
strength index
O346
S 指数*
C 强度因子

强度自相关
intensity autocorrelation
O346
S 强度相关
　相关*
C 强度性质

强非局域非线性介质
strongly nonlocal nonlinear media
O33
S 强非局域介质
Z 光学介质

强非局域介质
strongly nonlocal media
O482
S 光学介质*
F 强非局域非线性介质

强非线性动力系统
Y 非线性动力系统

强非线性振动
strongly nonlinear oscillation
O322
S 非线性振动
Z 振动

强共振
strong resonance
O321
S 共振*
C 共振分析

强光场
Y 强激光场

强光单色仪
high light monochromators
TH74
S 单色仪*

强光源
intense light source
O432.1
S 光源*
F 同步辐射光源

强化
reinforcement
O344；O346
D 负强化
S 变化*
C 强化模量

强化模量
hardening modulus
O34
D 硬化模量
S 模量*
C 强化
　硬化

强化有限单元法
enhanced finite element method
O302
D 强化有限元法
S 有限单元法
Z 力学方法

强化有限元法
Y 强化有限单元法

强激光场
intense laser fields
O432.12
D 强光场
S 激光场
F 超强激光场
Z 光场

强激光脉冲
intense laser pulse
TN24；TN78

强聚焦
strong focusing
O572
　　S 聚焦*

强烈段塞流
severe slugging flow
O35
　　S 段塞流
　　Z 流体流

强流脉冲发射
intense pulsed emission
TN78
　　S 脉冲发射
　　Z 发射

强流相对论电子束
intense relativistic electron beam
TN14
　　S 相对论电子束
　　Z 电子束

强耦合磁极化子
　　Y 强耦合极化子

强耦合极化子
strong-coupling polaron
O76
　　D 强耦合磁极化子
　　S 极化子*

强耦合理论
strong-coupling theory
O441.6
　　S 超导理论*
　　C 有限时刻爆破 →(1)

强迫波
forced wave
O353.2；P432；P731.22
　　D 大气强迫波
　　　 强制波
　　S 大气强迫*
　　C 波
　　　 纬向气流 →(4)

强迫对流
forced convection
O351.2；P401；P421.32
　　D 强制对流
　　　 受迫对流
　　S 对流*
　　C 大气强迫
　　　 对流传热
　　　 普朗特数
　　　 温度控制 →(4)
　　　 粘性耗散

强迫频率
　　Y 扰动频率

强迫响应
　　Y 受迫响应

强迫谐振子
　　Y 受迫谐振子

S 激光脉冲
Z 脉冲

强迫振荡
forced oscillation
O32
　　D 受迫振荡
　　S 振荡*
　　C 简谐振子

强迫振动
forced vibration
O32
　　D 强迫振动性
　　　 受迫振动
　　S 简谐振动
　　F 非线性强迫振动
　　C 强迫振动响应
　　　 扰动力
　　　 扰动力矩
　　　 扰动频率
　　　 受迫响应
　　　 受迫谐振子
　　　 位移响应
　　　 振动试验
　　Z 振动

强迫振动试验
　　Y 振动试验

强迫振动响应
forced vibration response
O32
　　S 振动响应
　　C 强迫振动
　　Z 响应

强迫振动性
　　Y 强迫振动

强迫作用
　　Y 大气强迫

强衰变
strong decay
O571.3
　　D 强作用衰变
　　S 衰变
　　Z 核反应

强稳定
　　Y 强稳定性

强稳定性
strong stability
O317
　　D 强稳定
　　S 稳定性*

强相互作用
strong interaction
O572.24
　　S 基本相互作用
　　F 超强相互作用
　　Z 相互作用

强旋流
strongly swirling flow
O35
　　S 流体流*
　　C 涡管

强振动

strong oscillation
O32
　　S 振动*

强制波
　　Y 强迫波

强制对流
　　Y 强迫对流

强制对中
　　Y 力心

强子
hadron
O572.3
　　S 亚原子粒子
　　F 共振态
　　　 介子
　　　 重子
　　C 强子衰变
　　　 强子质量
　　Z 粒子

强子对撞机
hadron collider
O572.214
　　S 对撞机*
　　F 大型强子对撞机

强子矩阵元
hadronic matrix element
O411
　　S 矩阵元*

强子衰变
hadron decay
O571.3
　　S 粒子衰变
　　F 介子衰变
　　C 强子
　　Z 核反应

强子相互作用
hadron interactions
O57
　　S 粒子相互作用*

强子质量
hadron mass
O572.2
　　S 粒子质量
　　C 强子
　　　 重子
　　Z 粒子参数

强阻尼
high damping
O328
　　S 阻尼*

强作用衰变
　　Y 强衰变

敲出反应
knock-out reactions
O571.42
　　S 直接反应
　　Z 核反应

敲击共振

percussion resonance
O321
 S 共振*

桥口弛豫
 Y 滞弹性弛豫

翘曲
warping
O344.3
 D 变翘
  瓢曲
  翘曲变形
 S 变形*
 C 翘曲函数

翘曲变形
 Y 翘曲

翘曲函数
warping function
O344
 S 函数(力学)*
 C 翘曲

翘曲效应
kink effect
O344
 S 力学效应*
 C 弹塑性

翘曲应力
 Y 弯曲应力

壳层模型
 Y 壳模型

壳单元
 Y 壳元

壳模型
shell model
O571.21
 D 壳层模型
 S 核模型
 F 核壳层模型
  角动量投影壳模型
  投影壳模型
  推转壳模型
 Z 物理模型

壳体理论
shell theory
O342
 S 力学理论*
 F 板壳理论

壳体稳定性
shell stability
O342
 S 结构稳定性
 Z 力学稳定性

壳效应
shell effect
O413.2
 S 物理效应*

壳修正
shell correction
O562
 S 校正*

壳液耦合系统
fluid-shell coupled system
O35
 S 力学系统*
 C 重力波

壳元
shell element
O342
 D 壳单元
 S 元*

切变
 Y 剪切变形

切变波
 Y 横波

切变不稳定
 Y Kelvin-Helmholtz 不稳定性

切变层
 Y 剪切层

切变结构
 Y 剪切层

切变模量
 Y 剪切模量

切变粘性
 Y 剪切粘度

切变粘性系数
 Y 粘滞系数

切变强度
shear strength
TB301
 S 力学强度*

切变速度
 Y 切向速度

切变重力波
 Y 重力波

切分岔
tangent bifurcation
O415
 S 分岔*

切克劳斯基法
 Y 提拉法

切克劳斯基晶体
 Y 直拉单晶硅

切口
 Y 断口

切口冲击强度
notched impact strength
O346
 S 冲击强度
 Z 力学强度

切口灵敏度
 Y 应力集中效应

切口敏感性
 Y 应力集中效应

切口强度
notch strength
O346
 D 缺口抗拉强度
  缺口强度
  缺口强度
  弯曲切口强度
 S 力学强度*
 F 冲击强度
 C 断裂强度
  切口试验
  韧性
  应力集中效应

切口韧性
 Y 韧性

切口试验
notch test
TB302
 S 强度试验
 C 切口强度
 Z 科学实验

切口效应
 Y 应力集中效应

切口应力
 Y 应力集中效应

切力
 Y 剪切力

切连科夫辐射
 Y 切伦科夫辐射

切伦柯夫辐射
 Y 切伦科夫辐射

切伦科夫辐射
Cherenkov radiation
O572.2
 D 契连柯夫辐射
  契连柯夫效应
  契伦科夫辐射
  切连科夫辐射
  切伦柯夫辐射
  瓦维洛夫-契伦科夫辐射
 S 粒子辐射
 Z 辐射

切线刚度矩阵
tangent stiffness matrix
O34
 D 割线刚度矩阵
 S 刚度矩阵
 C 刚体动力学
 Z 矩阵

切线惯性力偶
 Y 力偶

切线力偶
 Y 力偶

切线模量因子
tangent modulus factor
O31
 S 力学因子*

切向畸变
tangential distortion
O435.2；P111.3；P23
　S 成像畸变
　　 畸变*
　Z 像差

切向畸变差
　Y 畸变差

切向加速度
tangential acceleration
O311
　S 加速度*

切向间断
　Y 磁流体力学间断

切向量场
tangent vector field
O412.3
　S 向量场
　C 椭圆抛物面 →(1)
　Z 物理场

切向射流
peripheric jet flow
O358
　S 射流*
　C 地面效应

切向速度
tangential velocity
O313.3；P731.2
　D 切变速度
　S 速度*
　C 切向运动
　　 轴向速度

切向位移
tangential displacement
O311
　S 位移*
　C 切向滑坡 →(5)

切向应力
　Y 周向应力

切向运动
tangential movement
O311
　S 运动*
　C 切向速度

切削变形
cutting deformation
O344.3
　S 变形*

切型
cut type
O799

切应变
　Y 剪应变

切应力
　Y 剪应力

切趾
　Y 切趾法

切趾法
apodization
O436.1
　D 切趾
　S 光学方法*
　C 声成像

侵彻(射流)
　Y 抗侵彻

侵彻爆炸
penetration explosion
O38
　S 爆炸*
　C 爆炸力学
　　 侵彻力学

侵彻机理
　Y 侵彻力学

侵彻力学
penetration mechanics
O385
　D 贯入机理
　　 侵彻机理
　S 力学*
　C 侵彻爆炸

侵彻深度
penetration depth
O385
　D 透入深度
　S 深度*
　C 穿甲

侵彻阻力
　Y 贯入阻力

侵蚀*
erosion
P931
　D 侵蚀程度
　　 侵蚀度
　　 侵蚀强度
　　 侵蚀作用
　F 重力侵蚀
　C 剥蚀作用 →(5)
　　 腐蚀
　　 侵蚀地貌 →(4)
　　 侵蚀率 →(4)(5)
　　 侵蚀模数 →(4)(5)
　　 侵蚀速率 →(4)
　　 夷平作用 →(5)

侵蚀程度
　Y 侵蚀

侵蚀度
　Y 侵蚀

侵蚀腐蚀
　Y 腐蚀磨损

侵蚀磨损
　Y 腐蚀磨损

侵蚀强度
　Y 侵蚀

侵蚀作用
　Y 侵蚀

轻带电粒子
light charged particle
O572.3
　S 带电粒子
　Z 粒子

轻核
light nuclei
O572.35
　S 原子核*
　F 氘核
　　 氚核
　　 氦核

轻夸克
light quark
O572.3
　S 夸克
　Z 粒子

轻离子
light ions
O57
　S 离子*

轻子
lepton
O572.32
　S 费米子
　F μ轻子
　　 τ轻子
　　 中微子
　　 重轻子
　C 轻子产生
　　 轻子质量
　Z 粒子

轻子产生
lepton production
O572.24
　S 粒子产生*
　C 轻子

轻子数
lepton number
O572.32
　S 量子数*

轻子衰变
lepton decay
O571.3
　S 粒子衰变
　F 非轻子衰变
　Z 核反应

轻子质量
lepton mass
O572.32
　S 粒子质量
　C 轻子
　Z 粒子参数

氢脆
hydrogen embrittlement
O346.11
　D 氢蚀
　S 脆化
　C 晶间断裂
　　 酸脆

应力腐蚀
　　　应力腐蚀断裂
　Z 材料性能

氢脆变
hydrogen embrittlement
O469
　D 氢脆化
　S 脆化
　C 脆性
　　裂纹
　Z 材料性能

氢脆化
　Y 氢脆变

氢等离子体
hydrogen plasma
O531
　D 氢气等离子体
　S 气体等离子体
　Z 等离子体

氢分压
hydrogen partial pressure
O414.1
　S 分压
　Z 压力

氢光谱
　Y 氢原子光谱

氢过电位
hydrogen overpotential
O441.1
　S 过电位
　Z 电位

氢化非晶硅
hydrogenated amorphous silicon
O751
　D 氢化非晶硅材料
　　氢化非晶态硅
　　氢化非晶态硅材料
　S 非晶硅
　Z 非晶质

氢化非晶硅薄膜
hydrogenated amorphous silicon thin film
O484；O751
　D a-Si:H 薄膜
　　a-Si:H 膜
　　氢化非晶硅膜
　S 非晶硅薄膜
　Z 半导体薄膜
　　非晶薄膜

氢化非晶硅材料
　Y 氢化非晶硅

氢化非晶硅膜
　Y 氢化非晶硅薄膜

氢化非晶态硅
　Y 氢化非晶硅

氢化非晶态硅材料
　Y 氢化非晶硅

氢化非晶碳薄膜
　Y 含氢非晶碳膜

氢化非晶碳膜
　Y 含氢非晶碳膜

氢化微晶硅薄膜
hydrogenated microcrystalline silicon films
O484；O613.72；O753.1
　S 微晶硅薄膜
　Z 半导体薄膜

氢化物发生—原子荧光光谱法
　Y 氢化物发生-原子荧光光谱法

氢化物发生原子吸收法
　Y 氢化物发生-原子吸收光谱法

氢化物发生-原子吸收法
　Y 氢化物发生-原子吸收光谱法

氢化物发生原子吸收光谱法
　Y 氢化物发生-原子吸收光谱法

氢化物发生-原子吸收光谱法
hydride generation atomic absorption spectrometry
O433.4；O657.31
　D 氢化物发生原子吸收法
　　氢化物发生-原子吸收法
　　氢化物发生原子吸收光谱法
　　氢化物原子吸收法
　　氢化物原子吸收光谱法
　S 原子吸收光谱法
　F 流动注射氢化物发生-原子吸收光谱法
　Z 光谱分析

氢化物发生原子荧光
　Y 氢化物原子荧光

氢化物发生-原子荧光
　Y 氢化物原子荧光

氢化物发生-原子荧光光度法
　Y 氢化物发生-原子荧光光谱法

氢化物发生原子荧光光谱法
　Y 氢化物发生-原子荧光光谱法

氢化物发生-原子荧光光谱法
hydride generation-atomic fluorescence spectrometry
O433.4；O657.31
　D 氢化物发生—原子荧光光谱法
　　氢化物发生-原子荧光光度法
　　氢化物发生原子荧光光谱法
　　氢化物原子荧光光度法
　　氢化物原子荧光光谱法
　　氢化物-原子荧光光谱法
　S 原子荧光光谱分析
　Z 光化学分析法

氢化物原子吸收法
　Y 氢化物发生-原子吸收光谱法

氢化物原子吸收光谱法
　Y 氢化物发生-原子吸收光谱法

氢化物原子荧光
hydride generation atomic fluorescence
O562.3
　D 氢化物发生原子荧光
　　氢化物发生-原子荧光
　S 原子荧光

　Z 荧光

氢化物原子荧光光度法
　Y 氢化物发生-原子荧光光谱法

氢化物原子荧光光谱法
　Y 氢化物发生-原子荧光光谱法

氢化物-原子荧光光谱法
　Y 氢化物发生-原子荧光光谱法

氢键
hydrogen bond
O561.4；O641.3
　D 氢键系统
　　氢键作用
　S 化学反应*
　F 分子间氢键
　　分子内氢键
　　红移氢键
　　蓝移氢键
　　弱氢键
　　双氢键
　　四重氢键
　C 分子动力学模拟 →(3)
　　分子构象

氢键晶体
hydrogen-bonded crystals
O74
　S 晶体*

氢键团簇
hydrogen-bonded clusters
O56
　S 团簇*

氢键系统
　Y 氢键

氢键作用
　Y 氢键

氢气等离子体
　Y 氢等离子体

氢气流量
hydrogen flow rate
O354；O56
　S 气体流量
　Z 流量

氢气泡
hydrogen bubble
O354
　S 气泡*

氢蚀
　Y 氢脆

氢原子发射谱线
atomic hydrogen emission line
O433.3；P162
　S 发射谱线
　Z 谱线

氢原子光谱
hydrogen atom spectrum
O433.5
　D 氢光谱
　S 原子光谱

主　表　585

　　Z 光谱
倾侧力矩
　　Y 倾覆力矩
倾倒变形
toppling deformation
O344.3
　　S 变形*
倾翻力矩
　　Y 倾覆力矩
倾复力矩
　　Y 倾覆力矩
倾覆力矩
overturning moment
O312.2
　　D 侧倾力矩
　　　 颠覆力矩
　　　 翻倾力矩
　　　 翻转力矩
　　　 反倒力矩
　　　 倾侧力矩
　　　 倾翻力矩
　　　 倾复力矩
　　　 倾斜力矩
　　　 最小倾复力矩
　　S 力矩*
　　C 基底剪力
　　　 连杆力偶
倾斜变形
tilt distortion
O344.3
　　S 变形*
倾斜度测量
inclination measurement
TB92
　　S 几何量测量*
倾斜界面
tilt boundary
O77
　　S 面缺陷
　　Z 晶体缺陷
倾斜晶界
tilt boundaries
O763
　　S 小角度晶界
　　Z 晶界
倾斜镜
tilting mirror
TB851；TH74
　　S 光学元件*
　　F 快速倾斜镜
倾斜力矩
　　Y 倾覆力矩
倾斜裂纹
　　Y 斜裂纹
倾斜罗盘仪
　　Y 罗经
倾斜入射

oblique incidence
O435.1
　　S 入射
　　Z 光学现象
倾斜因子
inclination factor
O43
　　S 因子*
清洁表面
clean surface
O485
　　D 洁净表面
　　S 表面*
清亮点
　　Y 清亮温度
清亮温度
clearing temperature
O75
　　D 清亮点
　　S 温度*
清晰度
　　Y 分辨率
情报
　　Y 信息
情报信息
　　Y 信息
情报资料
　　Y 信息
琼斯计算法
　　Y 琼斯矩阵
琼斯矩阵
Jones matrix
O43
　　D Jones 矩阵
　　　 琼斯计算法
　　S 矩阵*
丘克拉斯基法生长
　　Y 引上法晶体生长
求迹公式
　　Y 迹公式
球
　　Y 球体
球 Couette 流
spherical Couette flow
O357.1
　　S 科特流
　　Z 流体流
球差
spherical aberration
O435.2；P111.3
　　D 球面象差
　　　 球面像差
　　S 赛德尔像差
　　F 初级球差
　　C 贝塞尔光束
　　Z 像差

球差透镜
spherically aberrated lens
TH74
　　S 透镜
　　Z 光学元件
球对称引力场
spherically symmetric gravitational fields
O314；P131
　　S 引力场
　　C 引力
　　Z 力场
球晶
spherical crystals
O76
　　D 球状晶
　　　 球状晶体
　　S 晶体*
　　F 环带球晶
球晶结构
spherulite structure
O76
　　S 晶体结构*
球径仪
spherometers
TH741
　　S 曲率测量仪器
　　Z 测量仪器
球面
spherical surface
O181；O43
　　D 非球面
　　S 曲面*
　　C 参数方程 →(1)
球面摆
spherical pendulum
O314
　　S 摆*
　　C 质点振动
球面波
spherical wave
O347.41；O4
　　D 球面波函数
　　S 应力波*
　　F 球面谐波
球面波函数
　　Y 球面波
球面参考光
spherical reference wave
O435.2
　　S 光*
球面反光镜
　　Y 球面镜
球面反射镜
　　Y 球面镜
球面干涉术
　　Y 干涉测量
球面镜
spherical mirror

TH74
- D 球面反光镜
  球面反射镜
- S 光学元件*
- C 凹面镜
  凸面镜

球面透镜
spherical lens
TH74
- D 球透镜
- S 透镜
- Z 光学元件

球面象差
- Y 球差

球面像差
- Y 球差

球面谐波
spherical harmonic
O42
- S 球面波
- Z 应力波

球模型
spherical model
O57
- S 核模型
- F 硬球模型
- Z 物理模型

球体*
sphere
O123.2
- D 球
  球型
  圆球
- F 椭球体

球透镜
- Y 球面透镜

球陀螺
spherical top
O318
- D 球形陀螺
- S 陀螺仪*

球形核
- Y 形变核

球形晶粒
spherical grain
O763
- S 晶粒*

球形聚光腔
- Y 聚光腔

球形粒子
spherical particle
O572.2
- S 粒子*
- F 非球形粒子
  椭球粒子

球形陀螺
- Y 球陀螺

球型
- Y 球体

球照度
spherical irradiance
O432.2；P733
- D 全球照度
- S 照度*

球中心弹性碰撞
- Y 弹性碰撞

球状晶
- Y 球晶

球状晶体
- Y 球晶

区间振动
interval oscillation
O32
- S 振动*
- C 平均函数 →(1)

区熔法
zone melting
O782
- D Fz 法
  浮区法
  区域熔化法
  区域熔炼法
  区域熔融法
  曲熔法
  悬浮区法
  悬浮区域熔炼法
- S 熔体生长法
- F 垂直区熔法
  光学浮区法
  水平区熔法
- Z 晶体生长方法

区熔法晶体生长
crystal growth by zone melting method
O782
- D 区熔法生长
- S 熔体生长
- Z 晶体生长

区熔法生长
- Y 区熔法晶体生长

区熔再结晶
zone-melting recrystallization
O783
- S 再结晶
- Z 结晶

区域*
region
ZT74
- F 爆炸近区
  断裂过程区
  非晶区
  共振区
  惯性子区
  近壁区
  近场区
  扫描盲区
  声影区
  塑性区域
  损伤区
  探测区域
  尾流区
  线性区

区域熔化
zone melting
O552.6
- S 熔化
- C 焰熔法
- Z 物态变化

区域熔化法
- Y 区熔法

区域熔炼法
- Y 区熔法

区域熔融法
- Y 区熔法

区域蠕变
regional creep
O344.6
- D 局部蠕变
- S 蠕变*
- C 蠕变理论

区域特征光谱
region feature spectrum
O433
- S 特征光谱
- Z 光谱

区域引力
- Y 区域重力

区域重力
regional gravity
O314
- D 区域引力
- S 重力
- C 引力理论
- Z 力

曲裂纹
- Y 曲线裂纹

曲率半径
radius of curvature
O186；O435
- D 主曲率半径
- S 半径*
- F 透镜曲率半径
- C 复数矢量 →(1)
  高斯曲率 →(1)
  回旋线 →(1)
  曲率圆 →(1)
  曲率中心 →(1)
  三次样条曲线 →(1)

曲率半径测量
- Y 曲率测量

曲率测量
curvature measurement
TB92
- D 曲率半径测量
- S 几何量测量*
- C 回旋线 →(1)

主　表　587

　　直径测量

曲率测量仪器
curvature measuring instruments
TH741
　　S　测量仪器*
　　F　球径仪

曲面*
curved surface
O181
　　F　临界面
　　　　慢度曲面
　　　　球面
　　　　屈服面
　　　　双曲面
　　C　亏函数　→(1)
　　　　联图　→(1)
　　　　平图　→(1)
　　　　曲线

曲面镜
curved mirror
TH74
　　S　光学元件*

曲熔法
　　Y　区熔法

曲射弹道
high angle tractory
O315
　　S　外弹道
　　C　弹道学
　　Z　弹道

曲线*
curve
O123
　　D　曲线类型
　　F　a-N 曲线
　　　　Hugoniot 曲线
　　　　I-V 特性曲线
　　　　S-N 曲线
　　　　变形曲线
　　　　标准升温曲线
　　　　不规则曲线
　　　　弹性曲线
　　　　功率特性曲线
　　　　轨迹曲线
　　　　荷载-位移曲线
　　　　节曲线
　　　　距离曲线
　　　　科赫曲线
　　　　冷却曲线
　　　　流动曲线
　　　　流量特性曲线
　　　　膨胀曲线
　　　　频散曲线
　　　　强度曲线
　　　　蠕变曲线
　　　　升温曲线
　　　　速度曲线
　　　　位能曲线
　　　　修正曲线
　　　　压缩曲线
　　　　运动曲线
　　　　振动曲线

　　C　曲面

曲线类型
　　Y　曲线

曲线裂纹
curved crack
O346.1
　　D　曲裂纹
　　S　裂纹*

曲线平移
　　Y　水平位移

曲线射流
　　Y　曲形射流

曲线运动
curvilinear motion
O311.1
　　S　运动*
　　F　角运动
　　　　螺旋运动
　　　　抛体运动
　　　　起伏运动
　　　　圆周运动
　　C　运动学

曲线阻力
　　Y　周线阻力

曲形射流
curved jet
O358
　　D　曲线射流
　　S　射流*

驱动*
transmission
TH13
　　D　传动
　　F　爆轰驱动
　　　　磁驱动
　　C　动平衡

驱动磁场
driving magnetic field
O441.2
　　S　磁场*

驱动力
driving force
O313；O39
　　D　牵引动力
　　　　牵引力
　　　　推动力
　　　　推进力
　　　　拖曳力
　　　　曳引力
　　S　拉力
　　C　摩擦系数
　　　　时空变化
　　Z　力

驱动平衡
　　Y　动平衡

驱油流体
　　Y　引射流体

屈服

　　Y　塑性屈服

屈服表面
　　Y　屈服面

屈服点
　　Y　屈服强度

屈服函数
yield function
O344.7
　　S　函数(力学)*
　　C　塑性屈服
　　　　塑性势

屈服极限
　　Y　屈服强度

屈服假塑性流体
yield pseudoplastic fluid
O344.4
　　S　假塑性流体
　　C　塑性流动
　　Z　流体

屈服剪应力
yield shear stress
O343.4
　　S　剪应力
　　C　双孔微剪切法
　　Z　应力

屈服力
yield force
O344.1
　　S　力*
　　C　荷载-位移曲线

屈服面
yield surface
O344.7
　　D　初始屈服面
　　　　屈服表面
　　　　屈服曲面
　　S　曲面*
　　F　后继屈服面
　　C　广义塑性力学
　　　　屈曲

屈服强度
yield strength
O346
　　D　保证强度
　　　　弹性极限应力
　　　　抗拉屈服强度
　　　　拉伸冲击强度
　　　　拉伸屈服强度
　　　　强度(屈服)
　　　　屈服点
　　　　屈服极限
　　　　屈服值
　　　　条件屈服极限
　　　　条件屈服强度
　　S　力学强度*
　　F　承载力
　　　　动态屈服强度
　　　　上屈服点
　　　　下屈服点
　　C　弹性极限

弹性模量
极限强度
拉伸试验
屈服应变
塑性变形

屈服强度系数
yield strength coefficient
O344.1
 S 力系数
 Z 系数

屈服曲面
 Y 屈服面

屈服条件
yield condition
O344.1
 S 塑性条件
 F Mises 屈服条件
 C 流动规律
  屈服准则
  屈曲荷载
 Z 力学条件

屈服应变
yield strain
O344.3
 S 应变*
 C 屈服强度

屈服应力
yield stress
O343.4
 D 生物屈服应力
 S 应力*
 F 剪切屈服应力
  静态屈服应力
 C 上屈服点
  随动硬化

屈服值
 Y 屈服强度

屈服准则
yield criterion
O344.3
 S 力学准则*
 F Hill 屈服准则
  Mises 屈服准则
  Tresca 屈服准则
  双剪屈服准则
  统一屈服准则
 C 平面应变
  屈服条件
  双剪统一强度理论
  塑性力学
  塑性条件

屈光度
diopter
O435.2
 D 折光度
 S 光学参数*

屈挠龟裂
 Y 弯曲裂纹

屈挠疲劳
 Y 弯曲疲劳

屈挠试验
 Y 弯曲实验

屈曲*
buckling
O344.7
 F 板屈曲
  侧向屈曲
  冲击屈曲
  弹性屈曲
  动力屈曲
  动态屈曲
  二次分岔屈曲
  非弹性范围屈曲
  非线性屈曲
  过屈曲
  后屈曲
  畸变屈曲
  极值点屈曲
  局部屈曲
  前屈曲
  热屈曲
  蠕变屈曲
  塑性屈曲
  线性屈曲
  相关屈曲
  预屈曲
  整体屈曲
 C 临界荷载
  临界压力
  临界应力
  屈服面
  失稳
  最大载荷

屈曲方程
buckling equation
O344.3
 S 力学方程*

屈曲荷载
buckling load
O347.1
 D 屈曲载荷
 S 荷载*
 C 屈服条件

屈曲模态
buckling mode
O344.7
 S 模态*
 C 弹性变形
  弹性屈曲

屈曲试验
 Y 弯曲实验

屈曲应力
 Y 弯曲应力

屈曲载荷
 Y 屈曲荷载

趋肤深度
skin depth
O441.6
 S 深度*

趋肤效应
skin effect
O441.1
 D 反常趋肤效应
 S 电场效应*
 C 电导体

渠道流
 Y 槽道流

渠道流动
 Y 槽道流

取代反应
substitution reaction
O621.255；O78
 D 弗里德尔-克拉夫茨反应
  环烷基化
  甲基取代
  类质同晶取代
  邻基参与
  炔丙基化
  炔基化
  炔烃基化
  叔丁基化
  烷叉化
  烯烃基化
  置换反应
 S 交换反应*
 C 芳基化 →(3)
  烷基化 →(3)
  转移反应 →(3)

取向成核
oriented nucleation
O78
 D 取向形核
 S 晶体成核
 Z 晶体形成

取向畴
orientation domain
O76
 S 晶畴
 Z 畴

取向度
orientation degree
O78
 S 测度*
 C 结晶度
  择优取向

取向光折变效应
orientational photorefractive effect
O482.3
 S 光折变效应
 Z 光学效应

取向极化
orientation polarization
O441.1；O561.2
 S 电介质极化
 Z 极化

取向生长
oriented growth
O78
 D 晶体定向生长
  晶体取向生长

S 晶体生长*

取向稳定性
orientation stability
O561.1；O561.2
　　S 分子性质
　　C 分子取向
　　Z 粒子性质

取向形核
　　Y 取向成核

取向有序
orientation order
O78
　　S 状态*

取向张量
orientation tensor
O357
　　S 张量*

取样
　　Y 采样

取样方法
　　Y 采样

取样函数
　　Y 抽样函数

取样机
　　Y 采样器

取样技术
　　Y 采样

取样器
　　Y 采样器

去磁
　　Y 消磁

去沟道效应
　　Y 沟道效应

去极化
　　Y 退极化

去弹截面
　　Y 非弹性散射截面

去弹性散射截面
　　Y 非弹性散射截面

去应力
　　Y 应力松弛

圈量子引力
loop quantum gravity
O413
　　S 量子引力
　　C 超弦/M 理论
　　Z 引力

全波长
　　Y 波长

全程应力-应变曲线
　　Y 应力-应变全曲线

全电路欧姆定律
Ohm law of the whole circuit
O441.1
　　S 欧姆定律
　　Z 电路理论

全反射
total reflection
O435.1
　　D 全内反射
　　S 光学反射
　　F 类全反射
　　　　受抑全反射
　　　　衰减全反射
　　Z 反射

全反射光学系统
total reflection optical systems
TH74
　　S 反射光学系统
　　Z 光学系统

全反射镜
total reflection mirrors
TH74
　　S 光学元件*

全反射隧穿
total reflection tunneling
O73
　　S 隧穿*
　　C 光子晶体

全方位反射镜
omni directional reflector
TH74
　　D 全角度反射镜
　　S 光学元件*

全光极化
all optical-poling
O435.2
　　S 全极化
　　Z 极化

全光谱仿真
　　Y 光谱模拟

全光谱仿真方法
　　Y 光谱模拟

全光谱仿真过程
　　Y 光谱模拟

全光谱仿真实验
　　Y 光谱模拟

全光谱仿真实验方法
　　Y 光谱模拟

全光谱仿真实验过程
　　Y 光谱模拟

全光谱模拟
　　Y 光谱模拟

全光谱模拟方法
　　Y 光谱模拟

全光谱模拟过程
　　Y 光谱模拟

全光谱模拟实验
　　Y 光谱模拟

全光谱模拟实验方法
　　Y 光谱模拟

全光谱模拟实验过程
　　Y 光谱模拟

全混流
　　Y 完全混合流

全极化
full-polarization
O441.4
　　D 完全极化
　　S 电磁波极化
　　F 全光极化
　　Z 极化

全角度反射镜
　　Y 全方位反射镜

全景环形透镜
panoramic annular lens
TH74
　　S 全息透镜
　　Z 光学元件

全景畸变差
　　Y 畸变差

全局分岔
global bifurcation
O415
　　S 分岔*

全局分析
　　Y 整体分析

全量理论
　　Y 塑性形变理论

全量子理论
full quantum theory
O413
　　S 量子论
　　Z 物理理论

全流场
whole flow field
O351.2
　　S 流场*

全略微分重叠计算
CNDO calculations
O561
　　D CNDO 计算
　　　　RCNDO 计算
　　　　里德伯全略微分重叠计算
　　S 忽略微分重叠计算
　　Z 分子能级计算

全面屈服断裂力学
general yielding fracture mechanics
O344；O346.1
　　S 断裂力学
　　C 断裂
　　　　强度理论
　　　　塑性断裂
　　　　塑性屈服
　　Z 固体力学

全内反射

Y 全反射

全内反射角
total internal reflection angle
O435.1
- S 反射角
- Z 光学角

全谱拟合
whole pattern fitting
O571.32
- S 光谱拟合
- F Rietveld 全谱拟合
- Z 拟合

全球导航卫星系统
global navigation satellite system
TN967.1
- D GNSS
  全球导航系统
  全球轨道导航卫星系统
  全球卫星导航系统
- S 卫星导航系统
- C 导航卫星 →(4)
  全球定位系统 →(4)
- Z 导航设备
  卫星系统

全球导航系统
Y 全球导航卫星系统

全球轨道导航卫星系统
Y 全球导航卫星系统

全球卫星导航系统
Y 全球导航卫星系统

全球遥感
Y 遥感

全球照度
Y 球照度

全矢谱
Y 全息谱分析技术

全同粒子
identical particles
O572.3
- S 基本粒子
- Z 粒子

全同性原理
identity principle
O413.1
- D 微观粒子全同性原理
- S 量子力学理论
- Z 物理理论

全位错
perfect dislocation
O772
- D 单位位错
  完整位错
- S 位错
- Z 晶体缺陷

全息
Y 全息术

全息凹面光栅
holographic concave grating
O437.4；P111.3
- S 全息光栅
  衍射光栅
- Z 光学元件
  光栅

全息波带板
holographic zone plates
TH74
- S 波带片
  全息光学元件
- Z 光学元件

全息测量
holographic measurement
O438.1
- S 光学测量*
- F 全息干涉测量
- C 全息光弹性法

全息存储
holographic storage
O438.1
- D 光全息存储
  全息光存储
  全息记录
- S 光存储*
- F 多重全息存储
  非挥发全息记录
  高密度全息存储
  全息关联存储
  数字全息存储
  体全息存储
- C 全息光学
  全息系统
  全息原理

全息法
Y 全息术

全息干涉
Y 全息干涉术

全息干涉测量
holographic interferometry
O438.1；P23
- S 全息测量
- F 实时全息干涉测量
- C 全息干涉术
- Z 光学测量

全息干涉测量法
Y 全息干涉术

全息干涉测量方法
Y 全息干涉术

全息干涉测量技术
Y 全息干涉术

全息干涉测量术
Y 全息干涉术

全息干涉法
Y 全息干涉术

全息干涉方法
Y 全息干涉术

全息干涉计量
Y 全息干涉术

全息干涉计量法
Y 全息干涉术

全息干涉计量方法
Y 全息干涉术

全息干涉计量技术
Y 全息干涉术

全息干涉计量术
Y 全息干涉术

全息干涉技术
Y 全息干涉术

全息干涉量度法
Y 全息干涉术

全息干涉术
holographic interferometry
O438.1
- D 全息干涉
  全息干涉测量法
  全息干涉测量方法
  全息干涉测量技术
  全息干涉测量术
  全息干涉法
  全息干涉方法
  全息干涉计量
  全息干涉计量法
  全息干涉计量方法
  全息干涉计量技术
  全息干涉计量术
  全息干涉技术
  全息干涉量度法
  应力全息干涉术
- S 干涉测量
- F 激光全息干涉
  实时全息干涉法
  数字全息干涉术
- C 全息干涉测量
- Z 光学测量

全息干涉图
holographic interferogram
O436.1；O438.1
- S 干涉图
- Z 光学图像

全息关联存储
holographic associative memory
O438.1
- S 全息存储
- Z 光存储

全息光测弹性仪
holographic photoelasticimeters
TH741
- S 光测弹性仪
- Z 测量仪器

全息光存储
Y 全息存储

全息光弹性法
holo-photoelasticity
O348.12
- S 光弹性法

C 全息测量
　　Z 力学方法
　　　力学分析

全息光学
holographic optics
O438.1
　　S 信息光学
　　C 全息存储
　　　全息光学元件
　　　全息图
　　Z 光学

全息光学元件
holographic optical elements
TN209
　　D HOE
　　S 光学元件*
　　F 全息波带板
　　　全息光栅
　　C 全息光学
　　　全息透镜

全息光栅
holographic grating
O437.4；P111.3
　　S 光栅*
　　　全息光学元件
　　F 全息凹面光栅
　　　体全息光栅
　　C 全息术
　　　正弦光栅
　　Z 光学元件

全息光栅单色仪
holographic grating monochromator
TH74
　　S 光栅单色仪
　　Z 单色仪

全息记录
　　Y 全息存储

全息技术
　　Y 全息术

全息聚合物分散液晶
holographic polymer dispersed liquid crystal
O753.2
　　S 聚合物分散液晶
　　Z 液晶

全息偏转器
holographic deflectors
TN15；TN65；TP212
　　S 光偏转器
　　Z 光学元件

全息谱
　　Y 全息谱分析技术

全息谱分析
　　Y 全息谱分析技术

全息谱分析技术
holo-spectrum
O438.1
　　D 全矢谱
　　　全息谱
　　　全息谱分析

　　S 光学全息
　　C 全信息 →(1)
　　Z 全息术

全息摄影
　　Y 全息术

全息摄影术
　　Y 全息术

全息术*
holography
[TN26]
　　D 全息
　　　全息法
　　　全息技术
　　　全息摄影
　　　全息摄影术
　　　全息照相
　　　全息照相术
　　F 光学全息
　　　声全息术
　　C 多光束
　　　干涉测量
　　　全息光栅
　　　全息图
　　　仪器仪表

全息透镜
holographic lens
TH74
　　S 透镜
　　F 全景环形透镜
　　C 全息光学元件
　　Z 光学元件

全息图*
hologram
O438.1
　　D 全息图象
　　　全息照片
　　F 白光全息图
　　　彩虹全息图
　　　彩色全息图
　　　点阵全息图
　　　多重全息图
　　　反射全息图
　　　菲涅耳全息图
　　　浮雕全息图
　　　傅里叶变换全息图
　　　合成全息图
　　　基元全息图
　　　计算机全息图
　　　模压全息图
　　　声全息图
　　　数字全息图
　　　体视全息图
　　　同轴全息图
　　　透射全息图
　　　位相全息图
　　C 全息光学
　　　全息术

全息图象
　　Y 全息图

全息系统
holographic system
TH74

　　S 光学系统*
　　C 全息存储

全息原理
holographic principle
O438.1
　　S 光学理论*
　　C 全息存储

全息照片
　　Y 全息图

全息照相
　　Y 全息术

全息照相术
　　Y 全息术

全息诊断
holographic diagnostics
O438.1
　　S 激光诊断
　　Z 光学应用

全序群
totally ordered group
O152.4；O152.5；O411；O412.3
　　D O 群
　　S 群(数学)*

全压
　　Y 总压

全压力
　　Y 总压

全压系数
　　Y 压力系数

全应力应变曲线
　　Y 应力-应变全曲线

全应力—应变曲线
　　Y 应力-应变全曲线

炔丙基化
　　Y 取代反应

炔基化
　　Y 取代反应

炔烃基化
　　Y 取代反应

缺口参数
notch parameters
O343.4
　　S 力学参数*
　　C 应力集中效应

缺口抗拉强度
　　Y 切口强度

缺口灵敏度
　　Y 应力集中效应

缺口敏感
　　Y 应力集中效应

缺口敏感性
　　Y 应力集中效应

缺口疲劳

notch fatigue
O346.2
 S 材料疲劳
 C 应力集中效应
 Z 疲劳

缺口强度
 Y 切口强度

缺口强度
 Y 切口强度

缺口韧性
 Y 韧性

缺口效应
 Y 应力集中效应

缺口应力
 Y 应力集中效应

缺陷层
defect layer
O77
 S 分层*

缺陷电子能态
 Y 电子态

缺陷发光
defect luminescence
O482.3
 S 发光*

缺陷分布
defect distribution
O483
 S 分布*

缺陷结构
defect structure
O77
 S 晶体结构*
 F 位错结构

缺陷晶格
defect lattice
O712；P57
 S 晶格*

缺陷晶体
imperfect crystal
O77
 D 不完整晶体
  实际晶体
 S 晶体*
 F 歪晶

缺陷模
defect modes
O77
 D 光子晶体缺陷模
 S 晶格振动波模式*
 C 晶体缺陷

缺陷能级
defect levels
O77
 S 能级*

缺陷态

defect states
O483
 S 状态*

缺陷效应
defect effect
O483
 S 物理效应*

缺陷-杂质相互作用
 Y 杂质-缺陷相互作用

缺陷中心
defect centers
O77
 S 晶体要素*
 F 位错核心

确定应力
 Y 应力测量

裙形后体
flared afterbody
O354
 S 后体
 Z 物体

群
 Y 群(数学)

群(数学)*
group(mathematics)
O152
 D 群
 F 密度矩阵重整化群
  平移群
  气泡群
  全序群
  正交群
  重整化群
 C 数据拟合 →(1)

群论
group theory
O152；O411；O451
 D 群论方法
  旋量群
  旋子群
 S 数学理论*
 C 量子群 →(1)
  群元 →(1)

群论方法
 Y 群论

群速度色散
group-velocity dispersion
O436.3
 D 群速色散
 S 色散*

群速度失配
group-velocity mismatch
O451
 D 群速失配
 S 失配*
 C 群速匹配

群速匹配
group velocity matching

O451
 S 匹配*
 C 群速度失配

群速色散
 Y 群速度色散

群速失配
 Y 群速度失配

群延迟色散
group delay dispersion
O436.3
 S 色散*

群折射率
group refractive index
O734
 S 折射率*

燃气流场
combustion gas flow field
O354
 D 燃烧流场
 S 流场*
 C 燃气泡

燃气泡
exhausted gas bubble
O354
 S 气泡*
 C 燃气流场

燃烧流场
 Y 燃气流场

燃烧性试验
burning tests
O4-33
 S 性能试验
 F 烧杯试验
 Z 试验

染色线
 Y 脉线

扰动*
disturbance
O17；P133；P433
 D 扰动性
 F 局部扰动
  力学扰动
  热扰动
  位相扰动

扰动磁场
disturbed magnetic field
O441.2
 S 磁场*

扰动弹道
 Y 外弹道

扰动角关联
perturbed angular correlation
O482.53；O571.41
 S 角关联
 C γ谱
 Z 相关

扰动力

perturbed force
O31；O351.2
　D　干扰力
　　激撮力
　　激励力
　　扰力
　S　外力
　C　激振
　　强迫振动
　Z　力

扰动力矩
disturbing moment
O313.2
　D　干扰力矩
　S　力矩*
　C　静电陀螺仪
　　强迫振动

扰动流
disturbed flow
O357
　D　未扰动流
　　小扰动流
　S　流体流*
　C　气动力干扰
　　扰动速度

扰动频率
forcing frequency
O321
　D　干扰频率
　　激振频率
　　强迫频率
　　扰频
　S　频率*
　C　强迫振动

扰动速度
perturbation velocity
O351.2
　S　运动速度*
　C　扰动流

扰动性
　Y　扰动

扰动因子
disturbance factor
TU4
　S　因子*
　C　漂移

扰动增长率
disturbance growth rate
O354
　S　比率*
　C　气动力干扰

扰动重力
disturbing gravity
O314；P223.1
　S　重力
　C　引力理论
　　重力异常　→(5)
　Z　力

扰力
　Y　扰动力

扰流
　Y　流动干扰

扰频
　Y　扰动频率

绕流
flow around a body
O351.3
　S　流体流*
　F　钝体绕流
　　方柱绕流
　　翼型绕流
　　圆球绕流
　　圆柱绕流
　C　绕流场
　　绕流特性

绕流场
ambient flow field
O351.2
　S　流场*
　C　绕流

绕流特性
flow characteristics around a body
O354
　S　流动特性
　C　绕流
　Z　动态特性

绕流作用
　Y　冲击波效应

绕射
　Y　衍射

绕射光学
　Y　衍射光学

绕射角
　Y　衍射角

绕射声衰减
diffracted sound attenuation
O422.4
　S　声衰减
　Z　声学现象

绕射衰减
diffraction attenuation
TN011
　S　波衰减
　Z　衰减

绕转
　Y　旋转

绕组变形
　Y　焊接变形

热
　Y　热量

热安全性
　Y　热稳定性

热爆炸理论
thermal explosion theory
O381
　S　爆炸理论
　C　热爆炸　→(3)
　Z　力学理论

热壁生长
　Y　热壁外延生长

热壁外延
hot wall epitaxy
O484.1
　S　薄膜外延
　Z　外延

热壁外延生长
hot wall epitaxy growth
O484.1；O782
　D　热壁生长
　S　薄膜外延生长
　Z　薄膜生长
　　晶体生长方法

热边界层
　Y　温度边界层

热变形
hot deformation
O344.3
　S　变形*
　F　高温变形
　　热压缩变形
　C　动态再结晶
　　晶粒度
　　流变应力
　　热应力

热波成像
thermal wave imaging
TG1
　S　成像*

热波动
　Y　热冲击

热不稳定性
　Y　热稳定性

热颤振
thermal flutter
O354
　S　颤振
　C　气动热弹性
　Z　振动

热场动力学
thermo-field dynamics
O414.1
　S　热力学*

热沉
heat sink
O362；P423.3
　S　热力学性质*

热成低压
　Y　低气压

热弛豫
thermal relaxation
O42
　S　松弛*

热冲击

thermal shock
TK47
  D 冲击(热)
     热波动
     热冲击性
     热振荡
     热震
     温度冲击
  S 冲击*
  C 热循环
     热应力
     热应力裂纹
     热载荷
     应力分析

热冲击波
  Y 热击波

热冲击破坏
  Y 热应力裂纹

热冲击性
  Y 热冲击

热传导
  Y 传热

热传导反问题
inverse heat conduction problem
O241.82；O411.1；O551
  S 数学问题*
  C 热传导方程

热传导方程
heat conduction equation
O414.12
  D 传热方程
     传热方程式
     传热方程组
     传热方程组式
     传热公式
     导热方程
     导热方程式
     导热方程组
     导热方程组式
     导热公式
     热传导方程式
     热传导方程组
     热传导方程组式
     热传导公式
     热传导计算式
     热导方程
     热导方程式
     热导方程组
     热导方程组式
     热导公式
     热导计算式
     热方程
     热方程组
     热方程组式
     热关系式
  S 热力学方程*
  C 传热介质
     热传导反问题

热传导方程式
  Y 热传导方程

热传导方程组
  Y 热传导方程

热传导方程组式
  Y 热传导方程

热传导分析
  Y 热导法

热传导公式
  Y 热传导方程

热传导计算式
  Y 热传导方程

热传导系数
thermal conductivity
O551.3
  D 热传递系数
  S 传导系数
  F 等效热传导系数
  C 非线性热传导方程 →(1)
  Z 系数

热传导系数(流体)
  Y 传导系数(流体)

热传递
  Y 传热

热传递系数
  Y 热传导系数

热传输
  Y 传热

热磁
  Y 热磁性

热磁化
  Y 磁化

热磁曲线
thermal magnetic curve
O482.6
  S 磁化曲线
  C 热磁分析 →(3)
  Z 磁参数

热磁效应
  Y 磁热效应

热磁性
thermal magnetism
O482.52
  D 热磁
     热磁性能
  S 磁性*

热磁性能
  Y 热磁性

热刺激放电
thermal stimulate discharge
O461.2
  S 放电*

热淬灭
  Y 温度淬灭

热脆性
hot shortness
O551.3
  S 热性能*
  C 蓝脆性
     冷脆性

热带印度洋偶极子
  Y 印度洋偶极子

热导
thermal conductance
O482.2
  D 导热(性)
     导热能力
  S 物理量*

热导法
thermal conductivity method
O551；O642.3
  D 热传导分析
  S 化学分析法*

热导方程
  Y 热传导方程

热导方程式
  Y 热传导方程

热导方程组
  Y 热传导方程

热导方程组式
  Y 热传导方程

热导公式
  Y 热传导方程

热导计算式
  Y 热传导方程

热导率
thermal conductivity
O551.3
  D 传热系数
     传热总系数
     导热率
     导热系数
     导温系数
     换热系数
     热交换系数
  S 传导率
     热力学参数
  F 低温热导率
  C 传热
     传热温差
     地温梯度 →(4)(5)
     热弹性
     热惯性
  Z 物理参数

热导系数
  Y 导热性

热导性
  Y 导热性

热导张量
thermal conductivity tensor
O4
  S 张量*

热等离体
  Y 热等离子体

热等离子体
thermal plasma
O532.2
    D 热等离体
    S 等离子体*

热点应力
hot spot stress
O343.4
    S 应力*
    C 结构疲劳

热电薄膜
thermoelectric film
TB43；TM21
    D 热释电薄膜
    S 介电薄膜
    C 热电效应
    Z 电工薄膜

热电磁流体动力学
thermoelectric magnetohydrodynamics
O361
    S 磁流体动力学
    C 电磁流体
    Z 流体力学

热电动势
thermal electromotive force
O442；O482.6
    D 热电势
    S 电动势*

热电晶体
    Y 热释电晶体

热电离
thermal ionization
O562.4
    D 热致电离
    S 化学电离*

热电偶
thermocouple
TB94；TH81
    S 测量仪器*
    C 高温计
       热电效应

热-电耦合分析
thermal electric coupling analysis
O551；O642.3
    S 化学分析法*
    C 温度梯度场

热电势
    Y 热电动势

热电效应
thermoelectric effect
O482.6
    D 热释电效应
       温差电
       温差电现象
       温差电效应
    S 热效应*
    F 珀尔帖效应
       塞贝克效应
       汤姆逊效应
    C 热电薄膜

热电偶
热电性

热电性
pyroelectricity
O482.6
    D 热电性质
    S 介电性质
    C 热电效应
       热电转换
       热释电晶体
    Z 电学性质

热电性质
    Y 热电性

热电转换
thermoelectric conversion
O43
    S 直接能量转换
    C 热电性
    Z 能量转换

热电子
thermoelectron
O572.322
    S 电子*
    F 超热电子

热电子发射
thermionic emission
O462.1
    D 电热发射
       热离子电子发射
    S 电子发射
    C 热阴极 →(3)
    Z 发射

热电阻
thermal resistance
TM934.1
    S 电阻*

热动力模型
    Y 热力学模型

热动力学性质
    Y 热力学性质

热动平衡
    Y 热力学平衡

热端温差
    Y 传热端差

热端温度差
    Y 传热端差

热对流
    Y 自然对流

热发光
    Y 热光

热方程
    Y 热传导方程

热方程组
    Y 热传导方程

热方程组式
    Y 热传导方程

热防护
    Y 绝热过程

热辐射
thermal radiation
O55
    D 热辐射波
    S 辐射*
    C 传热
       热能 →(4)
       热图像
       自然对流

热辐射波
    Y 热辐射

热辐射光源
    Y 热光源

热负荷
    Y 热载荷

热附面层
    Y 温度边界层

热功当量
mechanical equivalent of heat
O551；P43
    S 当量*

热功率
thermal power
TK12
    S 功率*

热关系式
    Y 热传导方程

热惯量
thermal inertia
O482.2
    S 数量*

热惯性
thermal inertia
O55
    S 热性能*
    C 热导率

热光
thermal light
O432.12
    S 光*
    F 准热光

热光晶体
thermal-optical crystals
O73
    D 热释光晶体
    S 光存储晶体
    Z 光学晶体
       晶体

热光系数
thermo-optical coefficient
O435.1
    S 光学系数*

热光效应
thermo-optical effects
O753.2

S 光学效应*
　　C 光热光谱
　　　光声效应

热光源
thermal light source
O432.1
　　D 热辐射光源
　　S 光源*

热龟裂
　　Y 热应力裂纹

热过屈曲
　　Y 热后屈曲

热函
　　Y 焓

热焓
　　Y 焓

热耗散
thermal dissipation
O551
　　S 耗散*

热核反应
　　Y 核聚变

热核聚变
　　Y 核聚变

热荷载
　　Y 热载荷

热红外
thermal infrared
O434.3
　　D 红外热波
　　　热红外光
　　　热红外线
　　S 红外线
　　C 热红外辐射
　　　热红外图像
　　　热红外遥感 →(4)(5)
　　　热红外异常 →(4)
　　Z 电磁波

热红外辐射
thermal infrared radiation
O434.3
　　S 红外辐射
　　C 热红外
　　Z 辐射

热红外光
　　Y 热红外

热红外扫描影像
　　Y 热红外图像

热红外图像
thermal infrared imagery
O434.3
　　D 热红外扫描影像
　　　热红外影像
　　S 红外图像
　　C 热红外
　　Z 光学图像

热红外线
　　Y 热红外

热红外影像
　　Y 热红外图像

热虹吸
thermosyphon
O351.2
　　S 虹吸*
　　C 凝结

热后屈曲
thermal post-buckling
O344.7
　　D 热过屈曲
　　S 热屈曲
　　C 热弹性
　　　热塑性
　　Z 屈曲

热化
thermalization
O551
　　S 物理过程*

热击波
thermal shock wave
O347.4
　　D 热冲击波
　　S 冲击波*

热-机械耦合
thermal mechanical coupling
O369
　　S 耦合(力学)*
　　C 热弹耦合振动

热畸变
thermal distortion
TB30
　　S 畸变*

热激波
thermal shock wave
O354.5
　　S 激波*

热激弛豫电流
　　Y 热激电流

热激磁效应
　　Y 磁热效应

热激电流
thermally stimulated current
O482.4
　　D 热激弛豫电流
　　　热激离子电流
　　S 电流*

热激发
thermal excitation
O561.4
　　S 激发*
　　F 非选择性热激发

热激离子电流
　　Y 热激电流

热寂

heat death
O414.1
　　D 热寂理论
　　　热寂说
　　S 热力学理论
　　Z 物理理论

热寂理论
　　Y 热寂

热寂说
　　Y 热寂

热交换
　　Y 传热

热交换长晶法
　　Y 热交换法

热交换定律
　　Y 热平衡方程

热交换法
heat exchange method
O78
　　D 热交换长晶法
　　S 熔体生长法
　　Z 晶体生长方法

热交换方程
　　Y 热平衡方程

热交换方程式
　　Y 热平衡方程

热交换公式
　　Y 热平衡方程

热交换计算法
　　Y 热平衡方程

热交换计算方法
　　Y 热平衡方程

热交换计算式
　　Y 热平衡方程

热交换系数
　　Y 热导率

热交换循环
　　Y 热力学循环

热解吸
thermal desorption
O552.3；O65
　　D 热脱附
　　S 吸附*

热介质
　　Y 传热介质

热纠缠
thermal entanglement
O413.1
　　D 量子热纠缠
　　　量子热纠缠态
　　S 量子纠缠态
　　Z 能态

热绝缘
　　Y 绝热过程

热科学
　　Y 热学

热空穴
hot hole
O473
　　S 空穴
　　F 衬底热空穴
　　Z 载流子

热扩散
thermal diffusion
O552
　　D 达福数
　　　 达福效应
　　　 热扩散性
　　S 分子扩散
　　C 热扩散率
　　　 同位素分离
　　Z 扩散

热扩散方程
heat diffuse equation
O414.12
　　D 热扩散方程公式
　　　 热扩散方程式
　　　 热扩散方程组
　　　 热扩散方程组式
　　　 热扩散公式
　　　 热扩散关系式
　　　 热扩散计算法
　　　 热扩散计算方法
　　　 热扩散计算式
　　　 热散方程
　　　 热散方程公式
　　　 热散方程式
　　　 热散方程组
　　　 热散方程组式
　　　 热散公式
　　　 热散计算法
　　　 热散计算方法
　　　 热散计算式
　　S 热力学方程*

热扩散方程公式
　　Y 热扩散方程

热扩散方程式
　　Y 热扩散方程

热扩散方程组
　　Y 热扩散方程

热扩散方程组式
　　Y 热扩散方程

热扩散公式
　　Y 热扩散方程

热扩散关系式
　　Y 热扩散方程

热扩散计算法
　　Y 热扩散方程

热扩散计算方法
　　Y 热扩散方程

热扩散计算式
　　Y 热扩散方程

热扩散率
thermal diffusivity
O551.3
　　D 热扩散系数
　　　 温度传导率
　　S 热力学参数
　　C 传热
　　　 绝热过程
　　　 扩散系数
　　　 普朗特数
　　　 热扩散
　　Z 物理参数

热扩散系数
　　Y 热扩散率

热扩散性
　　Y 热扩散

热浪
heat wave
O354；P433
　　D 爆炸气浪
　　　 高温热浪
　　　 气浪
　　S 气流*
　　C 异常高温 →(4)

热离子电子发射
　　Y 热电子发射

热离子发射
thermionemission
O463.2
　　D 理查森效应
　　　 热离子离子发射
　　S 离子发射
　　Z 发射

热离子离子发射
　　Y 热离子发射

热力
thermal force
O414.1；P314
　　S 力*

热力场
thermal field
O414.1
　　S 物理场*

热力方程
　　Y 热力学方程

热力方程式
　　Y 热力学方程

热力方程组
　　Y 热力学方程

热力方程组式
　　Y 热力学方程

热力公式
　　Y 热力学方程

热力关系式
　　Y 热力学方程

热力流
　　Y 自然对流

热力罗斯贝数
　　Y 罗斯比数

热力强度
　　Y 热强度

热力特性
　　Y 热力学性质

热力特征
　　Y 热力学性质

热力性能
　　Y 热力学性质

热力性质
　　Y 热力学性质

热力学*
thermodynamics
O414.1；O642.1
　　D 合金热力学
　　　 聚合热力学
　　F 表面热力学
　　　 非平衡态热力学
　　　 非线性热力学
　　　 固体热力学
　　　 混合热力学
　　　 结晶热力学
　　　 界面热力学
　　　 经典热力学
　　　 气动热力学
　　　 热场动力学
　　　 统计热力学
　　　 相变热力学
　　　 相对论性热力学
　　C 焓
　　　 化学动力学 →(3)
　　　 热化学 →(3)
　　　 热力学定律
　　　 热力学性质
　　　 热平衡 →(3)
　　　 熵
　　　 状态方程

热力学冰球温度
　　Y 热力学温度

热力学参数
thermodynamic parameter
O414.1
　　S 物理参数*
　　F 放热系数
　　　 热导率
　　　 热扩散率
　　　 热膨胀系数
　　C 热力学方程
　　　 热力学平衡
　　　 热力学性质

热力学常数
thermodynamic constants
O414.11
　　S 物理常数*
　　F 玻尔兹曼常数
　　　 气体常数

热力学第二定律

second law of thermodynamics
O414.11
- S 热力学定律
- F 卡诺定理
  麦克斯韦妖
- Z 物理定律

热力学第零定律
zeroth law of thermodynamics
O414.11
- S 热力学定律
- C 热力学平衡
- Z 物理定律

热力学第三定律
third law of thermodynamics
O414.11
- S 热力学定律
- Z 物理定律

热力学第一定律
first law of thermodynamics
O414.11
- S 热力学定律
- Z 物理定律

热力学定律
law of thermodynamics
O414.11
- S 物理定律*
- F 阿伏伽德罗定律
  玻意耳定律
  查理定律
  道尔顿定律
  菲克定律
  傅立叶定律
  热力学第二定律
  热力学第零定律
  热力学第三定律
  热力学第一定律
  热力学判据
  熵增原理
- C 热力学
  热力学方程
  热力学函数 →(3)
  热力学理论
  热力学模型
  热力学系统
  热力学效应
  热力学性质

热力学方程*
thermodynamic equation
O414.11
- D 热力方程
  热力方程式
  热力方程组
  热力方程组式
  热力公式
  热力关系式
  热力学方程式
  热力学方程组
  热力学方程组式
  热力学公式
  热力学关系
  热力学关系式
  热力学基本方程
  热力学基本方程式
  热力学基本方程组
  热力学基本公式
  热流方程
  热流量方程
- F 绝热方程
  理想气体方程
  麦克斯韦关系式
  热传导方程
  热扩散方程
  热平衡方程
  物态方程
- C 热力学变量 →(3)
  热力学参数
  热力学定律
  热力学方法
  热力学过程
  热力学函数 →(3)
  热力学理论
  热力学模型
  热力学性质

热力学方程式
- Y 热力学方程

热力学方程组
- Y 热力学方程

热力学方程组式
- Y 热力学方程

热力学方法
thermodynamic process
O414.1
- S 物理法*
- C 热力学方程

热力学公式
- Y 热力学方程

热力学关系
- Y 热力学方程

热力学关系式
- Y 热力学方程

热力学过程*
thermodynamic process
O414.1
- F 绝热过程
  熵流
  准静态过程
- C 热力学方程
  热力学模型

热力学基本方程
- Y 热力学方程

热力学基本方程式
- Y 热力学方程

热力学基本方程组
- Y 热力学方程

热力学基本公式
- Y 热力学方程

热力学理论
thermodynamic theory
O414.11
- S 物理理论*
- F 热寂

热质理论
系综理论
- C 热力学定律
  热力学方程
  热力学平衡
  热力学性质

热力学量
thermodynamic quantities
O551.3
- S 物理量*

热力学罗斯贝数
- Y 罗斯比数

热力学模式
- Y 热力学模型

热力学模型
thermodynamic model
O414.1; P401
- D 热动力模型
  热力学模式
- S 物理模型*
- C 热力学定律
  热力学方程
  热力学过程

热力学判据
thermodynamic criterion
O414.11
- S 热力学定律
- Z 物理定律

热力学平衡
thermodynamic equilibrium
O414.1; O642.4
- D 热动平衡
  热力学平衡态
  热平衡态
- C 绝热条件
  热力学参数
  热力学第零定律
  热力学理论
  热力学效应
  热力学性质

热力学平衡态
- Y 热力学平衡

热力学熔点
thermodynamic melting point
O551.3
- S 熔点
- Z 温度

热力学熵
thermodynamic entropy
O414.1
- S 熵*

热力学湿球温度
- Y 热力学温度

热力学霜点温度
- Y 热力学温度

热力学特征
- Y 热力学性质

热力学温标

主　表　599

thermodynamic scale
O551.2；P412.11
　D　绝对温标
　　　开尔文温标
　　　开氏温标
　　　开式温标
　S　温标*

热力学温度
thermodynamic temperature
TB942
　D　热力学冰球温度
　　　热力学湿球温度
　　　热力学霜点温度
　S　温度*

热力学稳定性
thermodynamic stability
O414.1
　D　聚结稳定性
　S　稳定性*

热力学系统
thermodynamic system
O414.1
　S　系统*
　C　热力学定律

热力学效率
　Y　热效率

热力学效应
thermodynamic effect
O551.3
　D　热-力学效应
　S　力学效应*
　F　涨落效应
　C　热力学定律
　　　热力学平衡
　　　热力学性质

热-力学效应
　Y　热力学效应

热力学性质*
thermodynamic properties
O414.1
　D　热动力学性质
　　　热力特性
　　　热力特征
　　　热力性能
　　　热力性质
　　　热力学特征
　F　热沉
　　　热力学循环
　C　热化学性质　→(3)
　　　热力学
　　　热力学变量　→(3)
　　　热力学参数
　　　热力学定律
　　　热力学方程
　　　热力学函数　→(3)
　　　热力学理论
　　　热力学平衡
　　　热力学效应

热力学循环
thermodynamic cycle
O55；O642；P433

　D　艾托克生循环
　　　奥托循环
　　　白托明循环
　　　狄塞尔循环
　　　二元循环
　　　费尔循环
　　　封闭循环
　　　复合循环
　　　合并循环
　　　焦尔循环
　　　卡诺循环
　　　开口循环
　　　朗肯循环
　　　冷却加热循环
　　　理想循环
　　　内冷循环
　　　热交换循环
　　　液态金属循环
　　　衣瑞克生循环
　　　真实循环
　S　热力学性质*
　F　斯特林循环

热力学致冷
　Y　冷却

热力影响
　Y　热效应

热力作用
thermodynamic activity
O414.1；P401
　S　力的作用*

热利用率
　Y　热效率

热量*
heat
O414；O551.1
　D　热
　　　热值
　F　焦耳热
　　　结晶热
　　　热容
　　　熔化热
　　　升华热
　　　吸热
　C　热量分析
　　　热量计
　　　热量平衡
　　　热量指标　→(4)
　　　热量资源　→(4)
　　　热损失
　　　温度

热量传递
　Y　传热

热量单位
heat unit
TB941
　S　计量单位*
　F　卡路里

热量分析
thermal analysis
O551.1；O642.3
　S　化学分析法*

　C　热量

热量计
calorimeter
TH81
　D　卡计
　　　量热计
　　　量热器
　S　测量仪器*
　F　微量热计
　C　量热法　→(3)
　　　热量

热量交换
　Y　传热

热量平衡
heat balance
O551；P401；P433；P733
　D　热量收支
　　　热收支
　S　能量平衡*
　C　差示扫描量热法
　　　量热法　→(3)
　　　平衡方程　→(4)
　　　热量
　　　热量资源　→(4)

热量收支
　Y　热量平衡

热量输送
　Y　传热

热量损失
　Y　热损失

热量运移
　Y　传热

热裂变
　Y　核裂变

热流*
heat flow
P314.2；P43
　F　外热流

热流动
heat flow
O351.2
　S　流动*
　C　热流体

热流方程
　Y　热力学方程

热流固耦合
fluid-solid-heat coupling
O369
　D　热-流-固耦合
　S　流固耦合
　Z　耦合(力学)

热-流-固耦合
　Y　热流固耦合

热流量
heat discharge
O35；P314.2
　D　大地热流量

S 流量*
C 热流值 →(5)

热流量方程
Y 热力学方程

热流体
thermal fluid
O351.2
D 过热流体
S 流体*
F 潜热型功能热流体
C 流体性质
热流动

热流体波
hydrothermal wave
TK1
S 波*
C 热毛细对流

热流体动力学
Y 自然对流

热脉冲
Y 温度脉冲

热漫散射
thermal diffuse scattering
O722.6
S 漫散射
热致散射
Z 光散射
散射

热毛细对流
thermocapillary convection flow
O363.2；O552
D Marangoni 对流
马兰哥尼对流
马棨哥尼对流
S 表面张力对流
C 热流体波
微重力
微重力流体
Z 对流

热敏电阻
thermistor
TM934.1
D 热敏电阻测温链
S 电阻*

热敏电阻测温链
Y 热敏电阻

热敏绘图仪
thermal plotter
TH761.8
S 绘图仪
Z 仪器仪表

热粘塑性本构关系
thermo-viscoplastic constitutive relations
O345
S 本构方程
C 热塑性
粘塑性
Z 力学方程

热粘弹性
thermoviscoelasticity
O343.6；O345
S 粘弹性
C 弹性变形
伪弹性
Z 力学性质

热扭转
hot torsion
O344.3
S 扭转
Z 变形

热喷射噪声
Y 气流噪声

热膨胀
thermal expansion
O551.3
D 热膨胀机制
S 膨胀*
F 反常热膨胀
晶格膨胀
绝热膨胀
C 热膨胀系数

热膨胀机制
Y 热膨胀

热膨胀系数
thermal expansion coefficients
O55
D 体膨胀率
体胀系数
S 热力学参数
C 热膨胀
Z 物理参数

热疲劳
thermal fatigue
O346.2
D 高温疲劳
S 疲劳*
C 低温疲劳
裂纹长度
热疲劳性能
热应变
热应力
热应力裂纹

热疲劳性能
thermal fatigue property
O346.2
S 疲劳性能
C 热疲劳
损耗因子
Z 力学性质

热平衡方程
heat balance equation
O414.12
D 热交换定律
热交换方程
热交换方程式
热交换公式
热交换计算法
热交换计算方法
热交换计算式
热平衡方程式
热平衡公式
热平衡计算法
热平衡计算方法
热平衡计算式
S 热力学方程*

热平衡方程式
Y 热平衡方程

热平衡公式
Y 热平衡方程

热平衡计算法
Y 热平衡方程

热平衡计算方法
Y 热平衡方程

热平衡计算式
Y 热平衡方程

热平衡态
Y 热力学平衡

热平衡条件
thermal equilibrium condition
O551
S 能量条件
平衡条件
Z 条件

热屏蔽
Y 绝热过程

热谱
thermography
O551；O657
D 热谱图
S 化学分析法*

热谱图
Y 热谱

热气动弹性
Y 气动热弹性

热强度
Y 热强度

热强度
hot strength
O346
D 放热强度
高温浸润强度
高温强度
加热强度
耐热强度
热力强度
热强度
热强度(力学)
S 力学强度*
C 高温蠕变
热应力

热强度(力学)
Y 热强度

热强度计算
Y 强度计算

热屈曲

thermal buckling
O343.6；O344.7
　　S 屈曲*
　　F 热后屈曲
　　　热皱损
　　C 热塑性弹性

热缺陷
thermal defects
O771
　　S 晶体缺陷*
　　F 弗仑克尔缺陷
　　　肖特基缺陷

热扰动
thermal agitation
O55
　　S 扰动*

热韧致辐射
　　Y 韧致辐射

热容
heat capacity
O551.1
　　S 热量*
　　F 比热
　　　等压热容
　　　电子热容
　　　定压热容
　　　负热容
　　　摩尔热容

热熔液晶
　　Y 热致液晶

热蠕变
　　Y 高温蠕变

热散方程
　　Y 热扩散方程

热散方程公式
　　Y 热扩散方程

热散方程式
　　Y 热扩散方程

热散方程组
　　Y 热扩散方程

热散方程组式
　　Y 热扩散方程

热散公式
　　Y 热扩散方程

热散计算法
　　Y 热扩散方程

热散计算方法
　　Y 热扩散方程

热散计算式
　　Y 热扩散方程

热散射
　　Y 热致散射

热色液晶
thermochromic liquid crystal
O753.2
　　S 液晶*

热渗透
thermoosmosis
O55
　　S 渗透*

热声效应
thermoacoustic effect
O429
　　S 热效应*
　　　声学效应*

热声振荡
thermoacoustic oscillation
O429
　　S 声振荡
　　Z 声学现象

热剩磁
thermoremanence
O482.52
　　D 反向热剩余磁化
　　　局部热剩余磁化
　　　热剩余磁化
　　　热剩余磁化强度
　　　热致剩余磁化强度
　　S 剩磁*
　　C 沉积剩磁
　　　等温剩磁
　　　居里温度
　　　热退磁

热剩余磁化
　　Y 热剩磁

热剩余磁化强度
　　Y 热剩磁

热适应系数
　　Y 适应系数

热释电薄膜
　　Y 热电薄膜

热释电晶体
pyroelectric crystal
O736；O738
　　D 热电晶体
　　S 功能晶体
　　C 热电性
　　Z 晶体

热释电系数
Phroelectric coefficients
O482.6
　　S 系数*

热释电效应
　　Y 热电效应

热释发光
　　Y 热释光

热释光
thermoluminescence
O432.1
　　D 热发光
　　　热释发光
　　　热致发光
　　　热致光

　　S 发光*
　　C 热释光测年 →(4)(5)
　　　热释光剂量计

热释光剂量计
thermoluminescent dosimeter
TH71
　　D TLD
　　　热释光剂量仪
　　　热致发光剂量计
　　S 测量仪器*
　　　光学测量仪器
　　C 氟化钙 →(3)
　　　氟化锂 →(3)
　　　硫酸钙 →(3)
　　　热释光

热释光剂量仪
　　Y 热释光剂量计

热释光晶体
　　Y 热光晶体

热释光谱
thermoluminescence spectra
O433.5
　　S 光谱*

热收缩
thermal contraction
O551.3
　　S 收缩*

热收支
　　Y 热量平衡

热输送
　　Y 传热

热输运
　　Y 传热

热松弛时间
thermal relaxation time
O343.6
　　S 弛豫时间
　　Z 事件时间

热速率常数
thermal rate constants
O551
　　S 速率常数
　　Z 力学常数

热塑性
thermoplastic
O344
　　S 塑性
　　C 热后屈曲
　　　热粘塑性本构关系
　　Z 力学性质

热塑性弹性
thermoplastic elastic
O343.6
　　S 热弹性
　　C 热屈曲
　　Z 力学性质

热损失
heat loss

TK11；TK12
  D 热量损失
  S 能量损耗*
  C 绝热过程
    冷却
    热量

热弹耦合
thermoelastic coupling
O343.6
  S 耦合（力学）*
  C 热弹性

热弹耦合振动
thermoelastic coupled vibration
O326；O343.6
  S 耦合振动
  C 热弹性力学
    热-机械耦合
  Z 振动

热弹效应
thermoelastic effect
O482.2
  D 热弹性效应
  S 热效应*

热弹性
thermoelasticity
O343.6
  S 弹性
  F 广义热弹性
    气动热弹性
    热塑性弹性
  C 热弹耦合
    热导率
    热后屈曲
    热应力
    形状记忆效应
  Z 力学性质

热弹性分析
thermoelastic analysis
O343.6
  S 弹性分析
  Z 力学分析

热弹性理论
thermoelastic theory
O343.6
  S 弹性理论
  F 广义热弹性理论
  C 热弹性力学
  Z 力学理论

热弹性力学
thermoelasticity
O343.6
  S 弹性力学
  C 热弹耦合振动
    热弹性理论
  Z 固体力学

热弹性流体
  Y 塑性流体

热弹性效应
  Y 热弹效应

热特性
  Y 热性能

热通量
heat flux
O551
  D 反梯度热通量
    热通量矢量
  S 能量通量
  F 临界热通量
    熵通量
    湍流热通量
  C 大地热流 →(5)
  Z 通量

热通量矢量
  Y 热通量

热透镜
thermal lens
TH74
  S 透镜
  Z 光学元件

热透镜效应
thermal lensing effect
O551.3
  S 透镜效应
  Z 光学效应

热图象
  Y 热图像

热图像
thermal image
O551.1
  D 热图象
  S 图像*
  C 热辐射
    热辐射场 →(4)

热退磁
thermal demagnetization
O482.52
  S 消磁
  F 绝热去磁
  C 磁热效应
    热剩磁
  Z 磁性

热脱附
  Y 热解吸

热弯曲
thermal bending
O344.1
  S 弯曲*
  C 轴向位移

热稳定度
  Y 热稳定性

热稳定化
  Y 热稳定性

热稳定性
thermal stability
O414.1
  D 抗热性
    抗热性能
    耐高温性
    耐热度
    耐热性
    耐热性能
    热安全性
    热不稳定性
    热稳定度
    热稳定化
    热稳性
  S 化学性质*
  F 高热稳定性
    水热稳定性
  C 高温试验
    热活性 →(3)
    热降解 →(3)
    热阻
    液体射流

热稳定性试验
  Y 稳定性试验

热稳性
  Y 热稳定性

热物理性质
thermophysical properties
O551.3
  D 物质热性质
  S 热性能*
  F 导热性
    热阻
  C 磁热效应

热吸收
  Y 吸热

热线风速仪
hot-wire anemometer
TH815；V211
  S 测速仪
    海洋仪器*
    水文仪器*
  Z 测量仪器

热象仪
  Y 红外前视系统

热效率
thermal efficiency
O551.3
  D 热力学效率
    热利用率
  S 能量效率
  Z 效率

热效应*
thermal effect
O551；P314；P433
  D 热力影响
  F 电热效应
    耗散效应
    激光热效应
    加热效应
    焦耳热效应
    巨磁热效应
    热弹效应
    热电效应
    热声效应
    瞬态热效应
    微波热效应

主　表　603

　　C 热液蚀变 →(5)
　　　应力偶流体

热性能*
thermal properties
O551.3
　　D 热特性
　　　热性质
　　　热学性质
　　F 热脆性
　　　热惯性
　　　热物理性质

热性质
　　Y 热性能

热学
heat
O551
　　D 热科学
　　S 物理学*
　　F 测温学
　　C 固体物理学

热学实验
thermal experiment
O4-33
　　S 物理实验
　　F 焦耳实验
　　Z 科学实验

热学性质
　　Y 热性能

热循环
thermal cycling
O551
　　S 能量循环
　　C 热冲击
　　Z 循环

热压力
thermal pressure
O369；O52
　　D 电子热压力
　　S 压力*

热压缩变形
hot compression deformation
O344.1
　　S 热变形
　　　压缩变形
　　C 动态再结晶
　　Z 变形

热压缩空气
hot compressed air
TH4
　　S 压缩空气
　　C 冷压缩
　　Z 空气

热应变
thermal strain
O343.6
　　S 应变*
　　F 高温应变
　　C 热疲劳
　　　热应力

热应力
thermal stress
O343.6
　　D 地热应力
　　　温差应力
　　　温度应力
　　S 内应力
　　F 残余热应力
　　　动态热应力
　　　界面热应力
　　C 对数曲线 →(1)
　　　热变形
　　　热冲击
　　　热弹性
　　　热疲劳
　　　热强度
　　　热应变
　　　热应力裂纹
　　　形状记忆效应
　　Z 应力

热应力裂纹
thermal stress cracking
O343.6；O346.5；O48
　　D 热冲击破坏
　　　热龟裂
　　　热应力破裂
　　S 裂纹*
　　F 再热裂纹
　　C 热冲击
　　　热疲劳
　　　热应力

热应力破裂
　　Y 热应力裂纹

热泳力
thermophoresis
O354
　　S 力*
　　C 质点动力学

热源*
heat source
O551；P35；P422
　　F 非均匀内热源
　　C 海底热液 →(4)
　　　海水热泵 →(4)
　　　热量资源 →(4)
　　　热能 →(4)

热运动
thermal motion
O311；O552
　　D 无规运动
　　　无规则运动
　　S 运动(物理)*
　　F 分子热运动

热载
　　Y 热载荷

热载荷
thermal load
O347.1
　　D 热负荷
　　　热荷载
　　　热载
　　S 荷载*

　　C 层间应力
　　　热冲击

热载流子
hot carriers
O473
　　S 载流子*

热噪声
thermal noise
O422.8
　　D 电阻噪声
　　　约翰孙噪声
　　　约翰逊噪声
　　S Gauss 白噪声
　　Z 随机噪声

热真空态
thermal vacuum state
O46
　　S 真空*

热振荡
　　Y 热冲击

热振动
thermal vibration
O32；O414.1
　　S 振动*

热震
　　Y 热冲击

热蒸发
heat evaporation
O552.6；P332.2
　　S 蒸发*
　　F 真空热蒸发
　　C 间接蒸发

热值
　　Y 热量

热质
thermal mass
O414.1
　　D 热质比拟
　　S 质量*

热质比拟
　　Y 热质

热质理论
caloric theory
O551.3
　　D 热质说
　　S 热力学理论
　　F 扩散理论
　　　熵变理论
　　Z 物理理论

热质说
　　Y 热质理论

热致变色
thermochromism
O482.3
　　S 变色*
　　C 光色性 →(3)

热致电离

Y 热电离

热致发光
　　Y 热释光

热致发光剂量计
　　Y 热释光剂量计

热致光
　　Y 热释光

热致流动
　　Y 自然对流

热致散射
thermal scattering
O55；P422.3
　　D 热散射
　　S 散射*
　　F 热漫散射

热致剩余磁化强度
　　Y 热剩磁

热致相变
thermal induced phase transition
O414.13
　　D 温度诱导相变
　　S 相变*

热致型液晶
　　Y 热致液晶

热致性液晶
　　Y 热致液晶

热致液晶
thermotropic liquid crystal
O753.2
　　D 热熔液晶
　　　热致型液晶
　　　热致性液晶
　　S 液晶*
　　F 胆甾相液晶
　　　近晶相液晶
　　　向列相液晶

热滞
thermal hysteresis
O551
　　S 滞后*

热中子
thermal neutron
O572.342
　　S 中子
　　F 超热中子
　　Z 粒子

热皱损
thermal wrinkling
O344.7
　　S 热屈曲
　　C 膨胀
　　Z 屈曲

热转变
thermal transformation
O79
　　S 转变*

热阻
thermal resistance
O55
　　S 热物理性质
　　F 接触热阻
　　C 热稳定性
　　Z 热性能

人工电磁材料
artificial electromagnetic materials
O441；O482.54
　　S 电磁材料
　　Z 磁性材料

人工放射性
artificial radioactivity
O571.34
　　S 放射性*

人工耗散
　　Y 人工粘性

人工合成晶体
　　Y 人工晶体

人工晶体
artificial crystals
O799
　　D 人工合成晶体
　　　人造晶体
　　S 晶体*
　　F 人工欧泊
　　　人工水晶
　　C 晶体合成

人工裂缝
artificial fractures
O346.1
　　D 人工压裂
　　　人工压裂缝
　　　人造裂缝
　　S 压裂裂缝
　　Z 裂缝

人工粘性
artificial viscosity
O357
　　D 人工耗散
　　　人工黏性
　　S 粘度*
　　C 粘性耗散

人工黏性
　　Y 人工粘性

人工欧泊
artificial opal
O799
　　S 人工晶体
　　Z 晶体

人工水晶
synthetic quartz
O799
　　S 人工晶体
　　Z 晶体

人工压裂
　　Y 人工裂缝

人工压裂缝
　　Y 人工裂缝

人工重力
artificial gravity
O314
　　D 模拟重力
　　　人造重力
　　S 重力
　　C 失重
　　　重力模拟 →(5)
　　Z 力

人体静电
static electricity on human body
O441.1
　　S 静电荷
　　Z 电荷

人员监测
　　Y 辐射测量

人造磁场
　　Y 磁场

人造晶体
　　Y 人工晶体

人造裂缝
　　Y 人工裂缝

人造重力
　　Y 人工重力

刃位错
　　Y 刃型位错

刃型位错
edge dislocation
O772
　　D 边缘位错
　　　刀刃型位错
　　　刃位错
　　S 位错
　　C 螺旋位错
　　Z 晶体缺陷

认知物理学
cognitive physics
O59
　　S 应用物理学
　　Z 物理学

任意拉格朗日欧拉法
　　Y 任意拉格朗日-欧拉法

任意拉格朗日-欧拉法
arbitrary Lagrangian-Eulerian computing methods
O302
　　D 任意拉格朗日欧拉法
　　　任意拉格朗日-欧拉方法
　　　任意拉格朗日-欧拉描述
　　S 欧拉方法
　　Z 力学方法

任意拉格朗日-欧拉方法
　　Y 任意拉格朗日-欧拉法

任意拉格朗日-欧拉描述
　　Y 任意拉格朗日-欧拉法

韧致辐射
bremsstrahlung radiation
O572
- D 回旋辐射
  - 静电韧致辐射
  - 离子回旋辐射
  - 内韧致辐射
  - 热韧致辐射
  - 韧致辐射
  - 引力韧致辐射
- S 电子辐射
- F 同步加速辐射
- C 电子-原子碰撞
- Z 辐射

韧脆转变
- Y 延性-脆性转变

韧-脆转变
- Y 延性-脆性转变

韧度
- Y 韧性

韧窝机理
mechanism of dimples
O346.12；O346.3
- S 断裂机理
- C 韧性变形
  - 韧性断裂
- Z 机理

韧性
toughness
O344.3
- D 坚韧性
  - 切口韧性
  - 缺口韧性
  - 韧度
- S 力学性质*
- F 冲击韧性
  - 断裂韧性
  - 界面韧性
  - 止裂韧度
- C 解理断裂
  - 莫氏硬度
  - 切口强度
  - 韧性变形
  - 韧性断裂

韧性变形
ductile deformation
O344.3
- D 延性变形
- S 变形*
- F 韧性剪切变形
- C 断裂强度
  - 韧窝机理
  - 韧性
  - 韧性断裂
  - 韧性剪切

韧性-脆性转变
- Y 延性-脆性转变

韧性断口
ductile fracture surface
O346.5
- S 断口*

韧性断裂
ductile fracture
O346.12
- D 延性断裂
  - 延性裂
- S 断裂*
- F II型断裂
  - III型断裂
  - 剪切断裂
  - 蠕变断裂
  - 塑性断裂
- C 弹塑性有限元
  - 韧窝机理
  - 韧性
  - 韧性变形
  - 韧性耗散
  - 柔度法
  - 延性
  - 延性-脆性转变

韧性耗散
toughness degradation
O346.12；O346.5
- S 耗散*
- C 韧性断裂

韧性剪切
ductile shearing
O344.1
- S 剪切*
- C 韧性变形

韧性剪切变形
ductile shear deformation
O344.3
- D 延性剪切变形
- S 剪切变形
  - 韧性变形
- C 剪切
- Z 变形

容积粘度
volume viscosity
O37
- D 体积粘性
  - 体粘性
- S 粘度*

韧性破坏
- Y 塑性破坏

韧性试验
- Y 弯曲实验

韧性撕裂
ductile tearing
O346.12
- D 延性撕裂
- S 撕裂
- Z 断裂

韧致辐射
- Y 韧致辐射

日光
- Y 阳光

日内瓦测光
- Y 测光系统

日内瓦测光系统
- Y 测光系统

日心引力常数
- Y 引力常数

日照
- Y 阳光

容积流量
- Y 体积流量

容积模量
- Y 体积模量

容积弹性
- Y 体积弹性

容积弹性模量
- Y 体积弹性模量

容积应变
- Y 体积应变

容许应力
- Y 许用应力

溶化
- Y 溶解

溶剂化电子
solvated electron
O562.1
- D 水化电子
- S 电子*
- C 溶剂化 →(3)

溶剂化效应
- Y 溶剂效应

溶剂结晶
solvent crystallization
O799
- D 溶剂结晶法
  - 溶剂结晶方法
  - 溶剂结晶过程
  - 溶剂结晶化过程
  - 溶剂诱导结晶
  - 溶剂诱导结晶法
  - 溶剂诱导结晶方法
  - 溶剂诱导结晶过程
  - 溶剂诱导结晶化过程
  - 溶剂诱导晶化
  - 溶剂诱导晶化法
  - 溶剂诱导晶化方法
  - 溶剂诱导晶化过程
- S 溶析结晶
- Z 结晶

溶剂结晶法
- Y 溶剂结晶

溶剂结晶方法
- Y 溶剂结晶

溶剂结晶过程
- Y 溶剂结晶

溶剂结晶化过程
- Y 溶剂结晶

溶剂熔区移动法

溶剂效应
solvent effect
O57；O641.12
- D 溶剂化效应
- S 化学效应*
- C 谱
  溶剂 →(3)(5)

溶剂诱导结晶
- Y 溶剂结晶

溶剂诱导结晶法
- Y 溶剂结晶

溶剂诱导结晶方法
- Y 溶剂结晶

溶剂诱导结晶过程
- Y 溶剂结晶

溶剂诱导结晶化过程
- Y 溶剂结晶

溶剂诱导晶化
- Y 溶剂结晶

溶剂诱导晶化法
- Y 溶剂结晶

溶剂诱导晶化方法
- Y 溶剂结晶

溶剂诱导晶化过程
- Y 溶剂结晶

溶剂蒸发法
solvent evaporated method
O782
- S 溶液生长法
- Z 晶体生长方法

溶解*
dissolve
O645.1
- D 溶化
  溶解过程
  溶解态
  溶解作用
- F 晶体溶解
- C 分散 →(3)
  浓度
  溶剂 →(3)(5)
  溶剂化 →(3)
  溶解动力学 →(3)
  溶解度 →(3)
  溶解平衡 →(3)
  溶解热 →(3)
  溶液

溶解-反应量热法
- Y 溶解量热法

溶解过程
- Y 溶解

溶解结晶
- Y 溶析结晶

溶解结晶法
- Y 溶析结晶

 Y 移动加热器法

溶解量热法
solution calorimetry
O551.1；O642.3
- D 溶解-反应量热法
- S 化学分析法*

溶解态
- Y 溶解

溶解-析晶
- Y 溶析结晶

溶解自由能
free melting energy
O414.1；O645.1
- S 自由能
- Z 能量

溶解作用
- Y 溶解

溶媒结晶
solvent crystallization
O799
- D 溶媒结晶法
- S 溶析结晶
- Z 结晶

溶媒结晶法
- Y 溶媒结晶

溶析结晶
solventing out crystallization
O799
- D 溶解结晶
  溶解结晶法
  溶解-析晶
  溶析结晶法
- S 工业结晶
- F 溶剂结晶
  溶媒结晶
  溶液结晶
- Z 结晶

溶析结晶法
- Y 溶析结晶

溶液*
solutions
O645
- D KCl 溶液
  LiBr 溶液
  Na_2SO_4 溶液
  非理想溶液
  高铁酸盐溶液
  硅酸钠溶液
  理想溶液
- F 二元冰
  液晶溶液
- C 饱和 →(3)
  混合物
  浓度
  溶解
  溶解度 →(3)
  溶解性 →(3)
  稀释 →(3)
  液体混合物 →(3)

溶液法晶体生长
- Y 溶液晶体生长

溶液结晶
solution crystallization
O79
- D 溶液结晶过程
  溶液结晶化过程
  溶液晶化
- S 溶析结晶
- Z 结晶

溶液结晶过程
- Y 溶液结晶

溶液结晶化过程
- Y 溶液结晶

溶液晶化
- Y 溶液结晶

溶液晶体生长
solution crystal growth
O782
- D 溶液法晶体生长
  溶液生长
- S 晶体生长*
- F 凝胶法生长
  水热生长
  水溶液生长
  移动加热器法生长
- C 沉淀分离 →(3)

溶液生长
- Y 溶液晶体生长

溶液生长法
solution growth method
O782
- D 溶液生长方法
- S 晶体生长方法*
- F 高温溶液法
  合成溶质扩散法
  溶剂蒸发法
  水热生长法

溶液生长方法
- Y 溶液生长法

溶质分凝
solute segregation
O552.6
- S 分凝
- Z 物质分离

溶质合成扩散法
- Y 合成溶质扩散法

溶致性液晶
- Y 溶致液晶

溶致液晶
lyotropic liquid crystal
O753.2
- D 溶致性液晶
- S 液晶*
- C 临界浓度 →(3)

溶致液晶相
lyotropic liquid crystal phase
O753.2
- S 液晶相
- Z 晶相

主　表　607

熔点
melting point
O552.6
　S　转变温度
　F　热力学熔点
　C　熔化
　　　熔化热
　Z　温度

熔法晶体生长
　Y　熔体生长

熔合反应
fusion reaction
O571.4
　S　重离子反应
　Z　核反应

熔化
melting
O552.6
　S　固-液相变
　F　冲击熔化
　　　区域熔化
　C　坩埚　→(3)
　　　熔点
　　　液态金属　→(3)
　Z　物态变化

熔化过程
　Y　熔融

熔化潜热
　Y　熔化热

熔化热
fusion heat
O642；O74
　D　凝固热
　　　熔化潜热
　　　熔解潜热
　　　熔解热
　　　融化潜热
　　　融化热
　　　融解潜热
　　　融解热
　S　热量*
　C　潜热　→(3)(4)
　　　熔点

熔解潜热
　Y　熔化热

熔解热
　Y　熔化热

熔融
melting
O414.12；O631.2
　D　熔化过程
　　　熔融状态
　　　融解
　　　消融
　S　化学反应*

熔融结晶
melt crystallization
O799
　D　熔融结晶法
　　　熔融结晶方法

　　　熔融结晶过程
　　　熔融结晶化过程
　　　熔融晶化过程
　S　结晶*

熔融结晶法
　Y　熔融结晶

熔融结晶方法
　Y　熔融结晶

熔融结晶过程
　Y　熔融结晶

熔融结晶化过程
　Y　熔融结晶

熔融浸渍法
melt impregnation method
O78
　D　熔融浸渍方法
　S　晶体生长方法*

熔融浸渍方法
　Y　熔融浸渍法

熔融晶化过程
　Y　熔融结晶

熔融模型
melting model
O552.6
　S　力学模型*
　F　挤出熔融模型

熔融体
　Y　熔体

熔融形态
　Y　固溶态

熔融织构
melt texture
O795
　S　织构*

熔融状态
　Y　熔融

熔体*
fused mass
O552.6
　D　熔融体
　F　过冷熔体

熔体导模法
　Y　导模法

熔体对流
melt convection
TK1
　S　对流*

熔体法
　Y　熔体生长法

熔体法生长
　Y　熔体生长

熔体晶体生长
　Y　熔体生长

熔体生长

crystal growth from melt
O782
　D　LEC 生长
　　　熔法晶体生长
　　　熔体法生长
　　　熔体晶体生长
　S　晶体生长*
　F　浮区法生长
　　　区熔法晶体生长
　　　熔盐法晶体生长
　　　引上法晶体生长

熔体生长法
melt growth
O782
　D　熔体法
　S　晶体生长方法*
　F　氨热法
　　　布里奇曼法
　　　基座法
　　　凯罗泡洛斯法
　　　冷坩埚法
　　　偏心拉晶法
　　　区熔法
　　　热交换法
　　　熔盐法
　　　缩颈法
　　　梯度凝固法
　　　提拉法
　　　温度梯度法
　　　无坩埚法
　　　焰熔法
　　　移动加热器法

熔透状态
　Y　固溶态

熔盐法
molten salt method
O782
　D　助溶剂法
　　　助熔剂法
　S　熔体生长法
　F　反应性熔盐法
　　　籽晶法
　　　自发成核法
　Z　晶体生长方法

熔盐法晶体生长
crystal growth by molten salt method
O782
　D　熔盐晶体生长
　　　熔盐生长
　S　熔体生长
　Z　晶体生长

熔盐晶体生长
　Y　熔盐法晶体生长

熔盐生长
　Y　熔盐法晶体生长

融化潜热
　Y　熔化热

融化热
　Y　熔化热

融解

融解潜热
Y 熔化热

融解热
Y 熔化热

冗余离散小波变换
redundant discrete wavelet transform
TN911；TP391
S 小波变换*

冗余约束
Y 多余约束

柔度
Y 柔性

柔度法
flexibility method
O344.3
D 挠度法
挠性法
柔性法
S 结构分析方法
C 单位载荷法
非线性分析 →(1)
极限分析
力法
韧性断裂
柔性
Z 力学方法

柔度系数
flexibility factor
O344.3
S 力系数
C 扩散速度
裂纹长度
Z 系数

柔量
Y 弹性常数

柔软度
Y 柔性

柔软性
Y 柔性

柔顺性
Y 柔性

柔体动力学
flexible body dynamics
O313
D 柔性动力学
S 动力学
F 柔性多体动力学
Z 理论力学

柔性
flexibility
O344.3
D 储存柔软度
非刚性
复柔软度
挠性
柔度
柔软度

Y 熔融

柔软性
柔顺性
柔性度
蠕变柔软度
软化度
软化性
损耗柔软度
徐变柔度
易弯性
S 力学性质*
F 结构柔性
C 动态特性
柔度法
柔性壁
蠕变柔量

柔性壁
compliant wall
O342
S 壁*
C 柔性

柔性动力学
Y 柔体动力学

柔性度
Y 柔性

柔性多体动力学
flexible multibody dynamics
O313.7
D 多柔体动力学
S 多体动力学
柔体动力学
F 多柔体系统动力学
C 柔性多体系统
Z 理论力学

柔性多体系统
flexible multi-body system
O313.7
D 多柔体系统
S 多体系统
C 模型理论 →(1)
柔性多体动力学
Z 力学系统

柔性法
Y 柔度法

柔性理论
Y 弹性理论

柔性试验
Y 弯曲实验

柔性有机电致发光
flexible organic electroluminescence
O436.4
S 有机电致发光
Z 发光

儒可夫斯基变换
Joukowski transformation
O441
D Joukowski 变换法
S 数学方法*
C 椭圆柱体 →(1)

蠕变*
creep
O344.6
D 蠕变变形
蠕动变形
蠕滑
蠕滑变形
F 磁通蠕变
动态蠕变
多轴蠕变
非定常蠕变
高温蠕变
加速蠕变
剪切蠕变
扩散蠕变
拉伸蠕变
疲劳蠕变
区域蠕变
软土蠕变
三轴蠕变
嬗变蠕变
室温蠕变
体积蠕变
稳态蠕变
循环蠕变
压入蠕变
压缩蠕变
C 流变
蠕变率
蠕变屈曲
蠕变试验 →(5)
蠕变应力指数
寿命预测
松弛函数
应力增长
粘性效应

蠕变本构方程
creep constitutive equations
O344.3；O344.6
S 本构方程
蠕变方程
Z 力学方程

蠕变变形
Y 蠕变

蠕变第二阶段
Y 稳态蠕变

蠕变断裂
creep rupture
O344.6；O346.12
D 蠕变破断
S 韧性断裂
C 静地震 →(5)
蠕变极限
蠕变裂纹扩展
蠕变疲劳
蠕变强度
蠕变损伤
Z 断裂

蠕变断裂强度
Y 蠕变强度

蠕变方程
creep equation
O344.6

S 力学方程*
　　F 蠕变本构方程
蠕变分析
creep analysis
O344.6
　　S 力学分析*
　　C 剪切流
　　　 蠕变理论
蠕变函数
creep function
O344.6
　　D 记忆函数
　　S 函数*
蠕变恢复
creep recovery
O344.6
　　D 蠕变回复
　　　 塑性余流
　　S 蠕变性能
　　Z 力学性质
蠕变回复
　　Y 蠕变恢复
蠕变极限
creep limit
O344.6
　　S 蠕变性能
　　C 疲劳强度
　　　 蠕变断裂
　　　 蠕变强度
　　Z 力学性质
蠕变抗力
　　Y 蠕变强度
蠕变理论
creep theory
O344.6
　　D 非线性蠕变理论
　　　 线性蠕变理论
　　S 力学理论*
　　C 非牛顿流体
　　　 幂次律蠕变 →(5)
　　　 区域蠕变
　　　 蠕变分析
　　　 三轴蠕变
蠕变裂纹扩展
creep crack growth
O344.6；O346.12
　　S 裂纹扩展
　　C 蠕变断裂
　　Z 扩展
蠕变流
　　Y 蠕流
蠕变率
creep rate
O344.6
　　S 蠕变性能
　　C 蠕变
　　Z 力学性质
蠕变疲劳
creep fatigue

O344.6；O346.2
　　S 疲劳*
　　C 冲击疲劳
　　　 蠕变断裂
　　　 蠕变-疲劳交互作用
蠕变-疲劳交互作用
creep-fatigue interaction
O344.6；O346.2
　　S 力学作用*
　　C 蠕变疲劳
　　　 寿命预测
蠕变破断
　　Y 蠕变断裂
蠕变破坏
　　Y 蠕变损伤
蠕变破坏强度
　　Y 蠕变强度
蠕变强度
creep strength
O344.6；O346
　　D 抗蠕变力
　　　 抗蠕变强度
　　　 蠕变断裂强度
　　　 蠕变抗力
　　　 蠕变破坏强度
　　S 力学强度*
　　C 残余变形
　　　 蠕变断裂
　　　 蠕变极限
蠕变曲线
creep curve
O344.6
　　D 蠕变时间曲线
　　S 曲线*
蠕变屈曲
creep buckling
O344.6；O344.7
　　D 蠕变压曲
　　S 屈曲*
　　C 蠕变
蠕变柔量
creep compliance
O344.6
　　S 力学量*
　　C 柔性
　　　 松弛模量
蠕变柔软度
　　Y 柔性
蠕变时间曲线
　　Y 蠕变曲线
蠕变损伤
creep damage
O344.6；O346.5
　　D 蠕变破坏
　　S 损伤(力学)*
　　C 蠕变断裂
蠕变特性
　　Y 蠕变性能

蠕变行为
　　Y 蠕变性能
蠕变性
　　Y 蠕变性能
蠕变性能
creep behavior
O344.6
　　D 蠕变特性
　　　 蠕变行为
　　　 蠕变性
　　S 力学性质*
　　F 蠕变恢复
　　　 蠕变极限
　　　 蠕变率
蠕变压曲
　　Y 蠕变屈曲
蠕变应力指数
creep stress exponents
O344.6
　　S 应力指数
　　C 蠕变
　　Z 指数
蠕动
wriggle
O37
　　D 蠕动(力学)
　　S 运动*
蠕动(力学)
　　Y 蠕动
蠕动变形
　　Y 蠕变
蠕动流
　　Y 蠕流
蠕滑
　　Y 蠕变
蠕滑变形
　　Y 蠕变
蠕滑力
creep force
O313.1
　　S 滑动力
　　C 滚动接触
　　Z 力
蠕流
creeping flow
O357.2
　　D 蠕变流
　　　 蠕动流
　　S 层流
　　C 流变
　　Z 流体流
乳化结晶
emulsion crystallization
O79
　　D 乳化结晶过程
　　S 工业结晶
　　Z 结晶

乳化结晶过程
　　Y 乳化结晶

入波
　　Y 入射波

入口压力
inlet pressure
O351
　　S 压力*

入侵逾渗
　　Y 浸透

入射
incidence
O435.1
　　S 光学现象*
　　F 垂直入射
　　　倾斜入射
　　　正入射

入射波
incident wave
O451
　　D 入波
　　S 电磁波*
　　C 沉积谷地 →(4)(5)

入射波长
　　Y 入射光波长

入射辐射
incoming radiation
O451
　　D 向下辐射
　　S 电磁辐射
　　F 散射辐射
　　Z 辐射

入射光
　　Y 入射光线

入射光波长
wavelength of incident light
O435.1；P731.22
　　D 入射波长
　　S 光波波长
　　Z 波长

入射光强
incident light intensity
O435.2
　　S 光强*

入射光瞳
entrance pupil
O4
　　D 入瞳
　　S 光瞳
　　Z 光学元件

入射光线
incident light
O436
　　D 入射光
　　S 光线*

入射激波
incident shock wave
O354.5
　　S 激波*

入射角
incident angle
O435.1
　　D 入射角度
　　S 光学角*
　　C 投射角分布 →(5)

入射角度
　　Y 入射角

入射粒子
incident particle
O572.3
　　S 粒子*

入射面
plane of incidence
O435
　　S 平面*

入射能
　　Y 入射能量

入射能量
incident energy
O432.1
　　D 入射能
　　S 光能
　　Z 能量

入射应力波
incident stress wave
O347.4
　　S 应力波*

入水冲击
water entry impact
O351.2
　　D 入水砰击
　　S 水锤
　　C 入水冲击力
　　Z 冲击

入水冲击力
water-entry impulsive force
O353.4
　　S 冲击力
　　C 入水冲击
　　Z 力

入水砰击
　　Y 入水冲击

入瞳
　　Y 入射光瞳

入型波
　　Y 弹性波

软 X 光
　　Y 软 x 射线

软 X 光能谱
soft X-ray spectrum
O582
　　S X 射线能谱
　　Z 能谱

软 x 射线
soft X-ray
O434.1
　　D 超软 X 射线源
　　　软 X 光
　　　软 X 射线源
　　　软 X 射线暂现源
　　S X 射线
　　C 软 X 射线多层膜
　　　软 X 射线探测
　　　软 X 射线诊断
　　Z 射线

软 X 射线多层膜
soft X-ray multilayer film
O484
　　S 多层薄膜
　　C 软 x 射线
　　Z 薄膜

软 X 射线探测
soft X-ray detection
TN29
　　S X 射线探测
　　C 软 x 射线
　　Z 探测

软 X 射线源
　　Y 软 x 射线

软 X 射线暂现源
　　Y 软 x 射线

软 X 射线诊断
diagnosis of soft x-ray
O434.1
　　S X 射线诊断
　　C 软 x 射线
　　Z 光学应用

软 γ 暴复现源
　　Y γ 射线源

软 γ 射线复现源
　　Y γ 射线源

软 γ 射线源
　　Y γ 射线源

软 γ 射线暂现源
　　Y γ 射线源

软超导体
　　Y 第一类超导体

软磁
　　Y 软磁性

软磁薄膜
soft magnetic films
O482.54；O484
　　S 磁性薄膜
　　C 纳米晶
　　　软磁性
　　Z 电工薄膜

软磁材料
soft magnetic material
O482.54
　　D 导磁材料
　　　高导磁材料
　　　软磁性材料

主　表　611

　　S 磁性材料*
　　C 软磁性
　　　永磁材料

软磁特性
　　Y 软磁性

软磁性
soft magnetism
O482.52
　　D 软磁
　　　软磁特性
　　　软磁性能
　　S 磁性*
　　C 软磁薄膜
　　　软磁材料

软磁性材料
　　Y 软磁材料

软磁性能
　　Y 软磁性

软化本构关系
softening constitutive relations
O342
　　S 本构方程
　　Z 力学方程

软化度
　　Y 柔性

软化性
　　Y 柔性

软激励
soft excitation
O323
　　S 激励*
　　C 激振

软晶格
soft lattice
O76
　　S 晶格*

软模相变
soft mode phase transitions
O792
　　S 结构相变
　　Z 晶体相变

软凝聚态物质
　　Y 软物质

软土蠕变
creep of soft soil
O344.6；P55
　　S 蠕变*
　　C 软土地区　→(4)

软物质
soft matter
O469
　　D 软凝聚态物质
　　S 物质*

锐度
sharpness
O435.2
　　S 光学参数*

瑞雷波
　　Y 瑞利波

瑞雷面波
　　Y 瑞利波

瑞利
Rayleigh
O43
　　S 光强度单位
　　Z 计量单位

瑞利-贝纳尔不稳定性
　　Y 流动稳定性

瑞利表面波
　　Y 瑞利波

瑞利波
Rayleigh wave
O347.41；P315.31
　　D Rayleigh 波
　　　Rayleigh 面波
　　　R 波
　　　地滚波
　　　雷利波
　　　瑞雷波
　　　瑞雷面波
　　　瑞利表面波
　　　瑞利面波
　　　伪瑞利波
　　S 表面波
　　C 瑞雷波法　→(5)
　　　斯通利波　→(5)
　　　正压流
　　Z 弹性波

瑞利定律
　　Y 瑞利判据

瑞利法
　　Y 瑞利-里兹法

瑞利-金斯辐射定理
　　Y 瑞利-金斯公式

瑞利金斯公式
　　Y 瑞利-金斯公式

瑞利-金斯公式
Rayleigh-Jeans formula
O55
　　D 瑞利-金斯辐射定理
　　　瑞利金斯公式
　　S 辐射公式
　　Z 公式

瑞利-李兹法
　　Y 瑞利-里兹法

瑞利-里茨法
　　Y 瑞利-里兹法

瑞利-里兹法
Rayleigh-Ritz method
O302；O34
　　D Rayleigh-Ritz 法
　　　rayleigh 法
　　　里兹法
　　　瑞利法
　　　瑞利-李兹法
　　　瑞利-里茨法
　　S 力学方法*
　　C 几何非线性　→(1)

瑞利流
Rayleigh flow
O35
　　S 流体流*

瑞利面波
　　Y 瑞利波

瑞利摩擦
Rayleigh friction
O313.5
　　S 摩擦*

瑞利判据
Rayleigh criterion
O435.2
　　D 瑞利定律
　　S 成像原理
　　Z 光学理论

瑞利散射
Rayleigh scattering
O436.2
　　D Rayleigh 散射
　　　分子散射
　　　瑞利翼散射
　　S 相干散射
　　F 背向瑞利散射
　　　受激瑞利散射
　　C 瑞利分布　→(1)
　　Z 光散射

瑞利数
Rayleigh number
O242；O303
　　D Rayleigh 数
　　S 数*
　　　无量纲数*
　　C 对流传热
　　　多孔介质方程　→(1)
　　　格拉斯霍夫数
　　　量纲分析
　　　数值模拟分析　→(1)
　　　自然对流

瑞利-索末菲公式
　　Y 瑞利-索末菲衍射积分

瑞利-索末菲衍射
Rayleigh-Sommerfeld diffraction
O436.1
　　S 光衍射
　　Z 衍射

瑞利-索末菲衍射公式
　　Y 瑞利-索末菲衍射积分

瑞利-索末菲衍射积分
Rayleigh-Sommerfeld diffraction integral
O436.1
　　D 瑞利-索末菲公式
　　　瑞利-索末菲衍射公式
　　S 衍射积分
　　Z 积分

瑞利-泰勒不稳定性

Rayleigh-Taylor instability
O317；O534
 D Rayleigh-Taylar 不稳定性
  Rayleigh-Taylor 不稳定性
  RT 不稳定性
  R-T 不稳定性
 S 等离子体不稳定性
 C 流体动力学
 Z 力学稳定性

瑞利翼散射
 Y 瑞利散射

瑞利阻尼
Rayleigh damping
O342
 S 阻尼*

润滑理论
lubrication theory
O351
 D 润滑学
 S 流动理论
 Z 力学理论

润滑学
 Y 润滑理论

润湿性流体
 Y 非润湿流体

弱爆轰
weak detonation
O381
 D 弱爆震
 S 爆轰*

弱爆震
 Y 弱爆轰

弱玻色子
 Y 中间玻色子

弱场
weak-field
O412.3
 S 物理场*

弱超导性
 Y 约瑟夫森效应

弱冲击波
weak shock wave
O347.5
 S 冲击波*

弱磁
 Y 弱磁性

弱磁场
low-intensity magnetic field
O441.4
 S 磁场*
 C 弱磁性

弱磁性
feeble magnetism
O482.52
 D 弱磁
 S 磁性*
 C 弱磁场

弱磁性矿物 →(5)

弱等效原理
weak equivalence principle
O412.1
 S 等效原理
 Z 物理理论

弱电离等离体
 Y 弱电离等离子体

弱电离等离子体
weakly ionized plasma
O531
 D 弱电离等离体
 S 等离子体*

弱电流测量
weak electric current measurement
O56
 S 电流测量
 Z 电学量测量

弱非局域介质
weakly nonlocal media
O437
 S 光学介质*

弱光
low light
O432.2
 S 光*
 F 微光

弱力
weak force
O369
 S 力*

弱流*
weak current
O57
 F 右手流
  中性流
  左手流

弱锚定
weak-anchoring
O753.2
 S 液晶性能*

弱能互作用
 Y 弱相互作用

弱氢键
weak hydrogen bond
O561.4；O641.2
 S 氢键
 Z 化学反应

弱扰动理论
 Y 小扰动理论

弱衰变
weak decay
O571.3
 D 弱作用衰变
 S 衰变
 Z 核反应

弱湍流理论
 Y 湍流理论

弱紊流理论
 Y 湍流理论

弱相互作用
weak interaction
O572.24
 D 弱能互作用
 S 基本相互作用
 F 费米相互作用
 C 基本粒子理论
  宇称不守恒定律
 Z 相互作用

弱信号探测
weak signal detection
TN29
 D 微光信号探测
  微光夜视侦察
 S 光电探测
 Z 探测

弱旋流场
weak swirling flow field
O351.2
 D 弱有旋流场
 S 流场*
 C 涡流

弱有旋流场
 Y 弱旋流场

弱中性流
 Y 中性流

弱重力实验
 Y 零重力实验

弱阻尼
 Y 欠阻尼

弱阻尼系统
weakly damped systems
O328
 S 阻尼系统
 Z 力学系统

弱作用衰变
 Y 弱衰变

塞状流
 Y 阻塞流

塞贝克电动势
 Y 温差电动势

塞贝克系数
Seebeck coefficient
O482.6
 D Seebeck 系数
 S 系数*

塞贝克效应
Seebeck effect
O482.6
 D Seebeck 效应
  第一热电效应
  温差电势效应
 S 热电效应
 C 适度解 →(1)

塞尔贝格迹公式
  Y 迹公式

塞曼共振
  Y 塞曼效应

塞曼效应
Zeeman effect
O433.4
  D Zeeman 效应
     塞曼共振
     塞曼跃迁
  S 磁光效应
  F 反常塞曼效应
  C 朗德 g 因子
     谱线位移
  Z 光学效应

塞曼跃迁
  Y 塞曼效应

塞拿蒙棱镜
Senamont prism
O4
  S 偏光棱镜
  Z 光学元件

赛德尔五像差
  Y 赛德尔像差

赛德尔象差
  Y 赛德尔像差

赛德尔像差
Seidel aberration
O435.2
  D 初级像差
     赛德尔五像差
     赛德尔象差
     三级象差
     三级像差
  S 像差*
  F 场曲
     成像畸变
     彗差
     球差
     像散

赛因-戈登方程
  Y Sine-Gordon 方程

三波长-光谱法
three-wavelength spectrometry
O433.4；O657.3
  S 光谱分析*

三波点
shock triple point
O354
  S 位置*

三波混频
three-wave mixing
O439
  S 光学混频
  Z 光学变换

三层膜
trilamellar membrane
  Z 热效应

O484
  S 多层薄膜
  Z 薄膜

三叉晶界
triple junctions
O763
  S 晶界*

三重态
triplet state
O56；O572.21
  S 多重态
  F 自旋三重态
  Z 能态

三重微分散射截面
triply differential cross section
O561.5
  S 微分散射截面
  Z 截面

三次谐波振荡
third-harmonic oscillations
TN751.3
  S 谐波振荡
  Z 振荡

三次谐波转换
third-harmonic conversion
TN74
  S 谐波转换
  Z 转换

三点弯
three-point bending
O344
  D 三点弯曲
     三点弯曲法
  S 弯曲*
  C 断裂韧性
     塑性变形

三点弯曲
  Y 三点弯

三点弯曲法
  Y 三点弯

三点弯曲实验
three-point bend test
O346.4
  S 弯曲实验
  C 三点弯曲试件
  Z 科学实验

三点弯曲试件
three-point bend specimen
O348
  D 三点弯曲试样
  S 力学试件*
  C 三点弯曲实验

三点弯曲试样
  Y 三点弯曲试件

三方晶体
trigonal crystal
O711
  S 晶体*
  F 石英晶体

三方晶系
rhombohedral system
O711.4
  D 菱方晶系
     菱形晶系
     三角晶系
  S 晶系*

三分裂变
  Y 核裂变

三光束
three beams
O435
  S 光束*

三光子光谱
  Y 多光子光谱

三光子吸收
three-photon absorbing
O436.2
  S 多光子吸收
  Z 光吸收

三基色
  Y 原色

三级非线性
  Y 三阶非线性

三级象差
  Y 赛德尔像差

三级像差
  Y 赛德尔像差

三级像差理论
third-order aberration theory
O435.2
  S 像差理论
  Z 光学理论

三角晶格
triangle lattice
O76
  S 晶格*

三角晶系
  Y 三方晶系

三角区裂纹
triangular zone cracks
O346.1
  S 裂纹*

三角形元
triangular element
O302
  S 元*
  C 插值多项式　→(1)

三阶非线性
third-order nonlinearity
O437
  D 三级非线性
  S 数学性质*
  F 三阶光学非线性

三阶非线性光学极化率

Y 三阶非线性极化率

三阶非线性光学效应
　　Y 三阶非线性效应

三阶非线性极化率
third-order nonlinear susceptibility
O437
　　D 三阶非线性光学极化率
　　S 非线性极化率
　　　　三阶极化率
　　Z 极化率

三阶非线性效应
third-order nonlinear effect
O437
　　D 三阶非线性光学效应
　　S 非线性效应
　　Z 光学效应

三阶光学非线性
third-order optical nonlinearity
O437
　　S 光学非线性
　　　　三阶非线性
　　Z 光学性质
　　　　数学性质

三阶极化率
third-order susceptibility
O437
　　S 极化率*
　　F 三阶非线性极化率

三阶色散
third-order dispersion
O436.3
　　S 高阶色散
　　F 负三阶色散
　　Z 色散

三阶弹性常数
third-order elastic constants
O482.1
　　S 弹性常数
　　Z 力学常数

三棱锥
　　Y 四面体

三粒子 GHZ 态
three-particle GHZ state
O56
　　S 纠缠态
　　Z 能态

三粒子 W 态
three-particle W state
O413.1
　　S 纠缠 W 态
　　Z 能态

三粒子纠缠态
three-particle entangled state
O413.1
　　S 纠缠态
　　Z 能态

三连系
　　Y 三元系

三临界点
tricritical point
O4
　　S 临界点
　　Z 状态点

三明治薄膜
sandwich film
O484.1
　　S 多层薄膜
　　Z 薄膜

三能级
three energy levels
O413.3
　　D 三能级系统
　　　　准三能级
　　S 多能级
　　Z 能级

三能级模型
three energy level model
O411.1
　　S 物理模型*

三能级系统
　　Y 三能级

三能级原子
three level atom
O562
　　S 原子*
　　F A 型三能级原子
　　　　V 型三能级原子
　　　　Λ 型三能级原子
　　　　Ξ 型三能级原子
　　　　级联三能级原子
　　　　运动三能级原子

三硼酸铋晶体
BIBO crystal
O734
　　D BiB_3O_6 晶体
　　　　BIBO 晶体
　　　　硼酸铋晶体
　　S 硼酸盐晶体
　　Z 光学晶体
　　　　晶体

三硼酸锂晶体
LiB_3O_5 crystal
O734
　　D LBO
　　　　LBO 晶体
　　　　硼酸锂晶体
　　S 硼酸盐晶体
　　Z 光学晶体
　　　　晶体

三色光栅
tricolor grating
O437.4；P111.3
　　S 光栅*

三态模型
three-state model
O411.1
　　S 物理模型*

三钛酸钠晶须
$Na_2Ti_3O_7$ whisker
O784
　　D 钛酸钠晶须
　　S 无机盐晶须
　　Z 晶须

三体核力
three-body force
O571
　　S 核力
　　Z 力

三体碰撞
triple collision
O313.4；O313.7
　　S 力学碰撞*
　　C 三体问题 →(4)

三体散射
three-body scattering
TN951
　　S 雷达波散射
　　C 三体问题 →(4)
　　Z 电磁波散射

三弯矩方程
three-moment equation
O342
　　S 力学方程*
　　C 弯矩

三维
three-dimension
O343.2
　　D 3-D
　　S 维数*

三维本构模型
three-dimensional constitutive model
O342
　　S 本构模型
　　C 本构方程
　　Z 力学模型

三维边界层
three-dimensional boundary layer
O357.4
　　D 三维附面层
　　　　三元边界层
　　　　三元附面层
　　S 边界层
　　C σ坐标变换 →(4)
　　　　三维流动
　　Z 流体层

三维波动方程
three-dimensional wave equation
O441.4
　　D 三维波动方程式
　　　　三维波动方程组
　　　　三维波动方程组式
　　　　三维波动公式
　　　　三维波方程
　　　　三维波方程式
　　　　三维波方程组
　　　　三维波方程组式
　　　　三维波公式
　　S 电磁波传播方程
　　Z 方程(数学)

三维波动方程式
　　Y 三维波动方程

三维波动方程组
　　Y 三维波动方程

三维波动方程组式
　　Y 三维波动方程

三维波动公式
　　Y 三维波动方程

三维波方程
　　Y 三维波动方程

三维波方程式
　　Y 三维波动方程

三维波方程组
　　Y 三维波动方程

三维波方程组式
　　Y 三维波动方程

三维波公式
　　Y 三维波动方程

三维测量
three-dimensional measurement
TB462.1
　　D 立体测量
　　S 测量*
　　C 射影理论 →(1)
　　　相移误差

三维超分辨
3D super resolution
O41
　　S 分辨*

三维成象
　　Y 三维成像

三维成像
three-dimensional imaging
TN2
　　D 立体成像
　　　三维成象
　　S 成像*
　　C 三维符号 →(4)

三维成像仪
three-dimensional imager
TH74
　　S 成像仪
　　Z 仪器仪表

三维冲击谱
three-dimensional shock spectrum
O347.5；O369
　　S 冲击谱
　　C 冲击载荷
　　Z 谱

三维点阵
three-dimensional lattice
O712
　　S 点阵*

三维电磁散射
three-dimensional electromagnetic scattering
O451

　　S 电磁波散射*

三维动态频谱
3-D dynamic frequency spectrum
O456
　　S 三维频谱
　　Z 频谱

三维对流扩散方程
three-dimensional convection-diffusion equation
O35
　　S 对流扩散方程
　　Z 力学方程

三维分析
three-dimensional analysis
O342
　　D 多维分析
　　S 结构分析
　　C 多元函数 →(1)
　　Z 力学分析

三维附面层
　　Y 三维边界层

三维各向同性谐振子
three-dimensional isotropic harmonic oscillator
O413
　　S 各向同性谐振子
　　　三维谐振子
　　C 谐振
　　Z 谐振子

三维光栅
three-dimensional grating
O437.4；P111.3
　　D 晶体光栅
　　　体光栅
　　S 光栅*

三维光子晶体
three-dimensional photonic crystal
O734
　　S 光子晶体
　　Z 晶体

三维混沌系统
three-dimensional chaotic system
O415.5
　　S 混沌系统*

三维集成光学
three-dimension integrated optics
O435
　　S 集成光学
　　Z 光学

三维加速度
triaxial acceleration
O311
　　S 加速度*

三维晶粒长大
three-dimensional grain growth
O78
　　D 三维晶粒生长
　　S 晶粒长大
　　Z 晶体生长

三维晶粒生长

　　Y 三维晶粒长大

三维静电场
3-D electric field
O441.1
　　S 静电场
　　Z 电场

三维力学模型
3-D mechanical model
O3
　　D 三元力学模型
　　S 力学模型*

三维裂纹
three-dimensional crack
O346.1
　　D 三维裂隙网络
　　S 裂纹*
　　C 三维裂纹扩展

三维裂纹扩展
three-dimensional crack growth
O346.1
　　S 裂纹扩展
　　C 断裂理论
　　　三维裂纹
　　Z 扩展

三维裂隙网络
　　Y 三维裂纹

三维流
　　Y 三维流动

三维流（三元流）
　　Y 三维流动

三维流场
three-dimensional flow field
O351.2
　　D 三元流场
　　S 流场*
　　F 三维渗流流场
　　　三维紊流流场
　　　三维粘性流场
　　C 流动特性
　　　三维流动
　　　湍流数值模拟

三维流动
three-dimensional flow
O351.2
　　D 三维流
　　　三维流（三元流）
　　　三元流
　　　三元流动
　　S 平行流动
　　F 三维粘性流动
　　C 三维边界层
　　　三维流场
　　　三维渗流场
　　　三维运动
　　Z 流动

三维粘性流场
three-dimensional viscous flow field
O357
　　D 三元粘性流场
　　S 三维流场

    C 三维粘性流动
    Z 流场

三维粘性流动
3-D viscous flow
O357
    S 三维流动
    C 三维粘性流动
    Z 流动

三维频谱
three-dimensional spectrum
O456
    S 频谱*
    F 三维动态频谱

三维渗流
three-dimensional seepage
O357.3
    S 渗流
    C 水力梯度
    Z 流体流

三维渗流场
three-dimensional seepage flow field
O357.3
    D 三元渗流场
    S 三维流场
       渗流场
    C 三维流动
    Z 流场

三维声子晶体
three-dimensional phononic crystals
O735
    S 声子晶体
    Z 晶体

三维时域有限差分法
three-dimensional finite difference time domain method
O451
    S 有限时域差分法
    Z 物理法

三维弹性理论
three-dimensional elastic theory
O343.2
    D 三元弹性理论
    S 弹性理论
    Z 力学理论

三维弹性体
three-dimensional elastomers
O343.2
    S 弹性体
    C 三维弹性问题
    Z 物体

三维弹性问题
three-dimensional elastic problem
O343.2
    S 弹性问题
    C 三维弹性体
    Z 力学问题

三维湍流
three-dimensional turbulence
O357.5
    D 三维紊流

       三元湍流
       三元紊流
    S 湍流
    C 流动稳定性
       三维紊流流场
    Z 流体流

三维湍流流场
    Y 三维紊流流场

三维位移
three-dimensional displacement
O311
    S 位移*
    C 三维位移场

三维位移场
three-dimensional displacement field
O311
    S 运动容许场
    C 三维位移
    Z 场(力学)

三维紊流
    Y 三维湍流

三维紊流流场
three-dimensional turbulent flow field
O357.5
    D 三维湍流流场
       三元湍流流场
       三元紊流流场
    S 三维流场
       湍流流场
    C 三维湍流
    Z 流场

三维问题
    Y 3维空间

三维涡流场
three-dimensional eddy current field
O351.2；P434.1；P731.27
    D 三元涡流场
    S 涡流场
    C 涡流
    Z 流场

三维谐振子
three-dimensional harmonic oscillator
O413
    S 谐振子*
    F 三维各向同性谐振子

三维应力场
3-D stress field
O344.1
    D 三元应力场
    S 应力场
    C 应力集中
    Z 场(力学)

三维应力分析
three-dimensional stress analysis
O348
    D 三元应力分析
    S 应力分析
    Z 力学分析

三维荧光

three-dimensional fluorescence
O436
    S 荧光*

三维荧光光谱
three-dimensional fluorescence spectra
O433.5
    D 三维荧光谱
    S 荧光光谱
    Z 光谱

三维荧光光谱法
three-dimensional fluorescence spectrometry
O433.4；O657.3
    S 光化学分析法*

三维荧光谱
    Y 三维荧光光谱

三维运动
three-dimensional motion
O311
    S 运动*
    C 三维流动

三维振动
three-dimensional vibrating
O32
    S 振动*
    C 固有模态

三温区
three temperature zone
O551.2；O782
    S 温区*

三线摆
three line pendulum
three wire pendulum
trilinear pendulum
O314
    S 摆*
    C 测量设备
       惯性矩

三相点
triple point
O551；O642.42
    S 转变温度
    F 水三相点
    C 相平衡 →(3)
       相图
    Z 温度

三相电流
    Y 三相交变电流

三相交变电流
three-phase alternating current
O441.1
    D 三相电流
    S 交流
    Z 电流

三相结构
three-phase structure
O482.1
    S 相结构*
    F 双基体三相结构

主　表　617

三相流
three-phase flow
O359
　D　三相流动
　S　多相流
　F　气液固三相流
　　　油气水三相流
　C　分相流模型
　　　三相流体
　Z　流体流

三相流动
　Y　三相流

三相流体
three-phase fluid
O359
　S　多相流体
　C　单相流体
　　　三相流
　Z　流体

三相正弦波
triphase sine wave
TN7
　S　正弦波
　Z　波

三斜晶体
triclinic crystal
O71
　S　晶体*

三斜晶系
triclinic system
O711.4
　S　晶系*

三元边界层
　Y　三维边界层

三元附面层
　Y　三维边界层

三元混晶
ternary mixed crystal
O645.5；O73
　S　混晶
　Z　晶体

三元力学模型
　Y　三维力学模型

三元流
　Y　三维流动

三元流场
　Y　三维流场

三元流动
　Y　三维流动

三元粘性流场
　Y　三维粘性流场

三元渗流场
　Y　三维渗流场

三元弹性理论
　Y　三维弹性理论

三元湍流
　Y　三维湍流

三元湍流流场
　Y　三维紊流流场

三元紊流
　Y　三维湍流

三元紊流流场
　Y　三维紊流流场

三元涡流场
　Y　三维涡流场

三元系
ternary systems
O152；O157；O792
　D　三连系
　　　三组分体系
　S　图表*

三元应力场
　Y　三维应力场

三元应力分析
　Y　三维应力分析

三原色
three primary colors
J063
　S　原色
　Z　色彩

三原色色度计
　Y　色度计

三原子W态
three-atom entangled W state
O413.1
　S　纠缠W态
　　　原子纠缠态
　Z　能态

三原子分子
triatomic molecule
O561；O611
　S　多原子分子
　Z　分子

三轴超形变
tri-axial super-deformation
O571
　S　原子核三轴形变
　C　势能面　→(3)
　Z　变形

三轴晶模式衍射
triple axis mode X-ray diffraction
O722
　D　X射线三轴晶衍射
　S　X射线晶体衍射
　Z　晶体衍射

三轴拉伸试验
three-axial tensile test
O346.4
　S　拉伸试验
　C　拉伸
　Z　科学实验

三轴蠕变
triaxial creep
O344.6
　S　蠕变*
　C　蠕变理论

三轴形变
　Y　原子核三轴形变

三轴应力
triaxial stress
O343.4
　S　多轴应力
　C　Gurson模型
　　　纯剪切
　　　应力状态
　Z　应力

三组分体系
　Y　三元系

三作用射流
three interacting jets
O358
　S　射流*
　C　喷流干扰

三坐标
three coordinates
TG8；TH7
　S　坐标*

散斑*
speckle
O432.12
　D　斑纹
　　　散斑效应
　F　白光散斑
　　　超声散斑
　　　错位散斑
　　　电子散斑
　　　动态散斑
　　　激光散斑
　　　剪切散斑
　　　弥散斑
　　　散斑场
　　　像面散斑
　C　散斑干涉术
　　　散斑相关

散斑场
speckle field
O432.12
　S　散斑*

散斑成像
　Y　像面散斑

散斑法
　Y　散斑干涉术

散斑干涉
　Y　散斑干涉术

散斑干涉测量法
　Y　散斑干涉术

散斑干涉法
　Y　散斑干涉术

散斑干涉术
speckle interferometry

O348.1；O436.1
    D 斑点干涉测量
       斑纹干涉
       散斑法
       散斑干涉
       散斑干涉测量法
       散斑干涉法
    S 干涉测量
    F 白光散斑法
       电子散斑干涉术
       激光散斑法
       剪切散斑干涉
       散斑载波法
       数字散斑相关测量
    C 散斑
    Z 光学测量

散斑图
speckle pattern
O43
    D 散斑图样
    S 图表*

散斑图样
    Y 散斑图

散斑相关
speckle correlation
O43
    S 相关*
    C 散斑

散斑效应
    Y 散斑

散斑载波法
speckle carrier methods
O348.1；O436.1
    S 散斑干涉术
    Z 光学测量

散弹噪声
    Y 散粒噪声

散度定理
    Y 高斯公式

散焦
defocusing
O436.2
    D 离焦
    S 聚焦*
    F 自散焦

散粒噪声
shot noise
O422.8
    D 颗粒噪声
       散弹噪声
    S 白噪声
    Z 随机噪声

散料力学
    Y 散体力学

散裂反应
spallation reactions
O571.43
    S 核裂变
    Z 核反应

散热系数
    Y 放热系数

散射*
scattering
O41；P422.3
    F 波散射
       量子散射
       热致散射
       深度非弹性散射
       瞬态散射
       杂质散射
    C 反射
       散射参数
       散射测量
       散射长度
       散射理论
       散射率
       衍射
       折射

散射板
scatter plate
TH74
    S 光学元件*

散射比
    Y 散射率

散射参数*
scattering parameter
O436.2
    D S 参数
    F 散射长度
       散射概率
       散射角
       散射强度
       散射系数
    C 散射
       散射测量
       散射理论
       散射曲线

散射测量
scattering measurements
O436.2；P422.3
    S 物理测量*
    C 散射
       散射参数
       散射计 →(4)
       散射率
       散射强度
       散射曲线

散射长度
scattering length
O57
    S 散射参数*
    C 散射

散射成像
scatter imaging
TN2
    S 成像*

散射法
    Y 光散射法

散射辐射
scattered radiation
O451
    D 漫辐射
       漫射辐射
    S 入射辐射
    Z 辐射

散射概率
scattering probability
TN929.2
    S 散射参数*

散射功率
scattering power
O45
    S 功率*
    C 散射效率

散射光
scattered light
O436.2
    S 光*
    F 背散射光
    C 光散射特性

散射光谱
    Y 光散射法

散射光强
scattering light intensity
O436.2
    S 光强*
    C 光散射特性
       散射效率

散射函数
    Y 散射系数

散射角
scattering angle
O436.2；P422.3
    S 散射参数*

散射截面
scattering cross-section
O561.5
    D 碰撞截面
    S 截面*
    F 弹性散射截面
       后向散射截面
       微分散射截面
       总散射截面

散射介质
scattering media
O43
    S 光学介质*
    F 高散射介质

散射矩阵
scattering matrix
O41
    S 矩阵*

散射颗粒
scattering particles
O734；P422.3
    D 散射粒子
    S 颗粒*

散射理论
scattering theory
O413.1
  D 量子散射理论
  S 量子力学理论
  F 粒子散射理论
    米氏散射理论
  C 散射
    散射参数
  Z 物理理论

散射粒子
  Y 散射颗粒

散射率
scatterance
O436.2；P422.3
  D 散射比
  S 光学参数*
  F 后向散射率
  C 散射
    散射测量

散射模型
scattering model
O436.2；P315.63；P422.3
  S 光学模型
  F 单次散射模型
    点散射模型
    相干散射模型
  C 散射曲线
  Z 物理模型

散射能
  Y 散射能量

散射能量
scattered energy
O436.2
  D 散射能
  S 光能
  Z 能量

散射平均自由程
  Y 平均自由程

散射谱
  Y 光散射法

散射强度
scattering intensity
O436.2
  S 散射参数*
  C 散射测量

散射曲线
scattering curve
O432；P422.3
  S 气象曲线*
  C 散射参数
    散射测量
    散射模型

散射声场
scattering acoustic field
O422.1
  S 声场*

散射实验
scattering experiment
O4-33
  S 光学实验
  F α粒子散射实验
  Z 科学实验

散射算子
scattering operator
O177；O431.2
  S 算子*
  C 整体解 →(1)

散射损耗
scattering losses
TN25
  S 光纤损耗
  Z 损耗

散射态
scattering state
O413.1
  S 量子态
  Z 能态

散射特性
scattering characteristics
O441.4
  D 散射特征
  S 物理特性*
  F 电磁散射特性

散射特征
  Y 散射特性

散射体
scatterer
O439
  S 光源*
  F 永久散射体

散射系数
scattering coefficient
O436.2
  D 散射函数
    散射指数
  S 散射参数*

散射效率
scattering efficiency
O436.2
  S 光学效率*
  C 光散射
    散射功率
    散射光强

散射效应
scattering effect
O436.2
  S 光学效应*
  F 康普顿效应
    喇曼效应

散射噪声
scattering noise
O422.5
  S 随机噪声*

散射振幅
scattering amplitude
O72；O76；P427.12
  D 中子散射振幅

  S 振幅*

散射指数
  Y 散射系数

散射中子
scattered neutron
O572.342
  S 中子
  Z 粒子

散体力学
granular mechanics
O347.7
  D 散料力学
    松散体力学
  S 固体力学*
  F 粉体力学
  C 壁面压力
    工程力学

扫描单色仪
scanning monochromator
TH74
  S 单色仪*

扫描电镜特征
  Y SEM 形貌

扫描电压
sweep voltage
TM933.2
  S 电压*

扫描干涉测量法
  Y 干涉测量

扫描干涉术
  Y 干涉测量

扫描盲区
scanning blind area
TN953
  S 区域*

扫描质子微探针
scanning proton microprobe
TH703.2
  S 微探针
  Z 探针

扫描转换
scan conversion
O43
  S 转换*

色
  Y 色彩

色八重态
color-octet
O572.2
  S 粒子多重态
  Z 能态

色饱和
  Y 色彩饱和度

色饱和度
  Y 色彩饱和度

色标

color code
O43

色彩*
color
J063
- D 色
  - 颜色
- F 光色
  - 光源色
  - 原色
- C 光色性 →(3)
  - 谱
  - 色度计
  - 色度学
  - 颜色标准
  - 颜色测量
  - 颜色特性
  - 照相

色彩饱和度
color saturation
O432.3
- D 彩度
  - 色饱和
  - 色饱和度
  - 色纯度
  - 色彰度
  - 颜色饱和度
- S 饱和度*

色差
- Y 色像差

色差公式
color difference formula
O432.3
- D 色差计算公式
- S 物理方程*

色差计
color difference meter
TH74
- S 颜色测量仪器
- Z 测量仪器

色差计算公式
- Y 色差公式

色差阈值
color difference threshold
O433
- S 阈值*

色纯度
- Y 色彩饱和度

色度
chromaticity
O432.3
- D 色度参数
- S 光学参数*
- F 白度
  - 黑度
  - 灰度
  - 色度坐标

色度参数
- Y 色度

色度分析
colorimetric analysis
O43
- S 分析*

色度计
colorimeter
TH74
- D 比色计
  - 目视色度计
  - 三原色色度计
- S 光学测量仪器
  - 颜色测量仪器
- F 光电比色计
  - 光电色度计
- C 色彩
  - 色度学
- Z 测量仪器

色度色散
chromatic dispersion
O436.3
- S 色散*

色度学
colorimetry
O432.3
- S 测绘学*
- C 分光光度测量 →(3)(4)
  - 色彩
  - 色度计

色度坐标
chromaticity coordinates
O432.3
- D 表色系统
  - 色品坐标
  - 色坐标
- S 色度
- Z 光学参数

色对称
color symmetry
O71
- S 对称*
- C 磁对称
  - 晶体对称性

色分离光栅
color separate grating
O437.4；P111.3
- S 光栅*

色复现
- Y 彩色还原

色环
- Y 色相环

色禁闭
- Y 夸克禁闭

色轮
- Y 色相环

色模糊
color blurring
O43
- S 模糊*

色偏振
chromatic polarization
O436.3
- S 光偏振
- Z 偏振

色品坐标
- Y 色度坐标

色谱分辨率
- Y 光谱分辨率

色散*
dispersion
O436.3
- D 光色散
- F 波长色散
  - 波导色散
  - 材料色散
  - 动态色散
  - 二阶色散
  - 反常色散
  - 非线性色散
  - 负色散
  - 高阶色散
  - 角色散
  - 介电色散
  - 空间色散
  - 棱镜色散
  - 零色散
  - 模式色散
  - 能量色散
  - 频率色散
  - 平均色散
  - 平坦色散
  - 群速度色散
  - 群延迟色散
  - 色度色散
  - 时间色散
  - 数值色散
  - 相干消色散
  - 旋光色散
  - 应力波色散
  - 正常色散
- C 光折射
  - 色散测量
  - 色散方程
  - 色散介质
  - 色散系数
  - 色散性质

色散波
dispersive waves
O436.3
- S 光波
- Z 电磁波

色散测量
chromatic dispersion measurement
TB96
- S 光学参数测量
- F 平均色散测量
- C 色散
  - 色散性质
- Z 光学测量

色散长波方程
- Y 色散方程

主 表　621

色散长波方程公式
　Y 色散方程

色散长波方程式
　Y 色散方程

色散长波方程组
　Y 色散方程

色散长波方程组式
　Y 色散方程

色散长波公式
　Y 色散方程

色散长波计算法
　Y 色散方程

色散长波计算方法
　Y 色散方程

色散长波计算式
　Y 色散方程

色散方程
dispersion equation
O436.2
　D 色散长波方程
　　色散长波方程公式
　　色散长波方程式
　　色散长波方程组
　　色散长波方程组式
　　色散长波公式
　　色散长波计算法
　　色散长波计算方法
　　色散长波计算式
　　色散方程公式
　　色散方程式
　　色散方程组
　　色散方程组式
　　色散公式
　　色散关系式
　　色散计算法
　　色散计算方法
　　色散计算式
　S 物理方程*
　C 半显式格式 →(1)(4)
　　局部截断误差 →(1)
　　色散
　　色散性质

色散方程公式
　Y 色散方程

色散方程式
　Y 色散方程

色散方程组
　Y 色散方程

色散方程组式
　Y 色散方程

色散分光计
dispersive spectrometer
TH74
　S 分光计*

色散公式
　Y 色散方程

色散关系式
　Y 色散方程

色散光学系统
dispersive optical system
TH74
　S 光学系统*

色散计算法
　Y 色散方程

色散计算方法
　Y 色散方程

色散计算式
　Y 色散方程

色散介质
dispersive media
O43
　D 非色散介质
　S 光学介质*
　F 色散吸收介质
　C 紧线性算子 →(1)
　　色散
　　色散性质
　　移位算子 →(1)

色散棱镜
dispersing prism
TH74
　S 光学棱镜
　Z 光学元件

色散力
dispersion force
O561.4；O641.3
　S 分子力*

色散模型
dispersion model
O436.3
　S 光学模型
　Z 物理模型

色散曲线
　Y 频散曲线

色散吸收介质
dispersion and absorption media
O43
　S 色散介质
　Z 光学介质

色散系数
dispersion coefficients
O436.2
　S 光学系数*
　C 色散
　　色散性质

色散性质
dispersive property
O436.3
　S 光学性质*
　C 色散
　　色散测量
　　色散方程
　　色散介质
　　色散系数

色温
color temperature
O432.3；P14
　D 分光光度温度
　　色温度
　S 温度*
　F 相关色温

色温测量
color temperature measurement
TB96；TU113
　S 光学参数测量
　Z 光学测量

色温度
　Y 色温

色温计算方法
color temperature calculating method
TB462
　S 光学测量*

色相环
color circle
O432.3
　D 色环
　　色轮

色象差
　Y 色像差

色像差
chromatic aberration
O435.2
　D 色差
　　色象差
　S 像差*
　F 横向色差
　　消色差
　　轴向色差

色心
color center
O773
　D H 心
　　U 心
　　VH 心
　　VK 心
　　V 心
　　色心缺陷
　S 晶体缺陷*
　F 俘获电子中心
　C 离子晶体

色心激光晶体
color center laser crystal
O773
　S 激光晶体
　　色心晶体
　Z 光学晶体

色心晶体
color center crystal
O773
　S 光学晶体*
　F 色心激光晶体

色心缺陷
　Y 色心

色彰度
  Y 色彩饱和度

色指数
color index
O43；P144.6
  D B-V 色指数
    U-B 色指数
    V-I 色指数
    V-R 色指数
    暗色指数
    星等–色指数图
    颜色指数
  S 天文参数*
  C 星等 →(4)

色坐标
  Y 色度坐标

色坐标测量
chromaticity coordinate measurement
TH74
  S 光学参数测量
  Z 光学测量

杀伤区
  Y 损伤区

刹车力
  Y 制动力

闪点
flash point
O551.3；O621.2
  S 温度*

闪电成像仪
lightning imaging sensor
TH74
  S 成像仪
  Z 仪器仪表

闪电电流
lightning current
O441.1；P427.3
  S 大气电流
  F 回击电流
    空地电流
  C 闪电 →(4)
    闪电强度 →(4)
    闪电探测 →(4)
  Z 电流

闪光 X 射线
flash X-ray
O434.1
  S X 射线
  Z 射线

闪络
flashover
O461
  S 大气现象*
  C 表面放电
    电弧
    电击穿
    电晕

闪烁
scintillation
O43；P427.113
  C 磷光
    磷光体
    闪烁体

闪烁光栅
  Y 光栅

闪烁晶体
scintillation crystal
O734.3
  D 荧光晶体
  S 光学晶体*
  F 无机闪烁晶体

闪烁频谱
spectrum of scintillation
O456
  S 频谱*

闪烁体
scintillators
O436
  S 发光体
  F 液体闪烁体
  C 闪烁
  Z 光源

闪烁性能
scintillation properties
O734
  S 光学性能*

闪烁噪声
flicker noise
TN911.4
  D 1/f 噪声
  S 随机噪声*

闪耀波长
blaze wavelength
O43
  S 波长*

闪耀光栅
blazed grating
O437.4；P111.3
  D 定向光栅
    集成光栅
  S 光谱光栅
  Z 光栅

闪耀角
blaze angle
O435.1
  S 光学角*

嬗变蠕变
transmutation creep
O344.6
  S 蠕变*

商解压
  Y 分解压力

熵*
entropy
O414.1
  F 残余熵
    场熵
    磁熵
    动量熵
    构型熵
    规定熵
    混合熵
    绝对熵
    克劳修斯熵
    雷尼熵
    量子熵
    排列组合熵
    热力学熵
    统计熵
    线性熵
    小波熵
    最小熵
  C 焓
    热力学
    熵变理论
    熵方程
    熵函数
    熵条件
    熵通量
    熵效应 →(3)
    熵原理 →(1)

熵变理论
entropy change theory
O551
  S 热质理论
  C 吉布斯佯谬
    熵
  Z 物理理论

熵波
  Y 温度波

熵方程
entropy equation
O552.3
  D 理想气体熵方程
    理想气体熵方程式
    理想气体熵方程组
    理想气体熵方程组式
    理想气体熵公式
    理想气体熵计算法
    理想气体熵计算方法
    理想气体熵计算式
    熵方程式
    熵方程组
    熵方程组式
    熵公式
    熵计算法
    熵计算方法
    熵计算式
  S 理想气体方程
  F 熵平衡方程
  C 熵
    熵解 →(1)
  Z 热力学方程

熵方程式
  Y 熵方程

熵方程组
  Y 熵方程

熵方程组式
  Y 熵方程

主　表　623

熵公式
　Y　熵方程

熵函数
entropy function
O174；O551
　S　函数*
　C　熵
　　约束变尺度法 →(1)
　　最大熵 →(1)

熵计算法
　Y　熵方程

熵计算方法
　Y　熵方程

熵计算式
　Y　熵方程

熵力
entropic force
O369
　S　力*

熵流
entropy flux
O551
　D　净熵传递
　S　热力学过程*
　C　熵通量

熵密度
entropy density
O551
　S　密度*

熵平衡方程
entropy balance equation
O552.3
　D　熵平衡方程式
　　熵平衡方程组
　　熵平衡方程组式
　　熵平衡公式
　　熵平衡关系式
　　熵平衡计算法
　　熵平衡计算方法
　　熵平衡计算式
　S　熵方程
　Z　热力学方程

熵平衡方程式
　Y　熵平衡方程

熵平衡方程组
　Y　熵平衡方程

熵平衡方程组式
　Y　熵平衡方程

熵平衡公式
　Y　熵平衡方程

熵平衡关系式
　Y　熵平衡方程

熵平衡计算法
　Y　熵平衡方程

熵平衡计算方法
　Y　熵平衡方程

熵平衡计算式
　Y　熵平衡方程

熵算子
entropy operator
O551
　S　算子*

熵条件
entropy condition
O24；O35
　S　条件*
　C　熵

熵通量
entropy flux
O551
　S　热通量
　C　熵
　　熵流
　Z　通量

熵压缩
entropy compression
O41
　S　压缩*
　F　等熵压缩
　　信息熵压缩

熵增
　Y　熵增原理

熵增定律
　Y　熵增原理

熵增加
　Y　熵增原理

熵增加原理
　Y　熵增原理

熵增原理
principle of entropy increase
O414.11
　D　熵增
　　熵增定律
　　熵增加
　　熵增加原理
　S　热力学定律
　Z　物理定律

上部水流动态
　Y　高流态

上层混合卷吸作用
　Y　卷吸

上对流 Maxwell 流体
　Y　上随体 Maxwell 流体

上反角效应
dihedral effect
V211
　S　气动效应*

上浮力
　Y　浮力

上紧扭矩
　Y　扭矩

上举力
　Y　升力

上夸克
up quark
O572.3
　S　夸克
　Z　粒子

上临界场
upper critical field
O511
　D　上临界磁场
　S　临界磁场
　Z　磁场

上临界磁场
　Y　上临界场

上屈服点
upper yield point
O346
　S　屈服强度
　C　屈服应力
　Z　力学强度

上升弹道
ascent trajectory
O315
　S　弹道*

上升阶段
　Y　上升运动

上升力
　Y　升力

上升气泡
rising bubble
O354
　S　气泡*
　C　两相流

上升速度
ascending velocity
O311.1
　D　上升速率
　S　运动速度*
　C　气泡

上升速率
　Y　上升速度

上升运动
ascending motion
O311.1；P432
　D　上升阶段
　S　垂直运动
　C　上升时间 →(1)
　Z　运动

上随体 Maxwell 本构方程
　Y　Maxwell 本构方程

上随体 Maxwell 本构方程式
　Y　Maxwell 本构方程

上随体 Maxwell 流体
upper-convected maxwell fluid
O357
　D　上对流 Maxwell 流体
　S　Maxwell 流体

C 计算流体力学
  谱方法 →(1)
Z 流体

上托力
  Y 浮力

上洗流
  Y 洗流

上下运动
  Y 纵向运动

上限定理
upper bound theorem
O344.1
  S 界限定理
  C 塑性极限分析
  Z 力学定理

上限分析
upper-bound analysis
O175.8；O344.5
  S 极限分析
  C 下限分析
  Z 数学分析

上曳气流
  Y 气流

上转换
upconversion
O7
  S 转换*
  F 合作上转换
    频率上转换

上转换发光
up-conversion luminescence
O462.3
  D 反斯托克斯发光
  S 光致发光
  Z 发光

上转换发射
up-conversion emission
O432.12
  S 激光发射
  Z 发射

上转换机制
  Y 上转换效应

上转换效应
up-conversion effect
TN2
  D 上转换机制
  S 效应*

上转换荧光
up-conversion fluorescence
O432.12
  D 升频转换荧光
  S 荧光*

烧杯实验
  Y 烧杯试验

烧杯试验
jar test
O4-33；O6-3

  D 烧杯实验
  S 燃烧性试验
  Z 试验

烧过的核燃料
  Y 乏燃料

烧结晶体生长
crystal growth by sintering
O78
  S 晶体生长*

烧绿石型结构
pyrochlore type structure
O76
  S 矿物晶体结构
  Z 晶体结构

烧蚀颈缩
  Y 缩颈

烧蚀气动干扰
  Y 烧蚀气动力干扰

烧蚀气动力干扰
ablation-aerodynamic interference
V211
  D 烧蚀气动干扰
  S 气动力干扰*

梢涡
  Y 翼尖涡

梢涡空化
  Y 旋涡空化

少数载流子
minority carrier
O473
  D 少子
  S 载流子*

少体系统
few-body systems
O413.1
  S 量子系统*
  C 少体问题 →(4)

少子
  Y 少数载流子

少子扩散长度
minority carrier diffusion length
O47
  S 扩散长度
  Z 长度

哨声
whistler
O42
  S 声音*

哨声波
noise wave
O534
  D 等离子体哨声波
  S 等离子体声波
  Z 等离子体波

舌进
  Y 指进

蛇行运动
  Y 简谐运动

设备*
equipment
TB4
  F 电源
  C 设施

设计*
design
ZT0
  D 规划方法
    设计方案
    设计方法
    设计技术
  F 极限状态设计
  C 极限分析
    设计 →(1)

设计弹道
  Y 理论弹道

设计方案
  Y 设计

设计方法
  Y 设计

设计技术
  Y 设计

设计压力
design pressure
O31
  D 安全工作压力
    压力设计
  S 压力*
  C 压力计算

设施*
facility
ZT81
  F 防雷设施
  C 设备

射出长波辐射
outgoing longwave radiation
O451
  D 外逸长波辐射
    向外长波辐射
  S 长波辐射
  Z 辐射

射弹冲击载荷
projectile impact load
O315；O347.1；P426.62
  S 冲击载荷
  C 冲击
  Z 荷载

射弹弹道
projectile trajectory
O315
  S 弹道*

射电晶体学
  Y X射线晶体学

射电频谱
  Y 无线电频谱

主　表　625

射流*
jet flow
O358
　　D 喷流
　　　 喷射流
　　　 射流流动
　　　 双极喷流
　　　 相对论性喷流
　　F 不可压缩射流
　　　 层流射流
　　　 超音速射流
　　　 冲击射流
　　　 带电射流
　　　 等离子体射流
　　　 定常射流
　　　 对向射流
　　　 方形射流
　　　 非定常射流
　　　 分离射流
　　　 浮力射流
　　　 功率射流
　　　 横向射流
　　　 回射流
　　　 金属射流
　　　 浸彻（射流）
　　　 径向射流
　　　 聚能射流
　　　 聚向射流
　　　 可压缩射流
　　　 两相射流
　　　 脉冲射流
　　　 磨料射流
　　　 偏向射流
　　　 平面射流
　　　 气泡射流
　　　 气体射流
　　　 切向射流
　　　 曲形射流
　　　 三作用射流
　　　 竖直射流
　　　 双射流
　　　 同轴射流
　　　 湍流射流
　　　 微射流
　　　 亚音速射流
　　　 淹没射流
　　　 液体射流
　　　 有界射流
　　　 圆孔射流
　　　 粘性射流
　　　 自耦合射流
　　　 自由射流
　　C 喷管气流
　　　 喷射冲击
　　　 射流冲击力
　　　 射流轨迹

射流长度
jet length
O358
　　D 喷射距离
　　S 长度*
　　C 射流速度

射流冲击力
jet impact force
O358

　　S 冲击力
　　C 射流
　　Z 力

射流等离子体
jet plasma
O531
　　S 等离子体*

射流断裂
jet break-up
O346.13；O358
　　D 射流破裂
　　　 射流破碎
　　S 断裂*

射流附着
　　Y 附壁射流

射流干涉
　　Y 喷流干扰

射流轨迹
jet path
O358
　　S 轨迹*
　　C 射流

射流结构
jet structure
O358
　　S 流体结构*
　　C 射流流场

射流卷吸
jet entrainment
O358
　　S 卷吸*

射流流场
jet flow field
O358
　　S 流场*
　　C 射流结构
　　　 射流速度

射流流动
　　Y 射流

射流破裂
　　Y 射流断裂

射流破碎
　　Y 射流断裂

射流速度
jet velocity
O358
　　D 喷射速度
　　S 流速*
　　F 临界射流速度
　　C 射流长度
　　　 射流流场

射流形成
jet formation
O358

射流噪声
jet noise
O358；O422.8

　　S 流噪声
　　C 气流噪声
　　Z 噪声

射流作用
　　Y 喷流干扰

射频
　　Y 无线电频率

射频超导
RF superconductivity
O511.2
　　S 超导
　　Z 导电

射频等离子体
RF plasma
O531
　　D 高频等离子体
　　S 等离子体*

射频放电
radio-frequency discharge
O461.2
　　S 放电*
　　F 射频辉光放电

射频感应冷坩埚法
　　Y 冷坩埚法

射频辉光放电
radio frequency glow discharge
O461.21
　　S 辉光放电
　　　 射频放电
　　Z 放电

射频频谱
　　Y 无线电频谱

射频谱
　　Y 无线电频谱

射线*
ray
O571.32
　　D 半直线
　　　 放射线
　　　 辐射线
　　F X 射线
　　　 α 射线
　　　 β 射线
　　　 γ 射线
　　　 波射线
　　　 电子射线
　　　 分子射线
　　　 弯曲射线
　　　 阴极射线
　　C 射线参数 →(5)
　　　 射线分析 →(3)
　　　 射线理论
　　　 射线强度
　　　 射线探测

射线光学
ray optics
O436
　　S 物理光学
　　F X 射线光学

射线理论
ray theory
O432.1
  S 光学理论*
  C 射线
    时距曲线 →(5)

射线强度
ray intensity
O434.1
  D X 射线强度
  S 物理参数*
  F X 射线衍射强度
  C 射线

射线摄影
radiography
O571
  S 摄影*
  F 快中子照相
    质子照相

射线声学
  Y 几何声学

射线探测
ray detecting
TN29
  S 光电探测
  F X 射线探测
  C 射线
  Z 探测

摄动*
perturbation
P133；P135；P433
  D 摄动性
    受摄运动
    微扰
    微扰法
    微扰方法
  F 高阶摄动
    含时微扰
    矩阵摄动
    线性摄动
  C 三体问题 →(4)
    受摄坐标 →(4)

摄动变分法
perturbation variation method
O32
  S 振动分析方法
  Z 力学方法

摄动性
  Y 摄动

摄氏度
Celsius
TB942
  S 温度单位
  Z 计量单位

摄氏温标
Celsius temperature scale
O551.2；P412.11；P423
  D 百度温标
    百分标

Z 光学

百分度温标
百分温标
百分温标刻度
摄氏温度标准
  S 温标*

摄氏温度标准
  Y 摄氏温标

摄影*
photography
P23
  D 摄影技术
    摄影术
  F X 射线摄影
    射线摄影
    显微摄影
  C 感光测定 →(3)
    摄影地质学 →(5)
    摄影光学

摄影测量畸变差
  Y 畸变差

摄影光学
photographic optics
O439
  S 应用光学
  C 摄影
  Z 光学

摄影技术
  Y 摄影

摄影术
  Y 摄影

摄影物镜
photographic objective
TB851；TH744
  D 照相物镜
  S 物镜
  Z 光学元件

摄影质量
photographic quality
TB82
  S 品质*

伸长
  Y 延伸

伸长比
  Y 延伸率

伸长变形
  Y 拉伸变形

伸长晶粒
elongated grain
O764
  S 晶粒*

伸长率
  Y 延伸率

伸长应变
  Y 拉应变

伸长应力
  Y 拉应力

伸缩张量
stretch tensor
O343
  D 拉伸张量
  S 张量*
  C 拉伸

伸缩振动
stretching vibration
O32
  S 机械振动
  Z 振动

伸展
  Y 延伸

伸展变形
extensional deformation
O344.3
  D 扩张变形
    拉长变形
  S 变形*
  C 拉伸
    拉伸变形

伸展性
  Y 延性

伸直链结晶体
  Y 伸直链晶体

伸直链晶体
extended-chain crystals
O631.13；O76
  D 伸直链结晶体
  S 聚合物晶体
  Z 晶体

砷化镓单晶
gallium arsenide monocrystal
O738
  D GaAs 单晶
    GaAs 单晶材料
    GaAs 单晶体
    GaAs 单晶体材料
    砷化镓单晶材料
    砷化镓单晶体
    砷化镓单晶体材料
  S 半导体单晶
    砷化镓晶体
  Z 晶体

砷化镓单晶材料
  Y 砷化镓单晶

砷化镓单晶体
  Y 砷化镓单晶

砷化镓单晶体材料
  Y 砷化镓单晶

砷化镓晶体
gallium arsenide crystal
O738
  D GaAs 晶体
  S 半导体晶体
  F 砷化镓单晶
  Z 晶体

砷酸钛氧钾晶体

主　表　627

KTA crystal
O734
　D　KTA 晶体
　　　KTiOAsO$_4$ 晶体
　S　无机非线性光学晶体
　Z　光学晶体
　　　晶体

砷酸钛氧铷晶体
RTA crystal
O734
　D　RbTiOAsO$_4$ 晶体
　　　RTA 晶体
　S　无机非线性光学晶体
　Z　光学晶体
　　　晶体

深部变形
deep deformation
O344.3
　D　深度变形
　S　变形*
　C　弹塑性

深度*
depth
ZT2
　F　穿透深度
　　　光学深度
　　　裂纹深度
　　　侵彻深度
　　　趋肤深度
　　　逃逸深度
　　　陷阱深度
　C　短正合列　→(1)
　　　局部环　→(1)

深度变形
　Y　深部变形

深度测量
depth measurement
TB92；TH711
　S　测量*

深度非弹性碰撞
　Y　非弹性碰撞

深度非弹性散射
deep inelastic scattering
O571
　S　散射*

深海声道
deep sound channel
O421；P733.2
　S　海洋声道
　C　深海传播　→(4)
　Z　水层

深冷温度
cryogenic temperature
TB61
　S　温度*

深裂缝
deep cracks
O346.1
　D　埋藏裂纹
　　　深埋裂纹

　S　裂缝*
　C　开裂

深埋裂纹
　Y　深裂缝

深能级
deep energy level
O413.3
　S　能级*

深能级缺陷
deep-level defects
O77
　S　半导体缺陷
　C　深能级陷阱
　Z　晶体缺陷

深能级瞬态谱
deep-level transient spectroscopy
O43；O47
　S　瞬态谱
　Z　谱

深能级陷阱
deep energy trap
O471
　S　半导体陷阱
　C　深能级缺陷
　　　深能级杂质
　Z　陷阱

深能级杂质
deep-level impurity
O474
　S　物质*
　C　深能级陷阱

深紫外
deep ultraviolet
O434.2
　D　深紫外线
　S　紫外线
　Z　电磁波

深紫外线
　Y　深紫外

甚长波
very long wave
O45
　D　甚低频波
　　　甚低频电磁波
　S　长波
　C　甚低频
　Z　电磁波

甚长波传播
very long wave propagation
O44
　D　甚低频传播
　S　电磁波传播
　Z　能量转移

甚低频
very low frequency
O451
　S　低频
　C　甚长波
　Z　无线电频率

甚低频波
　Y　甚长波

甚低频传播
　Y　甚长波传播

甚低频电磁波
　Y　甚长波

甚低温
　Y　超低温

甚高能
very high energy
O572
　S　高能
　Z　能量

甚高频
very high frequency
O45
　S　高频
　C　超短波
　Z　无线电频率

甚高频电波
　Y　超短波

甚高温
　Y　超高温

渗氮
　Y　表面硬化

渗铬
　Y　表面硬化

渗流
seepage
O357.3
　D　大孔隙渗流
　　　地下渗流
　　　多组分渗流
　　　非活塞式渗流
　　　后续渗流
　　　互溶液渗流
　　　混同渗流
　　　活塞式渗流
　　　间隙流
　　　弥渗
　　　逆向渗流
　　　渗透流
　　　逾渗
　　　重力渗流
　S　流体流*
　F　饱和渗流
　　　不稳定渗流
　　　达西渗流
　　　裂隙渗流
　　　耦合渗流
　　　气体渗流
　　　三维渗流
　　　无压渗流
　C　多组分流体
　　　弥散带
　　　渗流结构
　　　渗流力学
　　　渗流耦合
　　　渗流效应
　　　渗漏　→(5)

渗透分布

渗流参数
　Y 渗透参数

渗流场
seepage field
O357.3
　D 渗流流场
　　 渗流网络
　S 流场*
　F 三维渗流场
　　 天然渗流场
　　 稳定渗流场
　　 无压渗流场
　　 闸基渗流场
　　 真空渗流场
　C 负压沉贯 →(4)

渗流方程
filtration equation
O357.3
　S 流体力学方程
　C 粗网格 →(4)
　　 精细网格 →(1)
　　 局部正则性 →(1)
　Z 力学方程

渗流机理
　Y 渗流力学

渗流结构
percolation structure
O357.3
　S 流体结构*
　C 多孔介质
　　 渗流

渗流力
seepage force
O357.3
　D 渗透力
　S 流体力
　C 渗流与应力耦合
　Z 力

渗流力学
permeation fluid mechanics
O357.3
　D 流体渗流力学
　　 渗流机理
　S 液体力学
　F 地下水渗流力学
　　 浸渗动力学
　C 多孔介质
　　 流场
　　 流固耦合
　　 渗流
　Z 流体力学

渗流量
seepage discharge
O357.3
　D 渗流流量
　S 流量*
　C 渗流域 →(4)
　　 渗透参数

渗流流场

　Y 渗流场

渗流流量
　Y 渗流量

渗流模拟
seepage simulation
O357.3；P333
　S 流动模拟
　C 渗流模型
　Z 力学模拟

渗流模型
percolation model
O357.3
　D 渗滤模型
　　 渗透模型
　　 逾渗模型
　S 流体力学模型
　F 布克莱-列维莱特模式
　　 弹性膜模型
　　 导电纸模型
　　 电解槽模型
　　 电解模型
　　 非定常模式
　　 流线模式
　　 麦斯凯特模式
　　 毛管模型
　　 平板模型
　　 平行板缝模型
　　 渗透率模型
　　 体积平衡模型
　C 储层地质模型 →(5)
　　 渗流模拟
　　 渗流域 →(4)
　Z 力学模型

渗流耦合
seepage coupling
O357.3
　S 耦合(力学)*
　F 渗流与应力耦合
　C 渗流

渗流速度
seepage velocity
O357.1
　S 流体速度
　C 非达西流
　　 渗透率
　Z 流速

渗流网络
　Y 渗流场

渗流问题
seepage problem
O357.3
　S 力学问题*

渗流效应
seepage effect
O357.3
　S 力学效应*
　F 贾敏效应
　C 渗流
　　 渗透分布

渗流压力

　Y 渗流压

渗流与应力耦合
coupling of seepage and stress
O357.3
　S 渗流耦合
　C 渗流力
　Z 耦合(力学)

渗流自由面
　Y 无压渗流

渗滤模型
　Y 渗流模型

渗滤阈值
　Y 逾渗阈值

渗硼
　Y 表面硬化

渗硼共晶化
boriding-and-eutecticum
O795
　D 渗硼共晶化过程
　S 共晶化
　F 自蔓延高温渗硼共晶化
　Z 晶化

渗硼共晶化过程
　Y 渗硼共晶化

渗碳
　Y 表面硬化

渗透*
penetration
O552.2；O645.14
　D 渗透[流]
　　 渗透作用
　F 高压渗透
　　 浸透
　　 热渗透
　　 水渗透
　C 层间越流 →(5)
　　 电导率
　　 扩散
　　 淋洗作用 →(5)
　　 渗漏 →(5)
　　 渗透过程 →(5)
　　 渗透率
　　 渗透条件
　　 渗析 →(3)

渗透[流]
　Y 渗透

渗透参数
infiltration parameter
O357.3
　D 渗流参数
　S 力学参数*
　F 渗透条件
　C 渗流量
　　 渗透系数

渗透分布
permeability distribution
O357.3
　S 力学分布*

C 渗流
　　　渗流效应

渗透结晶
permeable crystallization
O799
　　D 渗透结晶过程
　　　渗透结晶化
　　　渗透结晶化过程
　　　渗透晶化过程
　　S 结晶*

渗透结晶过程
　　Y 渗透结晶

渗透结晶化
　　Y 渗透结晶

渗透结晶化过程
　　Y 渗透结晶

渗透晶化过程
　　Y 渗透结晶

渗透力
　　Y 渗流力

渗透流
　　Y 渗流

渗透率
permeation rate
O357.3；O552.2
　　S 比率*
　　F 绝对渗透率
　　　水相渗透率
　　　相对渗透率
　　　有效渗透率
　　C 沥滤 →(3)
　　　弱透水层 →(5)
　　　渗流速度
　　　渗透
　　　渗透系数
　　　吸水率 →(5)

渗透率模型
permeability model
O357.3
　　S 渗流模型
　　C 孔隙度模型 →(5)
　　　模型拟合 →(1)
　　Z 力学模型

渗透模型
　　Y 渗流模型

渗透条件
permeability condition
O552.2
　　S 渗透参数
　　C 渗透
　　　渗透系数
　　Z 力学参数

渗透系数
permeability coefficient
O357.3；P641
　　D 水力传导系数
　　S 水文地质参数*
　　C 单位涌水量 →(5)

　　　渗透参数
　　　渗透率
　　　渗透条件
　　　水力传导度 →(5)
　　　有限分析 →(1)

渗透性
permeability
O552.2
　　S 工程地质性质*
　　F 透水性
　　C 峰值压力
　　　岩体水力学 →(5)

渗透压
osmotic pressure
O357.3
　　D 等渗压
　　　渗流压力
　　　渗透压力
　　　渗压
　　S 液压
　　C 渗透压强
　　Z 压力

渗透压力
　　Y 渗透压

渗透压强
osmotic pressure
O357.3
　　S 压强*
　　C 渗透压

渗透作用
　　Y 渗透

渗压
　　Y 渗透压

升华
sublimation
O552.6
　　D 固汽转变
　　　升华凝结
　　S 物态变化*
　　C 凝结
　　　升华热

升华法
sublimation method
O782
　　S 气相生长法
　　Z 晶体生长方法

升华法晶体生长
　　Y 升华法生长

升华法生长
crystal growth by sublimed method
O782
　　D 升华法晶体生长
　　S 气相生长
　　Z 晶体生长

升华结晶
sublimation crystallization
O79
　　D 升华结晶法
　　S 结晶*

升华结晶法
　　Y 升华结晶

升华凝结
　　Y 升华

升华潜热
　　Y 升华热

升华热
sublimation heat
O552.6；O642；P433
　　D 升华潜热
　　S 热量*
　　C 汽化热
　　　升华

升华压力
sublimation pressure
O41
　　S 相变压力
　　Z 压力

升降速度
　　Y 垂直速度

升降算符
ladder operator
O413.1
　　S 算符*

升力
lift force
O354
　　D 浮托力
　　　干扰升力
　　　举力
　　　举升力
　　　零升力
　　　喷气升力
　　　上举力
　　　上升力
　　　提升力
　　S 气动力
　　F 高升力
　　　气动升力
　　　涡升力
　　C 俯仰力矩
　　　零升阻力
　　　喷管气流
　　　升力系数
　　　升力线理论
　　　洗流
　　Z 力

升力面理论
lifting surface theory
O354
　　D 举力面理论
　　S 螺旋桨理论
　　C 升力线理论
　　Z 理论

升力体
lifting bodies
O354
　　D 举力体
　　S 物体*

升力系数

lift coefficient
O354
    D 举力系数
    S 气动力系数
    C 面元法 →(1)
       升力
       压力系数
       阻力系数
    Z 系数

升力线理论
lifting line theory
O354
    D 举力线理论
    S 螺旋桨理论
    C 升力
       升力面理论
    Z 理论

升频转换荧光
    Y 上转换荧光

升温率
    Y 升温速率

升温曲线
heating curve
O79
    D 加热曲线
       温度-时间曲线
       温升曲线
    S 曲线*
    F 标准升温曲线
    C 冷却曲线
       热分析方法 →(3)
       升温 →(4)
       升温速率

升温速率
heating rate
O551.2；P412.11；P423
    D 升温率
    S 温度参数*
    C 升温 →(4)
       升温曲线

升压
    Y 加压

升致阻力
    Y 诱导阻力

升阻比
lift-drag ratio
O354
    S 比率*
    C 气动力系数
       气动平衡
       压力系数
       压缩比 →(1)

升阻力
lift drag
O354
    S 气动阻力
    F 零升阻力
    C 升阻力系数
    Z 阻力

升阻力系数

lift and drag coefficient
O354
    S 气动力系数
    C 升阻力
    Z 系数

生长断裂
growth break
O346.1
    S 断裂*

生长方向
growth direction
O484.1；O78
    S 方向*
    F 晶体生长方向

生长基元
growth unit
O78
    D 晶体生长基元
    S 基元*
    F 负离子配位多面体生长基元
    C 负离子配位多面体

生长孪晶
growth twins
O762
    S 孪晶
    Z 晶体

生长丘
growth hillock
O781
    S 生长形态
    Z 晶体形貌

生长取向
growth orientation
O78
    S 晶体取向
    Z 晶体性质

生长缺陷
growth defect
O77
    S 晶体缺陷*

生长台阶
growth step
O78
    S 生长形态
    Z 晶体形貌

生长条纹
    Y 晶纹

生长小面
growth facet
O78
    S 生长形态
    Z 晶体形貌

生长形态
growth morphology
O78；P57
    D 晶体生长形态
    S 晶体形貌*
    F 生长丘
       生长台阶

       生长小面

生长中心
growth center
O781
    S 晶体要素*
    F 双晶中心

生成反应
    Y 化学反应

生理光学
physiological optics
O439
    S 生物光学
    Z 光学

生理声学
physiological acoustics
O42
    S 应用声学
    Z 声学

生命分子
    Y 分子生物物理学

生坯强度
    Y 湿强度

生态边界层
eco-boundary layer
O357.4；P404
    D 生态附面层
    S 边界层
    C 大气物理学 →(4)
    Z 流体层

生态附面层
    Y 生态边界层

生物磁学
biomagnetism
O441.2
    S 磁学
       生物物理学
    C 磁场生物效应
       生物医学核磁共振
    Z 电磁学
       物理学

生物大分子晶体学
macromolecular crystallography
O799
    D 大分子晶体学
    S 晶体学*
    F 蛋白质晶体学

生物发光
bioluminescence
Q63
    S 发光*
    C 海水发光 →(4)

生物光学
biological optics
O439
    S 应用光学
    F 生理光学
       生物医学光学
       视觉光学

Z 光学

生物光子学
biophotonics
O439；O572.31
　　S 光子学
　　Z 光学

生物摩擦学
biotribology
O313.5；O485
　　S 摩擦学*
　　C 超高分子量聚乙烯 →(3)

生物屈服应力
　　Y 屈服应力

生物声学
bioacoustics
Q6
　　S 应用声学
　　C 生物物理学
　　Z 声学

生物物理
　　Y 生物物理学

生物物理学
biophysics
Q6
　　D 生物物理
　　S 应用物理学
　　F 分子生物物理学
　　　 生物磁学
　　C 生物声学
　　Z 物理学

生物医学光学
biomedical optics
O439
　　S 生物光学
　　　 医用光学
　　Z 光学

生物医学核磁共振
biomedical NMR
Q6；R31
　　D NMR 成像(生物医学)
　　　 PMR 成像(生物医学)
　　　 核磁共振成像(生物医学)
　　　 医学核磁共振
　　　 质子磁共振成像(生物医学)
　　S 成像*
　　C 核磁共振光谱
　　　 生物磁学

声
　　Y 声音

声板波
　　Y 板波

声变量测量
　　Y 声学测量

声表面波
surface acoustic wave
O422
　　D 表面声波
　　S 声波*

　　F 超声表面波
　　　 电声波
　　C 声表面波速度

声表面波速度
SAW velocity
TN011.4
　　S 声速
　　C 声表面波
　　Z 声学参数

声波*
sound wave
O422
　　F 板波
　　　 超声波
　　　 次声波
　　　 拟声波
　　　 偶极声波
　　　 声表面波
　　　 声体波
　　　 声压波
　　　 数字声波
　　　 阵列声波
　　C 声波测井 →(5)
　　　 声传播
　　　 声速
　　　 声音

声波波动方程
　　Y 声波方程

声波波动方程式
　　Y 声波方程

声波波动方程组
　　Y 声波方程

声波波动方程组式
　　Y 声波方程

声波波动公式
　　Y 声波方程

声波测量
sound measurement
TB52
　　S 声学测量*
　　F 声速测量
　　C 波形拟合
　　　 声波方程

声波场
　　Y 声场

声波传播
　　Y 声传播

声波传输
　　Y 声传播

声波反射
　　Y 声反射

声波方程
acoustic wave equation
O424
　　D 声波波动方程
　　　 声波波动方程式
　　　 声波波动方程组
　　　 声波波动方程组式

　　　 声波波动公式
　　　 声波方程式
　　　 声波方程组
　　　 声波方程组式
　　　 声波公式
　　S 波动方程
　　C 声波测量
　　　 声场
　　Z 方程(数学)

声波方程式
　　Y 声波方程

声波方程组
　　Y 声波方程

声波方程组式
　　Y 声波方程

声波辐射
　　Y 声辐射

声波干涉
　　Y 声干涉

声波干涉噪声
　　Y 干涉噪声

声波公式
　　Y 声波方程

声波扩散
　　Y 声扩散

声波频率
　　Y 声频

声波起伏
　　Y 声起伏

声波散射
　　Y 声散射

声波时差
interval transit time
O422；P631.814
　　S 测井参数*
　　　 时差
　　C 声波测井 →(5)

声波衰减
　　Y 声衰减

声波速
　　Y 声速

声波速测量
　　Y 声速测量

声波速度
　　Y 声速

声波吸收
　　Y 声吸收

声波效应
　　Y 声学效应

声波衍射
　　Y 声衍射

声波源
　　Y 声源

声波折射
　　Y 声折射

声波振荡
　　Y 声振荡

声参量
　　Y 声学参数

声测量
　　Y 声学测量

声场*
sound field
O422.2
　　D 声波场
　　　 音场
　　F 超声场
　　　 辐射声场
　　　 海洋声场
　　　 混响声场
　　　 井孔声场
　　　 聚焦声场
　　　 扩散声场
　　　 脉冲声场
　　　 内部声场
　　　 散射声场
　　　 声矢量场
　　　 声子场
　　　 室内声场
　　　 噪声场
　　　 自由声场
　　C 声波方程
　　　 声场仿真
　　　 声场分布
　　　 声辐射
　　　 声强测量
　　　 声学
　　　 声源

声场仿真
sound field simulation
O411.3；O429
　　S 声学仿真
　　C 声场
　　　 声场分析
　　　 声场特性
　　Z 物理模拟

声场分布
sound field distribution
O422.2
　　S 场分布
　　C 声场
　　　 声场分析
　　　 声场特性
　　Z 分布(物理学)

声场分析
sound field analysis
O422.2
　　S 声学分析
　　C 声场仿真
　　　 声场分布
　　Z 分析

声场干涉
　　Y 声干涉

声场均匀性
acoustic field uniformity
O422.2
　　S 声场特性
　　Z 声学特性

声场特性
sound field characteristics
O422.2
　　S 声学特性*
　　F 声场均匀性
　　　 声场指向性
　　C 声场仿真
　　　 声场分布

声场指向性
directivity of sound field
TN64；TN912
　　S 声场特性
　　　 指向特性
　　Z 声学特性

声成象
　　Y 声成像

声成像
acoustic imaging
O429
　　D 声成象
　　　 声成像技术
　　S 成像*
　　F 超声成像
　　　 水下声成像
　　　 振动声成像
　　C 切趾法

声成像技术
　　Y 声成像

声传播
sound propagation
O422
　　D 声波传播
　　　 声波传输
　　　 声传递
　　　 声传输
　　S 波传播
　　F 超声传播
　　　 水声传播
　　C 传声损失
　　　 声波
　　　 声反射
　　　 声干涉
　　　 声频散
　　　 声速
　　　 声线　→(4)
　　　 声学测量
　　　 声衍射
　　　 声遥感
　　　 声折射
　　Z 能量转移

声传播起伏
　　Y 声起伏

声传播损失
　　Y 传声损失

声传递
　　Y 声传播

声传输
　　Y 声传播

声传输损失
　　Y 传声损失

声传输特性
acoustic transmission characteristics
O422
　　S 声学特性*
　　C Mindlin 理论

声导
　　Y 声介质

声导纳
acoustic admittance
TB95
　　S 导纳*

声导体
　　Y 声介质

声电电流
acoustoelectric current
O482
　　S 电流*

声电类比
electro-acoustical analogy
O429
　　S 方法*

声电效应
acoustoelectric effect
TN912.1
　　D 电声效应
　　S 声学效应*
　　C 电子-声子相互作用

声电子顺磁共振
　　Y 声电子自旋共振

声电子自旋共振
acoustic electron spin resonance
O482.53
　　D 超声顺磁共振
　　　 声电子顺磁共振
　　　 声顺磁共振
　　S 电子自旋共振
　　Z 磁共振

声发射
acoustic emission
O422
　　D 声发射参数
　　　 声发射技术
　　S 声学现象*
　　F 超声发射
　　C 地声学　→(5)
　　　 声发射法
　　　 声发射检测
　　　 声发射实验
　　　 声学测量
　　　 微震法　→(5)

声发射参数
　　Y 声发射

声发射法
acoustic emission method
O429
　S 声学方法*
　C 声发射

声发射技术
　Y 声发射

声发射检测
acoustic emission testing
TB52
　S 声检测
　C 声发射
　Z 检测

声发射实验
acoustic emission testing
O4-33
　D 声发射试验
　S 声学实验
　C 声发射
　Z 科学实验

声发射试验
　Y 声发射实验

声反射
acoustic reflection
O422.3
　D 声波反射
　S 声学现象*
　F 超声反射
　C 回波
　　混响
　　建筑声学
　　声传播

声辐射
acoustic radiation
O422.6
　D 声波辐射
　S 辐射*
　F 超声辐射
　　结构声辐射
　C 声场
　　声源

声辐射测量
acoustic radiation measurement
TB52
　S 声学测量*

声辐射器
acoustic radiators
O429
　S 声学器件*

声干涉
acoustic interference
O422.5
　D 声波干涉
　　声场干涉
　S 声学现象*
　C 声波干涉仪 →(4)
　　声传播
　　噪声

声功率
sound power

O421
　S 功率*

声功率测量
　Y 声强测量

声共振
acoustic resonance
O321；O421
　D 声谐振
　S 共振*
　C 激振
　　声学特性

声光单色仪
acousto-optical monochromaters
TH74
　S 单色仪*

声光互作用
　Y 声光相互作用

声光晶体
acousto-optic crystal
O735
　S 光学晶体*
　F 钼酸铅晶体

声光耦合
　Y 声光相互作用

声光偏转器
acousto-optic deflectors
TN15；TN65；TP212
　D 布喇格偏转器
　S 光偏转器
　C 电光偏转器
　Z 光学元件

声光相互作用
acousto-optic interaction
O426.3
　D 声光互作用
　　声光耦合
　S 相互作用*

声光效应
acousto-optic effect
O429
　D 声光作用
　S 声学效应*
　C 声光学
　　声光衍射

声光学
acousto-optics
O426.3
　S 物理光学
　C 声光效应
　Z 光学

声光衍射
acousto-optic diffraction
O436.1
　S 光衍射
　F 布拉格衍射
　C 声光效应
　Z 衍射

声光栅

　Y 光栅

声光作用
　Y 声光效应

声激励
acoustic excitation
O421
　S 激励*

声级
sound level
TB95
　S 声学参数*
　F 混响级
　　声强级
　　声压级
　　响度级
　　噪声级

声检测
acoustic detection
TB52
　S 检测*
　F 超声检测
　　次声检测
　　声发射检测
　　声学探测
　　水声信号检测

声介质
acoustic medium
O422
　D 传声介质
　　声导
　　声导体
　　声媒质
　S 介质*
　C 传声损失

声聚焦
sound focusing
O422.5
　S 聚焦*

声绝缘
　Y 隔声

声抗测量
acoustic reactance measurement
TB52
　S 声学测量*

声空化
　Y 超声空化

声控制
acoustic control
O42
　S 控制*

声扩散
sound diffusion
O422.5
　D 声波扩散
　　声音扩散
　S 声学现象*
　C 混响室
　　扩散声场

声流
acoustic streaming
O422
 D 声流现象
 S 声学现象*
 C 辐射压力

声流现象
 Y 声流

声脉冲
sound pulse
O42
 S 脉冲*
 F 超声脉冲
 C 脉冲声

声媒质
 Y 声介质

声纳法
sonar method
O429；P631.42
 D 陆地声呐法
  声呐法
 S 地球物理勘探*
  声学方法*
 C 侧向扫描法 →(5)
  反射波法 →(5)
  回声探测 →(4)
  浅层地震勘探 →(5)

声纳方程
 Y 声呐方程

声纳遥感
 Y 声遥感

声呐法
 Y 声纳法

声呐方程
sonar equation
TB566；U666
 D 声纳方程
 S 方程*

声呐遥感
 Y 声遥感

声能
sound energy
O426.6
 D 声能量
 S 能量*
 C 声强
  声压

声能量
 Y 声能

声能密度
sound energy density
TB95
 S 声学参数*

声疲劳
acoustic fatigue
O346.2
 D 噪声疲劳
  噪音疲劳

 S 疲劳*
 C 声学测量

声频
audio frequency
O422
 D 声波频率
 S 声学参数*
 F 超音频

声频散
acoustic dispersion
O421
 S 频散*
 C 声传播
  声散射
  声速
  声衍射

声频应力波
sonic-frequency stress wave
O347.4
 D 音频应力波
 S 应力波*
 C 音频振动 →(5)

声频支
acoustic branch
O73

声屏蔽
 Y 隔声

声谱
acoustic spectrum
O42
 D 声谱学
 S 谱*
 F 声子谱
 C 光声光谱

声谱测量
sound spectrum measurement
TB52
 S 声学测量*

声谱学
 Y 声谱

声起伏
acoustic fluctuation
O422
 D 声波起伏
  声传播起伏
 S 声学现象*
 C 噪声

声器件
 Y 声学器件

声强
sound intensity
O422
 D 声音强度
 S 声学参数*
 F 高声强
  结构声强
  目标强度
 C 声能
  声学测量

  声压
  声音
  响度
  噪声

声强测量
acoustic intensity measurement
TB52
 D 声功率测量
 S 声学测量*
 C 声场
  响度

声强级
sound intensity level
O422
 S 声级
 Z 声学参数

声强矢量
acoustic intensity vector
O421
 D 声强向量
 S 向量*

声强向量
 Y 声强矢量

声全息
 Y 声全息术

声全息术
acoustic holography
O42
 D 声全息
 S 全息术*
 F 超声全息术
  平面近场声全息

声全息图
acoustic holograms
O438.1
 S 全息图*

声绕射
 Y 声衍射

声容测量
acoustic capacitance measurement
TB52
 S 声学测量*

声散射
acoustic scattering
O422.5
 D 声波散射
 S 声学现象*
 F 超声散射
 C 声频散
  声折射

声矢量场
acoustic vector field
O422.2
 S 声场*

声束
sound beam
O426
 S 超声波

主 表 635

　　Z 声波

声衰减
acoustic attenuation
O422.4
　　D 声波衰减
　　S 声学现象*
　　F 超声衰减
　　　绕射声衰减
　　C 声折射
　　　噪声降低

声衰减测量
acoustical attenuation measurement
TB52
　　S 声学测量*

声衰减系数
acoustic attenuation coefficient
O422.4；P427.41；P733.2
　　S 声学参数*
　　F 超声衰减系数

声顺磁共振
　　Y 声电子自旋共振

声速
sound velocity
O422.1
　　D 声波速
　　　声波速度
　　　音速
　　S 声学参数*
　　F 超声波速
　　　超音速
　　　高压声速
　　　跨音速
　　　声表面波速度
　　　亚音速
　　　纵波声速
　　C 马赫数
　　　声波
　　　声传播
　　　声频散
　　　声速测量

声速测定
　　Y 声速测量

声速测量
acoustic wave velocity measurement
TB52
　　D 声波速测量
　　　声速测定
　　S 波速测量
　　　声波测量
　　F 超声波速测量
　　C 声速
　　Z 声学测量
　　　速度测量

声速分布
sound velocity distribution
O422.1
　　S 分布*

声速改正
sound velocity correction
O422.1；P229.1；P427.41；P733.2

　　D 声速校正
　　S 误差改正*
　　C 声速剖面 →(4)

声速校正
　　Y 声速改正

声弹性
acoustoelasticity
O343
　　S 弹性
　　C 声学特性
　　Z 力学性质

声特性
　　Y 声学特性

声体波
bulk acoustic wave
O42
　　D 体声波
　　S 声波*

声透镜
acoustic lens
O42
　　S 声学器件*

声透射
sound transmission
O422.4
　　S 透射*

声透射系数
　　Y 透声系数

声吸收
acoustic absorption
O422.4
　　D 声波吸收
　　　吸声
　　S 声学现象*
　　F 超声吸收

声线跟踪法
acoustic ray tracing method
O429
　　S 声学方法*

声线弯曲
sound ray curve
O422
　　S 声学现象*

声相关
acoustic correlation
O42
　　S 相关*
　　F 噪声相关

声响掩蔽
　　Y 遮蔽效应

声效应
　　Y 声学效应

声谐振
　　Y 声共振

声性能
　　Y 声学特性

声性质
　　Y 声学特性

声悬浮
acoustic levitation
TB559
　　D 超声悬浮
　　S 悬浮*

声学*
acoustics
O42
　　F 超声学
　　　低温声学
　　　非线性声学
　　　几何声学
　　　物理声学
　　　应用声学
　　C 声场
　　　声学仿真
　　　声学现象
　　　声音
　　　声源
　　　噪声

声学标准
acoustic standards
O42
　　S 标准规范*
　　F 噪音标准
　　C 电声测量

声学波
acoustic wave
O73
　　S 格波
　　C 晶格振动
　　Z 波

声学参量
　　Y 声学参数

声学参数*
acoustic parameters
O424
　　D 声参量
　　　声学参量
　　　声学量
　　　声学指标
　　F 非线性声参量
　　　声级
　　　声能密度
　　　声频
　　　声强
　　　声衰减系数
　　　声速
　　　声压
　　　声压反射系数
　　　透声系数
　　　响度
　　C 声学仿真

声学测量*
acoustic measurement
TB52
　　D 声变量测量
　　　声测量
　　　声学测量法
　　　声学计量

F 超声测量
电声测量
隔声测量
声波测量
声辐射测量
声抗测量
声谱测量
声强测量
声容测量
声衰减测量
声压测量
声阻测量
水声测量
音质测量
噪声测量
指向性测量
C 电声学
混响室
声传播
声发射
声疲劳
声强
声学建模
声遥感
消声室

声学测量法
　Y 声学测量

声学法
　Y 声学方法

声学方法*
acoustic method
O429
　D 声学法
　F 超声波法
　　穿透法
　　共振法
　　声发射法
　　声纳法
　　声线跟踪法
　C 声学现象

声学仿真
acoustic simulation
O411.3；O429
　S 物理模拟*
　F 声场仿真
　C 声学
　　声学参数
　　声学分析
　　声学实验
　　声学实验室

声学分析
acoustic analysis
O423
　S 分析*
　F 超声分析
　　声场分析
　C 声学仿真
　　声学建模

声学极化子
acoustic polaron
O424
　S 极化子*

声学计量
　Y 声学测量

声学技术*
acoustic techniques
TB5
　F 超声技术
　C 模型试验 →(5)

声学建模
acoustic modelling
O42
　S 建模*
　C 声学测量
　　声学分析
　　声学实验室

声学量
　Y 声学参数

声学模
acoustic mode
O735
　S 晶格振动波模式*

声学模型
acoustic model
O42；P733
　S 物理模型*
　F 声源模型

声学器件*
acoustic devices
O429
　D 声器件
　F 声辐射器
　　声透镜

声学实验
acoustic experiment
O4-33
　D 声学试验
　S 物理实验
　F 声发射实验
　C 声学仿真
　Z 科学实验

声学实验室
acoustical laboratories
O42；O4-33
　S 实验室*
　F 测听室
　　混响室
　　消声室
　C 声学仿真
　　声学建模

声学试验
　Y 声学实验

声学探测
acoustic sounding
TB52
　S 声检测
　C 声学水位计 →(4)(5)
　Z 检测

声学特性*
acoustic properties
O421

D 声特性
声性能
声性质
声学性能
声学性质
F 混响
声场特性
声传输特性
声振特性
吸声性
音质
噪声特性
指向特性
C 声弹性
声共振
声学现象

声学现象*
acoustic phenomenon
O42
　F 声发射
　　声反射
　　声干涉
　　声扩散
　　声流
　　声起伏
　　声散射
　　声衰减
　　声吸收
　　声线弯曲
　　声掩蔽
　　声振荡
　　声振动
　C 声学
　　声学方法
　　声学特性
　　声学效应

声学效应*
acoustic effect
O42
　D 声波效应
　　声效应
　F 超声效应
　　光声效应
　　聚焦效应
　　热声效应
　　声电效应
　　声光效应
　　双耳效应
　　遮蔽效应
　C 声学现象

声学性能
　Y 声学特性

声学性质
　Y 声学特性

声学指标
　Y 声学参数

声压
sound pressure
O421
　D 声压强
　S 声学参数*
　F 辐射声压

C 声能
　　　声强

声压波
sonic pressure wave
O42
　　D 声音压力波
　　S 声波*

声压测量
sound pressure measurement
TB52
　　S 声学测量*

声压反射系数
sound pressure reflection coefficient
TB52
　　S 声学参数*

声压分布
sound pressure distribution
O42
　　S 分布*

声压级
sound pressure level
TB95
　　S 声级
　　F 阈上级
　　Z 声学参数

声压强
　　Y 声压

声衍射
acoustic diffraction
O422.5
　　D 声波衍射
　　　声绕射
　　S 衍射*
　　F 超声衍射
　　C 声传播
　　　声频散
　　　声折射

声掩蔽
acoustic masking
O422
　　S 声学现象*

声遥感
acoustic remote sensing
O42；P229；P733
　　D 声纳遥感
　　　声呐遥感
　　S 遥感*
　　C 声传播
　　　声图判读　→(4)
　　　声学测量

声音*
sound
O42
　　D 声
　　F 超声
　　　纯音
　　　次声
　　　反射声
　　　泛音
　　　光声

　　　混响声
　　　基音
　　　空气声
　　　乐音
　　　脉冲声
　　　鸣音
　　　哨声
　　　水声
　　　谐音
　　　噪音
　　　直达声
　　　撞击声
　　C 声波
　　　声强
　　　声学

声音扩散
　　Y 声扩散

声音强度
　　Y 声强

声音压力波
　　Y 声压波

声音折射
　　Y 声折射

声影区
acoustic shadow zone
O421
　　S 区域*

声源*
sound source
O421
　　D 声波源
　　F 单极子源
　　　调制气流声源
　　　宽带声源
　　　水下声源
　　　噪声源
　　C 波源
　　　辐射
　　　声场
　　　声辐射
　　　声学

声源模型
sound source model
O421
　　S 声学模型
　　Z 物理模型

声噪声
　　Y 噪声

声噪声测量
　　Y 噪声测量

声噪声级
　　Y 噪声级

声噪声控制
　　Y 噪声降低

声折射
acoustic refraction
O422.3
　　D 声波折射

　　　声音折射
　　S 折射*
　　C 声传播
　　　声散射
　　　声衰减
　　　声衍射

声振荡
acoustic oscillation
O424
　　D 声波振荡
　　S 声学现象*
　　F 超声振荡
　　　热声振荡

声振动
acoustic vibration
O32；O422
　　D 声致振动
　　S 声学现象*
　　C 声振特性

声振特性
acoustic vibration characteristics
O422.6
　　S 声学特性*
　　C 声振动

声振影响
　　Y 振动效应

声致发光
sonoluminescence
O426.3
　　S 发光*
　　F 单泡声致发光

声致荧光
acoustic fluorescence
O426.3
　　S 荧光*

声致振动
　　Y 声振动

声子
phonon
O731
　　D 虚声子
　　S 准粒子*
　　F 表面声子
　　　光学声子
　　　极化声子
　　　界面声子
　　C 声子禁带
　　　声子能量
　　　声子谱
　　　声子色散
　　　声子特性
　　　声子之间相互作用

声子(能)带
　　Y 声子态

声子场
phonon field
O735
　　S 声场*
　　C 声子能量

声子-磁振子相互作用
phono-magnon interactions
O441.2
　　D 磁振子-声子相互作用
　　S 相互作用*
　　C 磁振子

声子带隙
phonon band gap
O735
　　D 声子晶体带隙
　　S 带隙*
　　F 弹性波带隙
　　　振动带隙
　　C 声子禁带

声子-电子相互作用
　　Y 电子-声子相互作用

声子禁带
phonon band gap
O481.1
　　S 禁带
　　C 声子
　　　声子带隙
　　Z 能带

声子晶体
sonic crystal
O735
　　S 功能晶体
　　F 二维声子晶体
　　　局域共振型声子晶体
　　　三维声子晶体
　　　一维声子晶体
　　C 声子能量
　　　声子特性
　　Z 晶体

声子晶体带隙
　　Y 声子带隙

声子晶体弹性波带隙
　　Y 弹性波带隙

声子晶体振动带隙
　　Y 振动带隙

声子能
　　Y 声子能量

声子能量
phonon energy
O48
　　D 声子能
　　S 能量*
　　C 声子
　　　声子场
　　　声子晶体

声子耦合
phonon coupling
O731
　　S 声子特性*

声子平均数
　　Y 平均声子数

声子谱
phonon spectrum

O421；O426
　　D 声子谱学
　　　有效声子谱
　　S 声谱
　　C 声子
　　Z 谱

声子谱学
　　Y 声子谱

声子软化
phonon softening
O731
　　S 声子特性*
　　C 超导性
　　　非谐相互作用
　　　晶格振动
　　　声子态

声子散射
phonon scattering
O73
　　D 多声子散射
　　S 声子特性*

声子色散
phonon dispersion
O73
　　D 声子色散关系
　　S 声子特性*
　　C 声子

声子色散关系
　　Y 声子色散

声子-声子相互作用
　　Y 声子之间相互作用

声子寿命
phonon lifetime
O731
　　S 声子特性*

声子态
phonon state
O426
　　D 声(能)带
　　S 能态*
　　C 声子软化

声子态密度
phonon density of state
O48
　　S 态密度
　　Z 物理参数

声子特性*
phonon characteristics
O731
　　F 声子耦合
　　　声子软化
　　　声子散射
　　　声子色散
　　　声子寿命
　　　声子振动
　　C 声子
　　　声子晶体

声子振动
phonon vibration

O731
　　S 声子特性*

声子之间相互作用
phonon-phonon interactions
O7
　　D 多声子过程
　　　声子-声子相互作用
　　　双声子过程
　　S 相互作用*
　　C 倒逆过程
　　　声子

声阻测量
acoustieal resistance measurement
TB52
　　S 声学测量*

绳索力学
cable mechanics
TB301
　　S 力学*

圣维南原理
Saint-Venant principle
O343
　　S 力学原理*
　　C 弹性力学

圣文南塑性条件
　　Y 最大剪应力屈服条件

剩磁*
remanence
O482.52；P318.4
　　D 残磁
　　　残磁性
　　　残余磁性
　　　剩磁特性
　　　剩磁性
　　　剩余磁感应强度
　　　剩余磁化
　　　剩余磁化强度
　　　剩余磁性
　　F 沉积剩磁
　　　次生剩磁
　　　等温剩磁
　　　化学剩磁
　　　热剩磁
　　　天然剩磁
　　C 磁化强度
　　　剩磁年龄 →(5)
　　　退磁场 →(5)

剩磁比
remanence ratio
O441.2
　　S 磁场强度
　　Z 磁参数

剩磁特性
　　Y 剩磁

剩磁性
　　Y 剩磁

剩余变形
　　Y 残余变形

剩余磁感应强度

主　表　639

　　Y 剩磁

剩余磁化
　　Y 剩磁

剩余磁化强度
　　Y 剩磁

剩余磁通密度
residual flux density
O441；P318
　　S 磁感应强度
　　C 饱和磁通密度
　　Z 磁参数

剩余磁性
　　Y 剩磁

剩余电阻
residual resistance
TM934.1
　　S 电阻*

剩余反射率
residual reflectivity
TH74
　　S 反射率*

剩余极化
residual polarization
O441
　　S 电介质极化
　　Z 极化

剩余极化强度
remanent polarization
O48
　　S 极化强度
　　Z 电磁参量

剩余加速度
residual acceleration
O311
　　S 加速度*
　　C 加速距离

剩余模态力
residual modal force
O346
　　S 力*
　　C 结构损伤
　　　 剩余强度

剩余疲劳寿命
residual fatigue life
O21；O346.2
　　S 疲劳寿命
　　　 寿命*
　　C 剩余强度

剩余强度
residual strength
O346
　　D 残留强度
　　　 残余强度
　　S 力学强度*
　　C 冲击损伤
　　　 剩余模态力
　　　 剩余疲劳寿命
　　　 剩余寿命 →(1)

　　　 损伤容限
　　　 正应力

剩余熵
　　Y 残余熵

剩余速度
residual velocity
O311
　　D 残余速度
　　S 速度*

剩余损耗
　　Y 剩余损失

剩余损失
residual loss
O441.2
　　D 剩余损耗
　　S 磁损失
　　Z 能量损耗

剩余推力
excess thrust
V231.3
　　S 推力*
　　C 潜在滑动面 →(5)

剩余下滑力
residual sliding force
O31
　　S 力*
　　C 滑动

剩余相互作用
residual interaction
O572.24
　　S 相互作用*

剩余应力
　　Y 残余应力

剩余重力
　　Y 残余重力

剩余阻力
residual resistance
O369
　　D 残余阻力
　　S 阻力*

失超
quench of superconductivity
O511
　　S 超导转变
　　Z 相变

失超传播速度
quench propagation velocity
O4-0
　　S 传播速度*

失超模拟
quench simulation
O51
　　S 物理模拟*

失配*
mismatch
O4-0
　　F 群速度失配

　　　 相位失配
　　C 匹配

失配位错
misfit dislocations
O772
　　D 错配位错
　　S 位错
　　Z 晶体缺陷

失配误差
mismatch error
TM93
　　S 信号误差
　　Z 误差

失速*
stall
O354
　　F 气动失速
　　　 旋转失速
　　C 弹性振动
　　　 分离流
　　　 迎角效应

失速特性
stalling characteristics
V211
　　S 气动特性
　　C 气动失速
　　Z 动态特性

失调光学系统
misaligned optical system
TH74
　　S 光学系统*

失稳*
destabilization
O317
　　F 二次失稳
　　　 分散性失稳
　　　 集中性失稳
　　　 拉伸失稳
　　　 流变失稳
　　　 塑性失稳
　　　 限制失稳
　　　 压缩失稳
　　C 临界压力
　　　 屈曲
　　　 突变理论 →(1)
　　　 稳定性

失稳分解
spinodal decomposition
O4-3
　　S 物理分解*

失稳准则
　　Y 稳定性判据

失效*
failure
ZT5
　　D 失效形式
　　F 磁体失超
　　　 动态失效
　　　 剪切失效
　　　 强度失效

    C 断裂性能
　　　疲劳
　　　失效物理

失效波
failure wave
O353.2
    S 波*

失效判据
    Y 失效准则

失效物理
physics of failure
TB30
    D 可靠性物理
    S 应用物理学
    C 失效
    Z 物理学

失效形式
    Y 失效

失效应变
    Y 破坏应变

失效指标
failure index
O346.5
    S 指标*
    C 梁元

失效准则
failure criterion
O346.5
    D 失效判据
    S 力学准则*

失谐*
detuning
TN7
    F 大失谐
　　　随机失谐
    C 模态局部化

失谐量
detuning
TN20
    S 数量*
    C 光学谐振腔

失谐周期结构
disordered periodic structure
O342
    S 结构*

失压
    Y 压力损失

失真
    Y 畸变

失重
weight loss
O314
    D 零重力
    S 应力状态
    C 人工重力
　　　微重力
　　　引力效应
　　　重力效应
    Z 状态

失重流体
    Y 微重力流体

失重实验
    Y 零重力实验

施密特数
Schmidt number
O303
    S 无量纲数*

施特鲁哈尔数
    Y 斯特劳哈尔数

施主
donor
O47
    C 夹杂物 →(3)

施主能级
donor energy level
O47
    S 能级*

施主杂质
donor impurity
O474
    S 物质*

湿断裂强度
    Y 湿强度

湿绝热
    Y 湿绝热过程

湿绝热过程
moist adiabatic process
O414.1
    D 湿绝热
    S 绝热过程
    F 可逆绝热过程
    Z 热力学过程

湿敏特性
humidity-sensitive characteristics
TN3
    S 特性*

湿摩擦
wet friction
O313.5
    S 摩擦*

湿气扩散
moisture diffusion
O552.2；P426
    D 水汽扩散
    S 大气运动*

湿强
    Y 湿强度

湿强度
wet strength
O346
    D 初粘强度
　　　生坯强度
　　　湿断裂强度
　　　湿强
　　　湿态强度
　　　压坯强度
    S 断裂强度
    C 潮湿 →(4)
　　　湿润性 →(3)
　　　湿应力
    Z 力学强度

湿态强度
    Y 湿强度

湿应力
wet stress
O343.4
    S 应力*
    C 湿强度

十二面体
dodecahedron
O18；O71
    S 几何体*
    F 菱形十二面体

十字裂纹
cross crack
O346.1
    S 裂纹*
    C 裂纹分叉

石榴石型结构
garnet type structure
O76
    S 矿物晶体结构
    Z 晶体结构

石墨化
graphitization
TF4；TM24
    D 连续石墨化
　　　石墨化处理
　　　通气石墨化
　　　直流石墨化
    S 有机反应*
    C 石墨 →(3)(5)

石墨化处理
    Y 石墨化

石墨晶体
graphite crystal
O71
    S 立方晶体
    C 石墨 →(3)(5)
    Z 晶体

石墨晶须
graphite whisker
O784
    S 无机晶须
    C 石墨 →(3)(5)
    Z 晶须

石墨炉原子吸收
    Y 石墨炉原子吸收光谱法

石墨炉原子吸收法
    Y 石墨炉原子吸收光谱法

石墨炉原子吸收光度法
    Y 石墨炉原子吸收光谱法

主　表　641

石墨炉原子吸收光谱
　　Y 石墨炉原子吸收光谱法
石墨炉原子吸收光谱法
graphite furnace atomic absorption spectrometry
O433.4；O657.31
　　D 高分辨连续光源石墨炉原子吸收光谱法
　　　石墨炉原子吸收
　　　石墨炉原子吸收法
　　　石墨炉原子吸收光度法
　　　石墨炉原子吸收光谱
　　　石墨炉-原子吸收光谱法
　　　石墨炉原子吸收光谱分析
　　S 原子吸收光谱法
　　Z 光谱分析
石墨炉-原子吸收光谱法
　　Y 石墨炉原子吸收光谱法
石墨炉原子吸收光谱分析
　　Y 石墨炉原子吸收光谱法
石墨微晶
graphite crystallite
O756
　　S 微晶材料
　　Z 晶体学应用
石墨烯量子点
graphene quantum dots
O47
　　S 量子点
　　Z 势阱
石墨型结构
graphite structure
O76
　　S 矿物晶体结构
　　Z 晶体结构
石英摆
quartz pendulum
O314
　　S 摆*
石英表面
quartz surface
O485
　　S 固体表面
　　Z 表面
石英晶体
quartz crystal
O73
　　S 三方晶体
　　F 压电石英晶体
　　Z 晶体
石英晶体微天平
quartz crystal microbalance
O738；O799
　　S 晶体学应用*
　　F 电化学石英晶体微天平
石英晶体振荡法
quartz crystal oscillating method
O739
　　D 石英晶体振荡器测量方法
　　S 晶体结构分析方法*

石英晶体振荡器测量方法
　　Y 石英晶体振荡法
石英微透镜
quartz microlens
TH74
　　S 微透镜
　　Z 光学元件
时变边界
variable-boundary
O313
　　S 边界*
　　C 变质量系
时变场
time-varying field
O412.3
　　S 物理场*
时变磁场
time-varying magnetic field
O441.2
　　S 磁场*
时变电磁场
time-varying electromagnetic field
O441.4
　　S 电磁场*
时变力学
　　Y 时变力学系统
时变力学系统
time-variant mechanical system
O39
　　D 时变力学
　　S 力学系统*
　　C 对应性原理
　　　时变系统　→(1)
　　　振型叠加法
时变媒质
time-varying media
O412
　　S 介质*
时差*
time difference
P127；P19
　　D 时差计量
　　F 声波时差
　　　双耳时间差
　　　相对时差
　　C 时间
　　　时间标准　→(4)
　　　时间测量
　　　时区　→(4)
时差计量
　　Y 时差
时程分析
time history analysis
TU311
　　S 分析*
时程积分
time integration
O302

　　S 积分*
时光隧道
　　Y 时空隧道
时基误差
time base error
TN911；TN912；TN946
　　S 测量误差*
时计
　　Y 计时仪器
时间*
time
ZT73
　　F 固有时
　　　钟表时间
　　C 空间
　　　时差
　　　时间单位
　　　事件时间
时间比例同步算法
　　Y 时间运算
时间步进法
　　Y 时间推进法
时间测度
　　Y 时间测量
时间测量
time measurement
TB939；TH714
　　D 测时
　　　测时学
　　　时间测度
　　　时间计量
　　S 测量*
　　F 时间间隔测量
　　C 计时仪器
　　　经度测量　→(4)
　　　时差
　　　时间标准　→(4)
　　　时间参数　→(1)(4)
　　　时间单位
　　　时间服务　→(4)
　　　时间函数　→(1)(4)(5)
　　　授时　→(4)
　　　同步
　　　钟表时间
时间测量仪
　　Y 计时仪器
时间测量仪表
　　Y 计时仪器
时间单位*
time unit
TB939
　　D 时间计量单位
　　F 阿秒
　　C 时间
　　　时间标准　→(4)
　　　时间测量
　　　时间序列　→(1)(4)(5)
时间的

Y 时间学

时间反演
time inversion
O41
　　S 时间理论
　　C T-不变性
　　Z 时间学

时间反演不变性
　　Y T-不变性

时间反演不变性定理
　　Y T-不变性

时间反演不变性定律
　　Y T-不变性

时间反演不变性原理
　　Y T-不变性

时间反演对称性
　　Y T-不变性

时间反转
time reversal
O41
　　S 时间理论
　　Z 时间学

时间方向
time orientation
O41
　　S 时间理论
　　Z 时间学

时间分辨
time-resolved
O412
　　S 时空分辨
　　F 飞秒时间分辨
　　C 时间离散 →(1)
　　Z 分辨

时间分辨测量
time-resolved measurement
TL5；TN2
　　S 光学测量*
　　C 光谱测量
　　　荧光测量术 →(3)

时间分辨光谱
　　Y 高分辨率光谱

时间分辨光致发光谱
time-resolved photoluminescence spectra
O433
　　S 光致发光光谱
　　Z 光谱

时间分辨红外光谱
time-resolved infrared spectroscopy
O433.5
　　S 红外光谱*

时间分辨谱
time-resolved spectra
O56
　　S 时间谱
　　Z 谱

时间分辨荧光
time-resolved fluorescence
O436
　　S 荧光*

时间关联
　　Y 时间相关

时间和空间
　　Y 时空

时间基准
time base
TB939
　　S 基准*
　　C 天文服务机构 →(4)

时间计量
　　Y 时间测量

时间计量单位
　　Y 时间单位

时间计量仪器
　　Y 计时仪器

时间间隔测量
time interval measurement
TB462；TH714
　　S 时间测量
　　Z 测量

时间解耦
time decouple
TM4
　　S 参数解耦
　　Z 解耦

时间距离
time distance
TB939
　　D 时距
　　S 距离*
　　C 时间理论

时间-空间轨迹
　　Y 时空轨迹

时间理论
time theory
O41
　　D 时间起伏
　　　时间迁移
　　　时间跳跃
　　S 时间学*
　　F 时间反演
　　　时间反转
　　　时间方向
　　　时间逻辑
　　　时间平移
　　　时间协调
　　　时间行为
　　　时间演化
　　　时域
　　　停留时间分布
　　C 时间距离
　　　时空理论

时间逻辑
time logic

B81；TN911.2
　　S 时间理论
　　Z 时间学

时间膨胀
time dilation
O412.1
　　D 爱因斯坦延缓
　　　时间膨胀效应
　　　钟慢效应
　　S 相对论效应
　　C 狭义相对论
　　　相对速度
　　Z 物理效应

时间膨胀效应
　　Y 时间膨胀

时间频率标准
　　Y 标准时频

时间平均流
　　Y 基本气流

时间平均流场
　　Y 时均流场

时间平均气流
　　Y 基本气流

时间平均速度
　　Y 时均速度

时间平移
time translation
O41
　　S 时间理论
　　Z 时间学

时间谱
time spectrum
O56
　　S 谱*
　　F 飞行时间谱
　　　时间分辨谱

时间起伏
　　Y 时间理论

时间迁移
　　Y 时间理论

时间色散
time dispersion
O436.3
　　S 色散*

时间衰减
time decay
TN14
　　D 下降时间
　　S 衰减*

时间跳跃
　　Y 时间理论

时间推进法
time-marching method
O351
　　D 时间步进法
　　S 力学方法*

时间-温度-应力等效原理
time-temperature-stress equivalence principle
O346
 S 等效原理
 C 应力曲线
 Z 物理理论

时间温度指数
 Y 温度系数

时间误差
time error
TH714
 D 定时误差
 S 误差*

时间相干
 Y 时间相干性

时间相干性
temporal coherence
O441.4
 D 时间相干
 S 相干性*

时间相关
time dependence
O302；O412.1
 D 不定常
  时间关联
  时相关
 S 相关*
 F 滞后相关
 C 时间相关性 →(4)
  温度相关

时间相关单光子计数
time correlated single photon counting
O431.2
 S 单光子计数
 Z 光子计数

时间相关法
time-dependent method
O241；O351.2
 D 不定常法
  不定常方法
 S 数学方法*

时间相位展开
temporal phase unwrapping
O411
 S 时间运算*

时间协调
time coordination
N965.13
 S 时间理论
 Z 时间学

时间行为
time behaviour
O41
 S 时间理论
 Z 时间学

时间序列分析
time series analysis
TN401
 D 时序分析

 S 数学分析*
 F 混沌时间序列分析
 C Levenberg-Marquardt 方法 →(1)
  分段线性拟合 →(1)
  傅里叶分析 →(1)
  混合回归模型 →(1)
  时域分析 →(1)
  数据取样 →(1)
  数据序列 →(1)
  支持向量机 →(1)

时间学*
time science
P19
 D 时间的
 F 时间理论

时间延迟积分
time delay integration
TN3
 S 时间运算*

时间演变
 Y 时间演化

时间演化
time evolution
O41
 D 时间演变
 S 时间理论
 C 基态波函数 →(1)
 Z 时间学

时间演化算符
time evolution operator
O413.1；P19
 S 演化算符
 Z 算符

时间域
 Y 时域

时间运算*
time operation
TN911；TP301
 D 时间比例同步算法
 F 时间相位展开
  时间延迟积分
 C 时间参数 →(1)(4)

时距
 Y 时间距离

时均流场
time-mean flow field
O351.2
 D 时间平均流场
 S 流场*

时均流速
 Y 时均速度

时均气流
 Y 基本气流

时均速度
time averaged velocities
O311
 D 时间平均速度
  时均流速

 S 平均速度
 Z 速度

时空*
space-time
O412.1
 D 时间和空间
 F 动态时空
  多维时空
  绝对时空
  离散时空
  平直时空
  四维时空
  弯曲时空
 C 时空理论
  宇宙 →(4)

时空变化
temporal and spatial variation
O412.1
 S 变化*
 C 驱动力

时空变化特征
 Y 时空特征

时空变换
space-time transformation
O412
 S 物理变换*

时空尺度*
spatial and temporal scale
ZT2
 F 原子尺度
 C 尺度

时空穿越
 Y 穿越时空

时空对称性
space-time symmetry
O41
 S 时空特征*
 C 可公度性 →(5)

时空反演
space-time inversion
O412.1
 S 时空理论*

时空分辨
space-time resolution
O412
 S 分辨*
 F 空间分辨
  时间分辨

时空构成
 Y 时空结构

时空观
view of space and time
O412.1；P159
 S 时空理论*
 F 绝对时空观
  相对论时空观

时空规律
 Y 时空理论

时空轨迹
space-time trajectory
O311
　　D 时间-空间轨迹
　　S 运动轨迹
　　Z 轨迹

时空过程
　　Y 时空理论

时空混沌
spatiotemporal chaos
O412.1
　　S 混沌*
　　　时空理论*
　　C 耦合映象格子 →(1)

时空混沌同步
spatiotemporal chaos synchronization
O415.5
　　S 混沌同步
　　Z 同步

时空间结构
　　Y 时空结构

时空结构*
time-spatial structure
O41；P159
　　D 时空构成
　　　时空间结构
　　F 时空跨度
　　　时空路径
　　　时空曲率
　　　时空隧道
　　　时空图
　　　时空系统
　　　时空坐标
　　C 时空理论
　　　时空特征
　　　宇宙结构 →(4)

时空跨度
space-time spans
O41；P159
　　S 时空结构*

时空理论*
space-time theory
O412.1
　　D 时空规律
　　　时空过程
　　　时空论
　　　时空束缚
　　　时空问题
　　　时空延展
　　F 穿越时空
　　　时空反演
　　　时空观
　　　时空混沌
　　　时空流形
　　　时空转换
　　C 时间理论
　　　时空
　　　时空结构
　　　时空特征

时空流形
space-time manifolds

O412.1
　　S 时空理论*

时空路径
space-time path
O41；P159
　　S 路径*
　　　时空结构*
　　C 虫洞 →(4)
　　　时空隧道

时空旅行
　　Y 穿越时空

时空论
　　Y 时空理论

时空曲率
space-time curvature
O41；P159
　　S 时空结构*

时空束缚
　　Y 时空理论

时空隧道
space-time tunnel
O412.1；P159
　　D 时光隧道
　　S 时空结构*
　　C 虫洞 →(4)
　　　穿越时空
　　　时空路径

时空特点
　　Y 时空特征

时空特性
　　Y 时空特征

时空特征*
spatial-temporal feature
ZT73；ZT74
　　D 时空变化特征
　　　时空特点
　　　时空特性
　　　时空性质
　　　时空演变特征
　　　时空属性
　　F 时空对称性
　　　时空相对性
　　C 时空结构
　　　时空理论
　　　阵列

时空图
space-time diagram
O41；P159
　　S 时空结构*

时空弯曲
　　Y 弯曲时空

时空问题
　　Y 时空理论

时空系统
space-time system
O41；P159
　　S 时空结构*

时空相对性
space-time relativity
O41
　　S 时空特征*

时空相干性
　　Y 空间相干性

时空性质
　　Y 时空特征

时空延展
　　Y 时空理论

时空演变特征
　　Y 时空特征

时空属性
　　Y 时空特征

时空转换
space-time transformation
O412.1
　　S 时空理论*

时空坐标
space-time coordinates
O41；P159
　　S 时空结构*

时频分析
time frequency analysis
TN911.6
　　D 时频分析技术
　　S 分析*
　　C 时域分析 →(1)
　　　瞬态振动

时频分析技术
　　Y 时频分析

时频特征
time frequency characteristics
time frequency feature
O369
　　S 力学特征*
　　C 爆破振动
　　　小波变换

时期*
period
ZT73
　　D 阶段
　　　期
　　F 成核诱导期
　　　弹性阶段
　　C 日期 →(4)
　　　周期

时相关
　　Y 时间相关

时相关变形
time-dependent deformation
O344.3
　　D 时效变形
　　S 变形*
　　C 时变 →(1)

时效变形
　　Y 时相关变形

主　表　645

时序分析
　　Y 时间序列分析

时延误差
time delay error
TN911；TN94
　　D 时滞误差
　　　 延时误差
　　S 测量误差*

时域
time domain
TN911.2
　　D 时间域
　　S 时间理论
　　Z 时间学

时域边界元
time-domain BEM
O302
　　S 边界元
　　C 边界元法
　　Z 元

时域反射
time-domain reflectometry
O451
　　D 时域反射法
　　　 时域反射技术
　　S 电磁波反射
　　C 时域反射计 →(4)(5)
　　Z 反射

时域反射法
　　Y 时域反射

时域反射技术
　　Y 时域反射

时域光谱
time-domain spectroscopy
O433.5
　　D 时域光谱技术
　　S 光谱*
　　F 太赫兹时域光谱

时域光谱技术
　　Y 时域光谱

时域介电谱
time-domain dielectric spectroscopy
O487
　　S 介电谱
　　Z 频谱

时域谱
time-domain spectrum
O441
　　S 谱*
　　F 太赫兹时域谱

时域有限差分
　　Y 有限时域差分法

时域有限差分法
　　Y 有限时域差分法

时域有限差分方法
　　Y 有限时域差分法

时域有限差分计算
　　Y 有限时域差分法

时域有限差分计算法
　　Y 有限时域差分法

时域有限差分计算方法
　　Y 有限时域差分法

时域有限体积法
finite volume method in time domain
O441
　　S 物理法*

时滞动力方程
delay dynamic equation
O19；O302
　　C 时滞动力系统
　　Z 力学方程

时滞动力系统
delayed dynamic system
O19；O313
　　D 延时动力系统
　　S 动力系统(数学)*
　　C 时滞动力方程

时滞反馈
　　Y 延迟反馈

时滞误差
　　Y 时延误差

时钟佯谬
clock paradox
O412.1
　　S 佯谬*
　　C 力学相对性原理

识别*
recognition
ZT5
　　D 辨识
　　　 识别过程
　　F 断裂识别
　　　 混沌识别
　　　 粒子识别
　　　 流型识别
　　　 物理参数识别
　　　 载荷识别

识别过程
　　Y 识别

实际弹道
　　Y 外弹道

实际负荷
　　Y 有效载荷

实际晶粒度
prior austenite grain size
O764
　　S 晶粒度
　　Z 晶体学参数
　　　 颗粒特征

实际晶体
　　Y 缺陷晶体

实际孔径
　　Y 孔径

实际气体
　　Y 非理想气体

实际应力
　　Y 真应力

实际载荷
　　Y 有效载荷

实时测量
real-time measurement
TB462.1
　　D 实时量测
　　S 测量*
　　C 实测流量 →(5)

实时传输
real-time transmission
TN919
　　S 信息传播*

实时干涉测量
　　Y 干涉测量

实时校准
real-time calibration
TH7
　　S 校准*

实时量测
　　Y 实时测量

实时全息干涉
　　Y 实时全息干涉法

实时全息干涉测量
real-time holographic interferometry
O438.1
　　D 实时全息干涉测量法
　　　 实时全息干涉测量方法
　　　 实时全息干涉测量技术
　　　 实时全息干涉测量术
　　S 全息干涉测量
　　Z 光学测量

实时全息干涉测量法
　　Y 实时全息干涉测量

实时全息干涉测量方法
　　Y 实时全息干涉测量

实时全息干涉测量技术
　　Y 实时全息干涉测量

实时全息干涉测量术
　　Y 实时全息干涉测量

实时全息干涉法
real-time holographic interferometry
O438.1
　　D 实时全息干涉
　　　 实时全息干涉方法
　　　 实时全息干涉计量
　　　 实时全息干涉计量法
　　　 实时全息干涉计量方法
　　　 实时全息干涉计量技术
　　　 实时全息干涉计量术
　　　 实时全息干涉技术
　　　 实时全息干涉术
　　S 全息干涉术
　　Z 光学测量

实时全息干涉方法
　　Y 实时全息干涉法

实时全息干涉计量
　　Y 实时全息干涉法

实时全息干涉计量法
　　Y 实时全息干涉法

实时全息干涉计量方法
　　Y 实时全息干涉法

实时全息干涉计量技术
　　Y 实时全息干涉法

实时全息干涉计量术
　　Y 实时全息干涉法

实时全息干涉技术
　　Y 实时全息干涉法

实时全息干涉术
　　Y 实时全息干涉法

实时压缩
real-time compression
O369
　　S 压缩*
　　C 自适应采样　→(5)

实体属性
　　Y 特性

实物波
　　Y 物质波

实象
　　Y 实像

实像
real image
O435.2
　　D 实象
　　S 光学图像*

实验
　　Y 试验

实验测定
　　Y 实验测量

实验测量
experimental measurement
O4-33
　　D 实验测定
　　　实验室测量
　　S 测量*

实验弹道学
experimental ballistics
O315
　　D 实验内弹道学
　　　实验外弹道学
　　S 内弹道学
　　　外弹道学
　　C 弹道试验
　　　内弹道试验
　　Z 弹道学

实验方法
　　Y 试验

实验检验
　　Y 试验

实验结果*
experimental result
N33
　　D 试验结果
　　F 物理实验数据

实验空气动力学
experimental aerodynamics
O354
　　S 空气动力学*
　　　实验流体力学
　　Z 力学
　　　流体力学

实验力学
experimental mechanics
O348
　　S 力学*
　　F 实验流体力学
　　C 实验应力分析

实验流体力学
experimental fluid mechanics
O35
　　S 流体力学*
　　　实验力学
　　F 实验空气动力学
　　C 理论流体力学
　　Z 力学

实验内弹道学
　　Y 实验弹道学

实验设备
　　Y 试验设备

实验室*
laboratory
G311；N33
　　D 试验室
　　F 声学实验室
　　　微波暗室
　　C 物理实验

实验室测量
　　Y 实验测量

实验室校准
lab calibration
TH7
　　S 校准*

实验室系
　　Y 实验室坐标系

实验室仪器
　　Y 实验仪器

实验室坐标系
laboratory coordinate system
O572.21
　　D 实验室系
　　S 坐标系*

实验外弹道学
　　Y 实验弹道学

实验物理
　　Y 实验物理学

实验物理学
experimental physics
O4-3
　　D 实验物理
　　S 应用物理学
　　C 物理实验
　　Z 物理学

实验误差
experimental error
O4-33
　　D 测验误差
　　S 误差*
　　F 振动误差

实验仪器
laboratory apparatus
N33；TH7
　　D 实验室仪器
　　　微型实验仪器
　　S 仪器仪表*
　　C 分析天平
　　　检测
　　　实验室设备　→(1)

实验应力分析
experimental stress analysis
O348
　　S 应力分析
　　C 固体力学
　　　实验力学
　　Z 力学分析

实验装备
　　Y 试验设备

实验装置
　　Y 试验设备

实用弹道学
practical ballistics
O315
　　S 弹道学*

蚀损
　　Y 腐蚀磨损

史丘勒放电
　　Y 空心阴极放电

矢量
　　Y 向量

矢量（数学）
　　Y 向量

矢量玻色子
vector boson
O572.31
　　S 玻色子
　　F 中间矢量玻色子
　　Z 粒子

矢量场
　　Y 向量场

矢量磁场
vector magnetic field
O44
　　S 磁场*

矢量电位
electric vector potential
O441.1
　S 电位*

矢量法
　S 物理法*

矢量方程
vector equation
O31
　S 力学方程*

矢量孤子
vector soliton
O415
　S 孤子*

矢量光束
vector beam
O435
　S 光束*

矢量合成*
vectorial resultant
O312.1
　D 向量合成
　F 力的合成
　　 速度合成
　C 流速测量 →(5)
　　 声学多普勒流速剖面仪 →(4)(5)

矢量积分
vector integration
O302
　S 积分*

矢量剪切
vectorial shearing
O344.1
　S 剪切*
　C 理论力学

矢量介子
vector meson
O572.33
　D 介子共振
　S 介子
　F Σ介子
　　 B 介子
　　 D 介子
　　 ρ 介子
　　 Φ 介子
　　 ψ 介子
　　 ω 介子
　Z 粒子

矢量理论
vector theory
O411
　S 物理理论*

矢量力学
　Y 理论力学

矢量模型
vector model
O41
　S 数学模型*

矢量势
　Y 矢势

矢量效应
vector effect
O411
　S 物理效应*

矢量衍射
vector diffraction
O436.1
　S 光衍射
　Z 衍射

矢量衍射理论
vector diffraction theory
O436.1
　S 衍射理论
　Z 光学理论

矢量有限元
vector finite-element
O241.82；O411
　D 矢量有限元方法
　S 有限元*
　C 子域积分 →(1)

矢量有限元方法
　Y 矢量有限元

矢势
vector potential
O441.5
　D 矢量势
　S 电磁势
　F 双矢势
　　 推迟势
　C Klein-Gordon 方程
　Z 电磁量

使用寿命预测
　Y 寿命预测

示波冲击试验
　Y 仪器化冲击试验

示差扫描量热
　Y 差示扫描量热法

示差扫描量热法
　Y 差示扫描量热法

示值
indicating value
TH71
　S 数值*

势*
potential
O369
　D 势参数
　　 势函数
　F 标量势
　　 表面势
　　 弹性势
　　 电子亲和势
　　 非定域势
　　 复势
　　 广义势
　　 交换关联势
　　 流体势
　　 模型势
　　 抛物势
　　 屏蔽势
　　 速度势
　　 塑性势
　　 谐振子势
　　 形变势
　　 引力势
　　 有效势
　　 中心势
　C 相互作用势

势波
potential wave
O353.2
　D 无涡波动
　　 无旋波
　S 波*
　C 波浪

势参数
　Y 势

势场
potential field
O19；O412.3
　D 梯度场
　　 梯度向量场
　　 位场
　S 向量场
　F 脉冲梯度场
　　 温度梯度场
　　 形势场
　　 中心势场
　C 位场延拓 →(5)
　Z 物理场

势函数
　Y 势

势函数模型
potential function model
O56
　S 数学模型*

势阱*
potential well
O41
　D 位势井
　F Morse 势阱
　　 Paul 阱
　　 光学偶极阱
　　 量子阱
　　 双势阱
　　 无限深势阱
　　 一维势阱
　　 有限深势阱
　C 势垒
　　 势能
　　 整体弱解 →(1)

势垒*
potential barrier
O41；O643.1
　D 位垒
　F δ 势垒
　　 表面势垒
　　 穿通势垒

方势垒
非对称势垒
接触势垒
界面势垒
库仑位垒
扩散势垒
双势垒
肖特基势垒
C 激发能量 →(3)
势阱
势能

势垒穿透
Y 隧道效应

势垒贯穿
Y 隧道效应

势垒区
Y 耗尽层

势流
potential flow
O351
D 流动势
势位流动
位流
位势流动
无旋流
无旋流动
S 流体流*
C 分离旋涡
复势理论
流函数
速度势

势模型
potential model
O411.1
D 势能模型
S 物理模型*

势能
potential energy
O41
D 位能
S 能量*
F 弹性势能
电势能
赝势
最小势能
C 势阱
势垒

势能场
Y 势能场（力学）

势能场（力学）
potential energy fields
O369
D 势能场
S 场（力学）*
C 势能原理

势能理论
Y 势能原理

势能模型
Y 势模型

势能曲线
potential energy curve
O411
S 物理参数*

势能原理
potential energy principle
O369；O41
D 势能理论
S 力学原理*
F 最小势能原理
C 势能场（力学）

势位流动
Y 势流

势问题
potential problem
O241.83；O302
S 数学问题*
C 边节点

势形共振
shape resonance
O56
S 共振*

事件时间*
event time
ZT73
F 弛豫时间
冲击时间
到达时间
渡越时间
断裂时间
飞行时间
关联时间
核化时间
混响时间
加速时间
结晶时间
脉冲时间
凝固时间
碰撞时间
破坏时间
衰荡时间
衰减时间
隧穿时间
逃逸时间
同步时间
相干时间
余辉时间
C 时间
事件视界

事件视界
event horizon
O41；P14；P159
D 事界
事象地平面
视界
C tortoise 坐标 →(4)
黑洞 →(4)
事件时间
视界面积 →(4)
视界温度 →(4)
Z 边界

事界
Y 事件视界

事象地平面
Y 事件视界

试函数
Y 试探函数

试件栅
specimen grating
O348
S 力学试件*

试探函数
trial function
O174；O241；O344.3
D 测试函数
试函数
S 函数*

试探粒子
Y 试验粒子

试验*
experiment
N33
D 实验
实验方法
实验检验
试验法
试验方法
F 标准贯入试验
传热试验
磁化试验
弹道试验
高压试验
结构试验
模态振动试验
室内试验
随机振动试验
缩比实验
温度试验
物理模拟试验
物理模型试验
性能试验
圆筒试验
噪声试验
C 检测
试验设备

试验弹道
test trajectory
O315
D 闭合回路弹弹道
常规试验弹道
弹道测试
独立回路弹弹道
S 弹道*
C 数据采集系统 →(4)

试验法
Y 试验

试验方法
Y 试验

试验负荷
Y 载荷试验

试验负载

主　表

　　Y 载荷试验

试验荷载
　　Y 载荷试验

试验机
　　Y 试验设备

试验加载
　　Y 载荷试验

试验结果
　　Y 实验结果

试验粒子
test particle
O572.3
　　D 试探粒子
　　S 粒子*

试验设备
test equipment
N33
　　D 实验设备
　　　 实验装备
　　　 实验装置
　　　 试验机
　　　 试验仪器
　　　 试验装置
　　S 测试设备*
　　F 阿特伍德机
　　　 吉赫兹横电磁室
　　　 水洞
　　　 振动试验设备
　　C 测量仪器
　　　 力学性能试验
　　　 试验

试验室
　　Y 实验室

试验仪器
　　Y 试验设备

试验应力
proof stress
O343.4
　　S 应力*
　　C 力学实验

试验载荷
　　Y 载荷试验

试验装置
　　Y 试验设备

视差调整
parallax adjustment
O435.2
　　S 光学调整*
　　C 视差 →(4)

视场*
viewing field
O435；P111.3
　　D 象场
　　　 象视场
　　F 暗视场
　　　 大视场
　　　 角视场
　　　 宽视场
　　　 目标视场
　　　 瞬时视场
　　C 地中 →(4)

视场角
　　Y 角视场

视磁化率
apparent magnetic susceptibility
O441.2；P631.2
　　S 磁化率
　　C 航磁资料 →(5)
　　Z 磁参数

视电阻
apparent resistance
TM934.1
　　S 电阻*

视电阻率
apparent resistivity
TM934.1
　　S 电阻率*
　　C 视电阻率曲线 →(5)
　　　 视电阻率异常 →(5)

视度
　　Y 能见度

视见函数
　　Y 光谱光视效率

视界
horizon
O41；P14
　　S 边界*
　　F 粒子视界
　　　 事件视界
　　　 宇宙视界
　　C 视界表面引力 →(4)
　　　 视界面积 →(4)
　　　 视界温度 →(4)

视距
visual range
O43；P204
　　D 灯光能见距离
　　　 地理视距
　　　 视距离
　　S 距离*
　　F 明视距离

视距离
　　Y 视距

视觉光度学
　　Y 光度学

视觉光学
visual optics
R77
　　S 生物光学
　　Z 光学

视觉密度
　　Y 体积密度

视觉特性
visual characteristics
Q63
　　S 光学性质*

视亮度
apparent brightness
Q63
　　S 亮度*

视密度
　　Y 体积密度

视粘度
　　Y 表观粘度

视示力
　　Y 离心力

视应变
visual strain
O344.3
　　S 应变*

视应力
apparent stress
O343.4
　　D 表现应力
　　S 应力*
　　C 地震矩 →(5)

视在功率
apparent power
TM1
　　S 功率*

视在密度
　　Y 体积密度

适应光学
　　Y 自适应光学

适应光学系统
　　Y 自适应光学系统

适应系数
accommodation factor
O35
　　D 供应系数
　　　 配合系数
　　　 热适应系数
　　S 输运系数(流体力学)*
　　C 适应解 →(1)

适张应力
　　Y 拉应力

室内气流速度
　　Y 气流速度

室内声场
room sound fields
O422.2
　　S 声场*

室内声学
　　Y 建筑声学

室内试验
laboratory tests
N33
　　S 试验*
　　C 现场试验 →(5)

室温磁电阻
real potential
O441.6

S 磁电阻*

室温磁性
room-temperature magnetism
O482.52
S 磁性*
F 室温铁磁性

室温蠕变
room-temperature creep
O344.6
S 蠕变*
C 塑性力学

室温铁磁
Y 室温铁磁性

室温铁磁性
room-temperature ferromagnetic
O482.52
D 室温铁磁
S 室温磁性
  铁磁性
Z 磁性

释放*
releasing
ZT5
F 能量释放

释放压力
Y 泄爆压力

释放应力
Y 应力松弛

释压
Y 压力释放

收集
Y 采集

收敛流
Y 收敛流动

收敛流动
converging flow
O351.2
D 二维收敛流
  收敛流
S 流动*
C Oldroyd-B 流体

收缩*
shrinkage
O33
F 长度收缩
  洛仑兹收缩
  热收缩
  体积收缩
C 欧拉生成子图 →(1)
  延伸
  延伸计

收缩段流动
Y 收缩流动

收缩激波
Y 激波

收缩流动
contraction flow
O351.2；O354
D 收缩段流动
S 流动*

收缩率
shrinkage ratio
TB301
S 比率*

收缩式后体
boattail afterbody
O354
D 船尾型后体
S 后体
Z 物体

收缩系数
Y 压缩系数

收缩性
contractility
O344.3
S 力学性质*

收尾速度
terminal velocity
O311
D 终极速度
S 运动速度*

手持测角仪
hand-goniometer
TH761
S 测角仪
Z 测量仪器

手性
chirality
O561.1；O561.2
D 分子手性
  手征
  手征对称
  手征对称性
  手征性
  轴手性
S 分子性质*
C 不对称合成 →(3)
  对映异构 →(3)
  手性化合物 →(3)
  手性识别 →(3)
  旋光活性
Z 粒子性质

手性介质
Y 手征介质

手性液晶
chiral liquid crystal
O753.2
S 液晶*

手征
Y 手性

手征 SU(3) 夸克模型
chiral SU(3) quark model
O572.31
S 夸克模型
Z 物理模型

手征场
chiral field
O412.3
S 物理场*

手征等离子体
chiroplasma
O531
S 等离子体*

手征对称
Y 手性

手征对称性
Y 手性

手征介质
chiral media
O482
D 手性介质
S 介质*

手征微扰论
chiral perturbation theory
O57
S 理论*

手征性
Y 手性

手制动力
Y 制动力

守恒
Y 守恒定律

守恒（电荷）
Y 电荷守恒定律

守恒定理
Y 守恒定律

守恒定律
conservation law
O4-0
D 守恒
  守恒定理
  守恒律
S 物理定律*
F 电荷守恒定律
  动量守恒定律
  机械能守恒定律
  能量守恒定律
  宇称守恒
  质量守恒定律
C 不变性
  动量原理
  基本相互作用
  守恒方程
  守恒量

守恒方程
conservation equation
O35
S 流动方程
F 守恒律方程
  双曲守恒律方程
C 守恒定律
  守恒量
Z 力学方程

守恒量*
conserved quantity
O413.1
　D 运动恒量
　F Hojman 守恒量
　　Lutzky 守恒量
　　Mei 守恒量
　　Noether 守恒量
　C 守恒定律
　　守恒方程
　　守恒条件

守恒律
　Y 守恒定律

守恒律方程
conservation law equations
O35
　S 守恒方程
　Z 力学方程

守恒律方程组
system of conservation laws
O302
　S 方程组*
　C 偏微分方程 →(1)

守恒条件
conservation condition
O31
　D 守恒性
　S 条件*
　C 动态 J 积分
　　守恒量

守恒性
　Y 守恒条件

艏激波
　Y 激波

寿命*
lifetime
ZT4
　D 寿命期限
　F 离散递减平均剩余寿命
　　疲劳寿命
　　剩余疲劳寿命
　C 半衰期
　　持续时间 →(1)
　　年龄 →(4)(5)
　　有效期 →(1)

寿命期限
　Y 寿命

寿命预报
　Y 寿命预测

寿命预测
life prediction
O346
　D 使用寿命预测
　　寿命预报
　　寿命预计
　S 预测*
　F 疲劳寿命预测
　C 弹塑性有限元分析
　　低周疲劳
　　老化试验 →(3)

　　疲劳损伤
　　蠕变
　　蠕变-疲劳交互作用

寿命预计
　Y 寿命预测

受激 Raman 散射
　Y 受激拉曼散射

受激布里渊散射
stimulated Brillouin scattering
O432.12；O436.2
　D 受激曼德尔斯坦-布里渊散射
　S 布里渊散射
　　受激散射
　F 横向受激布里渊散射
　Z 光散射

受激发光
　Y 光致发光

受激发射
stimulated emission
O432.12
　S 激光发射
　C 谱
　Z 发射

受激发射截面
stimulated emission cross section
O462.2
　S 发射截面
　Z 截面

受激辐射
　Y 激光辐射

受激光发射
　Y 激光发射

受激光散射
　Y 受激散射

受激拉曼绝热过程
stimulated Raman adiabatic passage process
O414.1
　S 绝热过程
　Z 热力学过程

受激拉曼绝热通道
stimulated Raman adiabatic passage
O437.3
　S 通道*
　C 相干叠加态

受激拉曼散射
stimulated Raman scattering
O432.12；O436.2
　D 受激 Raman 散射
　　受激喇曼散射
　　受激组合散射
　S 拉曼散射
　　受激散射
　F 表面增强拉曼散射
　Z 光散射

受激喇曼散射
　Y 受激拉曼散射

受激曼德尔斯坦-布里渊散射
　Y 受激布里渊散射

受激瑞利散射
stimulated Rayleigh scattering
O432.12；O436.2
　S 瑞利散射
　　受激散射
　Z 光散射

受激散射
stimulated scattering
O432.12；O436.2
　D 受激光散射
　S 光散射*
　F 受激布里渊散射
　　受激拉曼散射
　　受激瑞利散射
　　受激旋转拉曼散射
　C 谱

受激态
　Y 激发态

受激态寿命
　Y 激发态寿命

受激旋转拉曼散射
stimulated rotational Raman scattering
O432.12；O436.2
　S 拉曼散射
　　受激散射
　Z 光散射

受激跃迁
stimulated transitions
O562
　S 能级跃迁
　Z 跃迁

受激准分子
　Y 准分子

受激组合散射
　Y 受激拉曼散射

受剪承载力
　Y 剪切力

受剪承载能力
　Y 剪切力

受控核聚变
　Y 受控聚变

受控聚变
controlled fusion
O571.44
　D 受控核聚变
　　受控热核反应
　　受控热核聚变
　S 核聚变
　F 磁约束聚变
　　惯性约束聚变
　Z 核反应

受控热核反应
　Y 受控聚变

受控热核聚变
　Y 受控聚变

受控析晶
controlled crystallization
O794
  S 析晶
  Z 结晶现象

受拉极限承载力
ultimate tensile bearing capacity
O346
  S 极限承载力
  Z 力学强度

受拉性能
  Y 张力特性

受拉载荷
tensional load
O347.1
  D 拉伸载荷
  S 静载荷
  C 拉应力
  Z 荷载

受力模型
  Y 应力模型

受力曲线*
force curve
O312.3
  F 动力曲线
    静力触探曲线
    静水力曲线
    涡线
    压力曲线
    阻力曲线
  C 受力图

受力条件
  Y 应力状态

受力图
free-body diagram
O312.3
  S 图表*
  F 剪力图
    内力图
    扭矩图
    弯矩图
    轴力图
  C 受力曲线

受力状况
  Y 应力状态

受力状态
  Y 应力状态

受力状态分析
  Y 应力状态分析

受迫对流
  Y 强迫对流

受迫响应
forced response
O369
  D 强迫响应
  S 响应*
  C 强迫振动

受迫谐振子
driven harmonic oscillator
O413
  D 强迫谐振子
  S 谐振子*
  C 强迫振动

受迫运动
  Y 非线性运动

受迫振荡
  Y 强迫振荡

受迫振动
  Y 强迫振动

受摄运动
  Y 摄动

受限结晶
confined crystallization
O79
  S 工业结晶
  Z 结晶

受限射流
  Y 有界射流

受限液体
confined liquids
O351.1
  S 液体*
  C 边界滑移
    有界射流

受压变形
  Y 压缩变形

受压性能
  Y 抗压性能

受抑全反射
frustrated total reflection
O435.1
  D 受抑全内反射
  S 全反射
  Z 反射

受抑全内反射
  Y 受抑全反射

受载分析
  Y 载荷分析

受主
acceptor
O771
  S 半导体缺陷
  C 夹杂物 →(3)
  Z 晶体缺陷

受主能级
acceptor energy level
O47
  S 能级*

受主浓度
acceptor concentration
O47
  S 杂质浓度
  Z 浓度

枢轴力矩
  Y 铰链力矩

叔丁基化
  Y 取代反应

倏逝波
evanescent wave
O451
  D 衰逝波
    消失波
    消逝波
    隐失波
  S 电磁波*

舒拉摆
  Y 陀螺摆

舒适气流
  Y 气流

疏密波
  Y 纵波

输出幅度增益
output amplitude gain
O452
  D 平均输出幅度增益
  S 增益*

输出功
work output
O31
  D 有用功
  S 功*
  F 最大输出功

输出功率
output power
O441.1
  D 标称输出功率
  S 电功率
  Z 功率

输出功率测量
output power measurement
TB462；TM93
  S 功率测量
  Z 电学量测量

输出光谱
output spectra
O433.5
  S 光谱*

输出光束
output beam
O435
  S 光束*

输入导纳
  Y 导纳

输入功
work input
O31
  S 功*

输送
  Y 转移

输送特性

主　表　653

　　Y 传输特性

输送压力
　　Y 压力传递

输运
　　Y 转移

输运过程
　　Y 转移

输运机理
　　Y 转移

输运机制
　　Y 转移

输运理论
transport theory
O552.3
　　S 气体分子运动论
　　F 中子输运理论
　　C 输运方程　→(1)
　　　　输运扩散　→(4)
　　　　输运性质
　　　　转移
　　Z 物理理论

输运模型
transport model
O471
　　S 物理模型*

输运平均自由程
　　Y 平均自由程

输运趋势
　　Y 转移

输运特性
　　Y 输运性质

输运系数（流体力学）*
transport coefficients (fluid mechanics)
O35
　　F 传导系数（流体）
　　　　传递系数（流体）
　　　　动量交换系数
　　　　扩散系数（流体力学）
　　　　适应系数
　　　　粘滞系数

输运现象
　　Y 转移

输运行为
　　Y 转移

输运性能
　　Y 转移

输运性质
transport properties
O369
　　D 输运特性
　　S 物理性质*
　　C 电离放电
　　　　输运理论
　　　　小极化子

属性
　　Y 特性

属性定义
　　Y 特性

术语*
　　D 名词术语
　　F 力学名词
　　　　物理学名词
　　C 定义　→(1)
　　　　命名　→(1)(4)

束靶相互作用
beam-target interaction
O41
　　S 相互作用*

束斑
　　Y 光束斑

束半径
　　Y 光束半径

束箔光谱学
　　Y 束-箔光谱学

束-箔光谱学
beam-foil spectroscopy
O433
　　D 束箔光谱学
　　　　束箔技术
　　S 光谱学*

束箔技术
　　Y 束-箔光谱学

束传播方法
　　Y 光束传播

束发散角
　　Y 光束发散角

束缚磁极化子
bound magnetic polaron
O441.2
　　S 束缚极化子
　　Z 极化子

束缚电荷
bound charge
O441.1
　　S 电荷*

束缚电子
bound electron
O562.1
　　S 电子*
　　C 束缚态

束缚激子
bound exciton
O469
　　S 激子
　　Z 准粒子

束缚极化子
bound polaron
O41
　　S 极化子*
　　F 束缚磁极化子

束缚能
bound energy
O562
　　D 束缚能量
　　S 原子能量
　　C 束缚态
　　Z 能量

束缚能量
　　Y 束缚能

束缚态
bound state
O413.1
　　S 量子态
　　C 激子
　　　　胶子球
　　　　束缚电子
　　　　束缚能
　　　　束缚原子
　　Z 能态

束缚原子
bound atom
O562
　　S 原子*
　　C 束缚态

束光学
　　Y 束流光学

束宽
　　Y 光束宽度

束宽度
　　Y 光束宽度

束流
beam current
TL5
　　S 电流*
　　C 束流监测

束流不稳定性
beam instability
TL5
　　S 流体稳定性
　　Z 力学稳定性

束流动力学
beam dynamics
O4-33；O57
　　S 流体动力学
　　C 空间电荷效应
　　　　束流光学
　　　　相稳定性
　　Z 流体力学

束流光学
beam optics
O463
　　D 束光学
　　S 物理光学
　　C 电子束聚焦
　　　　束流动力学
　　　　束流输运
　　Z 光学

束流极化
beam polarization
TL5
　　S 极化*

束流监测
beam monitoring
O4-33；O57
　　S　辐射测量
　　C　束流
　　　　束流强度
　　　　束流位置
　　Z　测量

束流结晶过程
　　Y　束流晶化

束流结晶化
　　Y　束流晶化

束流结晶化过程
　　Y　束流晶化

束流晶化
beam crystallization
O795
　　D　束流结晶过程
　　　　束流结晶化
　　　　束流结晶化过程
　　　　束流晶化过程
　　S　晶化*

束流晶化过程
　　Y　束流晶化

束流聚焦
　　Y　电子束聚焦

束流亮度
　　Y　束流强度

束流强度
beam intensity
O57
　　D　电子束强度
　　　　束流亮度
　　S　测度*
　　C　束流监测

束流输运
beam transport
O572.2
　　S　电子转移
　　C　束流光学
　　Z　运动(物理)

束流位置
beam position
O4-33；O57
　　S　位置*
　　C　束流监测

束流诊断
beam diagnostics
TH172；TL5
　　S　诊断*

束腰
　　Y　光束腰

束腰半径
　　Y　光束腰半径

束腰位置
waist position
TN2

　　S　位置*

束晕-混沌
beam halo-chaos
O415.5
　　S　混沌*

树枝晶
　　Y　枝晶

树枝晶体
　　Y　枝晶

树枝状放电
tree discharge
O461.2
　　S　局部放电
　　Z　放电

树枝状晶体
　　Y　枝晶

树脂晶体
　　Y　胶体晶体

竖向荷载
　　Y　水平荷载

竖向加速度
　　Y　纵向加速度

竖向力
　　Y　轴向力

竖向应力
　　Y　正应力

竖向载荷
　　Y　水平荷载

竖向振动
　　Y　垂直振动

竖向支承运动
　　Y　垂直运动

竖直上抛运动
upward vertical throw
O311.1
　　S　抛体运动
　　Z　运动

竖直射流
upright jet flow
O358
　　D　垂直射流
　　S　射流*

数*
number
O143
　　D　数概念
　　　　数字
　　F　Euler 数
　　　　雷诺数
　　　　瑞利数
　　　　重数

数概念
　　Y　数

数据*
data

ZT99
　　D　记录数据
　　　　记录资料
　　　　数据定义
　　　　数据记录
　　F　导航数据
　　　　光谱数据
　　　　基数据
　　　　模态数据
　　C　冗余　→(1)
　　　　数据采集　→(1)
　　　　文献　→(4)(5)
　　　　信息
　　　　资料　→(4)(5)

数据定义
　　Y　数据

数据记录
　　Y　数据

数理方程
mathematical equation
O175.24；O411.1
　　S　方程(数学)*
　　F　Klein-Gordon 方程

数理方程公式
　　Y　数学物理方程

数理方程式
　　Y　数学物理方程

数理方程组
　　Y　数学物理方程

数理方程组式
　　Y　数学物理方程

数理公式
　　Y　数学物理方程

数理关系式
　　Y　数学物理方程

数理计算式
　　Y　数学物理方程

数量*
quantity
ZT3
　　D　量
　　F　广延量
　　　　热惯量
　　　　失谐量
　　　　旋流数
　　　　折光指数增量
　　　　作用量

数论
number theory
O1-0；O156；O411
　　D　数论问题
　　S　数学理论*
　　C　杯积　→(1)
　　　　整数解　→(1)

数论问题
　　Y　数论

数密度

主　表　655

number density
TB933
　S 密度*
　F 分子数密度

数态
　Y 光子数态

数项级数
　Y 级数(数学)

数学摆
　Y 单摆

数学边界条件
　Y 边界条件

数学变换*
mathematical transformations
O172
　F 保角变换
　　参数变换
　　霍特林变换
　　洛伦兹变换
　　线性变换
　　直射变换
　C 积分变换
　　数学法 →(1)(5)
　　数学分析

数学不等式
　Y 不等式

数学导数
　Y 导数

数学定理*
mathematical theorem
O1-0
　F 面积定理
　　唯一性定理
　C 定律(数学)

数学方法*
mathematical method
O1
　D 数学技术
　F 半解析法
　　边界元法
　　变分法
　　广义极小残值法
　　积分法
　　加权本质无振荡格式
　　加权残值法
　　交替方向隐格式
　　截面法
　　解卷积
　　景深延拓
　　局部常化
　　快速多极方法
　　拉格朗日法
　　离散格式
　　儒可夫斯基变换
　　时间相关法
　　双特征参数法
　　网格法
　　微分求积法
　　涡方法
　　辛差分格式

　　因子分解法
　　有限Hankel变换
　　预处理共轭梯度法
　C 逼近 →(1)
　　计算数论 →(1)
　　解析拟合 →(4)
　　空间(数学)
　　评估 →(1)(4)(5)
　　数学性质
　　数值解 →(1)
　　微分差分方程 →(1)
　　优化
　　最大熵原理

数学仿真
　Y 数学模拟

数学分解*
mathematical decomposition
O122
　D 分解原理
　　分解原则
　F 正交分解
　C 簇 →(1)
　　多项式代数 →(1)

数学分析*
mathematical analysis
O17
　D 数学分析法
　F 递归分析
　　分形分析
　　傅里叶频谱分析
　　极限分析
　　矩阵分析
　　拉格朗日分析
　　量纲分析
　　时间序列分析
　　整体分析
　C 势论 →(1)
　　数学变换
　　数学性质
　　突变理论 →(1)

数学分析法
　Y 数学分析

数学公式
　Y 公式(数学)

数学规划*
mathematical programming
O221
　D 数学规划法
　　数学规划方法
　F 参数二次规划法
　　混合0-1规划
　　随机规划
　C 建模
　　决策论
　　目标函数 →(1)
　　数学认识论 →(1)

数学规划法
　Y 数学规划

数学规划方法
　Y 数学规划

数学函数
　Y 函数

数学技术
　Y 数学方法

数学解
　Y 解

数学精度*
mathematic precision
O241
　F 不等精度
　　高阶精度

数学空间
　Y 空间(数学)

数学理论*
mathematical theories
O1-0
　F 估计理论
　　群论
　　数论
　　稳定性理论
　C 数学模型

数学理论模型
　Y 数学模型

数学描述
　Y 数学模型

数学模拟*
mathematical simulation
O242.1
　D 数学仿真
　　数学模拟试验
　F 蒙特卡罗碰撞
　　随机模拟
　C 仿真 →(1)(4)(5)
　　曲线 →(1)(4)

数学模拟试验
　Y 数学模拟

数学模型*
mathematical model
O141.4；O212.7；O22
　D 模型(数学)
　　数学理论模型
　　数学描述
　F Kelvin-Voigt模型
　　高斯模型
　　流固耦合模型
　　矢量模型
　　势函数模型
　　随机耦合模型
　　物理数学模型
　　有限元模型
　C 检验
　　马尔可夫模型 →(1)
　　模型假设 →(1)
　　数学理论
　　数学拟合
　　系统工程 →(1)
　　指标

数学拟合*
mathematical fitting

O174.41；O241
　　F　Zernike 多项式拟合
　　C　数学模型
　　　　有限元

数学特征
　　Y　数学性质

数学问题*
mathematical problems
O1-0
　　F　Stokes 问题
　　　　共振问题
　　　　逆散射问题
　　　　奇异初值问题
　　　　热传导反问题
　　　　势问题
　　　　限制变分

数学物理
　　Y　理论物理学

数学物理方程
equations of mathematical physics
O411.1
　　D　数理方程公式
　　　　数理方程式
　　　　数理方程组
　　　　数理方程组式
　　　　数理公式
　　　　数理关系式
　　　　数理计算式
　　　　数学物理方程公式
　　　　数学物理方程式
　　　　数学物理方程组
　　　　数学物理方程组式
　　　　数学物理公式
　　　　数学物理关系式
　　　　数学物理计算式
　　S　物理方程*

数学物理方程公式
　　Y　数学物理方程

数学物理方程式
　　Y　数学物理方程

数学物理方程组
　　Y　数学物理方程

数学物理方程组式
　　Y　数学物理方程

数学物理方法
mathematical physical method
O411
　　S　物理法*
　　F　Carlo 方法
　　　　不变量方法
　　　　第一性原理方法
　　　　多极方法
　　　　多组态 Dirac-Fock 方法
　　　　反馈线性化方法
　　　　基函数法
　　　　双函数法
　　　　自相似方法

数学物理公式
　　Y　数学物理方程

数学物理关系式
　　Y　数学物理方程

数学物理计算式
　　Y　数学物理方程

数学物理模型
　　Y　物理数学模型

数学系统*
mathematical system
O13
　　F　广义 Hamilton 系统
　　C　模糊拓扑　→(1)

数学性质*
mathematics characteristics
O1-0
　　D　数学特征
　　F　饱和非线性
　　　　边界非线性
　　　　介电非线性
　　　　局部非线性
　　　　三阶非线性
　　　　五阶非线性
　　　　滞后非线性
　　C　数学方法
　　　　数学分布　→(1)
　　　　数学分析

数学原理*
mathematics principle
O1-0
　　F　对称性原理
　　　　反射原理
　　　　最大熵原理
　　C　引理　→(1)
　　　　最优化方法　→(1)

数值*
numerical value
O241
　　D　数值化
　　　　数值结果
　　F　部分转置矩阵负本征值
　　　　超压峰值
　　　　分度值
　　　　能量本征值
　　　　品质因数
　　　　示值
　　　　应力值
　　C　测量值　→(1)(4)

数值比较
　　Y　数值分析

数值波浪模型
　　Y　波浪数学模型

数值分析*
numerical analysis
O211.67；O241
　　D　数值比较
　　　　数值分析法
　　　　数值分析方法
　　　　数值计算分析
　　　　数值解析法
　　F　矩阵位移法
　　　　谱元法
　　　　迎风有限元法
　　　　有限条法
　　　　子结构法
　　C　弹塑性数值分析
　　　　非线性方程　→(1)
　　　　计算流体动力学
　　　　数值计算　→(1)

数值分析法
　　Y　数值分析

数值分析方法
　　Y　数值分析

数值耗散
numerical dissipation
O175；O3

数值化
　　Y　数值

数值计算分析
　　Y　数值分析

数值结果
　　Y　数值

数值解析法
　　Y　数值分析

数值孔径
numerical aperture
O435；P111.3
　　S　孔径*
　　F　高数值孔径
　　C　分辨率

数值孔径测量
numerical aperture measurement
TB92；TH711
　　S　孔径测量
　　Z　光学测量
　　　　几何量测量

数值流体力学
　　Y　计算流体力学

数值流形法
　　Y　数值流形方法

数值流形方法
numerical manifold method
O35
　　D　流形元法
　　　　数值流形法
　　S　流体力学法*
　　C　覆盖函数　→(1)
　　　　刚度矩阵
　　　　加权残值法
　　　　有限覆盖　→(1)

数值色散
numerical dispersion
O436.3
　　S　色散*

数字
　　Y　数

数字光栅
digital grating

O437.4；P111.3
　　S 光栅*

数字合成全息图
　　Y 数字全息图

数字化混沌
　　Y 数字混沌

数字绘图仪
digital plotter
TH761.8
　　S 绘图仪
　　Z 仪器仪表

数字混沌
digital chaos
O415.5
　　D 数字化混沌
　　S 混沌*

数字频谱
digital spectrum
O456
　　S 频谱*

数字全息存储
digital holographic storage
O438.1
　　S 全息存储
　　Z 光存储

数字全息干涉
　　Y 数字全息干涉术

数字全息干涉测量
　　Y 数字全息干涉术

数字全息干涉测量法
　　Y 数字全息干涉术

数字全息干涉测量方法
　　Y 数字全息干涉术

数字全息干涉测量技术
　　Y 数字全息干涉术

数字全息干涉测量术
　　Y 数字全息干涉术

数字全息干涉法
　　Y 数字全息干涉术

数字全息干涉方法
　　Y 数字全息干涉术

数字全息干涉计量
　　Y 数字全息干涉术

数字全息干涉计量法
　　Y 数字全息干涉术

数字全息干涉计量方法
　　Y 数字全息干涉术

数字全息干涉计量技术
　　Y 数字全息干涉术

数字全息干涉计量术
　　Y 数字全息干涉术

数字全息干涉技术
　　Y 数字全息干涉术

数字全息干涉术
digital holographic interferometry
O438.1
　　D 数字全息干涉
　　　数字全息干涉测量
　　　数字全息干涉测量法
　　　数字全息干涉测量方法
　　　数字全息干涉测量技术
　　　数字全息干涉测量术
　　　数字全息干涉法
　　　数字全息干涉方法
　　　数字全息干涉计量
　　　数字全息干涉计量法
　　　数字全息干涉计量方法
　　　数字全息干涉计量技术
　　　数字全息干涉计量术
　　　数字全息干涉技术
　　S 全息干涉术
　　Z 光学测量

数字全息图
digital hologram
O438.1
　　D 数字合成全息图
　　S 全息图*

数字散斑干涉
　　Y 数字散斑相关测量

数字散斑相关
digital speckle correlation
O348.1
　　S 相关*
　　C 干涉测量
　　　数字散斑相关测量

数字散斑相关测量
digital speckle correlation measurement
O348.1
　　D 数字散斑干涉
　　S 散斑干涉术
　　C 数字散斑相关
　　　数字散斑相关方法
　　Z 光学测量

数字散斑相关法
　　Y 数字散斑相关方法

数字散斑相关方法
digital speckle correlation method
O348.1
　　D 数字散斑相关法
　　S 力学方法*
　　C 数字散斑相关测量

数字声波
digital sound wave
O429
　　S 声波*

数字式粒子图像测速
digital particle image velocimetry
TB934
　　D DPIV
　　S 粒子图像测速
　　C 流速测量 →(5)
　　Z 速度测量

数字式温度计
digital temperature gauge
TH7
　　S 测量仪器*

衰变
decay
O571.3
　　D 放射性衰变
　　　核衰变
　　　衰变过程
　　S 核反应*
　　F J/Ψ 衰变
　　　α 衰变
　　　β 衰变
　　　γ 衰变
　　　级联衰变
　　　粒子衰变
　　　强衰变
　　　弱衰变
　　　稀有衰变
　　C 衰变宽度
　　　衰变率
　　　衰变能

衰变分支比
　　Y 分支比

衰变过程
　　Y 衰变

衰变宽度
decay width
O571.3
　　D 衰变振幅
　　S 振幅*
　　C 衰变

衰变率
decay rate
O571.3
　　D 电子衰变率
　　S 比率*
　　F 分支比
　　C 放射性
　　　衰变

衰变能
decay energy
O571.3
　　D 核衰变能
　　　衰变能量
　　S 核能
　　F α 衰变能
　　C 衰变
　　Z 能量

衰变能量
　　Y 衰变能

衰变振幅
　　Y 衰变宽度

衰荡光谱
ring-down spectroscopy
O433.5
　　S 光谱*
　　F 光腔衰荡光谱
　　C 衰荡时间

衰荡时间

ring-down time
O451
　　S 事件时间*
　　C 衰荡光谱

衰耗
　　Y 衰减

衰减*
attenuation
ZT5
　　D 衰耗
　　　衰减规律
　　　衰减过程
　　F 波衰减
　　　电荷衰减
　　　轨道衰减
　　　能量衰减
　　　时间衰减
　　　自由衰减
　　C 弹性波
　　　螺旋流场 →(5)
　　　弥散
　　　损耗
　　　吸收
　　　振动速度

衰减波
decaying wave
O431.1
　　D 消散波
　　S 光波
　　Z 电磁波

衰减测量
attenuation measurement
TB97；TM937
　　S 电信号特性测量
　　C 损耗
　　　损耗测量
　　Z 电学量测量

衰减常数
attenuation constant
O451
　　S 传输常数
　　Z 物理常数

衰减成像
attenuation tomography
TN2；TN911.73
　　S 成像*

衰减规律
　　Y 衰减

衰减过程
　　Y 衰减

衰减机制
attenuation mechanism
TN92
　　S 机理*
　　C 衰减时间

衰减流
recession flow
O357
　　S 流体流*
　　C 旋流数

衰减全反射
attenuated total reflection
O435.1
　　S 全反射
　　C 衰减全反射红外光谱法 →(3)
　　Z 反射

衰减全反射-傅立叶变换红外光谱
　　Y 傅里叶变换红外光谱

衰减全反射红外光谱
attenuated total reflection spectrum
O433.5
　　S 红外反射光谱
　　Z 光谱
　　　红外光谱

衰减时间
decay time
O451
　　S 事件时间*
　　C 衰减机制
　　　衰减曲线 →(1)

衰减特性
attenuation characteristics
O571.3
　　S 物理特性*
　　F 慢衰减特性

衰减系数
attenuation coefficient
ZT3
　　S 系数*
　　F 线性衰减系数
　　　质量衰减系数
　　C 回波强度 →(4)

衰减振动
　　Y 减振

衰减指数
attenuation index
TN91
　　S 指数*

衰逝波
　　Y 倏逝波

双 Hopf 分岔
double Hopf bifurcation
O32
　　S 分岔*
　　C 非线性动力学

双 K 断裂模型
double-K fracture model
O346.1
　　S 断裂模型
　　C 起裂荷载
　　Z 力学模型

双 β 衰变
double β decay
O571.3
　　S β衰变
　　Z 核反应

双凹透镜
biconcave lens

TH74
　　S 凹透镜
　　Z 光学元件

双摆
double pendulum
O314
　　D 双线摆
　　S 摆*

双边缺口试件
double edge notched specimen
O348
　　S 力学试件*
　　C 力学实验
　　　应力集中效应

双边约束
　　Y 双面约束

双波长
dual-wavelength
TN2
　　S 波长*
　　C 单波长

双波混频
two-wave mixing
O439
　　D 二波混频
　　S 光学混频
　　Z 光学变换

双波理论
double-wave theory
O413.1
　　S 量子力学理论
　　C 双波函数 →(1)
　　Z 物理理论

双层
　　Y 双层结构

双层爆轰
　　Y 两相爆轰

双层壁
double wall
O482.51
　　S 畴壁
　　Z 畴结构

双层薄膜
　　Y 双层膜

双层结构
bilayer structure
TU3
　　D 双层
　　S 结构*

双层流体
　　Y 两层流体

双层膜
double membrane
O484
　　D 双层薄膜
　　S 多层薄膜
　　F 铁磁/反铁磁双层膜
　　Z 薄膜

主　表　659

双重互易法
　　Y 双互易法

双重介质
double media
O33；O357
　　S 多重介质
　　Z 力学介质

双重荧光
dual fluorescence
O462.3
　　D 双荧光
　　S 荧光*

双抽运
double pumping
O432.12
　　D 双向抽运
　　S 泵浦*

双带模型
two-band model
O411.1
　　S 物理模型*

双单色仪
double monochromator
TH74
　　S 单色仪*

双道原子荧光
double channel atomic fluorescence
O562.3
　　S 原子荧光
　　Z 荧光

双道原子荧光光谱法
double channels-atomic fluorescence spectrometry
O433.4；O657.31
　　S 原子荧光光谱分析
　　Z 光化学分析法

双等离子体离子源
duoplasmatron ion source
O531
　　S 等离子源
　　Z 等离子体装置

双电离
double ionization
O56
　　S 电离*

双电子伴线
two-electron satellite lines
O433.3
　　S 伴线
　　Z 谱线

双电子复合速率系数
DR rate coefficients
O572.322
　　S 速率系数
　　Z 系数

双耳声定位
　　Y 双耳效应

双耳时间差
binaural time difference
O42
　　S 时差*
　　C 双耳效应

双耳效应
binaural effect
Q6
　　D 双耳声定位
　　S 声学效应*
　　C 双耳时间差

双缝干涉
double-slit interference
O436.1
　　S 多缝干涉
　　Z 光学干涉

双缝实验
　　Y 杨氏双缝实验

双缝衍射
double slit diffraction
O436.1
　　S 光衍射
　　C 瑞利干涉仪　→(4)
　　Z 衍射

双负介质
double negative medium
O482
　　S 介质*

双负特性
double negative characteristics
O441.6
　　S 介电性质
　　Z 电学性质

双高斯物镜
double Gauss objective
TB851；TH744
　　S 高斯物镜
　　Z 光学元件

双共振
double resonance
O43
　　S 共振*
　　F 磁双共振
　　　电子-电子双共振
　　　电子核双共振

双光谱
dual-spectrum
O433.1
　　S 光谱*

双光束
dual beam
O435.1
　　S 光束*

双光束干涉
two-beam interference
O436.1
　　D 双束干涉
　　S 多光束干涉
　　Z 光学干涉

双光栅
double grating
O437.4；P111.3
　　S 光栅*

双光栅单色仪
double grating monochromators
TH74
　　S 光栅单色仪
　　Z 单色仪

双光子
two-photon
O572.31
　　S 光子
　　F 简并双光子
　　C 双光子激发
　　Z 粒子

双光子 Jaynes-Cummings 模型
two photon Jaynes-Cummings model
O572.31
　　D 双光子 J-C 模型
　　S Jaynes-Cummings 模型
　　Z 物理模型

双光子 J-C 模型
　　Y 双光子 Jaynes-Cummings 模型

双光子共振
two-photon resonance
O572.31
　　S 光学共振
　　Z 共振

双光子光谱
　　Y 多光子光谱

双光子光谱学
　　Y 多光子光谱

双光子光折变效应
two-photon photorefractive effect
O572.31
　　S 光折变效应
　　Z 光学效应

双光子过程
two-photon processes
O436
　　S 多光子过程
　　C 双光子激发
　　Z 物理过程

双光子激发
two-photon excitation
O572.31
　　S 多光子激发
　　C 双光子
　　　双光子过程
　　　双光子吸收
　　　双光子跃迁
　　Z 激发

双光子激发荧光
　　Y 双光子荧光

双光子激励
　　Y 激励

双光子吸收

two-photon absorption
O436.2
- S 多光子吸收
- C 双光子激发
- Z 光吸收

双光子相干态
- Y 压缩相干态

双光子荧光
two-photon fluorescence
O436
- D 双光子激发荧光
  双光子诱导荧光
- S 激发荧光
- Z 荧光

双光子诱导荧光
- Y 双光子荧光

双光子跃迁
two-photon transitions
O431.2
- S 多光子跃迁
- C 双光子激发
- Z 跃迁

双函数法
double function method
O411
- S 数学物理方法
- Z 物理法

双核磁共振
- Y 核磁共振

双互易法
dual reciprocity method
O302
- D 双重互易法
- S 力学方法*
- C 杂交边界点法

双奇核
- Y 奇奇核

双基体三相结构
double matrix three-phase structure
O7
- S 三相结构
- Z 相结构

双激子
biexciton
O469
- D 激子分子
- S 激子
- Z 准粒子

双极化
dual polarization
O441.4
- S 电磁波极化
- F 偶极化
- Z 极化

双极化子
bipolaron
O48
- S 极化子*

双极扩散
ambipolar diffusion
O533
- D 双极性扩散
- S 等离子体扩散
- Z 扩散

双极膜
bipolar membrane
TB43
- S 薄膜*
- C 水解离 →(3)

双极喷流
- Y 射流

双极性扩散
- Y 双极扩散

双极子
- Y 偶极子

双剪理论
twin-shear theory
O346
- S 强度理论
  应力理论
- C 剪切
- Z 力学理论

双剪模型
twin-shear model
O346
- D 双剪切模型
- S 塑性模型
- C 剪切
- Z 力学模型

双剪切模型
- Y 双剪模型

双剪屈服准则
twin-shear stress yield criterion
O344.3
- S 屈服准则
- F 双剪统一屈服准则
- C 剪切
  最大载荷
- Z 力学准则

双剪统一强度理论
twin-shear unified strength
O346
- S 统一强度理论
- C 极限承载力
  屈服准则
  最大载荷
- Z 力学理论

双剪统一屈服准则
twin-shear unified yield criterion
O344.3
- S 双剪屈服准则
  统一屈服准则
- Z 力学准则

双交换作用
double exchange interaction
O572.24
- S 交换作用

- Z 粒子相互作用

双焦透镜
bifocal lens
TH74
- S 透镜
- Z 光学元件

双晶
- Y 孪晶

双晶 X 射线衍射
- Y X 射线双晶衍射

双晶 X 射线衍射法
- Y 双晶衍射法

双晶结
bicrystal junction
O511
- S 超导结*

双晶面
- Y 孪晶面

双晶探头
- Y 双探测器

双晶体
- Y 孪晶

双晶现象
twinning
O78
- D 孪晶现象
- S 结晶现象*

双晶衍射
double crystal diffraction
O722
- S 多晶衍射
- F X 射线双晶衍射
- Z 晶体衍射

双晶衍射法
double crystal X-ray diffraction
O722
- D 双晶 X 射线衍射法
- S X 射线衍射法
- Z 晶体结构分析方法

双晶衍射仪
double crystal diffractometer
O722
- S X 射线衍射仪
- Z 测量仪器
  晶体学仪器

双晶要素
twin element
O78
- S 晶体要素*
- F 双晶中心

双晶中心
twin center
O78
- S 生长中心
  双晶要素
- Z 晶体要素

双晶轴
twin axis
O76
　　S 晶轴
　　Z 晶体要素

双空位
divacancy
O77
　　S 空位
　　Z 晶体缺陷

双孔微剪切法
double-hole microshear
O344.1
　　S 力学方法*
　　C 屈服剪应力
　　　最大剪应力

双夸克
diquark
O572.3
　　S 夸克
　　Z 粒子

双扩散对流
double-diffusive convection
O351.2
　　S 自然对流
　　C 对流扩散 →(4)
　　　分形动力学
　　Z 对流

双量子点
double quantum dots
O47
　　S 量子点
　　Z 势阱

双量子阱
double quantum well
O413.2
　　S 多量子阱
　　Z 势阱

双流不稳定性
two stream instability
O534
　　S 等离子体不稳定性
　　Z 力学稳定性

双流方程
　　Y 二流方程

双流态
double flow regime
O359
　　S 复合流态
　　C 双流体
　　Z 流态

双流体
two-fluid
O359
　　S 流体*
　　C 两层流体
　　　双流态
　　　双流体模型
　　　双射流

双流体理论
　　Y 朗道液氦理论

双流体模型
two-fluid model
O359
　　S 流体力学模型
　　F 欧拉-欧拉双流体模型
　　C 双流体
　　Z 力学模型

双面反射镜
two-faced reflector
TH74
　　D 菲涅耳双面反射镜
　　S 光学元件*

双面约束
bilateral constraint
O31
　　D 双边约束
　　S 约束*
　　C 单面约束
　　　双边检验 →(1)

双模光场
two-mode light field
O413.3
　　S 模场
　　F 双模纠缠相干光场
　　　双模压缩态光场
　　C 单模光场
　　Z 光场

双模奇偶纠缠相干光场
two-mode odd-even entangled coherent optical field
O413.3
　　S 双模纠缠相干光场
　　Z 光场

双模纠缠相干场
two-mode entangled coherent field
O413.3
　　S 相干场
　　Z 物理场

双模纠缠相干光场
two-mode entangled coherent state optical field
O413.3
　　S 双模光场
　　F 双模奇偶纠缠相干光场
　　Z 光场

双模量
double modulus
O343
　　S 模量*

双模腔场
two-mode cavity field
O413.3
　　S 腔场
　　Z 物理场

双模压缩态
two-mode squeezed state
O413.3
　　S 状态*

双模压缩态光场
two-mode squeezed field
O413.3
　　S 双模光场
　　　压缩态光场
　　Z 光场

双模压缩真空场
two-mode squeezed vacuum field
O413.3
　　S 双模真空场
　　　压缩真空场
　　Z 物理场

双模压缩真空态
two-mode squeezed vacuum states
O413.3
　　S 多模真空态
　　　压缩真空
　　Z 真空

双模真空场
two-mode vacuum field
O413.3
　　S 真空场
　　F 双模压缩真空场
　　Z 物理场

双目望远镜
　　Y 双筒望远镜

双能级
　　Y 二能级

双能级系统
　　Y 二能级

双偶核
　　Y 偶偶核

双频超声
dual-frequency ultrasound
O426.1
　　S 超声
　　Z 声音

双频光栅
double-frequency gratings
O437.4；P111.3
　　S 光谱光栅
　　Z 光栅

双频合成振动
double-frequency composed vibrating
O32
　　S 振动*

双曝光全息术
　　Y 多次曝光全息术

双氢键
double hydrogen bond
O561.4；O641.3
　　S 氢键
　　Z 化学反应

双球坐标系
bispherical coordinate system
TB22
　　S 天文坐标系*

双曲面
double curved surface
O174.14；O182；O43
- S 曲面*
- C 特征值分析 →(1)

双曲面反光镜
- Y 双曲面镜

双曲面反射镜
- Y 双曲面镜

双曲面镜
hyperbolic mirror
TH74
- D 双曲面反光镜
  双曲面反射镜
- S 非球面镜
- Z 光学元件

双曲守恒律方程
hyperbolic conservation laws
O35
- S 守恒方程
- C Riemann 问题 →(1)
- Z 力学方程

双曲线弹道
hyperbolic trajectory
O315
- S 弹道*
- C 第三宇宙速度 →(4)

双曲余弦高斯光束
- Y 双曲余弦-高斯光束

双曲余弦-高斯光束
hyperbolic cosine gaussian beam
O432.12
- D 双曲余弦高斯光束
- S 余弦高斯光束
- Z 光束

双曲正割光束
hyperbolic secant beam
O435
- S 光束*

双屈服面模型
double yield surface model
O34
- S 力学模型*

双色场
two-color fields
O431.2
- S 光场*
- F 双色激光场

双色激光场
two-color laser fields
O432.12
- S 激光场
  双色场
- Z 光场

双射流
double jet
O358
- S 射流*

双流体
- C

双生子佯谬
twin paradox
O412.1
- D 孪生佯谬
  孪生子佯谬
- S 佯谬*
- C 狭义相对论

双声子过程
- Y 声子之间相互作用

双矢势
two potential
O441.5
- S 矢势
- Z 电磁参量

双势阱
double-well trap
O41
- S 势阱*

双势垒
double-barrier
O472
- D 双势垒结构
- S 势垒*

双势垒结构
- Y 双势垒

双束干涉
- Y 双光束干涉

双树枝状晶体
- Y 枝晶

双随机相位
double random phase
O439
- S 随机相位
- Z 相位

双探测器
twin detector
TN2
- D 双晶探头
- S 探测器*

双探针
double probe
TH703.2
- S 探针*
- F 双头电导探针

双特征参数法
double characteristic parameter method
O302
- S 数学方法*
- C 特征参数 →(1)

双筒望远镜
binoculars
TH743
- D 大双筒望远镜
  双目望远镜
  小型双筒望远镜
- S 望远镜*

双头电导探针
double-sensor conductivity probe
TH703.2
- S 电导探针
  双探针
- C 泡状流
- Z 探针

双凸透镜
biconvex lens
TH74
- S 凸透镜
- Z 光学元件

双微分截面
double differential cross section
O561.5
- S 微分散射截面
- Z 截面

双温模型
double-temperature function
O551
- S 物理模型*

双温区
double-temperature area
O551.2；O782
- S 温区*

双稳
- Y 双稳性

双稳定
- Y 双稳性

双稳态
bistable
O317
- S 稳定*
- F 电双稳态
  光学双稳态
  零场双稳态

双稳特性
- Y 双稳性

双稳性
bistability
O56
- D 双稳
  双稳定
  双稳特性
- S 稳定性*
- F 动态双稳
  光双稳

双线摆
- Y 双摆

双线偏振
dual-linear polarization
O436.3
- S 线偏振
- Z 偏振

双相介质
two-phase medium
O55
- S 多相介质

F 两相饱和介质
　　C 固液分离 →(3)
　　　 固液两相流
　　　 两相结构 →(3)
　　　 气固两相流
　　Z 介质

双相流动
　　Y 两相流

双向抽运
　　Y 双抽运

双向反射比因子
bidirectional reflectance factor
O436；P401
　　D 双向反射因子
　　S 气象因子*

双向反射因子
　　Y 双向反射比因子

双向载荷
　　Y 轴向载荷

双像测距仪
　　Y 光学测距仪

双像符合测距仪
　　Y 光学测距仪

双荧光
　　Y 双重荧光

双硬度
　　Y 硬度

双原子
biatomic
O562
　　S 原子*
　　F 纠缠双原子
　　　 耦合双原子

双原子部分保留微分重叠计算
　　Y 忽略微分重叠计算

双原子改进忽略微分重叠计算
　　Y 忽略微分重叠计算

双原子忽略微分重叠计算
　　Y 忽略微分重叠计算

双原子链
diatomic chain
O562；O73
　　S 原子链*
　　F 一维双原子链

双原子无机分子 UV 光谱
　　Y 多原子无机分子紫外光谱

双原子无机分子光谱
　　Y 多原子无机分子光谱

双原子无机分子可见光谱
　　Y 多原子无机分子可见光谱

双原子无机分子喇曼光谱
　　Y 多原子无机分子喇曼光谱

双原子无机分子紫外光谱
　　Y 多原子无机分子紫外光谱

双圆极化
dual circular polarization
O441.4
　　S 圆极化
　　Z 极化

双折射
birefringence
O435.1
　　D 双折射现象
　　S 光折射
　　F 电控双折射
　　　 高双折射
　　　 光纤双折射
　　　 光致双折射
　　　 晶体双折射
　　　 流动双折射
　　　 应力双折射
　　　 圆双折射
　　Z 折射

双折射晶体
birefringent crystal
O43；O734
　　S 光学晶体*
　　F 单轴晶体
　　　 双轴晶体
　　C 晶体双折射

双折射率
birefractive index
O734.2
　　S 折射率*

双折射现象
　　Y 双折射

双折射效应
birefrigent effect
O734.2
　　S 折射效应
　　Z 光学效应

双振子模型
　　Y 二向色性模型

双重子
dibaryon
O572.34
　　S 重子
　　Z 粒子

双轴晶体
biaxial crystal
O734
　　D 二轴晶
　　　 光学双轴晶体
　　S 双折射晶体
　　Z 光学晶体

双轴向荷载
　　Y 轴向载荷

双轴向列相
biaxial nematic
O753.2
　　S 向列相
　　Z 晶相

双轴向列相型液晶
　　Y 双轴向列相液晶

双轴向列相液晶
biaxial nematic liquid crystal
O753.2
　　D 双轴向列相型液晶
　　　 双轴向列型液晶
　　　 双轴性向列相液晶
　　S 向列相液晶
　　Z 液晶

双轴向列型液晶
　　Y 双轴向列相液晶

双轴向应力
　　Y 双轴应力

双轴向载荷
　　Y 轴向载荷

双轴性向列相液晶
　　Y 双轴向列相液晶

双轴应力
biaxial stress
O343.4
　　D 二轴应力
　　　 双轴向应力
　　　 主双轴应力
　　S 多轴应力
　　C 结构分析
　　Z 应力

双轴织构
biaxial texture
O76
　　S 晶体织构
　　Z 织构

双自由度体系
　　Y 二自由度系统

双组分纳米流体
binary nanofluids
O359
　　S 纳米流体
　　Z 流体

水*
water
P33
　　F 冷冻水
　　C 水合物 →(3)(4)
　　　 水体 →(4)(5)
　　　 增水 →(4)
　　　 重水 →(3)

水表面波
water surface wave
O353.2；P731.22
　　S 水波*
　　F 浅水波
　　C 波浪

水波*
water wave
O353；P731.22
　　F 海洋内波
　　　 洪水波
　　　 水表面波

水锤波
水震波
C 波力 →(4)
海啸 →(4)
水波动力学
水流
水流阻力

水波动力学
water wave dynamics
O353.2
S 液体动力学
  液体力学
C 水波
Z 流体力学

水波阻力
Y 兴波阻力

水槽模拟
water tank modelling
O411.3
D 水槽实验
S 物理模拟*

水槽实验
Y 水槽模拟

水层*
water layer
P33；P731.1
D 水层区
F 海洋声道
C 海洋水文要素 →(4)

水层区
Y 水层

水冲击波
Y 水锤波

水锤
water hammer
O351.2
D 水击
  直接水锤
  直接水击
S 冲击*
F 波浪冲击
  弹性水击
  间接水锤
  入水冲击
  水下冲击
C 波速
  固液两相流
  浪涌 →(4)
  水锤波
  水力学 →(5)
  水砣测深 →(4)(5)
  压力波

水锤波
water hammer wave
O353
D 水冲击波
  水击波
  水激波
S 水波*
C 水锤

水下爆破 →(4)
特征线法 →(1)

水弹道
Y 流体弹道学

水电动力
Y 水能

水动力
Y 水能

水动力模拟
Y 流体动力学模拟

水动力梯度
Y 水力梯度

水动力载荷
Y 流体动力荷载

水动力噪声
hydrodynamic noise
O422.8；O427；P733.2
D 流体动力噪声
  水动噪声
S 水下噪声
Z 噪声

水动噪声
Y 水动力噪声

水动阻力
Y 水流阻力

水洞
water channel
O351.2
S 试验设备
C 水洞实验
Z 测试设备

水洞实验
water tunnel experiment
O351.2
S 力学实验
C 水洞
Z 科学实验

水沸点
Y 沸点

水分*
moisture content
P343；P426
D 水分含量
  水分状况
  水份
  水含量
F 结晶水
C 干湿状况 →(4)
  灰分 →(3)
  湿空气 →(4)
  水分利用率 →(4)(5)
  水汽含量 →(4)
  水汽凝结 →(3)(4)
  云 →(4)

水分含量
Y 水分

水分状况
Y 水分

水份
Y 水分

水含量
Y 水分

水合电子
hydrated electron
O572.322
S 电子*

水化电子
Y 溶剂化电子

水击
Y 水锤

水击波
Y 水锤波

水基磁流体
water-based magnetic fluids
TM271
S 磁流体
Z 流体

水激波
Y 水锤波

水静力学
hydrostatics
O351.1
D 静水力学
S 流体静力学
  液体力学
C 静载荷
Z 理论力学
  流体力学

水静力载荷
Y 静载荷

水理性质
water-physical property
TU4
S 力学性质*

水力
Y 水能

水力传导系数
Y 渗透系数

水力流态
hydraulic flow pattern
[O352]；O351.2
S 液体流态
C 流谱
Z 流态

水力摩阻
Y 流动阻力

水力摩阻系数
hydraulic friction coefficient
O351
S 摩擦系数
Z 系数

水力坡度
　　Y 水力梯度

水力射流
　　Y 液体射流

水力梯度
hydraulic gradient
O351.2
　　D 水动力梯度
　　　　水力坡度
　　S 能量梯度
　　C 三维渗流
　　　　水力学 →(5)
　　Z 梯度分布

水力学迂曲度
　　Y 迂曲度

水流
water flow
O351.2；P339
　　D 河口水流
　　　　水流动
　　C 海流
　　　　连续流
　　　　瀑布 →(5)
　　　　水波

水流动
　　Y 水流

水流动力
　　Y 水能

水流方向
water flow direction
O35；P339
　　S 水文要素*
　　C 流向仪 →(5)

水流速度
water velocity
O351.2；P332.4；P731.21
　　S 流体速度
　　　　水文要素*
　　C 多普勒流速仪 →(4)(5)
　　　　水急流 →(5)
　　　　水面流速系数 →(5)
　　　　谢才公式
　　Z 流速

水流紊动
　　Y 湍流

水流显示技术
　　Y 流动显示

水流显形技术
　　Y 流动显示

水流阻力
water flow resistance
O351.2
　　D 飞溅阻力
　　　　破波阻力
　　　　浅水阻力
　　　　水动阻力
　　　　水上阻力
　　　　水阻力

　　　　汹涛阻力
　　S 流动阻力
　　F 静水阻力
　　C 浅水效应 →(4)
　　　　水波
　　　　涡流
　　Z 阻力

水面*
water surface
P343
　　D 水体表面
　　F 分形海面
　　C 冰面 →(4)(5)
　　　　水面线 →(5)
　　　　水面蒸发 →(4)(5)

水能
hydropower
TV131.2；U66
　　D 水电动力
　　　　水动力
　　　　水力
　　　　水流动力
　　　　诱导水动力
　　S 能量*
　　F 潮流能
　　C 流体动力荷载
　　　　水动力导数 →(4)
　　　　水动力弥散 →(4)
　　　　压强

水喷流
　　Y 液体射流

水平摆
horizontal pendulum
O314
　　S 摆*

水平测量
horizontal survey
TB462
　　S 几何量测量*

水平传热
horizontal heat transfer
TK124
　　S 传热
　　Z 能量转移

水平磁场
horizontal magnetic field
O441.2
　　S 磁场*

水平大气簇射
　　Y 广延大气簇射

水平荷载
lateral loads
O347
　　D 侧壁载荷
　　　　侧向负荷
　　　　侧向荷载
　　　　侧向载荷
　　　　垂向荷载
　　　　垂向载荷
　　　　垂直负荷

　　　　垂直负载
　　　　垂直荷载
　　　　垂直载荷
　　　　法向荷载
　　　　横向负载
　　　　横向荷载
　　　　横向载荷
　　　　径向负荷
　　　　径向负载
　　　　径向载荷
　　　　竖向荷载
　　　　竖向载荷
　　　　水平荷载模式
　　S 荷载*
　　C 边坡 →(5)

水平荷载模式
　　Y 水平荷载

水平极化
horizontal polarization
O441.4
　　S 电磁波极化
　　C 垂直极化
　　Z 极化

水平极限承载力
ultimate lateral bearing capacity
O346
　　S 极限承载力
　　Z 力学强度

水平加速度
horizontal acceleration
O311.1
　　S 加速度*

水平空气簇射
　　Y 广延大气簇射

水平扩散
horizontal diffusion
O552.2
　　S 扩散*

水平力
horizontal force
O312
　　S 力*

水平力偶
horizontal couple
O312.1
　　S 力偶
　　C 力偶矩矢
　　Z 力

水平裂缝
horizontal crack
horizontal seam
O346.1
　　S 裂缝*
　　C 压裂

水平流
horizontal flow
O35
　　S 流体流*

水平面照度

Y 水平照度

水平能见度代表值
　　Y 能见度

水平扭曲
horizontal deformation
O344.3
　　S 扭转
　　Z 变形

水平气压梯度力
　　Y 气压梯度力

水平区熔法
horizontal zone-melting technique
O782
　　S 区熔法
　　Z 晶体生长方法

水平射流
　　Y 平面射流

水平输送
horizontal transport
O35
　　D 平流输送
　　　平流输运
　　　水平运输
　　S 转移*
　　C 层内运移 →(4)
　　　穿层运移 →(4)

水平速度
horizontal velocity
O311；P733
　　S 速度*

水平位移
horizontal displacement
O311
　　D 横向位移
　　　平移
　　　曲线平移
　　　水平移动
　　　瞬间平移
　　　瞬时平移
　　S 位移*
　　F 光束平移
　　C 孔隙水压力 →(5)

水平误差
horizontal error
TH71
　　S 误差*

水平移动
　　Y 水平位移

水平移动系数
　　Y 位移因子

水平应变
horizontal strain
O344.3
　　S 平面应变
　　Z 应变

水平运输
　　Y 水平输送

水平照度
horizontal illuminance
O432.2
　　D 水平面照度
　　S 照度*

水平折光差
　　Y 折光差

水平振动
　　Y 横向振动

水气二相流
　　Y 气液两相流

水-气二相流
　　Y 气液两相流

水气界面
　　Y 气水界面

水气两相流
　　Y 气液两相流

水汽扩散
　　Y 湿气扩散

水热法晶体生长
　　Y 水热生长

水热法生长
　　Y 水热生长

水热结晶
　　Y 水热晶化

水热结晶法
　　Y 水热晶化

水热结晶方法
　　Y 水热晶化

水热结晶过程
　　Y 水热晶化

水热结晶化
　　Y 水热晶化

水热结晶化方法
　　Y 水热晶化

水热结晶化过程
　　Y 水热晶化

水热晶化
hydrothermal crystallization
O799
　　D 水热结晶
　　　水热结晶法
　　　水热结晶方法
　　　水热结晶过程
　　　水热结晶化
　　　水热结晶化方法
　　　水热结晶化过程
　　　水热晶化法
　　　水热晶化方法
　　　水热晶化过程
　　S 晶化*

水热晶化法
　　Y 水热晶化

水热晶化方法
　　Y 水热晶化

水热晶化过程
　　Y 水热晶化

水热生长
hydrothermal growth
O782
　　D 水热法晶体生长
　　　水热法生长
　　S 溶液晶体生长
　　Z 晶体生长

水热生长法
hydrothermal method
O782
　　D 晶体生长水热法
　　S 溶液生长法
　　Z 晶体生长方法

水热稳定性
hydrothermal stability
O414.1；O642.3
　　S 热稳定性
　　C 水热反应 →(3)
　　Z 化学性质

水溶性量子点
water-soluble quantum dots
O47
　　S 量子点
　　Z 势阱

水溶液法
aqueous solution method
O6-0；O645；O782
　　S 化学制备方法*

水溶液晶体生长
　　Y 水溶液生长

水溶液生长
aqueous solution growth
O782
　　D 水溶液晶体生长
　　S 溶液晶体生长
　　Z 晶体生长

水三相点
triple point of water
O552.6
　　S 三相点
　　Z 温度

水上稳定性
　　Y 静水稳定性

水上撞击
　　Y 波浪冲击

水上阻力
　　Y 水流阻力

水射流
　　Y 液体射流

水渗透
water penetration
O552.2
　　S 渗透*

水声
underwater sound
O427
　S 声音*

水声测量
underwater acoustic measurement
TB52
　S 声学测量*

水声场
　Y 海洋声场

水声传播
underwater sound propagation
O427；P733.2
　S 声传播
　C 多途效应 →(4)
　　内波
　　水声学
　Z 能量转移

水声定位
hydroacoustic positioning
O427；P229.5
　D 水声定位技术
　　水下声学定位
　S 定位*
　C 水下定位 →(4)
　　水下技术 →(4)

水声定位技术
　Y 水声定位

水声探测
underwater acoustic detection
O429；P229.1

水声信号检测
underwater sound signal detection
TB56
　S 声检测
　Z 检测

水声学
underwater acoustics
O427；P341
　D 水体声学
　S 应用声学
　C 海洋环境噪声
　　回声测深 →(4)
　　声基阵 →(4)
　　水声传播
　Z 声学

水弹性
hydroelasticity
O343
　S 流体弹性
　C 水弹性力学
　Z 力学性质

水弹性力学
hydroelasticity
O343
　S 弹性力学
　C 水弹性
　Z 固体力学

水体表面
　Y 水面

水体光谱
water spectral
O433.5
　S 光谱*

水体声学
　Y 水声学

水头损失
　Y 压力损失

水文地质参数*
hydrogeological parameter
P641
　D 含水层参数
　F 渗透系数
　C 水文地质学 →(5)

水文现象
　Y 水文要素

水文学仪器
　Y 水文仪器

水文要素*
hydrologic features
P333；P731.1
　D 水文现象
　F 水流方向
　　水流速度
　　最大流量
　　最小流量
　C 海冰 →(4)
　　水循环 →(4)(5)

水文仪器*
hydrologic instrument
P335
　D 水文学仪器
　F 热线风速仪
　　转子式流速仪
　C 海洋仪器
　　水文设备 →(5)
　　水文学 →(5)

水稳定性
　Y 静水稳定性

水稳性
　Y 静水稳定性

水下爆炸
underwater explosion
O38
　D 水中爆炸
　S 爆炸*
　C 地下爆炸
　　化学爆炸 →(3)
　　水下爆破 →(4)
　　水下爆炸气泡

水下爆炸气泡
underwater explosion bubble
O351.2；O383；P733
　S 爆炸气泡
　　水中气泡
　C 水下爆炸
　Z 气泡

水下冲击
underwater shock
O351.2
　S 水锤
　C 水力冲刷 →(4)(5)
　　水下工程 →(4)
　Z 冲击

水下传播
underwater propagation
O427；P733.2
　S 波传播
　Z 能量转移

水下弹道
underwater trajectory
O315
　D 水中弹道
　S 弹道*
　C 水下弹道学

水下弹道学
underwater ballistics
O315
　S 流体弹道学
　C 水下弹道
　　鱼雷弹道
　Z 弹道学

水下环境噪声
　Y 水下噪声

水下目标噪声
underwater target noise
O422.8；P733.2
　D 水中目标噪声
　S 水下噪声
　Z 噪声

水下气体射流
　Y 气体射流

水下声成像
underwater acoustic imaging
O429
　S 声成像
　Z 成像

水下声学定位
　Y 水声定位

水下声源
underwater sound sources
TB561；TB565
　D 水中声源
　S 声源*

水下噪声
underwater noise
O422.8；O427.5；P733.2
　D 水下环境噪声
　S 噪声*
　F 水动力噪声
　　水下目标噪声
　C 海洋环境噪声

水相渗透率
water phase permeability
O552.2
　S 渗透率

水压
water potential
O351.1；P731.1
- D 潜水压力
   水压力
- S 液压
- F 裂隙水压力
- C 冷却水压差
   潜水 →(4)
   潜水器 →(4)
- Z 压力

水压力
- Y 水压

水翼颤动
- Y 水翼颤振

水翼颤振
hydrofoil flutter
O354
- D 水翼颤动
- S 颤振
- Z 振动

水翼空化
- Y 水翼空泡

水翼空泡
hydrofoil cavitation
O351.2
- D 水翼空化
- S 空化*

水震波
water shake wave
O353.3；P315.4
- S 水波*
- C 井水位 →(5)

水蒸气流动
- Y 蒸汽流动

水蒸气压
- Y 蒸汽压力

水蒸气压力
- Y 蒸汽压力

水蒸汽压
- Y 蒸汽压力

水中爆炸
- Y 水下爆炸

水中爆炸波
- Y 水中冲击波

水中冲击波
underwater shock wave
O347.5；O353.2
- D 水中爆炸波
- S 冲击波*
- F 急流冲击波

水中弹道
- Y 水下弹道

水中弹道学
- Y 流体弹道学

水中目标噪声
- Y 水下目标噪声

水中气泡
underwater bubble
O351
- S 气泡*
- F 水下爆炸气泡

水中生物噪声
- Y 海洋环境噪声

水中声源
- Y 水下声源

水珠
water drops
O572.21
- S 降水形态*

水阻力
- Y 水流阻力

顺磁
- Y 顺磁性

顺磁 g 因子
- Y 朗德 g 因子

顺磁磁化率
paramagnetic susceptibility
O441.2
- S 磁化率
- C 顺磁性
- Z 磁参数

顺磁共振
- Y 电子自旋共振

顺磁环电流
paramagnetic ring current
O441.1
- S 环电流
- C 顺磁性
- Z 电流

顺磁屏蔽
- Y 电磁屏蔽

顺磁体
paramagnet
TM271.4
- D 顺磁盐
   顺磁质
- S 磁体*
- C 磁晶各向异性
   顺磁性

顺磁物质
paramagnetic substance
O4
- S 铁磁质
- C 顺磁性
- Z 物质

顺磁性
paramagnetism
O482.52
- D 顺磁
- S 磁性*
- F 超顺磁性
   泡利顺磁性
- C 顺磁磁化率
   顺磁环电流
   顺磁体
   顺磁物质
   自旋动力学

顺磁盐
- Y 顺磁体

顺磁质
- Y 顺磁体

顺电-铁电相变
- Y 铁电-顺电相变

顺电相
paraelectric phase
O482.4
- S 状态*

顺度常数
- Y 弹性常数

顺流
downstream flow
O35
- S 流体流*

瞬变波
- Y 瞬态波

瞬变电磁场
transient electromagnetic field
O441.4
- S 电磁场*
- C 波场变换 →(5)

瞬变荷载
- Y 瞬变载荷

瞬变流
- Y 非定常流

瞬变流动
- Y 非定常流

瞬变压力
transient pressure
O351.2
- S 可变压力
- C 质量流量
- Z 压力

瞬变运动
- Y 暂态运动

瞬变载荷
transient load
O347.1
- D 瞬变荷载
   瞬间载荷
   瞬时荷载
   瞬时载荷
- S 动载荷
- F 波浪载荷
   冲击载荷
- Z 荷载

瞬发中子
prompt neutron

O572.342
  D 迅发中子
  S 裂变中子
  Z 粒子

瞬间过电压
transient overvoltage
TM933.2
  S 过电压
  Z 电压

瞬间平移
  Y 水平位移

瞬间强度
  Y 瞬时强度

瞬间速度
  Y 瞬时速度

瞬间应变
instantaneous strain
O344.3
  D 瞬时应变
    瞬态应变
  S 应变*

瞬间载荷
  Y 瞬变载荷

瞬间振动
  Y 瞬态振动

瞬时测量
transient measurement
TN95
  S 快速测量
  Z 测量

瞬时动力响应
  Y 瞬态动力响应

瞬时辐出度
instantaneous radiant exitance
O432.1；O571；P162；P422
  S 辐射出射度
  Z 辐射参数

瞬时荷载
  Y 瞬变载荷

瞬时能
  Y 瞬时能量

瞬时能量
instantaneous energy
O4-0
  D 瞬时能
  S 能量*
  C 瞬时强度
    瞬时速度

瞬时平移
  Y 水平位移

瞬时强度
instantaneous strength
O346
  D 瞬间强度
  S 力学强度*
  C 瞬时能量

瞬时视场
instantaneous field of view
O435；P111.3
  D 空间分解力
  S 视场*

瞬时速度
instantaneous velocity
O311
  D 瞬间速度
  S 速度*
  C 瞬时能量
    速度测量

瞬时响应
  Y 瞬态响应

瞬时应变
  Y 瞬间应变

瞬时应力场
  Y 瞬态应力场

瞬时运动
  Y 暂态运动

瞬时载荷
  Y 瞬变载荷

瞬时中心
  Y 瞬心

瞬态波
transient waves
O353.2；P434
  D 瞬变波
  S 波*
    大气波动*
  C 定常波 →(4)

瞬态电磁脉冲
transient electromagnetic pulse
O441.4
  S 电磁脉冲*

瞬态电磁散射
transient electromagnetic scattering
O451
  S 电磁波散射*
    瞬态散射
  Z 散射

瞬态动力分析
  Y 瞬态动力学分析

瞬态动力响应
transient dynamic response
O313
  D 瞬时动力响应
  S 瞬态响应
  C 瞬态动力学分析
  Z 响应

瞬态动力学分析
transient dynamic analysis
O313
  D 瞬态动力分析
  S 动力学分析
  C 瞬态动力响应
  Z 力学分析

瞬态光电流
transient photocurrent
O436.4；O441.1
  S 光电流
  Z 电流

瞬态光谱
transient spectra
O433.5
  S 光谱*
  F 瞬态荧光谱

瞬态混沌
transient chaos
O415.5
  S 混沌*

瞬态极化
instantaneous polarization
O441.4
  S 电磁波极化
  Z 极化

瞬态流
  Y 非定常流

瞬态谱
transient spectroscopy
O43；O47
  S 谱*
  F 深能级瞬态谱

瞬态热传导
transient heat conduction
TK124
  D 瞬态热传递
  S 传热
  Z 能量转移

瞬态热传递
  Y 瞬态热传导

瞬态热丝法
  Y 瞬态热线法

瞬态热线法
transient heat wire method
O441
  D 瞬态热丝法
  S 物理法*

瞬态热效应
transient thermal effect
O551.3
  S 热效应*

瞬态蠕变
  Y 非定常蠕变

瞬态散射
transient scattering
O451
  S 散射*
  F 瞬态电磁散射

瞬态试验
transient test
O32
  S 振动试验
  Z 科学实验

瞬态温度分布
transient temperature distribution
O551.2；P412.11；P423；P731.11
　S　温度分布*

瞬态稳定性
　Y　动稳定性

瞬态吸收光谱
transient absorption spectroscopy
O433.51
　S　吸收光谱*
　C　激光闪光光解　→(3)

瞬态响应
transient response
O32
　D　瞬时响应
　S　动态响应
　F　非线性瞬态响应
　　　瞬态动力响应
　C　传递函数　→(1)
　　　瞬态振动
　　　稳态响应
　　　阻尼
　Z　响应

瞬态形核
transient nucleation
O78
　S　晶体成核
　Z　晶体形成

瞬态应变
　Y　瞬间应变

瞬态应力场
transient stress field
O346
　D　瞬时应力场
　S　应力场
　Z　场(力学)

瞬态荧光谱
transient state fluorescence spectroscopy
O433
　S　瞬态光谱
　　　荧光光谱
　Z　光谱

瞬态运动
　Y　暂态运动

瞬态振动
transient vibration
O32
　D　瞬间振动
　S　振动*
　C　时频分析
　　　瞬态响应
　　　弯扭耦合振动
　　　振动谱

瞬心
instantaneous center
O313.3
　D　瞬时中心
　S　位置*
　F　加速度瞬心
　　　转动瞬心

　C　动平衡

瞬心轨迹
　Y　瞬心迹

瞬心迹
centrode
O311
　D　瞬心轨迹
　　　瞬心线
　　　中心轨迹
　S　轨迹*
　F　定瞬心迹
　　　动瞬心迹

瞬心线
　Y　瞬心迹

瞬暂流动
　Y　周期流动

司克维多夫模型
　Y　司克维多夫体

司克维多夫体
Schwedoff-body
O37
　D　司克维多夫模型
　S　流变模型
　C　流变
　Z　力学模型

丝状液晶
　Y　向列相液晶

丝状阴极
filamentary cathode
O462
　S　阴极
　Z　电极

斯蒂芬·温伯格
　Y　温伯格

斯涅耳定律
　Y　折射定律

斯诺科-科斯特弛豫
　Y　滞弹性弛豫

斯塔克效应
Stark effect
O56
　D　Stark 加宽
　　　Stark 效应
　　　动态斯塔克分裂
　　　光场斯塔克效应
　　　光学斯塔克效应
　S　电场效应*
　C　合流超几何函数　→(1)
　　　谱线位移

斯太尔率
　Y　斯特列尔比

斯坦顿数
Stanton number
O303
　S　无量纲数*

斯特藩-玻尔兹曼常数

　Y　玻尔兹曼常数

斯特劳哈尔数
Strouhal number
O303；O351.2
　D　施特鲁哈尔数
　　　斯特劳哈数
　　　斯特劳赫数
　　　斯特罗哈尔数
　　　斯特罗哈数
　　　斯特洛赫尔数
　S　无量纲数*
　C　非定常流
　　　雷诺数效应
　　　相似律

斯特劳哈数
　Y　斯特劳哈尔数

斯特劳赫数
　Y　斯特劳哈尔数

斯特列尔比
Strehl ratio
O435.2
　D　Strehl 比
　　　Strehl 强度
　　　斯太尔率
　　　斯特列尔定义
　　　斯特列尔强度
　S　光强比
　Z　光学参数

斯特列尔定义
　Y　斯特列尔比

斯特列尔强度
　Y　斯特列尔比

斯特林循环
Stirling cycle
V242
　S　热力学循环
　Z　热力学性质

斯特罗哈尔数
　Y　斯特劳哈尔数

斯特罗哈数
　Y　斯特劳哈尔数

斯特洛赫尔数
　Y　斯特劳哈尔数

斯托克斯波
　Y　Stokes 波

斯托克斯参量
　Y　Stokes 参量

斯托克斯参数
　Y　Stokes 参量

斯托克斯定律
Stokes law
O357
　S　力学定律*
　C　共振辐射
　　　粘性流

斯托克斯光

Stokes light
O436.2
S 光*
F 反斯托克斯光
C 斯托克斯散射

斯托克斯流
Y Stokes 流

斯托克斯流动
Y Stokes 流

斯托克斯流体
Y 非牛顿流体

斯托克斯散射
Stokes scattering
O436.2
S 光散射*
F 相干反斯托克斯拉曼散射
C 谱线
斯托克斯光

斯托克斯矢量
Stokes vector
O431
S 向量*

斯托克斯数
Y Stokes 数

斯托克斯问题
Y Stokes 问题

斯托克斯准数
Y Stokes 数

撕裂
tear
O346.12
S 破裂
F 韧性撕裂
C 剪切破坏
强度试验
撕裂模不稳定性
撕裂模量
撕裂能
撕裂强度
Z 断裂

撕裂模不稳定性
tearing mode instability
O361
S 力学稳定性*
C 撕裂

撕裂模量
tearing modulus
O346.12
D 撕裂模数
S 模量*
C 撕裂

撕裂模数
Y 撕裂模量

撕裂能
tearing energy
O346.12
S 能量*
C 撕裂

撕裂强度
tear strength
O346
D 抗扯强度
抗撕强度
耐撕裂性
S 抗破坏强度
C 撕裂
应变能
Z 力学强度

死层
dead layer
TL8
S 分层*
C 死层厚度

死层厚度
dead-layer thickness
O471
S 厚度*
C 死层

死载
Y 死载荷

死载荷
dead load
O347.1
D 死载
S 荷载*

四波混合
Y 四波混频

四波混频
four-wave mixing
O439
D 四波混合
S 光学混频
F 布里渊增强四波混频
Z 光学变换

四重格
Y 面心点阵

四重氢键
quadrupolar hydrogen bond
O561.4；O641.3
S 氢键
Z 化学反应

四端电阻
four ends resistance
TM934.1
S 电阻*

四方变形
tetragonal distortion
O344.3
D 四角变形
S 几何变形
Z 变形

四方点阵
tetragonal lattice
O712
S 布拉菲点阵
F 体心四方点阵
Z 点阵

四方畸变
tetragonal distortion
O435.2；P111.3
S 几何畸变
Z 像差

四方晶格
Y 正方晶格

四方晶系
tetragonal system
O711.4
D 四角晶系
正方晶系
S 晶系*

四分裂变
Y 核裂变

四分之一波片
quarter-wave plate
O734
D λ/4 波片
S 晶片
Z 晶体学应用

四极晶体场相互作用
Y 晶体超精细场相互作用

四极矩
quadrupole moment
O441.1
D 电四极矩
四极子
S 多极矩*
C 分子矩
核四极矩共振

四极透镜
quadrupole lenses
TH74
S 透镜
C 磁透镜
电子透镜
静电透镜
Z 光学元件

四极子
Y 四极矩

四角变形
Y 四方变形

四角晶系
Y 四方晶系

四脚状氧化锌晶须
Y 四针状氧化锌晶须

四阶矩法
fourth-order moment method
O302；O34
S 力学方法*

四阶色散
fourth-order dispersion
O436.3
S 高阶色散
Z 色散

四夸克态

tetraquark state
O572.3
- S 夸克
- Z 粒子

四面体
tetrahedron
O182；O71
- D 三棱锥
- S 几何体*
- C 二面角 →(1)
  - 内心 →(1)
  - 外接球半径 →(1)
  - 异面直线 →(1)

四面体非晶态碳
- Y 四面体非晶碳

四面体非晶碳
tetrahedral amorphous carbon
O751
- D 四面体非晶态碳
  - 四面体非晶质碳
- S 非晶碳
- Z 非晶质

四面体非晶质碳
- Y 四面体非晶碳

四面体空隙
tetrahedral void
O742
- S 空隙*

四能级
four energy levels
O562.1
- D 四能级系统
  - 准四能级
- S 多能级
- Z 能级

四能级系统
- Y 四能级

四能级原子
four-level atom
O562
- S 原子*

四钛酸钾晶须
$K_2Ti_4O_9$ whisker
O784
- S 无机盐晶须
- Z 晶须

四探针法
four-probe method
O47
- S 物理法*

四维混沌系统
four-dimensional chaotic system
O415.5
- S 混沌系统*
- C 四维时空

四维加速度
four-dimensional acceleration
O311
- S 加速度*

四维力
four-dimensional force
O312.1
- S 力*

四维时空
four-dimensional space-time
O412.1
- S 时空*
- C de Sitter 时空 →(4)
  - 四维混沌系统
  - 四维模型 →(5)

四维矢量
4-vector
O41
- S 向量*

四圆衍射仪
- Y 衍射仪

四针状氧化锌晶须
T-ZnOw
O784
- D T-ZnO 晶须
  - 四脚状氧化锌晶须
- S 氧化锌晶须
- Z 晶须

四帧免疫算法
- Y 相移算法

四帧免疫算法公式
- Y 相移算法

四帧算法
- Y 相移算法

四帧算法公式
- Y 相移算法

四中子
- Y 中子

似对比压力
pseudo reduced pressure
O369
- D 伪换算压力
- S 压力*

似流体
- Y 准流体

似然函数
likelihood function
O174；O414.2
- S 函数*

伺服隔振
- Y 主动隔振

伺服气动弹性
servo aeroelasticity
V211.4
- S 气动弹性
- Z 力学性质

松弛*
relaxation
O344
- D 弛豫
  - 弛豫过程
  - 弛豫现象
  - 弛豫效应
  - 驰豫
  - 驰豫速率
  - 松驰
  - 张弛
  - 张弛法
- F 表面弛豫
  - 低松弛
  - 化学弛豫
  - 极化驰豫
  - 结构弛豫
  - 离解弛豫
  - 内部自由度弛豫
  - 热弛豫
  - 应力松弛
  - 滞弹性弛豫
  - 纵向弛豫
- C 松弛函数
  - 粘塑性
  - 滞弹性

松弛(应力)
- Y 应力松弛

松弛函数
relaxation functions
O37
- S 函数(力学)*
- C 蠕变
  - 松弛

松弛模量
relaxation modulus
O343；O37
- D 弛豫模量
- S 模量*
- C 蠕变柔量

松弛谱
- Y 弛豫谱

松弛时间
- Y 弛豫时间

松弛时间谱
- Y 弛豫谱

松弛应力
- Y 应力松弛

松弛振动
relaxation vibration
O322
- S 非线性振动
- C 阻尼
- Z 振动

松弛阻尼
relaxation damping
O328
- S 阻尼*

松驰
- Y 松弛

松驰应力
- Y 应力松弛

松耦合方法
loose coupling method
O35
　　S 力学方法*

松散多孔介质
　　Y 多孔介质

松散体力学
　　Y 散体力学

松香结晶
rosin crystal
O79
　　D 松香结晶过程
　　　松香结晶化
　　　松香结晶化过程
　　　松香晶化过程
　　S 结晶*

松香结晶过程
　　Y 松香结晶

松香结晶化
　　Y 松香结晶

松香结晶化过程
　　Y 松香结晶

松香晶化过程
　　Y 松香结晶

松原函数
　　Y 温度函数

素晶胞
primitive Cell
O76
　　D 初基晶胞
　　S 晶胞*

速度*
velocity
O311
　　D 速度函数
　　　速率
　　F 变形速度
　　　初速度
　　　垂直速度
　　　法向速度
　　　分速度
　　　横向速度
　　　绝对速度
　　　雷达径向速度
　　　粒子速度
　　　临界速度
　　　面积速度
　　　摩擦速度
　　　平均速度
　　　切向速度
　　　剩余速度
　　　水平速度
　　　瞬时速度
　　　吸附速度
　　　线速度
　　　限制速度
　　　相对速度
　　　终端速度
　　　轴向速度
　　　自由面速度

　　　最可几速率
　　C 波速结构 →(5)
　　　超布朗运动 →(1)
　　　加速度
　　　速度测量
　　　速度控制
　　　运动学

速度安定性
　　Y 速度稳定性

速度比
velocity ratio
O311
　　S 比率*

速度边界层
velocity boundary layer
O357.4
　　D 速度附面层
　　S 边界层
　　C 粘性流
　　Z 流体层

速度变化
velocity variation
O311
　　S 物理变化*
　　C 速度脉动
　　　速度异常 →(5)

速度变换
velocity transformation
O411.1
　　S 物理变换*

速度测量*
velocity measurement
TB462；TB934；TH824
　　F 波速测量
　　　加速度测量
　　　角速度测量
　　　粒子图像测速
　　　速度场测量
　　C 风速测量 →(4)
　　　风速仪 →(4)
　　　激光测速
　　　流量计 →(4)(5)
　　　瞬时速度
　　　速度
　　　速度控制

速度测量仪表
　　Y 测速仪

速度场
velocity field
O311；O351.2
　　D 速度场(流体力学)
　　S 场(力学)*
　　F 变形场
　　　垂直速度场
　　　加速场
　　C 计算流体力学
　　　气流分布 →(4)
　　　速度场模型 →(4)(5)
　　　速度分布
　　　速度空间
　　　压力分布

速度场(流体力学)
　　Y 速度场

速度场测量
velocity field measurement
TB462；TB934
　　D 速度分布测量
　　S 速度测量*

速度导纳
velocity admittance
O32
　　S 导纳*

速度的合成
　　Y 速度合成

速度分布
velocity distribution
O311；O351.2
　　S 力学分布*
　　F 流速分布
　　C 速度场
　　　速度矩阵
　　　速度剖面
　　　速度梯度
　　　柱塞流
　　　自耦合射流

速度分布测量
　　Y 速度场测量

速度分布律
velocity distribution law
O311
　　S 力学定律*

速度分布图
　　Y 速度剖面

速度附面层
　　Y 速度边界层

速度共振
velocity resonance
O311.1
　　S 共振*

速度函数
　　Y 速度

速度合成
composition of velocities
O311
　　D 速度的合成
　　S 矢量合成*

速度极限
speed limit
O311
　　S 极限*

速度计
　　Y 测速仪

速度计算
velocity calculation
O311
　　S 力学计算*

速度间断

velocity discontinuity
O344
　　S 间断*

速度结构函数
velocity structure functions
O311
　　S 函数(力学)*
　　C 波速结构 →(5)

速度精度
velocity accuracy
TP24
　　S 测量精度
　　Z 精度

速度矩阵
velocity matrix
O311.1
　　S 矩阵*
　　C 速度分布

速度空间
velocity space
O311.1
　　S 空间*
　　C 速度场

速度控制
speed control
N965.12
　　D 调速
　　S 控制*
　　C 速度
　　　 速度测量

速度亏损律
velocity defect law
O354
　　S 力学定律*
　　C 速度衰减 →(5)
　　　 湍流边界层

速度脉冲
velocity pulse
O311
　　S 脉冲(力学)*
　　C 速度脉动

速度脉动
velocity fluctuation
O357.5；P433
　　S 脉动*
　　C 速度变化
　　　 速度脉冲

速度剖面
velocity profile
O354
　　D 速度分布图
　　　 速度型
　　S 剖面*
　　C 速度分布

速度曲线
velocity curve
O311
　　S 曲线*
　　F 加速度曲线
　　　 起升速度曲线
　　　 速率分布曲线
　　C 曲线回归方程 →(1)

速度三角形
　　Y 速度图

速度矢量
velocity vector
O311.1
　　D 速度向量
　　S 向量*
　　F 角速度矢量
　　C 模型方程 →(1)
　　　 匀速运动

速度势
velocity potential
O354
　　S 势*
　　C 势流

速度特性
speed characteristics
O311
　　S 动态特性*

速度梯度
velocity gradient
O354
　　S 能量梯度
　　C 速度分布
　　Z 梯度分布

速度图
velocity diagram
ZT99
　　D 速度三角形
　　S 图表*
　　C 包络 →(1)

速度稳定
　　Y 速度稳定性

速度稳定性
speed stability
O311；O317
　　D 速度安定性
　　　 速度稳定
　　　 稳速
　　　 转速稳定性
　　S 力学稳定性*
　　C 偏心负载

速度误差
speed error
U666；V249
　　S 测速误差
　　Z 测量误差

速度限制
　　Y 限制速度

速度响应
speed response
O311
　　S 响应*

速度向量
　　Y 速度矢量

速度型
　　Y 速度剖面

速度选择
velocity selection
O311
　　S 选择*

速率
　　Y 速度

速率常数
rate constant
O43
　　S 力学常数*
　　F 热速率常数

速率分布
rate distribution
O411.1
　　S 力学分布*

速率分布曲线
rate distribution curve
O411.1
　　S 速度曲线
　　Z 曲线

速率过程理论
rate process theory
O347
　　S 力学理论*

速率系数
rate coefficients
O411.1
　　S 系数*
　　F 双电子复合速率系数

塑变
　　Y 塑性变形

塑变应力
　　Y 流变应力

塑—脆性转变
　　Y 延性-脆性转变

塑晶
　　Y 塑性晶体

塑料晶体
　　Y 塑性晶体

塑料透镜
plastic lens
TH74
　　S 透镜
　　Z 光学元件

塑限
plastic limit
O344.5；P642
　　D 塑限(土力学)
　　　 塑性极限
　　　 塑性界限
　　　 塑性限度
　　S 极限*
　　　 力学性质*
　　　 土物理性质*
　　C 塑性极限分析
　　　 塑性极限载荷

塑性指数 →(5)
　　液限 →(5)
塑限(土力学)
　Y 塑限

塑性
plasticity
O344.1
　D 范性
　　可塑性
　　塑性性能
　　塑性状态
　　有限可塑性
　　粘滞可塑性
　S 力学性质*
　F 超塑性
　　弹塑性
　　光塑性
　　理想塑性
　　热塑性
　　微塑性
　　循环塑性
　　应变梯度塑性
　　粘塑性
　C 弹性
　　流动规律
　　内部变形
　　塑性流动
　　液性指数 →(5)
　　应变空间

塑性变形
plastic deformation
O344.1
　D 范性形变
　　塑变
　　塑性形变
　S 变形*
　F 残余变形
　　超塑性变形
　　弹塑性变形
　　高温塑性变形
　　晶体塑性变形
　　均匀塑性变形
　　塑性大变形
　　缩颈
　　微塑性变形
　C 剪切模量
　　接触疲劳
　　拉伸蠕变
　　裂纹扩展速率
　　屈服强度
　　三点弯
　　塑性应变
　　塑性应变增量
　　形变应力

塑性变形机理
plastic deformation mechanism
O344.1
　S 机理*
　F 位错塞积

塑性变形理论
　Y 塑性形变理论

塑性波

plastic wave
O347.4
　D 塑性加载波
　　粘弹塑性波
　S 应力波*
　C 冲击杆
　　加载

塑性大变形
large plastic deformation
O344.1
　D 范性大形变
　S 大变形
　　塑性变形
　Z 变形

塑性动力屈曲
dynamic plastic buckling
O344.7
　D 塑性动态屈曲
　S 动力屈曲
　　塑性屈曲
　Z 屈曲

塑性动力响应
dynamic plastic response
O344
　D 塑性动态响应
　S 动态响应
　C 塑性动力学
　　阻尼介质
　Z 响应

塑性动力学
plastico-dynamics
O344
　D 塑性体动力学
　S 动力学
　　塑性力学
　C 塑性动力响应
　Z 固体力学
　　理论力学

塑性动态屈曲
　Y 塑性动力屈曲

塑性动态响应
　Y 塑性动力响应

塑性断裂
plastic fracture
O346.12
　S 韧性断裂
　F 弹塑性断裂
　C 全面屈服断裂力学
　　塑性破坏
　Z 断裂

塑性断面模量
　Y 截面模量

塑性分析
plastic analysis
O344.1
　S 力学分析*
　F 变形分析
　　弹塑性分析
　　弹粘塑性分析
　　后屈曲分析

　　塑性极限分析
　C 非线性振动
　　极限状态设计

塑性各向异性
plastic anisotropy
O48;O73
　S 各向异性*
　C 弹性各向异性

塑性后效理论
　Y 塑性理论

塑性极限
　Y 塑限

塑性极限分析
plastic limit analysis
O344
　D 塑性极限分析法
　S 塑性分析
　C 上限定理
　　塑限
　Z 力学分析

塑性极限分析法
　Y 塑性极限分析

塑性极限荷载
　Y 塑性极限载荷

塑性极限扭矩
　Y 扭矩

塑性极限弯矩
plastic limit bending moment
O344
　S 弯矩
　Z 力矩

塑性极限载荷
plastic limit load
O347
　D 塑性极限荷载
　S 最大载荷
　C 塑限
　Z 荷载

塑性加载
　Y 加载

塑性加载波
　Y 塑性波

塑性剪切模量
　Y 剪切模量

塑性截面模量
　Y 截面模量

塑性界限
　Y 塑限

塑性晶体
plastic crystal
O733
　D 塑晶
　　塑料晶体
　S 晶体*

塑性理论
theory of plasticity

O344.1
  D 理想塑性理论
     塑性后效理论
  S 力学理论*
  F 弹塑性弯曲理论
     塑性形变理论
     塑性增量理论

塑性力学
plasticity theory
O344
  S 固体力学*
  F 弹塑性力学
     工程塑性力学
     广义塑性力学
     理想塑性力学
     塑性动力学
  C 弹性理论
     模量-应变曲线
     屈服准则
     室温蠕变

塑性流
  Y 塑性流动

塑性流变
plastic tranformation
O344.4；O37
  S 流变*
  F 超塑性流变
  C 塑性流动

塑性流动
plastic flow
O344.4
  D 宾厄姆塑性流
     固态塑性流动
     流体塑性流动
     塑性流
     塑性流动网络
  S 流动*
  C 地震迁移 →(5)
     流变学
     屈服假塑性流体
     塑性
     塑性流变
     塑性流体
     塑性增量理论
     缩颈

塑性流动理论
  Y 塑性增量理论

塑性流动网络
  Y 塑性流动

塑性流体
plastic fluid
O344.4
  D 变粘度流体
     宾厄姆流体
     宾汉塑性流体
     热弹性流体
  S 非牛顿流体
  F 假塑性流体
  C 流变性
     塑性流动
  Z 流体

塑性模量
plastic modulus
O344.1
  S 模量*
  F 截面模量

塑性模型
plasticity model
O344；O347
  D 塑性修正
  S 力学模型*
  F 弹塑性模型
     黏塑性模型
     双剪模型
     循环塑性模型
     亚塑性模型

塑性粘度
plastic viscosity
O357
  S 粘度*

塑性疲劳
plastic fatigue
O344；O346.2
  S 疲劳*
  C 弹性疲劳
     塑性破坏

塑性破坏
plastic collapse
O346.5
  D 韧性破坏
     塑性失效
  S 破坏(力学)*
  C 塑性断裂
     塑性疲劳
     延性

塑性区
  Y 塑性体

塑性区长度
length of plastic region
O344.1
  S 长度*
     塑性区尺寸
  C 塑性区域
  Z 尺寸

塑性区尺寸
plastic zone size
O344.1
  S 尺寸*
  F 塑性区长度
  C 塑性区域

塑性区域
plastic region
O344
  S 区域*
  F 裂尖塑性区
  C 塑性区长度
     塑性区尺寸

塑性屈服
plastic yielding
O344.1
  D 屈服

  S 力学性质*
  F 锯齿形屈服
     小范围屈服
  C 屈服函数
     全面屈服断裂力学

塑性屈曲
plastic buckling
O344.7
  S 屈曲*
  F 弹塑性屈曲
     塑性动力屈曲

塑性全量理论
  Y 塑性形变理论

塑性失稳
plastic instability
O344.7
  S 失稳*

塑性失效
  Y 塑性破坏

塑性势
plastic potential
O344；O347
  D 塑性位势
  S 势*
  C 广义塑性力学
     屈服函数

塑性体
plastomer
O344
  D 塑性区
  S 物体*

塑性体动力学
  Y 塑性动力学

塑性条件
plasticity condition
O344.1
  D 成型条件
     形状变形能塑性条件
  S 力学条件*
  F 八面体剪应力塑性条件
     屈服条件
     最大剪应力屈服条件
  C 屈服准则

塑性位势
  Y 塑性势

塑性限度
  Y 塑限

塑性形变
  Y 塑性变形

塑性形变理论
deformation theory of plasticity
O344.1
  D 全量理论
     塑性变形理论
     塑性全量理论
  S 变形理论
     塑性理论
  F 安定性理论

Z 力学理论

塑性性能
　　Y 塑性

塑性修正
　　Y 塑性模型

塑性压缩变形
　　Y 压缩永久变形

塑性应变
plastic strain
O344.1
　　D 弹–塑性应变
　　S 应变*
　　F 残余塑性应变
　　　残余应变
　　　累积塑性应变
　　C 残余应力
　　　裂纹扩展速率
　　　塑性变形
　　　形变应力

塑性应变能
plastic strain energy
O344.1
　　S 应变能
　　F 循环塑性应变能
　　Z 能量

塑性应变梯度
　　Y 应变梯度塑性

塑性应变增量
plastic strain increment
O344
　　S 应变增量
　　C 塑性变形
　　Z 力学量

塑性应力
plastic stress
O344
　　S 应力*

塑性余流
　　Y 蠕变恢复

塑性增量理论
incremental theory of plasticity
O344.4
　　D 塑性流动理论
　　S 塑性理论
　　　增量理论
　　C 塑性流动
　　Z 力学理论

塑性状态
　　Y 塑性

酸脆
acid embrittlement
O346.11
　　S 脆性
　　C 氢脆
　　Z 材料性能

算法*
algorithm
TP312.8

　　F SPH 算法
　　　对数级
　　　光滑算法
　　　两重网格算法
　　　耦合算法
　　　相位去包裹算法
　　　相移算法

算符*
operator
O175
　　F 不变本征算符
　　　测量相位算符
　　　动量算符
　　　粒子数算符
　　　密度算符
　　　能量算符
　　　升降算符
　　　线性组合算符
　　　压缩算符
　　　湮没算符
　　　演化算符
　　　幺正算符

算子*
arithmetic operator
O177
　　F Teager 能量算子
　　　传播算子
　　　能量算子
　　　散射算子
　　　熵算子
　　C 量子场论
　　　有界函数 →(1)

随从力
follower force
O31
　　D 伴生力
　　S 力*

随动强化
　　Y 随动硬化

随动硬化
kinematic hardening
O344.1
　　D 随动强化
　　　运动硬化
　　S 硬化*
　　C 屈服应力

随机 Hopf 分岔
stochastic Hopf bifurcation
O32
　　S 随机分岔
　　C 随机稳定性 →(1)
　　Z 分岔

随机变化
random variation
O415.5
　　S 变化*
　　C 模糊随机可靠性 →(1)
　　　随机逼近 →(1)

随机表面
random surfaces
O436.2；O485

　　S 表面*

随机波
　　Y 不规则波

随机场*
random field
O211.5
　　F 马尔可夫随机场
　　C Neumann 展开 →(1)
　　　离散
　　　随机变量 →(1)
　　　随机过程
　　　随机有限元

随机弹道
　　Y 制导弹道

随机动力响应
　　Y 随机动态响应

随机动力学
stochastic dynamics
O313
　　S 动力学
　　C 随机动态响应
　　　随机分岔
　　Z 理论力学

随机动态响应
random dynamic response
O313
　　D 随机动力响应
　　S 动态响应
　　C 随机动力学
　　Z 响应

随机法
　　Y 随机过程

随机仿真
　　Y 随机模拟

随机分岔
stochastic bifurcation
O313
　　S 分岔*
　　F 随机 Hopf 分岔
　　C 随机动力学
　　　随机稳定性 →(1)

随机共振
stochastic resonance
O321
　　S 共振*
　　F 变步长随机共振
　　　随机自共振
　　C 双稳系统 →(1)

随机规划
stochastic programming
O221.5；O241；O411
　　S 数学规划*
　　C 机会约束 →(1)
　　　期望值模型 →(1)
　　　容量扩张 →(1)

随机过程*
stochastic process
O211.6

D 随机法
随机现象
随机影响
F 布朗运动
C 蒙特卡罗方法 →(1)(4)
随机场
随机时间 →(1)
随机系统 →(1)

随机荷载
Y 随机载荷

随机混沌
random chaos
O415.5
S 混沌*

随机畸变差
Y 畸变差

随机激励
random excitation
O323
S 激励*
F 非平稳随机激励
平稳随机激励
窄带随机激励

随机加载
random loading
O347.1
S 加载
Z 荷载

随机介质模型
random medium model
O33；P631
S 介质模型
Z 模型

随机力
random force
O313
S 力*
C 随机力学

随机力学
stochastic mechanics
O3
S 力学*
C 量子力学
随机力

随机量子化
stochastic quantization
O413
S 量子化*

随机流
stochastic flow
O351.2
S 流体流*

随机流动
Y 周期流动

随机脉冲
random pulse
TN78
S 脉冲*

随机模拟
stochastic simulation
O211.6；O411.3
D 计算机随机模拟
随机仿真
S 数学模拟*
C 模糊机会约束规划 →(1)
随机参数 →(1)
随机测度 →(1)
随机期望值模型 →(1)

随机耦合模型
stochastic coupling model
O451
S 数学模型*
物理模型*

随机疲劳
random fatigue
O346.2
S 疲劳*
C 随机载荷

随机平均
stochastic averaging
O324
S 平均数*
C 随机分析 →(1)

随机强迫
Y 大气强迫

随机失谐
random mistuning
TN7
S 失谐*

随机位移法
random displacement method
O342
S 位移法
C 最小势能原理
Z 分析法(数学)
力学方法

随机温度场
random temperature field
TB13
S 气象场*

随机现象
Y 随机过程

随机相位
random phase
O439
D 无规相位
S 相位*
F 双随机相位

随机响应分析
stochastic response analysis
O324
D 随机振动响应分析
S 响应分析
Z 分析

随机谐振
stochastic resonance
TN75

S 谐振
C 互信息 →(1)
Z 振动

随机影响
Y 随机过程

随机有限元
random finite element
O241.82；O302
D 递推随机有限元
递推随机有限元方法
概率有限法
随机有限元法
随机有限元方法
S 有限元*
C 结构有限元分析 →(1)
随机场
泰勒展开 →(1)

随机有限元法
Y 随机有限元

随机有限元方法
Y 随机有限元

随机载荷
random load
O347.1
D 随机荷载
S 荷载*
C 随机分析 →(1)
随机疲劳

随机噪声*
random noise
O422.8
D 随机噪音
F 白噪声
乘性色噪声
粉红噪声
干涉噪声
关联噪声
光噪声
加性色噪声
量子噪声
散射噪声
闪烁噪声
有界噪声

随机噪音
Y 随机噪声

随机振动
random vibration
O324
S 振动*
F 非平稳随机振动
非线性随机振动
平稳随机振动
随机自共振
C 非平稳随机响应
随机振动理论
随机振动试验

随机振动分析
random vibration analysis
O324
S 振动分析

C 振动理论
　　Z 力学分析

随机振动理论
random vibration theory
O324
　　S 振动理论
　　C 随机振动
　　Z 力学理论

随机振动试验
random vibration test
O324
　　S 试验*
　　　振动试验
　　C 随机振动
　　Z 科学实验

随机振动响应
random vibration response
O324
　　S 振动响应
　　C 随机分析 →(1)
　　Z 响应

随机振动响应分析
　　Y 随机响应分析

随机自共振
autonomous stochastic resonance
O321；O324
　　S 随机共振
　　　随机振动
　　Z 共振
　　　振动

随行波
　　Y 行进波

碎裂
　　Y 破碎

碎裂参数
　　Y 断裂参数

隧穿*
tunneling
O413.2
　　F 电子隧穿
　　　共振隧穿
　　　激子隧穿
　　　全反射隧穿
　　　直接隧穿
　　　自旋极化隧穿
　　C 隧穿电导
　　　隧穿辐射 →(4)
　　　隧穿模

隧穿磁电阻
tunneling magnetoresistance
O441.6
　　D 隧道磁电阻
　　　隧道磁阻
　　S 磁电阻*

隧穿电导
tunneling conductance
O441
　　S 电导
　　C 隧穿

　　Z 导纳

隧穿电离
　　Y 隧道电离

隧穿电流
　　Y 隧道电流

隧穿结
　　Y 隧道结

隧穿模
tunneling mode
O734
　　C 光子晶体
　　　隧穿

隧穿时间
tunneling time
O413.2
　　S 事件时间*
　　C 隧穿辐射 →(4)
　　　隧道效应

隧穿效应
　　Y 隧道效应

隧道磁电阻
　　Y 隧穿磁电阻

隧道磁电阻效应
tunneling magnetoresistance effect
O441.6
　　S 磁电阻效应
　　Z 磁场效应

隧道磁阻
　　Y 隧穿磁阻

隧道电离
tunneling ionization
O56
　　D 隧穿电离
　　S 电离*

隧道电流
tunneling current
TN1；TN3
　　D 隧穿电流
　　S 电流*

隧道击穿
　　Y 齐纳击穿

隧道结
tunnel junction
O472
　　D 隧穿结
　　S 半导体结*
　　F 磁性隧道结
　　C 超导薄膜
　　　隧道效应

隧道谱
tunnel spectrum
O441
　　S 谱*

隧道效应
tunnel effect
O413.1

　　D 共振隧道效应
　　　量子隧穿
　　　量子隧穿效应
　　　量子隧道效应
　　　势垒穿透
　　　势垒贯穿
　　　隧穿效应
　　S 量子效应*
　　F 约瑟夫森效应
　　　自旋过滤效应
　　C Bekenstein-Hawking 熵 →(4)
　　　de Sitter 时空 →(4)
　　　场发射
　　　穿通势垒
　　　粒子运动
　　　隧穿辐射 →(4)
　　　隧穿时间
　　　隧道结

损耗*
loss
ZT5
　　D 亏损
　　F 光纤损耗
　　　相位损耗
　　　谐波损耗
　　　压力损失
　　　质量损失
　　C 破损
　　　衰减
　　　衰减测量

损耗测量
loss measurement
TB462.1；TM937
　　S 测量*
　　C 衰减测量

损耗电阻
loss resistance
TM934.1
　　S 电阻*

损耗孤子
lossy soliton
O415
　　S 孤子*

损耗模量
loss modulus
O345；O37
　　D 损耗弹性模量
　　　粘性模量
　　S 动态模量
　　C 损耗因子
　　Z 模量

损耗柔软度
　　Y 柔性

损耗弹性模量
　　Y 损耗模量

损耗系数
　　Y 损耗因子

损耗因数
　　Y 损耗因子

损耗因素

Y 损耗因子

损耗因子
loss factor
O342；O346.5
　　D 不利因子
　　　 耗散因子
　　　 损耗系数
　　　 损耗因数
　　　 损耗因素
　　　 损伤因子
　　　 损失系数
　　　 损失因数
　　　 损失因子
　　S 力学因子*
　　F 结构损耗因子
　　　 模态损耗因子
　　C 冲击损伤
　　　 储能模量
　　　 结构阻尼
　　　 热疲劳性能
　　　 损耗模量

损坏
　　Y 破损

损坏分析
　　Y 破坏分析

损坏区
　　Y 损伤区

损坏因素
　　Y 破坏分析

损伤*
damage
O346.5
　　D 毁伤模式
　　　 损伤模式
　　F 初始损伤
　　　 多位置损伤
　　　 辐射损伤
　　　 光损伤
　　　 晶格损伤
　　　 晶界损伤
　　　 氧化性损伤
　　C 损伤本构方程
　　　 损伤标识量
　　　 损伤参量
　　　 损伤函数

损伤（力学）*
damage (mechanics)
O346.5
　　F 材料损伤
　　　 冲击损伤
　　　 弹塑性损伤
　　　 弹性损伤
　　　 动态损伤
　　　 宏观损伤
　　　 基体损伤
　　　 结构损伤
　　　 界面损伤
　　　 力电损伤
　　　 连续损伤
　　　 临界损伤
　　　 疲劳损伤
　　　 蠕变损伤

　　　 弯曲损伤
　　　 细观损伤
　　　 压缩损伤
　　　 延性损伤
　　　 正交各向异性损伤

损伤本构方程
damage constitutive equation
O344.3；O346.5
　　S 本构方程
　　C 损伤
　　Z 力学方程

损伤变量
damage variable
O346.5
　　S 变量*
　　C 损伤力学
　　　 损伤张量

损伤标识量
signature for damage detection
O346.5
　　S 损伤参量
　　C 损伤
　　Z 力学参数

损伤参量
damage parameter
O346.5
　　S 力学参数*
　　F 损伤标识量
　　C 损伤
　　　 损伤力学

损伤场
damage fields
O346.5
　　S 场（力学）*
　　C 损伤力学
　　　 损伤区

损伤带
　　Y 损伤区

损伤分析
　　Y 破坏分析

损伤函数
damage function
O174；O346.5
　　D 损失函数
　　S 函数*
　　C 共轭先验分布 →(1)
　　　 回归参数 →(1)
　　　 损伤
　　　 损伤力学

损伤积累
　　Y 疲劳损伤

损伤检测
　　Y 损伤探测

损伤结构
　　Y 结构损伤

损伤累积
　　Y 疲劳损伤

损伤理论

damage theory
O346.5
　　S 强度理论
　　Z 力学理论

损伤力学
damage mechanics
O346.5
　　S 固体力学*
　　F 连续介质损伤力学
　　　 破损力学
　　　 细观损伤力学
　　C 本构模型
　　　 断裂力学
　　　 内时理论
　　　 损伤变量
　　　 损伤参量
　　　 损伤场
　　　 损伤函数
　　　 损伤能释放率
　　　 损伤软化
　　　 损伤硬化

损伤模式
　　Y 损伤

损伤能释放率
damage energy release rate
O346.5
　　S 能量释放率
　　C 损伤力学
　　Z 比率

损伤粘弹性固体
viscoelastic solids with damage
O345
　　S 弹性固体
　　　 粘弹性体
　　Z 固体
　　　 物体

损伤判据
damage criterion
O346.5
　　D 毁伤判据
　　　 损伤准则
　　S 准则*
　　C 损伤探测

损伤强化
　　Y 损伤硬化

损伤区
damage zone
O346.5
　　D 破坏区
　　　 杀伤区
　　　 损坏区
　　　 损伤带
　　S 区域*
　　C 损伤场

损伤容限
damage tolerance
O346.5
　　D 破坏容限
　　S 强度性质
　　C 断裂韧性
　　　 疲劳裂纹扩展率

剩余强度
Z 力学性质

损伤软化
damage softening
O346.5
S 变化*
C 损伤力学

损伤探测
damage detection
O348
D 损伤检测
S 探测*
C 损伤判据

损伤形貌
damage morphology
O483
S 形貌*

损伤演变
Y 损伤演化

损伤演化
damage evolution
O346.5
D 损伤演变
S 演变*
F 裂纹形成
　细观损伤演化
C 损伤演化方程

损伤演化方程
damage evolution equation
O346.5
S 力学方程*
C 损伤演化

损伤因子
Y 损耗因子

损伤硬化
damage hardening
O346.5
D 损伤强化
S 硬化*
C 损伤力学

损伤与断裂
damage and fracture
O346.1；O346.5
S 断裂*

损伤阈值
damage threshold
O346.5
S 强度性质
C 激光损伤
Z 力学性质

损伤张量
damage tensor
O346.5
S 张量*
C 损伤变量

损伤准则
Y 损伤判据

损失函数
Y 损伤函数

损失系数
Y 损耗因子

损失因数
Y 损耗因子

损失因子
Y 损耗因子

缩比模型
Y 几何相似模型

缩比实验
scaled experiment
O348.7
D 缩比试验
　缩尺实验
　缩尺试验
S 试验*
C 缩尺模型

缩比试验
Y 缩比实验

缩尺模型
scale model
O348.7
D 比例模型
　尺寸模型
S 模型*
C 缩比实验

缩尺实验
Y 缩比实验

缩尺试验
Y 缩比实验

缩颈
necking
O344；O469
D 颈缩
　颈缩(拉伸)
　颈缩现象
　烧蚀颈缩
　缩径
　细颈
　细颈现象
S 塑性变形
C 拉伸
　塑性流动
　引上法晶体生长
　应变梯度
Z 变形

缩颈法
necking technique
O782
S 熔体生长法
Z 晶体生长方法

缩径
Y 缩颈

缩摄
Y 显微摄影

索特平均直径
Y Sauter 平均直径

塔尔博特效应
Talbot effect
O436.1
D Talbot 效应
　塔耳波特效应
　泰伯效应
　衍射自成像效应
S 衍射效应
Z 光学效应

塔耳波特效应
Y 塔尔博特效应

台风引导气流
Y 气流

台阶表面
ledge surface
O485
S 表面*

台阶结
step-edge junction
O511
S 超导结*

台阶晶体生长
Y 台阶生长

台阶生长
terrace-ledge-kink growth
O78
D 台阶晶体生长
S 晶体生长*

太赫兹波
terahertz wave
O452
D THz 波
　THz 射线
　太赫兹电磁波
　太赫兹射线
S 微波
Z 电磁波

太赫兹成像
terahertz imaging
O433
D THz 成像
S 成像*

太赫兹电磁波
Y 太赫兹波

太赫兹辐射
terahertz radiation
O441
D THz 辐射
S 电磁辐射
Z 辐射

太赫兹光谱
THz spectroscopy
O433.5
D THz 光谱
S 光谱*
F 太赫兹时域光谱

太赫兹脉冲
terahertz pulse

TN78
　　S 脉冲*

太赫兹射线
　　Y 太赫兹波

太赫兹时域光谱
terahertz time-domain spectroscopy
O433.5
　　D THz 时域光谱
　　　　太赫兹时域光谱技术
　　S 时域光谱
　　　　太赫兹光谱
　　Z 光谱

太赫兹时域光谱技术
　　Y 太赫兹时域光谱

太赫兹时域谱
terahertz time-domain spectroscopy
O441
　　S 时域谱
　　Z 谱

太赫兹探测
terahertz detection
O441
　　S 探测*

太赫兹探测器
THz detector
TH7
　　S 探测器*

太阳 γ 射线
　　Y 太阳宇宙线

太阳辐射光谱
　　Y 辐射光谱

太阳辐射强度
solar irradiance
O432；P182；P422.1
　　D 太阳辐射照度
　　　　太阳辐照度
　　S 辐射强度
　　C 太阳辐射 →(4)
　　Z 辐射参数

太阳辐射照度
　　Y 太阳辐射强度

太阳辐照度
　　Y 太阳辐射强度

太阳高能粒子
solar energetic particles
O572.1；P182.9；P422.1
　　S 高能粒子
　　　　太阳宇宙线
　　C 太阳中微子
　　Z 粒子

太阳光
　　Y 阳光

太阳光斑
　　Y 光斑

太阳光照
　　Y 阳光

太阳粒子
　　Y 太阳宇宙线

太阳漫射辐射
　　Y 天空辐射

太阳器
　　Y 等离子体炬

太阳热反射
solar heat reflection
O59
　　S 反射*

太阳散射辐射
　　Y 天空辐射

太阳宇宙线
solar cosmic rays
O572.1；P182.9；P422.1
　　D 太阳 γ 射线
　　　　太阳粒子
　　　　太阳宇宙线光子
　　　　太阳宇宙线粒子
　　S 宇宙线
　　F 太阳高能粒子
　　　　太阳中微子
　　Z 粒子

太阳宇宙线光子
　　Y 太阳宇宙线

太阳宇宙线粒子
　　Y 太阳宇宙线

太阳中微子
solar neutrinos
O572.321；P182；P422.1
　　D 太阳中微子单位
　　　　太阳中微子亏缺
　　　　太阳中微子问题
　　　　中微子消失之谜
　　S 太阳宇宙线
　　　　中微子
　　C 太阳高能粒子
　　　　中微子望远镜 →(4)
　　Z 粒子

太阳中微子单位
　　Y 太阳中微子

太阳中微子亏缺
　　Y 太阳中微子

太阳中微子问题
　　Y 太阳中微子

态叠加原理
principle of superposition of states
O413.1
　　D 叠加态原理
　　S 叠加原理
　　Z 物理理论

态间跃迁
transition between states
O431
　　S 激光跃迁
　　C 跃迁偶极矩
　　Z 跃迁

态密度
density of states
O481
　　D 能态密度
　　S 物理参数*
　　F 电子态密度
　　　　界面态密度
　　　　局域态密度
　　　　声子态密度
　　　　隙态密度

钛宝石
　　Y 钛宝石晶体

钛宝石晶体
doped titanium sapphire crystal
O71
　　D 掺钛蓝宝石
　　　　掺钛蓝宝石晶体
　　　　钛宝石
　　S 宝石晶体
　　　　可调谐激光晶体
　　Z 光学晶体
　　　　晶体

钛基大块非晶
Ti-based bulk amorphous
O756
　　D Ti 基大块非晶
　　　　Ti 基大块非晶材料
　　　　Ti 基块体非晶
　　　　Ti 基块体非晶材料
　　　　Ti 基块状非晶
　　　　Ti 基块状非晶材料
　　　　钛基大块非晶材料
　　　　钛基块体非晶
　　　　钛基块体非晶材料
　　　　钛基块状非晶
　　　　钛基块状非晶材料
　　S 块状非晶
　　Z 非晶材料

钛基大块非晶材料
　　Y 钛基大块非晶

钛基块体非晶
　　Y 钛基大块非晶

钛基块体非晶材料
　　Y 钛基大块非晶

钛基块状非晶
　　Y 钛基大块非晶

钛基块状非晶材料
　　Y 钛基大块非晶

钛酸钡单晶
BaTiO$_3$ single crystal
O734
　　D BaTiO$_3$ 单晶
　　　　BaTiO$_3$ 单晶材料
　　　　BaTiO$_3$ 单晶体
　　　　BaTiO$_3$ 单晶体材料
　　　　钛酸钡单晶材料
　　　　钛酸钡单晶体
　　　　钛酸钡单晶体材料
　　S 化合物单晶
　　Z 晶体

钛酸钡单晶材料
  Y 钛酸钡单晶

钛酸钡单晶体
  Y 钛酸钡单晶

钛酸钡单晶体材料
  Y 钛酸钡单晶

钛酸钡晶体
barium titanate crystal
O734
  D BaTiO$_3$ 晶体
  S 钛酸盐晶体
  Z 光学晶体
    晶体

钛酸钾晶须
potassium titanate whisker
O784
  S 陶瓷晶须
  F 六钛酸钾晶须
  Z 晶须

钛酸钠晶须
  Y 三钛酸钠晶须

钛酸盐晶体
titanate crystal
O734
  S 无机非线性光学晶体
  F 铌镁钛酸铅单晶
    钛酸钡晶体
  Z 光学晶体
    晶体

泰伯效应
  Y 塔尔博特效应

泰勒不稳定性
  Y 流动稳定性

泰勒数
Taylor number
O35；P12
  S 无量纲数*
  C 离心力
    粘附力

泰勒涡
  Y Taylor 涡

泰勒涡流
  Y Taylor 涡

酞菁铜薄膜
copper phthalocyanine thin films
O484
  S 半导体薄膜*
  C 酞菁铜 →(3)

弹脆塑性
elastic-brittle-plasticity
O344.3
  S 弹塑性
  Z 力学性质

弹复
  Y 弹性

弹簧摆

spring pendulum
O314
  S 摆*

弹簧劲度系数
spring rate
O343
  S 力系数
  Z 系数

弹簧近似
spring analogy
TH135
  S 近似法*

弹簧力
  Y 弹力

弹簧振子
mass-spring model
O32
  D 弹簧振子模型
  S 振子*

弹簧振子模型
  Y 弹簧振子

弹簧-质点系统
spring-mass system
O311.1；O343
  D 弹簧质量系统
  S 力学系统*

弹簧质量系统
  Y 弹簧-质点系统

弹力
elastic force
O343
  D 弹簧力
    弹性力
  S 力*

弹流
elastic flow
O343
  S 流体流*

弹粘塑性分析
elastoviscoplastic analysis
O344.3
  D 弹粘塑性结构
    弹粘塑性体系
  S 塑性分析
  Z 力学分析

弹粘塑性结构
  Y 弹粘塑性分析

弹粘塑性体系
  Y 弹粘塑性分析

弹塑性
elastoplasticity
O344.3
  D 弹塑性性能
  S 弹性
    塑性
  F 弹脆塑性
    粘弹塑性
  C 本构方程

    残余应变
    弹塑性介质
    弹性极限
    平衡形变
    翘曲效应
    深部变形
  Z 力学性质

弹塑性本构
  Y 弹塑性本构关系

弹塑性本构关系
elastic-plastic constitutive relation
O344.3
  D 弹塑性本构
  S 本构方程
  Z 力学方程

弹塑性变形
elastic-plastic deformation
O344.3
  S 塑性变形
  F 弹塑性大变形
  C 边界摩擦
    弹塑性问题
    多次碰撞
    弯曲力
  Z 变形

弹塑性变形理论
  Y 弹性理论

弹塑性冲击波
elastic-plastic blast wave
O347.5；O38
  S 冲击波*

弹塑性大变形
elasto-plastic large deformation
O344.3
  S 大变形
    弹塑性变形
  Z 变形

弹塑性动力响应
dynamic elastic-plastic response
O313
  S 动态响应
  C 振动理论
  Z 响应

弹塑性断裂
elastic-plastic fracture
O346.12
  S 塑性断裂
  C 弹塑性问题
  Z 断裂

弹塑性断裂力学
elastic-plastic fracture mechanics
O346.1
  S 断裂力学
  Z 固体力学

弹塑性反应分析
elastoplastic response analysis
O344
  D 非线性反应分析
  S 弹塑性分析
  C 非线性反应谱 →(5)

Z 力学分析

弹塑性反应谱
inelastic response spectra
O344.3
　　D 弹性反应谱
　　S 谱*

弹塑性分析
elastoplastic analysis
O344.3
　　D 弹塑性理论
　　S 塑性分析
　　F 弹塑性反应分析
　　　 弹塑性数值分析
　　　 弹塑性有限元分析
　　C 初应力
　　　 平面应变
　　　 应力场
　　Z 力学分析

弹塑性交界面
　　Y 弹性界面

弹塑性解析解
elastic-plastic analytical solution
O344.3
　　S 解*
　　C 偏心裂纹

弹塑性介质
elastic-plastic medium
O345
　　S 弹性介质
　　F 粘弹塑性介质
　　C 弹塑性
　　Z 力学介质

弹塑性理论
　　Y 弹塑性分析

弹塑性力学
plastoelasticity
O344.3
　　D 粘弹性介质力学
　　S 塑性力学
　　Z 固体力学

弹塑性模型
elastoplastic model
O344.3
　　S 塑性模型
　　F 广义凯尔文模型
　　Z 力学模型

弹塑性扭转
elastic-plastic torsion
O344.3
　　S 扭转
　　Z 变形

弹塑性耦合
elastic-plastic couple
O344.3
　　S 耦合(力学)*
　　C 应变空间

弹塑性碰撞
elastic and plastic impact
O313.4
　　S 力学碰撞*

弹塑性屈曲
elastic-plastic buckling
O344.7
　　S 塑性屈曲
　　C 组合应力
　　Z 屈曲

弹塑性数值分析
elastoplastic numerical analysis
O344.3
　　S 弹塑性分析
　　C 数值分析
　　Z 力学分析

弹塑性损伤
elasto-plastic damage
O346.5
　　S 损伤(力学)*

弹塑性弯曲
elastic-plastic bending
O344.3
　　S 弯曲*
　　C 弹塑性问题
　　　 弹性弯曲

弹塑性弯曲理论
elasto-plastic bend theory
O344.3
　　S 塑性理论
　　　 弯曲理论
　　C 角变形
　　Z 力学理论

弹塑性稳定
elastic and plastic stability
O344.7
　　S 稳定*
　　C 弹塑性问题

弹塑性问题
elastic-plastic problem
O344.3
　　S 力学问题*
　　C 弹塑性变形
　　　 弹塑性断裂
　　　 弹塑性弯曲
　　　 弹塑性稳定

弹塑性性能
　　Y 弹塑性

弹-塑性应变
　　Y 塑性应变

弹塑性有限元
elasto-plastic finite element
O241.82；O344.3
　　D 弹一塑性有限元法
　　S 有限元*
　　C 挤压力
　　　 强度折减法
　　　 韧性断裂

弹一塑性有限元法
　　Y 弹塑性有限元

弹塑性有限元分析
elastic and plastic finite element analysis
O344.3
　　S 弹塑性分析
　　C 寿命预测
　　Z 力学分析

弹跳运动
hopping movement
O311.1
　　S 垂直运动
　　Z 运动

弹性
elasticity
O343
　　D 板料回弹
　　　 表面回弹
　　　 弹复
　　　 弹性回弹
　　　 弹性回复
　　　 弹性回复性能
　　　 弹性交互作用
　　　 弹性特性
　　　 弹性行为
　　　 弹性性能
　　　 弹性性质
　　　 弹性状态
　　　 顶板回弹
　　　 非弹性
　　　 回弹
　　　 回弹锤硬度
　　　 回弹法
　　　 回弹量
　　　 回弹性
　　　 回弹性能
　　　 回弹硬度
　　S 力学性质*
　　F 超弹性
　　　 超声回弹
　　　 冲击弹性
　　　 弹塑性
　　　 低弹性
　　　 低温弹性
　　　 动态弹性
　　　 多孔弹性
　　　 二维弹性
　　　 反平面弹性
　　　 非线性弹性
　　　 高弹性
　　　 各向同性弹性
　　　 各向异性弹性
　　　 光弹性
　　　 恒弹性
　　　 基坑回弹
　　　 静态弹性
　　　 卷曲弹性
　　　 扩张弹性
　　　 拉伸弹性
　　　 流体弹性
　　　 慢回弹
　　　 平面弹性
　　　 气动弹性
　　　 热弹性
　　　 声弹性
　　　 体积弹性
　　　 弯曲回弹
　　　 伪弹性

主 表

    线弹性
    卸荷回弹
    压电弹性
    压缩回弹
    亚弹性
    硬弹性
    有限弹性
    粘弹性
    粘接弹性
    滞弹性
    中震弹性
    自然弹性
  C 弹性应变
    回弹反耦联方程
    塑性
    张力特性

弹性半无限体
  Y 半无限体

弹性边界
elastic boundary
O343
  S 力边界
  C 分段插值 →(1)
  Z 边界

弹性变形
elastic deformation
O343
  D 弹性膨胀
    弹性形变
    回弹变形
    暂时变形
  S 变形*
  F 弹性大变形
  C 弹性度
    弹性响应
    扭转
    屈曲模态
    热粘弹性
    弯曲模量
    应力-应变曲线

弹性变形能
  Y 弹性能

弹性波*
elastic waves
O347.41
  D 标量弹性波
    弹性应力波
    核面反射波
    极化弹性波
    入型波
  F 表面波
    长周期波
    磁流体波
    弹性前驱波
    短周期波
    各向异性弹性波
    横波
    马赫波
    扭转弹性波
    偏振弹性波
    稀疏波
    卸载波
    压力波
    纵波
  C 弹性力学
    弹性流体动力学
    畸变
    衰减
    兴波阻力
    应力波
    振动体
    振幅

弹性波传播
elastic wave propagation
O353.2
  S 波传播
  Z 能量转移

弹性波带隙
elastic wave band gaps
O733.2
  D 声子晶体弹性波带隙
  S 声子带隙
  Z 带隙

弹性波动方程
  Y 弹性波方程

弹性波法
elastic wave technique
O343
  S 力学方法*
  C 应力分析

弹性波方程
elastic wave equation
O347.41
  D 弹性波动方程
  S 波动方程
  Z 方程(数学)

弹性波散射
elastic wave scattering
O347.41
  S 波散射
  C 弹性碰撞
  Z 散射

弹性薄板理论
elastic thin plate theory
O342；O343
  S 板壳理论
  Z 力学理论

弹性薄膜
elastic membrane
O484.4
  D 弹性膜
  S 薄膜*

弹性层
elastic layer
O343
  S 粘弹性层
  Z 流体层

弹性常量
  Y 弹性常数

弹性常数
elastic constant
O343
  D 弹性常量
    弹性系数
    劲度常数
    柔量
    顺度常数
  S 力学常数*
  F 等效弹性常数
    三阶弹性常数
    有效弹性常数
  C 弹性模量
    胡克定律

弹性场
elastic field
O343
  S 场(力学)*

弹性大变形
elastic large deformation
O343
  S 弹性变形
  Z 变形

弹性定律
law of elasticity
O343
  S 力学定律*
  C 弹性理论

弹性动力学
elastodynamics
O343
  S 弹性力学
    动力学
  F 运动弹性动力学
  C 弹性静力学
    非局部弹性理论
    非局部理论
  Z 固体力学
    理论力学

弹性度
degree of elasticity
O343
  S 力学性质*
  C 弹性变形

弹性二相法
elastic two phase method
O343
  S 弹性分析
  Z 力学分析

弹性法
  Y 弹性分析

弹性反应谱
  Y 弹塑性反应谱

弹性范围
  Y 线弹性

弹性方法
  Y 弹性分析

弹性分析
elastic analysis
O343
  D 弹性法
    弹性方法

　　　　弹性设计
　　　S 力学分析*
　　　F 弹性二相法
　　　　弹性理论法
　　　　弹性支点法
　　　　弹性中心法
　　　　光弹性法
　　　　热弹性分析
　　　　粘弹性分析

弹性各向异性
elastic anisotropy
O343.8
　　　S 各向异性*
　　　C 塑性各向异性

弹性固体
elastic solid
O343
　　　S 固体*
　　　F 电磁弹性固体
　　　　损伤粘弹性固体
　　　C 弹性介质

弹性后效
　　　Y 滞弹性

弹性滑动
elasticity sliding motion
O311
　　　S 滑动
　　　Z 运动

弹性恢复率
elastic recovery
O343
　　　S 比率*

弹性回弹
　　　Y 弹性

弹性回复
　　　Y 弹性

弹性回复对应原理
elasticity recovery correspondence principle
O343
　　　S 力学原理*
　　　C 非线性粘弹性本构关系

弹性回复性能
　　　Y 弹性

弹性极限
limit of elasticity
O343；O469
　　　S 力学性质*
　　　C 弹塑性
　　　　弹性应变
　　　　断裂强度
　　　　胡克定律
　　　　屈服强度
　　　　岩体变形 →(5)

弹性极限应力
　　　Y 屈服强度

弹性交互作用
　　　Y 弹性

弹性阶段

elastic stage
O343
　　　S 时期*

弹性接触
elastic contact
O343.3
　　　S 接触*
　　　F Hertz 接触
　　　　弹性摩擦接触
　　　C 弹性接触问题

弹性接触问题
elastic contact problem
O343.3
　　　S 弹性力学问题
　　　　接触问题
　　　C 弹性接触
　　　Z 力学问题

弹性截面模量
　　　Y 弹性模量

弹性介质
elastic medium
O33；O343
　　　D 弹性连续介质
　　　　线性介质
　　　S 可压缩介质
　　　F 弹塑性介质
　　　　粘弹性介质
　　　　滞弹性介质
　　　C 半平面 →(1)
　　　　泊松比
　　　　弹性固体
　　　　弹性模量
　　　　剪切模量
　　　Z 力学介质

弹性界面
elastic interface
O343
　　　D 弹塑性交界面
　　　S 固体界面*

弹性静力学
elastostatics
O312；O343
　　　S 弹性力学
　　　　静力学
　　　F 非线性弹性力学
　　　C 弹性动力学
　　　　弹性体
　　　　非局部弹性理论
　　　　非局部理论
　　　Z 固体力学
　　　　理论力学

弹性矩阵
elastic matrix
O343
　　　S 矩阵*

弹性抗力
elastic resistance
O343
　　　D 围岩抗力
　　　S 抗力
　　　C 围岩稳定性 →(5)

　　　　围岩压力 →(5)
　　　Z 力

弹性理论
elastic theory
O343
　　　D 伯努利欧拉方程
　　　　伯努利欧拉理论
　　　　弹塑性变形理论
　　　　弹性力学理论
　　　　流体弹性理论
　　　　柔性理论
　　　S 力学理论*
　　　F Stroh 理论
　　　　非局部弹性理论
　　　　热弹性理论
　　　　三维弹性理论
　　　C 弹性定律
　　　　弹性理论法
　　　　塑性力学

弹性理论法
elastic theory method
O343
　　　S 弹性分析
　　　C 弹性理论
　　　Z 力学分析

弹性力
　　　Y 弹力

弹性力学
elastic mechanics
O343
　　　S 固体力学*
　　　F 弹性动力学
　　　　弹性静力学
　　　　工程弹性力学
　　　　气动弹性力学
　　　　热弹性力学
　　　　水弹性力学
　　　　辛弹性力学
　　　　粘弹性力学
　　　C 3 维空间
　　　　Stroh 公式
　　　　弹性波
　　　　二维问题
　　　　刚度
　　　　胡克定律
　　　　间接边界元法
　　　　接触问题
　　　　圣维南原理

弹性力学解
elasticity solutions
O343
　　　S 解*
　　　C 弹性力学问题

弹性力学理论
　　　Y 弹性理论

弹性力学问题
elasticity problems
O343
　　　S 力学问题*
　　　F 弹性接触问题
　　　　弹性问题
　　　　平面应力问题

C 弹性力学解

弹性连接
　　Y 弹性耦合

弹性连续介质
　　Y 弹性介质

弹性联接
　　Y 弹性耦合

弹性流体
elastic fluid
O351
　　S 流体*
　　C 弹性流体动力学
　　　　润滑方程 →(1)

弹性流体动力
　　Y 弹性流体动力学

弹性流体动力学
elastohydrodynamics
O357
　　D 弹性流体动力
　　　　弹性流体力学
　　　　流体弹性动力学
　　　　液体弹性动力学
　　S 流体动力学
　　C 弹性波
　　　　弹性流体
　　　　粘弹性流体
　　Z 流体力学

弹性流体力学
　　Y 弹性流体动力学

弹性模量
elastic modulus
O343
　　D Young's 模量
　　　　迟后弹性模量
　　　　冲击弹性模量
　　　　弹性截面模量
　　　　弹性模式
　　　　弹性模数
　　　　方向性弹性模量
　　　　宏观弹性模量
　　　　径向弹性模量
　　　　抗拉模量
　　　　抗张模量
　　　　拉伸弹性模量
　　　　拉伸模量
　　　　气动弹性模量
　　　　纬向弹性模量
　　　　扬氏模量
　　　　杨氏弹性模量
　　　　杨氏弹性系数
　　　　杨氏模量
　　　　杨氏模数
　　　　张力模量
　　S 模量*
　　F 不同弹性模量
　　　　等效弹性模量
　　　　动态弹性模量
　　　　动态杨氏模量
　　　　剪切弹性模量
　　　　剪切模量
　　　　静弹性模量
　　　　静曲弹性模量
　　　　拉压模量
　　　　体积弹性模量
　　　　粘弹性模量
　　C 泊松比
　　　　弹性常数
　　　　弹性介质
　　　　峰值应变
　　　　胡克定律
　　　　极限强度
　　　　抗拉强度
　　　　抗弯强度
　　　　屈服强度
　　　　细观力学
　　　　应力-应变曲线

弹性模量试验
elasticity modulus test
TB302
　　S 力学性能试验
　　Z 科学实验

弹性模式
　　Y 弹性模量

弹性模数
　　Y 弹性模量

弹性膜
　　Y 弹性薄膜

弹性膜模型
elastic membrane model
O357
　　S 渗流模型
　　Z 力学模型

弹性摩擦接触
elastic frictional contact
O313.5；O343.3
　　S 弹性接触
　　　　摩擦接触
　　Z 接触

弹性能
elastic energy
O343
　　D 弹性变形能
　　　　弹性应变能
　　S 应变能
　　Z 能量

弹性耦合
elastic coupling
O343
　　D 弹性连接
　　　　弹性联接
　　S 耦合(力学)*

弹性膨胀
　　Y 弹性变形

弹性碰撞
elastic collision
O313.4；O343
　　D 弹性散射
　　　　球心中心弹性碰撞
　　S 力学碰撞*
　　F 完全弹性碰撞
　　　　准弹性散射

　　C 弹性波散射
　　　　弹性体

弹性疲劳
elastic fatigue
O346.2
　　D 弹性失效
　　S 疲劳*
　　C 塑性疲劳

弹性破坏
　　Y 弹性损伤

弹性前驱波
elastic precursor wave
O347.41
　　S 弹性波*
　　C 应力波衰减

弹性曲线
elastic curve
O343
　　S 曲线*
　　C 刚度系数

弹性屈曲
elastic buckling
O343.9
　　D 欧拉屈曲
　　S 屈曲*
　　F 粘弹性屈曲
　　C 屈曲模态

弹性散射
　　Y 弹性碰撞

弹性散射截面
elastic scattering cross section
O561.5
　　S 散射截面
　　F 非弹性散射截面
　　Z 截面

弹性设计
　　Y 弹性分析

弹性失稳
elastic instability
O343
　　S 力学稳定性*
　　C 粘弹性

弹性失效
　　Y 弹性疲劳

弹性势
elastic potential
O343
　　S 势*

弹性势能
elastic potential energy
O343
　　S 势能
　　Z 能量

弹性水击
elastic water hammer
O343；O351
　　S 水锤
　　Z 冲击

弹性损伤
elastic damage
O346.5
  D 弹性破坏
  S 损伤(力学)*

弹性特性
  Y 弹性

弹性特征
elastic properties
O343
  S 力学特征*
  C 弹性应变
    非线性弯曲
    胡克定律

弹性体
elastomers
O343
  D 弹体
    弹性体(力学)
    弹性线
    高弹体
    共聚弹性体
    交联弹性体
    橡胶弹性体
  S 物体*
  F 磁流变弹性体
    三维弹性体
    粘弹性体
  C 弹性静力学
    弹性碰撞
    卡氏第二定理
    硫化 →(3)

弹性体(力学)
  Y 弹性体

弹性体振动
elastomer vibration
O326
  D 无限自由度系统振动
  S 振动*

弹性通解
elastic general solution
O343
  S 解*

弹性弯曲
elastic bending
O343
  S 弯曲*
  C 弹塑性弯曲

弹性位移
elastic displacement
O343
  S 位移*
  C 弹性运动
    预位移 →(5)

弹性稳定性
elastic stability
O343.9
  S 力学稳定性*

弹性问题
elasticity problem
O34
  S 弹性力学问题
  F 平面弹性问题
    三维弹性问题
  Z 力学问题

弹性系数
  Y 弹性常数

弹性系统
elastic system
O343
  S 力学系统*

弹性线
  Y 弹性体

弹性响应
elastic response
O326
  S 响应*
  C 弹性变形

弹性效应
elastic effect
O343
  S 效应*

弹性行为
  Y 弹性

弹性形变
  Y 弹性变形

弹性性能
  Y 弹性

弹性性质
  Y 弹性

弹性学
elasticity
O343
  S 固体力学*
  F 非线性弹性学
    经典线性弹性学
    有限弹性学

弹性压缩
  Y 压缩回弹

弹性应变
elastic strain
O343
  S 应变*
  C 弹性
    弹性极限
    弹性特征
    弹性应力
    胡克定律
    压应力

弹性应变能
  Y 弹性能

弹性应力
elastic stress
O343.4
  S 应力*
  C 弹性应变

弹性应力波
  Y 弹性波

弹性应力场
elastic stress field
O343
  S 应力场*
  Z 场(力学)

弹性运动
elastic motion
O311.1
  S 运动*
  C 弹性位移

弹性振动
elastic vibration
O326
  S 振动*
  C 反共振
    分离流
    失速

弹性支承法
  Y 弹性支点法

弹性支点法
elastic support method
O343
  D 弹性支承法
  S 弹性分析
  Z 力学分析

弹性滞后
  Y 滞弹性

弹性中心
elastic center
O343
  S 力心*

弹性中心法
method of elastic center
O343
  S 弹性分析
  C 荷载应力
    中心法 →(1)
  Z 力学分析

弹性状态
  Y 弹性

弹性阻尼
elastic damping
O326
  S 阻尼*
  F 粘弹性阻尼
  C 共振试验

坦谷波
  Y 规则波

钽酸锂晶体
lithium tantalate crystal
O734
  D $LiTaO_3$ 晶体
  S 无机非线性光学晶体
  Z 光学晶体
    晶体

探测*

detection
TB462.3
　　F 电场探测
　　　电光探测
　　　光电探测
　　　粒子探测
　　　损伤探测
　　　太赫兹探测
　　　谐波探测
　　C 探测器

探测距离
detection distance
ZT3
　　S 距离*

探测率
detectivity
O43
　　S 比率*

探测器*
detector
O657；P71
　　D 检测器
　　　探测仪器
　　F 标准探测器
　　　波前探测器
　　　磁探测器
　　　单探测器
　　　飞行时间探测器
　　　平面型探测器
　　　双探测器
　　　太赫兹探测器
　　　陷阱探测器
　　　相位检测器
　　C 测量仪器
　　　探测
　　　探针

探测区
　　Y 探测区域

探测区域
detection zone
TN95
　　D 探测区
　　S 区域*

探测仪器
　　Y 探测器

探磁针
　　Y 磁探针

探针*
probe
TH703.2
　　D 探针技术
　　F 等离子体探针
　　　电化学探针
　　　电探针
　　　复合探针
　　　光学探针
　　　六线涡量探针
　　　双探针
　　　微探针
　　C 探测器
　　　微电极 →(3)

探针电极
　　Y 电极

探针技术
　　Y 探针

探针诊断
probe diagnostics
O539
　　S 等离子体诊断
　　Z 等离子体应用

碳 12 反应
　　Y 重离子反应

碳 13 反应
　　Y 重离子反应

碳 13 核磁共振
　　Y ^{13}C 核磁共振

碳-13 核磁共振
　　Y ^{13}C 核磁共振

碳 13 核磁共振谱法
carbon 13 NMR spectrometry
O441.2；O657.2
　　D 13C NMR 谱
　　S 化学分析法*
　　C ^{13}C 核磁共振

碳氮共渗
　　Y 表面硬化

碳的同素异形体
　　Y 碳同素异形体

碳核磁共振
　　Y ^{13}C 核磁共振

碳弧
carbon arc
O461.2
　　S 电弧
　　Z 放电

碳化硅单晶
SiC crystal
O76
　　D SiC 单晶
　　　SiC 单晶材料
　　　SiC 单晶体
　　　SiC 单晶体材料
　　　碳化硅单晶材料
　　　碳化硅单晶体
　　　碳化硅单晶体材料
　　S 半导体单晶
　　　碳化硅晶体
　　F 4H 碳化硅单晶
　　　6H 碳化硅单晶
　　Z 晶体

碳化硅单晶材料
　　Y 碳化硅单晶

碳化硅单晶体
　　Y 碳化硅单晶

碳化硅单晶体材料
　　Y 碳化硅单晶

碳化硅晶体

silicon carbide crystal
TN304.2
　　D SiC 晶体
　　S 半导体晶体
　　F 碳化硅单晶
　　Z 晶体

碳化硅晶须
SiC whisker
O784
　　D SiC 晶须
　　S 陶瓷晶须
　　Z 晶须

碳化钛晶须
TiC whisker
O784
　　D TiC 晶须
　　S 无机盐晶须
　　Z 晶须

碳量子点
carbon quantum dots
O47
　　S 量子点
　　Z 势阱

碳纳米管阴极
CNT cathode
O462
　　S 阴极
　　Z 电极

碳酸钙晶体
calcium carbonate crystals
O74
　　S 无机晶体
　　Z 晶体

碳酸钙晶须
calcium carbonate whisker
O784
　　D CaCO$_3$ 晶须
　　S 无机盐晶须
　　Z 晶须

碳同素异形体
carbon allotropes
O561；O641.6
　　D 碳的同素异形体
　　S 同素异形体*
　　C 金刚石 →(5)

碳团簇
carbon clusters
O56
　　S 团簇*

碳纤维阴极
carbon-fiber cathode
O462
　　S 阴极
　　Z 电极

汤川势
Yukawa potential
O571.22；O571.4
　　D Yukawa 势
　　S 核势
　　Z 相互作用势

汤姆斯效应
　　Y 减阻

汤姆孙散射
　　Y 汤姆逊散射

汤姆孙效应
　　Y 汤姆逊效应

汤姆逊散射
Thomson scattering
O451
　　D Thomson 散射
　　　 汤姆孙散射
　　S 电磁波散射*

汤姆逊效应
Thomson effect
O482.6
　　D 汤姆孙效应
　　S 热电效应
　　F 焦耳-汤姆逊效应
　　Z 热效应

膛口消音器
　　Y 炮口冲击波

膛内参数测试
　　Y 内弹道试验

膛外弹道
　　Y 外弹道

膛压
chamber pressure
O315
　　S 压力*
　　C 初速度
　　　 内弹道参数

逃逸电子
runaway electron
O572.322
　　S 电子*

逃逸深度
escape depth
O481
　　S 深度*

逃逸时间
escape time
O57
　　S 事件时间*
　　C 逃逸轨道　→(4)

陶瓷超导体
　　Y 高温超导体

陶瓷晶须
ceramic whisker
O784
　　S 无机晶须
　　F 莫来石晶须
　　　 硼酸铝晶须
　　　 钛酸钾晶须
　　　 碳化硅晶须
　　Z 晶须

陶瓷摩擦学
ceramic tribology

O313.5
　　S 摩擦学*
　　C 摩擦

套管拉应力
　　Y 拉应力

套管应力
casing stress
O343.4
　　S 应力*

特超音速动力学
　　Y 高超音速空气动力学

特超音速流
　　Y 高超声速流动

特大磁电效应
　　Y 巨磁电阻效应

特点
　　Y 特性

特高频
ultra high frequency
O452
　　S 高频
　　C 分米波
　　Z 无线电频率

特快中子
　　Y 中子

特勒根定理
Tellegen's theorem
TM13
　　D 特利根理论
　　S 电路理论*

特利根理论
　　Y 特勒根定理

特殊形貌
　　Y 形貌

特殊杂交应力元
special hybrid stress element
O346
　　S 杂交应力元
　　C 平衡方程　→(4)
　　Z 元

特性*
characteristics
ZT4
　　D 对象特性
　　　 关键属性
　　　 实体属性
　　　 特点
　　　 特征
　　　 性能
　　　 性质
　　　 主属性
　　　 属性
　　　 属性定义
　　F 薄膜均匀性
　　　 传输特性
　　　 固有属性
　　　 过载特性
　　　 横向不均匀性

　　　 抗震性能
　　　 流体性质
　　　 湿敏特性
　　　 易损性
　　　 震凝性
　　C 地图特性　→(4)
　　　 化学性质
　　　 属性融合　→(4)

特征
　　Y 特性

特征 X 射线
characteristic X-ray
O434.1
　　S X 射线
　　C 特征 γ 射线
　　Z 射线

特征 γ 射线
characteristic γ ray
O571.323
　　S γ 射线
　　C 特征 X 射线
　　Z 射线

特征边界条件
characteristic boundary conditions
V211
　　S 边界条件*

特征变化
　　Y 变化

特征尺度
　　Y 尺度

特征光谱
characteristic spectrum
O433.5
　　S 光谱*
　　F 区域特征光谱
　　C 诱导期　→(3)

特征规律
　　Y 规律

特征混合有限元
　　Y 混合有限元

特征模态
eigenmode
O32
　　D 本征模态
　　S 模态*

特征谱线
characteristic spectral line
O433.3；P162
　　S 谱线*
　　C 滤光片

特征条件
　　Y 条件

特征温度
characteristic temperature
O48
　　D Debye 温度
　　　 X 射线特征温度
　　　 德拜温度

主　表　691

　　S　温度*
　　C　晶格动力学
特征有限元
characteristic finite element
O241.82；O302
　　D　特征有限元法
　　　　特征有限元方法
　　S　有限元*
　　C　L_2 模误差估计　→(1)
　　　　两重网格算法
　　　　三次元　→(1)
特征有限元法
　　Y　特征有限元
特征有限元方法
　　Y　特征有限元
特征组分
　　Y　组分
特制脉冲载荷
　　Y　脉冲荷载
梯度
　　Y　梯度分布
梯度场
　　Y　势场
梯度磁场
gradient magnetic field
O441.2
　　S　磁场*
　　F　高梯度磁场
梯度动力学
gradient kinetics
O313
　　S　动力学
　　C　梯度力
　　Z　理论力学
梯度分布*
gradient distribution
ZT72
　　D　梯度
　　F　变形梯度
　　　　能量梯度
　　　　浓度梯度
　　　　位移梯度
　　　　形状梯度
　　　　压力梯度
　　　　应变梯度
　　　　折射率梯度
　　C　分布
　　　　数量场　→(1)
梯度结晶
gradient crystallization
O799
　　S　工业结晶
　　Z　结晶
梯度力
gradient force
O369
　　S　力*
　　F　气压梯度力

　　C　梯度动力学
梯度凝固法
gradient freeze method
O782
　　S　熔体生长法
　　F　垂直梯度凝固法
　　Z　晶体生长方法
梯度向量场
　　Y　势场
梯度折射率
gradient refractive index
O435.1
　　S　折射率*
　　F　轴向梯度折射率
梯度折射率透镜
gradient index lens
TH74
　　S　透镜
　　Z　光学元件
梯形加速度
trapezoid acceleration
O311
　　S　加速度*
梯状晶体
step shaped crystal
O76
　　S　晶体*
提拉法
Czochralski method
O782
　　D　Czochralski 法
　　　　CZ 法
　　　　晶体生长提拉法
　　　　晶体提拉法
　　　　切克劳斯基法
　　　　引上法
　　　　直拉法
　　S　熔体生长法
　　F　磁场直拉法
　　　　顶部籽晶提拉法
　　　　冷心放肩微提拉法
　　　　液封直拉法
　　Z　晶体生长方法
提拉法晶体生长
　　Y　引上法晶体生长
提拉法生长
　　Y　引上法晶体生长
提升力
　　Y　升力
提升速度
　　Y　垂直速度
体单晶
bulk single crystal
O73
　　D　体单晶材料
　　S　单晶
　　Z　晶体
体单晶材料

　　Y　体单晶
体电阻率
volume resistance
TM934.1
　　S　电阻率*
体光栅
　　Y　三维光栅
体积*
volume
O181
　　D　体积问题
　　F　激活体积
　　　　控制体积
　　　　临界体积
　　　　流体体积
　　　　模体积
　　　　相体积
体积变化
volume change
O4-34
　　S　形貌变化
　　C　温度
　　　　压力
　　Z　变化
体积补偿
volume compensation
O78
　　S　补偿*
体积磁化率
　　Y　磁化率
体积分方程
volume integral equation
O411
　　S　方程(数学)*
体积流量
volume flow
O351
　　D　容积流量
　　S　流量*
体积密度
volume density
TB303.2
　　D　表观密度
　　　　面密度
　　　　视觉密度
　　　　视密度
　　　　视在密度
　　　　质量密度
　　S　密度*
　　C　减水　→(4)
体积模量
bulk modulus
O343
　　D　容积模量
　　　　体模量
　　S　模量*
　　F　体积弹性模量
　　C　变形
　　　　体积弹性

体积粘性
　　Y　容积粘度
体积平衡模式
　　Y　体积平衡模型
体积平衡模型
volume balance model
O357.3
　　D　体积平衡模式
　　S　渗流模型
　　Z　力学模型
体积全息
　　Y　白光全息术
体积全息图
　　Y　白光全息图
体积蠕变
volume creep
O344.6
　　S　蠕变*
　　C　蠕变试验　→(5)
体积收缩
volume shrinkage
O4-34
　　S　收缩*
　　C　压缩
体积弹性
bulk elasticity
O343
　　D　容积弹性
　　S　弹性
　　C　体积弹性模量
　　　　体积模量
　　Z　力学性质
体积弹性模量
bulk elastic modulus
O343
　　D　容积弹性模量
　　　　体弹模量
　　　　体弹性模量
　　S　弹性模量
　　　　体积模量
　　F　等温体积弹性模量
　　C　体积弹性
　　Z　模量
体积位移
volume shift
O433.3
　　S　位移*
体积问题
　　Y　体积
体积应变
volumetric strain
O344.3
　　D　容积应变
　　　　体应变
　　S　应变*
　　C　应变观测　→(5)
　　　　轴向应力
体积质量

volumic mass
O3
　　S　质量*
体极化子
bulk polaron
O76
　　S　极化子*
体扩散
bulk diffusion
O791
　　D　点阵扩散
　　S　晶内扩散
　　Z　扩散
体模量
　　Y　体积模量
体粘性
　　Y　容积粘度
体膨胀率
　　Y　热膨胀系数
体全息
　　Y　白光全息术
体全息存储
volume holographic storage
O438.1
　　S　全息存储
　　Z　光存储
体全息光栅
volume holographic grating
O437.4；P111.3
　　S　全息光栅
　　Z　光学元件
　　　　光栅
体全息图
　　Y　白光全息图
体缺陷
volume defects
O771
　　S　晶体缺陷*
体散射
volume scattering
O451
　　S　电磁波散射*
体声波
　　Y　声体波
体视全息图
stereo holograms
O438.1
　　D　立体全息图
　　S　全息图*
体弹模量
　　Y　体积弹性模量
体弹性模量
　　Y　体积弹性模量
体位势
volume distribution
O17；O241.82；O343.1

　　S　位势*
　　C　边界积分方程
体涡
　　Y　涡旋
体系
　　Y　系统
体效应
bulk effects
O562
　　S　物理效应*
体心点格
　　Y　体心点阵
体心点阵
body-centered lattice
O712
　　D　I 格子
　　　　体心点格
　　　　体心格
　　　　体心格子
　　S　布拉菲点阵
　　F　体心立方点阵
　　C　面心点阵
　　Z　点阵
体心格
　　Y　体心点阵
体心格子
　　Y　体心点阵
体心立方
　　Y　体心立方结构
体心立方点阵
body-centered cubic lattice
O712
　　S　立方点阵
　　　　体心点阵
　　Z　点阵
体心立方结构
BCC structure
O76
　　D　BCC 结构
　　　　体心立方
　　S　金属晶体结构
　　Z　晶体结构
体心立方晶格
body-centered cubic lattice
O76
　　S　立方晶格
　　C　α 相　→(3)
　　Z　晶格
体心四方点阵
tetragonal body-centred lattice
O712
　　D　体心四方晶格
　　S　四方点阵
　　Z　点阵
体心四方晶格
　　Y　体心四方点阵
体衍生

syntaxy
O78
　S 规则连生
　Z 结晶现象

体应变
　Y 体积应变

体应变仪
body strainmeter
TH823.3
　S 应变计
　Z 测量仪器

体胀系数
　Y 热膨胀系数

替代定理
　Y 替换定理

替换定理
substitution theorem
TM13
　D 代换定理
　　替代定理
　　置换定理
　S 电路理论*
　C 戴维南定理

天波
sky wave
O451
　S 电磁波*

天鹅绒阴极
velvet cathode
O462
　S 阴极
　Z 电极

天空背景噪声
　Y 宇宙噪声

天空辐射
sky radiation
O432；O572；P162；P422
　D 太阳漫射辐射
　　太阳散射辐射
　　天空漫射辐射
　　天空散射辐射
　S 辐射*
　C 大气辐射 →(4)

天空漫射辐射
　Y 天空辐射

天空散射辐射
　Y 天空辐射

天平
balance
TH715.11
　D 秤
　S 测量仪器*
　F 电子天平
　　分析天平
　　风洞天平
　　空气阻尼天平
　　扭力天平
　　微量天平
　　物理天平
　C 称重
　　砝码

天气过程*
synoptic process
P42；P458
　F 动力过程
　C 大尺度环流 →(4)
　　等熵分析
　　天气成因 →(4)
　　天气分析 →(4)
　　天气系统 →(4)
　　匀熵流
　　正压非平衡强迫 →(4)

天气曲线
　Y 气象曲线

天然宝石
　Y 宝石

天然放射性
natural radioactivity
O571.3；O615
　D 天然活性
　S 放射性*
　C 钍 →(3)
　　铀 →(3)

天然固结压力
　Y 先期固结压力

天然光
　Y 自然光

天然光线
　Y 自然光

天然活性
　Y 天然放射性

天然渗流场
crude seepage field
O357.3
　S 渗流场
　Z 流场

天然剩磁
natural remanence
O482.52；P318.1
　D 天然剩余磁化
　　自发剩余磁化
　S 剩磁*
　C 次生剩磁
　　古地磁学 →(5)

天然剩余磁化
　Y 天然剩磁

天然水晶
natural quartz
O7；P578.494
　S 宝石*
　　硅酸盐矿物*

天然旋光性
　Y 旋光性

天体参数
　Y 天文常数

天体运动*
celestial bodies motion
P134；P137
　D 天体运行
　F 超光速运动
　C 轨道运动 →(4)
　　回归线 →(4)
　　闪电 →(4)

天体运行
　Y 天体运动

天体坐标
　Y 天文坐标

天体坐标系
　Y 天文坐标系

天文 X 射线源
　Y 宇宙 X 射线

天文 γ 射线源
　Y γ 射线源

天文参数*
astronomical parameters
P1-0；P14
　D 天文系数
　　天文学参数
　　天文指数
　F 临界密度
　　色指数
　C 绝对星等 →(4)
　　秒差距 →(4)
　　视星等 →(4)
　　天文常数

天文常数*
astronomical constants
P126
　D 天体参数
　　天文基本常数
　F 引力常数
　C FK 星表 →(4)
　　反照率
　　视差 →(4)
　　岁差 →(4)
　　天文参数

天文定理
　Y 天文学定理

天文定律
　Y 天文学定理

天文光度学
　Y 光度学

天文基本常数
　Y 天文常数

天文系数
　Y 天文参数

天文学参数
　Y 天文参数

天文学定理*
astronomy theorem
P1-0
　D 天文定理

天文定律
　　　天文学定律
　　F 开普勒定律
　　C 罗素悖论 →(1)

天文学定律
　　Y 天文学定理

天文学家*
astronomer
P1-09
　　D 天文学者
　　　天文专家
　　F 伽利略
　　　哈雷
　　　开普勒
　　C 天文爱好者 →(4)

天文学者
　　Y 天文学家

天文指数
　　Y 天文参数

天文专家
　　Y 天文学家

天文坐标*
astronomical coordinate
P121；P128
　　D 天体坐标
　　F 拉格朗日坐标
　　C 赤纬 →(4)
　　　黄道 →(4)
　　　天球坐标系 →(4)
　　　天体 →(4)

天文坐标系*
astronomical coordinate system
P121
　　D 天体坐标系
　　F 双球坐标系

天线极化
antenna polarization
TN82
　　S 电磁波极化
　　Z 极化

填隙
　　Y 间隙缺陷

填隙缺陷
　　Y 间隙缺陷

填隙原子
　　Y 间隙原子

填隙子
　　Y 间隙原子

条带法
strips method
O342
　　S 方法*

条件*
condition
ZT84
　　D 特征条件
　　　约束条件

　　F 动力学条件
　　　干涉条件
　　　归一化条件
　　　检测条件
　　　绝热条件
　　　量子化条件
　　　能量条件
　　　平衡条件
　　　熵条件
　　　守恒条件
　　　稳定性条件
　　　物理条件
　　　相干条件
　　　振荡条件
　　　最佳实验条件
　　C 车辆路线问题 →(1)
　　　可行点 →(1)
　　　内部约束
　　　穷举法 →(1)

条件疲劳极限
　　Y 疲劳强度

条件屈服极限
　　Y 屈服强度

条件屈服强度
　　Y 屈服强度

条纹放电
striation discharge
O461.2
　　S 放电*

条纹投影
fringe pattern projection
O435
　　S 投影*

条纹线
　　Y 脉线

条形传递函数
strip transfer function
O302
　　D 条形传递函数方法
　　S 函数(物理)*

条形传递函数方法
　　Y 条形传递函数

条元
　　Y 杆元

调 Q 晶体
Q-switched crystals
O43；O734
　　S 光调制晶体
　　Z 光学晶体

调光系统
adjusted light system
TH74
　　S 光学系统*

调焦
focusing
TB8
　　D 焦点调整
　　S 光学调整*

　　F 自动调焦
　　C 焦点

调焦光学系统
　　Y 变焦距系统

调焦镜
　　Y 变焦透镜

调焦系统
　　Y 变焦距系统

调焦仪
　　Y 焦点检查仪

调频波
frequency-modulated wave
O441.4
　　S 无线电波
　　F 调频连续波
　　Z 电磁波

调频连续波
frequency modulated continuous wave
O441.4
　　S 调频波
　　F 线性调频连续波
　　Z 电磁波

调速
　　Y 速度控制

调温流体
　　Y 传热流体

调谐激光晶体
　　Y 可调谐激光晶体

调整误差
adjustment error
TN01
　　S 误差*

调制不稳定性
modulational instability
O53
　　S 稳定性*
　　F 交叉相位调制不稳定性

调制磁场
modulated magnetic field
O441.2
　　S 磁场*

调制电流
modulated current
O441.1
　　S 电流*

调制光谱
modulated spectrum
O433
　　D 调制光谱学
　　　调制谱
　　　调制谱学
　　S 光谱*
　　F 调制吸收光谱
　　　调制转移光谱
　　　频率调制光谱
　　C 激光测量

调制光谱学
　Y 调制光谱

调制谱
　Y 调制光谱

调制谱学
　Y 调制光谱

调制气流声源
modulated air-stream sound source
O422.7
　S 声源*

调制式差示扫描量热法
　Y 差示扫描量热法

调制吸收光谱
modulation absorption spectroscopy
O433.51
　S 调制光谱
　　 吸收光谱*
　Z 光谱

调制转移光谱
modulation transfer spectroscopy
O433
　S 调制光谱
　Z 光谱

跳跃电导
variable range hopping
O48
　D 变程跳跃
　S 电导
　Z 导纳

跳跃电导性
hopping conductivity
O738
　S 导电性
　Z 电学性质

跳跃模型
hopping model
O411.1
　S 模型*

跳振
bounce
O32
　S 结构振动
　Z 振动

贴片电阻
chip resistor
TM934.1
　S 电阻*

铁磁
　Y 铁磁性

铁磁/反铁磁薄膜
　Y 铁磁/反铁磁双层膜

铁磁/反铁磁双层膜
ferromagnetic/antiferromagnetic bilayer film
O484
　D 铁磁/反铁磁薄膜
　S 磁性多层膜
　　 双层膜

　　 铁磁薄膜
　Z 薄膜
　　 电工薄膜

铁磁半导体
ferromagnetic semiconductors
TN304
　S 磁性半导体
　　 铁磁材料
　Z 磁性材料

铁磁薄膜
ferromagnetic film
O482.54；O484
　D 铁磁性薄膜
　S 磁性薄膜
　F 铁磁/反铁磁双层膜
　Z 电工薄膜

铁磁材料
ferromagnetic materials
O482.54
　S 磁性材料*
　F 铁磁半导体
　　 铁磁电材料
　　 亚铁磁材料
　C 铁磁共振
　　 铁磁性

铁磁超导体
　Y 磁性超导体

铁磁电材料
ferromagnetoelectric materials
O441.6；O482.54
　S 磁电材料
　　 铁磁材料
　Z 磁性材料

铁磁共振
ferromagnetic resonance
O482.53
　D FMR
　S 磁共振*
　F 亚铁磁共振
　C 铁磁材料
　　 铁磁性

铁磁晶体
ferromagnetic crystal
O737
　D 铁磁性晶体
　S 磁晶
　　 功能晶体
　F 反铁磁晶体
　　 钇铁石榴石
　Z 晶体

铁磁颗粒
ferromagnetic particle
O441.6
　S 颗粒*

铁磁链
ferromagnetic chain
O441.2
　S 磁链*
　C 铁磁性

铁磁流体

ferrofluid
O361
　D 铁磁性流体
　　 铁磁液体
　S 磁流体
　C 磁流体动力学
　Z 流体

铁磁流体动力学
　Y 磁流体动力学

铁磁态
　Y 铁磁性

铁磁特性
　Y 铁磁性

铁磁体
ferromagnet
TM271
　S 磁体*
　F 有机铁磁体
　C 磁振子软化

铁磁相变
ferromagnetic phase transition
O482.5
　D 铁磁转变
　S 磁相变
　Z 相变

铁磁相互作用
ferromagnetic interaction
O441.6
　D 反铁磁相互作用
　S 相互作用*
　C 铁磁性

铁磁谐振
ferroresonance
O321
　S 谐振
　Z 振动

铁磁性
ferromagnetism
O482.52
　D 铁磁
　　 铁磁态
　　 铁磁特性
　　 物质铁磁性
　S 磁性*
　F 磁滞回线
　　 反铁磁
　　 室温铁磁性
　　 亚铁磁性
　C 铁磁材料
　　 铁磁共振
　　 铁磁链
　　 铁磁相互作用
　　 铁磁质

铁磁性薄膜
　Y 铁磁薄膜

铁磁性晶体
　Y 铁磁晶体

铁磁性流体
　Y 铁磁流体

铁磁液体
  Y 铁磁流体

铁磁质
ferromagnetic substance
TM27
  S 物质*
  F 顺磁物质
  C 铁磁性

铁磁转变
  Y 铁磁相变

铁电薄膜
ferroelectric thin films
O484
  S 介电薄膜
  C 铁电性
     铁电滞回线
  Z 电工薄膜

铁电畴
ferroelectric domain
O76
  S 电畴
  C 铁电畴壁
     铁电性
  Z 畴

铁电畴壁
ferroelectric domain walls
O482.4
  S 畴壁
     电畴结构
  C 铁电畴
  Z 畴结构

铁电畴结构
  Y 电畴结构

铁电单晶
ferroelectric single crystal
O738
  D 铁电单晶材料
     铁电单晶体
     铁电单晶体材料
  S 单晶
  F 弛豫铁电单晶
     铌镁酸铅-钛酸铅单晶
  Z 晶体

铁电单晶材料
  Y 铁电单晶

铁电单晶体
  Y 铁电单晶

铁电单晶体材料
  Y 铁电单晶

铁电-反铁电相变
ferroelectric-antiferroelectric phase transitions
O552.6
  D 反铁电-铁电相变
  S 铁电相变
  Z 相变

铁电晶体
ferroelectric crystal
TM221
  D 铁电性晶体
  S 功能晶体
  F 弛豫铁电单晶
  C 铁电性
  Z 晶体

铁电晶体点阵动力学
lattice dynamics of ferroelectric crystals
O795
  S 晶格动力学
  Z 晶体学

铁电-顺电相变
ferroelectric paraelectric phase transition
O552.6
  D 顺电-铁电相变
  S 铁电相变
  Z 相变

铁电特性
  Y 铁电性

铁电相
ferroelectric phase
O738
  S 晶相*
  C 铁电性

铁电相变
ferroelectric phase transition
O552.6
  D 铁电转变
  S 固态相变
  F 铁电-反铁电相变
     铁电-顺电相变
  C 铁电性
  Z 相变

铁电性
ferroelectricity
O738
  D 铁电特性
     铁电性质
  S 电学性质*
  C 铁电薄膜
     铁电畴
     铁电晶体
     铁电相
     铁电相变

铁电性晶体
  Y 铁电晶体

铁电性液晶
  Y 铁电液晶

铁电性质
  Y 铁电性

铁电液晶
ferroelectric liquid crystal
O753.2
  D 铁电性液晶
  S 液晶*
  C 近晶相液晶

铁电阴极
ferroelectric cathode
O462
  S 阴极

  Z 电极

铁电滞回线
ferroelectric hysteresis loop
TM221
  D 电滞回线
  S 影响线
  C 铁电薄膜
  Z 线

铁电转变
  Y 铁电相变

铁基超导
iron-based superconductivity
O511.2
  S 超导
  Z 导电

铁基超导体
iron-based superconductor
TM26
  S 超导体
  Z 导体

铁基非晶
iron-based amorphous
O751
  D Fe 基非晶
     铁基非晶合金
  S 非晶态合金
  Z 非晶质

铁基非晶合金
  Y 铁基非晶

铁基纳米晶
iron-based nanocrystalline
O799
  D Fe 基纳米晶
  S 无机纳米晶
  F α-氧化铁纳米晶
  Z 晶体
     纳米材料

铁基纳米晶合金
iron-based nano crystal alloy
O799
  D Fe 基纳米晶合金
  S 纳米晶体材料
  Z 晶体材料

铁弹畴
ferroelastic domain
O76
  S 晶畴
  C 铁弹性
     形状记忆效应
  Z 畴

铁弹相变
ferroelastic phase transition
O792
  D 铁弹转变
  S 晶体相变*

铁弹性
ferroelasticity
O733.2
  S 晶体弹性

C 铁弹畴
　　Z 晶体性质
铁弹转变
　　Y 铁弹相变
烃分子
hydrocarbon molecules
O561.1；O641.3
　　S 化学分子*
烃类流体
hydrocarbon fluids
O362
　　S 流体*
　　C 烃　→(3)
停留时间分布
retention period location
N965.13
　　S 时间理论
　　Z 时间学
通带
passband
O433.1；P144.1
　　D 谱带半宽度
　　S 光谱带宽
　　C 吸光度
　　Z 光谱参数
通道*
channel
ZT74
　　F 流道
　　　受激拉曼绝热通道
通道误差
channel uncertainty
TN911
　　S 信号误差
　　Z 误差
通量*
flux
O351；O441
　　D 表面通量
　　　波能通量
　　　逆梯度通量
　　　通量里查森数
　　F 交换通量
　　　界面通量
　　　扩散通量
　　　粒子通量
　　　能量通量
　　　湍流通量
　　C 理查森数
　　　能量密度
通量(辐射)
　　Y 辐射通量
通量钉扎
　　Y 磁通钉扎
通量里查森数
　　Y 通量
通量密度
flux density

O441
　　S 物理参数*
　　F 辐射通量密度
　　　光通量密度
　　　中子通量密度
通流
throughflow
O351.2
　　S 流体流*
通气超空化
　　Y 通气超空泡
通气超空泡
ventilated supercavitation
O351；O354
　　D 通气超空化
　　S 超空化
　　　通气空化
　　C 流体力学
　　Z 空化
通气空化
ventilated cavitating
O354
　　D 通气空泡
　　S 空化*
　　F 通气超空泡
通气空泡
　　Y 通气空化
通气流量
ventilation flow
O354
　　S 气体流量
　　Z 流量
通气石墨化
　　Y 石墨化
通用动力学方程
general dynamic equation
O313
　　S 动力学方程
　　Z 力学方程
通用扩散系数
　　Y 扩散系数
通用气体常数
　　Y 普适气体常量
同步*
synchronization
ZT5
　　F 反馈同步
　　　广义同步
　　　混沌反同步
　　　混沌同步
　　　混合投影同步
　　　延迟同步
　　　异结构同步
　　C 时间测量
　　　同步泵浦
　　　相位测量
　　　协调图　→(1)
同步泵浦

synchronous pump
O432.12
　　S 泵浦*
　　C 同步
同步测定
　　Y 同时测定
同步传输
synchronizing transmissions
TN914；TN919
　　S 信息传播*
　　C 同步变化　→(4)
　　　循环时间　→(1)
同步辐射
synchrotron radiation
O441.4
　　S 电磁辐射
　　C 同步辐射X射线
　　Z 辐射
同步辐射X射线
synchrotron radiation X-ray
O434.1
　　S X射线
　　C 同步辐射
　　　同步辐射X射线荧光
　　Z 射线
同步辐射X射线白光形貌术
　　Y 同步辐射白光形貌术
同步辐射X射线衍射
synchrotron radiation X-ray diffraction
O721
　　S X射线晶体衍射
　　Z 晶体衍射
同步辐射X射线衍射技术
synchrotron radiation X-ray diffraction
O721
　　S X射线衍射法
　　Z 晶体结构分析方法
同步辐射X射线荧光
synchrotron radiation X-ray fluorescence
O434.1
　　D 同步辐射X荧光
　　S X射线荧光
　　C 同步辐射X射线
　　Z 荧光
同步辐射X荧光
　　Y 同步辐射X射线荧光
同步辐射X荧光分析
synchronous radiation X-ray emission analysis
O433.4；O657.34
　　S X射线荧光光谱法
　　Z X射线分析
　　　光化学分析法
同步辐射白光X射线形貌术
　　Y 同步辐射白光形貌术
同步辐射白光形貌术
synchrotron radiation white-beam topography
O77
　　D 同步辐射X射线白光形貌术

　　　　同步辐射白光 X 射线形貌术
　　　S　X 射线形貌术
　　　Z　测量

同步辐射光电子能谱
synchrotron radiation photoemission
O582
　　　S　光电子能谱
　　　Z　能谱

同步辐射光源
synchrotron radiation light source
O432.1
　　　D　第零代光源
　　　S　强光源
　　　Z　光源

同步混沌
synchronous chaos
O415.5
　　　S　混沌*

同步加速辐射
synchrotron radiation
O572
　　　D　磁轫致辐射
　　　　　磁轫致辐射
　　　　　同步加速器辐射
　　　　　相对论性轫致辐射
　　　S　轫致辐射
　　　Z　辐射

同步加速器辐射
　　　Y　同步加速辐射

同步脉冲
synchronization pulse
TN78
　　　S　脉冲*

同步时间
synchronization time
TM7；TN94
　　　S　事件时间*
　　　C　同步反演　→(5)
　　　　　同步观测　→(4)

同步稳定性
synchronization stability
O317
　　　S　稳定性*

同步荧光
synchronous fluorescence
O462.3
　　　S　荧光*
　　　C　同步荧光光谱法

同步荧光光谱法
synchronous fluorescence spectroscopy
O433.4；O657.3
　　　S　光化学分析法*
　　　C　同步荧光

同调谐振子
coherent harmonic oscillator
O413
　　　S　谐振子*

同核异能移
　　　Y　同质异能位移

同晶代换
　　　Y　同晶取代

同晶取代
isomorphous substitution
O78
　　　D　类质同象替代
　　　　　同晶代换
　　　　　同晶替代
　　　　　同晶型取代
　　　　　同晶置换
　　　　　同晶置换法
　　　　　同形置换
　　　S　同晶现象
　　　Z　结晶现象

同晶替代
　　　Y　同晶取代

同晶现象
isomorphism
O78
　　　D　同晶型现象
　　　S　结晶现象*
　　　F　反类质同晶
　　　　　类质同象
　　　　　同晶取代
　　　　　同晶异构现象
　　　　　异质同晶

同晶型
isomorphism
O742
　　　D　同型
　　　S　晶型*
　　　F　共聚物同晶型
　　　C　多晶型

同晶型取代
　　　Y　同晶取代

同晶型现象
　　　Y　同晶现象

同晶异构
　　　Y　同晶异构现象

同晶异构现象
isomorphous isomerism
O78
　　　D　同晶异构
　　　S　同晶现象
　　　Z　结晶现象

同晶置换
　　　Y　同晶取代

同晶置换法
　　　Y　同晶取代

同科电子
equivalent electron
O572.322
　　　S　电子*

同量异位素自旋
　　　Y　同位旋

同流
　　　Y　平行流动

同时采样
simultaneous sampling
TN79
　　　S　采样*

同时测定
simultaneous determination
TB462.1
　　　D　同步测定
　　　S　测量*

同素异形体*
allotrope
O561；O611.2；O7
　　　F　碳同素异形体

同位素*
isotope
O562.6；O611.7；O615；P597
　　　F　锆同位素
　　　C　核素　→(3)(4)(5)
　　　　　化学元素　→(3)(4)(5)
　　　　　同位素分布　→(3)(5)
　　　　　同位素分离
　　　　　同位素化学　→(3)
　　　　　同位素效应　→(3)(5)
　　　　　宇宙元素　→(4)

同位素分离
isotope separation
O56；O615；O65
　　　D　放射性同位素分离
　　　　　克卢休斯-迪克尔柱
　　　　　气体扩散分离
　　　　　气体扩散分离法
　　　S　物质分离*
　　　F　激光同位素分离
　　　　　同位素交换
　　　C　电磁分离　→(3)
　　　　　放射化学　→(3)
　　　　　离心分离　→(3)
　　　　　热扩散
　　　　　同位素
　　　　　质谱仪　→(3)

同位素交换
isotopic exchange
O56；O615；O65
　　　S　同位素分离
　　　C　氢转移反应　→(3)
　　　　　同位素标记　→(3)
　　　　　同位素效应　→(3)(5)
　　　Z　物质分离

同位素位移
isotope shift
O433.3；O571
　　　D　同位素移位
　　　S　谱线位移*
　　　C　谱线宽度

同位素移位
　　　Y　同位素位移

同位旋
isospin
O572

D 同量异位素自旋
　　S 自旋
　　Z 运动

同位旋相关
isospin dependent
O57
　　S 相关*

同位旋相似态
isospin analog state
O571.2
　　D 核同位旋相似态
　　S 能态*

同相
　　Y 同相位

同相位
in-phase
O441.1
　　D 同相
　　S 相位*

同向流
　　Y 平行流动

同向流动
　　Y 平行流动

同心度测量
concentricity measurement
TB462；TB92；TH711
　　S 几何量测量*

同心圆光栅
concentric-circle grating
O437.4；P111.3
　　S 光栅*

同形现象
　　Y 类质同象

同形性
　　Y 类质同象

同形置换
　　Y 同晶取代

同型
　　Y 同晶型

同质成核
　　Y 均质形核

同质多晶
polymorphism
O781
　　D 多型变体
　　　同质多象
　　　同质多象变体
　　　同质多像
　　　同质二象
　　　同质三象
　　　同质异象
　　S 结晶现象*
　　F 同质多象转变
　　C 多晶型
　　　同质多象转变

同质多象
　　Y 同质多晶

同质多象变体
　　Y 同质多晶

同质多象转变
polymorphic transformation
O781
　　D 同质多像转变
　　S 同质多晶
　　C 同质多晶
　　Z 结晶现象

同质多像
　　Y 同质多晶

同质多像转变
　　Y 同质多象转变

同质二象
　　Y 同质多晶

同质结
homojunction
O471
　　D 半导体同质结
　　S 半导体结*
　　F P-N 同质结

同质三象
　　Y 同质多晶

同质外延
homoepitaxy
O484.1；O782
　　S 外延*

同质外延生长
homoepitaxial growth
O782
　　S 外延生长
　　Z 晶体生长方法

同质异能态
isomeric state
O572
　　S 能态*

同质异能位移
isomer shift
O433；O571.22
　　D 同核异能移
　　　同质异能移
　　　同质异能移位
　　S 谱线位移*
　　C 谱线宽度

同质异能移
　　Y 同质异能位移

同质异能移位
　　Y 同质异能位移

同质异象
　　Y 同质多晶

同轴度测量
coaxial measurement
TB92；TG8
　　S 几何量测量*

同轴负载
　　Y 轴向载荷

同轴流
coaxial flow
O35
　　D 共轴流
　　S 流体流*

同轴慢波结构
coaxial slow wave structure
TN1
　　S 慢波结构
　　Z 波结构

同轴碰撞
coaxial collision
O313.4
　　D 共轴碰撞
　　S 力学碰撞*

同轴全息图
in-line hologram
O438.1
　　D 共轴全息图
　　S 全息图*

同轴射流
coaxial jets
O358
　　D 共轴射流
　　S 射流*

同轴虚阴极
coaxial virtual cathode
O462
　　S 阴极
　　Z 电极

铜表面
copper surfaces
O485
　　S 导体表面
　　Z 表面

铜单晶
　　Y 单晶铜

铜单晶材料
　　Y 单晶铜

铜单晶体
　　Y 单晶铜

铜单晶体材料
　　Y 单晶铜

铜基非晶
copper-based amorphous
O751
　　D Cu 基非晶
　　　铜基非晶合金
　　S 非晶态合金
　　Z 非晶质

铜基非晶合金
　　Y 铜基非晶

铜铁双掺铌酸锂晶体
$LiNbO_3:Fe:Cu$ crystal
O734
　　D $LiNbO_3:Fe:Cu$ 晶体

    S 掺杂铌酸锂晶体
    Z 光学晶体
      晶体

铜团簇
copper clusters
O56
    D Cu 团簇
    S 金属团簇
    Z 团簇

铜氧化物超导体
copper oxide superconductor
TM26
    D 铜氧基超导体
    S 氧化物超导体
    Z 导体

铜氧基超导体
    Y 铜氧化物超导体

统计*
statistics
O21
    D 统计工作
      统计过程
    F 非参数统计
      费米统计
      分数统计
      光子统计
      经典统计
      量子统计
      能谱统计
      强度统计

统计比较
    Y 统计分析

统计动力学
statistical dynamics
O313
    S 动力学
      统计力学
    Z 理论力学
      力学

统计断裂理论
statistical fracture theory
O346.1
    S 断裂理论
    Z 力学理论

统计分析*
statistical analysis
O212.1
    D 统计比较
      统计技术
    F 非参数统计
      距离判别分析
    C K-S 检验 →(1)
      模糊数学 →(1)
      特征分析 →(5)
      推理 →(1)(4)

统计工作
    Y 统计

统计光学
statistical optics
O439
    S 应用光学
    Z 光学

统计过程
    Y 统计

统计技术
    Y 统计分析

统计理论
    Y 统计学

统计力学
statistical mechanics
O3；O414.2
    S 力学*
    F 非广延统计力学
      非平衡统计力学
      统计动力学
    C 统计学
      硬球流体

统计热力学
statistical thermodynamics
O414.1
    S 热力学*

统计熵
statistical entropy
O414.2
    S 熵*

统计数学
    Y 统计学

统计物理
    Y 统计物理学

统计物理学
statistical physics
O414.2
    D 统计物理
    S 理论物理学
    F 量子统计学
    C 系综理论
    Z 物理学

统计学*
science of statistics
C8
    D 统计理论
      统计数学
      统计原理
    F 光子统计学
      量子统计学
    C 符号(数学)
      高斯函数
      加权函数 →(1)
      偏最小二乘分析 →(1)
      数学 →(1)
      随机区组设计 →(1)
      探索性数据分析 →(1)
      统计力学
      运筹学 →(1)

统计原理
    Y 统计学

统一本构模型
unified constitutive model
O342
    S 本构模型
    Z 力学模型

统一场论
unified field theory
O412.2
    D 爱因斯坦-薛定谔理论
      大统一
      大统一理论
      巨统一性
      统一理论
    S 规范场论
    C 爱因斯坦场方程
      标准模型
      基本相互作用
      量子引力
    Z 物理理论

统一对称性
structural symmetry
O711.1
    S 对称*

统一理论
    Y 统一场论

统一模型
unified models
O571.21
    S 核模型
    Z 物理模型

统一强度理论
unified strength theory
O346；P642
    S 强度理论
    F 双剪统一强度理论
    C 统一强度准则
      统一屈服准则
      岩石力学性质 →(5)
    Z 力学理论

统一强度准则
unified strength criterion
O346
    S 力学准则*
    C 强度分析
      统一强度理论

统一屈服准则
unified yield criterion
O344.3
    S 屈服准则
    F 双剪统一屈服准则
    C 统一强度理论
    Z 力学准则

桶形畸变
barrel distortion
O435.2；P111.3
    S 几何畸变
    Z 像差

头波
    Y 激波

投射距离
    Y 投影距离

主 表 701

投影*
projection
O435
 D 光学投影
 F 仿射投影
  激光投影
  角动量投影
  结构光投影
  晶体投影
  条纹投影
 C 投影变换 →(4)
  投影测量
  投影法 →(1)
  投影面 →(4)
  投影图
  投影误差 →(4)

投影测量
projective measurement
TB462
 S 测量*
 C 投影

投影光刻物镜
 Y 光刻投影物镜

投影光栅
projection grating
O437.4；P111.3
 S 光栅*
 C 三维形貌测量 →(4)

投影距离
projection distance
TN873；TN948
 D 投射距离
  折合距离
 S 距离*

投影壳模型
projected shell model
O572
 S 壳模型
 Z 物理模型

投影图
projection drawing
O435
 D 投影图象
  投影图像
 S 图像*
 F 矿体投影图
 C 投影

投影图象
 Y 投影图

投影图像
 Y 投影图

投影物镜
projection objective
TB851；TH744
 S 物镜
 Z 光学元件

投影栅线法
projected grating method
O348
 S 力学方法*

透光
translucidus
O436
 D 透光现象
 S 光学现象*
 F 透明

透光导电膜
 Y 透明导电薄膜

透光度
 Y 透光率

透光率
light transmittance
O436
 D 光透过率
  光透射率
  光学透过率
  光学透射率
  透光度
 S 光学参数*
 F 光谱透射率
  红外透过率
  激光透过率
 C 透光度仪 →(4)
  透光性能

透光现象
 Y 透光

透光性
 Y 透光性能

透光性能
transmittance properties
O436
 D 透光性
 S 光学性能*
 C 透光率
  透明

透过光谱
 Y 透射光谱

透过率测量
 Y 透射率测量

透过率光谱
 Y 透射光谱

透过谱
 Y 透射光谱

透镜
lens
TH74
 D 光学透镜
 S 光学元件*
 F X光透镜
  凹透镜
  变焦透镜
  表面热透镜
  薄透镜
  场透镜
  超透镜
  电子透镜
  短程透镜
  放大镜
  非球面透镜
  菲涅尔透镜
  复眼透镜
  固体浸没透镜
  光纤透镜
  红外透镜
  厚透镜
  介质透镜
  聚焦透镜
  离子透镜
  列阵透镜
  偏振镜
  平板透镜
  球差透镜
  球面透镜
  全息透镜
  热透镜
  双焦透镜
  四极透镜
  塑料透镜
  梯度折射率透镜
  透镜组
  凸透镜
  微透镜
  无光阑透镜
  纤维透镜
  像散透镜
  消色差透镜
  校正透镜
  谐衍射透镜
  液滴透镜
  液晶透镜
  阴极透镜
  引力透镜
  鱼眼透镜
  圆锥透镜
  照相透镜
  柱透镜
  准直透镜
  自聚焦透镜
  自由曲面透镜
 C 透镜效应

透镜焦距
focal length of lens
TB8
 S 焦距
 Z 光学参数

透镜曲率半径
lens radius of curvature
TH74
 S 曲率半径
 Z 半径

透镜效应
lens effect
O436
 S 光学效应*
 F 热透镜效应
 C 透镜

透镜组
lens combination
TH74
 D 复合透镜
  组合透镜
 S 透镜

Z 光学元件

透明
transparent
O436
    S 透光
    C 透光性能
        透明性
    Z 光学现象

透明导电
transparent conducting
O441.1
    S 导电*

透明导电薄膜
transparent conductive film
O484.4
    D 透光导电膜
        透明导电膜
        透明电热膜
    S 薄膜*
        导电薄膜
    F 透明导电氧化物薄膜
    Z 电工薄膜

透明导电膜
    Y 透明导电薄膜

透明导电氧化物
transparent conducting oxide
TN304
    S VIA族化合物*

透明导电氧化物薄膜
transparent conductive oxide film
O484.4；O611.62
    S 透明导电薄膜
    Z 薄膜
        电工薄膜

透明电热膜
    Y 透明导电薄膜

透明度
    Y 透明性

透明介质
transparent medium
O43
    D 光学透明介质
    S 光学介质*

透明性
transparency
O436
    D 光学透明性
        光学自感应透明度
        透明度
        自感应透明度
    S 光学性质*
    F 不透明度
    C 比浊法 →(3)
        水色 →(4)
        透明
        浊度 →(4)

透膜压差
    Y 膜压差

透平振动
    Y 涡轮振动

透入深度
    Y 侵彻深度

透射*
transmission
O4-0
    F 电磁波透射
        共振透射
        光透射
        声透射
    C 透射衰减
        透射损失
        透射特性
        透射系数

透射边界
transmitting boundary
O413.1
    D 能量吸收边界
    S 边界*

透射成像
transmission imaging
TN2
    S 成像*

透射法
transmission method
O436.2
    S 光学方法*

透射光
transmission light
O436
    D 透射光束
    S 光*

透射光谱
transmission spectrum
O433.5
    D 透过光谱
        透过率光谱
        透过谱
        透射谱
    S 光谱*
    F 红外透射光谱

透射光强
transmission intensity
O432.1
    S 光强*

透射光束
    Y 透射光

透射光栅
transmission grating
O437.4；P111.3
    S 衍射光栅
    Z 光栅

透射函数
transmissivity function
O436.2
    D 透射率函数
    S 函数(物理)*
    C 辐射强度

透射率测量
transmissivity measurement
TB462；TB96
    D 透过率测量
    S 光学参数测量
    Z 光学测量

透射率函数
    Y 透射函数

透射谱
    Y 透射光谱

透射全息图
transmission hologram
O438.1
    S 全息图*

透射深度
transmission depth
O43
    S 光学深度
    Z 深度

透射式光学系统
transmission type optical system
TH74
    S 光学系统*

透射衰减
transmission attenuation
O436
    S 光衰减
    C 透射
    Z 衰减

透射损失
transmission loss
O435.2
    S 光学损耗
    C 透射
    Z 能量损耗

透射特性
transmission characteristics
O435.2
    S 光学性质*
    C 透射

透射系数
transmission coefficient
O413.1；O43；P315
    S 系数*
    C 透射

透射增益
transmission gain
O431.1
    S 光增益
    Z 增益

透射中子
    Y 中子

透声系数
sound transmission coefficient
TB52
    D 声透射系数
    S 声学参数*

透水性

主　表　703

water permeability
O552.2
　　S 渗透性
　　Z 工程地质性质

凸面镜
convex mirror
TH74
　　S 光学元件*
　　C 球面镜

凸透镜
convex lens
TH74
　　D 会聚透镜
　　　聚光透镜
　　　正透镜
　　S 透镜
　　F 平凸透镜
　　　双凸透镜
　　Z 光学元件

突变 pn 结
　　Y 突变结

突变结
abrupt junction
O475
　　D 突变 pn 结
　　S PN 结
　　F 超突变结
　　Z 半导体结

突变异质结
　　Y 异质结

突变载荷
discontinuous load
O347.1
　　S 荷载*
　　F 突跳

突变折射率
　　Y 阶跃折射率

突发性振动
abrupt vibration
O32
　　S 振动*
　　C 油膜振荡

突风过载
　　Y 阵风载荷

突风载荷
　　Y 阵风载荷

突加不平衡
sudden unbalance
O317
　　S 不平衡
　　C 平衡稳定性
　　Z 平衡

突加载荷
　　Y 冲击载荷

突扩流动
sudden expansion flow
O351.2
　　D 膨胀流动

　　S 流动*

突弹跳变
　　Y 突跳

突跳
jump
O347.1
　　D 突弹跳变
　　S 突变载荷
　　Z 荷载

图
　　Y 图形

图(数学)
　　Y 图表

图表*
diagram
ZT0
　　D 图(数学)
　　　图构形
　　　图解
　　F Lyapunov 指数图
　　　X 射线衍射图
　　　等势线簇图形
　　　点列图
　　　点阵图形
　　　费曼图
　　　核素图
　　　李萨如图形
　　　流型图
　　　三元系
　　　散斑图
　　　受力图
　　　速度图
　　　稳定图
　　　相位图
　　　应力图
　　　有向图
　　　云纹图
　　C 图像

图构形
　　Y 图表

图解
　　Y 图表

图解分析
graphical analysis
O43
　　S 分析*

图谱特征
　　Y 谱学性质

图象
　　Y 图像

图象编码
　　Y 图像编码

图象重建
　　Y 图像重建

图象处理
　　Y 图像处理

图象处理方法

　　Y 图像处理

图象传输
　　Y 图像传输

图象分析
　　Y 图像分析

图象平滑
　　Y 图像平滑

图像*
image
O438
　　D 图象
　　　镶嵌照片
　　F 背景图像
　　　二维图象
　　　高分辨率图像
　　　鬼像
　　　合成图像
　　　热图像
　　　投影图
　　　小波图像
　　　衍射图
　　　噪声图像
　　C 图表
　　　图像测量 →(4)
　　　图像处理
　　　图像传输
　　　图像分类 →(4)
　　　图像分析
　　　图像识别 →(4)
　　　图形
　　　像片
　　　影像

图像编码
image coding
TN919.81
　　D 图象编码
　　S 图像处理*
　　F 彩色编码
　　　霍夫曼编码
　　C 零树小波 →(1)
　　　图像压缩 →(4)

图像重建
image reconstruction
O43；P237；P627
　　D 图象重建
　　　自轮廓重建
　　　自阴影重建
　　S 图像处理*
　　F 波前再现
　　C Landweber 迭代法 →(1)
　　　点云数据处理 →(4)
　　　图像恢复 →(4)
　　　正则性 →(1)

图像处理*
image processing
P23
　　D 图象处理
　　　图象处理方法
　　　图像与信息处理
　　F 彩色合成
　　　干涉图处理
　　　哈达玛变换

图像编码
图像分析
图像平滑
图像重建
C 高斯-拉普拉斯算子 →(1)
双线性插值 →(1)(4)
图像
图像分辨率 →(4)
信息处理

图像传输
image transmission
TN919
D 图象传输
S 信息传播*
C 图像

图像分析
image analysis
O43；P23
D 图象分析
S 图像处理*
C 对比度
光学图像
图像
图像分辨率 →(4)

图像畸变
Y 成像畸变

图像亮度
image brightness
O432.2
S 亮度*

图像平滑
image smoothing
O43；P231
D 图象平滑
S 图像处理*

图像与信息处理
Y 图像处理

图形*
pattern
TP391.41
D 图
F 力多边形
C 底图 →(4)
几何
流程图 →(1)
图像
向量
原图 →(4)
状态方程

图形电磁学
graphic electromagnetism
O441
S 电磁学*

图形液晶
graphical liquid crystal
O753.2
S 液晶*

图坐标
Y 坐标

途径
Y 路径

土工试验*
soil tests
P642
D 工程地质试验
F 载荷试验
C 工程地质勘察 →(5)
力学性能试验

土壤触变性
Y 触变性

土壤贯入试验
Y 标准贯入试验

土壤物理特性
Y 土物理性质

土物理性质*
soil physical property
P642.114
D 土壤物理特性
F 塑限

湍动
turbulent motion
O357.5；P425.2；P731.26
C 风 →(4)
湍动能
湍流

湍动流体
Y 湍流

湍动能
turbulent kinetic energy
O357.5；P425.2；P731.26
D 湍流动能
素流动能
S 动能
湍流能量
C 耗散率 →(4)
湍动
湍流强度
Z 能量
湍流特性

湍动谱
Y 湍流谱

湍动强度
Y 湍流强度

湍度
Y 湍流强度

湍流
turbulent flow
O357.5
D 乱流
水流紊动
湍动流体
湍流流动
湍流运动
伪湍流
紊动
紊动水流
紊流

紊流流动
紊流运动
S 流体流*
F 壁湍流
槽道湍流
层流转变湍流
磁流体力学湍流
二维湍流
分层湍流
各向同性湍流
剪切湍流
均匀湍流
可压缩湍流
拉格朗日湍流
两相湍流
三维湍流
C 过渡层
混合层
减阻
雷诺应力
理查森数
湍动
湍流理论
湍流谱
湍流强度
湍流射流
涡破裂

湍流 K 理论
Y 湍流理论

湍流 K-理论
Y 湍流理论

湍流半经验理论
Y 湍流理论

湍流边界层
turbulent boundary layer
O357.4
D 边界层乱流
边界层湍流
湍流附面层
紊流边界层
紊流附面层
S 边界层
C 大气边界层
对数律 →(1)
雷诺应力
拟序结构
晴空湍流 →(4)
速度亏损律
湍流边界层分离
Z 流体层

湍流边界层分离
turbulent separation
O357.5
D 湍流分离
S 边界层分离
C 湍流边界层
Z 分离

湍流变动
turbulence modification
O357.5；P425.2；P731.26
D 间歇系数
间歇系统

主　表　705

　　湍流耗散
　　湍流间歇
　　湍流衰减
　　紊流变动
　　紊流间歇
　　紊流衰减
　S 湍流特性*
　F 湍流扩散
　C 理查森数
　　湍流耗散率

湍流参数
turbulence parameter
O357.5
　D 紊流参数
　S 力学参数*

湍流测量
turbulent measurement
O357.5
　D 紊流测量
　S 流动测量
　C 涡动相关法 →(4)
　Z 力学测量

湍流层
　Y 流层

湍流场
　Y 湍流流场

湍流尺度
turbulence scale
O357.5；P425.2；P731.26
　D 湍流宏观尺度
　　湍流微尺度
　　紊流尺度
　　紊流宏观尺度
　　紊流微尺度
　S 湍流特性*
　F 混合长度
　C 湍流相关系数
　　涡动相关法 →(4)

湍流尺度应力
　Y 湍流应力

湍流传导性系数
　Y 传导系数(流体)

湍流传热
turbulent heat transfer
TK124
　D 湍流换热
　　湍流热交换
　　紊流传热
　　紊流换热
　　紊流热传导
　S 传热
　C 湍流特性
　Z 能量转移

湍流导温率
　Y 湍流特性

湍流电阻
turbulence resistance
TM934.1
　S 电阻*

湍流动能
　Y 湍动能

湍流度
　Y 湍流强度

湍流对流
turbulent convection
O357.5；P43
　D 紊流对流
　S 对流*

湍流分离
　Y 湍流边界层分离

湍流附面层
　Y 湍流边界层

湍流惯性次区
　Y 湍流流场

湍流惯性副区
　Y 湍流流场

湍流耗散
　Y 湍流变动

湍流耗散率
turbulent dissipation rate
O357.5；P425.2；P731.26
　D 紊流耗散率
　S 湍流特性*
　C 理查森数
　　湍流变动

湍流宏观尺度
　Y 湍流尺度

湍流换热
　Y 湍流传热

湍流混合
turbulent mixing
O357.5
　D 紊流混合
　S 混合*
　C 城市边界层 →(4)
　　混合层
　　湍流扩散
　　湍流输送 →(4)
　　湍流通量

湍流混合层
　Y 混合层

湍流激波
turbulence shock waves
O354.5
　D 紊流激波
　S 激波*

湍流间歇
　Y 湍流变动

湍流减阻
turbulent flow drag reduction
O357.5
　D 紊流减阻
　S 流动减阻
　Z 阻力

湍流剪切

turbulent shear
O357.5
　D 紊流剪切
　S 剪切*

湍流剪应力
　Y 湍流切应力

湍流交换系数
turbulent exchange coefficient
O357.5；P404
　S 系数*
　C 大气湍流 →(4)
　　湍流粘性系数

湍流结构
turbulence structure
O357.5；P425.2；P731.26
　D 湍流微结构
　　紊流结构
　S 流体结构*

湍流介质
turbulent medium
O33；O357.5
　D 紊流介质
　S 流动介质
　Z 力学介质

湍流柯安达射流
　Y 附壁射流

湍流控制
turbulence control
O357.5
　D 紊流控制
　S 流体控制
　Z 控制

湍流扩散
turbulent diffusion
O357.5；P425.2；P731.26
　D 紊动扩散
　　紊流扩散
　　涡动扩散
　　涡扩散
　　涡扩散性
　　涡扩散
　　涡扩散作用
　S 湍流变动
　F 湍流弥散
　C 摩擦速度
　　湍流混合
　　湍流输送 →(4)
　　湍流通量
　　湍流运动方程
　　旋涡脱落
　Z 湍流特性

湍流扩散方程
　Y 湍流运动方程

湍流扩散系数
turbulent diffusion coefficient
O357.5
　D 湍流质量交换系数
　　紊流扩散系数
　　质量输送系数
　S 扩散系数

Z 系数

湍流理论
turbulence theory
O357.5；P425.2；P731.26
D 弱湍流理论
　　弱紊流理论
　　湍流 K 理论
　　湍流 K-理论
　　湍流半经验理论
　　紊流理论
S 流动理论
F 混合长理论
　　湍流统计理论
C 混合长理论
　　天气学 →(4)
　　湍流
　　湍流模型
　　湍流切应力
Z 力学理论

湍流流场
turbulent flow field
O357.5；P404
D 湍流场
　　湍流惯性次区
　　湍流惯性副区
　　湍流脉动场
　　湍流平均场
　　湍流区
　　紊流场
　　紊流惯性次区
　　紊流流场
　　紊流脉动场
　　紊流平均场
　　紊流区
S 流场*
F 三维紊流流场
C 风速廓线 →(4)
　　拟序结构

湍流流动
Y 湍流

湍流脉动
turbulent fluctuation
O357.5；P425.2
D 紊流脉动
S 脉动*
C 流动稳定性

湍流脉动场
Y 湍流流场

湍流弥散
turbulent dispersion
O357.5；P447；P731.2
D 紊流弥散
S 弥散*
　　湍流扩散
Z 湍流特性

湍流模拟
turbulence modeling
O357.5
D 紊流模拟
S 流动模拟
F 湍流数值模拟
Z 力学模拟

湍流模式
Y 湍流模型

湍流模型
turbulence model
O357.5；P425.2；P731.26
D 湍流模式
　　紊流模式
　　紊流模型
S 流体力学模型
F k-ε 湍流模型
　　RSM 湍流模型
　　Smagorinsky 模型
　　两相湍流模型
　　普兰特模型
C 壁面函数
　　超音速射流
　　计算流体动力学
　　计算流体力学
　　雷诺数
　　气泡射流
　　气象模型
　　湍流理论
Z 力学模型

湍流能量
turbulence energy
O357.5；P425.2；P731.26
D 变湍能量
　　紊动能
　　紊动能量
　　紊流能量
　　涡动动能
S 湍流特性*
F 湍动能
C 湍流能量方程

湍流能量方程
turbulent energy equation
O357.5
D 紊流能量方程
S 能量方程
C 湍流能量
Z 物理方程

湍流能谱
turbulence energy spectrum
O357.5
D 湍谱
　　紊流能谱
S 能谱*
C 大气稳定度 →(4)
　　地表粗糙度 →(4)

湍流粘度
Y 涡粘性

湍流粘性
Y 涡粘性

湍流粘性系数
turbulent viscosity coefficient
O357.5
D 紊流粘性系数
S 粘滞系数
C 摩擦系数
　　湍流交换系数
Z 输运系数(流体力学)

湍流粘性应力
Y 雷诺应力

湍流平均场
Y 湍流流场

湍流谱
turbulence spectrum
O357.5；P425.2；P731.26
D 湍动谱
　　紊流谱
S 流谱
　　湍流特性*
C 湍流
Z 谱

湍流强度
turbulence intensity
O357.5；P425.2；P731.26
D 湍动强度
　　湍度
　　湍流度
　　湍强
　　紊动强度
　　紊流度
　　紊流强度
S 力学强度*
C 测风仪器 →(4)
　　大气稳定度 →(4)
　　流速分布
　　湍动能
　　湍流
　　涡旋

湍流切应力
turbulent shear stress
O357.5
D 湍流剪应力
　　紊流剪应力
　　紊流切应力
S 湍流应力
C 摩擦速度
　　天气学 →(4)
　　湍流理论
Z 应力

湍流区
Y 湍流流场

湍流热传导方程
Y 湍流运动方程

湍流热交换
Y 湍流传热

湍流热通量
turbulent heat flux
O357.5；P425.2；P731.26
D 紊流热通量
　　涡动热通量
S 热通量
　　湍流通量
Z 力学量
　　通量

湍流热通量方程
Y 湍流运动方程

湍流射流
turbulent jet

O358
　　D 湍射流
　　　　紊动射流
　　　　紊流射流
　　S 射流*
　　F 环形紊流射流
　　　　圆湍射流
　　C 湍流

湍流数值模拟
numerical simulation of turbulence
O357.5
　　D 紊流数值模拟
　　S 湍流模拟
　　C 三维流场
　　　　淹没射流
　　　　异重流
　　Z 力学模拟

湍流衰减
　　Y 湍流变动

湍流特性*
turbulence characteristics
O357.5；P425.2；P731.26
　　D 湍流导温率
　　　　湍流特征
　　　　紊流特性
　　F 湍流变动
　　　　湍流尺度
　　　　湍流耗散率
　　　　湍流能量
　　　　湍流谱
　　　　湍流噪声
　　C 湍流传热
　　　　湍流应力

湍流特征
　　Y 湍流特性

湍流通量
turbulent flux
O357.5；P425.2；P731.26
　　D 紊流通量
　　　　涡动动量通量
　　　　涡动通量
　　　　涡度通量
　　　　涡通量
　　S 力学量*
　　　　通量*
　　F 湍流热通量
　　C 湍流混合
　　　　湍流扩散
　　　　涡度收支　→(4)

湍流统计理论
statistical theory of turbulence
O357.5；P425.2
　　D 紊流统计理论
　　S 湍流理论
　　C 大气扩散模式　→(4)
　　Z 力学理论

湍流微尺度
　　Y 湍流尺度

湍流微结构
　　Y 湍流结构

湍流尾流
turbulent wake
O351.3
　　D 紊流尾流
　　S 尾流
　　F 滑流
　　C 尾流气泡
　　　　涡街
　　　　涡面
　　Z 流体流

湍流相关系数
correlation coefficient of turbulence
O357.5；P404
　　D 紊流相关系数
　　S 系数*
　　C 湍流尺度

湍流应力
turbulent stress
O357.5
　　D 湍流尺度应力
　　　　紊流应力
　　S 流动应力
　　F 湍流切应力
　　C 湍流特性
　　Z 应力

湍流运动
　　Y 湍流

湍流运动方程
turbulence motion equation
O357.5；P425.2；P731.26
　　D 大气湍流运动方程
　　　　湍流扩散方程
　　　　湍流热传导方程
　　　　湍流热通量方程
　　　　紊流扩散方程
　　　　紊流热通量方程
　　　　紊流运动方程
　　S 运动方程
　　C 湍流扩散
　　Z 力学方程

湍流噪声
turbulent noise
O357.5；O422.8；P425.2；P731.26
　　S 流噪声
　　　　湍流特性*
　　C 气流噪声
　　Z 噪声

湍流质量交换系数
　　Y 湍流扩散系数

湍流阻力
　　Y 流动阻力

湍谱
　　Y 湍流能谱

湍强
　　Y 湍流强度

湍射流
　　Y 湍流射流

湍涡
　　Y 涡旋

团簇*
cluster
O56
　　D 团簇结构
　　　　团簇态
　　F 氨水团簇
　　　　分子团簇
　　　　金属团簇
　　　　氢键团簇
　　　　碳团簇
　　　　原子团簇
　　　　质子化团簇
　　　　自旋团簇
　　C 原子分子物理学

团簇结构
　　Y 团簇

团簇态
　　Y 团簇

团簇效应
cluster effects
O56
　　S 物理效应*

推迟标量势
　　Y 推迟势

推迟时间谱
　　Y 弛豫谱

推迟矢量势
　　Y 推迟势

推迟势
retarded potential
O441.5
　　D 推迟标量势
　　　　推迟矢量势
　　S 矢势
　　Z 电磁参量

推迟效应
retarded effect
O442
　　S 电场效应*

推动力
　　Y 驱动力

推进波
　　Y 行进波

推进剂流变学
propellant rheology
O37
　　S 流变学*

推进力
　　Y 驱动力

推力*
thrust
O313
　　F 不平衡推力
　　　　侧向推力
　　　　大推力
　　　　火箭推力
　　　　可变推力
　　　　剩余推力

小推力
制动推力
轴向推力

推力室压力
thrust chamber pressure
O362
    S 气体压力
    C 火箭推力
    Z 压力

推力载荷
thrust load
TJ76；V215；V43
    S 动载荷
    C 火箭推力
    Z 荷载

推压力
    Y 挤压力

推转壳模型
cranked shell model
O572
    S 壳模型
    Z 物理模型

退磁
    Y 消磁

退磁曲线
demagnetization curve
O441.2
    S 磁化曲线
    Z 磁参数

退磁因子
demagnetizing factor
O441.2
    S 因子*

退定相时间
    Y 横向弛豫时间

退化 Hopf 分岔
generalized Hopf bifurcations
TM7
    S 分岔*

退火结晶过程
    Y 退火晶化

退火结晶化
    Y 退火晶化

退火结晶化过程
    Y 退火晶化

退火晶化
annealing crystallization
O795
    D 粗晶化退火
        晶化退火
        晶粒粗化退火
        退火结晶过程
        退火结晶化
        退火结晶化过程
        退火晶化过程
    S 晶化*

退火晶化过程
    Y 退火晶化

退火孪晶
annealing twins
O762
    S 孪晶
    Z 晶体

退极化
depolarization
O441
    D 去极化
        退极化剂
    S 极化*
    F 共振退极化
    C 过电位

退极化场
depolarization field
O441.4
    S 极化电场
    Z 电场

退极化剂
    Y 退极化

退极化因子
depolarization factor
O441
    S 因子*

退卷积
    Y 解卷积

退偏振
    Y 消偏振

退相干
decoherence
O413
    D 消相干
    S 相干性*
    F 量子退相干

退相时间
    Y 横向弛豫时间

褪色
    Y 变色

托达晶格
Toda lattice
O76
    S 晶格*

托卡马克
    Y 托卡马克装置

托卡马克等离子体
Tokamak plasmas
O531
    D Tokamak 等离子体
        托克马克等离子体
    S 聚变等离子体
    C 法布里-珀罗干涉仪 →(4)
    Z 等离子体

托卡马克装置
Tokamak devices
O539
    D 托卡马克

    S 等离子体装置*

托克马克等离子体
    Y 托卡马克等离子体

托马斯-费米模型
Thomas-Fermi model
O571.2
    D TF 模型
        费米-托马斯模型
    S 原子模型
    C 电子气
    Z 物理模型

拖航阻力
tow resistance
O351.2
    S 阻力*

拖曳低压
    Y 低气压

拖曳力
    Y 驱动力

脱层
delaminating
O346.1
    D 层离
        离层
        脱粘
    S 层间断裂
    Z 断裂

脱层扩展
delamination growth
O346.1
    S 扩展*

脱磁
    Y 消磁

脱流
    Y 边界层分离

脱落频率
shedding frequency
O357.1
    S 频率*
    F 旋涡脱落频率
    C 脱落涡

脱落涡
shed vortex
O357.1
    S 涡旋*
    C 脱落频率

脱溶
desolution
O552.6
    D 脱溶转变
        脱溶作用
    S 相变*

脱溶转变
    Y 脱溶

脱溶作用
    Y 脱溶

脱体激波
detached shock wave
O354.5
　S 激波*

脱粘
　Y 脱层

陀螺
　Y 陀螺仪

陀螺摆
gyropendulum
O314；O318
　D 摆式陀螺
　　摆式陀螺仪
　　回转摆
　　舒拉摆
　S 摆*
　C 加速度计 →(5)
　　陀螺仪
　　重力摆
　　阻尼

陀螺动力学
gyrokinetics
O318
　S 动力学
　　陀螺力学
　C 动力陀螺仪
　　陀螺仪
　Z 理论力学

陀螺理论
　Y 陀螺力学

陀螺力矩
gyroscopic moment
O313.3
　D 回转力矩
　　力矩陀螺
　　旋转力矩
　S 力矩*
　C 临界转速

陀螺力学
gyroscopic mechanics
O318
　D 陀螺理论
　S 理论力学*
　F 陀螺动力学
　C 陀螺漂移
　　陀螺系统
　　陀螺仪

陀螺罗经
gyrocompass
TH761；U666
　S 罗经
　Z 测绘仪器
　　导航设备

陀螺漂移
gyro drift
O318
　D 陀螺稳定性
　　陀螺稳性
　S 力学稳定性*
　C 漂移速度

陀螺力学

陀螺平台
　Y 陀螺仪

陀螺式传感器
　Y 陀螺仪

陀螺随机漂移
gyro random drift
O318
　D 陀螺仪振动
　S 漂移*

陀螺体
　Y 陀螺仪

陀螺稳定平台
　Y 陀螺仪

陀螺稳定器
　Y 陀螺仪

陀螺稳定性
　Y 陀螺漂移

陀螺稳性
　Y 陀螺漂移

陀螺系统
gyroscopic system
O318
　S 力学系统*
　C 陀螺力学

陀螺效应
gyroscopic effect
O318
　S 力学效应*
　C 陀螺仪

陀螺仪*
gyroscope
O318
　D 惯性平台
　　回转稳定器
　　回转仪
　　平台罗经
　　陀螺
　　陀螺平台
　　陀螺式传感器
　　陀螺体
　　陀螺稳定平台
　　陀螺稳定器
　　稳定平台(导航)
　F 不对称陀螺
　　磁悬浮陀螺
　　动力陀螺仪
　　对称陀螺
　　光学陀螺
　　静电陀螺仪
　　球陀螺
　　微机械陀螺
　　重对称陀螺
　C 进动
　　漂移率
　　陀螺摆
　　陀螺动力学
　　陀螺力学
　　陀螺效应

转动物体
自由度

陀螺仪振动
　Y 陀螺随机漂移

椭面镜
　Y 椭球面反射镜

椭偏测量
ellipsometry measurement
TB96
　D 椭偏测量术
　　椭圆偏振测量术
　S 光学测量*

椭偏测量术
　Y 椭偏测量

椭偏光谱
　Y 椭圆偏振光谱

椭偏光谱法
ellipsometric spectroscopy
O433.4；O657.3
　S 光谱分析*
　C 椭偏光谱仪 →(4)
　　椭圆偏振光谱

椭球
　Y 椭球体

椭球聚光腔
　Y 聚光腔

椭球粒子
prolate sphere particle
O572.3
　S 球形粒子
　Z 粒子

椭球面反光镜
　Y 椭球面反射镜

椭球面反射镜
ellipsoidal mirror
TH74
　D 椭面镜
　　椭球面反光镜
　　椭球面镜
　S 非球面镜
　Z 光学元件

椭球面镜
　Y 椭球面反射镜

椭球体
ellipsoid
O123.2；O351
　D 椭球
　S 球体*
　F 导体椭球
　　惯量椭球
　　应变椭球
　C 地球椭球 →(4)
　　二次曲面 →(1)

椭余摆波
　Y 椭圆余摆线波

椭余波

椭圆余弦波
  Y 椭圆余弦波

椭园偏振
  Y 椭圆偏振

椭圆摆
elliptic pendulum
O314
  S 摆*

椭圆度测量
ellipticity measurement
TB92；TH711
  S 几何量测量*

椭圆高斯光束
elliptical Gaussian beam
O432.12
  S 高斯光束
  F 高阶椭圆高斯光束
  Z 光束

椭圆极化
elliptical polarization
O441.4
  S 电磁波极化
  F 圆极化
    正交极化
  Z 极化

椭圆聚光腔
  Y 聚光腔

椭圆裂纹
elliptical crack
O346.1
  S 裂纹*

椭圆流
elliptic flow
O35
  S 流体流*

椭圆偏振
elliptical polarization
O436.3
  D 椭园偏振
    椭圆偏振法
    椭圆偏振技术
    椭圆偏振术
  S 圆偏振
  Z 偏振

椭圆偏振测量术
  Y 椭偏测量

椭圆偏振法
  Y 椭圆偏振

椭圆偏振光
elliptically polarized light
O436.3
  S 圆偏振光
  Z 光

椭圆偏振光谱
ellipsometric spectrum
O433.5
  D 椭偏光谱
  S 偏振光谱
  F 红外椭圆偏振光谱

  C 椭偏光谱法
  Z 光谱

椭圆偏振技术
  Y 椭圆偏振

椭圆偏振术
  Y 椭圆偏振

椭圆偏振仪
ellipsometer
TH744.2
  S 光学测量仪器
  Z 测量仪器

椭圆余摆线波
elliptical trochoidal wave
O347.4
  D 椭余摆波
  S 余摆线波
  Z 波

椭圆余弦波
cnoidal wave
O353
  D 椭余波
  S 波*

拓扑*
topology
O18
  D 拓扑方法
    拓扑学
  F 结构拓扑
  C FC-度量空间 →(1)
    残差分析 →(1)
    同调 →(1)
    拓扑映射 →(1)
    向量
    组合数学 →(1)

拓扑电荷
topological charge
O441.1
  D 拓扑电荷数
    拓扑荷数
  S 电荷*

拓扑电荷数
  Y 拓扑电荷

拓扑方法
  Y 拓扑

拓扑荷
topological charges
O4
  S 荷载*
  C 向量丛 →(1)

拓扑荷数
  Y 拓扑电荷

拓扑结构
  Y 结构拓扑

拓扑量子相变
topological quantum phase transition
O413
  S 量子相变
    拓扑性相变

  Z 相变

拓扑缺陷
topological defects
O77
  S 晶体缺陷*

拓扑相变
  Y 拓扑性相变

拓扑性相变
topological phase transition
O552.6
  D 拓扑相变
  S 相变*
  F 拓扑量子相变

拓扑修改
topological modification
O342
  S 结构修改*

拓扑学
  Y 拓扑

拓扑衍生
topotaxy
O78
  S 规则连生
  Z 结晶现象

瓦斯流场
gas flow field
O351
  D 瓦斯流动场
  S 气流流场
  Z 流场

瓦斯流动场
  Y 瓦斯流场

瓦维洛夫-契伦科夫辐射
  Y 切伦科夫辐射

歪晶
distorted crystal
O77
  S 缺陷晶体
  Z 晶体

外边界条件
external boundary condition
O357.4
  D 壁面边界条件
  S 力学条件*

外部变形
external deformation
O344.3
  S 变形*
  C 垂直位移

外部磁场
  Y 外磁场

外部电势
external electric potential
O441.1
  S 电位*

外部流场

外
    Y 外流场

外部流动
    Y 外流

外部作用
    Y 外力作用

外差探测
heterodyne detection
TN953
    S 光电探测
    Z 探测

外磁场
external magnetic field
O441.2
    D 外部磁场
    S 磁场*
    C 磁致伸缩

外弹道
external trajectory
O315
    D 低伸弹道
       分离扰动弹道
       干扰弹道
       光测弹道
       空气质点弹道
       雷测弹道
       平直弹道
       扰动弹道
       实际弹道
       膛外弹道
       未扰动弹道
    S 弹道*
    F 标准弹道
       二次抛射弹道
       刚体弹道
       曲射弹道
       无控弹道
    C 外弹道学

外弹道参数测试
exterior ballistic parameter measurement
O315
    D 弹道坐标测量
       弹道坐标测试
       外弹道诸元分析
    S 弹道测量*

外弹道计算
exterior ballistic calculation
O315
    S 弹道计算
    Z 力学计算

外弹道试验
exterior ballistic tests
O315
    D 弹道一致性试验
    S 弹道试验
    Z 试验

外弹道学
exterior ballistics
O315
    D 导弹飞行力学
       火箭弹外弹道学
       枪炮外弹道学
    S 弹道学*
    F 刚体弹道学
       实验弹道学
       质点弹道学
    C 外弹道
       终点弹道学

外弹道诸元分析
    Y 外弹道参数测试

外电场
external electric field
O441.1
    D 外加电场
    S 电场*
    C 传导电流

外电阻
external resistance
TM934.1
    S 电阻*

外动力
    Y 外营力

外动力地质作用
    Y 外力作用

外挂物气动力干扰
store aerodynamic force interference
V211
    S 气动力干扰*

外光电效应
external photoelectric effects
O482.7
    S 光电效应
    Z 光学效应

外加电场
    Y 外电场

外加电流
impressed current
O441.1
    S 电流*

外加电压
applied voltage
TM933.2
    S 电压*

外加驱动场
external driving field
O412.3
    S 物理场*

外加应力
    Y 荷载应力

外力
external force
O31
    S 力*
    F 策动力
       冲击力
       浮力
       恢复力
       拉力
       平衡力
       扰动力
       张力
       制动力
       作用力

外力场
external force field
O31
    S 力场*

外力地质作用
    Y 外力作用

外力功
external work
O31
    S 功*

外力作用
exogenetic process
O31；P512
    D 表生作用
       外部作用
       外动力地质作用
       外力地质作用
       外营力地质作用
    S 地质作用*
    C 地形变化 →(4)
       内力作用 →(5)
       外动力地质灾害 →(5)
       外营力

外流
outflow
O351
    D 外部流动
    S 流体流*
    C 冰舌 →(4)(5)
       海水水系 →(4)(5)
       内外流场

外流场
outer flow field
O351
    D 外部流场
    S 流场*
    F 车轮外流场
       车身外流场
       汽车外流场
    C 气动特性

外摩擦
    Y 干摩擦

外热流
external heat flux
V211
    S 热流*

外延*
extension
O782
    D 外延技术
    F 薄膜外延
       侧向外延
       低温外延
       分子束外延
       硅外延
       减压外延

气相外延
同质外延
选择外延
液相外延
异质外延
C 外延生长
外延性 →(1)

外延薄膜
epitaxial film
O484.1
S 薄膜*

外延层*
epitaxial layer
O47；O78
D 外延膜
F 金属外延层
C 薄膜
外延生长

外延技术
Y 外延

外延晶体生长
Y 附生晶体生长

外延膜
Y 外延层

外延生长
epitaxial growth
O782
D 外延生长法
外延生长方法
S 晶体生长方法*
F 薄膜外延生长
分子束外延生长法
固相外延生长
汽相外延生长
同质外延生长
液相外延生长
异质外延生长
C 外延
外延层

外延生长法
Y 外延生长

外延生长方法
Y 外延生长

外逸长波辐射
Y 射出长波辐射

外应力
Y 荷载应力

外营力
external agent
O313；P5
D 外动力
S 动力*
C 太阳辐射 →(4)
外力作用

外营力地质作用
Y 外力作用

外锥折射
external conical refraction

O734.2
S 晶体双折射
Z 晶体性质
折射

弯道冲击波
Y 急流冲击波

弯度
Y 弯曲

弯管流
bending pipe flowing
O351.2
D 弯管流动
S 管流
Z 流体流

弯管流动
Y 弯管流

弯辊力
Y 弯曲力

弯晶
bent crystal
O76
D 弯曲晶体
S 晶体*

弯矩
bending moment
O313.3
D 弯曲力矩
循环弯矩
S 力矩*
F 固端弯矩
横向弯矩
塑性极限弯矩
C 剪切力
平面弯曲
三弯矩方程
轴向力
组合变形

弯矩传递
moment transfer
TU31
S 内力传递
Z 能量转移

弯矩分布
Y 力矩分配

弯矩分配
Y 力矩分配

弯矩分配法
moment distribution method
O313.3
D 力矩分配法
S 结构分析方法
C 力矩分配
无剪力分配法
Z 力学方法

弯矩图
bending moment diagram
O313.3
D 力曲线

弯曲线
S 受力图
C 剪力图
内力图
Z 图表

弯拉应力
flexural tensile stress
O343.4
S 弯曲应力
Z 应力

弯裂
Y 弯曲裂纹

弯扭
bending and torsion
O344.1
D 弯扭组合
S 弯曲*

弯扭耦合振动
bending-torsion-coupled vibration
O32
S 弯扭振动
C 临界转速
瞬态振动
转子动力学
Z 振动

弯扭振动
flexural-torsional vibration
O32
S 横向振动
F 弯扭耦合振动
Z 振动

弯扭组合
Y 弯扭

弯曲*
bending
O344.1
D 非弹性弯曲
钩曲
弯度
弯曲变形
弯曲模式
弯曲形变
压曲
F Saint-venant 弯曲
板弯曲
纯弯曲
弹塑性弯曲
弹性弯曲
非线性弯曲
横向弯曲
平面弯曲
热弯曲
三点弯
弯扭
斜弯曲
旋转弯曲
纵横弯曲
C 结构应变
挠屈
扭矩
弯曲中心

主　表　713

弯曲变形
　Y 弯曲

弯曲波
flexural wave
O347.4
　S 应力波*
　C 扭转波

弯曲测试
　Y 弯曲实验

弯曲度
　Y 迂曲度

弯曲断裂
bending fracture
O346.12
　S 断裂*

弯曲断裂模量
　Y 弯曲模量

弯曲刚度
　Y 抗弯刚度

弯曲荷载
　Y 弯曲载荷

弯曲回弹
bending springback
O343
　D 过弯反回弹
　S 弹性
　Z 力学性质

弯曲剪切受拉破坏
bending shear tensile damage
O346.5
　S 剪切破坏
　　弯曲破坏
　C 弯曲剪压破坏
　Z 破坏(力学)

弯曲剪压破坏
bending shear compression failure
O346.5
　S 剪切破坏
　　弯曲破坏
　C 弯曲剪切受拉破坏
　Z 破坏(力学)

弯曲晶体
　Y 弯晶

弯曲开裂
　Y 弯曲裂纹

弯曲抗拉强度
flexural tensile strength
O346
　S 抗拉强度
　C 峰值应变
　Z 力学强度

弯曲空间
curved space
O412.1
　S 空间*
　C 弯曲时空

弯曲理论
flexure theory
O344.3
　S 力学理论*
　F 弹塑性弯曲理论

弯曲力
bending force
O344.3
　D 弯辊力
　S 力*
　C 弹塑性变形
　　弯曲应力

弯曲力矩
　Y 弯矩

弯曲裂缝
　Y 弯曲裂纹

弯曲裂纹
bending crack
O346.12
　D 挠裂
　　屈挠龟裂
　　弯裂
　　弯曲开裂
　　弯曲裂缝
　S 裂纹*
　C 二阶摄动方法

弯曲率
　Y 迂曲度

弯曲模量
bending modulus
O344.3
　D 断裂模量
　　断裂模数
　　断裂系数
　　静曲模量
　　静曲强度
　　抗弯模量
　　挠曲模量
　　弯曲弹性模量
　　弯曲断裂模量
　S 模量*
　C 冲击强度
　　弹性变形
　　拉伸变形
　　拉应力
　　内结合强度
　　应力-应变曲线

弯曲模式
　Y 弯曲

弯曲挠度
bending deflection
O346
　D 弯曲缺陷
　S 挠度
　Z 力学性质

弯曲疲劳
bending fatigue
O346.2
　D 挠曲疲劳
　　屈挠疲劳
　　旋转弯曲疲劳
　S 疲劳*
　C 疲劳裂纹扩展
　　弯曲疲劳试验
　　弯曲实验

弯曲疲劳试验
bending fatigue test
O346.4
　D 反复弯曲试验
　　反向弯曲试验
　　耐弯曲试验
　　挠曲疲劳试验
　S 疲劳试验
　　弯曲实验
　C 弯曲疲劳
　Z 科学实验

弯曲破坏
bending failure
O346.5
　S 破坏(力学)*
　F 弯曲剪切受拉破坏
　　弯曲剪压破坏
　C 抗弯强度
　　弯曲应力

弯曲强度
　Y 抗弯强度

弯曲强度
　Y 抗弯强度

弯曲切口强度
　Y 切口强度

弯曲缺陷
　Y 弯曲挠度

弯曲射线
bend ray
O571.32
　S 射线*

弯曲时空
curved spacetime
O412.1
　D 时空弯曲
　S 时空*
　C 穿越时空
　　弯曲空间
　　引力理论
　　引力透镜效应　→(4)

弯曲实验
bending test
O346.4
　D 抗弯试验
　　抗折试验
　　耐折试验
　　挠度试验
　　挠曲试验
　　屈挠试验
　　屈曲试验
　　韧性试验
　　柔性试验
　　弯曲测试
　　弯曲试验
　　压缩变形试验

S 强度试验
F 三点弯曲实验
  弯曲疲劳试验
C 拉伸实验
  弯曲疲劳
Z 科学实验

弯曲试验
Y 弯曲实验

弯曲损耗
bending loss
TN25
S 光纤损耗
Z 损耗

弯曲损伤
bending damage
O346.5
S 损伤(力学)*
C 拉伸破坏

弯曲弹性模量
Y 弯曲模量

弯曲问题
bending problem
O344.1
S 力学问题*

弯曲系数
bending coefficient
O344.1
S 力系数
C 挠度
Z 系数

弯曲线
Y 弯矩图

弯曲形变
Y 弯曲

弯曲应变
bending strain
O344.3
D 横向应变
  横应变
  弯应变
S 应变*

弯曲应力
bending stress
O343.4
D 翘曲应力
  屈曲应力
  弯应力
  压弯应力
S 应力*
F 弯拉应力
  弯曲正应力
C 抗弯强度
  弯曲力
  弯曲破坏

弯曲应力函数
Y 应力函数

弯曲载荷
bending load
O347.1
D 弯曲荷载
  轴向压缩载荷
S 静载荷
C 压缩
Z 荷载

弯曲振动
Y 横向振动

弯曲正应力
bending normal stress
O343.4
S 弯曲应力
  正应力
Z 应力

弯曲中心
flexural centre
O344.3
D 剪切中心
  剪心
  扭心
  扭转中心
  弯心
S 力心*
C Saint-venant 弯曲
  弯曲

弯心
Y 弯曲中心

弯应变
Y 弯曲应变

弯应力
Y 弯曲应力

弯应力函数
Y 应力函数

弯折
Y 平面弯曲

完美晶体
Y 理想晶体

完全带隙
complete band gap
O572.31；O734
D 完全光子带隙
S 光子带隙
Z 带隙

完全对角化
complete diagonalization method
O734
D 完全对角化方法
C 电子顺磁共振谱
  自旋哈密顿参量

完全对角化方法
Y 完全对角化

完全非弹性碰撞
perfect inelastic collision
O313.4
S 非弹性碰撞
Z 力学碰撞

完全光子带隙
Y 完全带隙

完全混合流
completely mixed flow
O359
D 全混流
S 多相流
Z 流体流

完全极化
Y 全极化

完全禁带
complete forbidden band
O731
S 禁带
Z 能带

完全抗磁性
perfect diamagnetism
O511
D 磁通量跃变
  迈斯纳效应
S 抗磁性
Z 磁性

完全类质同晶
Y 完全类质同象

完全类质同象
complete isomorphism
O78
D 完全类质同晶
S 类质同象
Z 结晶现象

完全气体
Y 理想气体

完全弹性碰撞
perfect elastic collision
O313.4
S 弹性碰撞
Z 力学碰撞

完全相干光
Y 相干光束

完全有序
complete ordering
O76
S 状态*

完全再结晶
perfect recrystallization
O783
S 再结晶
Z 结晶

完整晶体
Y 理想晶体

完整力学系统
holonomic mechanical system
O39
S 力学系统*

完整体系动力学
Y 完整系统动力学

完整位错

主　表　715

  Y 全位错

完整系统动力学
holonomic system dynamics
O316
 D 完整体系动力学
 S 动力学
 Z 理论力学

烷叉化
 Y 取代反应

晚电位
late potential
O441.1
 S 电位*

万能测长仪
universal length measuring machine
TH711
 S 测长仪
 Z 测量仪器

万尼尔激子
 Y Wannier 激子

万有斥力
gravitational repulsion
O314
 S 排斥力
 Z 力

万有引力
 Y 万有引力定律

万有引力场
universal gravitation field
O314；P131
 S 引力场
 Z 力场

万有引力定律
law of gravity
O314
 D 万有引力
  引力定律
 S 力学定律*
 C 广义相对论
  引力透镜
  引力作用
  重力

万有引力公式
formula of universal gravitation
O314
 S 力学公式*

网格法
grid method
O157.5；O348
 S 数学方法*
 F 质点网格法
  自动网格法

网格分析
 Y 网格分析法

网格分析法
netting analysis
O34
 D 网格分析

 S 力学方法*
 C 结构分析

网格雷诺数
 Y 雷诺数

网纹干扰效应
 Y 云纹效应

网纹效应
 Y 云纹效应

望远镜*
telescope
TH743；TH751
 D 望远镜系统
  望远系统
 F 电子望远镜
  光学望远镜
  内调焦望远镜
  潜望镜
  双筒望远镜
  消色差望远镜
  准线望远镜
  准直望远镜
 C 反射镜 →(4)
  分辨率
  天文望远镜 →(4)

望远镜系统
 Y 望远镜

望远物镜
teleobjective
TH743
 S 物镜
 Z 光学元件

望远系统
 Y 望远镜

威尔逊 θ 法
 Y Wilson-θ 法

威斯顿重力仪
Western gravimeter
TH71
 S 物探仪器*

微/纳米结构
 Y 微纳结构

微波
microwave
O452
 S 无线电波
 F 分米波
  高功率微波
  毫米波
  厘米波
  太赫兹波
 C 微波场
  微波传播
  微波辐射
  微波散射
  微波特性
 Z 电磁波

微波暗室
microwave dark room

O451
 D 无电波反射室
 S 实验室*

微波表面电阻
microwave surface resistance
TM934.1
 S 电阻*
 C 高温超导薄膜

微波测量
microwave measurement
TM931
 S 电信号特性测量
 F 微波功率测量
 C 辐射测量
 Z 电学量测量

微波场
microwave field
O441.4
 S 电磁场*
 C 微波

微波成像仪
microwave imager
TH74
 S 成像仪
 Z 仪器仪表

微波传播
microwave propagation
TN01
 S 波传播
 C 微波
 Z 能量转移

微波磁导率
microwave permeability
O441.2
 S 磁导率*

微波磁学
microwave magnetics
O441.2
 S 磁学
 Z 电磁学

微波等离子
 Y 微波等离子体

微波等离子体
microwave plasma
O531
 D 微波等离子
 S 等离子体*
 C 微波等离子体炬原子发射光谱法

微波等离子体炬原子发射光谱法
microwave plasma torch atomic emission spectrometry
O433.4；O536；O657.31
 S 等离子体原子发射光谱法
 C 微波等离子体
 Z 光谱分析

微波等离子体源
microwave plasma source
O531
 S 等离子源

Z 等离子体装置

微波电磁特性
microwave electromagnetic characteristics
O441.6
　D 微波电磁性能
　S 电磁特性
　Z 物理性质

微波电磁性能
　Y 微波电磁特性

微波电子回旋共振
microwave electron cyclotron resonance
O482.4
　S 电子回旋共振
　Z 磁共振

微波反射
microwave reflectometry
O451
　S 电磁波反射
　Z 反射

微波反射计
　Y 反射计

微波放电
microwave discharge
O461.2
　S 无电极放电
　Z 放电

微波辐射
microwave radiation
O451
　S 电磁辐射
　F 聚焦微波辐射
　C 微波
　　宇宙辐射 →(4)
　Z 辐射

微波辅助磁记录
microwave assisted magnetic recording
O441
　S 磁记录*

微波感生缓发磷光
microwave induced delayed phosphorescence
O462.3
　D MIDP
　S 磷光
　Z 发光

微波功率测量
microwave power measurement
O441.4
　S 功率测量
　　微波测量
　Z 电学量测量

微波光子学
microwave photonics
O439；O572.31
　S 光子学
　Z 光学

微波激射
　Y 脉泽

微波介电特性
microwave dielectric properties
O487
　S 介电性质
　Z 电学性质

微波频率
microwave frequency
O456
　S 无线电频率*

微波频谱
microwave spectrum
O456
　S 频谱*

微波热效应
microwave heating effect
O551.3
　S 热效应*

微波散射
microwave scattering
O45
　S 电磁波散射*
　C 微波
　　微波散射计 →(4)

微波衰减
microwave attenuation
O44
　S 电磁波衰减
　Z 衰减

微波特性
microwave characteristics
O441.4
　S 物理特性*
　C 微波

微波消解-原子荧光光谱法
microwave digestion-hydride generation-atomic fluorescence spectrometry
O433.4；O657.31
　S 原子荧光光谱分析
　Z 光化学分析法

微波诊断
microwave diagnostics
O539
　S 等离子体诊断
　Z 等离子体应用

微尺度力学
　Y 细观力学

微尺度流动
　Y 微流动

微畴
micro domain
O76
　S 电畴
　Z 畴

微磁仿真
　Y 微磁学模拟

微磁仿真法
　Y 微磁学模拟

微磁仿真方法
　Y 微磁学模拟

微磁仿真过程
　Y 微磁学模拟

微磁仿真实验
　Y 微磁学模拟

微磁仿真实验法
　Y 微磁学模拟

微磁仿真实验方法
　Y 微磁学模拟

微磁仿真实验过程
　Y 微磁学模拟

微磁模拟
　Y 微磁学模拟

微磁模拟法
　Y 微磁学模拟

微磁模拟方法
　Y 微磁学模拟

微磁模拟过程
　Y 微磁学模拟

微磁模拟实验
　Y 微磁学模拟

微磁模拟实验法
　Y 微磁学模拟

微磁模拟实验方法
　Y 微磁学模拟

微磁模拟实验过程
　Y 微磁学模拟

微磁学
micromagnetics
O441.2
　S 磁学
　Z 电磁学

微磁学仿真
　Y 微磁学模拟

微磁学仿真法
　Y 微磁学模拟

微磁学仿真方法
　Y 微磁学模拟

微磁学仿真过程
　Y 微磁学模拟

微磁学仿真实验
　Y 微磁学模拟

微磁学仿真实验法
　Y 微磁学模拟

微磁学仿真实验方法
　Y 微磁学模拟

微磁学仿真实验过程
　Y 微磁学模拟

微磁学模拟
micromagnetic simulation
O411.3

D 微磁仿真
　　　微磁仿真法
　　　微磁仿真方法
　　　微磁仿真过程
　　　微磁仿真实验
　　　微磁仿真实验法
　　　微磁仿真实验方法
　　　微磁仿真实验过程
　　　微磁模拟
　　　微磁模拟法
　　　微磁模拟方法
　　　微磁模拟过程
　　　微磁模拟实验
　　　微磁模拟实验法
　　　微磁模拟实验方法
　　　微磁模拟实验过程
　　　微磁学仿真
　　　微磁学仿真法
　　　微磁学仿真方法
　　　微磁学仿真过程
　　　微磁学仿真实验
　　　微磁学仿真实验法
　　　微磁学仿真实验方法
　　　微磁学仿真实验过程
　　　微磁学模拟法
　　　微磁学模拟方法
　　　微磁学模拟过程
　　　微磁学模拟实验
　　　微磁学模拟实验法
　　　微磁学模拟实验方法
　　　微磁学模拟实验过程
　　S 磁场仿真
　　Z 物理模拟

微磁学模拟法
　　Y 微磁学模拟

微磁学模拟方法
　　Y 微磁学模拟

微磁学模拟过程
　　Y 微磁学模拟

微磁学模拟实验
　　Y 微磁学模拟

微磁学模拟实验法
　　Y 微磁学模拟

微磁学模拟实验方法
　　Y 微磁学模拟

微磁学模拟实验过程
　　Y 微磁学模拟

微等离子
　　Y 微等离子体

微等离子体
microplasma
O531
　　D 微等离子
　　S 等离子体*

微滴
　　Y 微液滴

微电子学
microelectronics
TN4
　　S 电子学*
　　F 纳米电子学
　　C 微电极 →(3)

微动摩擦学
　　Y 微观摩擦学

微动磨蚀
　　Y 微振磨损

微动磨损
　　Y 微振磨损

微动磨损疲劳
　　Y 微动疲劳

微动疲劳
fretting fatigue
O346.2
　　D 微动磨损疲劳
　　S 疲劳*
　　C 微振磨损

微法拉计
　　Y 电容测量

微放电
micro discharge
O461.2
　　S 放电*

微分变分原理
differential variational principle
O316
　　S 力学变分原理
　　Z 力学原理

微分电导
differential conductance
O47
　　S 电导
　　Z 导纳

微分方程解法*
differential equation solution
O175.1；O241
　　D 微分方程数值解法
　　F 渐近方法

微分方程数值解法
　　Y 微分方程解法

微分干涉角
differential interference angle
O435.1
　　S 干涉角
　　Z 光学角

微分干涉相衬
　　Y 微分干涉相衬法

微分干涉相衬法
differential interference contrast
TH742
　　D 微分干涉相衬
　　S 相衬法
　　C 显微镜分析 →(3)
　　Z 光学测量

微分截面
　　Y 微分散射截面

微分求积单元法
　　Y 微分求积法

微分求积法
differential quadrature method
O172.1；O342
　　D DQ法
　　　广义微分求积法
　　　微分求积单元法
　　　微分求积方法
　　S 数学方法*
　　C 微分对策 →(1)

微分求积方法
　　Y 微分求积法

微分散射截面
differential scattering cross section
O561.5
　　D 微分截面
　　S 散射截面
　　F 三重微分散射截面
　　　双微分截面
　　Z 截面

微观
microcosmic
O4-0
　　S 物理体系
　　Z 物理理论

微观不稳定性
　　Y 等离子体不稳定性

微观动力学
microkinetics
O313
　　S 动力学
　　　细观力学
　　Z 固体力学
　　　理论力学

微观断口
microfractures
O346.5
　　D 微观断裂
　　　显微断口
　　S 断口*

微观断裂
　　Y 微观断口

微观过程
microprocess
O53
　　S 物理过程*

微观力学
　　Y 细观力学

微观粒子
microscopic particle
O572.3
　　S 微粒子
　　Z 粒子

微观粒子全同性原理
　　Y 全同性原理

微观裂缝
　　Y 微裂纹

微观裂纹
 Y 微裂纹

微观流变
microrheology
O37
 S 流变*

微观流体
 Y 微流体

微观摩擦
microscopic friction
O313.5
 S 摩擦*
 F 纳米摩擦

微观摩擦学
microtribology
O313.5；O485
 D 微动摩擦学
  微摩擦学
 S 摩擦学*
 C 纳米摩擦学

微观缺陷
 Y 微缺陷

微观塑性力学
 Y 微塑性

微观损伤
 Y 细观损伤

微观态
microscopic state
ZT5
 D 微观状态
 S 状态*
 C 宏观态

微观物理学
microphysics
O572
 S 高能物理学
 Z 物理学

微观应变
microstrain
O344.3
 D 微小变形
  微应变
  显微应变
 S 应变*
 C 晶粒度

微观应力
microstress
O343.4
 D 微应力
  细观应力
 S 内应力
 Z 应力

微观织构
microtexture
O76
 D 微织构
  显微织构
 S 晶体织构

 Z 织构

微观状态
 Y 微观态

微光
shimmer
O432.2
 S 弱光
 Z 光

微光望远镜
low-light level telescopes
TH743
 D 增辉望远镜
 S 光学望远镜
 Z 望远镜

微光信号探测
 Y 弱信号探测

微光学
micro-optics
O439
 S 应用光学
 F 纳米光学
  微流控光学
 Z 光学

微光夜视侦察
 Y 弱信号探测

微机械陀螺
micromachined gyroscope
O318
 D 微机械陀螺仪
  微陀螺
  微型机械陀螺仪
 S 陀螺仪*
 C 磁悬浮
  品质因数

微机械陀螺仪
 Y 微机械陀螺

微极理论
micropolar theory
O33
 S 力学理论*
 C 尺度效应 →(4)
  应力分量
  应力张量
  转动自由度

微极连续统
micropolar continuum
O33；O343
 C 应力理论

微极流体
micropolar fluid
O33；O351
 D 微极性流体
 S 极性流体
  微流体
 C Stokes 流
  滑移边界条件
 Z 流体

微极性流体

 Y 微极流体

微接触
micro-contact
O343.3
 S 接触*
 C 纳米薄膜

微结构分析
microstructure analysis
O342；O4-33
 D 显微结构分析
 S 结构分析
 Z 力学分析

微结构演化
microstructure evolution
TB303.1
 S 演变*

微结晶
 Y 微晶化

微结晶过程
 Y 微晶化

微结晶化
 Y 微晶化

微结晶化过程
 Y 微晶化

微晶
crystallite
O753.1
 D 微晶体
 S 类晶体*
 F 超微晶
  极性微晶
  金刚石微晶
  卤化银微晶
  亚微晶
 C 晶体微结构

微晶材料
microcrystalline material
O756
 S 晶体学应用*
 F 光敏微晶
  纳米微晶材料
  石墨微晶

微晶参数
crystallite parameter
O73
 S 晶体学参数*

微晶构造
 Y 微晶结构

微晶硅薄膜
microcrystalline silicon films
O484；O613.72；O753.1
 S 硅薄膜
 F 氢化微晶硅薄膜
 Z 半导体薄膜

微晶化
micro-crystallization
O79
 D 微结晶

主　表　719

　　　微结晶过程
　　　微结晶化
　　　微结晶化过程
　　　微晶化处理
　　　微晶化过程
　　　微晶化行为
　　　微晶晶化
　　S 晶化*
　　F 表面微晶化

微晶化处理
　　Y 微晶化

微晶化过程
　　Y 微晶化

微晶化行为
　　Y 微晶化

微晶结构
microcrystalline structure
O753.1
　　D 微晶构造
　　　微晶态构造
　　　微晶态结构
　　　微晶体构造
　　　微晶体结构
　　S 类晶结构*
　　C 微晶辉长岩 →(5)

微晶晶化
　　Y 微晶化

微晶模型
microcrystalline model
O753.1
　　S 晶体模型*

微晶态
microcrystalline state
O753.1
　　S 类晶态
　　Z 物态

微晶态构造
　　Y 微晶结构

微晶态结构
　　Y 微晶结构

微晶体
　　Y 微晶

微晶体构造
　　Y 微晶结构

微晶体结构
　　Y 微晶结构

微晶相
microcrystal phase
O753.1
　　S 晶相*

微空心阴极放电
micro hollow cathode discharge
O462
　　S 空心阴极放电
　　Z 放电

微拉曼光谱

micro-Raman spectroscopy
O433.54
　　D 微区喇曼光谱
　　S 拉曼光谱
　　Z 光谱

微力学
　　Y 细观力学

微粒子
fine particle
O572.3
　　S 粒子*
　　F 超微粒子
　　　复合微粒子
　　　微观粒子

微连续介质力学
　　Y 连续介质力学

微量化学法
　　Y 化学分析法

微量量热
　　Y 微量热法

微量量热法
　　Y 微量热法

微量热法
microcalorimetry
O551.1；O642.3；O655.11
　　D 微量量热
　　　微量量热法
　　　微量热技术
　　S 化学分析法*
　　F 滴定微量量热法
　　　微量吸附量热

微量热计
microcalorimeter
TH71
　　S 热量计
　　Z 测量仪器

微量热技术
　　Y 微量热法

微量天平
microbalance
TH715.11
　　S 天平
　　Z 测量仪器

微量吸附量热
microcalorimetric adsorption
O551.1；O642.3
　　D 吸附量热
　　S 微量热法
　　Z 化学分析法

微裂缝
　　Y 微裂纹

微裂纹
microcrack
O346.1；P542.3
　　D 微观裂缝
　　　微观裂纹
　　　微裂缝
　　　微裂隙

　　　微破裂
　　　微破裂(岩石)
　　　微细观裂纹
　　　微细裂缝
　　　微小裂纹
　　　细观裂纹
　　　细微裂缝
　　　显微裂纹
　　　显微裂隙
　　S 裂纹*
　　C 结构面 →(5)
　　　疲劳损伤
　　　细观力学
　　　细观损伤
　　　应力-应变全曲线

微裂纹形核
microcrack nucleation
TG14
　　S 裂纹形核
　　Z 成核

微裂隙
　　Y 微裂纹

微流
　　Y 微流动

微流动
microflow
O351.2
　　D 微尺度流动
　　　微流
　　S 流动*
　　F 纳米流动
　　　微通道流动
　　C 赫尔-肖流

微流控光学
optofluidics
O439
　　S 微光学
　　Z 光学

微流体
microfluid
O33；O351
　　D 微观流体
　　S 流体*
　　F 微极流体
　　　微重力流体

微脉动
　　Y 脉动

微脉塞
micro-pulse plug
TN24
　　D 微脉泽
　　S 脉泽*

微脉泽
　　Y 微脉塞

微米
micrometer
TB921
　　D μm
　　S 长度单位
　　Z 计量单位

微米晶
micrometer crystal
O73
  D 微米晶体
  S 微纳晶体
  F 亚微米晶
  Z 晶体

微米晶体
  Y 微米晶

微秒脉冲
micro-second pulse
TN24；TN78
  S 超短激光脉冲
  Z 脉冲

微摩擦力
micro-friction force
O313.5
  S 摩擦力
  Z 力

微摩擦学
  Y 微观摩擦学

微纳光学
micro-nano optics
O439
  S 纳米光学
  Z 光学

微纳结构
micro-nano structure
TB303.1
  D 微/纳米结构
    微纳米结构
  S 物质微观结构*

微纳晶
  Y 微纳晶体

微纳晶体
micro-nano crystal
O76
  D 微纳晶
  S 晶体*
  F 纳米晶
    微米晶

微纳米材料
  Y 纳米材料

微纳米磁性流体
  Y 纳米磁性流体

微纳米结构
  Y 微纳结构

微破裂
  Y 微裂纹

微破裂（岩石）
  Y 微裂纹

微腔效应
microcavity effect
O432.12
  S 光学效应*

微球腔

microsphere cavity
O43

微区喇曼光谱
  Y 微拉曼光谱

微缺陷
microdefect
O771
  D 微观缺陷
  S 晶体缺陷*

微扰
  Y 摄动

微扰 QCD
perturbative QCD
O413.1
  S 量子色动力学
  F 非微扰 QCD
  Z 物理学

微扰法
  Y 摄动

微扰方法
  Y 摄动

微扰公式
perturbation formula
O411
  S 公式*
  C 自旋-轨道相互作用

微弱发光
faint luminescence
O432.1
  S 发光*

微商
  Y 导数

微射流
micro-jet
O358
  S 射流*

微塑性
microplasticity
O344
  D 微观塑性力学
  S 塑性
  Z 力学性质

微塑性变形
micro plastic deformation
O344.1
  S 塑性变形
  C 动应力
    振动时效
  Z 变形

微探针
microprobe
TH703.2
  S 探针*
  F 电子探针
    核微探针
    激光探针
    离子探针
    纳米探针

扫描质子微探针

微通道流动
microchannel flow
O351.2
  S 微流动
  C Knudsen 数
  Z 流动

微透镜
microlens
TH74
  D 微型透镜
  S 透镜
  F 平面微透镜
    石英微透镜
    纤维端面微透镜
  Z 光学元件

微推力
microthrust
O313
  S 小推力
  Z 推力

微陀螺
  Y 微机械陀螺

微微米
picometer
TB921
  S 长度单位
  C 钲 →(3)
  Z 计量单位

微微秒光谱
  Y 高分辨率光谱

微微秒脉冲
  Y 皮秒脉冲

微细观裂纹
  Y 微裂纹

微细裂缝
  Y 微裂纹

微小变形
  Y 微观应变

微小长度测量
  Y 长度测量

微小裂纹
  Y 微裂纹

微小位移
infinitesimal displacement
O311
  S 位移*

微小位移测量
small displacement measurement
TB92
  S 位移测量
  Z 几何量测量

微小振动
microvibration
O32
  S 小振动

主　表

　　Z 振动

微型机械陀螺仪
　　Y 微机械陀螺

微型实验仪器
　　Y 实验仪器

微型透镜
　　Y 微透镜

微型压裂
　　Y 小型压裂

微压差
micro differential pressure
O31
　　S 压差*

微液滴
microdrop
O351；P426
　　D 微滴
　　S 液滴*

微引力透镜
gravitational microlens
TH74
　　S 引力透镜
　　Z 光学元件

微应变
　　Y 微观应变

微应力
　　Y 微观应力

微元法
element-method
O4-3
　　D 微元分析法
　　　 元素法
　　S 物理法*
　　C 曲线积分 →(1)
　　　 旋转体 →(1)

微元分析法
　　Y 微元法

微元角位移
　　Y 无限小转动

微振磨损
fretting wear
O346.5
　　D 摩振腐蚀
　　　 微动磨蚀
　　　 微动磨损
　　S 磨损*
　　C 磨损机理
　　　 微动疲劳

微织构
　　Y 微观织构

微中子
　　Y 中微子

微重力
microgravity
O314；P312.1
　　D 低重力

　　　 改化重力
　　　 归化重力
　　S 重力
　　C 热毛细对流
　　　 失重
　　　 微重力燃烧 →(3)
　　Z 力

微重力流体
microgravity fluid
O351
　　D 失重流体
　　S 微流体
　　C 热毛细对流
　　　 引力效应
　　Z 流体

微重力实验
　　Y 零重力实验

韦伯数
Weber number
O303
　　S 无量纲数*
　　C 液滴撞击

为内摩擦系数
　　Y 粘滞系数

围限压力
　　Y 流体静压力

围压
　　Y 流体静压力

围压力
　　Y 流体静压力

围岩抗力
　　Y 弹性抗力

围岩流变
surrounding rock rheological
O37
　　S 流变*

唯象方程
phenomenological equation
O411
　　D 唯象方程公式
　　　 唯象方程式
　　　 唯象方程组
　　　 唯象方程组式
　　　 唯象公式
　　　 唯象关系式
　　　 唯象计算法
　　　 唯象计算方法
　　　 唯象计算式
　　S 物理方程*
　　F Avrami 方程
　　C 唯象理论

唯象方程公式
　　Y 唯象方程

唯象方程式
　　Y 唯象方程

唯象方程组
　　Y 唯象方程

唯象方程组式
　　Y 唯象方程

唯象公式
　　Y 唯象方程

唯象关系式
　　Y 唯象方程

唯象计算法
　　Y 唯象方程

唯象计算方法
　　Y 唯象方程

唯象计算式
　　Y 唯象方程

唯象理论
phenomenological theory
O371
　　D 表观理论
　　　 唯象模型
　　S 物理理论*
　　F 分子场理论
　　　 普适弱作用理论
　　C 唯象方程

唯象模型
　　Y 唯象理论

唯一分解定理
　　Y 唯一性定理

唯一性定理
uniqueness theorem
O175；O441.1
　　D 唯一分解定理
　　　 惟一性定理
　　S 数学定理*
　　C MKdV-Burgers 方程 →(1)
　　　 数理逻辑 →(1)
　　　 唯一性 →(1)
　　　 相似定理
　　　 相似律
　　　 亚纯映射 →(1)

惟一性定理
　　Y 唯一性定理

维
　　Y 维数

维持场(力学)
maintaining field
O361
　　S 场(力学)*

维持平均照度
　　Y 维持照度

维持照度
maintained average illuminance
O432.2
　　D 维持平均照度
　　S 照度*

维德曼司特顿结构
widmanstatten structure
O76
　　S 合金晶体结构

晶体微结构
　C 沉淀 →(3)(5)
　Z 晶体结构

维度
　Y 维数

维恩位移定律
Wien's displacement law
O43；P422
　S 辐射定律
　C 黑体
　Z 物理定律

维尔德常量
　Y 费尔德常数

维尔德常数
　Y 费尔德常数

维尔纳叶法
　Y 焰熔法

维格纳点阵
　Y 维格纳晶体

维格纳晶格
Wigner lattice
O76
　D Wigner 晶格
　S 晶格*

维格纳晶体
Wigner crystal
O712
　D 维格纳点阵
　S 晶体*

维克斯试验
　Y 硬度试验

维克斯硬度
　Y 维氏硬度

维里系数
virial coefficient
O369；O551
　D 位力系数
　S 系数*
　C 维里定理 →(4)

维纳过程
　Y 布朗运动

维氏硬度
Vickers hardness
TB302.4
　D Vickers 硬度
　　维克斯硬度
　　维氏硬度值
　S 硬度
　Z 力学性质

维氏硬度值
　Y 维氏硬度

维数*
dimensionality
O14；O189.12
　D 广义维数
　　维度
　F 分数维
　　分形维数
　　三维
　C 分次环 →(1)
　　维数定理 →(1)

伪换算压力
　Y 似对比压力

伪临界温度
　Y 假临界温度

伪流体
　Y 拟流体

伪热光
　Y 准热光

伪瑞利波
　Y 瑞利波

伪势模型
potential model
O351.3
　S 力学模型*

伪塑性流体
　Y 拟塑性流体

伪弹性
pseudoelasticity
O343
　D 拟弹性
　　相变伪弹性
　　准弹性
　S 弹性
　C 回复应变
　　疲劳载荷
　　热粘弹性
　　振动控制
　Z 力学性质

伪湍流
　Y 湍流

伪线
　Y 鬼线

伪象
　Y 鬼像

尾波场
wake-field
O412.3
　S 物理场*
　F 激光尾波场

尾部流场
　Y 尾流场

尾低压
　Y 低气压

尾迹
　Y 尾流

尾迹涡
　Y 尾流

尾迹云
　Y 飞机尾流

尾离子
tail ions
O57
　D 超热离子
　　高能离子
　S 离子*

尾流
wake
O351.3；P426.33
　D 层流尾流
　　超声速尾流
　　超音速尾流
　　端部涡
　　飞机云
　　负尾迹
　　高超音速尾流
　　绝热尾迹
　　尾迹
　　尾迹涡
　　尾流流动
　　尾流涡系
　　尾随流
　　尾涡
　　尾涡流
　　涡流尾迹
　　涡尾流
　　消散尾迹
　　远尾流
　　直升机尾流
　S 流体流*
　F 飞机尾流
　　舰船尾流
　　近尾流
　　螺旋桨滑流
　　气泡尾流
　　湍流尾流
　　洗流
　　叶栅尾流
　　圆柱尾流
　C 底部流动
　　钝锥 →(1)
　　空化
　　流动非对称性
　　尾流气泡
　　涡对
　　旋涡脱落
　　诱导速度

尾流场
wake flow field
O351
　D 尾部流场
　S 流场*
　F 下洗流场

尾流低压
　Y 低气压

尾流干扰
wake interference
O354
　S 气动力干扰*
　C 滑流干扰

尾流激振
wake influence
O32

主　表　723

S 激振
Z 振动

尾流流动
　Y 尾流

尾流气泡
wake bubble
O351.3；P733
　D 尾涡空化
　　 尾涡空泡
　S 气泡*
　F 层流分离泡
　C 湍流尾流
　　 尾流

尾流强度
wake strength
O346
　S 力学强度*

尾流区
wake region
O354；P426.3
　S 区域*
　F 回流区

尾流涡系
　Y 尾流

尾流振子
wake oscillator
O32
　S 振子*

尾流振子模型
wake-oscillator model
O354
　S 流体力学模型
　Z 力学模型

尾随涡
　Y 尾流

尾涡
　Y 尾流

尾涡空化
　Y 尾流气泡

尾涡空泡
　Y 尾流气泡

尾涡流
　Y 尾流

尾翼弹气动力特性
　Y 气动特性

尾翼-弹体-弹翼干扰
　Y 弹体-弹翼干扰

尾云
　Y 飞机尾流

纬向环流指数
　Y 环流指数

纬向类
　Y 环流系统

纬向强度
　Y 横向强度

纬向弹性模量
　Y 弹性模量

卫线
　Y 伴线

卫星成像
satellite imagery
TB871
　D 卫星成像技术
　S 成像*

卫星成像技术
　Y 卫星成像

卫星导航系统
satellite navigation system
TN967.1
　D 导航卫星系统
　S 导航定位系统
　　 卫星系统*
　F 伽利略卫星导航系统
　　 格洛纳斯卫星导航系统
　　 全球导航卫星系统
　C GNSS 设备　→(4)
　　 卫星导航　→(4)
　　 星基增强系统　→(4)
　Z 导航设备

卫星跟踪系统
satellite tracking system
TN953
　S 卫星系统*
　C 卫星跟踪　→(4)

卫星系统*
satellite system
V474
　F 北斗导航定位系统
　　 卫星导航系统
　　 卫星跟踪系统
　C 卫星设备　→(4)

卫星重力
satellite gravity
O314
　S 重力
　Z 力

未扰动弹道
　Y 外弹道

未扰动流
　Y 扰动流

位场
　Y 势场

位错
dislocation
O772
　D 差排
　　 剪切位错
　　 晶体位错
　　 累积位错
　　 连续位错
　　 位错缺陷
　　 向位错
　　 应力位错
　　 张位错

　S 线缺陷
　F 不全位错
　　 穿透位错
　　 滑动位错
　　 混合位错
　　 晶界位错
　　 扩展位错
　　 棱柱位错
　　 孪晶位错
　　 螺旋位错
　　 全位错
　　 刃型位错
　　 失配位错
　　 位错环
　　 位错气团
　　 位错蚀坑
　　 位错网络
　　 位错线
　　 位错阵列
　C 柏氏矢量
　　 点缺陷
　　 断层形变　→(4)(5)
　　 弗兰克-里德源
　　 位错理论
　　 位错攀移
　　 位错相互作用
　　 位错源
　Z 晶体缺陷

位错胞
dislocation cells
O772
　S 晶胞*

位错倍增
　Y 位错增殖

位错壁
dislocation wall
O763；O772
　D 位错墙
　S 亚晶界
　Z 晶界

位错成核
dislocation nucleation
O78
　D 位错线成核
　S 晶体成核
　Z 晶体形成

位错弛豫
　Y 位错阻尼

位错钉扎
dislocation pinning
O772
　D 位错锚固
　S 钉扎效应
　F 位错脱钉
　C 位错阻尼
　　 杂质-位错相互作用
　Z 物理效应

位错发射
dislocation emission
O731
　S 发射*

位错反应
dislocation reaction
O772
　　S 位错运动
　　Z 运动(物理)

位错分布
dislocation distribution
O772
　　S 分布(物理学)*
　　C 位错理论
　　　　位错源

位错分布函数
dislocation distribution function
O344
　　S 函数(力学)*

位错腐蚀坑
　　Y 位错蚀坑

位错割阶
dislocation jog
O772
　　D 位错割阶运动
　　S 位错运动
　　Z 运动(物理)

位错割阶运动
　　Y 位错割阶

位错核心
dislocation core
O77
　　D 位错链
　　　　位错林
　　　　位错组织
　　S 缺陷中心
　　Z 晶体要素

位错滑移
dislocation glide
O772
　　D 位错平移
　　S 滑移
　　　　位错运动
　　Z 运动(物理)
　　　　运动(物理)

位错环
dislocation loop
O772
　　D 不滑动环
　　　　环状位错
　　　　晶体位错环
　　S 位错
　　Z 晶体缺陷

位错结构
dislocation structure
O772
　　S 缺陷结构
　　F 无序结构
　　C 位错理论
　　　　位错源
　　Z 晶体结构

位错界面
dislocation boundary
O772
　　S 固体界面*

位错坑
　　Y 位错蚀坑

位错-空位相互作用
　　Y 空位-位错相互作用

位错扩散
dislocation diffusion
O772
　　S 位错运动
　　Z 运动(物理)

位错理论
dislocation theory
O772
　　S 晶体学理论*
　　F 伏特拉位错理论
　　C 位错
　　　　位错分布
　　　　位错结构
　　　　位错生成

位错力
dislocation force
O313
　　S 力*
　　C 螺旋位错

位错链
　　Y 位错核心

位错林
　　Y 位错核心

位错锚固
　　Y 位错钉扎

位错密度
dislocation density
O772
　　S 晶体学参数*

位错密度函数
dislocation density function
O346；O772
　　S 函数(力学)*

位错模型
dislocation model
O369；P315.3
　　D 哈斯克位错模型
　　S 地震模型*
　　C 断层位移 →(4)(5)

位错能
dislocation energy
O772
　　D 位错能量
　　S 晶体学参数*

位错能量
　　Y 位错能

位错偶极子
dislocation dipole
O772
　　D 荷电位错
　　S 偶极子*

位错排列
　　Y 位错阵列

位错攀移
dislocation climb
O772
　　D 非保守位错运动
　　S 位错运动
　　C 位错
　　Z 运动(物理)

位错平移
　　Y 位错滑移

位错气团
dislocation atmosphere
O772
　　S 位错
　　F 科特雷耳气团
　　Z 晶体缺陷

位错强度
strength of dislocation
O772
　　S 晶体学参数*

位错墙
　　Y 位错壁

位错缺陷
　　Y 位错

位错塞积
dislocation pile-up
O344
　　S 塑性变形机理
　　C 剪应力
　　Z 机理

位错生成
dislocation generation
O772
　　S 位错运动
　　C 位错理论
　　Z 运动(物理)

位错蚀坑
dislocation etch pit
O772
　　D 位错腐蚀坑
　　　　位错坑
　　S 位错
　　Z 晶体缺陷

位错锁定
dislocation locking
O772
　　S 位错运动
　　C 科特雷耳气团
　　　　杂质-位错相互作用
　　Z 运动(物理)

位错拖曳
dislocation drag
O772
　　D 位错运动障碍
　　S 位错运动
　　Z 运动(物理)

位错脱钉

depinning of dislocation
O772
　　S 位错钉扎
　　Z 物理效应

位错网
　　Y 位错网络

位错网络
dislocation network
O772
　　D 位错网
　　S 位错
　　Z 晶体缺陷

位错线
dislocation line
O772
　　S 位错
　　Z 晶体缺陷

位错线成核
　　Y 位错成核

位错相互作用
dislocation interactions
O7
　　S 晶体场相互作用
　　F 空位-位错相互作用
　　　 杂质-位错相互作用
　　C 位错
　　Z 相互作用

位错源*
dislocation source
O772
　　F 巴丁-赫林源
　　　 动位错源
　　　 弗兰克-里德源
　　C 位错
　　　 位错分布
　　　 位错结构

位错运动
dislocation motion
O772
　　S 运动(物理)*
　　F 位错反应
　　　 位错割阶
　　　 位错滑移
　　　 位错扩散
　　　 位错攀移
　　　 位错生成
　　　 位错锁定
　　　 位错拖曳
　　　 位错增殖

位错运动障碍
　　Y 位错拖曳

位错-杂质相互作用
　　Y 杂质-位错相互作用

位错增殖
dislocation multiplication
O772
　　D 位错倍增
　　S 位错运动
　　C 弗兰克-里德源
　　Z 运动(物理)

位错阵列
dislocation array
O772
　　D 位错排列
　　S 位错
　　Z 晶体缺陷

位错阻尼
dislocation damping
O328；O7
　　D 钉扎位错开裂
　　　 格拉纳多-吕克理论
　　　 科斯特效应
　　　 位错弛豫
　　S 阻尼*
　　C 内摩擦
　　　 位错钉扎
　　　 滞弹性弛豫

位错组织
　　Y 位错核心

位距
　　Y 距离

位垒
　　Y 势垒

位力平衡
virial equilibrium
O312.2；O317
　　S 力平衡*

位力系数
　　Y 维里系数

位流
　　Y 势流

位能
　　Y 势能

位能曲线
potential energy curve
O57
　　S 曲线*

位势*
scalar potential
O174.3
　　F 规范势
　　　 体位势
　　C 势论 →(1)

位势场
geopotential fields
O4-0
　　S 物理场*

位势井
　　Y 势阱

位势流动
　　Y 势流

位势问题
potential problems
O342
　　S 力学问题*
　　C 位势函数 →(1)

位相
　　Y 相位

位相板
　　Y 相位板

位相差
　　Y 相位差

位相衬度成像
　　Y 相衬成像

位相共轭
　　Y 相位共轭

位相关系
phase relation
O7
　　D 相态关系
　　　 相位关系
　　S 关系*

位相光栅
phase gratings
O437.4；P111.3
　　S 计量光栅
　　Z 光栅

位相畸变
　　Y 相位畸变

位相畸变光束
phase distortion beam
O435
　　S 光束*

位相结构
　　Y 相结构

位相匹配
　　Y 相位匹配

位相全息图
phase hologram
O438.1
　　D 相全息图
　　　 相位全息图
　　　 相位型全息图
　　　 相息图
　　S 全息图*

位相扰动
phase perturbation
O432.12
　　S 扰动*

位相算符
　　Y 测量相位算符

位相延迟
　　Y 相位延迟

位相涨落
　　Y 相位起伏

位形
　　Y 位形空间

位形积分
configuration integral
O411
　　S 积分*

主　表　725

位形空间
configuration space
O551
D 位形
S 空间*
F 磁场位形
    平衡位形
C 取向 →(1)(3)
    形状
    坐标 →(1)(4)

位移*
displacement
O241；O243；O311.1
D 变位
    变位量
    位移模式
    移动量
F Stark 位移
    侧向位移
    畴壁位移
    初始位移
    垂直位移
    大位移
    单位位移
    弹性位移
    动态位移
    刚体位移
    共轭位移
    古斯-汉欣位移
    广义位移
    化学位移
    角位移
    节点位移
    结构位移
    径向位移
    均方位移
    兰姆位移
    离面位移
    模态位移
    平均位移
    平面位移
    切向位移
    三维位移
    水平位移
    体积位移
    微小位移
    线位移
    相位移
    虚位移
    应力位移
    永久位移
    张开位移
    振动位移
    支座位移
    质点位移
    轴向位移
C 断距 →(5)
    滑动速率
    卡氏第二定理
    位置误差
    走滑断层 →(5)

位移(结构)
Y 结构位移

位移边界

displacement boundary
O311；O343
D 边界位移法
    表面位移
S 移动边界
F 固定边界
Z 边界

位移边界条件
displacement boundary conditions
O343
S 边界条件*
    力学条件*

位移不连续
displacement discontinuity
O311.1
C 位移法

位移测量
displacement measurement
TB92
D 位移度测量
S 几何量测量*
F 微小位移测量
C 光栅干涉仪 →(4)

位移传递
Y 运动传递

位移导纳
receptance
O32
S 导纳*

位移电流
displacement current
O441.1
S 电流*

位移度测量
Y 位移测量

位移法
displacement method
O241.82；O242.2；O342
D 变位法
    刚度法
    劲度法
    偏移法
S 分析法(数学)*
F 随机位移法
C 结构力学
    位移不连续
    线位移
Z 力学方法

位移方程
displacement equation
O311.1
S 运动方程
Z 力学方程

位移方向
direction of displacement
O311
S 方向*

位移分量
displacement component

O311
S 分量*

位移分析
displacement analysis
O311.1
S 力学分析*
C 位移观测 →(4)

位移幅值
displacement amplitude
O311
D 位移振幅
S 振幅*

位移共振
displacement resonance
O321；P54
S 共振*

位移函数
displacement function
O311.1
S 函数(力学)*
C 单纯形积分 →(1)

位移极化
displacement polarization
O441.1
S 电介质极化
Z 极化

位移计算
displacement calculation
O311.1
D 积分位移
S 力学计算*
C 振动台试验 →(5)

位移矩阵
displacement matrix
O311.1
D 位移矩阵法
    置乱矩阵
S 矩阵*

位移矩阵法
Y 位移矩阵

位移模式
Y 位移

位移模型
displacement pattern
O311
S 力学模型*

位移矢量
displacement vector
O311.1
S 向量*

位移速率
displacement rate
O311.1
S 移速
Z 运动速度

位移梯度
displacement gradient
O311.1

S 梯度分布*

位移外推法
displacement extrapolation method
O311.1
　　S 力学方法*

位移系数
　　Y 位移因子

位移响应
displacement response
O32
　　S 响应*
　　C 强迫振动

位移型相变
displacive phase transition
O792
　　S 结构相变
　　Z 晶体相变

位移性相变
displacive transformations
O792
　　S 晶体相变*
　　C 晶格动力学

位移延性系数
displacement ductility factor
O311.1
　　S 系数*

位移因子
shift factor
O311
　　D 偏移因子
　　　水平移动系数
　　　位移系数
　　　相移系数
　　S 力学因子*
　　C 非定常气动系数

位移约束
displacement constraint
O311.1
　　S 约束*
　　C 连续体结构

位移振幅
　　Y 位移幅值

位置*
position
ZT74
　　D 位置参数
　　　位置点
　　F 场点
　　　激波位置
　　　裂纹位置
　　　盲点
　　　平衡位置
　　　三波点
　　　束流位置
　　　束腰位置
　　　瞬心
　　　形核位置
　　　源点
　　　真位置
　　　作用点

位置参数
　　Y 位置

位置点
　　Y 位置

位置校正
position correction
TN96
　　S 校正*

位置色差
　　Y 轴向色差

位置误差
position error
O43；P98
　　S 误差*
　　F 偏置误差
　　　平移误差
　　　阵元位置误差
　　C 定位误差　→(4)
　　　位移

位置向量场
position vector field
O183

魏森贝格数
Weissenberg number
O303
　　S 无量纲数*

魏斯定律
　　Y 晶带定律

温变
　　Y 温度变化

温标*
temperature scale
O551.2；P423
　　D 国际实用温标
　　　华氏温标
　　　经验温标
　　　兰氏温标
　　　温度标准
　　F 理想气体温标
　　　热力学温标
　　　摄氏温标
　　C 克劳修斯不等式
　　　温度
　　　温度测量

温伯格
Steven Weiberg
O4-09；O572.2
　　D 斯蒂芬·温伯格
　　S 物理学家*

温差*
temperature difference
O551.2；P412.11；P423
　　D 温度差
　　　温度差异
　　F 表面温差
　　　初始温差
　　　传热端差
　　　传热温差
　　　大温差

　　　等效温差
　　　动态温差
　　　恒温差
　　　横向温差
　　　极限温差
　　　计算温差
　　　节点温差
　　　可利用温差
　　　临界温差
　　　内外温差
　　　平均温差
　　　平面温差
　　　相对温差
　　　小温差
　　　有效温差
　　　综合温差
　　　最小温差
　　C 温度变化
　　　温度测量
　　　温度分布

温差电
　　Y 热电效应

温差电材料的品质因数
　　Y 优值因子

温差电材料平均品质因数
　　Y 优值因子

温差电动势
thermal electromotive force
O442
　　D 塞贝克电动势
　　S 电动势*

温差电势效应
　　Y 塞贝克效应

温差电现象
　　Y 热电效应

温差电效应
　　Y 热电效应

温差应力
　　Y 热应力

温度*
temperature
O551.2；P412.11
　　D 温度点
　　F 爆温
　　　变形温度
　　　表面温度
　　　测试温度
　　　点火温度
　　　电子温度
　　　反转温度
　　　费米温度
　　　分布温度
　　　辐射温度
　　　负温度
　　　共晶温度
　　　过热温度
　　　核温度
　　　环境温度
　　　火焰温度
　　　激发温度

绝对温度
颗粒温度
冷凝温度
离子温度
临界温度
流动温度
凝固温度
气体温度
清亮温度
热力学温度
色温
闪点
深冷温度
特征温度
系统温度
相变温度
循环温度
液氮温度
液氦温度
有序化温度
振动温度
中间温度
中子温度
转变温度
转换温度
最低温度
C 等温线 →(4)
冷却
气温直减率 →(4)
热量
热流密度 →(4)(5)
湿度 →(3)(4)
体积变化
温标
温度测量
温度分布
温度控制 →(4)

温度边界层
thermal boundary layer
O357.4
D 热边界层
热附面层
温度附面层
S 边界层
Z 流体层

温度变化*
temperature variation
O551.2；P412.11；P423
D 温变
温度趋势
F 等温变化
绝对温变
温度演化
温度跃变
C 温差
温度分布
温度较差 →(4)
温度结构
温度梯度 →(4)
温度条件 →(3)
温度异常 →(4)(5)

温度标准
Y 温标

温度波
temperature wave
O361
D 第五声
熵波
S 波*

温度参数*
temperature parameter
O551.2；P412.11；P423
D 气温参数
温度倒数
F 等温
降温速率
升温速率
温度系数
增温率
C 风寒指数 →(4)
气温梯度 →(4)
气温直减率 →(4)
气象参数

温度测定
Y 温度测量

温度测量*
temperature measurement
O551.2；P412.11
D 测温
测温法
温度测定
温度测量方法
温度测试
温度法
温度探测
温度诊断
F 低温测量
多光谱测温
分布式测温
辐射测温
高温测量
红外测温
浅孔测温
C 测辐射热计 →(4)
电阻温度计 →(4)
高温计
气象观测 →(4)(5)
温标
温差
温度
温度计 →(4)
温度控制 →(4)
温度重建 →(4)

温度测量方法
Y 温度测量

温度测试
Y 温度测量

温度差
Y 温差

温度差法
Y 温度梯度法

温度差异
Y 温差

温度场特征
characters of the temperature field
O55
S 物理特性*

温度冲击
Y 热冲击

温度传导率
Y 热扩散率

温度猝灭
temperature quenching
O482.3
D 热猝灭
S 猝灭*

温度单位
temperature units
TB942
S 计量单位*
F 华氏度
摄氏度

温度倒数
Y 温度参数

温度点
Y 温度

温度法
Y 温度测量

温度范围
Y 温区

温度分布*
temperature distribution
O551.2；P412.11
F 瞬态温度分布
C 等温流
等温线 →(4)
气温分区 →(4)
温差
温度
温度变化
温度场 →(4)
温度分布曲线 →(4)
温度梯度 →(4)
温度相关
午后效应 →(4)

温度分区
Y 温区

温度附面层
Y 温度边界层

温度格林函数
Y 温度函数

温度函数
temperature function
O551.2；P412.11
D 松原函数
温度格林函数
虚时格林函数
S 函数(物理)*

温度恢复系数
Y 温度系数

温度畸变
temperature distortions
O435.2；P111.3
　　S 流场畸变
　　Z 畸变

温度计算
temperature calculation
TB942
　　S 计算*

温度校正系数
temperature correction factor
O551.2；P412.11；P423
　　S 温度系数
　　Z 温度参数

温度结构
temperature structure
O551.2；P412.11；P73
　　S 温度特性*
　　C 温度变化

温度脉冲
thermal pulse
O357
　　D 热脉冲
　　　温度脉动
　　　温度起伏
　　S 脉冲(力学)*

温度脉动
　　Y 温度脉冲

温度起伏
　　Y 温度脉冲

温度趋势
　　Y 温度变化

温度-时间曲线
　　Y 升温曲线

温度试验
temperature tests
TB461.1
　　D 高低温试验
　　S 气象试验*
　　　试验*
　　F 低温试验
　　　高温试验

温度探测
　　Y 温度测量

温度特性*
temperature characteristic
ZT4
　　D 温度特征
　　F 低温物性
　　　温度结构
　　　温度依赖性
　　　阻温特性

温度特征
　　Y 温度特性

温度梯度场
temperature gradient field
O414.1
　　S 势场

　　C 热-电耦合分析
　　Z 物理场

温度梯度法
temperature gradient method
O78
　　D 温度差法
　　　温梯法
　　S 熔体生长法
　　Z 晶体生长方法

温度系数
temperature coefficient
O551.2；P412.11；P423
　　D 时间温度指数
　　　温度恢复系数
　　S 温度参数*
　　F 负温度系数
　　　温度校正系数
　　　正温度系数
　　C 温度相关

温度相关
temperature correlation
ZT84
　　D 温度相关性
　　S 相关*
　　C 低温
　　　空间相关
　　　时间相关
　　　温度分布
　　　温度系数
　　　温区

温度相关性
　　Y 温度相关

温度序列
temperature series
O551.2；P412.11
　　S 序列*

温度演化
temperature evolution
O551.2；P412.11；P423
　　S 温度变化*

温度依赖
　　Y 温度依赖性

温度依赖性
temperature dependence
O551.2
　　D 温度依赖
　　S 温度特性*

温度应力
　　Y 热应力

温度-应力路径
temperature-stress path
O343.4
　　S 应力路径
　　Z 路径

温度诱导相变
　　Y 热致相变

温度跃变
temperature jump

O551.2；P412.11；P423
　　S 温度变化*
　　C 大气边界层

温度载荷
temperature load
O347；P423
　　S 荷载*

温度诊断
　　Y 温度测量

温度振荡
temperature oscillation
O551.2
　　S 振荡*

温度自补偿应变计
self-temperature compensating gage
TH7
　　S 应变计
　　Z 测量仪器

温区*
temperature zone
O551.2；P412.11；P423.1
　　D 温度范围
　　　温度分区
　　F 等温区
　　　恒温区
　　　宽温区
　　　冷池
　　　三温区
　　　双温区
　　C 气温分区　→(4)
　　　温度分层　→(4)
　　　温度相关

温升曲线
　　Y 升温曲线

温梯法
　　Y 温度梯度法

纹波
ripple
TB971
　　S 波*
　　F 电流纹波
　　　电压纹波
　　　转矩纹波

纹波电流
　　Y 电流纹波

纹影干涉
　　Y 云纹干涉

纹影仪
schlieren
O432
　　S 光学测量仪器
　　C 干涉测量
　　　照相
　　Z 测量仪器

纹影织构
schlieren texture
O753.2
　　S 液晶织构

Z 类晶结构
　　织构

紊动
　Y 湍流

紊动扩散
　Y 湍流扩散

紊动能
　Y 湍流能量

紊动能量
　Y 湍流能量

紊动强度
　Y 湍流强度

紊动射流
　Y 湍流射流

紊动水流
　Y 湍流

紊流
　Y 湍流

紊流边界层
　Y 湍流边界层

紊流变动
　Y 湍流变动

紊流参数
　Y 湍流参数

紊流测量
　Y 湍流测量

紊流层
　Y 流层

紊流场
　Y 湍流流场

紊流尺度
　Y 湍流尺度

紊流传热
　Y 湍流传热

紊流动能
　Y 湍动能

紊流度
　Y 湍流强度

紊流对流
　Y 湍流对流

紊流附面层
　Y 湍流边界层

紊流惯性次区
　Y 湍流流场

紊流耗散率
　Y 湍流耗散率

紊流宏观尺度
　Y 湍流尺度

紊流换热
　Y 湍流传热

紊流混合
　Y 湍流混合

紊流混合层
　Y 混合层

紊流激波
　Y 湍流激波

紊流间歇
　Y 湍流变动

紊流减阻
　Y 湍流减阻

紊流剪切
　Y 湍流剪切

紊流剪应力
　Y 湍流切应力

紊流结构
　Y 湍流结构

紊流介质
　Y 湍流介质

紊流控制
　Y 湍流控制

紊流扩散
　Y 湍流扩散

紊流扩散方程
　Y 湍流运动方程

紊流扩散系数
　Y 湍流扩散系数

紊流理论
　Y 湍流理论

紊流流场
　Y 湍流流场

紊流流动
　Y 湍流

紊流脉动
　Y 湍流脉动

紊流脉动场
　Y 湍流流场

紊流弥散
　Y 湍流弥散

紊流模拟
　Y 湍流模拟

紊流模式
　Y 湍流模型

紊流模型
　Y 湍流模型

紊流能量
　Y 湍流能量

紊流能量方程
　Y 湍流能量方程

紊流能谱
　Y 湍流能谱

紊流粘性
　Y 涡粘性

紊流粘性系数
　Y 湍流粘性系数

紊流平均场
　Y 湍流流场

紊流谱
　Y 湍流谱

紊流强度
　Y 湍流强度

紊流切应力
　Y 湍流切应力

紊流区
　Y 湍流流场

紊流热传导
　Y 湍流传热

紊流热通量
　Y 湍流热通量

紊流热通量方程
　Y 湍流运动方程

紊流射流
　Y 湍流射流

紊流数值模拟
　Y 湍流数值模拟

紊流衰减
　Y 湍流变动

紊流特性
　Y 湍流特性

紊流通量
　Y 湍流通量

紊流统计理论
　Y 湍流统计理论

紊流微尺度
　Y 湍流尺度

紊流尾流
　Y 湍流尾流

紊流相关系数
　Y 湍流相关系数

紊流应力
　Y 湍流应力

紊流运动
　Y 湍流

紊流运动方程
　Y 湍流运动方程

紊流阻力
　Y 流动阻力

稳定*
stabilization
ZT5
　D 安定状态
　　不稳定

　　　　不稳定状态
　　　　定常态
　　　　定态
　　　　非定态
　　　　非稳定状态
　　　　基态
　　　　基态结构
　　　　计算不稳定
　　　　绝对不稳定
　　　　平稳状态
　　　　稳定态
　　　　稳定状态
　　　　稳态
　　　　稳态结构
　　　　线性计算不稳定
　　　　致稳
　　　　状态稳定性
　　F　弹塑性稳定
　　　　动力不稳定
　　　　多稳态
　　　　非定常不稳定
　　　　非线性稳定
　　　　绝对稳定
　　　　内稳态
　　　　气动稳定
　　　　潜在不稳定
　　　　双稳态
　　　　相稳定
　　　　亚稳态
　　　　整体稳定
　　　　中性稳定
　　　　准稳态
　　C　过渡态　→(1)
　　　　平衡
　　　　状态

稳定(数学)
　　Y　稳定性(数学)

稳定安全系数
　　Y　稳定系数

稳定爆轰
steady detonation
O381
　　D　稳恒爆震
　　S　爆轰*

稳定比
stabilization ratio
O43
　　S　比率*

稳定边界层
stable boundary layer
O357.4
　　S　边界层
　　Z　流体层

稳定带
stability zone
O357；P31
　　D　定态带
　　S　层带*

稳定度*
degree of stability
O317；O347.2
　　D　垂向稳定度
　　　　垂直稳定度
　　　　动力稳定度
　　　　惯性稳定度
　　　　相位稳定度
　　F　不稳定度
　　　　长期稳定度
　　　　静力不稳定度
　　　　静力稳定度
　　　　相对稳定度
　　C　绝对涡度　→(4)

稳定度试验
　　Y　稳定性试验

稳定度指数
　　Y　稳定性指数

稳定法
　　Y　稳定化方法

稳定方法
　　Y　稳定化方法

稳定分布
　　Y　稳态概率分布

稳定分析
　　Y　稳定性分析

稳定分析法
　　Y　稳定化方法

稳定分析方法
　　Y　稳定化方法

稳定核
stable nucleus
O571.21
　　S　原子核*

稳定化
　　Y　稳定性

稳定化方法
stabilization method
O317
　　D　稳定法
　　　　稳定方法
　　　　稳定分析法
　　　　稳定分析方法
　　　　稳定性分析方法
　　S　力学方法*
　　C　2-范数　→(1)
　　　　特征差分　→(1)
　　　　土质边坡　→(5)

稳定化有限元
stabilized finite element
O241；O317
　　D　稳定化有限元方法
　　S　有限元*
　　C　共轭梯度法　→(1)(5)

稳定化有限元方法
　　Y　稳定化有限元

稳定计算
　　Y　稳定性计算

稳定力矩
stability moment

O312.2
　　D　复原力矩
　　　　横向复原力矩
　　　　恢复力矩
　　　　回复力矩
　　　　回正力矩
　　　　减摇力矩
　　　　抗倾覆力矩
　　　　控制力矩
　　　　平衡扭矩
　　　　平衡转矩
　　　　稳性力矩
　　S　力矩*

稳定裂纹扩展
stable crack growth
O346.1
　　D　定常裂纹扩展
　　S　裂纹扩展
　　Z　扩展

稳定流
steady flow
O351
　　D　定常流
　　　　定常流动
　　　　恒定流
　　　　稳定流动
　　　　稳流
　　　　稳态流
　　　　稳态流动
　　S　流体流*
　　F　科特流
　　　　准定常流
　　C　连续性方程
　　　　蒸汽流动

稳定流动
　　Y　稳定流

稳定能
stabilization energy
O74；O77
　　S　晶场参数
　　Z　晶体学参数

稳定平衡
stable equilibrium
O312.2；O317
　　D　不稳定平衡
　　S　力平衡*

稳定平台(导航)
　　Y　陀螺仪

稳定区图
　　Y　稳定图

稳定渗流场
steady seepage field
O357.3
　　D　非均质随机渗流场
　　　　非稳定渗流场
　　S　均匀流场
　　　　渗流场
　　Z　流场

稳定随机激励
　　Y　平稳随机激励

稳定随机振动
  Y 平稳随机振动

稳定态
  Y 稳定

稳定条件
  Y 稳定性条件

稳定图
stability diagram
O317
  D 稳定区图
     稳定性图
  S 图表*

稳定系数
stability coefficient
O317
  D 稳定安全系数
     稳定性系数
     稳性系数
  S 系数*
  C 边坡稳定性 →(5)
     抗滑稳定 →(5)
     内部稳定性 →(1)
     稳定性计算

稳定性*
stability
O17；O317
  D 安定性
     不稳定性
     非定常
     非稳定
     非稳态
     稳定化
     稳定性能
     稳性
  F Weibel 不稳定性
     边带不稳定性
     地面稳定性
     电磁不稳定性
     电荷稳定性
     调制不稳定性
     光学稳定性
     晶格稳定性
     绝对稳定性
     能量稳定性
     耦合束团不稳定性
     平均波长稳定性
     强稳定性
     热力学稳定性
     双稳性
     同步稳定性
     线性稳定性
     相对稳定性
     相稳定性
     亚稳定性
     仪器稳定性
     自稳定性
  C 查普曼-朱格特条件
     可变性 →(1)
     李雅普诺夫方法 →(1)
     平稳随机过程 →(1)
     失稳
     稳定性判据

稳定性(工程地质)*
stability (engineering geology)
P642.2
  F 地基稳定性

稳定性(数学)*
stability (mathematics)
O175.13
  D 稳定(数学)
     稳定性问题
  F 渐近稳定性
  C 线性周期系统 →(1)

稳定性导数
  Y 动导数

稳定性分析
stability analysis
O317
  D 安定性分析
     平稳性分析
     启发式稳定分析
     稳定分析
     希尔特方法
     希尔特稳定性分析
  S 力学分析*
  F 线性稳定性分析
  C B_3 样条函数 →(1)
     不平衡推力
     类比模型 →(4)
     土质边坡 →(5)
     稳定性计算
     稳定性判别 →(1)
     有限条法
     有限元强度折减法

稳定性分析方法
  Y 稳定化方法

稳定性计算
stability calculation
O317
  D 稳定计算
     稳定验算
     稳性分析
     稳性计算
  S 力学计算*
  C 灵敏度分析
     稳定系数
     稳定性分析
     岩土力学 →(5)

稳定性理论
stability theory
O175；O317
  D 稳定性原理
     运动稳定性理论
  S 数学理论*
  C 理论力学

稳定性能
  Y 稳定性

稳定性判据
stability criteria
O317；O351
  D 失稳准则
     稳定性准则
  S 准则*

  C 阶跃响应 →(1)
     稳定性
     相平面 →(1)

稳定性试验
stability test
O317
  D 热稳定性试验
     稳定度试验
     稳性试验
     振动稳定性试验
  S 性能试验
  Z 试验

稳定性条件
stability condition
O317
  D 稳定条件
  S 条件*
  C 重构公式 →(1)

稳定性图
  Y 稳定图

稳定性问题
  Y 稳定性(数学)

稳定性系数
  Y 稳定系数

稳定性原理
  Y 稳定性理论

稳定性指数
stability index
O317
  D 稳定度指数
  S 指数*

稳定性准则
  Y 稳定性判据

稳定验算
  Y 稳定性计算

稳定状态
  Y 稳定

稳恒爆震
  Y 稳定爆轰

稳恒磁场
steady magnetic field
O441.2
  D 稳态磁场
  S 磁场*

稳恒电场
  Y 恒定电场

稳恒电流
  Y 恒定电流

稳恒电流场
steady current field
O441.1
  S 电流场
  Z 电场

稳流
  Y 稳定流

主　表　733

稳速
　　Y 速度稳定性

稳态
　　Y 稳定

稳态磁场
　　Y 稳恒磁场

稳态法
steady-state method
O451
　　S 物理法*

稳态反应
　　Y 稳态响应

稳态分布
　　Y 稳态概率分布

稳态概率分布
equilibrium probability distribution
O211.3；O317
　　D 稳定分布
　　　 稳态分布
　　　 稳态概率密度
　　S 概率分布*
　　C 强相合性 →(1)
　　　 随机变量 →(1)
　　　 稳态解 →(1)

稳态概率密度
　　Y 稳态概率分布

稳态畸变
steady-state distortions
O435.2；P111.3
　　S 流场畸变
　　Z 畸变

稳态结构
　　Y 稳定

稳态流
　　Y 稳定流

稳态流动
　　Y 稳定流

稳态流阻
　　Y 流动阻力

稳态平面波
steady-state plane wave
O441.4
　　S 平面电磁波
　　Z 电磁波

稳态气蚀
　　Y 叶面空化

稳态热传导
steady-state conduction
TK124
　　S 传热
　　Z 能量转移

稳态蠕变
steady-state creep
O344.6
　　D 第二阶段蠕变
　　　 定常蠕变

　　　 二期蠕变
　　　 二野蠕变
　　　 恒速蠕变
　　　 蠕变第二阶段
　　S 蠕变*

稳态响应
steady-state response
O317
　　D 稳态反应
　　S 响应*
　　C 瞬态响应

稳态引力场
　　Y 引力场

稳态荧光
steady-state fluorescence
O462.3
　　S 荧光*

稳态荧光猝灭
　　Y 静态猝灭

稳态振荡
　　Y 稳态振动

稳态振动
steady-state vibration
O32
　　D 连续振动
　　　 稳态振荡
　　S 振动*

稳相法
stationary phase method
O451
　　S 物理法*

稳心
　　Y 浮心

稳性
　　Y 稳定性

稳性分析
　　Y 稳定性计算

稳性计算
　　Y 稳定性计算

稳性力矩
　　Y 稳定力矩

稳性试验
　　Y 稳定性试验

稳性系数
　　Y 稳定系数

涡
　　Y 涡旋

涡胞*
vortex cell
O351
　　F 对流涡胞
　　　 卷筒涡胞

涡层
vortex sheet
O351；P43；P447

　　D 涡片
　　S 流体层*

涡传导性系数
　　Y 传导系数(流体)

涡电流
eddy current
O441.1
　　D 傅科电流
　　S 电流*
　　C 涡流损耗

涡动动量通量
　　Y 湍流通量

涡动动能
　　Y 湍流能量

涡动扩散
　　Y 湍流扩散

涡动力学
vortex dynamics
O351.2
　　S 流体动力学
　　Z 流体力学

涡动切应力
　　Y 雷诺应力

涡动热通量
　　Y 湍流热通量

涡动通量
　　Y 湍流通量

涡动应力
　　Y 动应力

涡度方程
vorticity equation
O357.1；P447
　　D 涡量方程
　　　 涡流方程
　　S 流动方程
　　C 涡度变率 →(4)
　　Z 力学方程

涡度通量
　　Y 湍流通量

涡对
vortex pair
O351.3；O357.1
　　S 涡结构
　　C 尾流
　　Z 流体结构

涡方法
vortex method
O241；O351.3
　　D 表面涡方法
　　S 数学方法*
　　C 大涡模拟

涡干扰
vortex interaction
O357.1
　　S 气动力干扰*
　　C 流动显示

涡管
vortex tube
O351.3
　D 涡流管
　　 涡旋管
　　 涡旋线
　S 涡结构
　C 亥姆霍兹定理
　　 平面射流
　　 强旋流
　　 涡流场
　Z 流体结构

涡合并
vortices merging
O357.1
　C 涡流

涡核
vortex core
O357.1；P447；P731.21
　D 次涡旋
　　 内涡旋
　　 涡心
　S 涡结构
　F 旋进涡核
　C 涡旋
　Z 流体结构

涡环
vortex ring
O351
　D 涡流圈
　　 涡圈
　S 涡结构
　Z 流体结构

涡激振动
vortex induced vibration
O32
　D 涡致振动
　S 激振
　C 涡激运动 →(4)
　Z 振动

涡街
vortex street
O351；P43
　D 卡曼涡街
　　 卡门涡
　　 卡门涡街
　　 涡列
　S 涡旋*
　C 气体-液体混合物
　　 湍流尾流
　　 涡面

涡结构
eddy structure
O351.3；O357.1；P447
　D 涡旋结构
　S 流体结构*
　F 大涡结构
　　 涡对
　　 涡管
　　 涡核
　　 涡环
　　 涡面

涡旋场
　C 涡旋合并 →(4)

涡控制
vortex control
O357
　S 流体控制
　Z 控制

涡扩散
　Y 湍流扩散

涡扩散性
　Y 湍流扩散

涡量场
　Y 涡流场

涡量方程
　Y 涡度方程

涡量-流函数
vorticity-stream function
O351.3；O357.1
　S 函数(力学)*
　C 分步法 →(1)

涡列
　Y 涡街

涡流
vortex
O351.3；O357.1；P447；P731.2
　D 涡旋流
　　 涡旋流动
　　 旋流
　　 旋涡流
　　 旋涡流动
　　 旋涡运动
　　 旋转气流
　　 旋转水流
　　 漩流
　　 有旋流
　　 有旋流动
　S 流体流*
　F 感应涡流
　　 内旋流
　C 前缘涡
　　 弱旋流场
　　 三维涡流场
　　 水流阻力
　　 涡合并
　　 涡升力
　　 涡旋
　　 旋转
　　 赝势函数

涡流比
vortex ratio
O351
　S 比率*
　C 流量系数
　　 转速

涡流场
eddy-current field
O351.3；O357.1；P434
　D 涡量场
　　 涡流磁场
　　 旋度场

旋涡场
　S 流场*
　F 三维涡流场
　C 散度场 →(4)
　　 涡管
　　 涡线
　　 载流导体

涡流传导性系数
　Y 传导系数(流体)

涡流磁场
　Y 涡流场

涡流点阵钉扎
　Y 磁通钉扎

涡流方程
　Y 涡度方程

涡流管
　Y 涡管

涡流扩散
　Y 湍流扩散

涡流扩散作用
　Y 湍流扩散

涡流粘度
　Y 涡粘性

涡流粘性
　Y 涡粘性

涡流圈
　Y 涡环

涡流损耗
eddy-current loss
O361；O441.2
　D 欧姆损耗
　　 涡流损失
　S 磁损失
　C 涡电流
　Z 能量损耗

涡流损失
　Y 涡流损耗

涡流尾迹
　Y 尾流

涡流系
　Y 涡旋

涡流噪声
vortex noise
O422.8
　D 旋涡噪声
　S 流噪声
　Z 噪声

涡流阻力
　Y 粘性阻力

涡轮振动
turbine vibration
O327
　D 透平振动
　S 结构振动
　Z 振动

涡面
vortex surface
O351.3；P447；P731.21
　D 涡旋面
　S 涡结构
　C 湍流尾流
　　 涡街
　Z 流体结构

涡粘度
　Y 涡粘性

涡粘性
eddy viscosity
O357.1
　D 湍流粘度
　　 湍流粘性
　　 紊流粘性
　　 涡流粘度
　　 涡流粘性
　　 涡粘度
　　 旋涡粘度
　　 旋涡粘性
　S 流体粘度
　Z 粘度

涡粘性系数
coefficient of eddy viscosity
O351
　S 粘滞系数
　Z 输运系数（流体力学）

涡片
　Y 涡层

涡破裂
vortex breakdown
O357；P447；P731.21
　D 涡旋破碎
　　 旋涡破裂
　　 旋涡破碎
　S 破裂
　C 流动稳定性
　　 湍流
　　 旋转流动
　Z 断裂

涡圈
　Y 涡环

涡升力
vortex lift
O357
　S 升力
　C 涡流
　Z 力

涡丝
　Y 涡线

涡通量
　Y 湍流通量

涡脱落
　Y 旋涡脱落

涡尾流
　Y 尾流

涡系

　Y 涡旋

涡线
vortex line
O351.3；O357.1；P43
　D 涡丝
　　 线涡
　S 受力曲线*
　C 亥姆霍兹定理
　　 涡流场

涡心
　Y 涡核

涡旋*
vortex
O351.3；O357.1；P447
　D 滚轴涡旋
　　 火旋涡
　　 体涡
　　 湍涡
　　 涡
　　 涡流系
　　 涡系
　　 涡旋态
　　 旋涡
　　 漩涡
　　 翼尖涡系
　　 约束涡
　F Dean 涡
　　 Taylor 涡
　　 二次涡
　　 发卡涡
　　 非对称涡
　　 分离旋涡
　　 附着涡
　　 离散涡
　　 流涡
　　 螺旋涡
　　 马蹄涡
　　 起动涡
　　 前缘涡
　　 脱落涡
　　 涡街
　　 翼尖涡
　　 驻涡
　　 自由涡
　C 边界层
　　 亥姆霍兹定理
　　 颗粒运动
　　 空化
　　 气旋　→(4)
　　 湍流强度
　　 涡度平流　→(4)
　　 涡核
　　 涡流

涡旋 Rossby 波
vortex Rossby waves
O353；P433
　D 涡旋罗斯贝波
　S 大气波动*

涡旋场
eddy field
O357.1；P447；P731.21
　S 涡结构
　Z 流体结构

涡旋电场
eddy electric field
O441.1
　S 电场*

涡旋管
　Y 涡管

涡旋光束
vortex beams
O435
　S 光束*
　F 部分相干涡旋光束

涡旋结构
　Y 涡结构

涡旋流
　Y 涡流

涡旋流动
　Y 涡流

涡旋罗斯贝波
　Y 涡旋 Rossby 波

涡旋面
　Y 涡面

涡旋破碎
　Y 涡破裂

涡旋态
　Y 涡旋

涡旋脱落
　Y 旋涡脱落

涡旋线
　Y 涡管

涡穴
　Y 空化

涡致振动
　Y 涡激振动

涡阻
　Y 粘性阻力

涡阻力
　Y 粘性阻力

沃伊特固体
　Y Kelvin-Voigt 模型

沃伊特假说
　Y Kelvin-Voigt 模型

沃伊特-开尔文模型
　Y Kelvin-Voigt 模型

沃伊特模型
　Y Kelvin-Voigt 模型

渥拉斯顿棱镜
Wollaston prism
TH74
　S 偏光棱镜
　Z 光学元件

乌龟坐标变换
tortoise coordinate transformation
O572.2；P14

D tortoise 变换
　　tortoise 坐标变换
S 坐标转换*
C tortoise 坐标 →(4)

污染分析
pollution analysis
O43
　　S 分析*

污染气流
　　Y 气流

污染探测
pollution detection
TN29
　　S 光电探测
　　Z 探测

污染物弥散
　　Y 弥散

钨酸钡晶体
$BaWO_4$ crystal
O734
　　D $BaWO_4$ 晶体
　　S 钨酸盐晶体
　　Z 光学晶体
　　　　晶体

钨酸铋钠晶体
sodium bismuth tungstate crystal
O734
　　D NBW 晶体
　　S 钨酸盐晶体
　　Z 光学晶体
　　　　晶体

钨酸铅晶体
lead tungstate crystals
O734
　　D $PbWO_4$ 晶体
　　S 钨酸盐晶体
　　Z 光学晶体
　　　　晶体

钨酸盐晶体
tungstate crystal
O734
　　S 无机非线性光学晶体
　　F 掺钕钨酸钆钾晶体
　　　　钨酸钡晶体
　　　　钨酸铋钠晶体
　　　　钨酸铅晶体
　　　　钨酸钇钠晶体
　　Z 光学晶体
　　　　晶体

钨酸钇钠晶体
NYW crystal
O734
　　D $NaY(WO_4)_2$ 晶体
　　　　NYW 晶体
　　S 钨酸盐晶体
　　Z 光学晶体
　　　　晶体

屋脊棱镜
roof prism
TH74

　　S 五角棱镜
　　Z 光学元件

无标度性
scaleless property
O572.23
　　S 物理性质*

无磁性
　　Y 非磁性

无单元法
element free method
O344.3
　　S 力学方法*
　　F 边界无单元法
　　C 插值函数

无电波反射室
　　Y 微波暗室

无电极放电
electrodeless discharge
O461.2
　　D 无极放电
　　S 放电*
　　F 微波放电

无定形薄膜
　　Y 非晶薄膜

无定形合金
　　Y 非晶态合金

无定形合金材料
　　Y 非晶态合金

无定形聚合物
　　Y 非晶态聚合物

无定形膜
　　Y 非晶薄膜

无定形态
amorphous state
O754
　　S 晶态
　　Z 物态

无定形相
　　Y 非晶相

无反射边界
nonreflecting boundary
O357.4
　　S 边界*

无反射边界条件
　　Y 反射边界条件

无反转增益
gain without inversion
O431.1
　　S 光增益
　　Z 增益

无辐射跃迁
nonradiative transition
O562
　　D 非辐射跃迁
　　S 辐射跃迁
　　Z 跃迁

无坩埚法
crucibleless technique
O782
　　S 熔体生长法
　　Z 晶体生长方法

无公度晶体
incommensurate crystal
O74
　　S 晶体*

无公度-有公度转变
　　Y 有公度-无公度转变

无功电流
reactive current
O441.1
　　S 电流*

无功功率
reactive power
O441.1
　　S 电功率
　　C 快速解耦
　　Z 功率

无固次数
　　Y 无量纲数

无光阑透镜
thin lens without aperture
TH74
　　S 透镜
　　Z 光学元件

无规相位
　　Y 随机相位

无规运动
　　Y 热运动

无规则运动
　　Y 热运动

无滑滚动
non-slide rolling
O311
　　S 滚动
　　Z 运动

无滑移条件
　　Y 滑移条件

无火焰原子吸收法
flameless atomic absorption spectrometry
O433.4；O657.31
　　D 无焰原子吸收光谱法
　　S 火焰原子吸收光谱法
　　Z 光谱分析

无机电致发光
inorganic electroluminescence
O436.4
　　S 电致发光
　　Z 发光

无机多聚物
　　Y 无机聚合物

无机非线性光学晶体
inorganic nonlinear optical crystal

O734
 D 非线性光学无机晶体
  非线性无机光学晶体
 S 非线性光学晶体
  无机晶体
 F 掺铱铝酸钇晶体
  碲镉汞晶体
  碲锌镉晶体
  碘酸盐晶体
  钒酸盐晶体
  氟代硼铍酸钾晶体
  氟化物晶体
  磷酸盐晶体
  磷锗锌晶体
  硫镓银晶体
  钼酸铅晶体
  铌酸盐晶体
  硼酸盐晶体
  砷酸钛氧钾晶体
  砷酸钛氧铷晶体
  钛酸盐晶体
  钽酸锂晶体
  钨酸盐晶体
  硒化镓晶体
  硒镓银晶体
  钇铝石榴石
  锗酸铋晶体
 Z 光学晶体
  晶体

无机高分子
 Y 无机聚合物

无机高分子聚合物
 Y 无机聚合物

无机高聚物
 Y 无机聚合物

无机化学反应
 Y 化学反应

无机晶体
inorganic crystals
O74
 S 晶体*
 F 硅酸盐晶体
  硫酸铜晶体
  络合物晶体
  碳酸钙晶体
  无机非线性光学晶体
  无机闪烁晶体
  氧化物晶体

无机晶体结构
 Y 无机物晶体结构

无机晶须
inorganic whisker
O784
 S 晶须*
 F 金属晶须
  石墨晶须
  陶瓷晶须
  无机盐晶须

无机聚合物*
inorganic polymer
O635

 D 无机多聚物
  无机高分子
  无机高分子聚合物
  无机高聚物
 F 晶质石墨
 C 有机聚合物 →(3)

无机纳米晶
inorganic nano-crystal
O76
 D 无机纳米晶体
 S 纳米晶
 F 碲化镉纳米晶
  二氧化钛纳米晶
  金属纳米晶
  硫化镉纳米晶
  硫化铅纳米晶
  铁基纳米晶
  硒化镉纳米晶
  氧化锡纳米晶
  氧化锌纳米晶
 Z 晶体
  纳米材料

无机纳米晶体
 Y 无机纳米晶

无机闪烁晶体
inorganic scintillation crystal
O734
 D 无机闪烁体
 S 闪烁晶体
  无机晶体
 F 碘化铯晶体
 Z 光学晶体
  晶体

无机闪烁体
 Y 无机闪烁晶体

无机物晶体结构
inorganic-crystal structure
O76
 D 无机晶体结构
 S 晶体微结构
 Z 晶体结构

无机盐晶须
inorganic salt whisker
O784
 S 无机晶须
 F 二氧化钛晶须
  碱式硫酸镁晶须
  硫酸钙晶须
  硼化钛晶须
  偏磷酸钙晶须
  三钛酸钠晶须
  四钛酸钾晶须
  碳化钛晶须
  碳酸钙晶须
 Z 晶须

无极放电
 Y 无电极放电

无极分子
nonpolar molecule
O561.1
 S 分子*

无极速度图法
non-polar velocity-diagram method
O313
 S 力学方法*

无剪力分配法
non-shear force distribution method
O342
 S 力学方法*
 C 弯矩分配法

无界元
unbounded element
TU4
 C 控制方程

无控弹道
unguided trajectory
O315
 S 外弹道
 Z 弹道

无扩散相变
diffusionless phase transition
O792
 S 晶体相变*
 F 马氏体相变

无力场
force-free field
O361；P142
 D 无力场(力学)
 S 场(力学)*

无力场(力学)
 Y 无力场

无粒性流体
 Y 理想流体

无量纲变量
dimensionless variable
O303
 S 无量纲数*

无量纲方程
non-dimensional equation
O411；P43
 D 无量纲方程式
  无量纲方程组
  无量纲方程组式
  无量纲公式
 S 物理方程*
 C 无量纲数

无量纲方程式
 Y 无量纲方程

无量纲方程组
 Y 无量纲方程

无量纲方程组式
 Y 无量纲方程

无量纲公式
 Y 无量纲方程

无量纲数*
dimensionless number
O303
 D 无固次数

无量纲值
无维数
无因次量
无因次数
无因次数值
  F Knudsen 数
    Stokes 数
    埃克特数
    磁相互作用数
    费根鲍姆数
    弗劳德数
    傅里叶数
    格拉斯霍夫数
    哈特曼数
    克奴曾数
    空化数
    雷诺数
    理查森数
    刘易斯数
    流体泊桑比
    路易士数
    罗斯比数
    马赫数
    努赛尔数
    普朗特数
    瑞利数
    施密特数
    斯坦顿数
    斯特劳哈尔数
    泰勒数
    韦伯数
    魏森贝格数
    无量纲变量
    载荷勒夫数
  C 磁流体动力学
    流体粘度
    努赛尔数
    平均自由程
    无量纲方程
    物理力学
    稀薄气流
    稀薄气体动力学

无量纲值
  Y 无量纲数

无摩擦流
  Y 无粘流

无粘流
inviscid flow
O351.3
  D 非粘性流
    理想流
    理想流动
    无摩擦流
    无粘性流
    无粘性流动
  S 流体流*
  F 驻点流
  C 普朗特数

无粘流场
inviscid flow field
O351.3
  S 流场*

无粘性流
  Y 无粘流

无粘性流动
  Y 无粘流

无粘性流体
  Y 理想流体

无碰撞等离体
  Y 无碰撞等离子体

无碰撞等离子体
collisionless plasma
O53
  D Vlasov 等离子体
    无碰撞等离体
  S 碰撞等离子体
  Z 等离子体

无碰撞激波
collisionless shock waves
O354.5
  S 磁流体力学激波
  Z 激波

无碰撞阻尼
collisionless damping
O328
  S 阻尼*

无溶剂纳米流体
solvent-free nano fluid
O351
  S 纳米流体
  Z 流体

无声放电
  Y 介质阻挡放电

无网格 Galerkin 法
element-free galerkin method
O34
  S 无网格方法
  Z 力学方法

无网格方法
mesh-less method
O351.2
  S 力学方法*
  F MPS 方法
    光滑粒子流体动力学方法
    粒子法
    无网格 Galerkin 法
    无网格局部 Petrov-Galerkin 方法
    无网格流形方法
    杂交边界点法
    再生核质点法

无网格局部 Petrov-Galerkin 法
  Y 无网格局部 Petrov-Galerkin 方法

无网格局部 Petrov-Galerkin 方法
meshless local Petrov-Galerkin method
O346
  D 无网格局部 Petrov-Galerkin 法
  S 无网格方法
  Z 力学方法

无网格流形方法
meshless manifold method
O35
  S 无网格方法
  Z 力学方法

无维数
  Y 无量纲数

无位错单晶
dislocation free mono-crystal
O772
  D 无位错单晶材料
    无位错单晶体
    无位错单晶体材料
  S 单晶
  Z 晶体

无位错单晶材料
  Y 无位错单晶

无位错单晶体
  Y 无位错单晶

无位错单晶体材料
  Y 无位错单晶

无涡波动
  Y 势波

无线电波
radio waves
O451
  D 电波
  S 电磁波*
  F 长波
    地波
    调频波
    短波
    微波
  C 电离层效应 →(5)

无线电波传播
  Y 电磁波传播

无线电波折射
  Y 电磁波折射

无线电电子学
radioelectronics
O45
  S 电子学*
  C 无线电物理学

无线电频率*
radio frequency
O451
  D 射频
  F 低频
    高频
    微波频率
    中频
  C 无线电定位 →(4)
    无线电频谱
    无线电物理学

无线电频谱
radio-frequency spectrum
O456
  D RF 谱
    射电频谱
    射频频谱
    射频谱

无线频谱
　S 电磁频谱
　C 无线电频率
　Z 频谱

无线电物理学
radiophysics
O45
　S 应用物理学
　F 量子无线电物理学
　C 量子信息技术
　　量子信息学
　　无线电电子学
　　无线电频率
　Z 物理学

无线频谱
　Y 无线电频谱

无限深方势阱
infinite square potential well
O41
　S 无限深势阱
　Z 势阱

无限深量子阱
infinite deep quantum well
O47
　S 量子阱
　　无限深势阱
　Z 势阱

无限深势阱
infinite well
O41
　S 势阱*
　F 无限深方势阱
　　无限深量子阱
　　一维无限深势阱

无限小转动
infinitesimal rotation
O313.3
　D 微元角位移
　S 旋转
　Z 运动

无限自由度系统振动
　Y 弹性体振动

无向量
　Y 标量

无序结构
disordered structure
O76
　S 位错结构
　Z 晶体结构

无序介质
disordered media
O482
　S 介质*
　C 光子局域化

无序有序相变
　Y 有序-无序相变

无旋波
　Y 势波

无旋流
　Y 势流

无旋流动
　Y 势流

无压流
non-pressure flow
O351
　D 明流
　　自流
　　自流流动
　S 流体流*
　C 临界水深　→(5)
　　水动力学　→(5)

无压渗流
unconfined seepage
O357.3
　D 带自由面渗流
　　渗流自由面
　　自由面渗流
　S 渗流
　C 自由表面
　Z 流体流

无压渗流场
unconfined seepage field
O357.3
　S 渗流场
　C 自由表面
　Z 流场

无衍射
　Y 衍射

无衍射贝塞尔光束
diffraction-free bessel beam
O436.1
　S 贝塞尔光束
　　无衍射光束
　C 非球面透镜
　Z 光束

无衍射光
　Y 无衍射光束

无衍射光束
non-diffracting beam
O436.1
　D 无衍射光
　S 衍射光束
　F 无衍射贝塞尔光束
　C 基尔霍夫定律
　　柯林斯公式
　　衍射积分
　Z 光束

无焰原子吸收光谱法
　Y 无火焰原子吸收法

无因次量
　Y 无量纲数

无因次数
　Y 无量纲数

无因次数值
　Y 无量纲数

无载荷状态
non-loaded state
O312
　S 状态*

无振荡罗经
deadbeat compass
TH761；U666
　S 罗经
　Z 测绘仪器
　　导航设备

无阻尼
zero damping
O328
　S 阻尼*

无阻尼单摆
undamped simple pendulum
O314
　S 单摆
　Z 摆

无阻尼系统
undamped system
O32
　S 振动系统
　Z 力学系统

无阻尼振荡
undamped oscillation
TN75
　D 不衰减振动
　　等幅摆动
　S 振荡*

无阻尼振动
undamped vibration
O32
　D 持续振荡
　　等幅振荡
　　等幅振动
　　自持振荡
　S 振动*
　C 振动系统

五角棱镜
pentagonal prism
TH74
　S 光学棱镜
　F 屋脊棱镜
　Z 光学元件

五阶非线性
fifth-order nonlinearity
O437
　S 数学性质*
　C 演化方程　→(1)

五夸克态
penta-quark state
O572.3
　S 夸克
　Z 粒子

五帧免疫算法
　Y 相移算法

五帧免疫算法公式
　Y 相移算法

五帧算法
  Y 相移算法

五帧算法公式
  Y 相移算法

物端光栅
  Y 光栅

物方焦点
  Y 焦点

物方空间
object space
O435
  D 物空间
  S 空间*

物光
  Y 物光束

物光波
object wave
O438.1
  S 光波
  Z 电磁波

物光束
object beam
O435.2
  D 物光
  S 光束*

物镜
objective lens
TH744
  D 接物玻璃
    接物镜
    物镜系统
  S 光学元件*
  F 变焦距物镜
    高斯物镜
    光刻物镜
    摄影物镜
    投影物镜
    望远物镜
    鱼眼物镜
    折射物镜
    准直物镜

物镜系统
  Y 物镜

物距
object distance
O435

物空间
  Y 物方空间

物理
  Y 物理学

物理摆
  Y 复摆

物理爆炸
physical explosion
O38
  S 爆炸*
  F 电爆炸

  C 化学爆炸 →(3)

物理变化*
physical change
O4-0
  F 电场变化
    电阻变化
    光谱变化
    亮度变化
    密度变化
    强度变化
    速度变化
    相态变化
    粘度变化
    折射率变化
  C 物理过程

物理变换*
physical transformation
O4-0
  F 量子变换
    频率变换
    时空变换
    速度变换
    相对论变换
    相位变换
    旋转变换
    压缩变换

物理参数*
physical parameter
O4-0
  F K 精度参数
    传导率
    电荷密度
    电流密度
    发射率
    放电参数
    伏安特性曲线
    光电参数
    核参数
    极化曲线
    介电参数
    禁带宽度
    空穴密度
    热力学参数
    射线强度
    势能曲线
    态密度
    通量密度
    物质密度
    吸收率
    序参量
    载流子寿命
    振子强度
  C 物理参数识别
    物理模拟
    物理特性

物理参数识别
physical parameter identification
O4-0
  S 识别*
  F 阻尼识别
  C 物理参数

物理测量*
physical measurement

O4-34
  D 物理量测量
  F Bell 基测量
    薄膜测量
    磁测量
    晶体测量
    粒子测量
    量子测量
    能量测量
    散射测量
  C 测量标准
    测量精度
    格值 →(5)
    物理法
    物理量

物理常量
  Y 物理常数

物理常数*
physical constant
O4-0
  D 物理常量
  F 传输常数
    分子常数
    光学常数
    基本物理常数
    介电常数
    热力学常数
    压电常量

物理场*
physical field
O4-0
  F 标量场
    超常物理场
    超精细场
    电弹场
    钉扎场
    分子场
    干涉场
    规范场
    横场
    静态场
    均匀场
    空间场
    粒子场
    量子场
    能量场
    耦合场
    频率变化场
    平均场
    腔场
    强场
    热力场
    弱场
    时变场
    手征场
    外加驱动场
    尾波场
    位势场
    物理量场
    雾化场
    希格斯场
    相干场
    向量场
    张量场

主　表　741

　　真空场
　　正交场
　　中子场
　　驻波场
　　自洽场
　　自旋场
　　纵场
　　C 分布

物理场热处理
　　Y 应变时效

物理成分
　　Y 组分

物理定理*
physical theorem
O4-0
　　F CPT 定理
　　　H 定理
　　　超维里定理
　　　倒易定理
　　　环路定理
　　　李-约克定理
　　　量子不可克隆定理
　　　量子绝热定理
　　　能量原理
　　　能斯特定理
　　　泡利不相容原理
　　C 物理方程

物理定律*
physical law
O4-0
　　F 毕奥-萨伐尔定律
　　　磁路定律
　　　电磁感应定律
　　　电阻定律
　　　反平方律
　　　辐射定律
　　　光学定律
　　　焦耳定律
　　　居里定律
　　　库仑定律
　　　楞次定律
　　　洛仑兹规范
　　　麦克斯韦速度分布律
　　　莫塞莱定律
　　　帕邢定律
　　　热力学定律
　　　守恒定律
　　　选择定则
　　C 物理方程
　　　物理理论
　　　物理学

物理法*
physical methods
O4-3
　　D 物理方法
　　　物理研究法
　　　物理研究方法
　　F γ射线透射法
　　　半经典方法
　　　爆炸合成法
　　　冲击波合成法
　　　固相合成法
　　　量子统计法

　　　内接法
　　　能量自洽法
　　　平面波展开法
　　　热力学方法
　　　时域有限体积法
　　　矢量法
　　　数学物理方法
　　　瞬态热线法
　　　四探针法
　　　微元法
　　　稳态法
　　　稳相法
　　　物理模型法
　　　相空间法
　　　压缩法
　　　抑制电导法
　　　有限时域差分法
　　　直接截断法
　　　驻波法
　　　自燃烧法
　　　自适应法
　　　作图法
　　C 物理测量
　　　物理分析
　　　物理过程

物理方程*
physical equation
O411
　　D 物理方程式
　　　物理公式
　　F Bloch 方程
　　　Sellmeier 方程
　　　Sine-Gordon 方程
　　　爱因斯坦方程
　　　贝特-沙耳皮特方程
　　　玻耳兹曼方程
　　　布拉格方程
　　　场方程
　　　反射方程
　　　泛定方程
　　　菲涅耳公式
　　　光线方程
　　　光栅方程
　　　久保公式
　　　柯林斯公式
　　　克拉珀龙方程
　　　克里斯托夫方程
　　　劳厄方程
　　　粒子输运方程
　　　卢瑟福散射公式
　　　伦敦方程
　　　麦克斯韦方程
　　　能量方程
　　　频率方程
　　　频散方程
　　　普朗克公式
　　　普适公式
　　　色差公式
　　　色散方程
　　　数学物理方程
　　　唯象方程
　　　无量纲方程
　　　薛定谔方程
　　C 方程
　　　方程(化学)

　　　物理定理
　　　物理定律
　　　物理过程
　　　物理检验
　　　物理理论
　　　物理学

物理方程式
　　Y 物理方程

物理方法
　　Y 物理法

物理仿真
　　Y 物理模拟

物理仿真法
　　Y 物理模拟

物理仿真方法
　　Y 物理模拟

物理仿真过程
　　Y 物理模拟

物理仿真实验
　　Y 物理模拟

物理仿真实验方法
　　Y 物理模拟

物理仿真实验过程
　　Y 物理模拟

物理分解*
physical decomposition
O4-3
　　F 频率分解
　　　频谱分解
　　　失稳分解

物理分析*
physical analysis
O4-3
　　F 薄膜分析
　　　分波分析
　　　离子束分析
　　　粒子分析
　　　物理量分析
　　C 物理法
　　　物理模拟
　　　物理特性

物理概念模型
physical conceptual model
O4-3
　　S 物理模型*

物理公式
　　Y 物理方程

物理光学
physical optics
O436
　　S 光学*
　　F 波动光学
　　　磁光学
　　　导波光学
　　　电光学
　　　迭代物理光学
　　　分子光学

红外光学
　　离子光学
　　量子光学
　　偏振光学
　　射线光学
　　声光学
　　束流光学
　　相干光学
　　亚波长光学
　　衍射光学
　　原子光学
　C 惠更斯原理
物理光学迭代法
　Y 迭代物理光学法
物理过程*
physical process
O4-0
　F Drell-Yan 过程
　　遍举过程
　　超快过程
　　单举过程
　　等容过程
　　等温过程
　　多方过程
　　多光子过程
　　复合过程
　　光物理过程
　　慢化
　　热化
　　微观过程
　　跃变
　　暂态过程
　　直线过程
　　自发过程
　C 物理变化
　　物理法
　　物理方程
　　物理过程参数化
　　物理机制
　　物理模拟
物理过程参数化
physical process parameterization
O4-0
　S 参数化*
　C 物理过程
物理机械性能
physical and mechanical properties
TH113
　S 物理性质*
物理机制*
physical mechanism
O4-0
　F 超导机制
　　发光机制
　　发声机制
　　极化机制
　　晶化机理
　　扩散机制
　　希格斯机制
　C 物理过程
物理基础
　Y 物理基础理论

物理基础理论
physical basis
O4-0
　D 基础物理概念
　　物理基础
　S 物理理论*
　C 宇宙学 →(4)
物理检验
physical examination
O4-3
　S 检验*
　C 物理方程
物理经济学
　Y 经济物理
物理勘探
　Y 地球物理勘探
物理理论*
physical theory
O4-0
　D 物理学理论
　F 薄膜理论
　　场论
　　超流理论
　　等离子体理论
　　电磁理论
　　叠加原理
　　非平衡统计理论
　　分子理论
　　固体理论
　　混沌理论
　　量子论
　　凝固理论
　　热力学理论
　　矢量理论
　　唯象理论
　　物理基础理论
　　物理体系
　　弦理论
　　相变理论
　　相对论
　　原子理论
　C 物理定律
　　物理方程
　　物理模拟
　　物理实验
　　物理特性
　　物理效应
　　物理学
物理力学
physical mechanics
O369
　S 力学*
　C 无量纲数
物理力学参数
physics and mechanics parameters
O369
　D 物理力学指标
　S 力学参数*
　C 概率统计分析 →(1)
物理力学指标
　Y 物理力学参数

物理量*
physical quantities
O4-3
　F 标量
　　磁导
　　电感
　　电感量
　　电量
　　过程量
　　基本物理量
　　热导
　　热力学量
　　旋量
　　延迟量
　C 物理测量
物理量测量
　Y 物理测量
物理量场
physical quantity field
O4-3
　S 物理场*
物理量分析
physical quantity analysis
O4-3
　S 物理分析*
物理量特征
physical quantity characteristic
O4-3
　S 物理特性*
物理量指标
physical quantity index
O4-3
　S 指标*
物理模拟*
physical simulation
O411.3
　D 物理仿真
　　物理仿真法
　　物理仿真方法
　　物理仿真过程
　　物理仿真实验
　　物理仿真实验方法
　　物理仿真实验过程
　　物理模拟法
　　物理模拟方法
　　物理模拟过程
　　物理模拟实验
　　物理模拟实验方法
　　物理模拟实验过程
　F 半物理仿真
　　变形模拟
　　磁场仿真
　　等离子体模拟
　　电场模拟
　　电磁模拟
　　分子模拟
　　风洞模拟
　　辐射模拟
　　光学模拟
　　介观模拟
　　粒子模拟
　　声学仿真

主　表　743

　　　失超模拟
　　　水槽模拟
　　C　物理参数
　　　物理分析
　　　物理过程
　　　物理理论
　　　物理实验

物理模拟法
　　Y　物理模拟

物理模拟方法
　　Y　物理模拟

物理模拟过程
　　Y　物理模拟

物理模拟实验
　　Y　物理模拟

物理模拟实验方法
　　Y　物理模拟

物理模拟实验过程
　　Y　物理模拟

物理模拟试验
physical simulation tests
O4-33
　　S　试验*
　　　物理实验
　　F　半物理模拟试验
　　Z　科学实验

物理模型*
physical model
O4-3
　　D　模型（物理）
　　F　Anderson 模型
　　　Cole-Cole 模型
　　　G-W-S 模型
　　　Longuet-Higgins 模型
　　　Potts 模型
　　　场论模型
　　　德拜模型
　　　电磁模型
　　　电子模型
　　　叠加模型
　　　二分量模型
　　　二向色性模型
　　　光学模型
　　　哈巴德模型
　　　海森堡模型
　　　核模型
　　　回击模型
　　　介电模型
　　　紧束缚模型
　　　经典过垒模型
　　　可积模型
　　　扩散限制凝聚模型
　　　粒子模型
　　　米堆模型
　　　膜模型
　　　能带理论模型
　　　偶极子模型
　　　膨胀模型
　　　热力学模型
　　　三能级模型
　　　三态模型

　　　声学模型
　　　势模型
　　　输运模型
　　　双带模型
　　　双温模型
　　　随机耦合模型
　　　物理概念模型
　　　相互作用模型
　　　雪耙模型
　　　伊辛模型
　　　原子模型
　　C　物理模型法
　　　物理模型试验

物理模型法
method of physical model
O4-3
　　S　物理法*
　　C　物理模型

物理模型试验
physical model test
O4-33
　　D　物模试验
　　S　试验*
　　　物理实验
　　C　物理模型
　　Z　科学实验

物理气相传输
　　Y　物理气相传输法

物理气相传输法
physical vapor transport
O78
　　D　PVT 法
　　　物理气相传输
　　S　气相生长法
　　Z　晶体生长方法

物理绕射理论
physical theory of diffraction
O436
　　S　光学理论*

物理声学
physical acoustics
O424
　　D　波动声学
　　S　声学*

物理实验
physical experiment
O4-33
　　D　物理试验
　　　物理学实验
　　S　科学实验*
　　F　Aspect 实验
　　　EPR 实验
　　　超声实验
　　　对比性实验
　　　菲佐实验
　　　弗兰克-赫兹实验
　　　浮环实验
　　　伽尔顿板实验
　　　干燥实验
　　　光学实验
　　　核物理实验
　　　结构实验

　　　静电实验
　　　兰姆移位
　　　理想实验
　　　密立根油滴实验
　　　萘升华实验
　　　热学实验
　　　声学实验
　　　物理模拟试验
　　　物理模型试验
　　　析因实验
　　　小尺度实验
　　　斜面实验
　　　心理物理学实验
　　　引力实验
　　　中微子实验
　　C　实验记录　→(1)
　　　实验设计　→(1)
　　　实验室
　　　实验数据　→(1)
　　　实验物理学
　　　物理理论
　　　物理模拟
　　　物理学

物理实验数据
physical experiment data
O4-33
　　S　实验结果*

物理试验
　　Y　物理实验

物理数学仿真
　　Y　半物理仿真

物理数学模型
mathematical physics model
O41
　　D　数学物理模型
　　S　数学模型*

物理特性*
physical characteristics
O4-0
　　D　物理特征
　　　物性特征
　　F　标度特性
　　　超导性
　　　等离子体特性
　　　发射特性
　　　结构特性
　　　量子特性
　　　流场特性
　　　频率特性
　　　散射特性
　　　衰减特性
　　　微波特性
　　　温度场特征
　　　物理量特征
　　C　物理参数
　　　物理分析
　　　物理理论
　　　物理效应
　　　物理性质

物理特征
　　Y　物理特性

物理体系

physical system
O4-0
　　S 物理理论*
　　F 宏观
　　　　介观
　　　　微观

物理天平
physical balance
TH715.11
　　S 天平
　　Z 测量仪器

物理条件
physical condition
O4-3
　　S 条件*
　　F 成像条件
　　　　近轴条件
　　　　远场条件

物理效应*
physical effect
O41
　　F 等离子体效应
　　　　电子效应
　　　　钉扎效应
　　　　多普勒效应
　　　　俄歇效应
　　　　反馈效应
　　　　非简谐效应
　　　　非经典效应
　　　　核效应
　　　　激子效应
　　　　极化效应
　　　　界面效应
　　　　近藤效应
　　　　开关效应
　　　　壳效应
　　　　扩散效应
　　　　缺陷效应
　　　　矢量效应
　　　　体效应
　　　　团簇效应
　　　　吸收效应
　　　　相对论效应
　　　　引力效应
　　　　质量效应
　　C 物理理论
　　　　物理特性

物理性能
　　Y 物理性质

物理性质*
physical properties
O4-0
　　D 物理性能
　　　　物理性状
　　　　物理属性
　　　　物性
　　F 波动性
　　　　薄膜性质
　　　　超流动性
　　　　传导性
　　　　电磁特性
　　　　厄米性
　　　　发射性能

　　　　非简谐性
　　　　核性质
　　　　基态性质
　　　　平衡性质
　　　　输运性质
　　　　无标度性
　　　　物理机械性能
　　　　相变性质
　　　　相对论性
　　　　协变性
　　　　幺正性
　　　　自洽性
　　C 化学性质
　　　　物理特性
　　　　物理学
　　　　物性标准
　　　　物性参数 →(5)
　　　　物性测定

物理性状
　　Y 物理性质

物理学*
physics
O4
　　D 物理
　　F 爆轰物理学
　　　　表面物理
　　　　冲击波物理
　　　　等离子体物理学
　　　　低温物理学
　　　　非线性物理
　　　　分子物理学
　　　　高能物理学
　　　　高温物理学
　　　　高压物理学
　　　　固体物理学
　　　　近代物理学
　　　　经典物理学
　　　　理论物理学
　　　　普通物理学
　　　　热学
　　　　物性学
　　　　应用物理学
　　　　原子物理学
　　C 数理科学 →(1)
　　　　物理定律
　　　　物理方程
　　　　物理理论
　　　　物理实验
　　　　物理性质
　　　　物理学家
　　　　物理学史
　　　　物质

物理学家*
physicist
O4-09
　　D 理论物理学家
　　F 爱因斯坦
　　　　玻尔
　　　　玻耳兹曼
　　　　麦克斯韦
　　　　普朗克
　　　　温伯格
　　　　薛定谔
　　C 物理学

物理学理论
　　Y 物理理论

物理学名词
physical terms
O4-0
　　S 术语*

物理学实验
　　Y 物理实验

物理学史
history of physics
O4-09
　　S 科技史*
　　C 物理学

物理研究法
　　Y 物理法

物理研究方法
　　Y 物理法

物理仪器
physical apparatus
TH7
　　S 仪器仪表*

物理属性
　　Y 物理性质

物理状态
　　Y 物态

物面
　　Y 物平面

物模试验
　　Y 物理模型试验

物平面
object plane
TB8；TH74
　　D 物面
　　S 平面*

物态*
state of matter
O414.12
　　D 物理状态
　　　　物质状态
　　F 等离子态
　　　　固态
　　　　简并态
　　　　凝聚态
　　　　气态
　　　　液态
　　C 物理化学 →(3)
　　　　物态方程
　　　　相变

物态变化*
change of state
O552.6
　　F 固化
　　　　固-液相变
　　　　凝华
　　　　汽化
　　　　升华
　　　　液化

主 表 745

物态方程
equation of state
O414.12
　　D 物态方程式
　　　物态方程组
　　　物态方程组式
　　　物态公式
　　　物态计算法
　　　物态计算方程
　　　物态计算方程式
　　　物态计算方法
　　　物态计算公式
　　　物态计算式
　　S 热力学方程*
　　C 物态

物态方程式
　　Y 物态方程

物态方程组
　　Y 物态方程

物态方程组式
　　Y 物态方程

物态公式
　　Y 物态方程

物态计算法
　　Y 物态方程

物态计算方程
　　Y 物态方程

物态计算方程式
　　Y 物态方程

物态计算方法
　　Y 物态方程

物态计算公式
　　Y 物态方程

物态计算式
　　Y 物态方程

物探
　　Y 地球物理勘探

物探测量
　　Y 地球物理勘探

物探方法
　　Y 地球物理勘探

物探技术
　　Y 地球物理勘探

物探勘查
　　Y 地球物理勘探

物探仪器*
geophysical instrument
P631
　　D 地球物理勘探设备
　　　地球物理勘探仪器
　　　地球物理仪器
　　　物探装备
　　F 不稳型重力仪
　　　诺加德重力仪
　　　威斯顿重力仪
　　　助动重力仪

　　C 仪器仪表

物探异常
　　Y 地球物理异常

物探装备
　　Y 物探仪器

物体*
object
ZT81
　　F 半无限体
　　　变形体
　　　杵体
　　　弹性体
　　　钝体
　　　多胞固体
　　　多刚体
　　　刚体
　　　黑体
　　　后体
　　　可变形体
　　　理想物体
　　　流体弹塑性体
　　　流线体
　　　落体
　　　抛物体
　　　前体
　　　升力体
　　　塑性体
　　　细长体
　　　障碍物
　　　振动体
　　　转动物体
　　C 物质

物体波
　　Y 物质波

物相结构
phase structure
O552.5
　　S 相结构*
　　F 晶相结构
　　　液态结构
　　C 相界面

物像共轭
object-image conjugate
O435
　　S 共轭*

物性
　　Y 物理性质

物性标准
physical property standards
TB4
　　S 标准规范*
　　C 物理性质

物性测定
measurement of physical properties
TB463.1
　　S 检测*
　　C 物理性质

物性特征
　　Y 物理特性

物性学
properties of matter
O41
　　S 物理学*

物质*
matter
ZT
　　F 等离子体杂质
　　　反物质
　　　刚性线夹杂
　　　工作物质
　　　核物质
　　　激活杂质
　　　晶体夹杂物
　　　类氢杂质
　　　凝聚态物质
　　　软物质
　　　深能级杂质
　　　施主杂质
　　　铁磁质
　　　吸附物
　　　以太物质
　　C 物理学
　　　物体

物质波
De Broglie wave
O413
　　D 德布罗意波
　　　实物波
　　　物体波
　　S 波*

物质不灭
　　Y 质量守恒定律

物质不灭定理
　　Y 质量守恒定律

物质不灭定律
　　Y 质量守恒定律

物质成分
　　Y 组分

物质磁性
　　Y 磁性

物质点法
material point method
O346.1
　　D 物质点方法
　　S 力学方法*
　　C 流体力学
　　　质点网格法

物质点方法
　　Y 物质点法

物质反铁磁性
　　Y 反铁磁

物质分离*
material separation
TQ028
　　D 分离法
　　F 超音速分离
　　　磁分离
　　　分凝

扩散分离
凝并
同位素分离
C 提纯 →(3)

物质介电性质
Y 介电性质

物质力学性质
material mechanical properties
O3
S 力学性质*
F 固体力学性质
液体力学性质
C 应力效应

物质密度
matter density
O4-0
D 介质密度
S 物理参数*
F 固体密度
流体密度
气体密度
相对密度
C 比重分析 →(3)
多孔性
密度测量
浓度
质点网格法

物质迁移*
matter transport
O35
D 传质
物质输送
物质输运
物质运移
质量传递
质量传输
质量交换
质量输送
质量输运
质量转换
质量转移
F 化学气相传输
气体传输
C 对流
多孔边界层控制
流体动力学
能量转移
吸积 →(4)
质量流量
转移

物质热性质
Y 热物理性质

物质守恒
Y 质量守恒定律

物质守恒定理
Y 质量守恒定律

物质守恒定律
Y 质量守恒定律

物质输送
Y 物质迁移

物质输运
Y 物质迁移

物质损耗
Y 质量损失

物质铁磁性
Y 铁磁性

物质微观结构*
micro material structure
O482
F 表面微结构
量子结构
微纳结构
显微结构

物质运移
Y 物质迁移

物质质量
Y 质量

物质转化
matter transformation
O412
S 变化*

物质状态
Y 物态

物质组成
Y 组分

物质组分
Y 组分

误差*
error
O241.1
D 误差问题
误差值
F 导航误差
调整误差
辐射误差
环境误差
畸变差
偏心误差
偏振误差
平行差
时间误差
实验误差
水平误差
位置误差
线性误差
相位误差
相移误差
信道估计误差
信号误差
阵列误差
正交误差
C 测量误差
等距对应 →(1)
渐近伪压缩映象 →(1)
精度
可靠性
偏差 →(1)(4)(5)
误差分析 →(1)
校正
滞后

误差补偿
error compensation
TM4
S 误差处理*
C 补偿法
误差改正

误差测量
error measurement
TB462.1
D 误差检测
S 测量*

误差处理*
error processing
TG8
F 误差补偿

误差订正
Y 误差改正

误差改正*
error correction
P207
D 偏差订正
误差订正
误差矫正
误差纠正
误差校正
误差修正
F 声速改正
C 平差 →(4)
气象改正 →(4)
误差补偿

误差检测
Y 误差测量

误差矫正
Y 误差改正

误差校正
Y 误差改正

误差纠正
Y 误差改正

误差问题
Y 误差

误差修正
Y 误差改正

误差值
Y 误差

雾滴尺寸分布
Y 质点大小分布

雾化场
atomization field
O4-0
S 物理场*

雾化电晕放电
atomizing corona discharge
O461
S 电晕放电
Z 放电

雾化流动

主　表　747

　　Y 气液两相流

雾流
　　Y 雾状流

雾状流
mist flow
O35
　　D 滴状流
　　　弥散流
　　　雾流
　　S 流体流*

吸附*
adsorption
O357.4；O647.3
　　D 边界层吸附
　　　多层吸附
　　　可逆吸附
　　　流动再附着
　　　平衡吸附
　　　吸附方式
　　　吸附过程
　　　吸附态
　　　吸附状态
　　　吸附作用
　　　吸着
　　F 负吸附
　　　硅胶吸附
　　　热解吸
　　C 表面性质 →(3)
　　　附着
　　　吸附层 →(3)
　　　吸附方程 →(3)
　　　吸附平衡 →(3)
　　　吸附热效应 →(3)
　　　吸附时间 →(3)
　　　吸附物
　　　吸收

吸附方式
　　Y 吸附

吸附分子
adsorbed molecules
O561
　　S 分子*

吸附过程
　　Y 吸附

吸附量热
　　Y 微量吸附量热

吸附速度
adsorption rate
O311；O64
　　D 吸附速率
　　　吸收速率
　　S 速度*
　　C 吸附量 →(3)
　　　吸附时间 →(3)
　　　吸附性 →(3)
　　　质量传递系数

吸附速率
　　Y 吸附速度

吸附态
　　Y 吸附

吸附物
sorbate
O357.4；O647.3
　　S 物质*
　　C 吸附
　　　吸附层 →(3)

吸附相
adsorption phase
O485
　　S 相*

吸附状态
　　Y 吸附

吸附作用
　　Y 吸附

吸光度*
absorbance
O436.2；P141；P422.3
　　D 消光值
　　F 消光比
　　　消光系数
　　C 标准曲线 →(3)
　　　通带
　　　消光
　　　消光截面
　　　消光因子 →(4)

吸光特性
　　Y 光吸收特性

吸光系数
　　Y 消光系数

吸光性
　　Y 光吸收特性

吸光性能
　　Y 光吸收特性

吸合电压
pull-in voltage
TM933.2
　　S 电压*

吸力
　　Y 抽力

吸气流动
inhalation flow
O354
　　D 吸入流
　　S 流动*
　　C 平面射流

吸热
thermal absorption
O55；O642
　　D 热吸收
　　　吸收热
　　S 热量*
　　C 放热

吸入流
　　Y 吸气流动

吸声
　　Y 声吸收

吸声性
sound absorption
O422.4
　　S 声学特性*

吸收*
absorption
O647.3
　　D 吸收过程
　　　吸收作用
　　F α粒子吸收
　　　超子吸收
　　　反常吸收
　　C 反射
　　　解吸 →(3)
　　　冷阱 →(3)
　　　衰减
　　　吸附
　　　吸收体 →(4)

吸收比
　　Y 吸收率

吸收边
　　Y 吸收光谱

吸收边界条件
absorbing boundary condition
O241.82；O343
　　S 边界条件*

吸收带
absorption band
O433.51
　　S 光谱带
　　F 转动谱带
　　Z 光谱结构

吸收功率
absorbed power
O55
　　S 功率*

吸收光谱*
absorption spectrum
O433.51
　　D 光吸收边
　　　光吸收谱
　　　光学吸收边
　　　光学吸收谱
　　　吸收边
　　　吸收谱
　　　吸收限
　　F X 射线吸收光谱
　　　饱和吸收光谱
　　　差分吸收光谱
　　　电子吸收光谱
　　　调制吸收光谱
　　　分子吸收光谱
　　　红外吸收光谱
　　　可调谐激光吸收光谱
　　　可见吸收光谱
　　　偏振吸收光谱
　　　腔增强吸收光谱
　　　瞬态吸收光谱
　　C X 射线光谱分析
　　　X 射线吸收光谱
　　　比色法 →(3)
　　　光谱

光谱吸收
光吸收
吸收光谱分析
吸收谱线

吸收光谱分析
absorption spectral analysis
O433.4；O657.3
    D 饱和吸收光谱法
    S 光谱分析*
    F 多轴差分吸收光谱技术
       气相分子吸收光谱法
       原子吸收光谱法
       紫外吸收光谱法
    C 光谱吸收
       吸光光度法 →(3)
       吸收光谱
       吸收光谱仪 →(4)

吸收过程
    Y 吸收

吸收校正
absorption correction
O4
    S 校正*

吸收截面
absorption cross section
O552
    S 截面*

吸收介质
absorbing medium
O4-0
    S 介质*

吸收率
absorption rate
O4-0
    D 吸收比
    S 物理参数*
    C 基尔霍夫定律

吸收谱
    Y 吸收光谱

吸收谱线
absorption line
O433.3；P144.1；P162
    D 吸收线
    S 谱线*
    C 发射谱线
       吸收光谱

吸收热
    Y 吸热

吸收速率
    Y 吸附速度

吸收损耗
absorption loss
O451
    S 传输损耗
    Z 能量损耗

吸收系数
absorption coefficient
O43；O48；O647.3
    D 比吸收系数
       吸收指数
    S 系数*
    C 灰体

吸收线
    Y 吸收谱线

吸收限
    Y 吸收光谱

吸收效应
absorption effect
O55
    S 物理效应*

吸收因子
absorption factor
O432；P422.3
    S 因子*
    C 气象因子

吸收指数
    Y 吸收系数

吸收作用
    Y 吸收

吸引盆
basin of attraction
O35
    C 全局同胚 →(1)

吸引子*
attractor
O17；O415.5
    D 引子
    F Lorenz 吸引子
       混沌吸引子
    C 分形空间 →(1)
       混沌理论
       混沌系统
       排斥子
       整体维数 →(1)

吸振
vibration absorption
O328
    S 减振*
    F 动力吸振

吸着
    Y 吸附

希尔伯特空间
Hilbert space
O177.1；O41
    D hilbert 空间
       装备希尔伯特空间
    S 空间(数学)*
    C Kantorovich 不等式 →(1)
       投影算子 →(1)
       正周期解 →(1)

希尔伯特谱
Hilbert spectrum
O456
    S 谱*
    C Hilbert-Huang 变换 →(1)

希尔特方法
    Y 稳定性分析

希尔特稳定性分析
    Y 稳定性分析

希格斯玻色子
Higgs bosons
O572.31
    D 希格斯粒子
    S 中间玻色子
    Z 粒子

希格斯场
Higgs field
O438.1
    S 物理场*
    C 量子场论
       希格斯机制

希格斯机制
Higgs mechanism
O41
    S 物理机制*
    C 希格斯场

希格斯粒子
    Y 希格斯玻色子

希兰测距系统
    Y 雷达测距仪

析晶
crystallization
O792
    D 晶体析出
       析晶现象
       析晶行为
    S 结晶现象*
    F 表面析晶
       玻璃析晶
       定向析晶
       受控析晶

析晶现象
    Y 析晶

析晶行为
    Y 析晶

析因实验
factorial experiment
O4-33
    S 物理实验
    Z 科学实验

硒化镉单晶
CdSe single crystal
O738
    D CdSe 单晶
       CdSe 单晶材料
       CdSe 单晶体
       CdSe 单晶体材料
       硒化镉单晶材料
       硒化镉单晶体
       硒化镉单晶体材料
    S 半导体单晶
    Z 晶体

硒化镉单晶材料
    Y 硒化镉单晶

硒化镉单晶体
　Y 硒化镉单晶

硒化镉单晶体材料
　Y 硒化镉单晶

硒化镉量子点
CdSe quantum dots
O47
　D CdSe 量子点
　S 量子点
　Z 势阱

硒化镉纳米晶
CdSe nanocrystal
O799
　D CdSe 纳米晶
　S 无机纳米晶
　Z 晶体
　　纳米材料

硒化镓晶体
GaSe crystal
O734
　D GaSe 晶体
　S 红外非线性光学晶体
　　无机非线性光学晶体
　Z 光学晶体
　　晶体

硒化锌单晶
ZnSe single crystal
O738
　D ZnSe 单晶
　　ZnSe 单晶材料
　　ZnSe 单晶体
　　ZnSe 单晶体材料
　　硒化锌单晶材料
　　硒化锌单晶体
　　硒化锌单晶体材料
　S 半导体单晶
　　硒化锌晶体
　Z 晶体

硒化锌单晶材料
　Y 硒化锌单晶

硒化锌单晶体
　Y 硒化锌单晶

硒化锌单晶体材料
　Y 硒化锌单晶

硒化锌晶体
ZnSe crystal
O738
　D ZnSe 晶体
　S 半导体晶体
　F 硒化锌单晶
　C 化学气相传输
　Z 晶体

硒镓银晶体
AgGaSe$_2$ crystal
O734
　D AgGaSe$_2$ 晶体
　S 红外非线性光学晶体
　　无机非线性光学晶体
　Z 光学晶体
　　晶体

烯烃基化
　Y 取代反应

稀薄等离体
　Y 稀薄等离子体

稀薄等离子体
rarefied plasma
O531
　D 稀薄等离体
　S 等离子体*
　C 低温等离子体

稀薄空气动力学
　Y 稀薄气体动力学

稀薄流体动力学
　Y 稀薄气体动力学

稀薄气流
rarefied gas flow
O354；P433
　D 低密度流
　　稀薄气体流动
　S 气流*
　F 自由分子流
　C 克奴曾层
　　克奴曾数
　　平衡流
　　无量纲数
　　稀薄大气 →(4)
　　稀薄气体动力学

稀薄气体
rarefied gas
O354
　D 低密度气体
　S 气体*
　C 稀薄大气 →(4)
　　自由分子流

稀薄气体动力学
rarefied gas dynamics
O354
　D 超越空气动力学
　　稀薄空气动力学
　　稀薄流体动力学
　S 气体动力学
　C 滑流
　　混合层
　　克奴曾数
　　克努曾流
　　连续流
　　无量纲数
　　稀薄气流
　　自由分子流
　Z 流体力学

稀薄气体流动
　Y 稀薄气流

稀薄气体射流
　Y 气体射流

稀磁半导体
semimagnetic semiconductors
TN304
　D 半磁半导体
　　半磁性半导体
　　稀释磁半导体

　　稀释磁性半导体
　S 磁性半导体
　Z 磁性材料

稀释磁半导体
　Y 稀磁半导体

稀释磁性半导体
　Y 稀磁半导体

稀疏波
rarefaction wave
O53
　S 弹性波*
　C Riemann 问题 →(1)

稀土发光
rare earth luminescent
O432.1
　S 发光*

稀土永磁材料
rare earth permanent magnetic materials
O482.54
　S 永磁材料
　C 永磁体
　Z 磁性材料

稀土永磁体
rare earth permanent magnet
O482.54
　S 磁体*

稀有气体原子
noble gas atom
O562
　S 原子*
　F 氦原子

稀有衰变
rare decay
O571.4
　S 衰变
　Z 核反应

锡晶须
tin whisker
O784
　D Sn 晶须
　　锡须
　S 金属晶须
　Z 晶须

锡须
　Y 锡晶须

洗流
wash flow
O351.3
　D 背洗流
　　侧洗流
　　后洗流
　　上洗流
　S 尾流
　F 下洗流
　C 升力
　　旋涡空化
　Z 流体流

徙动速度

Y 迁移速度

系泊力
mooring force
O31；P75
　　D 船舶系缆力
　　　 系缆力
　　S 力*
　　C 单点系泊 →(4)

系缆力
　　Y 系泊力

系数*
coefficient
ZT3
　　F C-G 系数
　　　 泊松系数
　　　 沉降系数
　　　 传导系数
　　　 粗糙系数
　　　 电阻温度系数
　　　 动量系数
　　　 发射系数
　　　 放大系数
　　　 富集系数
　　　 刚度系数
　　　 互感系数
　　　 滑动系数
　　　 剂量增强系数
　　　 结构影响系数
　　　 扩散系数
　　　 力系数
　　　 流量系数
　　　 漏磁系数
　　　 偏析系数
　　　 屏蔽系数
　　　 热释电系数
　　　 塞贝克系数
　　　 衰减系数
　　　 速率系数
　　　 透射系数
　　　 湍流交换系数
　　　 湍流相关系数
　　　 维里系数
　　　 位移延性系数
　　　 稳定系数
　　　 吸收系数
　　　 线性系数
　　　 线胀系数
　　　 相干系数
　　　 压电系数
　　　 压缩系数
　　　 压阻系数
　　　 延性系数
　　　 噪声系数
　　　 增益系数
　　　 织构系数
　　　 自感系数
　　C 项数 →(1)

系统*
systems
N94
　　D 基本系统
　　　 体系
　　　 一般系统

　　F 不确定系统
　　　 非线性混沌系统
　　　 非自治混沌系统
　　　 颗粒系统
　　　 扩散系统
　　　 热力学系统
　　　 自治混沌系统
　　C 系统分析 →(1)

系统不确定性
　　Y 不确定系统

系统电磁脉冲
system-generated electromagnetic pulse
O441.4
　　S 电磁脉冲*

系统建模
　　Y 建模

系统理论
　　Y 系统论

系统论*
system theory
N941
　　D 系统理论
　　F 动力系统理论
　　　 协同论
　　C 大尺度系统 →(4)
　　　 建模
　　　 控制
　　　 控制理论 →(1)
　　　 平稳振荡 →(1)
　　　 随机参数 →(1)
　　　 系统科学 →(1)(5)
　　　 信息论 →(1)

系统模态
system modal
O32
　　D 模态系统
　　S 模态*

系统能
　　Y 系统能量

系统能量
systematic energy
O4-0
　　D 系统能
　　S 能量*

系统温度
system temperature
O551.2
　　S 温度*

系统消光
systematic absence
O72
　　D 消光法则
　　S 晶体光学性质
　　F 赝消光
　　Z 晶体性质

系统协调
　　Y 协同论

系统压差

system pressure difference
O31
　　S 压差*
　　C 自硫化 →(3)

系综
　　Y 系综理论

系综理论
ensemble theory
O414.211
　　D 系综
　　S 热力学理论
　　F 正则系综
　　C 统计物理学
　　Z 物理理论

细胞对流
　　Y Rayleigh-Benard 对流

细胞环流
　　Y Rayleigh-Benard 对流

细胞型对流
　　Y Rayleigh-Benard 对流

细长比
　　Y 长细比

细长体
slender body
O351
　　S 物体*
　　C 非对称涡

细长体理论
slender body theory
O351
　　S 流动理论
　　C 超空化
　　Z 力学理论

细齿屈服
　　Y 锯齿形屈服

细分采样
fine signal sampling
TN24
　　S 采样*

细观力学
micromechanics
O34
　　D 固体微观力学
　　　 微尺度力学
　　　 微观力学
　　　 微力学
　　S 固体力学*
　　F 纳米力学
　　　 微观动力学
　　　 细观损伤力学
　　C 尺度效应 →(4)
　　　 弹性模量
　　　 等效模量
　　　 动态模量
　　　 颗粒流
　　　 微裂纹
　　　 银纹

细观裂纹

Y 微裂纹

细观损伤
microscopic damage
O346.5
D 微观损伤
S 损伤(力学)*
C 非均匀性 →(1)
微裂纹

细观损伤力学
microscopic damage mechanics
O346.5
S 损伤力学
细观力学
Z 固体力学

细观损伤演化
meso-damage evolution
O346.5
S 损伤演化
Z 演变

细观应力
Y 微观应力

细观元
Y 细观元法

细观元法
microelement method
O302；O342
D 细观元
S 力学方法*

细结晶过程
Y 细晶化

细结晶化
Y 细晶化

细结晶化过程
Y 细晶化

细晶化
grain refinement
O79
D 细结晶过程
细结晶化
细结晶化过程
细晶化过程
S 晶化*
F 超细晶化

细晶化过程
Y 细晶化

细晶结构
aplitic texture
O76；P58
S 晶体结构*
C 结晶岩 →(5)

细颈
Y 缩颈

细颈现象
Y 缩颈

细丝直径
fine-wire diameter

O4-34
S 直径*
C 参数空间 →(1)

细微裂缝
Y 微裂纹

隙孤子
gap solitons
O415
S 孤子*

隙态密度
density of gap states
O47
S 态密度
Z 物理参数

狭缝宽度
slit width
O433.1
D 光谱狭缝宽度
S 光谱宽度
Z 光谱参数

狭义相对论
special relativity
O412.1
S 相对论
F 等价理论
质能关系
C 不变性
光速不变原理
时间膨胀
双生子佯谬
狭义相对性原理
Z 物理理论

狭义相对论改正
Y 相对论修正

狭义相对性原理
principle of special relativity
O31
S 力学相对性原理
C 狭义相对论
Z 力学原理

下靶场测量
downrange measurement
O315
S 靶场测量
Z 弹道测量

下采样
Y 欠采样

下沉气流
downdraft
O354；P433
D 下曳气流
S 气流*

下沉洗流
Y 下洗流

下垫面反照率
Y 地表反照率

下滑速度
gliding speed

O311.1
D 滑落速度
滑脱速度
下滑所需时间
S 运动速度*

下滑所需时间
Y 下滑速度

下降弹道
descent trajectory
O315
D 下降轨迹
S 弹道*
F 再入弹道

下降轨迹
Y 下降弹道

下降时间
Y 时间衰减

下降速率
Y 下落速度

下夸克
Y d夸克

下落速度
fall velocity
O311；P642
D 对地速度
飞机降落速度
降落速度
下降速率
S 运动速度*
C 着陆载荷

下潜速度
Y 垂直速度

下屈服点
lower yield point
O346
S 屈服强度
C 扭转
Z 力学强度

下洗
Y 下洗流

下洗流
downwash flow
O351.3
D 下沉洗流
下洗
S 洗流
C 地面效应
Z 流体流

下洗流场
downwash field
V211
S 尾流场
C 初始弹道
Z 流场

下限定理
lower bound theorem
O344.1
D 下限原理

下
 S 界限定理
 C 极限分析
 Z 力学定理

下限分析
lower bound analysis
O175.8；O344.5
 S 极限分析
 C 上限分析
 Z 数学分析

下限原理
 Y 下限定理

下行辐照度
downwelling irradiance
O432；P422
 S 辐射照度
 F 下行光谱辐照度
 Z 辐射参数

下行光谱辐照度
downwelling spectral irradiance
O432；P422.1
 S 光谱辐照度
  下行辐照度
 Z 辐射参数

下曳气流
 Y 下沉气流

下转换
down-conversion
O439
 S 转换*
 F 参量下转换

下转换发光
down-conversion luminescence
O462.3
 S 光致发光
 Z 发光

夏比试验
 Y 动力试验

先期固结压力
preconsolidation pressure
TU4
 D 前期固结压力
  天然固结压力
 S 压力*
 C 超固结土 →(5)

先驱效应
 Y 反常吸收

纤维端面微透镜
fibre end face microlens
TH74
 S 微透镜
 Z 光学元件

纤维断口
 Y 纤维断裂

纤维断裂
fiber fracture
O346.11
 D 纤维断口
  纤维状断口
 S 断裂*

纤维干涉测量法
 Y 干涉测量

纤维干涉术
 Y 干涉测量

纤维光学
 Y 光纤光学

纤维光学器件
 Y 光学纤维元件

纤维光学陀螺
 Y 光纤陀螺仪

纤维光学陀螺仪
 Y 光纤陀螺仪

纤维晶
fiber crystal
O731
 D 纤维晶体
 S 晶体*
 F 纳米纤维素晶体

纤维晶体
 Y 纤维晶

纤维素微纳晶体
 Y 纳米纤维素晶体

纤维透镜
fibre lens
TH74
 S 透镜
 Z 光学元件

纤维图
fibre patterns
O722
 D 纤维衍射图
 S 衍射图
 Z 图像

纤维悬浮流
fiber suspension flow
O35
 S 悬浮流
 Z 流体流

纤维衍射图
 Y 纤维图

纤维状断口
 Y 纤维断裂

纤锌矿量子阱
wurtzite quantum well
TN304
 S 量子阱
 Z 势阱

弦理论
string theory
O41
 D 弦论
 S 物理理论*
 F 超弦理论
 C 超对称

弦论
 Y 弦理论

弦模型
string model
O572.24
 D 对偶性和对偶模型
 S 结构模型
  粒子模型
 C 可展曲面 →(1)
 Z 力学模型
  物理模型

弦振动
string vibration
O32
 S 结构振动
 Z 振动

弦振动方程
vibrating string equation
O32
 S 振动方程
 F 非线性弦振动方程
 Z 力学方程

弦振子
string oscillator
O32
 S 振子*

显色性
color rendering
O432.3
 S 光学性质*
 C 显色反应 →(3)
  显色条件 →(3)

显示器
range-velocity display
TH85；TN873
 D A 型显示器
  B 显示器
  等高平面位置显示器
  高度方位距离位置显示器
  距离速度显示器
  目标位置显示器
  显示仪
  显示装置
  仰角位置显示器
 S 电子器件*
 F 阴极射线管显示器

显示仪
 Y 显示器

显示装置
 Y 显示器

显式动力有限元
dynamic explicit finite element
O241；O302
 D 动力显式有限元
  动力显式有限元法
  显式动力有限元法
 S 有限元*

显式动力有限元法
 Y 显式动力有限元

显式非线性弥散关系
explicit non-linear dispersion relation
O35；P731.2
    D 波浪显式非线性弥散关系
    S 关系*

显微 Raman 光谱
microprobe Raman spectroscopy
O433.54
    S 拉曼光谱
    Z 光谱

显微断口
    Y 微观断口

显微分析
microanalysis
O43
    S 分析方法*

显微干涉测量法
    Y 显微干涉术

显微干涉术
microscopic interferometry
TB96；TH74
    D 显微干涉测量法
    S 干涉测量
    Z 光学测量

显微红外光谱
micro infrared spectroscopy
O433.5
    S 红外光谱*

显微结构
microscopic structure
O48
    S 物质微观结构*

显微结构分析
    Y 微结构分析

显微裂纹
    Y 微裂纹

显微裂隙
    Y 微裂纹

显微密度计
microdensitometer
TH715.2；TH741
    S 密度计
    Z 测量仪器

显微摄影
photomicrography
O43
    D 低倍放大摄影
        缩摄
        显微照相术
    S 摄影*

显微应变
    Y 微观应变

显微荧光
micro-photoluminescence
O462.3
    S 荧光*

显微硬度
microhardness
TB302.4
    S 硬度
    C 表面硬化
        结合强度
        冷变形
    Z 力学性质

显微照相术
    Y 显微摄影

显微织构
    Y 微观织构

现场测定
    Y 现场测量

现场测量
field measurement
TB462.1
    D 现场测定
    S 测量*

现场校准
field calibration
TH7
    S 校准*

现场示踪试验
field tracing test
O4-33
    S 化学分析法*

现代测量技术
    Y 测量

现代化学
    Y 化学

现代力学
    Y 力学

限速
    Y 限制速度

限制
    Y 约束

限制变分
constrained variation
O176；O316
    S 数学问题*
    C 对偶互补

限制射流
    Y 有界射流

限制失稳
confined buckling
O317
    S 失稳*

限制速度
speed restriction
O311
    D 额定速度
        速度限制
        限速
    S 速度*
    C 侧向力

线*
line
ZT2
    F 等差线
       等和线
       等倾线
       焦散线
       力线
       流线
       影响线
       轴向运动弦线
       作用线

线电荷
linear electric charge
O441.1
    S 电荷*

线电压
line voltage
TM933.2
    S 电压*

线动量
    Y 动量

线光谱
    Y 光谱线

线光栅
wire grating
O437.4；P111.3
    D 线栅
    S 光栅*

线极化
    Y 线性极化

线加速度
linear acceleration
O311
    D 直线加速度
        直线减速度
    S 加速度*
    F 高线加速度

线结构光
line structured light
O432.12
    S 结构光
    Z 光

线聚焦
line focusing
O436
    S 光束聚焦
    Z 聚焦

线宽测量
linewidth measurement
TN2
    S 几何量测量*

线粘弹性
    Y 线性粘弹性

线偏振
linear polarization
O436.3
    D 平面偏振

　　　　线性偏振
　　　S 光偏振
　　　F 双线偏振
　　　C 线偏振光
　　　Z 偏振

线偏振光
linearly polarized light
O436.3
　　　D 平面偏振光
　　　　 直线偏振光
　　　S 偏振光
　　　C 线偏振
　　　Z 光

线缺陷
line defect
O771
　　　D 线状缺陷
　　　　 一维缺陷
　　　S 晶体缺陷*
　　　F 位错

线速
　　　Y 线速度

线速度
linear velocity
O311
　　　D 线速
　　　　 线速率
　　　S 速度*

线速率
　　　Y 线速度

线弹性
linear elasticity
O343
　　　D 弹性范围
　　　S 弹性
　　　C 前屈曲
　　　Z 力学性质

线弹性断裂
linear elastic fracture
O346.11
　　　S 断裂*
　　　C 奇性应力指数

线弹性断裂力学
linear elastic fracture mechanics
O346.1
　　　S 断裂力学
　　　C 各向同性弹性
　　　　 力学分析
　　　Z 固体力学

线位移
linear displacement
O311
　　　S 位移*
　　　C 位移法

线涡
　　　Y 涡线

线形
　　　Y 线型

线型*
lineshape
ZT2
　　　D 线形
　　　F 谱线线型
　　　C 绘图 →(4)(5)
　　　　 图层 →(4)

线性[度]误差
　　　Y 线性误差

线性变化
　　　Y 线性变换

线性变换
linear transformation
O151.2；O172；O437
　　　D 非线性变换
　　　　 线性变化
　　　　 一次变换
　　　S 数学变换*
　　　F 哈达玛变换
　　　C Lyapunov 指数 →(1)
　　　　 回归因子 →(4)
　　　　 数量场 →(1)
　　　　 四边形单元 →(1)
　　　　 协变微分 →(1)

线性波
linear waves
O347.4
　　　S 应力波*

线性波理论
linear wave theory
O353.2；P731.22
　　　S 波浪理论
　　　C 线性参考系统 →(4)
　　　Z 力学理论

线性不稳定性
　　　Y 线性稳定性

线性电光效应
linear electro-optic effect
O436.4
　　　S 电光效应
　　　Z 光学效应

线性动力体系
linear dynamic system
O313
　　　S 结构*

线性度测量
　　　Y 直线度测量

线性度误差
　　　Y 线性误差

线性反馈
　　　Y 非线性反馈

线性反馈同步
linear feedback synchronization
O411.1
　　　S 反馈同步
　　　Z 同步

线性非平衡热力学
linear thermodynamics

O414.1
　　　D 线性热力学
　　　S 非平衡态热力学
　　　Z 热力学

线性分布荷载
linear distributed load
O347.1
　　　S 分布载荷
　　　　 线性荷载
　　　Z 荷载

线性干扰
linear crosstalk
O45
　　　S 干扰*

线性光学
linear optics
O436
　　　S 光学*
　　　F 非线性光学

线性光学系统
linear optical system
TH74
　　　S 光学系统*

线性荷载
linear load
O347
　　　S 荷载*
　　　F 线性分布荷载
　　　C Mises 屈服条件

线性化稳定性分析
　　　Y 线性稳定性分析

线性化误差
　　　Y 线性误差

线性极化
linear polarization
O46
　　　D 波极化
　　　　 线极化
　　　　 直线极化
　　　S 电磁波极化
　　　F 非线性极化
　　　Z 极化

线性计算不稳定
　　　Y 稳定

线性介质
　　　Y 弹性介质

线性累积损伤理论
linear cumulative damage law
O346.5
　　　D 迈因纳假设
　　　　 帕尔姆格伦迈因纳假设
　　　　 帕尔姆格伦迈因纳累积破坏定理
　　　S 疲劳理论
　　　Z 力学理论

线性流
linear flow
O351；P42
　　　D 单向流

一维流
　　一维流动
　　一元流
　　一元流动
　S 流体流*

线性能量传递
　Y 传能线密度

线性能量转移
linear energy transfer
O411.1
　S 能量转移*

线性粘弹性
linear viscoelasticity
O343；O345；O631.2
　D 线性黏弹性
　　线粘弹性
　S 粘弹性
　C 谱元法
　Z 力学性质

线性粘性阻尼
　Y 粘性阻尼

线性粘性阻尼系数
　Y 粘性阻尼系数

线性黏弹性
　Y 线性粘弹性

线性偏差
　Y 线性误差

线性偏振
　Y 线偏振

线性偏振光聚合
linearly polarized polymerization
O644.1；O753.2
　S 光化学反应*
　　加成反应*
　　聚合*
　　有机反应*

线性强化
　Y 线性硬化

线性区
linear region
O351
　D 线性区域
　　直线区域
　S 区域*

线性区域
　Y 线性区

线性屈曲
linear buckling
O344.7
　S 屈曲*

线性扰动
　Y 线性摄动

线性热力学
　Y 线性非平衡热力学

线性蠕变理论
　Y 蠕变理论

线性熵
linear entropy
O562
　S 熵*

线性摄动
linear perturbation
O313；P133
　D 线性扰动
　S 摄动*
　C 摄动矩阵 →(1)
　　展开(数学)

线性渗透定律
　Y 达西定律

线性衰减系数
linear attenuation coefficient
O411.1
　S 衰减系数
　Z 系数

线性调频连续波
linear frequency modulation continuous wave
O441.4
　D LFMCW
　S 调频连续波
　Z 电磁波

线性稳定性
linear stability
O175.3；O317
　D 线性不稳定性
　　线性稳定性理论
　S 稳定性*
　C 界面变形

线性稳定性分析
linear stability analysis
O317
　D 线性化稳定性分析
　S 稳定性分析
　C 2-范数 →(1)
　　极限环分支 →(1)
　Z 力学分析

线性稳定性理论
　Y 线性稳定性

线性误差
linearity error
TH70
　D 线性[度]误差
　　线性度误差
　　线性化误差
　　线性偏差
　　直线度误差
　S 误差*

线性系数
linear coefficient
O411.1
　S 系数*

线性相位反演
linear phase retrieval
O41
　S 反演*
　C 双正交小波变换 →(1)

线性响应理论
linear response theory
O414.2
　S 电磁场理论
　Z 物理理论

线性谐振子
linear harmonic oscillator
O413
　S 谐振子*
　F 非线性谐振子
　　一维线性谐振子

线性应变
　Y 拉应变

线性硬化
linear hardening
O344.1
　D 线性强化
　S 硬化*
　C 理想塑性

线性运动
　Y 直线运动

线性运动方程
linear equation of motion
O311
　S 运动方程
　Z 力学方程

线性增长率
linear growth rate
O411.1
　S 比率*

线性振动
linear vibration
O321
　D 线性振动理论
　S 振动*
　C 摄动法 →(4)

线性振动理论
　Y 线性振动

线性阻尼
linear damping
O321
　S 阻尼*

线性组合算符
linear combination operator
O413.1
　S 算符*
　C 非对称量子点

线性最小二乘法
linear least square method
O212.1；O411.1
　S 最小二乘法*
　C 齐次方程 →(1)

线衍生
monotaxy
O78
　S 规则连生
　Z 结晶现象

线应变

Y 拉应变

线栅
  Y 线光栅

线张力
line tension
O31
  S 张力
  Z 力

线胀系数
coefficient of linear expansion
O411.1
  S 系数*
  F 金属线胀系数

线振子模型
  Y 振子模型

线状缺陷
  Y 线缺陷

陷波
trapped wave
O347.4；P73
  D 俘获波
    俘能波
  S 波*
  C 非均匀采样

陷阱*
trap
O48
  F 半导体陷阱
    光阱
    离子阱

陷阱电荷
trapped charge
O441.1
  S 电荷*

陷阱密度
trap density
O47
  S 密度*

陷阱能级
trap energy level
O413.3；O562.1
  S 能级*

陷阱深度
trap depth
O441.1
  S 深度*

陷阱探测器
trap detector
TH7
  S 探测器*
  C 低温辐射计 →(4)

相乘性重整化
  Y 重整化

相乘性重整化处理法
  Y 重整化

相乘性重整化处理方法
  Y 重整化

相乘性重整化法
  Y 重整化

相乘性重整化方法
  Y 重整化

相当应变
  Y 等效应变

相对测量
relative measurement
TB462.1
  S 测量*
  C 绝对测量

相对磁导率
relative permeability
O441.2
  S 磁导率*

相对电容率
  Y 相对介电常数

相对分子量
  Y 分子量

相对分子质量
  Y 分子量

相对光强
relative light intensity
O432.2
  S 光强*

相对加速度
relative acceleration
O311
  S 加速度*
  C 奇点 →(1)(4)

相对间隙
  Y 间隙比

相对角动量
  Y 角动量

相对介电常数
relative permittivity
O487
  D 相对电容率
  S 介电常数
  F 等效相对介电常数
  Z 物理常数

相对孔径测量
relative aperture measurement
TB92；TH711
  S 孔径测量
  Z 光学测量
    几何量测量

相对亮度
relative brightness
O432.2
  S 亮度*

相对亮度分布
  Y 亮度分布

相对亮度分布计算
  Y 亮度分布

相对亮度分布曲线
  Y 亮度分布

相对亮度分布值
  Y 亮度分布

相对论
relativity
O412.1
  D 爱因斯坦相对论
    相对论理论
  S 物理理论*
  F Kaluza-Klein 理论
    M 理论
    非相对论
    观控相对论
    广义相对论
    极端相对论
    狭义相对论
    相对论平均场理论
    转动相对论
  C 爱因斯坦
    相对论力学
    相对论粒子
    相对论能量
    相对论效应
    相对论修正
    引力

相对论变换
relativistic transformation
O412.1
  S 物理变换*

相对论等离子体
relativistic plasma
O531
  D 相对论性等离子体
  S 等离子体*

相对论电子
relativistic electrons
O572.322
  S 电子*

相对论电子束
relativistic electron beam
TN14
  S 电子束*
  F 强流相对论电子束

相对论动力学
relativistic dynamics
O313；O41
  D 相对论性动力学
  S 动力学
    相对论力学
  F Birkhoff 动力学
  Z 理论力学
    力学

相对论改正
  Y 相对论修正

相对论激波
relativistic shock waves
O354.5
  S 磁流体力学激波

主　表　757

　　Z 激波

相对论校正
　　Y 相对论修正

相对论夸克模型
relativistic quark model
O572.31
　　S 夸克模型
　　Z 物理模型

相对论理论
　　Y 相对论

相对论力学
relativistic mechanics
O369
　　D 相对论性力学
　　S 力学*
　　F 相对论动力学
　　　相对论流体力学
　　C 相对论
　　　质速关系

相对论粒子
relativistic particle
O572.3
　　D 极端相对论性粒子
　　　相对论性粒子
　　S 基本粒子
　　C 相对论
　　Z 粒子

相对论量子场论
relativistic quantum field theory
O413.3
　　S 量子场论
　　Z 物理理论

相对论量子力学
　　Y 相对论性量子力学

相对论流体动力学
　　Y 相对论流体力学

相对论流体力学
relativistic hydrodynamics
O35
　　D 相对论流体动力学
　　　相对论性流体力学
　　S 流体力学*
　　　相对论力学
　　Z 力学

相对论能量
relativistic energy
O412.1
　　S 能量*
　　C 相对论

相对论平均场
relativistic mean field
O412.1
　　S 平均场
　　Z 物理场

相对论平均场理论
relativistic mean-field theory
O412.1
　　S 相对论

　　Z 物理理论

相对论平均场模型
relativistic mean field model
O412
　　S 场论模型
　　Z 物理模型

相对论热力学
　　Y 相对论性热力学

相对论时空观
relativity theory of space and time
O412.1
　　S 时空观
　　Z 时空理论

相对论效应
relativistic effect
O412.1
　　D 相对论性效应
　　S 物理效应*
　　F 时间膨胀
　　　相对论修正
　　　质速关系
　　C 相对论

相对论性
relativistic
O41
　　D 相对论性的
　　S 物理性质*

相对论性冲击波
relativistic blast wave
O347.5；O38
　　S 冲击波*

相对论性的
　　Y 相对论性

相对论性等离子体
　　Y 相对论等离子体

相对论性动力学
　　Y 相对论动力学

相对论性校正
　　Y 相对论修正

相对论性力学
　　Y 相对论力学

相对论性粒子
　　Y 相对论粒子

相对论性量子力学
relativistic quantum mechanics
O413.1
　　D 相对论量子力学
　　S 量子力学
　　Z 物理学

相对论性流体力学
　　Y 相对论流体力学

相对论性喷流
　　Y 射流

相对论性热力学
relativistic thermodynamics
O414.1

　　D 相对论热力学
　　S 热力学*

相对论性韧致辐射
　　Y 同步加速辐射

相对论性效应
　　Y 相对论效应

相对论修正
relativistic correction
O412.1；P225；P228
　　D 狭义相对论改正
　　　相对论改正
　　　相对论校正
　　　相对论性校正
　　S 相对论效应
　　C 相对论
　　Z 物理效应

相对论重离子碰撞
relativistic heavy ion collision
O571.6
　　S 重离子碰撞
　　Z 碰撞

相对密度
relative density
O4-0；O62
　　D 比密度
　　　比重
　　S 物质密度
　　Z 物理参数

相对粘度
relative viscosity
O37
　　D 比粘度
　　　黏度比
　　　相对黏度
　　　相对粘性
　　S 粘度*

相对粘性
　　Y 相对粘度

相对黏度
　　Y 相对粘度

相对强度
relative intensity
O346；O411
　　S 力学强度*

相对渗透率
relative permeability
O552.2
　　D 比渗透率
　　S 渗透率
　　C 相对渗透率曲线 →(5)
　　　有效渗透率
　　Z 比率

相对时差
relative time difference
TN7
　　D 相对时间差
　　S 时差*

相对时间差

Y 相对时差

相对速度
relative velocity
O311
D 相对速率
S 速度*
C 时间膨胀

相对速率
Y 相对速度

相对位相
Y 相对相位

相对温差
relative temperature difference
O551.2；P412.11；P423
S 温差*
C 红外检测

相对稳定度
relative stability
O317；O347.2
S 稳定度*

相对稳定性
relative stability
O317
S 稳定性*

相对相位
relative phase
O441.1
D 相对位相
S 相位*

相对性原理
Y 力学相对性原理

相对压力
relative pressure
O31
S 压力*

相对衍射强度
relative diffraction intensity
O721
S 衍射强度
Z 晶体学参数

相对荧光强度
relative fluorescence intensity
O432.1
S 荧光强度
Z 光强

相对原子质量
relative atomic mass
O562
D 原子量
S 原子质量
Z 原子性质

相对运动
relative motion
O311
S 运动*
C 惯性力
　近圆轨道 →(1)(4)
　椭圆轨道 →(1)(4)

相对运动趋势
relative motion tendency
O311
S 运动趋势*

相对照度
relative illumination
O432.2
S 照度*

相对折射率
relative refractive index
O435.1
S 折射率*

相对重力
relative gravity
O314
S 重力
C 绝对重力
Z 力

相对转动
relative rotation
O313.3；O411
S 旋转
C 非线性动力系统
Z 运动

相干
Y 相干性

相干波
coherent wave
O43
S 振动波
C 相干性
Z 波

相干捕获
coherent-trapping
O45
S 俘获(物理学)*

相干布居俘获
Y 相干布居囚禁

相干布居囚禁
coherent population trapping
O562.2
D 相干布居俘获
S 原子囚禁
C 俘获理论 →(4)
Z 原子性质

相干布居振荡
coherent population oscillation
TN929.11
S 振荡*

相干长度
coherence length
O43
D 相干距离
S 长度*
F 磁相干长度
　皮帕德相干长度

相干场
coherent fields
O441.4
S 物理场*
F 双模纠缠相干场

相干成象
Y 相干成像

相干成像
coherent imaging
O436.1
D 相干成象
S 成像*
F 非相干成像
　光学相干层析成像

相干叠加态
coherent superposition state
O413.1
D 叠加相干态
S 叠加态
　相干态
C 受激拉曼绝热通道
Z 能态

相干渡越辐射
coherent transition radiation
O432.1
S 渡越辐射
　相干辐射
Z 辐射

相干反斯托克斯拉曼散射
coherent anti-Stokes Roman scattering
O432.12；O436.2
D 相干反斯托克斯-拉曼散射
　相干反斯托克斯喇曼散射
　相干反斯托克斯-喇曼散射
S 斯托克斯散射
Z 光散射

相干反斯托克斯-拉曼散射
Y 相干反斯托克斯拉曼散射

相干反斯托克斯喇曼散射
Y 相干反斯托克斯拉曼散射

相干反斯托克斯-喇曼散射
Y 相干反斯托克斯拉曼散射

相干辐射
coherent radiation
O432.1
S 光辐射
F 相干渡越辐射
C 相干时间
Z 辐射

相干共振
coherence resonance
O321；O43
S 共振*
C 变异系数 →(1)(4)(5)

相干光
Y 相干光束

相干光场
Y 相干态光场

相干光束
coherent beam

主　表　759

O435.1
　D　完全相干光
　　　相干光
　S　光束*
　F　部分相干光束
　　　非相干光
　C　单色光
　　　光程差

相干光学
coherent optics
O436.1
　D　非相干光学
　S　物理光学
　Z　光学

相干光源
coherent source
O436.1
　S　光源*
　F　非相干光源

相干激发
coherent excitation
O562
　S　激发*

相干结构
　Y　拟序结构

相干距离
　Y　相干长度

相干控制
coherent control
O431
　S　控制*
　F　激光相干控制
　　　量子相干控制

相干散射
coherent scattering
O436.2
　S　光散射*
　F　低相干动态光散射
　　　非相干散射
　　　瑞利散射

相干散射模型
coherent scattering model
O436.2
　S　散射模型
　Z　物理模型

相干时间
coherence time
O43
　D　相关时间
　S　事件时间*
　C　相干辐射

相干输运
coherent transport
O431
　S　量子输运
　Z　量子现象

相干态
coherent states
O413.1
　S　量子态
　F　对相干态
　　　多模相干态
　　　非线性相干态
　　　广义相干态
　　　激发相干态
　　　纠缠相干态
　　　奇偶相干态
　　　相干叠加态
　　　压缩相干态
　C　量子谐振子
　　　相干矩阵　→(1)
　　　相干态正交化展开　→(4)
　Z　能态

相干态表象
coherent state representation
O431.2
　S　表象理论
　Z　物理理论

相干态光场
coherent state light field
O431.2
　D　相干光场
　S　光场*
　F　压缩相干态光场

相干特性
　Y　相干性

相干条件
coherent condition
O43
　S　条件*

相干系数
coherence factor
TH74
　S　系数*

相干相互作用
coherent interaction
O431
　S　相互作用*

相干消色散
coherent de-dispersion
O436.3
　S　色散*

相干效应
coherence effect
O437
　S　非线性效应
　Z　光学效应

相干性*
coherence
O4-0
　D　相干
　　　相干特性
　F　部分相干
　　　非相干
　　　光谱相干
　　　空间相干性
　　　量子相干性
　　　时间相干性
　　　退相干
　　　相位相干
　　　原子相干性
　　　自发辐射诱导相干
　C　相干波
　　　相干分析　→(5)

相干自发辐射
　Y　超辐射

相关*
related
O21
　D　不相关
　　　不相关的
　　　关联
　　　相关技术
　F　干涉自相关
　　　角关联
　　　距离相关
　　　空间相关
　　　联合变换相关
　　　两体关联
　　　率相关
　　　谱相关
　　　强度相关
　　　强度自相关
　　　散斑相关
　　　声相关
　　　时间相关
　　　数字散斑相关
　　　同位旋相关
　　　温度相关
　　　循环自相关
　　　窄相关
　C　推理　→(1)(4)

相关干涉测量法
　Y　干涉测量

相关干涉术
　Y　干涉测量

相关技术
　Y　相关

相关能
correlation energy
O413；O572
　D　关联能
　S　电子能量
　Z　能量

相关屈曲
interactive buckling
O344.7
　S　屈曲*

相关色温
correlated color temperature
TN14
　S　色温
　Z　温度

相关时间
　Y　相干时间

相关双采样
correlated double sampling
TP212
　D　相关双次采样

相关双取样
　　S 采样*

相关双次采样
　　Y 相关双采样

相关双取样
　　Y 相关双采样

相关探测
correlation detection
TN95
　　S 光电探测
　　Z 探测

相关有效场理论
correlated effective-field theory
O441
　　S 电磁理论
　　Z 物理理论

相互作用*
interaction
O4-0
　　D 互作用
　　　 相互作用（物理）
　　F Dzyaloshinskii-Moriya 相互作用
　　　 表面相互作用
　　　 波-波相互作用
　　　 波流相互作用
　　　 长程相互作用
　　　 磁相互作用
　　　 等离子体相互作用
　　　 电磁相互作用
　　　 电弱相互作用
　　　 非线性相互作用
　　　 非谐相互作用
　　　 共振相互作用
　　　 光与物质相互作用
　　　 基本相互作用
　　　 交换相互作用
　　　 晶体场相互作用
　　　 静电相互作用
　　　 拉曼相互作用
　　　 离子相互作用
　　　 偶极相互作用
　　　 声光相互作用
　　　 声子-磁振子相互作用
　　　 声子之间相互作用
　　　 剩余相互作用
　　　 束靶相互作用
　　　 铁磁相互作用
　　　 相干相互作用
　　　 有效相互作用
　　　 杂质-缺陷相互作用
　　　 自旋-轨道相互作用
　　　 组态相互作用
　　C 相互作用力
　　　 相互作用模型
　　　 相互作用能
　　　 相互作用势

相互作用（物理）
　　Y 相互作用

相互作用绘景
interaction picture
O413.1
　　D 狄拉克表达式
　　　 狄拉克绘景
　　　 互作用绘景

相互作用力
interaction force
O31
　　S 作用力
　　C 相互作用
　　　 相互作用能
　　Z 力

相互作用模型
interaction models
O572.25
　　S 物理模型*
　　C 相互作用

相互作用能
interaction energy
O41
　　D 互作用能
　　　 作用能
　　S 能量*
　　C 相互作用
　　　 相互作用力
　　　 相互作用势

相互作用强度
interaction strength
O346
　　S 力学强度*

相互作用势*
interaction potential
O56
　　D 作用势
　　F 分子间势
　　　 核势
　　　 库仑势
　　　 原子间相互作用势
　　C 范德华力
　　　 势
　　　 相互作用
　　　 相互作用能

相加性重整化
　　Y 重整化

相加性重整化处理法
　　Y 重整化

相加性重整化处理方法
　　Y 重整化

相加性重整化法
　　Y 重整化

相加性重整化方法
　　Y 重整化

相加性重正化处理法
　　Y 重整化

相加性重正化处理方法
　　Y 重整化

相加性重正化法
　　Y 重整化

相加性重正化方法
　　Y 重整化

相容方程
　　Y 协调方程

相容拉格朗日-欧拉法
combined Lagrangian-Eulerian method
O351.2
　　S 欧拉方法
　　C 流体力学
　　　 流体流
　　Z 力学方法

相容质量矩阵
consistent mass matrix
O313
　　D 一致质量矩阵
　　S 质量矩阵
　　C 垂直振动
　　　 一致刚度矩阵
　　Z 矩阵

相似定理
similarity theorem
O303
　　D 相似性定理
　　S 力学定理*
　　C 动力学模型
　　　 唯一性定理

相似定律
　　Y 相似律

相似分析
similar analysis
O303；P208
　　S 分析*
　　C GIS 空间分析 →(4)

相似解
similarity solution
O175.2；O35
　　D 相似性解
　　S 解*
　　F 自相似解
　　C 相似函数 →(1)(4)

相似理论
similarity theory
O303
　　D 相似性理论
　　　 相似性原理
　　　 相似原理
　　S 理论*
　　F 几何相似
　　C 量纲分析
　　　 模拟试验 →(4)
　　　 相似律

相似律
similarity law
O303；O368
　　D 模拟律
　　　 相似定律
　　　 相似判据
　　　 相似性定律
　　　 相似性法则
　　　 相似性判据
　　　 相似准则
　　S 力学定律*
　　C 量纲分析

主　表　761

　　　斯特劳哈尔数
　　　唯一性定理
　　　相似理论

相似判据
　　Y　相似律

相似性定理
　　Y　相似定理

相似性定律
　　Y　相似律

相似性法则
　　Y　相似律

相似性解
　　Y　相似解

相似性理论
　　Y　相似理论

相似性判据
　　Y　相似律

相似性原理
　　Y　相似理论

相似原理
　　Y　相似理论

相似准则
　　Y　相似律

香蕉形液晶
banana-shaped liquid crystal
O753.2
　　D　香蕉型液晶
　　S　液晶*

香蕉型液晶
　　Y　香蕉形液晶

箱式取样器
　　Y　采样器

镶嵌晶体
mosaic crystals
O76
　　D　嵌镶晶体
　　S　晶体*

镶嵌照片
　　Y　图像

响度
loudness
O422
　　S　声学参数*
　　C　声强
　　　　声强测量

响度级
loudness level
O422
　　S　声级
　　Z　声学参数

响应*
responses
ZT5
　　F　单位阶跃响应
　　　　弹性响应

　　　　动态响应
　　　　非平稳随机响应
　　　　简谐响应
　　　　结构响应
　　　　模态响应
　　　　受迫响应
　　　　速度响应
　　　　位移响应
　　　　稳态响应
　　　　循环应力响应

响应分析
response analysis
ZT5
　　D　响应特性
　　S　分析*
　　F　随机响应分析
　　　　振动响应分析
　　C　动力响应特性
　　　　随机参数　→(1)
　　　　压力畸变　→(4)

响应光谱
response spectrum
O433.5
　　S　光谱*

响应函数
response function
O174；O414.2；O551
　　S　函数*
　　C　参数分析　→(1)
　　　　结构模型
　　　　灵敏度分析

响应计算
response calculation
O313
　　S　力学计算*

响应面方法
response surface method
O302
　　S　力学方法*
　　C　超二次条件　→(1)

响应特性
　　Y　响应分析

相*
phase
O359；O642.4
　　D　相态
　　　　相态特征
　　F　表面相
　　　　非晶相
　　　　高压相
　　　　可淬相
　　　　立方 Laves 相
　　　　凝固相
　　　　凝聚相
　　　　浓相
　　　　吸附相
　　C　化学性质

相板
　　Y　相位板

相边界

　　Y　相界面

相变*
phase transition
O552.6
　　D　相变化
　　　　相变现象
　　　　相变行为
　　　　相变状态
　　　　相态转变
　　　　相转变
　　F　超导转变
　　　　冲击相变
　　　　磁相变
　　　　低温相变
　　　　动态相变
　　　　二级相变
　　　　高压相变
　　　　固态相变
　　　　激光相变
　　　　可逆相变
　　　　连续相变
　　　　量子相变
　　　　逆相变
　　　　热致相变
　　　　脱溶
　　　　拓扑性相变
　　　　形状相变
　　　　液-液相变
　　　　一级相变
　　　　真空相变
　　C　表面硬化
　　　　内耗
　　　　物态
　　　　相变成因　→(5)
　　　　相变理论
　　　　相分析　→(3)
　　　　相稳定性
　　　　中主应力系数
　　　　主应力方向

相变薄膜
phase-change film
O484.4
　　S　薄膜*

相变超弹性
transformation of superelasticity
O343
　　S　超弹性
　　Z　力学性质

相变点
　　Y　相变温度

相变化
　　Y　相变

相变晶体学
phase transition crystallography
O792
　　S　晶体学*

相变扩散
　　Y　扩散相变

相变理论
phase transformation theory
O414.21

S 物理理论*
F 朗道相变理论
C 随机图 →(1)
　　相变
　　相变成因 →(5)

相变流体
phase-transition fluid
O351
S 流体*

相变弥散
phase transformation diffusion
O357；P433
D 弥散相变
　　弥散性相变
S 弥散*

相变热传导
heat conduction with phase change
TK124
S 传热
Z 能量转移

相变热力学
phase transformation thermodynamics
O552.6
S 热力学*

相变韧化
transformation toughening
O344.1；O792
D 相变增韧
S 硬化*
C 马氏体相变
　　弥散硬化

相变特性
Y 相变性质

相变特征
Y 相变性质

相变伪弹性
Y 伪弹性

相变温度
phase transition temperature
O552.6；P423
D 相变点
S 温度*
C 磁转变温度
　　转变温度

相变现象
Y 相变

相变行为
Y 相变

相变形核
transformation nucleation
O552.6；O78
S 成核*

相变性能
Y 相变性质

相变性质
phase transition property
O552.6

D 相变特性
　　相变特征
　　相变性能
S 物理性质*

相变压力
phase transition pressure
O31；O521
D 转变压力
S 压力*
F 凝固压力
　　升华压力

相变应力
Y 组织应力

相变增韧
Y 相变韧化

相变织构
textured micostructure
O76
D 择优织构
　　织构(晶体)
S 晶体织构
Z 织构

相变状态
Y 相变

相差
Y 相位差

相衬成像
phase contrast imaging
TN2
D 位相衬度成像
　　相位衬度成像
S 相位成像
Z 成像

相衬法
phase contrast method
TH742
S 光学测量*
F 微分干涉相衬法

相电压
phase voltage
TM933.2
S 电压*

相分布
Y 相位分布

相分离
phase separation
O643.13；O792
S 分离*

相分离结构
Y 分相结构

相共轭
Y 相位共轭

相光栅
Y 相位光栅

相轨道
Y 相轨迹

相轨迹
phase trajectory
O189；O231；O31
D 相轨道
　　相轨线
S 轨迹*
C 非线性标量化函数 →(1)
　　相平面法
　　相平面分析 →(1)

相轨线
Y 相轨迹

相函数
phase function
O174；O411
S 函数(物理)*
C 无量纲参数 →(4)
　　行星大气 →(4)

相畸变
Y 相位畸变

相间应力
phase-to-phase stress
O343
S 应力*

相角
Y 相位

相结构*
phase structure
TG11
D 位相结构
　　相态结构
F 分相结构
　　三相结构
　　物相结构

相界
Y 相界面

相界面*
phase interface
O552.5
D 界面相结构
　　相边界
　　相界
F 固-固界面
　　固液界面
　　气-固界面
　　液-固界面
C 物相分析 →(3)
　　物相结构

相空间
phase space
O186.14；O41
D Γ空间
　　相宇
　　增广相空间
S 空间(数学)*
C 相平面法

相空间法
phase space methods
O411.1
S 物理法*

主　表　763

相律
phase rule
O48；O79
　D 吉布斯相律
　S 规律*
　C 相平衡 →(3)
　　相图

相片
　Y 像片

相偏
　Y 相位差

相平面法
phase plane method
O31
　S 力学方法*
　C 高阶非线性 →(1)
　　相轨迹
　　相空间

相全息图
　Y 位相全息图

相渗透率
　Y 有效渗透率

相速
　Y 相速度

相速度
phase velocity
O4-0；P315.31
　D 相速
　　相位速度
　S 波速
　C Hankel 变换 →(1)
　Z 传播速度

相态
　Y 相

相态变化
phase change
O552.6
　S 化学变化*
　　物理变化*

相态分布
phase state distribution
O642；O79
　S 分布*

相态关系
　Y 位相关系

相态结构
　Y 相结构

相态特征
　Y 相

相态图
　Y 相图

相态转变
　Y 相变

相体积
phase volume
O4

　S 体积*

相图*
phase diagram
O55；O642；O79
　D 相态图
　　相图法
　　状态图
　F 二元相图
　　金属相图
　C Hilbert 问题 →(1)
　　热分析方法 →(3)
　　三相点
　　相律

相图法
　Y 相图

相位*
phase
O441.1
　D 位相
　　相角
　　相位角
　　相位特性
　F Berry 相位
　　初相位
　　反相
　　几何相位
　　绝对相位
　　量子相位
　　随机相位
　　同相位
　　相对相位
　　相位差
　　异相位
　　载波相位
　　最小相位
　C 相位变换
　　相位不变性
　　相位常数
　　相位分布
　　相位归一化 →(1)
　　相位跃变

相位摆动
　Y 摆动

相位板
phase plate
TH74
　D 位相板
　　相板
　S 光学元件*
　F 二元π相位板
　　相位延迟板

相位比较法
　Y 相位差

相位变换
phase transformation
O45；P31
　D 相位转换
　　相转换
　S 物理变换*
　C 地幔 →(4)(5)
　　过渡带 →(1)
　　相位

相位不变
　Y 相位不变性

相位不变性
phase harmonic law
O441.4
　D 相位不变
　　相位不变性定理
　　相位不变性定律
　　相位不变性原理
　　相位不变性质
　S 不变性*
　C 相位

相位不变性定理
　Y 相位不变性

相位不变性定律
　Y 相位不变性

相位不变性原理
　Y 相位不变性

相位不变性质
　Y 相位不变性

相位测量
phase measurement
TB971；TM93
　S 电信号特性测量
　C 同步
　　相位差
　　相位延迟
　Z 电学量测量

相位测量算法
　Y 相移算法

相位测量算法公式
　Y 相移算法

相位差
phase difference
O441.1
　D 位相差
　　相差
　　相偏
　　相位比较法
　　相位差法
　　相位差异
　S 相位*
　F 介质损耗角
　C 相位测量

相位差法
　Y 相位差

相位差异
　Y 相位差

相位常数
phase constants
O451
　S 传输常数
　C 相位
　Z 物理常数

相位衬
　Y 相位衬度

相位衬度

phase contrast
O482.3
　　D 相位衬

相位衬度成像
　　Y 相衬成像

相位成像
phase imaging
TN2
　　S 成像*
　　F 相衬成像

相位分布
phase distribution
O441.1
　　D 相分布
　　　相位概率分布
　　S 分布*
　　C 相位
　　　相位谱 →(5)

相位概率分布
　　Y 相位分布

相位共轭
phase cojugate
O431.2
　　D 共轭相
　　　位相共轭
　　　相共轭
　　S 共轭*
　　F 光学相位共轭
　　　互泵浦相位共轭
　　　自泵浦相位共轭

相位共轭保真度
phase conjugation fidelity
TN24
　　S 保真度*

相位共轭波
phase conjugate waves
O431.1
　　S 共轭波
　　Z 电磁波

相位共振
phase resonance
O321
　　D 相位谐振
　　S 共振*

相位关系
　　Y 位相关系

相位光栅
phase grating
O437.4；P111.3
　　D 相光栅
　　　相位型光栅
　　S 光栅*

相位畸变
phase distortion
O43
　　D 位相畸变
　　　相畸变
　　　相位失真
　　S 畸变*

相位检波器
　　Y 相位检测器

相位检测电路
　　Y 相位检测器

相位检测器
phase detector
TN7
　　D 鉴相[相位检波]器
　　　相位检波器
　　　相位检测电路
　　　相位鉴别器
　　S 探测器*

相位鉴别器
　　Y 相位检测器

相位角
　　Y 相位

相位匹配
phase matching
O437
　　D 位相匹配
　　S 匹配*
　　F 非共线相位匹配
　　　临界相位匹配
　　　准相位匹配
　　C 频率变换
　　　相位失配

相位匹配角
phase matching angle
O45
　　S 匹配角
　　Z 光学角

相位奇点
phase singularity
O175；O411；O45
　　S 点(数学)*

相位起伏
phase fluctuation
O42
　　D 位相涨落
　　　相位涨落
　　C 相位结构函数 →(1)

相位去包裹
　　Y 相位去包裹算法

相位去包裹算法
phase-unwrapping
O439
　　D 相位去包裹
　　S 算法*

相位全息图
　　Y 位相全息图

相位失配
phase mismatch
O43
　　S 失配*
　　C 相位匹配

相位失真
　　Y 相位畸变

相位速度
　　Y 相速度

相位损耗
phase-damping
O45
　　S 损耗*

相位特性
　　Y 相位

相位图
phase diagram
O411；O45
　　S 图表*
　　C 相位移

相位稳定
　　Y 相稳定性

相位稳定度
　　Y 稳定度

相位稳定性
　　Y 相稳定性

相位误差
phase error
TM3；TN911
　　S 误差*

相位相干
phase coherence
O45
　　S 相干性*

相位谐振
　　Y 相位共振

相位型光栅
　　Y 相位光栅

相位型全息图
　　Y 位相全息图

相位延迟
phase delay
O43
　　D 位相延迟
　　　相位滞后
　　　相延迟
　　S 滞后*
　　C 相位测量

相位延迟板
phase retardation plate
TH74
　　D 延迟板
　　S 相位板
　　Z 光学元件

相位延迟量
phase retardation
O45
　　S 延迟量
　　Z 物理量

相位移
phase shift
TN91
　　S 位移*

C 相位图

相位因子
phase factor
O41；P127
　　D 相因子
　　S 因子*
　　F 二次相位因子

相位优化
phase optimization
TM
　　C 圆染色 →(1)

相位跃变
phase jump
O431.1
　　S 跃变
　　C 相位
　　Z 物理过程

相位涨落
　　Y 相位起伏

相位滞后
　　Y 相位延迟

相位转换
　　Y 相位变换

相位阻尼
phase damping
O411；O45
　　S 阻尼*

相稳定
phase stability
TS8
　　S 稳定*

相稳定性
phase stability
O351；O48
　　D 相位稳定
　　　 相位稳定性
　　S 稳定性*
　　C 晶格稳定性
　　　 束流动力学
　　　 稳定相 →(3)
　　　 相变

相息图
　　Y 位相全息图

相延迟
　　Y 相位延迟

相演化
facies evolution
O44
　　S 演变*

相移法
phase-shift method
TB96
　　S 光学测量*

相移算法
phase-shifting algorithm
O439
　　D 四帧免疫算法

　　　 四帧免疫算法公式
　　　 四帧算法
　　　 四帧算法公式
　　　 五帧免疫算法
　　　 五帧免疫算法公式
　　　 五帧算法
　　　 五帧算法公式
　　　 相位测量算法
　　　 相位测量算法公式
　　　 相移算法公式
　　S 算法*

相移算法公式
　　Y 相移算法

相移误差
phase-shift error
TH7
　　S 误差*
　　C 三维测量

相移系数
　　Y 位移因子

相因子
　　Y 相位因子

相宇
　　Y 相空间

相转变
　　Y 相变

相转换
　　Y 相位变换

向错
　　Y 螺旋位错

向后散射
　　Y 后向散射

向量*
vector
O151.24；O183
　　D 几何向量
　　　 欧几里得向量
　　　 矢量
　　　 向量形式
　　F Runge-Lenz 矢量
　　　 柏氏矢量
　　　 并矢
　　　 波矢
　　　 布洛赫矢量
　　　 残余力向量
　　　 倒格矢
　　　 对偶向量
　　　 固有频率向量
　　　 极化矢量
　　　 矩矢量
　　　 能流密度矢量
　　　 坡印亭矢量
　　　 声强矢量
　　　 斯托克斯矢量
　　　 四维矢量
　　　 速度矢量
　　　 位移矢量
　　　 旋转矢量
　　　 应变速率矢量
　　　 应力矢量

　　　 运动矢量
　　　 指向矢
　　　 轴矢量
　　　 主矢量
　　C 垂直 →(1)
　　　 亥姆霍兹定理
　　　 几何体
　　　 曲率 →(1)
　　　 图形
　　　 拓扑
　　　 向量运算 →(1)
　　　 有向面积 →(1)

向量场
vector field
O19；O413
　　D 矢量场
　　S 物理场*
　　F Jacobi 场
　　　 切向量场
　　　 势场
　　　 旋转向量场
　　C Poisson 结构 →(1)
　　　 黎曼联络 →(1)
　　　 零曲率方程 →(1)
　　　 切丛 →(1)
　　　 散度 →(4)
　　　 信息熵 →(1)

向量合成
　　Y 矢量合成

向量形式
　　Y 向量

向列相
nematic phase
O753.2
　　S 液晶相
　　F 混合排列向列相
　　　 扭曲向列相
　　　 双轴向列相
　　Z 晶相

向列相液晶
nematic liquid crystal
O753.2
　　D 丝状液晶
　　　 向列型液晶
　　　 向列液晶
　　S 热致液晶
　　F 扭曲向列相液晶
　　　 双轴向列相液晶
　　Z 液晶

向列型液晶
　　Y 向列相液晶

向列液晶
　　Y 向列相液晶

向前散射
　　Y 前向散射

向外长波辐射
　　Y 射出长波辐射

向位错
　　Y 位错

向下辐射
　Y 入射辐射

向心加速度
centripetal acceleration
O311.1
　D 法向加速度
　　副法向加速度
　　径向加速度
　　离心加速度
　S 加速度*
　C 离心力

向心力
　Y 离心力

象差
　Y 像差

象差校正
　Y 像差校正

象差系数
aberration coefficients
O435.2
　S 光学系数*

象场
　Y 视场

象电荷
　Y 像电荷

象方焦点
　Y 焦点

象方空间
image space
O435
　D 象空间
　S 空间*

象空间
　Y 象方空间

象面散斑
　Y 像面散斑

象散
　Y 像散

象散光束
　Y 像散光束

象散透镜
　Y 像散透镜

象视场
　Y 视场

象素
　Y 像素

象限分析
quadrant analysis
O311
　S 力学分析*

象限罗盘仪
　Y 罗经

象元
　Y 像素

像
　Y 影像

像差*
optical aberration
O435.2
　D 光学像差
　　象差
　F Zernike 像差
　　波像差
　　几何像差
　　偏振像差
　　赛德尔像差
　　色像差
　　消像差
　C 光学检验
　　光学图像
　　像差理论
　　像差校正

像差校正
aberration correction
O435.2
　D 象差校正
　S 光学处理
　C 像差
　Z 光学技术

像差理论
aberration theory
O435.2
　S 光学理论*
　F 三级像差理论
　C 像差

像场弯曲
　Y 场曲

像电荷
image charge
O441.1
　D 镜像电荷
　　象电荷
　S 电荷*

像距
image distance
O435

像力
image force
O31
　S 力*

像力偶矩
image torque
O313.3
　S 力偶矩
　Z 力矩

像面散斑
image speckle
O432.12
　D 散斑成像
　　象面散斑
　S 散斑*

像面照度
illuminance of image plane
O432.2

　S 照度*

像片*
photograph
P231
　D 相片
　　照片
　F 彩色像片
　　黑白像片
　C 摄影测量　→(4)
　　图像
　　影像

像散
astigmation
O435.2
　D 象散
　S 赛德尔像差
　Z 像差

像散光束
astigmatic beam
O435.1
　D 象散光束
　S 光束*

像散透镜
astigmatic lens
TH74
　D 象散透镜
　S 透镜
　Z 光学元件

像素
pixel
O43；P23
　D 分辨像元
　　象素
　　象元
　　像元
　C 分辨率
　　微分纠正　→(4)
　　影像纹理　→(4)
　　重采样　→(1)

像旋转
image rotation
O435.1
　S 旋转
　Z 运动

像元
　Y 像素

橡胶弹性体
　Y 弹性体

肖克莱不全位错
Shockley partial dislocation
O772
　D Shockley 分位错
　　肖克莱分位错
　S 不全位错
　Z 晶体缺陷

肖克莱分位错
　Y 肖克莱不全位错

肖特基空位
　Y 肖特基缺陷

主　表　767

肖特基缺陷
Schottky defect
O771
　　D　Schottky 缺陷
　　　　肖特基空位
　　　　肖脱基缺陷
　　S　半导体缺陷
　　　　空位缺陷
　　　　热缺陷
　　C　肖特基势垒
　　Z　晶体缺陷

肖特基势垒
Schottky barrier
O472
　　D　Schottky 势垒
　　　　金属-半导体接触
　　S　势垒*
　　C　半导体-金属界面
　　　　肖特基缺陷

肖脱基缺陷
　　Y　肖特基缺陷

肖维勒准则
Chauvenel criteria
O4-33
　　S　准则*

消波效应
wave elimination effect
O383
　　S　效应*

消除(应力)
　　Y　应力松弛

消除次冲击
eliminating secondary shock
O347
　　S　次冲击
　　Z　冲击

消除应力
　　Y　应力松弛

消磁
demagnetization
O482.52
　　D　反磁化
　　　　反磁化机制
　　　　反向磁化
　　　　化学退磁
　　　　交变磁场退磁
　　　　去磁
　　　　退磁
　　　　脱磁
　　S　磁性*
　　F　热退磁
　　C　反磁测量

消光*
extinction
O436.2；P141；P422.3
　　D　消光法
　　　　消光特性
　　　　消光特征
　　　　消光性
　　F　大气消光

　　　　平行消光
　　C　光吸收特性
　　　　吸光度

消光比
extinction ratio
O435.1；P141；P422.3
　　S　吸光度*
　　F　消光后向散射比

消光法
　　Y　消光

消光法则
　　Y　系统消光

消光光谱
extinction spectrum
O432；P141；P422.3
　　S　光谱*

消光后向散射比
back scatter to extinction ratio
O432；P141；P422.3
　　D　后向散射消光比
　　S　消光比
　　Z　吸光度

消光角
extinction angle
O432；P141；P422.3
　　S　消光系数
　　Z　气象参数
　　　　吸光度

消光截面
extinction cross section
O436.2
　　S　光学截面
　　C　吸光度
　　Z　截面

消光率
　　Y　消光系数

消光特性
　　Y　消光

消光特征
　　Y　消光

消光系数
extinction coefficient
O435.1；P141；P422.3
　　D　比吸光系数
　　　　吸光系数
　　　　消光率
　　S　气象参数*
　　　　吸光度*
　　F　消光角
　　C　浑浊因子　→(4)
　　　　消光因子　→(4)

消光性
　　Y　消光

消光性能
extinction properties
O436.2；P422.3
　　S　光学性能*
　　C　消光因子　→(4)

消光值
　　Y　吸光度

消灭算符
　　Y　湮没算符

消能*
energy dissipation
O35
　　F　阻尼消波
　　C　淹没射流

消偏器
depolarizer
TN256
　　S　光学元件*

消偏振
depolarization
O436.3
　　D　解偏振
　　　　退偏振
　　S　光偏振
　　Z　偏振

消偏振膜
　　Y　偏振膜

消融
　　Y　熔融

消散波
　　Y　衰减波

消散尾迹
　　Y　尾流

消色差
achromatic
O435.2
　　S　色像差
　　F　复消色差
　　Z　像差

消色差棱镜
achromatic prism
TH74
　　S　光学棱镜
　　Z　光学元件

消色差透镜
achromatic lens
TH74
　　S　透镜
　　Z　光学元件

消色差望远镜
achromatic telescope
TH743
　　D　消像差反射望远镜
　　S　望远镜*

消声室
anechoic chamber
TB4；TB5
　　S　声学实验室
　　C　建筑声学
　　　　声学测量
　　Z　实验室

消失波

Y 倏逝波

消逝波
  Y 倏逝波

消逝场
evanescent field
O441.4
  D 隐失场
  S 电磁场*

消息
  Y 信息

消相干
  Y 退相干

消像差
anaberration
O435.2；P111.3
  S 像差*

消像差反射望远镜
  Y 消色差望远镜

消像散系统
stigmatic system
TH74
  S 光学系统*

消应力
  Y 应力松弛

消振
  Y 减振

消震
  Y 减振

小波
  Y 小波变换

小波包特征熵
wavelet packet-characteristic entropy
TM7
  S 小波熵
  F 小波能量熵
    小波相关特征尺度熵
  Z 熵

小波变换*
wavelet transformation
O241
  D Wavelet 变换
    小波
    小波变换分析
    小波法
    小波方法
    小波分析
    小波分析法
    小渡变换
  F 冗余离散小波变换
    谐波小波变换
    最优小波
  C Besov 空间 →(1)
    Parseval 定理 →(1)
    非张量积 →(1)
    离散序列 →(1)
    平稳序列 →(1)
    时频特征
    完全重构条件 →(1)

小参数 →(1)
    最小二乘配点法 →(1)

小波变换分析
  Y 小波变换

小波法
  Y 小波变换

小波方法
  Y 小波变换

小波分析
  Y 小波变换

小波分析法
  Y 小波变换

小波功率谱
wavelet power spectrum
O456
  S 功率谱
  C 联合功率谱
  Z 频谱

小波能量熵
wavelet energy entropy
TM7
  S 小波包特征熵
  Z 熵

小波熵
wavelet entropy
TM7；TN91
  S 熵*
  F 小波包特征熵

小波图像
wavelet image
TN911.73
  S 图像*

小波相关特征尺度熵
wavelet correlation feature scale entropy
TH13
  S 小波包特征熵
  Z 熵

小尺度实验
small-scale experiment
O4-33
  S 物理实验
  C 小尺度结构 →(4)
  Z 科学实验

小尺度自聚焦
small-scale self-focusing
O437.5
  S 自聚焦
  C 小尺度结构 →(4)
  Z 聚焦

小冲孔试验
small punch creep test
TB302.3
  S 冲击试验
  Z 科学实验

小渡变换
  Y 小波变换

小范围屈服
small scale yielding
O344.1
  S 塑性屈服
  Z 力学性质

小分子晶体学
small molecule crystallography
O7
  S 晶体学*

小分子液晶
low-molar-mass liquid crystal
O753.2
  S 液晶*

小构造
  Y 小型构造

小激波
shocklet
O354.5
  S 激波*

小极化子
small polaron
O76
  S 极化子*
  C 输运性质

小角 X 射线散射
small-angle X-ray scattering
O434.1；O722.5
  D SAXS
    X 射线小角散射
    小角 X 射线散射法
    小角度 x 射线散射
  S X 射线散射
    小角光散射
  F 掠入射小角 X 射线散射
  Z 光散射

小角 X 射线散射法
  Y 小角 X 射线散射

小角 X 射线衍射
small angle X-ray diffraction
O722
  D 小角度 X 射线衍射
  S X 射线晶体衍射
  Z 晶体衍射

小角度 x 射线散射
  Y 小角 X 射线散射

小角度 X 射线衍射
  Y 小角 X 射线衍射

小角度 X 射线衍射法
small angle X-ray diffraction
O722
  S X 射线衍射法
  Z 晶体结构分析方法

小角度晶界
low-angle boundary
O763
  D 小角晶界
  S 晶界*
  F 扭转晶界

倾斜晶界

小角光散射
small angle light scattering
O436.2；O722.5
 D 小角散射
 S 光散射*
 F 小角 X 射线散射
  小角激光散射

小角激光光散射
 Y 小角激光散射

小角激光散射
small-angle laser scattering
O432.12；O436.2
 D 小角激光光散射
 S 激光散射
  小角光散射
 Z 光散射

小角晶界
 Y 小角度晶界

小角散射
 Y 小角光散射

小晶粒
fine grain
O764
 S 晶粒*

小孔衍射
pinhole diffraction
O436.1
 S 光衍射
 Z 衍射

小面生长
facet growth
O78
 S 晶体生长*

小挠度
small deflection
O346
 S 挠度
 C 大挠度
 Z 力学性质

小扰动理论
small perturbation theory
O351
 D 弱扰动理论
 S 流动理论
 Z 力学理论

小扰动流
 Y 扰动流

小推力
low thrust
O313
 S 推力*
 F 微推力
 C 轨道转移
  环月轨道 →(4)

小温差
small temperature difference
O551.2；P412.11；P423

 S 温差*
 C 大温差

小型构造*
minor structure
P542.33
 D 地质小构造
  小构造
 F 劈理

小型双筒望远镜
 Y 双筒望远镜

小型压裂
mini fracturing
O346.1
 D 微型压裂
 S 压裂
 C 闭合压力 →(5)
 Z 断裂

小压差
small pressure difference
O31
 S 压差*

小振动
small vibration
O32
 S 振动*
 F 微小振动

小振幅波理论
small amplitude wave theory
O353.2；P731.22
 S 波浪理论
 Z 力学理论

小主应力
 Y 最小主应力

效果*
effect
ZT84
 F 减阻效果

效率*
efficiency
ZT84
 F 倍频转换效率
  传输效率
  计数效率
  能量效率
  能量转换效率
 C 比率
  除子 →(1)

效应*
effect
ZT84
 F 壁面效应
  弹性效应
  端部效应
  二维效应
  负荷效应
  厚度效应
  角度效应
  近邻效应
  摩擦效应
  能量损失效应

  耦合效应
  潘宁效应
  旁瓣效应
  偏振效应
  频散效应
  破坏效应
  上转换效应
  消波效应
  形状效应
  阴影效应
  应变时效
  振动时效
  振动效应
  阻尼效应
  阻滞效应
 C 实验设计 →(1)

效应（化学）
 Y 化学效应

楔镜
 Y 光楔

楔流
 Y 楔形流

楔入劈拉试验
wedge splitting test
O346.4
 S 劈裂试验
 Z 科学实验

楔形流
wedge flow
O351.2
 D 尖楔流动
  楔流
 S 流体流*

协变
 Y 协变性

协变导数
covariant derivative
O18；O41
 D 共变导数
 S 导数*
 C 不变凸函数 →(1)

协变性
covariation
O412.1
 D 协变
 S 物理性质*
 F 洛伦兹协变性
 C 不变性
  广义相对论
  协变量 →(1)

协调方程
compatibility equation
O343
 D 相容方程
  协调条件
 S 力学方程*
 C 力法
  强协调图 →(1)

协调接触
conforming contact

O343.3
　　S 接触*
　　C 接触力学

协调条件
　　Y 协调方程

协同论
synergetics
O415.2
　　D 系统协调
　　　 协同学
　　S 系统论*
　　C 耗散结构理论 →(1)
　　　 系统科学 →(1)(5)

协同学
　　Y 协同论

胁变
　　Y 应变

挟卷
　　Y 卷吸

斜爆轰波
oblique detonation wave
O382
　　S 爆轰波
　　Z 冲击波

斜波
　　Y 斜向波

斜程传输
oblique transmission
O432
　　S 转移*

斜冲击
　　Y 斜碰撞

斜冲击波
oblique shock wave
O347.5；O38
　　S 冲击波*

斜方晶格
orthorhombic lattice
O712
　　S 晶格*

斜方晶体
orthorhombic crystal
O71
　　S 晶体*

斜方晶系
　　Y 正交晶系

斜方晶型
orthorhombic crystal
O76
　　S 晶型*

斜激波
oblique shock wave
O354.5
　　D 附伴激波
　　S 激波*
　　C 超声速流动

斜裂缝
　　Y 斜裂纹

斜裂纹
oblique crack
O346.1
　　D 倾斜裂纹
　　　 斜裂缝
　　S 裂纹*
　　C 动态特性
　　　 主拉应力

斜流
　　Y 横流

斜面实验
inclined experiment
O4-33
　　D 伽利略斜面实验
　　S 物理实验
　　Z 科学实验

斜碰
　　Y 斜碰撞

斜碰撞
oblique impact
O313.4
　　D 斜冲击
　　　 斜碰
　　S 力学碰撞*

斜坡电压
ramp voltage
TM933.2
　　S 电压*

斜弯曲
skew bending
O344.1
　　D 非对称弯曲
　　　 偏心弯曲
　　S 弯曲*
　　C Fourier-Bessel 级数 →(1)
　　　 正应力

斜向波
oblique wave
O353.2；P731.22
　　D 斜波
　　S 波*
　　C 波浪力
　　　 不规则波
　　　 规则波
　　　 两层流体

斜向剪切
oblique shear
O344.1
　　S 剪切*

斜向流
　　Y 横流

斜压边界层
baroclinic boundary layer
O357.4；P404
　　S 边界层
　　Z 流体层

斜压性
baroclinicity
O351；P43
　　S 流体性质
　　Z 特性

斜迎风
　　Y 迎风有限元法

谐波发生
harmonic generation
TN011
　　D 简谐波发生
　　S 分析*
　　F 二次谐波产生
　　　 高次谐波产生

谐波辐射
harmonic radiation
O451
　　S 电磁辐射
　　F 高次谐波辐射
　　Z 辐射

谐波共振
harmonic resonance
O321
　　D 谐波谐振
　　S 共振*
　　F 超谐共振
　　　 亚谐共振
　　C 传播误差 →(1)

谐波畸变
harmonic distortion
O435.2；P111.3
　　S 畸变*
　　F 总谐波畸变
　　C 保真度

谐波损耗
harmonic loss
TM4
　　S 损耗*

谐波探测
harmonic detection
O441
　　S 探测*

谐波小波
　　Y 谐波小波变换

谐波小波包
　　Y 谐波小波变换

谐波小波变换
harmonic wavelet transform
O17；O302
　　D 谐波小波
　　　 谐波小波包
　　S 小波变换*

谐波谐振
　　Y 谐波共振

谐波振荡
harmonic oscillation
TN751.3
　　S 振荡*

主　表　771

　　F 二次谐波振荡
　　　三次谐波振荡

谐波转换
harmonic conversion
TN74
　　S 转换*
　　F 二次谐波转换
　　　三次谐波转换

谐和运动
　　Y 简谐运动

谐和振动
　　Y 谐振

谐激励
　　Y 简谐激励

谐衍射透镜
harmonic diffractive lens
TH74
　　S 透镜
　　Z 光学元件

谐衍射元件
harmonic diffractive element
TN253
　　S 衍射元件
　　Z 光学元件

谐音
harmonic
O42
　　S 声音*

谐运动
harmonic motion
O311
　　S 运动*
　　F 简谐运动
　　C 共振

谐振
harmonic vibration
O321
　　D 谐和振动
　　　谐振动
　　S 振动*
　　F 串并联谐振
　　　次同步谐振
　　　简谐振动
　　　内谐振
　　　随机谐振
　　　铁磁谐振
　　C 结构动力学
　　　三维各向同性谐振子
　　　谐振子

谐振波长
resonant wavelength
TN2
　　D 共振波长
　　S 波长*

谐振长度
resonant length
O4
　　S 长度*

谐振动
　　Y 谐振

谐振管
　　Y 管路共振

谐振模式
　　Y 共振模态

谐振器模式
　　Y 共振模态

谐振试验
　　Y 共振试验

谐振子*
harmonic oscillator
O32；O413
　　D 非谐振子
　　　振动质点
　　F q-形变谐振子
　　　带电谐振子
　　　二维谐振子
　　　各向同性谐振子
　　　含时谐振子
　　　简谐振子
　　　耦合谐振子
　　　三维谐振子
　　　受迫谐振子
　　　同调谐振子
　　　线性谐振子
　　　一维谐振子
　　　阻尼谐振子
　　C 谐振
　　　谐振子模型 →(4)
　　　谐振子势
　　　谐振子系统

谐振子势
harmonic oscillator potential
O32；P731.22
　　S 势*
　　C 谐振子

谐振子系统
system of harmonic oscillator
O32
　　S 振动系统
　　C 谐振子
　　Z 力学系统

泄爆压力
venting pressure
O381
　　D 释放压力
　　S 压力*

泄漏电流
　　Y 漏电流

泄水波
　　Y 卸载波

泄压
　　Y 压力释放

卸荷
　　Y 卸载

卸荷回弹
unloading rebound
TU4
　　D 卸载回弹
　　S 弹性
　　Z 力学性质

卸荷模量
　　Y 卸载模量

卸压
　　Y 压力释放

卸载
unloading
O347
　　D 卸荷
　　S 荷载*
　　F 动态卸载
　　　减载

卸载波
unloading wave
O347
　　D 泄水波
　　S 弹性波*

卸载回弹
　　Y 卸荷回弹

卸载模量
modulus in unloading
O347
　　D 卸荷模量
　　S 动态模量
　　Z 模量

谢才公式
Chezy formula
O351.2
　　S 力学公式*
　　C 摩擦理论
　　　水流速度

心理声学
psychoacoustics
Q6
　　S 应用声学
　　Z 声学

心理物理实验
　　Y 心理物理学实验

心理物理学实验
psychophysical experiment
O4-33
　　D 心理物理实验
　　S 物理实验
　　Z 科学实验

心射极平投影
polar gnomonic projection
O713
　　S 晶体投影
　　Z 投影

心射切面投影
gnomanic projection
O713
　　D 心射切面投影图
　　S 晶体投影
　　C 球面投影 →(4)

Z 投影

心射切面投影图
  Y 心射切面投影

芯损耗
  Y 磁芯损耗

辛差分格式
symplectic difference scheme
O241；O35；P43
  S 差分格式*
    数学方法*

辛方法
symplectic methods
O313
  S 力学方法*
  C Hamilton 系统 →(1)

辛弹性力学
symplectic elastic mechanics
O343
  S 弹性力学
  C 辛体系
  Z 固体力学

辛体系
symplectic system
O343
  S 力学系统*
  C 辛弹性力学

新超混沌系统
  Y 新混沌系统

新混沌系统
new chaotic system
O415.5
  D 新超混沌系统
  S 混沌系统*

新拟牛顿方程
new quasi-newton equation
O301
  S 拟牛顿方程
  Z 力学方程

信背比
signal-to-background ratio
O45
  S 比率*

信道估计误差
channel estimation error
TN92
  S 误差*

信号采集
signal acquisition
TN911
  S 采集*

信号反射
signal reflection
TN911.23
  S 反射*

信号功率谱
signal power spectrum
O456
  S 功率谱
  Z 频谱

信号频谱
signal spectrum
O456
  S 频谱*

信号声学
  Y 电声学

信号误差
signal error
TN911
  S 误差*
  F 频率误差
    失配误差
    通道误差
    增益误差
    折射误差

信号选择
signal selection
TN8
  S 选择*

信息*
information
N95
  D 记录情报
    情报
    情报信息
    情报资料
    消息
    资讯
  F 光信息
    量子信息
  C 数据
    文献 →(4)(5)
    信息传播
    信息论下界 →(1)
    信息系统 →(1)(4)(5)
    资料 →(4)(5)

信息处理*
information processing
N951.3；TP391
  F 光学信息处理
  C 图像处理
    信息服务 →(4)(5)
    影像处理 →(4)(5)

信息传播*
information dissemination
G20；N951.2
  D 信息传递
    信息传输
    信息传送
    信息发布
    信息分发
    信息扩散
    信息扩散法
  F 实时传输
    同步传输
    图像传输
  C 信息

信息传递
  Y 信息传播

信息传输
  Y 信息传播

信息传送
  Y 信息传播

信息发布
  Y 信息传播

信息分发
  Y 信息传播

信息光学
information optics
O438
  S 光学*
  F 傅里叶光学
    全息光学
  C 光学信息处理

信息扩散
  Y 信息传播

信息扩散法
  Y 信息传播

信息量准则
information quantity criterion
TN95
  S 准则*

信息熵压缩
information entropy squeezing
O45
  S 熵压缩
  C 演化方程 →(1)
  Z 压缩

兴波阻力
wave-making resistance
O353.3；P731.22
  D 波浪阻力
    波阻
    波阻力
    水波阻力
  S 流动阻力
  C 波形
    弹性波
  Z 阻力

星等-色指数图
  Y 色指数

星点检验
star test
O435；O439
  S 光学检验
  Z 检验

星际物质*
interstellar matter
P155
  F 金属氢
  C 星际空间 →(4)
    星云假说 →(4)

星体光度学
  Y 光度学

星星际激波
  Y 行星际激波

行波
 Y 行进波

行波方程
traveling wave equation
O441.4
 D 行波方程式
  行波方程组
  行波方程组式
  行波公式
 S 波动方程
 Z 方程(数学)

行波方程式
 Y 行波方程

行波方程组
 Y 行波方程

行波方程组式
 Y 行波方程

行波公式
 Y 行波方程

行波振动
traveling wave vibration
O353.1
 S 振动*
 C 模态坐标

行近流速
 Y 来流速度

行进波
traveling wave
O353.3
 D 随行波
  推进波
  行波
 S 波*
 F 电流行波
  电压行波
  反向行波
  局部行进波
  暂态行波
 C 混合流体
  机械振动
  驻波

行星边界层
 Y 大气边界层

行星际激波
interplanetary shocks
O354.5
 D 星星际激波
 S 激波*
 C 等离子体冲击波
  太阳风 →(4)

行星式原子模型
planetary atom models
O562.1
 D 玻尔原子模型
  罗瑟福-玻尔原子模型
 S 原子模型
 Z 物理模型

形变

 Y 变形

形变仿真
 Y 变形模拟

形变仿真法
 Y 变形模拟

形变仿真方法
 Y 变形模拟

形变仿真过程
 Y 变形模拟

形变仿真实验
 Y 变形模拟

形变仿真实验法
 Y 变形模拟

形变仿真实验方法
 Y 变形模拟

形变仿真实验过程
 Y 变形模拟

形变核
deformed nucleus
O571.21
 D 变形核
  球形核
  轴对称变形核
 S 原子核*
 C 转动-振动模型

形变理论
 Y 变形理论

形变率
 Y 变形速度

形变孪晶
deformation twin
O762
 D 变形孪晶
  机械孪晶
 S 孪晶
 Z 晶体

形变孪生
deformation twinning
O733

形变模拟
 Y 变形模拟

形变模拟法
 Y 变形模拟

形变模拟方法
 Y 变形模拟

形变模拟过程
 Y 变形模拟

形变模拟实验
 Y 变形模拟

形变模拟实验法
 Y 变形模拟

形变模拟实验方法
 Y 变形模拟

形变模拟实验过程
 Y 变形模拟

形变模式
 Y 变形

形变能
 Y 应变能

形变能量
 Y 应变能

形变强化
 Y 应变硬化

形变强化相变
deformation enhanced transformation
O552.6
 D 应变强化相变
 S 形状相变
 Z 相变

形变时效
 Y 应变时效

形变势
deformation potential
O342；O344.3
 S 势*

形变速率
 Y 变形速度

形变特征
 Y 变形

形变压力
deformation pressure
O347
 S 压力*
 F 膨胀压力

形变应力
deformation stress
O343.4
 D 变形抗力
  变形应力
  应力变形
 S 应力*
 C 变形速度
  附加应力场 →(5)
  塑性变形
  塑性应变

形变硬化
 Y 应变硬化

形变织构
 Y 变形织构

形不变性
 Y 形状不变性

形核
 Y 成核

形核过程
 Y 成核

形核机理
 Y 成核

形核机制

Y 成核

形核位置
nucleation site
TG113
  S 位置*

形貌*
morphology
ZT2
  D 特殊形貌
  F SEM 形貌
    分子形貌
    裂纹形貌
    损伤形貌

形貌变化
morphology change
ZT5
  S 变化*
  F 体积变化

形貌测量
topography measurement
O59
  D 形貌检测
    形貌术
  S 测量*
  F X 射线形貌术

形貌共振
morphology dependent resonances
O321
  S 共振*

形貌检测
  Y 形貌测量

形貌术
  Y 形貌测量

形势场
situation field
O4-0
  S 势场
  Z 物理场

形态*
form
ZT5
  F 超临界氢
    晶化相
    凝胶相
    杂质态

形位熵
  Y 混合熵

形状*
shape
ZT2
  D 形状参数
  F 界面形状
  C Bernstein 多项式 →(1)
    Bernstein 基函数 →(1)
    切线多边形 →(1)
    位形空间
    延伸

形状变形能塑性条件
  Y 塑性条件

形状不变性
form invariance
O711.1
  D 形不变性
  S 不变性*

形状参数
  Y 形状

形状磁各向异性
  Y 形状各向异性

形状改变比能
  Y 应变能

形状各向异性
shape anisotropy
O482.52
  D 形状磁各向异性
  S 磁各向异性
  Z 磁性

形状畸变
  Y 变形

形状记忆效应
shape memory effects
TB381
  D 可逆形状记忆效应
  S 形状效应
  C 热弹性
    热应力
    铁弹畴
  Z 效应

形状梯度
shape gradient
O351
  D 形状梯度法
  S 梯度分布*

形状梯度法
  Y 形状梯度

形状相变
shape phase transition
O552.6
  S 相变*
  F 块状相变
    形变强化相变

形状效应
shape effect
TB303.1
  S 效应*
  F 形状记忆效应

形状演化
shape evolution
O572
  S 演变*

形状因子
shape factor
O572.21
  S 因子*

形状阻力
  Y 压差阻力

型变现象
  Y 晶变*

型阻
  Y 压差阻力

型阻力
  Y 压差阻力

性能
  Y 特性

性能分析
performance analysis
O43
  S 分析*
  F 灵敏度分析
  C 孤立韧度 →(1)
    接收概率 →(1)
    近似比 →(1)
    矩母函数 →(1)
    排队分析 →(1)

性能试验
performance test
TB461.1
  S 试验*
  F 抗扰度实验
    燃烧性试验
    稳定性试验
    硬度试验

性质
  Y 特性

汹涛阻力
  Y 水流阻力

休克尔分子轨道法
  Y HMO 理论

休克尔分子轨道计算
Huckel molecular orbital calculations
O561
  D HMO 计算
  S 分子轨道计算
  Z 分子能级计算

休克尔规则
  Y HMO 理论

休止角
angle of repose
O342
  S 角*
  C 堆密度 →(3)

修正
  Y 校正

修正变分原理
modified variational principle
O316；O343
  S 力学变分原理
  Z 力学原理

修正迭代法
modified iteration method
O302
  S 迭代法*
  C 非线性稳定性 →(1)(4)

修正曲线
correction curve
TH71
　　S 曲线*

袖珍罗盘仪
　　Y 罗经

锈蚀裂缝
　　Y 应力腐蚀开裂

须晶
　　Y 晶须

虚边界元
　　Y 虚边界元法

虚边界元法
virtual boundary element method
O302
　　D 虚边界元
　　S 边界元法
　　C 广义极小残值法
　　　 双层位势 →(1)
　　Z 力学方法
　　　 数学方法

虚功
virtual work
O313
　　S 功*
　　C 虚位移

虚功法
　　Y 单位载荷法

虚功率原理
principle of virtual power
O313；O316
　　S 力学原理*

虚功原理
principle of virtual work
O31；O346.1
　　D 虚位移原理
　　S 力学原理*
　　C 初边值问题 →(1)
　　　 平面梁单元
　　　 虚位移

虚光场
virtual-photon field
O431.2
　　S 光场*

虚光场效应
virtual light field effect
O431.2
　　S 光学效应*

虚光源
virtual light source
O435.1
　　S 光源*

虚光子
virtual photon
O572.31
　　S 光子
　　Z 粒子

虚焦点
　　Y 焦点

虚粒子
virtual particles
O572.3
　　S 基本粒子
　　Z 粒子

虚拟边界
fictitious boundary
O342
　　S 边界*

虚拟光学
virtual optics
O438
　　S 光学*

虚拟激励
pseudo-excitation
O322
　　D 虚拟激励法
　　S 激励*
　　C 积分真度 →(1)

虚拟激励法
　　Y 虚拟激励

虚拟极化
virtual polarization
TN951
　　S 雷达极化
　　Z 极化

虚拟裂缝模型
fictitious crack model
O39
　　S 断裂模型
　　C 等效断裂韧度
　　　 断裂参数
　　　 剪滞理论
　　　 粘聚力
　　Z 力学模型

虚拟裂纹闭合法
virtual crack closure method
O346.1
　　S 力学方法*

虚拟流体方法
ghost fluid method
O351
　　D ghost fluid 方法
　　S 力学方法*
　　C 虚拟区域法

虚拟区域法
fictitious domain method
O359
　　S 力学方法*
　　C 虚拟流体方法

虚声子
　　Y 声子

虚时格林函数
　　Y 温度函数

虚位移
virtual displacement
O311
　　S 位移*
　　C 虚功
　　　 虚功原理

虚位移原理
　　Y 虚功原理

虚物
　　Y 虚像

虚象
　　Y 虚像

虚像
virtual image
O435.2
　　D 虚物
　　　 虚象
　　S 光学图像*

徐变柔度
　　Y 柔性

许用应力
allowable stress
O343.4
　　D 安全工作应力
　　　 安全容许应力
　　　 安全许用应力
　　　 容许应力
　　　 允许应力
　　S 应力*
　　C 极限强度
　　　 强度理论

序参量
order parameter
O41
　　S 物理参数*

序列*
sequences
ZT6
　　D 序列类型
　　F 温度序列

序列类型
　　Y 序列

絮凝动力学
flocculation kinetics
O313.1；O643.1
　　D 动水絮凝
　　S 化学*

悬点加速度
polished rod acceleration
O311.1
　　S 加速度*

悬点载荷
polished rod load
O347.1
　　D 光杆载荷
　　S 集中荷载
　　Z 荷载

悬浮*
suspension
O35

  F 磁悬浮
    声悬浮
  C 悬浮物 →(4)(5)

悬浮结晶
suspension crystallization
O799
  D 悬浮结晶过程
    悬浮结晶化过程
    悬浮晶化过程
  S 工业结晶
  Z 结晶

悬浮结晶过程
  Y 悬浮结晶

悬浮结晶化过程
  Y 悬浮结晶

悬浮晶化过程
  Y 悬浮结晶

悬浮粒子分布
  Y 粒子分布

悬浮粒子数分布
  Y 粒子分布

悬浮流
suspension flow
O351；P731.21
  S 流体流*
  F 纤维悬浮流

悬浮气泡
suspended bubble
O351；P733
  S 气泡*

悬浮区熔法
  Y 区熔法

悬浮区域熔炼法
  Y 区熔法

旋磁材料
gyromagnetic material
O482.54
  S 磁性材料*

旋错
  Y 螺旋位错

旋动力学
  Y 自旋动力学

旋度场
  Y 涡流场

旋光
optical rotation
O436.3
  S 光学现象*
  F 磁致旋光
  C 旋光性

旋光度
  Y 旋光率

旋光活性
optically active
O561.2
  S 分子性质
  C 对映异构 →(3)
    手性
    旋光性
  Z 粒子性质

旋光晶体
gyrotropic crystal
O734
  D 偏光晶体
  S 光学晶体*
  F 右旋晶体
    左旋晶体
  C 旋光性

旋光率
specific rotation
O436.3
  D 旋光度
  S 光学参数*
  C 光偏振
    旋光性

旋光器
  Y 旋光仪

旋光色散
optical rotatory dispersion
O436.3
  S 色散*

旋光特性
  Y 旋光性

旋光现象
  Y 旋光效应

旋光效应
optical rotation effect
O734
  D 旋光现象
  S 光学效应*
  C 旋光性

旋光性
optical rotation
O482.3
  D 天然旋光性
    旋光特性
  S 光学性质*
  C 旋光
    旋光法 →(3)
    旋光方向 →(3)
    旋光活性
    旋光晶体
    旋光率
    旋光效应

旋光仪
polarimeter
TH741
  D 旋光器
  S 光学测量仪器
  F 干涉旋光仪
    光电旋光仪
    自动旋光仪
  Z 测量仪器

旋轨耦合
  Y 自旋-轨道相互作用

旋衡气流
  Y 气流

旋回半径
  Y 回转半径

旋进
  Y 进动

旋进法
precession method
O766
  D 旋进衍射法
  S X 射线衍射法
  Z 晶体结构分析方法

旋进涡核
precession vortex core
O357.1
  S 涡核
  Z 流体结构

旋进衍射法
  Y 旋进法

旋量
spinor
O4-3
  D 狄拉克旋量
  S 物理量*
  C Dirac 方程 →(1)
    张量

旋量场
  Y 旋转向量场

旋量群
  Y 群论

旋流
  Y 涡流

旋流数
swirling number
O351
  S 数量*
  C 衰减流

旋拧流
  Y 螺旋流

旋涡
  Y 涡旋

旋涡场
  Y 涡流场

旋涡空化
vortex cavitation
O357.1
  D 梢涡空化
    叶梢涡旋空化
    叶梢涡旋空泡
  S 空化*
  C 冲击压力
    洗流

旋涡流
  Y 涡流

旋涡流动
  Y 涡流

主　表　777

旋涡粘度
　Y 涡粘性

旋涡粘性
　Y 涡粘性

旋涡破裂
　Y 涡破裂

旋涡破碎
　Y 涡破裂

旋涡脱落
rotating shedding
O351
　D 涡脱落
　　 涡旋脱落
　C 管流
　　 流动稳定性
　　 湍流扩散
　　 尾流

旋涡脱落频率
vortex shedding frequency
O351
　S 脱落频率
　C 分离流
　Z 频率

旋涡运动
　Y 涡流

旋涡噪声
　Y 涡流噪声

旋涡阻力
　Y 粘性阻力

旋转
rotating
O313.3
　D 回旋
　　 回转
　　 集体转动
　　 快速旋转
　　 螺旋转动
　　 盘旋
　　 绕转
　　 旋转运动
　　 预旋
　　 圆周回旋
　　 转动
　S 运动*
　F 磁转动
　　 大转动
　　 定点转动
　　 定轴转动
　　 分子转动
　　 刚体转动
　　 高速转动
　　 空间转动
　　 莱曼转动
　　 无限小转动
　　 相对转动
　　 像旋转
　　 一致转动
　　 有限转动
　　 匀速转动
　　 自旋

　　 自转
　C 地球自转 →(4)
　　 滚动
　　 角加速度
　　 角速度
　　 角速度测量
　　 平动
　　 涡流
　　 转动物体

旋转半径
　Y 回转半径

旋转变换
rotation transformation
O53
　S 物理变换*
　C 初等几何 →(1)

旋转变形
rotational deformation
O344.3
　S 变形*

旋转波
　Y 横波

旋转不变性
rotational invariance
O711.1
　S 不变性*
　C 多元正态分布 →(1)
　　 旋转对称性

旋转磁场
rotating magnetic field
O441.4
　S 磁场*

旋转带电体
rotating charged body
O441.1
　S 带电体*

旋转弹气动力特性
　Y 气动特性

旋转电磁场
rotating electromagnetic field
O441.4
　S 电磁场*

旋转动力学
　Y 自旋动力学

旋转对称体
　Y 旋转对称性

旋转对称性
rotational symmetry
O711
　D 旋转对称体
　S 晶体对称性
　C 旋转不变性
　Z 晶体性质

旋转方向
rotational direction
O411
　S 运动方向
　Z 方向

旋转光栅
rotating gratings
O437.4；P111.3
　S 计量光栅
　Z 光栅

旋转函数法
　Y 分子置换法

旋转间断
　Y 磁流体力学间断

旋转角
　Y 转角

旋转角度
　Y 转角

旋转角速度
angular velocity of rotation
O311
　S 角速度
　Z 运动速度

旋转结构
rotational structure
O311
　S 结构*
　F 自旋结构

旋转晶体法
rotating crystal method
O799
　D 周转晶体法
　S 晶体结构分析方法*
　C 液晶
　　 预倾角

旋转理论(外弹道学)
　Y 刚体弹道学

旋转力矩
　Y 陀螺力矩

旋转流变仪
rotational rheometer
O37
　S 流变仪
　Z 测量仪器

旋转流场
rotary flow field
O351.2
　S 流场*

旋转流动
rotational flow
O351.2
　D 波动流动
　　 转动流动
　S 流动*
　C 涡破裂

旋转流体
rotating fluid
O351
　D 波动流体
　　 转动流体
　　 转动液体
　S 流体*
　C 液体晃动

旋转率
　Y 转速

旋转粘度计
rotational viscometer
TH82
　S 粘度计
　Z 测量仪器

旋转频率
rotational frequency
O411
　S 频率*

旋转气流
　Y 涡流

旋转失速
rotating stall
TH45；TK12
　S 失速*
　C 边界层分离
　　 喘振

旋转矢量
rotation vector
O4
　D 旋转向量
　S 向量*
　F 等效旋转矢量

旋转水流
　Y 涡流

旋转速度
　Y 转速

旋转速率
　Y 转速

旋转天平
rotary balance
TB93；TH715.11；V211
　S 风洞天平
　Z 测量仪器

旋转弯曲
rotating bending
O344.1
　S 弯曲*

旋转弯曲疲劳
　Y 弯曲疲劳

旋转稳定性
rotational stability
O317
　D 回转稳定性
　　 转动稳定性
　S 运动稳定性
　C 动力试验
　　 动态特性
　Z 力学稳定性

旋转向量
　Y 旋转矢量

旋转向量场
rotated vector field
O413.3
　D 旋量场

　S 向量场
　Z 物理场

旋转效应
rotation effect
TB93；TU33
　D 方位影响
　　 寄生效应
　S 力学效应*

旋转运动
　Y 旋转

旋转振动
　Y 扭转振动

旋转转矩
　Y 扭矩

旋子群
　Y 群论

漩流
　Y 涡流

漩涡
　Y 涡旋

选分结晶
　Y 选择结晶

选律
　Y 选择定则

选区电子衍射
selected area electron diffraction
O722.7
　S 电子衍射
　Z 衍射

选择*
selection
ZT5
　D 选择过程
　F 速度选择
　　 信号选择
　　 仪器选择

选择定律
　Y 选择定则

选择定则
selection rule
O562
　D 超选择定律
　　 超选择定则
　　 选律
　　 选择定律
　S 物理定律*

选择反射
selective reflection
O435.1
　S 光学反射
　Z 反射

选择过程
　Y 选择

选择激发
selective excitation
O432.12

　S 光致激发
　Z 激发

选择结晶
selective crystallization
O799
　D 选分结晶
　S 工业结晶
　Z 结晶

选择外延
selective epitaxy
O782
　S 外延*

选择吸收
selective absorption
O436.2
　S 光吸收*

薛定谔
Erwin Schrodinger
O4-09；O413.1
　D 埃尔温·薛定谔
　S 物理学家*

薛定谔波动方程
　Y 薛定谔方程

薛定谔波动方程公式
　Y 薛定谔方程

薛定谔波动方程式
　Y 薛定谔方程

薛定谔波动公式
　Y 薛定谔方程

薛定谔波动关系式
　Y 薛定谔方程

薛定谔波动计算法
　Y 薛定谔方程

薛定谔波动计算方法
　Y 薛定谔方程

薛定谔波动计算式
　Y 薛定谔方程

薛定谔方程
Schrodinger equation
O413.1
　D Schrodinger 方程
　　 Schrodinger 方程公式
　　 Schrodinger 方程式
　　 Schrodinger 方程组
　　 Schrodinger 方程组式
　　 Schrodinger 公式
　　 Schrodinger 关系式
　　 Schrodinger 计算法
　　 Schrodinger 计算方法
　　 Schrodinger 计算式
　　 薛定谔波动方程
　　 薛定谔波动方程公式
　　 薛定谔波动方程式
　　 薛定谔波动公式
　　 薛定谔波动关系式
　　 薛定谔波动计算法
　　 薛定谔波动计算方法
　　 薛定谔波动计算式

薛定谔方程公式
薛定谔方程式
薛定谔方程组
薛定谔方程组式
薛定谔公式
薛定谔关系式
薛定谔计算法
薛定谔计算方法
薛定谔计算式
薛定鄂方程
 S 物理方程*
 F 定态薛定谔方程
  非线性薛定谔方程
  含时薛定谔方程
  薛定谔绘景
 C 简正坐标
  扰动方法 →(1)

薛定谔方程公式
 Y 薛定谔方程

薛定谔方程式
 Y 薛定谔方程

薛定谔方程组
 Y 薛定谔方程

薛定谔方程组式
 Y 薛定谔方程式

薛定谔公式
 Y 薛定谔方程

薛定谔关系式
 Y 薛定谔方程

薛定谔绘景
Schrodinger picture
O413.1
 S 薛定谔方程
 Z 物理方程

薛定谔计算法
 Y 薛定谔方程

薛定谔计算方法
 Y 薛定谔方程

薛定谔计算式
 Y 薛定谔方程

薛定谔猫
Schrodinger cat
O413.1；O4-33
 S 理想实验
 Z 科学实验

薛定谔猫态
Schrodinger cat states
O413.1
 D Schrodinger 猫态
 S 量子态
 Z 能态

薛定鄂方程
 Y 薛定谔方程

穴蚀
 Y 空化

雪靶模型

 Y 雪耙模型

雪崩电离
 Y 电子雪崩电离

雪崩击穿
avalanche breakdown
O47
 D 电子雪崩
 S 电击穿*

雪耙模型
snow-plow model
O534
 D 雪靶模型
 S 物理模型*

寻常光
ordinary light
O436.3；O734.2
 D O 光
  正常光
 S 偏振光
 Z 光

巡回电子模型
 Y 电子模型

巡游电子
itinerant electron
O572.322
 S 电子*

循环*
cycle
ZT5
 D 循环过程
 F 非对称循环
  能量循环
  气体循环
  应力循环
  自然循环
  最大应力应变循环
 C 循环时间 →(1)

循环 J 积分
cyclic J-integral
O346.1
 S J 积分
 C 断裂理论
 Z 积分

循环变形
cyclic deformation
O344
 S 变形*
 C 低周疲劳
  高周疲劳
  应变控制
  应力控制

循环不对称系数
 Y 应力比

循环磁化
 Y 磁化

循环对称系数
 Y 应力比

循环负荷
 Y 疲劳载荷

循环过程
 Y 循环

循环荷载
 Y 疲劳载荷

循环积分
cyclic integral
O302
 S 积分*
 C 拉格朗日方程

循环加载
 Y 疲劳载荷

循环抗剪强度
 Y 抗剪强度

循环力
 Y 疲劳载荷

循环流
 Y 平面射流

循环疲劳
cyclic fatigue
O346.2
 D 疲劳循环
 S 疲劳*
 F 低周疲劳
  高周疲劳
 C 交变载荷
  应力断裂

循环频率误差
cyclic frequency error
TN911
 S 频率误差
 Z 误差

循环蠕变
cyclic creep
O344.6
 S 蠕变*
 C 应力控制

循环软化
cyclic softening
O346.2
 S 变化*
 C 低周疲劳
  疲劳试验
  循环塑性

循环塑性
cyclic plasticity
O344
 S 塑性
 C 棘轮行为
  循环软化
 Z 力学性质

循环塑性模型
cyclic plastic model
O344
 S 塑性模型
 C 广义塑性力学
 Z 力学模型

循环塑性应变能
cyclic plastic strain energy
O344.1
   S 塑性应变能
   Z 能量

循环特征系数
   Y 应力比

循环弯矩
   Y 弯矩

循环温度
cyclic temperature
N965.14
   S 温度*

循环序进应力
cyclic progressive stress
O343.4
   S 循环应力
   Z 应力

循环应变
cyclic strain
O344.3
   D 应变循环
   S 应变*
   F 循环应力-应变

循环应变试验
   Y 应变试验

循环应力
cyclic stress
O343.4
   D 反复应力
   S 应力*
   F 循环序进应力
   C 交变载荷

循环应力响应
cyclic stress response
O343.4
   S 响应*
   C 高周疲劳

循环应力-应变
cyclic stress strain
O344.3
   S 循环应变
   Z 应变

循环硬化
cyclic hardening
O344.1
   S 硬化*
   C 低周疲劳
      高周疲劳

循环载荷
   Y 疲劳载荷

循环自相关
cyclic auto-correlation
TN911
   S 相关*

循环坐标
cyclic coordinate
O311.1
   D 可遗坐标
   S 坐标*

迅发γ辐射
   Y γ辐射

迅发中子
   Y 瞬发中子

迅速减压
rapid decompression
O38
   D 爆炸减压
   S 减压*

殉爆
sympathetic detonation
O381
   D 爆轰传播
      爆轰传递
      传爆
      非接触爆炸
      感应爆轰
   S 爆轰*
   C 光面爆破 →(5)

压比
   Y 压力比

压差*
differential pressure
O31；O35
   D 差压
      压力差
      压力落差
   F 负压差
      附加压力差
      过滤压差
      静压差
      冷却水压差
      临界压差
      膜压差
      内外压差
      微压差
      系统压差
      小压差
      允许压差
   C 等压线 →(4)
      电压差
      流量系数
      磨损
      压力分布
      压力损失
      压力梯度

压差波动
differential pressure fluctuation
O31
   S 波动*
   C 压差阻力

压差阻力
pressure drag
O31；O35
   D 形状阻力
      型阻
      型阻力
      翼型阻力
   S 气动阻力

   C 压差波动
   Z 阻力

压出力
   Y 挤压力

压磁
   Y 压磁效应

压磁材料
piezomagnetic material
O482.54
   D 磁致伸缩材料
   S 磁性材料*
   F 功能梯度压电压磁材料
   C 磁致伸缩
      压磁效应

压磁效应
piezomagnetic effect
O482.52
   D 压磁
      压磁性能
   S 磁机械效应
   C 磁致伸缩
      压磁材料
   Z 磁场效应

压磁性能
   Y 压磁效应

压电
   Y 压电性

压电薄膜
piezoelectric thin films
O484
   D 压电膜
   S 介电薄膜
   C 压电性
   Z 电工薄膜

压电参数
   Y 压电常量

压电常量
piezoelectric constant
O441.1
   D 压电参数
   S 物理常数*
   F 压电应变常数
   C 压电性

压电单晶
piezoelectric single crystal
O738
   D 压电单晶材料
      压电单晶体
      压电单晶体材料
   S 单晶
   Z 晶体

压电单晶材料
   Y 压电单晶

压电单晶体
   Y 压电单晶

压电单晶体材料
   Y 压电单晶

压电分流阻尼
piezoelectric shunt damping
O441.1
　　S 阻尼*

压电极化
piezoelectric polarization
O487
　　S 电介质极化
　　C 压电性
　　Z 极化

压电加速度计
piezoelectric accelerometer
TB534
　　S 力学测量仪器
　　Z 测量仪器

压电结构
piezoelectric structures
TM22
　　S 电结构
　　C 压电性
　　Z 电磁结构

压电晶体
piezoelectric crystal
O738
　　S 功能晶体
　　F 压电石英晶体
　　　压电陶瓷晶体
　　C 压电性
　　Z 晶体

压电膜
　　Y 压电薄膜

压电石英晶体
piezoelectric quartz crystal
TM229.1
　　S 石英晶体
　　　压电晶体
　　Z 晶体

压电弹性
piezoelectric elasticity
O343
　　S 弹性
　　C 压电性
　　Z 力学性质

压电陶瓷晶体
piezoelectric ceramic crystal
O738
　　S 压电晶体
　　Z 晶体

压电系数
piezoelectric coefficient
O441.1
　　S 系数*
　　C 压电性

压电现象
　　Y 压电性

压电效应
　　Y 压电性

压电性

piezoelectricity
O482.41
　　D 压电
　　　压电现象
　　　压电效应
　　　正压电效应
　　S 介电性质
　　F 非线性压电效应
　　　逆压电效应
　　　压致电阻效应
　　C 压电薄膜
　　　压电常量
　　　压电弹性
　　　压电极化
　　　压电结构
　　　压电晶体
　　　压电系数
　　Z 电学性质

压电应变常数
piezoelectric strain constant
O441.1
　　S 压电常量
　　Z 物理常数

压杆稳定性
stability of compression member
TU3
　　S 结构稳定性
　　Z 力学稳定性

压痕硬度
indentation hardness
TB302.4
　　S 硬度
　　Z 力学性质

压痕硬性
　　Y 硬度

压剪断裂
　　Y 压剪裂纹

压剪复合加载
combined compression and shear loading
O347.1
　　S 加载
　　Z 荷载

压剪裂纹
compressive shear crack
O346.12
　　D 压剪断裂
　　S 裂纹*
　　C 叠加原理
　　　断裂过程区

压降
　　Y 压力损失

压降梯度
　　Y 压力梯度

压紧系数
　　Y 压缩系数

压溃载荷
　　Y 断裂载荷

压力*

pressure
O31
　　D 压力类型
　　F 饱和压力
　　　爆炸压力
　　　壁面压力
　　　表面压力
　　　波压
　　　超压
　　　充气压力
　　　出口压力
　　　单轴压力
　　　低压
　　　底部压力
　　　动压
　　　反压
　　　分解压力
　　　分压
　　　峰值压力
　　　辐射压力
　　　负压
　　　附加压力
　　　高压
　　　管道压力
　　　挤压力
　　　解吸压力
　　　进气压力
　　　静压
　　　均匀压力
　　　可变压力
　　　拉压
　　　冷压力
　　　临界压力
　　　流体压力
　　　门限压力
　　　内压力
　　　破裂压力
　　　热压力
　　　入口压力
　　　设计压力
　　　似对比压力
　　　膛压
　　　先期固结压力
　　　相变压力
　　　相对压力
　　　泄爆压力
　　　形变压力
　　　有效压力
　　　正压
　　　周期性压力
　　　轴向压力
　　　装配压力
　　　总压
　　C 体积变化
　　　压力表
　　　压缩
　　　压阻

压力(辐射)
　　Y 辐射压力

压力(临界)
　　Y 临界压力

压力(蒸气)
　　Y 蒸汽压力

压力比
pressure ratio
O31
- D 压比
- S 比率*
- F β值
  增压比

压力边界条件
pressure boundary condition
O31；O35
- S 边界条件*
  力学条件*

压力变化*
pressure change
O31
- D 压力动态
- F 摩擦阻力压降
  压力减敏
  压力脉动
  压力损失
  压力跃变
- C 垂直裂缝
  启动压力梯度

压力变形
pressure distortion
O344.3
- S 变形*

压力标定
pressure calibration
TB935
- S 标定*

压力表
manometer
TH71
- D 精测压力计
  压力计
  压力仪表
  压强计
- S 力学测量仪器
- F 麦克劳德压力计
  皮托管
  液体压力计
- C 压力
  压力测量
- Z 测量仪器

压力波
pressure wave
O353
- S 弹性波*
- C 水锤

压力波动
- Y 压力脉动

压力波法
pressure wave method
O39
- S 力学方法*

压力补偿
- Y 压力校正

压力测量
pressure measurement
TB462.1
- D 绝对压力测量
  压力计量
- S 力学测量*
- F 真空度测量
- C 皮托管
  气压表 →(4)
  压力表
  压力梯度
  压强

压力差
- Y 压差

压力场
pressure field
O31
- D 压力场(流体力学)
  压力场特征
- S 力场*
- C 流道
  压力分布
  压力梯度

压力场(流体力学)
- Y 压力场

压力场特征
- Y 压力场

压力冲击
- Y 冲击压力

压力重叠
pressure piling
O38
- C 爆炸压力

压力传播
- Y 压力传递

压力传递
pressure transmission
O369
- D 输送压力
  压力传播
- S 力传递
- F 超压传递
  静压传递
- C 压缩比 →(1)
- Z 能量转移

压力单位
pressure unit
TB935
- S 计量单位*

压力导数
pressure derivatives
O31
- S 导数*

压力递减
- Y 压力损失

压力递减曲线
- Y 压力曲线

压力动态
- Y 压力变化

压力分布
pressure distribution
O31；O351
- D 压强分布
- S 力分布
- C 边界层流动
  超松弛迭代 →(1)
  静载荷
  内压力
  速度场
  压差
  压力场
  压力梯度
  压力中心
  压强
- Z 力学分布

压力分析
pressure analysis
O31
- D 压力瞬变分析
- S 力学分析*
- F 压力恢复分析

压力峰
- Y 峰值压力

压力峰值
- Y 峰值压力

压力光学系数
- Y 弹光系数

压力函数
pressure function
O35；O52
- S 力函数
- Z 函数(力学)

压力荷载
- Y 压缩载荷

压力恢复
pressure recovery
O351
- D 恢复压力
  压力恢复率
  压力上升
  压力升高
- C 压力试验

压力恢复分析
pressure buildup analysis
O351
- S 压力分析
- Z 力学分析

压力恢复率
- Y 压力恢复

压力计
- Y 压力表

压力计量
- Y 压力测量

压力计算
pressure calculating
O31
- D 计算压力

主　表　783

　　S 力学计算*
　　C 设计压力
　　　 压力预测

压力减敏
pressure desensitization
O31；O351
　　S 压力变化*

压力检定
　　Y 压力校正

压力降
　　Y 压力损失

压力降低
　　Y 压力损失

压力降落
　　Y 压力损失

压力校验
　　Y 压力校正

压力校正
pressure correction
O31；O35
　　D 标定压力
　　　 气压修正
　　　 压力补偿
　　　 压力调节
　　　 压力调整
　　　 压力检定
　　　 压力校验
　　　 压力修正
　　　 压力整定
　　S 校正*
　　C 标准规范

压力阶梯
　　Y 压力梯度

压力介质
　　Y 传压介质

压力类型
　　Y 压力

压力流
　　Y 管流

压力流量
　　Y 管流

压力落差
　　Y 压差

压力脉冲
pressure pulse
O313
　　S 脉冲(力学)*
　　C 爆炸载荷

压力脉动
pressure fluctuation
O351
　　D 压力波动
　　S 脉动*
　　　 压力变化*
　　F 壁面压力脉动
　　C 非定常流

　　　 非定常流场
　　　 非对称涡
　　　 脉冲液体
　　　 脉动压力
　　　 气泡
　　　 严重段塞流
　　　 撞击流

压力能
pressure energy
O351.1
　　D 压能
　　S 能量*
　　C 湿焓 →(3)(4)

压力强度
　　Y 压强

压力曲线
pressure curve
O31
　　D 加压曲线
　　　 压力递减曲线
　　S 受力曲线*
　　F 毛细管压力曲线
　　C 压裂

压力上升
　　Y 压力恢复

压力设计
　　Y 设计压力

压力升高
　　Y 压力恢复

压力试验
pressure testing
O31
　　S 力学实验
　　F 加压试验
　　C 压力恢复
　　Z 科学实验

压力释放
pressure release
TM86
　　D 放压
　　　 排放压力
　　　 释压
　　　 泄压
　　　 卸压
　　S 能量释放
　　Z 释放

压力衰减
　　Y 压力损失

压力水头
　　Y 压强

压力瞬变分析
　　Y 压力分析

压力损失
pressure loss
O31；O35
　　D 失压
　　　 水头损失
　　　 压降

　　　 压力递减
　　　 压力降
　　　 压力降低
　　　 压力降落
　　　 压力衰减
　　　 压力下降
　　　 压强降
　　　 压失
　　　 压头损失
　　S 损耗*
　　　 压力变化*
　　C 分相流模型
　　　 流动阻力
　　　 流体流
　　　 循环压力 →(5)
　　　 压差
　　　 压力梯度
　　　 油水两相流
　　　 圆管流

压力梯度
pressure gradient
O31；O52；P424.2
　　D 压降梯度
　　　 压力阶梯
　　　 压强梯度
　　S 梯度分布*
　　F 孔隙压力梯度
　　　 流体静压梯度
　　　 逆压梯度
　　　 启动压力梯度
　　C 达西渗流
　　　 多相流
　　　 非达西流
　　　 加压
　　　 进气压力
　　　 压差
　　　 压力测量
　　　 压力场
　　　 压力分布
　　　 压力损失

压力调节
　　Y 压力校正

压力调整
　　Y 压力校正

压力突变
　　Y 压力跃变

压力维持
　　Y 加压

压力系数
pressure coefficient
O31
　　D 全压系数
　　　 压损系数
　　　 压头系数
　　S 力系数
　　C 高压效应
　　　 升力系数
　　　 升阻比
　　　 压力异常
　　　 压缩比 →(1)
　　　 阻力系数
　　Z 系数

压力下降
　Y 压力损失

压力相关性
　Y 压力效应

压力效应
pressure effect
O31
　D 挤压效应
　　压力相关性
　　压力依赖性
　　压力影响
　　压力作用
　S 力学效应*
　F 高压效应
　　孔压效应

压力修正
　Y 压力校正

压力延迟
　Y 压力滞后

压力依赖性
　Y 压力效应

压力仪表
　Y 压力表

压力异常
pressure anomaly
O31
　S 异常*
　C 流体静压力
　　压力系数

压力影响
　Y 压力效应

压力预测
pressure prediction
O31
　S 预测*
　C 压力计算

压力跃变
pressure jump
O362；O64
　D 压力突变
　S 压力变化*
　C 临界流

压力载荷
　Y 压缩载荷

压力振荡
pressure oscillation
V211
　S 振荡*
　C 燃烧稳定性 →(3)

压力整定
　Y 压力校正

压力滞后
pressure hysteresis
O31
　D 压力延迟
　S 滞后*

压力中心
center of pressure
O31
　D 压心
　S 力心*
　C 气动平衡
　　压力分布

压力阻力
　Y 压阻

压力作用
　Y 压力效应

压裂
pressing crack
O346.1
　S 断裂*
　F 大型压裂
　　小型压裂
　C 垂直裂缝
　　地层破裂压力 →(5)
　　裂缝导流能力 →(5)
　　裂缝宽度
　　破裂压力
　　水平裂缝
　　压力曲线

压裂参数
　Y 断裂参数

压裂缝
　Y 压裂裂缝

压裂宽度
　Y 裂缝宽度

压裂裂缝
fracturing fracture
O346.12
　D 压裂缝
　　压裂纹
　S 裂缝*
　F 人工裂缝
　C 最小水平主应力

压裂强度
　Y 断裂强度

压裂纹
　Y 压裂裂缝

压裂压力
　Y 破裂压力

压能
　Y 压力能

压坯强度
　Y 湿强度

压气机喘振
　Y 喘振

压强*
pressure intensity
O31；O351.1
　D 比压
　　压力强度
　　压力水头
　　压强水头

压头
　F 壁面压强
　　地压强
　　动压强
　　辐射压强
　　附加压强
　　工作压强
　　基准压强
　　溅射压强
　　绝对压强
　　临界压强
　　流体静压强
　　渗透压强
　　逸度
　C 称重
　　水能
　　压力测量
　　压力分布

压强分布
　Y 压力分布

压强公式
pressure formula
O31
　S 力学公式*
　C 气体分子运动论

压强计
　Y 压力表

压强降
　Y 压力损失

压强水头
　Y 压强

压强梯度
　Y 压力梯度

压曲
　Y 弯曲

压蠕变
　Y 压缩蠕变

压入蠕变
indentation creep
O344.6
　S 蠕变*
　C 活化能 →(3)
　　应力指数

压失
　Y 压力损失

压实系数
　Y 压缩系数

压实性
　Y 压缩性能

压碎
crushing
O346.13
　S 破碎*
　C 强度试验

压碎强度
　Y 抗压强度

压碎应力
   Y 压应力
压损系数
   Y 压力系数
压缩*
compression
O34；O369
   D 压缩参数
     压缩过程
     压缩力
     压缩作用
   F 冲击压缩
     磁压缩
     等阶 N 次方 H 压缩
     等阶 N 次方 Y 压缩
     等温压缩
     动态压缩
     多级压缩
     静态压缩
     绝热孤子压缩
     绝热压缩
     可逆压缩
     冷压缩
     偶极压缩
     偏心压缩
     熵压缩
     实时压缩
     振幅平方压缩
     轴向压缩
     自旋压缩
     自压缩
   C 体积收缩
     弯曲载荷
     压力
     压缩变形
     压缩系数
     压应力
压缩变换
squeezing transformation
O59
   S 物理变换*
压缩变形
compressive deformation
O344.3
   D 挤压变形
     受压变形
     压缩形变
   S 变形*
   F 热压缩变形
   C 挤压作用 →(5)
     流变应力
     压缩
压缩变形试验
   Y 弯曲实验
压缩波
compression wave
O347.4
   S 应力波*
压缩参数
   Y 压缩
压缩法

compression method
O59
   S 物理法*
压缩过程
   Y 压缩
压缩荷载
   Y 压缩载荷
压缩回弹
compression resilience
O343
   D 弹性压缩
     抗压弹性
     压缩弹性
     压缩回弹性
   S 弹性
   C 膨胀功 →(3)
     压缩比 →(1)
     应力松弛
   Z 力学性质
压缩回弹性
   Y 压缩回弹
压缩空气
compressed air
TH4
   S 空气*
   F 热压缩空气
   C 脉冲动力系统 →(1)
压缩力
   Y 压缩
压缩力学特性
   Y 压缩性能
压缩流
   Y 可压缩流
压缩流变
compression rheological
O37
   S 流变*
压缩模量
compression modulus
O343
   D 回弹模量
   S 模量*
   C 静力触探 →(5)
     抗压强度
     压缩试验 →(5)
     压缩系数
     压缩性能
     状态方程
压缩能
compression energy
O31
   S 能量*
压缩气体
compressed gas
O354
   S 气体*
压缩器喘振
   Y 喘振

压缩强度
   Y 抗压强度
压缩强度
   Y 抗压强度
压缩曲线
compression curve
TU41
   S 曲线*
压缩屈曲
   Y 压缩失稳
压缩蠕变
compressive creep
O344.6
   D 压蠕变
   S 蠕变*
   C 应力指数
压缩失稳
compressive instability
O317
   D 压缩屈曲
   S 失稳*
   C 旋转体 →(1)
压缩数
   Y 压缩系数
压缩塑性变形
   Y 压缩永久变形
压缩算符
squeeze operator
O431.2
   S 算符*
压缩损伤
compression damage
O346.5
   S 损伤(力学)*
压缩态
squeezed state
O413.1
   D 压缩效应
   S 量子态
   F 多模压缩态
     光子数压缩态
   Z 能态
压缩态光场
squeezing state light field
O431.2
   S 光场*
   F 双模压缩态光场
     压缩相干态光场
压缩弹性
   Y 压缩回弹
压缩特性
   Y 压缩性能
压缩系数
compressibility coefficient
O369
   D 夯实系数
     密实系数

收缩系数
　　　压紧系数
　　　压实系数
　　　压缩数
　　　压缩性系数
　　S 系数*
　　F 不可压缩系数
　　　气体压缩系数
　　C 压缩
　　　压缩模量
　　　压缩试验 →(5)

压缩相干态
squeezed coherent state
O413.1
　　D 双光子相干态
　　S 相干态
　　Z 能态

压缩相干态光场
squeezed coherent state light field
O431.2
　　S 相干态光场
　　　压缩态光场
　　Z 光场

压缩效应
　　Y 压缩态

压缩形变
　　Y 压缩变形

压缩性
　　Y 压缩性能

压缩性能
compressive property
O344
　　D 不可压缩性
　　　可挤压性
　　　可缩性
　　　可压实性
　　　可压缩性
　　　可压制性
　　　密实性
　　　压实性
　　　压缩力学特性
　　　压缩特性
　　　压缩性
　　　压缩性质
　　S 力学性质*
　　C 动态特性
　　　多孔性
　　　孔隙比 →(5)
　　　压缩模量
　　　压缩试验 →(5)
　　　压缩载荷

压缩性系数
　　Y 压缩系数

压缩性效应
compressibility effect
O354
　　D M 数效应
　　　马赫数效应
　　S 气动效应*
　　C 超声速流动

压缩性质
　　Y 压缩性能

压缩应变
　　Y 拉应变

压缩应力
　　Y 压应力

压缩永久变形
compression set
O344.3
　　D 残余压缩变形
　　　塑性压缩变形
　　　压缩塑性变形
　　S 残余变形
　　C 交联密度 →(3)
　　Z 变形

压缩载荷
compressive load
O347
　　D 负载压力
　　　荷载压力
　　　空载压力
　　　压力荷载
　　　压力载荷
　　　压缩荷载
　　S 静载荷
　　C 抗压强度
　　　压缩性能
　　Z 荷载

压缩真空
squeezed vacuum
O59
　　D 压缩真空态
　　S 真空*
　　F 双模压缩真空态

压缩真空场
squeezing vacuum state field
O413.3
　　S 真空场
　　F 双模压缩真空场
　　Z 物理场

压缩真空态
　　Y 压缩真空

压缩阻力
　　Y 压阻

压缩作用
　　Y 压缩

压头
　　Y 压强

压头损失
　　Y 压力损失

压头系数
　　Y 压力系数

压弯应力
　　Y 弯曲应力

压心
　　Y 压力中心

压应变
　　Y 拉应变

压应力
pressure stress
O343.4
　　D 挤压应力
　　　抗压应力
　　　破碎应力
　　　压碎应力
　　　压缩应力
　　S 正应力
　　C 冲击
　　　弹性应变
　　　压缩
　　Z 应力

压致电阻效应
piezoresistive effect
O482.41
　　D 压阻效应
　　S 压电性
　　Z 电学性质

压致频移
pressure shift
TN20
　　S 偏移*

压致相变
　　Y 高压相变

压阻
piezoresistance
O31；O351
　　D 压力阻力
　　　压缩阻力
　　　压阻力
　　S 阻力*
　　F 干扰阻力
　　C 压力

压阻力
　　Y 压阻

压阻系数
piezoelectric coefficient
O47
　　S 系数*

压阻效应
　　Y 压致电阻效应

雅可比场
　　Y Jacobi 场

雅可比向量场
　　Y Jacobi 场

雅克比向量场
　　Y Jacobi 场

亚波长
sub-wavelength
O436
　　D 亚波长结构
　　S 波长*

亚波长成像
sub-wavelength imaging
TN2

主　表　787

　　S 成像*

亚波长光学
sub-wavelength optics
O436
　　S 物理光学
　　Z 光学

亚波长光栅
sub-wavelength gratings
O437.4；P111.3
　　S 光栅*

亚波长结构
　　Y 亚波长

亚点阵
sublattice
O712
　　D 子点阵
　　S 点阵*

亚动态再结晶
meta-dynamic recrystallization
O783
　　S 动态再结晶
　　Z 结晶

亚格子尺度模型
　　Y 亚格子模型

亚格子模式
　　Y 亚格子模型

亚格子模型
subgrid-scale model
O35
　　D 亚格子尺度模型
　　　 亚格子模式
　　S 流体力学模型
　　C 大涡模拟
　　Z 力学模型

亚共振
sub-resonance
O321
　　S 共振*

亚轨道
　　Y 亚轨道弹道

亚轨道弹道
suborbital trajectory
O315
　　D 亚轨道
　　S 弹道*

亚毫米波
submillimeter wave
O452
　　S 毫米波
　　Z 电磁波

亚结构
substructure
O76；O77
　　D 晶体亚构造
　　　 晶体亚结构
　　　 亚晶态构造
　　　 亚晶态结构
　　S 晶体结构*

亚晶
　　Y 亚晶粒

亚晶格
sublattice
O712
　　S 晶格*

亚晶界
subgrain boundary
O763
　　D 晶粒亚晶界
　　S 晶界*
　　F 位错壁
　　C 晶粒度
　　　 亚晶粒

亚晶界结构
subboundary structure
O763
　　D 亚晶粒结构
　　S 晶界结构
　　C 亚晶粒
　　Z 晶体结构

亚晶粒
subgrain
O76
　　D 亚晶
　　S 晶粒*
　　C 亚晶界
　　　 亚晶界结构

亚晶粒结构
　　Y 亚晶界结构

亚晶态构造
　　Y 亚结构

亚晶态结构
　　Y 亚结构

亚夸克
subquark
O572.3
　　S 夸克
　　Z 粒子

亚夸克模型
subquark model
O572.31
　　D 基本粒子复合模型
　　　 基本粒子模型
　　　 亚轻子模型
　　S 夸克模型
　　Z 物理模型

亚临界
subcritical condition
O57
　　D 次临界
　　　 次临界系统
　　　 次临界状态
　　　 亚临界状态
　　S 状态*
　　C 超临界

亚临界裂纹扩展
subcritical crack growth
O346.11

　　S 裂纹扩展
　　Z 扩展

亚临界流
　　Y 临界流

亚临界流动
　　Y 临界流

亚临界压力
subcritical pressure
O369
　　S 临界压力
　　Z 压力

亚临界转速
　　Y 临界转速

亚临界状态
　　Y 亚临界

亚纳秒脉冲
subnanosecond pulse
TN24；TN78
　　S 超短激光脉冲
　　Z 脉冲

亚轻子模型
　　Y 亚夸克模型

亚声速
　　Y 亚音速

亚声速颤动
　　Y 亚音速颤振

亚声速颤振
　　Y 亚音速颤振

亚声速空气动力学
　　Y 亚音速空气动力学

亚声速流
　　Y 亚音速流

亚声速流动
　　Y 亚音速流

亚声速射流
　　Y 亚音速射流

亚松弛
　　Y 低松弛

亚塑性模型
hypoplastic model
O344
　　S 塑性模型
　　Z 力学模型

亚弹性
hypoelasticity
O343
　　S 弹性
　　Z 力学性质

亚铁磁
　　Y 亚铁磁性

亚铁磁材料
ferrimagnetic materials
O4
　　S 铁磁材料

亚铁磁共振
ferrimagnetic resonance
O482.53
- S 铁磁共振
- C 亚铁磁性
- Z 磁共振

亚铁磁性
ferrimagnetism
O482.52
- D 亚铁磁
- S 铁磁性
- C 亚铁磁材料
- 亚铁磁共振
- Z 磁性

亚微晶
submicrocrystal
O753.1
- D 亚微晶体
- S 微晶
- Z 类晶体

亚微晶体
- Y 亚微晶

亚微米光栅
sub-micron grating
O437.4；P111.3
- S 光栅*

亚微米晶
sub-micrometer crystal
O73
- D 亚微米晶体
- S 微米晶
- Z 晶体

亚微米晶体
- Y 亚微米晶

亚稳定性
metastability
TN3
- S 稳定性*

亚稳定状态
- Y 准稳态

亚稳分解
metastable decomposition
O621.25；O792
- D 亚稳态分解
- S 分解反应*

亚稳态
metastable state
O317
- S 稳定*

亚稳态分解
- Y 亚稳分解

亚谐波
subharmonic
O353.2；P731.22
- D 次谐波
- 分谐波

- C 亚铁磁性
- Z 磁性材料

- S 波*

亚谐波共振
- Y 亚谐共振

亚谐共振
sub-harmonic resonance
O321
- D 次谐波共振
- 次谐共振
- 亚谐波共振
- S 谐波共振
- F 1/2 亚谐共振
- Z 共振

亚音速
subsonic velocity
O422.1
- D 亚声速
- S 声速
- Z 声学参数

亚音速颤动
- Y 亚音速颤振

亚音速颤抖
- Y 亚音速颤振

亚音速颤振
subsonic flutter
O354
- D 亚声速颤动
- 亚声速颤振
- 亚音速颤动
- 亚音速颤抖
- S 颤振
- C 亚音速空气动力学
- 亚音速流
- Z 振动

亚音速空气动力学
subsonic aerodynamics
O354
- D 亚声速空气动力学
- S 高速空气动力学
- C 亚音速颤振
- 亚音速流
- Z 空气动力学

亚音速流
subsonic flow
O354
- D 亚声速流
- 亚声速流动
- 亚音速流动
- 亚音速气流
- S 可压缩流
- C 亚音速颤振
- 亚音速空气动力学
- Z 流体流

亚音速流动
- Y 亚音速流

亚音速气流
- Y 亚音速流

亚音速射流
subsonic jet
O358

- D 亚声速射流
- S 射流*

亚音速特性
- Y 气动特性

亚原子粒子
subatomic particle
O572.3
- D 次原子粒子
- 正电子素
- S 粒子*
- F 强子
- 宇宙线

氩 40 反应
- Y 重离子反应

氩等离子体
argon plasma
O53
- D Ar 等离子体
- 氩气等离子体
- S 气体等离子体
- F 远程氩等离子体
- Z 等离子体

氩离子轰击
argon ion bombardment
O572
- S 离子轰击
- Z 轰击

氩离子刻蚀
argon ion etching
O485

氩气等离子体
- Y 氩等离子体

氩原子
argon atoms
O56
- S 稀有气体原子
- Z 原子

烟*
smoke
P49
- F 羽烟
- C 春烟 →(4)
- 粉尘 →(4)
- 烟尘 →(4)
- 烟霾 →(4)
- 烟幕 →(4)
- 烟雾 →(4)

烟火效应
pyrotechnic effect
O38
- S 爆炸效应*

烟晶
smoky quartz
O76；P578.494
- D 茶晶
- S 宝石*
- 硅酸盐矿物*

烟流抬升

主 表 789

 Y 烟羽抬升

烟缕
 Y 羽烟

烟气
 Y 羽烟

烟气上升模式
 Y 烟羽抬升

烟气抬升
 Y 烟羽抬升

烟条
 Y 羽烟

烟羽抬升*
plume rise
P433
 D 烟流抬升
  烟气上升模式
  烟气抬升
  烟羽抬升公式
  烟羽抬升模式
  烟云抬升
 F 动力抬升
 C 烟流 →(4)
  羽烟

烟羽抬升公式
 Y 烟羽抬升

烟羽抬升模式
 Y 烟羽抬升

烟云抬升
 Y 烟羽抬升

淹没射流
submerged jet
O358
 D 浸没射流
  液下喷射
 S 射流*
 C 标准 k-ε 模型
  湍流数值模拟
  消能

湮没
 Y 湮灭

湮没辐射
annihilation radiation
O572.2
 S 粒子辐射
 Z 辐射

湮没算符
annihilation operator
O412.3
 D 消灭算符
  湮灭算符
 S 算符*
 C 对易关系 →(1)
  有限维希尔伯特空间 →(1)

湮灭
annihilation
O572.24
 D 湮没

 S 电子相互作用
 F 电子对湮没
  正电子湮没
 Z 粒子相互作用

湮灭算符
 Y 湮没算符

延长
 Y 延伸

延长性
 Y 延伸

延迟
 Y 滞后

延迟板
 Y 相位延迟板

延迟反馈
delayed feedback
O45
 D 时滞反馈
  延时反馈
  滞后反馈
 S 反馈*

延迟量
retardation
O45
 S 物理量*
 F 相位延迟量

延迟偏差
 Y 延迟误差

延迟特性
 Y 滞后

延迟同步
delay synchronization
O45
 S 同步*

延迟误差
delay error
O45
 D 延迟偏差
 S 测量误差*

延迟相关
 Y 滞后相关

延迟荧光
delayed fluorescence
O462.3
 S 荧光*

延迟作用
 Y 滞后

延-脆转变
 Y 延性-脆性转变

延脆转变温度
brittle-ductile transition temperature
O344.1
 S 转变温度
 Z 温度

延度

 Y 延伸率

延伸
elongation
O344.1
 D 拔长
  抽伸
  拉长
  伸长
  伸展
  延长
  延长性
  延展
 S 变形*
 F 单位伸长
  断裂伸长
 C 抗拉强度
  收缩
  形状
  延伸率

延伸度
 Y 延伸率

延伸计
extensometer
TH71
 D 膨胀计
 S 测量仪器*
 C 力学实验
  收缩

延伸率
specific elongation
O344.1
 D 伸长比
  伸长率
  延度
  延伸度
  延伸值
  延性比
  延展度
 S 比率*
 C 解理断裂
  延伸

延伸性
 Y 延性

延伸值
 Y 延伸率

延时动力系统
 Y 时滞动力系统

延时反馈
 Y 延迟反馈

延时误差
 Y 时延误差

延时相关
 Y 滞后相关

延性
ductility
O344.1
 D 可拉拔性
  可拉伸性
  可拉性

可伸长性
　　可延伸性
　　可展性
　　拉拔性
　　拉延性能
　　伸展性
　　延伸性
　　延展性
　　展性
　S 力学性质*
　C 韧性断裂
　　塑性破坏
　　延性-脆性转变

延性比
　Y 延伸率

延性变形
　Y 韧性变形

延性-脆性转变
ductile-brittle transition
O344.1
　D 脆韧转变
　　脆-韧转变
　　脆性-韧性转变
　　脆性-延性转变
　　脆-延转变
　　韧脆转变
　　韧-脆转变
　　韧性-脆性转变
　　塑—脆性转变
　　延-脆转变
　　转变(脆-延)
　　转变(延-脆)
　S 转变*
　C 脆化
　　脆性断裂
　　韧性断裂
　　延性

延性断裂
　Y 韧性断裂

延性断裂韧度
ductile fracture toughness
O346.1
　D 延性断裂韧性
　S 断裂韧性
　C 疲劳载荷
　　应变疲劳
　Z 力学性质

延性断裂韧性
　Y 延性断裂韧度

延性剪切变形
　Y 韧性剪切变形

延性裂
　Y 韧性断裂

延性破坏
　Y 延性破裂

延性破裂
ductile fracture
O346.12
　D 延性破坏
　S 破裂

　C 脆性破坏
　Z 断裂

延性撕裂
　Y 韧性撕裂

延性损伤
ductile damage
O346.5
　S 损伤(力学)*

延性系数
ductility factor
TU311
　S 系数*

延展
　Y 延伸

延展度
　Y 延伸率

延展性
　Y 延性

严格耦合波法
　Y 严格耦合波分析

严格耦合波方法
　Y 严格耦合波分析

严格耦合波分析
rigorous coupled wave analysis
O436.1
　D 严格耦合波法
　　严格耦合波方法
　　严格耦合波分析法
　　严格耦合波理论
　S 光化学分析法*

严格耦合波分析法
　Y 严格耦合波分析

严格耦合波理论
　Y 严格耦合波分析

严重段塞流
severe slugging
O359
　S 段塞流
　C 压力脉动
　Z 流体流

岩层静态应力
　Y 静应力

岩石构造
　Y 岩石结构

岩石结构*
rock texture
P583
　D 沉积结构
　　岩石构造
　　岩体结构
　　岩体结构类型
　F 变晶结构
　C 结构面 →(5)
　　裂缝孔隙度 →(5)
　　微观结构 →(3)
　　岩体质量 →(5)

岩石流变学
rock rheology
O37
　D 岩体流变学
　S 流变学*
　C 岩石动力学 →(5)

岩石强度理论
rock strength theory
O346
　S 强度理论
　Z 力学理论

岩体动力法
　Y 动力加载

岩体结构
　Y 岩石结构

岩体结构类型
　Y 岩石结构

岩体流变学
　Y 岩石流变学

沿壁流
　Y 壁流

沿程阻力
　Y 摩擦阻力

沿晶断裂
　Y 晶间断裂

沿晶界断裂
　Y 晶间断裂

沿晶开裂
　Y 晶间断裂

盐结晶
salt crystallization
O799
　D 结晶盐
　　盐结晶过程
　　盐结晶化
　　盐结晶化过程
　　盐晶化过程
　　盐析结晶
　　盐析结晶过程
　　盐析结晶化过程
　　盐析晶化
　　盐析晶化过程
　S 工业结晶
　Z 结晶

盐结晶过程
　Y 盐结晶

盐结晶化
　Y 盐结晶

盐结晶化过程
　Y 盐结晶

盐晶化过程
　Y 盐结晶

盐析结晶
　Y 盐结晶

盐析结晶过程

主　表　791

　　Y 盐结晶

盐析结晶化过程
　　Y 盐结晶

盐析晶化
　　Y 盐结晶

盐析晶化过程
　　Y 盐结晶

盐析两相流
　　Y 固液两相流

颜色
　　Y 色彩

颜色饱和度
　　Y 色彩饱和度

颜色标准
color standard
TB96
　　S 计量标准
　　C 色彩
　　Z 标准规范

颜色测量
color measurement
TB462；TB96
　　S 光学参数测量
　　C 色彩
　　Z 光学测量

颜色测量仪器
color measurement instruments
TH74
　　S 测量仪器*
　　F 白度计
　　　 色差计
　　　 色度计

颜色模型
color model
O432.3
　　D 多彩模型
　　S 光学模型
　　C 胶子球
　　Z 物理模型

颜色特性
color properties
O432.3
　　D 颜色特性化
　　　 颜色特征
　　　 颜色特征化
　　S 光学性质*
　　C 色彩

颜色特性化
　　Y 颜色特性

颜色特征
　　Y 颜色特性

颜色特征化
　　Y 颜色特性

颜色指数
　　Y 色指数

衍变

　　Y 演变

衍射*
diffraction
O4-0
　　D 波衍射
　　　 绕射
　　　 无衍射
　　　 衍射现象
　　F 电子衍射
　　　 光衍射
　　　 声衍射
　　　 中子衍射
　　C 波传播
　　　 散射
　　　 衍射仪

衍射斑
　　Y 衍射光斑

衍射波
diffracted wave
O436.1
　　S 光波
　　F 边界衍射波
　　Z 电磁波

衍射测量
diffraction measurement
TB462；TB96
　　D 衍射测量术
　　　 衍射法
　　S 光学测量*
　　F X 射线衍射测量

衍射测量术
　　Y 衍射测量

衍射场
diffraction fields
O436.1
　　S 光场*

衍射成象
　　Y 衍射成像

衍射成像
diffraction imaging
O436.1；TN911.73
　　D 衍射成象
　　S 成像*
　　F 衍射增强成像

衍射法
　　Y 衍射测量

衍射干涉
diffraction interference
O436.1
　　S 光学干涉*

衍射光斑
diffraction spots
O43；P111.3
　　D 衍射斑
　　S 光斑*

衍射光谱
diffraction spectrum
O433；O436.1

　　D 衍射光谱学
　　　 衍射谱
　　S 光谱*
　　F X 射线衍射谱
　　　 电子衍射谱

衍射光谱学
　　Y 衍射光谱

衍射光强
　　Y 衍射强度

衍射光束
diffraction beam
O436.1
　　D 硬边衍射光束
　　S 光束*
　　F 无衍射光束

衍射光学
diffractive optics
O436.1
　　D 绕射光学
　　S 物理光学
　　C 衍射特性
　　Z 光学

衍射光学器件
　　Y 衍射光学元件

衍射光学元件
diffractive optical element
TH74；TN209
　　D 衍射光学器件
　　S 光学元件*
　　F 多层衍射光学元件

衍射光栅
diffraction grating
O437.4；P111.3
　　S 光谱光栅
　　F 平面光栅
　　　 全息凹面光栅
　　　 透射光栅
　　　 柱面光栅
　　C 光偏转器
　　　 光衍射
　　Z 光栅

衍射花样
　　Y 衍射图

衍射积分
diffraction integral
O436.1
　　S 积分*
　　F 瑞利-索末菲衍射积分
　　C 无衍射光束

衍射角
diffraction angle
O436.1
　　D 绕射角
　　S 光学角*

衍射理论
diffraction theory
O436.1
　　S 光学理论*
　　F 标量衍射理论

　　　　基尔霍夫衍射理论
　　　　角谱理论
　　　　矢量衍射理论

衍射谱
　　Y 衍射光谱

衍射强度
diffracted intensity
O721
　　D 衍射光强
　　S 晶体学参数*
　　F X射线衍射强度
　　　　相对衍射强度
　　C 衍射特性

衍射实验
diffraction experiment
O4-33
　　S 光学实验
　　F X射线衍射实验
　　　　电子衍射实验
　　Z 科学实验

衍射特性
diffraction properties
O436.1
　　S 光学性质*
　　C 光衍射
　　　　衍射光学
　　　　衍射强度

衍射图
diffraction pattern
O722
　　D 衍射花样
　　　　衍射图象
　　　　衍射图像
　　　　衍射图样
　　S 图像*
　　F Laue 图
　　　　粉末图
　　　　纤维图
　　　　织构图

衍射图象
　　Y 衍射图

衍射图像
　　Y 衍射图

衍射图样
　　Y 衍射图

衍射现象
　　Y 衍射

衍射效率
diffraction efficiency
O436.1
　　S 光学效率*

衍射效应
diffraction effects
O436.1
　　S 光学效应*
　　F 塔尔博特效应

衍射仪
diffractometer
TH741
　　D γ射线衍射仪
　　　　四圆衍射仪
　　S 光学测量仪器
　　F X射线衍射仪
　　　　电子衍射仪
　　C 干涉仪
　　　　光衍射
　　　　衍射
　　Z 测量仪器

衍射仪法
　　Y X射线衍射仪法

衍射元件
diffractive element
O436
　　S 光学元件*
　　F 谐衍射元件

衍射晕
diffraction halo
O436.1
　　S 晕*

衍射增强
　　Y 衍射增强成像

衍射增强成像
diffraction enhanced imaging
TN2
　　D 衍射增强
　　S 衍射成像
　　Z 成像

衍射自成像效应
　　Y 塔尔博特效应

掩蔽效应
　　Y 遮蔽效应

眼科光学
ophthalmic optics
O439
　　S 医用光学
　　Z 光学

演变*
evolution
ZT5
　　D 变迁
　　　　衍变
　　　　演变特性
　　　　演变特征
　　　　演化
　　　　演化模式
　　　　演化特性
　　　　演化特征
　　F 场熵演化
　　　　纠缠演化
　　　　绝热演化
　　　　量子态演化
　　　　流场演化
　　　　损伤演化
　　　　微结构演化
　　　　相演化
　　　　形状演化
　　C 后退演化 →(5)

演变特性
　　Y 演变

演变特征
　　Y 演变

演化
　　Y 演变

演化模式
　　Y 演变

演化算符
evolution operator
O413.1
　　S 算符*
　　F 时间演化算符

演化特性
　　Y 演变

演化特征
　　Y 演变

验算
　　Y 检测

验证荷载
　　Y 载荷试验

焰熔法
flame fusion method
O782
　　D 晶体生长焰熔法
　　　　维尔纳叶法
　　S 熔体生长法
　　C 定向凝固
　　　　区域熔化
　　　　液相外延
　　Z 晶体生长方法

赝标介子
pseudoscalar mesons
O572.33
　　S 介子
　　F K介子
　　　　η介子
　　　　μ介子
　　　　π介子
　　Z 粒子

赝对称
　　Y 赝对称性

赝对称性
pseudosymmetry
O711
　　D 赝对称
　　S 晶体对称性
　　F 赝自旋对称性
　　Z 晶体性质

赝快度分布
pseudorapidity distribution
O522
　　S 快度分布
　　Z 分布

赝能隙
pseudo-gap
O481.1；O522
　　S 带隙*

主　表　793

赝热光
　Y 准热光

赝势
pseudopotential
O562
　S 势能
　F 库仑赝势
　Z 能量

赝势法
pseudopotential method
O481
　D 模型势方法
　S 能带结构算法*
　F 平面波赝势方法
　C 量子化学 →(3)
　　势能函数 →(1)

赝势函数
pseudopotential function
O351.2
　S 函数(力学)*
　C 涡流

赝势平面波法
　Y 平面波赝势方法

赝消光
pseudoextinction
O734
　S 系统消光
　Z 晶体性质

赝自旋对称性
pseudo-spin symmetry
O711
　S 赝对称性
　Z 晶体性质

扬氏模量
　Y 弹性模量

阳电子
　Y 正电子

阳光
sunlight
O43；P422.1
　D 日光
　　日照
　　太阳光
　　太阳光照
　S 自然光
　C 太阳 →(4)
　Z 光

阳极
anode
O441；O646
　D 板极
　　惰性阳极
　　正极
　　正极板
　S 电极*
　C 阳极保护 →(4)
　　阴极
　　阴极保护 →(4)

阳极电流
anode current
O441.1；O657.13
　S 电流*

阳极弧等离体
　Y 阳极弧等离子体

阳极弧等离子体
anodic arc plasma
O531
　D 阳极弧等离体
　S 电弧等离子体
　Z 等离子体

阳离子
cation
O441.1；O646
　D 正离子
　S 离子*
　F 硅离子
　　金属离子
　　类氢离子
　C 电解 →(3)
　　电渗析 →(3)
　　阳离子表面活性剂 →(3)
　　阴离子

杨-拉普拉斯方程
　Y Young-Laplace 方程

杨-米尔斯场
Yang-Mills field
O413.3
　D Yang-Mills 场
　　杨振宁-米尔斯场
　S 规范场
　C 杨-米尔斯理论
　Z 物理场

杨-米尔斯理论
Yang-Mills theory
O413.4
　S 规范场论
　C 杨-米尔斯场
　Z 物理理论

杨实验
　Y 杨氏双缝实验

杨氏干涉
　Y 杨氏双缝实验

杨氏干涉实验
　Y 杨氏双缝实验

杨氏干涉条纹
　Y 杨氏条纹

杨氏模量
　Y 弹性模量

杨氏模数
　Y 弹性模量

杨氏实验
　Y 杨氏双缝实验

杨氏双缝干涉
　Y 杨氏双缝实验

杨氏双缝干涉实验
　Y 杨氏双缝实验

杨氏双缝实验
Young's double slit experiment
O4-33；O436.1
　D 干涉实验
　　双缝实验
　　杨实验
　　杨氏干涉
　　杨氏干涉实验
　　杨氏实验
　　杨氏双缝干涉
　　杨氏双缝干涉实验
　S 光学实验
　Z 科学实验

杨氏弹性模量
　Y 弹性模量

杨氏弹性系数
　Y 弹性模量

杨氏条纹
Young fringe
O436.1
　D 杨氏干涉条纹
　S 干涉条纹*
　C 洛埃镜

杨-特勒效应
　Y 姜-泰勒效应

杨振宁-米尔斯场
　Y 杨-米尔斯场

佯谬*
paradox
O144.2
　F EPR 佯谬
　　吉布斯佯谬
　　洛施密特可逆性佯谬
　　时钟佯谬
　　双生子佯谬
　C 辛几何 →(1)

洋流
　Y 海流

仰角位置显示器
　Y 显示器

氧 16 反应
　Y 重离子反应

氧 18 反应
　Y 重离子反应

氧猝灭
oxygen quenching
O482.3
　S 猝灭*

氧脆
oxygen embrittlement
O346.11
　S 脆性
　Z 材料性能

氧等离子体
oxygen plasma
O531

D 氧气等离子体
S 气体等离子体
F 低温氧等离子体
Z 等离子体

氧沸点
Y 沸点

氧化电位
oxidation potential
O441.1
S 电位*
F 氧化还原电位

氧化还原电势
Y 氧化还原电位

氧化还原电位
oxidation-reduction potential
O441.1
D 氧化还原电势
　氧化-还原电位
　氧化还原势
S 还原电位
　氧化电位
C 氧化还原 →(3)
　氧化还原性 →(3)
Z 电位

氧化-还原电位
Y 氧化还原电位

氧化还原势
Y 氧化还原电位

氧化镁晶须
magnesium oxide whisker
O784
D MgO 晶须
S 金属晶须
Z 晶须

氧化物超导体
oxide superconductors
TM26
S 化合物超导体
F 铜氧化物超导体
Z 导体

氧化物晶体
oxide crystals
O74
S 无机晶体
F 二氧化碲晶体
　氧化锌晶体
Z 晶体

氧化物晶体结构
oxide crystal structure
O76
S 晶体微结构
Z 晶体结构

氧化物阴极
oxide cathode
O462
S 阴极
F 海绵阴极
　空心阴极
Z 电极

氧化锡纳米晶
tin anhydride nanocrystal
O799
D SnO_2 纳米晶
S 无机纳米晶
Z 晶体
　纳米材料

氧化锌单晶
ZnO single crystal
O74
D ZnO 单晶
　ZnO 单晶材料
　ZnO 单晶体
　ZnO 单晶体材料
　氧化锌单晶材料
　氧化锌单晶体
　氧化锌单晶体材料
S 化合物单晶
　氧化锌晶体
Z 晶体

氧化锌单晶材料
Y 氧化锌单晶

氧化锌单晶体
Y 氧化锌单晶

氧化锌单晶体材料
Y 氧化锌单晶

氧化锌晶体
ZnO crystal
O74
D ZnO 晶体
S 氧化物晶体
F 氧化锌单晶
Z 晶体

氧化锌晶须
ZnO whisker
O784
D ZnO 晶须
S 金属晶须
F 四针状氧化锌晶须
Z 晶须

氧化锌纳米晶
ZnO nanocrystal
O799
D ZnO 纳米晶
S 无机纳米晶
Z 晶体
　纳米材料

氧化性损伤
oxidative damage
O346.5
S 损伤*

氧空位
oxygen vacancy
O771
D 氧空位缺陷
S 氧缺陷
Z 晶体缺陷

氧空位缺陷
Y 氧空位

氧离子电导
oxygen-ion conduction
O482.4
S 电导
Z 导纳

氧气等离子体
Y 氧等离子体

氧缺陷
oxygen defect
O771
S 晶体缺陷*
F 氧空位

氧渗透
oxygen permeation
O552.2
S 化学性质*

氧族元素化合物
Y VIA 族化合物

氧阻聚
Y 聚合

样本函数
Y 抽样函数

样本理论
Y 采样

样条配点法
spline collocation method
O342
S 配点法
C 大挠度
　非线性稳定
　随机参数 →(1)
Z 方法

幺正矩阵
Y 酉矩阵

幺正算符
unitary operator
O413.1
S 算符*
C 幺正变换 →(1)
　幺正性

幺正性
unitarity
O413.3
S 物理性质*
C 幺正算符

摇摆
swing
O311
D 摇晃
S 运动*
F 纵摇

摇摆力
Y 激振力

摇摆曲线
rocking curve
O739
S 晶体学参数*

    F X 射线摇摆曲线
    C 掠入射小角 X 射线散射

摇摆运动
    Y 摆动

摇晃
    Y 摇摆

摇溶性
    Y 触变性

遥感*
remote sensing
P237；P627
    D 全球遥感
        遥感方法
        遥感技术
        遥感科学与技术
    F 激光遥感
        声遥感
    C GPS 数据 →(4)
        测绘 →(4)(5)
        海洋遥感 →(4)
        遥测 →(4)(5)
        遥感资料 →(4)(5)

遥感方法
    Y 遥感

遥感技术
    Y 遥感

遥感科学与技术
    Y 遥感

要素变化
    Y 变化

叶面空化
face cavitation
O354；O357.4
    D 面气蚀
        片状空化
        稳态气蚀
        叶面空泡
        叶面气蚀
    S 空化*

叶面空泡
    Y 叶面空化

叶面气蚀
    Y 叶面空化

叶片振动
blade vibration
O327
    S 结构振动
    C 干摩擦
    Z 振动

叶梢涡流
    Y 翼尖涡

叶梢涡旋空化
    Y 旋涡空化

叶梢涡旋空泡
    Y 旋涡空化

叶栅流
cascade flow
TK05；V211
    D 叶栅流动
    S 流体流*

叶栅流场
cascade flow field
V211
    S 流场*

叶栅流动
    Y 叶栅流

叶栅尾流
cascade wake
O351.3
    S 尾流
    Z 流体流

曳力
    Y 阻力

曳力模型
drag model
O359
    S 力学模型*

曳力系数
    Y 阻尼系数

曳引力
    Y 驱动力

液/固界面
    Y 液-固界面

液/液界面
    Y 液-液界面

液氮温度
liquid nitrogen temperature
O51
    S 温度*

液滴*
drops
P426
    D 滴珠
        珠滴
    F 微液滴
    C 毛细现象 →(3)
        凝结
        水滴 →(4)
        液体
        云滴 →(4)

液滴尺寸分布
    Y 质点大小分布

液滴冲击
    Y 液滴撞击

液滴粒度分布
    Y 质点大小分布

液滴模型
liquid drop model
O571.21
    S 核模型
    Z 物理模型

液滴碰撞
    Y 液滴撞击

液滴破碎
drop breakup
O346.13；P426.31
    S 破碎*

液滴速度
drop velocity
O552.4
    S 流体速度
    Z 流速

液滴透镜
liquid lens
TH74
    D 液体透镜
    S 透镜
    Z 光学元件

液滴撞击
droplet impingement
O313.4
    D 液滴冲击
        液滴碰撞
    S 流体碰撞
    C 韦伯数
    Z 力学碰撞

液封直拉法
liquid encapsulation Czochralski method
O782
    D LEC 法
    S 提拉法
    Z 晶体生长方法

液固二相流体
liquid-solid two-phase fluid
O359
    D 固液两相流体
        液-固二相流体
    S 两相流体
    F 浆体
    C 摩擦力
    Z 流体

液-固二相流体
    Y 液固二相流体

液-固界面
liquid-solid interface
O552.5
    D 流-固界面
        液/固界面
        液体-固体界面
    S 相界面*

液固两相流
    Y 固液两相流

液-固两相流
    Y 固液两相流

液固两相流动
    Y 固液两相流

液固两相湍流
    Y 液固湍流

液-固流
    Y 固液两相流

液固耦合
liquid-solid coupled
O351.2
- D 液-固耦合
- S 流固耦合
- C 非线性动态特性
- Z 耦合(力学)

液-固耦合
- Y 液固耦合

液固耦合系统
liquid-solid coupling system
O342；O351.2
- S 力学系统*
- C 非线性晃动

液固湍流
liquid-solid turbulent flow
O357.5
- D 液固两相湍流
- S 两相湍流
- C 磨料射流
- Z 流体流

液-固转变
- Y 固化

液氦
liquid helium
O512；O613.11
- S 量子流体
  液化气*
- C 超流动性
- Z 流体

液氦温度
liquid helium temperature
O51
- S 温度*

液化
liquefaction
O552.6
- D 气体液化
  气液相变
  液化作用
- S 物态变化*
- C 汽液平衡 →(3)
  液化气
  液化热 →(3)

液化气*
liquefied gas
O613.1；P744.4
- D 液化气体
  液态气体
- F 液氦
- C 低温流体
  气体
  液化

液化气体
- Y 液化气

液化作用
- Y 液化

液晶*
liquid crystal
O753.2
- D 晶态液体
  液态晶体
- F 棒状液晶
  卟啉液晶
  层状液晶
  超分子液晶
  单变液晶
  单体液晶
  点阵液晶
  电寻址液晶
  负性液晶
  高分子液晶
  含氟液晶
  互变液晶
  混合液晶
  蓝相液晶
  离子液晶
  盘状液晶
  热色液晶
  热致液晶
  溶致液晶
  手性液晶
  铁电液晶
  图形液晶
  香蕉形液晶
  小分子液晶
  应变液晶
  酯类液晶
- C 苝二酰亚胺 →(3)
  电光特性
  分子取向
  介晶性
  物质结构 →(3)
  旋转晶体法
  液晶相变
  液晶粘度
  指向矢

液晶单体
- Y 单体液晶

液晶二聚体
liquid crystal dimer
O753.2
- S 低聚物*
  预聚体*

液晶基元
liquid crystal unit
O753.2
- D 介晶基元
- S 基元*
- F X-型二维液晶基元

液晶结构
liquid crystal structure
O753.2
- S 类晶结构*
- F 液晶织构
- C 液晶物理学

液晶粘度
viscosity of liquid crystals
O753.2
- S 液晶性能*
- C 液晶
  液体粘度

液晶取向
liquid crystal alignment
O753.2
- S 液晶性能*
- F 垂直取向
  分子取向
  光控取向

液晶溶液
liquid crystal solution
O645；O753.2
- S 溶液*

液晶态
liquid crystalline state
O753
- S 介晶态
  类晶态
- C 介晶性
  液晶物理学
- Z 物态

液晶弹性体
liquid crystal elastomer
O756
- S 晶体学应用*

液晶透镜
liquid crystal lens
TH74
- S 透镜
- Z 光学元件

液晶物理
- Y 液晶物理学

液晶物理学
physics of liquid crystals
O753.2
- D 液晶物理
- S 凝聚态物理学
- C 液晶结构
  液晶聚合物 →(3)
  液晶态
- Z 物理学

液晶相
liquid crystalline phase
O753.2
- D 介晶相
  中介相
- S 晶相*
- F 胆甾相
  近晶相
  溶致液晶相
  向列相

液晶相变
liquid crystal phase transformations
O792
- S 晶体相变*
- C 液晶

液晶性
- Y 液晶性能

液晶性能*
liquid crystalline properties
O753.2
- D 液晶性

主　表　797

　　F 盒厚
　　　介晶性
　　　空间各向异性两体势
　　　锚定能
　　　锚定强度
　　　扭曲角
　　　弱锚定
　　　液晶取向
　　　液晶粘度
　　　预倾角
　　　指向矢分布

液晶织构
liquid crystal texture
O753.2
　　S 晶体织构
　　　液晶结构
　　F 焦锥织构
　　　纹影织构
　　Z 类晶结构
　　　织构

液力
　　Y 液压

液力射流
　　Y 液体射流

液流学
　　Y 流变学

液面
liquid surface
O351.1
　　D 液体表面
　　　液体界面
　　　液位
　　S 表面*
　　C 表面波

液气混合物
　　Y 气体-液体混合物

液-气流
　　Y 气液两相流

液-汽界面
　　Y 气液界面

液-汽转变
　　Y 汽化

液桥
liquid bridge
O35
　　S 液柱*
　　C 液体表面张力

液桥力
　　Y 液体表面张力

液塞长度
liquid slug length
O351
　　S 长度*
　　C 液塞速度

液塞速度
liquid slug velocity
O351.2
　　S 流速*

　　C 液塞长度

液态
liquid state
O552.4
　　S 物态*
　　F 固溶态
　　C 液体
　　　液体结构

液态半导体电子能态
　　Y 电子态

液态半导体电子态密度
　　Y 电子态

液态结构
liquid structure
O552.5
　　S 物相结构
　　Z 相结构

液态介质
　　Y 液体介质

液态金属循环
　　Y 热力学循环

液态晶体
　　Y 液晶

液态气体
　　Y 液化气

液体*
liquid
O351
　　D 液体物质
　　F 导电液体
　　　电流变液体
　　　混合液体
　　　流动液体
　　　脉冲液体
　　　受限液体
　　　粘性液体
　　C 结构因子
　　　液滴
　　　液态
　　　液态金属　→(3)
　　　液体体积
　　　液相　→(3)

液体比热
specific heat of liquids
O551.1
　　S 比热
　　Z 热量

液体表面
　　Y 液面

液体表面波
　　Y 表面波

液体表面张力
liquid surface tension
O552.4；O647.1
　　D 液桥力
　　S 表面张力
　　C 液桥
　　Z 化学性质

液体薄膜流动
　　Y 薄膜流动

液体缔合
liquid association
O621.25；O631.5；O7
　　D 缔合因素(液体)
　　S 有机反应*
　　C 表面张力
　　　范德华力
　　　胶体　→(3)

液体电介质
　　Y 液体介质

液体动力稳定性
　　Y 流体动力稳定性

液体动力学
liquid dynamics
O351.2
　　S 流体动力学
　　F 浸渗动力学
　　　水波动力学
　　C 表面波
　　　海洋动力学　→(4)
　　Z 流体力学

液体-固体界面
　　Y 液-固界面

液体-固体流动
　　Y 固液两相流

液体晃动
liquid sloshing
O353
　　D 液体振荡
　　　液体振动
　　S 流体运动*
　　C 波浪
　　　大幅晃动
　　　流体动力学
　　　旋转流体

液体基底
liquid substrate
O484.1
　　C 有序结构

液体结构
liquid structure
O561；O641
　　S 化学结构*
　　C 长程有序
　　　范德华力
　　　液态

液体介质
liquid medium
O35
　　D 流化介质
　　　液态介质
　　　液体电介质
　　　液体绝缘材料
　　　液体媒质
　　S 流体介质
　　Z 力学介质

液体界面

Y 液面

液体静力学
   Y 流体静力学

液体静压
   Y 液体静压力

液体静压力
hydrostatic pressure
O351.1
   D 静液压力
       液体静压
   S 流体静压力
   Z 压力

液体静压强
   Y 流体静压强

液体绝缘材料
   Y 液体介质

液体力学
hydromechanics
O351
   S 流体力学*
   F 渗流力学
       水波动力学
       水静力学
   C 液体流动

液体力学性质
mechanical properties of liquids
O351；O469
   S 物质力学性质
   F 迂曲度
   Z 力学性质

液体流
   Y 液体流动

液体流动
liquid flow
O351.2
   D 液体流
   S 流动*
   F 油流动
   C 流体动力学
       液体力学
       液体流量计 →(4)(5)

液体流态
liquid flow regime
O351
   S 流态*
   F 进水流态
       水力流态

液体媒质
   Y 液体介质

液体密度
density of liquids
TB933
   S 流体密度
   C 空化初生
       密度计
   Z 物理参数

液体摩擦
   Y 流体摩擦

液体摩擦力
liquid friction force
O313.5
   S 摩擦力
   Z 力

液体内摩擦
   Y 液体粘度

液体粘度
liquid viscosity
O357；O552.4
   D 液体内摩擦
       液体黏度
   S 流体粘度
   C 液晶粘度
   Z 粘度

液体粘滞系数
liquid viscous coefficient
O357；O552.4
   S 粘滞系数
   Z 输运系数(流体力学)

液体黏度
   Y 液体粘度

液体喷射
   Y 液体射流

液体汽化热
   Y 汽化热

液体闪烁体
liquid scintillator
O436
   S 闪烁体
   Z 光源

液体射流
liquid jet
O358
   D 流体喷射
       水力射流
       水喷流
       水射流
       液力射流
       液体喷射
       液压射流
   S 射流*
   F 高压水射流
       空化水射流
   C 热稳定性

液体弹性动力学
   Y 弹性流体动力学

液体体积
liquid volume
O351
   S 流体体积
   C 液体
   Z 体积

液体透镜
   Y 液滴透镜

液体物质
   Y 液体

液体压力
   Y 液压

液体压力计
liquid manometer
TH81
   S 压力表
   Z 测量仪器

液体-液体界面
   Y 液-液界面

液体折射率
liquid refractive index
O552.4
   S 折射率*

液体振荡
   Y 液体晃动

液体振动
   Y 液体晃动

液体-蒸气流
   Y 气液两相流

液体-蒸汽界面
   Y 气液界面

液体状态方程
   Y 状态方程

液位
   Y 液面

液下喷射
   Y 淹没射流

液相成核
liquid nucleation
O552.4
   S 成核*

液相脉冲放电
liquid pulse discharge
O461.25
   S 脉冲放电
   Z 放电

液相生长
   Y 液相外延生长

液相外延
liquid phase epitaxy
O78
   D LPE
       液相外延技术
   S 外延*
   C 焰熔法

液相外延法
   Y 液相外延生长

液相外延技术
   Y 液相外延

液相外延生长
liquid phase epitaxial growth
O782
   D 液相生长
       液相外延法
       液相外延生长法
   S 外延生长

主　表　799

　　Z 晶体生长方法

液相外延生长法
　　Y 液相外延生长

液压
hydraulic pressure
O351.1
　　D 液力
　　　 液体压力
　　　 液压力
　　　 液压压力
　　S 流体压力
　　F 渗透压
　　　 水压
　　Z 压力

液压介质
　　Y 传压介质

液压力
　　Y 液压

液压射流
　　Y 液体射流

液压压力
　　Y 液压

液压振动
hydraulic vibration
O32
　　S 振动*

液压阻力
　　Y 流动阻力

液-液界面
liquid-liquid interface
O351
　　D 液/液界面
　　　 液体-液体界面
　　S 流体界面*
　　C 表面张力

液-液界面干扰
liquid-liquid interface interaction
O354
　　S 气动力干扰*

液-液相变
liquid-liquid transformations
O552.4
　　S 相变*

液柱*
liquid column
O35
　　F 液桥

液柱静压头
　　Y 流体静压强

液阻效应
　　Y 贾敏效应

一般力学
　　Y 力学

一般系统
　　Y 系统

一次变换
　　Y 线性变换

一次结晶
primary crystallization
O79
　　D 初次结晶
　　　 初次结晶过程
　　　 初次结晶化
　　　 初次结晶化过程
　　　 初次晶化过程
　　　 初级结晶
　　　 一次结晶过程
　　S 结晶*

一次结晶过程
　　Y 一次结晶

一次近似简化模型
simplified first-order approximation mode
O302
　　S 力学模型*

一次粒子
　　Y 初级粒子

一次再结晶
primary recrystallization
O783
　　D 初级再结晶
　　S 再结晶
　　Z 结晶

一级动力学方程
first-order kinetic equation
O313
　　S 动力学方程
　　Z 力学方程

一级相变
first-order phase transition
O414.13
　　S 相变*

一阶导数光谱法
first-order derivative spectroscopy
O433.4；O657.3
　　S 导数光谱法
　　Z 光谱分析

一阶剪切变形
　　Y 一阶剪切变形理论

一阶剪切变形理论
first-order shear deformation theory
O344.3
　　D Mindlin 板理论
　　　 一阶剪切变形
　　S 剪切变形理论
　　C 热分析方法　→(3)
　　Z 力学理论

一阶振型
　　Y 主振型

一维波动方程
one-dimensional wave equatio
O441.4
　　S 电磁波传播方程
　　Z 方程(数学)

一维单原子链
one-dimensional chains
O562；O73
　　S 单原子链
　　Z 原子链

一维对流扩散方程
one-dimensional convection-diffusion equation
O351
　　S 对流扩散方程
　　Z 方程(数学)
　　　 力学方程

一维光子晶体
one-dimensional photonic crystals
O73
　　S 光子晶体
　　F 一维三元光子晶体
　　Z 晶体

一维结构
one-dimensional structure
O561
　　S 结构*

一维可压缩流
one-dimensional compressible flow
O351
　　S 可压缩流
　　C 差分法　→(1)(4)
　　Z 流体流

一维流
　　Y 线性流

一维流动
　　Y 线性流

一维六方准晶
one-dimensional hexagonal quasicrystals
O753.3
　　D 一维六方准晶体
　　S 准晶
　　Z 类晶体

一维六方准晶体
　　Y 一维六方准晶

一维缺陷
　　Y 线缺陷

一维三元光子晶体
one-dimensional three element photonic crystal
O73
　　S 一维光子晶体
　　Z 晶体

一维声子晶体
one-dimensional phononic crystal
O735
　　S 声子晶体
　　Z 晶体

一维势阱
one-dimensional potential well
O41
　　S 势阱*
　　F 一维无限深势阱

一维双原子链
one-dimensional diatomic chain

O562；O73
S 双原子链
Z 原子链

一维弹塑性波传播
one dimensional elasto-plastic wave propagation
O347.4
S 应力波传播
C 冲击杆
Z 能量转移

一维无限深势阱
one-dimensional infinite potential well
O41
S 无限深势阱
  一维势阱
Z 势阱

一维线性谐振子
one-dimensional linear harmonic oscillator
O413
S 线性谐振子
  一维谐振子
Z 谐振子

一维谐振子
one-dimensional harmonic oscillator
O413
S 谐振子*
F 一维线性谐振子

一维应力波
one-dimension stress wave
O347.4
D 一维应力波理论
S 应力波*

一维应力波理论
Y 一维应力波

一相流
Y 单相流

一元流
Y 线性流

一元流动
Y 线性流

一致刚度矩阵
consistent stiffness matrix
O342
S 刚度矩阵
C 垂直振动
  相容质量矩阵
Z 矩阵

一致质量矩阵
Y 相容质量矩阵

一致转动
coherent rotation
O482
D Sfoner-wohlfarth 模型
  Stoner-Wohlfarth 模型
S 旋转
Z 运动

一轴晶
Y 单轴晶体

伊辛点阵
Y 伊辛模型

伊辛模型
ising model
O552.6
D 伊辛点阵
S 物理模型*

衣瑞克生循环
Y 热力学循环

医学核磁共振
Y 生物医学核磁共振

医用光学
medical optics
O439
S 应用光学
F 生物医学光学
  眼科光学
Z 光学

依赖强度耦合
intensity-dependent coupling
TN751.1
S 光耦合
Z 耦合

依赖于时间的边界层
Y 非定常边界层

仪
Y 仪器仪表

仪表
Y 仪器仪表

仪表[器]
Y 仪器仪表

仪表空气
instrument air
TH70
S 空气*

仪器
Y 仪器仪表

仪器参数
instrumental parameters
TH701
S 参数*
C 仪器常数

仪器常数
instrument constant
TH701
S 常数*
C 仪器参数
  仪器仪表

仪器化冲击试验
instrumented impact test
O348
D 示波冲击试验
S 冲击试验
C 沉淀硬化 →(3)
Z 科学实验

仪器监测
instrument monitoring
TH7
S 监测*

仪器检验
instrumental inspection
TH707
S 检验*

仪器精度
instrument precision
TH701
S 精度*
F 雷达精度

仪器设备
Y 仪器仪表

仪器稳定性
apparatus stability
TH7
S 稳定性*

仪器选择
instrument choice
N33
S 选择*

仪器仪表*
instrumentation
TH7
D 仪
  仪表
  仪表[器]
  仪器
  仪器设备
F 光学仪器
  绘图仪
  监测仪器
  实验仪器
  物理仪器
C 测量
  全息术
  拖曳系统 →(4)
  物探仪器
  校准
  遥测仪 →(4)
  仪器常数

移动
locomotion
O311.1
D 直线平动
S 运动*
F 光谱移动
  横向移动
  滑移
  晶界移动
  平行移动
  迁移
  跃移

移动边界
moving boundary
O311.1；O351
D 移动界面
S 动边界
F 滑移边界
  位移边界

主　表　801

　　Z 边界

移动测量
traverse measurement
TB462.1
　　S 动态测量
　　C 流动观测 →(4)
　　Z 测量

移动负载
　　Y 活荷载

移动荷载
　　Y 活荷载

移动荷载识别
moving load identification
O347.1
　　D 动态载荷识别
　　　动载荷识别
　　S 载荷识别
　　Z 识别

移动加热器法
traveling heater method
O782
　　D THM 法
　　　溶剂熔区移动法
　　S 熔体生长法
　　Z 晶体生长方法

移动加热器法生长
THM growth
O78
　　D THM 生长
　　S 溶液晶体生长
　　Z 晶体生长

移动界面
　　Y 移动边界

移动粒子半隐式法
moving particle semi-implicit method
O357.1
　　D 移动粒子半隐式方法
　　S 力学方法*

移动粒子半隐式方法
　　Y 移动粒子半隐式法

移动量
　　Y 位移

移动载荷
　　Y 活荷载

移动质量
moving mass
O311.1
　　D 运动质量
　　S 质量*
　　C 活荷载

移动最小二乘近似函数
moving least squares approximations
O302
　　S 函数(力学)*
　　C 局部 Petrov-Galerkin 法

移速
moving speed

O311.1
　　S 运动速度*
　　F 滑移速度
　　　漂移速度
　　　迁移速度
　　　位移速率

以太
　　Y 以太物质

以太漂移
ether drift
O41
　　S 漂移*

以太物质
ether
O41
　　D 以太
　　S 物质*

钇钡铜氧超导体
YBCO superconductors
TM26
　　D YBCO 超导体
　　S 化合物超导体
　　Z 导体

钇铝石榴石
yttrium aluminum garnet
O73
　　D YAG
　　　YAG 晶体
　　　钇铝石榴石晶体
　　　钇铝石榴子石
　　S 无机非线性光学晶体
　　F 掺钕钇铝石榴石
　　　掺镱钇铝石榴石晶体
　　Z 光学晶体
　　　晶体

钇铝石榴石晶体
　　Y 钇铝石榴石

钇铝石榴子石
　　Y 钇铝石榴石

钇铁石榴石
yttrium iron garnet
O737
　　D YIG
　　　YIG 石榴石
　　S 铁磁晶体
　　Z 晶体

异常*
abnormality
ZT5
　　D 反常性
　　　异常反映
　　　异常模式
　　　异常现象
　　F 压力异常
　　C 变化

异常地层压力
　　Y 超压

异常反映
　　Y 异常

异常荷载
abnormal load
O347.1
　　D 不规则荷载
　　　非常荷载
　　S 荷载*

异常流体压力
abnormal fluid pressure
O31
　　S 流体压力
　　Z 压力

异常模式
　　Y 异常

异常气候
　　Y 气候异常

异常透射
anomalous transmission
O435
　　S 光透射
　　Z 透射

异常现象
　　Y 异常

异结构
　　Y 异质结构

异结构同步
different structure synchronization
O561.1
　　S 同步*

异相
　　Y 异相位

异相成核
heterogeneous nucleation
O78
　　D 非均相成核
　　　非匀相成核
　　S 非均匀形核
　　Z 晶体形成

异相位
out-of-phase
O441.1
　　D 异相
　　S 相位*

异形核
　　Y 异质形核

异质成核
　　Y 异质形核

异质核化
heterogeneous nucleation
O552.6；O78
　　S 成核*

异质结
heterojunction
O472
　　D 半导体异质结
　　　缓变异质结
　　　突变异质结
　　　异质结结构

S 半导体结*
F GaAs/AlAs 异质结
P-N 异质结
C 二维电子气

异质结构
heterostructure
O472；O561.1
D 异结构
S 结构*

异质结结构
Y 异质结

异质界面
heterogenous interface
O485
S 固体界面*

异质晶核
heterogeneous nuclei
O78
D 非均质晶核
非自发晶核
S 晶核
Z 晶体要素

异质同晶
allomerism
O78
S 同晶现象
Z 结晶现象

异质外延
heteroepitaxy
O782
S 外延*

异质外延生长
heteroepitaxial growth
O782
S 外延生长
Z 晶体生长方法

异质形核
heterogeneous nucleation
O78
D 非均质形核
异形核
异质成核
S 非均匀形核
Z 晶体形成

异重力流
Y 异重流

异重流
density current
O357.1；P333.4
D 密度流
异重力流
S 海流*
C 湍流数值模拟
浊流 →(4)

抑制（自动化）
Y 约束

抑制电导法
inhibition of electrical conductivity

O441.1
S 物理法*
C 抑制电导检测

抑制电导检测
suppressed conductivity detection
O441.5
S 电导测量
C 抑制电导法
Z 电学量测量

抑制振动
Y 减振

抑制蒸发
evaporation control
O552.6；P332.2
S 蒸发*
C 多效蒸发

易磁化方向
easy direction for magnetization
O48
D 易向
S 方向*

易磁化轴
easy magnetization axis
O482.54
D 难磁化轴
难轴
易轴
S 轴*
C 磁各向异性
磁晶

易裂性
Y 易碎性

易碎性
fragility
O346.13
D 可碎性
破碎性
易裂性
S 材料性能*
C 脆性

易损性
vulnerability
ZT4
D 易损性模型
S 特性*

易损性矩阵
fragile matrix
O347
S 矩阵*

易损性模型
Y 易损性

易弯性
Y 柔性

易向
Y 易磁化方向

易轴
Y 易磁化轴

逸出功
Y 功函数

逸度
fugacity
O31
D 逸度系数
S 压强*
C 饱和压力
分压
活性 →(3)
气体分子运动论
蒸汽压力

逸度系数
Y 逸度

溢出
Y 溢流

溢流
overflow
O351.2；P339
D 过流
满溢
漫溢
溢出
溢水
S 流体流*
C 井漏 →(5)
井喷 →(5)

溢水
Y 溢流

翼地效应
Y 地面效应

翼端涡
Y 翼尖涡

翼尖加速度
wing tip acceleration
V221
S 加速度*

翼尖涡
wing tip vortex
O357.1
D 梢涡
叶梢涡流
翼端涡
翼梢涡
S 涡旋*
C 低雷诺数
诱导阻力

翼尖涡系
Y 涡旋

翼面效应
Y 地面效应

翼梢涡
Y 翼尖涡

翼形裂纹
wing crack
O346.12
D 翼型裂纹
S 裂纹*

翼型裂纹
　Y　翼形裂纹

翼型绕流
profile flow
O351.3
　S　绕流
　C　流体控制
　Z　流体流

翼型阻力
　Y　压差阻力

翼载
　Y　翼载荷

翼载荷
wing loading
O347.1
　D　翼载
　S　动载荷
　C　后掠效应
　　　气动弹性
　Z　荷载

因次分析
　Y　量纲分析

因子*
factor
ZT3
　F　波前相因子
　　　场增强因子
　　　法诺因子
　　　功率因子
　　　光束传输因子
　　　归一化因子
　　　畸变因子
　　　结构因子
　　　洛伦兹因子
　　　谱因子
　　　倾斜因子
　　　扰动因子
　　　退磁因子
　　　退极化因子
　　　吸收因子
　　　相位因子
　　　形状因子
　　　优值因子
　　　原子散射因子
　　　约束因子
　　　增益因子
　　　质量因子
　　　重叠因子
　　　组合因子
　C　精度衰减因子　→(4)

因子分解法
factorization method
O241；O35
　D　Birstow法
　　　近似因式分解法
　　　近似因子分解法
　　　林士谔法
　S　数学方法*
　C　紧致差分格式
　Z　流体力学法

阴极

cathode
O441；O646
　D　电子发射体
　　　负极
　　　负极板
　S　电极*
　F　LaB$_6$阴极
　　　多碱阴极
　　　光电阴极
　　　冷阴极
　　　铝阴极
　　　丝状阴极
　　　碳纳米管阴极
　　　碳纤维阴极
　　　天鹅绒阴极
　　　铁电阴极
　　　同轴虚阴极
　　　氧化物阴极
　C　电子发射
　　　阳极
　　　阴极保护　→(4)

阴极电流
cathode current
O441.1；O657.13
　S　电流*
　F　发射电流

阴极电子学
cathode electronics
O462
　S　电子学*

阴极发光
cathodoluminescence
O462.3
　D　电子束致发光
　　　阴极热致发光
　　　阴极射线发光
　　　阴极射线致发光
　S　发光*
　F　低能阴极射线发光
　　　固态阴极射线发光
　　　类阴极射线发光
　C　电子束
　　　阴极发射

阴极发射
cathode emission
O462.1
　S　电子发射
　C　阴极发光
　Z　发射

阴极放电
cathode discharges
O462
　S　放电*
　F　空心阴极放电

阴极极化
cathodic polarization
O441.4；O646.5
　D　阴极极化曲线
　S　电化学极化*
　C　交换电流密度

阴极极化曲线
　Y　阴极极化

阴极磷光
cathodophosphorescence
O462.3
　S　磷光
　Z　发光

阴极热致发光
　Y　阴极发光

阴极射线
cathode rays
O462
　S　射线*
　C　极谱仪　→(3)

阴极射线发光
　Y　阴极发光

阴极射线管显示器
cathode-ray tube display
TH85；TN873
　S　显示器
　Z　电子器件

阴极射线致发光
　Y　阴极发光

阴极透镜
cathode lens
TH74
　S　透镜
　Z　光学元件

阴极荧光
cathode fluorescence
O462.3
　S　荧光*

阴离子
anion
O441.1；O646
　D　负离子
　　　负离子束
　S　离子*
　C　电解　→(3)
　　　阳离子
　　　阴离子表面活性剂　→(3)

阴影法
　Y　刀口检验法

阴影检验
　Y　刀口检验法

阴影效应
shadow effect
O57
　D　阴影效应(物理学)
　S　效应*

阴影效应(物理学)
　Y　阴影效应

音叉
　Y　振动体

音场
　Y　声场

音乐声学
musical acoustics

O42
S 应用声学
Z 声学

音频应力波
Y 声频应力波

音速
Y 声速

音质
tone quality
TN64；TN912.1；TU112.1
S 声学特性*
C 混响时间

音质测量
sound quality measurement
TB52
S 声学测量*

银河宇宙线
galactic cosmic rays
O572.1；P141
S 宇宙线
Z 粒子

银河噪声
Y 宇宙噪声

银粒子
silver particles
O572.3
S 粒子*

银纳米晶
silver nanocrystal
O799
D 纳米晶银
S 金属纳米晶
Z 晶体
  纳米材料

银团簇
silver clusters
O56
S 金属团簇
Z 团簇

银纹
silver streak
O346.12
D 银纹化
S 裂纹*
C 剪切屈服应力
  剪应变
  细观力学
  应力

银纹化
Y 银纹

引爆参数
Y 爆轰参数

引力*
gravitation
O314；P131
F 量子引力
  自引力
C 经典场论

牛顿引力理论
球对称引力场
相对论
引力常数
引力透镜

引力不稳定性
gravitational instability
O314；P15
S 力学稳定性*

引力常量
Y 引力常数

引力常数
gravitational constant
O314；P12；P131
D 高斯引力常数
  日心引力常数
  引力常量
S 天文常数*
C 天体引力 →(4)
  引力
  引力实验

引力场
gravitational field
O314；P131
D Schwarzschild 引力场
  场(引力)
  静态引力场
  空间引力场
  稳态引力场
  轴对称引力场
S 力场*
F 球对称引力场
  万有引力场
  真空引力场
C 爱因斯坦场方程
  场(力学)
  广义相对论
  基本粒子引力相互作用
  量子引力
  引力辐射 →(4)
  引力实验
  引力作用

引力场方程
Y 爱因斯坦场方程

引力场方程公式
Y 爱因斯坦场方程

引力场方程式
Y 爱因斯坦场方程

引力场方程组
Y 爱因斯坦场方程

引力场方程组式
Y 爱因斯坦场方程

引力场公式
Y 爱因斯坦场方程

引力场关系式
Y 爱因斯坦场方程

引力场强
gravitational field strength

O314
D 引力场强度
S 场强*

引力场强度
Y 引力场强

引力定律
Y 万有引力定律

引力规范理论
gauge theory of gravitation
O314；P131
S 引力理论
Z 力学理论

引力荷
Y 引力子

引力理论
gravitation theory
O314；P131
D 引力量子理论
S 力学理论*
F 牛顿引力理论
  引力规范理论
C 广义相对论
  区域重力
  扰动重力
  弯曲时空
  引力实验
  引力天文学 →(4)

引力量子理论
Y 引力理论

引力模型
gravity model
O314；P131；P312.4
D 重力模型
C 引力实验
  宇宙模型 →(4)

引力韧致辐射
Y 韧致辐射

引力实验
gravitational experiments
O314；O4-33
S 物理实验
C 引力常数
  引力场
  引力理论
  引力模型
Z 科学实验

引力势
gravitational potential
O314；P223
D 地球引力位
  引力势能
  引力位
  正常引力位
S 势*
C 潮汐 →(4)(5)
  地球引力场 →(4)(5)
  引潮力 →(4)
  引潮位 →(4)(5)

引力势能

Y 引力势

引力透镜
gravitational lens
TH74
　S 透镜
　F 微引力透镜
　C 暗能量 →(4)
　　暗物质 →(4)
　　万有引力定律
　　引力
　　引力透镜效应 →(4)
　　引力透镜星系 →(4)
　Z 光学元件

引力位
　Y 引力势

引力相互作用
　Y 引力作用

引力效应
gravitational effect
O412
　S 物理效应*
　C 失重
　　微重力流体
　　西利格佯谬 →(4)

引力子
graviton
O572.31
　D 引力荷
　　重力子
　S 玻色子
　C 量子引力
　Z 粒子

引力作用
gravitational interaction
O314；P131
　D 引力相互作用
　S 力的作用*
　C 万有引力定律
　　引力场
　　引力辐射 →(4)
　　重力
　　重力波

引上法
　Y 提拉法

引上法晶体生长
Czochralski crystal growth
O782
　D 恰克拉斯基法晶体生长
　　丘克拉斯基法生长
　　提拉法晶体生长
　　提拉法生长
　S 熔体生长
　C 放肩
　　缩颈
　Z 晶体生长

引射流场
ejection flow field
O358
　S 流场*

引射流体

driving fluid
O351
　D 驱油流体
　S 流体*

引伸计
extensometer
TB93；TH82
　D 拉力计
　　引伸仪
　S 力学测量仪器
　Z 测量仪器

引伸仪
　Y 引伸计

引子
　Y 吸引子

隐变量理论
hidden-variable theory
O413.1
　S 玻姆理论
　Z 物理理论

隐对称
hidden symmetry
O71
　D 隐对称性
　S 对称*

隐对称性
　Y 隐对称

隐失波
　Y 倏逝波

隐失场
　Y 消逝场

隐形传输
　Y 量子隐形传送

隐形传送
　Y 量子隐形传送

印度洋偶极子
Indian Ocean dipole
O441.4；P401；P732.6
　D 热带印度洋偶极子
　S 偶极子*
　C 海温异常 →(4)(5)
　　气候异常
　　印度洋海温 →(4)

英国国家物理实验室
　Y 英国物理研究所

英国物理研究所
National Physical Laboratory
O4-1
　D NPL
　　英国国家物理实验室
　S 组织机构*

迎风有限元法
upwind finite element method
O35
　D 斜迎风
　　自动迎风
　S 数值分析*

　C 迎风格式 →(1)(4)

迎角
angle of attack
O354
　D 攻角
　S 角*
　F 气流迎角

迎角效应
angle of incidence effect
V211
　D 冲角效应
　　攻角效应
　S 气动效应*
　C 气流迎角
　　失速

荧光*
fluorescence
O462.3
　D 光荧光
　　光致荧光
　　荧光反应
　　萤光
　F X射线荧光
　　定量荧光
　　分子荧光
　　固体荧光
　　红外荧光
　　激发荧光
　　激光荧光
　　金属增强荧光
　　可见荧光
　　三维荧光
　　上转换荧光
　　声致荧光
　　时间分辨荧光
　　双重荧光
　　同步荧光
　　稳态荧光
　　显微荧光
　　延迟荧光
　　阴极荧光
　　原子荧光
　　紫外荧光
　C 光致发光
　　荧光测量术 →(3)
　　荧光分析 →(3)
　　荧光光谱
　　荧光素 →(3)
　　荧光特性

荧光薄膜
phosphor thin films
O484
　S 发光薄膜
　Z 光学薄膜

荧光产额
　Y 荧光效率

荧光猝灭
fluorescence quenching
O482.3
　S 猝灭*
　F 动态猝灭
　　静态猝灭

C 荧光猝灭法 →(3)

荧光发射
fluorescence emission
O432.1
S 光发射
Z 发射

荧光发射谱
fluorescence emission spectrum
O433.5
S 发光光谱
  荧光光谱
Z 光谱

荧光反应
Y 荧光

荧光俘获
fluorescent capture
O571
S 光俘获
Z 俘获(物理学)

荧光各向异性
fluorescence anisotropy
O482.3；O732
S 光学各向异性
  荧光特性
Z 各向异性
  光学性质

荧光关联谱
Y 荧光光谱

荧光光谱
fluorescence spectrum
O433.59
D 荧光关联谱
  荧光光谱学
  荧光谱
S 光谱*
F 非线性荧光光谱
  分子荧光光谱
  光致荧光光谱
  激光诱导荧光激发谱
  三维荧光光谱
  瞬态荧光谱
  荧光发射谱
  荧光激发光谱
  原子荧光光谱
  自体荧光光谱
C X射线荧光光谱法
  荧光
  荧光识别 →(3)

荧光光谱学
Y 荧光光谱

荧光活性
fluorescence activity
O482.3；O732
S 荧光特性
Z 光学性质

荧光激发光谱
fluorescence excitation spectrum
O433.59
D 荧光激发谱
S 荧光光谱

Z 光谱

荧光激发谱
Y 荧光激发光谱

荧光晶体
Y 闪烁晶体

荧光量子产额
Y 荧光效率

荧光量子效率
Y 荧光效率

荧光配合物
Y 配合物

荧光谱
Y 荧光光谱

荧光强度
fluorescence intensity
O432.1
D 磷光强度
S 光强*
F 相对荧光强度
C 荧光特性

荧光强度比
fluorescence intensity ratio
O43
S 光强比
Z 光学参数

荧光散射
fluorescent scattering
O436.2
S 光散射*

荧光寿命
fluorescence lifetime
O432.1
S 光学参数*
C 荧光寿命测量
  荧光特性

荧光寿命测量
fluorescence lifetime measurement
TB462；TB96
S 光学测量*
C 荧光寿命

荧光衰减
fluorescence decay
O571
S 光衰减
Z 衰减

荧光探测
fluorescence detection
TN29
S 光电探测
Z 探测

荧光特性
fluorescence characteristics
O432.1
D 荧光性
  荧光性能
  荧光性质
S 光学性质*

F 荧光各向异性
  荧光活性
C 荧光
  荧光法 →(3)
  荧光强度
  荧光寿命
  荧光效应

荧光效率
fluorescence efficiency
O432.1
D 荧光产额
  荧光量子产额
  荧光量子效率
S 光学效率*

荧光效应
fluorescent effect
O436.2
S 光学效应*
C 荧光特性

荧光性
Y 荧光特性

荧光性能
Y 荧光特性

荧光性质
Y 荧光特性

荧光中心
Y 发光中心

萤光
Y 荧光

萤石型结构
fluorite structure
O76
S 矿物晶体结构
Z 晶体结构

蝇眼透镜
Y 复眼透镜

影响线
influence line
O342
S 线*
F 铁电滞回线
  滞后回线
C 力矩
  挠度

影象
Y 影像

影像*
image
O43；P237
D 像
  影象
  影像分类
  影像技术
  影像特征
F 再现像
C 动态监测 →(4)
  数字影像 →(4)
  特征提取 →(4)

主　表　807

　　图像
　　像片
　　影像处理　→(4)(5)

影像分类
　Y 影像

影像技术
　Y 影像

影像特征
　Y 影像

影栅云纹法
shadow moiré method
O348
　D 叠栅云纹法
　　 莫尔云纹法
　S 应力法
　Z 力学方法

应变*
strain
O344.3
　D 胁变
　　 应变(力学)
　F Benioff 应变
　　 阿尔曼西应变
　　 本征应变
　　 比例应变
　　 层应变
　　 初应变
　　 磁致应变
　　 大应变
　　 弹性应变
　　 等效应变
　　 动应变
　　 断裂应变
　　 对数应变
　　 非均匀应变
　　 峰值应变
　　 格林应变
　　 工程应变
　　 固有应变
　　 广义应变
　　 回复应变
　　 棘轮应变
　　 剪应变
　　 结构应变
　　 晶格应变
　　 局部应力应变
　　 均匀应变
　　 拉应变
　　 临界应变
　　 名义应变
　　 内应变
　　 平均应变
　　 平面应变
　　 破坏应变
　　 屈服应变
　　 热应变
　　 视应变
　　 瞬间应变
　　 塑性应变
　　 体积应变
　　 弯曲应变
　　 微观应变
　　 循环应变
　　 有限应变
　　 正应变
　　 轴向应变
　　 准一维应变
　　 自发应变
　　 钻孔应变
　　 最大法向应变
　C 变形
　　 剪切
　　 模量
　　 形变场　→(4)(5)
　　 应变分析
　　 应变图　→(5)

应变(力学)
　Y 应变

应变比
　Y 应变率

应变变程
　Y 应变幅

应变波
　Y 应力波

应变测定
　Y 应变测量

应变测量
strain measurement
O344.1；O344.3
　D 应变测定
　　 应变测试
　　 应变量测
　S 力学测量*
　F 应变电测
　　 有限应变测量
　C 结构应变
　　 应变分析
　　 应变计

应变测量仪器
　Y 应变计

应变测试
　Y 应变测量

应变场
strain field
O344.3
　S 场(力学)*
　F 应变率场
　C 应力集中

应变超晶格
strained superlattice
O76
　S 超晶格
　Z 晶格

应变电测
electronic measurement for strain
O348.2
　S 应变测量
　Z 力学测量

应变电测法
strain electric measuring method
O348.2

　S 力学方法*

应变多量子阱
strained multiple quantum wells
O47
　S 多量子阱
　　 应变量子阱
　Z 势阱

应变分布
　Y 应力集中

应变分布规律
　Y 应力集中

应变分量
strain components
O344.3
　S 分量*

应变分析
strain analysis
O344.3
　D 应变率史
　　 应变史
　S 力学分析*
　F 有限应变分析
　C 变形分析
　　 光弹性实验
　　 集中性失稳
　　 应变
　　 应变测量
　　 应力圆

应变峰值
　Y 峰值应变

应变幅
strain amplitude
O344.3
　D 极限应变平均差
　　 应变变程
　　 应变幅度
　　 应变振幅
　S 应变特征
　C 低周疲劳
　　 各向异性
　Z 力学特征

应变幅度
　Y 应变幅

应变规
　Y 应变计

应变恢复
　Y 回复应变

应变计
strain gauge
TH823.3
　D 电应变规
　　 应变测量仪器
　　 应变规
　　 应变片
　　 应变仪
　　 应力仪
　S 力学测量仪器
　F 半导体应变计
　　 电感应变计

电容应变计
　　电阻应变计
　　焊接式应变计
　　激光应变仪
　　体应变仪
　　温度自补偿应变计
　　粘贴式应变计
　　钻孔应变仪
　C 应变测量
　　应变观测 →(5)
　Z 测量仪器

应变局部化
　Y 局部应力应变

应变空间
strain space
O344.3
　S 空间*
　C 弹塑性耦合
　　塑性
　　应力空间
　　正交各向异性损伤

应变控制
strain control
O344.3
　S 控制*
　C 高周疲劳
　　循环变形

应变老化
　Y 应变时效

应变量测
　Y 应变测量

应变量子阱
strained quantum well
O47
　S 量子阱
　F 应变多量子阱
　Z 势阱

应变率
strain rate
O344.3
　D 应变比
　　应变速率
　S 比率*
　F 高应变率
　　恒应变率
　C 变形速度
　　变形温度
　　冲击拉伸
　　动态屈服强度
　　静载荷
　　流变应力
　　应力松弛
　　张力特性

应变率场
deformation rate field
O344.3；P315.7
　S 应变场
　C 应变率效应
　Z 场(力学)

应变率敏感性

strain rate sensitivity
O344.3
　D 应变速率敏感
　　应变速率敏感性
　S 力学性质*

应变率史
　Y 应变分析

应变率相关
strain rate dependence
O344.3
　D 应变率相关性
　S 率相关
　C 冲击拉伸
　Z 相关

应变率相关性
　Y 应变率相关

应变率效应
strain rate effects
O344.3
　S 力学效应*
　C 温度效应 →(4)
　　应变率场

应变模型
strain model
O344.3
　S 强度模型
　Z 力学模型

应变能
strain energy
O344.3
　D 变形功
　　变形能
　　变形能量
　　形变能
　　形变能量
　　形状改变比能
　S 能量*
　F 单元模态应变能
　　弹性能
　　塑性应变能
　C 变分法
　　地壳形变 →(5)
　　挤压力
　　能量法
　　撕裂强度
　　应变能法
　　应力张量

应变能法
strain energy method
O344.3
　D 变形能法
　　应变能量法
　S 能量法
　C 能量法
　　应变能
　Z 力学方法

应变能函数
strain energy function
O344.3
　S 函数(力学)*
　F 应变能密度函数

应变能积累
strain accumulation
O344.3
　S 积累*

应变能量法
　Y 应变能法

应变能密度
strain energy density
O344.3
　S 能量密度*

应变能密度函数
strain energy density function
O344.3
　S 应变能函数
　Z 函数(力学)

应变能密度因子
strain energy density factor
O344.3
　S 力学因子*

应变能释放
strain energy release
O344.3
　S 能量释放
　Z 释放

应变能释放率
strain energy release rate
O344.3
　S 能量释放率
　Z 比率

应变疲劳
strain fatigue
O346.2
　S 疲劳*
　C 低周疲劳
　　疲劳载荷
　　延性断裂韧度

应变片
　Y 应变计

应变片法
strain gage method
O348
　S 力学方法*

应变强度
　Y 等效应变

应变强化
　Y 应变硬化

应变强化相变
　Y 形变强化相变

应变曲线
strain curve
O344.3
　S 应力-应变曲线*
　F 低应变曲线
　　拉伸曲线
　　模量-应变曲线
　　应变-寿命曲线

应变扰动

strain disturbance
O347.4
- S 力学扰动
- C 应变异常 →(5)
   应力波传播
   应力扰动 →(5)
- Z 扰动

应变软化
strain softening
O344.3
- D 工件软化
   加工软化
   应变软化(剪应变软化)
- S 变化*
- C 局部应力应变
   软岩 →(5)
   应变硬化

应变软化(剪应变软化)
- Y 应变软化

应变时效
strain aging
O344.3
- D 变形时效
   机械时效
   物理场热处理
   形变时效
   应变老化
   应变时效硬化
   应力时效
- S 效应*
- C 应变硬化

应变时效硬化
- Y 应变时效

应变史
- Y 应变分析

应变试验
strain test
O344.3
- D 循环应变试验
- S 力学性能试验
- Z 科学实验

应变释放系数
strain release factor
O344.3
- S 应变系数
- Z 系数

应变-寿命曲线
strain-life curve
O344.3
- S 应变曲线
- C 高周疲劳
   裂纹扩展速率
- Z 应力-应变曲线

应变速率
- Y 应变率

应变速率敏感
- Y 应变率敏感性

应变速率敏感性
- Y 应变率敏感性

应变速率矢量
strain-rate vector
O344.3
- S 向量*
- C 解析解 →(1)

应变特征
strain characteristics
O344.3
- S 力学特征*
- F 应变幅

应变梯度
strain gradient
O344.3
- D 应变梯度理论
- S 梯度分布*
- C 尺寸效应
   尺度效应 →(4)
   局部应力应变
   缩颈

应变梯度理论
- Y 应变梯度

应变梯度塑性
strain gradient plasticity
O344.3
- D 塑性应变梯度
- S 塑性
- Z 力学性质

应变椭球
strain ellipsoid
O344.3
- D 变形椭球
   应变椭球体
- S 椭球体
- Z 球体

应变椭球体
- Y 应变椭球

应变系数
strain coefficient
O344.3
- S 力系数
- F 应变释放系数
- Z 系数

应变效应
- Y 等效应变

应变循环
- Y 循环应变

应变液晶
stressed liquid crystal
O753.2
- S 液晶*

应变仪
- Y 应变计

应变硬化
strain hardening
O344.3
- D 变形硬化
   冲击波硬化
   加工强化
   加工硬化
   冷加工硬化
   冷作硬化
   形变强化
   形变硬化
   应变强化
- S 硬化*
- C 残余应力
   冲击磨损
   绝热剪切
   均匀塑性变形
   拉伸流变
   耐磨性
   应变软化
   应变时效
   主应力法

应变增量
strain increment
O344.3
- S 力学量*
- F 塑性应变增量
- C 等效应变

应变张量
strain tensor
O344.3
- S 张量*
- C 应力张量

应变振幅
- Y 应变幅

应变状态
strain state
O344.3
- S 状态*
- C 构造应变场 →(5)

应电流
- Y 感应电流

应力*
stress
O343.4
- F T应力
   八面体应力
   背应力
   本征应力
   边界应力
   表面应力
   薄膜应力
   步降应力
   层间应力
   差应力
   初应力
   次应力
   弹性应力
   当量应力
   动应力
   断裂应力
   非弹性应力
   峰值应力
   各向异性应力
   管子应力
   光应力
   广义应力
   荷载应力

恒定应力
环境应力
剪应力
矫顽应力
接触应力
界面应力
径向应力
静应力
局部应力
库仑应力
雷诺应力
临界应力
流变应力
名义应力
摩擦应力
内应力
黏性应力
偶应力
砰击诱导应力
平均应力
平面应力
平台应力
屈服应力
热点应力
湿应力
视应力
试验应力
塑性应力
套管应力
弯曲应力
相间应力
形变应力
许用应力
循环应力
预加应力
真应力
支承应力
中性应力
周向应力
轴向应力
主应力
组合应力
C 荷载
剪切
满应力准则
奇性应力指数
银纹
应力方程
张力

应力比
stress ratio
O343.4
 D 循环不对称系数
  循环对称系数
  循环特征系数
 S 比率*
 F 强度应力比
  有效偏应力比
 C 变形模量
  断裂机理
  疲劳裂纹扩展
  疲劳载荷

应力边界条件
stress boundary condition
O344.3
 S 边界条件*
  力学条件*

应力变化*
stress change
O343.4
 F 库仑应力变化
  应力场变化
  应力恢复
  应力增长
 C 裂纹

应力变形
 Y 形变应力

应力波*
stress wave
O347.4
 D 机械波
  应变波
 F 爆炸应力波
  变形波
  长周期波
  冲击应力波
  非线性波
  加速度波
  拉伸波
  连续波
  内波
  扭转波
  牵伸波
  球面波
  入射应力波
  声频应力波
  塑性波
  弯曲波
  线性波
  压缩波
  一维应力波
  粘弹性波
  柱面波
 C 冲击波
  弹性波
  高速撞击
  激波
  应力波色散
  应力波衰减
  准静态压力

应力波传播
stress wave propagation
O347.4
 D 应力传播
 S 波传播
 F 一维弹塑性波传播
 C 应变扰动
 Z 能量转移

应力波色散
stress wave dispersion
O436.3
 S 色散*
 C 应力波
  应力波衰减

应力波衰减
stress wave attenuation
O347.4
 S 波衰减
 C 弹性前驱波
  应力波
  应力波色散
 Z 衰减

应力波效应
stress wave effect
O347.4
 S 力学效应*

应力波载荷
stress wave loading
O347.4
 S 荷载*

应力测定
 Y 应力测量

应力测量
stress measurement
O343.4
 D 确定应力
  应力测定
  应力测试
 S 力学测量*
 C P-S-N 曲线
  变形
  现场试验 →(5)
  应力解除法
  应力效应

应力测量仪器
stress measuring instruments
TH741
 S 测量仪器*

应力测试
 Y 应力测量

应力差
 Y 差应力

应力场
stress field
O343.4
 D 残余应力场
  裂尖奇异场
  应力场(力学)
  应力分布模式
  应力分布图
  应力区
  应力图形
 S 场(力学)*
 F HRR 场
  弹性应力场
  动态应力场
  剪应力场
  三维应力场
  瞬态应力场
 C 弹塑性分析
  改造型盆地 →(4)
  应力场反演 →(5)
  正交各向异性损伤

应力场(力学)
 Y 应力场

应力场变化
stress field change

主　表　811

O343.4
　S 应力变化*
　C 格林函数 →(1)

应力场模拟
stress field simulation
O411.3
　S 力学模拟*
　C 原始地形 →(4)

应力场强度因子
stress field strength factors
O343.4
　S 场强度因子
　Z 力学因子

应力弛豫
　Y 应力松弛

应力传播
　Y 应力波传播

应力传递
stress transfer
O343.4
　D 应力传递规律
　S 力传递
　C 应力集中
　Z 能量转移

应力传递规律
　Y 应力传递

应力脆性跌落系数
coefficients of brittle stress drop
O343.4
　S 力系数
　C 脆塑性
　Z 系数

应力断裂
stress fracture
O346.11；O346.12
　D 应力裂缝
　　应力破坏
　　应力破裂
　S 断裂*
　F 应力腐蚀断裂
　C 循环疲劳

应力法
stress method
O343.4
　S 力学方法*
　F 应力分析法
　　应力函数法
　　应力解除法
　　应力严重系数法
　　影栅云纹法
　　云纹干涉法
　　主应力法

应力方程
stress equation
O343.4；O346
　D 亨基应力方程
　S 力学方程*
　C 应力

应力方向

stress orientation
O343.4
　S 力方向*
　F 主应力方向

应力放散
　Y 应力松弛

应力分布
　Y 应力集中

应力分布模式
　Y 应力场

应力分布图
　Y 应力场

应力分量
stress component
O343.4
　D 分应力
　S 分量*
　C 微极理论

应力分区
　Y 应力集中

应力分析
stress analysis
O343.4；O346.1
　D 裂纹缘应力场分析
　　应力解析
　　应力历史
　　应力史
　S 力学分析*
　F X射线应力分析
　　动应力分析
　　接触应力分析
　　三维应力分析
　　实验应力分析
　　应力状态分析
　　预应力模态分析
　C S-N 曲线
　　弹性波法
　　环形裂纹
　　裂纹
　　热冲击
　　应力强度因子
　　应力效应
　　影响系数 →(1)

应力分析法
stress analysis methods
O348
　S 应力法
　F 光弹性法
　Z 力学方法

应力幅值
　Y 应力值

应力腐蚀
stress-corrosion
O346.22
　D 剥离腐蚀
　　抗应力腐蚀
　　应力腐蚀试验
　S 腐蚀*
　C 腐蚀疲劳
　　焊接应力

　　静疲劳
　　临界应力强度因子
　　氢脆
　　应力腐蚀开裂

应力腐蚀断裂
stress corrosion fracture
O346.12
　D 环境应力断裂
　S 腐蚀断裂
　　应力断裂
　C 腐蚀疲劳
　　裂纹
　　疲劳
　　氢脆
　Z 断裂

应力腐蚀开裂
stress corrosion cracking
O346.12
　D 腐蚀开裂
　　腐蚀裂纹
　　腐蚀破坏
　　锈蚀裂缝
　　应力腐蚀破裂
　S 应力开裂
　C 失效分析 →(1)
　　应力腐蚀
　Z 断裂

应力腐蚀裂缝
　Y 应力腐蚀裂纹

应力腐蚀裂纹
stress corrosion cracking
O346.11；O346.12
　D 应力腐蚀裂缝
　S 复合型裂纹
　Z 裂纹

应力腐蚀破裂
　Y 应力腐蚀开裂

应力腐蚀试验
　Y 应力腐蚀

应力各向异性
stress anisotropy
O343.8
　S 力学性质*

应力光顺
stress smoothing
O343.4

应力光图
　Y 干涉条纹图

应力光学定律
stress optic law
O343.4
　S 光学定律
　C 力学定律
　Z 物理定律

应力轨迹
　Y 应力路径

应力过程
　Y 应力路径

应力过冲
stress overshoot
O343.4
　　S 冲击*

应力过量
stress overshoot
O343.4
　　S 力学量*

应力函数
stress function
O343.4
　　D 扭应力函数
　　　 扭转应力函数
　　　 弯曲应力函数
　　　 弯应力函数
　　S 力函数
　　C 扭应力
　　Z 函数(力学)

应力函数法
stress function method
O343.4
　　S 应力法
　　Z 力学方法

应力弧垂
　　Y 应力弧垂曲线

应力弧垂曲线
stress sag curve
O343.4
　　D 应力弧垂
　　S 应力曲线
　　Z 应力-应变曲线

应力恢复
stress recovery
O343
　　S 应力变化*

应力迹线
　　Y 应力路径

应力积累
stress accumulation
O343.4
　　S 积累*
　　C 闭锁断层 →(5)
　　　 断裂应变
　　　 断裂应力
　　　 发震机制 →(5)
　　　 应变积累 →(5)
　　　 应力降 →(5)
　　　 应力松弛

应力集中
stress distribution
O343.4
　　D 应变分布
　　　 应变分布规律
　　　 应力分布
　　　 应力分区
　　　 应力均匀
　　　 张力场
　　S 力分布
　　F 动应力集中
　　　 局部应力集中

C 冲击强度
　 冲击韧性
　 孔边裂纹
　 疲劳断裂
　 偏心力
　 三维应力场
　 应变场
　 应力传递
　 应力严重系数法
Z 力学分布

应力集中点
　　Y 局部应力集中

应力集中区
　　Y 局部应力集中

应力集中系数
stress concentration factor
O343.4
　　D 应力系数
　　S 力系数
　　Z 系数

应力集中效应
stress concentration effect
O343.4
　　D 凹缺效应
　　　 切口灵敏度
　　　 切口敏感性
　　　 切口效应
　　　 切口应力
　　　 缺口灵敏度
　　　 缺口敏感
　　　 缺口敏感性
　　　 缺口效应
　　　 缺口应力
　　　 应力密度
　　S 应力效应
　　C 切口强度
　　　 缺口参数
　　　 缺口疲劳
　　　 双边缺口试件
　　Z 力学效应

应力集中因子
　　Y 应力强度因子

应力计
stressometer
TH82
　　S 力学测量仪器
　　F 钻孔应力计
　　Z 测量仪器

应力计算
stress calculation
O343.4
　　D 计算应力
　　　 应力图解法
　　S 力学计算*
　　C 等参元 →(1)
　　　 接触应力

应力加载
stress loading
O347.1
　　S 加载
　　Z 荷载

应力间断
stress discontinuity
O343.4
　　D 不连续应力
　　S 间断*

应力结晶过程
　　Y 应力晶化

应力结晶化
　　Y 应力晶化

应力结晶化过程
　　Y 应力晶化

应力解除
　　Y 应力松弛

应力解除法
stress relief method
O343.4
　　D 应力释放法
　　　 应力松弛法
　　S 应力法
　　C 残余塑性应变
　　　 应力测量
　　Z 力学方法

应力解析
　　Y 应力分析

应力晶化
stress-induced crystallization
O79
　　D 应力结晶过程
　　　 应力结晶化
　　　 应力结晶化过程
　　　 应力晶化过程
　　S 晶化*

应力晶化过程
　　Y 应力晶化

应力均匀
　　Y 应力集中

应力均匀性
stress uniformity
O343.4
　　S 力学性质*

应力开裂
stress cracking
O346.11；O346.12
　　D 应力裂纹
　　S 开裂
　　F 应力腐蚀开裂
　　Z 断裂

应力空间
stress space
O343.4
　　D 空间应力
　　S 空间*
　　F 主应力空间
　　C 应变空间

应力控制
stress control
O343
　　D 控制应力

主　表　813

　　S 控制*
　　C 低周疲劳
　　　 循环变形
　　　 循环蠕变
　　　 预加应力
应力理论
maximum normal stress theory
O343.4
　　S 力学理论*
　　F Mindlin 理论
　　　 滑移线理论
　　　 偶应力理论
　　　 双剪理论
　　C 微极连续统
应力历史
　　Y 应力分析
应力裂缝
　　Y 应力断裂
应力裂纹
　　Y 应力开裂
应力灵敏度
　　Y 应力敏感性
应力流
　　Y 流变应力
应力路径
stress path
O343.4
　　D 传力方式
　　　 传力路径
　　　 传力模式
　　　 传力途径
　　　 应力轨迹
　　　 应力过程
　　　 应力迹线
　　　 应力路线
　　　 应力线
　　S 路径*
　　F 温度-应力路径
　　　 主应力迹线
　　C 承载因子
　　　 破裂
应力路线
　　Y 应力路径
应力脉冲
stress pulse
O343.4
　　S 脉冲(力学)*
应力密度
　　Y 应力集中效应
应力敏感
　　Y 应力敏感性
应力敏感性
stress sensitivity
O343.4
　　D 应力灵敏度
　　　 应力敏感
　　S 力学性质*
　　C 真应力

应力模型
stress model
O343.4
　　D 受力模型
　　S 力学模型*
　　F 应力-强度模型
　　　 应力-寿命模型
应力偶
stress couple
O343.4
　　D 应力偶效应
　　S 力偶
　　Z 力
应力偶流体
couple stress fluids yield
O357
　　S 流体*
　　C 热效应
应力偶效应
　　Y 应力偶
应力疲劳
stress fatigue
O343.4；O346.22
　　D 疲劳应力
　　S 疲劳*
　　C 高周疲劳
　　　 疲劳辉纹
应力偏量
stress deviator
O343.4
　　S 力学量*
应力偏张量
deviatoric stress tensor
O343.4
　　S 应力张量
　　Z 张量
应力平衡
stress equilibrium
O312.2；O317
　　S 力平衡*
应力破坏
　　Y 应力断裂
应力破裂
　　Y 应力断裂
应力谱
　　Y 载荷谱
应力奇点
stress singularity
O153.4；O343.4
　　S 点(数学)*
　　C 特征参数 →(1)
应力奇异性
stress singularity
O343.4
　　S 力学性质*
　　C 界面端
应力奇异因子
stress singular factor

O343.4
　　S 力学因子*
　　C 刚性线夹杂
应力迁移
stress migration
O343.4
　　S 迁移
　　Z 运动
应力强度
stress intensity
O343.4
　　D 单位应力
　　　 强度应力
　　S 力学强度*
应力-强度模型
stress-strength model
O346
　　S 强度模型
　　　 应力模型
　　C 贝叶斯分析 →(1)
　　　 先验分布 →(1)
　　Z 力学模型
应力强度因子
stress intensity factor
O343.4；O346.1
　　D 应力集中因子
　　　 应力强度应子
　　S 强度因子
　　F 等效应力强度因子
　　　 动态应力强度因子
　　　 广义应力强度因子
　　　 临界应力强度因子
　　　 有效应力强度因子
　　C 断口
　　　 断裂准则
　　　 力学实验
　　　 权函数法 →(1)
　　　 应力分析
　　　 有限元重合网格法 →(1)
　　　 组合应力
　　Z 力学因子
应力强度应子
　　Y 应力强度因子
应力球张量
　　Y 应力张量
应力区
　　Y 应力场
应力曲线
stress curve
O343.4
　　S 应力-应变曲线*
　　F 应力弧垂曲线
　　C 时间-温度-应力等效原理
应力全息干涉术
　　Y 全息干涉术
应力软化
　　Y 应力松弛
应力三维度
stress triaxiality ratio

O343.4
　S 力学性质*
　C 剪切断裂

应力时效
　Y 应变时效

应力史
　Y 应力分析

应力矢量
stress vector
O343.4
　S 向量*

应力释放
　Y 应力松弛

应力释放法
　Y 应力解除法

应力-寿命模型
stress-life model
O343.4
　S 应力模型
　Z 力学模型

应力-寿命曲线
　Y S-N 曲线

应力衰减
　Y 应力松弛

应力双折射
stress birefringence
O343.4；O435.1
　D 机械双折射
　S 双折射
　C 光弹效应
　　光弹性
　　组织应力
　Z 折射

应力松弛
stress relaxation
O377
　D 反弹性应力松弛
　　放松应力
　　去应力
　　释放应力
　　松弛(应力)
　　松弛应力
　　松弛应力
　　消除(应力)
　　消除应力
　　消应力
　　应力弛豫
　　应力放散
　　应力解除
　　应力软化
　　应力释放
　　应力衰减
　　应力松驰
　　应力消除
　S 松弛*
　F 预应力松弛
　　轴向应力松弛
　C 残余应力
　　地震成因 →(5)
　　发震断层 →(5)

压缩回弹
应变率
应力积累
应力降 →(5)
粘弹性

应力松弛法
　Y 应力解除法

应力松驰
　Y 应力松弛

应力调整
stress adjustment
O343.4

应力图
stress diagram
O343.4
　S 图表*

应力图解法
　Y 应力计算

应力图形
　Y 应力场

应力位错
　Y 位错

应力位移
stress displacement
O343.4
　S 位移*

应力系数
　Y 应力集中系数

应力线
　Y 应力路径

应力消除
　Y 应力松弛

应力效应
stress effect
O343.4
　S 力学效应*
　F 应力集中效应
　　应力阻抗效应
　C 磁机械效应
　　力学实验
　　物质力学性质
　　应力测量
　　应力分析
　　应力-应变曲线

应力循环
stress cycle
O343.4
　D 应力周期
　S 循环*
　C 疲劳试验
　　疲劳寿命
　　平均应力

应力严重系数法
stress severity factor method
O343.4
　S 应力法
　C S-N 曲线

应力集中
　Z 力学方法

应力一应变全曲线
　Y 应力-应变全曲线

应力仪
　Y 应变计

应力应变关系
　Y 应力-应变曲线

应力-应变关系
　Y 应力-应变曲线

应力-应变关系曲线
　Y 应力-应变曲线

应力应变曲线
　Y 应力-应变曲线

应力-应变曲线*
stress-strain curve
O344.3
　D 负荷变形曲线
　　荷载-变形关系
　　荷载-变形关系曲线
　　荷载-变形关系
　　荷载-挠度曲线
　　应力应变关系
　　应力-应变关系
　　应力-应变关系曲线
　　应力应变曲线
　　应力一应变曲线
　　应力-应变全过程曲线
　　应力-应变-时间关系
　　应力应变特性
　　应力-应变特性
　　应力-应变特征
　　应力应变图
　　应力-应变图
　　应力-应变性质
　　硬化曲线
　　载荷-变形曲线
　F 动态应力应变关系
　　流变曲线
　　应变曲线
　　应力曲线
　　应力-应变全曲线
　　真应力-应变曲线
　　滞回曲线
　C 比例极限
　　变形速度
　　泊松比
　　弹性变形
　　弹性模量
　　峰值应变
　　抗拉强度
　　拉梅常数
　　弯曲模量
　　应力效应

应力一应变曲线
　Y 应力-应变曲线

应力应变全过程曲线
　Y 应力-应变全曲线

应力-应变全过程曲线
　Y 应力-应变曲线

应力应变全曲线
  Y 应力-应变全曲线

应力-应变全曲线
stress-strain whole curve
O344.3
  D 全程应力-应变曲线
    全应力应变曲线
    全应力—应变曲线
    应力—应变全曲线
    应力应变全过程曲线
    应力应变全曲线
  S 应力-应变曲线*
  C 微裂纹

应力-应变-时间关系
  Y 应力-应变曲线

应力应变特性
  Y 应力-应变曲线

应力-应变特性
  Y 应力-应变曲线

应力-应变特征
  Y 应力-应变曲线

应力应变图
  Y 应力-应变曲线

应力-应变图
  Y 应力-应变曲线

应力-应变性质
  Y 应力-应变曲线

应力诱导各向异性
stress-induced anisotropy
O343.8
  S 各向异性*

应力圆
circle of stress
O343.4
  D Mohr 圆
    摩尔圆
    莫尔图
    莫尔应力圆
    莫尔圆
  S 圆*
  C 莫尔强度理论
    应变分析
    震中定位 →(5)

应力约束
stress constraints
O343.4
  S 约束*
  C ICM 方法 →(1)
    结构拓扑优化

应力增长
stress growing
O343.4
  D 应力增加
  S 应力变化*
  C 蠕变

应力增加
  Y 应力增长

应力张量
stress tensor
O343.4
  D 应力球张量
    有效应力张量
  S 张量*
  F 应力偏张量
  C 微极理论
    应变能
    应变张量

应力值
stress amplitude
O343.4
  D 应力幅值
  S 数值*

应力指数
stress exponent
O343.4
  S 指数*
  F 奇性应力指数
    蠕变应力指数
  C 活化能 →(3)
    压入蠕变
    压缩蠕变

应力中心
center of stress
O343.4
  S 力心*

应力周期
  Y 应力循环

应力状态
stress state
O343.4
  D 受力条件
    受力状况
    受力状态
  S 状态*
  F 多轴应力状态
    平面应力状态
    失重
  C 超塑性变形
    极限分析
    三轴应力

应力状态分析
stressed state analysis
O348
  D 受力状态分析
  S 应力分析
  Z 力学分析

应力阻抗效应
stress impedance effect
O343；O44
  S 应力效应
  C 非晶态合金
  Z 力学效应

应用地球物理
  Y 地球物理勘探

应用地球物理学
  Y 地球物理勘探

应用光学
applied optics
O439
  S 光学*
  F 飞行光学
    工程光学
    光纤光学
    激光光学
    金属光学
    晶体光学
    空间光学
    摄影光学
    生物光学
    统计光学
    微光学
    医用光学

应用晶体学
applied crystallography
O799
  S 晶体学*

应用空气动力学
applied aerodynamics
O354
  S 空气动力学*

应用力学
applied mechanics
O39
  S 力学*
  F 风沙动力学
    工程力学

应用声学
applied acoustics
O429
  S 声学*
  F 电声学
    航空声学
    环境声学
    建筑声学
    生理声学
    生物声学
    水声学
    心理声学
    音乐声学
    语言声学

应用物理
  Y 应用物理学

应用物理学
applied physics
O59
  D 应用物理
  S 物理学*
  F 红外物理学
    激光物理学
    计算物理学
    经济物理
    军用物理学
    认知物理学
    生物物理学
    失效物理
    实验物理学
    无线电物理学
  C 应用冰川学 →(4)(5)
    映射*

mapping
O144
　　D 映射度
　　F 耦合映射
　　C 抽象凸空间 →(1)
　　　逆映射 →(1)
　　　商集 →(1)
　　　同伦方法 →(1)
　　　原象 →(1)

映射度
　　Y 映射

映象法
　　Y 镜象法

硬 X 射线
hard X-ray
O434.1
　　S X 射线
　　C 硬 X 射线调制望远镜 →(4)
　　Z 射线

硬边衍射光束
　　Y 衍射光束

硬超导体
　　Y 第二类超导体

硬磁
　　Y 硬磁性

硬磁材料
　　Y 永磁材料

硬磁畴
hard domain
O76
　　S 磁畴
　　Z 畴

硬磁泡
hard magnetic bubble
O482.5
　　D 硬泡
　　C 聚氨酯 →(3)

硬磁性
hard magnetism
O482.52
　　D 硬磁
　　　硬磁性能
　　S 磁性*

硬磁性能
　　Y 硬磁性

硬度
hardness
TB302.4
　　D 莫诺硬度
　　　双硬度
　　　压痕硬性
　　　硬挺度
　　S 力学性质*
　　F 布氏硬度
　　　动态硬度
　　　洛氏硬度
　　　莫氏硬度
　　　努氏硬度
　　　维氏硬度
　　　显微硬度
　　　压痕硬度
　　C 脆性
　　　结构强度
　　　磨损
　　　耐磨性
　　　硬度测量
　　　硬度试验
　　　硬化

硬度测量
hardness measurement
TB462；TB938.2
　　S 力学测量*
　　C 硬度

硬度试验
hardness testing
TB302.3
　　D 布里涅耳试验
　　　维克斯试验
　　S 力学性能试验
　　　性能试验
　　F 纳米硬度试验
　　C 硬度
　　Z 科学实验
　　　试验

硬化*
hardening
TB30
　　D 硬化作用
　　F 表面硬化
　　　材料硬化
　　　各向同性硬化
　　　固溶硬化
　　　混合硬化
　　　弥散硬化
　　　幂硬化
　　　喷射硬化
　　　疲劳硬化
　　　随动硬化
　　　损伤硬化
　　　线性硬化
　　　相变韧化
　　　循环硬化
　　　应变硬化
　　C 固化
　　　晶体微结构
　　　强化模量
　　　硬度

硬化模量
　　Y 强化模量

硬化模型
hardening model
O344.1
　　S 力学模型*

硬化曲线
　　Y 应力-应变曲线

硬化作用
　　Y 硬化

硬激励
hard excitation
O323
　　S 激励*

硬决策
　　Y 硬判决

硬判决
hard decision
TN91
　　D 硬决策
　　S 决策论*

硬泡
　　Y 硬磁泡

硬球流体
hard-sphere fluids
O35
　　S 流体*
　　C 统计力学

硬球模型
hard-sphere model
O57
　　S 球模型
　　Z 物理模型

硬弹性
hard elastic
O343
　　S 弹性
　　Z 力学性质

硬挺度
　　Y 硬度

硬质薄膜
hard films
TB43
　　D 硬质膜
　　S 薄膜*
　　F 超硬薄膜

硬质膜
　　Y 硬质薄膜

壅塞流
　　Y 阻塞流

壅塞流动
　　Y 阻塞流

永磁
　　Y 永磁性

永磁材料
permanent magnetic material
O482.54
　　D 硬磁材料
　　S 磁性材料*
　　F 稀土永磁材料
　　C 软磁材料

永磁体
permanent magnet
TM273
　　D 永磁铁
　　S 磁体*
　　C 磁性材料
　　　稀土永磁材料

永磁铁
　　Y 永磁体

永磁性
permanent magnetism
O482.52
　　D 永磁
　　　　永磁性能
　　S 磁性*

永磁性能
　　Y 永磁性

永动机
perpetual motion machine
O551

永久变形
　　Y 残余变形

永久低压
　　Y 低气压

永久定形
　　Y 残余变形

永久偶极矩
　　Y 永偶极矩

永久平衡
　　Y 放射性平衡

永久散射体
permanent scatter
O439
　　S 散射体
　　Z 光源

永久位移
permanent displacement
O311.1
　　S 位移*

永久性变形
　　Y 残余变形

永久性低压
　　Y 低气压

永久应变
　　Y 残余应变

永偶极矩
permanent dipole moments
O561.2
　　D 固有偶极矩
　　　　永久偶极矩
　　S 偶极矩
　　Z 多极矩

优化*
optimization
O224
　　D 最佳化
　　　　最佳化控制
　　　　最优
　　　　最优化
　　F 弹道最优化
　　　　动力优化
　　　　结构优化
　　C ABS算法 →(1)

极值理论 →(1)
三I算法 →(1)
数学方法
系统优化 →(1)
相关方法 →(1)
约束
资源优化利用 →(4)
最速下降法 →(1)

优值因子
O4
　　D 温差电材料的品质因数
　　　　温差电材料平均品质因数
　　S 因子*

油滴实验
　　Y 密立根油滴实验

油流
　　Y 油流动

油流动
oil flow
O357
　　D 油流
　　S 液体流动
　　Z 流动

油膜涡动
　　Y 油膜振荡

油膜振荡
oil whip
O323
　　D 油膜涡动
　　　　油膜振动
　　　　油膜震荡
　　S 振荡*
　　C 半频振动
　　　　突发性振动

油膜振动
　　Y 油膜振荡

油膜震荡
　　Y 油膜振荡

油气两相流
oil-gas two-phase flow
O359
　　D 气油二相流
　　　　气油两相流
　　S 气液两相流
　　Z 流体流

油气水多相流
oil-water-gas multiphase flow
O359
　　S 多相流
　　Z 流体流

油气水三相流
oil-gas-water three-phase flow
O359
　　D 油-气-水三相流
　　S 三相流
　　Z 流体流

油-气-水三相流
　　Y 油气水三相流

油水两相
　　Y 油水两相流

油水两相流
oil-water two-phase flow
O359
　　D 油水两相
　　　　油-水两相流
　　　　油水两相流动
　　　　油水相
　　S 两相流
　　C 流型
　　　　压力损失
　　Z 流体流

油-水两相流
　　Y 油水两相流

油水两相流动
　　Y 油水两相流

油水相
　　Y 油水两相流

油阻尼
oil damping
O328
　　S 阻尼*
　　C 后峰锯齿波

铀核裂变
　　Y 铀裂变

铀裂变
uranium fission
O571.43
　　D 铀核裂变
　　S 核裂变
　　C 裂变产物
　　　　铀 →(3)
　　Z 核反应

游标罗盘仪
　　Y 罗经

有附加压力
　　Y 附加压力

有公度-无公度转变
commensurate-incommensurate transformations
O792
　　D 无公度-有公度转变
　　S 晶体相变*

有功电流
active current
O441.1
　　S 电流*

有功功率
active power
O441.1
　　D 平均功率
　　S 电功率
　　Z 功率

有机薄膜电致发光
organic emitting diode
O436.4
　　S 薄膜电致发光

有机场致发光
 Y 有机电致发光

有机超导体
organic superconductors
TM26
 S 化合物超导体
 C 第二类超导体
  有机化合物 →(3)(5)
 Z 导体

有机磁体
organic magnet
O482.54
 S 磁体*
 F 有机铁磁体

有机单晶
organic single crystal
O74
 D 有机单晶材料
  有机单晶体
  有机单晶体材料
 S 化合物单晶
  有机晶体
 Z 晶体

有机单晶材料
 Y 有机单晶

有机单晶体
 Y 有机单晶

有机单晶体材料
 Y 有机单晶

有机电激发光
 Y 有机电致发光

有机电致发光
organic electroluminescence
O436.4
 D 有机场致发光
  有机电激发光
 S 电致发光
 F 白色有机电致发光
  柔性有机电致发光
 Z 发光

有机电致磷光
organic electrophosphorescence
O462.3
 S 电致磷光
 Z 发光

有机电子学
organic electronics
O441.1
 S 电子学*

有机反应*
organic reaction
O621.25
 D 有机合成反应
  有机化学反应
 F 氘化
  激发态质子转移
  链转移

Z 发光

  石墨化
  线性偏振光聚合
  液体缔合
 C 高分子化学反应 →(3)
  化学反应
  加成反应
  交换反应
  硫化 →(3)
  卤化 →(3)
  缩合 →(3)
  消除反应 →(3)
  硝化反应 →(3)
  异构化 →(3)

有机非线性光学晶体
organic nonlinear optical crystal
O734
 D 非线性光学有机晶体
 S 非线性光学晶体
  有机晶体
 F 硫脲硫酸锌晶体
 Z 光学晶体
  晶体

有机固体
organic solids
O48
 S 固体*

有机合成反应
 Y 有机反应

有机化学反应
 Y 有机反应

有机金属分子束外延生长
 Y 分子束外延生长法

有机晶体
organic crystals
O74
 S 晶体*
 F 蛋白质晶体
  有机单晶
  有机非线性光学晶体

有机晶体结构
 Y 有机物晶体结构

有机量子阱
organic quantum well
TN304
 S 量子阱
 Z 势阱

有机铁磁体
organic ferromagnet
TM271
 S 铁磁体
  有机磁体
 Z 磁体

有机物晶体结构
crystal structure of organic substance
O76
 D 有机晶体结构
 S 晶体微结构
 F 蛋白质晶体结构
 Z 晶体结构

有极分子
 Y 极性分子

有界射流
bounded jet
O358
 D 半限制射流
  受限射流
  限制射流
  约束射流
 S 射流*
 C 受限液体

有界噪声
bounded noise
O41
 S 随机噪声*

有势力
potential force
O31
 S 力*

有限 Hankel 变换
finite Hankel transformation
O302
 S 数学方法*
 C 贝塞尔函数 →(1)(4)

有限变形
finite deformation
O344.3
 D 有限变形理论
  有限形变
  有限形变理论
 S 变形*
 C 几何非线性 →(1)

有限变形理论
 Y 有限变形

有限步长迭代法
limited step iteration method
O302
 S 迭代法*

有限差分模型
finite difference model
TN2
 S 模型*
 C 二维热传导方程 →(1)

有限单元法
 F 强化有限单元法
 Z 力学方法

有限单元模型
 Y 有限元模型

有限分条法
 Y 有限条法

有限分条法分析
 Y 有限条法

有限核
finite nucleus
O57
 S 原子核*

有限可塑性

Y 塑性

有限空间电荷积累
limited space charge accumulation
O441.1
　　S 强场效应
　　C 空间电荷
　　Z 电场效应

有限扩散凝聚
diffusion limited aggregation
O469
　　S 凝聚*

有限粘滞弹性学
finite viscoelasticity
O343
　　S 有限弹性学
　　Z 固体力学

有限深势阱
finite deep potential trough model
O41
　　S 势阱*

有限时域差分
　　Y 有限时域差分法

有限时域差分法
finite difference time domain method
O441.5
　　D 时域有限差分
　　　 时域有限差分法
　　　 时域有限差分方法
　　　 时域有限差分计算
　　　 时域有限差分计算法
　　　 时域有限差分计算方法
　　　 有限时域差分
　　　 有限时域差分方法
　　　 有限时域差分计算
　　　 有限时域差分计算法
　　　 有限时域差分计算方法
　　S 物理法*
　　F 交替方向隐式时域有限差分法
　　　 三维时域有限差分法

有限时域差分方法
　　Y 有限时域差分法

有限时域差分计算
　　Y 有限时域差分法

有限时域差分计算法
　　Y 有限时域差分法

有限时域差分计算方法
　　Y 有限时域差分法

有限弹性
finite elasticity
O343
　　S 弹性
　　Z 力学性质

有限弹性学
finite elasticity
O343
　　S 弹性学
　　F 有限粘滞弹性学
　　Z 固体力学

有限条法
finite strip method
O241.82；O242.2；O302
　　D 有限分条法
　　　 有限分条法分析
　　　 有限条法分析
　　　 有限条分析
　　S 数值分析*
　　C 稳定性分析

有限条法分析
　　Y 有限条法

有限条分析
　　Y 有限条法

有限线碰撞阻止本领
　　Y 传能线密度

有限形变
　　Y 有限变形

有限形变理论
　　Y 有限变形

有限应变
finite strain
O344.3
　　S 应变*

有限应变测量
finite strain measurement
TH823.3
　　S 应变测量
　　Z 力学测量

有限应变分析
finite strain analysis
O344.3
　　S 应变分析
　　C 土力学 →(5)
　　Z 力学分析

有限元*
finite element
O241.82；O242
　　D 单元(有限元)
　　　 广义有限元
　　　 拟协调元
　　F ALE 有限元
　　　 p 型有限元
　　　 弹塑性有限元
　　　 混合有限元
　　　 间断 Galerkin 有限元
　　　 间断有限元
　　　 矢量有限元
　　　 随机有限元
　　　 特征有限元
　　　 稳定化有限元
　　　 显式动力有限元
　　　 杂交有限元
　　C 二维模型 →(1)
　　　 计算 →(1)
　　　 计算模拟 →(1)
　　　 数学拟合

有限元动力分析
finite element dynamic analysis
O313
　　D 动力有限元分析

　　S 动力学分析
　　C 有限元动力学模型
　　Z 力学分析

有限元动力学模型
finite element mechanical model
O313
　　S 动力学模型
　　C 有限元动力分析
　　Z 力学模型

有限元分析模型
　　Y 有限元模型

有限元计算模型
　　Y 有限元模型

有限元建模
　　Y 有限元模型

有限元离散
finite element discretization
O241.82；O343
　　S 离散*
　　C 时间项法 →(5)
　　　 收敛(数学) →(1)

有限元模拟
　　Y 有限元模型

有限元模型
finite element model
O141.4；O302；O411.3
　　D FEM 模型
　　　 有限单元模型
　　　 有限元分析模型
　　　 有限元计算模型
　　　 有限元建模
　　　 有限元模拟
　　S 数学模型*
　　C 边界拟合 →(1)
　　　 复合设计 →(1)
　　　 双纽线 →(1)
　　　 约束方程 →(1)

有限元强度分析
FEM strength analysis
O346
　　S 强度分析
　　F 有限元失稳-强度折减反分析
　　Z 力学分析

有限元强度折减法
strength reduction FEM
O346
　　D 强度折减有限元法
　　　 有限元强度折减系数法
　　S 强度折减法
　　C 极限平衡法 →(5)
　　　 稳定性分析
　　Z 力学方法

有限元强度折减系数法
　　Y 有限元强度折减法

有限元失稳-强度折减反分析
fem back-analysis from instability-strength degradation
O346
　　S 有限元强度分析

C 位移反分析 →(5)
Z 力学分析

有限振幅
finite amplitude
O32；P427.12
S 振幅*

有限转动
finite rotation
O313.3
S 旋转
Z 运动

有向图
digraph
O157.5；O411
D Euler 有向图
欧拉有向图
S 图表*
C 非负不可约矩阵 →(1)
符号模式矩阵 →(1)
立方 →(1)
图论模型 →(1)
图上作业法 →(1)
无向图 →(1)
有向网络 →(1)

有效变形
Y 等效应变

有效波
significant wave
O347.4
S 波*

有效波长
effective wavelength
TB9
D 等效波长
S 波长*

有效磁导率
effective permeability
O441.2
S 磁导率*

有效电导率
effective conductivity
O441.1
S 电导率
Z 物理参数

有效电荷
effective charge
O571.22
S 核电荷
Z 电荷

有效发射率
effective emissivity
O441
S 发射率
Z 物理参数

有效分凝系数
effective segregation coefficient
O78
S 分凝系数
Z 晶体学参数

有效负荷
Y 有效载荷

有效负载
Y 有效载荷

有效覆盖压力
Y 有效上覆压力

有效功
effective work
O31
S 功*

有效光通量
useful luminous flux
O432.2
D 利用光通量
S 光通量
Z 辐射参数
通量

有效哈密顿
Y 有效哈密顿量

有效哈密顿量
effective Hamiltonian
O413.1
D 有效哈密顿
有效哈密顿算符
S 哈密顿量
Z 算符

有效哈密顿算符
Y 有效哈密顿量

有效核电荷
effective nuclear charge
O571.2
S 核电荷
Z 电荷

有效荷载
Y 有效载荷

有效基线
effective baseline
TH74
S 基线*
C 真有效解 →(1)

有效截面
effective cross section
O571.21；O571.4
S 核反应截面
Z 核截面

有效介电常数
effective dielectric constant
O487
S 介电常数
F 界面有效介电常数
Z 物理常数

有效介质
effective medium
O47
S 介质*

有效扩散系数
effective diffusion coefficient
O362
S 扩散系数(流体力学)
Z 输运系数(流体力学)

有效模量
Y 动态模量

有效模态质量
Y 模态质量

有效摩擦力
effective skin friction
O313.5
S 摩擦力
Z 力

有效摩擦系数
effective friction coefficient
O313.5
S 摩擦系数
Z 系数

有效能见度
Y 能见度

有效能见距离
Y 能见度

有效扭矩
Y 扭矩

有效偏应力比
effective deviatoric stress ratio
O343
S 应力比
C 广义剪应变
中主应力系数
主应力方向
Z 比率

有效上覆压力
effective overburden pressure
O31
D 有效覆盖压力
S 有效压力
Z 压力

有效渗透率
effective permeability
O552.2；P61
D 相渗透率
S 渗透率
C 绝对渗透率
相对渗透率
Z 比率

有效声子谱
Y 声子谱

有效势
effective potential
O313.2
S 势*

有效弹性常数
effective elastic constants
O343
S 弹性常数
C 有效弹性厚度 →(5)
Z 力学常数

主表 821

有效温差
effective temperature difference
O551.2
D 有效温度差
S 温差*

有效温度差
Y 有效温差

有效相互作用
effective interaction
O572.24
S 相互作用*

有效压力
effective pressure
O31；O351
D 主动压力
资用压力
作用压力
S 压力*
F 有效上覆压力

有效应变
Y 等效应变

有效应力
Y 真应力

有效应力强度因子
effective stress intensity factor
O343.4；O346.1
S 应力强度因子
Z 力学因子

有效应力张量
Y 应力张量

有效原子序数
effective atomic number
O562
S 原子序数
Z 化学参数

有效载荷
payload
O347.1
D 实际负荷
实际载荷
有效负荷
有效负载
有效荷载
S 荷载*
C 导航卫星 →(4)
航天器 →(4)

有效折射率
effective refractive index
O435.1
S 折射率*

有效质量
effective mass
O48
S 质量*

有效重力
Y 重力效应

有效转矩
Y 扭矩

有心力
central force
O314
D 辏力
S 力*

有心力场
central field
O314
D 辏力场
中心力场
S 力场*
C 刚-柔耦合

有序参数
order parameter
O642.1；O75
S 化学参数*

有序畴
ordered domain
O76
S 晶畴
C 有序-无序相变
Z 畴

有序点缺陷
Y 点缺陷

有序多孔薄膜
Y 有序多孔膜

有序多孔膜
ordered porous films
O484
D 有序多孔薄膜
S 多孔薄膜*

有序分子膜
organized molecular films
O484；O647
S 单分子膜
Z 薄膜

有序化温度
ordering temperature
O551.2
S 温度*

有序化转变
Y 有序-无序相变

有序结构
ordered structure
TG14
S 结构*
C 液体基底

有序-无序相变
order-disorder transition
O792
D 无序有序相变
有序化转变
有序-无序相转变
有序无序转变
有序-无序转变
S 晶体相变*
F 非平衡相变
C 超晶格
有序畴

有序-无序相转变
Y 有序-无序相变

有序无序转变
Y 有序-无序相变

有序-无序转变
Y 有序-无序相变

有序相
ordered phase
O76
S 晶相*

有旋流
Y 涡流

有旋流动
Y 涡流

有压管道流
pressurized pipe-flow
O351
S 管流
C 流量比
Z 流体流

有压流
Y 管流

有用功
Y 输出功

有源减振
Y 主动减振

有质动力
ponderomotive force
O442；O53
D 有质动力效应
S 动力*
C 电动力学
库仑场

有质动力效应
Y 有质动力

有阻尼体系
Y 结构阻尼

有阻尼振动
Y 减振

酉矩阵
unitary matrix
O151.21；O413.1
D 广义酉矩阵
幺正矩阵
S 矩阵*
C 奇异值 →(1)
双正交小波基 →(1)
酉表示 →(1)
酉空间 →(1)

铕纳米晶
europium nanocrystals
O799
D Eu^{3+}纳米晶
S 金属纳米晶
Z 晶体
纳米材料

右矢
ket
O413.1
  S 狄拉克符号
  Z 符号

右手定则
right-hand rule
O441
  S 电磁感应定律
  F 右手螺旋定则
  Z 物理定律

右手流
right-handed currents
O57
  S 弱流*

右手螺旋定则
right-hand screw rule
O441
  D 安培定律
     安培定则
  S 右手定则
  Z 物理定律

右行剪切
right-lateral shear
O344.1
  S 剪切*

右旋晶体
right-handed crystal
O734
  S 旋光晶体
  Z 光学晶体

右旋圆极化
right-hand circular polarization
O441.4
  S 圆极化
  Z 极化

右旋圆偏振
  Y 圆偏振

右圆偏振
  Y 圆偏振

诱导磁矩
  Y 抗磁矩

诱导电流
  Y 感应电流

诱导共振
induced resonance
O321
  S 共振*

诱导光束聚焦
induced beam focusing
O435
  S 光束聚焦
  Z 聚焦

诱导偶极矩
  Y 感生偶极矩

诱导水动力
  Y 水能

诱导速度
induced velocity
O351.2
  S 流速*
  C 尾流

诱导形核
induced nucleation
O78
  S 晶体成核
  Z 晶体形成

诱导振动
inducing vibration
O32
  D 诱发振动
  S 振动*

诱导阻力
induced resistance
O354
  D 感应阻力
     举致阻力
     升致阻力
  S 气动阻力
  C 翼尖涡
  Z 阻力

诱发裂变
induced fission
O571.43
  D 感生裂变
  S 核裂变
  Z 核反应

诱发振动
  Y 诱导振动

迂曲度
tortuosity
O344.1；O357.3
  D 扭曲度
     水力学迂曲度
     弯曲度
     弯曲率
  S 液体力学性质
  C 流动方程
  Z 力学性质

余摆线波
trochoidal wave
O353；P733
  D 余波
  S 波*
  F 椭圆余摆线波

余本构关系
  Y 本构方程

余波
  Y 余摆线波

余功
complementary work
O31
  S 功*

余辉
afterglow
O432.1；P182.2
  D 余辉发光
  S 发光*
  F 长余辉
     流动余辉
  C 磷光
     余辉亮度
     余辉时间

余辉发光
  Y 余辉

余辉亮度
afterglow brightness
O432.2
  S 亮度*
  C 余辉
     余辉时间

余辉时间
afterglow time
O432.1
  S 事件时间*
  C 余辉
     余辉亮度

余能法
  Y 能量法

余能原理
complementary energy principle
O342
  S 力学原理*
  C 基面力
     能量法

余维二分岔
codimension-two bifurcation
O32
  S 分岔*

余弦高斯光束
cosine-Gaussian beams
O432.12
  D 余弦-高斯光束
  S 高斯光束
  F 双曲余弦-高斯光束
  Z 光束

余弦-高斯光束
  Y 余弦高斯光束

余弦光栅
cosine grating
O437.4；P111.3
  S 光栅*

鱼雷弹道
torpedo trajectory
O315
  S 弹道*
  C 水下弹道学

鱼眼透镜
fish-eye lens
TH74
  S 透镜
  C 鱼眼物镜
  Z 光学元件

鱼眼物镜

fish eye objectives
　TB851；TH744
　　S 物镜
　　C 鱼眼透镜
　　Z 光学元件

逾渗
　　Y 渗流

逾渗模型
　　Y 渗流模型

逾渗阈
　　Y 逾渗阈值

逾渗阈值
percolation threshold
　TB303
　　D 渗滤阈值
　　　 逾渗阈
　　S 阈值*

宇称
parity
　O572.21
　　S 量子数*
　　F G 宇称
　　　 电荷共轭宇称
　　C 量子论
　　　 宇称守恒

宇称不变性
　　Y 宇称守恒

宇称不变性定理
　　Y 宇称守恒

宇称不变性定律
　　Y 宇称守恒

宇称不变性原理
　　Y 宇称守恒

宇称不守恒
　　Y 宇称不守恒定律

宇称不守恒定律
parity nonconservation
　O41
　　D 宇称不守恒
　　S 宇称守恒
　　C 弱相互作用
　　Z 物理定律

宇称守恒
parity conservation
　O412.3
　　D P 不变性
　　　 P-不变性
　　　 P 不变性定理
　　　 P 不变性定律
　　　 P 不变性原理
　　　 宇称不变性
　　　 宇称不变性定理
　　　 宇称不变性定律
　　　 宇称不变性原理
　　　 宇称守恒定理
　　　 宇称守恒定律
　　S 守恒定律
　　F 宇称不守恒定律

　　C 宇称
　　Z 物理定律

宇称守恒定理
　　Y 宇称守恒

宇称守恒定律
　　Y 宇称守恒

宇宙 X 射线
cosmic X-rays
　O434.1；P141
　　D 天文 X 射线源
　　　 宇宙 X 射线源
　　　 宇宙线 X 射线
　　S X 射线
　　C X 射线天文学 →(4)
　　　 超新星遗迹 →(4)
　　　 猎犬座 →(4)
　　Z 射线

宇宙 X 射线源
　　Y 宇宙 X 射线

宇宙 γ 射线源
　　Y γ 射线源

宇宙气体动力学
　　Y 气体动力学

宇宙射电噪声
　　Y 宇宙噪声

宇宙射线
　　Y 宇宙线

宇宙视界
universal horizon
　O41；P14；P159
　　S 视界
　　C 视界表面引力 →(4)
　　Z 边界

宇宙线
cosmic rays
　O572.1；P162
　　D 宇宙射线
　　S 亚原子粒子
　　F 初级宇宙线
　　　 次级宇宙线
　　　 太阳宇宙线
　　　 银河宇宙线
　　C 簇射
　　　 大气衰减 →(4)
　　　 粒子轨迹
　　　 宇宙丰度 →(4)
　　　 宇宙辐射 →(4)
　　　 宇宙线变化
　　　 宇宙中微子
　　Z 粒子

宇宙线 X 射线
　　Y 宇宙 X 射线

宇宙线 μ 子
cosmic ray muons
　O572.32
　　S μ 轻子
　　Z 粒子

宇宙线变化*

cosmic ray variations
　P162；P172；P35
　　F 福布什下降
　　C 宇宙线

宇宙线能谱
cosmic ray energy spectra
　O582
　　S 能谱*

宇宙线中微子
　　Y 宇宙中微子

宇宙噪声
cosmic noise
　O422.8；P159
　　D 天空背景噪声
　　　 银河噪声
　　　 宇宙射电噪声
　　　 宇宙噪声突然吸收
　　S 自然噪声
　　Z 噪声

宇宙噪声突然吸收
　　Y 宇宙噪声

宇宙中微子
cosmic neutrinos
　O572.1；O572.321；P141
　　D 宇宙线中微子
　　S 中微子
　　C 宇宙线
　　Z 粒子

羽流
plume
　O351；P731.21
　　D 缕流
　　　 喷气火舌
　　　 羽状流
　　S 流体流*
　　F 浮力羽流

羽流场
plumes field
　O354
　　D 羽流流场
　　S 流场*

羽流流场
　　Y 羽流场

羽烟
plume
　O354.7；P433
　　D 浮烟
　　　 烟缕
　　　 烟气
　　　 烟条
　　S 烟*
　　C 烟流 →(4)
　　　 烟羽抬升

羽状流
　　Y 羽流

语言声学
speech acoustics
　O42
　　S 应用声学

Z 声学

语音频谱
speech spectrum
O456
    S 频谱*

预变形
    Y 反变形

预测*
prediction
ZT0
    D 预测法
       预测方法
       预测技术
    F 寿命预测
       压力预测
    C 预报 →(1)(4)(5)
       预测模型 →(1)

预测法
    Y 预测

预测方法
    Y 预测

预测技术
    Y 预测

预处理共轭梯度法
pre-conditioned conjugate-gradient approach
O175.2；O241；O312
    S 数学方法*
    C 并行算法 →(1)
       线性方程 →(1)

预电离
preionization
O572
    S 电离*

预防静电
    Y 防静电

预辐射
pre-irradiation
O571；P162
    S 辐射*

预估
    Y 估计(数学)

预估式
    Y 估计(数学)

预加荷载
    Y 预加应力

预加应力
prestressing
O343.4
    D 部分预应力
       加预应力
       预加荷载
       预加载
       预加载荷
       预应力
       预载
       预载荷
    S 应力*

    C 裂缝宽度
       应力控制
       预应力松弛

预加载
    Y 预加应力

预加载荷
    Y 预加应力

预解方程
resolvent operator
O175.3；O177；O21；O24；O41
    D 预解式
       预解算子
       预解算子技巧
       豫解式
       豫解算子
    S 方程(数学)*
    C 变分不等式 →(1)
       存在性 →(1)
       存在性定理 →(1)
       收敛定理 →(1)

预解式
    Y 预解方程

预解算子
    Y 预解方程

预解算子技巧
    Y 预解方程

预聚体*
prepolymer
O63
    D 预聚物
    F 液晶二聚体
    C 预聚合 →(3)

预聚物
    Y 预聚体

预冷器
precooler
TQ051.5；TU831
    S 冷却器*

预离解
predissociation
O561.4；O643.1；O658.9
    D 超前离解
    S 分子离解
    C 范德华力
       分解热 →(3)
       分子转动
    Z 化学反应

预裂纹
    Y 预制裂纹

预倾角
tilt angle
O753.2
    S 液晶性能*
    C 旋转晶体法

预屈曲
prebuckling
O344.7
    S 屈曲*

预修正快速傅里叶变换方法
pre-corrected fast fourier transform method
O438.2
    S 光学方法*

预旋
    Y 旋转

预应力
    Y 预加应力

预应力模态分析
prestressed mode analysis
O343.4
    S 应力分析
    Z 力学分析

预应力松弛
prestress relaxation
O343
    D 预应力损失
       张拉损失
    S 应力松弛
    C 预加应力
    Z 松弛

预应力损失
    Y 预应力松弛

预载
    Y 预加应力

预载荷
    Y 预加应力

预制裂纹
precrack
O346.1
    D 预裂纹
    S 裂纹*

域*
domain
ZT72
    F 定域

域外奇点法
outside singular point method
O342
    S 力学方法*

阈
    Y 阈值

阈能
threshold energy
O571.4
    D 核反应阈能
    S 核能
    Z 能量

阈频率
    Y 临界频率

阈上级
sensation level
TB95
    S 声压级
    Z 声学参数

阈压力

Y 门限压力
阈值*
threshold value
ZT3
　　D 临界值
　　　 门限值
　　　 阈
　　　 阈值数据
　　　 阈值条件
　　F 光损伤阈值
　　　 裂纹扩展门槛值
　　　 流动阈值
　　　 色差阈值
　　　 逾渗阈值
　　　 振荡阈值
　　C Pareto 分布 →(1)
　　　 单位根 →(1)
　　　 多分辨率小波分析 →(1)
　　　 无病周期解 →(1)

阈值电场
threshold electric fields
O441.1
　　S 电场*

阈值数据
　　Y 阈值

阈值条件
　　Y 阈值

阈值压力
　　Y 门限压力

阈值压力梯度
　　Y 启动压力梯度

豫解式
　　Y 预解方程

豫解算子
　　Y 预解方程

元*
element
O241
　　D 格子
　　F 边界元
　　　 粗糙元
　　　 杆元
　　　 壳元
　　　 梁元
　　　 三角形元
　　　 杂交元
　　C 元素测定 →(3)

元胞单元法
cellular element method
O302
　　S 力学方法*

元电荷
elementary charge
O441.1
　　D 基本电荷
　　　 基元电荷
　　S 核电荷
　　Z 电荷

元激发
　　Y 准粒子

元激发谱
elementary excitation spectrum
O433.5
　　S 激发光谱
　　Z 光谱

元粒子
　　Y 基本粒子

元素法
　　Y 微元法

元素晶体结构
crystal structure of element
O76
　　S 晶体原子结构
　　Z 晶体结构

园极化
　　Y 圆极化

原胞
primitive cell
O712
　　D 初基原胞
　　　 晶体学原胞
　　S 晶胞*
　　F 超原胞

原初宇宙线
　　Y 初级宇宙线

原地波速
　　Y 波速

原点反共振
driving point antiresonance
O321
　　S 反共振
　　Z 共振

原级粒子
　　Y 初级粒子

原理*
principle
ZT0
　　F 测量原理
　　　 马赫原理
　　　 最大流原理
　　　 最小耗能原理

原色
primary color
J063
　　D 三基色
　　S 色彩*
　　F 三原色

原生磁化
　　Y 磁化

原时
　　Y 固有时

原位测量
in-situ measurement
TB462.1
　　S 测量*

原位红外光谱
in-situ infrared spectroscopy
O433.5
　　S 红外光谱*
　　F 原位漫反射红外光谱

原位结晶法
　　Y 原位晶化

原位结晶过程
　　Y 原位晶化

原位结晶化
　　Y 原位晶化

原位结晶化过程
　　Y 原位晶化

原位晶化
in-situ crystallization
O795
　　D 原位结晶法
　　　 原位结晶过程
　　　 原位结晶化
　　　 原位结晶化过程
　　　 原位晶化法
　　　 原位晶化过程
　　S 晶化*

原位晶化法
　　Y 原位晶化

原位晶化过程
　　Y 原位晶化

原位漫反射红外光谱
in-situ diffuse reflectance ftir
O433.5
　　S 原位红外光谱
　　Z 红外光谱

原位形核
in-situ nucleation
O78
　　S 晶体成核
　　Z 晶体形成

原子*
atom
O562
　　D 原子系统
　　F 单原子
　　　 等电子原子
　　　 多电子原子
　　　 二能级原子
　　　 激发态原子
　　　 介子原子
　　　 纠缠原子
　　　 空心原子
　　　 冷原子
　　　 里德伯原子
　　　 三能级原子
　　　 束缚原子
　　　 双原子
　　　 四能级原子
　　　 稀有气体原子
　　　 运动原子
　　　 中心原子

中性原子
　C 电子
　　　分子
　　　离子
　　　原子参数
　　　原子核
　　　原子结构
　　　原子理论
　　　原子束
　　　原子物理学
　　　原子性质
　　　原子质量

原子半径
atomic radius
O562.1
　S 原子参数*
　F 玻尔半径
　　　电荷半径
　　　范德华半径
　　　共价半径
　　　核半径
　　　离子半径

原子布居
　Y 布居

原子布居数
　Y 布居数

原子参数*
atomic parameter
O562
　F 布居数
　　　核间距
　　　核密度
　　　核子数
　　　激发态寿命
　　　能级宽度
　　　能级寿命
　　　原子半径
　　　原子化效率
　　　原子极化度
　　　原子坐标
　　　中子寿命
　C 原子
　　　原子物理学

原子层外延
atomic layer epitaxy
O484.1
　S 薄膜外延
　Z 外延

原子尺度
atomic scale
O571
　S 时空尺度*
　C 纳米尺度 →(3)

原子磁矩
atomic magnetic moment
O562.2
　S 磁矩*
　F 反常磁矩
　　　轨道磁矩
　　　核磁矩
　　　自旋磁矩

原子电荷
atomic charge
O441.1；O56
　S 电荷*
　F 原子净电荷

原子电离
atomic ionization
O56
　S 电离*
　F 原子电子碰撞电离
　　　自电离

原子电子结构
　Y 原子结构

原子电子碰撞电离
atomic electron impact ionisation
O56
　S 电子碰撞电离
　　　原子电离
　C 电子-原子碰撞
　Z 电离

原子动力
　Y 核能

原子发射光谱
atomic emission spectroscopy
O433.5
　D 原子发射光谱学
　　　原子荧光光谱学
　S 发射谱
　　　原子光谱
　C 电感耦合等离子体
　　　原子发射光谱分析
　Z 光谱

原子发射光谱法
　Y 原子发射光谱分析

原子发射光谱分析
atomic emission spectral analysis
O433.4；O657.31
　D 原子发射光谱法
　S 发射光谱分析
　　　原子光谱分析
　F 等离子体原子发射光谱法
　　　火花源原子发射光谱法
　C 原子发射光谱
　Z 光谱分析

原子发射光谱学
　Y 原子发射光谱

原子反转
atomic inversion
O562.2
　S 原子性质*

原子分数坐标
　Y 原子坐标

原子分子反应静力学
atomic and molecular reaction statics
O312
　S 分子静力学
　Z 分子力学

原子-分子碰撞
atom-molecule collisions
O561.5；O562.5
　D 分子-原子碰撞
　S 分子非弹性碰撞
　　　原子碰撞
　C 原子分子物理学
　Z 碰撞

原子分子囚禁
atomic molecular trap
O562.2
　S 原子囚禁
　C 原子分子物理学
　Z 原子性质

原子分子物理
　Y 原子分子物理学

原子分子物理学
atomic and molecular physics
O56
　D 原子分子物理
　S 分子物理学
　　　原子物理学
　C 团簇
　　　原子-分子碰撞
　　　原子分子囚禁
　Z 物理学

原子干涉仪
atom interferometer
O571；P111.4
　S 干涉仪*

原子共振态
　Y Feshbach 共振

原子光谱
atomic spectrum
O562.3
　D 原子光谱项
　　　原子谱
　S 光谱*
　F 氢原子光谱
　　　原子发射光谱
　　　原子荧光光谱
　C 原子结构
　　　原子束
　　　原子物理学
　　　原子钟 →(4)
　　　自旋-轨道相互作用

原子光谱法
　Y 原子光谱分析

原子光谱分析
atomic spectral analysis
O433.4；O657.31
　D 原子光谱法
　S 光谱分析*
　F 分析线
　　　原子发射光谱分析
　　　原子吸收光谱法

原子光谱项
　Y 原子光谱

原子光谱学
atomic spectroscopy
O433

S 光谱学*

原子光学
atomic optics
O571
 S 物理光学
 C 空心光束
   原子物理学
 Z 光学

原子光学晶格
 Y 光学晶格

原子光致电离
 Y 光电离

原子轨道
atomic orbital
O562
 D 轨态
 S 函数*
 C 轨道能
   空间取向 →(3)
   能带
   杂化轨道 →(3)

原子轨道能
 Y 轨道能

原子核*
nucleus
O571.21
 D 核芯
 F 靶核
   反冲核
   丰中子核
   过渡核
   镜像核
   偶偶核
   奇A核
   奇奇核
   轻核
   稳定核
   形变核
   有限核
   重核
 C 核半径
   核变形
   核反应
   核力
   核模型
   核温度
   核质量
   原子
   原子核结构
   原子核理论
   原子核物理学

原子核结构
nuclear structure
O571.21
 D 核结构
 S 原子结构*
 F 原子实
 C 原子核

原子核结合能
 Y 核结合能

原子核聚变
 Y 核聚变

原子核理论
nuclear theory
O571
 D 核理论
 S 原子理论
 F Glauber 理论
   复合核理论
   伽莫夫-特勒理论
 C 核性质
   原子核
   原子核物理学
 Z 物理理论

原子核壳模型
 Y 核壳层模型

原子核三轴形变
three axis deformation
O571
 D 三轴形变
 S 核变形
 F 三轴超形变
 Z 变形

原子核物理
 Y 原子核物理学

原子核物理学
nuclear physics
O571
 D 核物理
   核物理学
   原子核物理
 S 原子物理学
 F 反应堆物理学
   高能核物理学
   核谱学
   中子物理学
 C 核电子学
   核物理实验
   原子核
   原子核理论
 Z 物理学

原子化能
atomization energies
O562.2
 D 原子化热
 S 原子能量
 Z 能量

原子化热
 Y 原子化能

原子化效率
atomization efficiency
O562.2
 S 原子参数*

原子基态
atomic ground state
O571
 S 原子态
 Z 能态

原子极化度
atomic polarization
O562
 D 原子极化率
 S 原子参数*

原子极化率
 Y 原子极化度

原子间势
 Y 原子间相互作用势

原子间相互作用势
interatomic potentials
O562.4
 D 原子间势
   原子间作用势
   原子相互作用势
 S 相互作用势*
 F Buckingham 势
   Lennard-Jones 势
   Morse 势
   对势
   嵌入原子势

原子间作用势
 Y 原子间相互作用势

原子结构*
atomic structure
O562.1
 D 原子电子结构
 F 电子构型
   能级结构
   原子核结构
 C 等电子体
   分子结构 →(3)
   原子
   原子光谱

原子晶体
covalent crystal
O74
 D 共价晶体
 S 晶体*
 F 多原子晶体

原子净电荷
atomic net charge
O441.1
 S 净电荷
   原子电荷
 Z 电荷

原子纠缠态
atomic entangled state
O571
 S 纠缠态
   原子态
 F 三原子W态
 Z 能态

原子聚变
 Y 核聚变

原子扩散
atomic diffusion
O562.5
 S 粒子扩散
 F 中子扩散
 Z 扩散

原子理论
atomic theory
O562
　　D 原子论
　　S 物理理论*
　　F ECPSSR 理论
　　　　玻尔理论
　　　　第一性原理
　　　　能级理论
　　　　原子核理论
　　C 原子
　　　　原子模型

原子链*
atomic chain
O562；O73
　　F 单原子链
　　　　双原子链

原子量
　　Y 相对原子质量

原子滤光器
atomic optical filter
TB851.7；TH74
　　S 滤光器
　　Z 光学元件

原子论
　　Y 原子理论

原子模型
atomic model
O562
　　S 物理模型*
　　F 平均原子模型
　　　　嵌入原子模型
　　　　托马斯–费米模型
　　　　行星式原子模型
　　　　振子模型
　　　　转子模型
　　C 原子理论

原子内转换
　　Y 俄歇效应

原子能
　　Y 核能

原子能发电
　　Y 核电

原子能级
atomic energy levels
O562.1
　　D 原子能态
　　S 能级*

原子能级跃迁
　　Y 原子跃迁

原子能量
atomic energy
O571
　　S 粒子能量
　　F 轨道能
　　　　基态能量
　　　　束缚能
　　　　原子化能
　　Z 能量

原子能态
　　Y 原子能级

原子偶极矩
atomic dipole moments
O562.2
　　S 偶极矩
　　Z 多极矩

原子偶极压缩
atomic dipole squeezing
O562.2
　　S 原子压缩
　　Z 原子性质

原子排列
atomic arrangement
O562.1

原子碰撞
atomic collision
O562.5
　　S 粒子碰撞
　　F 电子–原子碰撞
　　　　原子–分子碰撞
　　Z 碰撞

原子谱
　　Y 原子光谱

原子谱线
atomic spectral line
O433.3；O571
　　D 原子线
　　S 谱线*

原子气体
atomic gas
O52
　　S 气体*

原子迁移
atomic migration
O562.2
　　S 原子性质*

原子囚禁
atomic trapping
O562.2
　　S 原子性质*
　　F 相干布居囚禁
　　　　原子分子囚禁

原子散射
atomic scattering
O562
　　S 粒子散射*

原子散射因子
atomic scattering factor
O721
　　S 因子*
　　C 晶格动力学

原子嬗变
atomic transmutation
O57；O615
　　S 核嬗变*

原子实
atomic kernel
O562.1
　　S 原子核结构
　　Z 原子结构

原子束
atomic beam
O56
　　S 粒子束*
　　F 离子束
　　　　中子束
　　C 等离子体相互作用
　　　　电共振
　　　　原子
　　　　原子光谱

原子束电共振
　　Y 电共振

原子态
atomic state
O571
　　S 能态*
　　F 激发态
　　　　原子基态
　　　　原子纠缠态
　　　　缀饰态

原子团
　　Y 原子团簇

原子团簇
atomic clusters
O562
　　D 原子团
　　S 团簇*
　　C 缔合 →(3)

原子物理
　　Y 原子物理学

原子物理学
atomic physics
O562
　　D 原子物理
　　S 物理学*
　　F 原子分子物理学
　　　　原子核物理学
　　C 原子
　　　　原子参数
　　　　原子光谱
　　　　原子光学

原子吸收法
　　Y 原子吸收光谱法

原子吸收分光光度
atomic absorption spectrophotometry
O432.2；O652
　　S 光度
　　Z 光学参数

原子吸收光度法
　　Y 原子吸收光谱法

原子吸收光谱
　　Y 原子吸收光谱法

原子吸收光谱法
atomic absorption spectroscopy
O433.4；O657.31

D 原子吸收法
　原子吸收光度法
　原子吸收光谱
　原子吸收光谱分析
S 吸收光谱分析
　原子光谱分析
F 电热原子吸收光谱法
　火焰原子吸收光谱法
　间接原子吸收法
　冷原子吸收光谱法
　氢化物发生-原子吸收光谱法
　石墨炉原子吸收光谱法
C 背景吸收 →(3)
　原子吸收测定 →(3)
　原子吸收分光光度法 →(3)
　原子吸收光谱仪 →(4)
Z 光谱分析

原子吸收光谱分析
Y 原子吸收光谱法

原子系统
Y 原子

原子线
Y 原子谱线

原子相干
Y 原子相干性

原子相干性
atomic coherence
O571
D 原子相干
S 相干性*

原子相互作用
atomic interaction
O571
S 粒子相互作用*

原子相互作用势
Y 原子间相互作用势

原子性质*
atomic properties
O562.2
F 原子反转
　原子迁移
　原子囚禁
　原子压缩
　原子运动
　原子质量
C 原子

原子序
Y 原子序数

原子序数
atomic number
O562
D 原子序
S 化学参数*
F 有效原子序数
C 质数

原子压缩
atom squeezing
O562.2
S 原子性质*

F 原子偶极压缩

原子荧光
atomic fluorescence
O562.3
S 荧光*
F 共振荧光
　冷原子荧光
　氢化物原子荧光
　双道原子荧光

原子荧光法
Y 原子荧光光谱分析

原子荧光光谱
atomic fluorescence spectra
O433.5
S 荧光光谱
　原子光谱
Z 光谱

原子荧光光谱法
Y 原子荧光光谱分析

原子荧光光谱分析
atomic fluorescence spectrometry
O433.4；O657.31
D 原子荧光法
　原子荧光光谱法
S 光化学分析法*
F 冷原子荧光光谱法
　氢化物发生-原子荧光光谱法
　双道原子荧光光谱法
　微波消解-原子荧光光谱法
C 氢化物发生 →(3)
　原子吸收测定 →(3)

原子荧光光谱学
Y 原子发射光谱

原子跃迁
atomic transition
O562
D 原子能级跃迁
S 跃迁*
F 电子跃迁
　禁戒跃迁

原子运动
atomic motion
O562.2
S 原子性质*

原子蒸气激光同位素分离
Y 激光同位素分离

原子质量
atomic mass
O562
S 原子性质*
F 绝对原子质量
　相对原子质量
C 核质量
　原子
　质量过剩

原子转移
atom transformation
O572.2；O631.5
S 粒子运动

Z 运动(物理)

原子自发辐射
Y 自发辐射

原子坐标
atomic coordinate
O76
D 原子分数坐标
S 原子参数*

圆*
circle
O123.3；O156；O186
D 圆问题
　圆周
F 应力圆

圆板振动
vibration of circular plate
O32
S 板振动
Z 振动

圆电流
Y 分子电流

圆度测量
roundness measurement
TB92；TH711
S 几何量测量*

圆管流
flow in pipe
O351
S 管流
C 压力损失
Z 流体流

圆管流动
Y 管流

圆光栅
circular gratings
O437.4；P111.3
D 径向光栅
S 计量光栅
Z 光栅

圆弧裂纹
circular-arc cracks
O346.1
S 裂纹*

圆环电流
Y 环电流

圆极化
circular polarization
O441.4
D 园极化
S 椭圆极化
F 双圆极化
　右旋圆极化
Z 极化

圆极化波
circular polarized wave
O441.4
S 极化波
Z 电磁波

圆孔射流
circular hole jet
O358
    S 射流*

圆孔衍射
circular hole diffraction
O436.1
    S 光衍射
    Z 衍射

圆盘裂纹
    Y 环形裂纹

圆偏振
circular polarization
O441.4
    D 径向偏振
        右旋圆偏振
        右圆偏振
        左旋圆偏振
        左圆偏振
    S 光偏振
    F 椭圆偏振
    Z 偏振

圆偏振光
circularly polarized light
O436.3
    S 偏振光
    F 椭圆偏振光
    Z 光

圆频率
angular frequency
O32
    D 角频率
    S 振动频率
    Z 频率

圆球
    Y 球体

圆球绕流
flow past a sphere
O351.3
    S 绕流
    Z 流体流

圆射流
    Y 平面射流

圆双折射
circular birefringence
O435.1
    S 双折射
    Z 折射

圆筒试验
cylinder test
O38
    S 试验*

圆湍射流
turbulent round jet
O358
    S 湍流射流
    Z 射流

圆问题

    Y 圆

圆形射流
    Y 平面射流

圆周
    Y 圆

圆周回旋
    Y 旋转

圆周运动
circular motion
O311.1
    S 曲线运动
    C 圆周速度 →(4)
    Z 运动

圆柱导体
cylindrical conductor
O441.1
    S 导体*

圆柱绕流
flow around cylinder
O351.3
    D 柱体绕流
    S 绕流
    Z 流体流

圆柱尾迹
cylinder wake
V211
    S 尾流
    Z 流体流

圆状射流
    Y 平面射流

圆锥摆
conical pendulum
O314
    S 摆*

圆锥透镜
conical lens
TH74
    S 透镜
    Z 光学元件

圆锥形聚光腔
    Y 聚光腔

源点
source point
O441.1
    S 位置*

远场
far field
O441.4
    S 电磁场*
    C 远场特性

远场辐射
far-field radiation
O441.4
    S 电磁辐射
    C 远场特性
    Z 辐射

远场流
far-field flow
O351
    S 流体流*

远场特性
far-field properties
O441.4
    S 电磁散射特性
    C 远场
        远场辐射
        远场条件
    Z 物理特性

远场条件
far-field condition
O43
    S 物理条件
    C 远场特性
    Z 条件

远场衍射
    Y 夫琅和费衍射

远程导航系统
    Y 罗兰导航仪

远程双曲线导航系统
    Y 罗兰导航仪

远程氩等离子体
remote argon plasma
O531
    D 远程氩气等离子体
    S 氩等离子体
    Z 等离子体

远程氩气等离子体
    Y 远程氩等离子体

远红外
    Y 远红外线

远红外辐射
far-infrared radiation
O434.3；P422
    S 辐射*
    C 远红外线

远红外光
    Y 远红外线

远红外光谱
far-infrared spectrum
O433.5；O434.3
    S 红外光谱*
    C 远红外线

远红外光束
    Y 远红外线

远红外线
far infrared
O434.3
    D 长波红外
        长波红外光
        长波红外光束
        长波红外线
        远红外
        远红外光
        远红外光束

S 红外线
　　C 远红外辐射
　　　 远红外光谱
　　Z 电磁波

远碰撞
distant collision
O313.4
　　S 力学碰撞*

远尾流
　　Y 尾流

远心光路
telecentric optical path
O435
　　S 光路*

远主焦点
　　Y 焦点

远紫外
　　Y 远紫外线

远紫外光谱
far-ultraviolet spectra
O433.5；O434.2
　　S 紫外光谱
　　Z 光谱

远紫外线
far-ultraviolet
O434.2
　　D 远紫外
　　S 紫外线
　　Z 电磁波

约翰孙噪声
　　Y 热噪声

约翰逊噪声
　　Y 热噪声

约化矩阵元
reduced matrix element
O411
　　S 矩阵元*

约化密度矩阵
reduced density matrix
O411
　　S 密度矩阵
　　Z 矩阵

约化密度算符
reduced density operator
O413
　　S 密度算符
　　Z 算符

约化质量
　　Y 等效质量

约化重力实验
　　Y 零重力实验

约瑟夫森结
Josephson junction
O511.4
　　D Josephson 结
　　　 约瑟夫森隧道结

　　　 约瑟夫逊结
　　S 超导隧道结
　　F 介观约瑟夫森结
　　　 约瑟夫森结阵列
　　C 约瑟夫森效应
　　Z 超导结

约瑟夫森结阵列
Josephson junction array
O511.4
　　S 约瑟夫森结
　　C 高温超导
　　Z 超导结

约瑟夫森器件
Josephson device
O413
　　S 量子系统*
　　C 宏观量子现象

约瑟夫森隧道结
　　Y 约瑟夫森结

约瑟夫森隧道效应
　　Y 约瑟夫森效应

约瑟夫森效应
Josephson effect
O511.2
　　D Josephson 效应
　　　 超导隧道效应
　　　 交流约瑟夫森效应
　　　 弱超导性
　　　 约瑟夫森隧道效应
　　　 约瑟夫逊效应
　　　 直流约瑟夫森效应
　　S 隧道效应
　　F Giaever 隧道效应
　　C 超导体
　　　 库珀对
　　　 约瑟夫森结
　　Z 量子效应

约瑟夫逊结
　　Y 约瑟夫森结

约瑟夫逊效应
　　Y 约瑟夫森效应

约束*
constraint
ZT84
　　D 限制
　　　 抑制（自动化）
　　　 约束理论
　　F 单面约束
　　　 等离子体约束
　　　 断裂约束
　　　 接触约束
　　　 离面约束
　　　 理想约束
　　　 摩擦约束
　　　 内部约束
　　　 双面约束
　　　 位移约束
　　　 应力约束
　　C 边连通度 →(1)
　　　 优化
　　　 约束（数学）

约束（数学）*
constraint(math)
O241
　　F 多余约束
　　C 约束

约束爆炸
　　Y 控制爆破

约束变尺度方法
constrained variable metric algorithm
O302
　　S 力学方法*

约束变分原理
constrained variational principles
O316
　　S 力学变分原理
　　Z 力学原理

约束层
constrained layer
O357.4
　　S 分层*
　　C 激光冲击

约束层阻尼
constrained layer damping
O328
　　S 阻尼*

约束反力
　　Y 约束力

约束理论
　　Y 约束

约束力
restraining force
O31
　　D 约束反力
　　S 力*

约束流
confined flow
O351.2
　　D 流动约束
　　S 流体流*
　　F 管流

约束射流
　　Y 有界射流

约束条件
　　Y 条件

约束涡
　　Y 涡旋

约束因子
limiting factor
O342
　　S 因子*

约束运动
constrained motion
O311
　　S 运动*

月潮低潮间隙
　　Y 潮汐要素

月潮高潮间隙
　　Y　潮汐要素

月潮间隙
　　Y　潮汐要素

月潮流间隙
　　Y　潮汐要素

跃变
saltus
O413.1
　　S　物理过程*
　　F　相位跃变
　　C　冲击响应

跃动速度
　　Y　运动速度

跃迁*
transition
O413.1
　　F　超灵敏跃迁
　　　　电磁跃迁
　　　　光子跃迁
　　　　互组跃迁
　　　　基态跃迁
　　　　激光跃迁
　　　　晶场跃迁
　　　　量子跃迁
　　　　模态跃迁
　　　　原子跃迁
　　C　跃迁波长
　　　　跃迁几率
　　　　跃迁矩阵元
　　　　跃迁能
　　　　跃迁谱线
　　　　跃迁振幅

跃迁波长
transition wavelengths
O413.1
　　S　波长*
　　F　跃迁谱线波长
　　C　跃迁

跃迁概率
　　Y　跃迁几率

跃迁几率
transition probability
O413.1
　　D　跃迁概率
　　　　跃迁率
　　S　概率*
　　C　跃迁

跃迁矩阵元
transition matrix element
O411
　　S　矩阵元*
　　C　跃迁

跃迁率
　　Y　跃迁几率

跃迁密度
transition density
O413.1
　　S　密度*

跃迁能
transition energy
O413.1
　　D　跃迁能量
　　S　粒子能量
　　C　跃迁
　　Z　能量

跃迁能量
　　Y　跃迁能

跃迁偶极矩
transition dipole moment
O441.1
　　S　偶极矩
　　C　态间跃迁
　　Z　多极矩

跃迁谱线
transition line
O433.3；P162
　　S　谱线*
　　C　跃迁
　　　　跃迁谱线波长
　　　　跃迁振幅

跃迁谱线波长
transition spectrum wavelength
O413.1
　　S　跃迁波长
　　C　跃迁谱线
　　Z　波长

跃迁振幅
transition amplitude
O413.1
　　S　振幅*
　　C　跃迁
　　　　跃迁谱线

跃移
saltation
O311.1；P931
　　D　跃移运动
　　　　跃移作用
　　　　跃运
　　S　移动
　　F　风沙跃移运动
　　Z　运动

跃移运动
　　Y　跃移

跃移作用
　　Y　跃移

跃运
　　Y　跃移

云纹法
　　Y　云纹干涉法

云纹干涉
moiré interference
O436.1
　　D　纹影干涉
　　S　光学干涉*

云纹干涉法
moiré interferometry
O348.1；O436.1
　　D　莫尔法
　　　　莫尔干涉法
　　　　莫尔干涉术
　　　　莫尔技术
　　　　莫尔效应
　　　　云纹法
　　　　云纹技术
　　S　应力法
　　C　模型试验　→(5)
　　　　莫尔条纹
　　Z　力学方法

云纹技术
　　Y　云纹干涉法

云纹图
moiré pattern
O348
　　D　波纹图形
　　S　图表*

云纹效应
moiré effect
O436.1
　　D　波动光栅效应
　　　　莫阿效应
　　　　网纹干扰效应
　　　　网纹效应
　　S　光学效应*

云雾爆轰
cloud detonation
O381
　　S　爆轰*

匀熵流
homoentropic flow
O351
　　D　等熵流
　　　　等熵流动
　　　　均熵流
　　S　流体流*
　　F　普朗特-迈耶尔流
　　C　天气过程

匀速运动
uniform motion
O311.1
　　S　直线运动
　　C　速度矢量
　　Z　运动

匀速转动
uniform rotation
O313.1
　　S　旋转
　　Z　运动

匀相成核
　　Y　均相成核

匀质流动
　　Y　均质流

允许承载力
allowable load capacity
O346
　　S　承载力
　　Z　力学强度

允许压差
allowable pressure differential
O31
 S 压差*

允许应力
 Y 许用应力

运动*
motion
O311
 D 运动(力学)
 F 摆动
  鞭状运动
  变速运动
  变质量运动
  垂荡运动
  垂直运动
  大范围运动
  单摆运动
  弹性运动
  地运动
  定常运动
  定点运动
  定向运动
  非线性运动
  俯仰
  复合运动
  刚体运动
  高速运动
  共面运动
  惯性运动
  滚动
  合成运动
  横向运动
  滑动
  滑行运动
  晃动
  挥舞
  回旋运动
  机械运动
  剪切运动
  绝对运动
  颗粒运动
  空间运动
  扩散运动
  六自由度运动
  耦合运动
  平动
  气泡运动
  牵连运动
  牵引运动
  切向运动
  曲线运动
  蠕动
  三维运动
  相对运动
  谐运动
  旋转
  摇摆
  移动
  约束运动
  暂态运动
  直线运动
  质点运动
  质心运动
  周期运动
  姿态运动
  自主游动
 C 动量
  轨迹
  适宜性 →(1)
  运动线法 →(4)

运动(力学)
 Y 运动

运动(物理)*
motion(physics)
O4-0
 F 磁通运动
  混沌运动
  粒子运动
  热运动
  位错运动

运动安定定理
kinematic shakedown theorem
O311
 S 力学定理*

运动摆
working pendulum
O314
 S 摆*

运动边界
 Y 动边界

运动波
kinematic wave
O347.4
 S 波*

运动传递
motion transmission
O311
 D 位移传递
 S 能量转移*

运动电荷
motion charge
O441.1
 S 电荷*

运动二能级原子
moving two-level atom
O56
 S 二能级原子
  运动原子
 Z 原子

运动方程
equations of motion
O311
 S 运动学方程
 F Maggi 方程
  拉格朗日运动方程
  牛顿运动方程
  欧拉方程
  湍流运动方程
  位移方程
  线性运动方程
  运动微分方程
 C Navier-Stokes 方程
  弹道
  哈密顿函数

  运动学
 Z 力学方程

运动方向
motor direction
O311
 S 方向*
 F 流向
  旋转方向

运动跟踪
 Y 运动轨迹

运动轨迹
motion trajectory
O311
 D 运动跟踪
  运动路线
 S 轨迹*
 F 飞行轨迹
  滑移线
  时空轨迹
  质点运动轨迹
 C 摆线 →(1)
  内弹道方程
  庞加莱截面

运动恒量
 Y 守恒量

运动极限
motion limit
O311
 S 极限*

运动结构
moving structure
O311
 S 结构*

运动介质
moving medium
O41
 S 力学介质*

运动界面
moving interface
O311
 S 界面*
 F 滑移界面
 C Level Set 方法 →(1)

运动晶界
moving grain boundary
O763
 S 晶界*

运动粒子半隐式法
 Y MPS 方法

运动裂纹
moving crack
O346.12
 S 裂纹*

运动路线
 Y 运动轨迹

运动论
 Y 运动学

运动粘度
kinematic viscosity
O357；P43
　　D　运动黏度
　　　　运动黏滞性
　　　　运动粘性
　　S　粘度*
　　C　触变性
　　　　非牛顿流体
　　　　流变学
　　　　毛细现象　→(3)

运动粘度系数
　　Y　粘滞系数

运动粘性
　　Y　运动粘度

运动粘性系数
　　Y　粘滞系数

运动黏度
　　Y　运动粘度

运动黏滞性
　　Y　运动粘度

运动曲线
motion curve
O311
　　S　曲线*
　　C　自由度

运动趋势*
movement tendency
O311
　　F　相对运动趋势
　　C　摩擦力方向

运动群
　　Y　正交群

运动容许场
kinematically admissible field
O34
　　D　机动容许场
　　S　场(力学)*
　　F　滑移线场(力学)
　　　　三维位移场

运动三能级原子
moving three-level atom
O56
　　S　三能级原子
　　　　运动原子
　　Z　原子

运动矢量
motion vector
O311
　　D　运动向量
　　S　向量*

运动速度*
movement velocity
O311
　　D　跃动速度
　　　　运动速率
　　F　传输速度
　　　　弹道极限速度

　　　　飞片速度
　　　　滑动速率
　　　　角速度
　　　　空速
　　　　扩散速度
　　　　裂纹扩展速率
　　　　抛撒速度
　　　　抛射速度
　　　　牵连速度
　　　　扰动速度
　　　　上升速度
　　　　收尾速度
　　　　下滑速度
　　　　下落速度
　　　　移速
　　　　振动速度
　　　　质点速度
　　　　转速
　　　　撞击速度
　　　　着陆速度

运动速率
　　Y　运动速度

运动弹性动力分析
kineto-elastodynamic analysis
O313
　　S　动力学分析
　　Z　力学分析

运动弹性动力学
kineto-elastodynamics
O313；O343
　　S　弹性动力学
　　Z　固体力学
　　　　理论力学

运动微分方程
motion differential equation
O311
　　S　运动方程
　　C　运动积分　→(1)
　　Z　力学方程

运动稳定性
motion stability
O347.2；P43
　　S　动稳定性
　　F　流动稳定性
　　　　气动稳定性
　　　　旋转稳定性
　　Z　力学稳定性

运动稳定性理论
　　Y　稳定性理论

运动向量
　　Y　运动矢量

运动性质
kinetic property
O311
　　S　力学性质*
　　F　急动度

运动学
kinematics
O311
　　D　流体运动学

　　　　运动论
　　S　理论力学*
　　F　刚体运动学
　　　　质点运动学
　　C　动力学
　　　　二体问题　→(4)
　　　　加速度
　　　　角动量定律
　　　　静态　→(1)
　　　　内部自由度
　　　　曲线运动
　　　　速度
　　　　雅可比矩阵　→(1)
　　　　运动方程
　　　　运动学逆问题
　　　　质点

运动学参考系
　　Y　动系

运动学弹道
　　Y　制导弹道

运动学方程
kinematical equation
O311
　　S　力学方程*
　　F　运动方程

运动学逆问题
inverse kinematic problem
O311
　　S　力学问题*
　　C　运动学

运动硬化
　　Y　随动硬化

运动原子
moving atom
O56
　　S　原子*
　　F　运动二能级原子
　　　　运动三能级原子

运动载荷
　　Y　动载荷

运动质量
　　Y　移动质量

运动周期
motion cycle
O311；P134
　　S　周期*
　　F　摆动周期
　　　　单摆周期
　　　　脉动周期
　　　　振动周期

运流
convection current
O351.2
　　S　流体流*

运流电流
convection current
O441.1
　　S　电流*

主　表　835

运算方法
　　Y 计算

运算方式
　　Y 计算

运行模态分析
operational modal analysis
O32
　　S 模态分析
　　Z 分析

运移
　　Y 转移

运移过程
　　Y 转移

运移机理
　　Y 转移

运移机制
　　Y 转移

运移趋势
　　Y 转移

运移速度
　　Y 迁移速度

运移速率
　　Y 迁移速度

晕*
aureole
P427.133
　　F 电晕
　　　 光晕
　　　 衍射晕
　　C 分带性指数　→(5)
　　　 分散　→(3)
　　　 光环　→(4)
　　　 华　→(4)
　　　 星系晕　→(4)

晕核
　　Y 核晕

杂光
　　Y 杂散光

杂光系数
stray light coefficient
O435.2
　　S 光学系数*

杂化轨道理论
hybrid orbital theory
O561；O641.122
　　D 轨道杂化
　　S 轨道理论
　　Z 化学理论

杂化密度泛函理论
　　Y 密度泛函理论

杂化物
hybrid
O6-0；O751
　　S 化合物*

杂交边界点法
hybrid boundary node method
O34
　　S 边界点法
　　　 无网格方法
　　C 双互易法
　　Z 力学方法

杂交建模
hybrid modeling
O32；O342
　　S 建模*

杂交应力有限元
　　Y 杂交有限元

杂交应力元
hybrid stress element
O241；O343.4
　　S 杂交元
　　F 特殊杂交应力元
　　C 轴对称问题
　　Z 元

杂交有限元
hybrid finite elements
O241.82；O242.2；O343.4
　　D 杂交应力有限元
　　　 杂交有限元法
　　S 有限元*
　　C 简单迭代法　→(1)

杂交有限元法
　　Y 杂交有限元

杂交元
hybrid finite element
O342
　　S 元*
　　F 杂交应力元

杂交元法
hybrid finite element method
O346.1
　　S 力学方法*
　　C 广义应力强度因子

杂散电流
stray current
O441.1
　　D 迷散电流
　　　 迷走电流
　　S 电流*

杂散光
stray light
O435.2
　　D 杂光
　　　 杂散光分析
　　　 杂色光
　　S 光*

杂散光分析
　　Y 杂散光

杂色光
　　Y 杂散光

杂原子方法计算
　　Y 分子轨道计算

杂质成核
impurity nucleation
O78
　　S 晶体成核
　　Z 晶体形成

杂质断裂
inclusions fracture
O346.1
　　S 断裂*

杂质分布
impurity distribution
O73
　　S 分布*
　　C 夹杂物　→(3)
　　　 同伦分析　→(1)

杂质分凝
imperfection segregation
O552.6
　　S 分凝
　　Z 物质分离

杂质分凝系数
impurity segregation coefficient
O74
　　S 分凝系数
　　Z 晶体学参数

杂质-空位相互作用
impurity-vacancy interactions
O731
　　D 空位-杂质相互作用
　　S 杂质-缺陷相互作用
　　C 空位
　　Z 相互作用

杂质能级
impurity energy level
O413.3
　　S 能级*

杂质浓度
impurity concentration
O47
　　S 浓度*
　　F 受主浓度
　　　 载流子浓度

杂质缺陷
impurity defects
O771
　　S 点缺陷
　　Z 晶体缺陷

杂质-缺陷相互作用
impurity-defect interactions
O731
　　D 缺陷-杂质相互作用
　　S 相互作用*
　　F 杂质-空位相互作用
　　　 杂质-位错相互作用
　　C 夹杂物　→(3)
　　　 晶体缺陷

杂质散射
impurity scattering
O469
　　D 载流子被杂质散射
　　S 散射*

杂质态
impurity states
O775
　D 杂质相
　S 形态*
　F 类氢杂质态

杂质-位错相互作用
impurity-dislocation interactions
O731
　D 位错-杂质相互作用
　S 位错相互作用
　　杂质-缺陷相互作用
　C 位错钉扎
　　位错锁定
　Z 相互作用

杂质吸收
impurity absorption
O436.2
　S 光子吸收
　Z 光吸收

杂质相
　Y 杂质态

再层流化
　Y 层流

再附
　Y 再附着

再附着
reattachment
O35
　D 再附
　S 附着*

再附着流
　Y 边界层流动

再附着流动
　Y 边界层流动

再加压
　Y 加压

再结晶
recrystallization
O783
　D 再结晶法
　　再结晶过程
　　重结晶
　　重结晶法
　　重结晶工艺
　S 结晶*
　F 奥氏体再结晶
　　动态再结晶
　　二次再结晶
　　静态再结晶
　　开始再结晶
　　区熔再结晶
　　完全再结晶
　　一次再结晶
　C 固相外延
　　再结晶形核
　　再结晶织构

再结晶成核
　Y 再结晶形核

再结晶法
　Y 再结晶

再结晶过程
　Y 再结晶

再结晶形核
nucleation of recrystallization
O78
　D 再结晶成核
　S 晶体成核
　C 再结晶
　Z 晶体形成

再结晶织构
recrystallization texture
O76
　S 晶体织构
　C 再结晶
　Z 织构

再热裂纹
reheating crack
O346.1
　D 焊接再热裂纹
　S 热应力裂纹
　C 焊接应力
　Z 裂纹

再入弹道
reentry trajectories
O315
　S 下降弹道
　C 再入轨道 →(4)
　Z 弹道

再入空气动力学
　Y 高超音速空气动力学

再入流场
reentry flow field
V211
　S 流场*

再入效应
reentry effect
V211
　S 气动效应*

再生核质点法
reproducing kernel particle method
O347
　S 无网格方法
　Z 力学方法

再现像
reconstructed image
O438.1
　S 影像*

在束γ谱学
in beam γ spectroscopy
O433
　S 核辐射光谱学
　Z 光谱学

在线测定
　Y 在线测量

在线测量
online measurement
TB462.1
　D 在线测定
　S 测量*

载波相位
carrier phase
TN92
　S 相位*

载荷
　Y 荷载

载荷(动态)
　Y 动载荷

载荷(力)
　Y 加载力

载荷-变形曲线
　Y 应力-应变曲线

载荷传递
　Y 荷载传递

载荷分布
load distribution
O347
　D 分布负载
　　分布荷载
　　负荷分布
　　负载分布
　　负载分配
　　荷载分布
　　荷载分配
　　荷重分布
　　均布荷载
　S 力学分布*
　C 集中荷载
　　接触应力
　　力分布
　　载荷计算

载荷分配系数
load distribution factor
O347
　S 载荷系数
　Z 系数

载荷分析
load analysis
O347
　D 负荷分析
　　荷载分析
　　受载分析
　S 力学分析*
　C 力分布
　　力密度法
　　载荷计算

载荷计算
load calculation
O347
　D 负荷计算
　　荷载计算
　　计算负荷
　　计算荷载
　　计算载荷
　　载荷演算
　　装载计算
　S 力学计算*

主　表　837

　　C　载荷分布
　　　　载荷分析

载荷控制
load control
O347
　　D　负荷控制
　　S　控制*

载荷勒夫数
load Love's number
O303
　　S　无量纲数*

载荷力
　　Y　加载力

载荷谱
load spectrum
O347.1
　　D　负荷谱
　　　　荷载谱
　　　　谱载
　　　　谱载荷
　　　　应力谱
　　　　载荷谱编制
　　S　谱*
　　C　P-S-N 曲线
　　　　最大载荷

载荷谱编制
　　Y　载荷谱

载荷识别
load identification
O347
　　D　荷载识别
　　S　识别*
　　F　移动荷载识别
　　C　结构动力学

载荷试验
load test
O347；P642
　　D　测试负载
　　　　承载试验
　　　　负荷试验
　　　　负载测试
　　　　负载试验
　　　　荷载测试
　　　　荷载试验
　　　　加荷试验
　　　　加载试验
　　　　试验负荷
　　　　试验负载
　　　　试验荷载
　　　　试验加载
　　　　试验载荷
　　　　验证荷载
　　S　力学性能试验
　　　　土工试验*
　　C　变形模量
　　　　承载力
　　　　动力加载
　　　　荷载传递
　　　　加载
　　Z　科学实验

载荷-位移曲线

　　Y　荷载-位移曲线

载荷系数
loading coefficient
O347.1
　　D　负荷系数
　　　　负载系数
　　　　荷载系数
　　　　加载系数
　　S　力系数
　　F　载荷分配系数
　　C　极限载荷法
　　Z　系数

载荷循环
　　Y　疲劳载荷

载荷演算
　　Y　载荷计算

载荷因子
load factor
O347.1
　　S　力学因子*

载荷组合
　　Y　复杂载荷

载流导体
current-carrying conductor
O441.1
　　S　导体*
　　C　涡流场

载流子*
carrier
O473
　　D　载流子(半导体)
　　F　多数载流子
　　　　非平衡载流子
　　　　空穴
　　　　热载流子
　　　　少数载流子
　　　　自由载流子
　　C　迁移率
　　　　载流子迁移率
　　　　载流子寿命

载流子(半导体)
　　Y　载流子

载流子被杂质散射
　　Y　杂质散射

载流子俘获
carrier capture
O571
　　S　俘获(物理学)*
　　F　电子俘获
　　　　空穴俘获

载流子扩散长度
　　Y　载流子寿命

载流子密度
　　Y　载流子浓度

载流子浓度
carrier concentration
O469
　　D　载流子密度

　　S　杂质浓度
　　C　载流子迁移率
　　Z　浓度

载流子迁移率
carrier mobility
O473
　　S　迁移率*
　　F　电子迁移率
　　　　空穴迁移率
　　C　带电粒子运动
　　　　载流子
　　　　载流子浓度

载流子寿命
carrier lifetime
O473
　　D　电子寿命(半导体)
　　　　载流子扩散长度
　　S　物理参数*
　　C　载流子

载流子输运
　　Y　带电粒子运动

载流子注入
carrier injection
TN3
　　S　注入*

载体诱导晶体生长
support induced crystal growth
O782
　　S　晶体生长*

暂时变形
　　Y　弹性变形

暂态电流行波
transient current traveling waves
TM8
　　S　电流行波
　　　　暂态行波
　　Z　波

暂态过程
transient state process
O441
　　S　物理过程*

暂态混沌
transient chaos
O415.5
　　S　混沌*

暂态流
　　Y　非定常流

暂态蠕变
　　Y　非定常蠕变

暂态行波
transient traveling wave
TM7
　　S　行进波
　　F　暂态电流行波
　　Z　波

暂态运动
transient motion
O311

D 不稳定运动
　　非定常运动
　　瞬变运动
　　瞬时运动
　　瞬态运动
S 运动*

暂稳态
Y 准静态

暂现γ射线源
Y γ射线源

早期损坏
early failure
O346.5
S 破坏(力学)*

造形
Y 建模

噪声*
acoustic noise
O422.8
D 声噪声
F 电磁噪声
　　辐射噪声
　　环境噪声
　　机械噪声
　　流噪声
　　水下噪声
　　自然噪声
C 冲震
　　航空声学
　　声干涉
　　声起伏
　　声强
　　声学
　　噪声测量
　　噪声场
　　噪声剂量计

噪声测量
noise measurement
O422.8
D 声噪声测量
S 声学测量*
C 环境噪声
　　噪声
　　噪声场
　　噪声降低

噪声场
noise field
O422.2
S 声场*
C 噪声
　　噪声测量
　　噪声分布
　　噪声特性

噪声当量温度差
Y 噪声等效温差

噪声等效辐照度
Y 等效辐射照度

噪声等效辐照度
Y 等效辐射照度

噪声等效温差
noise equivalent temperature difference
TN215
D NETD
　　等效噪声温差
　　噪声当量温度差
　　噪声等效温度差
S 等效温差
Z 温差

噪声等效温度差
Y 噪声等效温差

噪声方差估计
noise variance estimation
O411
S 估计(数学)*

噪声分布
noise distribution
O422.8
S 分布*
C 噪声场

噪声干扰
noise interference
TB535；TN911.4
S 干扰*
C 噪声特性

噪声级
noise level
O422.8
D 声噪声级
　　噪声水平
S 声级
C 噪声特性
Z 声学参数

噪声剂量计
noise dosimeter
TH71
S 测量仪器*
C 环境声学
　　噪声

噪声降低*
noise reduction
TB535
D 隔声材料
　　声噪声控制
F 隔声
C 环境声学
　　建筑声学
　　声衰减
　　噪声测量

噪声疲劳
Y 声疲劳

噪声试验
noise test
O42
D 噪音试验
S 试验*
C 噪声特性

噪声水平
Y 噪声级

噪声特性
noise characteristics
O422.8
D 噪声特征
S 声学特性*
C 噪声场
　　噪声干扰
　　噪声级
　　噪声试验
　　噪声系数
　　噪声源

噪声特征
Y 噪声特性

噪声图
Y 噪声图像

噪声图象
Y 噪声图像

噪声图像
noise images
O438
D 带噪图像
　　含噪图像
　　噪声图
　　噪声图象
S 图像*

噪声系数
noise factor
O42
S 系数*
C 噪声特性

噪声相关
noise correlation
TB55
S 声相关
Z 相关

噪声源
noise source
O422.8
S 声源*
C 噪声特性

噪音
undesired sound
O422.8
S 声音*
F 高频噪音

噪音标准
noise criterion
TB53；X839.1
S 标准规范*
　　声学标准

噪音疲劳
Y 声疲劳

噪音试验
Y 噪声试验

择优成核
preferential nucleation
O78
D 择优形核

主　表　839

S 晶体成核
Z 晶体形成

择优取向
preferred orientation
O76
 D 晶体择优取向
 S 晶体取向
 F 晶面择优取向
 C 取向度
 Z 晶体性质

择优形核
 Y 择优成核

择优织构
 Y 相变织构

泽尔迈尔方程
 Y Sellmeier 方程

泽尔迈尔方程公式
 Y Sellmeier 方程

泽尔迈尔方程式
 Y Sellmeier 方程

泽尔迈尔方程组
 Y Sellmeier 方程

泽尔迈尔方程组式
 Y Sellmeier 方程

泽尔迈尔公式
 Y Sellmeier 方程

泽尔迈尔关系式
 Y Sellmeier 方程

泽尼克像差
 Y Zernike 像差

增反膜
 Y 反光膜

增广相空间
 Y 相空间

增辉望远镜
 Y 微光望远镜

增宽
 Y 宽度

增量理论
incremental theory
O344.4
 S 力学理论*
 F 塑性增量理论

增量谐波平衡
incremental harmonic balance
O322
 S 平衡*

增强电离
enhanced ionization
O572
 S 电离*

增温率
warming rate
O551.2；P412.11；P423
 D 增温速率
 S 温度参数*
 C 大气增温　→(4)
  增温异常　→(4)

增温速率
 Y 增温率

增稳
 Y 自稳定性

增压
 Y 加压

增压比
supercharging ratio
O351
 S 压力比
 Z 比率

增益*
gain
O4-0
 F 反馈增益
  光增益
  能量增益
  输出幅度增益

增益测量
gain measurement
TN806
 S 电信号特性测量
 Z 电学量测量

增益分布
gain distribution
O441
 S 分布*

增益谱
gain spectrum
O433.3；P162；P401
 D 增益谱线
 S 谱*

增益谱线
 Y 增益谱

增益误差
gain error
TN911
 S 信号误差
 C 增益函数　→(1)
 Z 误差

增益系数
gain coefficient
O411
 S 系数*

增益因子
gain factor
O44
 S 因子*

闸基渗流场
seepage field of sluice foundation
O357.3
 S 渗流场
 Z 流场

炸弹弹道
bomb trajectory
O315
 D 航弹弹道
  轰炸弹道
 S 弹道*

炸高
 Y 爆炸高度

炸药模拟物
 Y 爆炸模拟

炸药能量
 Y 爆炸能量

炸药威力
 Y 爆炸强度

窄带随机激励
narrow band random excitation
O323
 S 随机激励
 Z 激励

窄相关
narrow correlation
TN96
 S 相关*

粘贴箔式应变计
 Y 粘贴式应变计

粘贴式应变计
bonded strain gage
TH823.3
 D 粘贴箔式应变计
  粘贴丝式应变计
 S 应变计
 Z 测量仪器

粘贴丝式应变计
 Y 粘贴式应变计

詹姆斯·克拉克·麦克斯韦
 Y 麦克斯韦

斩波控制
 Y 脉冲控制

斩光盘
 Y 斩光器

斩光器
light chopper
TH74
 D 斩光盘
 S 光学元件*

展开(数学)*
expansion(mathematics)
O17
 D 展开法
  展开式
 F 波函数展开法
  复高斯函数展开
  傅里叶展开
  集团展开
  模态展开法
 C 抽象发展方程　→(1)
  数学形式　→(1)

线性摄动

展开法
  Y 展开(数学)

展开式
  Y 展开(数学)

展宽
  Y 宽度

展弦比
aspect ratio
V211
  D 高宽比
  S 比率*

展性
  Y 延性

张弛
  Y 松弛

张弛法
  Y 松弛

张紧力
  Y 张力

张开位移
opening displacement
O311.1
  S 位移*
  F 裂尖张开位移
    裂纹张开位移
    临界裂缝尖端开口位移

张拉
  Y 张力

张拉力
  Y 张力

张拉伸长
  Y 拉伸变形

张拉试验
  Y 拉伸试验

张拉损失
  Y 预应力松弛

张拉应力
  Y 拉应力

张力
tension
O31
  D 张紧力
    张拉
    张拉力
  S 外力
  F 锚链张力
    内张力
    线张力
    最小张力
  C 抗拉强度
    应力
    张性断裂
    钻柱应力 →(5)
  Z 力

张力(表面)
  Y 表面张力

张力变形
  Y 拉伸变形

张力场
  Y 应力集中

张力计
tensiometer
TH82
  S 测量仪器*
  C 蒸汽压力

张力模量
  Y 弹性模量

张力蠕变
  Y 拉伸蠕变

张力试验
  Y 拉伸试验

张力特性
tensile properties
O343
  D 抗拉特性
    抗拉性能
    抗张性能
    拉伸性能
    受拉性能
    张力性质
  S 力学性质*
  C 冲击性能
    弹性
    极限强度
    抗压强度
    疲劳性能
    应变率

张力性质
  Y 张力特性

张量*
tensor
O343
  F 不可约张量
    对偶张量
    构造张量
    惯量张量
    介电张量
    里夫林-埃里克森张量
    麦克斯韦张量
    能量-动量张量
    取向张量
    热导张量
    伸缩张量
    损伤张量
    应变张量
    应力张量
    组构张量
  C 标量
    旋量
    张量(数学) →(1)

张量 ABCD 定律
tensor ABCD law
O436.1
  S 光学定律

  Z 物理定律

张量场
tensor field
O412
  S 物理场*

张量格林函数
tensor Green's function
O411
  S 函数(物理)*

张裂面
  Y 张性断裂

张位错
  Y 位错

张性断裂
extension fracture
O346.12；P542.3
  D 张裂面
    张性结构面
  S 断裂*
    断裂构造*
  C 伸展作用 →(5)
    张力

张性结构面
  Y 张性断裂

张应变
  Y 拉应变

张应力
  Y 拉应力

涨落效应
fluctuation effect
O414.1；O511
  S 热力学效应
  Z 力学效应

涨落压力
  Y 脉动压力

胀缩波
  Y 纵波

障碍物
obstruction
ZT81
  S 物体*
  C 障碍函数 →(1)

爪进
  Y 指进

照度*
illumination
O432.2
  D 光照度
    光照强度
  F 垂直照度
    等照度
    低照度
    地面照度
    反射照度
    平均照度
    球照度
    水平照度

主　表　841

　　维持照度
　　相对照度
　　像面照度
　　直射照度
　C 光
　　光源
　　光照度测量
　　光照特性 →(4)
　　亮度
　　照度计 →(4)

照度测量
　Y 光照度测量

照明均匀性
illumination uniformity
O439
　S 光学均匀性
　Z 光学性质

照片
　Y 像片

照相
photograph
TB8
　D 照相术
　C 控制空间 →(1)
　　色彩
　　纹影仪
　　照相透镜

照相感光度
　Y 感光度

照相机镜头
　Y 照相透镜

照相术
　Y 照相

照相透镜
photographic lenses
TH74
　D 照相机镜头
　S 透镜
　C 照相
　Z 光学元件

照相物镜
　Y 摄影物镜

遮蔽
　Y 屏蔽

遮蔽效应
masking effect
O422
　D 声响掩蔽
　　掩蔽效应
　S 声学效应*

折叠模型
folding model
O411.1
　S 核模型
　Z 物理模型

折反射式光学系统
catadioptric systems
TH74

　D 反射折射光学系统
　　反折系统
　　折反射系统
　　折反系统
　S 光学系统*

折反射系统
　Y 折反射式光学系统

折反系统
　Y 折反射式光学系统

折光差
refraction
O43；P422.3
　D 垂直折光差
　　大气折光差
　　旁折光差
　　水平折光差
　S 气象参数*
　C 蒙气差 →(4)
　　折光率

折光度
　Y 屈光度

折光镜
　Y 分束器

折光率
refractive index
O43；P422.3
　S 气象参数*
　C 折光差

折光指数增量
refractive index increment
O435.1；P401；P427.1
　D 折射率增量
　S 数量*

折合距离
　Y 投影距离

折合质量
　Y 等效质量

折裂
kink
O346.11；O346.12
　S 断裂*

折流
baffling
O351
　S 流体流*

折射*
refraction
O4-0
　F 电磁波折射
　　光折射
　　声折射
　C 波传播
　　反射
　　横波分裂 →(5)
　　散射
　　折射率
　　折射延迟

折射参数

　Y 折射指数

折射定律
refraction law
O435.1
　D Snell 定律
　　斯涅耳定律
　　折射规律
　S 光学定律
　Z 物理定律

折射光
　Y 折射光线

折射光线
refracted ray
O435.1
　D 折射光
　　折射线
　S 光线*
　F 非常光线

折射光学
refractive optics
O435.1
　S 几何光学
　Z 光学

折射规律
　Y 折射定律

折射角
refraction angle
O435.1
　S 光学角*

折射率*
refractive index
O435.1
　F 等效折射率
　　非线性折射率
　　负折射率
　　复折射率
　　光纤折射率
　　渐变折射率
　　阶跃折射率
　　介质折射率
　　群折射率
　　双折射率
　　梯度折射率
　　相对折射率
　　液体折射率
　　有效折射率
　C 大气弥散 →(4)
　　光折变效应
　　折光仪 →(4)
　　折射
　　折射率测量

折射率变化
refractive index change
O435.1；P427.1
　D 折射率改变
　S 物理变化*
　F 光致折射率变化

折射率测量
refractive index measurement
TB462；TB96

S 光学参数测量
C 折光仪 →(4)
  折射率
Z 光学测量

折射率分布
refractive index profile
TN253
S 分布*

折射率改变
Y 折射率变化

折射率光栅
refractive index grating
O437.4；P111.3
S 光栅*

折射率计
Y 折射仪

折射率灵敏度
refractive index sensitivity
O435.1；P427.1
S 光学灵敏度
Z 光学参数

折射率谱
refractive index spectrum
O435.1；P427.1
S 谱*

折射率失配
refractive index mismatch
O435.1；P401；P427.1
S 匹配*
C 气象改正 →(4)

折射率梯度
refractive index gradient
O435.1；P427.1
S 梯度分布*

折射率调制深度
refractive index modulation depth
O435.1；P427.1
S 光学参数*

折射率增量
Y 折光指数增量

折射式光学系统
refractive optical system
TH74
S 光学系统*
C 薄透镜

折射物镜
refraction objective
TB851；TH744
S 物镜
Z 光学元件

折射误差
refractive error
O411
S 信号误差
Z 误差

折射系数
Y 折射指数

折射线
Y 折射光线

折射效应
refraction effect
O734.2
D 光折射效应
S 光学效应*
F 超棱镜效应
  光折变效应
  双折射效应

折射延迟
refraction delay
O435.1；P422.3
S 滞后*
C 光学方法
  折射

折射仪
refractometer
TH74
D 折射率计
S 光学测量仪器
Z 测量仪器

折射指数
refractive index
O435.1；O441；P427.1
D 折射参数
  折射系数
S 气象参数*
C 核面折射波 →(5)
  折光系数 →(4)

折算质量
Y 等效质量

折向力
Y 科里奥利力

折轴焦点
Y 焦点

锗/硅多层膜
Ge/Si multilayer film
O484
D Ge/Si 多层膜
S 多层薄膜
Z 薄膜

锗单晶
germanium single crystal
O738
D 单晶锗
  单晶锗材料
  锗单晶材料
  锗单晶体
  锗单晶体材料
S 半导体单晶
  锗晶体
Z 晶体

锗单晶材料
Y 锗单晶

锗单晶体
Y 锗单晶

锗单晶体材料
Y 锗单晶

锗硅薄膜
germanium silicon film
O484
S 半导体薄膜*

锗晶体
germanium crystal
O738
D 晶体锗
S 半导体晶体
F 锗单晶
Z 晶体

锗纳米晶
germanium nanocrystal
O799
D Ge 纳米晶
  纳米晶锗
S 金属纳米晶
Z 晶体
  纳米材料

锗酸铋晶体
bismuth germanate crystal
O73
D BGO 晶体
S 无机非线性光学晶体
Z 光学晶体
  晶体

褶合光谱法
convolution spectrometry
O433.4
S 光谱分析*

蔗糖结晶
crystallization of sucrose
O799
D 蔗糖结晶过程
  蔗糖结晶化过程
  蔗糖晶化过程
  制糖结晶
  煮糖结晶
S 工业结晶
Z 结晶

蔗糖结晶过程
Y 蔗糖结晶

蔗糖结晶化过程
Y 蔗糖结晶

蔗糖晶化过程
Y 蔗糖结晶

针状晶
Y 针状晶体

针状晶体
acicular crystal
O76
D 针状晶
S 晶体*
F 纳米针状晶

真彩色全息图
Y 彩色全息图

真空*

主　表　843

vacuum
O4-0
　D　真空态
　F　低温真空
　　　多模真空态
　　　热真空态
　　　压缩真空
　C　真空能
　　　真空蒸发

真空波函数
vacuum wave function
O174；O4
　S　函数*
　C　标度行为

真空测量
　Y　真空度测量

真空场
vacuum field
O413.3
　S　物理场*
　F　单模真空场
　　　双模真空场
　　　压缩真空场

真空磁导率
permeability of vacuum
O441.2
　D　磁常量
　S　磁导率*

真空弹道学
　Y　质点弹道学

真空电弧
vacuum arc
O461.2
　S　电弧
　Z　放电

真空电子学
vacuum electronics
O46
　S　电子学*

真空度测量
vacuum measurement
TB77
　D　真空测量
　S　压力测量
　C　条件真度　→(1)
　Z　力学测量

真空放电
vacuum discharge
O461
　S　气体放电
　Z　放电

真空极化
vacuum polarization
O46
　S　极化*

真空结晶
vacuum crystallization
O799
　D　真空结晶法
　　　真空结晶方法
　　　真空结晶过程
　　　真空结晶化过程
　　　真空晶化过程
　S　工业结晶
　Z　结晶

真空结晶法
　Y　真空结晶

真空结晶方法
　Y　真空结晶

真空结晶过程
　Y　真空结晶

真空结晶化过程
　Y　真空结晶

真空晶化过程
　Y　真空结晶

真空控制
vacuum control
TN1
　S　控制*

真空零点能
　Y　零点能

真空能
vacuum energy
O52
　D　背景能量
　　　真空能量
　S　能量*
　F　零点能
　C　真空

真空能量
　Y　真空能

真空热蒸发
vacuum thermal evaporation
TN3
　S　热蒸发
　　　真空蒸发
　Z　蒸发

真空渗流场
vacuum seepage field
O357.3
　S　渗流场
　Z　流场

真空态
　Y　真空

真空相变
vacuum phase transition
O46
　S　相变*

真空引力场
gravitational fields in vacuum
O314；P131
　S　引力场
　Z　力场

真空蒸发
vacuum evaporation
TB7；TF8；TN3
　D　真空蒸发法
　S　蒸发*
　F　真空热蒸发
　C　真空

真空蒸发法
　Y　真空蒸发

真空紫外
vacuum ultraviolet
O434.2
　D　真空紫外线
　S　紫外线
　C　真空紫外光源
　Z　电磁波

真空紫外辐射
vacuum ultraviolet radiation
O434.2；O46
　S　紫外辐射
　C　真空紫外光源
　Z　辐射

真空紫外光谱
vacuum ultraviolet spectra
O433.5；O434.2
　D　真空紫外光谱学
　S　紫外光谱
　C　真空紫外光源
　Z　光谱

真空紫外光谱学
　Y　真空紫外光谱

真空紫外光源
vacuum ultraviolet sources
O434.2
　S　紫外光源
　C　真空紫外
　　　真空紫外辐射
　　　真空紫外光谱
　Z　光源

真空紫外线
　Y　真空紫外

真粘聚力
　Y　粘聚力

真实接触面积
　Y　接触面积

真实气体
　Y　非理想气体

真实气体效应
real gas effects
O552.3
　S　气动效应*
　C　非理想气体

真实循环
　Y　热力学循环

真实应变
　Y　等效应变

真实应力
　Y　真应力

真位置
true position
O763；P128
　D 等效位置
　S 位置*
　C 空间群

真应变
　Y 等效应变

真应力
true stress
O343.4
　D 等效应力
　　 负有效应力
　　 粒间应力
　　 实际应力
　　 有效应力
　　 真实应力
　　 真正应力
　S 应力*
　F 垂直有效应力
　C 等效应变
　　 应力敏感性

真应力-应变曲线
true stress-strain curve
O344.3
　D 真应力-真应变曲线
　S 应力-应变曲线*

真应力-真应变曲线
　Y 真应力-应变曲线

真正应力
　Y 真应力

诊断*
　D 诊断模式
　F 流场诊断
　　 束流诊断
　C 可约性 →(1)

诊断模式
　Y 诊断

阵发混沌
intermittency chaos
O415.5
　S 混沌*

阵风荷载
　Y 阵风载荷

阵风载荷
gust load
O347.1；P425.1
　D 突风过载
　　 突风载荷
　　 阵风荷载
　S 风荷载
　C 大气湍流 →(4)
　　 风压 →(4)
　　 阵风响应 →(4)
　Z 荷载

阵列*
array
O151.2；O211.4
　D 阵列(数学)

　F 垂直阵
　C 矩阵
　　 时空特征

阵列(数学)
　Y 阵列

阵列膜
array film
TB43
　S 薄膜*

阵列声波
array acoustic
O42
　S 声波*
　F 多极子阵列声波

阵列误差
array error
TN911
　S 误差*
　F 阵元位置误差

阵面推进法
advancing-front method
O302
　S 力学方法*
　C 背景网格 →(1)

阵元位置误差
array position error
TN911
　S 位置误差
　　 阵列误差
　Z 误差

振打加速度
rapping acceleration
TK2
　S 加速度*

振荡*
oscillation
O32
　D 固有振荡
　　 振荡现象
　　 自然振荡
　F 不稳定振荡
　　 垂直振荡
　　 电磁振荡
　　 非线性振荡
　　 光振荡
　　 横向振荡
　　 机械振荡
　　 加权本质无振荡
　　 流激振荡
　　 耦合振荡
　　 强迫振荡
　　 温度振荡
　　 无阻尼振荡
　　 相干布居振荡
　　 谐波振荡
　　 压力振荡
　　 油膜振荡
　　 中微子振荡
　　 自激振荡
　　 自由振荡
　　 阻尼振荡

　C 摆
　　 波
　　 共振
　　 振幅

振荡幅度
　Y 振幅

振荡剪切
　Y 振动剪切

振荡剪切流
　Y 剪切流

振荡结构
　Y 振动结构

振荡流
　Y 非定常流

振荡流动
　Y 非定常流

振荡流体
oscillating fluid
O351.2
　S 流体*

振荡模式
　Y 振型

振荡模态
　Y 振型

振荡特性
　Y 振动特性

振荡条件
oscillation condition
O411；O436；O451
　S 条件*
　F 共振条件

振荡系统
　Y 振动结构

振荡现象
　Y 振荡

振荡性
　Y 振动特性

振荡应力
　Y 振动应力

振荡阈值
oscillation threshold
O437.4
　S 阈值*
　C 振荡函数 →(1)

振动*
vibration
O32；O42；P315.4
　D 振动状态
　　 震动
　　 震抖
　　 震击
　F β振动
　　 γ振动
　　 八极振动
　　 半频振动

爆破振动
本征振动
表面振动
参激振动
喘振
垂直振动
大振幅振动
弹性体振动
弹性振动
低频振动
地面振动
非简谐振动
非平稳振动
非线性振动
非振动
分子振动
高频振动
固体振动
固有振动
惯性震动
环境振动
混沌振动
机械振动
激振
集体振动
剪切振动
简正振动
结构振动
晶格振动
径向振动
模糊振动
耦合振动
碰撞振动
强振动
区间振动
热振动
三维振动
双频合成振动
瞬态振动
随机振动
突发性振动
稳态振动
无阻尼振动
线性振动
小振动
谐振
行波振动
液压振动
诱导振动
粘滑振动
周期振动
轴向振动
自由振动
阻尼振动
 C 爆炸效应
  冲击
  冲震
  地脉动 →(4)(5)
  减振
  脉动
  振幅
  振型分析
  阻尼

振动波
vibration wave
 O353.2
 S 波*
 F Stokes 波
  相干波

振动布居
vibrational distribution
 O562.1
 S 布居
 Z 分布(物理学)

振动测量
vibration measurement
 O329
 D 振动测试
  振动检测
  振动量测
 S 力学测量*
 C 测振仪
  振动谱
  振动试验
  振动试验设备

振动测量仪
 Y 测振仪

振动测量仪表
 Y 测振仪

振动测量仪器
 Y 测振仪

振动测试
 Y 振动测量

振动测试仪
 Y 测振仪

振动测试仪器
 Y 测振仪

振动弛豫
vibration relaxation
 O482.53
 S 内部自由度弛豫
 Z 松弛

振动处理
 Y 振动控制

振动传递率
vibration transmissibility
 O32
 S 隔振参数
 C 阻尼系数
 Z 力学参数

振动带
 Y 振动态

振动带隙
vibration band gap
 O73
 D 声子晶体振动带隙
 S 声子带隙
 Z 带隙

振动反应
 Y 振动响应

振动方程
vibration equation
 O32
 S 力学方程*
 F 非线性振动方程
  弦振动方程
  振动微分方程
 C 振动解 →(1)
  振动系数 →(1)

振动方式
 Y 振型

振动方向
vibration direction
 O32
 S 方向*
 F 偏振方向

振动分析
vibration analysis
 O32；O348
 D 振动解析
  振动特性分析
 S 力学分析*
 F 共振分析
  随机振动分析
 C 共振频率
  临界转速
  模态截断
  模态局部化
  模态损耗因子
  模态综合法

振动分析方法
vibration analysis method
 O32
 S 力学方法*
 F 半功率带宽法
  插值摄动法
  二阶摄动方法
  矩阵摄动法
  模态摄动法
  模态综合法
  摄动变分法
  振型叠加法

振动幅度
 Y 振幅

振动幅值
 Y 振幅

振动负荷
 Y 冲击载荷

振动隔离
 Y 减振

振动共振
vibration resonance
 O321
 S 共振*

振动固结
 Y 振动稳定性

振动光谱
vibronic spectrum
 O433.5
 D 电子振动光谱

电子振转光谱
　　振转光谱
　S 光谱*
　F 分子振动光谱
　　红外振动光谱

振动荷载
　Y 冲击载荷

振动环境试验
vibration environmental test
O32
　S 力学环境试验
　　振动试验
　Z 科学实验

振动激发
vibrational excitation
O56
　S 激发*

振动激励
vibrational excitation
O323
　S 激励*

振动计
　Y 测振仪

振动加固
　Y 振动稳定性

振动加速度
vibration acceleration
O32
　S 加速度*
　C 偏心负载
　　振动速度
　　振动位移

振动剪切
oscillatory shear
O32；O344.1
　D 振荡剪切
　S 剪切*

振动检测
　Y 振动测量

振动结构
vibrating structure
O32
　D 振荡结构
　　振荡系统
　S 结构*
　F 共振结构

振动解析
　Y 振动分析

振动控制
vibration control
O328
　D 防振
　　振动处理
　S 控制*
　F 半主动振动控制
　　被动振动控制
　C 减振
　　伪弹性

　　振动阻尼
　　主动阻尼

振动理论
vibration theory
O32
　S 力学理论*
　F 共振理论
　　随机振动理论
　C 弹塑性动力响应
　　结构动力学
　　模态保证准则
　　模态数据
　　频域分析　→(5)
　　随机振动分析
　　振动力学
　　振动谱
　　主振型

振动力学
vibration mechanics
O32
　D 振动学
　S 力学*
　C 振动理论
　　振动系统

振动量测
　Y 振动测量

振动烈度
　Y 震动强度

振动模
　Y 振型

振动模式
　Y 振型

振动模态
　Y 振型

振动模态局部化
vibration mode localization
O32
　S 模态局部化*
　C Hamilton 原理

振动能
vibrational energy
O32
　S 动能
　F 共振能
　Z 能量

振动能级
vibrational energy level
O413.3
　S 能级*

振动能谱
vibrational spectrum
O411；O451
　S 能谱*

振动耦合
vibrational coupling
O32
　D 振动耦联效应
　S 耦合(力学)*

振动耦联效应
　Y 振动耦合

振动疲劳
vibration fatigue
O32；O346.2
　D 共振疲劳
　S 疲劳*
　C 冲击疲劳
　　接触疲劳

振动频率
vibration frequency
O32
　S 频率*
　F 共振频率
　　圆频率
　　自然频率
　C 高频
　　振动速度

振动频谱
vibration frequency spectrum
O456
　S 频谱*

振动评价量
vibration evaluation quantity
O32
　S 力学量*

振动谱
vibrational spectra
O32
　S 谱*
　C 冲击谱
　　瞬态振动
　　振动测量
　　振动理论

振动强度
　Y 震动强度

振动曲线
vibration curve
O32
　S 曲线*

振动声成像
vibro-acoustography
O429
　S 声成像
　Z 成像

振动时效
vibration aging
O32
　D 振动消除应力
　S 效应*
　C 动应力
　　内应力
　　微塑性变形

振动实验
　Y 振动试验

振动式
　Y 振型

振动试验

主　表　847

vibration test
O32
　D　耐震性试验
　　　强迫振动试验
　　　振动实验
　　　振动试验方法
　　　震动试验
　S　力学实验
　F　共振试验
　　　环境振动试验
　　　模态振动试验
　　　瞬态试验
　　　随机振动试验
　　　振动环境试验
　　　自由振动试验
　C　抖振
　　　结构振动
　　　强迫振动
　　　振动测量
　　　振动效应
　Z　科学实验

振动试验方法
　Y　振动试验

振动试验设备
vibration test equipment
TH69
　S　试验设备
　F　激振器
　C　振动测量
　　　振动系统
　Z　测试设备

振动衰减
　Y　减振

振动速度
vibration velocity
O32
　D　振速
　　　震动速度
　S　运动速度*
　F　质点峰值振动速度
　C　爆破振动
　　　衰减
　　　振动加速度
　　　振动频率
　　　振动位移
　　　质点速度

振动态
vibrational states
O32
　D　集体态(振动)
　　　振动带
　S　激发态
　C　晶格振动
　　　转动-振动模型
　Z　能态

振动特性
vibration characteristics
O32
　D　抗振性
　　　振荡特性
　　　振荡性
　　　振动性能

　S　力学性质*
　F　共振特性
　　　横向振动特性
　　　自振特性
　C　传递矩阵

振动特性分析
　Y　振动分析

振动特征温度
　Y　振动温度

振动体
oscillating body
O32
　D　音叉
　　　振动物体
　S　物体*
　C　弹性波
　　　晶格动力学

振动微分方程
oscillatory differential equation
O32
　S　振动方程
　Z　力学方程

振动位移
oscillatory displacement
O311；O32
　S　位移*
　C　振动加速度
　　　振动速度

振动温度
vibrational temperature
O551.2
　D　振动特征温度
　S　温度*
　F　分子振动温度

振动稳定性
stability of vibration
O317；O32
　D　共振稳定性
　　　振动固结
　　　振动加固
　S　力学稳定性*
　C　桩基冲刷　→(4)

振动稳定性试验
　Y　稳定性试验

振动物体
　Y　振动体

振动误差
vibration error
O32
　S　实验误差
　Z　误差

振动系统
vibrating system
O32
　S　力学系统*
　F　参数激励系统
　　　超声振动系统
　　　单自由度振动系统
　　　多自由度振动系统

　　　非线性振动系统
　　　浮筏隔振系统
　　　结构振动系统
　　　碰撞振动系统
　　　无阻尼系统
　　　谐振子系统
　　　质点振动系统
　　　阻尼系统
　C　单自由度
　　　无阻尼振动
　　　振动力学
　　　振动试验设备

振动响应
vibration response
O32
　D　振动反应
　S　动态响应
　F　强迫振动响应
　　　随机振动响应
　　　主共振响应
　Z　响应

振动响应分析
vibration response analysis
O348
　S　响应分析
　C　摩擦阻尼
　Z　分析

振动消除应力
　Y　振动时效

振动效应
vibration effects
O342
　D　声振影响
　　　振动影响
　　　振动作用
　S　效应*
　F　纵向耦合振动效应
　C　环境振动
　　　振动试验

振动形式
　Y　振型

振动性
vibratility
O32
　D　振动性质
　S　动态特性*
　C　差分算子　→(1)
　　　阶(数学)　→(1)
　　　强次线性　→(1)
　　　中立型微分方程　→(1)

振动性能
　Y　振动特性

振动性质
　Y　振动性

振动学
　Y　振动力学

振动抑制
　Y　减振

振动应力

vibration stress
O347
    D 冲击应力
       交变应力
       脉动应力
       振荡应力
       撞击应力
    S 动应力
    C 扩散速度
       疲劳强度
    Z 应力

振动影响
    Y 振动效应

振动载荷
    Y 冲击载荷

振动噪声
vibration noise
O422.8
    S 机械噪声
    Z 噪声

振动质点
    Y 谐振子

振动周期
vibration period
O32
    S 运动周期
    Z 周期

振动状态
    Y 振动

振动自由度
    Y 六自由度

振动阻尼
vibration damping
O328
    S 阻尼*
    C 振动控制

振动作用
    Y 振动效应

振幅*
amplitude
O32
    D 摆动振幅
       摆幅
       振荡幅度
       振动幅度
       振动幅值
       振幅
    F 复振幅
       结构振幅
       脉冲幅度
       散射振幅
       衰变宽度
       位移幅值
       有限振幅
       跃迁振幅
       最大振幅
    C 波传播
       弹性波
       振荡
       振动

振幅比
amplitude ratio
O32
    S 比率*

振幅平方压缩
amplitude-squared squeezing
O46
    S 压缩*

振辐
    Y 振幅

振速
    Y 振动速度

振型*
vibration mode
O32
    D 振荡模式
       振荡模态
       振动方式
       振动模
       振动模式
       振动模态
       振动式
       振动形式
    F 复振型
       高阶振型
       格形标准振型
       主振型
    C A_2B 模型
       Morlet 小波变换 →(1)
       结构振动系统
       模态
       质点振动
       自振特性

振型叠加法
mode superposition method
O32
    D 模态迭加法
       模态叠加
       模态叠加法
       模态分析法
       振型分解法
    S 振动分析方法
    C Duhamel 积分 →(1)
       矩阵多项式 →(1)
       时变力学系统
    Z 力学方法

振型分解法
    Y 振型叠加法

振型分析
vibration modal analysis
O32
    D 单振型分析
       单振型技术
       方式分析
       模式分析
    S 结构动力分析
    C 振动
    Z 力学分析

振型阻尼
modal damping
O328
    D 模态阻尼
    S 阻尼*

振转光谱
    Y 振动光谱

振子*
oscillator
O32
    F 弹簧振子
       非线性振子
       环形振子
       耦合振子
       尾流振子
       弦振子
       阻尼振子

振子模型
oscillator model
O562.1
    D 线振子模型
    S 原子模型
    Z 物理模型

振子强度
oscillator strength
O442；O562
    D f 值
       加权振子强度
    S 物理参数*
    F 光学振子强度
    C 强度函数

震动
    Y 振动

震动（冲击）
    Y 冲震

震动荷载
    Y 冲击载荷

震动计
    Y 测振仪

震动强度
vibration strength
O346
    D 抗震强度
       振动烈度
       振动强度
    S 力学强度*

震动试验
    Y 振动试验

震动速度
    Y 振动速度

震动载荷
    Y 冲击载荷

震抖
    Y 振动

震击
    Y 振动

震凝
    Y 震凝性

震凝性

rheopexy
O37
　D 震凝
　S 特性*
　C 流变
　　流体粘度

蒸发*
evaporation
O552.6；P332.2
　D 蒸发特性
　　蒸发特征
　　蒸汽相变
　F 多效蒸发
　　间接蒸发
　　热蒸发
　　抑制蒸发
　　真空蒸发
　　蒸发皿蒸发
　C 汽化
　　脱水 →(3)
　　蒸发悖论 →(4)
　　蒸发力 →(4)
　　蒸发器 →(4)
　　蒸发效应 →(5)
　　蒸馏 →(3)(4)
　　蒸汽压力

蒸发结晶
evaporative crystallization
O799
　S 结晶*

蒸发皿蒸发
pan evaporation
O552.6；P332.2
　S 蒸发*
　C 蒸发皿蒸发量 →(4)(5)

蒸发模型
evaporation model
O571.21
　S 核模型
　C 蒸发系数 →(4)
　Z 物理模型

蒸发潜热
　Y 汽化热

蒸发热
　Y 汽化热

蒸发特性
　Y 蒸发

蒸发特征
　Y 蒸发

蒸气
　Y 蒸汽

蒸气压
　Y 蒸汽压力

蒸气压力
　Y 蒸汽压力

蒸汽
steam
O552.6
　D 蒸气
　S 气体*
　F 过热水蒸汽
　　金属蒸汽
　C 过热

蒸汽饱和压力
　Y 饱和压力

蒸汽定压
　Y 蒸汽压力

蒸汽动力
steam power
TK2
　S 动力*

蒸汽流
　Y 蒸汽流动

蒸汽流动
vapor flow
O351.2
　D 水蒸气流动
　　蒸汽流
　S 气流*
　C 层流
　　超临界流
　　多相流
　　非定常流
　　非均匀流
　　临界流
　　稳定流

蒸汽相变
　Y 蒸发

蒸汽压
　Y 蒸汽压力

蒸汽压力
vapor pressure
O354.7；O552.3
　D 饱和蒸汽压
　　汽化压力
　　汽压
　　水蒸气压
　　水蒸气压力
　　水蒸汽压
　　压力(蒸气)
　　蒸气压
　　蒸气压力
　　蒸汽定压
　　蒸汽压
　S 气体压力
　F 饱和蒸气压
　C 沸点
　　节点温差
　　空气湿度 →(4)
　　汽化
　　汽液平衡 →(3)
　　逸度
　　张力计
　　蒸发
　Z 压力

蒸汽-液体流动
　Y 气液两相流

整流特性

rectification characteristic
O441.1
　S 电流特性
　Z 电学性质

整数部分函数
　Y 高斯函数

整体边界层
　Y 边界层

整体传递矩阵
　Y 整体传递矩阵法

整体传递矩阵法
whole transfer matrix
O313.3
　D 整体传递矩阵
　S 传递矩阵
　C 临界转速
　Z 矩阵

整体分析
integral analysis
O176.3；O192；O415
　D 大范围分析
　　全局分析
　S 数学分析*

整体刚度矩阵
global stiffness matrix
O342
　S 刚度矩阵
　C 单元刚度矩阵
　Z 矩阵

整体屈曲
global buckling
O344.7
　S 屈曲*

整体稳定
global stability
O175.13；O317
　D 整体稳定性
　　总体稳定性
　S 稳定*

整体稳定性
　Y 整体稳定

整形脉冲
shaped pulse
TN78
　S 脉冲*

正常光
　Y 寻常光

正常色散
normal dispersion
O436.3
　S 色散*

正常引力位
　Y 引力势

正常重力
normal gravity
O314
　D 理论重力

850 汉语主题词表（自然科学卷） 第Ⅱ册 力学、物理学、晶体学

S 重力
C 正常重力梯度 →(4)(5)
Z 力

正冲
Y 对撞

正磁电阻
positive magnetoresistance
O441.6
S 磁电阻*

正点阵
direct lattice
O712
S 点阵*

正电荷
positive charge
O441.1
S 电荷*

正电子
positive electron
O572.322
D 反电子
    阳电子
    正子
S 电子*
F 慢正电子
C 电子偶素
    空穴陷阱
    正电子散射

正电子碰撞
positron collisions
O572.322
S 电子碰撞
C 正电子散射
Z 碰撞

正电子散射
positron scattering
O572.322
D 电子-正电子散射
S 电子散射
C 电子-正电子相互作用
    正电子
    正电子碰撞
    正电子湮没
Z 粒子散射

正电子寿命
Y 正电子寿命谱

正电子寿命谱
positron lifetime spectrum
O57
D 正电子寿命
    正电子湮没谱
    正电子湮没寿命
    正电子湮没寿命谱
S 电子能谱
Z 能谱

正电子素
Y 亚原子粒子

正电子态
Y 电子态

正电子湮没
positron annihilation
O572.24
D 正电子湮没技术
S 湮灭
F 慢正电子湮没
C 正电子散射
Z 粒子相互作用

正电子湮没技术
Y 正电子湮没

正电子湮没谱
Y 正电子寿命谱

正电子湮没寿命
Y 正电子寿命谱

正电子湮没寿命谱
Y 正电子寿命谱

正电子湮灭
Y 电子对湮灭

正二十面体
icosahedra
O174.4；O18；O71
S 二十面体
    几何体*
C 正八面体 →(1)

正反共轭不变性
Y C不变性

正反共轭不变性定理
Y C不变性

正反共轭不变性定律
Y C不变性

正反共轭不变性原理
Y C不变性

正反共轭宇称
Y 电荷共轭宇称

正方点阵
square lattice
O712
D 正方格子
S 布拉菲点阵
Z 点阵

正方格子
Y 正方点阵

正方晶格
tetragonal lattice
O712；O76
D 四方晶格
S 晶格*

正方晶系
Y 四方晶系

正方形核素图
square chart of nuclides
O571
S 核素图
Z 图表

正负电子对撞
Y 正负电子对撞机

正负电子对撞机
electron positron collider
O572.214
D 正负电子对撞
S 电子对撞机
F 北京正负电子对撞机
Z 对撞机

正规乘积
normal product
O413.1
D 正规积
S 积*
C 符号法 →(1)
    奇异值 →(1)

正规积
Y 正规乘积

正激波
normal shock wave
O354.5
D 直激波
S 激波*

正极
Y 阳极

正极板
Y 阳极

正交变换群
Y 正交群

正交采样
quadrature sampling
TN911；TN95
S 采样*

正交场
cross-field
O412
S 物理场*

正交分解
orthogonal decomposition
O151.21；O177；O312.1
S 数学分解*
C 差集 →(1)
    降阶模型 →(1)
    向量值多分辨分析 →(1)

正交各向异性
orthogonal anisotropy
O343.8
S 各向异性*

正交各向异性损伤
anisotropic damage
O346.5
D 正交异性损伤
S 损伤(力学)*
C 应变空间
    应力场

正交光栅
orthogonal grating
O437.4；P111.3
S 光栅*

正交极化
orthogonal polarization
O441.4
　　S 椭圆极化
　　Z 极化

正交晶系
orthorhombic system
O711.4
　　D 斜方晶系
　　S 晶系*

正交晶向偏离
orthogonal misorien-tation
O78
　　S 晶向偏离
　　Z 晶体缺陷

正交晶型
rhombic form
O76
　　S 晶型*

正交偏振
orthogonal polarization
O441.4
　　S 偏振*

正交曲线坐标系
orthogonal curvilinear coordinate system
O18；O411
　　S 坐标系*

正交群
orthogonal group
O152；O411；O412.3
　　D 运动群
　　　正交变换群
　　S 群(数学)*
　　C 欧氏环 →(1)

正交误差
orthogonal error
TG8
　　S 误差*

正交异性损伤
　　Y 正交各向异性损伤

正晶体
positive crystal
O734.2
　　S 单轴晶体
　　Z 光学晶体

正离子
　　Y 阳离子

正面碰撞
　　Y 对撞

正摩擦力
positive friction
O313.5
　　S 摩擦力
　　Z 力

正碰
　　Y 对撞

正入射
normal incidence
O435.1
　　S 入射
　　Z 光学现象

正透镜
　　Y 凸透镜

正温度系数
positive temperature coefficient
O551.2；P412.11；P423
　　S 温度系数
　　C 负温度系数
　　Z 温度参数

正弦波
sine wave
O411
　　S 波*
　　F 标准正弦波
　　　非正弦波
　　　三相正弦波
　　C 锯齿波

正弦波拟合
sine wave curve fitting
TM935
　　D 正弦波拟合法
　　S 波形拟合
　　Z 波形处理

正弦波拟合法
　　Y 正弦波拟合

正弦共振驻留试验
　　Y 共振试验

正弦光栅
sinusoidal grating
O437.4；P111.3
　　S 光栅*
　　C 全息光栅

正弦激励
sinusoidal excitation
O323
　　D 正弦激振
　　S 激励*

正弦激振
　　Y 正弦激励

正弦拟合
sine fitting
O4
　　S 拟合*

正弦运动
　　Y 简谐运动

正向冲击
　　Y 对撞

正向散射
　　Y 前向散射

正向压力
　　Y 正压

正向阻断峰值电压
positive cut-off peak voltage

TM933.2
　　S 电压*

正像
erect image
O435.2；P23
　　S 光学图像*
　　C 镜像 →(4)

正形变换
　　Y 保角变换

正压
positive pressure
O351；P424
　　D 垂直压力
　　　大气正压
　　　法向压力
　　　正向压力
　　　正压力
　　S 压力*
　　C 滑动速率

正压电效应
　　Y 压电性

正压力
　　Y 正压

正压流
barotropic flow
O37
　　S 流体流*
　　C 风切变 →(4)
　　　瑞利波
　　　斜压扰动 →(4)

正应变
normal strain
O344.3
　　D 法向应变
　　S 应变*
　　F 主应变

正应力
normal stress
O343.4
　　D 垂直应力
　　　法向应力
　　　竖向应力
　　　纵向应力
　　　最大法向应力
　　　最小法向应力
　　S 内应力
　　F 拉应力
　　　弯曲正应力
　　　压应力
　　C 峰值强度
　　　剪切流
　　　扭矩
　　　剩余强度
　　　斜弯曲
　　Z 应力

正则变量
canonical variables
O316
　　D 正则共轭变量
　　S 变量*

C 状态变量 →(1)

正则长波方程
regularized long wave equation
O441.4
　　D RLW 方程
　　　正则长波方程式
　　　正则长波方程式组
　　　正则长波方程组
　　　正则长波公式
　　S 长短波方程
　　F 对称正则长波方程
　　C 流线扩散法 →(1)
　　Z 方程(数学)

正则长波方程式
　　Y 正则长波方程

正则长波方程式组
　　Y 正则长波方程

正则长波方程组
　　Y 正则长波方程

正则长波公式
　　Y 正则长波方程

正则动量
canonical momentum
O313.2
　　S 动量
　　Z 力学量

正则方程
　　Y 法方程

正则共轭变量
　　Y 正则变量

正则量子化
canonical quantization
O413
　　S 量子化*

正则系综
canonical ensemble
O414.211
　　S 系综理论
　　Z 物理理论

正则坐标
　　Y 简正坐标

正子
　　Y 正电子

正阻尼
positive damping
O31
　　S 阻尼*

证认*
identification
ZT5
　　F 光学证认

支撑点
　　Y 支点

支撑力
　　Y 支承力

支撑应力
　　Y 支承应力

支承反力
　　Y 支承力

支承力
supporting force
O31
　　D 承受力
　　　承载压力
　　　支撑力
　　　支承反力
　　　支承压力
　　　支点反力
　　　支反力
　　　支护力
　　　支座反力
　　S 力*
　　C 地基承载力
　　　地基稳定性

支承强度
bearing strength
O346
　　D 承压强度
　　　承载强度
　　　支护强度
　　S 抗压强度
　　C 支承应力
　　Z 力学强度

支承压力
　　Y 支承力

支承应力
supporting stress
O343.4
　　D 承压应力
　　　支撑应力
　　S 应力*
　　C 支承强度

支点
fulcrum
O318
　　D 支撑点
　　S 作用点
　　Z 位置

支点反力
　　Y 支承力

支反力
　　Y 支承力

支护力
　　Y 支承力

支护强度
　　Y 支承强度

支架干扰
support interference
V211
　　D 低架干扰
　　　支架干扰(风洞)
　　　支架干扰修正
　　　支座干扰
　　S 气动力干扰*

支架干扰(风洞)
　　Y 支架干扰

支架干扰修正
　　Y 支架干扰

支配方程
　　Y 控制方程

支座反力
　　Y 支承力

支座干扰
　　Y 支架干扰

支座位移
support displacement
O347
　　S 位移*

枝晶
dendrite
O76
　　D 树枝晶
　　　树枝晶体
　　　树枝状晶体
　　　双树枝状晶体
　　　枝蔓晶
　　　枝蔓晶体
　　　枝状生长晶体
　　S 晶体*
　　F 等轴枝晶

枝晶生长
dendritic growth
O78
　　D 枝蔓生长
　　S 晶体生长*

枝蔓晶
　　Y 枝晶

枝蔓晶体
　　Y 枝晶

枝蔓生长
　　Y 枝晶生长

枝状生长晶体
　　Y 枝晶

织构*
texture
O76
　　F 表面织构
　　　晶体织构
　　　熔融织构
　　C 晶体微结构
　　　组织 →(1)

织构(晶体)
　　Y 相变织构

织构图
texture patterns
O722
　　S 衍射图
　　Z 图像

织构系数
texture coefficient

O344.3；O76
    S 系数*

脂状相
    Y 近晶相

脂状液晶
    Y 近晶相液晶

直边衍射
straight edge diffraction
O436.1
    S 光衍射
    Z 衍射

直达声
direct sound
O42
    S 声音*
    C 自由声场

直达声场
    Y 自由声场

直读光谱
direct-reading aes
O433.5
    S 光谱*

直读光谱法
direct-reading spectrometry
O433.4
    S 光谱分析*
    F 光电直读光谱法

直激波
    Y 正激波

直接侧向力
direct lateral force
O31
    S 侧向力
    Z 力

直接测定
    Y 直接测量

直接测量
direct measurement
TB462.1
    D 直接测定
       直接测量[法]
       直接测量法
       直接观测
    S 测量*
    C 间接测量

直接测量[法]
    Y 直接测量

直接测量法
    Y 直接测量

直接成像
direct imaging
TN2；TN911.73
    S 成像*

直接电导率
directconductivity
O441.1
    S 电导率
    Z 物理参数

直接电子传递
direct electron transfer
O572.2
    S 电子转移
    Z 运动(物理)

直接反应
direct reactions
O571.42
    S 核反应*
    F 敲出反应
       撞击反应

直接分解
    Y 分解反应

直接辐射
direct radiation
O432；P422
    S 辐射*

直接观测
    Y 直接测量

直接光子
direct photon
O572.31
    S 光子
    Z 粒子

直接结晶
direct crystallization
O799
    S 结晶*

直接截断法
direct truncation method
O57
    S 物理法*

直接能量转换
direct energy conversion
O4-0
    D 能量直接转换
    S 能量转换*
    F 电磁转换
       电光转换
       光电转换
       光热转换
       热电转换
    C 发电

直接碰撞
    Y 对撞

直接强度法
direct strength method
O342
    S 力学方法*
    C 畸变屈曲

直接水锤
    Y 水锤

直接水击
    Y 水锤

直接隧穿
direct tunneling
O471
    S 隧穿*

直径*
diameter
O157.5；O186.12
    F Sauter 平均直径
       细丝直径
    C 半圆 →(1)

直径测量
diameter measurement
TB92；TH711
    D 半径测量
    S 几何量测量*
    F 孔径测量
       粒度测量
    C 曲率测量

直拉单晶硅
Czochralski silicon crystal
O78
    D 切克劳斯基晶体
       直拉单晶硅材料
       直拉硅单晶
       直拉硅单晶材料
       直拉硅单晶体
       直拉硅单晶体材料
    S 单晶硅
    Z 晶体

直拉单晶硅材料
    Y 直拉单晶硅

直拉法
    Y 提拉法

直拉硅单晶
    Y 直拉单晶硅

直拉硅单晶材料
    Y 直拉单晶硅

直拉硅单晶体
    Y 直拉单晶硅

直拉硅单晶体材料
    Y 直拉单晶硅

直流
direct current
O441.1
    D 直流电
       直流电流
    S 电流*
    F 高压直流电
       直流 Josephson 电流
    C 交流

直流 Josephson 电流
DC josephson current
O441.1
    S 直流
    Z 电流

直流场致发光
    Y 直流电致发光

直流电
    Y 直流

直流电导率
DC conductivity
O441.1
　　S 电导率
　　Z 物理参数

直流电弧等离体
　　Y 直流电弧等离子体

直流电弧等离子体
DC arc plasma
O531
　　D 直流电弧等离体
　　S 电弧等离子体
　　Z 等离子体

直流电弧放电
DC arc discharge
O461.2
　　S 电弧
　　Z 放电

直流电流
　　Y 直流

直流电晕放电
DC corona
O461
　　S 电晕放电
　　Z 放电

直流电致发光
direct current electroluminescence
O436.4
　　D 直流场致发光
　　S 电致发光
　　Z 发光

直流电阻率
DC resistivity
TM934.1
　　S 电阻率*

直流辉光放电
DC glow discharge
O461.21
　　S 辉光放电
　　F 氮直流辉光放电
　　Z 放电

直流偏场
static bias field
O441.1
　　S 电场*

直流偏磁
direct current bias
O441.2
　　S 偏磁*
　　F 变压器直流偏磁

直流石墨化
　　Y 石墨化

直流约瑟夫森效应
　　Y 约瑟夫森效应

直射变换
collineatory transformation
O185；O43
　　S 数学变换*

直射照度
direct illuminance
O432.2；P422.1
　　S 照度*

直升机地面共振
　　Y 地面共振

直升机尾流
　　Y 尾流

直线*
straight line
O123.3
　　F 拟合直线
　　C 长轴　→(1)
　　　 夹角　→(1)
　　　 平行公理　→(1)

直线度测量
rectilinear measurement
TB92
　　D 线性度测量
　　　 直线性测量
　　S 几何量测量*
　　C 激光准直

直线度误差
　　Y 线性误差

直线对撞机
linear colliders
O572.214
　　S 对撞机*

直线过程
straight line process
O552.3
　　S 物理过程*

直线极化
　　Y 线性极化

直线加速度
　　Y 线加速度

直线减速度
　　Y 线加速度

直线偏振光
　　Y 线偏振光

直线平动
　　Y 移动

直线区域
　　Y 线性区

直线性测量
　　Y 直线度测量

直线运动
linear motion
O311.1
　　D 线性运动
　　S 运动*
　　F 匀速运动

止裂
crack arrest
O346.1
　　D 裂纹止裂

　　S 开裂
　　Z 断裂

止裂韧度
arrest toughness
O346.12
　　S 韧性
　　Z 力学性质

指标*
index
ZT3
　　F 临界指标
　　　 失效指标
　　　 物理量指标
　　C 数学模型

指进
fingering
O357
　　D 舌进
　　　 爪进
　　S 流动*
　　F 粘性指进

指南针
　　Y 罗经

指数*
index
O122.6
　　D 指数标度
　　F 多方指数
　　　 临界指数
　　　 流变指数
　　　 流动指数
　　　 强度指数
　　　 衰减指数
　　　 稳定性指数
　　　 应力指数
　　　 粘度指数
　　　 最大 Lyapunov 指数
　　C 本原矩阵　→(1)
　　　 标度

指数标度
　　Y 指数

指数增益系数
exponential gain coefficient
O734
　　S 晶体学参数*
　　C 光折变晶体
　　　 光折变效应
　　　 光折变性能

指向矢
director
O75
　　S 向量*
　　C 液晶

指向矢分布
director distribution
O753.2
　　S 液晶性能*

指向特性
directional characteristic
TN64；TN912

S 声学特性*
F 单一指向性
　声场指向性

指向性测量
directivity measurement
TB52
S 声学测量*
C 声基阵 →(4)

酯类液晶
ester liquid crystal
O753.2
S 液晶*

制导弹道
guidance trajectory
O315
D 导引弹道
　复合弹道
　驾束制导弹道
　随机弹道
　运动学弹道
S 弹道*

制动力
braking force
O313
D 减速力
　刹车力
　手制动力
　轴间制动力
　驻车制动力
S 外力
Z 力

制动摩擦
brake friction
O313.5
D 摩擦制动
S 摩擦*

制动推力
brake thrust
O313
D 负推力
S 推力*

制糖结晶
Y 蔗糖结晶

质点*
mass point
O311.1
F 变质量质点
C 动力学
　运动学

质点大小分布
particle size distribution
O311.1；O359
D 滴经分布
　滴径分布
　雾滴尺寸分布
　液滴尺寸分布
　液滴粒度分布
S 力学分布*
C 颗粒物粒度 →(4)
　气液两相流

质点弹道学
particle ballistics
O315
D 真空弹道学
S 外弹道学
Z 弹道学

质点动力学
particle dynamics
O313.1
D 质点力学
S 动力学
C 热泳力
Z 理论力学

质点峰值振动速度
peak particle velocity
O311.1
D 峰值质点速度
S 振动速度
　质点速度
C 爆破振动
Z 运动速度

质点力学
Y 质点动力学

质点流动
particle flow
O351.2
D 颗粒流动
S 流动*
C 流量计 →(4)(5)

质点模型
point masses model
O311.1
S 动力学模型
Z 力学模型

质点速度
particle velocity
O311.1；P315.3
S 运动速度*
F 质点峰值振动速度
C 振动速度

质点网格法
particle-in-cell method
O157.5；O351.3
S 网格法
C 物质点法
　物质密度
Z 数学方法

质点位移
particle displacement
O311.1
S 位移*

质点系
particle system
O311.1
D 质点组
S 力系*

质点系动力学
particle system dynamics
O313.2
D 质点系统动力学

S 动力学
Z 理论力学

质点系统动力学
Y 质点系动力学

质点系运动学
Y 质点运动学

质点运动
particle motion
O311.1
S 运动*
C 晶格振动
　面积速度

质点运动轨迹
particle moving track
O311.1
S 运动轨迹
Z 轨迹

质点运动学
particle kinematics
O311.1
D 粒子运动学
　质点系运动学
S 运动学
Z 理论力学

质点振动
particle vibration
O32
S 机械振动
C 多自由度
　球面摆
　振型
Z 振动

质点振动系统
vibrating system of particle
O32
S 振动系统
C 主振型
Z 力学系统

质点组
Y 质点系

质量*
mass
O344.3
D 物质质量
F 不平衡质量
　参振质量
　等效质量
　砝码质量
　负质量
　附加质量
　惯性质量
　广义质量
　核质量
　结晶质量
　静止质量
　力学质量
　临界质量
　模态质量
　偏心质量
　热质

体积质量
移动质量
有效质量
总质量
C 质量测量
质量矩阵
质谱仪 →(3)

质量测量
mass measurement
TB462；TB932；TH715
S 力学测量*
F 称重
C 质量

质量传导系数
Y 传导系数(流体)

质量传递
Y 物质迁移

质量传递系数
mass transfer coefficient
O351
D 传质系数
S 传递系数(流体)
C 吸附速度
Z 输运系数(流体力学)

质量传输
Y 物质迁移

质量分辨率
mass resolution
TL8
S 分辨率*
C 测报质量 →(4)(5)

质量分布
mass distribution
O4-0
S 分布(物理学)*

质量辐射系数
Y 辐射系数

质量公式
mass formula
O4
S 力学公式*

质量惯性矩
Y 惯性矩

质量过剩
mass excess
O571.3
C 原子质量

质量交换
Y 物质迁移

质量矩阵
mass matrix
O313
S 矩阵*
F 集中质量矩阵
相容质量矩阵
C 动态有限元 →(1)
圈图 →(1)
质量

质量亏损
Y 质量损失

质量流
Y 质量流量

质量流动
Y 质量流量

质量流量
mass flow
O351
D 质量流
质量流动
质量流率
S 流量*
C 瞬变压力
物质迁移

质量流率
Y 质量流量

质量密度
Y 体积密度

质量谱
mass spectrum
O572
S 谱*

质量守恒
Y 质量守恒定律

质量守恒定理
Y 质量守恒定律

质量守恒定律
law of conservation of mass
O4-0
D 物质不灭
物质不灭定理
物质不灭定律
物质守恒
物质守恒定理
物质守恒定律
质量守恒
质量守恒定理
质量数守恒
S 守恒定律*
Z 物理定律

质量输送
Y 物质迁移

质量输送系数
Y 湍流扩散系数

质量输运
Y 物质迁移

质量数
Y 核子数

质量数守恒
Y 质量守恒定律

质量衰减系数
mass attenuation coefficient
TB303
S 衰减系数
Z 系数

质量损失
mass loss
O57；P14
D 物质损耗
质量亏损
S 损耗*
F 磁芯损耗
导体损耗
C 质量损失率 →(4)

质量效应
mass effect
O41
S 物理效应*

质量因子
quality factor
O41
S 因子*

质量中心
Y 质心

质量转换
Y 物质迁移

质量转移
Y 物质迁移

质能
Y 质能关系

质能方程
Y 爱因斯坦方程

质能方程公式
Y 爱因斯坦方程

质能方程式
Y 爱因斯坦方程

质能方程组
Y 爱因斯坦方程

质能方程组式
Y 爱因斯坦方程

质能公式
Y 爱因斯坦方程

质能关系
mass-energy relation
O412.1
D 质能
S 狭义相对论
F 爱因斯坦关系
C 能量
Z 物理理论

质能关系方程
Y 爱因斯坦方程

质能关系方程式
Y 爱因斯坦方程

质能关系公式
Y 爱因斯坦方程

质能关系式
Y 爱因斯坦方程

质谱
Y 质谱法

质谱测定法
  Y 质谱法

质谱法*
mass spectrometry
O657.63
  D 离子回旋共振谱法
    离子质谱
    质谱
    质谱测定法
    质谱分析
    质谱分析法
    质谱化学分析
    质谱检测
    质谱图
    质谱学
  F 多接收器等离子体质谱
    飞行时间二次离子质谱
    激光解吸电离飞行时间质谱
  C 分子量测定
    光谱分析
    离子选择电极法 →(3)
    热重-质谱 →(3)
    色谱法 →(3)
    仪器分析法 →(3)
    质谱联用 →(3)
    质谱仪 →(3)

质谱分析
  Y 质谱法

质谱分析法
  Y 质谱法

质谱化学分析
  Y 质谱法

质谱检测
  Y 质谱法

质谱图
  Y 质谱法

质谱学
  Y 质谱法

质速关系
mass-velocity relation
O313
  S 相对论效应
  C 相对论力学
  Z 物理效应

质心
center of mass
O312
  D 质量中心
  S 力心*
  C 迷向常数 →(1)
    扭转效应
    质心能量

质心参考系
  Y 质心系

质心能量
center-mass energy
O311.1
  S 能量*
  C 质心

质心速度
质心运动

质心速度
centre-of-mass velocity
O311.1；P138
  S 空间速度*
  C 质心能量
    质心运动

质心系
center-of-mass system
O313.2
  D 质心参考系
  S 参照系*
  C 洛伦兹变换
    酉变换 →(1)
    纵向动量

质心运动
mass centre motion
O313.2
  S 运动*
  C 柯尼希定理
    质心能量
    质心速度

质心运动定理
motion theorem of mass centre
O311.1
  S 力学定理*

质心轴
mass axis
TH13
  S 轴*

质子
proton
O572.341
  D 光质子
    缓发质子
  S 核子
  F 反质子
    高能质子
    快质子
  C 质子谱
    质子转移 →(3)
  Z 粒子

质子磁共振
proton magnetic resonance
O482.53
  D 质子共振
  S 磁共振*
  F 质子核磁共振

质子磁共振成像(生物医学)
  Y 生物医学核磁共振

质子导电性
proton conductivity
O482.4
  S 导电性
  Z 电学性质

质子俘获
proton capture
O571
  S 核俘获

  Z 俘获(物理学)

质子辐照
proton irradiation
O571
  S 粒子辐射
  Z 辐射

质子共振
  Y 质子磁共振

质子核磁共振
proton magnetic resonance
O482.53
  S 核磁共振
    质子磁共振
  C 质子磁共振谱法 →(3)
  Z 磁共振
    共振

质子轰击
proton bombardment
O572.341
  S 轰击*

质子化团簇
protonated cluster
O571
  S 团簇*

质子激发
proton excitation
O572.341
  S 激发*

质子激发 X 射线发射分析
  Y 质子激发 X 射线荧光分析

质子激发 X 射线光谱法
  Y 质子激发 X 射线荧光分析

质子激发 X 射线荧光
  Y 质子激发 X 荧光

质子激发 X 射线荧光分析
proton induced X-ray emission analysis
O433.4；O434.1；O657.34；O657.4
  D PIXE 分析
    质子激发 X 射线发射分析
    质子激发 X 射线光谱法
    质子激发 X 射线荧光分析法
  S X 射线荧光光谱法
  C 质子激发 X 荧光
  Z X 射线分析
    光化学分析法

质子激发 X 射线荧光分析法
  Y 质子激发 X 射线荧光分析

质子激发 X 荧光
proton induced X ray
O434.1
  D 质子激发 X 射线荧光
  S X 射线荧光
  C 质子激发 X 射线荧光分析
  Z 荧光

质子加速
proton acceleration
O571
  S 粒子加速*

质子密度
proton density
O572.21
D 磁层质子密度
S 粒子密度
Z 粒子参数

质子谱
proton spectra
O571.23
S 粒子谱*
C 质子

质子束
proton beam
O572.341
D 反质子束
S 粒子束*

质子数
proton number
O572.341
S 核子数
C 原子序数
Z 原子参数

质子探测
Y 带电粒子探测

质子通量
proton flux
O57
S 粒子通量
Z 通量

质子旋进
proton precession
O57
S 进动*

质子晕
proton halo
O571.21
S 核晕*

质子照相
proton radiography
TL99
S 射线摄影
Z 摄影

致宽
Y 宽度

致密层
dense layer
O484.1
S 膜层
Z 固体结构

致稳
Y 稳定

滞变回线
Y 滞回曲线

滞变阻尼
Y 滞后阻尼

滞迟特性
Y 滞后

滞后*
hysteresis
ZT5
D 迟滞现象
  延迟
  延迟特性
  延迟作用
  滞迟特性
  滞后现象
F 热滞
  相位延迟
  压力滞后
  折射延迟
C 误差
  阻尼

滞后反馈
Y 延迟反馈

滞后非线性
hysteretic nonlinearity
O313
S 数学性质*
C 多频激励

滞后回线
hysteresis loop
TG14
S 影响线
C 磁感应强度
  磁化强度
  磁滞
  磁滞损耗
Z 线

滞后流
after flow
O351
S 流体流*

滞后圈
Y 滞回曲线

滞后损失
Y 磁滞损耗

滞后现象
Y 滞后

滞后相关
lag correlation
TN911；TN94；TN95
D 延迟相关
  延时相关
S 时间相关
Z 相关

滞后阻尼
hysteretic damping
O328
D 滞变阻尼
S 阻尼*
C 耗散率 →(4)
  自由振动

滞环
Y 滞回曲线

滞回
Y 滞回曲线

滞回关系
Y 滞回曲线

滞回规则
Y 滞回曲线

滞回环
Y 滞回曲线

滞回曲线
hysteresis loop
O343
D 迟后曲线
  迟滞环
  迟滞回线
  迟滞性曲线
  恢复力曲线
  力位移关系
  力位移曲线
  滞变回线
  滞后圈
  滞环
  滞回
  滞回关系
  滞回规则
  滞回环
  滞回圈
S 应力-应变曲线*
C 非线性分析 →(1)

滞回圈
Y 滞回曲线

滞流
Y 驻点流

滞水
Y 缓流

滞弹性
anelasticity
O343
D 弹性后效
  弹性滞后
S 弹性
C 松弛
  岩体变形 →(5)
  滞弹性弛豫
Z 力学性质

滞弹性弛豫
anelastic relaxation
O343.9；O469；O7
D 机械弛豫
  桥口弛豫
  斯诺科-科斯特弛豫
S 松弛*
C 内摩擦
  位错阻尼
  滞弹性

滞弹性介质
anelastic medium
O345
S 弹性介质
Z 力学介质

滞止流
Y 驻点流

置换定理
    Y 替换定理

置换对称
permutation symmetry
O43
    S 对称*

置换反应
    Y 取代反应

置乱矩阵
    Y 位移矩阵

中波
medium wave
O451
    S 电磁波*
    C 中频

中部裂纹
    Y 内部裂纹

中部色散
    Y 平均色散

中段弹道
midcourse trajectory
O315
    S 导弹弹道
    Z 弹道

中段弹道学
    Y 中间弹道学

中国科学院物理研究所
Institute of Physics CAS
O4-1
    S 组织机构*

中国物理学会
Chinese Physical Society
O4
    S 组织机构*

中和
neutralization
O441.1；O643.1；O646.1
    D 分段中和
        过滤中和
        化学中和
        加压中和
        中和反应
        中和作用
    S 化学反应*
    C 沉淀 →(3)(5)
        水解 →(3)
        酸碱平衡 →(3)

中和反应
    Y 中和

中和面
    Y 中性面

中和作用
    Y 中和

中红外
mid-infrared
O434.3
    D 中红外线
    S 红外线
    C 中红外光谱
    Z 电磁波

中红外光谱
mid-infrared spectroscopy
O433.5；O434.3
    S 红外光谱*
    C 中红外

中红外线
    Y 中红外

中级晶族
intermediate category
O711
    S 晶族
    Z 晶体要素

中间玻色子
intermediate boson
O572.31
    D 弱玻色子
    S 玻色子
    F 希格斯玻色子
        中间矢量玻色子
    Z 粒子

中间弹道试验
    Y 内弹道试验

中间弹道学
intermediate ballistics
O315
    D 中段弹道学
    S 弹道学*
    C 内弹道试验
        炮口冲击波

中间结构
intermediate structure
O571.4
    S 结构*

中间冷却器
intercooler
TQ051.5；TU831
    S 冷却器*
    C 后冷却器 →(3)

中间裂纹
    Y 内部裂纹

中间矢量玻色子
intermediate vector bosons
O572.31
    S 矢量玻色子
        中间玻色子
    Z 粒子

中间温度
medium temperature
O551.2；P423
    S 温度*

中间主应变
    Y 主应变

中间主应力
intermediate principal stress
O343.4
    D 中主应力
    S 主应力
    C 平面应变
    Z 应力

中阶梯光栅
echelle grating
O437.4；P111.3
    S 阶梯光栅
    Z 光栅

中介相
    Y 液晶相

中量核
    Y 中重核

中能核反应
intermediate-energy nuclear reaction
O571.4
    S 核反应*

中能中子
    Y 中子

中能重离子碰撞
intermediate energy heavy ion collision
O571.6
    S 重离子碰撞
    Z 碰撞

中频
medium frequency
O45
    S 无线电频率*
    C 中波

中频采样
intermediate frequency sampling
TN911
    S 采样*

中强度
medium strength
O346
    S 力学强度*

中微子
neutrino
O572.321
    D 微中子
        中性微子
    S 轻子
    F μ中微子
        τ子型中微子
        电中微子
        反中微子
        太阳中微子
        宇宙中微子
    C 中微子振荡
    Z 粒子

中微子实验
neutrino experiment
O4-33
    S 物理实验
    C 中微子振荡
    Z 科学实验

中微子物理
neutrino physics
O57
　　S　高能物理学
　　C　中微子振荡
　　Z　物理学

中微子消失之谜
　　Y　太阳中微子

中微子振荡
neutrino oscillation
O572.321
　　S　振荡*
　　C　中微子
　　　　中微子实验
　　　　中微子物理

中心波长
center wavelength
TN2
　　S　波长*

中心穿透裂纹
central through crack
O346.11
　　S　穿透裂纹
　　Z　裂纹

中心等轴晶
center equiaxial crystal
O76
　　S　等轴晶
　　Z　晶体

中心对称
central symmetry
O187；O71
　　D　非中心对称
　　S　对称*
　　C　均质积分　→(1)
　　　　中心对称矩阵　→(1)
　　　　最佳逼近　→(1)

中心负剪切
negative central shear
O344.1
　　S　剪切*

中心轨迹
　　Y　瞬心迹

中心荷载
　　Y　集中荷载

中心彗差
　　Y　彗差

中心力
central force
O314
　　S　保守力
　　F　科里奥利力
　　　　离心力
　　　　重力
　　Z　力

中心力场
　　Y　有心力场

中心裂纹
　　Y　内部裂纹

中心裂纹板试件
　　Y　中心裂纹圆盘

中心裂纹拉伸试件
　　Y　中心裂纹圆盘

中心裂纹圆盘
central cracked circular disk
O346.1
　　D　中心裂纹板试件
　　　　中心裂纹拉伸试件
　　S　力学试件*

中心流形方法
center manifold method
O351
　　S　流体力学法*

中心势
central potential
O4
　　S　势*
　　C　库仑场

中心势场
central potential field
O31
　　S　势场
　　Z　物理场

中心原子
central atom
O562
　　S　原子*

中性变载
neutral loading
O347.1
　　S　荷载*

中性点
neutral point
TM72
　　S　状态点*
　　C　极隙区　→(4)(5)

中性阶梯滤光器
neutral step filter
TB851.7；TH74
　　S　滤光器
　　Z　光学元件

中性粒子
neutral particle
O572.3
　　S　基本粒子
　　F　轴子
　　Z　粒子

中性粒子输运
neutral particle transport
O572.2
　　S　粒子运动
　　F　光子输运
　　　　中子输运
　　Z　运动(物理)

中性粒子束
neutral particle beam
O572.3
　　S　粒子束*

中性流
neutral currents
O57
　　D　弱中性流
　　S　弱流*

中性面
neutral surface
O31
　　D　中和面
　　S　界面*
　　C　风压　→(4)

中性束诊断
neutral beam diagnostics
O539
　　S　等离子体诊断
　　Z　等离子体应用

中性束注入
neutral beam injection
O4
　　S　注入*

中性微子
　　Y　中微子

中性稳定
neutral stability
O317；P433
　　D　中性稳定性
　　S　稳定*

中性稳定性
　　Y　中性稳定

中性压力
　　Y　中性应力

中性应力
neutral stress
O343.4
　　D　中性压力
　　S　应力*

中性原子
neutral atoms
O562
　　S　原子*

中震弹性
middle shock flexibility
TU31
　　S　弹性
　　Z　力学性质

中值电阻
middle value resistance
TM934.1
　　S　电阻*

中重核
intermediate nucleus
O571.21
　　D　中量核
　　S　重核
　　Z　原子核

中主应力
　　Y 中间主应力

中主应力系数
coefficient of intermediate principal stress
O343
　　S 力系数
　　C 广义剪应变
　　　 相变
　　　 有效偏应力比
　　　 主应力方向
　　Z 系数

中子
neutron
O572.342
　　D 四中子
　　　 特快中子
　　　 透射中子
　　　 中能中子
　　S 核子
　　F D-T 中子
　　　 次级中子
　　　 反射中子
　　　 反中子
　　　 高能中子
　　　 光中子
　　　 聚变中子
　　　 快中子
　　　 冷中子
　　　 裂变中子
　　　 慢中子
　　　 热中子
　　　 散射中子
　　C 电子
　　　 中子慢化
　　　 中子散射
　　　 中子物理学
　　Z 粒子

中子-γ混合场
　　Y 中子场

中子半影成像
neutron penumbral imaging
TL99
　　S 半影成像
　　　 中子成像
　　Z 成像

中子捕获过程
　　Y 中子俘获

中子场
neutron field
O57
　　D 中子-γ混合场
　　S 物理场*

中子成像
neutron imaging
TL99
　　S 粒子成像
　　F 中子半影成像
　　Z 成像

中子发射
neutron emission
O571.421
　　S 粒子发射
　　Z 发射

中子反射
neutron reflection
TL8
　　S 反射*

中子反应
neutron reactions
O571.5
　　D 反中子反应
　　S 核子反应
　　C 中子散射
　　　 中子物理学
　　Z 核反应

中子粉末衍射
neutron powder diffraction
O571.56
　　S 粉末衍射
　　　 中子衍射
　　Z 晶体衍射
　　　 衍射

中子俘获
neutron capture
O571
　　D 中子捕获过程
　　S 核俘获
　　F r-过程
　　　 s-过程
　　Z 俘获(物理学)

中子辐射
　　Y 中子辐照

中子辐照
neutron radiation
O571.5
　　D 中子辐射
　　　 中子照射
　　S 粒子辐射
　　F 快中子辐照
　　C 中子物理学
　　Z 辐射

中子截面
neutron cross section
O571.55
　　S 核截面*
　　F 总截面

中子经济
　　Y 中子通量

中子扩散
neutron diffusion
O571.5
　　D 多群扩散
　　S 原子扩散
　　C 中子输运理论
　　Z 扩散

中子扩散理论
　　Y 中子输运理论

中子慢化
neutron moderation
O57
　　C 禁戒跃迁
　　　 中子
　　　 中子输运理论
　　　 中子通量

中子密度
neutron density
O572.21
　　S 粒子密度
　　Z 粒子参数

中子能谱
neutron energy spectrum
O582
　　S 能谱*
　　C 中子谱
　　　 中子谱仪 →(3)

中子皮厚度
neutron skin thick-ness
O57
　　S 厚度*

中子谱
neutron spectrum
O571.54
　　S 粒子谱*
　　C 中子能谱
　　　 中子谱仪 →(3)

中子散射
neutron scattering
O571.421
　　D 中子-原子核散射
　　S 核子散射
　　C 中子
　　　 中子反应
　　　 中子衍射
　　Z 粒子散射

中子散射振幅
　　Y 散射振幅

中子嬗变
neutron transmutation
O57；O615
　　S 核嬗变*

中子射线照相术
　　Y 快中子照相

中子寿命
neutron lifetime
O571.5
　　S 原子参数*

中子输运
neutron transport
O572.2
　　S 中性粒子输运
　　C 中子输运理论
　　Z 运动(物理)

中子输运理论
neutron transport theory
O57
　　D 中子扩散理论
　　S 输运理论
　　C 中子扩散
　　　 中子慢化

中子输运
　　Z 物理理论

中子束
neutron beam
O572.342
　　S 原子束
　　Z 粒子束

中子数
neutron number
O571.5
　　S 核子数
　　Z 原子参数

中子通量
neutron flux
O57
　　D 中子经济
　　　中子注量
　　　中子注量率
　　　中子注量率分布
　　　注量（中子）
　　S 粒子通量
　　F 快中子通量
　　C 中子慢化
　　Z 通量

中子通量密度
neutron flux density
O571.5
　　S 通量密度
　　Z 物理参数

中子温度
neutron temperature
O571.51
　　S 温度*

中子物理学
neutron physics
O571.5
　　S 原子核物理学
　　C 中子
　　　中子反应
　　　中子辐照
　　Z 物理学

中子物质
　　Y 核物质

中子衍射
neutron diffraction
O571.56
　　S 衍射*
　　F 分子中子衍射
　　　中子粉末衍射
　　C 中子散射
　　　中子衍射晶体学

中子衍射法
neutron-diffraction technique
O722.7
　　D 中子衍射方法
　　S 晶体结构分析方法*

中子衍射方法
　　Y 中子衍射法

中子衍射晶体学
neutron diffraction crystallography
O722.7
　　S 晶体学*
　　C 中子衍射

中子-原子核散射
　　Y 中子散射

中子晕
neutron halo
O571.5
　　D 中子晕核
　　S 核晕*

中子晕核
　　Y 中子晕

中子照射
　　Y 中子辐照

中子注量
　　Y 中子通量

中子注量率
　　Y 中子通量

中子注量率分布
　　Y 中子通量

终点弹道
　　Y 导弹弹道

终点弹道学
terminal ballistics
O315
　　D 穿甲弹道学
　　　末段弹道学
　　S 弹道学*
　　F 创伤弹道学
　　C 爆破试验
　　　外弹道学

终端速度
terminal velocity
O311.1；O315
　　D 末段速度
　　　末速
　　　末速度
　　　最终速度
　　S 速度*

终极速度
　　Y 收尾速度

钟表时间
clock time
TH714
　　S 时间*
　　C 计时
　　　时间测量

钟慢效应
　　Y 时间膨胀

仲电子偶素
parapositronium
O565
　　D 仲态电子偶素
　　S 电子偶素*

仲态电子偶素
　　Y 仲电子偶素

重对称陀螺
heavy symmetrical top
O318
　　S 陀螺仪*

重费米子
heavy fermion
O572.3
　　S 费米子
　　Z 粒子

重费米子系统
heavy fermion system
O572.3
　　S 费米子系统
　　Z 流体

重核
heavy nucleus
O571.21
　　S 原子核*
　　F 超重核
　　　中重核

重核裂变
heavy nuclear fission
O571.43
　　S 核裂变
　　Z 核反应

重夸克
heavy quarks
O572.3
　　S 夸克
　　Z 粒子

重夸克偶素
heavy quarkonium
O565
　　S 夸克偶素
　　Z 电子偶素

重离子
heavy ion
O571.6
　　S 离子*
　　F 高能重离子
　　　快重离子
　　C 重离子束

重离子反应
heavy-ion reactions
O571.6
　　D 氮14反应
　　　氟19反应
　　　氪84反应
　　　锂6反应
　　　锂7反应
　　　硫32反应
　　　氖20反应
　　　硼10反应
　　　硼11反应
　　　碳12反应
　　　碳13反应
　　　氩40反应
　　　氧16反应
　　　氧18反应

重离子核反应
　　重离子诱生核反应
　S 核反应*
　F 熔合反应

重离子辐照
heavy-ion irradiation
O571.6
　S 粒子辐射
　F 快重离子辐照
　Z 辐射

重离子核反应
　Y 重离子反应

重离子碰撞
heavy-ion collision
O571.6
　S 离子碰撞
　F 高能重离子碰撞
　　相对论重离子碰撞
　　中能重离子碰撞
　Z 碰撞

重离子束
heavy-ion beam
O571.6
　S 离子束
　C 重离子
　Z 粒子束

重离子诱生核反应
　Y 重离子反应

重力
gravity
O314
　D 标准重力
　　抗重力
　　重力吸引
　S 中心力
　F 布格重力
　　残余重力
　　潮汐重力
　　地球重力
　　高精度重力
　　绝对重力
　　流动重力
　　区域重力
　　扰动重力
　　人工重力
　　微重力
　　卫星重力
　　相对重力
　　正常重力
　C 万有引力定律
　　引力作用
　　重力矩 →(5)
　　重力位能 →(4)(5)
　　重力效应
　　重力学 →(5)
　　重力压力 →(5)
　　重力仪 →(4)(5)
　Z 力

重力摆
gravity pendulum
O314；P312.4
　S 摆*
　C 陀螺摆

重力变形
gravity deformation
O314；O344.3
　S 变形*

重力波
gravity wave
O353.2；P312.1；P433
　D 剪切重力波
　　切变重力波
　　重力波(大气)
　　重力波波包
　　重力面波
　S 大气波动*
　F 长重力波
　　高频引力波
　　惯性重力波
　C 壳液耦合系统
　　快波
　　流体
　　引力波望远镜 →(4)
　　引力作用
　　重力波拖曳 →(4)

重力波(大气)
　Y 重力波

重力波波包
　Y 重力波

重力场
gravitational field
O314；P223；P312.1
　D 地球空间重力场
　　地球内部重力场
　　地球重力场
　S 地球物理场*
　　力场*
　C 地球重力
　　地球重力场模型 →(4)(5)
　　矩谐分析 →(5)
　　球谐分析 →(5)
　　重力场演化 →(5)
　　重力基准 →(4)
　　重力梯度 →(4)(5)
　　重力异常 →(5)
　　重心

重力场性质
gravitational field nature
O314
　S 力学性质*

重力分析
gravity analysis
O314
　S 力学分析*
　F 近似重分析

重力负荷
　Y 重力荷载

重力负载
　Y 重力荷载

重力惯性波
　Y 惯性重力波

重力荷载
gravity load
O347
　D 重力负荷
　　重力负载
　　重力载荷
　　自重
　S 静载荷
　Z 荷载

重力加速度
acceleration of gravity
O314；P312.4
　D 国标重力加速度
　　国际标准重力加速度
　S 加速度*
　C 地球引力 →(4)

重力均衡
　Y 重力平衡

重力流
gravity current
O351；P312.4；P43
　S 流体流*
　F 颗粒流
　C 沉积作用 →(5)

重力弥散
　Y 弥散

重力密度
　Y 力密度法

重力面波
　Y 重力波

重力模型
　Y 引力模型

重力平衡
gravity balance
O312.2；O317；P312.4
　D 重力均衡
　S 力平衡*
　C 垂直运动

重力侵蚀
gravity erosion
O314
　S 侵蚀*
　C 河流治理 →(4)

重力渗流
　Y 渗流

重力势
　Y 重力位

重力位
gravity potential
O314；P223；P312
　D 重力势
　　重力位差
　C 重力梯度 →(4)(5)
　　重力位能 →(4)(5)

重力位差
　Y 重力位

重力吸引

Y 重力

重力效应
gravity effect
O314；O369；P312.4
　　D 有效重力
　　　重力影响
　　S 力学效应*
　　C 失重
　　　重力

重力因子
gravity factor
O314
　　S 力学因子*

重力影响
　　Y 重力效应

重力载荷
　　Y 重力荷载

重力子
　　Y 引力子

重量*
weight
TB93
　　F 干重
　　C 分子量

重量测量
　　Y 称重

重量流量
weight flow
TB937；TH45
　　S 流量*

重轻子
heavy leptons
O572.32
　　S 轻子
　　Z 粒子

重心
center of gravity
O312
　　D 重心位置
　　S 力心*
　　C 平衡位置
　　　重力场

重心位置
　　Y 重心

重原子法
heavy-atom method
O723
　　S 晶体结构分析方法*
　　C 晶体结构分析

重子
baryon
O572.34
　　D 重子态
　　S 强子
　　F 粲重子
　　　超子
　　　反重子
　　　核子

　　　双重子
　　C 强子质量
　　　重子质量
　　Z 粒子

重子谱
baryon spectrum
O572.34
　　S 粒子谱*

重子数
baryon number
O572.34
　　S 量子数*

重子态
　　Y 重子

重子质量
baryon mass
O572.34
　　D 超子质量
　　S 粒子质量
　　C 重子
　　Z 粒子参数

周边爆破
perimeter blasting
TB41；TD235
　　S 爆破*

周期*
circle
ZT73
　　D 周期化
　　F 半衰期
　　　倍周期
　　　波动周期
　　　波周期
　　　测量周期
　　　运动周期
　　　准周期
　　C 分数 k-因子 →(1)
　　　时期
　　　周期变化 →(1)(4)(5)

周期边界条件
periodic boundary conditions
O152.7；O175；O481
　　D 周期性边界条件
　　S 边界条件*

周期波
periodic wave
N01
　　S 波*
　　C 周期多尺度分析 →(4)

周期非均匀采样
periodically nonuniform sampling
TN911
　　S 非均匀采样
　　Z 采样

周期荷载
　　Y 交变载荷

周期化
　　Y 周期

周期激励
periodic excitation
O323
　　S 激励*

周期极化
periodic poling
O73
　　S 极化*

周期极化 LiNbO$_3$
　　Y 周期性极化铌酸锂晶体

周期极化掺镁铌酸锂晶体
periodically poled MgO-doped LiNbO$_3$ crystal
O734
　　D PPMgLN 晶体
　　　掺氧化镁周期极化铌酸锂晶体
　　　掺氧化镁周期性极化铌酸锂晶体
　　S 掺镁铌酸锂晶体
　　　周期性极化铌酸锂晶体
　　Z 光学晶体
　　　晶体

周期极化反转铌酸锂
　　Y 周期性极化铌酸锂晶体

周期极化晶体
periodically poled crystal
O78
　　D 周期性极化晶体
　　S 极性晶体
　　F 周期性极化铌酸锂晶体
　　Z 晶体

周期加载
　　Y 交变载荷

周期检定
　　Y 周期检验

周期检验
cycle check
TB9
　　D 定期检定
　　　周期检定
　　S 检验*

周期量级脉冲
　　Y 周期脉冲

周期裂纹
periodic crack
O346.1
　　D 周期性裂纹
　　S 裂纹*

周期流
　　Y 周期流动

周期流动
periodic flow
O351.2
　　D 非等熵流动
　　　瞬暂流动
　　　随机流动
　　　周期流
　　S 流动*

周期脉冲
periodic pulse

主　表　865

TN78
　　D 重复脉冲
　　　　周期量级脉冲
　　S 脉冲*

周期模型
periodic model
O411.1
　　D 周期性模型
　　S 模型*
　　C 周期变化　→(1)(4)(5)

周期性边界条件
　　Y 周期边界条件

周期性负载
　　Y 交变载荷

周期性荷载
　　Y 交变载荷

周期性极化 KTP
　　Y 周期性极化磷酸氧钛钾晶体

周期性极化 KTP 晶体
　　Y 周期性极化磷酸氧钛钾晶体

周期性极化晶体
　　Y 周期极化晶体

周期性极化磷酸氧钛钾晶体
periodically poled KTP crystal
O734
　　D PPKTP 晶体
　　　　周期性极化 KTP
　　　　周期性极化 KTP 晶体
　　S 磷酸钛氧钾晶体
　　Z 光学晶体
　　　　晶体

周期性极化铌酸锂晶体
PPLN crystal
O78
　　D 周期极化 LiNbO$_3$
　　　　周期极化反转铌酸锂
　　S 铌酸锂晶体
　　　　周期极化晶体
　　F 周期极化掺镁铌酸锂晶体
　　Z 光学晶体
　　　　晶体

周期性裂纹
　　Y 周期裂纹

周期性模型
　　Y 周期模型

周期性压力
periodic pressure
O31
　　D 周期压力
　　S 压力*

周期性载荷
　　Y 交变载荷

周期性振动
　　Y 周期振动

周期压力
　　Y 周期性压力

周期运动
periodic motion
O311；P13
　　S 运动*
　　F 概周期运动
　　　　拟周期运动

周期载荷
　　Y 交变载荷

周期振动
periodic vibration
O32
　　D 周期性振动
　　S 振动*
　　F 非线性周期振动
　　　　呼吸子
　　　　准周期振动

周线阻力
peripheral resistance
O313
　　D 曲线阻力
　　S 阻力*

周向导波
circumferential wave
O441.4
　　S 表面波
　　Z 弹性波

周向畸变
　　Y 流场畸变

周向裂纹
　　Y 环形裂纹

周向压应力
　　Y 周向应力

周向应力
circumferential stress
O343
　　D 环向应力
　　　　切向应力
　　　　周向压应力
　　　　周向张应力
　　S 应力*
　　F 最大周向应力

周向张应力
　　Y 周向应力

周转晶体法
　　Y 旋转晶体法

轴*
axis
TH13
　　F 反演轴
　　　　快轴
　　　　慢轴
　　　　易磁化轴
　　　　质心轴
　　C 轴对称　→(1)

轴对称变形
axisymmetric deformation
O344.3
　　S 变形*

轴对称变形核
　　Y 形变核

轴对称流
axisymmetric flow
O351
　　S 流体流*

轴对称流动
　　Y 二维流动

轴对称射流
　　Y 平面射流

轴对称问题
axisymmetric problem
O317
　　S 力学问题*
　　C 杂交应力元

轴对称引力场
　　Y 引力场

轴负荷
　　Y 轴向载荷

轴荷
　　Y 轴向载荷

轴荷载
　　Y 轴向载荷

轴间制动力
　　Y 制动力

轴角
axial angle
O71
　　D 晶轴间夹角
　　　　晶轴角
　　S 晶体学参数*

轴拉
　　Y 轴向拉力

轴力
　　Y 轴向力

轴力图
axial force diagram
O313.3
　　S 受力图
　　C 内力图
　　　　扭矩图
　　Z 图表

轴流
　　Y 轴向流

轴面速度
　　Y 轴向速度

轴模
　　Y 纵模

轴上光强
axial light intensity
O435.2
　　S 光强*

轴矢
　　Y 轴矢量

轴矢量
axial vector
O313.3
　　D 轴矢
　　S 向量*

轴手性
　　Y 手性

轴推力
　　Y 轴向推力

轴位移
　　Y 轴向位移

轴系振动
　　Y 轴振动

轴向变形
axial deformation
O344.3
　　D 纵向变形
　　S 变形*

轴向冲击
axial impact
O347
　　S 冲击*

轴向窜动
　　Y 轴向位移

轴向负载
　　Y 轴向载荷

轴向荷载
　　Y 轴向载荷

轴向激励
axial excitation
O323
　　S 激励*

轴向挤压
　　Y 轴向压力

轴向加速度
axial acceleration
O311.1
　　S 加速度*
　　C 加速度计 →(5)

轴向加载
axial loading
O347.1
　　S 加载
　　F 单轴加载
　　　 多轴加载
　　Z 荷载

轴向扩散
axial dispersion
O552.2
　　S 扩散*

轴向拉力
axial tension
O31
　　D 轴拉
　　　 轴向拉伸
　　　 轴心受拉

　　S 拉力
　　C 轴向压缩
　　Z 力

轴向拉伸
　　Y 轴向拉力

轴向力
axial force
O31
　　D 垂向力
　　　 垂直分力
　　　 垂直力
　　　 法向力
　　　 竖向力
　　　 轴力
　　　 轴向受力
　　　 纵向力
　　S 力*
　　C 扭矩
　　　 弯矩

轴向流
axial flow
O351
　　D 轴流
　　　 轴向流动
　　S 流体流*

轴向流动
　　Y 轴向流

轴向模
　　Y 纵模

轴向色差
axial chromatic aberration
O435.2
　　D 位置色差
　　　 纵向色差
　　S 色像差
　　Z 像差

轴向受力
　　Y 轴向力

轴向受压
　　Y 轴向压力

轴向受载
axially-loaded
O347
　　S 荷载*

轴向速度
axial velocity
O313.3；P412.25
　　D 径向速度
　　　 轴面速度
　　S 速度*
　　C 多普勒效应
　　　 切向速度

轴向梯度折射率
axial gradient index
O435.1
　　S 梯度折射率
　　Z 折射率

轴向推力

axial thrust
O313.3
　　D 轴推力
　　S 推力*
　　C 轴向位移

轴向位移
axial displacement
O313.3
　　D 轴位移
　　　 轴向窜动
　　　 轴向移动
　　S 位移*
　　C 热弯曲
　　　 轴向推力
　　　 轴振动

轴向压力
axial pressure
O313.3；O342；O343
　　D 端面压力
　　　 轴向挤压
　　　 轴向受压
　　　 轴心受压
　　S 压力*

轴向压缩
axial compression
O313
　　D 单向压缩
　　　 轴压
　　S 压缩*
　　C 轴向拉力

轴向压缩载荷
　　Y 弯曲载荷

轴向移动
　　Y 轴向位移

轴向应变
axial strain
O344.3
　　S 应变*
　　C 轴向应力

轴向应力
shaft stress
O343.4
　　S 应力*
　　F 单轴应力
　　　 多轴应力
　　C 体积应变
　　　 轴向应变

轴向应力松弛
longitudinal stress relax
O377
　　D 纵向应力松弛
　　S 应力松弛
　　Z 松弛

轴向运动
axial motion
O311.1
　　S 横向运动
　　Z 运动

轴向运动弦线
axially moving string

O311.1
  S 线*

轴向载荷
axial load
O347.1
  D 双向载荷
    双轴向荷载
    双轴向载荷
    同轴负载
    轴负荷
    轴荷
    轴荷载
    轴向负载
    轴向荷载
    轴心荷载
    轴载
    轴载荷
  S 荷载*

轴向振动
axial vibration
O32
  D 纵向振动
    纵振动
  S 振动*

轴心荷载
  Y 轴向载荷

轴心抗压强度
axial compressive strength
O346
  S 抗压强度
  Z 力学强度

轴心力
  Y 集中力

轴心受拉
  Y 轴向拉力

轴心受压
  Y 轴向压力

轴压
  Y 轴向压缩

轴载
  Y 轴向载荷

轴载荷
  Y 轴向载荷

轴振
  Y 轴振动

轴振动
shaft vibration
O32
  D 轴系振动
    轴振
  S 结构振动
  C 轴向位移
  Z 振动

轴子
axions
O572.31
  S 中性粒子
  Z 粒子

昼光
  Y 自然光

骤冷
  Y 急冷

珠滴
  Y 液滴

逐步积分
step-by-step integration
TU311
  S 积分*
  C 逐项求导 →(1)

逐步积分法
step-by-step integration method
O313
  S 积分法
  Z 数学方法

逐次逼近法
  Y 迭代法

逐次逼近算法
  Y 迭代法

逐级分解
  Y 分解反应

主波长
dominant wavelength
O433
  S 波长*

主参激共振
principal parametric resonance
O321
  S 参数共振
    主共振
  Z 共振

主参数共振
primary parametric resonance
O321
  S 参数共振
    主共振
  Z 共振

主冲击
main stroke
O347
  S 冲击*

主磁通
main flux
O441.2
  S 磁通
  Z 磁参数

主动反射面
active reflector
TH74；TH751.7；TN95
  S 反射面*
  C 射电望远镜 →(4)
    望远镜阵 →(4)

主动隔振
active vibration isolation
O328
  D 伺服隔振
    主动消振
    主动振动隔绝
  S 隔振
  C 混沌振动
  Z 减振

主动光学
active optics
O435.2
  S 光学*

主动减振
active vibration reduction
O328
  D 有源减振
  S 减振*

主动结构
active structures
O342
  S 结构*

主动力
active force
O313
  S 动力*

主动消振
  Y 主动隔振

主动压力
  Y 有效压力

主动振动隔绝
  Y 主动隔振

主动阻尼
active damping
O328
  S 阻尼*
  C 振动控制

主方程
master equation
O175.2；O552.2
  D 广义主方程
  S 方程(数学)*
  C 马尔可夫链 →(1)

主共振
main resonance
O321；P136
  S 共振*
  F 主参激共振
    主参数共振

主共振响应
principal resonance response
O321
  S 振动响应
  Z 响应

主惯性矩
principal moment of inertia
O313.3
  D 主转动惯量
  S 惯性矩
  Z 力矩

主光线
principal ray

O439
  S 光线*

主光栅
  Y 母光栅

主光轴
principal optical axis
O435
  D 主轴
  S 光轴*

主剪应变
  Y 剪应变

主剪应力
principal shear stress
O343.4
  S 剪应力
  Z 应力

主焦点
  Y 焦点

主晶相
principal crystalline phase
O76
  S 晶相*

主矩
principal moment
O313.3
  S 力矩*
  C 主矢量

主拉应力
principal tensile stress
O343
  S 拉应力
    主应力
  C 斜裂纹
  Z 应力

主链
main chain
O561；O631.1
  D 链骨架
  S 化学结构*

主链型液晶
  Y 主链液晶

主链液晶
main chain liquid crystal
O753.2
  D 主链型液晶
  S 高分子液晶
  Z 液晶

主量子数
principal quantum number
O413.1
  S 轨道量子数
  Z 量子数

主面
  Y 主平面

主模态
dominant mode
O32
  S 模态*
  C 主振型

主平面
principal plane
TH74
  D 主面
  S 平面*

主曲率半径
  Y 曲率半径

主矢
  Y 主矢量

主矢量
principal vector
O313.3
  D 主矢
  S 向量*
  C 主矩

主双轴应力
  Y 双轴应力

主压应力
principal compressive stress
O343.4
  S 主应力
  Z 应力

主压应力方向
  Y 主应力方向

主应变
principal strain
O344.3
  D 中间主应变
    最大主应变
    最小主应变
  S 正应变
  Z 应变

主应力
principal stress
O343.4
  S 应力*
  F 中间主应力
    主拉应力
    主压应力
    最大主应力
    最小水平主应力
    最小主应力
  C 方向余弦 →(1)
    主方向 →(1)

主应力法
principal stress method
O343.4
  S 应力法
  C 应变硬化
  Z 力学方法

主应力方向
principal stress direction
O343；P315
  D 主压应力方向
  S 应力方向
  F 最大主应力方向
  C 广义剪应变
    相变
    有效偏应力比
    中主应力系数
    最大主应力
  Z 力方向

主应力分离
separation of principal stress
O343.4
  S 分离*

主应力迹线
isostatic
O343.4
  S 应力路径
  Z 路径

主应力空间
principal stress space
O343.4
  S 应力空间
  Z 空间

主振型
principal mode
O32
  D 第一振型
    基本振型
    一阶振型
  S 振型*
  C 振动理论
    质点振动系统
    主模态

主轴
  Y 主光轴

主属性
  Y 特性

主转动惯量
  Y 主惯性矩

煮糖结晶
  Y 蔗糖结晶

助动重力仪
astatic gravimeter
TH761.5
  S 物探仪器*

助溶剂法
  Y 熔盐法

助熔剂法
  Y 熔盐法

贮藏模量
  Y 储能模量

贮能模量
  Y 储能模量

注量(中子)
  Y 中子通量

注入*
injection
O47
  F 光注入
    载流子注入

中性束注入
　　自旋注入

注入式电致发光
　Y　电致发光

驻波
standing wave
[P933.9]；O353；P343.3；P941.78
　D　波(驻波)
　　　波漾
　　　不完全立波
　　　定振波
　　　静波
　　　立波
　S　波*
　F　超声驻波
　　　非线性驻波
　　　横流驻波
　C　波腹
　　　波节
　　　节点
　　　拍频
　　　行进波

驻波比
standing wave ratio
TB97；TN8
　D　电压驻波比
　　　驻波系数
　S　电压测量
　C　波腹
　　　拍频
　Z　电学量测量

驻波场
standing wave field
O411
　S　物理场*

驻波法
standing-wave method
O41
　S　物理法*

驻波系数
　Y　驻波比

驻车制动力
　Y　制动力

驻点
　Y　临界点

驻点流
stagnation flow
O351
　D　滞流
　　　滞止流
　　　驻点流动
　S　无粘流
　F　驻点热流
　Z　流体流

驻点流动
　Y　驻点流

驻点热流
stagnation point thermal flow
V211

　S　驻点流
　Z　流体流

驻点压力
　Y　总压

驻涡
standing vortex
O351.3；O357.1
　D　立轴旋涡
　S　涡旋*
　C　瞬变涡动 →(4)

柱面波
cylindrical wave
O351；O42；P315
　S　应力波*
　C　柱面 →(1)

柱面光栅
cylindrical gratings
O437.4；P111.3
　S　衍射光栅
　Z　光栅

柱面镜
　Y　变形镜

柱面透镜
　Y　柱透镜

柱塞流
plug-flow
O359
　D　柱状流
　S　流体流*
　C　速度分布

柱塞流动
　Y　段塞流

柱体绕流
　Y　圆柱绕流

柱透镜
cylindrical lens
TH74
　D　柱面透镜
　S　透镜
　Z　光学元件

柱形空腔膨胀理论
cylindrical cavity expansion theory
O344.3
　S　空腔膨胀理论
　Z　力学理论

柱形量子点
cylindrical quantum dot
O413
　S　量子点
　Z　势阱

柱状晶
columnar crystal
O76
　D　柱状晶体
　S　晶体*

柱状晶粒
columnar grains

O764
　S　晶粒*

柱状晶体
　Y　柱状晶

柱状流
　Y　柱塞流

砖墙模型
brick wall model
O411.1
　S　模型*

转变*
transition
ZT5
　F　电阻转变
　　　金属-半导体转变
　　　绝缘体-金属转变
　　　流型转变
　　　热转变
　　　延性-脆性转变

转变(脆-延)
　Y　延性-脆性转变

转变(延-脆)
　Y　延性-脆性转变

转变层
　Y　转捩层

转变点
　Y　转变温度

转变温度
transition temperature
O414；O511
　D　转变点
　S　温度*
　F　玻璃化转变温度
　　　超导转变温度
　　　磁转变温度
　　　沸点
　　　熔点
　　　三相点
　　　延脆转变温度
　C　高温超导体
　　　潜热 →(3)(4)
　　　相变温度

转变压力
　Y　相变压力

转换*
conversion
ZT5
　D　变换
　F　表象变换
　　　共面转换
　　　光波长转换
　　　流型转换
　　　内转换
　　　偏振转换
　　　扫描转换
　　　上转换
　　　下转换
　　　谐波转换
　C　椭球等高分布 →(1)

转换温度
inversion temperature
O4
    S 温度*

转角
rotation angle
O342
    D 回转角
       旋转角
       旋转角度
       转动角
    S 角*

转晶
    Y 晶体相变

转迁集
transition set
O322
    S 集合*
    C 非线性动力分析

转弯半径
    Y 回转半径

转向半径
    Y 回转半径

转向力矩
    Y 扭矩

转移*
transport
ZT5
    D 传输
       传输方式
       传送
       输送
       输运
       输运过程
       输运机理
       输运机制
       输运趋势
       输运现象
       输运行为
       输运性能
       运移
       运移过程
       运移机理
       运移机制
       运移趋势
       转移过程
    F 反常输运
       轨道转移
       极化转移
       空穴传输
       水平输送
       斜程传输
       自由空间传输
    C 动量定理
       能量转移
       输送通量 →(4)
       输运方程 →(1)
       输运理论
       输运系数 →(4)
       物质迁移
       运移时间 →(5)

转移(动量)
    Y 动量交换

转移层
    Y 过渡层

转移电离
transfer ionization
O572
    S 电离*

转移电子效应
    Y 耿氏效应

转移过程
    Y 转移

转移矩阵
transfer matrix
O21；O302
    D 转移矩阵法
       转移矩阵方法
    S 矩阵*
    C 景观稳定性 →(4)
       蒙特卡罗估计 →(1)

转移矩阵法
    Y 转移矩阵

转移矩阵方法
    Y 转移矩阵

转镜
rotating mirror
TH74
    S 光学元件*

转捩层
transition layer
O357.4
    D 转变层
    S 流体层*
    C 边界层转捩

转捩点
transition point
O357
    S 状态点*

转捩流
    Y 过渡流

转动
    Y 旋转

转动半径
    Y 回转半径

转动变质量系统
rotational variable mass system
O311
    S 力学系统*

转动参考系
    Y 转动参照系

转动参照系
rotation reference system
O313.3
    D 转动参考系
    S 动系
    Z 参照系

转动弛豫
rotational relaxation
O369
    S 内部自由度弛豫
    Z 松弛

转动带
    Y 转动谱带

转动定理
theorem of rotation
O313.3
    S 力学定理*
    F 垂直轴定理
       平行轴定理

转动定律
law of rotation
O313.3
    S 力学定律*

转动动能
rotational energy
O313.3
    S 动能
    C 平动动能
    Z 能量

转动分量
rotational component
O313
    S 分量*

转动惯量
    Y 惯性矩

转动惯性
    Y 惯性矩

转动激发
rotational excitation
O57
    S 激发*

转动角
    Y 转角

转动力矩
    Y 扭矩

转动流动
    Y 旋转流动

转动流体
    Y 旋转流体

转动能级
rotational energy level
O413.3
    S 能级*
    C 电子能级

转动谱
rotational spectrum
O433.5
    S 谱*

转动谱带
rotation band
O433.1
    D 转动带

S 吸收带
Z 光谱结构

转动瞬心
instantaneous center of rotation
O313.3
S 瞬心
Z 位置

转动速度
Y 转速

转动速率
Y 转速

转动稳定性
Y 旋转稳定性

转动物体
rotating bodies
O313.3
S 物体*
C 角速度测量
陀螺仪
旋转

转动相对论
rotational relativity
O57
S 相对论
Z 物理理论

转动液体
Y 旋转流体

转动-振动模型
rotation-vibration model
O32
S 动力学模型
C 形变核
振动态
Z 力学模型

转动转矩
Y 扭矩

转动转速
Y 转速

转动自由度
rotational degree of freedom
O313.3
S 自由度*
C 微极理论

转矩
Y 扭矩

转矩测量
Y 扭矩测量

转矩纹波
torque ripple
TM3
S 纹波
Z 波

转距
Y 扭矩

转盘扭矩
Y 扭矩

转速
rotation speed
O311.2
D 回转速度
旋转率
旋转速度
旋转速率
转动速度
转动速率
转动转速
S 运动速度*
F 飞逸转速
临界转速
C 涡流比
钻进参数 →(5)
钻速 →(5)

转速表
tachometer
TH824
S 测速仪
Z 测量仪器

转速稳定性
Y 速度稳定性

转子的临界转速
Y 临界转速

转子动力学
rotor dynamics
O347.6
D 转子系统动力学
S 动力学
C 大间隙环流 →(4)
临界转速
碰摩
弯扭耦合振动
Z 理论力学

转子临界转速
Y 临界转速

转子模型
rotator model
O562.1
S 原子模型
Z 物理模型

转子式流速仪
rotameter
TH76；TH815
S 测速仪
海洋仪器*
水文仪器*
Z 测量仪器

转子系统动力学
Y 转子动力学

桩侧摩擦力
pile flank friction force
O313.5
S 摩擦力
Z 力

桩端阻力
Y 端阻力

桩柱承载能力
pile capacity
TU4
S 承载力
F 单桩承载力
Z 力学强度

装备希尔伯特空间
Y 希尔伯特空间

装配压力
assembly pressure
O31
S 压力*

装药结构试验
Y 内弹道试验

装载计算
Y 载荷计算

状态*
state
ZT5
F 暗态
表面态
部分有序
长程有序
超临界
纯态
磁有序
簇态
电荷有序
短程有序
对应态
分子状态
高离化态
过热
宏观态
界面态
扩展态
连续态
奇特态
取向有序
缺陷态
双模压缩态
顺电相
完全有序
微观态
无载荷状态
亚临界
应变状态
应力状态
准静态
自陷态
最小测不准态
C 稳定

状态点*
state point
ZT5
F 临界点
零电荷点
中性点
转捩点

状态方程
equation of state
O411；P333；P456.7；P733
D 固体状态方程

海水状态方程
液体状态方程
状态方程式
S 方程*
F 高压状态方程
立方型状态方程
C 本构方程
垂直剖面 →(1)(4)
理想流体
理想气体
热力学
四阶 Runge-Kutta 法 →(1)
图形
压缩模量
状态向量 →(1)

状态方程法
state equation method
O351
S 力学方法*

状态方程式
Y 状态方程

状态图
Y 相图

状态稳定性
Y 稳定

状态向量方程
state vector equation
O302
S 力学方程*

撞击
Y 碰撞

撞击(力学)
Y 力学碰撞

撞击采样器
Y 采样器

撞击参数
Y 碰撞参数

撞击反应
knock-on reaction
O571.42
S 直接反应
F 核-核碰撞
Z 核反应

撞击荷载
Y 冲击载荷

撞击加速度
Y 冲击加速度

撞击流
impinging stream
O351.2
S 流体流*
C 超高压
压力脉动

撞击强度
Y 冲击强度

撞击韧性
Y 冲击韧性

撞击射流
Y 冲击射流

撞击声
impact sound
O422.6
S 声音*

撞击实验
Y 冲击试验

撞击速度
impact velocity
O311.1
D 冲击速度
打击速度
碰撞速度
S 运动速度*
C 靠船撞击力 →(4)
碰撞时间

撞击现象
Y 碰撞

撞击响应
knock response
O313.4
S 动态响应
Z 响应

撞击效率
Y 碰撞效率

撞击因子
Y 冲击因子

撞击应力
Y 振动应力

撞击载荷
Y 冲击载荷

撞击中心
center of percussion
O313.4；P137
S 作用点
C 撞击地球 →(4)
撞击事件 →(4)
Z 位置

追踪*
tracing
ZT5
F 界面追踪
粒子追踪

锥
Y 锥体

锥光干涉图
conoscopic interference pattern
O436.1
S 干涉图
Z 光学图像

锥体*
cone
O123.3
D 锥

锥体结构
F 马赫锥
C 减算子 →(1)
拟范数 →(1)
线性空间 →(1)
锥映射 →(1)

锥体结构
Y 锥体

锥形流
Y 锥形流动

锥形流动
conical flow
O354
D 锥形流
锥型流
S 超声速流动
Z 流动

锥形装药射流
Y 聚能射流

锥型流
Y 锥形流动

缀饰态
dressed state
O431.2
S 原子态
Z 能态

赘余反力
Y 反力

准玻色子
quasi-boson
O572.31
S 玻色子
Z 粒子

准磁通量子
Y 磁通量子

准单色光
quasi-monochromatic light
O432.3
S 单色光
Z 光

准电子
quasi electron
O562.1
S 电子*

准定常流
quasi-steady flow
O351
S 稳定流
C 准定常行星波
Z 流体流

准定常行星波
quasi-stationary planetary wave
O353；P433
S 大气波动*
C 准定常流

准二维流动
quasi-twodimensional flow

O351.2
　　S 二维流动
　　Z 流动

准费米能级
　　Y 费米能级

准分子
excimer
O56
　　D 激基缔合物
　　　 受激准分子
　　S 准粒子*
　　C 分子
　　　 碰撞

准傅里叶变换全息图
　　Y 傅里叶变换全息图

准光腔
quasi-optical cavity
O435.2
　　S 光学腔
　　Z 光学元件

准光学
quasi-optical
O439
　　S 光学*

准光学谐振腔
　　Y 激光谐振腔

准解理断口
　　Y 准解理断裂

准解理断裂
quasi-cleavage fracture
O346.11
　　D 准解理断口
　　S 解理断裂
　　Z 断裂

准晶
quasicrystal
O753.3
　　D 拟晶
　　　 准晶体
　　　 准周期性晶体
　　S 类晶体*
　　F 二十面体准晶
　　　 二维准晶
　　　 立方准晶
　　　 一维六方准晶

准晶胞
pseudo-cell
O753.3
　　S 晶胞*

准晶构造
　　Y 准晶结构

准晶结构
quasicrystal structure
O753.3
　　D 准晶构造
　　　 准晶态构造
　　　 准晶态结构
　　　 准晶体构造

　　　 准晶体结构
　　S 类晶结构*

准晶态
quasi-crystalline state
O753
　　S 类晶态
　　Z 物态

准晶态构造
　　Y 准晶结构

准晶态结构
　　Y 准晶结构

准晶体
　　Y 准晶

准晶体构造
　　Y 准晶结构

准晶体结构
　　Y 准晶结构

准晶相
quasicrystal phase
O753.3
　　S 晶相*
　　F 二十面体准晶相

准静电场
quasi-static electric field
O441.1
　　S 静电场
　　Z 电场

准静态
quasi-static
O312
　　D 暂稳态
　　S 状态*

准静态过程
quasistatic process
O414.1
　　S 热力学过程*

准静态扩展
quasi-static growth
O346.1
　　S 扩展*
　　C 动态扩展
　　　 裂纹尖端场

准静态压力
quasi-static pressure
O312
　　S 静压
　　C 应力波
　　Z 压力

准粒子*
quasiparticle
O469
　　D 元激发
　　F 磁振子
　　　 激子
　　　 声子
　　　 准分子
　　C 孤子

准粒子隧道效应
　　Y Giaever 隧道效应

准连续介质法
quasi-continuum method
O33
　　D 准连续介质方法
　　S 力学方法*

准连续介质方法
　　Y 准连续介质法

准裂变
quasi fission
O571.43
　　S 核裂变
　　Z 核反应

准零刚度
quasi zero stiffness
O343
　　S 刚度
　　C 低频隔振
　　Z 力学性质

准流体
quasi fluid
O357
　　D 半流体
　　　 半流质
　　　 半液态
　　　 似流体
　　S 流体*

准流体静压力
　　Y 流体静压力

准流体静压媒质
　　Y 流体静压媒质

准热光
quasi thermal light
O432.12
　　D 伪热光
　　　 赝热光
　　S 热光
　　Z 光

准三能级
　　Y 三能级

准四能级
　　Y 四能级

准塑性流体流动
　　Y 牛顿流动

准弹性
　　Y 伪弹性

准弹性散射
quasi elastic scattering
O313.4；O343
　　S 弹性碰撞
　　Z 力学碰撞

准位相匹配
　　Y 准相位匹配

准稳态
quasi-steady state

O317
    D 拟稳态
       亚稳定状态
    S 稳定*

准线望远镜
alignment telescopes
TH743
    D 内调焦自准直仪
    S 望远镜*

准相位匹配
quasi-phase matching
O451
    D 准位相匹配
    S 相位匹配
    Z 匹配

准一维应变
quasi-one dimensional strain
O344.3
    S 应变*

准则*
criterion
ZT82
    F 破裂判据
       损伤判据
       稳定性判据
       肖维勒准则
       信息量准则
    C 标准规范
       规律

准则法
criteria method
O342
    S 力学方法*

准直*
collimation
O43；P204
    F 激光准直
       激光自准直
    C 准直仪 →(4)

准直光管
    Y 平行光管

准直光束
collimated beam
O435.1
    D 准直束
    S 平行光束
    Z 光束

准直技术
    Y 校准

准直束
    Y 准直光束

准直透镜
collimating lens
TH74
    S 透镜
    C 准直物镜
    Z 光学元件

准直望远镜
collimating telescope
TH743
    D 自准直望远镜
    S 望远镜*
    C 准直物镜

准直物镜
collimator objective
TB851；TH744
    S 物镜
    C 准直透镜
       准直望远镜
    Z 光学元件

准周期
quasi-periodicity
O41
    S 周期*

准周期结构
quasi-periodic structures
O41
    S 结构*

准周期性晶体
    Y 准晶

准周期运动
    Y 拟周期运动

准周期振动
quasi-oscillation
O32
    S 周期振动
    Z 振动

准自由电子
quasi-free electron
O56
    S 自由电子
    Z 电子

着陆荷载
    Y 着陆载荷

着陆速度
landing speed
O311
    D 飞机着陆速度
       接地速度
       落陆速度
    S 运动速度*
    C 着陆载荷

着陆载荷
landing load
O347.1
    D 航空器着陆荷载
       着陆荷载
       着落荷载
    S 冲击载荷
    C 下落速度
       着陆速度
    Z 荷载

着落载荷
    Y 着陆载荷

姿态运动
attitude motion
V212
    S 运动*
    F 大姿态复合运动
    C 姿态参数 →(4)

资讯
    Y 信息

资用压力
    Y 有效压力

子带间跃迁
intersubband transition
O432.12
    D 子带跃迁
    S 带间跃迁
    Z 跃迁

子带跃迁
    Y 子带间跃迁

子点阵
    Y 亚点阵

子动力学
subdynamics
O313
    S 动力学
    Z 理论力学

子结构法
substructure method
O342
    D 子结构技术
    S 数值分析*
    C 比例边界有限元 →(1)
       逆矩阵 →(1)

子结构分析
sub-structure analysis
O342
    S 结构分析
    Z 力学分析

子结构技术
    Y 子结构法

籽晶
seed crystal
O78
    S 晶体*
    F 点状籽晶

籽晶法
seed crystal method
O782
    D 籽晶生长法
    S 熔盐法
    F 顶部籽晶法
    Z 晶体生长方法

籽晶生长
seeded growth
O78
    S 晶体生长*

籽晶生长法
    Y 籽晶法

紫光
violet light

O431.1；O432.3
　S　可见光
　F　蓝紫光
　Z　光

紫晶
amethyst
O76；P578.494
　D　紫水晶
　S　宝石*
　　　硅酸盐矿物*

紫水晶
　Y　紫晶

紫外
　Y　紫外线

紫外/可见光谱
　Y　紫外-可见光谱法

紫外导数光谱法
ultraviolet derivative photometry
O433.4；O657.3
　S　导数光谱法
　　　紫外光谱分析
　Z　光谱分析

紫外发光
　Y　紫外光致发光

紫外发射
ultraviolet emission
O432.1；O434.2
　D　紫外光发射
　S　光发射
　C　紫外光源
　Z　发射

紫外反射
ultraviolet reflection
O434.2
　S　光学反射
　Z　反射

紫外分光
ultraviolet spectroscope
O434.2；O436.3
　S　分光*

紫外分光光度学
　Y　紫外光谱

紫外分光计
ultraviolet spectrometer
TH74
　S　分光计*

紫外辐射
ultraviolet radiation
O434.2
　D　UV 辐照
　　　紫外光辐射
　　　紫外线辐射
　S　光辐射
　F　极紫外辐射
　　　真空紫外辐射
　C　紫外辐照度
　　　紫外光源
　　　紫外吸收
　　　紫外线
　Z　辐射

紫外辐照度
ultraviolet irradiance
O432；P422.1
　S　光辐照度
　C　紫外辐射
　Z　辐射参数

紫外光
　Y　紫外线

紫外光电阴极
ultraviolet photocathodes
TN103
　S　光电阴极
　Z　电极

紫外光电子能谱
ultraviolet photoelectron spectroscopy
O582
　D　紫外光电子能谱学
　S　光电子能谱
　Z　能谱

紫外光电子能谱学
　Y　紫外光电子能谱

紫外光发射
　Y　紫外发射

紫外光辐射
　Y　紫外辐射

紫外光谱
ultraviolet spectrum
O433.5；O434.2
　D　UV 光谱
　　　UV 光谱学
　　　紫外分光光度学
　　　紫外光谱学
　　　紫外线光谱学
　S　光谱*
　F　分子紫外光谱
　　　远紫外光谱
　　　真空紫外光谱
　C　紫外光源
　　　紫外天文学　→(4)

紫外光谱法
　Y　紫外光谱分析

紫外光谱分析
ultraviolet spectral analysis
O433.4；O657.32
　D　UV 光谱法
　　　紫外光谱法
　S　光谱分析*
　F　差紫外光谱法
　　　紫外导数光谱法
　　　紫外-可见光谱法
　　　紫外吸收光谱法
　C　紫外分光光度法　→(3)
　　　紫外光谱仪　→(4)

紫外光谱学
　Y　紫外光谱

紫外光束
　Y　紫外线

紫外光吸收
　Y　紫外吸收

紫外光线
　Y　紫外线

紫外光源
ultraviolet light source
O434.2
　D　紫外线灯
　S　光源*
　F　真空紫外光源
　C　紫外发射
　　　紫外辐射
　　　紫外光谱
　　　紫外线

紫外光致发光
ultraviolet photoluminescence
O434.2；O462.3
　D　紫外发光
　S　光致发光
　Z　发光

紫外激发
ultraviolet excitation
O434.2
　S　光致激发
　Z　激发

紫外-可见光谱
　Y　紫外-可见光谱法

紫外可见光谱法
　Y　紫外-可见光谱法

紫外-可见光谱法
ultraviolet-visible spectroscopy
O433.4；O657.32
　D　UV-Vis 光谱法
　　　紫外/可见光谱
　　　紫外-可见光谱
　　　紫外可见光谱法
　S　紫外光谱分析
　F　紫外-可见吸收光谱法
　Z　光谱分析

紫外-可见光吸收
ultraviolet-visible absorption
O436.2
　D　紫外可见吸收
　S　紫外吸收
　Z　光吸收

紫外-可见光吸收光谱
　Y　紫外-可见吸收光谱法

紫外-可见光吸收谱
　Y　紫外-可见吸收光谱法

紫外可见吸收
　Y　紫外-可见光吸收

紫外可见吸收光谱
　Y　紫外-可见吸收光谱法

紫外-可见吸收光谱
　Y　紫外-可见吸收光谱法

紫外-可见吸收光谱法
ultraviolet-visible absorption spectrometry
O433.4；O657.32
    D UV-Vis 吸收光谱
        紫外-可见光吸收光谱
        紫外-可见光吸收光谱
        紫外可见吸收光谱
        紫外-可见吸收光谱
    S 紫外-可见光谱法
    Z 光谱分析

紫外偏光镜
ultraviolet polarizing prism
TH74
    S 偏光镜
    Z 光学元件

紫外屏蔽性能
ultraviolet screen property
O434.2
    S 紫外性能
    Z 光学性能

紫外探测
ultraviolet detection
TN29
    S 光电探测
    Z 探测

紫外望远镜
    Y 光学望远镜

紫外吸收
ultraviolet absorption
O436.2
    D 紫外光吸收
    S 光吸收*
    F 紫外-可见光吸收
    C 紫外辐射
        紫外线

紫外吸收光谱
    Y 紫外吸收光谱法

紫外吸收光谱法
ultraviolet absorption spectrometry
O434.2；O657.32
    D 紫外吸收光谱
    S 吸收光谱分析
        紫外光谱分析
    Z 光谱分析

紫外吸收性能
UV absorbing properties
O434.2
    S 光吸收特性
    Z 光学性质

紫外线
ultraviolet
O434.2
    D 紫外
        紫外光
        紫外光束
        紫外光线
    S 电磁波*
    F 近紫外
        深紫外
        远紫外线

        真空紫外
    C 紫外辐射
        紫外光源
        紫外吸收

紫外线灯
    Y 紫外光源

紫外线辐射
    Y 紫外辐射

紫外线辐射强度
ultraviolet radiation intensity
O432.1；O571；P162；P422
    S 辐射强度
    Z 辐射参数

紫外线光谱学
    Y 紫外光谱

紫外性能
ultraviolet properties
O434.2
    S 光学性能*
    F 紫外屏蔽性能

紫外荧光
UV fluorescence
O434.2
    S 荧光*

自倍频晶体
self-frequency-doubling crystal
O734
    S 倍频晶体
    Z 光学晶体
        晶体

自泵浦相位共轭
self-pumped phase conjugation
O432.12
    S 相位共轭
    Z 共轭

自成核
    Y 自发成核

自成象
    Y 自成像

自成像
self-imaging
O43
    D 自成象
    S 成像*

自持放电
self-sustained discharge
O53
    S 气体放电
    F 电弧
        电晕放电
        弧光放电
        辉光放电
        火花放电
    Z 放电

自持振荡
    Y 无阻尼振动

自电离
autoionization
O56
    D 自电离态
    S 原子电离
    C 俄歇效应
    Z 电离

自电离态
    Y 自电离

自动捕获
    Y 自俘获

自动测量
automatic measurement
TB462.1
    D 自动检测
    S 测量*
    C 自动测流 →(5)

自动触发
    Y 自激励

自动磁性测量仪
    Y 地磁仪器

自动检测
    Y 自动测量

自动剖分
automatic generation
O241.82；O441.4；P315.6
    S 剖分*
    C 断层滑动 →(4)(5)

自动调焦
automatic focusing
TB8
    D 自调焦
    S 调焦
    C 爬山法 →(1)
        图像分辨率 →(4)
    Z 光学调整

自动网格法
automated grid method
O348
    S 网格法
    C 模型试验 →(5)
    Z 数学方法

自动稳定
    Y 自稳定性

自动旋光仪
automatic polarimeters
TH741
    S 旋光仪
    Z 测量仪器

自动迎风
    Y 迎风有限元法

自陡
    Y 自陡峭效应

自陡峭
    Y 自陡峭效应

自陡峭效应
self-steepening

O437
- D 自陡
    自陡峭
- S 非线性效应
- Z 光学效应

自发参量下转换
- Y 参量下转换

自发成核
spontaneous nucleation
O78
- D 自成核
    自发形核
- S 晶体成核
- F 非自发形核
- Z 晶体形成

自发成核法
spontaneous nucleation mehtod
O782
- D 自发成核生长法
- S 熔盐法
- Z 晶体生长方法

自发成核生长法
- Y 自发成核法

自发磁化
spontaneous magnetization
O441.2
- D 本征磁化
- S 磁化
- Z 磁性

自发磁化强度
- Y 饱和磁化强度

自发对称性破缺
- Y 超对称

自发发光
- Y 自发光

自发发射
spontaneous emission
O572.2
- S 粒子发射
- F 放大自发发射
- Z 发射

自发辐射
spontaneous radiation
O562
- D 原子自发辐射
- S 粒子辐射
- F 超辐射
- Z 辐射

自发辐射率
spontaneous emission rate
O432.1；P162；P422
- S 辐射率
- Z 辐射参数

自发辐射寿命
spontaneous radiation lifetime
O441
- S 辐射寿命
- Z 辐射参数

自发辐射诱导相干
spontaneously induced coherence
O441
- S 相干性*

自发光
self-luminescence
O432.1
- D 自发发光
    自激活发光
- S 发光*

自发过程
spontaneous process
O551
- S 物理过程*

自发极化
spontaneous polarization
O738
- D 自极化
- S 电介质极化
- Z 极化

自发结晶
spontaneous crystallization
O79
- S 结晶*

自发拉曼散射
spontaneous raman scattering
O436.2
- D 自发喇曼散射
- S 拉曼散射
- Z 光散射

自发喇曼散射
- Y 自发拉曼散射

自发裂变
spontaneous fission
O571.43
- S 核裂变
- Z 核反应

自发剩余磁化
- Y 天然剩磁

自发形核
- Y 自发成核

自发应变
spontaneous strain
O344.3
- S 应变*

自反力
- Y 自反作用力

自反作用力
self-reaction force
O31；O441.1
- D 自反力
- S 作用力
- Z 力

自范性
- Y 自限性

自分解
- Y 分解反应

自俘获
self-trapping
O469
- D 自动捕获
- S 俘获(物理学)*
- C 玻色-爱因斯坦凝聚体

自感
self-inductance
O441.3
- D 自感现象
    自感应
- S 电磁感应*
- C 自感电动势
    自感系数

自感电动势
self-induction electromotive force
O441.3；O442
- S 感生电动势
- C 自感
- Z 电动势

自感系数
coefficient of self-induction
O441.1
- S 系数*
- C 自感

自感现象
- Y 自感

自感应
- Y 自感

自感应透明度
- Y 透明性

自功率谱密度
auto spectral density
O45
- S 功率谱密度
- Z 谱密度

自孤子
autosoliton
O415
- S 孤子*

自激
- Y 自激励

自激发
- Y 自激励

自激活发光
- Y 自发光

自激活激光晶体
self-activated laser crystal
O734
- S 激光晶体
- Z 光学晶体

自激励
self-excitation
O323；O56
- D 自动触发
    自激
    自激发
    自励

S 激励*
C 脉动燃烧 →(3)
　摩擦力矩

自激振荡
self-excited oscillation
TN751.3
S 振荡*
C 脉冲射流

自激振动
self-excited vibration
O323
D 自振
S 激振
C 负阻尼
　干摩擦
Z 振动

自极化
Y 自发极化

自举电流
bootstrap current
O53
S 电流*

自聚集
self-aggregation
O435.1
S 聚集*

自聚焦
self-focusing
O437.5
D 光自聚焦
　自聚焦效应
S 光束聚焦
F 小尺度自聚焦
C 克尔效应
　自聚焦物镜
Z 聚焦

自聚焦透镜
self-focusing lens
TH74
S 透镜
F 棒透镜
C 聚焦光束
　自聚焦物镜
Z 光学元件

自聚焦物镜
self-focusing objectives
TB851；TH744
S 变焦距物镜
C 自聚焦
　自聚焦透镜
Z 光学元件

自聚焦效应
Y 自聚焦

自扩散
self-diffusion
O552
S 扩散*
F 气体中自扩散

自励

Y 自激励

自流
Y 无压流

自流流动
Y 无压流

自轮廓重建
Y 图像重建

自脉冲
self-pulsing
TN24
S 光脉冲
F 自相似脉冲
Z 脉冲

自蔓延高温渗硼共晶化
self-propagation high-temperature boriding-and-eutecticum
O79
D 自蔓延高温渗硼共晶化过程
S 渗硼共晶化
Z 晶化

自蔓延高温渗硼共晶化过程
Y 自蔓延高温渗硼共晶化

自能
self-energy
O441.1
S 静电能
Z 能量

自粘阻尼层
Y 粘性层

自耦合射流
synthetic jet
O358
S 射流*
C 速度分布

自频移
self-frequency shift
O441
S 偏移*

自洽
Y 自洽性

自洽场
self-consistent field
O41；O641
D 自洽场理论
S 物理场*
F 多组态自洽场
C 分子轨道理论
　休克尔分子轨道 →(3)

自洽场理论
Y 自洽场

自洽性
self-consistency
O41
D 自洽
S 物理性质*

自然边界积分方程

natural boundary integral equation
O241.4；O344.3
S 方程(数学)*

自然边界条件
natural boundary condition
O34
S 边界条件*

自然边界元法
natural boundary element method
O302
S 边界元法
Z 力学方法
　数学方法

自然超空泡
natural supercavitation
O351.2
S 超空化
　自然空泡
C 空化数
Z 空化

自然单位
Y 自然单位制

自然单位制
natural system of units
O572；P14
D 自然单位
S 单位制*

自然电流
natural electric current
O441.1；P319
S 电流*
F 大气电流
　地电流
　降水电流
C 自然电场 →(5)
　自然电位

自然电位
natural potential
O441.1
S 电极电位
F 电化学自然电位
　静态自然电位
C 自然电场 →(5)
　自然电流
Z 电位

自然对流
natural convection
O351.2；P314.2；P433
D 对流热流
　热对流
　热力流
　热流体动力学
　热致流动
　自然对流换热
　自由对流
S 对流*
F Rayleigh-Benard 对流
　双扩散对流
C QUICK 格式 →(1)
　非牛顿流体
　格拉斯霍夫数

热辐射
瑞利数

自然对流传热
natural convection heat transfer
TK124
   S 对流传热
   Z 能量转移

自然对流换热
   Y 自然对流

自然共振
natural resonance
O321
   D 固有共振
   S 共振*

自然光
natural light
O432.1；P427.1
   D 天然光
      天然光线
      昼光
      自然光源
   S 光*
   F 阳光

自然光源
   Y 自然光

自然环境噪声
   Y 自然噪声

自然空泡
natural cavity
O351
   S 空化*
   F 自然超空泡

自然模型
   Y 标准模型

自然频率
natural frequency
O32
   D 固有频带
      固有频率
      自然振动频率
      自由振动频率
      自振频率
      阻尼振动频率
   S 振动频率
   C 共振
      固有模态
      结构
   Z 频率

自然弹性
natural elasticity
TB301
   S 弹性
   Z 力学性质

自然循环
natural circulation
O359
   S 循环*
   C 超循环理论 →(1)

自然灾害*
natural disasters
X43
   F 冻融灾害
   C 地震灾害 →(4)(5)
      地质灾害 →(4)(5)
      海洋灾害 →(4)
      抗灾救灾 →(4)(5)
      气象灾害 →(4)(5)

自然噪声
natural noise
O422.8
   D 自然环境噪声
   S 噪声*
   F 大地电磁噪声
      大气噪声
      地动噪声
      地震噪声
      电离层噪声
      宇宙噪声

自然振荡
   Y 振荡

自然振动频率
   Y 自然频率

自然坐标
natural coordinates
O351
   S 坐标*

自燃烧法
self ignition method
O55
   S 物理法*

自散焦
self-defocusing
O436.2
   S 散焦
   Z 聚焦

自散焦介质
self-defocusing medium
O43
   S 光学介质*

自身稳定性
   Y 自稳定性

自生磁场
self-generated magnetic field
O441.2
   S 磁场*

自蚀
   Y 自吸收

自适应法
adaptive method
O59
   S 物理法*
   C 提升小波变换 →(1)

自适应光学
adaptive optics
O435；P141
   D 适应光学

   S 光学*
   C 波前测量
      光学相位共轭

自适应光学技术
adaptive optical technique
TN2
   S 光学技术*

自适应光学系统
adaptive optical system
TH74
   D 适应光学系统
   S 光学系统*

自适应函数
self-adaptation function
O302
   S 函数(力学)*

自适应化学
   Y 化学

自适应结构
adaptive structures
O342
   S 结构*

自适应探测
adaptive detection
TN29
   S 光电探测
   Z 探测

自体荧光光谱
auto-fluorescence spectra
O433.5
   S 荧光光谱
   Z 光谱

自调焦
   Y 自动调焦

自稳
   Y 自稳定性

自稳定
   Y 自稳定性

自稳定性
autostability
O317；O53
   D 固有稳定性
      增稳
      自动稳定
      自身稳定性
      自稳
      自稳定
   S 稳定性*

自吸收
self-absorption
O436.2
   D 自蚀
   S 光吸收*

自限性
self-limitation
O731
   D 晶体自范性
      晶体自限性

自范性
　S 晶体性质*

自陷
　Y 自陷态

自陷光束
self-trapped beam
O436.1
　S 光束*

自陷能
self-trapping energy
O47
　S 能量*

自陷态
self-trapping
O437
　D 自陷
　S 状态*

自相似方法
self-similar method
O59
　S 数学物理方法
　Z 物理法

自相似函数
elf-similar functions
O302
　S 函数(力学)*

自相似结构
self-similarty structure
O59
　S 结构*

自相似解
self-similar solution
O175；O302
　S 相似解
　C 递推公式 →(1)
　　复 Ginzburg-Landau 方程 →(1)
　Z 解

自相似脉冲
self-similar pulses
TN24
　S 自脉冲
　Z 脉冲

自旋
spin
O41；O43；O572.21
　S 旋转
　F 核自旋
　　同位旋
　C 对数螺线 →(1)
　　角动量
　　量子论
　　螺旋性
　　自旋波
　　自旋极化
　　自旋密度波
　Z 运动

自旋波
spin wave
O482.53
　D 磁量子
　S 波*
　F 自旋密度波
　C 磁振子
　　静磁波
　　自旋
　　自旋波函数 →(1)
　　自旋波理论
　　自旋动力学

自旋波共振
　Y 自旋共振

自旋波激发
spin-wave excitation
O441
　S 激发*
　C 自旋波函数 →(1)
　　自旋波理论

自旋波理论
spin-wave theory
O441
　S 电磁理论
　C 自旋波
　　自旋波函数 →(1)
　　自旋波激发
　　自旋波谱
　Z 物理理论

自旋波谱
spin-wave spectrum
O581
　S 波谱*
　C 自旋波理论

自旋玻璃态
spin-glass state
O482.52
　S 自旋态
　Z 能态

自旋场
spin fields
O441
　S 物理场*
　C 自旋极化

自旋弛豫
spin relaxation
O441
　S 磁弛豫
　F 自旋-自旋弛豫
　C 自旋共振
　　自旋极化
　　自旋-晶格弛豫时间
　Z 磁性

自旋重取向
spin reorientation
O737
　D 自旋再取向
　S 自旋取向
　Z 晶体性质

自旋磁矩
spin magnetic moment
O571.2
　S 原子磁矩
　Z 磁矩

自旋电流
spin current
O48
　S 电流*

自旋电子
spinning electron
O562.1
　S 电子*
　F 自旋极化电子
　C 电子自旋
　　电子自旋共振

自旋电子学
　Y 磁电子学

自旋动力学
spin dynamics
O313
　D 回旋动力学
　　旋动力学
　　旋转动力学
　S 动力学
　C 顺磁性
　　自旋波
　　自旋密度波
　　自旋系统
　Z 理论力学

自旋阀
　Y 自旋阀效应

自旋阀效应
spin valve
O441.6
　D 自旋阀
　S 巨磁电阻效应
　Z 磁场效应

自旋共振
spin resonance
O482.53
　D 自旋波共振
　S 磁共振*
　F 电子自旋共振
　C 自旋弛豫

自旋轨道
spin-orbit
O413.1；O641.122
　S 分子轨道(化学)*
　C 电子自旋
　　自旋波函数 →(1)

自旋轨道耦合
　Y 自旋-轨道相互作用

自旋-轨道耦合
　Y 自旋-轨道相互作用

自旋轨道耦合效应
　Y Rashba 效应

自旋轨道相互作用
　Y 自旋-轨道相互作用

自旋-轨道相互作用
spin-orbit interaction
O571.22

D JJ 耦合
　　　j-j 耦合
　　　旋轨耦合
　　　自旋轨道耦合
　　　自旋-轨道耦合
　　　自旋轨道相互作用
　　　自旋-自旋耦合
　　　自旋-自旋相互作用
　　S 相互作用*
　　F Rashba 自旋轨道耦合
　　　罗素-桑德斯耦合
　　C 核壳层模型
　　　晶场结构
　　　微扰公式
　　　原子光谱
　　　自旋极化输运

自旋过滤
　　Y 自旋过滤效应

自旋过滤效应
spin filter
O511.2
　　D 自旋过滤
　　S 隧道效应
　　Z 量子效应

自旋哈密顿
　　Y 自旋哈密顿参量

自旋哈密顿参量
spin Hamiltonian parameters
O413.1
　　D 自旋哈密顿
　　　自旋哈密顿参算符
　　S 哈密顿量
　　C 完全对角化
　　Z 算符

自旋哈密顿参算符
　　Y 自旋哈密顿参量

自旋回波
spin echo
O482.53
　　S 回波*
　　F 核磁共振自旋回波

自旋霍尔效应
spin Hall effect
O734
　　D 光自旋霍尔效应
　　S 霍尔效应
　　Z 电场效应

自旋极化
spin polarization
O442
　　S 极化*
　　F 电子自旋极化
　　C 自旋
　　　自旋场
　　　自旋弛豫
　　　自旋极化率
　　　自旋极化输运
　　　自旋极化隧穿
　　　自旋结构

自旋极化电子

spin-polarized electron
O562.1
　　S 极化电子
　　　自旋电子
　　Z 电子

自旋极化率
spin polarizability
O441
　　S 极化率*
　　C 自旋极化

自旋极化输运
spin-polarized transport
O572.2
　　S 自旋输运
　　C 自旋-轨道相互作用
　　　自旋极化
　　Z 运动(物理)

自旋极化隧穿
spin-polarized tunneling
O441
　　S 隧穿*
　　C 自旋极化

自旋角动量
　　Y 内禀角动量

自旋结构
spin structure
O441
　　S 旋转结构
　　C 自旋极化
　　Z 结构

自旋禁戒跃迁
　　Y 自旋禁阻跃迁

自旋禁阻跃迁
spin-forbidden transition
O562
　　D 自旋禁戒跃迁
　　S 禁戒跃迁
　　Z 跃迁

自旋-晶格弛豫
　　Y 纵向弛豫

自旋-晶格弛豫时间
spin-lattice relaxation time
O482.53
　　S 弛豫时间
　　C 自旋弛豫
　　Z 事件时间

自旋扩散
spin diffusion
O413.3
　　S 扩散*

自旋链
spin chain
O413.2
　　D 自旋链系统
　　S 自旋系统
　　F 海森堡自旋链
　　Z 量子系统

自旋链系统

　　Y 自旋链

自旋量子数
spin quantum number
O413.1
　　S 轨道量子数
　　Z 量子数

自旋流
spin current
O441
　　S 流体流*

自旋密度波
spin density wave
O48
　　S 自旋波
　　C 电子气
　　　自旋
　　　自旋动力学
　　Z 波

自旋起伏
　　Y 自旋涨落性质

自旋起伏性质
　　Y 自旋涨落性质

自旋取向
spin orientation
O737
　　S 晶体取向
　　F 自旋重取向
　　Z 晶体性质

自旋三重态
spin triplet
O572.2
　　S 三重态
　　　自旋态
　　Z 能态

自旋式无制导火箭
　　Y 火箭弹道

自旋输运
spin transport
O572.2
　　S 电子转移
　　F 自旋极化输运
　　Z 运动(物理)

自旋态
spin state
O413.1
　　S 量子态
　　F 低自旋态
　　　高自旋态
　　　自旋玻璃态
　　　自旋三重态
　　Z 能态

自旋团簇
spin clusters
O56
　　S 团簇*

自旋系统
spin system
O413.2

S 量子系统*
F 混合自旋系统
　自旋链
C 自旋动力学

自旋相关散射
spin-dependent scattering
O572.322
S 电子散射
Z 粒子散射

自旋相关效应
spin-dependent effect
O413.1
S 量子相干效应
F 自旋转矩效应
Z 量子效应

自旋压缩
spin squeezing
O441
S 压缩*

自旋再取向
Y 自旋重取向

自旋涨落
Y 自旋涨落性质

自旋涨落性质
spin fluctuation property
O572.322
D 电子自旋起伏
　电子自旋起伏性质
　电子自旋涨落
　电子自旋涨落性质
　自旋起伏
　自旋起伏性质
　自旋涨落
S 电子自旋
Z 粒子性质

自旋注入
spin injection
O442
S 注入*

自旋转矩效应
spin-transfer torque
O441
S 自旋相关效应
Z 量子效应

自旋−自旋弛豫
spin-spin relaxation
O482.53
D 核自旋−自旋弛豫
　横向弛豫
S 自旋弛豫
Z 磁性

自旋−自旋耦合
Y 自旋−轨道相互作用

自旋−自旋相互作用
Y 自旋−轨道相互作用

自压缩
self-compression
O59

S 压缩*

自衍射
self-diffraction
O436.1
S 光衍射
Z 衍射

自阴影重建
Y 图像重建

自引力
self-gravitation
O314；P131
S 引力*

自由边界
free boundary
O357
S 力边界
C 自由射流
Z 边界

自由边界条件
free boundary condition
O35；O41
S 边界条件*
　力学条件*

自由表面
free surface
O35
D 自由面
S 表面*
C 流体体积法
　无压渗流
　无压渗流场

自由表面波
free-surface wave
O347.41
S 表面波
Z 弹性波

自由表面流
free surface flow
O351
D 自由表面流动
　自由面流动
S 阻塞流
C 光滑粒子流体动力学方法
Z 流体流

自由表面流动
Y 自由表面流

自由表面速度
Y 自由面速度

自由程
free path
O572
S 电子运动
F 平均自由程
Z 运动(物理)

自由电荷
free charge
O441.1
S 电荷*

C 自由电子

自由电子
free electron
O572.322
D 离域电子
S 电子*
F 准自由电子
C 自由电荷
　总电子含量 →(4)(5)

自由电子密度
free electron density
O572.322
S 电子密度
Z 粒子参数

自由电子模型
free electron model
O481.1
S 能带理论模型
Z 物理模型

自由度*
degree of freedom
O21；O31；P401
D 自由度分析
F 成分自由度
　单自由度
　多自由度
　广义自由度
　六自由度
　内部自由度
　平动自由度
　转动自由度
C 平方和 →(1)
　陀螺仪
　运动曲线

自由度分析
Y 自由度

自由对流
Y 自然对流

自由飞模型
free flight model
O37
D 模型自由飞
S 气动模型
C 高超声速
Z 力学模型

自由飞行弹道
Y 飞行弹道

自由分子流
free molecular flow
O354；P433
D 近自由分子流
S 气流*
　稀薄气流
C 过渡流
　稀薄气体
　稀薄气体动力学
　泻流 →(4)

自由感应衰减
free induction decay
O43

S 自由衰减
　　Z 衰减

自由共振
　　Y 自由振动

自由光谱范围
free spectral range
O433.1
　　S 光谱范围
　　Z 光谱参数

自由光谱区
　　Y 可见光谱

自由焓
free enthalpy
O414.1；O551；O642
　　S 焓*

自由激子
free exciton
O469
　　S 激子
　　Z 准粒子

自由剪切层
free shear layers
O357
　　S 剪切层
　　Z 流体层

自由界面
free interface
O343.2；P315.0
　　S 界面*
　　C 回波

自由距离
free distance
TN76；TN91
　　S 距离*

自由空间传输
free-space propagation
O41
　　S 转移*

自由粒子
free particle
O572.3
　　D 迁移粒子
　　S 粒子*

自由流
　　Y 来流

自由流动
free flow
O351.2
　　S 流动*

自由流阻尼标度
free current damping scale
O363
　　S 动力学标度
　　Z 标度

自由落体
free falling
O311.1

　　S 落体运动
　　Z 运动

自由面
　　Y 自由表面

自由面流动
　　Y 自由表面流

自由面渗流
　　Y 无压渗流

自由面速度
free surface velocity
O311.1
　　D 自由表面速度
　　S 速度*

自由能
free energy
O414.1
　　S 能量*
　　F 超额自由能
　　　亥姆霍兹自由能
　　　混合自由能
　　　吉布斯自由能
　　　偏摩尔自由能
　　　溶解自由能
　　C 亲合力 →(3)

自由扭转
free torsion
O311.2
　　S 扭转
　　C 柱体 →(1)
　　Z 变形

自由膨胀
free expansion
O552.1
　　S 膨胀*

自由曲面透镜
free-form optical lens
TH74
　　S 透镜
　　Z 光学元件

自由容积理论
　　Y 临界态理论

自由容积模型
　　Y 临界态理论

自由射流
free jet
O358
　　D 自由作用射流
　　S 射流*
　　C 气流分布 →(4)
　　　自由边界

自由声场
free sound field
O422.2
　　D 直达声场
　　S 声场*
　　C 直达声

自由衰减
free decay

O441
　　S 衰减*
　　F 自由感应衰减

自由衰减振动
damped free vibration
O32
　　D 自由阻尼振动
　　S 自由振动
　　Z 振动

自由体积模型
free volume model
O48
　　S 模型*

自由涡
free vortex
O351；P43；P44
　　S 涡旋*

自由下落微粒流
free falling particle stream
O359
　　S 流体流*

自由运动
free motion
O311
　　D 刚体自由运动
　　S 非线性运动
　　Z 运动

自由载流子
free-carrier
O473
　　S 载流子*

自由振荡
free oscillation
TN751.3
　　S 振荡*
　　C 扭摆

自由振动
free vibration
O325
　　D 自由共振
　　S 振动*
　　F 地球自由振动
　　　非线性自由振动
　　　自由衰减振动
　　C 固体潮 →(4)(5)
　　　强非线性系统 →(1)
　　　微分容积法 →(1)
　　　滞后阻尼
　　　中长周期地震仪 →(5)
　　　自由振动试验

自由振动频率
　　Y 自然频率

自由振动试验
free vibration test
O325
　　S 振动试验
　　C 自由振动
　　Z 科学实验

自由振动特性

Y 自振特性

自由阻尼振动
Y 自由衰减振动

自由作用射流
Y 自由射流

自振
Y 自激振动

自振频率
Y 自然频率

自振特性
free vibration characteristics
O32
D 自由振动特性
S 振动特性
C 几何非线性 →(1)
  流固耦合
  振型
  子空间迭代法 →(1)
Z 力学性质

自支撑薄膜
self-supporting film
TB43
S 薄膜*

自治混沌系统
autonomous chaotic system
O415.5
S 混沌系统*
  系统*
F 非自治混沌系统

自重
Y 重力荷载

自主游动
self-propelled swimming
O311
S 运动*

自转
rotation
O311；P137
S 旋转
Z 运动

自转轴进动
Y 进动

自准法
Y 自准直法

自准直法
autocollimation method
TH74
D 自准法
S 光学测量*

自准直平行光管
Y 自准直仪

自准直望远镜
Y 准直望远镜

自准直系统
Y 自准直仪

自准直仪
autocollimator
TH74
D 自准直平行光管
  自准直系统
S 平直度测量仪器
F 光电自准直仪
Z 测量仪器

自组织
self-organization
O415.3；O551
D 自组织过程
  自组织现象
  自组织作用
C 耗散结构理论 →(1)
  晶体学

自组织过程
Y 自组织

自组织量子点
self-organized quantum dots
O413
S 量子点
Z 势阱

自组织现象
Y 自组织

自组织作用
Y 自组织

自组装量子点
self-assembled quantum dots
O47
S 量子点
Z 势阱

综合变形
Y 组合变形

综合导航仪
Y 组合导航仪

综合负荷
Y 复杂载荷

综合温差
comprehensive temperature difference
O551.2；P412.11；P423
S 温差*

总场
total fields
O441
S 电磁场*

总光通量
total luminous flux
O432.2
D 累积光通量
S 光通量
Z 辐射参数
  通量

总角动量
total angular momentum
O413.1
S 角动量
Z 力学量

总截面
total cross section
O571.55
S 中子截面
Z 核截面

总能
Y 总能量

总能量
total energy
O4-0
D 总能
S 能量*
C 总能量守恒

总能量不变定理
Y 总能量守恒

总能量不变定律
Y 总能量守恒

总能量不灭
Y 总能量守恒

总能量不灭定理
Y 总能量守恒

总能量不灭定律
Y 总能量守恒

总能量守恒
total energy conservation
O4-0
D 总能量不变定理
  总能量不变定律
  总能量不灭
  总能量不灭定理
  总能量不灭定律
  总能量守恒定理
  总能量守恒定律
S 能量守恒定律
C 爱因斯坦方程
  总能量
Z 物理定律

总能量守恒定理
Y 总能量守恒

总能量守恒定律
Y 总能量守恒

总散射截面
total scattering cross section
O561.5
S 散射截面
Z 截面

总体破坏
overall collapse
O346.5
S 破坏(力学)*

总体强度
overall strength
O346
S 力学强度*

总体稳定性
Y 整体稳定

总谐波畸变
total harmonic distortion
TM4；TM93
D 畸变因数
总谐波畸变率
S 谐波畸变
Z 畸变

总谐波畸变率
Y 总谐波畸变

总压
total pressure
O31；O351；O354
D 全压
全压力
驻点压力
总压力
S 压力*
C 可压缩流
皮托管

总压管
Y 皮托管

总压畸变
total-pressure distortion
O435.2；P111.3
S 畸变*

总压力
Y 总压

总质量
total mass
TB932
S 质量*

纵波
longitudinal wave
O347.41；P315.31；P631.4
D P 波
初波
初始波
初至波
疏密波
胀缩波
S 弹性波*
地震波*
C SV 波
层速度 →(5)
初至 →(5)

纵波声速
longitudinal velocity
O422.1
S 声速
Z 声学参数

纵场
longitudinal field
O441.1
S 物理场*

纵动量
Y 纵向动量

纵横比
aspect ratio
O4

D 宽高比
S 比率*

纵横弯曲
bending with combined axial and lateral load
O344.1
S 弯曲*

纵横弯曲法
beam-column method
O344.1
S 力学方法*

纵裂
Y 纵向裂缝

纵裂纹
Y 纵向裂缝

纵模
longitudinal mode
TN241/244
D 轴模
轴向模
S 激光模*
F 单纵模
多纵模
C 横模

纵扭共振
longitudinal-tersional resonance
O321
S 共振*

纵强度
Y 纵向强度

纵向变形
Y 轴向变形

纵向弛豫
longitudinal relaxation
O737
D 自旋-晶格弛豫
S 松弛*

纵向导波
longitudinal guided wave
TB54
S 表面波
Z 弹性波

纵向动量
longitudinal momentum
O413.1
D 动量(纵向)
纵动量
S 动量
C 质心系
Z 力学量

纵向放大率
longitudinal magnification
TH74
S 放大系数
Z 系数

纵向共振
longitudinal resonance
O48
S 共振*

C 动稳定性
阻尼

纵向过载
Y 过载

纵向加速度
longitudinal acceleration
O311.1；P315.3
D 竖向加速度
S 加速度*
C 垂直速度

纵向剪切
longitudinal shear
O344.1
S 剪切*

纵向开裂
Y 纵向裂缝

纵向力
Y 轴向力

纵向裂缝
longitudinal crack
O346.1
D 纵裂
纵裂纹
纵向开裂
纵向裂纹
纵向裂隙
S 裂缝*
C 集中荷载

纵向裂纹
Y 纵向裂缝

纵向裂隙
Y 纵向裂缝

纵向流动
Y 垂直流

纵向弥散性
Y 弥散性

纵向耦合振动效应
POGO effect
O353
D 颤动不稳定效应
颤动不稳定性效应
S 振动效应
Z 效应

纵向强度
longitudinal strength
O346
D 经向强度
径向强度
纵强度
S 力学强度*

纵向色差
Y 轴向色差

纵向速度
Y 垂直速度

纵向弯曲强度
Y 抗弯强度

纵向应力
  Y 正应力

纵向应力松弛
  Y 轴向应力松弛

纵向运动
longitudinal motion
O311
  D 上下运动
  S 垂直运动
  Z 运动

纵向振动
  Y 轴向振动

纵摇
pitch
U661
  D 纵摇运动
  S 摇摆
  Z 运动

纵摇运动
  Y 纵摇

纵振动
  Y 轴向振动

走滑剪切
strike-slip shear
O344.1
  S 剪切*

走滑速率
  Y 滑动速率

走样
  Y 变形

阻挡层
  Y 耗尽层

阻光度
  Y 不透明度

阻聚
  Y 聚合

阻聚作用
  Y 聚合

阻抗计
impedance meter
TH7
  S 测量仪器*

阻力*
resistance
O31
  D 曳力
    阻尼力
  F 表面阻力
    超声阻力
    传质阻力
    船舶阻力
    大气阻力
    端阻力
    风阻力
    附体阻力
    贯入阻力

  惯性阻力
  过滤阻力
  后体阻力
  挤坏阻力
  减阻
  静电阻力
  粒间扩散阻力
  裂纹阻力
  流动阻力
  剩余阻力
  拖航阻力
  压阻
  粘性阻力
  周线阻力
  最小阻力

阻力参数
drag parameter
O313.5
  S 力学参数*
  C 偏心力

阻力估算
resistance estimate
O31
  S 力学计算*

阻力加速度
  Y 加速度

阻力模型
resistance model
O31
  S 力学模型*

阻力平衡
drag balance
O312.2；O317
  S 力平衡*

阻力曲线
resistance curves
O31
  S 受力曲线*
  F JR 阻力曲线
  C 断裂韧性

阻力系数
drag coefficient
O313.5
  S 力系数
  C 气动阻力
    升力系数
    压力系数
  Z 系数

阻流
flow choking
O351
  S 流体流*

阻流层
  Y 流层

阻尼*
damping
O328
  F 磁阻尼
    弹性阻尼
    动态阻尼

  非线性阻尼
  粉体阻尼
  辐射阻尼
  负阻尼
  复阻尼
  过阻尼
  机械阻尼
  接触面阻尼
  结构阻尼
  颗粒阻尼
  可控阻尼
  空气阻尼
  朗道阻尼
  临界阻尼
  摩擦阻尼
  内阻尼
  碰撞阻尼
  欠阻尼
  强阻尼
  瑞利阻尼
  松弛阻尼
  位错阻尼
  无碰撞阻尼
  无阻尼
  线性阻尼
  相位阻尼
  压电分流阻尼
  油阻尼
  约束层阻尼
  粘性阻尼
  振动阻尼
  振型阻尼
  正阻尼
  滞后阻尼
  主动阻尼
  C 减振
    内耗
    内摩擦
    衰减率 →(1)
    瞬态响应
    松弛振动
    陀螺摆
    振动
    滞后
    纵向共振
    阻尼带

阻尼边界条件
impedance boundary con
O241.82；O422
  S 边界条件*
  C 数值方法 →(1)

阻尼常数
damping constant
O328
  S 力学常数*

阻尼带
damping tape
O328
  S 层带*
  C 阻尼

阻尼导数
damping derivative
O354

S 导数*
C 水动力导数 →(4)

阻尼减振
damping vibration attenuation
O328
S 减振*

阻尼结构
Y 结构阻尼

阻尼介质
resisting medium
O31
S 力学介质*
C 塑性动力响应

阻尼矩阵
damping matrix
O328
S 矩阵*

阻尼力
Y 阻力

阻尼碰撞
damped collision
O313.4
S 力学碰撞*

阻尼识别
damping recognition
O342
S 物理参数识别
C 模态参数
Z 识别

阻尼天平
Y 空气阻尼天平

阻尼系数
damping coefficient
O328
D 减振系数
曳力系数
阻尼因素
S 隔振参数
C 两层流体
振动传递率
Z 力学参数

阻尼系统
damped system
O328
S 振动系统
F 弱阻尼系统
Z 力学系统

阻尼消波
wave damping dissipation
O353.2
S 消能*

阻尼效应
damping effect
O313.5
S 效应*

阻尼谐振子
damped harmonic oscillator
O413

S 谐振子*

阻尼因素
Y 阻尼系数

阻尼振荡
damped oscillation
O321
S 振荡*

阻尼振动
damped vibration
O321
S 振动*
C 磁阻尼

阻尼振动频率
Y 自然频率

阻尼振子
damped oscillator
O32
S 振子*

阻塞比
blockage ratio
O31
D 堵塞比
S 比率*

阻塞高压类
Y 环流系统

阻塞流
choked flow
O351
D 塞状流
壅塞流
壅塞流动
S 流体流*
F 自由表面流

阻塞效应
blocking effect
O354
S 气动效应*

阻温特性
resistance-temperature characteristics
TM201
D 电阻温度特性
S 温度特性*

阻滞效应
retardation effect
O357
S 效应*

组成
Y 组分

组分*
composition
ZT6
D 成分
成分特征
成份
特征组分
物理成分
物质成分
物质组成

物质组分
组成
组份
F 薄膜成分
C 结构化学 →(3)

组分过冷
constitutional supercooling
O78
S 过冷
Z 冷却

组分夸克
constituent quark
O572.3
S 夸克
Z 粒子

组分夸克模型
constituent quark model
O572.31
S 夸克模型
Z 物理模型

组份
Y 组分

组构张量
fabric tensor
O343
S 张量*

组合爆破
combined blasting
TB41；TD235
S 爆破*

组合变形
combined deformation
O344.3
D 复合变形
综合变形
S 变形*
C 静电陀螺仪
扭转
弯矩

组合波
composite wave
O4
D 复波
复合波
合成波
S 波*
C 关系曲线 →(1)

组合测量
multiple measurement
TB462.1
S 测量*

组合导航系统
integrated navigation system
TN967.1；U666
D GPS/INS 组合导航系统
SINS/GPS
S 导航设备*
C GNSS 接收机 →(4)
组合定位系统 →(4)

组合导航仪
composite navigator
U666.1；V249
　　D 综合导航仪
　　S 导航仪
　　Z 导航设备

组合共振
combination resonance
O321
　　D 联合共振
　　S 共振*

组合荷载
　　Y 复杂载荷

组合脉冲
composite pulse
TN78
　　S 脉冲*

组合透镜
　　Y 透镜组

组合因子
blocking factor
O59
　　S 因子*

组合应力
combined stress
O343.4
　　D 复合应力
　　S 应力*
　　C 弹塑性屈曲
　　　叠加原理
　　　应力强度因子

组合载荷
　　Y 复杂载荷

组态混合
　　Y 组态相互作用

组态熵
　　Y 混合熵

组态相互作用
configuration interaction
O57
　　D 组态混合
　　S 相互作用*
　　F 多参考组态相互作用

组元交换模型
　　Y 夸克模型

组织光学参数
tissue optical parameters
O439
　　S 光学参数*

组织机构*
organization
ZT87
　　F 欧洲粒子物理研究所
　　　英国物理研究所
　　　中国科学院物理研究所
　　　中国物理学会
　　C 单位 →(1)
　　　组织 →(1)

组织应力
structural stress
O343.4
　　D 结构应力
　　　相变应力
　　S 内应力
　　C 疲劳检测
　　　应力双折射
　　Z 应力

钻孔体应变
borehole body strain
O344.3
　　S 钻孔应变
　　Z 应变

钻孔应变
borehole strain
O344.3
　　S 应变*
　　F 分量式钻孔应变
　　　钻孔体应变
　　C 四分量钻孔应变观测 →(5)

钻孔应变仪
borehole strainmeter
TH823.3
　　S 应变计
　　C 四分量 →(5)
　　Z 测量仪器

钻孔应力计
borehole stressmeter
TH763
　　S 应力计
　　Z 测量仪器

钻石型结构
　　Y 金刚石结构

最大Lyapunov指数
largest Lyapunov exponent
O415.5
　　D 最大李雅普诺夫指数
　　S 指数*

最大变形量
　　Y 最大挠度

最大变形能理论
theory of maximum strain energy
O344.3；O346
　　D 第四强度理论
　　　第五强度理论
　　　最大形状变形能理论
　　S 变形理论
　　　强度理论
　　Z 力学理论

最大承载力
　　Y 承载力

最大磁能积
　　Y 磁能积

最大法向应变
maximum normal strain
O344.3
　　S 应变*

最大法向应力
　　Y 正应力

最大负荷
　　Y 最大载荷

最大负载
　　Y 最大载荷

最大功
maximum work
O31；O41
　　S 功*
　　F 最大输出功

最大荷载
　　Y 最大载荷

最大加速度
maximum acceleration
O311
　　S 加速度*

最大剪应变
maximum shear strain
O344.3
　　S 剪应变
　　Z 应变

最大剪应力
maximum shear stress
O343.4
　　D 最大切应力
　　S 剪应力
　　C 双孔微剪切法
　　Z 应力

最大剪应力理论
maximum shear stress theory
O346
　　D 贝尔塔拉密强度理论
　　　第三强度理论
　　S 强度理论
　　C 岩石断裂力学 →(5)
　　Z 力学理论

最大剪应力屈服条件
maximum-shearing-stress yield condition
O344.1
　　D 圣文南塑性条件
　　S 塑性条件
　　Z 力学条件

最大静摩擦系数
coefficient of maximum static friction
O313.5
　　S 静摩擦系数
　　Z 系数

最大纠缠态
maximally entangled state
O413.1
　　S 纠缠态
　　F 非最大纠缠态
　　Z 能态

最大李雅普诺夫指数
　　Y 最大Lyapunov指数

最大流量
maximum flow

O351；P333
　　D 峰值流量
　　　 高峰流量
　　　 洪峰流量
　　　 极大流量
　　　 极限流量
　　S 流量*
　　　 水文要素*
　　C 洪峰 →(5)
　　　 设计高水位 →(5)

最大流速
maximum flow velocity
O351.2；P339
　　D 最大水流速度
　　S 流速*
　　C 极限流速

最大流原理
maximum flux principle
O41
　　S 原理*

最大挠度
maximum deflection
O346
　　D 最大变形量
　　S 挠度
　　C 最小张力
　　Z 力学性质

最大能量
maximum energy
O4-0
　　S 能量*

最大切应力
　　Y 最大剪应力

最大熵原理
maximum entropy principle
O236；O241；O414
　　D 极大模糊熵原理
　　　 极大熵原理
　　　 最大信息熵原理
　　S 数学原理*
　　C 多目标规划模型 →(1)
　　　 模糊推理 →(1)
　　　 数学方法
　　　 最大熵模型 →(4)

最大伸长理论
　　Y 强度理论

最大输出功
maximum work output
O414
　　S 输出功
　　　 最大功
　　Z 功

最大水流速度
　　Y 最大流速

最大弯曲反应
maximum flexural response
TU311.3
　　S 结构响应
　　Z 响应

最大信息熵原理
　　Y 最大熵原理

最大形状变形能理论
　　Y 最大变形能理论

最大压力
　　Y 峰值压力

最大应力应变循环
maximal strain cycle
O344.3
　　S 循环*
　　C 低循环疲劳寿命

最大载荷
peak load
O342
　　D 峰荷
　　　 峰值负荷
　　　 峰值荷载
　　　 峰值载荷
　　　 高峰负荷
　　　 高峰载荷
　　　 极限荷载
　　　 极限载荷
　　　 尖峰负荷
　　　 尖峰负载
　　　 尖峰载荷
　　　 最大负荷
　　　 最大负载
　　　 最大荷载
　　　 最高负荷
　　S 荷载*
　　F 塑性极限载荷
　　C 承载力
　　　 环形裂纹
　　　 内压力
　　　 屈曲
　　　 双剪屈服准则
　　　 双剪统一强度理论
　　　 载荷谱

最大振幅
maximum amplitude
O32
　　D 峰值振幅
　　S 振幅*

最大正应力理论
　　Y 强度理论

最大周向应力
maximum circumferential stress
O343.4
　　S 周向应力
　　Z 应力

最大周向应力准则
maximum circumferential stress criterion
O346
　　S 力学准则*

最大主应变
　　Y 主应变

最大主应力
maximum principal stress
O343.4
　　S 主应力

　　C 主应力方向
　　Z 应力

最大主应力方向
greatest principal stress direction
O343.4
　　S 主应力方向
　　Z 力方向

最低能量结构
lowest energy structure
O41
　　S 能量结构*

最低温度
minimum temperature
O51；O551.2；P412.11；P423
　　S 温度*

最低照度
　　Y 低照度

最概然分布
most probable distribution
O414.2
　　D 最可几分布
　　S 概率分布*
　　C 不可逆过程 →(1)

最概然速率
　　Y 最可几速率

最高爆发压力
　　Y 峰值压力

最高负荷
　　Y 最大载荷

最高压力
　　Y 峰值压力

最高照度
　　Y 低照度

最佳弹道
　　Y 弹道最优化

最佳化
　　Y 优化

最佳化控制
　　Y 优化

最佳激光晶体长度
optimal optical crystal length
O734
　　S 最佳晶体长度
　　Z 长度
　　　 晶体学参数

最佳极化
　　Y 最优极化

最佳晶体长度
optimal length of crystal
O731
　　S 长度*
　　　 晶体长度
　　F 最佳激光晶体长度
　　Z 晶体学参数

最佳抛射角

optimal throw angle
O311.1
 S 抛射角
 Z 角

最佳实验条件
optimum experimental condition
O4-33
 S 条件*

最可几分布
 Y 最概然分布

最可几速率
most probable speed
O552
 D 最概然速率
 S 速度*
 C 归一化条件

最弱受约束电子势模型
weakest bound electron potential model
O46
 S 电子模型
 Z 物理模型

最小测不准态
minimum uncertainty state
O413.1
 S 状态*
 F N-H 最小测不准态
  N-Y 最小测不准态

最小磁场位形
 Y 磁场位形

最小动能
minimum kinetic energy
O313
 S 动能
 Z 能量

最小二乘法*
least square method
O212；O241.5
 D 广义最小二乘
  广义最小二乘法
  最小二乘方法
  最小二乘分析
  最小二乘算法
  最小二乘问题
  最小二乘原理
  最小平方法
 F 滑动最小二乘法
  线性最小二乘法
 C 多项式曲线 →(1)
  积分模型 →(1)
  拉格朗日插值 →(1)
  三参数对数正态分布 →(1)
  细分曲线 →(1)
  有偏估计 →(1)

最小二乘方法
 Y 最小二乘法

最小二乘分析
 Y 最小二乘法

最小二乘算法
 Y 最小二乘法

最小二乘问题
 Y 最小二乘法

最小二乘原理
 Y 最小二乘法

最小法向应力
 Y 正应力

最小光强分布
 Y 光强分布

最小光强分布计算
 Y 光强分布

最小光强分布曲线
 Y 光强分布

最小光强分布值
 Y 光强分布

最小耗能原理
principle of minimum dissipation of energy
O31
 D 最小能耗率原理
 S 原理*

最小加速度原理
minimum principle in dynamics
O311
 S 力学原理*

最小交叉熵
minimum cross entropy
O414.1
 S 最小熵
 Z 熵

最小可分辨温差
minimum resolvable temperature difference
O551.2；P412.11；P423
 D MRTD
  最小可分辨温度差
 S 最小温差
 Z 温差

最小可分辨温度差
 Y 最小可分辨温差

最小亮度分布
 Y 亮度分布

最小亮度分布计算
 Y 亮度分布

最小亮度分布曲线
 Y 亮度分布

最小亮度分布值
 Y 亮度分布

最小流
 Y 最小流量

最小流量
minimum discharge
O351；P333
 D 极小流量
  最小流
 S 流量*
  水文要素*
 C 枯水期 →(5)

最小径流 →(5)

最小能耗率原理
 Y 最小耗能原理

最小能见度
 Y 能见度

最小能见距离
 Y 能见度

最小能量
minimum energy
O4-0
 S 能量*

最小偏向角
angle of minimum deviation
O435.1
 S 偏向角
 Z 光学角

最小平方法
 Y 最小二乘法

最小平均磁场位形
 Y 磁场位形

最小倾复力矩
 Y 倾覆力矩

最小熵
minimum entropy
O414.1
 S 熵*
 F 最小交叉熵

最小势能
minimum potential energy
O369
 S 势能
 Z 能量

最小势能原理
minimum potential energy principle
O369
 S 势能原理
 C 空间变形分析
  随机位移法
  粘弹塑性
 Z 力学原理

最小水平主应力
minimum horizontal major stress
O343.4
 S 主应力
 C 压裂裂缝
 Z 应力

最小温差
minimum temperature difference
O551.2；P412.11；P423
 D 最小温度差
 S 温差*
 F 最小可分辨温差

最小温度差
 Y 最小温差

最小相位
minimum phase

TN911
S 相位*

最小张力
minimum belt tension
O31
S 张力
C 最大挠度
Z 力

最小主应变
Y 主应变

最小主应力
minimum principal stress
O343.4
D 小主应力
S 主应力
Z 应力

最小阻力
least resistance
O31
S 阻力*

最小作用量
least action
O31
S 作用量
Z 数量

最小作用量原理
least action principle
O31；O4
D 最小作用原理
S 力学原理*

最小作用原理
Y 最小作用量原理

最优
Y 优化

最优滑翔弹道
optimal glide trajectory
O315
S 弹道*

最优化
Y 优化

最优极化
optimal polarization
TN951
D 最佳极化
S 雷达极化
Z 极化

最优小波
best wavelet
TN91
S 小波变换*

最终段弹道
Y 导弹弹道

最终速度
Y 终端速度

左矢
bra

O413.1
S 狄拉克符号
Z 符号

左手定则
left-hand rule
O441
S 电磁感应定律
Z 物理定律

左手介质
left-handed media
O441.1；O487
S 电磁介质
Z 磁性材料

左手流
left-handed currents
O57
S 弱流*

左旋剪切
left-lateral shear
O344.1
S 剪切*

左旋晶体
left-handed crystal
O734
S 旋光晶体
Z 光学晶体

左旋圆偏振
Y 圆偏振

左圆偏振
Y 圆偏振

作功
work done
O31；O41
S 功*
C 做功能力 →(3)

作图法
graphing method
O411
S 物理法*

作用*
action
ZT5
F 磁场作用
电场作用
C 二体问题 →(4)
牛顿定律

作用点
point of action
O31
S 位置*
F 弹着点
支点
撞击中心

作用力
effort
O31
D 反作用力
S 外力

F 相互作用力
自反作用力
Z 力

作用力与反作用力定律
Y 牛顿第三定律

作用量
actuating quantity
O31
S 数量*
F 最小作用量

作用能
Y 相互作用能

作用势
Y 相互作用势

作用线
line of action
O31
S 线*
F 等位移线
钝化线
共振线
马赫线
C 力多边形

作用压力
Y 有效压力

作用与反作用定律
Y 牛顿第三定律

坐标*
coordinate
O123
D 参考坐标
图坐标
坐标框架
F 测量坐标
简正坐标
模态坐标
三坐标
循环坐标
自然坐标
C 参照系
地球参考系 →(4)
方位角 →(4)(5)

坐标变换
Y 坐标转换

坐标表示
Y 坐标表象

坐标表象
coordinate representation
O413.1
D 坐标表示
S 表象理论
C 平面直角坐标系 →(1)(4)
Z 物理理论

坐标测量
coordinate measurement
TH721
S 几何量测量*

坐标归一化

coordinates normalized
  TG8; TH72
  S 归一化*

坐标框架
  Y 坐标

坐标系*
coordinate system
O18; P22
  D 坐标系统
  F 非惯性坐标系
    静止坐标系
    实验室坐标系
    正交曲线坐标系
  C 参考框架 →(4)
    数量场 →(1)

坐标转换

坐标系统
  Y 坐标系

坐标系统转换
  Y 坐标转换

坐标系转换
  Y 坐标转换

坐标转换*
coordinate transformation
O181; P22
  D 坐标变换
    坐标系统转换
    坐标系转换
    座标转换

  F 伽利略变换
    乌龟坐标变换
  C 尺度参数 →(1)
    二次曲线方程 →(1)
    广义 Lorenz 系统 →(1)
    基准转换 →(4)
    约束平差 →(4)
    转换原理 →(1)
    坐标变换矩阵 →(1)
    坐标换算 →(4)
    坐标系
    坐标转换参数 →(4)

座标转换
  Y 坐标转换

分类简表

A	马克思主义、列宁主义、毛泽东思想、邓小平理论		N031	...自然辩证法
			N032	...模拟理论
B	哲学、宗教		N04	..科学术语规范
C	社会科学总论		N05	..自然科学与其他学科的关系
C8	.统计学		N06	..自然科学学派
C91	.社会学		N07	..不明的自然现象与事物
C92	.人口学		N09	..自然科学史
C93	.管理学		N1	.自然科学现状
C95	.民族学		N18	..自然科学专利
C96	.人才学		N19	..自然科学创造发明、先进经验
C97	.劳动科学		N2	.机构、团体、会议
D	政治、法律		N20	..国际组织
E	军事		N23	..社会团体
F	经济		N24	..研究机构
F0	.经济学		N26	..学术团体
F1	.世界经济		N27	..学术会议
F2	.经济计划、经济管理		N28	..展览会、展览馆、博物馆
F3	.农业经济		N289	..图书馆、信息服务机构、咨询机构
F4	.工业经济		N29	..企业、生产单位
F49	.信息产业经济		N3	.自然科学研究方法
F5	.交通运输经济		N31	..调查方法、工作方法
F59	.旅游经济		N32	..统计方法、计算方法
F6	.邮电通信经济		N33	..实验方法、实验设备
F7	.贸易经济		N34	..分析研究、测试与鉴定
F8	.财政、金融		N35	..技术条件
G	文化、科学、教育、体育		N36	..组织方法、管理方法
H	语言、文字		N37	..数据处理
I	文学		N39	..信息化建设、新技术应用
J	艺术		N4	.自然科学教育与普及
K	历史、地理		N40	..教育组织、学校
N	自然科学总论		N41	..教学计划、课程研究
N0	.自然科学理论		N42	..教学法、教学参考书
N01	..科学研究的方针、政策		N43	..教材、课本
N02	..科学的哲学原理		N44	..习题、试题与题解
N03	..科学方法论		N45	..教学实验
			N46	..教学设备
			N47	..教育考核、教育评估
			N49	..自然科学普及读物
			N5	.自然科学丛书、文集、连续性出版物
			N51	..丛书、文库

N52	..全集、选集
N53	..论文集
N532	...会议录
N533	...学位论文、毕业论文
N539	...杂著、杂文集
N54	..年鉴、年刊
N55	..连续性出版物
N56	..政府出版物、团体出版物
N6	.自然科学参考工具书
N61	..名词术语、百科全书、辞典
N62	..手册、名录
N63	..产品目录
N64	..图表、数据
N65	..条例、规程、标准
N66	..统计资料
N67	..参考资料
N79	.自然科学非书资料、视听资料
N791	..缩微制品
N792	..录音制品
N793	..感光制品、录像制品
N794	..机读资料
N795	..网络资源
N8	.自然科学调查、考察
N91	.自然研究、自然历史
N93	.非线性科学
N94	.系统科学、系统技术
N94-0	..系统科学理论
N941	..系统学、现代系统理论
N941.1	...一般系统论
N941.3	...系统动力学
N941.4	...大系统理论
N941.5	...灰色系统理论
N941.6	...泛系理论
[N941.7]	...混沌理论、协同学
N941.8	...超循环理论
[N941.91]	...耗散结构理论
[N941.92]	...突变理论
[N941.94]	...生命系统论
N945	..系统工程
N945.1	...系统分析
N945.11	....环境分析、目标分析、结构分析
N945.12	...系统模型、系统建模
N945.13	...系统仿真
N945.14	...系统辨识
N945.15	...系统优化
N945.16	...系统评价
N945.17	....系统可靠性、系统可行性
N945.2	...系统技术
N945.21	....系统的分解、系统协调技术
N945.22	....系统计划评审技术
N945.23	....系统设计
[N945.24]	....预测技术
N945.25	....系统决策
N945.27*	....系统开发
N948*	..各种系统
N949	..系统科学应用
N95*	.信息科学、信息技术
N950*	..信息理论
N950.2*	...信息社会
N950.8*	...信息化、信息化建设
N951*	..信息技术
N951.1*	...信息收集、信息存储
N951.2*	...信息交换、信息传输
N951.3*	...信息处理
N951.4*	...信息管理
N951.47*	....信息服务
N951.48*	....信息安全
N955*	..信息机构
N956*	..信息资源
N957*	..各种信息
N957.1*	...自然信息
N957.2*	...生物信息
N957.4*	...社会信息
N957.5*	...科技信息
N957.6*	...生产信息
N958*	..信息设施、信息设备
N96*	.控制论、控制技术
N960*	..控制论
[N960.2]*	...生物控制论
[N960.3]*	...社会控制论
[N960.4]*	...经济控制论
N960.7*	...工程控制论
N965*	..控制技术
N965.1*	...物理控制、化学控制、力学控制
N965.11*	....位置控制
N965.12*	....速度控制
N965.13*	....时间控制
N965.14*	....温度控制
N965.15*	....运动控制
N965.16*	....力学控制
N965.2*	...工程控制
N965.21*	....生产控制
N965.22*	....工艺控制
N965.25*	....质量控制
N965.31*	...模型控制、模态控制
N965.32*	...模糊控制
N965.33*	...预测控制
N965.34*	...闭环控制、开环控制
N965.35*	...动态控制、静态控制
N965.36*	...集中控制、分散控制

N965.37*	...前馈控制、反馈控制		O41	.理论物理学
N965.41*	...间接控制、直接控制		O42	.声学
N965.42*	...连续控制、断续控制		O43	.光学
N965.43*	...数字控制、数值控制		O44	.电磁学、电动力学
N965.44*	...最优控制		O45	.无线电物理学
N965.45*	...智能控制		O46	.真空电子学
N967*	..控制系统		O469	.凝聚态物理学
N967.1*	...线性控制系统		O47	.半导体物理学
N967.2*	...非线性控制系统		O48	.固体物理学
N967.3*	...随机控制系统		O51	.低温物理学
N967.4*	...分布控制系统、集中控制系统		O52	.高压物理学、高温物理学
N967.5*	...闭环控制系统、开环控制系统		O53	.等离子体物理学
N967.6*	...位置控制系统		O55	.热学、物质分子运动论
N968*	..控制装置、控制器		O56	.分子物理学、原子物理学
			O57	.原子核物理学、高能物理学
O1	**数学**		O59	.应用物理学
O1-0	.数学理论			
O1-6	.数学工具书		O6	**化学**
O1-8	.计算工具		O6-0	.化学原理、化学方法
O11	.古典数学		O6-1	.化学现状、化学发展
O12	.初等数学		O6-3	.化学实验
O13	.高等数学		O6-6	.化学工具书
O14	.数理逻辑、数学基础		O61	.无机化学
O15	.代数、数论、组合理论		O62	.有机化学
O17	.数学分析		O63	.高分子化学
O18	.几何、拓扑		O64	.物理化学、化学物理学
O19	.动力系统理论		O65	.分析化学
O21	.概率论、数理统计		O69	.应用化学
O22	.运筹学			
O23	.控制论、信息论		O7	**晶体学**
O24	.计算数学		O71	.几何晶体学
O29	.应用数学		O72	.X射线晶体学
			O73	.晶体物理
O3	**力学**		O74	.晶体化学
O301	.牛顿定律、达朗伯原理		O75	.非晶态、类晶态
O302	.力学中的数学方法		O76	.晶体结构
O303	.量纲分析与相似理论		O77	.晶体缺陷
O31	.理论力学		O78	.晶体生长
O32	.振动理论		O79	.晶体物理化学过程
O33	.连续介质力学		O799	.应用晶体学
O34	.固体力学			
O35	.流体力学		P1	**天文学**
O369	.物理力学		P1-0	.天文学理论、天文学方法论
O37	.流变学		P1-2	.天文机构、团体、会议
O38	.爆炸力学		P1-4	.天文教育、天文普及
O39	.应用力学		P11	.天文观测设备与观测资料
			P12	.天体测量学
O4	**物理学**		P13	.天体力学
O4-0	.物理学理论		P14	.天体物理学
O4-1	.物理学现状、物理学发展		P148	.天体化学
O4-3	.物理学研究方法		[P149]	.天体生物学

P15	.恒星天文学、星系天文学、宇宙学	P694	.灾害地质学
P16	.射电天文学	**P7**	**海洋学**
P17	.空间天文学	P71	.海洋调查、海洋观测
P18	.太阳系	P72	.区域海洋学
P19	.时间、历法	P73	.海洋基础科学
P2	**测绘学**	P74	.海洋资源、海洋开发
P20	.测绘学概论	P75	.海洋工程
P21	.普通测量学、地形测量学	[P76]	.海洋环境科学
P22	.大地测量学	[P79]	.军事海洋学
P229	.海洋测量学	**P9**	**自然地理学**
P23	.摄影测量学、测绘遥感	P90	.自然地理概论
[P24]	.测绘仪器	P91	.数理地理学
P25	.专业测绘	[P92]	.古地理学
P27	.地籍学	P93	.部门自然地理学
P28	.地图学	P94	.区域自然地理学
P3	**地球物理学**	[P951]	.环境地理学
P31	.大地物理学	[P954]	.灾害地理学
P33	.水文科学、水界物理学	P96	.自然资源学
P35	.空间物理	P97	.地理探险、地理发现
P4	**大气科学（气象学）**	P98	.自然地理图
P40	.大气科学概论	**Q**	**生物科学**
P41	.大气探测、气象观测	Q1	.普通生物学
P42	.气象要素、大气现象	Q2	.细胞生物学
P43	.动力气象学	Q3	.遗传学
P44	.天气学	Q4	.生理学
P45	.天气预报	Q5	.生物化学
P46	.气候学	Q6	.生物物理学
[P47]	.海洋气象学	Q7	.分子生物学
P48	.人工影响天气	Q81	.生物工程学
P49	.应用气象学	[Q89]	.环境生物学
P5	**地质学**	Q91	.古生物学
P51	.动力地质学	Q93	.微生物学
[P52]	.古生物学	Q94	.植物学
P53	.地史学、地层学	Q95	.动物学
P54	.构造地质学	Q96	.昆虫学
P55	.地质力学	Q98	.人类学
P56	.区域地质学	**R**	**医药卫生**
P57	.矿物学	R1	.预防医学
P58	.岩石学	R2	.中医学
P59	.地球化学	R3	.基础医学
P61	.矿床学	R4	.临床医学
P62	.地质勘探、矿产勘探	R5	.内科学
P64	.水文地质学、工程地质学	R6	.外科学
[P65]	.地震地质学	R71	.妇产科学
[P66]	.环境地质学	R72	.儿科学
[P67]	.海洋地质学	R73	.肿瘤学
P68	.宇宙地质学	R74	.神经病学、精神病学
P691	.行星地质学	R75	.皮肤病学、性病学

R76	.耳鼻咽喉科学	TE99	.石油天然气综合利用
R77	.眼科学	**TF**	**冶金工业**
R78	.口腔科学	TF0	.冶金工业概论
R79	.外国民族医学	TF1	.冶金技术
R8	.特种医学	TF3	.冶金机械
R9	.药学	TF4	.钢铁冶炼
S	**农业科学**	TF5	.炼铁
S1	.农业基础科学	TF6	.铁合金冶炼
S2	.农业工程	TF7	.炼钢
S3	.农艺学	TF79	.其他黑色金属冶炼
S4	.植物保护	TF8	.有色金属冶炼
S5	.农作物	**TG**	**金属工艺**
S6	.园艺	TG1	.金属学、热处理
S7	.林业	TG2	.铸造
S8	.畜牧、动物医学	TG3	.金属压力加工
S9	.水产、渔业	TG4	.焊接、金属切割、金属粘接
TB	**工程技术（总论）**	TG5	.金属切削加工
TB1	.工程基础科学	TG7	.金属加工工具
TB2	.工程设计、工程测绘	TG8	.公差测量、技术测量、机械量仪
TB3	.材料科学	TG9	.钳工工艺、装配工艺
TB4	.通用技术、通用设备	**TH**	**机械仪表工业**
TB5	.声学工程	TH11	.机械学
TB6	.制冷工程	TH12	.机械设计、机械制图
TB7	.真空技术	TH13	.机械零件、传动装置
TB8	.摄影技术	TH14	.机械制造用材料
TB9	.计量学	TH16	.机械制造工艺
TD	**矿业工程**	TH17	.机械运行、机械维修
TD1	.矿山地质、矿山测量	TH18	.机械工厂、机械车间
TD2	.矿山建设、矿山设计	TH2	.起重运输机械
TD3	.矿山压力、矿山支护	TH3	.泵
TD4	.矿山机械	TH4	.气体压缩、气体压缩机械
TD5	.矿山运输、矿山运输设备	TH6	.专用机械设备
TD6	.矿山电气	TH7	.仪器仪表
TD7	.矿山安全、矿山劳动保护	**TJ**	**武器工业**
TD8	.矿山开采	TJ0	.武器概论
TD9	.选矿	TJ2	.枪械
TD98	.矿产资源综合利用	TJ3	.火炮
TD99	.矿山环境保护	TJ4	.弹药、引信、火工品
TE	**石油天然气工业**	TJ5	.爆破器材、烟火器材
TE0	.油气能源、油气节能	TJ6	.水中武器
TE1	.石油天然气地质、石油天然气勘探	TJ7	.军用火箭、导弹技术
TE2	.钻井工程	TJ8	.战车、战舰、战机、航天武器
TE3	.油气田开发	TJ9	.特种武器、特种武器防护设备
TE4	.油气田建设工程	**TK**	**能源、动力工程**
TE5	.海上油气田开发	TK0	.能源概论、动力工程概论
TE6	.石油天然气加工	TK1	.热力工程、热机
TE8	.石油天然气储运	TK2	.蒸汽动力工程
TE9	.石油机械设备		

TK3	.热工量测、热工自动控制	TN94	.电视
TK4	.内燃机	TN95	.雷达
TK5	.特殊热能、特殊热能机械	TN96	.无线电导航
TK6	.生物能、生物能机械设备	TN97	.电子对抗
TK7	.水能、水力机械	[TN98]	.无线电、电信测量技术及仪器
TK8	.风能、风力机械	TN99	.电子技术应用
TK91	.氢能、氢能利用		
TL	**原子能技术**	TP	**自动化技术、计算机技术**
TL1	.原子能技术基础理论	TP1	.自动化基础理论
TL2	.核燃料、核燃料生产	TP2	.自动化技术、自动化技术设备
TL3	.核反应堆工程	TP3	.计算技术、计算机技术
TL4	.反应堆、核电厂	TP6	.射流技术
TL5	.加速器	TP7	.遥感技术
TL6	.受控热核反应	TP8	.远动技术
TL7	.辐射防护		
TL8	.粒子探测技术、辐射探测技术、核仪器仪表	TQ	**化学工业**
		TQ0	.化学工业概论
		TQ11	.无机化学工业
TL91	.核爆炸	TQ12	.非金属元素化学工业、非金属无机化合物化学工业
TL92	.放射性同位素生产		
TL929	.辐射源	TQ13	.金属元素无机化合物化学工业
TL93	.放射性物质储运	TQ15	.电化学工业
TL94	.放射性废物、放射性废物管理	TQ16	.电热工业、高温制品工业
TL99	.原子能技术应用	TQ17	.硅酸盐工业
		TQ2	.有机化学工业
TM	**电工技术、电力技术**	TQ31	.高分子化合物工业
TM0	.电工技术概论	TQ32	.合成树脂工业、塑料工业
TM1	.电工基础理论	TQ33	.橡胶工业
TM2	.电工材料	TQ34	.化学纤维工业
TM3	.电机	TQ35	.纤维素化学工业
TM4	.变压器、变流器、电抗器	TQ39	.精细化学工业
TM5	.电器	TQ41	.溶剂生产、增塑剂生产
TM6	.发电、发电厂	TQ42	.化学试剂工业
TM7	.输配电工程	TQ43	.胶粘剂工业
TM8	.高电压技术	TQ44	.化肥工业
TM91	.独立电源技术	TQ45	.农药工业
TM92	.电气化、电能应用	TQ46	.制药化学工业
TM93	.电气测量技术、电气测量仪器	TQ51	.燃料化学工业
		TQ52	.炼焦化学工业
TN	**电子技术、通信技术**	TQ53	.煤化学、煤的加工利用
TN0	.电子技术概论	TQ54	.煤气工业
TN1	.真空电子技术	TQ55	.燃料照明工业
TN2	.光电子技术	TQ56	.爆炸物工业
TN3	.半导体技术	TQ57	.感光材料工业
TN4	.微电子学、集成电路	TQ58	.磁记录材料工业
TN6	.电子元件、电子组件	TQ59	.光学记录材料工业
TN7	.电子电路	TQ61	.染料工业
TN8	.无线电设备、电信设备	TQ62	.颜料工业
TN91	.通信	TQ63	.涂料工业
TN92	.无线通信	TQ64	.油脂化学工业
TN93	.广播	TQ65	.香料工业、化妆品工业

TQ9	.其他化学工业	TV8	.治河工程、防洪工程
TS	**轻工业、手工业、生活服务业**	[TV91]	.运渠(运河、渠道)工程
TS0	.轻工业生产概论	[TV92]	.港湾工程
TS1	.纺织工业、染整工业	[TV93]	.农田水利工程
TS2	.食品工业	**U**	**交通运输工程**
TS3	.制盐工业	U1	.综合运输
TS4	.烟草工业	U2	.铁路运输工程
TS5	.皮革工业	U4	.公路运输工程
TS6	.木材加工工业、家具制造工业	U6	.水路运输工程
TS7	.造纸工业	**V**	**航空、航天**
TS8	.印刷工业	V1	.航空航天技术
TS91	.五金制品工业	V2	.航空
TS93	.工艺美术品工业	V4	.航天
TS94	.服装工业、制鞋工业	**X**	**环境科学、安全科学**
TS95	.其他轻工业、手工业	X1	.环境科学基础理论
TS97	.生活服务技术	X2	.社会与环境
TU	**建筑科学**	X3	.环境管理
TU-0	.建筑理论	X4	.灾害、灾害防治
TU-8	.建筑艺术	X5	.环境污染、环境污染防治
TU1	.建筑基础科学	X7	.废物处理、废物综合利用
TU19	.建筑勘测	X8	.环境质量管理
TU2	.建筑设计	X9	.安全科学
TU3	.建筑结构	**ZT***	**通用概念**
TU4	.地基基础工程	ZT0*	.理论、技术、方法、研究、评价、策略
TU5	.建筑材料工业	ZT2*	.形状、尺寸、尺度
TU6	.建筑机械	ZT3*	.数量、数值、参数
TU7	.建筑施工	ZT4*	.属性、性能
TU8	.房屋建筑设备	ZT5*	.状态、形态、现象、过程
TU9	.地下建筑	ZT6*	.体系、结构、组成
TU97	.高层建筑	ZT71*	.方式、形式、类型
TU98	.区域规划、城乡规划	ZT72*	.程度、规模、范围、等级
TU99	.市政工程	ZT73*	.时间、时期
TV	**水利工程**	ZT74*	.空间、位置、方位
TV1	.水利工程基础科学	ZT81*	.实体、物体、事物
TV21	.水利调查、水利规划	ZT82*	.条例、规程、章程
TV22	.水工勘测、水工设计	ZT83*	.保护、维护、用途
TV3	.水工结构	ZT84*	.利益、因果、效率、条件
TV4	.水工材料	ZT86*	.趋势、进展
TV5	.水利工程施工	ZT87*	.组织机构、社会团体
TV6	.水利枢纽、水工建筑物	ZT88*	.人物、人员、人群
TV7	.水能利用、水电站工程	ZT99*	.其他通用概念

分类详表

03 力学

O301	.	牛顿定律、达朗伯原理
O302	.	力学中的数学方法
O303	.	量纲分析与相似理论
031	.	理论力学
O311	..	运动学
O311.1	...	质点运动
O311.2	...	刚体运动、形的运动
O312	..	静力学
O312.1	...	力的合成与分解
O312.2	...	平衡
O312.3	...	几何静力学、图解静力学
O313	..	动力学
O313.1	...	质点动力学
O313.2	...	质点系动力学
O313.3	...	刚体动力学
O313.4	...	碰撞理论
O313.5	...	摩擦理论
O313.6	...	变质量动力学
O313.7	...	多体系统动力学
O314	..	引力理论
O315	..	弹道学
O316	..	分析力学
O317	..	稳定性理论（力学）
O318	..	陀螺力学（回转仪理论）
032	.	振动理论
O321	..	线性振动
O322	..	非线性振动
O323	..	自激振动、参数振动
O324	..	随机振动
O325	..	有限自由度体系振动
O326	..	弹性体振动
O327	..	结构振动
O328	..	减振理论、隔振理论
O329	..	振动测量技术
033	.	连续介质力学
O331	..	理性力学
034	.	固体力学
O342	..	结构力学
O343	..	弹性力学
O343.1	...	二维问题（平面问题）
O343.2	...	三维问题（空间问题）
O343.3	...	接触问题
O343.4	...	应力集中问题
O343.5	...	非线性弹性力学
O343.6	...	热弹性力学（热应力）
O343.7	...	非均匀介质弹性力学
O343.8	...	各向异性弹性力学
O343.9	...	弹性稳定性问题
O344	..	塑性力学
O344.1	...	塑性力学基本理论
O344.2	...	理想塑性力学
O344.3	...	弹塑性力学
O344.4	...	塑性流动问题
O344.5	...	极限分析
O344.6	...	蠕变理论
O344.7	...	弹塑性稳定性问题
O345	..	粘弹塑性介质力学
O346	..	强度理论
O346.1	...	断裂理论
O346.11	....	脆性断裂
O346.12	....	韧性断裂
O346.13	....	碎裂（反射碎裂）
O346.2	...	疲劳理论
O346.21	....	腐蚀疲劳

O346.22	....	应力腐蚀
O346.23	....	各种因素对疲劳的影响
O346.3	...	强度微观机理
O346.4	...	强度理论的实验
O346.5	...	损伤理论
O347	..	变形固体动力学
O347.1	...	动载荷
O347.2	...	动力稳定性
O347.3	...	冲击载荷下的材料强度
O347.4	...	应力波
O347.41	....	弹性波
O347.42	....	热弹性波
O347.43	....	不完全弹性波
O347.44	....	分层介质中的波
O347.5	...	冲击波
O347.6	...	转子动力学
O347.7	...	散体力学
O348	..	实验应力分析
O348.1	...	光测法
O348.11	....	激光测试
O348.12	....	全息法
O348.2	...	电测法
O348.3	...	机械测定法
O348.4	...	涂盖法（脆膜法）
O348.5	...	高温变形测试技术
O348.6	...	X射线法
O348.7	...	比拟法、模拟理论
O348.8	...	声学方法
O348.9	...	其他
035	**.**	**流体力学**
O351	..	普通流体力学
O351.1	...	流体静力学
O351.2	...	流体动力学
O351.3	...	不可压缩理想流体力学
[O352]	..	水动力学
O353	..	流体振动、波浪
O353.1	...	流体振动理论
O353.2	...	波浪理论
O353.3	...	汹涌与水击
O353.4	...	固体与流体的冲击
O353.5	...	实验技术与测量
O354	..	气体动力学
O354.1	...	亚音速流动
O354.2	...	跨音速流动
O354.3	...	超音速流动
O354.4	...	高超音速流动
O354.5	...	激波（冲击波）
O354.6	...	高速气流的冷凝
O354.7	...	高温气体动力学
O354.9	...	其他
[O355]	..	空气动力学
O357	..	粘性流体力学
O357.1	...	不可压缩粘性流体力学
O357.2	...	蠕流
O357.3	...	渗流
O357.4	...	边界层理论
O357.5	...	湍流
O358	..	射流
O359	..	多相流
O361	..	电磁流体力学
O363.1	...	分散体系的流动
O363.2	...	界面和毛细流动
O363.9	...	其他
O362	..	化学流体力学
O363	..	物理化学流体动力学
O368	..	应用流体力学
0369	**.**	**物理力学**
037	**.**	**流变学**
O371	..	唯象理论
O372	..	统计理论
O373	..	非牛顿流体
O374	..	容积粘度
O375	..	正应力
O376	..	二次流
O377	..	应力松弛及反弹性应力松弛
038	**.**	**爆炸力学**
O381	..	爆震理论
O382	..	爆震波
O383	..	爆炸波与物体的相互作用
O385	..	穿甲理论
O389	..	应用爆炸力学
039	**.**	**应用力学**

04　物理学

04-0	.	物理学理论
O4-09	..	物理学史
04-1	.	物理学现状、物理学发展
04-3	.	物理学研究方法
O4-33	..	物理学实验、物理学实验设备
O4-34	..	物理测量
O4-39	..	电子计算机在物理学中的应用
041	.	理论物理学
O411	..	物理学的数学方法
O411.1	...	数学物理方法
O411.3	...	物理模拟方法、物理仿真
O412	..	相对论、场论
O412.1	...	相对论
O412.2	...	统一场论
O412.3	...	场论
O413	..	量子论
O413.1	...	量子力学
O413.2	...	量子电动力学
O413.3	...	量子场论、多体问题（核论）
O413.4	...	规范场
O414	..	热力学、统计物理学
O414.1	...	热力学
O414.11	....	热力学基本定律
O414.12	....	物态变化、物态方程
O414.13	....	热力学相变
O414.14	....	非平衡态热力学
O414.19	....	热力学的应用
O414.2	...	统计物理学
O414.21	....	平衡态统计理论
O414.211	.....	系综
O414.22	....	非平衡态统计理论
O415	..	非线性物理学
O415.2	...	协同学
O415.3	...	耗散结构、自组织
O415.5	...	混沌理论
042	.	声学
O421	..	声的原理
O422	..	声的传播
O422.1	...	声速
O422.2	...	声场
O422.3	...	声的反射、声的折射
O422.4	...	声的吸收、声的衰减
O422.5	...	声的干涉、声的衍射、声的散射
O422.6	...	声的共振、声的辐射
O422.7	...	大振幅声波、声的非线性效应
O422.8	...	噪音
O423	..	声的合成、声的分析
O424	..	物理声学
O425	..	次声学
O426	..	超声学
O426.1	...	超声的发生
O426.2	...	超声的传播
O426.3	...	声光作用
O426.4	...	超声效应
O426.5	...	微波超声、声子
O426.6	...	声能学
O427	..	水声学
O427.1	...	水声传播
O427.2	...	水中声波的散射和混响
O427.3	...	水中声起伏
O427.4	...	气泡、空化、湍流、尾流的声源特性
O427.5	...	水下噪声
O429	..	应用声学
043	.	光学
O431	..	光本性理论
O431.1	...	光的电磁理论
O431.2	...	量子光学
O432	..	光辐射、光度学、色度学
O432.1	...	光辐射
O432.11	....	气体放电辐射
O432.12	....	受激光发射
O432.2	...	光度学
O432.3	...	色度学
O433	..	光谱学
O433.1	...	光谱测量
O433.2	...	光谱激发
O433.3	...	谱线结构
O433.4	...	光谱分析
O433.5	...	光谱

O433.51	.... 吸收光谱		046	. 真空电子学
O433.52	.... 火焰光谱		O461	.. 气体放电
O433.53	.... 弧光谱		O461.1	... 基本物理过程
O433.54	.... 激光光谱		O461.2	... 各类型放电
O433.55	.... 火花光谱		O461.21	.... 辉光放电
O433.59	.... 其他光谱		O461.22	.... 弧光放电
O434	.. X射线、紫外线、红外线		O461.23	.... 火花放电
O434.1	... X射线		O461.24	.... 高频放电
O434.2	... 紫外线		O461.25	.... 脉冲放电
O434.3	... 红外线		O461.26	.... 固体放电
O435	.. 几何光学		O462	.. 阴极电子学
O435.1	... 光的反射、光的折射		O462.1	... 热电子发射、热阴极
O435.2	... 光具组理论、象差理论		O462.2	... 二次电子发射、二次电子发射阴极
O436	.. 物理光学		O462.3	... 光致发射、光阴极、外光电效应
O436.1	... 光的干涉、光的衍射		O462.4	... 场致发射、场致发射阴极
O436.2	... 光的吸收、光的散射		O462.5	... 离子发射、离子发射阴极
O436.3	... 光的偏振、光的色散		O463	.. 带电粒子光学
O436.4	... 电光现象、磁光现象		O463.1	... 电子光学
O437	.. 非线性光学		O463.2	... 离子光学
O437.1	... 合频效应			
O437.2	... 受激布里渊散射		0469	. 凝聚态物理学
O437.3	... 受激拉曼散射			
O437.4	... 光参量器件		047	. 半导体物理学
O437.5	... 光自聚焦		O471	.. 半导体理论
O438	.. 信息光学		O472	.. 半导体性质
O438.1	... 全息光学		O473	.. 半导体非平衡载流子
O438.2	... 傅里叶光学		O474	.. 半导体杂质、半导体缺陷
O439	.. 应用光学		O475	.. 半导体 P-N 结
044	. 电磁学、电动力学		048	. 固体物理学
O441	.. 电磁学		O481	.. 固体理论
O441.1	... 电学		O481.1	... 能带论
O441.2	... 磁学		O481.3	... 多体理论
O441.3	... 电磁感应		O481.4	... 穆斯堡尔效应
O441.4	... 电磁波、电磁场		O482	.. 固体性质
O441.5	... 电磁测量		O482.1	... 固体力学性质、固体声学性质
O441.6	... 物质的电磁性质		O482.2	... 固体热学性质
O442	.. 电动力学		O482.3	... 固体光学性质
			O482.4	... 固体电学性质
045	. 无线电物理学		O482.41	.... 压电现象、电致伸缩
O451	.. 电磁波传播理论		O482.5	... 固体磁学性质
O452	.. 超高频无线电物理		O482.51	.... 磁性理论
O453	.. 无线电线路理论		O482.52	.... 磁性
O454	.. 统计无线电物理		O482.53	.... 磁性弛豫、磁共振
O455	.. 量子无线电物理		O482.54	.... 磁性材料
O455.1	... 量子振荡器理论及频率标准		O482.55	.... 磁光效应
O455.2	... 量子放大器理论		O482.6	... 热电效应、热磁效应
O455.3	... 量子调制器与检波器理论		O482.7	... 光电效应
O455.4	... 无线电波段中的量子起伏理论		O483	.. 固体缺陷
O456	.. 无线电波谱学		O484	.. 薄膜物理学
			O484.1	... 薄膜生长、薄膜结构、薄膜外延

O484.2	... 薄膜力学效应
O484.3	... 薄膜中的输运现象
O484.4	... 薄膜性质
O484.5	... 薄膜测量、薄膜分析
O484.8	... 层介质膜
O485	.. 表面物理学
O487	.. 介电物理
O488	.. 介观物理
O51	**. 低温物理学**
O511	.. 超导电性
O511.2	... 超导电性理论
O511.4	... 超导体性质
O511.9	... 超导电性应用
O512	.. 超流性、量子固体
O512.1	... 液体氦及超流性
O512.2	... 固体氦及量子晶体
O513	.. 低温物性
O514	.. 低温物理实验技术
O52	**. 高压物理学、高温物理学**
O521	.. 高压物理学
O522	.. 高温物理学
O53	**. 等离子体物理学**
O531	.. 等离子体产生
O532	.. 等离子体约束、等离子体加热
O532.1	... 等离子体约束
O532.11	.... 磁约束
O532.12	.... 高频电磁场约束
O532.13	.... 惯性约束
O532.2	... 等离子体加热
O532.21	.... 欧姆加热
O532.22	.... 绝热压缩加热
O532.23	.... 波加热
O532.24	.... 电子束加热
O532.25	.... 激光加热
O532.26	.... 高能粒子注入加热
O533	.. 等离子体湍流
O534	.. 等离子体波与不稳定性
O535	.. 等离子体激震波
O536	.. 等离子体辐射、等离子体测量
O539	.. 等离子体物理应用
O55	**. 热学、物质分子运动论**
O551	.. 热学
O551.1	... 热的测量
O551.2	... 温度的测量
O551.3	... 物质的热性质
O552	.. 物质分子运动论
O552.1	... 布朗运动
O552.2	... 扩散与渗透
O552.3	... 气体分子运动论
O552.4	... 液体分子运动论
O552.5	... 物质的结构
O552.6	... 物质凝聚状态、物质相变
O56	**. 分子物理学、原子物理学**
O561	.. 分子物理学
O561.1	... 分子结构
O561.2	... 分子性质
O561.3	... 分子光谱
O561.4	... 分子间的作用
O561.5	... 分子碰撞、分子散射
O562	.. 原子物理学
O562.1	... 原子结构
O562.2	... 原子性质
O562.3	... 原子光谱
O562.4	... 原子间的作用
O562.5	... 原子碰撞、原子散射
O562.6	... 同位素
O563	.. 介分子、μ分子
O564	.. 介原子、μ原子
O565	.. 电子偶素、μ子素
O57	**. 原子核物理学、高能物理学**
O571	.. 原子核物理学
O571.1	... 原子核物理实验
O571.2	... 原子核结构、原子核性质
O571.21	.... 原子核结构
O571.22	.... 原子核性质
O571.23	.... 核谱学
O571.24	.... 原子核受激态
O571.25	.... 核力
O571.3	... 放射性原子核衰变
O571.32	.... 放射性射线、放射性衰变
O571.321	..... α射线及α衰变
O571.322	..... β射线及β衰变
O571.323	..... γ射线及γ衰变
O571.324	..... 其他
O571.325	..... 同质异能素
O571.33	.... 射线与物质的相互作用
O571.34	.... 人工放射性
O571.4	... 原子核反应
O571.41	.... 受激嬗变
O571.42	.... 各类核反应
O571.421	..... 中子引起的核反应
O571.422	..... 质子、氘核、氚核、α粒子引起的核反应
O571.423	..... 原子核引起的核反应
O571.424	..... 电子和光子引起的核反应

O571.425	.....	介子和超子引起的核反应
O571.426	.....	其他粒子引起的核反应
O571.43	....	原子核裂变
O571.44	....	原子核聚变
O571.5	...	中子物理
O571.51	....	中子性质
O571.52	....	中子类型
O571.521	.....	慢中子
O571.522	.....	中能中子
O571.523	.....	快中子
O571.53	....	中子源、中子探测器
O571.54	....	中子能谱
O571.55	....	中子截面
O571.551	.....	吸收截面
O571.552	.....	俘获截面
O571.553	.....	散射截面
O571.554	.....	总截面
O571.56	....	中子衍射
O571.6	...	重离子核物理
O572	..	高能物理学
O572.1	...	宇宙线
O572.11	....	物理性质及探测
O572.12	....	初级宇宙线（原始宇宙线）
O572.13	....	次级宇宙线
O572.131	.....	簇射
O572.132	.....	原子核星裂
O572.14	....	宇宙线的起源和传播
O572.19	....	宇宙线的应用
O572.2	...	粒子物理学
O572.21	....	粒子实验、粒子测定
O572.211	.....	高能加速器
O572.212	.....	粒子探测器与探测法
O572.213	.....	测量和数据处理设备
O572.214	.....	对撞机
O572.23	....	粒子对称性质、粒子守恒定理
O572.24	....	粒子相互作用
O572.25	....	粒子结构模型
O572.3	...	粒子
O572.31	....	光子、规范粒子
O572.32	....	轻子
O572.321	.....	中微子及其反粒子
O572.322	.....	电子及其反粒子
O572.323	.....	μ子及其反粒子
O572.324	.....	τ子及其反粒子
O572.33	....	介子
O572.331	.....	π介子及其反粒子
O572.332	.....	κ介子及其反粒子
O572.339	.....	其他介子
O572.34	....	重子
O572.341	.....	质子及其反粒子
O572.342	.....	中子及其反粒子
O572.343	.....	λ超子及其反粒子
O572.344	.....	ε超子
O572.345	.....	反ε超子
O572.346	.....	ξ超子
O572.347	.....	反ξ超子
O572.35	....	简单核（原子序数或电荷小于3的核）
O572.351	.....	氘核
O572.352	.....	氚核
O572.353	.....	α粒子
O572.354	.....	氦3
O572.355	.....	氦5
O581	..	波谱学
O582	..	能谱学
059	.	应用物理学

07　晶体学

071	.	几何晶体学
O711	..	晶体对称性
O711.1	...	对称性理论
O711.2	...	点群和有限图形的对称性
O711.3	...	空间群和点阵图形的对称性
O711.4	...	晶系、晶类
O712	..	晶体点阵、晶体倒易点阵
O713	..	晶体外形、晶体投影
072	.	X射线晶体学
O721	..	晶体对X射线的衍射理论
O722	..	晶体衍射实验
O722.1	...	劳厄法
O722.2	...	周转法、回摆法及魏森伯法
O722.3	...	倒易点阵直接照相法
O722.4	...	粉末法
O722.5	...	低角散射（小角散射）

分类号				分类号		
O722.6	...	漫散射		O753.1	...	微晶
O722.7	...	电子衍射与中子衍射		O753.2	...	液晶
O722.8	...	扩展 X 射线吸收精细结构		O753.3	...	准晶体
O723	..	晶体结构分析		O754	..	无定形态、琉璃态
O723.1	...	粉末法中单胞的确定		O756	..	非晶态和类晶态材料的应用
O723.2	...	空间群的测定				
O723.3	...	傅立叶综合法及重原子法		**076**	**.**	**晶体结构**
O723.4	...	周相问题		O761	..	复相在晶体中的分布
O723.5	...	结构分析所用的模拟及计算工具		O762	..	孪生晶体
O723.6	...	结构参数的准确测定		O763	..	晶粒间界
O723.7	...	点阵常数的准确测定		O764	..	粒度分布
				O765	..	晶体中的应力
073	**.**	**晶体物理**		O766	..	晶体结构实验方法
O731	..	晶体的物理性质				
O732	..	晶体的各向异性		**077**	**.**	**晶体缺陷**
O733	..	晶体的力学性质		O771	..	点缺陷、面缺陷、体缺陷
O733.1	...	点阵力学		O772	..	位错
O733.2	...	弹性与滞弹性		O773	..	晶体色心
O733.3	...	范性形变		O774	..	高能辐射在晶体中的效应
O733.9	...	其他		O775	..	晶体杂质
O734	..	晶体的光学性质		O779	..	其他晶体缺陷
O734.1	...	电光、弹光、非线性光学效应				
O734.2	...	晶体光折射、晶体光反射		**078**	**.**	**晶体生长**
O734.3	...	晶体发光现象		O781	..	晶体生长理论
O735	..	晶体的声学性质		O782	..	晶体生长工艺
O736	..	晶体的热学性质		O783	..	晶体再结晶
O737	..	晶体的磁学性质		O784	..	晶须
O738	..	晶体的电学性质		O785	..	单晶体的检验
O739	..	晶体物理实验		O786	..	晶体加工
				O787	..	晶体区域提纯（区熔提纯）
074	**.**	**晶体化学**				
O741	..	晶体结构数据		**079**	**.**	**晶体物理化学过程**
O742	..	晶体化学的规律性		O791	..	晶体扩散
O743	..	系统晶体化学		O792	..	晶体相变
				O793	..	晶体表面现象、晶体表面性能
075	**.**	**非晶态、类晶态**		O794	..	玻璃的晶化
O751	..	非晶态		O795	..	晶化过程的热力学与动力学
O752	..	丝缕结构				
O753	..	类晶态		**O799**	**.**	**应用晶体学**